농민 권순덕의 삶과 기록

『아포일기』 3

개인기록
연구총서
7

농민 권순덕의 삶과 기록

『아포일기』 3

이정덕 · 소순열 · 남춘호 · 임경택 · 문만용 · 안승택 · 이성호
손현주 · 진양명숙 · 이태훈 · 김예찬 · 박성훈 · 김민영 편

전북대학교 출판문화원

이 책은 2014년 정부(교육부 사회과학연구지원사업)의 재원으로 한국연구재단의 지원을 받아 수행된 연구임(NRF-2014-S1A3A2044461)

서 문

지난해 우리 연구팀은 경북 김천의 농민, 권순덕의 1969년부터 1985년까지의 일기를 모아 『아포일기』 1, 2권을 출간한 바 있다. 그리고 꼭 일 년 만에 그 이후의 일기(1986~2000)를 세 권의 책으로 묶어 『아포일기』 3~5권을 펴내게 되었다. 우여곡절을 거쳐 전라도의 연구팀이 경상도의 농민을 만나고, 그의 삶의 궤적을 고스란히 담은 「일기」 원본을 송두리째 건네받은 지 만 2년여 만에 한 시골 농부의 30여년의 생활 기록을 완간할 수 있게 된 셈이다.

「일기」 속에서 권순덕은 20대의 청년에서 50대의 장년이 되었다. 일기를 쓰기 시작한 1969년, 그는 막 군에서 제대하고 돌아와 '무엇을 해서 먹고 살 것인가'를 고민하던 가난한 농촌의 청년이었다. 그로부터 30년이 지난 1990년대 후반에 그는 군에서 제대한 아들의 장래를 걱정하는 50대의 아버지가 되어 있다. 통상 한 세대를 30년으로 가늠한다는 점을 감안하면, 『아포일기』 1권에서 5권까지는 딱 한 세대가 지나온 만큼의 세월이 담긴 역사책이다.

그 사이 권순덕은 도시로 나가겠다는 꿈을 접고 고향마을에서 농사를 짓기 시작했다. 남의 땅 농사가 대부분이었던 영세 소작농으로 출발한 그는 30년 후 마을에서 가장 넓은 면적을 경작하는 부농의 한 사람이 되었다. 20대에 부모를 여읜 그는, 이제 결혼을 해서 세 자녀를 둔 부모가 되었다. 같은 기간 동안 직접 나무를 잘라 와서 닭장을 짓고, 순전히 손노동으로 논밭을 갈던 경작방식은 경운기, 이앙기, 직파기, 트랙터를 이용하는 기계화 영농으로 전환되었다.

우리 연구팀이 일기 등의 개인기록에 주목하는 가장 큰 이유는 한국사회의 압축 근대 경험을 개인의 일상생활 수준에서 확인하고자 하는 데 있다. 국가의 근대화정책과 시장의 확대를 통해 가능했다고 일컬어지는 이른바 '고도성장기' 동안에, 그 속에서 또는 그 이면에서 고도성장의 속도에 적응하기 위해 숨이 가빴을 민중의 일상사를 통해 한국 근현대사를 재구성하는 것이 우리 연구팀의 주요 연구 목표이다. 우리는 개인의 일상적 기록 속에서 다양한 근대적 삶의 경제적, 정치적, 사회문화적, 심리적 유형들을 찾아볼 수 있을 것이라고 기대했고, 이러한 기대는 지금도 유효하다. 특히 수십 년 동안의 생애 과정을 매일매일 빠짐없이 적은 일기는 그 자체로 한국 근현대사 속의 작은 역사이다.

『아포일기』 1~5권은 햇수로 32년의 기록이며, 입력한 원문의 양은 A4 용지 약 3천 매분량이다. 이것은 어지간히 심지가 굳고 독하지 않은 사람이면 도저히 엄두를 낼 수 없는 분량의 기록이다. 어쩌면 한 개인의 삶을 이렇게 꾸준히 자세하게 기록해 놓은 자료는 어디에서도 찾아보기 힘들 것이다. 이것이 우리 연구팀이 주목하는 일기의 역사적 가치라 할 수 있다.

『아포일기』 속에서 권순덕은 나이가 들어가고 새로운 가족을 이루고 땅을 넓히고 새집을 짓는다. 농사일 뿐 아니라 건설공사 현장의 노동자가 되기도 하고, 자영업자가 되기도 했으며, 열심히 일을 해서 "젊은 시절에 기반을 잡겠다"는 꿈을 이루어 부농이 되었다. 그렇지만 「일기」에서 발견할 수 있는 중요한 사실은 그와 가족의 피땀이 밴 노력과 그 결과로서의 경제적 성장에 그치지 않는다. 오히려 짧은 시간에 이룩한 (가계의) 고도성장과 그것을 위해 투자한 육체적 · 물리적 노고 자체보다, 그 과정에서 터득하게 되는 한 농민의 인식과 태도, 삶의 지식 그리고 그에 기반한 행동과 적응 양식에 대한 지시와 암시가 일기 자료의 가치를 한층 더 높여준다 할 수 있다.

우리는 이와 같이 전례없이 급속하게 진행된 물질적 · 양적 성장과 지적 · 정신적 변화, 그리고 이에 동반되는 형식적 · 제도적 변화와 규범적 · 윤리적 변화 등을 통틀어 '압축 근대성'이라고 부르기로 하였다. 『아포일기』에서 권순덕은 한 세대 내에서 빈농에서 부농으로 그리고 소작농에서 임대농으로, 손노동에서 기계화 영농으로, 농민에서 노동자로 자영업자로 변모했으며, 마을에서 가장 좋은 집을 짓고 가장 넓은 면적을 경작하는 농민 중의 한 사람이 되었다. 그리고 그만큼 소득이 늘어 도시에 아파트를 구입하고, 자녀들이 도시로 나가 자리잡을 기반을 마련해 줄 수 있었다. 이를 기반으로 초등학교밖에 마치지 못한 그의 자녀들은 모두 대학을 마치고 도시 중산층으로 변모할 수 있었다. 가히 '압축성장'이라 할 수 있는 그의 생애는 자신과 가족의 초과노동을 통해서 이룩될 수 있었다는 점에서 한국사회의 고도성장 과정과 빼다 박은 듯이 닮아있다.

경제적으로 안정된 기반 마련을 목표로 삼았던 권순덕의 생활태도는 절약과 근면, 성실로 요약될 수 있다. 이러한 그의 삶의 태도는 자신 뿐 아니라 가족과 이웃, 전체 사회에까지 확대 적용되었다. 그에게 낭비와 무절제는 비도덕적인 것이어서, 88올림픽을 맞아 흥청거리는 사회 분위기도 분수를 모르는 짓이었다. 근대적 규범이라 할 수 있을 이러한 그의 생활태도는 자신의 경제활동에서는 한층 과도한 양상을 띠고 나타나고 있다. 자신을 혹사하는 초과 노동에 대해서는 이미 앞에서 언급한 바 있지만, 그 외에도 농업생산을 늘리기 위한 그의 노력은 영농기술의 습득, 모험적인 기계화, 농약과 비료의 과도한 살포 등으로 표출되기도 하였다.

이미 1980년대 이전부터 농산물 가격에 민감했던 그는 과일 가격이 높은 도매점을 찾아 물건을 내기도 하고, 자신이 재배한 농산물을 직접 시장에 가지고 가서 판매하기도 하는 등 소득을 높이기 위한 다양한 방책을 찾았다. 1990년대에 이르러 부농의 지위에 오른 그는 토지가격을 높이는 개발의 효과에 민감해지고 도시의 아파트를 구입하는 등 부동산의 가치를 인식하게 되었다. 생산을 늘리고 소득을 높이기 위한 기술과 투자, 농협 융자의 활용 등의 정보를 습득하고 활용하는 데에서 그는 누구보다 활발하고 적극적이었다. 이러한 개인의 태도와 행동의 변화에서 우리는 근대적 성장의 속도와 방향에 적응하려는 농민의 생애 과정을 발견할 수 있다.

그러나 『아포일기』는 그의 세계관 속에서 변하지 않고 지속되는 두 가지 특징을 보여준다. 하나는 농업에 대한 비관적 태도이고, 다른 하나는 가족과 자녀, 형제들을 범위로 하는 가족주의의 이념이다. 그가 20대의 젊은 시절에 지녔던 도시 이주의 꿈은 긴 모색 끝에 좌절되었다. 그러나 이 꿈은 수십 년 동안 잠복해 있다가 자녀들의 미래에 이전되어 나타났다. 그는 자녀들을 어떻게든 대학까지 가르치고, 도시에 나가 살게 해야 한다는 생각을 한시도 포기한 적이 없었다. 결국 그는 도시 생활의 꿈을 자녀들을 통해 성취하였다. 그리고 여기에는 그의 가족주의 이념이 굳게 자리하고 있다. 젊은 시절부터, 특히 부모를 여의면서 형제의 공부와 경제적 안정에 대한 부담을 감추지 않았던 그는 결혼 이후 늘 부인과 자녀들의 건강, 학업, 취업, 결혼에 깊은 관심을 보이고 있었다. 결국 그의 과도한 자기 착취적 노동과 소득 증대에 대한 집념은 형제애와 가족애를 기반으로 하는 것이었다 할 수 있다.

『아포일기』에서 나타나는 이러한 그의 양가적 인식과 태도 그리고 행동들을 우리는 '압축 근대성'의 한 측면으로 이해하고자 한다. 우리 연구팀은 이와 같은 개념틀을 토대로 『아포일기』에 대한 본격적인 분석을 이제 시작하려 한다.

2년에 걸쳐 32년 치의 『아포일기』 원문을 해독하고 입력・교정하는 작업은 쉬운 일이 아니었다. 늘 우리 연구팀원 중 누군가는 다른 일을 뒤로 미루고 이 작업에 매달려 있지 않으면 안되었다. 특히 이 길고 지루한 수공업적 작업은 연구팀의 보조연구원 네 명의 희생적인 시간 투자를 통해서만 가능할 수 있었다. 이 자리를 빌어 이들에게 감사 인사를 전한다.

『아포일기』 1, 2권과 마찬가지로 김천 현지의 사정이나 풍속, 언어 등에 관해서는 김천문화원 송기동 사무국장께서 큰 도움을 주셨다. 무엇이든 필요한 일이 생길 때마다 찾아가거나 전화를 거는 우리 연구팀에 송 국장께서는 언제나 한결같이 정성을 다해주셨다. 다시 한번 감사드린다. 아울러 이번에도 막대한 분량의 일기 원문을 통독하고 해제 원고를 써주신 전북대학교 BK21사업단의 진명숙 박사께 감사드린다.

자신의 생애 기록을 선뜻 내주신 일기의 저자 권순덕 옹께 우리 연구팀은 큰 빚을 지고 있다. 하지만 우리가 드릴 수 있는 것은 이 일기가 어떤 이유로든 오용되거나 오독되지 않도록 조심하겠다는 약속뿐이다. 덧붙여 일기가 우리사회의 근현대사를 재구성하는데 중요한 자료로 활용될 수 있도록 우리 연구팀 모두가 최선을 다하겠다는 약속도 함께 드린다. 특히 옹의 자택을 방문했던 어느 날, 따뜻한 점심상을 차려주신 부인 이윤심 여사께 특별한 감사를 드린다. 우리는 그날 어쩔 수 없이 점심을 두 번 먹어야 했지만, 여사의 마음이 담긴 음식를 하나도 남기지 않고 다 먹을 수 있었다.

끝으로 어려운 상황에서도 선뜻 일기의 출판을 맡아주신 전북대학교 출판문화원에도 감사드린다.

2015년 6월 30일

연구팀을 대표하여 **이성호** 씀

아포일기 3 **목차**

농민 권순덕의 **삶과 기록**

아포일기

아포일기 1 **목차**

제2부 아포일기❶ (1969년~1974년)

아포일기 2 **목차**

제1부 아포일기❷ (1975년~1985년)

〈일러두기〉

1) 원문의 한글 표기는 교정하지 않는 것을 원칙으로 하였다.
2) 뜻풀이가 필요한 경우에는 [ ], 빠진 글자는 { } 표시를 하여 뜻풀이를 하거나 글자를 채워 넣되, 첫 출현지점에서 1회만 교정하였다.
3) 설명이 필요한 용어나 문장에는 각주를 달아 설명하였다.
4) 해독이 불가능한 글자는 □ 표시를 하였다.
5) 일기를 쓴 날짜와 날씨는 모두 〈 〉 안에 입력하되, 원문에 음력 날짜가 기입되어 있는 경우에는 〈 〉 밖에 입력하였다.
6) 날짜 표기에 쓰이지 않은 문장 안의 〈 〉 표시가 나타나는 경우는 저자가 기입한 것으로, 이는 따로 바꾸지 않은 채 그대로 두었다.
7) 원문 안의 ( )는 저자가 기입한 것이다.
8) 일부 일기 안의 인명은 인권 보호를 위하여 가명으로 처리하였다.
9) 자료에 거명된 사람에 관련된 정보는 학술적 목적 이외의 용도로 사용할 수 없다.

제1부 해제

농민 권순덕의 **삶과 기록**

아포일기

Ⅰ. 압축적 근대화 과정에서 나타나는 개인의 근대적 경험, 세계관, 미래이미지, 그리고 양면가치성

손현주

1. 근대화와 문화의 변동

근대성(modernity)의 논의에서 빠질 수 없는 것이 급속한 경제적 발전과 광범위한 문화적 변화의 관계이다.[1] 마르크스(Karl Marx)는 경제적·기술적 변화가 정치적·문화적 변화를 수반한다고 주장한다. 반면에 베버(Max Weber)는 문화적 변동이 경제적·정치적 삶에 영향을 끼친다고 보았다. 또한 벨(Daniel Bell)은 정보화가 이루어지는 탈산업사회에서는 제조업에서 서비스업 중심의 사회구조가 형성되어 문화가 변할 수밖에 없다고 주장한다. 러너(Daniel Lerner)와 인켈스(Alex Inkels)는 대중매체와 제도권 교육이 근대적 관점을 형성하는데 중요한 역할을 한다고 강조한다. 엠버(C. R. Ember)와 엠버(M. Ember), 그리고 놀란(Patrick Nolan)과 렌스키(Gerhard Lenski)는 탈근대사회의 서비스 경제에 배태되어 있는 개인화 경향이 근대성 형성에 중요한 요소로 간주한다. 어느 쪽의 입장이 더 적절한가에 상관없이 근대화는 경제적·정치적·문화적 변화를 수반하였고, 근본적으로 근대사회는 전근대사회와 아주 다른 특성을 보인다. 산업화는 인간 개개인이 선택할 수 있는 물질적, 지적 자원을 풍부하게 하였다. 이를 통해 인간 개개인은 자기를 적극적으로 나타낼 수 있었으며, 민주적 권리를 획득할 수 있었다. 그리고 이처럼 개인의 선택의 폭을 확대함으로써 경제적·정치적·문화적 삶의 다양한 측면을 변화시켜왔다.

근대화는 한편으로 문화적 다양성을 촉진시켰지만 다른 한편으로 서구 중심의 경제적·정치적·문화적 형태를 추구하는 획일성을 지향하기도 한다. 사회학자인 바우만(Zygmunt Bauman)은 『근대성과 양가성 (Modernity and Ambivalence)』에서 근대화를 일종의 문화적 십자군 전쟁(cultural crusade)이라고 규정하고, 가치, 생활양식, 관습, 신념, 대중의 태도 등과 같은 문화적 다양성을 위협하는 것으로 보았다.[2] 근대화 과정은 지배집단이 지지하지 않는 가치와 생활양식을 열등하게끔 여기도록 하고, 사회 전반에 걸쳐 문화적 획일화를 방해하는 어떠한 요인들도 용납하지 않는다. 그리하여 문화적인 위계서열이 확립되고, 개인들은 보편적 가치로부터 벗어나 외톨이가 되고 싶지 않기 때문에 지배적인 가치를 수용하고, 그것을 우월한 것으로 인식할 수밖에 없다는 것이다.

---

1) Ronald Inglehart et al., 2004, *Human Beliefs and Values: A Cross-cultural Sourcebook Based on the 1999-2002 Values Surveys,* Buenos Aires: Sieglo XXI Editores.

2) Zygmunt Bauman, 1991, *Modernity and Ambivalance,* Cambridge: Polity Press.

2. 근대적 경험

한국 사회도 근대화를 통해 급격한 문화적 변화를 경험하였다. 한국은 서구 국가들이 2~3세기에 걸쳐 이루어 낸 산업화와 근대적 제도의 구축 과정을 단지 3~40년 동안에 급속하게 밟아왔다. 이 과정에서 한국 사회에 독특한 특성들이 나타나는데 이를 압축적 근대성(compressed modernity)이라 부른다. 『아포일기』의 주인공인 권순덕 역시 이러한 근대화에 기인한 다양한 문화적 변화와 근대적 경험을 하게 된다. 권순덕은 기술의 발전을 통해서 그리고 전통적인 관습에서 근대성을 경험한다. 그는 이앙기 구입(1986.5.18), 전화기 개통(1988.1.30), 세탁기의 사용(1988.7.28), 트랙터 구입(1990.3. 11), 가로등 설치(1991.8.18.), 컬러텔레비전과 비디오 구입(1991.12.23), 직파기 구입(1993.3.4), 신형 오토바이 구입(1993.12.2), 오디오 구입(1995.6.3), 자동차 구입(1999. 10.14) 등과 같은 기술의 혜택으로 즐거움과 삶의 새로운 양식을 획득하게 된다. "그리고 오늘 전화 신청을 하여쓰며 전화 신청을 하고 나니 직각 가설을 해주며 정말 살기 좋은 시대라고 말을 하고 십다"(1988.1.30); "남들은 부자집도 업씨 살라가는돼 자신이 세탁기을 사며 동민들은 어떠개 욕을 할련지는 몰라도 우리 집사람 살도로 다라이로 빨래 하로가는 모섭을 보며 자신이 빨래하는 것보다 더 힘이 들어서 남이 어떠개 생각을 하든지 세탁기을 사울 작정이다"(1988.7.28); "우리 마을에 가로등 8개을 정부에서 세어주어 마을길들이 대낮같이 밝은 길을 걸어 갈 때에 마음도 편하구나"(1991.8.18).

전통사회에서 가족과 친척들로부터 배웠던 농업 활동의 지식의 습득은 근대화 과정을 거치면서 제도화된 교육을 통해 이루어진다. 기계 농업이 보편화되면서 제도권 교육을 통하여 기술적 활동을 습득하게 되고, 권순덕의 농부로서의 삶도 사회적 합리성을 추구하는 방향으로 나아가게 된다. 다시 말해 그는 합리적 절차를 통해 더욱더 효율성을 추구하고, 인간과의 관계보다는 목적 획득에 관심을 갖게 된다. 농촌지도소를 중심으로 한 수도작, 병해충, 사과재배기술, 포도 교육, 건답직파 등과 같은 영농교육은 주로 농한기 때에 받게 되고, 필요할 때 주기적으로 실시되었다(1987.1.20; 1987.1.24; 1988.1.19; 1988.1.20; 1989.1.24.; 1990.1.13; 1991.1.15; 1991.1.16; 1992.7.14; 1992.11.17; 1993.1.8; 1993.3.11; 1993.4.9; 1993.8.3; 1994.1.12; 1994.1.20; 1994.3.14; 1994.3.15; 1994.11.15; 1995.1.16; 1995.2.27; 1996.3.19; 1997.1.17; 1997.9.25; 1998.1.8; 1998.2.6.; 1998.12.21; 1999.1.12; 1999.1.29; 1999.7.21; 1999.11.29; 2000.1.24.; 2000.11.28). 권순덕에게 있어서 영농교육의 만족도는 강사의 강의 내용에 많이 좌지우지되고, 그는 불만족을 자주 표현한다. 또한 농협의 도움으로 트랙터 공장에서 주관하는 4박 5일의 트랙터 교육은 권순덕을 새로운 합리성의 세계로 이끈다. "금일은 실찌 터럭타로 교육을 하니 재미가 잇고 생각을 한 것보다 쉽어며 하게따는 자신이 생기더라"(1990.3.14). "오후는 비 때문에 관당에서 교육을 이론 교육으로 하로의 일과을 보내고 그리고 교관들이 다들 열심이 갈치며 심지어 목이 가며 음성이 변하두록 열성을 가지고 잇는 것을 볼 때에 정말 고맡더라”(1990.3.15).

> 오늘은 포도 교육을 김천공단 복지 회관에서 오전 10시부터 오후 4시까지 교육을 하여쓰며 오늘 교육은 교관이 교육을 잘 갈치며 잘하드라. 오늘 교육은 값어치 잇는 교육을 받아따고 생각을 한다. 무선 교육이라도 강사가 좋아야 한다고 생각을 하며 주최적에도 실속이 잇는 교육을 해야 한다(1996.3.19).
> 오늘 교육은 수도작인돼 교육 내용은 형식적이고 아이내프에서 이야기하고 부업장읍에 대해서 피아라이 하고 별 내역 업는 교육을 말치고 마랐다(1998.2.6).
> 오늘은 포도밭에 경운기 노타리을 할려고 마음에 준비을 하고 잇는돼 동회관에 엠프가 오전 10시에 읍 회이실에서 포도 교육을 한다고 이야기을 해서 노타리을 포기을 하고 포도 교육을 갇쓰며 오늘 포도 교육은 속 들어오는 교육은 아니라고 말을 하고 십다(1998.12.21.).

근대화가 갖는 보편적 문화의 특징 중의 하나는 사람・사물이 갖는 본질이나 관계보다는 그것의 기능에 관심을 갖는 것이다. 그리하여 산업화가 진행됨에 따라 상품에 대한 집착 혹은 물신숭배주의(commodity fetishism)에 빠지게 된다. 권순덕은 40대 중반까지 쌀・과일과 같은 작물은 내다 팔았어도 채소류와 같은 농산물을 직접 시장에 판적은 없었다. 1992년 가을에 처음으로 배추・무를 구미 시장에 팔아 14,000원을 벌게 된다: “(아내가) 집배 들으오는 무섭이 좋은 모섭이며 나물장사을 잘 했따면서 14,000원을 내어 놓드라. 나물 한 보따리에 만이 했따고 친찬을 하여주니 집사람은 더 힘이 나는 모섭이며 자신이 보기에도 아주 좋드라” (1991.9.1). 이렇게 시작된 상품작물 재배는 채소를 시장에 파는 것과 관련하여 부부싸움을 하고, 예전에는 채소를 공짜로 이웃・형제들에게 나누어 주던 것이 사라지면서 이웃・형제간의 상호의존적 관계가 해체되고, 사람의 가치와 관계의 중요성이 돈의 가치로 바뀌게 되었다.

> “오늘은 봉답에 찰벼을 베기 시작하여쓰며 금년에는 찰벼가 자신이 농사을 짓고는 최고 만이 하여따고 생각을 하며 그리고 이재 집사람은 장사 물이 들어다. 외냐하며 조금식 여르 가지 가지고 가야 손님이 잇따면서 감자, 고구마, 배추을 조금식 가지고 가는 모섭. 그것도 장보타리을 만들고 잇쓰며 좋아하는 것은 그만춤 능숙하여따고 본다. 이재는 동생들도 푸짐하게 어더 먹은 것도 이재는 끝이라고 볼 때에 동생들과 인정이 머르저는 것이 아닐까. 집사람 장사 물 들며 나누어 먹는 것이 업키 때문에 벌서부터 염려됀다”(1991.10.13).

짐멜(Georg Simmel)은 『돈의 철학 (Philosophy of Money)』에서 상품의 물신숭배에 대해 잘 지적하고 있다.[3] 그에 따르면 돈은 교환을 위한 가장 순수한 형태의 수단이며 사회

3) Georg Simmel, 2004, *The Philosophy of Money,* Psychology Press(게오르그 짐멜, 1990, 『돈의 철학』, 안준

제도이고, 근대 사회질서를 형성하는 가장 중요한 요소이다. 돈을 매개로 한 시장경제의 발달은 사회관계를 파편화시키고 해체시킨다고 보았다.

근대성이 일상생활에 끼친 영향의 다른 모습은 학교 선생, 학생과 학부모 간에도 나타난다. 전근대사회에서 강조하는 선생의 가치는 지식 전달자일 뿐만 아니라 삶의 모범이 되는 '스승'으로 간주되었다. 하지만 산업화되는 근대 메커니즘 속에서 학교의 선생과 학생은 지식을 매개로 가르치고 가르침을 받는 객관화된 타자의 관계로 간주된다. 선생은 지식을 가르치고 학생은 지식을 받아들이며, 학교 제도의 교장・교사라는 역할의 기능적 측면이 더욱 강조된다. 권순덕에게 선생은 자기의 자녀에게 세상에서 성공할 수 있도록 지식을 전달하고 잘 가르치는 기능만 있으면 언제나 대체 가능한 존재로 간주된다. 그리하여 학교 제도와 교사들에게 매우 비판적이다.

> "왜냐 정부에서 눈을 캄아두니까 부정은 더 심하고 있쓰며 아포중학교 모 선생님은 저녁에 공부 잘하는 학생을 차자다니면서 손을 벌리고 있따니 우리 국민이 어뒤로 가는 줄을 알 수가 업쓰며…"(1986.2.14).
>
> "소이 선생님이라는 작짜들이 양심이라는 것은 손톱만끔도 업는 선생들 정말 속이 상화는구나. 자신이 교장 선생님예깨 꼭 {한}마둬 할려고 작정을 했는돼 우리 운이예깨 영황이 올까바 죽고[안 하고] 마랐다."(1986. 3. 20).

관광 혹은 여행은 근대성의 주체를 나타내는 상징적인 주제이다. 전통적인 의미의 삶은 일정한 지역에 농사를 짓고 정착해 있는 것이다. 이주・이동은 비정상적인 것으로 간주되어 전쟁・기근과 같은 특별한 경우에만 가능한 일이었다. 그래서 자유롭게 이동할 수 있는 것은 특정 장소에 한정되어 있는 전통사회의 규범에 반하는 것이기에 근대성의 특성을 나타낸다고 볼 수 있다. 근대사회에서 활발한 이동은 자동차, 기차, 배, 비행기와 같은 교통수단의 발달로 가능했고, 새로운 지역과 세계를 경험하고 싶어 하는 이동성에 대한 열망 때문에 기인한다. 대중적 여행과 관광은 오늘날 한국인들에게 필수적인 현대적인 생활양식이 되었다. 하지만 1980~90년대의 권순덕에게 여행은 큰 관심사가 아니고 꼭 필요한 생활양식은 아니었다. 그는 정적인 생활 혹은 한 곳에 머무는 생활에 만족해하고 있다. 그에게 관광은 혜지, 혜영, 운이 삼 남매를 위한 선물이자 놀이이고, 자신을 위한 꼭 필요한 여가활동은 아니었다.

> 그리고 혜지가 2박 삼 일 동안 여행을 갈다오면서 돈을 삼백 원만 쓰고 왔따고 하길래 아빠는 캄짝 놀랐다.. 저 어린 것이 다들 참고 돈을 쓰지 않아따는 것이 한편으로는 깃득하고 한편으로는 자신이 자식예깨 너무나 돈을 관심을 가지계해서 교육 자체가 무었이 잘못이 있는가 하고 이 아빠의 마음이 더 힘이 더는구나(1987. 6. 20).
>
> 우리 혜영이가 2박 삼일 여행을 아무 탈 업씨 돌라오니 반갑터라. 그리고 멀미도 하지

섭・장영배・조희연 옮김, 서울: 한길사).

> 않코 구경도 잘 했다고 하니 자신이 구경을 갇다 온 기분 모양 좋더라(1988. 4. 9).
> 우리 운이가 여행을 서울로 같는돼 가는 날이 장날이라던니 추어서 어떠게하며 저의 엄마 모양 차 멀리을 하는돼 멀미을 하지 않코 잘 같는지 극정이 돼며 집배는 운이가 업쓰니 집이 덩 빈 것 같더며 나뿐 아니라 가족이 다들 그러타고 말을 하고 있는 것을 보니 우리 운이는 집배서 필요한 인간이 댄 정명이 오늘 너켜쓰며 우리 운이가 나들리에 아무련 고충업씨 구경을 잘 하고 왔쓰며 하는 마음 뿐이다(1988. 11. 1).
> 오늘 자신이 여자친구와 놀면서 이야기을 쭉 하는 것을 들어볼 때에 귀가 막희드라. 외냐하면 정부에서는 탈라[달러] 부도가 낮따고 온 국민이 허리띠을 매야 한다고 뉴스 시간만 돼면 아나운서들이 부릇짓는돼 오늘 여자들의 이야기가 이재 인생을 절급게 살라야 한다고 아우승이며 이재는 자식도 필요업고 여행도 하고 절급게 노라야지 그려치 않으며 후해한다고 놀고 보자고 한 목소리을 내는 것을 보며 우리나라 말이 아니다(1997.11.28).
> "우리 마을 사람들의 나들이을 생각을 할 때에 중년 여자들은 1년에 평균 3회 이상 하고 (사십대) (70대) 이른 사람들도 3회 이상 관광을 절기며 그 나머지 우리 또래는 1년에 한 번 정도 하는 편이 됀다고 본다. 이것을 볼 때에 우리 국민은 흥청거리는 것을 좋아하는 것은 사실이다. 우리나라가 부강을 할려면 절먼 사람이 건전해야 부강을 바라는데 절먼 사람들이 건전하지 뫃하고 흥청거리는 것을 좋아하니 부강을 바랄 수가 업따고 보니 가슴 아푼 일들이다"(1991.8.18).

권순덕에게 본인의 여가를 위한 관광은 특정한 자연경관 혹은 유명한 장소를 구경하는 것으로 일상생활과 정상적 공간에서 벗어나 새로움 혹은 다른 공간을 소비하는 공간의 거리두기에 있다. 특히 혜지, 혜영, 운이의 성장기에는 여행은 드문 행사였지만, 경제적으로 여유가 생기고 애들이 직장을 얻고 결혼을 하면서 아내와 자신을 위한 여행에 관심을 갖게 된다. 그리하여 50대가 넘어가면서 여행을 자주 한다. 예를 들면, 독립기념관 개관 기념행사 방문(1987. 8. 15), 수안보 온천(1988. 1. 21), 남해대교와 여수 오동도(1989.3.6), 포항제철(1989.12.18), 제주도(1990.9.12), 설악산(1992.10.6), 대전 엑스포(1993.10.31), 울릉도(1994.8.27), 마이산과 지리산(1994.9.11), 광주 비엔날레(1995.10.11), 동해 환선동굴(1997.11.27), 경주여행(1998.4.2), 포항·경주(1998.4.13), 경주 문화엑스포(1998.9.17), 삼천포 유람여행(1999.3.22), 동해바다 철도관광(무릉계곡과 추암 촛대바위, 1999.7.6), 설악산과 백담사(2000.4.3), 무차포 해수욕장과 부여 낙화암(2000.9.1) 등이 있다. 정기적으로 같은 공간을 방문하는 것은 여행의 낭만성, 감성적 측면보다는 여행을 통해 마을공동체의 결속을 다지는 주기적인 행사로 마을의 강한 연대성을 만들기 위한 기능적 측면이 강하다.

> 남해 대교는 세 번째라고 생각을 하며 처음이나 오늘이나 한 가지도 변한 것은 업구나. 우리가 올 때는 달라저지 않아깨나 하는 너킴으로 왔는되 변한 것이 업쓰니 마음이 습한 감이다. 남해 대교에서 여수 오동도로 같쓰며 오동도 셋 번 이상 온 것 같더며

메년 방파제로 같쓴돼 올해는 여수 대교로 왔 배편으로 오동도을 같쓰며 오동도 변함이 업쓰며 방파제는 다시 학창을 하여 보수을 하더라. 그기에서 본 것이라 강 건너 불 보더시 보고 마랐다. 오동도 송강사로 와서 여장을 풀어쓰며 송강사 들어쓰니 한 번 여행을 하여찌만 삼천을 보는돼 감이 생기며 정말 산이 잘 생깃따고 소리을 하고 십다. 송강사 여장을 휴식을 하는돼 방을 세 방을 주는돼 아주 늘버며 휴식을 하는돼 좋은 곳이라고 생각이 들더라. 우리가 어른들을 대리고 왔쓸 때는 어른을 늙 생각을 하고 마음돼로 놀지을 못하는데 오늘은 청년회원들이 와서 밤이 세두록 놀며 잘들 노며 아들이란 너킴이 더는구나(1989. 3. 6).

오늘은 우리 마을에 절먼 노소 업시 40명이 무창표와 무령사, 부여 낙화암, 관광을 잘 같다왔다. 그리고 절먼 사람들은 잘들 놀드라. 관광도 마을 단체 가는 것도 동네 하합도 돼고 유대을 할 수 잇는 기해라고 생각을 이른 여행은 동네 단합을 위해서는 상당이 도음이 대리라고 생각을 한다. 우리 부부는 이번관광을 잘 같다 왔따고 생각을 한다(2000. 9. 1).

여행이 주는 정상적 공간의 거리두기 및 연대성 확보라는 측면 이외에도 욕망, 쾌락 및 놀이가 공존하는 공간으로서의 관광은 일탈과 흥미라는 기제를 통해 각박한 일상의 벗어나기, 해방감 등과 같은 심리적 휴식을 제공한다.

"저녁 식사을 하고 다들 잠자리에 들으가는데 여자들이 제주도 와서 잠 잘라고 여기 왔는가 하며 여자들이 노래을 부려면서 놀든가 디스크 홀에 가자고 아우성이드라. 아우성에 못 잊겨 홀에 같더니 자신도 홀에 멧 번은 간 경험이 잊찌만 이처름 성행위을 육체미 좋은 아가씨가 행동을 하고 잊는데 넘하지 않나 하는 너킴이며 여자들은 난생 처음 들으온 사람은 다들 놀랏따고 자신은 생각을 한다. 우리 일행들은 나가서 춤을 천 사람은 멧 명이고 다들 구경만 하고 마라쓰며 몸매 좋은 아가씨들 춤에 놀라쓰며 그저 춤을 처며 여사잊게는데 성행위 시범을 보이는 여자들 정말 눈길이 가며 자신은 이것보다 더한 대가 잊쓸크라는 생각도 들으쓰며 몸매 좋은 아가씨들 춤 때문에 가정이 파탄이 돼는 률도 잊따고 생각이 더는구나. 그리고 이곳에 들으온 사람들은 성의 욕꾸을 다들 가지리라고 생각을 한다. 그리고 자신도 춤을 추어쓰며 오늘 저녁은 여자들 때문에 재미잊깨 보낸 셈이다. 이곳은 가정에 충실한 사람은 이곳을 몰라야 한다고 생각을 한다"(1990. 9. 12).

3. 과거에 대한 이야기, 미래에 대한 이야기, 그리고 개인 일기

일기는 한 사람의 과거사와 그 개인이 살았던 시대를 알게 해 주는 열쇠와 같다. 일기를 통해서 현재와 완전히 다른 새로운 과거의 현실을 느낄 수 있다. 일기는 성격, 사고방식, 그리고 어떻게 개인이 살아왔는지를 이해할 수 있는 개인에 대한 이야기이다. 그리하여 일기는 개인의 삶의 경험을 이해하고 연구하는데 가장 중요한 자료 중의 하나이다.

보통 이야기는 서론, 본론, 결론 혹은 머리말, 본문, 맺음말 등과 같은 3단 구성이 일반적이다. 하지만 일기는 독자와 같은 제3자를 고려할 필요가 없이 붓 가는 데로 쓰는 것으로 하루를 성찰하는 자신과의 자유로운 대화이다. 서론, 본론과 같은 틀이 없이 자유로운 형태가 권순덕의 일기에서도 잘 드러내고 있다:

> 우리 마을은 절먼 사람이 더 수을 못하는 것 같다. 오늘 운상을 한 박세춘도 53세 일기로 세상을 터나쓰니 이것은 청춘이 아깝따고 말을 하고 십프며 이 사람은 절머스부터 돈 한 푼을 벌개따는 욕심이 업는 사람이라고 말을 하고 십고 그리고 일평생 술로 한세상을 보낸 사람이라고 생각을 한다. "올해 세천년도 우리 가정에 행복과 건강을 함깨 하는 해가 돼어주고 새해도 밝은 우섬을 가지두록 기원하고 십다"(2000.1.1).

케년(Gary M. Kenyon)과 랜들(William L. Randall)은 『우리 삶에 대한 이야기 재구성(Restorying Our Lives)』에서 사람이 된다는 것은 이야기를 갖게 되는 것을 의미하는데, 이는 단순한 이야기 이상으로 이야깃거리가 되어야 한다고 주장한다.[4] 이야깃거리는 개인이 경험한 파편적인 사건들을 넘어서서 과거, 현재, 미래의 시간적 연속성 속에서 겪은 경험과 감성이 있어야 되고, 단절적인 과거, 현재의 경험과 미래의 비전에 시간적 계속성을 제공되어야 한다. 기억 이론가인 쉑터(Daniel Schachter)는 『기억 탐구: 뇌, 마음 및 과거(Searching for Memory: The Brain, the Mind, and the Past)』에서 이야기 구성의 다양성에 대해 설명하고 있다.[5] 그는 우리가 만들어 낸 이야기는 다양한 요소들로부터 생성된다고 주장하는데, 예를 들면, 실제로 일어났던 과거의 사소한 정보, 미래에 일어날 수 있는 일에 대한 생각, 그리고 기억을 할 때 우리를 인도하는 신념 등이 있다. 우리의 기억은 쉽게 잊혀지지만 과거로부터 회상했던 일들, 현재에 믿고 있는 일들 및 미래에 관해 상상했던 일들의 종합적 산물인 것이다. 다시 말해, 일기는 과거, 현재, 미래의 의미가 동시에 담겨 있는 이야기이다. 이와 같은 맥락에서 일기의 내용은 단지 과거의 상태만을 서술한 것이 아니라 과거, 현재, 미래라는 통합적 관점에서 해석될 수 있어야 한다. 이는 일기의 내용을 이해하기 위해서는 개인이 경험한 것을 시간의 흐름 속에서 파악해야 함을 의미한다. 권순덕도 꾸준히 과거나 현재에 경험했던 일들을 그 당시에 끝내지 않고 미래의 비전과 인생의 긴 여정 속에서 계속적으로 재해석하는 과정을 반복한다.

> 이제는 농민들의 휴일은 끝이 난 셈이다. 오늘이 보름이니 촌에는 보름이 지나며 다들 바푼 일손이 돼니 이제는 휴일은 업따고 본다. 내일부터 일을 해야 하며 금년도 풍년이 돼어야 하는 마음 뿐이다(1987. 2. 12).

---

4) Gary M. Kenyon and William Lowell Randall, 1997, *Restorying Our Lives: Personal Growth Through Autobiographical Reflection*, Westport, CT: Praeger.

5) Daniel Schachter, 1996, *Searching for Memory: the Brain, the Mind, and the Past.* New York: Basic Books.

> "금일은 침종한 벼씨을 싹 티우기 작업에 들어같쓰며 작년에도 침종을 먼저 해서 모재리 하는돼 물이 업쓰서 생외을 먹어는돼 올해도 물은 업고 모재리 해야 하고 그 신경 상당이 쓰이며 모재리을 할려고 나는 물로 할려고 준비을 해서 같다 하지 못하고 그냥 오고 마랐쓰며 내년에 서들어서 할 필요가 업따고 본다. 외냐하면 뒤에 하면 따라만 하면 돼는돼 앞쓰서 하면 마음적이나 육체적이나 더 힘더는 것은 사실이다. 앞푸론 뒤 따라가야 하겠다"(1987. 4. 8).
>
> "우리 운이 때문에 극정이 크다. 공부만 하라고 하며 하기 실어서 죽는 시늉이다. 그리고 공부만 하면 억찌로 하니까 열리 나는 형편이니 큰 극정이다. 외냐하면 나중에 자라서는 아빠가 외 이래 두어쓸까 하고 원망이라도 하지 않을까 하고 극정이 대어지는구나"(1987. 4. 15).
>
> 금일은 우리 마을래서 어른들이 구경을 가는 날이며 절먼 사람도 같이 가자고 하는돼 자신은 가지 않아쓰며 농촌도 정말 살기 좋은 시절이라고 생각을 한다. 외냐하며 수안보로 모욕을 가자고 하며 모욕하로 같쓰니 정말 좋은 시절이다. 모욕가는돼 관광 뻐스을 내서 가니 다들 형편은 좋다고 생각을 하는 바이다(1988. 1. 21).
>
> 오늘은 물가과 20% 이상 올라간다고 이야기들이 만아서 복합비료도 내년 봄이 대며 올라 갈 끄라는 생각에 자신이 복합비료 40표을 대신 분소에서 띠어 왔쓰며 만물이 하로가 다르개 올라가는돼 비료인들 외 안 올라가개나 하는 생각에 오늘 비료을 사와는돼 남들 자신과 같은 생각을 가진 사람들이 비료을 만이 사료 왔드라(1997. 12. 24).
>
> 요줌 띠부이에서 98年 1월에는 경유값 대폭 오른다고 방송을 하여서 자신은 면세유 400리터 경유을 드리 낫쓰며 정부에서는 사재기을 부채질을 하고 잊다. 외냐하면 국민은 아무겄도 모르는돼 태래비전은 물가 인상이 을마 돼며 때로는 대폭 올라간다고 야단을 처고 잊쓰니 국민이 부란해서 사지개을 하고 잊다. 현재 우리 농민들이 비료 사재기 하여찌 기름 사재기 하여찌 월론[언론]에서 무엇을 부채질을 할련지 불안하구나. 월론에서 떠들어 돼서 득도 잊찌만 손실도 만이 따른다고 생각을 한다(1997. 12. 29).

일기에서 보듯이 권순덕은 즐거움과 걱정이 혼재해 있다. 하지만 적어도 그는 여러 가지 상황 속에서도 계획을 갖고 있다. 예를 들면 하루를 어떻게 진행시킬지, 무엇을 할지를 대략적으로 모든 일들을 상상한다. 어떤 식으로든 계획을 세우지 않으면 알 수 없는 미지의 미래를 극복할 수도 없고 긴장감에서 벗어 날 수 없다. 특히 어떤 일을 결정을 해야 할 때 가상의 시나리오를 만들지 않으면 안 된다. 선택할 일이 어떻게 벌어질지를 예상한다. 만약 반대의 선택을 했을 때 일어날 사건이나 방향을 미리 가늠해 본다. 그런 연후에야 결정을 내릴 수 있다. 사람에 따라 상대적으로 미래 지향적인 사람이 있고, 과거 지향적이 사람이 있다. 그럼에도 불구하고 모든 사람은 미래를 생각한다. 이런 의미에서 덴마크 철학자인 키르케고르가 말했던 것처럼 우리의 삶은 과거로부터 이해되지만 반면에 미래를 바라보며 산다.

권순덕의 일기는 그가 그의 삶을 어떻게 살았는지에 대한 문제가 아니라, 일기를 통해서 그의 삶이 해석되거나 재해석되고, 일기에서 재구성되면서 그가 누구인가를 알아가는 과정에 대한 문제이다. 권순덕의 자아 정체성은 일기를 쓰고, 재구성해가는 과정에서 만들어지게 된다. "인간은 심중하게 생각을 해서 말을 해야 한다고 절시리 너켜다"(1986. 1. 16). 권순덕은 일기를 통해서 개별적인 사건에만 치중하지 않고 그의 삶에서 영향을 미치는 가족, 친척, 마을 공동체, 국가라는 맥락에서 자신을 이해하고 있다. 그는 그의 과거, 미래 등을 이야기할 때 현재와 관련하여 재구성하고, 이러한 과정을 통해서 자신만의 정체성을 형성해 간다. 이런 의미에서 맥애덤스(Dan P. MaAdams)와 맥클레인(Kate C. McLean)이 개념화한 이야기 정체성(narrative identity)은 시사하는 바가 크다. 맥애덤스와 맥클레인에게 이야기 정체성이란 개인에게 내재화되고 서서히 전개되는 인생이야기를 통해 과거를 재구성하고 미래를 상상함으로써 삶에 어느 정도의 통일성과 목적을 부여하고, 자신만의 자아를 형성하는 것이다.[6]

4. 농민으로서의 세계관

권순덕의 삶의 목적은 자식들을 대학에 보내 성공시키는 것이다. 자신의 즐거움과 꿈을 포기하고 아이들에 대한 보살핌과 가족에 대한 사랑을 간직하는 것을 가장 중요하게 생각한다. 그리하여 자녀들이 공부를 하지 않고 성적이 떨어지는 상황을 맞이하면 낙담을 하게 되고, 권순덕 자신에게 큰 불행으로 나타난다.

> "오늘날까지 자식들 대학 보내겟따는 희망으로 절급게 살라왔는데 이제는 절벽에서 뜰어진 너킴이며 이재는 살라가면 뭇[무엇] 하겟나 하는 심정며 이재는 뒤에서 도는 자식들 공부하라는 기력도 업는 실정이다"(1990. 7. 21).
> "이 몸 이 세상에 갑어치 업씨 살라저는 한이 있쓰도 너위들이 갑찌게 살라주두록 눈 떠며 너위들의 극정이며 너이들이 공부을 하지 아니하며 인생에 삶매 보람을 어찌 뭇하며 너위들의 이세에깨 그 고통을 물리주게 돼는 법"(1988. 5. 17).

또한 그는 열심히 일하는 것을 강조하고, 근검절약하는 것을 중요시하며, 과소비하고 도박과 같이 낭비하는 것을 죄악시한다.

> "앞 공장에서 더위에 돈을 벌어서 상점에 와서 돈을 쓰고 집배 가지 않코 술 마쉬는 사람들을 보니 머리 말을 해야 할 줄 모려겠쓰며 사람이 이 더위에 수고을 만이 해서 어느 정도 술을 마시는 것은 인정을 하지만 너무 가하다고 생각을 하며 우리 갈더며 십 원 한 장도 허때게 쓰기가 아까울 꼣이며 마음적으로는 가만이 두고 십원 마음이

6) D. P. MaAdams and Kate C. McLean, 2013, "Narrative Identity", *Current Directions in Psychological Science*, 22(3): 233-238.

다"(1988. 8. 3).

"자신이 생각을 할 때 우리 정부가 귀가 찬다. 외냐하며 나만 이는 인생이 을마 남지 않아따면서 노는 데 낭비만 하고 절먼 사람은 절머서 관광하며 놀자리만 찾고 잊쓰니 우리 국민 중에 어뜬 개충[계층]이 절약해야 하는지 생각조차도 할 수 업쓰며 이르다가는 보리고개의 고충을 넘가할[능가할] 고충이 올까 극정이 돼는구나"(1991. 8. 15).

농부로써 권순덕은 농업이 가장 중요하다는 중농주의적 관점을 갖고 있다. 한국이 부강해지려면 공업 중심의 경제와 정책을 더욱 농업 중심으로 바꾸어야 한다고 생각한다. 그래서 그는 농민을 천대하지 말고 농업정책의 일관성을 유지하여 농업이 더욱 발전할 수 있도록 해야 한다고 주장한다.

"정부는 공업만 발달하며 정부가 부강해서 선진국이 돼는 줄 알라도 농업이 황폐저며 뿌리 업는 나무가 재아무리 성장을 한들 아무 소용이 업쓰며 모든 것이 기초부터 다지야 하며 그리고 전부가 고루 살라야지 한 곳을 짓빨고 살라야 그것은 머지않아 뒤발피는 현상이 중복으로 살라갈 수가 업다고 본다"(1989. 11. 17).

외냐하며 정부 잘몿으로 못 사는 농민들 남외 빛을 더 늙가주고 있따는 것을 정부는 생각을 하고 있는지 도무지 알 수가 업다. 농민들 땀 흙리서 농사을 짓어노면 극정이 태산같다. 왜냐 매년 들 밭는다고 그러치 않으며 나누어서 멧 푸로식 밭는다고 법석을 부리는 정부 기가 찬다. 정부도 농민들 천대해서는 부강해절 수가 없는돼 너무들 하고 있따고 생각을 한다(1986. 1. 13).

"농민들이 살 자리가 업는가. 농산물이 한 가지도 값이 좋은 것이 없쓰니 농민이 잘 살 수가 업쓰며 선거 때만 대면 농민들을 달삭하게 만드는 것이 한국 정책이라고 생각을 한다"(1987. 11. 9).

농부인 권순덕은 생태학적 세계관을 갖고 있다. 자연과 사회를 대립적인 관계로 보거나 아니면 자연이 인간에 의해 착취당하고, 통제되어야 하는 대상이라는 계몽주의적이고 기계론적인 세계관보다는 인간과 자연의 균형과 화합을 주장한다. 그는 농사는 하늘의 도움이 없이는 풍년이 불가능하다고 보고, 자연의 뜻을 따르고 순응해야 한다고 생각한다.

"매년 농사 멋찌게 원을 푸러보두록 짓어볼란다 하고 욕심과 열정을 다 해도 안 대며 하늘과 인간의 마음과 일치을 해야 풍년 농사가 돼지 하면서 잊제는 농사에 열정이 씩어저는구나"(1989. 8. 17).

"농민의 땀의 대까는 앞푸로의 낡씨에 자유돼니 농민의 땀을 하늘레서 주고 잊쓰며 농민의 힘은 아무 곳에도 필요가 업는 결과가 돼고 잊쓰며 농민이 제 아무리 땀을 흙리서 농사을 짓어나어도 낡씨 한 번 희적끄리며 다들 숭년이 돼고 마니 농민의 가슴이 다들 탄다고 말을 하고 십다"(1990. 7. 16).

정치적 측면에서 볼 때, 권순덕은 학생, 노동자들의 시위, 데모 등과 같은 반정부 활동을 탄압과 박해를 무릅쓴 자기희생이라는 관점에서 보기보다는 자기 이익을 추구하는 활동으로 파악하는 자유주의적 정치관을 갖고 있다. 그에게 민주주의는 직업 정치인들이 중심이 되는 대의제로 간주한다. 권순덕 본인은 농업에 종사하면서 경제적 이득을 추구하고 일을 하면 되고 정치는 정치가들이 하면 된다고 생각한다. 그에게는 아이들을 공부시키고 행복한 가정생활을 추구하는 것이 가장 중요하고, 정치참여는 부차적인 것이 되고 마는 것이다. 오늘날 누리고 있는 민주화와 자유로움은 투쟁을 통해 쟁취되었다고 생각하지 않는다. 그래서 정치참여란 가치 있고 좋은 것이라 생각하지 않고, 이에 대해 부정적이다. 그는 데모, 시위와 같은 정치참여가 집단의 이익을 추구하는 활동이라고 인식하고 있기 때문에, 이들의 참여는 정치를 혼란하게 하고 국가 전체의 안전을 파괴하는 것으로 간주한다. 심지어 잘 살기 위해서는 권위주의적 정부로 회귀해야 한다고까지 주장하고 있다.

> 그리고 전국적으로 대학생들이 대모을 끄짐업씨 벌리고 있쓰며 자신에 생각을 할 때에 너무 가격하다고 생각을 하며 재산 피해을 주는돼 불만이며 자신이 생각을 할 때에 학생들이 정권을 뒤집필 수도 업따고 보며 정권 문제로 대학생이 앞푸로 너무나 만이 다칠 것을 생각을 하니 극정이 앞쓰는구나(1986. 11. 21).
>
> 요줌 노사 분규가 일어나서 심각할 정도로 심하며 심지어 낮품을 하는 직장까지 봉금 인상 해달라고 야단을 칠 뿐 아니라 볍석을 부리고 있는 것을 보니 여사 일이 아니며 이것들이 합이 댄다고 해도 공장에 후유정이 상당이 클 꺼으로 내다보며 이것들이 합이가 댄다면 국가 공무원이 들고 일어쓰지나 안을까 하고 염려도 사실 댄다(1987. 8. 8).
>
> "노사 분규가 김천 택시까지 들어왔쓰니 정부로 바서는 기가 찬다. 그리고 정부는 서로가 정권만 잡을라고 서로가 바락이며 정부에서 안정을 찾지 못하니까 학생은 학생되로 노사는 노사돼로 홀란을 만들고 있쓰니 정부가 바로 갈 수가 업따고 보며 현재 우리 정부로 바서는 학생, 글로자, 국민 한 사람도 어건남이 업씨 뭉치야 국가 살라갈 수 있는 이귀[위기]라고 생각을 하고 있쓰며 그러치 않고 계쏙 노사 분규을 한다면 이번에 폭우로 국가 손실과 노사 분규 손실을 따지며 돈 때문에도 국가는 자연 소멸 할 당계까지 와있따고 생각을 한다"(1987. 8. 28).
>
> "정부가 힘이 업따는 것을 절시리 알 수가 있꾸나. 외냐하며 정부 공무원이 농성을 부리고 있쓰며 철도 공무원이 오늘 자정을 기회서 자기들의 요구 조끈을 들어주지 않는다면 철패을 한다고 농성을 부리고 있는 것을 볼 때에 정부가 불란하구나.. 자신은 이려깨 생각을 해본다. 국민의 살 길은 아직은 독재을 쓰서 정치가 필요하다고 생각을 한다"(1988. 7. 24).

5. 일상생활에서 나타나는 미래이미지

미래이미지는 대중이나 개인들이 소유하고 있는 미래의 다양한 가치, 인간의 태도 및 심성, 사회제도, 신, 집단, 인간의 관계, 상호작용 형태 등에 대한 모습으로 정의될 수 있다. 미래이미지는 인간의 정체성 형성, 행동의 방향, 의사결정과 관련되어 있는 의식·생각과 관련되어 있다. 이것은 기대, 예상, 희망, 두려움 등의 개념과 동일시되기도 한다. 미래이미지가 중요한 것은 미래 지향적인 사람은 학업성취도가 높거나, 위험을 줄이는 방향으로 행동하기 때문이다. 또한 미래가 긍정적인 사람은 어려움이나 위기 상황에 부닥쳤을 때 비관적인 사람보다 스트레스를 더 잘 다스리는 경향이 있다. 그 결과 낙천적인 사람이 일을 더 잘 수행하고 성공적인 삶을 살 가능성이 높다.

미래와 관련된 시간개념을 언급할 때 미래학자들이 자주 사용하는 것은 단기, 중기, 장기 미래이다. 미래학자들에게 단기 미래는 1~5년, 중기 미래는 5~15년, 장기 미래는 15년 이상을 의미한다. 일반 사람들은 몇 년 후에 일어날 일과 관련하여 이야기할 때 '앞으로', '조만간', '향후', '앞으로", '곧' 등의 약간 모호한 단어를 사용한다. 말하는 사람에 따라 정의하는 미래의 시간이 각각 다르다. 어떤 사람에게 단기는 3개월, 중기는 6개월, 장기는 1년이 될 수도 있고, 다른 사람에게는 단기는 1년, 중기는 2-3년, 장기는 5년이 될 수도 있다. 다른 모든 사람들처럼 권순덕도 미래와 시간에 대해 큰 관심을 갖고 있다. 그는 먼 미래에 대한 관심보다는 가까운 미래에 더욱 관심이 있다. 1986~2000년에 권순덕이 쓴 일기에서 미래와 관련된 어휘를 살펴보며 다음과 같다(〈표 1〉 참조).

〈표 1〉 『아포일기(1986~2000년)』에서 미래와 관련된 어휘의 빈도(빈도수, %)

	장래	미래	두려움	희망	앞푸로/앞푸론	개핵	총계
1986~2000년	9(0.7)	2(0.2)	0(0.0)	21(1.6)	1,002(78.7)	239(18.8)	1,273(100)

권순덕은 장기 미래를 나타내는 '장래', '미래'와 같은 단어보다는 단기 미래를 나타내는 '앞푸로·앞푸론(앞으로)' 및 '개핵(계획)'과 같은 어휘를 주로(97.5%) 사용한다. 페인(Ruby K. Payne)은 그녀의 저서 『빈곤을 이해하기 위한 분석틀(A Framework for Understanding Poverty)』에서 계층에 따라 시간과 미래에 대한 생각이 다르다고 주장한다.[7] 빈곤층은 생존을 위해서 그 순간과 현재를 위한 결정에 관심을 갖고, 중산층은 미래를 중시하여 미래에 일어날 일의 결과를 고려하여 의사결정을 한다. 반면에 상류층은 전통과 역사를 중시하고 전통과 예절다움의 관점에서 의사결정을 한다. 권순덕은 소규모 농지와 가

7) Ruby K. Payne, 1996, *A Framework for Understanding Poverty. Fourth revised edition*, Highlands, TX: Aha! Process, Inc.

족노동에 의존하는 소농에서 자작농, 중농, 대농으로 짧은 시간 안에 경제적 부와 안정을 달성하였고, 사회적으로도 마을의 유지로서 일정한 지위와 권위를 세울 수 있었다. 실제 그는 결혼 후 경제적 어려움을 극복하기 위하여 농한기에 구미 등과 같은 인근 도시에 나가 건설현장 등에서 도시노동자로 일하였다. 또한 농촌에서도 소규모 공장이 들어서게 되자 아내와 같이 마을 인근 공장에서 품을 팔아 돈을 벌었다. 이렇게 단기간에 이룬 경제적 안정은 자신을 뒤돌아보고 먼 미래를 생각하기보다는 현재의 문제와 생존을 위한 문제해결방식에 주안점을 둘 수밖에 없게 만들었다. 이런 맥락에서 권순덕도 계획과 단기 미래의 중요성을 강조한다.

> "사람이란 개핵을 세우서 뛰는 자는 제 아무리 뛰어도 지치지 안는 법. 개핵 업씨 뛰는 자는 쉽게 지치고 만다. 사람이란 개핵을 세우서 열심히 한다면 이것이 행복이며 사랑이 따라오게 마련다"(1989년 9월 30일).

그가 생각하는 미래이미지는 국가의 미래나 전지구적 차원의 미래보다는 가족의 미래에 집중되어 있다. 그의 가족 중심의 미래상은 '가족주의적 압축적 근대성'과 밀접한 관련이 있다. 오치아이(Emiko Ochiai)에 따르면, 가족주의의 특징은 타 공동체에 비해 가족을 우선시하고, 가족내에서도 개인보다 가족 전체를 우선시하며, 가족관계의 미래와 사회의 미래를 동일시하는 것이다.[8] 여기에서 알 수 있듯이 권순덕에게는 핵가족 중심의 가족주의가 그의 미래상에도 투영된다. 그의 일기에서 자신에 대한 구체적인 미래상은 서술되지 않고 있다. 마을과 공동체에 대한 미래에 대한 언급은 없고 국가의 미래는 암울하다. 정치인들이 제대로 정치를 하지 못하기 때문이다. 자신의 미래는 오직 아이들의 미래로부터 결정되고, 자식들이 공부를 열심히 하고 좋은 성적을 얻었을 때에 큰 기쁨을 얻는다. 그는 미래의 삶을 성공적으로 만드는 동력은 열심히 일하고 공부하는 길에 있다고 생각한다. 그에게는 다른 어떤 사회적 배경이나 정치적, 경제적 인맥보다 성공의 지름길은 오직 공부만이 가능하다. 특히 좋은 대학에 들어가는 것이 행복한 삶의 지름길로 여겨진다. 또한 자신의 미래에 대한 불확실성은 아이들이 공부를 하지 않아서 시험성적이 저조할 때 나타난다. 아이들의 성적은 권순덕의 행복과 불행의 시금석이 되고 자식의 시험 결과가 가족 미래상에 그대로 반영된다.

> 금일은 새해다. 금년 새해는 정말 보람 있고 알찬 생할이 돼두록 노력을 할 끄시며 그리고 우리 가정에 행운이 같이 하기을 바라며 또 자식들이 아무 탈 업시 무럭무럭 자라주기을 누구보다 아빠의 마음이다(1987. 1. 1).
>
> 혜지는 아빠가 공부을 하라고 저위 방에 가라고 하며 공부한다고 말을 그창하게 이

8) 홍찬숙, 2015, "동아시아 가족주의의 현재와 미래: 압축적 근대성, 성찰적 근대성", 『아시아리뷰』, 4(2): 283-301.

야기는 하고서는 공부을 하지 않코 잠만 자고 있쓰며 부모 마음은 공부을 잘해서 저의 반에서라도 잘 한다는 말을 드러쓰며 하는 마음 간절하며 아빠는 너위들이 공부을 하여주어쓰며 이 아빠의 간곡한 소원이며 너위들만 밑고 이 아빠의 한평{생}을 밭치리라 (1987, 9. 11).

부모의 마음은 자신이 돈을 벌어서 재산을 모우는 기쁨보다 너이들이 공부 잘하는 모섭 너의 얼굴 바라보는 그 기쁨이 나예깨 소원이였쓰며 너위들이 잘 자라서 남외께 뒤저지 않는 자신이 대귀을 소원이여쓴는돼 이재와서 무산이 돼어버린 것이 아닌가 하고 이내 몸 서러어리라." "너의 아빠는 처음부터 내 몸이 부스저는 한이 있쓰도 자식을 대학 문특에 들린다는 결심을 가지고 살라왔쓰며 부모 유산을 만이 바다서 대학을 시킨다는 결심을 했쓰며 이 아빠가 셔렵찌 않으리라(1988. 10. 22).

오늘 자식들의 통지표 밭다오는 것을 보고 큰 실망을 하여다. 외냐 자신은 그래도 아들 대학을 시킬라고 정말 열심이 하여쓰며 그래도 눈 떠며 공부을 해야 한다 공부하지 않으며 아빠처름 평생을 땀을 흙리며 살라야 한다 육년만 고생을 하며 평생을 수라게 살라간다 자신의 지해을 다 쓰서 이야기을 했쓰며 그 말들이 한 마뒤 들어주지 않아쓰며 자신의 속은 참아야지 하면서도 참지 못하고 아이들래깨 성질을 내고 마라쓰며 자신은 아주 실망을 하여다. 오늘날까지 자식들 대학 보내겟따는 희망으로 절급게 살라왔는데 이제는 절벽에서 뜰어진 너킴이며 이재는 살라가면 뭇[무엇] 하겟나 하는 심정며 이재는 뒤에서 도는 자식들 공부하라는 기력도 업는 실정이다(1990. 7. 21).

이 아빠 너위들이 공부을 하지 않코 있쓰며 이 아빠 일하기 실어저며 이 아빠는 너위들 때문에 매일같이 땀을 흘리고 있쓰며 이 아빠 실망하지 않캐 열심히 했다오. 너위들이 열심희 해도 돼지 않는다면 이 아빠 서운하지 않으리라(1989. 5. 10).

그리고 오늘이 혜영이 생일이며 혜영이 생일 날 아무것도 하지 말고 빵 사달라고 해서 실찌 생일은 먼저 번에 차저 먹은 셈인돼 오늘 포장류로 혜영이 생일을 마지하여쓰며 우선 바서는 혜영이가 제일 똑똑한돼 앞푸로 노력을 하여서 원하는 학교에 들어가서 공부을 잘하는 것이 이 아빠는 소원이다(1989.8.8).

권순덕의 가족중심주의적 미래관은 농업의 미래에도 투영된다. 새해와 송년회를 보낼 때도 농민으로써의 농업의 미래에 관한 내용은 없다. 가장 중요하게 기원하는 것은 가족의 건강과 행복이다. 또한 농업의 미래를 농민으로서의 자신의 미래와 연관시키기보다는 자식의 미래와 직접적으로 연결시킨다.

금년 한 해도 자식들 몸 건강이 잘라주고 우리 가족 건강하게 세해을 마지하여 기원하는 바이다(1988, 1. 1).

앞푸로 농민의 앞길이 문제가 아니라 농민의 자식의 앞길이 문제이며 농민의 부모들 자식에 이 큰 제을 어찌 하리까(1986. 1. 31).

내 욕심 같떠며 일 년이 십 년 세월이 돼어주도 실치는 안타고 말을 하고 십다. 88年 해는 자신의 소원은 풀은 셈이지만 우리 혜지 소원을 풀지 못해서 잘 가라고 손을 헌들어 줄 해는 못 댄다고 말을 하고 십꾸나. 내일이며 89年 새해과 마지하는구나. 세해는 온 가족이 소원 성치을 하는 해가 돼어주기을 자신의 심정으로 빌게노라. 89年에는 우리 혜영이 여고에 좋은 성적으로 들어간다면 다른 소원은 하지 않캐노라. (이 아빠) (1988. 12. 31)

6. 양면성과 가치 갈등

양면성은 우리 삶의 특징 중의 하나이다. 양면성은 대상이나 가치에 있어서 두 가지 이상의 태도나 감정을 갖게 되는 것을 말하는 것으로, 인간 언어와 사고의 본질적인 특성이다. 서로 맞지 않는 성질, 가치 등이 공존함으로써 애매모호함을 나타낸다. 그래서 양면성은 혼란을 초래하고 불확실성을 가중시킨다. 양면성은 근대성 논의에서 빠질 수 없는 주된 논의 중의 하나이다. 원래 근대성은 명확성과 명료성을 추구한다. 합리성과 이성의 근대성 논의에서 양면성은 근대적 사고에 맞지 않는다. 하지만 사회, 문화의 합리화는 개인이 누릴 수 있는 행위의 자유가 확대되는 흐름과 관련이 있고, 이는 다양성이라는 가치의 긍정적 발달 과정으로 이해될 수 있다. 또한 합리성의 추구는 많은 문제를 야기한다. 하버마스(Jürgen Habermas)에 따르면, 합리성은 가치 합리성과 도구적 합리성으로 나누어진다. 도구적 합리성에 근거한 근대성은 부정적 측면이 노정되어 있고, 가치 합리성에 근거한 근대성은 긍정적 측면이 내재화되어 있다. 다시 말해 근대성은 본질적으로 양면적인 측면을 갖고 있다.

권순덕은 정치적 이념과 투표행위에 있어서 양면적인 태도를 보이고 있다. 권순덕의 이념은 보수주의적 성향을 보이고 있지만 투표는 야당 대통령 후보에게 하였다. 권순덕은 자신의 이념 성향에 따라 투표한 것이 아니라 야당 후보를 결정한 후 투표를 하여 자신의 정치적 정체성에서 혼란을 보여 주고 있다.

> "노태우 대통령 들어쓰고 농촌에 일이 수란 너킴이 만이 받다따. 외냐하면 여름에 만은 비가 오지 않아서며 물날리을 만나지 않아쓰며 강우량도 알맡게 와서 농사일에 극정을 하지 않아쓰며 아직 태풍이 일 년에 두 셋 개식은 지나가는돼 올해는 태풍 하나 업씨 농사을 다 잘 짓은 편이며 그에다 올림픽을 아무 탈 업씨 치룬 것을 볼 때에 노태우 대통령은 복이 만은 사람이라고 생각을 하며 어진 편이라고 말을 하고 십꾸나." 그리고 이번 대통령은 과반수의 득표을 못해서 그려치 김대중, 김영삼 씨의 이런 사람보다는 자신이 볼 때는 득망이 만은 사람이라고 생각을 하며 이번 대통령 잘 선출이 돼어따고 생각을 한다. 자신은 노태우 대통령에깨 득표을 주지 않아찌만 이재와서 생각을 할 때에 선출이 잘 돼어따고 생각을 한다(1988. 10. 7).

권순덕은 정치적으로는 보수적이면서도 통일에 있어서는 진보주의적 성향을 보이고 있다. 보수와 진보를 나누는 기준은 국가의 개입과 개인 인권에 대한 범위 문제, 사회문제의 원인을 개인으로 보느냐 사회구조로 보느냐의 관점, 북한에 대한 견해, 그리고 미국에 대한 시각으로 나뉠 수 있다. 전통적으로 보수는 국가 개입의 최소화와 인권 신장에 관심이 적고, 사회문제의 근원을 개인적 차원으로 돌리고, 북한에 대해서 비판적이고, 미국을 호의적으로 보는 경향이 있다. 진보는 그 반대이다. 권순덕은 통일에 대해 진보적인 견해를 보이고 있다. 정부가 북한을 정치적으로 이용하는 반공주의적 이데올로기에 분명한 반대를 보이고 있다. 북한을 북괴로 부르는데서 알 수 있듯 한국 전쟁과 반공 이데올로기에 영향을 받았음에도 무조건적인 통일을 주장하고 북한을 도와야 한다는 포용 정책을 지지하고 있다.

> 그리고 정부에서는 외 국민을 불안하게 하는지을 알 수가 업쓰며 정부는 북한에서 언재쯤 남침을 할 우래가 있따면서 부란을 주며 오늘날까지 정부는 북괴을 들먹이며 정치 무기을 삼고 있는돼 이것을 좀 시정 좀 했쓰며 하는 생각이며 오늘날까지 우리 역사가 내리오면서 이북을 들먹이며 정취을 하는 것을 보며 정취 능력이 부족한 사람들이 정권을 쟁취해서 거러타고 자신은 생각을 하고 십다(1987. 1. 15).
>
> 중단대어뜬 남북 회담이 오늘 오전을 기회서 열려쓰며 진정 통일을 원한다면 쌍방에 의견 차이로 중단이 돼어는돼 이재는 의견을 차이을 둘 필요가 무었시 인나. 북한 동@료(포)들 하자하는 돼로 한다면 우선 접촉이 될 끄시며 우선은 손예가 가고 채면이 쓰지 않는 한이 있쓰도 통일을 성사 시키며 그것이 이기는 일이며 외면의 차이로 또 중단된다면 우리 쪽에도 통일의 의사가 업따고 자신은 말을 하고 십다(1988.8.19).
>
> 이번에도 남북 적십자 회담이 의견 차이을 좁피지을 못하고 무산이 돼고 마라따니 통일 회담이 외 번번이 실패돼는 위유을 몰개쓰며 이번에 한번 더 접촉을 한다니 그때을 기대을 해보야 하게꾸나. 통일에는 무선 족끈이 있쓸 수가 업따고 본다(1988.8.20).

인간의 내면성을 규정짓는 보편적 원리로서의 도덕은 지극히 주관적이고 타자와의 관계 속에서 변화·발전한다. 도덕적 양면성은 반대되는 혹은 다른 가치가 충돌되었을 때 두드러진다. 한국 사회의 급속한 근대화 과정은 도덕적 양면성을 심화시키는데 기여를 했다. 권순덕도 여러 가지 측면에서 도덕적 양면성을 보여 주고 있다. 농촌에서 도박은 농번기인 겨울철에 집중적으로 일어난다. 권순덕도 도박을 하면서 도덕적인 딜레마에 빠진다. 도박을 해서는 안 된다는 당위론과 술도 먹고 돈도 벌고 하면서 겨울의 무료함을 달래려는 욕구 사이의 갈등을 하고 있다. 마을 사람 일부가 불법 도박으로 경찰의 단속에 걸리는 불상사까지 생겼어도 권순덕은 도박을 계속한다. 그는 도박을 통해 돈을 벌게 되면서 더욱 도박에 심취하게 된다. 하지만 도덕의 경계선에서 줄타기를 하며, 도박중독증에 걸리지는 않는다. 그는 도박은 위험하고 비도덕적인 것으로 교육을 받았고, 도박이 비윤리적인 놀이의 전형성을 보여 준다고 믿는다. 오늘날에는 슬롯머신, 룰렛, 포커, 바카라, 경마, 경륜, 소싸움, 경견, 투견, 투계 등이 있지만 그 당시 농촌에서는 화투와 동전치기가 유행하였다. 권순덕에게 도박은 두 가지 다른 가치의 충돌이다. 도박의 비도덕성과 도박을 통해 무료함을 달래고 경제적인 이익을 얻으려는 개인의 욕구 사이의 갈등이다.

“금일은 윤정희 형님 칠순이라고 동내에 술 대집한다고 일 그들어주어쓰며 동내에서 윤 씨 집안이 만타고 하지만 신부름 할 사람이 업쓰며 우리는 집안이 적다고는 하지만 신부름에 지장을 주지는 안아는돼 집안이 만타고 해도 좋은 점을 느킬 수가 업떠라. 그리고 오늘은 술 준다고 해서 그른지 동내 방이 비잡뚝록 모여서 놀며 처음부터 도박이 부터있쓰며 자신은 마음이 이섯나 남외 일 때문에 참석을 못하지만 어뒨가 모러게 마음이 끌리는 것은 사실이나 실찌 참석을 하지 않아 득을 본다고 생각을 한다. 그리고 한자리에서 도박을 구경만 할려고 있는돼 동장이 투자 좀 해달라고 사정을 하는 바람에 말려들어서 12,000원 일어서 이 돈을 찾는돼 밤 11시 경에 본을 찾고 7,000원을 더 수입을 보고 그만 자리에서 일어나고 말라쓰며 오늘도 판돈이 만으며 밤을 세우도 끝이 나지 않을 껏 같더라. 자신도 이번에 내 돈을 다 일고 마라야지 도박을 보지 않는데 조금이라도 수입을 바서 이것이 문재가 돼지 않을까 하는 생각과 염려가 돼는구나. 도박은 돈을 일련 사람은 살라가지만 도박에 돈을 따면 인생의 길이 흐러저기 시운 일.”
수입에 … 도박에 처음 수입 7,000원 (1989. 2. 18)

“우리가 생각을 해볼 때에 도박에 손 대고 술, 단배 다들 한다면 겨울 한 철례 일 년 영농비는 충분이 들어간다고 생각이 돼며 만이 간다고 하며 일 년은 공산다고 바도 무리돼는 말은 아닌 것 같다. 이것을 하로 저녁에 먹어버리니 어찌 얼굴에 색이 변하지 않캐녀냐. 이것은 처음 시작부터 잘못이라고 바야 한다. 그리고 이 사람들은 하로 생활을 한 번식 생각을 하는 사람인지 알 수가 업더라”(1989. 2. 21).

그래도 우리는 간이 적으서 판에 키지을 못하게쓰며 엽패서 구경만 하고 마랐쓰며 한참 구경을 하고 있쓰니까 밤 9시경에 순경이 문을 열고 한참 도박을 하는 과정을 지키밧쓰며 이 동내는 문재라면서 전그물로 화토와 담노 이것을 일부 돈과 압수을 하여가면서 뒤전에 있는 사람은 그냥 두고 도박을 한 사람은 다들 이름을 적그 가면서 내일 지서로 전부 오라고 하면서 가버리더라. 자신은 다행이 방에서 돈 노리도 하지 않코 구경만 하여쓰며 그 나머지는 다들 직접 도박은 하지 않아도 뒤전에서 돈 노리을 하여쓰며 다들 한 묵끔이라 해도 무리되는 말은 아니며 실찌 자신은 할려고 마음은 있쓰도 판이 너무 크기 때문에 화지 안아서 모면했따고 생각을 한다(1989. 2. 24).

Ⅱ. 1980-90년대 농촌의 상황과 농업정책, 그리고 권순덕의 삶

소순열 · 이성호

지난해 우리 연구팀은 농민 권순덕의 1969년부터 1985년까지의 일기를 정리하여 『아포일기』 1, 2권으로 출간한 바 있다. 이후 1년 동안의 작업을 거쳐 이번에 1986년에서 2000년까지의 일기 기록을 『아포일기』 3, 4권으로 펴내게 되었다. 일기장에 자신의 생활을 정리하고 미래의 목표를 적기 시작한 1969년, 20대의 청년이었던 저자 권순덕은 1980년대 중반에 40대를 넘어서게 되었다. 따라서 『아포일기』 3, 4권은 그의 40대와 50대 시절의 생활을 담은 기록이다. 작년의 『아포일기』 1, 2권에 이어 이번에 3, 4권을 출간함으로써 우리는 근대적 개발의 그늘에 놓여 있던 한 농민의 일생을 가지런히 정리할 수 있게 되었다.

1. 40~50대의 권순덕의 생활

1944년에 태어난 권순덕은 1980년대 중반에 40대로 접어들었다. 고향 마을에서 소작농으로 출발한 그는 (이미 『아포일기』 1, 2권에서 확인한 것처럼) 20~30대 시절을 안 해본 것 없이 일만 하면서 보냈다. 젊은 시절에 생활기반을 마련하겠다는 목표를 이룰 수 있는 길은 더 많이 일하는 것 밖에 없었던 그는 농사일뿐 아니라 건설공사장의 막노동도 마다하지 않았다.

40대에 이르러 그는 새 집을 짓고 자신의 농지를 마련하는 등 어느 정도 생산 및 생활기반을 마련한 중농으로 변모하는데 성공하였다. 한 가지 변하지 않은 게 있다면, 그것은 여전히 자신과 가족의 과도한 노동에 의존해서 농사를 짓고 있다는 점이다.

20대 시절 농촌 생활의 불투명한 미래를 두고 고민하던 그의 모습은 1980년대 중반에 와서는 더 이상 보이지 않는다. 도시로 나가서 성공해야 하겠다는 젊은 시절의 꿈은 이제 자녀들을 통해서 실현되어야 할 계획이 되었다.

고향 마을에서 비교적 안정적인 생활 기반을 마련한 그는 1980년대 중반 이후의 일기에서 중년의 삶의 태도를 보여주고 있다. 봄이 오면 누구보다 먼저 농사 준비를 시작하고, 농사철에는 새벽부터 저녁 늦게까지 자신의 몸을 혹사하는 부지런한 농민이지만, 젊은 시절과 달리 이제는 과중한 노동이 힘에 부친다. 너무 힘들어 일을 줄여야 하는데, 아직 자녀 교육도 끝나지 않았고 결혼도 시키지 못했으니 “앞푸로 아직 맨 년은 해야 됀다고 보는데 이재는 일도 급[겁]”이 나기 시작한다(1993. 6. 6.). 특히 한여름 뙤약볕 아래서 일을 하다 보면

"진땀은 말을 할 수도 업시 흙르내리고 입이 저절로 버러저며 이러다가는 사람 죽겟따는 생각이" 들기도 한다.

무엇보다도 권순덕에게 가장 크고 중요한 관심사는 자녀의 장래이다. 어떻게든 자녀들을 대학까지 가르치고 생활 기반을 마련해서 도시로 내보내야 한다는 생각은 그의 젊은 시절 체험에서 우러나온 삶의 지식이다. 그래서 1980~90년대의 일기에서 가장 많은 지면을 차지하고 있는 내용은 단연 자녀들에 관한 이야기이다.

권순덕의 20~30대 시절 농사일은 전형적으로 가족노동, 특히 부부의 노동으로 이루어졌다. 40대 이후에도 권순덕 일가의 농사일은 부부의 노동으로 꾸려지고 있다. 특징적인 것은 당시 농촌 노동의 전형적인 남-여간 분업이 권순덕 부부의 농사일에서는 두드러지지 않는다는 점이다. 논, 밭, 과수, 축산 등 농업의 모든 영역에 걸쳐 있는 그들의 농사일에서 논농사는 주로 권순덕이 맡아 하고, 과수 농사는 주로 부인이 한다는 정도의 분업 이외에 그들 부부에게 농사일의 구분은 없었다. 부부가 같이 나가서 종일 논 일을 같이 하고, 밭작물을 심을 때가 되면 또 부부가 같이 가서 종일 일을 한다. 심지어 30대 시절 부인은 논농사를 위해 경운기 운전을 배워 직접 경운기를 몰고 다녔다. 그리고 저녁에 집에 들어오면 소 먹일 풀을 베러 같이 낫을 들고 들로 나갔다. 40대 이후에도 권순덕 부부는 논, 밭, 과수할 것 없이 대부분의 농사일을 같이 다니면서 하고 있다. 그래서 동네 사람들로부터 금슬 좋은 부부라는 이야기를 듣기도 하지만, 사실 이것은 과중한 일거리와 노동 부담 탓이 크다.

그런데 일이 자신의 힘에 부치는 것을 느끼기 시작하면서 권순덕에게 부인의 과도한 노동에 대한 걱정과 그로 인해 건강을 해치게 될 것이라는 걱정이 점차 커지고 있다.

> "요줌은 부인을 일을 하며 피료하다는 말을 자주 하고 잇다. 이것은 부인이 일에 지쳐잇다는 신호라고 바야 하며 자신이 부인의 건강을 쟁기주야 하는데 그러지 뫃해서 피료하다는 말이 나오두록 아니 육체적인 피료가 오두록 만들어따는 것이 미안하다"(1994. 7. 22.).

그래서 그는 수확을 생각하기보다는 "일손 적은 것을 우선으로 해야 한다고" 생각하기도 한다(1994. 4. 21.). 이러한 점에서 자신과 가족의 건강 문제가 40대 이후 권순덕의 주요 관심사가 된 것은 중년이 되면서 점차 건강에 대해 더 관심을 가지게 되는 일반적 현상과는 약간 다른 측면이 있다. 이는 한편으로 젊은 시절의 과도한 노동의 결과이면서, 다른 한편으로 고생한 아내에 대한 측은함의 표현이기도 하다.

20대 시절, 그는 성공하기 전까지는 마을 행사를 비롯하여 어떤 행사에도 참여하지 않겠다고 결심했던 바 있다. 그래서 그는 마을의 행사나 주민들의 경조사에 참여하지 않고, 일기에 미안한 마음을 글로 남기곤 했다. 심지어 친가와 외가와도 거의 왕래를 끊고 지냈다. 그런데 40대가 된 1980년대 중반 이후 그는 마을 행사에 빠지지 않고 참여하며, 주민들의 경조사에 누구보다 열심히 부조하는 마을의 중견 인물이 되어 있다. 친척의 경조사에도 빠짐없이 참여하고, 장모뿐 아니라 출가한 처제의 가족 등 처가 식구들과도 왕래가 빈번해졌다.

40대의 권순덕은 마을에서도 안정된 사회적 지위를 획득한 것으로 보인다. 마을 회관의 모임에 빈번하게 참여하여 시간을 보내고, 주민들과의 교류도 젊은 시절에 비해 한층 활발해졌다. 또한 1987년에는 마을 개발 위원이 되고, 마을 주민들의 땅을 가로지르는 상수도 공사 현장에서 진행된 집단 항의에 참석하기도 한다(1993. 8. 5.). 또한 1995년에 마을 주변에 건설 예정인 물류 단지 공사를 저지하자는 마을 회의를 주도하고, 시장과 지역 국회의원을 항의 방문하고, 주민의 반대 시위를 주도하기도 한다. 1996년 2월에는 마을의 복합터미널 유치 반대 운동을 주도하여, 진정서를 작성, 경상북도와 상공회의소, 영남일보 등을 찾아다니며 마을 주민의 의사를 전달하는 활동을 하기도 한다.

어느 정도의 경제적 안정과 중년의 나이를 기반으로 그의 사회관계도 한층 넓어지고 활발해지기 시작했다. 초등학교 동창회의 간부직을 맡아서 서울, 대구 등 외지에 나가 있는 동창들의 경조사에 대표로 참여할 뿐 아니라, 고향에서의 동창회 행사를 주도하여 외지에서 모인 동창들을 집으로 불러 접대하기도 하였다. 자신의 가족과 형제 관계에 국한되어 있던 친족관계도 1980년대 후반 이후 점차 확대되어, 처남, 처제, 동서 등 처가 식구들과의 만남과 교류가 한층 빈번해지기 시작하였다. 그리고 오랫동안 소식이 끊겨있던 외가 식구들과 교류가 다시 이어져서 경조사에 참여하게 되었다.

자녀들이 성장하여 1980년대 중반 이후 세 자녀가 대학에 입학하고, 아들 운이는 군 생활을 하며, 두 딸이 결혼을 하게 된다. 이에 따라 중년 가장으로서의 권순덕의 자녀에 대한 관심의 영역도 학업, 진학, 취업, 결혼 등으로 자연스럽게 전환된다. 초기에는 중학교와 고등학교에 다니는 자녀들의 훈육과 학업성적 등으로 고민이 많지만, 아들 운이가 군에 입대한 이후 그의 자녀에 대한 관심은 자녀들의 미래에 대한 관심으로 전환된다. 자녀들이 도시에 기반을 마련하게 하기 위하여 아파트를 미리 구입하기도 하고, 취업한 딸의 결혼에 대하여 걱정을 하기도 한다. 그렇지만 이미 경제적으로 어느 정도 안정된 기반을 마련하였기 때문에, 자녀 문제에 따르게 마련인 돈 문제에 대한 걱정은 별로 없다.

고향의 농촌 마을에서 가난한 젊은 시절을 보내고 전적으로 자신과 가족의 노동에 의존해 생활기반을 닦은 권순덕은 40대 이후 경제적 안정과 고향 토박이라는 점을 바탕으로 일정한 사회적 지위를 확보하고, 사회적 관계를 확대하면서 중년의 생활 방식을 구축할 수 있게 되었다. 그러나 이 시기에도 일의 양과 규모를 줄이지는 않았다. 일기에서는 늘 일을 줄여야 하겠다고 적으면서도, 남의 땅을 빌리는 규모를 줄이지 않고 자신의 토지를 늘리면서 일은 오히려 늘어났다. 다시 말하면 일기의 주인공 권순덕 부부는 40~50대에도 늘 자신의 몸을 혹사하는, 어쩔 수 없는 농민이었다.

2. 80년대 이후 농업정책과 권순덕의 영농

(1) 1980년대 이후 주요 농업정책

1980년대 중반기에 한국 사회는 GNP 성장률이 13% 내외에 이르고 국제수지도 흑자를 기록하였다. 이에 따라 이 시기에 경제정책의 방향이 고도성장에서 안정 성장으로 바뀌고 정부 주도 시장 보호 정책에서 민간주도 시장 개방 정책으로 전환하기 시작하였다. 농업정책의 방향도 이 시기에 주곡 자급 정책으로부터 시장 개방 정책으로 전환되었으며 주곡의 증산과 가격지지에 의한 농업소득 증대 정책에서 농외소득과 복합영농 및 축산・과수・채소 등 소득 작목을 통한 농가 소득 증대 정책으로 전환되었다.

이리하여 농공단지 조성에 의한 농촌 공업 개발이 시작되고, 양념 채소류와 축산업이 크게 확대되었다. 그러나 양념 채소류와 축산물 가격이 극히 불안정해지면서 농가경제가 악화되었고 농가부채는 증가하였으며, 농산물 수입이 급증하여 식량 자급률은 저하되었다.

이에 대한 대책으로 1986년 3월에 농어촌 문제 종합 대책이 발표되고, 1987년 3월에는 농외소득과 농업소득 확대, 농가부채 경감, 농촌 생활여건 개선 등을 내용으로 하는 '농어가부채 경감 대책'이 발표되었다. 그리고 그해 12월에는 농어촌 경제 활성화 종합 대책이 발표되었다. 그리고 그 정책수단으로 농외소득 확대를 위한 농공지구 확대와 농촌지역 공장에 대한 세제 지원 강화, 농업소득 확대를 위한 영농자금 공급 확대, 농어민 후계자 육성사업 강화 등이 제시되었다.

1989년 이후 본격적인 농산물 개방이 진행되면서 농업정책의 방향은 농업의 국제경쟁력 향상과 구조 개선으로 전환되었다. 그리고 1993년 우루과이 라운드 협상이 타결됨으로써 생산 중립적인 소득정책과 생산 기반 정비, 구조조정 등의 농업정책으로 전환하게 되었다.

이후 1989년부터 1994년까지 3차에 걸쳐 농업 구조조정을 목표로 한 종합 대책이 발표되었다. 제1차(1989.4)로 발표된 '농어촌 발전 종합 대책'은 농림 수산업의 구조 개선의 촉진을 위하여 농어촌진흥 공사를 설립하고 농지 관리 기금을 신설하여 농지구입자금을 융자하며, 영농조합과 위탁영농회사를 육성하도록 하였다. 그 외 농외소득원 개발 촉진, 면 단위 정주권 개발계획 수립, 농수산물 가공 산업 육성, 사과・배・돼지고기 등과 화훼산업을 수출산업으로 육성하는 것 등이 중요 시책이다. 제2차는 1991년 발표된 '농어촌 구조 개선대책'이다. 1989년의 종합대책을 구체화하여 1992∽2001년 10년 동안 농어촌 구조 개선을 위해 42조 원을 투자한다는 계획이다. 1994년, 제3차로 발표된 정책은 1989년 이후 일련의 종합 대책을 계승하고 42조 원의 구조개선 사업을 2001년에서 1998년으로 앞당겨 완료하는 한편, 15조 원의 농어촌특별세를 신설하여 재원을 확대하였다.

1980년대 중반 이후 정부에 의해 발표된 주요 농업정책의 내용과 특징을 간단히 정리하면 다음과 같다.

① 농어촌종합대책(1986. 3.)

1986년 3월 5일에 발표된 「농어촌 종합대책」의 추진 배경은 "…소값 파동에 따른 손실과 농가부채의 증가" 등으로 어려움을 겪고 있는 농어촌에 대해 "국가개발 전략의 차원에서 종합적인 대책을 마련"한다는 것이었다. 대책의 기본 방향으로는 ① 농어촌 주민의 취업 기회를 확대하기 위해 농어촌 공업을 도입하는 시책을 본격적으로 추진하며, ② 소득원을 다양화하고 농수산업의 구조 개선을 촉진하기 위한 농정의 전환, ③ 생활환경 개선, ④ 대책의 효율적 추진을 위한 제도 개선의 실천 등을 제시하였다. 구체적인 조치는 '농어촌개발 종합대책'과 '부담 경감을 위한 당면 조치'의 두 부문으로 구성되어 있다.

농어촌개발 종합 대책으로는, ① 농외소득원의 개발 촉진을 위해 농어촌 지역 공장에 대한 세제 지원, 1991년까지 농공지구 100개 지정, ② 농수산 소득원의 확충을 위해 연리 5%에 20년 상환의 농지구입자금을 신설하고, 농어민 후계자 융자금을 1인당 700만 원에서 1,000만 원으로 증액, ③ 농어촌 생활여건 개선, ④ 1988년까지 5,000억 원의 농어촌개발 특별기금을 신설하여 연리 5%, 상환기간 3~20년의 중장기 저리 자금 공급, ⑤ 대책 추진을 위한 제도 개선의 일환으로 농업 진흥 공사는 농어촌 진흥 공사로, 농어촌개발공사는 농수산물유통공사로 개칭하며, 산림청을 내무부에서 농수산부로 이관하고, 농어촌 종합개발 방식과 지역별 예산편성 방식을 도입하여 군 단위 종합개발계획 수립 등이다.

부담 경감을 위한 당면 조치는 '최초의 부채 대책'으로서, ① 1983~1984년 소 입식자금에 대해 1985·1986년의 이자 614억 원을 2년 거치 3년 분할 상환케 하고, 소 입식 자금·주택 개량 자금·영농 영어자금의 금리를 10%에서 8%로 인하, ② 수리시설 개보수 사업비의 70% 융자를 보조로 전환, ③ 유가공 제품과 과즙음료에 대한 특별소비세 10%를 면제한다는 것 등이었다.

② 농어가 부채경감 대책(1987. 3.)

1986년의 '농어촌 종합 대책'에 의해 농어가의 부담이 연간 1,950억 원 가량 줄어들 것으로 추산되었다. 그러나 이 대책의 성과가 나타나기까지에는 장기간이 소요되는 데 반해 당장에는 부채가 농어촌 경제를 어렵게 하고 있으므로 이에 대한 특별대책이 필요하다는 취지에서 정부는 1987년 3월 16일에 「농어가부채 경감 대책」을 발표하였다. 그 내용은, ① 연간 24.2%의 농어촌 사채를 연리 8%의 정책 자금 5천억 원과 14.5%의 상호금융 자금 5천억 원으로 대체한다. ② 중장기 자금의 금리 9~12%를 8%로 인하하며, 영세농의 경우 3%로 인하함과 동시에 상환기간도 3년 거치 7년 분할 상환하도록 한다. ③ 1983~1984년에 방출한 소 입식자금의 이자를 축산진흥기금에서 대납하여 농가에는 무이자로 하며, 연체 금리를 2% 인하한다. ④ 농지구입자금의 금리를 14.5%에서 5%로 인하한다는 것 등이었다.

농어가 부채 경감 대책의 효과로는 농어촌의 단기부채의 상환 부담을 덜어준다는 것, 사채 대체자금의 지원에 의한 이자 부담 경감과 중장기 정책 자금의 금리 인하 및 소 입식 농가에 대한 이자 면제 등으로 부채 농어가의 이자 부담액이 1987~1989년의 3년간 연평균 2,520억 원이 줄어든 것으로 추정되었다.

③ 농어촌경제활성화종합대책(1987. 12.)

농어촌의 부채 문제는 기본적으로 소득증대를 통해 해결하는 것이 바람직하다는 인식하에 정부는 1987년 12월 9일 자로 「농어촌 경제 활성화 종합 대책」을 발표하였다. 그 내용은 연리 8%의 영농 영어자금 규모를 확대하고, 3월의 부채 경감 대책에서 지원한 사채 대체 특별 상호금융 자금 5,000억 원의 금리를 14.5%에서 10%로 인하하며, 중장기 자금의 상환기한을 5년 거치 7년 균분 상환(연리 8%) 조건으로 연장한다는 것이었다. 또한, 수리시설에 대한 정부의 보조율을 70~85%에서 100%로 확대하고, 단보당 15kg 이내의 농지개량조합의 장기채 이자 부담액을 전액 국고에서 부담하며, 농조의 일반 조합비 단보당 평균 23.7kg을 10kg 이하로 인하하여 그 차액을 국고에서 지원하기로 하였다. 그 밖에 농기계 공동 이용 조직과 산림개발에 대한 지원을 확대하였다. 이 시책을 통해 농어민의 부담은 연간 약 3,104억 원 경감된 것으로 추정되었다.

④ 농어촌발전종합대책(1989. 4.)

1989년 4월 28일 정부는 "농어촌 발전을 촉진시키기 위한 근본적이고 종합적인 대응책을 마련함으로써 21세기를 향한 농정의 새로운 청사진을 제시"한다는 취지에서 「농어촌 발전 종합 대책」을 발표하였다. 1986년 이후 세 차례의 부채 경감 대책이 "단기 대책 중심의 지원, 제도 미비 등으로 농어촌 문제의 근본적 해결이나 자생력 회복에는 미흡"하였기 때문에 이번 대책의 기본 방향은 다음과 같이 설정되었다. 첫째, 근본적인 대책의 제시로 농어촌에 대한 확고한 방향을 설정하기 위하여 농어촌개발에 대한 중장기 계획을 수립한다. 둘째, 중장기 정책 방향 하에서 부담을 경감하고 지원을 확대하여 당면 농어촌 문제의 해결 방안을 강구한다. 셋째, 농어촌개발 촉진을 위한 법적·제도적 장치로서 농어촌개발 촉진을 위한 특별 조치법을 제정하고, 농어촌공사를 설립하며, 직업훈련과 생계비 지원 등 전업 지원 제도와 추진체계를 마련한다. 그리하여 2000년대의 농어촌은, ① 상업적 전업농어가가 중심이 되어 능률적 규모의 경영을 하며, ② 농공이 병존하는 농어촌 지역경제권이 조성되어 농외소득원이 확충되고, ③ 쾌적하고 편리한 생활 정주공간으로서의 농어촌이 될 것이란 청사진이었다.

「농어촌 발전 종합 대책」의 중점 추진 시책은, ① 농림 수산업 구조 개선의 촉진, ② 농산물 가격 안정과 수요 개발, ③ 농외소득원 개발 촉진, ④ 농어촌 정주권 개발, ⑤ 농어민 부담 경감과 농어가 경제 안정, ⑥ 농수산물 수입 자유화 예시 보완대책의 차질 없는 추진, ⑦ 농수산 행정체계의 개선 등으로 구성되었다. 이 대책의 세부 시책에 의해 몇 가지 중요한 변화가 이루어졌는데, 우선 「농업 진흥 공사」가 자본금 5,000억 원의 「농어촌 진흥 공사」로 바뀌어 1993년까지 2조 원 규모로 조성된 농지 관리 기금으로서 농지구입자금 지원 및 농지 장기임대 등 농지 유동화 사업을 담당하게 되었다. 농업진흥지역 제도가 도입되었으며, 영농조합과 위탁영농회사가 설립되었다. 일반은행 · 지방은행도 농지를 담보로 농어민에게 융자할 수 있게 되었으며, 첨단 응용기술 · 현장 애로기술 등 특정 연구 · 개발사업이 시행되었다. 농산물가격 안정 사업의 일환으로 돼지 · 닭 · 우유 등에 대해 생산자 단체의 자조금제도가 도입되었다. 면 소재지를 중심으로 10개년 정주권 개발계획이 수립되기 시작하였으며, 군이 자체 수익사업을 벌여 개발 재원을 마련할 수 있게 되었다. 농어민 부담 경감 대책으로서 영농 영어자금과 농기계 구입 자금의 금리가 8~11.5%에서 5%로 인하되고, 1983 · 1984년 소 입식자금의 상환기간이 5년 거치 5년 분할 상환으로 연장되었으며, 농지개량조합의 조합비에 대한 정부 보조가 확대되었다.

이 대책은 농어촌의 부채 문제에 대한 단편적 · 대증요법적 처방에 그쳤던 이전의 부채 대책과 달리 구조적 · 장기적인 해법을 모색하였다는 점, 농정 이념이 형평에서 효율로 바뀌었다는 점, 정책 대상이 농업에서 농어민 · 농어업 · 농어촌으로 확대되었다는 점에서 농정사상 의미가 큰 것으로 평가된다. 또한, 이 대책을 법적 · 제도적으로 뒷받침하기 위해 「농어촌발전특별조치법(1990. 4)」, 「농어촌진흥공사 및 농지관리기금법(1990. 4)」이 제정되었으며, 1986년에 제정되었으나 시행이 유보되었던 「농지임대차관리법」의 시행령이 다시금 제정(1990. 9)되었다.

⑤ 농어가부채경감특별조치(1989. 12.)

1989년 12월 30일 전문 6조와 부칙으로 구성된 법률 제4172호 「농어가 부채경감에 관한 특별조치법」이 공포되었다. 제안 설명에 의하면 이 법은 "3차에 걸친 대책을 추진하였으며, 농어가 소득 증대를 위한 중장기 대책을 추진 중에 있으나 이와 같은 대책의 효과가 나타나기까지는 상당한 기간이 소요되므로 당면한 농어가 부채 부담 경감 및 경영비 절감을 통한 농어업 생산성 향상을 도모"하도록 하기 위해서 제정되었다. 그 주요 내용은 중장기 자금과 상호금융의 자금의 이자 감면 · 상환 연기에 관련된다. 먼저, 상환기간이 2년 이상인 중장기 자금의 경우 2ha 미만 농가에 대해 법 시행일로부터 5년 거치 후 5년 동안 균분 상환하도록 상환 기간이 연장되고, 금리는 경지면적 0.7ha 미만 농가에 대해서는 무이자, 0.7~2ha 미만 농가에 대해서는 연리 3%로 인하되었다(법 제3조). 상호금융 자금의 경우 2ha 미만 농가에 대해 상환기간이 3년 거치 후 7년 동안 균분 상환하도록 연기되었고, 금리는 0.7ha 미만 농가에 대해서는 무이자, 0.7~2ha 미만 농가에 대해서는 연리 5%로 인하되었다(법 제4조). 금리 인하로 인해 발생되는 금융기관 등의 손실은 정부에서 이를 보전해주도록 하였으며, 지원 대상자를 심사하는 '심사위원회'가 읍 · 면 · 동에 설치되었다. 이 조치를 통해 연간 2,199억 원의 부담이 경감되는 것으로 추정되었다.

⑥ 농어촌구조개선대책(1991. 7.)

1989년 4월에 발표된 「농어촌 발전 종합 대책」에서는 농림 수산업의 구조 개선 촉진을 제1의 중점 시책으로 설정하고, 농어촌 진흥 공사를 설립하여 농지 관리 기금으로 농지 유동화 사업을 하도록 하는 등 몇 가지 구체적인 구조개선 사업에 착수하였다. 그러나 거기에서는 농어촌의 구조 개선이 정책의 기본 방향으로 정립된 것은 아니며, 재원이 뒷받침되지 않았다. 이에 정부는 1991년 7월 「농어촌 구조 개선대책」을 발표하고 구조 개선 사업을 본격적으로 추진하기로 하였다.

「농어촌 구조 개선대책」에서는 먼저, 1992년부터 2001년까지 10년 동안 총 42조 원의 자금을 투자한다는 계획이 수립되었다. 이는 경쟁력 제고 분야에 35조 5천억 원, 농어촌 활력 증대 분야에 6조 2천억 원을 투자한다는 계획이었다. 농어촌 구조개선 사업의 일환으로 집단화된 우량농지를 농업진흥지역으로 지정하여 여기에 투자를 집중한다는 방침에 따라 1992년 1백만 8천 ha의 농지가 농업진흥지역으로 지정되었으며, 농지를 비농업 목적으로 전용할 경우 기존의 대체농지조성비 외에 '농지전용부담금'이 부과되었다. 또한 농산물 수입 관세와 배합사료 등에 대한 부가가치세, 농지전용부담금을 재원으로 하는 '농어촌 구조 개선특별회계'를 설치하기로 하여, 1992년에 1조 1,219억 원, 1993년에 2조 3,303억 원, 1994년에 2조 8,416억 원, 1995년에 4조 5,285억 원의 농특회계 자금이 조성되었다. 그 밖에 연 1만 명의 농어민 후계자를 육성하고, 한계농지를 다목적으로 개발한다는 방침이 구조 개선 사업에 포함되었다. 구조조정에 따른 보완대책과 농어촌 활력 증대 분야의 사업으로는 이농 인력의 재촌 취업과 고령・무의탁 농어민에 대한 사회정책적 지원대책을 강구하기로 하였으며, 농어촌 생활 환경과 교육 여건의 획기적 정비, 농공단지 확대 조성 등 다양한 소득원 개발 등이 제시되었다.

「농어촌 구조 개선대책」은 42조 원의 구조 개선 사업 재원을 확보하도록 한 점, 향후 10년에 걸쳐 추진할 농정의 기본방향과 정책수단을 제시한 점에 의미가 있다.

⑦ 기타 농민에 직접 영향을 준 몇 가지 농업시책

◇ 영농후계자

1981년 농어민 후계자 육성사업이 도입되었다. 사업 초기에는 35세 이하였으나 1992년부터는 40세 미만으로 변경, 후계자 육성 자금은 전액 국고로 지원되고 1인당 지원 규모는 본인들의 영농설계에 따라 차등 지원된다. 사업 초기인 1981년에는 평균 400만 원 정도 지원되었으나 점점 확대되어, 1997년 무렵에는 2천에서 5천만 원까지 차등 지원하였다. 지원 조건은 초기에는 1인당 600~800만 원의 자금을 연리 5%로 3년 거치, 4년 균분상환이다. 자금용도는 농지와 농기계 구입, 시설 설치, 가축입식, 초지조성, 종묘 구입자금 등이다. 이후 평균 1400만원씩 지원을 받았고 후계인력의 42%가 축산업 종사자이다.

◇ 전업농 육성

전업농육성사업은 1989년 농어촌 발전대책의 일환으로 전업농 중심의 농어업인력개발 촉진계획이 수립되어 구체화된 것이다. 1992년부터 연간 1,000명 정도 농어가를 선정하여 5,000만 원의 정책 융자금을 전액 국고에서 지원하는 것을 내용으로 하고 있다. 선정된 대상 농가는 연리 3%의 농지구입자금과 농기계 구입자금, 그리고 임차료 선급금을 무이자 5년 상환 조건으로 지원하는 장기임대차 지원 등 농가 지원 정책 사업에 우선 지원 혜택을 제공하였다. 모든 정책사업에 우선지원되었다.

◇ 농지구입자금 지원

농지 구입자금은 정부가 경쟁력 강화를 위한 농업구조 개선 사업의 일환인 농지규모화 사업으로 추진된 것이다. 농지규모화 사업은 농지구입자금 지원과 장기 임대차사업, 교환분합 사업 등으로 '농어촌 발전 종합 대책(1989)'에 의하면 전업농가를 대상으로 집중적으로 지원하였다. 연리 3%, 20년 상환 조건으로 지원되었다.

◇ 농기계 반값 공급

김영삼의 대통령 선거공약으로 '국가지원으로 농기계를 반값으로 공급'하는 사업이 추진되었다. 1993년에 시작되어 1997년까지 진행되었는데, 내용은 정부가 농업기계를 구입하는 농가 또는 농업기계 이용 조직에 농업기계 구입비의 절반을 지원하는 것으로 되어있다. 이 사업을 통해 해당 농가들은 호당 평균 2,350만 원을 정부 보조금 20%, 융자 70%, 자부담 10%의 비율로 융자 받았는데, 연리 3%, 1년 거치 4~7년 상환 조건이었다.

(2) 권순덕의 영농

1980년대 중반 이후 권순덕의 농사는 그 규모 면에서 우리 사회 중농의 수준을 훨씬 넘어서는 수준에 달하였다. 매입을 통해서 소유 농지를 늘렸을 뿐 아니라 타인의 농지를 임차하는 규모도 줄이지 않았다. 1991년 일기에 "내 농사가 43마지기"(1991. 5. 26.)라고 적었던 그는 1995년에는 "우리 부부가 일하는 것이 56마지기나"(1995. 5. 25.) 된다고 기록하였다. 그래서 늘 힘들어하고 일을 줄여야 한다고 생각하였다. 그러나 "만약에 오래 짓개돼며 집사람 죽일 것 같다서 내년에는 내 농사만 짓깨다"(1991. 5. 26.)고 했지만 이듬해에도 전혀 농사 규모는 줄어들지 않고 "42마지기 농사일을" 부부의 노동으로 다 감당하였다. 그 이유는 두말할 것도 없이 소득을 늘이는 데 있었다. 그래서 "마당에 280개라는 벼 가만이가 싸여 잇는 저 모섭을 볼 때 싸여 잇는 피료가 다 풀리는 기쁨"(1992. 10. 31.)을 느낄 수 있었다.

논농사 규모가 매년 약 40~50마지기 정도에 달했을 뿐 아니라, 자두, 복숭아, 사과, 포도 등 다양한 과수 농사를 짓고 있었으며, 연평균 약 10마지기에 달하는 채소 농사도 하고 있었다. 이처럼 마을에서 가장 많은 농지를 경작하는 축에 속했던 권순덕이 그 정도의 농사를 감당할 수 있었던 첫 번째 배경은 부부의 경제적 안정에 대한 열망과 그것을 뒷받침하는 부지런함임에 틀림없다. 그리고 다른 한편으로 1980년대 들어 진행된 정부의 농업정책과 지원 또한 그 배경에 자리하고 있다.

이미 앞에서 정리한 바와 같이 1980년대 이후 정부는 농업정책의 기조를 개방농정으로 전환하였다. 그 결과로 발생하는 농산물 가격 하락, 농업 생산 쇠퇴, 농가 부채 급증 등의 문제에 대한 대응으로 종합 대책 등이 발표되었다. 이는 농민들에게 현실적으로 농업과 농민에 대한 지원 방안을 제공하는 것을 의미했다. 일기를 보면 권순덕은 이 시기에 비교적 빠른 속도로 영농기계화를 실현해 나갔다. 1986년 이앙기를 구입하고(1986. 6. 10.), 1987년에는 경운기 구입을 위해 융자금을 받았다(1987. 11. 29.). 그리고 1990년에는 정부 보조를 통해 트랙터를 구입하였다(1990. 3. 27.). 그리고 10년 후인 2000년 그는 다시 1년 거치 7년 상환의 조건으로 1천만 원을 융자 받아 트랙터를 교체하였다. 1991년에는 써레질을 기계화하였으며(1991. 5. 11.), 1993년부터는 직파기를 구입하여 사용하기 시작하였다(1993. 3. 4.). 또한 직접 구입하지 않더라도 콤바인을 이용하여 탈곡(1990. 9. 30.)을 하는 등 농사일에 기계화의 비중이 높아졌다.

정부에서 지원하는 농지 구입자금은 농지 규모를 늘리는 데 상당한 도움을 주었다. 일기에서 권순덕은 농지구입자금 지원이 농민들에게 땅을 가질 수 있게 해주기 때문에 말할 수 없이 좋다고 전제하면서 "농촌에 좋은 씨앗이 될 수 잇는 사람에께 투자을 시키서 큰 열매을 어들 수 잇는 사업이 돼기을 바란다"(1991. 1. 14.)고 적고 있다. 이를 통해 전업농들은 농지 구입자금의 지원에 상당한 기대를 가지고 있었음을 알 수 있다.

농사 규모가 점점 커졌기 때문에 권순덕 부부의 노동이 줄어든 것은 아니지만, 기계화로 인해 영농 규모를 늘리는 데 상대적으로 부담이 적었던 것은 틀림없다. 기계화 영농을 체험하면서 그는 농사 규모에 대한 자신감을 가지게 되었던 것으로 보이며, 부부의 초과 노동에 대한 어려움을 토로하면서도, 규모를 줄이지 않을 수 있었다.

> "작과 밭 노타리는 종일 동안 하며 15마지기는 충분이 노타리을 할 수 잇다고 보고 잇다"(1990. 3. 8.).
>
> 금년에는 트랙터 때문에 수라게 농사 일을 하는 셈이라고 생각을 한다. 요줌은 농사을 더 지어야지 하는 생각이 머리에 자주 쓰쳐가는구나(1990. 5. 10.).

1990년에 구입한 트랙터는 권순덕에게 자신의 농사일을 훨씬 수월하게 해주었을 뿐 아니라 가외 소득을 벌어들일 수 있는 기회를 제공해주었다. 논과 밭의 로타리 작업을 해주고 벌어들이는 소득이 적지 않았으며, 이 수익은 이런저런 지출은 적지 않은데 현금 수입은 적은 농사철에 올리는 것이어서 특히 가계에 큰 보탬이 되었을 것이다. 트랙터는 농사일뿐 아니라 농산물의 운반에도 활용되었으며(예를 들어, 1994. 12. 5.), 상하수도 공사장 등에서도 유용하게 이용되었다(예를 들어 1995. 3. 27.). 다만 권순덕이 트랙터로 다른 일을 하러 나가면, 그날의 자신의 농사일은 부인 이윤심의 몫이 되었다는 점에서 권순덕 부부가 자신의 노동력을 착취해서 일을 꾸려가는 가족노동 착취형 영농은 이 시기에도 변하지 않았다.

> 오늘은 (트랙터로) 벌이을 하는데 힘은 들어도 생각보다 만이 벌은 셈이다. 오늘 오전에 갈리 노타리 18마지기 ,오후에 생가리 6마지기 돈으로 따지며 150,000원 된다고 본다(1990. 5. 9.).
> 종일 트랙터 노타리을 하여쓰며 오늘 트랙터 노타리로 벌은 돈이 380,000원이 된다(1996. 5. 19.).

권순덕은 자신이 60대에 이른 2000년대 이후 점차 농사일을 줄여가고 있고, 자신의 농지와 과수원을 타인에게 임대하고 있다(최근에는 모든 농사를 모두 내주고 포도농사만 직접 해왔는데, 2014년부터는 포도 과수원도 타인에게 임대하고 농사일에서 완전히 손을 떼었다). 이는 본인과 부인이 나이가 듦에 따라 나타나는 현상이기도 하지만, 다른 한편 자녀들의 취업과 도시 이주, 결혼과 분가 등으로 인한 가족구조의 변화에 따른 가족경영의 필연적인 결과라고 할 수 있다.

3. 권순덕의 사회인식

20대 시절 가난한 소작 농민이었던 권순덕의 가장 중요한 목표는 경제적 성공이었다. 그리하여 그는 “나는 35세에는 기반을 잡으로라고 결심”(1969. 1. 3.)하고, 그 목표를 실현하기 위한 계획의 일부로 일기를 쓰기 시작하였다. 40대가 된 1980년대 중반 이후, 어느 정도 안정된 경제적 기반을 마련한 이후에도 그 목표는 변하지 않았다.

그는 경제적 성공이라는 목표를 위해 한 번도 한눈팔지 않고 자신이 가진 모든 능력과 노력을 아끼지 않는데, 거기에는 가족주의가 배경으로 자리하고 있다. 젊은 시절부터 그가 계획해 온 경제적 성공에 대한 열망은 형제와 가족, 자녀들과의 편안한 생활을 위한 것이었다. 그것을 위해서 현재의 편안한 생활을 유보하고 자신의 몸을 혹사하면서 과중한 노동을 감수할 수 있었다. 40대 이후 그의 이러한 태도는 자녀의 교육과 미래를 위한 투자로 집중되어 나타나고 있다.

> “자신원 놀로을 가서 오락을 절기기 위한 마음은 간절하지만 놀로을 가면 낭비을 꼭 하기 돼어있키 때문에 낭비을 막키 위에서 놀로을 참고 말며 이것들이 이세들을 교육을 갈치기 위에서 쓸 때 업는 돈은 한 픈도 쓰지 않코 살아온 아빠의 심정을 알면서 자라주기을 바랄 뿐이다”(1986. 1. 12.).

"남들은 어떠깨 생각을 할련지는 몰라도 아직 자신 바서는 아들 교육도 있꼬 아직 낭비을 했대게 한 푼이라도 했쓰는 안 댄다는 결심이 씃키 때문에 자신은 하지 않코 있쓰며"(1987. 2. 2.).

20대 시절, 도시로 나가서 돈을 벌겠다는 꿈을 접은 이후로 그의 경제적 성공은 토지를 마련하여 농사 규모를 키워 수확량을 늘리는 것을 의미하게 되었다. 그래서 매년 논, 밭, 과수원 등 가족노동으로 감당하기 어려울 정도의 토지를 임대하고, 거기에 자신과 부인, 그리고 때로 자녀들의 노동력을 투입하여 농사일을 해 나갔다. 그리고 계획을 세우고 차근차근 돈을 모아, 토지를 구입하였다.

그런데 1980년대 중반 이후 그의 토지 구입은 단지 수확 증대를 위한 농지 마련의 의미를 넘어서고 있다. 그의 토지 매입은 세워진 계획에 따라 실행되며, 구입 여부를 결정하는 과정에서 그는 구입 대상지의 농지로서의 가치뿐 아니라 장래의 투자 가치까지를 따지는 매우 복잡한 계산방식을 도입하고 있다. 예를 들어 1988년 밭을 매입하는 과정에서 그는 마을에서 거래되는 토지 거래가격을 먼저 알아본 후에, "위치과 나빠서 나중에 가면 갈수록 가격이 뜰러진다는 생각을 가지면서 실찌 소득이 우선은 만이 나기 때문에 대들어보는 돼 이것이 잘하는지 잘못을 하고 있는지 판단업는 생각을 가지고 행동을 하고 있다"(1988. 12. 10.)고 고민하였다. 그리고 결국 그 밭은 구입한 후에도 투자 가치를 생각하면서 토지 매입을 후회하고 있다.

"자신의 이세까지 본다면 길이 불편하며 철로 학장이 돼며 길이 업쓰저 자신이 만이 생각을 못하고 밭을 산 것이 학실하며 세대가 밖키며 값어치가 업서저는 물건이 돼고 말개쓰며 현재 바서는 봇뜰 땅 값, 상답 값보다 평당으로 본다면 1,000원 싼 편이며 났번[나쁜] 논은 자신이 더 만이 주고 산 것을 나중에는 갑어치가 업게 되어 있따는 것을 생각을 하니"(1988. 12. 29.).

또 한편으로 그는 자신이 매입한 토지가 앞으로 높은 개발이익을 남겨 줄 것이라는 기대도 일기에서 드러내고 있다. 예를 들면, 1994년의 일기에는 다음과 같이 적혀있다.

"이 땅을 살 때부터 우리 마을 앞도로과 우리 밭 쪽으로 나지 않을까 하는 풍문이 잇쓰다. 그래서 자신이 생각을 할 때에 지형적인 위치을 바서 자신의 밭은 별 손실이 업쓸 것 같아서 자신은 그 밑키로 이 밭을 산 것이 사실이다. ...... 나의 생각대로 마저가고 잇는데 재일 중료한 산업도로가 어느 쪽으로 날련지 궁금하기 짝이 업꾸나. 자신은 당산 밭에 일하로 가면 나의 머리는 하나의 공상 때문에 일이 들 돼고 잇다."(1994. 3. 6.)

권순덕은 개발이 본격화되면서 토지의 가치가 어떻게 변화하는지를 자신의 토지를 통해서 경험하기도 하였다. 1995년의 한 예를 보면, 그는 자신의 마을에서 도로 건설로 인해 쓸모없어진 자투리땅의 가격이 급등하고, "땅 한 평에 110,000원 거래를 하고 있는 것을 보고" 놀라고, "자신이 생각을 할 때는 아무른 쓸모도 업는데 막 흥정이 돼고 있는 것을 보니 이상"하다고 여겼다(1995. 2. 1.). 그런데 이 과정에서 그는 개발 사회에서 토지가 어떻게 투기재가 되는지를 이해하게 되었다. 그래서 자신의 자투리땅을 투기꾼들이 평당 "11만원 준다고 파라고 이야기을 하고 있찌만, 자신은 아직 손대기가 실타"(1995. 10. 4.)고 거절하였다.

사실 그 자투리땅을 팔지 않았던 이유는 도로가 완공되고 나면 그곳을 과일장사 터로 조성하여 세를 내줄 계획이 있었기 때문이었다(1995, 10. 2.). 그런데 2년 후 그 땅을 평당 30만 원에 매입하겠다는 사람이 나섰다. 그러나 권순덕은 그가 자신의 땅 뒤에 있는 산을 매입한 사람이기 때문에 자신의 땅을 사지 않으면 진입로를 확보할 수가 없다는 것을 알고 있었다. 그래서 "이 사람은 자신이 물러서면 따라 올 사람이다. 그려니 배 나오는 장사을 하여볼까 하는 심정이다"(1997. 3. 22.). 결국 권순덕은 평당 40만원을 요구하고, 자신의 요구대로 자투리땅의 일부를 매각하였다. 그리고 그날 일기에 자신의 심정을 아래와 같이 적고 있다.

> "그 땅을 살 때 7년 전에 7,000,000만 원 준 것이 이르게 돈이 될 줄을 몰랏다. 토지 보상으로 2,000 백 만, 이번에 2,600만 원 바다쓰며 앞푸로 남은 땅이 260평 이상이 남아 잇쓰니 이 금액도 만을 것으로 볼 때에 정말 이 땅이 나을 살리고 잇따고 본다"(1997. 3. 26.).

토지를 경작지로서의 쓸모가 아니라 투자 가치로 대하는 태도는 근대적 개발이 본격화된 이후 한국 사회의 대부분의 중산층들에게서 나타나는 공통적 현상이라 할 수 있다. 마을에서 큰 규모의 농사를 짓는 농민에 속하는 권순덕이 토지에 투자하고, 그로부터 높은 투자이익을 얻을 수 있을 것이라는 기대를 가지는 것은 어쩌면 당시 우리 사회의 분위기에서는 전혀 이상할 것이 없다. 일기에서도 확인되는 것처럼 농민 세계에서 토지가 투기재로 인식되고 거래되기 시작한 가장 핵심적인 원인은 도시 및 공단 조성, 그리고 그를 뒷받침할 사회적 하부시설의 건설 등 개발의 결과이다. 그러나 다른 한편 농업의 쇠퇴와 농가 생활수준의 악화, 그리고 농업정책의 불충분성 등 농업의 실패와 연관되어 있다.

2000년대에 오면 권순덕은 마을에서 가장 성공한 농민 중의 한 사람으로 꼽힌다. 1990년대에 그는 마을에서 가장 큰 규모의 농사를 짓는 농민 중 하나였다. 과수원, 논, 밭 등을 합해서 75마지기 이상을 경영하는 대농이고, 이앙기, 트랙터, 직파기 등의 일찍 도입하여 활용하고 그것을 통해 가외 소득을 얻기도 하던, 농업기계화를 성공적으로 실현한 농민이었다. 정부의 지원정책도 적절하게 활용하여, 농지 매입이나 기계 구입과 교환 등의 비용을 조달하였다. 소득을 높이기 위해서는 자신이 재배한 과수와 채소를 직접 시장에 가지고 나가 판매하기도 하였다. 그 결과 그는 가난한 영세농에서 비교적 대농으로 성장하는데 성공했고, 농가 평균 소득을 넘어서는 상대적 고소득자가 되었다. 그 수입으로 그는 세 자녀의 대학 교육을 어려움 없이 마칠 수 있었고, 구미에 아파트를 장만하고, 자녀를 위해 승용차를 구입하기도 하였다.

그런데 이처럼 농업을 통해 자산을 모으고 경제적 풍요를 이루는데 성공한 그가 세 자녀 중 누구에게도 농사일을 물려주려는 생각을 하지 않는다. 오히려 자녀들의 미래를 위해서는 어떻게든 농촌을 떠나야 한다고 기회 있을 때마다 말하곤 하였다.

그가 20대 시절이던 1970년에서 현재까지 35년 동안 농촌 인구는 거의 1/6로 줄었다. 농촌에서 살던 사람들 중 80% 이상이 농촌을 떠났고, 20%도 안되는 사람들만 농촌에 남았다. 권순덕은 젊을 때 돈을 벌기 위해서는 도시로 나가야 한다고 생각했고, 실제로 짧은 기간이지만 도시로 나가 일을 한 경험이 있다. 그러나 곧 돌아오고, 그 이후 한 번도 옮기지 않고 고향마을에서 농사일에 종사하였다. 그 결과 그는 다른 사람들에게 성공한 사람이라는 평가를 받고 있고, 스스로도 경제적 성공에 만족하고 있다. 어쩌면 농촌을 떠나지 않은 약 17% 가량의 농민은 어느 정도 성공한 농민들인지도 모른다. 농사일과 농촌 생활에서 어느 정도 자신의 욕구를 충족시킬 수 있었던 사람들만이 농촌에 눌러앉아 살고 있을지도 모르기 때문이다.

그런데 그중에서도 눈에 띄는 정도의 성공을 거둔 권순덕이 자녀들을 어떻게든 도시로 내보내려 한 이유는 무엇일까. 물론 권순덕 부부는 일생 동안 감당하기 힘든 과중한 노동, 자기 착취적 노동에서 벗어나지 못 했다. 그렇지만 자식들에게 농사일을 물려주지 않으려는 이유가 단지 너무 힘이 들기 때문만은 아닐 것이다. 그는 농업의 미래에 대한 희망을 가지지 못 했다. 그의 일기 곳곳에서 드러나는 것처럼, 그는 정부의 공업 위주의 정책, 자원 낭비적 정책, 농민을 희생시키는 정책으로 인해서 농업의 미래가 점점 암울해지고 있음을 확인하였다. 그리고 그로 인해 농민들 스스로도 신념을 잃어가고 있다고 생각하였다. 이것은 권순덕의 『아포일기』에서만 확인되는 것이 아니다. 오히려 이것은 한국 사회의 농민들은 대부분 느끼고 있는 사실이다. 이러한 점에서 우리는 『아포일기』를 통해서 발견할 수 있는 것은 한 농민 개인의 독특하고 특수한 삶이 아니다. 일기 속에 담긴 권순덕의 생애는 1970년대부터 2000년까지의 근대적 개발과정에서 점점 쇠퇴해가는 농업에 자신의 생애를 걸고 승부를 벌여온 한국 농민의 표준적인 삶을 보여주는 것이다.

Ⅲ. 농가 사업과 생활환경

문만용

변변히 물려받은 재산이 없이 친척들의 농사를 대신 지어주고 틈틈이 노동일을 하면서 어렵게 생활 기반을 닦아나갔던 권순덕은 1980년대 중반 이후에는 자신의 농지를 조금씩 넓혀가면서 경제적으로 조금씩 여유를 갖게 되었다. 이 시기에 두 딸과 막내아들은 모두 전문대를 졸업하고 사회생활을 시작했는데, 그의 기대대로 자식들은 그의 천직이었던 농업이 아닌 다른 직업을 갖게 되었다. 이 글에서는 혈기왕성한 젊은 가장이었던 권순덕이 어려움 속에서도 여전히 부지런히 노력하면서 어느 정도 안정된 기반을 갖춘 중년이자 할아버지가 되는 과정에서 그가 수행했던 여러 농가 사업들과 그를 둘러싼 생활환경의 변화를 소개하고자 한다.

1. 농민의 삶

젊은 시절 “대 갈림”으로 표현된 소작만으로는 충분한 수입을 확보할 수 없었던 권순덕은 틈틈이 인근의 고속도로 공사 현장이나 도시의 건축현장을 찾아 노동일을 해서 생계에 보태곤 했다. 하지만 점차 노동일은 줄이고, 농업이 그의 본업이 되어갔다. 간혹 마을 앞 공장에서 잡부로 일을 하기도 했지만(1988.8.2.) 농사일과 달리 지정된 시간 동안 계속 일을 해야 하는 노동일이 건강이나 체력의 한계를 느끼게 했다. 한편으로 자신의 농토를 조금씩 구입하면서 외부에서 노동일을 할 수 있는 여력이 줄기도 했다. 지독하다는 말을 들을 정도로 부지런히 살았던 자신의 몸의 버티지 못하자 그는 벌써 자신이 늙어 나약해졌다고 생각하고 서운함을 감추지 못했고(1988.8.22.), 1990년대에 들어와서는 농사일에 전념했다. 하지만 남의 집 일을 도와달라는 부탁을 받았을 때 할 여유가 없다고 거절하면 서운하다고 생각할까봐 기꺼이 일을 도와주곤 했다. 자전거포는 정리했지만, 동네 주민들이 필요로 하면 가서 자전거를 수리해 주었고, 동네 주민이나 친척들의 집안에 크고 작은 공사가 있을 때 가서 도와주었다(1989.8.7.).

특별한 기술이나 물려받은 재산이 없던 권순덕은 20대에 잠깐 도시생활을 경험한 이후 고향에서 농업에 매진했다. 농업은 평생에 걸친 그의 생업이었으며, 남다른 부지런함으로 차츰 자신의 농지를 구입해나갔고, 벼농사보다도 과일 농사를 통해 꾸준히 소득을 올리게 되었다. 정부의 추곡수매가 기대에 미치지 못해 많은 농가들이 논을 밭으로 변경해 과일나무를 심었으며, 그 역시 이 흐름에 동참했다. 무, 배추, 감자, 고구마 등의 작물은 형제끼리 나누어 먹기도 했지만 점차 부인이 시장에 나가 파는 양이 많아졌다(1991.10.13.).

농민들의 삶은 일 년 내내 바쁘게 돌아갔다. 겨울 한철 잠시나마 쉬며 다음 농사를 준비했지만 연중 하루하루가 고달프게 육체적 노동을 해야 했다. 그 누구보다 부지런히 일을 했던 그는 농촌에서 가장 바쁜 시기에 찾아오는 어린이날에 어린 아들과 놀아주지도 못하고 논으로 향해야 했다(1987.5.5.). 부지런히 노력해서 어느 정도 기반이 갖추어지자 "자신의 갈등은 한 평이라도 더 모다야 하나, 들 모다도 수라게 살라가는냐 이 두 계의 길을 가지고 선택이 어렵꾸나"며 고민해야 했다(1989.12.5.). 결국 수월하게 사는 길보다는 계속해서 부지런히 일하면서 전답을 넓혀가는 삶을 선택했다.

평생토록 해온 일이지만 농사는 언제나 만만치 않았다. 자신의 노력과 무관하게 기후, 병충해 등에 크게 영향을 받았으며, 매년 주던 거름의 정도에 따라 벼가 웃자라 넘어지는 실패를 경험하기도 하고, 새로운 방법이 효율적으로 보여 덜컥 따라했다가 실패를 보기도 했다. 품종이나 농약에서 계속해서 변화가 있었고, 그때그때 대처가 달라져야 했기 때문에 쉽지 않았다. 특히 새로운 영농법을 도입해서 피해가 날 경우 만회가 쉽지 않았기 때문에 남들의 상황을 봐가면서 따라가는 게 좋다고 생각했다. 특별히 새로운 방법이 아니더라도 남들보다 먼저 할 경우에 따르는 어려움 때문에 "내년에 서들어서 할 필요가 업따고 본다. 외냐하면 뒤에 하면 따라만 하면 돼는돼 앞쓰서 하면 마음적이나 육체적이나 더 힘더는 것은 사실이다. 앞푸론 뒤따라가야 하겟다"(1987.4.8.)고 생각했다. 예를 들어, 보통 이삭이 패기 15~25일 전에 주는 이삭 거름은 생육이 왕성한 시기에 결핍되기 쉬운 질소나 칼륨 성분을 공급하여 수확량을 늘리는 효과가 있지만 경우에 따라 벼가 웃자라 쉽게 도복이 될 수 있었다. 매번 조심스럽게 이삭 거름을 주면서 혹시나 태풍에 넘어가지 않을까 항상 걱정하면서, 농사가 쉽지 않다고 스스로에게 되뇌었다(1986.7.24.). 그는 일반벼와 통일벼를 함께 지으면서 일반벼에 통일벼와 같은 양의 거름을 준 다음 나중에 벼가 쓰러지지 않을까 걱정하기도 했다(1988.6.19.). 일반적으로 통일벼 재배과정에서 확립된 영농법들이 일반벼 재배에도 적용됨으로써 일반벼의 수확량 제고를 가져왔다고 얘기되는데, 그 과정은 그리 간단하지는 않았다.

여름 한철 홍수에 일 년 농사를 망치기도 하고(1987.7.18.), 극심한 가뭄으로 애써 심은 작물들이 말라가는 것을 안타깝게 지켜보며 발을 굴리기도 했다. 그런 어려움 속에서 얻은 수확인 기쁨은 남달랐다. "가뭄이 심한되 이려게 감자가 만이 달리서 상당이 기분이 좋으며 이 가뭄에 감자가 상화지 않코 큰 감자가 땅 위로 올라 올 때에 기 기분 머와 바꿀 수 업쓸 정도며 이것은 농민이 아니고는 맡볼 수 업쓰리라"(1988.7.6.).

수확의 기쁨도 있었지만 농민의 삶은 들이는 노력에 비해 얻는 게 많지 않다고 여겨졌고, 여기에는 정부의 책임도 있었다. 많은 농민들이 그렇듯, 그 역시 정부의 농정에 대해서는 적지 않은 불만이 있었다. 꾸준히 자신의 농토를 넓혀 온 성공적인 농민이었지만 그가 보기에 정부의 농업정책은 농민을 죽이고 농업을 약화시키는 것에 다름 아니었다. 농촌을 위한다는 영농후계자 선정이 불공정하여, 정말로 지원을 필요로 하는 젊은 농민들이 아니라 부유한 집 자식들이 선정된다고 불만을 터뜨렸다(1986.2.7.). 통일벼처럼 정부가 적극 권장했던 정책들이 얼마 지나지 않아 효력을 잃는 경우도 많았다. 정부가 화훼 단지 조성을 권장

하여 융자까지 주어 장려했으나 일 년도 안 되어 꽃 보내는 일은 낭비라며 국회의원, 공무원들이 화환 안 보내기 운동을 해 화훼 단지가 불황이 와서 멀쩡한 꽃들을 베어버릴 수밖에 없는 상황은, 비록 그가 직접 경험한 바는 아니었으나 농민들이라면 누구나 공감하는 일이었다(1993.7.17.). "정부에서 만이 농사을 짓어며 수입이 댄다고는 하지만 인간으로서 한계가 잇는데 농사을 짓어바야 수입은 업고 무엇을 해야 소득이 잇쓸까하고 생각을 곰들이 해야 할 것이 업스니 한심한 일들이다"(1992.7.15.).

1993년 12월 쌀 시장 개방이 발표되자 권순덕을 포함한 대부분의 농민들은 정부에 대해 큰 배신감을 갖게 되었다. 그는 농민들이 농업에서는 더 이상을 희망을 찾기 어렵다고 생각했으며, 고등학교를 졸업하고 생산직에 취직한 딸이 자신보다 더 실속 있게 수입을 올리는 것을 보고 그 같은 생각을 더욱 강화되었다(1993.7.26.). 사실 그 이전부터 권순덕은 농민이 안고 있는 문제는 농민 자신보다 자식의 앞길이 더 문제라고 생각했다(1986.1.31.). 자신이야 이미 선택의 여지가 없는 농민의 삶을 살고 있지만 자식들만은 자신과 달리 공부를 하여 농업이 아닌 다른 직업을 갖기를 원했고, 그 때문에 자식의 교육에 열성을 보였다. 비록 기대했던 4년제 대학은 아니었지만 세 자식 모두를 전문대에 입학시키고 만족스럽지만은 않지만 부모로서 할 만큼 했다고 위안을 삼았다.

항상 불만 없이 묵묵히 농사일을 하는 부인에 대한 애틋함이 일기 구석구석에서 드러난다. 자신이 감기 기운으로 힘들게 일을 하고 있을 때 부인이 가장이 건강해야 하다면서 자신의 일을 도우니 육체적인 고통은 훨씬 수월하지만 정신적인 고통은 별로 편하지 않다면서 미안함을 표현하기도 했다(1987.9.2.). 일을 돕기 위해 경운기에 타려는 부인을 떼어놓기 위해 잠시 화장실에 간 사이에 먼저 출발하기도 했고(1987.9.5.), 일 욕심을 내는 부인과 다투기도 했다. 농사일에 애들 키우기까지 고생하는 부인을 위해 송아지를 판 돈으로 반자동 세탁기를 사주었다(1988.7.29.). 나이가 들어감에 따라 부인이 힘들어하는 모습이 더 자주 나타나며, 집에서 키우는 누렁이를 잡아서 몸보신을 해주겠다는 다짐도 했다(1993.6.27.). 실제 누렁이를 잡았을 때 부인보다 동생들이 모여 나누어 먹는 모습을 보고 한편으로는 고마웠지만 한편으로는 마음이 편하지는 않았다(1994.7.24.). 일을 하는 부인을 말리고, 더 하겠다고 나서는 부인 사이에 실랑이도 벌이고, 제발 쉬라는 말 좀 들어달라고 쓰기도 했다(1993.7.5.).

사실 농사일에 부인의 도움은 꼭 필요했다. 권순덕은 색맹이어서 곡식이 잘 익었는지를 시각적으로 파악하기에 어려움이 있었다(1996.10.10.). 포도 수확도 마찬가지였다. 익은 것만을 골라서 수확을 해야 하는데, 자신이 할 수 없었기 때문에 부인의 손을 빌 수밖에 없었다. 자식들이 큰 다음에 자식들이 간혹 그 역할을 하기도 했지만 이는 주로 부인의 몫이었다. 그 때문에 부인에게 더욱 미안한 감정을 지니고 있었다(1994.8.2.; 1998.8.11.).

그래서 일을 줄여야 한다고 계속 얘기는 하지만 막상 실천에 옮기기는 쉽지 않았다(1999.5.19.). 그는 2000년까지 농사일을 줄이지 못 했다. 스스로 욕심을 버리지 못했다고 자책하면서도 3년만 참아주면 과감하게 결단을 내리겠다고 했다(2000.3.18.).

자식들이 커 감에 따라 농사일을 거들기도 했다. 일을 거들기보다 공부만을 열심히 하기를 바라는 것이 부모의 마음이었지만 애들의 작은 일손이 도움이 되었다(1988.5.21.). 권순덕은 자식들에게 농사일이 얼마나 힘든지 알게 하기 위해 일부러 일을 시키기도 했다. 그 덕분인지 자식들은 모두 농촌을 떠나 생활을 하게 되었다. 농민의 삶을 자식에게 물려주고 싶지 않은 것이 농민의 마음이었다.

2. 벼농사

1970년대 중반 이후 벼농사에는 적지 않은 변화가 이루어졌고, 이는 1980년대 이후에도 계속되었다. 농업 노임 단가가 급등함에 따라 노동력 절감을 위한 농작업의 기계화가 가속되었고, 농기계의 효율적 활용을 위한 위탁 작업도 점차 활발해졌다. 육묘기술은 물못자리에서 상자 육모로 옮겨 갔고, 새롭게 직파가 등장했다. 모내기도 손 모내기에서 기계이앙 및 직파로 달라졌고, 병해충 방제는 인력제초에서 화학적 방제가 확산되었고, 최근에는 친환경 방제 및 항공방제가 늘어가고 있다. 수확은 인력수확 및 탈곡 및 자연건조에서 콤바인 수확, 산물수매 및 기계 건조로 변화했다.

농업의 기계화는 1980년대를 거치면서 그 정도가 더욱 높아졌다. 경운기, 이앙기는 기본이었고, 콤바인 등 대형 농기계의 사용 비중이 높아졌고, 그에 따라 영농비용도 증가했다. 권순덕은 새로운 농기계를 사용하고 나서 감탄하면서 농촌에서 "이제는 정말 사람이 일을 하는 것이 아니고 기계가 일하는 거라고" 절실히 느꼈다고 기록했다(1987.6.7.). 하지만, 스스로 생각하기에 농민들이 이전보다 더 게을러졌다는 불만도 있었다. 기계화의 진전에 따라 새로운 논을 구입한 경우에도 콤바인 등 농기계 운용이 잘 되는 곳을 선호하게 되었다. 기계화는 많은 편리를 가져다주었지만 농기계 유지 보수비도 만만치 않아, 그는 정부에서 농민을 돌봐주려면 농기계 부품을 원가로 공급할 수 있는 제도를 만들어야 된다고 생각했다(1992.4.4.). 한편으로는 기계를 다루는 경험이 있던 자신이 농기계 수리를 위해서 기술을 직접 배우면 좋겠다는 생각을 했지만 그 방법이 마땅치 않았다(1992.4.6.).

권순덕은 구입한 농기계로 자신의 농사뿐 아니라 남의 농사를 도와주면서 부수입을 올렸다. 1986년 신형 이앙기를 구입했고, 1990년에 트랙터를 구입했다. 비록 논 모를 심어주는 일은 벌이도 안되고 신경만 쓰인다고 밝혔지만(1987.5.29.), 실제로 이앙기 작업은 제법 도움이 되었다. 1987년의 경우 50만 원을 넘어섰고(1987.9.10.), 이후에는 조금씩 더 늘어났다. 이앙기 보급이 늘어나면서 비용이 들더라도 손으로 모를 심는 손모보다 기계모가 점점 늘어갔다. 사실 손모를 집안사람들만으로 할 수 없을 경우 사람을 불러야 했고, 이때도 경비가 많이 들었고, 모르는 사람들은 믿기 어렵다는 문제가 있었다(1987.5.30.). 권순덕은 1993년 파종기를 도입했고, 그 덕분에 돈은 벌지만 생활이 더 바빠졌다고 했다(1993.4.24.) 김매기 역시 인력으로 제초하다가 점차 여러 작물마다 새롭게 나온 제초제를 사용하여 신기

할 정도로 효과를 보았다. 그는 부부가 일주일 이상 매달려야 끝이 났던 김매기가 3,500원짜리 제초제로 하루 만에 다 해결되자 “정말 살기 좋은 세상이다”고 기록했다(1990.7.20.). 태풍으로 쓰러진 벼가 이미 싹도 나고 있고, 콤바인 이용료도 비싸지자 온 식구가 낫으로 벼 베기를 했지만 결과적으로 온 식구가 먹은 먼지가 콤바인 비용보다 더 손해를 본 것 같아 다시는 낫으로 벼 베기를 하지 않겠다고 다짐하기도 했다(1998.11.5.). 현실적으로 농촌에서 기계화는 선택이 아니라 필수가 되었다.

권순덕은 1990년 트랙터를 구입했으며, 트랙터 공장에서 단체로 합숙하면서 사용법에 대해 교육을 받았다(1990.3.12.). 콤바인이나 이앙기는 정부에서 50%를 보조해주지만 트랙터는 천만 원이 넘는 가격에도 120만 원밖에 보조를 받지 못해 정부의 과다 선전에 속았다고 생각하며, 후회도 했고, 새 트랙터가 바로 고장이 나서 애를 먹기도 했지만 실제 농사에 트랙터는 정말 유용하게 잘 사용했다. 아주 많지는 않았지만 트랙터는 꾸준히 수입을 가져다주었다. 1990년 첫해만 해도 트랙터로 주민들의 농사를 도와주고 100만 원 이상의 수입을 올렸다. 스스로도 트랙터에 대해서는 높은 만족도를 보였다(1993.6.16.). 10여 년간 잘 사용하던 트랙터는 2000년에 신형으로 교체를 했다. 첫 트랙터가 수명을 다하면 자신도 수도작을 버릴 생각이었다고 했으나 결국 신형 트랙터로 교체를 했고, 이러한 선택에 대해 한편으로 서운하기도 하지만 안도감도 들었다(2000.4.25.). 경제적으로 여유가 생겼고, 나이를 먹어감에 따라 농사가 힘이 들긴 했지만 그는 천상 농민이었다.

한편으로 경운기는 농촌에 꼭 필요한 기본 농기계가 된지 오래되었지만 그만큼 사고 가능성이 컸다. 그 역시 오토바이에 받치거나 경운기에서 떨어지는 등 몇 차례 경운기 사고를 경험했으나 다행히 큰 사고는 아니었다. 하지만 마을에서 큰 경운기 사고가 종종 발생하여 생명에 위협이 되기도 했다. 경운기는 농기계일 뿐 아니라 중요한 운반수단이었다. 구미에 사는 형제들에게 재배한 채소를 전해주기 위해 구미까지 경운기를 몰고 갔던 그는 색맹이기 때문에 신호등이 바뀐 것을 알지 못 해서 당황을 했다. 이후 그는 경운기로 시내 들어가는 것은 자제하기로 했다(1986.11.28.).

기계화와 함께 위탁 농업도 점차 활성화되었는데, 특히 청년단 등의 조직에서 낮은 요율을 제시해 기존 위탁 농업을 하던 농민들과 갈등을 빚기도 했다(1991.3.5.). 친척이나 마을 주민의 농사를 지어주던 그도 이 같은 문제를 경험했다.

농촌 노동력의 감소에 따라 벼농사에서도 직파가 확산되기 시작했는데, 권순덕의 마을에서는 1992년 건답직파법이 처음 도입되어 다섯 집이 시작하게 되었다(1992.4.28.). 그도 기존 모내기 방법은 힘들어서 변화가 필요하다고 생각했으며, 육모상자를 이용해서 모내는 것은 옛날이 되고 마는 시기가 왔다고 생각했다. 그러나 건답직파의 실적은 그리 좋지만은 않았고, 그는 절반 정도만 성공했다고 보았다. 1993년 군 지도소에서 건답직파 교육을 받았으나 그다지 유용하지 않았고, 건답직파를 위해 장만한 기계도 기대만큼 잘 작동하지 않아 성공하기 어렵다고 판단했으며, 주민들도 김매기가 어렵다는 문제를 제기했다(1993.6.7.). 수확량은 전통적인 물 모내기에 미치지 못했지만 노동력 부족이라는 현실 속에서 건답직파는 유력한 대안이 되었고, 농촌지도소도 매년 건답직파 경진대회를 통해 이를 확대하려 했다. 경진대회마다 마을 주민뿐 아니라 외지에서 많은 사람들이 와서 주의 깊게 지켜보지만 수확 면에서는 미지수였다. 이에 권순덕은 노동력이 전연 없는 지역에서라면 몰라도 그렇지 않은 지역에서 건답직파를 하는 것은 엄청난 손실이라고 판단했다(1994.4.15.). 그럼에도 불구하고 그도 역시 일부는 건답직파를 했으며, 마을 전체적으로도 직파 면적이 조금씩 늘어났다(1995.4.20.). 물론 건답직파 역시 기상조건이 적절해야 하며, 비가 잦을 경우 건답직파를 유지하기 곤란했다(1998.4.29.). 또한 직파로 키운 벼는 이앙기로 모내기를 한 벼보다 태풍 바람에 잘 쓰러지는 경향을 보여 도복에 약한 품종은 피해야 했다(2000.9.2.).

권순덕은 정부가 통일벼 보급을 시작한 초기부터 통일벼를 재배했으며, 1980년대 들어 통일벼에 대한 정부의 지원이나 소비자의 관심이 크게 떨어진 상황에서도 통일벼를 계속 재배했다. 그는 정부가 통일벼를 대폭 감축하고자 하는 시도에 대해 불만이었다. “이번에 정부안이 내년에는 통일벼을 상당이 만이 감축을 시킬라고 더는 것을 볼 때에 이재는 농민은 죽으라는 소리로 들리며 정부에서 농민을 살려볼려고 노력을 해도 농민이 스스이 소멸이 돼어가는 판국에 내년부터 통일벼 대폭 감축을 할려고 하니 이재는 농민들의 소멸은 시간 문재라고 생각을 한다. 그리고 농민이 저앙 한번 하여보지 못하고 소멸 대는 것은 정치인들 정치을 못 해서 농민이 죽어가고 잇는 것은 사실이다”며 불만을 토로했다(1989.12.20.). 하지만 정부의 수매가 줄어들어면서 통일벼는 점차 도태 수순을 밟을 수밖에 없었다. 그럼에도 불구하고 그에게 통일벼는, 국민들이 보리고개를 이겨낼 수 있었던 원동력이 되었던 벼로서, “국민이 천대를 해서는 안될 벼”였다(1991.11.7.).

3. 과일 농사

정부의 추곡수매량이 한정되고, 수매가 인상률이 물가인상률을 따라잡지 못하게 되자 수도작으로는 한계가 있다고 느낀 권순덕은 점차 과수의 재배 비중을 높였다. 농산물 수입개방으로 포도가 대량으로 들어올 줄 알지만 벼농사보다는 수익이 되리라 생각하고 논을 포도밭으로 바꾸었다(1992.12.6.). 자신도 수익 때문에 논을 밭으로 바꾸었지만, 이러다가 전 농지가 밭이 되는 게 아닌가라는 우려를 하였다. 포도 교육을 듣기 위해 농민들이 큰 강당을 가득 채운 것을 본 그는 포도의 과잉생산으로 가격이 떨어질 수밖에 없으리라 우려했다. 실제로 많은 농민들이 사과밭이나 논을 포도밭으로 전환했다. 그는 벼농사를 짓던 논을 밭이나 과수원으로 만드는 것에 대해 고민이 많았다(1991.12.14.). 벼농사 짓는 것이 힘들고 수익이 덜 난다는 이유로 밭을 만드는 것이 잘하는 선택인지 스스로에게 물어야 했다.

막 시작한 포도농사는 배운 대로 했는데 잘 맞아떨어졌다. 이에 비해 다른 농가들은 칼륨 부족으로 많이 실패하여 작황이 좋았고, 이에 스스로는 아직 포도 기술자가 아니라고 생각하지만 동네 주민들이 포도 농사에서 그를 따라 하여 머쓱해하기도 했다(1994.8.24.). 이러한 상황은 농민들이 포도 재배에 대한 정보가 충분하지 못함을 말해주며, 군 지도소에서 실시하는 영농교육에 대한 높은 관심으로 이어졌다(1994.11.15.). 농민들 사이에 포도 기술은 형제에게도 가르쳐주지 않는다는 말이 있었는데, 권순덕은 자신의 형이 사과나무에 약을 살포하는 노하우를 자신에게 알려주지 않았다는 사실을 뒤늦게 알고 깜짝 놀라면서 사람들이 하는 말이 정말 그렇다고 생각했다(1998.9.18.).

포도재배 교육 등 군 지도소는 여러 주제의 영농교육 기회를 제공했다. 하지만 대부분의 경우 교육 내용이나 강사가 마음에 들지 않는 경우가 많았고, 농민들도 스스로 농사일에 재미가 없다고 생각해서인지 열심히 하지 않았다(1988.1.20.). 영농교육에 변화가 필요하다고 생각했지만 다양한 요구를 충족시키는 교육 프로그램 제공이 쉽지는 않았다. 간혹 영농교육이 유용했다고 밝혔지만 대체로 교육을 받고 난 후의 평가는 그리 후하지 못 했다. 특히 농민들은 벼농사보다 과일 농사 등 특용 작물에 대한 교육 수요가 많았다. 하지만 군 지도소가 제공하는 교육은 수도작이 많았고, 그마저 "옛날 교육이며 이른 교육은 농민을 실망을 주는 교육들"이었다(1992.11.17.).

벼농사보다는 많은 수익을 안겨주었지만 과일 농사는 그만큼 비용도 들어가고 어려웠다. 유황 소독은 과일나무 꽃이 피기 전에 병충해 방제를 위해 반드시 해야 되는 작업이었는데, 방제복을 입어도 약에 노출될 수밖에 없고, 친환경 제재로 분류되지만 독성이 있어 피부를 따갑게 했다. 그는 황대신 양잿물을 쳐도 된다는 말을 듣고 양잿물을 사서 뿌렸으나, 마을에서 혼자서 양잿물을 사용하면서, 과일 농사를 망치는 것이 아닌가 걱정하기도 했다(1992.3.26.).

또한 과일 재배에 원예 비료를 사용하게 되면서 비용 부담이 커졌다. 그는 과일의 숙성을 빠르게 하는 약재 사용을 꺼렸으나, 과일도 익는 약을 살포해 출하를 많이 하는 사람들이 수입을 더 올리며, 돈을 많이 쓰는 사람이 결국 돈을 많이 번다며 자신도 '조숙 약'을 쓰기로 했다(1988.6.25.). 처음으로 착색 약제를 사용하면서 좋은 건지, 제대로 쓰고 있는지 불안과 걱정이 앞섰다(1989.6.16.). 실제 약을 살포해서 전년보다 일찍 수확했지만 억지로 익혀서 시장에 나와 제대로 값을 받지 못한다고 생각하고 후회했다. 그 이후로도 계속 고민을 하지만 대부분의 농가가 착색제를 사용하기 때문에 그 역시 사용을 피하지 않았다(1993.6.20.). 많은 과수재배 농가들이 과일이 한창 자랄 시기에는 성장촉진제를 사용하고, 수확기가 다가오면 착색제를 사용하는 경우가 많았다. 그는 착색 약제를 뿌리지 않아 상당한 피해를 보게 되자 "세상에 선한 사람이 해가 돌라는 것이 생각을 할수록 가슴을 칠 일이다. 내년에는 어떠한 일이 잇쓰도 착색 약을 살포을 하여서 일적 내야 하게다" 생각했다(1994.7.1.). 주로 자두, 사과, 포도에 착색약을 사용했는데, 보통 며칠 간격을 두고 3-4회 살포를 했으며, 영양제와 함께 사용하기도 했다(1998.7.24.). 그러나 1999년에 들어와 농가들이 자발적으로 착색약을 자제하기로 했고, 그 역시 "김천 포도" 이미지를 되찾기 위해 이 흐름에 동참했다(1999.8.1.). 물론 최근에도 일부 농가가 조기출하를 목적으로 착색제 등 미등록 농약을 사용해서 문제가 되기도 했다.[9)]

4. 축산

젊은 시절 축산업에 큰 기대를 걸었던 권순덕은 그 꿈을 접은 이후에도 비록 소규모였지만 꾸준히 소를 길렀으며, 한때는 토끼도 키웠지만 판로를 찾지 못해 포기하고 말았다(1990.9.5.). 복합영농을 강조하면서 정부가 입식농가를 지원했지만, 소고기 수입 자유화로 축산농가는 타격을 받았다(1988.2.2.). 소를 키우며 송아지를 내다 팔아 수입을 올리기도 했지만, 소 가격이 하락하여 그다지 큰 수익을 올리지는 못 했다. 스스로 소먹이는 사람은 세상에서 제일 등신이라고도 했지만 그는 꾸준히 소를 키웠다(1987.9.17.). 한우 사육 전망이 좋을 때는 암송아지 가격이 수송아지에 비해 훨씬 비싸지만 한우 사육 전망이 좋지 않을 때는 수송아지가 비쌌다. 사육 두수를 늘리기보다 빨리 사육해 자금 회전을 해야 하기 때문에 수소가 유리했던 것이다(1987.6.17.).

마을 전체적으로 150마리에 이르던 소 사육 두수는 10마리 안팎으로 감소했으며, 농민들이 소를 덜 키우게 되면서 과수밭의 거름도 두엄이 아닌 화학비료를 쓸 수밖에 없어서 농토는 산성화되는 문제가 생겨났다.(1992.7.16.) 계속 소를 키웠던 그는 축분을 채소 농사에 사용했다(1995.11.27.).

비록 아주 만족스럽지는 않았지만 축산은 권순덕의 가계에 제법 보탬이 되었다. 오랫동안 송아지를 낳아서 수익을 올리게 해 주었던 소를 팔면서 느꼈던 안타까운 마음을 아래와 같이 기록했다. "이번 소야말로 나의 생활을 윤택하게 만들으준 소라고 말을 하고 십프며 오늘 팔로 간 소 살 때는 돈이 업쓰서 남외 빚을 내어서 70십만 원 주고 사온 소며 10년간 한 해도 걸어지 않코 송아지을 나온 소며 자신은 소가 돈을 다 벌어주어따고 생각을 하며 그리고 나의 가정을 따뜻하게 만들으준 소을 이재 수정이 안 댄다고 팔라쓰니 나의 마음이 습파며 소을 보고 올라니 발길이 습득 떨어저지 않으며 고개을 돌로 소을 보고 아무 말도 업시 발자국을 멀개하고 말앗다. 정말 자신을 살개 댄 것이 소며 정말 고맙다고 밖에 할 말이 업쓰며 집배 와서 마구관을 들어쓰보니 혼자 잇는 것을 보니 더 쓸쓸해 보이며 마음이 습파드라"(1991.1.25.).

5. 보건의료

나이를 먹음에 따라 농사는 체력적으로 부치는 일이 되었다. 권순덕은 휴식을 해도 몸이 개운하지 않고 체력이 떨어진 것 같다고 생각했다(1986.12.27.). 특히 더운 여름에 작업하다 "오늘 거름하다 죽을 뻔 했쓰며 이재는 다 늙은는가바. 이재는 일도 못 하겟쓰 하니까

---

9) 안희용, "일부 김천자두 '농약오용'.. 대표과일 명성 먹칠", 『대구일보』 2015. 4. 9.

집사람도 갱이질을 하는데 더어서 숨을 못 쉬게따고 이야기을 하여서 오늘 낡씨 문제로 그 고통을 당한 것이구나 하는 안도의 숨을 쉴 수가 잇꾸나"라고 한숨을 내쉬었다(1991.6.10.). 비록 한참 젊을 때에 미치지는 못하지만 그래도 쉼 없이 부지런히 노력하는 자신에게 스스로 자부심과 고마움을 느꼈다(1991.12.31.). 그는 나이가 50이 넘어가면서 체력적 문제를 느끼면서 농사일을 줄여야겠다고 생각했다. "이제는 자신도 청춘이 아니라는 것을 절실히 느꼈다"(1994.3.23.). 비록 여전히 자식들을 교육시키고 결혼도 시켜야 하는 입장에서 평생 해오던 일을 줄이기는 쉽지 않았지만 몸도 힘들었고, 부부 모두 감기를 비롯한 크고 작은 증상으로 병원을 다니는 횟수도 늘었다.

스스로 건강하다고 여긴 권순덕이 자주 병원을 찾아야 하는 경우가 있었다. 우선 고혈압이왔다. 혈압이 높다고 진단받은 이후 그는 도시에 나가 하던 목수 일을 포기했으며(1990.9.4.), 매달 김천 보건소를 방문해서 혈압약을 받아왔다. 하지만 2000년 의약분업이 실시된 후 보건소에서 처방전을 받아 약국에서 약을 사는 방식으로 바뀌어 불편함을 토로했다(2000.9.4.). 또 하나는 과일나무 가지치기하다 눈에 가시가 들어가 거의 매년 병원을 찾는 일이 반복되었다. 남들은 쉽게 빼내는 가시였지만 그는 매번 고생을 하면서 병원을 찾아야 했다. 그리고 귀 염증 역시 자주 생겨 애를 먹였다. 특히 한번 귀에 염증이 생기면 한참 동안 병원을 찾아야 했다. 문제는 염증이 생기는 특별한 원인을 찾지 못했기 때문에 예방하기도 쉽지 않았다. 병원에서는 과음을 의심했지만 술을 먹지 않는 그로서는 과로에 따른 스트레스를 의심할 수밖에 없었다.

농민들의 건강과 관련해서 가장 중요한 변화는 1988년부터 시작된 의료보험 제도의 도입이었다. 의료보험 도입 이전에는 직장 생활을 하는 동생의 의료보험카드를 이용했다(1986.3.10.). 보험료가 너무 많다고 불만을 나타냈지만 의료보험 덕분에 병원 출입이 훨씬 쉬워졌고, 스스로도 진료하는 데 부담이 없어졌다고 밝히면서, "서로가 도와가면서 살아가야 인간 생활을 할 수 있다는 것을 느꼈다"라고 밝혔다.(1988.8.30.) 실제 경험을 통해 사회보장제도의 가치를 인식한 셈이었다.

보건소에서 개인병원, 종합병원까지 그리 멀지 않은 곳에 의료시설들이 위치하고 있어서 필요할 경우 어렵지 않게 이용할 수 있었다. 감기 같은 가벼운 증상에는 약국을 이용했고, 간혹 "돌파리 침쟁이"라고 불리는 사람에게 침을 맡기도 했지만(1993.1.3.) 1990년대 들어와 농촌 지역에서도 병원 이용은 매우 자연스러운 일상이 되었다.

나이를 먹으면서 건강 문제는 단순히 피로도의 증가에 그치지 않고 심각한 건강상 위협으로 다가왔다. 그는 1999년 계모임을 하는 과정에서 한 친구가 풍으로 쓰러지는 일을 목격하게 되었다(1999.3.27.). 다행히 쓰러진 친구는 빠른 회복을 보였지만 그에게는 상당한 충격이었다. 그 직후에 보건소에서 받은 검사에서 간에 문제가 있다고 판정 받아 긴장 속에서 초음파 검진 등 간 기능 검사를 받았지만 다행히 큰 문제는 없어 가슴을 쓰려 내리기도 했다(1999.4.2.). 세월은 그 누구도 피해 갈 수 없었다.

6. 생활환경

1980년대 중반 이후 생활환경에서도 이전에 비해 여유가 생겼으며, 도시와의 차이도 좁혀졌다. 1988년 마을에 처음으로 직행버스가 도입되었고(1988.9.10.), 교통이 좋아지면서 구미 사람들이 마을로 이사를 오게 되었다. 교통이 좋아 출퇴근이 어렵지 않고, 버스도 10분에 한 대씩 다니게 되었기 때문에서 점차 마을에 구미 사람들이 늘어난 것이다.

어느 정도 생활의 여유가 생긴 다음에도 권순덕은 전화를 설치하지 않았다. 하지만 왜 남들은 다 있는 전화가 없느냐는 자식들의 성화에 1988년 전화를 가설했다. 마을에서 자신보다 훨씬 어려운 처지에 놓인 사람들도 전화를 설치했지만 자신은 아직 조금 불편해도 살아가는 데 지장이 없기에 조금 참아달라고 생각했지만 전화를 놓자는 아들의 등쌀에 못 이겨 전화를 놓게 되었다(1988.1.29.).

생활환경의 변화는 농민들이 해왔던 관행적 작업에 변화를 가져왔다. 예를 들어 상당기간 동안 인분을 과일나무의 비료로 활용했지만 점차 인분차가 들어와 수거하는 방식으로 바뀌었다(1989.8.24.). 농민들이 인분 거름을 이용하지 않기 때문에 돈을 지불하고 수거해야 했던 것이다. 그도 1991년까지 직접 인분을 처리했으나 이후에는 인분차를 불러 처리해야 했다. 권순덕은 처리 비용은 매년 인상되는데 쌀값은 몇 년째 동결되어 불만을 터뜨리고 했다.

소위 마이카 시대가 되면서 많은 사람들이 자동차를 구입하게 되었고, 명절이면 마을 어귀를 가득 채운 승용차나 친척들이 자동차를 구입한 것을 보고 부러운 마음도 있지만, 그는 오토바이를 부부가 함께 타고 다니는 것에 만족했다(1992.8.16.). 새 오토바이를 사서 장식품을 달고, 자신과 부인을 위한 헬멧을 구입하는 것으로 그는 충분히 행복했다(1993.12.2.). 오토바이를 타고 어디든지 갈 수 있었지만 면허도 없는 상황에서 김천까지 가는 것은 무리라고 생각해서 자제하기로 했다(1994.11.15.). 농촌에서 오토바이는 무척이나 유용한 교통수단이었지만 도심까지 진출하는 것은 여러모로 부담스러웠다.

그러나 그도 1999년 자동차에 관심을 갖게 되었고, 아들의 연애생활에 도움이 되지 않을까 하는, 다소 엉뚱한 이유를 들어 1,250만 원을 들여 자동차 구입을 결심했다(1999.10.14.). 승용차는 사람의 생활에 필수품이 될 것이라는 생각이 들었고, 실제 자신은 운전을 못하지만 아들이 운전하는 차를 타고 병원과 약국을 들려 혈압 약을 타러 다니면서 무척이나 편리하다고 되뇌었다. 자신이 색맹이 아니었다면 새 차가 자신의 차가 될 것이라면서 아쉬워하기도 했다(1999.10.14.).

1988년 아이들 교육에 지장을 줄까봐 고민하다가 처제가 쓰던 12인치 TV를 받아왔고, 1991년 컬러텔레비전을 구입했다. TV 구입은 망설였지만 대학에 들어간 딸을 위해 1993년 컴퓨터를 구입했다(1993.7.3.). 구입한 컴퓨터에 스피커를 연결해 노래방 기계로 활용했고, 마을에서도 노래방은 처음이라며 동네 사람들이 구경을 오기도 했다(1993.7.12.). 자신은 평생에 걸쳐 하나씩 장만했던 여러 가전제품을 딸은 혼수를 준비하면서 한꺼번에 장만하는 모습을 보고 "세대차이"를 느끼기도 했다(1998.10.13.).

1995년 권순덕은 도로가 나면서 토지보상비를 받았고, 그동안 벼르고 벼르던 2층 새집을 지었다. 온수가 콸콸 나오는 새집에 큰 만족을 느꼈으며, 새집 기념으로 160만 원이라는 거금을 들여 오디오를 구입했고(1995.6.3.), 그의 동생들은 형을 위해 여러 전자제품을 사주었다. 동네 주민들을 집들이로 대접하느라 상당한 돈을 썼지만 집이 잘 지어졌다는 칭찬에 흐뭇함을 감추지 못 했다. 이듬해 지진을 경험하고 2층이 지진에 불리하기 때문에 후회하기도 했지만 새 집은 그의 오랜 바람 중 하나였다(1996.12.13.). 경제적 여유가 생긴 그는 내친김에 1997년 군 복무 중인 아들을 위한 아파트를 장만했다(1997.9.3.). 자식들은 농민의 삶을 살기를 원하지 않았던 그는 도시에 아파트를 구입함으로써 아들은 농촌 생활을 하지 않을 것임을 분명히 했다.

1995년부터 마을을 뒤흔든 사건이 터졌는데, 이는 정부가 마을에 화물 복합터미널을 짓겠다고 발표한 다음부터였다(1995.11.29.). 토지 보상이나 이후 개발을 기대한 일부 주민들은 찬성했지만 터미널 건설로 삶의 터전을 위협받게 된 많은 주민들은 반대투쟁에 나섰다. 권순덕도 물류센터가 들어설 경우 마을의 주 소득원인 농사가 크게 타격을 받게 되고 주민들의 안전에도 문제가 되며, 자신의 포도밭이 물류센터 부지에 포함되기 때문에 반대운동에 동참했다(1996.1.20.). 사실 개발은 그에게도 상당한 기대를 갖게 했지만(1995.12.11.) 물류센터는 마을 주민의 삶에 큰 변화를 가져올 수밖에 없었다. 주민들은 물류 단지 유치 반대 궐기대회를 열었으며, 김천시청을 찾아 반대 의사를 밝혔다. 권순덕은 딸의 전문대 졸업식에도 참석을 못하고 시청의 반대 시위에 참석했으며(1996.1.31.), 유치 반대위원회 위원장으로 활약했다. 1996년 말까지 온 동네를 떠들썩하게 만들었던 김천 복합 화물터미널은 논란 끝에 사업 추진이 보류되었으며, 2001년에 경북 칠곡으로 최종 결정되었다. 개발 계획은 마을 주민들을 갈라놓았지만 반대 목소리가 힘을 얻으면서 그의 마을은 안정을 선택하게 되었다.

Ⅳ. 아포일기에 나타난 혈연공동체의 변화

이정덕, 진양명숙

1. 가족관계

김천시 아포읍은 원래 금릉군 아포면이었으나 1995년 김천시로 통합되었다. 아포읍은 1904년 완공된 경부철도가 통과하는 곳이고, 1971년 개통한 경부고속도로가 마을 앞 150m을 지나가는 곳으로 김천시와 구미시의 중간에 위치해 있다. 이러한 지리적 관계로 아포읍은 1900년대 초부터 날마다 지나다니는 기차를 통해 외부와의 접촉이나 상상이 일찍이 작동해 왔다. 김천과 구미는 근교 농촌으로 도시화의 영향을 받아 일찍부터 전통적인 공동체와 공동체 신앙이 약화되었다. 이로 인해 이곳의 혈연공동체도 20세기 전반기에 이미 많은 변화를 겪어 20세기 후반에는 크게 약해진 상태였다. 1944년 아포읍 대신리에서 출생한 권순덕은 만 25세가 되던 1969년부터 일기를 쓰는데, 일기에는 문중과 종중 그리고 시제, 종답, 재실에 대한 언급이 거의 나타나지 않고 있다. 큰집이 있기는 하지만 문중의 종손은 아니었던 듯하다. 1960년대 말 한국사회는 전체적으로 문중이나, 혈연공동체가 크게 약화되는데, 대신리에서는 훨씬 빠르게 혈연공동체와 관련된 활동들이 줄어든 것으로 보인다.

권순덕이 27세이던 1971년, 어머니가 별세하면서 외가와의 관계도 매우 제한된 정도만 나오고 있다. 보통 이 당시의 농촌 사람들은 이모, 외숙, 외조부모를 방문하고, 그들의 제사와 잔치에 참석하는 경우가 많았는데 아포 일기에는 이러한 내용이 거의 없다. 주로 혈족이나 인척 관계는 가족, 친가, 처가를 중심으로 기록되어 있다. 특히 어머니 별세 후 몇 해 지나지 않아 아버지가 돌아가시면서(1973. 8. 26), 권순덕은 비교적 이른 나이인 20대에 부모를 잃게 된다. 그래서 가족 이야기도 어머니에 대한 추억, 형제들, 아내와 자녀들을 중심으로 기록되어 있다. 1969년 당시 일기를 처음 쓰기 시작한 해에는 아버지, 어머니, 형, 형수, 조카 셋, 권순덕, 권순덕 동생 셋이 함께 사는 대가족이었다. 권순덕도 1972년 결혼한 이후 일 년 간은 아버지, 형의 가족과 함께 거주하였고, 1973년 분가하였다. 이렇게 결혼한 아들 부부가 함께 거주하는 대가족은 1960년대에 농촌에서 흔히 나타나는 형태였다. 1970년대 이후부터의 일기에는 권순덕을 중심으로 한 핵가족의 모습이 기록되고 있다. 현재 대신리 집에는 권순덕 부부만이 거주하고 있고, 자녀들은 모두 결혼하여 도시로 이주하였다.

앞에서 언급한 바와 같이 권순덕은 부모가 일찍 별세하였기 때문에 일기에는 제사나 여러 일이 닥쳤을 때, 일들이 잘 풀리게 도와달라고 부모에게 기원하는 내용을 많이 적었다. 특히 아버지에 비하여 어머니에 대한 애정이 훨씬 자주 표현되어 있다. 권순덕의 어머니는 1969

년 7월 위암을 앓기 시작한다. 그는 어머니를 낫게 하기 위하여 아포, 김천, 구미, 대구의 약국, 한약방, 병원, 한의원 등을 찾아다니고, 민간에서 용하다는 아편을 복용케 하기도 하지만, 결국 어머니는 1970년 12월 13일 세상을 떠나고 만다. 그는 일기에 어머니에 대한 강한 그리움을 표현하였다. 어머니 산소를 자주 방문하고, 어머니를 기억하는 내용을 많이 썼다.

> "어머님이 별세을 하니가 우름도 나지 안더라"(1970. 12. 13.)
>
> "어머님 곁에서 어리벙벙하계 하로 해을 보내고 말랐다"(1970. 12. 14.)
>
> "어머님 산소에 밤 2시 30분에 산소을 가볼라고 집을 나서니 산소에 갈 때까지는 마음이 서먹서먹하더니 산소에 막 더러쓰니 마음이 훈운하더라."(1970. 12. 19.)
>
> "남들이 어머님 산소가 좋다는 맑을 들을 때마다 자신의 가슴은 기운에 넘친 거름을 거을 수가 있꾸나"(1970. 12. 21.)
>
> "평소 때는 매일 다녀바도 눈물을 흙린 적 업는데 금일 아침에는 어머님 산소을 가는대 눈물이 앞을 가리어서 길을 마음대로 갈 수가 업더라"(1971. 1. 27, 설 명절)
>
> "우리 어머님 우리 오 형제를 키우너라고 정말 예먹으다고 생각을 한다. 자신은 아들 셋 키우는데 정말 힘이 더는구나. 우리 아이들은 유별나개 병원에을 가야 하니 자신은 지칠정(도)다"(1979. 12. 13.)

권순덕은 "어머님 제사라 전부 모이니 보기 좋았다, 아들 5, 딸 1. 아들만 있었다. 손자녀 아들1 딸 8. 방이 좁고 딸이 많으니 좋다"(1975. 12. 17)라고 하면서, 어머니 제사에 자손 모두가 모이는 것을 원했고, 모두 모였을 때 즐거워했다. 아버지도 3년 후인 1973년 병으로 별세하였다. 이후 일기에 가족에 대한 이야기는 주로 형과 동생, 결혼한 이후의 자신의 핵가족을 중심으로 기록되어 있다.

일기에는 가족의 협동을 매우 중시하는 내용이 많이 나온다. 특히 형과 함께 일을 하거나 집안일을 고민하는 모습이 자주 나타나 있다. 군대를 제대하고 농사로 돈을 벌기 어렵다고 생각한 권순덕은 인천으로 가 장사를 해보았으나 실패하고 낙향하여 벼, 채소, 과일, 축산 등 다양한 영농 활동을 하거나, 자전거포 등의 상업 활동, 건설공사장 등의 임노동을 통해 돈을 모으고 땅을 사는 등 적극적으로 생업에 뛰어든다.

1970년대 부모가 별세한 후의 일기에는 형과 함께 논을 경작하며, 자신보다 어린 동생들의 공부, 성적, 취직, 건강, 결혼을 걱정하는 모습이 많이 나타나 있다. 1972년 5월 결혼한 이후, 권순덕은 형제에 신경을 쏟지 못할까봐 걱정하기도 한다(1972. 6. 9.).

> "순석이가 방위를 마치고 연쇄점에 일하게 되어 다행이다. 놀면 어쩌나 걱정이 되었는데 다시 근무하게 되어 큰 짐을 벗은 기분이다. 순철이가 건강하지 못해 가장 큰 걱정이다"(1976. 1. 9.)
>
> "순철이가 휴가올 줄 알았는데 입대 일 년이 되도록 못와서 고된 군복무를 하는구나"(1977. 12. 31.)
>
> "순석이가 순철이 면회을 갔을 때 군대불만 많았다. 휴가를 나왔는데 귀대할 생각을

하니 기쁘더라"(1978. 1. 14.)

"순철이가 귀대 후 편지를 안 하니 걱정이다"(1978. 2. 4.)

"동생이 아파트로 이사한다고 연락이 왔는데 큰집도 보리쌀을 주로 먹는데 염치없게 쌀을 자꾸만 달라고 했다. 경운기로 집에 갈 때 동생에 쌀 한 말을 가져다 줬는데 막상 탁 보니 한가마니쯤 줄 것 그랬다는 후회가 들더라"(1979. 7. 2.)

"금일 민방위 교육을 바더면서도 마음은 순석이 살림나는 것밖에 생각이 않나며 돈이 머었신지 돈이 없쓰서 나매 집에 살림을 차리야 대는 것을 생각을 할 때 가슴 아픈 일더라" (1980. 3. 8.)

"구미 동생이 비들기 먹이 보라고 비들기 한쌍을 가지고 왔는 것을..."(1980. 3. 29.)

"순철이가 오급공무원 시험을 안 보게따면서 순석이에깨 돈 좀 달라고 하면서 나갈라고 한다기에 형제들이 꾸중을 했쓰며... 이제 와서 그 따위 소리를 하는 것을 볼 때에 반대로 했쓰며 때리죽이고 십두록 미웁더라... 자기 깐대로 하니 한편 개심하며 나 자신도 살기 힘더는 판이대 나 자신 이재는 신경을 쓰지 않깨다."(1980. 4. 29.)

"아버님, 어머님 순달이가 이번에 조합 상무로 성진을 하여따고 합니다. 나는 순달이가 진급이 돼지 않코 부장으로만 잇쓰서 진급도 못 하고 부장으로 직장을 끝을... 것이 아닌가 하고 염려을 만이 하여씀이다. 그련돼 상무로 진급을 하여쓰니 이 기쁨은 정말 갑진 것으로 생각을 합니다. 이른 일들이 아버님, 어머님의 다들 돌바주어서 우리 형제들이 이 기쁨을 맏보면서 이 허만 세상을 잘 살라가고 잇씀이다"(1998. 6. 6.)

"오늘 구미 민정이 엄마에깨 순복이 가정 이야기을 들려씀이다. 요줌 순복이 가정이 서로의 의사가 맏찌않아서 ... 이야기을 하지만 부부생활이 그리 십지 않타는 것을 자신도 잘 알고 잇찌만 순복이 가정이 좀 편하게 학푸려 졌쓰며 하는 심정이다. 아버님, 어머님의 자식 종말이 순복이 부부가 충돌한지가 좀 돼어는돼 풀지 못하고 냉각키로 잇따고 합니다. 어느 부부가 다들 싸우고 살라가지만 냉각키가 오래 간다는 ...부부 문재 꼭 푸려주야합니다. 막내로 잘라서 부모님의 정, 사랑 한번 밭지 못하고 자라서 그 중 부부의 사랑도 업따면 이것은 아버님, 어머님의 책임도 잇따고 생각을 합니다. 어머님, 아버님 꼭 순복이 부부 문재을 푸려주야 합니다. 아버님 어머님 꼭 책임저야 합니다"(1998. 10. 5.)

그는 형제들이 서로 돕고 사는 것을 행복이라고 생각하였다. 또한 가장의 역할은 가족들을 잘 먹이고, 걱정하지 않게 하는 것이라 여겼다(1972. 10. 12.). 그래서 아내와 아이들을 끊임없이 걱정하고 잘 돌보려고 많은 노력을 하였다. 자녀가 재롱을 부리면 기쁘고, 부모를 생각해주면 기특하고, 공부를 잘하면 뿌듯하며, 공부를 못하면 화가 나고, 항시 아플까 걱정한다. 아들이 감기가 걸리면 신경이 날카로와진다(1975. 4. 12.). 가족들이 객지를 가거나 군대를 가거나 결혼을 하더라도 모두 걱정이 된다.

"혜지(첫딸)가 밤으로 대리고 자는데 보채서 여관 고통이 아니구나. 왜냐하면 혜지 동생 때문에 젖을 못 팔리서 밤으로 오(우)는데 정말 힘이 들며..."(1974. 8. 27.)

"혜진이 과자를 사들고 오니 빨리 돈 벌어야겠다는 생각이 들었다"(1975. 3. 2.)
"혜진이 하나에서 열까지 [나를] 따라 해 행동을 조심해야겠다"(1975. 12. 15.)
"혜영이 감기 드니 잠도 못자고 정말 힘이 든다. 터울을 년년으로 키우는 부모들은 속병든다"(1976. 1. 27.)
"혜영가 이제 노는 것 보니 안아주고 싫었다. "저녁으로 한 번식 우는데 정말 기절하게더라. 그리고 저녁에 잠을 못 자게 만들어도 아침에 노는 것을 보며 안아주고 싶펴니 이것이 아이들 사랑인가"(1976. 2. 28.)
"잠자리에서 자는 모습이 예쁘고 귀엽다. 나는 국민 학교 나왔지만 고등학교는 어떻게든 졸업시켜야겠다"(1976. 3. 1.)
"성운이를 보면 걱정된다. 잘 가르쳐야겠다. 성운이가 건강하지 못해 걱정이다"(1977. 5. 24.)
"어머님, 아버님 운이가 오늘로서 제대을 하여씀이다. 건강한 몸으로 순덕이 품으로 돌라왔씀이다. 이것이 부모님의 보살품으로 무사이 돌라왔따고 생각을 합니다. 어머님, 아버님 나을 군에 보내고 마음적, 심적으로 고충을 하여따는 것을 내 자식 군에 보내고서 알라씀이다"(1998. 6. 21.)

권순덕은 자녀들에 대한 이야기를 돌아가신 부모에게 자주 보고하고, 부모의 영혼이 도와주기를 기원했다. 또한 자기가 해결하기 어려운 일들은 부모가 도와주어야 해결될 것이라고 믿었다.

"아버님, 어머님 오늘 혜지 사주가 낮재 왔씀이다. 사오 될 사람은 직지사 사람이며 부친은 직지사에서 식당을 하는 사람이며 사위가 될 사람은 서울에 직장을 두고 잇는 사람이라고 합니다. 우리 혜지가 잘 살두록 아버지, 어머님이 돌바주야 하겟씀이 혜지가 잘 하는 것이 업는 자식을 출가을 식킬라니 그리 마음이 안정이 돼지 않으며…"(1998. 9. 2.)
"아버지, 어머님 우리 혜지 시집가서 잘 살두록 도와주십요 어머님"(1998. 9. 3.)
"어재 바서는 우리 잔치날을 응망이 돼지 않나 하는 극정이 돼어는돼 오늘 맑은 날이 돼어서 우리 부모님이 도와주어꾸나 하는 생각이 든다. 어머님, 아버님 오늘 동내 어른들 음식 대접을 하여씀이다. 동네 어른들은 부모님이라 생각을 하고 마음적으로 따뜻이 대해씀이다. 그리고 어머님의 자식이 음식도 푸건이 하여쓰며 동민들도 너무 만이 참석을 하여 주어서 너무 고맙고 음식도 푸건이 대접을 하여 주어씀이다. 내일은 아버지의 자식 순덕이 딸 혜지가 내일 결혼식을 합니다. 어머님, 아버님이 두루 살피주십시요. 그리고 이것들이 잘 살두록 하나에서 열까지 다들 보살펴 앞을 볼 수 잇두록 어머님, 아버님이 도와주야 합니다"(1998. 11. 28.)
"앞푸로 혜지 부부가 잘 살두록 도와주기 바람이다. 그리고 아들 순덕이도 황상 보살펴 주어서 앞푸로 잘 살두록 살펴 주십시오"(1998. 12. 4.)
"혜지가 임신까지 하여따고 합니다. 이것들을 잘 돌바주십시오. 어머님의 아들 첫딸 잘 살라 가두록 하나에서 열가지 보살펴 주십요"(1998. 12. 29.)

2. 친족관계

아포읍 “동신마을은 조선 중엽 안동권씨와 파평윤씨가 정착해 형성한 마을로 대대로 두 성씨가 집성을 이루어오다가 조선후기 김해김씨와 안동김씨가 입향해 현재는 파평윤씨 20가구, 안동권씨 6가구, 안동김씨와 김해김씨가 28가구를 형성하고 있다. 안동권씨는 권순덕을 중심으로 큰집, 세집으로 불리는 근친 간으로서 농사일과 경조사가 있을 때마다 상부상조하는 전형적인 집성의 형태를 이루고 있다(『아포일기』1, 44쪽).” 가까운 친척들 사이에는 서로 농사일을 도와주고, 결혼식, 장례식에 참석하여 부조하는 경우가 많았다. 하지만 일기에는 제사에 참석하는 경우는 상대적으로 적게 나타난다. 조상숭배를 매개로 한 혈연공동체가 상당히 약화되었기 때문에 친척 조상의 제사나 시제에 대한 참석이 줄어든 것이다. 그러나 살아있는 친척과는 지속적인 상호 관계를 형성하여 왔기 때문에 자녀의 결혼이나 부모의 사망에는 빈번이 참석한 것으로 보인다.

가족 다음으로 자주 언급되는 내용은 친가에 관한 것이다. 형, 동생, 부모, 친척들에 대한 내용이 많이 나타나고 있다. 그 다음으로는 처가에 대한 내용이다. 처가가 가까이에 있기도 했지만, 아내가 아이를 낳을 때부터 장모가 와서 산후조리를 도와주는 등 처가와의 교류는 잦은 편이었다. 처가와의 관계가 강화되는 현상은 현대에 들어서 일반적으로 나타나는 특징이다. 친족의 혈연공동체가 약화되면서 처가는 자식들을 양육하거나 경제적 어려움이 생겼을 때 쉽게 동원할 수 있는 사회적 관계이기 때문이다. 이에 비해 권순덕의 어머니가 일찍 별세하였기 때문인지, 일기에 외가에 대한 기록은 거의 없다. 외가에 대한 별다른 유대의식을 처음부터 가지고 있지 않았던 듯하다. 전통사회에서 외가가 친척 관계에서 상당히 중요한 역할을 하였다는 점을 고려해보면 외가의 약화도 전통 친족관계의 약화와 관련된 것으로 보인다.

(1) 부계 친척

일기에 형과의 관계에 관한 내용도 많이 등장한다. 형과 오랜 기간 같이 살았고, 농지를 같이 경작하였던 이유도 있지만, 부모가 돌아가셨기 때문에 형이 집안의 가장이고, 형을 잘 도와야 한다는 의식을 가지고 있었다. 그래서 일기에는 끊임없이 큰집의 농사일을 하고 큰집의 각종 행사를 도와주는 모습이 자주 나타나고 있다. 설에 큰 집에 돼지 몇 근이라도 사주고 싶고(1975. 2. 11.), 큰집 보리타작도 해주고(1975. 6. 15. ; 1975. 6. 16.), 형 집 모판에 비닐을 씌우는 것을 도우러 가고(1975. 4. 9.), 큰집의 봉답 두름하는 것으로 하루를 보내고(1975. 6. 24.), 봉답 모내기를 하고(1975. 6. 25.), 큰집에서 동생들과 함께 벼를 벤다(1975. 9. 30. ; 1975. 10. 1.). 자신의 벼 탈곡 때문에 큰집 일을 같이 못해 어쩔 줄 몰라 하기도 한다(1975. 10. 25.). 그렇지만 하루 종일 형네 일을 해주느라 자신의 상점을 닫아야 하니, 싫어지기도 한다. 큰집이 놉을 얻어 보리를 베는 데 안갈 수가 없어 가서 하루를 보낸다(1975. 6. 7.). 큰집이기 때문에 안갈 수는 없지만 왠지 손해나는 느낌이 들며, 가고 싶지 않은 마음도 생긴다. 큰집의 모내기를 도왔지만 점점 가기가 싫어지고(1975. 6. 10.), 큰집일을 했더니 내일을 못하며(1975. 10. 26.), 큰집 일 때문에 상점문을 많이 닫을(1975. 6. 13.) 수밖에 없다. "나 자신이 살고 바야 대는데 우선 바서는 자신에 일은 무선 일이든지 재처놓고 큰집배 일이라면 하고 있는 것이 자신에 앞을 멀개 하는 것이 아닐까 염려도 대는구나"(1975. 6. 14.). 형 집의 일로 자신의 일을 못하는 것에 더욱 민감해지고 있음을 알 수 있다. 이러한 변화들은 결혼하고 가족이 생겨 자신의 역할이 더욱 커져서이기도 하지만, 동시에 친척들에 대한 의무감이 현실적인 이유로 점차 약화되며 자신의 가족에 집중하게 되는 사회적 변화를 반영하고 있다.

그렇지만 권순덕은 형을 중심으로 손자, 손녀를 포함하여 온 가족들이 자주 모여 잔치를 하거나, 제사를 지내며, 가족이 번창해가는 모습을 느끼며 행복해한다. 일기에 형의 회갑에 부모 자손 40여 명이 거의 다 모이니 흐뭇하다고 기록했다.

> "오늘은 아버지의 자식 맡아들 회갑날입니다. 아버님, 어머님 키운 자식이 회갑이라는 마음 매키지 않는 너킴이 든입니다. 옛날에는 회갑하면 인간 세상은 끝이라고 하여는돼 어머님, 아버님 아들이 벌서 회갑이라니 그간그간 세월이 다 지나가고 어머님, 아버님 뒤을 따라가고 잇따는 것을 생각을 하니 눈시울이 떠거어지며 눈까에는 눈물이 눈물이 돌고 잇쓰띠다. 오늘 오형제 부부해서 다들 참석을 하고 어머님, 아버님의 자식 손이 40십명이 넘어서 이 손들이 한 자리에 모이니 그 모습들만 바도 희뭇하게 좋씀이다"(1998.12.13.)

형 다음으로 많이 언급되는 가족은 동생들이다. 과거에 출가외인으로도 불렸던, 시집간 누나에 대한 걱정도 자주 나타나고 있다. 이는 부계혈족 공동체가 약화되고 외가나 처가의 관계가 강화되면서 더 자주 누나나 여동생에 대한 관계가 부각되는 현상과 관련되어 있다. 일기에도 누나에 대한 권순덕의 애정과 걱정이 발견된다. 누나의 남편이 처가에 대해 신경을 쓰는 대목도 기록되어 있다.

> "눈님 집배 파종해주로 같쓰며 파종을 안전이 해주고 았쓰며 눈님이 일을 해달라고 하는돼 몾 한다고 말을 하지 몾한다. 외나하며 자신은 눈님이지만 어머님이 일적 돌라가시서 거른지 자신은 어머님처름 생각을 하기 때문에 눈님 이야기는 어떠한 있쓰도 실천을 하고 있다" (1986.10.23.)
>
> "자형이 오시서 종일 매상 준비하는돼 예을 먹어쓰며 먼저 번에 매상 준비한다고 종일 예을 자시서 자신이 생각을 해볼 때에 처 어머님이 계시도 처가에 일 해주기가 상당이 어렵떤대 번번이 와서 그들어주니 고맏더라"(1987. 11. 20.)

동생들과의 관계 다음으로 중요한 것이 삼촌들과의 관계이다. 권순덕은 ‘이틀 후 삼촌 회갑이라 집안 식구 전부가 준비로 바빴다(1975. 3. 28.).’ ‘삼촌 회갑 준비로 바빴다(1975.3. 39).’ ‘삼촌집에 모내기 일을 거들어주는 것으로 하루를 보내고 말았다(1975. 6. 1.).’ ‘금년에 삼촌이 밭도지로 아무것도 안 받아 내일 삼촌 생신에 소고기 두근과 담배로 인사를 했다(1975. 8. 3.)’라면서, 삼촌의 일을 도와준다. 그러나 삼촌의 밭을 빌려 농사를 짓고, 삼촌의 여러 가지 일을 도우면서도, 하루를 손해 본 느낌, 흔쾌하지 않은 느낌이 든다. 형, 삼촌의 집안일, 농사일을 도와주면서 느끼는 이러한 양가감정(의무감과 흔쾌하지 않음)은 혈연공동체의 약화에 따라 나타나는 자신의 핵가족 중심주의로의 변화를 반영하고 있다. 점점 혈연 간의 의무감이 약화되면서 흔쾌하지 않은 감정이 생기고, 친척의 일을 도와주는 게 왠지 모르게 싫은 것이다.

일기에 친척들에 대한 내용은 주로 결혼식과 장례식에 참석하고 부조금을 내는 것과 관련하여 표현된다. 하지만 이웃이나 다른 동네 사람의 제사는 별로 언급되지 않는 것으로 보아 가족이나 친척 외의 제사에는 거의 참석하지 않은 것으로 보인다.

(2) 모계 친척

일기에 외가에 대한 내용은 별로 없다. 이모가 몇 차례 나오는데 주로 결혼식과 회갑 등의 잔치와 관련되어서다. 어머니가 아플 때 이모는 문병을 온 것으로 기록되어 있다. 그는 외가에 가 본 기억이 없다. 1973년 일기에 처음 외갓집에 가봤다고 쓰여 있다. 외갓집 잔치에도 자신은 별로 참석하지 않고, 외갓집과 관계도 없는 아내를 보내는 경우가 여러 번 있었다. 그만큼 외갓집과 어머니 친척에 대한 관심이 적다고 말할 수 있다.

> “이모님이 어머님 병문안 아서 이틀 동안 휴식을 하고 오늘로서 가시며 어머님이 저러깨 누어 있쓰서 어떠개 하나 하고 눈물을 흙리면 우름소리을 크개 내면서 울길에 자신이 어머님이 병안에 누어있는데 이모님이 울면 어머님은 더 속이 아푸개 대니 이모님이 울개 대며 안 댄다고 하면서 말류하였다”(1970. 12. 6.).
>
> “외갑집에 친척에 잔치라서 형은 동생 약혼식이라 잔치에 참석을 몾하고 자신이 가개 대어쓰며 나 알기로서는 외갑집 동내을 처음이며(1973. 2. 28).
>
> “이재 이모 아들 결혼식을 자유예식장에서 식을 올리는돼 참석을 했쓰며 송문 이모 이재 이모을 보니 어머님 보는 것처름 기분이 좋으며 어머님도 살라계시쓰며 하는 생각 아시운 마음이 더는구나”(1983. 11. 27.).
>
> “외갑집 사촌 삼촌 회갑인돼 집사람을 보내고 마랐다. 자신은 아직 외갑집 마을이 어떠게 생긴는지 모르며 내 알고는 한 번도 안 갇쓰며 어머님 손을 잡고는 간 적이 잇쓰는지는 몰라도 외갑집이란 것은 구상도 몾하고 잇다. 이번 기회에 외갑집 동내을 가서 어머님 살든 집이 그대로 잇는지 그르치 않으며 허물고 서라버 집이 돼어 잇는지 자신의 눈으로 학인을 하여 볼 끈대 하는 마음 아쉽다. 앞푸로 한번 이른 기회가 잇따면 자신이 가서 어머님 살든 마당이라도 발바나 보고 십꾸나”(1991. 3. 17.).

(3) 처계 친척

처가는 가족에 이어 가장 자주 언급되고 있는 인척이다. 일기에 아내는 집사람으로, 아내의 어머니는 '장모'나 '처어머님'으로 표현되고 있다. 장인은 일찍 돌아가셨기 때문에 장인과 관련된 기록은 별로 나오지 않지만, 장모는 아내의 출산과 집안일을 계속 도와주어 장모에 관한 내용이 여러 차례 언급된다. 그는 일기에 자신의 어머니가 일찍 별세하여 장모를 어머니로 생각하며 살고자 한다는 표현을 자주 썼다. 처가는 차로 10여 분, 걸어서 1시간 반 정도 걸리는 같은 김천시의 가까운 마을에 위치해 있었지만 아주 빈번하게 왕래를 하였던 것은 아닌 듯하다.

권순덕과 이윤심은 1972년 5월 27일에 결혼하였는데, 7월 6일 일주일 이상 아내가 처가를 방문하였고, 추석을 쇠러(1972. 9. 25.), 수확을 도우러(1972. 11. 14), 처제 결혼 때문에(1972. 12. 2.) 처가를 방문한 것으로 나온다. 그 이후 대체로 아내 혼자 가는 경우가 많았고 자식을 낳고서는 아내가 자식을 데리고 가기도 했다. 권순덕은 아내가 혼자 처가를 방문하는 것에 대해 미안함을 가졌고, 같이 방문하여야 한다고 생각하였다. 하지만 농사일 등으로 마음같이 되지는 않았다. 권순덕이 처가를 가는 것보다 장모가 권순덕의 집에 오는 경우가 더 많았다. 장인어른은 권순덕 부부가 결혼한 지 1년 만인 1973년 5월 29일에 별세하였다. 장인이 별세한 다음 날인 5월 30일 부고가 왔으며 이를 받자마자 바로 처가로 달려갔다. "별세한 장인어른에깨 절을 하는데 눈물이 앞벨 가루어 쓸쓸한 하로 해을 보내고 마랐다"(1973. 5. 30.). 그리고는 장인의 발인과 삼우제를 마치고 자신의 집으로 돌아왔다.

장모가 딸의 집에 비교적 오래 머무른 때는 이윤심이 둘째를 낳은 직후이다. 장모는 권순덕 사위의 집에 와서 산후조리를 돕고, 큰 외손녀를 돌봤다. 권순덕은 장모가 집으로 돌아갈 시기에 이르자, 밤에 많이 보채는 첫째 딸을 어떻게 돌볼 것인가 걱정하기도 한다. "오늘까지 장모 부측을 밭다 이제는 안전이 바러리쓰니 혜지 볼 일이 큰 일이며 오늘 붜 집사람이 아이 둘 돌볼라면 여관일이 아니며 키울 일이 꿈 같다"(1974. 9. 15.). 3주 만에 장모가 처갓집으로 돌아갔지만 그 이후에도 여러 차례 딸의 집을 방문한다. '처 어머님이 우리 집배 오신지가 10일이 되었다(1990. 9. 21.).' '장모님 오셨는데 특별히 대접을 못해 드려 미안하다(1975. 2. 15.).' '그래서 돈을 벌어 따뜻하게 대접해야 할 상상을 한다(1975. 2. 15.).'

처갓집 관련하여 처제에 대한 내용도 발견된다. 처제 중매에 노력하여 결혼까지 이루어졌지만, 당사자가 서울에 있다는 것만 알고 교육 등 모든 것이 더 낫지 않을까 생각해서 권유했고 결혼까지 했는데, 막상 성격 등을 모르고 결혼하니 걱정을 하고 있다(1978. 12. 28.).

권순덕은 여러 이유로 처가를 잘 가지 않았다. '내일이 장모생신인데 아내만 가라고 하면서 미안하다고 생각했다든지(1980. 4. 23.), '장모에게 세배하러 가야하는데, 옷이 마땅치 않아 아내만 보냈다든지(1976. 2. 2.)' 등의 내용을 통해 장모 생신, 명절 등에도 처가에 가지 않았음을 알 수 있다. "아빠는 옺 때문에 처 어머님을 배옵지 못하고 새해 인사을 더리지 못하는 바보가 되고 마라쓰며 마음속으로는 우리 어머님 일적 도라가쉬서 처 어머님을 나의 어머님이라고 생각을 하는 자신이 새해 인사을 매년 하지 못하고 처만 보내고 있쓰니 부끄로고 머라 말을 할 수 업쓰며 ...." (1988. 2. 20.) 대목을 통해 옷 때문에 세배를 못 간다는 내용은 10여 년 후에도 나타나고 있다.

장모도 사위가 잘 오지 않는다는 것에 화를 내기도 했다. 이윤심이 딸의 홍역 접종(2,000원)을 위해 친정에서 하루 지냈는데, 장모가 사위 왜 안왔느냐며 문을 닫아버렸다고 했다(1976. 2. 7.). 아내 혼자 처가에 보내는 것을 미안하게 여겨 결국 처가에 간 적도 있기는 하다. "경운기로 집사람을 대리고 처갓집배 같쓰며 쳐가집에 가니 서울 처재만 있더라"(1986. 9. 22.), "첫갓집배 같쓰며 첫 어머님에깨 못처름 새배을 더리고 어머님의 좋아하는 모섭을 보니 자신이 잘 았따는 느킴이 들드라"(1990. 1. 30.)라면서, 처갓집에 방문한 것을 잘 했다고 생각하기도 한다.

처가 쪽 친척 중 마을 인근에 거주하는 동서들과는 자주 교류한 듯하다. '동서들과 장모님 회갑 때문에 김천 동서집에 갔더니 아무도 안 나와 서운했다(1975. 3. 26.).' '장모님 회갑문제로 처형들이 와서 이야기했다(1975. 4. 8.).' '처가에서 삼촌 회갑이라 참석했다. 생각보다 잘 하더라(1975. 4. 18).' '처 어머님 회갑인데 비와서 손님이 안 올까 걱정했는데 생각보다 많았다(1975. 4. 21.).' '문경 처제가 좀 쉬고 가려는데 동서가 데리고 가니까 처제가 울면서 가더라. 눈물이 나더라(1975. 4. 22.).' '김천 동서 딸 결혼식을 구미 농협예식장에서 해서 참석했는데 생각보다 사람이 적었다(1976. 3. 28)' 등의 내용에서 처가 동서들과에 교류하고 있음을 엿볼 수 있다.

처갓집과 중요한 갈등이 하나 나타나는데, 그것은 교회 문제이다. 교인이었던 처가 쪽 식구들은 권순덕에게 교회에 다니기를 원했다. 그러나 권순덕은 그뿐만 아니라 아내가 교회에 나가는 것도 원치 않았다. "평생을 두고 밤, 낮으로 가야 댄다는 것을 생각을 해볼 때에 교회을 그만 두어쓰면 하는 생각이"(1972. 7. 5.) 든다. 그래서 결혼 직후부터 아내에게 교회를 못나가게 하는 궁리를 하지만 힘든 일일 것으로 생각한다. "안 갈 끄라고 이야기을 해보니까 가야 한다고 발부등을 쳐면서 말을 하는 것을 볼 때에 교회을 못 나가개 할려면 왜로가 이만저만 댈 꼇이 아니며 보통일이 아니라고 생각을 하고 있따"(1972. 7. 17.). 그는 "쳐 자식과 마음적으로 따뜻하계 살라볼 결심을 했는 놈인대 요줌 교회에 문제로 마음을 상하게 하며 앞푸론 교회문제로 타지[터치]을 안 알 끄시며..."(1972. 8. 4.)라면서, 마음대로 하도록 놔둘까도 고민한다. 하지만 그 이후 일기에 더 이상 아내가 교회에 간 기록이 없는 것으로 보아 권순덕의 성화에 이윤심은 교회에 나가지 않은 것으로 보인다.

3. 문중관계

“작년에 원태 모사답 대갈림 했는 논에 오늘로서 보리을 안전이 끈어냇쓰며 담아내기는 비료값도 못하고 씨 값, 노력 다 따지며 손예가 만타”(1985. 6. 9.)에서 묘사답은 문중에서 묘사를 지내기 위해 짓는 논으로 ‘묘사답 대갈림’은 종중 땅을 소작하는 것을 말한다. 그러나 이 묘사답이 어느 문중의 누구를 제사 지내기 위한 묘사답인지는 나오지 않는다.

일기에는 종중이 한번 언급되는데 조직으로서의 종중에 대한 내용은 없다. “우리 마을사람이 인동 정씨 종종산에 장지을 정에서 운상으로 가보니 종종산이 우리 보기에 아주 산들이 잘 생기따고 생각을 해보았쓰며...”(1980. 9. 17.)라는 대목에서 다른 사람이 종중소유의 산에 매장하는 이야기만 언급되고 있다.

마을의 다른 씨족 집단에서는 문중이 있을 것으로 보이지만, 일기에는 문중, 종중, 종손이 거의 언급되지 않고 있다. 권순덕은 자신의 문중 행사에 전혀 참석하지 않았으며, 자기 문중에 대한 인식도 전혀 없었던 것으로 보인다. 이미 문중 관념이 크게 약화된 시대인데다, 권순덕 자신도 문중에 별다른 역할을 하지 않았던 듯하다.

4. 조상숭배

조상숭배 관념도 크게 약해져 제사와 차례를 제외한 다른 조상숭배 행위는 나타나지 않고 있다. 시제와 재실에 대한 표현은 거의 찾아볼 수 없다. 부모와 조부모의 제사 외에 조상숭배를 매개로 작동하는 혈연공동체 내용은 전혀 언급되어 있지 않다. 추석 차례 지내는 풍습도 많이 약화되었음을 알 수 있다. 다음은 추석 차례가 예전 같지 않음을 설명한 내용이다.

> “앞푸론 추석 명절도 이러깨 나가다가는 명절 기분마저 업쓰저지 않나 하고 마음 더는구나. 그리고 어린 아들뿐 아니라 제사을 지내는 사람도 보면 그전 때는 제사 어물을 만이 하고 좋은 것을 선택해서 지내는 대 요사이 사람들의 심리을 보면 어물을 안 하는 사람이 태반이며 형식적인 것에 불과하다. 그리고 저는 제사을 지내지는 안치만 장차 지내계 대며 돈에 시달이더래도 조상을 일 년에 한 번 성기개 대는 추석 명절에 어물 업시는 지내는 않캐다”(1969. 9. 26.)
>
> “추석 한가이라도 조상 성모 다니는 사람들의 모섭이 작년보다 좀 들 한 감이 들며...” (1971. 10. 3.)

그럼에도 불구하고 권순덕은 부모의 산소를 잘 조성하고 부모 제사에 후손이 모두 참석하는 것을 중요하게 생각했다. 그는 부모의 산소를 자주 방문하였고, 다른 장례식에 참석하며,

자기 부모 산소와 비교하기도 했다.

> "우리 오 형제가 지개로 안전하게 하고 꽃나무까지 심어서 꺼리킴업시 [어머니 산소를] 안전무결하게 하여 노왔다"(1970. 12. 17.)
>
> "고향을 그진 다 차자와서 추석을 마지하고 있쓰니 길마가 비좁을 정도로 사람들이 만아다. 그리고 산소에 성묘을 하는돼 아버지 어머님 산소가 채고더라. 왜냐. 산소에 꽃 한 송이 업는 산소가 그의 다라고 이야기을 해도 무리는 아닌돼 아버지 어머님 산소에는 꽃나무들이 장관을 이루고 있쓰며 백일홍도 셋 가지가 만발하고 있쓰니 자식의 한 사람으로 기쁘기 할량 업더라" (1984. 9. 10.)
>
> "어머님 산소을 가보니 자식들이 너무 했꾸나 하는 생각이 앞쓰는구나. 왜냐하며 산소에 잡초가 저려깨 무성하게 자라두록 나둔 것이 가슴 아푸며 형은 과일 따는 돼 바푸기야 하게찌만 매일 보는 산소 풀을 저러개 자라두록 나둔 것이 원망이 대며 한편 원망을 하면서도 자신도 봄에 와 보고 이재 와 보는 심정이라 형의 원망도 살라저는구나. 풀 뜻는 것을 포기하고 아버지 산소에 싹 벌추을 하고 아까시와을 안전이 캐쓰며 잡초을 제거을 하고 나니 자신의 마음이 깨운하며…"(1985. 7. 16.)

또한 부모의 빈소를 일 년 간 지키는 것을 당연하게 생각했다. 그렇지만 빈소를 어떻게 만들고, 어떤 의례를 행해야 하는지에 대한 설명은 없다. 아버지 별세 후 일 년 여 지나, 권순덕은 "아버지 빈소 보는 것도 마지막이구나"(1974. 9. 1.)라면서, 빈소를 설치하고 일 년 만에 탈상을 했음을 알 수 있다. 전통적으로는 이 때 사람들에게 탈상을 알려 참석하도록 하는데, 그는 그렇게 하지 않고, 집안 식구끼리만 모여 간소하게 탈상을 한 듯하다. 이 날 일기에 "아버지 제사을 집안까지만 모여서 간소하게 재사을 끝을 보았찌만 자식 댄 도리로서 가슴 아픈 하로가 대어다"(1974. 9. 13.)라면서 가슴 아픈 심경을 토로했다. 권순덕은 타인의 부모가 별세했을 때 참석하여 일을 도와주고 부의를 하는 것을 당연한 의무로 여겼다. 장례식을 치르고 산소를 만들 때 적극 참여하여 도와주었다.

> "동민들이 생각 위에 만이 나와서 열심히 일을 하여준 대 대외서 감사을 더리며 부친안장을 잘 해준 대 대예서 마음이 후눈한 감이터나지을 안더라"(1973. 8. 28.)

권순덕은 제사에 자손 모두가 참석하는 것을 자주 강조하였다. 그는 부모 제사에 자손 모두 참석하고, 자손이 번성한 모습을 흐뭇해했다. 그는 자기 부모의 자손이 가까운 일가를 형성하여, 같이 모여 조상을 모시고, 서로 도와가며 잘 살아야 한다는 의식을 지니고 있었다. 특히 어머니 제사에서는 정성을 들여 음식을 장만하고, 자식과 손자 모두가 참석하는 모습을 더 자세하게 기록했다. 그리고 '내일이 어머님 제사인데 순철이만 참석하면 다 참석하는데 참석 못할 것 같아 서운하다(1977. 12. 23.)'라면서, 누군가가 참석하지 못하면 서운해 했다.

> "어머님 제사 준비한 것이 추석 돼 준비한 것 보다 더 만이 했쓰며 아주 푸짐하게 제사 어물을 차리서 우리 오 형제가 한자리에서 음숙한 마음으로 제사을 지내쓰며..."(1982. 12. 29.)
>
> "금일은 어머님 재사라 오 형제가 전부 모여서 기분이 상캐하더라. 오 형제중 4형제 아들이 딸8들(아들 셋) 한 방에 모다 노니 오몰오몰하더랃. 이것이 다 딸이라서 소란이 장터보다 더 하더라"(1980. 1. 1.)
>
> "오늘은 아버지 제사 준비한다고 분주하며 오 형재, 오 동시 다들 와서 일을 하며 아이들이 잘랄수록 더 분주하게 너켜지며 오 형제에 딸린 것이 딸이 11명 아들이 4명 영한이는 군에 입대해서 참석을 못하고 다들 참석을 하니..."(1985. 9. 11.)
>
> "어제 저녁에 어머님 제사이며 어머님 제사가 15年 대는 회며 한 사람도 {빠짐}업씨 참석을 해준 돼 대에서 정말 고맡다. 그리고 자신은 어머님 제사라 이우지 사람은 전원 와서 음식라도 노나 먹어니 어머님이 한 번 더 생각이 더는구나"(1985. 12. 26.)
>
> "그리고 오늘이 아버지 제사이며 오 형제, 오 동시 다들 참석을 했쓰며 오늘까지 아버지 어머님 제사에는 오 형제가 빠진 적이 업쓰며 직장을 가진 놈이 불찬하는 사람 업씨 제사에 참석을 했주니 고맡키 이루어 말할 수가 업꾸나"(1986. 9. 1.)

설날의 차례에 대해서도 자주 언급되고 있다. 정부가 강제로 신정을 쇠게 하면서 설 분위기가 나지 않는다든지, 구정에 공무원도 쉬도록 하여 다 참석할 수 있게 되어 설 기분이 난다든지 하는 내용을 통해 정부의 신정 연휴 정책에 대한 그의 인식을 엿볼 수 있다. '정부서 신정 쇠라고 하더니 이제 구정 과세해도 된다고 하여 설기분이 난다(1976. 1. 30).' '구정 공휴일로 한다고 했는데 안 되었다. 아이나 어른이나 설 기분 난다(1976. 1. 31)' 등의 내용을 일기에 적고 있다.

설이 아닌 추석이나 한식에도 산소를 둘러보는 전통은 약해지기는 했으나, 사라지지 않고 유지하고 있었다. '한식일이라 형과 둘이 우마차로 냇가의 떼를 싣고 어머님 산소에 떼를 입혔다(1975. 4. 6.).', "한가위 날에 비와서 못 갔지만 오늘 형제끼리 성묘를 다녔다. 성묘 다니는 사람이 없어 성묘도 사라지지 않을까?(1975. 9. 21.)'라면서, 권순덕은 이러한 행사에도 가능하면 가족 모두 참석하기를 바랐다.

이처럼 권순덕은 제례, 장례, 차례 등에서 돌아가신 부모를 잘 모시고, 산소를 잘 돌보면 조상이 어떠한 방식으로든 후손을 잘 보살펴, 후손이 잘 될 것이라고 생각하였다. 권순덕은 부모나 조상이 '감심'을 발휘하여 후손들을 도와주기를 기원하였다. 1970년대의 일기에는 조상의 '감심'에 대한 기원이 잘 나타나지 않지만, 1990년대로 갈수록 '감심'을 더 많이 기원한다. 이는 기독교 집안인 처가의 기도하는 모습을 보며, 예수를 믿지 않은 권순덕은 점차 조상을 신으로 생각하며 기도하지 않았을까 짐작된다.

> "명절로 우리 형제는 꼭 어김업씨 참석을 하는돼 큰집배 새집배는 보통 보며 일부만 참석을 하고 있는 것을 볼 때에 선조의 감심도는 우리 형제보다 적다고 본다."(1984. 9. 10. 추석)

"어머님 혜지가 전문대학교에 들어가지 못해서 내 마음이 다 타고 잇씀이다... 이번에는 어머님이 도와주야 하게씀이다. 어머님 나의 소원이라고 말씀드리고 십씁니다. 우리 혜지 이번에는 학교에 들어갈 수 잇두록 도와주십시오"(1994. 1. 28.)

"어머님 오늘제사는 어머님 돌라가신지가 26년이 돼는 재사을 어머님의 자식들, 며느리, 조카까지 파짐업시 다들 참석을 해서 제사 올리 씀이다... 어머님 이 아들은 잘살고 잇쓰며 특이 어머님 둘째 며너리가 정말 좋은 사람이라서 이아들이 아주 편한 부부생활을 하고 잇씀이다. 어머님 앞푸로도 우리 형재들이 우정을 버리는 일들이 업두록 보살펴 주십요, 어머님"(1996. 1. 4.)

"운이을 대리고 아버지 어머님 산소에 가서 내일 군대 간다고 할아버지, 할머니 운이 군대 잘 갇다 오게 씀니다 하고 절을 올리라고 하여쓰며 어머님, 아버지 손자 내일 군대갑니다. 아버지, 어머님 운이을 잘바주세요. 부탁을 합니다. 아버지의 자식 순덕이도 자식의 일로 가슴아리을 하고 잇씀이다. 이 가슴아리는 아버지, 어머님이 도와주야 합니다"(1996. 4. 21.)

"어머님 아버지 이번에 보성주택에 청약을 한 것을 내일 추첨을 오후 2시에 합니다... 어머님 아버지 도와주지 않으며 순덕의 꿈이 무너지고 맡이다. 이번 추첨에 꼭 당선이 돼두록 도와주십요. 순덕이는 밑깨씀이다"(1997. 4. 25.)

"우리 가정에도 98年 새회을 맞지 하여쓰며 아버님 어머님 올 새해도 우리 형재을 만이 보살펴주십요. 우리 형재들이 아버님 어머님 보살폄에 다들 잘 살고 잇씀이다. 올 새해도 우리 가정에 밝은 98年 해가 돼두록 보살펴주며 특희 건강을 유지을 하도록 도와주기 바랍이다..."(1998. 1. 1.)

"아버님 어머님 형님이 목디스크 수술을 한단이다. 아직 형님은 활일이 너무 만으니 수술이 잘돼두록 아버님 어머님이 도와 주어야 합니다. 꼭 수술이 잘돼어서 건강을 뒤차저서 하든일을 망우리 하두록 부모님이 도와 주야 합니다"(1999. 2. 8.)

특히 그는 처갓집의 기독교식 제례는 크게 무언가 잘못되었다고 생각한다.

"금일은 처갓집 큰집배 처남우댁이 장래식이라서 참석을 해보니 교인이라 장래식이 노래로 다 하더라만 우리가 볼 때에 좀 이상하다. 왜냐. 날 이해 일평생 바치고 죽어가는 마당에 목이 매어서 노래가 어뒤 나오며 오휘러 좋아하는 것 갇더라"(1984. 3. 12.)

요컨대, 권순덕은 문중의 제례에는 참석하지 않았지만, 부모 제례에는 적극적이었다. 그리고 간소하게나마 차례, 장례, 제례의 전통을 지켰다.

V. 아포일기에 나타난 마을공동체의 변화

이정덕

1. 마을공동체의 변화

혈연공동체와 마을공동체는 농촌에서 전통적으로 가장 강력하게 작동하였던 공동체의 조직원이었다. 혈연공동체가 더 빠르게 축소되어 약화되는 과정이 반영되어 아포일기에서는 직계가족을 위주로 작동하는 모습이 잘 드러나고 있으며 문중이나 시제와 같이 지역을 넘어서는 보다 큰 범위의 혈연공동체는 별로 나타나지 않고 있다. 마을 내 동족 친족조직이 강하지 않은 권순덕 가족의 개별적인 특성도 반영되어 있지만, 이미 혈연공동체가 크게 약화된 상태를 반영하는 것이기도 하다. 혈연공동체 대신 다양한 사회관계가, 예를 들어 직장관계나 동창회 관계를 포함하여, 새롭게 부각되어 활성화된다.

마을공동체로서 가장 핵심적인 관계는 마을주민 전체가 적극적으로 협동하여 마을공동체 주민들의 생존을 공동으로 강화하는 것이다. 과거에도 개인별로 재산을 가지고 있고, 지주-소작 관계 등을 통하여 주민들도 계층별로 나뉘어 있었지만 마을의 공동부역, 절기의 공동놀이, 공동체신앙, 각종 잔치나 장례식 등에서의 다양한 상호부조와 협동, 모내기 등의 공동노동, 노동교환, 일상적인 상호관계를 통하여 강력한 마을공동체를 형성하여 왔다.

한국사회가 도시화, 산업화, 압축근대화 되는 과정에서 이러한 변화에 영향을 받아 마을공동체의 전통적인 부분들의 일부는 탈락하고 일부는 재조정되거나 성격이 다른 관계로 생성되면서 새로운 환경에 맞는 형태로 변화하고 있다. 도시화와 국가에의 강력한 편입 하에서도 마을에서의 다양한 협동이 서로의 생존에 도움이 되기 때문에, 지역공동체가 약화되는 부분도 있지만 재구성되거나 새롭게 강화되는 측면도 있다. 지역공동체는 마을의 내부의 관계나 마을 외부와의 관계의 다양한 변화와 결합되어 이전보다 훨씬 복잡하게 엉킨 모습으로 재구성된다. 마을공동체는 마을에서 형성되어 재생산되기 때문에 마을을 중심으로 존재할 수밖에 없다. 또한 외부와의 관계가 급속하게 증가하고 개인/가족의 중심적 역할이 더욱 커졌음에도 불구하고, 주민들이 생활의 상당 부분을 마을 내에서 해야 하고 마을 내의 상호관계가 서로의 생존에 커다란 영향을 미치기 때문에 마을공동체는 환경변화에 맞추어 계속 새로운 모습으로 변화되면서도 혈연공동체와 비교할 때 약화되는 속도가 느린 편이다.

앞에서 설명한 바와 같이 권순덕이 거주하는 아포읍은 경부선 철도와 고속도로가 지나가는 곳이고, 또한 가까운 곳에 김천과 구미 또는 대구라는 도시화된 곳이 있어서 여기에 영향을 받아 1900년 초기부터 빠르게 전통이 약화되는 방향으로 진행되었다. 이러한 변화는 지역공동체인 마을공동체의 변화에도 일찍부터 크게 영향을 미쳐왔다. 도시로의 교통이나 교류 증가 그리고 상품판매를 위한 방문이나 농업의 상업화도 마을공동체의 통합도를 낮추는 방향으로 작용한다. 1969년부터 조성되기 시작한 대규모의 구미산업단지도 이러한 변화에 커다란 영향을 미쳤고, 또한 박정희 정권 하에서 정부 주도로 농촌에 적극적으로 개입하면서 농촌공동체의 성격에 커다란 변화를 일으켰다.

권순덕의 일기는 지역주민이 공동으로 부역이나 공동노동을 통해 마을의 하부구조(길, 물길, 공동건축물 등)를 보수하고 구축하고, 다양한 협동을 통해 내외부의 생존을 개선하는 역할도 수행하며, 각종 의례나 놀이에 같이 참여하여 집단적인 공감대를 재생산하면서도, 점차 자신의 가족과 개인을 중심으로 생각하고 행동하는 경향도 크게 강화되어 나타나고 있음을 보여준다. 이미 아포일기가 처음 쓰여진 1969년의 일기에도 공동체보다도 개인/가족을 중심으로 생각하는 경향을 보여주는 표현들이 나타난다. 마을의 공동일을 평가하면서도 마을공동체의 활성화보다 타인과 관련된 인상을 언급하여 공동체에 대한 감성이 이전과 달라진 현실을 보여준다. 또한 대부분의 사람들이 자신/가족이 훨씬 자기중심적으로 이루어지고 있다고 평가하고 있다. "인간원 개인 일보다 공동 일을 더 하여야 남에깨 좋은 인상을 바들 수 있쓰며 공동 일이라고 일을 하지 안는 사람은 80% 정도가 댄다고 생각하고..."(1969.4.7.). 즉 공동일을 할 때 80% 정도의 개인이 열심히 참여하지 않으며, 또한 참여하는 사람도 남에게 좋은 인상을 받기 위해 하는 것이라고 표현하고 있어 이미 공동체보다 자신/가족을 훨씬 더 중요하게 생각하는 감성이 드러나고 있다.

2. 친구와 이웃관계

(1) 친구관계

마을의 친구들은 마을에서 비슷한 시기에 태어난 또래집단으로 계속 같이 놀고, 같이 교육을 받고, 같이 협동하여 많은 일들을 하고 문제들을 풀어가면서, 비슷한 세대경험과 세계관을 가지면서, 밀접한 관계를 유지한다. 전통적으로 마을에서 동갑계를 통하여 마을 또는 마을을 넘어선 또래집단을 조직화하여 마을이나 지역의 일을 헤쳐나가는 경우가 많았다. 이 마을에도 동갑계나 청년회 등이 있었거나 있어 이들에 대한 설명은 다음 절인 마을조직 항목에서 다루고 이곳에서는 조직과 상관없이 나타나는 친구관계를 살펴보고자 한다.

친구와 관련하여 가장 많이 나타나는 내용이 친구 집의 통과의례에 도움을 주는 것이다. 대체로 친구 부모의 회갑, 장례, 제사에 여러 가지 도움을 주는 모습이 일상적으로 나타나고 있다.

> "친구 모친 해갑잔치 하는 데 고모신 120원"(1971.3.30.).
> "친구 집 부친 제사라서 점두록 심부름 해주는 것으로 하로 일과가 저물고 마랐다"(1974.4.20.).

> "친구 숙모 별세해서 심부름을 심부름 해주는 것으로 하로 일과을 보내고 마랐다"(1975.1.21.).
>
> "친구 숙모 안장에 사람들이 놀지 않고 다들 자라며[잘하며]… 다들 스스로 할려고 들더라"(1975.1.22.).
>
> "친구 모친 운명하여 계령 방면으로 부구[부고]를 돌리는 것으로 하로 일과을 보내고 마랐다"(1975.4.29.).
>
> "마을 친구 모친 문병가는데… 이미 이위지[이웃의] 사람들이 방우로 깍 찼더라"(1976.1.29.).

아프거나, 일이 있거나, 찾아가서 위로하는 것도 친구관계에서 빈번히 나타난다. "오늘 어머님 친구 병문안을 부인과 둘리서 같쓰며…"(1997.4.5.). 그리고 친구들과 같이 노는 모습도 자주 나타난다. 같이 술을 마시거나, 같이 놀거나, 같이 도박을 하거나, 같이 무엇을 먹는 모습이 나타난다. 친구와의 즐거움과 친목이 도움이 되기도 하지만 이러한 시간들을 대체로 비생산적인 시간으로 간주하는 경향이 나타난다. 친구와 술을 마시거나 도박을 하고 후회하는 경우가 자주 나타나고 있다. '친구와 동전치기로 밤을 보내 800원 땄다. 돈 잃은 친구 생각하면 좋은 일 아니다(1976.2.1.).' '돈을 땄어도 후회한다. 그럼에도 불구하고 며칠 후에 다시 밤새 동전치기를 하고 있다. 친구와 밤새 동전치기. 700원 잃음(1976.2.7.).' 가족과 놀거나 잔치를 하는 경우에는 비생산적인 시간으로 묘사하는 경우가 적어 가족이나 친구와 보내는 시간에 대한 감각이 다름을 보여준다.

> "친구들과 술자석에 만이 얼리고 있쓰며… 시간낭비을 만이 하고 있는데 앞푸론 억제 좀 해야 대갯다"(1975.1.7.).
>
> "예비군 훈련 친구와 술값 200원"(1975.5.30.).
>
> "일기불순으로 상점에 가서 일하기가 춥찌 하는 생각에 친구들과 오전 일과을 바둑으로 보내쓰며… 이래서는 안 대지 하는 생각에 추번[추운] 것을 무렵쓰고 때감 준비…"(1976.1.8.).

(2) 이웃관계

아무래도 같은 마을이나 이웃 마을에 사는 가까운 친척들보다 진한 공동체는 아니지만 이웃과 많은 관계를 맺으며 살아간다. "놉 여덜이 두단을 베었는데 셋이 한단을 베었다"(1975.10.9.)와 같은 표현에서는 큰형 논에서 형제 3명은 자기 일처럼 일을 하는데 이웃을 돈을 주고 일을 시켰을 때는 이들이 자기 일처럼 열심히 하지는 않는다는 권순덕의 느낌을 드러내고 있다.

친구와 마찬가지로 밀접한 관계를 유지하지만 아무래도 친구보다 접촉 빈도나 친하게 지내는 정도가 조금 약하다고 볼 수 있다. 그럼에도 마을 밖 사람들과 비교하면 밀접한 공동체적 상호관계를 유지하여 많은 일들이나 협동이 나타난다. 마을 전체를 마을주민전체의 공동체로서 상상하는 경향도 나타난다. 마을을 하나의 공동체로 생각하고 마을사람이 더 건전하거나 유익한 행동을 하는 것을 선호하는 표현들이 나타난다. 예를 들어 마을사람이 구정에 술 취한 것이 줄었고 낭비가 줄었다(1975.2.13.)라는 표현도 마을을 어느 정도 공동체로 생각하면서 마을사람들의 전반적인 경향을 평가하고 있다. 또한 마을을 전체로서 이야기하는 경우도 많이 나타나고 있다. '마을 사람들이 저녁마다 마을회관에 모여 TV를 보고 시간을 보낸다. 도박도 사라졌다(1976.1.10.)'.

마을주민들이 함께 놀러가거나 또는 잔치를 하거나 또는 다른 마을과 체육대회를 하는 경우도 나타나지만 대체로 계나 조합 등의 조직을 통해서 이루어진다. 계를 통해 놀러 가는 것이지만 계가 표현되어 있지 않아 어떤 방식으로 놀러갔는지 불명확한 표현도 있었다. 형과 14명이 보은 속리산에 놀러갔고(1976.4.27.), 다음 날에도 돼지고기 남은 것을 가지고 하루 종일 놀고먹었다(1976.4.28.). 아내도 마을 주민들과 같이 놀러간 적이 있고, 부부가 같이 놀러간 적도 있다. 일기에는 설명되어 있지 않았지만 조직을 통해서 이루어졌더라도 이렇게 마을사람들이 같이 자주 놀러 가는 모습이 나타나고 있다. 이전에는 정월대보름, 단오, 백중과 같은 절기에 마을사람들이 함께 놀았던 것이 교통통신이 발전하면서 버스를 타고 관광을 가서 같이 놀고먹고 마시는 유형으로 변화한 것이다.

마을에서의 체면을 생각하거나 마을사람들이 어떻게 볼까 생각하는 표현도 자주 나타나고 있다. 따라서 마을주민들의 다양한 행사에 덜 참석하기는 하지만 참석해야 체면이 선다. 어떤 집의 일에는 참석을 안 하고 어떤 집의 일에는 참석을 하게 되면 참석을 안한 집에는 미안한 일이 된다. "마을에 잔치에는 참석 안에는데 금일 여집[옆집]에서 한갑 하는데 참석을 안 알 수도 업고 딴 사람 보기는 미안점이 있찌만 이웃사촌이라고 해서 처음 참석을 했다"(1976.2.18.), 자기 집이나 다른 집의 잔치나 장례식이나 묘소 등도 서로 평판의 대상이 된다. 그래서 딸의 결혼식에 다음과 같이 썼다. "아버님, 어머님 동민들 찬치 잘 한다고 친찬이 자자합니다"(1998.11.29.). 그래서 자기가 어떻게 행동을 해야 하는지 다른 사람과 비교해서 어떻게 행동을 하였는지도 관심의 대상이 되어 이를 언급하는 부분도 나타난다. "동네 부주[부조] 이만원식 하는돼 자신은 30,000원"(1998.9.6.).

마을 사람이 자신에게 어떻게 해주었는지를 알고 있어야 이에 상응하는 부조나 행동을 할 수 있다고 생각하기 때문에 타인들이 자신에게 어떻게 해주었는지를 항시 나름대로 평가하고 기억하고 있다. 결혼식이나 장례식에서도 타인이 준 부조금의 액수를 잘 파악하고 있어야 나중에 비슷한 일이 상대편에 벌어졌을 때 적절히 대응할 수 있게 된다. 그래서 일기에도 그러한 액수를 적어 놓았다.

> "서울 정상극 參萬원 울산 하정임 貳萬원 본동 구판장 윤학도 參萬원 김천시 남산동 174, 18번지 이양근 參萬원 농소 신촌 김수옥 參萬원 조합장 김성수 參萬원 한일여고 박돈하 參萬원 아포조합 이진호 參萬원 아포조합 윤재근 貳萬원 본동 손용수 貳萬원 본동..." (1999.4.14.).

3. 마을조직

마을에는 행정조직인 동장이나 새마을지도자 등이 존재하여 행정적으로 면사무소나 군청, 그리고 각종 조합 등의 공적인 역할을 수행하는 기관들과 공식적인 업무를 처리할 뿐만 아니라, 마을에서 모든 일을 조율하는 중요한 역할을 수행한다. 국가의 가장 말단의 대리인이라고 할 수 있다. 전통적으로는 마을에 다양한 조직들이 있어서 자치에 가까운 활동을 해왔다. 일제 강점기부터 국가가 직접적으로 통제하는 말단조직들이 구성되었고 이러한 조직을 중심으로 농촌마을의 성격이 그동안 크게 변하여 왔다. 이러한 공적인 조직의 변화는 이미 100여 년 전에 이루어진 것이기 때문에 여기에서는 전통적인 마을조직이 어떻게 점차 현대적인 형태로 변해가는지를 다루고자 한다.

(1) 계

계는 전통적으로 가장 널리 나타나는, 마을에서 조직화된 집단이었다. 1970년대까지도 계라는 명칭으로 많은 조직들이 있었지만 1960년대부터 각종 회, 위원회, 조합 등이 급격하게 증가하기 시작하면서 계의 역할이나 언급이 줄어들고 있다. 계라는 명칭으로 구성된 조직들이 점차 사라지고 회, 위원회, 조합으로 구성된 조직이 이 기능들을 대체하였기 때문이다. 계라는 명칭이 전통적인 느낌을 주기 때문에 새로운 조직을 만들 때는 계라는 말보다 회라는 용어를 쓰는 것이 일반화되었다. 따라서 동갑계와 비슷한 역할을 청년회가 나와서 점차 대체하게 되고, 마을주민 전체의 모임에서도 대동계라는 용어를 사용하는 경우가 일찍 사라지고 주민회의나 주민총회와 같은 현대에 주로 사용하는 용어가 등장하면서 대체되는 경우가 많았다. 또한 위원회와 조합은 국가가 조직하여 체계적으로 다양한 지원과 역할들이 부여되고, 국가의 지원을 매개로 다양한 활동을 하면서 마을 내의 조직에서 주도적인 역할을 차지하게 되었다.

아포일기에서 계라는 단어는 자주 등장하는 데 비해 그 내용을 자세히 적고 있지 않아 어떤 내용으로 어떻게 조직되어 움직이는지를 제대로 파악하기 힘들었다. 예를 들어 "형님계에 형님이 업스서 자신이 초곡까지 가서 계 참석을 했는데 계는 친목계이지만"(1975.2.14.)이라고 적고 있다. 이 계는 형님이 마을을 넘어선 친목계에 가입되어 있고 돌아가면서 잔치를 하는데 가난한 사람이 음식을 더 장만하여 그 상처가 오래 가니 문제가 있다고 적고 있다.

전통적으로 마을에서 가장 강력한 영향을 미치고 있던 계들은 동갑계, 그리고 마을에 따라 대동계가 있었다. 이 마을에서는 동갑계가 1970년대에도 지속적인 역할을 하고 있었지만 점차 청년회가 이를 대체한다. 비슷한 기능을 가지고 있더라도 원래의 조직과정과 의도가 상당히 달라 조직체계와 움직이는 방식이 상당히 다르다. 전통적인 성격을 가진 몇 가지 계가 아포일기에서도 나타나고 있다. 1975년 7월 10일 일기에는 동갑계가 적혀 있다. 동갑계는 가장 널리 나타나던 전통적인 계로 마을에서 나이가 비슷한 사람들이 가입하여 상호상조를 하는 집단이다. 동갑계는 강력한 유대관계를 형성하면서 계원의 집에서 벌어진 잔치나 장례들을 자기 일처럼 해주며 또한 부조를 통해 개인의 부담을 전체가 나눠지면서 큰일을 보다 쉽게 해결할 수 있도록 해준다. 아래의 일기도 동갑계가 매우 헌신적이고 그래서 그러한 계를 가입하는 것이 가치 있다고 쓰고 있다. 과거에는 쌀로 곗돈을 냈을 것이지만 언제부터인가 돈으로 내는 방식으로 바뀌었다. 1985년 이후에는 동갑계가 일기에 기록되어 있지 않다.

> "금일은 상갑집배[상갓집에] 운상하기 위에서 가바든니 돈갑계[동갑계]에서 총 들고 일을 하는데 잘 하더라. 그 계가 돈갑계가 아니고 친구의 계라면 그러깨까지 일을 바줄까 의심서려어며 돈갑계 정도는 무월 마아다고[모을 만하다고] 너켜다[느꼈다]" (1975.7.10.).

1976년 2월 15일 일기에는 국수계의 곗돈 550원을 지불했다고 적혀 있다. 잔치가 있을 때 국수를 사 부조할 목적으로 주민들끼리 결성한 계로 결혼신이나 환갑과 같은 잔치를 할 때의 부담을 줄이고 또한 잔치를 할 때 계원들이 와서 도와줌으로써 추가부담 없이 잔치를 치를 수 있게 해준다. 이 국수계도 1985년 이후에는 일기에 나오지 않는다. 마을 친목계 같은 경우 누구나 희망하는 사람이 참석할 수 있는 계이다. 친목계이기 때문에 마을주민이 같이 놀러가는 것이 목적이지만 너무 나이 차이가 나는 많은 사람들이 가입하여 동질성이 없어서 계로서 의미가 없다는 생각도 표현되어 있다. "우리 마을 친목계 임시 총회을 하여쓰며 마을에 거주하는 사람 중 희망하는 사람들은 다들 회원이라서 나이 차이가 너무 만아서 개라는 의미가 적드라"(1995.9.10.). 이러한 친목계도 언제 사라졌는지는 나와 있지 않지만 1995년 9월 10일 최종적으로 친목계가 임시총회를 열었다고 일기에 나오고 그 다음부터는 일기에 나오지 않는다.

아내가 처음 하는 계에 1,780원을 지출하였다고 썼는데(1975.2.16.), 곗돈을 낸 것으로 보인다. "구경 가고 나서 결산을 하니 90,000만원 남어따고 그 돈으로 오늘 금오산에 구경을 다 가는데..."(1990.5.8.)의 부분에서도 계에 대한 언급이 없지만 계돈으로 놀러 갔다가 남아서 그 돈으로 가까운 곳을 다시 놀러 간 것으로 보인다. 그래서 1980년대부터 부쩍 전국 각지로 영행을 다니는 모습이 자주 기록되고 있다. "금일 여행길은 88고속도로와 광구무등산과 남원을 갈다 왔쓰며...(1984.7.27.).

"오늘 경비는 찬조 20,000원과 동신회의 계에서 20,000원 오늘 경비을 충당을 해서 오늘 놀리을 한 셈이다."(1997.2.22.). 이렇게 자주 놀러 다니던 계도 계속 되기는 하지만 참석율이 저조하여 계들이 사라지지 않을까하는 걱정도 나타난다. "오늘은 동신계 정기총회을 개채을 하여쓰며 동신계도 처음보다 계원들이 모이는 수짜도 적을 뿐 아니라 관심이 적으지고 잇꾸나"(1996.2.21.). 2년이 지난 후에는 그러한 걱정이 더욱 크게 나나탄다. "개원들이 갈수록 참여을 하는 률이 적으며 이래가다가는 동신개가 문어저지나 않을까하고 염려가 돼고 잇다"(1998.1.1.). 동신회를 동신계라고도 적거나 '동신회 계'라고도 적어서(1998.8.15.), 계와 회가 같은 것으로 인식되고 있는 상황도 나타난다. "동신회 정기 총회을 하고 나서 남들은 노는돼…"(1999.9.26.).

(2) 회와 위원회

회에서 가장 많이 언급되는 조직이 청년회이다. 1972년 아직 청년회원에 가입하지 않은 상태인데 형이 회원이어서 대신 참여를 부탁받고 참여했더니 청년회 부회장을 하라고 해서 자신은 능력도 없다고 몇 번이나 사양을 했지만 결국 청년회 부회장을 맡게 된다(1972.8.15.). 부회장이 되어 회장단으로서 여러 가지 일을 하여야 했기 때문에 회장을 거쳐 회장을 물러날 때까지 몇 년간을 청년회 일로도 상당히 바쁘게 지내야 했다. 1960년대 이후 농촌의 지도부를 박정희 정권은 대거 젊은 층으로 교체하면서 청년회도 마을의 핵심조직으로서 마을의 여러 가지 일에도 참가하거나 도움을 주어야 했다.

> "사엣치[4H] 발쪽하는데 찬조금을 달라고 이야기을 하는데 청년회 부회장으로 찬조을 안 알 수도 업고 해서 200원 찬조을 하고 말랐다. 사엣치예깨[4H에게] 200원"(1972.8.22.).
>
> "요줌은 청년회원 일 때문에 시간이 업쓰서 그른지는 몰라도 삶매 극정을 할 여유도 업시 하로 시간이 가버리고 마는구나"(1973.1.8.).

1973년에는 20명 정도 참석한 총회에서 회장으로 당선되었다. 스스로 준비가 되어 있지 않아 실망을 주었으리라 생각하면서도 회장으로서의 역할을 적극적으로 수행하려고 노력하면서 별의별 사람이 다 있어 대중을 상대해봐야 인간의 질을 알 수 있게 된다고 이야기하고 있다. 1973년 가을에는 청년회에서 어른들을 위한 윷놀이(척사대회)를 개최하고자 하였는데 유지들에게 찬조금도 얻고 대회도 주관하여야 해서 힘들었지만 성공적으로 마치자 감사를 표하고 있다.

> "청년회에서 척사대회을 할려고 각 유지 대는 분들에깨 찬조을 얻들라고 돌라다니는데 나 자신 마음 가지고는 사람을 잡고 찬조 좀 하십시오 하고 손을 내밀기 어색하며…"(1973.9.11.).
>
> "본 청년회에서 척사대회에 한편 불꼐한 일들도 있찌만 캐알하게 윷노리을 맡친 대대예서 감사한 마음이 들며…"(1973.9.12.).

그렇지만 너무 힘들다고 생각하여 곧 청년회 회장을 물러나려고 하지만 아무도 회장을 하지 않으려고 하여 물려줄 것인가를 고민하고 있다. "1년도 안되어 자신의 사욕을 바서 무족끈 물러쓴다면 자신한태 욕이 돌라올 껏 같고 깨껏하게 물리 줄라니 후개자가 업쓰니 청년회라는 것이 태보가 대고 있다"(1974.8.15.). 개인들이 시간도 많이 뺏기고 돈도 많이 들어가고 사람들을 동원해야하기 때문에 아무도 회장에 관심을 가지고 있지 않았다. 28살에 부회장이 되고 29살에 회장이 되었다가 31살에 물러났다. 청년회 정기총회에서 회장으로서 발전을 못해 미안해하며 회장을 물러났다(1975.2.17.). 그리고 나서도 청년회에 주도적으로 참여하고 있다. '청년회에서 돼지를 잡아 큰골에 가서 잘 놀았다. 돈 1000원이 아깝지 않더라(75.4.23.).' 그렇지만 그 1년 뒤에서는 이미 청년회에 나이가 많은 측에 속해 같이 놀기 어렵다고 토로하고 있다. '나이가 가장 많아 놀기가 마땅치 않았지만 그냥 놀았다(1976.5.24.).'

청년회에서는 부녀회와 함께 1991년도에도 경로잔치를 하였고(1991.5.6.), 마을 입구에 이정표를 세우고 남은 돈으로 돼지를 잡고 술을 내서 마을잔치를 하였으며(1992.2.2.), 또 경로잔치를 하였다.(1992.5.7.) 1973년과 마찬가지로 마을 유지들이 찬조금을 내놓기 때문에 권순덕도 찬조금을 청년회에 지불한다. "우리 마을도 경로잔치 하면 우리 마을래 사는 사람이 라면 다들 찬조을 해야 하고 청년회 부인회는 2일은 꼭 몸 수고을 해야 하고 부주을 해야 하는 부담을 주고 잇다. 경로잔치 부주값 30,000원"(2000.5.7.). 계들이 사라진 것에 비하여 청년회는 장기간 지속되고 있는 셈이다.

권순덕이 가입하여 주도적인 활동을 한 또 다른 조직은 동신회이다. 앞에서 설명한 바와 같이 가끔 동신계로 표시하기도 한다. 동신회는 나이를 먹은 사람을 중심으로 1995년에 조직되었으며 좀 더 젊은 사람들로 구성된 동우회와 함께 마을일을 주도적으로 해결해나가는 조직이 되었다. 1996년 정부가 인근에 물류단지를 만들겠다고 하자 교통이 복잡해지는 등 마을에 피해를 준다고 판단하여 동신회와 동우회는 주도적으로 물류단지 반대운동을 조직하게 되었다. 1996년 초에는 동우회와 동신회는 매주 화요일 그리고 마을주민 전체는 토요일에 모여서 토론을 하면서 대처하였다. 권순덕은 대책위원장으로서 주민들의 서명날인을 받아 청와대와 교통부에 탄원서를 제출하고 도장을 주지 않는 주민 3명을 고립시키기도 한다.

동신회는 1997년 총회에서에서 "이번 총회는 회장과 총무을 다들 갈라쓰며 앞푸로 총무, 회장의 임기는 2年으로 하기로 길정을 밭쓰며 회장은 나이 순서대로 하기로 결정을 보앗다"(1997.2.10.). 언제부터인가 동갑계가 사라졌기 때문에 장례를 치룰 때 운상하는 일도 동우회와 동신회가 하게 되었다. "윤종희 모친 운상하면서 상두돈이 총 1,600,000원 나와는돼 절먼 동우회가 1,100,000원 가지가고 우리 동신회가 500,000원 분배을 밭아쓰며 이것을 반 잘라서 오늘 나온 사람 9명이 쓰고 남어지 250,000원 기금으로 너차고 합이 바따. 그래서 오늘 무실 고기집에 가서 잘 먹어다"(1998.7.1.). 장례에서의 운상은 동신회와 동우회의 기금을 마련하기 위한 좋은 기회였다.

동신회는 이전의 계나 다른 모임과 마찬가지로 자주 여행을 다닌다. "오늘은 경주문화 엣스포에 동신회 동우회예서 관광을 갈다 왔쓰며..."(1998.9.17.). "오늘은 마을래서 삼천포 유람 여행을 철도국에서 모집을 해서 동신회에서 11명 형수 또레들이 20명, 어른들이 매명 관광을 갈쓰며…"(1999.3.22.).

초등학교의 모임도 동기회라는 명칭으로 조직되어 활동하고 있었다. "오늘은 동기회 한다고 직지사 일직 식당에서 모임을 가지는데 36年만에 모임을 가지는데 다들 몰라보게 변하여쓰며 정말 오래만에 만나쓰며 이 친구들이 다들 정국[전국]으로 분포대어서 살며…"(1994.3.12.). 그런데 1997년에도 동기회와 동기계를 정확히 구분하지 못하고 있다. 계와 회가 성격이 비슷한데 단순히 명칭만 회로 바뀌는 경우가 많았기 때문이다. "오늘은 동기계을 하는돼 비가 내리고 잊쓰서 직지사에서 대신에 국민학교 11회 동창모임이라서 참석을…"(1997.11.29.).

다른 농촌 지역에서는 개발위원회 등이 설치되었는데 이 일기에서 '계발이원(개발위원)'이 두 번 언급되고 있다(1987.1.20.; 3.21.). "금일은 임시 총회에서 자신이 계발이원에 들어가서 캄짝 놀랐다. 반장이 계발 위원 하라고 해서 개발 위원은 나이 만원 사람이 하여야 한다면서 나이 마은 사람을 시키라 했는돼 나을 너어나서 깜짝 놀랐다"(1987.1.20.).

농협의 분과 위원회가 구성되어 분과별로 해당 계획을 논의하는 것이 언급되고 있고, 복합터미널 유치와 관련된 민간조직인 추진위원회가 조직되었지만 위원장이 그만두면서 위원회도 별다른 활동을 하지 않고 흐지부지 되었다(1997.3.2.).

(3) 조합

계들이 사라지면서 회가 여러 개 마을에서 조직되었다. 이와 더불어 정부의 지원을 받아 나타난 조직들이 조합이다. 계나 회가 민간조직이었지만 조합은 정부의 지원으로 만들어진 반관반민 조직으로 볼 수 있다. 계나 회는 마을 자체의 조직이기 때문에 외부의 영향력과 관련 없이 마을을 친목하고 협동하게 만드는 기제로 작동하였지만, 조합은 정부가 조직하여 전국조직으로서 이루어져 마을 조직의 그 하부조직으로 작동하게 되었고 외부의 결정을 직접 마을로 전달하고 마을이 이러한 전국의 하부단위의 하나로 작동하도록 만들어나갔다. 국가의 행정조직의 말단에 있는 동장이나 통장이나 새마을지도자 등과 함께 마을이 전국조직들의 하부조직으로 재편성하는 데 기여하였다.

조합은 여러 가지가 있다. 농업협동조합, 창과협동조합, 축산업협동조합, 원예협동조합, 삼림협동조합 등이 있지만 일기의 주인공이 주로 논농사와 과일농사를 짓고 있기 때문에 조합은 벼나 보리나 콩을 수매하는 농업협동조합이나 과일을 수매하는 청과협동조합 또는 원예협동조합을 주로 의미한다. 이 일기에서는 농협보다 조합이라는 말을 더 빈번하게 사용하고 있고, 다양한 조합들을 지칭하고 있었다.

조합은 농사에 필요한 물품을 공급하며, 다양한 영농자금을 대출해주고, 예금을 받고 있으며, 연쇄점을 통해 생활에 필요한 다양한 물품을 팔고, 농산물을 매집하기도 하며, 농산물을 조합으로서 조합원을 대리하여 팔아준다. 이러한 활동들은 중앙정부의 관리를 받아서 나타나는 사업들이다. 즉 국가와 밀접하게 관련하여 농업정책을 수행하는 기관이다. 조합은 비료 등을 외상으로 주기도 하여 농민들의 편의를 봐주려고 하고 있다. 국가에서 정책적으로 지원하는 이자가 낮은 영농자금을 받아서 땅도 사고, 농기계도 사고, 생활비로도 쓴다.

> "오늘부로 조합 돈 백만 원 일반대출로 바다 와서 땅 산다고 빚전 것 일체 갑파쓰며..."(1986.2.21.).
> "아포 조합에 가서 형님 영농 자금 900,000만원 바다서 미수금 600,000만 갑고 남어지 돈을 바다왔쓰며 자신은 500,000만원 영농 자금을 바다왔쓰며..."(1988.3.11.).
> "농지개량조합에서 농토 구입자금을 주어서 업고 농사는 짓어볼 결심을 가진 자들의 힘이 대어 주는 농지개량조합에 돼에서 감사을 드리고 십은데..."(1991.1.14.).
> "오전에는 이삭거름용 비료을 6포와 보라차용, 슈새미, 치약을 조합에서 사오는 것으로 오전 일과을 보내고 마랐다"(1992.7.18.).

조합을 이용하면 상대적으로 농민에게 유리한 조건으로 거래해주지만 조합원을 대신하여 농산물을 매집하여 판매하는 실력에 대해서는 권순덕은 의문을 가지고 있다. 조합이 장사를 잘못하고 있기 때문에 조합에 과일을 주지 않고 자신이 다른 곳을 찾아서 판매하기도 한다(1988.7.5.). 권순덕은 아포조합뿐만 아니라 상황에 따라 여러 곳의 조합을 이용한다. 더 이익을 줄 수 있는 곳을 찾아서 활용하였다. "오전에 집사람 혼자 당산밭에서 이삭으로 딴 것이 5짝 앞밭태서 1짝을 보태서 대전 천과조합에 부치고 마랐다"(1992.7.2.). 사과는 구미농협 공판장에서 판매하기도 한다(1997.1.22.).

농민들이 좋은 값을 받게 해주는 정책적인 매입에는 까다로운 조건을 걸어 일부는 매집을 한다. "금일은 아포조합에서 콩매상을 받는데 면전체 다못다고 을마 돼지 안드라. 그리고 콩매상 검사가 어떠끔 까다러운지 벼매상보다 드힘들게 하드라"(1992.12.16.).

과일조합이나 원예조합에서도 과일이 많이 나와 있으면 과일 매입가격이 떨어질까 봐 걱정이 된다. "오후 2시에 김천원예조합에 갈든이 정말 놀랄 정도로 과일이 만이 낫쓰며 과일 생산돼는 것이 한 해가 옛날이라는 생각이 든다"(1993.6.26.). "조금 낮따[낫다]는 입찰 가격이라서 안도의 숨을 실 수가 잇쓰따. 마음적으로는 좀 더 받아쓰며 하는 아쉬운 감이 떠나지 않는구나"(1993.6.27.).

포도를 더 잘 생산하고 가격을 더 잘 받기 위하여 포도작목반을 조직하기도 한다. "회장은 자신이며 부회장은 윤달희, 총무는 임국현, 감사는 윤권희, 김동국이 이려깨 해서 포도작목반이 구성이 돼어 잇다. 오늘은 조합장 면담을 해서 청과상회 결정과 차운임 결정, 모든 것을 상이하기 위해서 조합장을 면담을 하였쓰며 우리가 운송은 조합에서 책임지고 다 할려고 약속을 약속을 하였쓰며 앞푸로 청과 조합 결정만 남아 잇다. 이것도 수일네로 현지 답사을 결정을 해야 하겟다"(1999.7.15.). 그리고 선진기술을 배우기 위해 조합장의 주선으로 남원 원예청과와 광주 원예청과를 답사하기도 한다(1999.7.22.).

조합은 총대를 선출하다가 1989년부터 명칭을 조합장으로 바꾸어 선거로 선출하게 되었다. 1989년은 마을마다 3명씩의 대의원이 참석하여 뽑는 간접선거였으나 1990년부터는 조합원이 투표하는 직접선거로 바뀌었다. 선거에 당선되기 위하여 총대로 선출할 때부터 돼지를 잡아서 접대하거나 막걸리를 접대하였고 조합장 선거에서는 조합장의 권한이 더 커졌기 때문에 더욱 치열하게 돈을 쓰면서 선거운동을 하게 되었다.

> "금일 두엄을 당산 밭에 한 발리 실어내고 잇쓰니까 오후에 조합장 후보자들이 찬조돈으로 돼지 잡는다고 이야기을 하여서 작업을 중단하고 마랐다. 오늘은 선거 술이라고 동내방에 비좁아서 터저나두록 손님이 만으며…"(1990.1.16.).
>
> "금일은 우리 조합에 조합장 선거 날이며 우리 국민이 선거하면 돈을 만이 쓰는 사람이 당선이 돼더시… 결정적인 당선 요인원 오늘 세벽에 쇠고기 1斤 반을 집집마다 돌리서 이것이 투표의 당선이 된 것이라고 생각을 가지며…"(1990.1.18.).
>
> "오늘은 원예조합장 후보자의 닭티김을 한 바리식 선물을 밭아서 잘 먹으다. 그리고 아포조합장 후보 박기동의 닭티김과 술대접을 밭아다"(1994.1.19.).

조합장은 군단위로 당선되기 때문에 각 마을은 군단위의 조합의 역할에 커다란 영향을 받게 되어 외부의 정책에 더욱 종속적인 형태가 되어간다. 조합은 또한 여러 마을을 묶어서 사업을 시행하거나 연쇄점을 개설하기도 하고, 또한 체육대회와 같이 여러 마을이 마을단위로 경쟁하는 기회를 만들고 있다. 이를 통해 마을공동체가 국가나 군의 사업뿐만 아니라 여러 마을과 같은 묶어지면서 다른 마을에 의해서도 더 심각한 영향을 받게 되었다. 또한 마을 단위의 경쟁적인 체육대회를 통하여 타 마을과 경쟁하는 공동체로서의 역할도 부여받고 있다. 또는 다른 마을들과 같이 놀고 관계를 맺어가면서 마을을 넘어서는 다양한 사회관계가 강화된다. 이는 다시 말하면 마을내의 관계망을 약화시키는 역할도 한다. 마을단위로 경쟁하는 체육대회를 하니까 "잘들 놀드라. 자신도 마음적으로는 무대에 올라가서 놀고 십픈 마음이 들어가드라… 오늘 일은 잔취는 잘했따고 보지만 자신이 생각을 할 때는 낭비"라고 생각한다(1991.10.20.).

이러한 변화들은 이제 마을이 독자적으로 생존할 수 없고 전국 조직의 하부조직으로서 전국 시장을 매개로 생산을 하고 판매하는 국가의 하부 단위로서 존재하게 되었음을 잘 보여준다. 이는 부분적으로 외부와의 관계에 의존하여 이익을 얻고 돈을 벌 수 있기 때문에 공동체 내부에 신경을 별로 쏟지 않아도 된다는 것을 의미한다. 따라서 이전에 비하여 마을의 공동체성이 약화되었음을 의미한다. 그렇지만 외부의 국가단위의 조직이나 시장에 대응하기 위하여 마을이나 지역의 주민들과 더욱 밀접하게 협동하여 생존을 도모하게 되었다는 점도 보여진다. 포도작목반이 그러한 노력의 일환이다. 하지만 이러한 조직화를 통해 전국과 경쟁하는 것은 마을 전체를 포괄하는 공동체로서가 아니라 포도나 사과나 특정 작물을 중심으로 조직된 단위들이다. 즉 마을의 내부 조직들도 단위별로 분화되어 각각 전국의 조직이나 시장에서 유리하게 생존하기 위해 노력하는 상황으로 변하였다.

4. 공동체 일

전통적으로 마을 앞의 도로, 물길, 보, 하천, 저수지, 공동우물, 공동건축물, 수도, 도랑, 하수구, 마을청소, 공동모판 등 마을 사람들이 공동으로 사용하는 것은 마을 사람들이 부역을 통해 스스로 건설하고, 고치고, 유지하여 사용하여야 하였다. 따라서 공동체적인 공동노역이 빈번하게 이루어졌다. 여기에 참석하지 않으면 벌금을 내거나 물을 사용하지 못하였다. 그보다 더 중요한 것은 마을공동체에서 소외되어 생존에도 커다란 지장을 준다는 것이다. 그래서 마을의 공동부역에 사람들이 잘 참석하는 편이었다. 이러한 부역은 2000년까지 끊임없이 이루어지고 있다.

> "우리 마을에 새마을사업 하는데 우마차로 흙이 점두록 실련 일과로 보내고 마랐찌만 공동일에 공편하게는 안 댄다고는 하지만 현재 우리 마을에 농로 확장하는 데는 너무나 불공편해서 …"(1973.3.11.).
>
> "우리 마을에도 새마을창고 짓는다고 동민 전원이 나와 부역을 하는 것으로 하로 일과을 보냇쓰며…"(1974.2.22.).
>
> "오늘은 [도로에] 찬꽃 나무을 심는다고 동내 부역을 해서 산에 올라가서 찬꽃 캐아서 도로 주이에 심어쓰며…"(1986.3.21.).
>
> "오전에는 당산에 도랑 쳤는돼 부역을 했쓰며 오후에는 큰 골 도량보을 했쓰며 바푼돼 부역을 하로식 하니까 내 일이 밀리고 있쓰며…"(1986.5.10.).
>
> "그 길로 다니는 사람들 길 부역을 한다고 비가 오는돼 부역 한다고 해서 나가지 않을라하다 채면상 오전에 부역을 했다"(1986.6.24.).
>
> "아시와[아시아] 경기 때문에 고살[속]도로 부역을 했쓰며 경기 한 번 치루는돼 너무나 법석을 부리고 있은 것을 보며 우리나라가 후진국이라는 것이 표가 난다고 해도 가연이 아니다"(1986.9.6.).
>
> "오전에는 두엄을 한 발리 실어내고 집을 조금 거두어서 오는 것으로 오전 일과을 보내쓰며 오후에는 갑짝이 부역이 생기따면서 3, 4반원 전원 나와달라고 이야기을 해서 가보니 부역이 아니고 군예서 누가 나온다면서 사람 만이 동원이 돼어야 한다고 해서…"(1987.3.14.).
>
> "오후에는 4반에서 태비장 오물 취우는 작업을 부역을 하여쓰며…"(1987.3.18.).
>
> "저부가 도량에 풀 제거 하는돼 부역을 하여쓰며…"(1987.6.12.).

이러한 공동사업을 부역으로 하면서도 필요한 자재들을 구입할 수 있도록 하기 위해 공동기금도 만든다. 마을사람들에게 새마을사업 부담금 500원씩(1975.5.13), 새마을사업이라는 명칭으로 공동일을 한다.

그러나 마을공동체가 외부에 다양한 관계에 의해 개별적인 외부 의존도가 높아지고 마을내에서도 각자 자신의 관점에서 바라보는 경향이 커지면서 불필요한 부역을 한다는 불평도 점점 커지고 있다.

> "이제는 점점 질서가 업쓰저는 것을 보니 공동일이 잘 돼기가 힘이 들 껏 갇더며..."(1985.4.8.).
>
> "금일은 하로 종일 도량보을 했쓰며... 공동 일을 자신도 사실 하기 실치만 모두들 부역이라고 합시고 너무들 안 할려고 하며... 이래 가다가는 머지 안아서 공동 일은 아예 할려고 생각을 마라야 하지 않캐나 하는 염려도 되는구나"(1987.3.30.).
>
> "오전은 우리 지방 김천서 정국[전국] 체전을 한다고 환경미화"를 공동으로 하였다(2000.3.15.).
>
> "도로 부역이 제대로 돼지 않아쓰며... 도로에 모레가 안간 곳이 더 만을 정도로... 부역에 참여하는 수가 적으서 농로 부역이 안 됀다고 보고 잇따..."(2000.10.5.).

5. 정부의 개입 증가

정부는 마을의 개인수준에까지 행정조직이나 조합을 통하여 직접 관리할 수 있는 체계를 만들었다. 개인들의 농사, 금융, 생활을 상당한 정도까지 파악하고 여기에 대응하여 여러 가지 지원이나 개입을 통해 국민의 일원으로서의 복지를 제고하기도 하고, 관리하거나 통제를 하기도 하고, 동원을 하거나 활용을 하기도 한다. 자율적으로 협동하고 자치를 한다는 의미에서의 공동체성은 마을에서 사라졌다. 국가의 포섭과 지원을 매개로 마을이 자체적으로가 아니라 전국의 일원으로서 더 나은 생활을 하도록 만들려고 한다. 가족이나 개인단위로 나뉘어 국가의 행정이나 조합에 포섭되어 있지만, 이는 공동체가 약화되고 성격이 변하게 만드는 역할을 한 것이지 공동체를 없앤 것은 아니다. 왜냐하면 마을 내에서의 다양한 협동관계와 공동체적인 활동이 어느 정도 지속되고 있기 때문이다.

국가는 행정과 조합을 통한 포섭 외에도 다양한 기구를 통해서 가족과 개인들을 관리한다. 국가가 마을에서 다양한 조직을 직접 개입할 수 있도록 만든다. 예를 들어 재건청년회도 그러한 사례이다. "동장이 재건청년회 조직한다면서 아포지서에 가라고 해서 어짤 수 업시 지서까지 가보니 종용해서 제건청년회 한다더니 어떠게 대너야고 무러니까 다시 공문이 내리와야 댄다고 해서 그만 돌라오고 마랐다"(1974.8.9.). 박정희 정권은 1962년 재건청년회를 조직하기 시작하였고 마을단위에도 '재건청년회', '재건부녀회' 등을 조직하여 마을에서 자생하는 새정권의 지지세력으로 만들고자 하였다. 이러한 영향이 아포일기에도 기록된 셈이다. 또한 1969년 가정의례준칙을 만들어 점차 강력하게 시행하였는데, 그 결과 사망 부고를 집안사람들에게만 하도록 해서 "장인어른 장래식이라서 참석을 해보니... 손님들이 좀 한산{한} 감이 더는구나. 이번에 정부에서 각역하게[강력하게] 이야기을 안예떠라면 손님이 상당이 만을 꺼돼..."(1983.11.14.).

정부가 의도한대로 마을이 잘 바뀌고 있는지 국무총리도 직접 시찰을 나온다. 그래서 국무총리에게 잘 보이도록 모든 것을 미화하고 고쳐놔야 했다. '국무총리 김종필 씨가 새마을 사업 시찰 나와 부역하는데 하고 싶지 않았지만 미안해 같이 했다(1975.8.5.).' '국무총리 온다고 환경개선에 하루를 보내고 말았다. 한사람 움직이는데 애로가 많다(1975.8.7.).' '도지사가 와서 큰집 대문보고 추하다고 돈을 주었다(1975.8.8).' '대문고치니 좋았다(1975.8.9.).' '국무총리 온다고 사람 못살게 굴더니 청소만 깨끗하게 했어도 되었다(1975.8.16.).' 또는 선전용 사진을 찍기 위해서도 주민들을 부역에 동원한다. 군 공보실서 새마을창고사진 찍는다고 해서 동민 전원이 우마차와 지게를 지고 미화작업을 했다. '힘들어도 깨끗하니 좋더라(1976.2.25.).' 물론 앞에서 이야기한 바와 같이 돈을 저리로 대출해주고, 상품을 보다 싸게 공급해주는 것에서 더 나아가, 국가가 직접 일자리를 마련해주기도 한다. "金日[今日]은 同내[洞內]에 새마을공사장에 돈 벌로 나갈니 정말 힘이 들더라"(1975.1.14.).

선거체제에 포섭되어 마을을 포함하는 지역을 대표하는 국회의원을 뽑아서 의회에 보내거나 또는 지방의 도지사, 시장, 도의원, 시의원 등을 뽑아 지역의 일을 하도록 한다. 아포일기에서 여러 가지 선거가 술판으로 이루어지고 있음을 보여주고 있는데, 1972년 이후 대통령 직선제를 없애고 간선제로 만들었는데 대통령을 선출하는 통일주체 대의원 선거에서도 술이 줄을 잇는 모습을 기록하고 있다. "내일이 대위원 투표하는 날이라서 서로가 술 먹일라고 사람을 소리 한다 술통이 도라다닌다. 이른 현상을 볼 때는 상부에서는 머가 어떠니 술을 주개 대면 대위원에 출마가 상실대니 쳐벌한다는 말만 하지 한 개도 말리지을 못하는 것을 볼 때는 정말 한심서롭다. 금일이 통일주채위원 선출하는 투표일이라서 주권 행사할려고 대신학교로 가니까 술 줄라고 주막에 기다리고 있쓰며 아직 한국으로 바서 주권 행사을 할려면 술을 먹으야 행사을 취루는 줄 알고 위원으로 출마하는 사람도 먹이야 대는 줄을 알고 있쓰니 피장파장 같다고는 하지만 아직 국민들이 미계인으로 버스나지[벗어나지] 못하고..."(1972.12.15.).

6. 마을공동체신앙

아포일기에는 종교적 이야기가 별로 나오지 않고 있다. 제사와 부모에게 기원하는 내용들이 가장 많이 나온다. 혈족공동체의 신앙인 시제나 재실도 언급되지 않고 마을공동체를 종교적으로 유지해주는 마을당제나 동제도 전혀 언급되고 있지 않다. 공동체적인 측면에서 공동신앙의 대상인 초자연적인 존재에 대한 믿음은 일찍부터 사라진 것으로 보인다. 당산이라는 지명이 자주 언급되기는 하지만 당산신앙에 대한 것은 전혀 나오지 않는다. 이웃마을에 교회가 1960년대에 이미 건축되어 처가식구 대부분이 교인이 되었을 정도이면 상당한 기간 동안 그곳에서 선교활동을 해왔을 것이다. 일제 강점기 일본식민통치기관은 공동체신앙을 미신으로 규정하며 없애고자 노력하였고, 이승만 정부 이래로 공동체신앙은 미신으로 간주되었으며, 학교교육에서도 미신으로 간주되었다. 지역에 존재하는 교회는 가장 강력하게 한국의 전통적인 신앙을 사탄에 깃든 미신으로 약화시키거나 없애기 위하여 적극적으로 노력하였었다.

이 마을도 일찍부터 외부로 노출되어 일찍 공동체신앙이 사라진 것으로 보인다. 공동체신앙과 관련된 일부만 남아 있는데 그중의 하나가 대보름과 관련된 것들이다. 권순덕은 아포일기의 마지막인 2000년까지 대보름에는 휴식을 한다고 기록하여 대보름의 풍습에 대한 추억을 가지고 있다. 이러한 추억은 초기에서부터 기록되어 있다. "선조들의 내리온 풍섭을 보면 정월대보름날 달을 먼저 보개 대면 아들 날 수 있따는 말이…"(1970.2.20.). 그 이후에도 해마다 대보름을 보고자하고 또한 어머니 산소에서 보름달을 보고자 한다. 대보름이 가지고 있는 다양한 풍습들은 이미 사라져서 달을 보고 빌거나 휴식하는 것 외에 특별한 언급이 없다. 많은 경우 대보름이 동제로 이어져 마을사람들이 함께 마을의 안녕과 행운을 동신에게 기원하는 공동체적인 절기였다는 사실에 대한 언급도 없다. 개별적으로 대보름을 보면서 놀거나 기분을 내는 정도로 언급되어 있어 일찍 대보름이 마을공동체 신앙과 관련된 부분도 사라진 것으로 보인다. 권순덕은 대보름에 놀던 추억을 가지고 현재 그러한 풍습이 사라진 것을 아쉬워하면서도 긍정적인 발전으로 생각하고 있다.

> "오늘 정월 대보름이다. 정말 세상은 만이 달라졌다. 왜냐하며 우리들 자랄 때만도 보름달 보며 아들 노는다고 아주마 할 껏 업시 달 보게따고 동산으로 뒤산으로… 이제는 한사람도 업쓰니 변화여도 아주 딴 세상 모양 변한 것은 사실이다… 앞푸로 얼마 안가서 보름 따위도 없스저지 않을가 생각도 더는구나"(1985.3.6.).
>
> "요줌은 대보름이란 것이 아무른 의미도 업는 보름이 대어 간다는 것이 아쉬어지고 잇따고 말을 하고 십다. 우리가 자랄 때만도 대보름 하면 설보다 더 음숙한[엄숙한] 날이여는돼 이처름 급속도 변하고 잇따는 것이 인간의 발전이라고 생각을 하고 십다"(2000.2.17.).

마을 사람들이 공동으로 행하는 초자연활동과 관련하여 일기에는 기우제도 기록되어 있다. 기우제는 주로 여성들이 공동으로 다양한 방식의 초자연적인 상징을 매개로 한 기원을 행해서 비가 오도록 만드는 경우가 많다. 이 동네에서도 할머니들이 꽹과리를 치면서 봉오지산에 올라가는 것을 이야기하고 있다. 높은 산에 올라간다고 한 것으로 보아 산봉우리에서 나뭇단을 쌓고 불을 놓아 연기를 피우고 용신에게 꽹과리를 치면서 기원을 한 듯하다. 양기인 불로 음기인 비구름을 부른다는 상징적인 행위이다. 아포일기에는 기우제에 대한 정확한 내용들은 전혀 나오지 않아 구체적인 과정은 알 수가 없다. 하지만 기우제는 마을이 공동으로 지내는 공동체적인 기원행위이다. "비을 바라다 비가 오지 않으니까 동내 할머니들이 무지[舞祭] 지낸다고 깽가리을 쳐면서 봉오지산까지 다니오는 것을 보며…"(1973.7.26.) 애를 태우는 내용이 기록되어 있다. 이 후에는 다시 기우제(무제)가 나오지 않는 것으로 보아 위의 기우제가 마지막인 것으로 보인다. 동신[洞神], 산신, 용신, 가신[家神], 귀신 등에 대한 언급도 전혀 없어 공동체적 전통신앙뿐만 아니라 개별적인 전통신앙도 일찍부터 사라진 것으로 보인다.

공동체신앙은 아니지만 공동체를 묶어줄 수 있는 신앙의 하나가 불교이고, 이 일기에서는 초파일과 직지사가 언급되어 있다. 직지사는 가까운 거리에 있어서 그곳에서 사람도 만나고, 선도 보고, 동창회도 하고, 친족들이 회식도 한다. "오늘이 4月 초파일이라 구경꾼들이 어대없시 줄을 지어서 다니{니}까 구경꾼들 뒤에는 길거리을 다니지 못할 지경어로 구경꾼이 쏴다니니 앞푸론 초파일 하면 사람을 발코 절관어로[절간으로] 구경을 갈 끄시다"(1969.5.23.). "오늘 직지사에 초파일이라서 등달라 논 것을 보니 입이 저절로 벌어지며..."(1998.5.3.). "오늘은 초파일이라서 부인과 둘리서 대구 팔공산 갈려고 작정을 하여는돼..."(2000.5.11.)라고 하여 일기의 마지막까지 초파일이 언급되어 있고 기독교 신자인 부인과 절에 가려고 한다. 물론 구경하러 간다고 했지만 매번 초파일을 언급하는 것으로 보아 직지사의 초파일이 활성화되어 있고 이에 따라 권순덕도 불교에 어느 정도 관심을 가지고 있는 것으로 보인다. 대형사찰이 있는 전통마을에서 불교의 영향력이 커서 불교가 마을을 통합시켜주는 역할을 하는 경우도 있지만 이 마을에서는 그러한 역할을 하지는 않고 있었다.

마지막으로 기독교도 마을 전체 주민이 믿게 되면 마을 공동체로서 묶어줄 수 있겠지만, 한국의 농촌에서 기독교는 기존의 공동체신앙인 동제, 당집, 동신, 당신, 무당, 대보름놀이를 파괴하려고 노력함으로써 전통을 유지하려는 세력과 첨예한 대립을 보여주는 경우가 많다. 아내가 기독교인으로서 남편을 기독교를 믿도록 설득하기도 하였지만 실패하였다. 상당기간 동안 갈등이 있었다. "우리 마너라와 매일 저녁마다 교회 문제로 진담 반 농담 반 혼합댄 말을 하고 지날 때에 서로가 좋은 인상이 안 대고..."(1972.7.18.), "쳐자식과 마음적으로 따뜻하게 살라볼 결심을 했는 놈인대 요줌 교회에 문제로 마음을 상하계 하며 앞푸론 교회문제로 타지[터치]을 안 알 끄시며..."(1972.8.4.), 그 결과 적절한 타협이 이루어져 아내가 교회를 매주 가지는 않고, 남편에 대한 선교도 멈춘 것으로 보인다. 하지만 자녀를 교회로 데리고 가 포교하는 데 성공하였다. "우리 혜진이 교회만 가면 우리 아버지 열압 나사달라고 하나님에깨 매일 기도한다는 말을 혜진 입으로 들얼 때에 눈에 눈물이 매칠라 하더라"(1982.3.17.).

이 마을의 경우에는 이미 기존의 공동체신앙이 와해되었고, 기독교도 공동체신앙으로 성장하지 못했다. 직지사라는 대규모 사찰이 가까이 있지만 일기에 마을 내의 불교적 성향이 언급되지 않은 것으로 보아 불교적 색채가 강한 공동체가 된 것도 아니다. 공동체신앙의 측면에서는 전통신앙이 사라지면서 진공상태로 남아 있고 개별적 신앙에 있어서는 각자 알아서 하는 상황이다. 권순덕의 경우 개인적으로 별세한 부모에 계속 기원하는 것으로 현세의 문제들이 잘 해결되기를 바라고 있어 유교적인 성향을 보인다고 할 수 있다.

Ⅵ. 자녀교육과 세대 간 계층 이동

남춘호 · 진양명숙

권순덕의 자녀에 대한 교육 욕심과 교육열은 이미 전편 일기(1969~1985년) 해제에서 짧게 다룬 바 있다. 후편 일기가 시작되는 1986년도에는 큰딸은 중학교에, 작은딸은 국민학교 6학년에, 아들은 국민학교 4학년에 진학하였다. 1980년대 중후반부터 1990년대까지는 권순덕의 자녀 학교 교육이 본격적으로 이루어지고 졸업 후 취업으로의 이행이 진행되는 시기이다. 이 장에서는 자녀에 대한 교육열, 자녀들을 교육시키려는 이유, 자녀교육을 위해 동원된 자원과 개입전략 등을 중심으로 자녀 교육의 모습과 양상을 구체적으로 살펴보고자 한다. 아울러 권순덕의 자녀 교육과 이후의 취업경력 분석에 기초하여 압축근대화 과정에서 농민층의 자녀교육을 통한 세대 간 계층상승 전략의 성과와 한계를 짚어 보고자 한다.

1. 세 자녀의 학교 교육과 졸업 후 진로

아래 표는 권순덕 자녀 셋의 학교 교육과 졸업 후의 진로를 정리한 것이다. 자녀 셋은 모두 아포초등학교(당시 아포국민학교)와 아포중학교를 졸업하였다. 큰딸은 아포고등학교, 김천전문대 비서행정학과를 졸업하여 취업을 하고, 결혼을 하면서 직장을 그만두었다. 작은딸은 김천성의여자고등학교, 김천간호전문대학(김천과학대학 전신) 전산정보처리학과를 졸업, 컴퓨터 회사에 근무한다. 셋째인 아들은 경북과학기술고, 김천전문대학 식품공업학과를

큰딸(첫째)		작은딸(둘째)		아들(셋째)	
1986.2.19.	아포초등학교 졸업	1987.2.18.	아포초등학교 졸업	1989.2.11.	아포초등학교 졸업
1989.2.13.	아포중학교 졸업	1990.2.15.	아포중하교 졸업	1992.2.14.	아포중학교 졸업
1989.3.	아포고등학교 입학	1990.3.	성의여고 입학	1992.3.2.	경북과학기술고 입학
1992.2.14.	고등학교 졸업	1992.12.31.	안동대 국문과 불합격	1994.7.23.	공장실습
1992.2.29.	김천전문대 유아교육과 불합격	1993.2.4.	상주산업대 섬유과 불합격	1994.8.20.	수능1차 시험 봄
1993.2.22.	김천전문대 식품영양학과 불합격	1993.2.12.	성의여고 졸업	1994.11.23.	수능2차 시험 봄
1993.2.25.	금성사 취직	1993.2.21.	김천간호전문대 전산정보처리과 합격	1995.2.22.	김천전문대 식품공업과 합격
1994.2.23.	김천전문대 비서행정학과 합격	1995.1.24.	대학 졸업	1996.1.29.	육군 지원
1995.10.31.	보험회사 취업	1995.11.25.	보험회사 취직 (추후 직장 옮김)	1996.3.26.	영장 나옴
1996.2.2.	대학졸업	1997.10.31.	근무회사(컴퓨터관련) 부도 (직장 옮김)	1996.4.21.	육군 입대
1998.11.29.	결혼	1999.	후반 결혼 위해 본격적으로 선보기 시작	1998.6.21.	군 제대
1999.8.22.	아들출산	2000.	계속 선 봄. 번번히 실패	1999.3.	복학
				2000.2.10.	대학졸업
				2000.2.16.	중소기업 (삼성협력업체 취직)
				2000.7.28.	LG회사로 직장 옮김

졸업하고 본격적으로 회사 생활을 시작한다. 2000년까지의 일기에는 자녀들의 학교생활 및 취업에 관한 내용이 매우 많이 나타나고 있다.

일기 곳곳에 권순덕은 자식 셋 모두에게 교육 욕심을 비쳤고, 성적이 오르내릴 때마다 교차하는 기쁨과 속상함, 자녀 공부에 대한 절망과 희망을 표현했다. 먼저 큰딸의 학교 교육 과정과 진로를 살펴보자.

권순덕은 큰딸의 중학교 진학을 앞두고 "몸이 따라가지을 안을 때는 매질을 한 번 해바야 대것다"면서 공부시킬 다짐을 단단하게 한다(1986. 2. 26.). 그런데 중학교 들어가면서부터 공부가 뒤떨어지고(1989. 6. 21.), 고등학교를 앞두고 걱정하는 큰딸의 모습을 보며(1988. 10. 22.) 속상해한다. 결국 큰딸이 김천시내의 학교를 포기하고 아포고등학교를 가겠다고 결심하자(1988. 10. 26.), 권순덕은 불행한 한 해가 되었다며 괴로워한다(1988. 12. 7.; 1988. 12. 27.; 1988. 12. 31.). 고등학교에 입학한 딸은 권순덕의 기대만큼 성적을 내지 못했다. 첫 중간고사에서 16등으로 등수가 내려가자 속상해했고(1989. 4. 21.), 대학에 가겠다고 소리만 칠 뿐 실천을 안 하는 모습에 가슴이 타들어갔다(1989. 11. 24.). 가장 큰 걱정을 했던 때는 대학 시험을 보던 1990년대 초반이다. 권순덕은 큰딸의 대학 진학이 뜻대로 이뤄지지 않자, 걱정, 원망, 안타까움을 자주 토로했다(1991. 11. 9.; 1991. 11. 19.; 1991. 11. 27.; 1991. 12. 17.). 전기 및 후기 대학에 원서를 넣지 못한 큰딸은 전문대학에 입학하기 위해 노력한다. 권순덕은 그제야 공부하겠다는 딸을 안타깝게 여긴다(1992. 1. 9.; 1992. 1. 16.; 1992. 1. 27.). 1992년 2월 15일 큰딸은 김천전문대 유아교육과에 원서를 내고, 2월 25일 면접을 본 후, 2월 26일 시험을 친다. 원서를 넣은 시점부터 발표를 하는 날까지 권순덕은 매일 딸의 합격을 초조하게 기다린다. 그러나 결국 떨어지고 만다(1992. 2. 29.). 그리고 재수 준비를 한다. 권순덕은 딸에게 대구 사촌 집에 지내면서 학원을 다니기를 권했으나, 딸은 불편하다며 거절한다(1992. 3. 4.). 딸은 6월부터 학원을 다니며 집에서 공부한다. 권순덕은 딸이 간간이 집안일, 농사일을 거들어주는 것이 공부에 방해되지는 않을까 걱정한다(1992. 4. 18.; 1992. 5. 24; 1992. 6. 26). 본격적으로 다시 대학 원서를 넣는 시기가 되면서, 권순덕은 일기에 같은 입시생인 '작은딸보다 큰딸이 더 마음이 쓰인다며, 전문대마저도 들어가지 못하면 삶의 보람이 저해된다'고(1992. 11. 16.) 쓰고 있다. 딸은 김천전문대 식품영영학과에 원서를 냈으나(1993. 2. 10.), 결국 다시 두 번째의 고배를 마시고 만다. 권순덕은 이 날이 "자신이 제일 만은 쓰라림을 가진 날이라고 말을 하고 십꾸나"(1993. 2. 23.)라며, 가슴 아픈 심경을 표현했다. 그리고 다시 도전하게 할 것을 다짐한다. 대학에 떨어진 딸은 '금성사'라는 회사에 원서를 내고(1993. 2. 24.), 회사 생활을 시작한다(1993. 2. 25.). 권순덕은 하나는 대학으로, 하나는 회사로 발길을 달리하는 두 딸의 대비되는 명암을 보며 안타까워한다(1993. 3. 31.; 1993. 4. 10.). 기숙사에서 생활하던 딸은 8월에 있을 대학수학능력시험 공부를 위해[10] 집으로 온다. 기숙사에서는 공부가

10) 1993년 대학입시제도가 대학수학능력시험으로 바뀌었다. 즉 1994년 대학 입학을 앞둔 고등학교 3학년생

되지 않았기 때문이다(1993. 5. 15.). 회사에 다니면서 입시 준비를 하는 모습이 안쓰러워 권순덕은 회사를 그만두라고 여러 차례 독려하였고(1993. 7. 16.; 1993. 7. 19.; 1993. 7. 20.; 1993. 7. 26.), 8월 6일 마침내 딸은 사표를 내고 본격적으로 공부에만 전념한다. 1993년 8월 20일 1차 수능을 본 후 2차 수능 준비를 위해, 구미에 있는 사촌오빠 집에 머물면서 학원에 다닐 것을 결심한다. 그래서 1993년 8월 25일부터 구미에서 지낸다. 마침내 11월 16일 2차 수능을 본 후 딸은 1994년 2월 22일 김천전문대 비서행정학과에 합격하게 된다. 이 날의 일기에 권순덕은 "이재는 내 할 일은 다 했따는 생각이 들며 오래동안 골물했든 것이 오늘로서 다들 해소가 돼는 날이여쓰며 나의 아픔이 다 풀린 날이며 우리 ○○ 행운을 잡은 날"(1994. 2. 22.)이라고 적고 있다. 큰딸은 2년간의 대학생활을 마치고, 1996년 2월 대학을 졸업한 후(1996. 2. 2.), 구미에 있는 직장에 출퇴근을 하면서 회사를 다닌다. 그리고 1998년 11월 29일 결혼을 한다.

다음은 작은딸에 관한 내용이다. 작은딸은 초등학교 때까지 반에서 상위권을 유지한 것으로 보인다(1986. 12. 8.; 1987. 10. 30.). 그래서 권순덕은 작은딸이 공부를 잘할 것으로 기대한다(1987. 2. 14.; 1987. 10. 11.; 1987. 10. 30.). 1988년 중반까지 일기에는 딸의 공부를 걱정하는 내용은 거의 나오지 않는다. 그러다 중학교 2학년 2학기 중간고사 성적이 17등으로 밀려나자, "성적이 내리가서 성화뿐 아니라 갑짝이 사는 맡이 업쓰저며" 걱정한다(1988. 9. 29.). 큰딸이 시내권 고등학교에 들어가지 못하자, 그 여한을 작은딸에게서 풀어보기 위해 더욱 공부할 것을 다그친다(1988. 10. 26.). 권순덕은 제법 똑똑한 작은딸은 고등학교는 제가 원하는 학교에 들어갈 것으로 기대하였으나(1989. 8. 8.), 성적이 모자란다는 선생님의 말씀을 듣고 집에 와서 우는 딸의 모습을 보며 안타까워한다. 권순덕은 일기에 "우리 ○○이는 여고을 식키서 좋은 대학에 보내고 십은 이 아빠의 꿈이 깨어저고 마랐다. 냇 딸 여고 보내서 좋은 대학가는 미래의 절그움으로 이 아빠 살라왔따고 해도 그짓이 아닌데 오늘 ○○이 화킴으로 성이 냇따니 마음속으로는 허전하기 짝이 업쓰며 습한 날"이라고 적었다(1989. 11. 4.). 작은딸은 아포중학교를 졸업하고(1990. 2. 15.), 성의여자고등학교에 입학하여 고등학교 시절을 보낸다. 고등학교 2학년 말 무렵 일기에는 작은딸의 대학 문제를 걱정하는 내용이 등장한다(1991. 11. 27.). 작은딸은 고3 2학기부터 독서실에서 생활하였으며, 집에 잠깐 와서 밥만 먹거나, 책만 가져갔다(1992. 8. 23.; 1992. 9. 8.; 1992. 10. 23.; 1992. 11. 9.).

일기에는 큰딸과 아들에 비해 작은딸의 공부를 걱정하는 내용은 상대적으로 많이 발견되지 않는다. 작은딸이 고3이던 때는, 큰딸도 재수를 하였으므로, 권순덕은 큰딸에 대한 걱정을 더 많이 비쳤다. 언니는 대학에 떨어지고, 동생만 대학에 붙을 것을 염려한다(1992. 4. 18.; 1992. 5. 24.; 1992. 6. 26.).

부터 대학수학능력시험(수능)이 도입된 것이다. 수능에 낯선 당시의 고3 수험생들을 위해 1993년 첫 해만 여름과 겨울 두 차례 수능 시험을 치르도록 했다. 두 개의 성적 중 좋은 점수를 가지고 대학에 응시하게 한 것이다. 그래서 큰딸도 1993년 두 차례 수학능력시험을 봤다.

작은딸은 전기대학인 안동대 국문학과에 원서를 넣는다(1992. 11. 25.). 그러나 6:1 경쟁률을 뚫지 못하고 떨어지고 만다(1992. 12. 31.). 다시 후기대학인 상주산업대학 섬유과에 원서를 내지만(1993. 1. 14.), 합격하지 못한다(1993. 2. 4.). 그리고 마지막으로 김천간호전문대(현재 김천과학대학) 전산정보처리과에 지원하여(1993. 2. 9.), 합격 소식을 듣는다(1993. 2. 21.).

작은딸이 학과에서 120명 중 공동 3등을 하였다는 얘기에 권순덕은 '자식 공부에 대한 모든 한이 풀린 것 같다'며 기쁨을 감추지 못하고(1993. 8. 4.), 장학생이 된 딸을 매우 고마워한다(1993. 8. 11.; 1993. 8. 12.). 이후에도 작은딸은 장학생을 유지하여, 권순덕을 기쁘게 했다(1994. 1. 28.; 1994. 4. 20.; 1994. 8. 13.; 1994. 9. 9.). 작은딸은 대학 2학년 때 워드 시험에 합격하고(1994. 8. 13.), 기능사2급자격증을 취득하는 등(1994. 10. 3.) 나름대로 열심히 대학 생활을 보낸다. 그러나 대학 졸업을 앞두고 구직 활동을 하였으나 취업이 안 된 채 졸업을 한다(1995. 1. 23.). 하지만 몇 달 후 취직이 되었고, 몇 차례 회사를 옮긴다.[11] 딸이 다니던 컴퓨터 회사가 IMF의 영향으로 부도나고(1997. 10. 31.), 딸은 잠깐 실업 상태가 된다. 그러다 11월 23일 다시 예전 회사에서 갈라져 나왔다는 곳에 입사한다(1997. 11. 23.). 권순덕은 큰딸을 시집보낸 후부터 작은딸의 결혼을 위해 선 자리를 자주 마련하지만, 번번이 실패하자, 더욱 애가 탄다(1999. 12. 22.; 2000. 1. 20.; 2000. 1. 30.; 2000. 2. 4.; 2000. 2. 13.; 2000. 7. 24.; 2000. 11. 20.; 2000. 12. 30.).

마지막으로 아들에 대해 살펴보자. 일기 전편에서도 알 수 있듯, 권순덕은 아들에 대한 남다른 관심과 애착을 보여왔으며, 후편에서도 이는 확연하게 드러난다. 1986년 4학년이 된 아들은 학교에서 팔을 다쳐 오랫동안 권순덕의 애를 태웠다(1986. 3. 3.; 1986. 3. 7.; 1986. 3. 19.; 1986. 5. 10.; 1986. 6. 1.). 아들은 학교에 가는 척 하다 샛길로 빠져 학교를 가지 않았고(1986. 4. 6.), 거짓말을 종종 했고(1986. 7. 1.; 1986. 10. 27.), 차비로 과자를 사먹었고(1986. 7. 7.), 숙제는 하지 않고 마냥 놀기만 했고(1986. 8. 22.), 불장난을 하여(1988. 11. 28.) 권순덕을 속상하게 했다. 아들 공부를 걱정하는 권순덕의 심경은 초등학교 시절부터 일기에 수없이 등장한다(1986. 5. 1.; 1986. 8. 22.; 1986. 9. 3.; 1986. 9. 13.; 1986. 11. 17.; 1986. 12. 12.; 1987. 4. 15.; 1987. 4. 30.; 1987. 6. 2.; 1987. 10. 11.; 1987. 11. 5.; 1987. 12. 18.; 1988. 1. 14.; 1988. 2. 12.; 1988. 3. 1.; 1988. 7. 20.). 권순덕은 아들에게 학교 수업시간에 선생님이 문제를 풀 학생을 찾을 때, 손만 들어도 100원을 주겠다고 하는가 하면(1986. 9. 9.), 노는 시간을 줄이기 위해 강제로 주산학원에 보냈고(1987. 12. 1.), 초등학교 6학년인 아들을 위해 공부방을 만들어

11) 일기에는 작은딸의 구직이나 회사 내용이 몇 차례 나온다. 구미상공회의소에 취업을 알아보러 갔으나 번번이 실패하였다거나(1995. 1. 19.; 1995. 2. 4.), 섬유회사에 들어갔는데, 적성이 아니어서 하루 만에 그만뒀다거나(1995. 2. 10.), 보험회사에 취직하였다는(1995. 11. 25.) 등의 내용을 확인할 수 있다. 1995년 7월 27일 일기에는 '○○ 적금을 4회 불입하였다'는 내용으로 보아, 보험회사에 들어가기 전 몇 개월 동안 다른 회사에서 일을 하였던 것으로 보인다.

주는(1989. 8. 4.) 등 아들이 공부에 흥미를 느끼고, 공부에 전념할 수 있도록 갖은 노력을 기울인다. 그런데 아들은 중학교에 입학한 후 오락실을 자주 드나들면서, 더욱 권순덕의 속을 썩였다. 일기에 오락실이란 단어는 1989년 9회, 1990년 50회, 1991년 34회 등장한다. 권순덕은 아들이 공부는 안하고 친구랑 놀러 다니며, 오락실에 드나들고, 들통 날 거짓말을 하자 부아를 참지 못하고, 매를 대기도 한다(1989. 3. 28.; 1989. 7. 8.; 1989. 10. 20.; 1990. 3. 23.; 1990. 4. 5.; 1990. 12. 12.). 그러나 아들은 1992년 실업계고등학교인 기술고(경북과학기술고)에 입학한 후로는 오락실에는 거의 다니지 않아 권순덕을 안심시킨다(1992. 1. 14.; 1992. 10. 20.; 1994. 1. 26.). 권순덕은 부모 일을 돕는 아들 모습에 뿌듯해했고(1992. 3. 10.; 1992. 4. 5.; 1993. 1. 13.), 직업훈련소나 공장 실습을 포기하지 않고, 착실히 다니는 모습에서 한편으로는 대견스러움을, 한편으로는 안쓰러움을 느꼈다(1992. 9. 16.; 1992. 9. 30.; 1993. 1. 21.; 1993. 2. 19.; 1994. 7. 19.). 물론 여전히 권순덕은 아들 공부를 걱정했고(1992. 5. 30.; 1993. 7. 20.; 1993. 9. 26.), 전문대라도 들어가기를 희망했다(1994. 8. 21.; 1994. 10. 30.; 1995. 2. 8.). 고3 때 본격적으로 공장 실습에 들어갔으나(1994. 7. 23.), 수능 시험을 보았고(1994. 11. 23.), 김천전문대 식품공업학과에 합격한다(1995. 2. 22.). 권순덕은 아들이 고3이던 때부터 군대 문제를 고민하며, 방위산업체를 보내고 싶어 했으나(1994. 11. 26.; 1994. 12. 6.; 1995. 9. 27.; 1995. 12. 19.; 1995. 12. 20.) 뜻대로 되지 않았다. 결국 육군에 지원(1996. 1. 29.), 4월 21일 입대한다(1996. 4. 21.). 권순덕은 아들이 군대에 가 있는 동안 일기에 거의 매일 '○○아'라는 호칭을 쓰며, 아들을 걱정하고 그리워한다. 자대 배치를 받은 후부터 일요일에는 항상 아들의 전화를 기다렸다. 1998년 6월 제대한 아들은(1998. 6. 21.), 이듬 해 복학을 하여 대학을 다녔고, 졸업한 후 회사원이 되어 사회에 발을 내딛는다. 처음 취업한 회사는 삼성협력업체인 중소기업이었으며, 이후 LG 계열로 옮기게 된다(2000. 7. 25.).

2. 권순덕의 교육열과 교육 이념

2000년 2월 10일 권순덕은 아들의 대학 졸업식에 참여한다. 그는 이 날의 일기에 다음과 같이 적는다. "자신은 국민학교 나와찌만 자식3셋은 다들 전문대학교라도 공부을 다들 식키쓰니 이 아빠의 책임은 어느 정도 했따고 생각을 한다"라고. 자녀들의 초등학교 취학을 앞둔 1980년부터 자녀들이 대학을 졸업하는 2000년까지 20여 년 동안 권순덕의 일기는 자녀들 공부 얘기로 가득 차 있다.

권순덕은 높은 교육열을 지닌 사람이었다. 그는 스스로 다른 부모들보다 자녀들에게 공부를 더 강요한다는 것을 인식했다(1987. 4. 22.). 그는 자식들을 위해 한평생 바칠 각오로(1987. 9. 11.), 몸이 부서지더라도 자식들을 대학에 보낼 결심을 하며(1988. 10. 22.), 자신이 못 배운 공부의 한을 자식 대에 풀어보려 한다(1989. 5. 10.) 일기에 권순덕은 자녀들을 공부시키려는 이유를 여러 차례 적었다. 그 이유는 '자식들을 농사짓게 하지 않는 것'으로 압축하여 정리된다.

> "금일은 영농교육... 교관이 이야기을 하는돼 농민은 실찌 천돼을 안 바들래야 안 바들 수 업따는 이야기을 할 때에 정말 마음속으로 기가 찬다. 이른 이야기을 안에도 농촌에서 수학대는 물건들은 다들 똥, 껌이며 농민들의 땀으 대까도 업쓰서 농민들은 정부만 채다보고 있는 실정이라고 해도 무리는 아닌돼 오늘 교관 말을 들을 때에 하로 빨리 대책을 세우서 살라가야 하는돼 현제 생각이 할 일이 업쓰니 기가 찬다. "앞푸로 농민의 앞길이 문제가 아니라 농민의 자식의 앞길이 문제이며 농민의 부모들 자식에 이 큰 제[죄]을 어찌 하리까. 농민이 살 길은 두리 살고 끝을 내는 것"(1986. 1. 31.).

영농교육을 받고 돌아 온 어느 하루 권순덕은 농촌, 농민에게 더 이상 미래는 없으며, 농민으로서의 삶은 아내와 자신 대에서 끝을 내야한다고 일기에 적고 있다. "빨리 [공부하는 것을] 도리키지 않으며 이 아빠보다 더 땀을 만이 흙리면서 살라야 한다. 남들이 남의 땀은 여사로 여기지만 그 진땀을 흙리면 살라간다는 것이 본인은 뻐를 깍는 아픔을 참아가면서 살라야 하는 고통은 당하지 않는 사람은 모른다"(1990. 10. 21.), "자식들 공부로 일적 공부을 해야 한다는 것을 캐우치는 아이는 세상살리을 편하게 살아갈 아이며 이것을 너깨 캐우치는 아이는 사회생활을 그만춤 힘들게 살아간다고 생각을 한다"(1992. 7. 18.), "공장에 가서 힘드는 것 빨리 너켜서 인간 사회라는 곳은 공부을 해야 됀다는 것 빨리 너켜서 공부을 해야 하게따는 말을 들어쓰며 이 아빠는 제일 좋게다"(94. 7. 23.)라는 내용을 통해 권순덕이 자녀들에게 왜 공부를 시키려 하는지를 엿볼 수 있다.

권순덕은 자식들이 공부를 잘 해 땀 흘리는 일을 하지 않고, 보다 편안한 삶을 살아가길 바랐다. 공부를 하지 않으면 뼈를 깎는 아픔으로 살아가야 하며, 사회생활이 힘들 것으로 생각했다. 그는 '교육'만이 자식들이 더 나은 삶을 살 수 있는 지름길이라고 굳게 믿었다. 그래서 수도 없이 자녀들에게 학창 시절 '3년만' 노력하면 이 세상을 편하게 살고, '3년'을 노력하지 않으면 평생을 고생한다는 얘기를 했다(1991. 11. 27.).

권순덕은 지독하게 근검·절약하는 태도로 살아왔으나, '공부', '교육'에 들어가는 돈은 아깝게 여기지 않았다. 아이들 공부를 위해 책상을 사주고(1986. 7. 12.), 공부방을 만들어 주고(1989. 8. 4.), 주산학원, 영어·수학 학원, 학습지 등 사교육을 시키기도 했다. 하지만 넉넉하지 못한 살림에 과외를 할 수 없는 농촌의 현실을 한탄했다. 있는 집 자식들은 과외를 하고, 없는 집 자식들은 학교에만 의지하므로, 정부가 농촌의 자식들은 대학문을 막는 것과 다름없다며, 정부 정책을 비판하기도 한다(1989. 12. 25.).

권순덕은 자녀 진로에 대해 제한된 수준에서나마 나름대로의 정보력과 판단력을 지니고 있었다. 아이들과 진로에 대해 이야기하는 시간을 많이 가져야겠다고 다짐했고(1988. 1. 5.), 아들이 오히려 인문계에 가는 것보다, 기술고, 기술전문대를 나오는 것이 더 좋을 것으로 내다보기도 하였다(1992. 1. 17.). 기술고를 다닌 아들이 정비과를 선택하길 바랐고(1994. 4. 2.), 방위산업체를 보내기 위해 자격증 시험을 독려했다(1994. 9. 30.; 1994. 11. 26.; 1994. 11. 30.; 1994. 12. 6.; 1995. 9. 28.). 1993년 대학제도가 대학수학능력시험으로 바뀐 것을 인지하고 있었다(1993. 8. 20.; 1993. 11. 16.). 그는 자녀들이 대학에 원서를 내고, 면접과 시험을 보러 갈 때마다 동행하였다.

3. 자녀에 대한 애정과 사랑 그리고 희망과 보람

권순덕은 자녀들의 성적이 내려가거나, 공부는 하지 않고 놀기만 하거나, 대학에 떨어졌을 때 절망하였다. 그런데 반대로 자녀들의 성적이 오르거나, 공부하는 모습을 보이거나, 대학에 붙었을 때 보람을 느끼고, 거기에서 희망을 찾았다(1986. 10. 16.; 1986. 12. 8.; 1986. 12. 23.; 1987. 1. 7.; 1987. 1. 18.; 197. 8. 1.; 1987. 10. 11.; 1987. 11. 13.; 1988. 1. 4.; 1988. 8. 25.; 1989. 3. 6.; 1989. 3. 26.; 1989. 6. 6.; 1989. 7. 23.; 1989. 8. 12.; 1989. 11. 27.; 1990. 3. 1.; 1991. 1. 10.; 1991. 2. 15.; 1991. 2. 21.; 1992. 7. 18.; 1992. 10. 10.; 1992. 11. 20.). 일기에는 자녀 공부에 대한 절망과 희망이 끊임없이 교차되어 나타났다.

권순덕은 성격이 불 같았다. 자녀들의 성적이 떨어지거나, 잘못한 행동을 하였을 때, 특히 아들이 오락실에 자주 드나드는 시기에는 화를 참지 못하고 매를 대는 때가 많았다(1986. 4. 24.; 1986. 4. 26.; 1986. 7. 7.; 1986. 10. 27.; 1986. 12. 5.; 1987. 11. 5.; 1987. 12. 8.; 1988. 11. 28.; 1989. 3. 28.; 1989. 7. 8.; 1989. 10. 20.; 1990. 3. 7.; 1990. 3. 21.;, 1990. 4. 5.; 1990. 12. 12.; 1991. 1. 24.). 하지만 전반적으로 권순덕은 자녀들에게 헌신적이고 다정한 아버지가 되기 위해 노력했다.

큰딸이 학교 회장된 기념으로 반 아이들을 초대하자, 대접을 잘 해주려고 신경썼고(1986. 9. 7.), 애들 입학식, 졸업식엔 농사일로 바빠 자기는 참석을 못하지만 엄마만이라도 보내려 했다(1987. 3. 2.; 1989. 2. 13.; 1990. 2. 15.; 1993. 2. 12.; 1995. 1. 24.). 딸들이 용돈을 지나치게 절약하는 모습이 자기 때문인 줄 알고 안쓰러워했고(1987. 4. 25.), 아이들 운동회에 참석하거나(1987. 5. 4.), 어린이날을 그냥 넘어가지 않으려 했다(1986. 5. 5; 1987. 5. 5.). 아이들의 건강을 끊임없이 걱정했고, 보약을 여러 차례 지어주었다(1987. 9. 24.; 1987. 10. 11.; 1988. 9. 29.; 1989. 8. 13.; 1990. 1. 14.; 1991. 2. 7.; 1992. 9. 8.; 1992. 9. 19.; 1993. 1. 6.; 1998. 9. 10.). 아이들의 생일을 기억하여 고깃국을 준비했고(1989. 4. 23.;, 1989. 8. 8.; 1991. 5. 2.), 회사 다니느라 애쓰는 딸을 위해 고기를 사들고 왔다(1993. 3. 20.). 아들과 함께 등산을 하거나(1990. 8. 2.), 낚시를 갔고(1991. 9. 21.). 아들에게 토끼고기를 먹여주겠다는 약속을 지키기 위해 토끼를 잡아 왔다

(1990. 6. 25.;). 본인도 잠을 참아가며 아이 공부하는 자리에 함께 있어주려 했고(1989. 11. 5.), 아이가 시험 치는 동안 편하게 기다릴 수 없다며 운동장에서 추위를 견뎠다(1992. 12. 21.). 작은딸의 전공을 위해 컴퓨터를 진즉 사주지 못한 것을 후회했고(1993. 7. 12.), 수능 준비를 위해 구미에 가 있는 딸을 그리워했다(1993. 8. 25.; 1993. 9. 4.; 1993. 9. 12.; 1993. 10. 3.; 1993. 10. 4.; 1993. 10. 24.; 1993. 11. 4.; 1993. 11. 7.; 1993. 11. 11.).

권순덕은 자녀들이 점점 커가면서 부모를 위하는 행동을 비칠 때 감동을 받았다. 아이들로부터 편지를 받을 때(1987. 6. 22.; 1988. 1. 30.; 1993. 5. 10.; 1995. 4. 19.; 1996. 5. 28.), 딸이 엄마가 집에 없는 동안 아빠의 밥을 챙겨주고, 동생들을 챙길 때(1987. 1. 30.; 1992. 4. 16.), 한창 바쁜 부모의 일손을 덜어주려 할 때(1990. 6. 5.; 91. 3. 24.; 1991. 5. 3.; 1992. 1. 26.; 1992. 1. 30.; 1992. 2. 6.; 1992. 10. 22.; 1992. 12. 5.; 1993. 1. 13.; 1995. 5. 28.; 1995. 10. 23.), 농사일로 힘든 부모를 위해 박카스를 사다 줄 때(1991. 10. 23.), 부모의 생일을 기억해주고, 명절 등에 선물이나 용돈을 줄 때(1993. 10. 10.; 1995. 9. 7.; 1995. 12. 23.; 1996. 2. 20.; 1996. 9. 24.; 1996. 10. 8.; 2000. 1. 26.; 2000. 2. 4.; 2000. 2. 5.; 2000. 9. 10.) 자식들을 키운 보람을 느끼며, 무척 뿌듯해했다. 특히 권순덕은 할아버지가 된 후, 외손자를 보는 행복감을 자주 일기에 표현했다(1999. 12. 1.; 2000. 7. 10.; 2000. 12. 2.; 2000. 12. 3.; 2000. 12. 25.).

4. 고등 교육을 통한 세대 간 계층 상승 전략: 성공과 한계

권순덕은 빈농에서 출발하여 중농 내지 대농으로 성장하였다. 1992년에는 42마지기를(1992. 10. 31.), 1995년에는 56마지기(1995. 5. 25, 10. 31.)의 농사를 짓고 있는 것으로 나타났다. 이러한 계층상승의 기반은 지독할 정도의 자기노동착취였다. 엄청난 양의 농사를 거의 아내와 둘이서 지었다. 아내는 물론 자녀들의 노동력도 수시로 동원되었다(1986. 1. 11.; 1986. 1. 20.; 1986. 2. 3.; 1987. 5. 31.; 1988. 5. 8.; 1988. 5. 21.; 1989. 2. 10.; 1989. 2. 12.; 1990. 6. 6.; 1990. 7. 9.; 1991. 4. 5.; 1992. 4. 5.; 1992. 6. 26.; 1992. 8. 20.; 1993. 1. 12.; 1993. 1. 17.; 1993. 5. 22.; 1993. 6. 16.; 1994. 4. 3.; 1994. 6. 26.; 1994. 8. 2.; 1995. 2. 27.; 1995. 3. 31.; 1995. 5. 21.). 물론 그는 가능한 한 자녀들을 공부에만 전념케 하겠다고 다짐하였으나(1987. 2. 16.; 1992. 5. 9.; 1993. 3. 8.), 실제로 자녀들은 초등학교 때부터 수시로 농사의 노동력으로 동원되었다. 특히 아내에 대한 애처로움을 거의 매일 기록했다. 농사 노동으로 힘들어하는 아내를 위해 농사 규모를 줄여야겠다고 다짐하지만 마음뿐이었다.

계층 상승의 또 다른 기반은 기계화영농에 일찍 눈을 떴다는 점이다. 권순덕은 자전거포 경영 경험으로 기계의 유지관리와 수리에 익숙하였고 농협에 근무하는 동생의 영향으로 농기계구입을 위한 영농자금의 대출에도 비교적 밝았던 것으로 보인다. 또한 포도작목반 운영, 비료나 농약의 살포, 품종의 선택 등에서 보이듯 새로운 영농방법을 습득하는데도 남다른 능력을 지녔다. 이 같은 성공에도 불구하고 그는 '절대로 자녀들에게는 농사짓게 하지 않겠다'고 여러 번 다짐한다.

그 까닭은 정부의 기업형 부농 육성 정책에도 불구하고 농민으로 계급 상승을 이루기란 사실상 불가능하다고 확실하게 판단했기 때문이다. 90년대 중반이후 권순덕은 새집을 장만하고 값비싼 가구나 전자제품을 구입하며 아들을 위해 아파트와 자동차를 장만하는 등 비교적 큰 규모의 현금을 가용하며, 안정된 생활 기반을 이루었다. 그러나 이 모두가 농업생산에서 나오는 직접적인 소득증대에서 나온 것이라고만 볼 수 없다. 그는 도로가 개발되는 과정에서 토지가격 상승으로 인해 목돈의 토지보상금을 쥐게 되는데, 이 때 그는 농업생산 자체보다는 토지가격의 상승이 부를 축적하는 주요 수단임을 깨닫는다. "자신은 내 땅이 도로을 배고 누어서 ... 내 땅은 시간이 갈수록 갑이 올라가 돼어서 졸급하게 생각을 하지 않는돼 ... 자신이 그 땅을 살 때 7년 전에 7,000,000만 원 준 것이 이르게 돈이 될 줄을 몰랏다. 토지 보상으로 2,000 백 만(200만원) 이번에 2,600만 원 바다쓰며 앞푸로 남은 땅이 260평 이상이 남아 잇쓰니 이 금액도 만을 것으로 볼 때에 정말 이 땅이 나을 살리고 잇따고 본다"(1997. 3. 24.). 권순덕은 "우리 혜지가 오늘 봉급을 590,000원 받아왔더라. 우리 혜지가 벌어오는 것을 보며 엄청난 돈이라고 생각을 한다. 고졸로서 힘은 던다고 하지만 봉급도 만타고 생각을 한다. 이 금액만 계속 댄다면 아빠 벌리보다 실속은 더 잇따고"(1993. 7. 26.) 하면서, 농업소득은 노력과 비용에 비해 실익이 없다는 부정적 인식을 드러내기도 한다.

구중간계급의 전형적인 상승이동 경로는 생산규모의 확대를 통하여 사업규모를 증대시키는 것이다. 하지만 권순덕은 농업노동력 고용을 통한 기업형 농업경영을 시도하지 않았으며, 세대 간 계층이동 경로에서도 자녀들에게 결코 기업형 농업경영의 길을 제시하지 않았다. 자신은 비록 어느 정도 부를 축적하고 안정된 생활기반을 마련하는데 성공했으나, 이는 자신과 아내의 가혹한 자기노동력 착취에 기인한 것이었기 때문에, 자녀들에게는 땀 흘려 고생해야 하는 농사일을 계승시킬 생각은 꿈에도 없었던 것이다. 안정된 생활 기반이 상당부분 지역개발에 따른 전국적인 부의 재분배 과정에서 지가 상승의 수혜에 따른 것을 본능적으로 알고 있었기에 농업경영 자체의 미래에 대해서는 회의적일 수밖에 없었다. 도시지역에서 중산층이 부를 축적하는 주요 수단이 부동산 투자에 있었던 것처럼 농촌에서도 부의 축적 기반은 농업경영규모의 확대 그 자체라기보다는 90년대 중반이후 지역개발에 따른 지가상승의 수혜를 받느냐 여부에 있었던 것으로 판단된다.

이처럼 권순덕은 본인은 빈농에서 중농 심지어 대농으로 성공했음에도 불구하고 농업의 미래에 대해 회의적인 시각을 지니고 있었다. 그래서 그는 세대 간 계층이동을 위해 교육을 통한 계층상승의 전략을 택했던 것이다. 권순덕의 자녀에 대한 교육열은 스스로 생각해도 유별나다 싶을 정도로 상상을 초월했다. 그럼에도 불구하고 당시 한국의 교육제도 변화에 비추어 보면, 권순덕의 자녀교육을 통한 계층상승 전략은 성공과 동시에 한계도 지니고 있었다.

한국의 고등교육 팽창은 세계적으로 그 유례를 찾기 힘들 정도로 급격하게 진행되었으며 그 이면에는 '내 자식은 나와는 달리 무슨 수를 쓰더라도 대학을 보내고야 말겠다'는 부모들의 높은 교육열이 자리 잡고 있다. 전두환 정권은 정권의 정당성을 확보하기 위하여 노동시장의 산업적 수요와 무관하게 고등교육 졸업정원제를 통해 대학 입학 정원을 일시에 2배로 확대하여 많은 부모들의 욕망을 채워주는 정책을 채택하였다. 다음 정권에서도 고등교육확대 정책을 지속하여, 고졸자의 대부분이 대학에 진학할 수 있게 되었다. 권순덕의 자녀들이 대학졸업장을 취득하게 된 배경에도 이러한 제도 변화에 영향을 받은 것임을 부인할 수 없다. 그런데 노동시장의 수요와 무관하게 대졸자의 공급확대가 이뤄지면서, 대학졸업장을 가지고도 전문기술직이나 관리직에 취업하기는 어려워졌다. 특히 실업계 고등학교가 담당했던 숙련공이나 하위사무직 양성을 전문대학이 맡게 되면서, 전문대를 졸업한 권순덕의 세 자녀들 역시 하위 사무직, 판매직, 숙련공으로 노동시장에 진입하는 전형적 경로를 보여주고 있다. 다시 말해 권순덕의 높은 교육열에 힘입어 세 자녀 모두 고등교육을 받게 되지만 대학졸업이 바로 계층 상승의 통로가 될 수는 없었던 것이다.

이제부터는 본격적으로 권순덕의 자녀교육, 직업관, 취업에 대한 개입 전략을 살펴보자. 90년대 이후 부모들의 자녀교육과 취업에 대한 개입전략은 계층별로 상이한 양상을 보이기 시작한다. 전문관리직이나 고소득 자영업을 하는 부모들은 자신들의 경제적 자원은 물론, 인적자본(학력)과 사회적 자본을 총동원하여 자녀의 학업과 취업에 개입한다. 이들은 자녀들에게 단순히 대학을 나오는 것이 중요한 게 아니라 이미 서열화된 대학 위계 안에서 상위권, 소위 명문대학을 나오는 것이 중요하다고 가르친다. 공포감이 들 정도로 반복적으로 '학벌' 효과를 과장하여 주입시키며, 직업진로와 관련하여서도 구체적인 직업을 제안하며, 획득 전략을 제시한다. 이 부류의 부모들은 일상적으로 '학벌' 사회의 현실을 세뇌시키듯 강조한다. 어머니는 아버지의 경제력을 기반으로 학업성취에 관한 정보를 수집하고 자녀의 공부에 구체적으로 개입한다. 때로는 직접 가르치기도 하고, 때로는 과목별로 학원이나 과외를 선택하기도 한다. 이러한 개입은 졸업 후 취업에도 이어진다. 이 때 아버지가 전면에 재등장한다. 아버지는 직장동료나 친지 등 학연, 지연, 혈연을 통한 사회적 자본을 총동원하여 자녀의 취업에 개입한다. 이러한 경향은 2000년대 이후 전면화되지만 90년대 이미 그 단초가 나타나고 있다.

그런데 권순덕의 자녀 교육 및 취업에 대한 개입방식은 고소득 전문관리직과 비교해보면 비교적 뚜렷한 차이점이 발견된다. 권순덕의 교육열은 전문관리직 부모와 비교해보아도 결코 낮지 않다. 하지만 고등교육의 효과에 대해서는 대학을 졸업하면 땀 흘리지 않고 살아갈 수 있다는 방식으로 막연하게 표현되어 있다. 일기에 시내권 고등학교와 아포고등학교에 대한 비교가 언급되기는 하지만, 고등학교의 서열화, 대학의 서열화라는 현실을 깊이 있게 진단하지는 못했다. 특정 대학, 특정 학벌이 발휘하는 영향에 대한 언급은 없다.

권순덕은 학교라는 제도권 교육 안에서 오로지 성적, 등수에 관심을 갖고 개입한다. 그는 공부 잘하는 것의 지표를 '상장', '등수', '성적'에 두었다. '이번 우등상을 받아와서'(1986. 2. 22.), '1, 2등을 하며'(1986. 11. 11.), '반에서 1등을 하였다는 이야기를 들으니'(1986. 12. 8.), '반에서 10등을 목표로'(1989. 3. 26.), '다들 성적이 떨어졌으며'(1989. 7. 22.), '뒤로 8명밖에 없으며'(1989. 9. 26.), '반에서 34등으로 올라갔으니'(1989. 11. 27.), '통지표를 보고 큰 실망을'(1990. 7. 21.), '50명 중 29등'(1992. 5. 30.), '지난 번 보다 9계단 올라'(92. 7. 18.), '지난 번에는 20등 하였는데, 22등으로 내려가서'(1992. 11. 20.), '성적표를 보니 하위로 밀려나서'(1993. 7. 20.), '반에서 14등이 올라 20등을 하였더라'(1993. 11. 27.) 등 성적과 등수에 큰 관심을 보였다. 권순덕은 '성적이 오르는 기쁨은 돈을 버는 기쁨보다 비할 것이 못 된다면서'(1988. 6. 9.), 자녀들의 성적이 오를 때마다, 기쁨을 감추지 못했다. 자녀들이 상을 받아오거나, 성적이 오르거나, 공부하는 모습을 보일 때 뿌듯함을 느꼈다(1986. 2. 22.; 1986. 10. 16.; 1986. 11. 11.; 1986. 12. 29.; 1987. 10. 30.; 1987. 11. 13.; 1988. 1. 4.; 1989. 12. 27.).

자녀 학업 성취를 위해 권순덕이 취한 기본 전략은 열심히 잠 안자고 노력하는 것이다. 권순덕은 실제로 자녀들과 밤 10시 전에는 잠자리에 들지 않기로 약속을 한 후, 자신도 밤 열시까지는 깨어 있기 위해 바깥바람을 쐬러 들락거리며, 자녀들의 공부를 감독하기도 한다(1989. 11. 5.; 1989. 11. 9.). '열심히'라는 전략은 자신을 빈농에서 성공으로 이끌어준 기본 철학이자 동력이었다. 그래서 권순덕은 공부를 게을리 하는 아들에게 수시로 자신이 얼마나 열심히 일하는지를 보여주며 공부를 독려한다(1989. 10. 23.; 1990. 10. 21.; 1994. 1. 4.).

그러나 이미 철저하게 위계서열화된 학교체제 속에서 입시경쟁은 전쟁이 되었고, 그 안에서 '열심히' 하는 것만으로 소위 명문고나 상위권 대학에 입학하기란 쉽지 않은 시대가 되었다. 사실 권순덕에게 보이는 '열심히(만) 하면 된다'는 교육철학은 하층 부모들에게 공통적으로 나타나는 것이기도 하다. 이들은 자신의 노동과 직업세계에서 학벌의 영향을 직접적으로 체감할 기회가 없었다. 막연히 대학을 졸업하면 좋은 직장을 얻을 것이라 생각하였으며, 명문고나 일류대학을 나오지 않더라도 열심히 노력하면 그에 따른 보상을 받을 것이라는 업적주의 내지 능력주의 가치관을 갖고 있다. 권순덕 역시 "인간이 노력을 하지 않코 인간의 생활을 편캐는 살아갈 수가 업다고 보며 인간이 노력하는 만큼 살아간다는 것이 인간의 술리라고 생각을 한다"(1991. 11. 27.). 권순덕은 '어떻게 열심히 공부하는가'라는 공부 방법에 관해서는 주로 자녀의 자율적 선택에 맡긴 듯하다. 때로는 세일을 해준다는 학습지 교사의 말에 넘어가 직접 학습지를 구매하지만 공부 방법에 대한 정보를 적극적으로 탐색하기보다는 주변에서 쉽게 접할 수 있는 정보나 자원에 의존한다.

또한 일기에는 자녀의 공부에 대해서는 아내, 즉 어머니의 역할이 두드러지게 나타나지 않고 있다. 중산층의 경우 자녀의 공부에 어머니의 역할과 개입이 두드러지는데 권순덕의 아내의 역할은 뚜렷하게 나타나지 않는다. 학교에 가서 교사와 상담하거나, 다른 어머니들과 교육에 관한 정보를 수집하는 등의 개입 전략을 취하지 않았다. 농사일에 쫓겨 생활하느라 자녀 교육 부문에 대해서는 학교 교사에 위임하거나, 자녀의 자율에 맡겼던 것으로 보인다. 오히려 자녀 교육에 대한 개입은 권순덕이 주도하였던 듯하다. 아들을 강제로 주산학원에 등록시키고, 영어나 수학학원, 학습지 등의 사교육을 시키며 과외를 시키지 못하는 경제적 형편을 안타까워하기도 한다. 그리고 일기에는 당시 농촌 아버지들로서는 쉽사리 알 수 없는 수학능력시험, 워드자격증, 기사자격증 등의 용어들이 상당히 자주 언급된 것으로 보아, 권순덕은 자녀 교육에 대한 나름의 정보력도 갖고 있었다. 하지만 이러한 정보는 대부분 자녀들과의 소통을 통해 자녀로부터 획득하였거나, 대체로 매스컴이나 주위에서 들은 것이 전부인 듯하다.

권순덕은 상층계급의 전략을 따라 당시의 농촌환경에서 선택할 수 있었던 학원이나 학습지 등의 사교육을 수행하는 '모방하기' 전략을 취했다. 그는 주변에서 쉽게 얻을 수 있는 정보에 기초하여 당시 농촌에서 가용한 교육전략을 '모방하는' 방식을 수행했다. 하지만 경제적 자원, 인적 자본, 사회적 자본의 제약과 이미 극심해진 입시경쟁에서 권순덕이 자녀들을 남들보다 높은 점수를 획득하게 하고, 상위서열의 고등학교나 대학에 진학시키기는 상당히 어려웠다. 더욱이 입시학원이나 사교육체제가 잘 정비된 서울이나 대도시라면 부모의 구체적 개입이 없더라도, 자녀 스스로 학교나 친구들의 정보망을 통해 사교육시장에 접근할 수도 있었겠지만, 80~90년대의 농촌에서 자녀들이 스스로 방법을 선택하여 대도시의 아이들과 경쟁하기란 쉬운 일이 아니었을 것이다. 또한 권순덕 스스로는 가능한 한 자녀들을 농업노동에 동원하지 않으려고 다짐하지만, 아내와 둘이 56마지기나 되는 논밭을 경작하기 위해서는 자녀들의 일손을 빌리지 않을 수 없었을 것이다. 자녀들은 성장하면서 이러한 가정환경에서 농업노동에 스스로 나설 수밖에 없었다. 이는 당시 농촌에 보편적이었던 경향이었다. 이런 상황에서 이미 어머니의 가사일을 돕는 것마저 면제된 채 공부에만 전념하도록 했던 도시의 학생들과 비교하면, 권순덕의 자녀들은 여러모로 불리한 경쟁 구도에 놓여 있었던 것이다.

마지막으로 권순덕의 자녀 교육 및 진로와 관련하여 눈에 띄는 점은 철저하게 남녀의 생애과정을 구분하고 있다는 점이다. 권순덕은 자녀 교육에 그토록 욕심을 내는 이유를 일기에 여러 차례 적었는데, 이는 대부분 아들을 염두에 둔 것이다. "0아 너에 모섭을 볼 때에 귀가 죽어잇는 모섭을 보니 이 아빠도 귀가 죽어며 너을 꾸중을 주어서 힘아리 업는 모섭을 볼 때에 이 아빠의 머리는 갈피을 잡지 못하게 잡음이 만아서 어떠게 할 줄을 모러고 멍할 때가 이쓰며 내가 너의 인생과 같이 살 수가 잇따면 0이가 오락실에 가든 농띠을 칯든 이 아빠가 더 노력을 하여서 0이을 편하게 살두록 하여주며 대니까 이 아빠 극정을 안아겟는데 이 아빠 너의 인생 길을 재발 길로만 아리키 주고 마는 것이 인간의 숙명이니 이 아빠가 의이 속이 타지 않깨나. 이 아빠가 배우지 못하여 고생을 하며 살라가는 모섭이 보이지도 안너냐. 이 아빠는 너만 키운 것도 조금이라도 재산을 더 주어서 이세만큼은 편한 세상을 살라보라고 0이만 키운 것이 사실이며 0이가 아빠의 마음을 만 분지 일도 몰라주는 0이

이 아빠 심정을 좀 알라다오"(1990. 3. 26.), "0아 공부을 적개 하며 저른 사람 모양 땀을 저래 흘리면서 살라가야 한단다. 사람이란 공부을 적개 하며 적개 하는 만큼 땀을 흙리야 하고 고생을 하여야 하는 사람이다. 0아 이재는 공부에 취미을 부치서 공부을 하여야 한다 하니까 말은 공부을 할려고 하드라만 이 아빠 머리 속에 들어오지 않는구나. 0이는 말로만 잘 하니까 이 아빠 마음 깊이 들오지 않는구나"(1990. 8. 2.) 등의 내용을 통해 아들이 육체노동으로 힘들어하는 인생을 살게 될까봐 전전긍긍하는 모습을 엿볼 수 있다.

권순덕은 딸의 교육에 대해서도 아들 못지않게 욕심을 냈으나, 이는 어디까지나 좋은 곳에 시집보내기 위한 것이었다. 권순덕에게 딸들의 교육은 어디까지나 "[좋은] 대학 관판 따서 시집이나 좋은 대 보내자 하는 생각밖에"(1991. 11. 9.) 없다. "우리 ○○는 어떠한 일이 잇쓰도, 아니 시집을 갈 때까지라도 도전을 시키서 전문대학 졸업장을 손에 지게 하여서 결혼 상대자을 골을 작정이다"(1992. 2. 25.), "전문대학교 해서 시집이라도 좋은 데 가서 좀 편하게 살라고 이야기 한 것이지"(1992. 3. 16.), "이 아빠 우리 ○○ 전문 대학교 졸업장 지고 시집을 보낼 작정이다"(1993. 2. 23.) 라면서, 대학 입학을 결혼과 연관 짓는다. 여기에는 딸들을 어떤 직업을 갖게 할 것인지, 딸들의 자아 성취를 어떻게 이루게 할 것인지에 대한 고민은 없다.

세 자녀 중에서 초등학교 시절 두각을 보인 것은 작은딸이었으나, 작은딸의 장래 진로와 관련하여서도 이는 어디까지나 시집을 잘 가기 위한 방편일 뿐이었다. 고등교육을 통해 상층 직업으로 진출하는 길에 대해서는 전혀 언급이 없다. 다만 상을 받아오거나 장학금을 받아오면 기뻐할 뿐이다. 학업에 재능을 보이는 작은딸을 특별히 지원하거나 작은딸을 통하여 고학력 → 전문관리직 취업 → 계층상승을 모색하지는 않고 있다. 오히려 작은딸이 대학을 졸업하고 힘들게 직장생활하는 모습을 안쓰러워하며, '애인만 있다면 직장을 그만두게 하고, 신부 수업, 밥하는 일을 배우게 하고' 싶어했다(2000. 2. 19.). 실제 작은딸을 하루라도 빨리 시집보내려고, 선 자리를 여러 차례 마련하기도 한다(1999. 12. 15.; 1999. 12. 22.; 2000. 1. 20.; 2000. 1. 30.; 2000. 2. 4.; 2000. 2. 13.; 2000. 7. 24.; 2000. 11. 20.; 2000. 12. 30.) 당시 작은딸의 나이는 26, 27세였다. 당시 제한된 범위이기는 하지만 여성 고학력 전문관리직의 경로가 확대되어가고 있고, 도시의 중산층 부모들은 이미 그런 경로에 대비하여 딸들의 교육과 진로에 개입하고 있었던 상황과 비교하면 권순덕의 딸들에 대한 교육은 명확히 한계를 보이고 있었다.

5. 맺음말

지금까지 권순덕의 자녀 교육 및 진로, 권순덕의 교육열과 교육관, 자녀 학업 성취에 대한 개입 전략과 그 한계를 살펴보았다. 권순덕은 빈농에서 출발하여 중농, 심지어는 대농으로 볼 수 있을 정도로 세대내 계층상승을 이룩하였다. 하지만 자녀의 미래와 관련해서는 철저하게 압축적 근대화과정에서 도시화와 산업화의 대세를 확신하고 자녀들에게 농사일을 물려줄 생각은 일찌감치 접는다. 자신은 지독할 정도로 성실하게 일하고, 정부의 농업정책 변화에 발 빠르게 대처하며 기계화영농, 신농법 등의 농사 전략을 구사하지만, 농업의 미래에 대해서는 매우 비판적, 부정적 태도를 취했다. 그래서 자식들은 어떻게든 대학교육을 시켜 자신처럼 땀 흘리며 살지 않게 하려고 혼신의 노력을 기울인다. 권순덕의 교육을 통한 세대 간 계층상승 전략은 고등교육팽창이라는 교육제도의 변화와 맞물려서 세 자녀 모두 대학졸업장을 취득하는 데 성공한다.

그리고 자신이 젊었을 때 서울로 진출하려다 포기한 꿈을 이어받아 세 자녀 모두 도시에 진출하여 생활하도록 한다. 현재 두 딸은 서울에, 아들은 구미에 거주하고 있다. 자녀들은 도시에서 사무직이나 판매직 혹은 숙련기술자로 취업경력을 시작한다. 권순덕 자신이 못 이룬 고학력 취득의 꿈, 도시로 진출하려던 꿈, 농사일이 아닌 사무직이나 기술직으로 살아가려던 꿈을 자녀세대를 통해 달성한 것이다. 여기에는 권순덕의 아낌없는 지원과 남다른 교육열이 작용했을 것으로 판단된다. 다만 이는 대부분 산업화, 도시화에 따른 구조적 이동을 반영한 것으로, 순수한 교환이동의 측면에서 보면 반드시 계층 상승이라고 판단할 수는 없다. 한국의 교육환경이 극심한 경쟁으로 치달으면서 부모들은 자신이 가진 경제적 자원과 인적, 사회적 자본을 총동원하여 자녀들의 학업과 취업에 개입한다. 하지만 권순덕은 높은 교육열을 가졌음에도 불구하고, 교육경험 부족, 교육관련 정보나 동원할 수 있는 자원의 한계를 안고 있었다. 이로 인해 구체적인 공부방법에 관해서는 어쩔 수 없이 자녀의 자율성을 존중하면서 상층의 사교육을 제한된 범위에서 따라하는 모방적 개입전략을 취하는 정도였다. 상층 부모들의 자녀교육 개입 방식이나 도시의 교육환경과 비교해보면 80-90년대 농민의 자녀들이 서열화된 학교체제에서 소위 명문고나 명문대로 진학하여 상층의 전문관리직으로 바로 진입하기는 쉽지 않았던 것으로 보인다. 권순덕의 자녀교육을 통한 계층 상승전략은 도시화, 산업화, 고등교육팽창이라는 압축근대의 변화상에 대한 정확한 예측에 기반한 것이라는 점에서 어느 정도는 성공의 방정식 안에 작동하였다. 그렇지만 동시에 제한된 인적자본, 사회적 자본, 경제적 자원 안에서 권순덕이 자녀세대에서 고학력 상층계급으로의 상승이동을 이루어내기란 여러 한계를 지니고 있었다. 이는 당시 농민들의 세대 간 계층이동에서 나타나는 전형적 특징 중 하나라 할 수 있다.

농민 권순덕의 **삶과 기록**

아포일기

제2부 아포일기❸

(1986~1990년)

농민 권순덕의 **삶과 기록**

아포일기

▌1986년▐

〈1986년 1월 1일 수요일 낡씨 눈〉
"새해을 마지하니 금년 농사을 잘 지어야 할 땐돼 하고 극정이 앞쓰는구나."
올해는 정말 자신에깨는 절거운 해라고 생각을 한다. 왜냐 자신이 오늘 당산 어말리 한 단지을 매매을 했쓰며 자신으로는 생각밖의 일이며 늑뚤이 아니찌만 자신으로는 두 번째의 기쁨을 마지하였다. 앞푸로 우리 혜지 고등학교 2학년이 댈 때까지 한 단지 더 매매을 해 볼 작정이다.
"오늘 개약금으로 50십만을 줌. 평당 7,500원. 늑뚤은 평당 10,200원 함."
"올해도 우리 가정 무사하게 아무 탈 업시 87年을 마지하두록 음속한 마음으로 빌게노라."
1斤 2,400원 함.
지출에 개약하는돼 돼지고{기} 값 2斤 4,800
두부 900원 술, 한타 3,900원
계약금 50십만 원
計 509,600

〈1986년 1월 2일 목요일 낡씨 맑음〉
"오전에는 땔감하는 것으로 오전을 보내고 오후에는 휴식을 하여쓰며 농촌에는 이 맡우로 살라가는지는 몰라도 농촌에는 너무 휴식이 넘어 만아서 못 싸는 것이 사실인기바. 농촌에서 이것보다 좀 더 살라 갈라면 화우스 제배을 해야 이세들 공부을 시킬수가 있찌 그러치 안으며 아이들 학교 시키는 돼 왜로가 뒤따린다고 해도 무리는 아니라고 생각을 하고 십다."
"집사람 고요희 잠자는 모섭을 바라보니 주름이 송송 저 있쓰며 그 모섭을 보니 자신의 마음이 멍하든이 이처름 집사람 늙개 했는가 하고 집사람 얼굴에 꼭 돼어서 집사람 얼굴을 보니 너무나 주름이 만아저 있쓰며 이것들을 자신이 만들아꾸나 하고 생각을 하니 가슴 아프게 미안타."
지출에 … 술빵치기 700원

〈1986년 1월 3일 금요일 낡씨 눈〉
오늘은 눈이 저녁에 만이 온다고 해서 눈을 마저면서 땔감 준비을 두 짐 하는 것으로 하로 일과을 보내고 마랐다. 그리고 땅 싸따고 술 바두라고 해서 술을 바다쓰며 돈은 쓰지만 기분은 별로 나푸지을 안더라.
"집사람은 문경 처제가 친정 왔따고 해서 집사람도 친정도 가볼 겸 동생도 보고 친정을 갇다 왔쓰며 어머님이 별고 업시 잘 계신다니 무었보다 마음이 좋꾸나. 처 어머님이인타나[처 어머님이나마] 오래오래 사시기을 기온함이다."
지출에 아빠 술 값 1,000
집사람 친정 2,360 計 3,360원
"우리나라는 너무 운동에 신경을 너무 쓰고 있다. 업는 나라왜서 운동을 너무 벌리고 있는 것이 자신으로서는 불만이며 운동에 낭비 대는 것을 영구기간[연구기관]으로 돌리서 우리가 앞푸로 득이 돼는 정책을 바란다."
"그리고 우리나라 정취가 무었신가 크게 잘못 대어따고 생각을 한다."

〈1986년 1월 4일 토요일 낡씨 맑음〉

일기불순으로 아무 일도 못하고 하로 일과을 보내고 마랐다. 오늘은 먼저 번에 땅 계약 한다고 남외 돈을 빌리서 주고 해서 오늘 휴일도 다 지나고 해서 당장 가서 저금한 돈을 빼와서 빌린 50십만 원 주고 마랐다. 이것을 지불하니 마음이 땅을 안전이 산 기분이 남더라.

그리고 어제 눈 온 것이 약 2센치 정도 내리따고 보고 있다. 올해는 눈이 지나간 해보다 눈이 자주 만이 내리는 것 같다.

"그리고 우리 혜영이가 혜지 편지을 아빠예깨 일어 보이는데 정말 아빠의 고마운 일을 알고 글 쓴 것을 들을 때에 고마운 마음을 검치 못하게더라."

〈1986년 1월 5일 일요일 낡씨 맑음〉

오늘은 날씨가 아주 추번 날씨가 아닌 것 같든돼 모진 바람이 불어서 그런지는 몰라도 사람이 날씨가 추버서 을신도 못할 정도가 댄 날씨다.

오늘은 세집배 순범이 잡아 먹이라고 순법이 처갓집배 가지고 와따면 7일 날 일본 들어가야하기 때문 오늘 잡아야 댄다면서 아무도 잡아 줄 사람이 업쓰도 한 번도 잡아보지 못한 내가 염소을 잡는돼 힘이 만이 들어다.

지출에 … 물명태 1,400 국수 1,250원
計 2,650원

〈1986년 1월 6일 월요일 낡씨 맑음〉

오늘은 마을에서 소을 잡아서 집사람 염소곰을 할려고 마음을 먹어도 자꾸만 제고 있쓰쓰며 그래서 오늘 소을 잡는 바람에 곰끄리을 살라고 마음을 먹다 먼저번에 소 머리을 해보니 별로 좋은 것을 너켜보지 못해서 이번에는 살코기을 해서 집사람 먹이는 것이 곰끄리보다 좀 날 꺼으로 생각을 해서 소고기 5근을 사고 마랐다.

지출에 녹비 가는 씨 값 4,000원

이번에 정부에서 소을 도축하두룩 한 뒤 우리 마을에서 소 5바리을 잡음.

〈1986년 1월 7일 화요일 낡씨 맑음〉

오전에는 발미할 때 나무한 것 한 짐 지고 오는 것으로 오전을 보낸 셈이 댄다. 눈이 녹지 않아서 나무지고 오는돼 힘이 들어다.

"오후에는 내일 눈이 온다는 기상대 말을 떳고 눈이 채 녹지 않는돼 땔감을 할려고 풀나무 한 짐 하는 것으로 하로 일과을 보낸 셈이다."

"정부에서 매상량을 조금식 주면서 매상 일자을 넘어나 멀개 주어서 농민 실정을 너무나 모러고 있따는 정부가 원망스렵다."

〈1986년 1월 8일 수요일 낡씨 눈〉

어제 눈 온 것이 약 2센치 온 셈이며 눈이 올라고 더니 자주 온 셈이며 금년에는 눈이 만이 온 셈이다.

"그리고 올해 총회을 했쓰며 금일 총회는 아주 절약한 총회을 한 셈이며 두부로 안주 좀 하고 총회을 한 셈이다."

"그리고 올해는 동 서기을 서로 할려고 하는 것을 볼 때에 기가 막힌다. 외나하며 요줌 살기 좋은 때에 화 소임을 해서 돈을 벌라고 하는 것을 볼 때 정신 상태을 곤치야 한다고 생각을 해본다. 왜냐하며 일년 동 서기을 해바야 얼마 안 대는 것을 가지고 서로 할려고 하는 사람 마음 자채가 아주 가난한 사람이라고 생각을 해본다."

"현 동장이 동내 일은 착실이 잘 바주는 것은 사실이라고 생각을 하지만 동민이 너무 모러고 있는 것이 안타갑다. 왜냐 현 동장 춘효과 약 8년은 했따고 생각은 하는돼 이 사람이 빛이 넘어 만아서 동장을 그만 두면 당장 부도가 날 사람인돼 자꾸만 동장을 하라고 할 때에 기가 막힌다. 왜냐 이 사람이 부도가 나면 반다시 동민 누군가 피을 보게 대며 한 사람이 아니라 여러 사람이 한 푼 쓰보지도 못하고 살림을 다 한다고 생각을 하는돼 이것도 모러고 있는 동민이 예돌따 고만 할 수 밖에 업따고 보고 있다."

지출에 … 전기 요금 540원

〈1986년 1월 9일 금요일[12] 낡씨 맑음〉

"눈 온 뒤라 낡씨는 차가어서 일하기는 그북한 날씨지만 요줌은 무할량으로 놀고 있는 셈이다. 내일은 눈이 녹지 안아서 나무 하기가 불편하지만 다만 한 짐이라도 해야 댄다는 것을 놀면서도 생각이 든다. 내일은 어떠한 일이 있쓰도 나무 한 짐식 할 작정이다."

"농촌도 수입보다 지출이 만아저고 잇쓰며 농촌 사람도 요세 돈 쓰는 것을 보니 돈에 급이 업다. 왜냐하며 안저면 화토을 하고 있쓰며 상점만 살리고 있는 실정이니 이것이 지속이 대며 이세예깨 타격이 가니 좀 생각을 해서 낭비을 했쓰며 하는 생각도 던다."

지출에 … 김값 2,600 아들 학용품 값 500

計 3,100

〈1986년 1월 10일 토요일[13] 낡씨 맑음〉

오전에 땔감 할려고 아까시와 나무 한 짐 하는 것으로 오전을 보내쓰며 오후에는 땅 산 것 등기 이전할려고 아포 대서방에 가니 원 땅주인 인감 도장이 업쓰서 그만 일도 하지 못하고 헌 일만 하고 돌라오고 마랐다.

"아이들이 저의 할머니가 업쓰서 그런지 저의 외할머니을 좋아들 하며 저의 외할머니울 집배 한 번 다니가라고 그저 당부을 하고 있는 것을 보니 자신의 마음이 나외 어머님이 계시지 않는 것이 아이들래깨까지 타격이 가는구나 하고 어머님의 타격이 손주까지 타격을 주고 잇따는 것을 아이들의 행동에서 나타나고 잇꾸나."

지출에 … 차비 240원 주민등록등본 1동 인지돼 60원 計 300[14]

〈1986년 1월 11일 토요일 낡씨 맑음〉

오늘은 집사람과 둘리서 매상 준비을 안전이 하여쓰며 집사람이 밤에만 허리 아푸다고 해서 집사람은 매상 부치는 돼만 일을 하고 나중에 매상 가마니을 들마치는 것은 혜지, 혜영이가 그들어서 매상 한 가마니을 정리을 하여쓰며 우리 딸들 힘쓰는 것을 보니 내년에는 집사람 힘을 별로 안 빌리도 우리 딸 힘만에도 큰일을 할 수가 잇쓸 껏 같다.

"오늘 매상 준비한 가마니가 29개 함."

지출에 … 라면 1,000원

---

12) '목요일'이나 금요일로 잘못 기록하였다.

13) '금요일'이나 토요일로 잘못 기록하였다.

14) 1월 10일자 지출 내역은 1월 9일과 10일 일기를 기록한 지면 상단에 따로 기록되어 있으나 내용상 아래에 옮겨 적는다.

〈1986년 1월 12일 일요일 낡씨 맑음〉

"오늘은 집사람과 둘리서 세집배 매상 준비 하는돼 그들어 주어쓰며 오후에는 큰집배 매상준비을 해주는돼 하로 일과을 보내고 마랐다."

"정부도 큰 문제라고 생각을 해본다. 왜냐하면 신민당 국회원들이 농성을 부리고 있는 것을 볼 때에 정치에 문제는 있따는 것은 사실이라고 생각을 하고 십다."

"자신원 놀로을 가서 오락을 절기기 위한 마음은 간절하지만 놀로을 가면 낭비을 꼭 하기 돼어있키 때문에 낭비을 막키 위에서 놀로을 참고 말며 이것들이 이세들을 교육을 갈치기 위에서 쓸 때 업는 돈은 한 푼도 쓰지 않코 살아온 아빠의 심정을 알면서 자라주기을 바랄 뿐이다."

지출에 … 대신 동서 동생 결혼식에 부주 5,000원

〈1986년 1월 13일 월요일 낡씨 맑음〉

오늘은 오전, 오후 땔감 나무하는 것으로 하로 일과을 보내고 마랐다. 그리고 내일이 매상 날짜로 이야기을 해서 모든 준비을 알로[제대로] 했는돼 26日로 아무 이유업씨 연기을 했따고 이야기을 하고 있쓰니 사람이 마음이 상화고 있꾸나. 외냐하며 정부 잘뭊으로 못 사는 농민들 남외 빛을 더 늙가주고 있따는 것을 정부는 생각을 하고 있는지 도무지 알 수가 업다. 농민들 땀 흙리서 농사을 짓어노면 극정이 태산같다. 왜냐 매년 들 밭는다고 그러치 않으며 나누어서 몟 푸로식 밭는다고 법석을 부리는 정부 기가 찬다. 정부도 농민들 천대해서는 부강해 절 수가 없는돼 너무들 하고 있따고 생각을 한다.[15]

〈1986년 1월 14일 화요일 낡씨 맑음〉

오늘도 땔감 나무 두 짐 하는 것으로 하로을 보냇다. 매일 나무을 해도 별로 나무가 밀리나지을 안는 것을 보며 벼집 하나 안 때서 그른지는 몰라도 나무도 상당이 들어가는구나.

그리고 오늘 (갈소이가) 올라와서 300백만 주어쓰며 해서 자신은 매상이 16日이라서 16日날 매상을 돼어서 전액을 안불 해줄라고 생각을 했는돼 땅 주인 오늘 돈을 바랄 껏이라고 하면서 돈을 주어쓰며 해서 불이야 불이야 해서 남외 돈을 40십만 원 빌리서 우리 돈 260십만 원과 300백원을 마차서 주어서 이제는 끝띠리 돈만 남아서 이제는 안전이 냇 땅이라고 생각을 한다.

지출에 … 300백만 원

〈1986년 1월 15일 수요일 낡씨 맑음〉

오늘은 안전이 등기 이전을 할려고 안전이 서류을 해서 접수을 하여쓰며 등기 이전하는돼 돈이 생각보다 상당이 만이 들어간다고 생각을 한다.

등기 이전에 53,100원이나 들어같쓰니 너무 만이 들어간다고 말을 하고 십다.

지출에 … 등기 이전하는돼 수입 인지 300원 차비 240원 등기 이전에 53,100원 아이들 과자 600원 計 54,240원

---

15) 이 내용은 일기 지면 상단에 따로 기록되어 있다. '(조합에서) (1月 13日날 땅 산다고 250십만 밭듬)' 이라고 기록하였다.

〈1986년 1월 16일 목요일 낡씨 맑음〉

금일은 본동에 매상이라 매상을 했쓰며 금년으로서는 매상이 마지막이다. 자신으로 바서는 매상 등급이 불량으로 마자쓰며 금년에는 벼을 손으로 빈 사람은 등급 차이로 상당이 손에을 본 셈이다. 매상으로 대며 등급이 일등이 나야 마음이 캐운하지 일등이 반, 이등이 반이라 마저니 기분이 아주 상화고 이떠라.

금일 매상 수가 29개

1등이 22개, 2등이 7개, 총 수가 29개.

금일 매상 수입 … 884,410원

"그리고 오늘 60십만을 빛을 내서 논 값을 안전이 지불함."

논 주인은 4,425,000 먹고 경작한 사람 박명섭이을 미안해서 자신이 20,000만 원[16] 줄라고 해서 아갑찌만 이십 만 원 주고 나니 자신으로 바서는 미안{한} 점으로 줄라고 해서 활 수 {없이} 돈을 주고 나니 우에돈을[웃돈을] 주어서 기분이 좋찌을 안더라.

"인간은 심중하게 생각을 해서 말을 해야 한다고 절시리 너켜다."

금년 총 매상 수 90개

1등이 35개

2등이 55개 計 90개

지출에 … 친구 바다준 것 1,000

(현제 사료 수 16포)

사료 5포 21,300원

計 22,300원

〈1986년 1월 17일 금요일 낡씨 맑음〉

자신이 이번에 땅 산 것이 처음에는 그른돼로 잘 살따고 경작자을 우예금[웃돈]으로 사스 남들은 잘 샀따고 하지만 자신은 말도 못하고 속으로 골탕을 먹는 셈이며 이제와 보뜰 땅도 9,750원식 그레 돼고 있쓰니 자신은 땅 금을 상당이 만이 주어따는 생각을 하니 자신이 업쓰면서도 너무나 후예서 자신의 살림이 들 는다고 생각을 해보았다. 그리고 오늘은 오전은 휴식을 하고 오후에 나무 한 짐 하는 것{으}로 하로 일과을 보낸 셈이다.

"요줌 절먼 사람이나 나마는[나이 많은] 사람이나 화토 노리가 너무 시만 셈이며 낭비만 심하게 돼며 상점만 살리고 있다."

"이 세돼가 어떠게 도라갈련지는 몰라도 농민들 살 길이 제일 막막하다고 생각을 한다. 왜냐 수입은 제일 적은 사람들인돼 저녁으로 서넛만 돼어도 화도만 하며 오륙 천은 우섭게 알고 낭비만 하고 있쓰니 이것이 봄이 와야 업쓰절 판이니 이 낭비을 기제을 해본다면 서로가 낭비을 만이 했따고 후예도 할 사람이 더로 있따고 보는돼 대다수가 벌로 살라간다고 생각을 하며 나중에 돈이 궁할 끄시며 자신들이 낭비을 만이 해서 돈이 기한 줄 모러고 과용에 지출이 만아서 그른 줄 아는 사람도 만을 껏으로 자신은 생각을 하며 낭비을 하고 있는 사람들이 돈이 만원 사람보다 업는 사람들이 오락을 절기서 낭비을 만이 하고 있다."

〈1986년 1월 18일 토요일 낡씨 맑음〉

오전에 소 거름을 넉뚤레 한 발리 실어내고 오면서 땅 산 논을 한 밖키리 돌라보니 뒤 두룸이 전부 내리안저 일끄리가 상당이 만으며 땅을 잘못 사따는 너킴이 들며 그전에

---

16) 맥락상으로는 20,000원이 맞는 것으로 보인다.

는 여사로 보고 좋다고만 생각을 핸 것이 집적 내 땅이 돼고 보니 마음에 들지을 안으며 자꾸만 잘못했따는 너킴밖에 들지을 안는구나.
오후에는 나무 한 짐 하는 것으로 하로 일과을 보낸 셈이다.
수입 … 울 콩, 콩나물 콩 6,820원
지출에 … 가루 5,500 라면 4,200원 국수 1,300 혜지, 혜영 책 2,500 김, 멸치 3,300원 식빵, 화장지 1,000 노트, 샤프심 1,800 차비 360원
計 19,460원[17)]

〈1986년 1월 19일 일요일 낡씨 맑음〉
오늘은 작과나무 전지사을 더리서 나무 전지을 하여쓰며 여름 전지을 하여도 그러도 전지을 하는돼 두리가 하로 종일 전지을 하여쓰며 자신도 오늘 전지을 하면서 어너 정도 전지을 할 수가 있따고 생각을 한다.
"오늘 따뜻한 봄 날씨을 마지한 너킴이 들며 무었보다 과수 전지을 안전이 하고나니 정말 마음이 캐운다."
지출에 … 빵, 환타 값 2,350원 통조림 1,000원 김 3,000원
計 6,350원

〈1986년 1월 20일 월요일 낡씨 맑음〉
"오늘은 안전 봄이라는 착각을 할 정도로 따뜻한 날씨이며 이른 날이 삼일이 계속돼니 사람들도 모두들 들고 가고 있꾸나."
금일은 과수 전지한 것을 주어 모다서 묵끌라고 아들 전부 대리고 가서 주어서 묵년돼 따뜻해서 좋으며 딸더리 아빠 쉬어라고 하면서 딸더리 다 할라고 부지런이 하는 것을 보니 고맙더라. 집사람도 어저[어제] 전지 할 때 멧 단 줏뜬이 허리가 아푸다고 해서 오늘은 집사람은 집배 할 일 하두록 하고 자식들 전원 대리고 가서 안전이 전지한 것을 끝을 내쓰며 과수 일은 그진 다 했따고 해도 가연이 아니다.
지출에 쇠고기 값 (5斤) 11,500원

〈1986년 1월 21일 화요일 낡씨 맑음〉
오늘 아침 차로 삼촌이 대구 병원에 가서 수술을 할려고 아침 일적이 걸어서 간다고 대신역으로 갈다고 하길에 주막에서 보니 사람이 보이지을 안더라. 그레서 집부로 들어오다 대신 폿대끄리 가서 아무레도 주저 안저서 가지 못하고 있찌 않을까 하고 자전차을 빌리서 가보니 정말 아푼 다리가 구더서 움적끄리지을 않는다면서 안저있더라. 이것을 보니 아버지 살라 계실 때에 아버지 형제가 다들 안조았따는 것을 생각을 하며 자신이 이러깨 신경을 안 쓰도 대는돼 하고 생각도 들 때가 있다. 그러치만 요세 와서는 삼촌이나 숙모나 자신한태는 한다고 하고 있쓰니 자신의 마음이 달라저고 있는 것은 사실이다. 그리고 오늘 삼촌을 대신 역까지 업고 가면서 생각을 하길에 아버지 형제도 이제는 남원 분 삼촌 한 분이 이 한 분마저 병에 시달리고 있쓰며 죽어가고 있따는 것을 생각을 하니 자신의 마음이 쓰걸푼 마음이 들어 아주 마음이 안 좋더라.
수입이 린징[당근] 2,850 파 2,100 담아내기 1,200

17) 실제 계산은 지출 합계가 19,960원, 수입을 뺀 합계가 13,140원이다.

計 6,150원
지출 … 차비 520원 오뎅 500원
計 1,020원
그리고 셋시가 김천 이앙기 구경을 같든이 이앙기가 어너 회사가 좋은지 알 수가 업쓰며 어너 것을 할려고 마음을 잡찌을 못해 다음으로 미루고 말라다.
지출에 물 바가지 700원 장갑 1,500
차비 540

〈1986년 1월 22일 수요일 낡씨 맑음〉
"그 따뜻한 날씨가 어뒤로 가버리고 갑짝이 춥버니까 아무 일도 못하고 휴식을 하고 마랐다. 날씨가 기온차가 너무나 심화니까 사람이 넘어 만이 상화는 너킴이 더는구나."
"정부에서는 매 시간마다 내년 아시아 경기 88년 올림피을 성공적으로 취라야 댄다면서 너무나 법석을 부리고 있쓰니 국민의 한 사람으로 귀가 아퍼서 못 떠러 줄 형편이다."
지출에 티밥 4방에 1,200 달갈 2,000
計 3,400원[18)]

〈1986년 1월 23일 목요일 낡씨 맑음〉
아이들이 저의 외할머니 기다리도 오시지 않든이 오늘 저의 외삼촌과 외할머니가 오시쓰며 외삼촌은 장모님만 오더바이로 대리다 주시고 그만 가고 장모님은 좀 쉬어갈 작인돼 우리 아이들 정말 조아하며 우리 운이는 저의 외할머니 곁을 떠나지을 안으며 저의 활머니가 알방에 주머시로 갈라고 해도 못 가구고 하면서 운이 다리와 할머니 다리을 묶끄서 못 가구로 하며 우리 아들과 집사람 모두가 12시가 돼두록 화토노리을 하여쓰며 우리 운이는 저의 외할머니가 업씨는 이제 못 살 껏 같이 행동을 하는 것을 볼 때에 한편으로는 상당이 기분이 좋으며 한편으로는 저의 할머니가 업쓰서 저러게 저의 외활머니에깨 매달리고 있따는 것을 생각을 하니 자신으로 어머님이 일적 도라가신 것이 원망도 대는구나.
"부모가 자식만 거름이 돼고 마는 줄 알면이 손주까지 거름이 대는 줄은 이제야 알라따고 해도 가연이 아니라고 생각을 해본다."
지출에 … 술빵치기 500 처남 환타 500
計 1,000원

〈내지1〉
금릉군 아포면 대신동 三동
권 순 덕

〈내지2〉
금릉군 아포면 대신三동
권 순 덕

〈1986년 1월 24일 금요일 낡씨 맑음〉
오전에는 땔감을 한 짐 하고 오후에는 장모님하고 하로 종일 휴식을 한 셈이다.
"아이들이 저의 외할머니을 죽어라하고 좋아하는 것을 볼 때에 할머니도 어너 정도 살라주야 댄다는 것을 생각을 하며 인간은 자기 목을 다 해야 댄다고 생각을 해본다."
지출에 … 감자씨 값 3,200 큰집배 제사준비 5,000 집사람 침 값 3,000 엿이 4,000 옻꼬시[19)] 1,000 김

18) 실제 계산은 3,200원이나 3,400원으로 잘못 기록하였다.

가루 1,000 차비 1,400 쇠고기 4,000
計 28,000원[20]

〈1986년 1월 25일 토요일 낡씨 맑음〉

지질 때문에 일 하기가 그북서러어서 아무 일도 할 하기가 급이 나서 종일 쳐 어머님과 휴식을 한 셈이다.

〈1986년 1월 26일 일요일 낡씨 맑음〉

지질이 그전에는 하로밤만 세고 나며 지질이 다 업쓰저고는 마는돼 요줌은 업쓰저지도 잘 안코 삼 일 동안 아무 일도 못하고 휴식만 하고 있쓰니 정말 답답하기 짝이 업는 날을 보내고 있다.

지출에 … 아들 술빵{치기} 하는돼 술 한 병에 300원

〈1986년 1월 27일 월요일 낡씨 맑음〉

집사람 허리가 아파서 새실로 침 마주로 두 번째 같쓰며 집사람 허리 아푼 것이 나야할 땐돼 하고 극정이 대며 이것이 수라게 나며 별 문재인돼 수라지 안는다면 자신으로 바서는 문제가 제일 크다고 생각을 하고 있는돼 이번에 침을 마저며 안전이 나쓰며 하는 바람 뿐이다.

“그리고 친구 부친이 갑짝이 도라가쉬서 상가집배서 일 거들어주는 것으로 하로 일과을 보내고 마랐다.”

지출에 … 침 값 3,000 장갑, 고기 1,750원 운이 신 4,700원 차비 420원
計 9,780원[21]

〈1986년 1월 28일 화요일 낡씨 맑음〉

오늘은 자진 취득세을 하면 상당이 감면을 해준다 해서 취득세을 내로 가서 보니 월래 말과 다른 것 같더라. 외냐하면 등기 접수할 때는 20日 이전하면 취득세가 삼만 원 정도는 흙캐 댄다고[싸게 된다고] 이야기을 하든이 돈을 지불해보니 별로 흐련 너킴이 볼 수가 업더라.

그리고 상가집배서 오후에 일 거들어 주는 것으로 하로 일과을 보내고 마랐다.

지출에 … 취득세 59,000원 차비 240원 화이타이 600원
計 59,840원

〈1986년 1월 29일 수요일 낡씨 맑음〉

오늘은 상가집배 일 하는돼 안전 봄이라고 생각을 할 정도로 따뜻하며 제옥이 부친이 정말 복노인이라고 생각을 한다. 왜냐하면 오래 사시고 80십 노인{이}면 갑짝이 도라가시서 고생도 않고 주위 사람 예도 먹이지 않코 정말 잘 도라가시쓰며 한 가지 걸리는 것은 손주 딸 결혼 날짜을 밭고 죽어서 그것이 걸리지만 겨울 날씨에 안전 여름 모양 안장을 안전이 끝을 냇쓰며 뒤에 일도 업씨 깨끗하게 끝을 냇쓰니 정말 복노인 도라가쉬따고 생각을 한다.

지출에 부주값 5,000원 집사람 3,000 처어머님 내위, 버선 6,500 운이 양발 500 비뉴, 설탕 2,200 언니 집

---

19) 오코시(おこし /粔籹)는 밥풀과자로 쪄서 말린 쌀 따위를 볶아 깨・콩・김 등을 넣고 물엿 등으로 굳힌 과자를 이르는 말이다.

20) 실제 계산은 22,600원이나 28,000원으로 잘못 기록하였다.

21) 실제 계산은 9,870원이나 9,780원으로 잘못 기록하였다.

배 1,000 밀감 1,000 색종이 200
작구, 삔 200 차비 1,580
計 16,280원[22)]

〈1986년 1월 30일 목요일 낡씨 맑음〉

금일은 삼촌이 동산병원에서 이번을[입원을] 해서 병문안 가는돼 형과 용만, 형수, 등골 형수, 냇시가 병문안을 같쓰며 삼촌 얼굴을 보니 별료 줄지을 않예쓰며 얼굴이 좋은 편이라고 생각을 하며 그반돼 숙모가 얼굴이 아주 주련 편이더라. 그리고 삼촌은 우리가 있쓰니까 자주 울고 있쓰며 삼촌이 눈물이 나오니까 아버지 형제 중 한 분인돼 하고 자신도 아주 서글퍼저서 좀 외로가 있쓰다. 마지막 한 분이라도 좀 오래 사시며 좋개꾸나.

"그리고 올 때에 숙모가 시키서 식탕에 정심과 올 차비을 주어서 잘 았찌만 마음 한 구석은 미안떠라."

금일 지출에 … 삼촌 병문에 2,000
형수, 형 우유 600
차비가 1,000
(집사람 허리아푼돼 약전 골목에) 약 14,000
計 17,600원

〈1986년 1월 31일 금요일 낡씨 맑음〉

금일은 영농교육을 두 반으로 나누어서 교육을 하는돼 한 사람은 교육을 갈치는돼 좀 부족하며 한 사람은 아주 마음에 들두록 갈치고 있쓰며 매년 영농교육을 바다보았찌만 농민이 뒤로 밀린다고 한 번도 이야기을 들어보지을 못했는돼 오늘 교관이 이야기을 하는돼 농민은 실찌 천돼을 안 바들래야 안 바들 수 업따는 이야기을 할 때에 정말 마음속으로 기가 찬다. 이른 이야기을 안에도 농촌에서 수학대는 물건들은 다들 똥, 껌이며 농민들의 땀으 대까도 업쓰서 농민들은 정부만 채다고[쳐다보고] 있는 실정이라고 해도 무리는 아닌돼 오늘 교관 말을 들을 때에 하로 빨리 대책을 세우서 살라가야 하는돼 현제 생각이 할 일이 업쓰니 기가 찬다.

"앞푸로 농민의 앞길이 문제가 아니라 농민의 자식의 앞길이 문제이며 농민의 부모들 자식에 이 큰 제을 어찌 하리까."

"농민이 살 길은 두리 살고 끝을 내는 것이 자식에 제도 아무 것 업쓰니 이것이 사는 길인지도 모른다."

〈1986년 2월 1일 토요일 낡씨 맑음〉

오늘은 처 어머님이 가쉬는돼 용돈을 좀 주어쓰며 하는돼 집사람이 돈을 만이 쓰서 그 절하는 바람에 주지을 못해서 처 어머님 보기에 미안타. 자신이 논만 않 싸따고 해도 조금이라도 더릴 수가 있쓸땐돼 주지 못하고 처 어머님이 가쉬고나니 마음이 걸리는구나. 그리고 처 어머님만 보내기가 안대쓰서 아이들 전부 딸리 보내고 마랐다.

"땔감을 하는 것으로 하로 일과을 보내고 마랐다."

지출에 … 외갑집 가는돼 과자 1,000 차비 600원 과자 150원
計 1,750원[23)]

22) 실제 계산은 21,180원이나 16,280원으로 잘못 기록하였다.

23) 지출 내역은 지면이 모자라 지면 상단에 따로 기록되어있으나 내용상 하단에 옮겨 적는다.

〈1986년 2월 2일 일요일 낡씨 맑음〉

땔감을 하여쓰며 땔감을 하로 두 짐식을 해도 몸이 곤한 너킴을 알 수가 있는 것을 볼 때에 나무 하는 것도 중노동이라고 생각을 해본다.

"그리고 집사람 세실서 침 맏고 나서 우선에는 허리 아푼 것을 안전이 나쓰며 이것을 보니 침우로서도 아푼 것을 해소을 시키는 것을 보니 정말 신기하구나. 아푸로도 집사람 허리 아푼 것이 제발이 돼지 않코 밤잠을 잘 자두록 해서 건강이 상화지 않캐 사라가두록 바랄 푼이다."

〈1986년 2월 3일 월요일 낡씨 눈〉

그쳐름 따뜻한 날씨을 보이더니 갑짝이 눈이 내리서 차거운 날씨을 보이며 따뜻하다 갑짝이 추버니까 사람들이 을신도 몿하두록 만들고 있다. 오늘 눈 온 것이 약 2센치 정도 내리따고 본다. 금년에 눈 온 것들이 비쓰타게 3회 정도 현제로 왔따고 생각을 한다.

"그리고 오늘 영농교육이 축산과 소득작물 두 가지을 가지고 교육을 하는돼 작물은 교육을 할 때만 귀에 들어오더니 교문을 나오니 한 가지도 남아 있찌을 않코 다 이저저며 축산은 아예 성질이 날 정도로 지급더라. 이것들을 자신예계 문제도 있따고 본다고 하지만 교관 문제가 더 크다고 생각을 한다."

"우리 집 아이들이 저의 외할머니 댁에 갇다 오더니 외삼촌은 외할머니을 일을 만이 시키고 있따고 말들을 하며 외삼촌은 너무 하다고 이야기을 할 때에 우리 아이들이 여사로 보지 않는 것을 볼 때에 평소에 착실하게 성실하게 살라가는 것도 아이들의 교육이라고 생각을 할 때에 인간은 도덕을 벗스나서는 안 댄다는 것을 우리 아이들래깨 너켜보았다."

"오늘 오후에는 우리 식구 전원이 큰집배 사과 포장하는데 그들어주는 것으로 하로 일과을 보내고 마라다."

〈1986년 2월 4일 화요일 낡씨 맑음〉

큰집배 사과 포장하는돼 거들어주는 것으로 하로 일과을 보낸 셈이며 그리고 저녁에 한잠을자고 나니 밤 2시더라. 그러가 큰집 아이들이 뒤어오는 줄도 모러고 집부로 막 뒤어덜어와 감짝 놀라다. 그러자 경숙이가 아빠가 여름 모양 아푸다고 해서 한 번 더 캄짝해다. 이재는 형을 버리는구나 하고 을마나 놀란는지 모런다. 불이야 불이야 큰집배 띠어 내려가보니 아무것도 모러고 있더라. 이그 무었을 해야 순서인 줄 몰개쓰며 우선 차 불어쓰며 차가 외 이래 드띤지[더딘지] 몰개쓰며 떠뒤어[드디어] 차가 와 차에 형을 실고서 김천으로 갈라고 하니 택시 운전수가 구미 순천황병원이 낯따고 해서 병원 응급실에 대리다노니 운수가 업니리고 차랑 사고가 난 한자가 막 들어오니 우리 한자는 들 급파다면서 급한 한자을 먼저 바야 한다고 이야기을 하면서 우리 한자는 뒤로 미루고 마는돼 정말 신경질이 곳 폭발할 정도 돼어 있쓰며 폭발을 해바야 한자 뿐 아니라 우리에깨 득 댈 것이 업깨다 하고 참고 마랐다. 그러자 우리 한자는 회복이 돼며 나중에는 아푼 돼가 업따고 이야기을 하며 병원에서도 뇌사진을 찍어바야 약을 쓰지 그러치 않고는 약을 쓸 수가 업따고 이야기을 해서 사람은 회복이 돼어서 그만 돼리고 왔쓰며 병원에서는 손 한 번 쓰지 않코 개니 약 두 봉다리 주고는 12,000원 달라고 하니 기가 찬 정도다.

〈1986년 2월 5일 수요일 낡씨 맑음〉

오전에는 대신 떡방아간에 가서 가래떡을 자신이 했았쓰며 집사람을 막키두며 가래떡을 할 껏을 너고 가서 또 너고 오며 상당이 짓칠 것을 생각을 하니 집사람을 보낼 수가 업더라. 그래서 자신이 자전차 실고 가서 가래떡을 하는돼 주인이 정말 잘해주더라. 그래서 가든 줄로 곳 해오니 사람도 수라러라.

그리고 오후에는 나무 한 짐으로 하로을 보내고 마랐다.

업는 사람은 땔감마저 해결이 안 대고 있쓰니 업는 사람이 무리하게 일하고 있는 것은 사실이다.

지출에 … 가래떡 값 … (4돼) 800원

〈1986년 2월 6일 목요일 낡씨 맑음〉

봉답논이 두 다레이[다랑이]라서 일 하기가 그북서릅고 해서 객토하는 차들이 한 다레이로 해줄라고 해서 파는돼 막상 흙을 파내고 있는 과정을 보니 자신이 잘못하는 것이 아닌가 하고 생각도 들더라. 왜냐하며 뒤두룸이 너무나 높푸며 노리24)을 두며 자신이 두 다레이로 부치는 것보다 실평수는 줄지 않을까 하고 극정도 대며 자신은 잘 한다고 하는 것이 오희려 잘뫃하는지 아직 알 수가 업꾸나. 그리고 창고장 집 시러 달라고 이야기을 해서 주막에 갈소이와 두리가 벼집을 조금식 4바리을 실어주어쓰며 사람은 희안 사람이라고 본다. 왜냐하며 부부가 서로 협조는 차저 볼례야 볼 수도 업고 일하는 것이 주위예서 보며 접버둘 사람이라고 생각을 한다. 자신도 소을 먹이고 있지만 창고장 소 먹이는 것을 보며 소들이 몰상할[불쌍할] 정도다.

지출에 … 폭크레이 봉답 땅 나추는돼 담배값 5,000 집사람 머리하는돼 3,000 혜지, 혜영, 운이 옷 12,000 세집배 쇠고기 사줌 4,000 혜영 머리 목는 것 500 (콩나물), (생리대) 550 차비 360 혜지, 혜영이 양발 1,000 라면 450원
計 26,860원

〈1986년 2월 7일 금요일 낡씨 맑음〉

오늘로서 봉답논 우예 따래이을 아래와 같이 안전이 파냇쓰며 파내고 나니 우선 보기는 아주 논이 반듯하게 보이며 농사을 짓어면 불편한 점이 있쓸란지는 몰라도 우선 보기는 아주 잘한 너킴이 더는구나.

"오늘은 흙 파는돼 하로을 보낸 셈이다."

그리고 우리 생각을 하기도 외체가 만다고 볍석을 부리면서 운동에 밥 먹을 일이 있는가 매일 국체전을 벌리고 하든니 이제 와서 득이 돼지 않는 국체경기는 억제하게따고 정부에서 말을 하고 있쓰니 한심하기 짝이 업는 일이다. 이것을 이제야 잘뫃을 알고 실행을 할려고드니 국민의 살림살이을 잘 사라주게나 하고 의심이 도니 전 대통령 들어쓰고 업는 나라에서 운동에만 신경을 쓰따고 해도 무리는 아니라고 생각을 하며 이 것들을 언젠가는 이 사람들이 책임을 저야

---

24) 곁두리의 방언. 논의 경계를 이루는 둘레를 의미하는 뜻으로 사용한 것으로 보인다.

한다고 생각을 한다.
그리고 영농 휴계자도 우리 마을로 보면 셋째 가라고 하며 슬벌 사람의 아들이 영농 휴계자 8백을 타서 땅을 사고 있쓰며 자신이 생각을 할 때에 이 사람은 도시에 나가라고 미려내도 안 갈 사람이며 정부에서 무었을 해서 영농 휴계자라는 자금을 지불하는지 알 수가 업다. 영농 휴계자는 보며 자기 자금이 충분한 사람들이고 심지어는 하고 있는 사람을 돈을 한 뭉티식 주고 있쓰니 우리는 무선 영문인지 알 수가 업다. 왜냐 자신이 생각을 할 때에 농촌에 정착을 하고 십픈다[싶은데] 자기 한경이 안 좋은 사람이 하고 십프도 돈이 업쓰서 일을 못하고 눈물로 고향을 떠나서 도시로 나가고 있는 실정인돼 이 사람들을 영농 휴계자 자금을 주며 돈에 예착도 만을 뿐 아니라 평생 고마운 마음이 떠나지을 않을끈데 돈에 짓친 아들을 돈을 한 뭉티식을 주고 있쓰니 정말 휴계자 자금을 바들 사람들이 가슴을 치고 통곡을 하며 고향을 떠나는 심정 누가 아리. 내 말이 그짓인가 생각을 하며 영농 휴계자을 학인을 해보라. 다들 농촌 갑부 아들이 아니가. 해도 너무들 하고 있다.[25)]

〈1986년 2월 8일 토요일 낡씨 맑음〉

오늘은 오전에는 나무을 한 짐 하는 것으로 보내고 오후에는 휴식을 했따고 보며 내일이 설이라고 아들 뿐 아니라 어른도 마음이 들뜬 기분이다.

지출에 … 돼지고기 값 5,000 이발비
2,000 돌부리 1,000
計 8,000원

〈1986년 2월 9일 일요일 낡씨 맑음〉

오늘은 설이다. 세월이 흙어갈수록 간소해져 가는 느킴이며 아이들도 일 년이 다러게 변화고 있는 것이 사실이다. 외냐하며 우리 아들을 바도 옻 사달라고 보치는 놈이 업쓰며 운이을 바도 옻 장사만 오며 마음에 더는 옻만 있쓰며 쓱패서 사달라고 하며 어쩔 수 업씨 사주는 형편이며 아이들이 돈 들어가는 것을 더 극정을 하는 편이니 우리 아들은 다들 자랐따고 생각을 한다.
그리고 오늘이 설이라고 우리 딸더리 세배을 한다고 해서 아직 아빠는 절머서 너이들래깨 세배을 받지 않아도 댄다면서 세배을 거절을 했든이 그래도 해야 댄다면서 꼭 세배을 할려고 해서 아이들에 세배을 밭고 마랐다. 세배을 하고서는 아빠 오레 사십시오, 몸 건강하세요 하는 말래 너무나 대견서려어 눈시울이 떠그어지드라.
지출에 … 세배돈 1,000

〈1986년 2월 10일 월요일 낡씨 맑음〉

명절이 갈수록 태아대어가는[퇴화되어가는] 것은 사실이지만 금년 설은 아주 간소한 너킴을 가질 수가 있쓰며 심지어 일하는 사람도 있더라. 앞푸론 우리가 살라갈려면 명절 기분을 가지고 살라가기가 힘이 들지 않나 하고 생각도 들 때가 있다.
그리고 정부에서 아시와 경기가 하로가 지나며 이제는 멧칠 남아따고 매일 야단을 부리는돼 정부에서 그첫름 할 일이 업는가 하고 생각도 해보며 업는 가정에서 잔취을 자주 하게 대며 그 가정이 결국 망하고 마는돼 정부에서는 무선 영문인지 아시와경기,

25) 이 내용은 일기 지면 상단에 따로 기록되어 있다. '2月 7日(이왕기 가지고 옴)'라고 기록하였다.

올림픽 경기 매일 경기하는 이유 좀 발키주어쓰며 하는 너킴도 들며 경기 치루는돼 경기장 하는돼 한국 돈이 업쓰서 외국 돈을 빌리와서 경기장을 만더는 주제에 경기을 해서 무었을 득을 보겟따고 더는지 한심하며 이 불경{기}에 실업자가 산무더기처름 밀여가는 실정인돼 이 실업자을 생각을 해서 아시와 올피익[올림픽] 경기 다 치우고 그 돈으로 공장을 새와서 실업자을 주리고 실속 있는 국민을 만들지을 못하고 사자 앞치하더시[26] 껍티기만 버듯하게 만들고 있는 정부 가슴 아푸며 자신의 인기는 을마 안 대는 세월이라고 생각을 할련지는 몰라도 우리 국민이 대대로 살고 못 살고 하는 운명에 달려 있따고 조금이라도 생각을 하고 있따면 한 가지을 해도 학인하는 정취을 바랄 뿐이다.

지출에 … 두부 10모 2,500원

〈1986년 2월 11일 화요일 낡씨 맑음〉

"자신의 지질 때문에 극정이다. 왜냐하며 그전에는 일 년에 만이 발생해야 셋 번 더 하지 않는돼 요줌은 지질이 발생을 하니 아픈 통중이 더하며 한 발생을 하며 삼사일이니 일 하기가 그북서려우니 지질이 큰 문제가 대지 않나 하고 극정도 돼는구나."

"지질 때문에 아무 일도 못하고 휴식을 하는 것으로 하로 일과을 보내고 마랐다."

〈1986년 2월 12일 수요일 낡씨 맑음〉

오늘 인득이 모친 장리에 지질 때문에 그들어주지도 못하고 부이만 전하고 마랐다. 본인은 자신이 몸이 불편해서 참석을 못하고 있는돼 생각을 달리 하지나 않을까 하고 염려도 돼는구나.

그리고 우리 혜지가 중학교 배치고사 시험을 쳐로 같쓰며 혜지가 시험을 보고 왔킬래 시험 잘 췄는냐고 무려니까 좀 어렵따고 이야기을 하길에 우리 혜지는 평소에는 공부을 잘 한다고 보는돼 시험만 보며 잘 못보는 너킴이 들며 실찌 담력이 적으서 시험은 떠러저는 것이 사실이다. 이것을 보며 이번 시험도 잡아는 것이 아니가 하고 생각도 더는구나.

지출에 … 부주 5,000 혜지 졸렵하는돼 5,000
計 10,000

〈1986년 2월 12일[27] 목요일 낡씨 맑음〉

오늘 중앙 기상돼서 비 온다고 해서 창고장 벼집 실어주고 묵찌 않는 집은 이제 다시 묵어서 실지 못한다고 하면서 가지고 잘라면 가라고 해서 오늘 집사람과 둘리서 오전내 묵어서 잔뜩 한 발이 실어왔쓰며 오후에는 윤석이내 벼집이 들에 있따고 하면서 실고 가라고 해서 한 발이 실어보니 벼집이 얼어서 등어리가 삼 분지 일은 다 얼어 있쓰서 한 발이 더 실을라고 하다 그만 포기하고 마랐다. 왜냐하며 집이 이른 줄도 모러고 돈 주기가 골란할 문제가 댈 껏 같다 그만 더 실지 않코 한 발이만 실고 마랐다.

"그리고 일을 안아다 하니까 일을 하니까 그른지 벼집 두 바리 실고 몸이 아주 피료해저는 너킴이며 이처름 몸이 피료해야 금

26) '죽은 이의 얼굴 치장 하듯이'라는 뜻으로 겉치레만 하고 있다는 의미이다.
27) '13일'이나 12일로 잘못 기록하였다.

년 농사을 짓깨나 하는 너킴도 더는구나."
지출에 … 사랑에 선금 1,200원 (삼 명)
"그리고 자신이 이때까지는 잔치집이나 상과집이나 자신하고 과까고 이웃지 친구 이예는 일체 부주을 하지 않어서며 자신이 (길), (흉사에) 참석을 한다고 개핵을 잡은 연도는 벌서 너어같쓰나 자신이 개핵대로 돈을 벌지 뭊해서 동내 전체에 길흉사에 다 참석을 뭊하고 동내 상과집에만 부주을 하기로 결정을 했쓰며 금년 들어서 벌서 두 분이 돌아가쉬쓰며 앞푸로 동내 연세 마은 분이 만아서 두 분은 더 있쓰리라고 생각을 해본다."

〈1986년 2월 14일 금요일 낡씨 맑음〉

오늘은 박명섭이 경운기로 아포 축업에 사료 사로 가서 13포 사오는돼 자신이 7포 사가지고 옴. 현제 바서는 한 달래 8포는 들어갈 정도가 돼니 올해 송아지 금이 어떠게 갈련지는 몰라도 사료 값이나 하게나 하는 의심이 가는구나.
"정부에서 부정이 한 도막 살아지더니 요줌 아서는 국민학교 선생들이 어더먹을라고만 발키고 있쓰며 학부형이 자식이 학교에 있쓰니까 선생님이 하자 하는 돼로 실어도 따라가고 있쓰며 뒤에서는 원성이 아주 노푸면서도 집적 뭊하고 있쓰니 이것이 문제이며 이번 6학년으로 마지막 학부형을 하는 사람은 더렵따고 하면서 달라는 돼로 주고 말며 이번에 교장 정련 태직을 하는돼 기념패 해준다고 한 집배 3,000원 내라고 하니 울면서 개 잡아 먹키로 자식이 있쓰니까 주야 할 형편이며 정련 태직을 하는 사람은 국가에에 돈을 산터미처름 준다고 해도 가연이 아닌돼 농민의 돈을 달라고 손을 벌리고 있쓰니 기가 찬다. 이것뿐 아니라 매년 학년이 바키며 선생을 때을 버키라고 더는 거 심정이 해가 갈수록 더하다고 생각을 하며 이것들을 정부에서 키우고 있따고 해도 무리는 아니다. 왜냐 정부에서 눈을 캄아두니까 부정은 더 심하고 있쓰며 아포중학교 모 선생님은 저녁에 공부 잘하는 학생을 차자다니면서 손을 벌리고 있따니 우리 국민이 어뒤로 가는 줄을 알 수가 업쓰며 사람이 어뒤을 가는 줄도 알고 따라가야 시운돼 현제로 국민이 어뒤로 가는 줄을 모러고 이따고 생각을 하며 자신도 따라만 가고 있쓰니 정부에서 잘 인도해서 잘 가면은 다행인돼 정부에서 걸어가는 길이 선행의 길이 아니라고 생각을 해본다."
지출에 … 혜지 감기 약 1,500원 학교 교장
태직에 3,000원 두부 1,000
사료 7포 29,820원
計 36,820원[28)]

〈1986년 2월 15일 토요일 낡씨 맑음〉

눈이 갑짝이 금년 들어 제일 만이 온 셈인돼 낡씨가 따뜻하니까 빨리 녹아서 눈 온 포가 업쓰서 그러치 오늘 눈이 제일 만이 온 셈인돼 3센치 조금 더 돼게 왔따고 본다.
"그리고 오늘 집사람 친구들이 땅 삿따고 한 택 달라고 보첸다고 하면서 오늘 정심을 대집하는돼 분산한 하로가 돼어다. 집사람 친구들이 와서 정심이라고 절기 자시는 것을 보니 정말 기분이 좋더라."
지출에 … 하토노리 하다 … 4,000원 혜지,

28) 실제 계산은 35,320원이나 36,820원으로 잘못 기록하였다.

엘범돼 6,500원 동창비 500원
計 11,000원

〈1986년 2월 16일 일요일 낡씨 맑음〉

오늘은 봉답 논에 물꼬을 내는대 도로을 파서 할려고 포크레이가 지나가서 물꼬을 낼라고 하면서 이 파이프을 파서 문는돼 돈을 얼마 주며 파주게녀냐고 무려니까 20,000만 원 달라고 하더라. 너무 만이 달라고 한다면서 10,000원을 줄라고 하면서 대답을 하지 않킬래 20,000원 가지고 품을 돼며 자신은 아무것도 안 예도 만 원만 더리도 충분이 할 수 있쓰니까 그만두라고 하고 마랐다. 그례서 당장 농로을 장그라서 얼은 땅을 파는돼 상당이 힘이 만이 들어같쓰며 너무 힘이 들어가서 땅이 풀리그든 할까 하는 생각도 가지밭는돼 날이 풀리면 경운기들이 다니게 돼며 미안한 점 만을 껏 같다서 억찌로 파이프을 안전이 뭇는 작업을 다 한 셈이 돼며 얼마나 무리하게 일을 만이 해서 저녁에 자면서 꽁꽁 알랐다.

지출에 … 새 값 한타 250원 빵 200원
구론산 200원
計 650원

〈1986년 2월 17일 월요일 낡씨 맑음〉

오늘은 봉답논에 배수로 간 무든 것을 안전이 끝을 냇쓰며 그리고 논을 골라보니 아직 얼어서 일을 할 수가 업쓰서 그만 일을 중단하고 오후에는 형이 경운기 박킹을 싸왔서 방킹 갈라 넛는 것으로 하로 일과을 보내고 마랐다.

"배수로 작업을 안전이 했노코 보니 금년에 객토 사업으로 자신이 봉답논을 잘 낮추어서 참 잘 했따고 생각을 하고 있다."

지출에 … 혜지 공낙금, 책값, 43,420원
혜지 도장 500원
計 43.920원

"저녁을 먹고 엄마, 아빠 있는돼 편지을 주면서 일어 보세요 하면서 주길래 편지을 일어 보니까 선생님예깨 6년 배우면서 우등상장을 못 바다타고 이야기을 하면서 엄마, 아빠 재송해요 초등학교에서는 우등상을 못 바치만 중학교가서는 엄마, 아빠 기대에 어것나지 않캐쓰요 하는 말래 아빠로서는 우리 현재 마음을 먹고 있는 것이 우등상을 밭는 것보다 멫 갑절로 아빠의 마음은 더 기분이 좋꾸나. 그리고 우리 혜지보다 몿하는 아이가 상을 밭는돼 혜지는 못 밭는다면서 복장 떠질 껏 같다서 학교에 가기도 실어며 졸업 때는 학교에 안 갈라고 때을 쓰는 것을 볼 때는 아빠의 마음이 더 아푸구나. 자신이 돈이 만아떠라면 선생님을 차저보고 선물이라도 했떠라면 우리 혜지 가슴에 아품을 주지 않아쓸 껏이 아닌가 생각을 할 때에 혜지 가슴보다 아빠의 아픔이 더 크며 이 어린 가슴에 티도 업는 가슴에 선생들이 상쳐을 주고 있따는 것을 이제야 절쉬리 알라쓰며 티도 업는 가슴에 상쳐을 주는 국민학교 선생들 용서을 바들 수도 업는 제을 짓고 있따는 것을 좀 생각 좀 해주기을 바란다."

"정부에서 이른 부정 좀 못하두록 부정을 하는 선생들 (군에) 한두 사람 처벌을 주며 하라고 해도 못할땐돼 정부 이른 부정을 잡지 못한다면 자발적으로 사태을 하고 나와야 댄다고 생각을 해본다."

〈1986년 2월 18일 화요일 낡씨 눈〉

밤 사이 눈이 엄청나게 눈이 만이 내리다.

금년 들어 채고로 눈이 만이 냇리쓰며 농작물래도 이번에 눈이 만이 내리서 안전 해갈은 면한 셈이다. 이번에 눈 내린 것이 20cm 이상은 내리따고 본다.

"우리 혜지가 이번에 너무나 타격을 크게 바다꾸나. 오늘도 학교 갇다오면서 영 기분이 업쓰 보이며 선생님이 보기도 실타면서 이야기을 하며 이번에 초등학교 조렵을 해서 당행{이}지 그러치 않코 한 학키라도 남아있쓰며 혜지는 영 바리지 않을까 하고 생각이 들 정도로 상쳐을 입어따고 생각을 할 때에 아빠도 마음이 상화고 있꾸나."

그리고 봉답 물코 낸다고 생외을 먹어서 그른지 오늘은 목이 아파서 김천 한독약국에 가서 목이 아파서 약 싸로 왔따고 하니 약사 하는 말이 신경이 목으로 몰리서 그러따고 약을 주더라. 그래서 하로치 약을 가지고 왔다.

지출에 경운기 박킹 2개 2,000원 보 더푸는 핸돌리[핸들] 할려고 만든 것이 2,000원 혜지 노트 200 아빠 약 1,500원 차비 540원
計 6,240원

〈1986년 2월 19일 수요일 낡씨 맑음〉

오늘은 우리 맏딸 국민학교 졸업하는 날인돼 혜지가 학교을 안 갈라고 하는 것을 그래도 학교는 가야한다고 하면서 가라고 하니까 마지못해서 학교로 같다. 만약에 학교에 가지 않아따면 사촌들이 선물로 공책, 구미 민정이는 꽃따발을 줄라고 일부로 올라왔는돼 안 같떠라면 사촌들이 실망을 할 뿐 예꾸나. 그리고 혜지가 아빠한태 상당이 미안한 기색을 보이며 아빠한태 미안에서 어쩔 줄을 모러고 있쓰서 이번 일은 잘잘못을 하나도 가리지 않코 가만이 덥프두고 마랐다.

"그리고 눈 때문에 아무 일도 못하고 하로일과을 보내고 마라쓰며 이 눈 때문에 멧칠은 공휴일 댈 껏 같꾸나."

〈1986년 2월 20일 목요일 낡씨 맑음〉

모두들 눈은 아부치낯찌 하니까 다들 잘 놀며 낭비가 아이, 어른 업씨 너무들 만이 낭비을 하고 있쓰며 술집만 살리고 있다.

"그리고 집사람이 감기키로 목이 아푸다고 하면서 니나치올[29] 좀 먹이까 해서 감기라고 김천으로 갈라고 하다 대신 약방에서 니나치올 1,800원을 주고 싸와서 먹어도 집사람은 여전이 목이 아푸며 따갑따고 하는 것을 볼 때에 집사람 말을 안 듯고 김천을 가서 감기약을 짓어 왔쓰며 집사람도 외을 안 먹이고 돈도 적개 더려가는 편인돼 자신이 아주 잘못했따는 너킴이 더는구나."

지출에 … 니나치올 1,800원
화토노리 2,200원
計 4,000원

〈1986년 2월 21일 금요일 낡씨 맑음〉

집사람 감기로 어재 대신 약을 안 사고 김천 약을 짓어와서 먹어더라면 사람을 예을 먹이지 않코 수라게 나을끈돼 이재는 감기만 들며 김천 한독약국으로 달리야겟꾸나. 오늘은 집사람 아푸다고 해서 밥도 못하겟따고 해서 아침에 밥을 하는돼 아이들은 학교 가지 혼자 밥을 할라내, 소 죽을 끄리서

29) 리나치올(Rhinathiol)은 급·만성 기관지염, 기관지천식 등에 사용되는 약이다.

줄라내, 정말 바빠쓰며 집사람이 아침 한 때만 안에도 이러게 짓시[시간]가 들며 힘이 더는 것을 보니 집사람 힘이 아빠의 힘보다 적지 않타고 생각을 해보며 아침밥만 제발 먹고 김천으로 약 사료 달리고 마랐다. 김천 한독약국에 약을 먹고는 저녁부터는 회복이 돼어서 정말 고맙더라.

"그리고 땔감이 업쓰서 작과일 나무 팔 월 전지한 것을 두 바리 뛰어 오는 것으로 하로 일과을 보내고 마랐다. 앞푸로 눈 때문에 정상적으로 일을 할려고 해도 일주일은 넘어가야 일이 제돼로 댈 끝 같꾸나."

지출에 … 집사람 감기약 3,000원 라면 값 500원 차비 360원
計 3,860원

"오늘부로 조합 돈 백만 원 일반대출로 바다와서 땅 산다고 빚전 것 일체 갑파쓰며 빛은 한 게도 업찌만 쓸 돈이 조금 적을 껏 같꾸나."

(2月 21日)

〈1986년 2월 22일 토요일 낡씨 맑음〉

오늘은 쳐과집부로 쳐삼촌 마지막 아들 결혼에 참석을 하기위에서 자유예식장에 참석을 했쓰며 예식이 끝이 나고 쳐과집배 들리서 올라하다 쳐 어머님이 울 집배 댕기서 간지가 을마 안 대고 해서 들리지 않코 그만 집부로 오고 마랐다.

그리고 우리 혜영이 이번 우등상을 바다와서 우리 혜지 졸업 때에 무이미하게 졸업한 것을 우리 혜영이가 보충을 다 해서 기분이 허무하구나. 우리 혜영이 아무 일이라도 해낼 수가 있따고 이 아빠가 밑고 있다.

그리고 우리 운이는 이번에 삼 학년을 졸업하는 놈이 통지표가 그냥 백지다. 내가 볼 때는 아주 둔하다고 생각을 하지 안는돼 공부을 몿하고 쳇째 공부에 치미을 부치주지을 몿하게다. 공부을 한 자 갈치며 얼굴에 열이 오러고 소변 볼라면서 나가곤 하고 있쓰니 어쩔 수가 업다. 이것이 딸보다 잘했쓰며 하는 마음 뿐인돼 아들 하나 둔 것이 공부을 몿해서 빈정돼며 어떠개하나 극정이 앞쓰는구나.

지출에 … 부주 10,000원
카셋트 태프 1개, 1,200
計 11,200원

〈1986년 2월 23일 일요일 낡씨 맑음〉

용전에 영농단지에 따라나온 육모 상자을 김천 대리점에서 파는 가격에서 100원식을 싸계 팔라고 해서 오늘 할 일도 별로 업고서 친구와 둘리서 김천 대리점에 상자 가격을 알라 보았쓰며 대리점에서 현찰로 하면 700원식에 줄라고 하는돼 용전에서 어떠게 줄란지 알 수가 업꾸나.

요줌 사람들이 눈이 와부치서 아무 일도 하지 몿하니까 잘들 놀고 있다. 사람이 잘 놀면 상점만 살린다. 농촌에 수입은 별로인돼 모두을 과하게 낭비을 하고 있는돼 아직은 장비가 별료 표가 업찌만 5년 후에 가면 낭비 돈이 표가 나면 그때사 방지도 몿하고 후해을 할 껏으로 내다보고 있는돼 사람들이 안저면 화토노리을 하고 있쓰며 가만이 보며 부자집배서는 화토노리을 들 하고 중류급도 하류급보다는 들 하는 편이며 화토노리을 해서는 안 댈 사람들이 죽어라 하고 화토을 하고 잇쓰니 주위에서 보기에 민망할 때가 만꾸나.

지출에 차비 360원 전화비 100원 집사람 노는돼 3,000

計 3,460원

〈1986년 2월 24일 월요일 낡씨 맑음〉

"오늘은 본동에 초상이 나서 아무 일도 몾하고 초상집배서 하로 일과을 보내쓰며 금년부터 본동에는 초상집배는 다 부주을 할려고 생각을 했는돼 여기는 이웃지도 멀고 아들이 잘 벌고해서 자신이 계핵대로 부주을 할려고 하다 잘 살고 아들이 국민학교 선생을 하는돼 잘 내는돼 하고는 자신은 부주을 하지 않아서 자신이 미안한 마음이 들고 있는 가슴을 자신이 첫째 살라야 하지 않캐나 하고 미안한 마음을 버리고 마랐다."

"오늘은 자신이 계핵대로 하지 몾한 것가 상과집부로 바서는 미안한 하로가 돼어다."

〈1986년 2월 25일 화요일 낡씨 맑음〉

오전에는 소 두엄을 경운기로 실어내보니 눈이 온 뒤라 땅이 질어서 아무 일도 몾하게더라. 그래서 오후에는 윷노리에 하로을 보낸 셈이다.

우리 혜지가 졸업하고 구미 민정이 집배 가든이 아직 오지을 않는구나. 민정이내는 쌀을 파라먹는돼 그만 오지 않코 자신이 땅 산다고 양식을 주라서 쌀도 여유가 있쓰며 동생 쌀 주는 것은 힘 더는 일은 아닌돼 혜지가 올라오지 않는다면 쌀 한 말이라도 주야겟꾸나.

지출에 … 라면 500원

〈1986년 2월 26일 수요일 낡씨 흐림〉

봉답논에 경운기로 두엄을 일곱 바리 내니까 객토 사업으로 나춘 대는 거진 거름을 냇따고 생각을 하며 이제는 논을 한 불 고루고 두엄이 안 간 곳에 한 불 내야 돼겟다. "우리 혜지가 졸업을 한 뒤부터는 공부을 해야 댄다는 결심을 아주 단단이 했는돼 이번에 구미 민정이 집배 같다오든이 더 결심을 하고 있는돼 아빠가 볼 때는 혜지가 몸이 무른 편인돼 정신으로 아주 결심을 했는돼 육체적인 몸이 뒤바침을 할 수가 있쓸까 하고 의문도 가기는 가는돼 아빠로서는 뒤에서 지키만 볼 작정이며 만약에 몸이 따라가지을 안을 때는 매질을 한 번 해바야 대 것따는 생각을 해본다."

"때는 안전 봄이라고는 하고 있찌만 먼 산과 앞 산 할 껏 업씨 눈이 싸여 있쓰서 천지가 하야게 돼어 있쓰니 봄이란 생각을 가지볼 수가 업꾸나."

"세월이 가야 좋은 해가 오지만 이 세월이 가는 것이 서러어 할 인간이 더 마느리. 세월아 너저만 가다오. 니가 빨리 가면 고운 내 님의 얼굴에 주름만 남어리."

〈1986년 2월 27일 목요일 낡씨 맑음, 눈〉

"오늘은 겨울 날씨가 더 바람이 세고 추어서 아무것도 몾하게쓰며 하로 종일 휴식을 취하고 마랐다. 눈빨이 실실 내리고 이셔니 노는 돼도 부담이 업꾸나."

"그리고 우리 잘알[자랄] 때는 부모한태 아무 말도 몾하고 자라는돼 요즘 아들은 떨리며 우리 혜지는 우리 엄마 시집 잘 았따고 물고 있쓰며 우리 아빠는 (노름을 하나) (술을 먹나) (담배을 피우나) 엄마 예을 먹이나, 우리 아빠 참 좋다 하고 말을 하고 있쓰며 우리 잘알 때와는 그 차이점은 상당한 차이가 난다고 생각을 한다."

〈1986년 2월 28일 금요일 낡씨 맑음〉

"구미 민정이가 혜지 따라와서 있뜰[이틀]

자고 오늘 가는돼 혜지가 일주일 먹고 와서 양식도 팔아먹기 때문에 양식도 풍부하지는 않는돼 혜지가 먹은 대까로 (쌀 한 말과) 무우, 담아내기[30]을 주어보냇다. 올해 자신이 양식을 적개 나두어서 만이는 주지 못하고 좀 주어 보내고 마랐다."

그리고 오늘은 경운기로 땔감을 하는돼 하로 동안 아까시와을 35단을 했쓰며 35단이 경운기로 하나 돼더라. 이것을 보고 집사람이 무었을 하며 무리하게 해서 황상 극정이라 하며 몸살이나 하지 안캐는냐고 물어며 자신이 생각을 해도 오늘 일은 상당한 무리가 갈따고 생각을 한다. (산에서 저내리는 돼 시간을 만이 보냄.)

〈1986년 3월 1일 일요일[31] 낡씨 맑음〉

일 년 중 제일 좋은 달이라고 생각을 한다. 삼을 만물이 세로 생명을 얻는 삼 월 그야말로 좋은 달을 마지하는구나.

요줌 꽃셈추위가 삼 일 동안 계속 춥고 있꾸나. 오늘은 춥따고 놀자고 하는 것을 이왕 나와서 할 수 업씨 경운기로 땔감을 하는돼 종일 30단을 했쓰며 사람이 지게로 매일 나무을 해도 나무가 불찌을 안아더니 경운기로 하니까 사람 수라고 집배 나무가 아주 잘 불꼬 있다. 이제는 지게로는 댈 수 있는 한 안예야 돼게쓰며 앞푸론 경운기로 이용을 해야 됐게다.

"그리고 자신은 설 때 업는 돈원 한 푼도 쓰지 않는다고 보는돼 과용에 돈 더려가는 것이 엄청나게 들어가며 가연 자신이 이처름 지출을 내고 있는가 생각을 할 때에 입이 벌어절 정도며 아이들 고등학교나 시키며 돈을 지게로 지고 다니면서 쓰야 안 대겟나 하는 마음도 들며 아이들 학교 적은나 [조금이라도] 시킬라면 상당한 수입이 돼어야 씨킬 수가 있따고 보고 있쓰며 아이들 대학교 과정을 발년 학생이 잊는 집에는 상당한 돈이 들어갈 것을 생각을 하니 자신이 우리 아들은 설마 책임을 지고 할 수 있따고 이때까지 생각을 하고 왔는데 이제 와서 돈 들어가는 것을 보니 나의 자신이 물어저는 너킴이 사실 더는구나."

지출에 … 민정이 가는돼 (차비로) 1,000

〈1986년 3월 3일 월요일 낡씨 맑음〉

오늘 아침 먹고 나서는 송아지 노월 껏 같다서 분산하게 날뛰고 있는돼 대신 학교에서 성운이 팔 다치따고 전화 열락이 와서 송아지는 뒤전 쳐고 달리서 가보니 우굴이 나도 좀 만이 다친는 것 같더라. 그래서 민성이 엄마와 김천에 김종섭이 내과에 가니 뼈 사진을 찍어서 곤친다고 하더니 아이을 만치고 주물고 하든이 여기는 마치을 시키는 사람이 업쓰니 도렵병원으로 가라고 하더라. 그래서 도렵병원에서 역시 뼈 사진을 찍더니 보호자 각서을 바다야 하고 잘못하며 후유진 잘못 오면 병신이 댄다고 이야기을 너려노니 가슴이 담담하기 짝이 업더라. 그러자 순달이가 달려왔더라. 형님, 구미 김옥배 전문이한태 가자고 해서 아이을 다시 대리고 구미 김옥배 전무니한태 보이더니 역시 힘더는 돼 상처을 입버따고 이야기을 하니 역시 부란하며 우리가 바도 뼈가

---

30) 다마내기(たまねぎ)는 양파를 이르는 일본어이다.

31) '토요일'이나 일요일로 잘못 기록하였다.

안전이 똑 푸라저 엽푸로 나와 완자 있는 뼈 사진을 보니까 귀가 차는구나. 저 아이가 저러깨 뼈가 푸라지두록 다치쓰니 월마나 아푸겟나 생각을 할 때에 눈물이 나올라 하며 정말 참기 어렵더라. 그러자 의사선생님이 팔을 잡고 사정업시 당기서 마차 너을라고 하니 그때는 아이가 반 죽더라. 이것을 보니 내 가슴이 떠질 꺼 같더며 금세라도 비철 것 같더라. 그러서 선생님 수술을 해서 하는 것이 안 낯깨씀이까 하고 말을 하니까 이래 하다 안 대면 수술을 해야 댄다고 말씀을 하더라. 그러저 포기하고 수술을 할라고 이변[입원]을 시키라고 하더라. 아이을 이변을 시키고 집사람을 막키고 자신은 오후 5시 반 경에 집배 오고 마라쓰며 집배 와쓰도 송아지 노을라 하고 극정도 업쓰며 소는 뒤전이더라. 우리 운이가 돈원 더려가는 한은 있쓰도 뒤사고가 업쓰야 하는돼 극정이 태산 가터며 김천 도렵병원에서 의사 말이 자신의 귀전에서 물러쓰지을 안으며 부란하기 짝이 업쓰며 잠자리에 누어도 잠도 오지 않코 우리 운이 좀 살살 해주시오 예원하는 말이 쟁쟁하게 귀전을 울리고 해서 잠을 잘 수가 업쓰며 집사람도 겨우 일을 한다고 해도 가연이 아닌돼 이번 운이 간호을 하며 온 식구가 펴저는 것이 아닌가, 운이 생각, 집사람 생각 머리에 떠올라서 잠을 이울래야 이룰수가 업꾸나.

〈1986년 3월 4일 화요일 낡씨 맑음〉

어제 우리 운이가 병원에서 살살 해주세요 하는 말이 내 귀전을 울리서 밤잠을 이루지 못하고 밤쇄두록 딩굴고만 하고 마랐따고 해도 가연이 아니다. 밤에 잠이 오지을 안으니까 별 생각이 다 들며 우리 운이가 일수가 나빠서 우리 운이 잘못으로 거러깨 팔을 부질라쓰며 자신은 아무런 생각도 들지 않캐는돼 교단에서 있는돼 병오가 미려서 거러깨 상쳐을 입원 것이 가슴 아푸다. 돈 들어가는 것은 별료 뼈 아푼 마음은 업는돼 우리 운이 아푸다고 시소리[신소리] 쳐는돼 내가 넘어갈 꺼 같더며 자식에 고통을 주는 것이 이가 갈일 정도며 피을 토할 일이더라. 그래서 밤외 잠도 이왕 못 자는 것이니까 새벽에 일적 일어나서 소 시죽을 주고 우리 운이 밤새 아무 일이 업나 하고 궁금해서 일적 병원에을 가보니 생기가 돌고 자꾸만 먹고 있는 모섭을 보니 정말 귀엽더라. 정말 자식이 업쓰며 이른 사랑을 볼 수가 있깨나 하고 생각도 들며 돈원 들어 간따나 아무 탈만 업시 자라다오 하는 마음뿐이다.

그리고 간호원 하는 말이 일주일 가야 수술을 한다고 하니 그간 우리 운이가 집업키[지겹기] 짝이 업쓸 꺼 같더며 자신이 더 가슴이 타는구나. 왜냐 자신 마음은 곳 해서 우리 운이 뒤탈이 업는 것을 빨리 보고 십픈대 자꾸만 지연이 대니 숨 가픈 마음 참기가 힘이 더는구나. 자신은 일주일만 고생을 하며 통근을 하면서 치료가 대지 않나 하고 힘이 들어도 자신이 밥을 해먹을라고 마음을 먹어는돼 오늘 관호원 말을 더려니 상당이 날짜가 만이 걸리겟다. 부{기}가 빠지는돼 일주일 가야 수술을 한다고 하니 수술 하는돼 일주일 수술을 하며 일주일은 이변을 하라고 하지 않캐나 하고 생각을 하니 넘어나 날짜가 만아서 큰집배도 너무 피을 키칠 수가 업고 자신이 한다고 해도 너무 오래 할 자신이 업쓰서 쳐 어머님을 전화을 해서 오시라고 해쓰며 쳐 어머님이 너캐야 집배 오는돼 힘이 들어서 탐방울이 얼굴에 메쳐 있는 것을 보니 쳐 어머님을 배찌[괜히] 오라고 해꾸나 하는 후에심이 더는구나.

지출에 … 석유 기름값 5,280원
차비 460원
計 5,740원

〈1986년 3월 5일 수요일 낡씨 맑음〉

오늘은 집배서 처 어머님이 심심할 껏 같다서 오전 내 어머님하고 놀라쓰며 오후에는 너무나 답답해서 경운기로 거름을 두 바리 실어냈쓰며 거름을 실어내도 얼은 땅이 녹어니까 경운기 빠저서 아무 일도 몾하게더라. 그래서 저녁을 좀 일적 먹고 운이가 극정이 돼어서 병원에을 가보니 역시 운이는 별 일 업고 집사람이 눈이 더러간 너킴이 들어서 잠을 못 잤느냐고 물어니까 잠은 잘 잤따고 하는돼도 눈이 더러가 있쓰서 집사람이 몸살이라도 날까바 염려가 돼며 아무 쪽록 별 일이 업키을 바란다.

어저 저녁에 병실에 있쓰니까 대신 순달이 부부가 오더라. 이것을 보고 주위에 사람을 넘어나 외을 먹이고 있꾸나 생각을 하고 있는돼 순서가 물하고 장떡[32]을 꾸어서 왔킬래 한편 고맙고 한편으로는 이러깨 해서 댓겟나 하는 너킴이 든다. 이 일이 하로 이뜰이며 별 문제을 삼찌 않캐는돼 이 일이 멧칠이나 갈련지 알 수가 업는 일이라서 더 부담이 생기며 막상 쌀을 가지고 가서 병원에서 집사람이 끄리 먹고 있쓰며 동생 둘이가 어떠게 생각을 할련지 의문이 가는구나.

요즘 자신의 마음도 갈피을 잡찌을 몾하게다. 왜냐 올코 그러고을 판단을 몾하게쓰며 집배 있쓰며 우리 운이 극정 때문에 아무 일도 걸리지 않코 병원만 짠아고 병원에 있쓰며 집배 송아지 놀을 날짜가 넘어서 소 극정이 일더라. 살살 풀리서 나가야 돼는데 이 문제들이 극정이 돼는구나.

지출에 … 순달이 부부 차비 1,230원
두부 1,250원
計 2,480원

〈1986년 3월 6일 목요일 낡씨 맑음〉

오늘은 송아지 놓는다고 아무 일도 몾하고 소 젙태서 하로을 보낸 셈이다. 송아지 분만할 때가 상당이 날짜가 넘어같는돼 분만을 하지 않으니까 상당이 극정이 돼는구나.

그리고 운이예깨 전화로 내일 수술을 하는가 무러볼라 하다 운이도 볼 겸 저녁을 먹고 저녁을 먹고 뻐스에 몸을 실고 병원에을 가보니 운이는 아무 탈이 업고 집사람은 상당이 몸이 주러보이서 밤외 잠을 몾 짜서 거른 것이 아닌가 무러니까 잠은 좀 잔다고 하며 오희러 내 극정을 해주더라. 자신은 실찌 잠은 처음에 몾 잘찌만 요줌은 아무 일 업는 것쳐름 자고 있따고 말을 하고 만약에 집사람마저 퍼저며 운이 일보다 문제가 크니 잠 좀 자라고 말밖에 몾 하게더라.

그리고 송아지 분만할까바 9시경에 올라오고 마랐다.

"그리고 동내 사람이 극정을 만이 하며 면회을 와서 부담이 돼는구나."

지출에 … 차비 690원

〈1986년 3월 7일 금요일 낡씨 맑음〉

오늘 송아지 분만을 7시에 시작을 하든이 8

---

32) 장떡은 밀가루에 된장을 섞어서 기름에 지져낸 부침개다.

시에 안전 분만을 하는돼 사람 셋가 둘이는 송아지 앞발을 잡꼬 마구 댕기고 한 사람은 자궁 입꾸을 마구 벌리면서 송아지 분만을 시키다 얼래 송아지 분만을 하며 셋 바리 중 제일 크게 놓코 송아지가 제일 좋은돼 오늘 송아지 어미가 매우 말라서 이번 송아지가 좀 적을 껏으로 내다보았는돼 이번 송아지가 제일 좋으며 날짜을 295日만에 분만을 해서 그른지 정말 송아지가 좋더라.
그리고 오후에는 우리 운이 수술을 할려고 한다고 어재 이야기을 들은는돼 소가 태을 오후 3시가 돼어도 태을 놋치 안어니까 외 간장이 다 타는구나. 그러자 태을 노터라. 그래서 송아지는 별 문제고 병원으로 달리 가보니 병원에서 마치사 결탁이 잘 안대어서 저녁 8시에 한다고 집사람 말래 또 한숨이 나오는구나. 아이만 골구고 있꾸나 하고 생각을 할 때에 성질이 폭발 직전에 드는 것을 내가 참아야지 우리 운이예깨 덕이 댈 껫이 아니냐 하고 참고 마랐쓰며 운이 곁태서 순달이와 약 2시간 놀다 저녁에 8시에 한다고 해서 도로 집부로 와서 소 시죽을 안전이 주고 집배 손을 다 보고 구미 병원으로 달리서 가보았다.

마치사[마취사] 대구에서 아직 안 아따고 하면서 기다리고 있는 것을 보니 병원에서 하는 일더리 외 이래 허수란지 감을 잡찌을 못하게더라. 외냐하며 마치사도 업는데 수술실로 삼층에서 단청 수술을 하기 위에서 운이을 대리고 내리가는돼 외 이래 가슴이 뜰리며 저 작은 몸에 칼을 돼어야 하는가 생각을 할 때에 차라리 내가 아파스며 하는 생각밖에 업쓰며 마음을 끄게 먹어야지 해도 잠쉬밖에 업쓰며 한 개단 한 개단 내리오는돼 사형수도 이러깨까지 마음이 아푸지는 않을 껏인가, 정말 내 아들에 칼을 대는가 하고 생각을 할 때에 눈물이 앞을 가루는구나. 안전 수술로 들어가서 황경이 안전이 바킨 자리에 같다노니 아이가 불안하게 생각을 하며 아이가 뜰고 있는돼 이불을 있는돼로 다 같다주도 온 몸을 떨고 있는 것을 참아 보지 않을라고 거 자리를 나오고 마랐다.
그러자 의자에 앉저있는돼 집사람은 얼굴이 안전 태색이 돼어 있쓰며 이러다가는 집사람마저 넘어가겠다 하고는 약방에 가서 신경 안정제로 마음을 잡부라고 집사람을 먹이고 마랐다. 보호자가 이처름 부란해서 마음의 갈피을 몾 잡고 있는돼 마치사 2시간이 넘두록 안아따고 하길레 또 마음이 상하더라. 외냐하며 마치사도 업는돼 외 아이가 불안해하는 아이을 수술실 대리고 내리와서 십급[식겁]을 시키고 있는가 생각을 할 때에 아이을 그만 돼리고 나올까 하는 마음도 들더라. 그러자 순달이가 아이을 매키쓰니까 성급하게 하지 마십다 하는 말래 마음이 안정이 돼더라. 그리고 수술 시간은 10시 35분에 마치사 들어갈다. 수술이 끝이 낮따고 할 때에 약 12시경이 돼어따고 생각을 한다. 그리고 수술이 잘 돼어따는 원장 말래 한도의 숨을 쉬고 마랐다.
수술이 안전이 끝이 날 때까지 우리 오 형제가 지키보았따는 것이 자신으로 정말 고맙게 생각을 한다. 이번 일로 우리 형제들이 큰 고생을 치루고 있다. 이 보답을 다 하여야 하는돼 하고 생각밖에 업꾸나.
지출에 자비 1,150원 택시비가 5,000
計 6,150원

〈1986년 3월 8일 토요일 낡씨 맑음〉
어제 순달이와 둘리서 병원에서 밤을 자고

운이가 마치가 안전 깨어나지 않는 상태에서 잠만 자고 있는 것을 보고 아침 7시경에 둘리가 올라오고 마랐다. 그리고 오후 너깨에 가볼 욕심으로 마음의 준비을 했찌만 혜지가 큰집배 현숙이와 김천으로 명암판 사진 찍어로 간다기에 이앙 운이도 보고 싶프하는돼 운이 병원에도 가보고 하라고 했더니 구미 병원예을 같다오라고 했든이 운이가 병원에서 밥을 먹어라고 하는돼 운이가 밥을 안 먹고 있따고 혜지가 이야기을 하니 아빠의 마음이 바파지는구나. 외 밥을 안 먹을까 하고 극정이 앞쓰는구나. 그래서 혜지 이야기을 듯고 바로 갈라 하다 시간이 어중간하게 맡찌을 안아서 가지 못하고 소 일을 다 보고 일적은 저녁을 먹고 병원에을 가보았든이 집사람이 밥을 먹이고 있더라. 그래서 밥을 먹고 있는 모섭을 보니 이제는 극정을 안에도 대겟따는 생각을 가지어쓰며 이제 회복대는 과정이기 때문에 하로가 다르게 표가 날 껏으로 자신은 보고 있다.

"그리고 오늘도 자신이 병원에 있쓰니 순복이가 회사에서 볼일로 시내 나왔따면서 병원에을 들리서 잔간 놀고 같쓰며 이번 일로 구미 두 집배을 상당이 예을 먹이고 있따고 생각을 한다. 내 일도 짜증스러어울 때가 있쓸땐돼 하물며 조카 일로 밥을 해다 날리야 할 현편이며 이것도 하로가 아니고 매일 해야 하니 지수씨들 보기에 정말 미안한 일이라고 생각을 한다."

지출에 … 차비 590원 구론산 10개
1,700원 혜지 사진 1,000원

〈1986년 3월 9일 일요일 낢씨 흐림, 비〉

오후에 전국적으로 비 온다고 기상대에서 예보을 해서 비가 오며 상토 흙을 파기가 골란한 문제가 될 껏 같다. 경운기로 부진련이 파니까 오전 내 4 경운기는 파게더라. 이번에 4 경운기하고 봉답에 우리 땅 흙을 두 바리 정도 판 것이 있쓰서 무구리[33]을 만이 낸다고 쳐도 충분할 껏 같다서 상토 흙은 중단하고 마랐다.

지출에 … 봉산에 (이상도)
동생 결혼한다고 5,000원

〈1986년 3월 10일 월요일 낢씨 맑음〉

이번에 운이 질료근을 민성이 끄로 하기 때문에 급이 상당이 만으며 내가 치는 것은 문제가 대지 않치만 봉급생활 하는 동생이 칠까바 정신적인 고통이 만아서 순달이깨 이야기을 했든이 개안타면서 극정을 조금도 하지 말라고 하니까 우선은 마음은 노이지만 자신에 마음을 안정을 시키주기 위에서 그러치 외 자기에 극정을 업쓸 수가 있나 하고 외료가 크다.

오전에는 순달이 하고 오전을 보내고 오후에는 일적은 정심을 먹고 운이 병원으로 달리 가보니 마음이 상당이 만이 상하더라. 왜냐하며 외당초에 우리 운이 간호하고 나면 집사람이 프절[퍼질] 껏이라고 생각은 이미 했찌만 오늘 보니 집사람이 안전이 맥이 업쓰 보이며 온 뼈마뒤가 아푸다고 이야기을 할 때에 정말 기가 찬다. 이것을 보고 저녁에는 내가 병원에서 있쓰야겠다 하는 마음으로 우울한 표정으로 병원을 일적 나온 셈이다. 집배 와서 불이야 불이야 하고

33) 흙을 덧쌓는 것을 이르는 말이다.

집배 일을 맡치고 또 병원으로 달리 가서 집사람은 동생 집배서 잠을 자게 하며 조금 나찌 않캐나 하는 마음으로 집사람을 돼리고 민정이 집부로 오면서 집사람에깨 상당한 거친 말투로 상당이 실은 말을 만이 했쓰며 고 당시 바서는 만사 일이 다 실터라. 민정이 집배 딱 도착해서 민정이 엄마 일하는 것을 보고 더 미안타는 마음이 앞쓰며 자리에 덥석 앉찌을 못했다. 왜냐하면 금성사 제품이라면서 한 개 1원 한다고 하면서 하로 점두록 해야 2,000원 번다고 이야기을 하면서 그 제품들이 방우로 하나 돼더라. 이것을 보고 우리 운이에깨 둘리가 돌아가면서 밥을 해다 나러지만 이 바픈돼 밥을 하는 것을 생각을 하니 미안하기 짝이 업쓰며 그만 순복이 동생 방으로 같쓰며 하는 생각이 앞쓰더라. 그래도 순서 집배 있쓰야지 하는 생각이 들며 그래도 방이 둘이니까 크게 잠자는 돼는 왜로가 업찌 않을까 하고 생각을 해보았쓰며 집사람을 순서 집배 대리다노코 병원에 와서 잠을 잘라고 하니 이른 생각 저른 생각으로 잠이 오지을 안으며 내가 집사람예깨 넘우했꾸나. 외냐 몸이 거른돼 어떠깨 할 수도 업는돼 어거지 말을 해서 미안하며 잠이나 잘 자고 있는지 몸이 아빠서 몸부림을 치고 있는지 하고 생각이 머리에 떠나지을 안아서 잠을 몿 잦쓰며 집사람이 아파서 일어나지도 몿하고 있는 것이 아닐까 하고 극정이 돼어서 아침 일적 전화을 했보니 잘 잘따고 이야기을 해서 마음을 노은 셈이다.

지출에 운이 포도 쥬스, 랴구러트 3,100원
차비 580원 민성 집배 과자 1,100
計 4,780원

〈1986년 3월 11일 화요일 낡씨 맑음〉

집사람이 얼굴이 아주 아픈 기색으로 민정이 집부로 같쓴는돼 오늘 아침 9시에 병원에로 왔는데 필요가 아주 풀린 기색이라 자신의 마음이 아주 좋으며 자신이 좀 수고을 하며 집사람이 편할 꺼으로 보고 오늘 저녁에 한 번 더 교대을 해서 집사람은 민정이 집배 떠신 방에서 잠을 푹 자고나면 집사람 몸이 풀일 것으로 보고 자신이 민정이 집배 김치을 줄라고 바겟쓰로 가지고 가서 김치부터 민정이 집배 갇다주고 병원으로 가서 집사람을 민정이 집배 자로 가자고 하니까 아빠가 운이 간호해주고 나는 구석에서 잠을 자며 댄다고 하면서 안 갈라하더라. 그래서 자신이 오늘만 자고 오라고 손을 잡고 끄러서 민정이 집배까지 도착했다. 민정이 집배서 한참 안저 놀다 자신은 병원으로 오고 마랐쓰며 오늘도 집사람 혼자 민정이 집배 가게 나두어쓰며 집사람 민정이 집 찾는돼 상당이 힘이 들어쓸 꺼로 본다. 왜냐 둘리 가면서 길을 학실이 모러고 있떠라. 내가 있것을 보고 미들 수가 업쓰서 둘이 집까지 가고 마랐다.

"오늘 상토 흙을 쳐는돼 상당이 힘이 만이 들어다. 왜냐하면 병원에서 잠을 몿자고 일을 하니 상당이 힘이 들어다."

지출에 … 혜지 학교 2,000 봇돈 11,000원
차비 460원
計 13,460원

〈1986년 3월 12일 수요일 낡씨 맑음〉

오늘은 안전이 상토 흙을 안전 쳐서 황을 쓱게 하게끔 손질을 해두어쓰며 이것도 혼자 할련이 힘이 상당이 만이 들어가더라. 있때에 집사람이 있쓰서 조금만 거들어도 좀 수라지 하는 생각이 절로 나더라.

"그리고 우리 혜지가 아포중학교 1학년에 회계을 본다고 만원 돈을 가지고 집부로 아더라. 이것을 보고 공부하는 돼 지장이 만을 껏으로 본다. 왜냐하며 돈을 만치게 돼며 자연이 신경을 쓰야하며 돈 계산을 하며 가끔 감짝 깜착 할 때가 있쓰서 육체적인 교통이 따려게 마련인돼 막상 회계을 보니 아빠의 마음이 조금 신경이 쓰이는 편이구나."

"그리고 우리 운이 병원 생활이 내일이 10日 돼는 날이구나. 이 십 일이 엄마, 아빠는 십 년 세월보다 더 긴 날짜라고 해도 무리인 말은 아닌 것 같다. 이 고통을 바서도 이 뒤에 아무 일 업씨 태원을 아빠는 바랄 뿐이다."34)

지출에 … 상토 흙에 쓰는 황 2kg 600
計 600

〈1986년 3월 13일 목요일 낡씨 비, 눈〉

오늘은 전국적으로 비 온다고 예보을 해서 오전 일적 상토 흙에 황 2kg을 쓱어쓰며 상토 흙 바서는 조금 적은 편이다. 그리고 상토 흙을 막삽으로 100삽에 복토 흙까지 백 상자을 잡고 약 450삽을 했쓰며 이것으로 440상자을 담아야 하는돼 계산이 마저 갈련지 궁금하구나.

"상토 흙 100삽 하니까 막때기에 60전이 대며 450삽이 흙을 안전이 끄러모다서 복판에 막대기로 꼬부니까 흙의 기름이 94전이 대더라. 이것으로 440개가 댈련지 궁금하구나."

지출에 … 혜영이 삼차 감연비 3,500원
혜지 1500원
計 5,000원

〈1986년 3월 14일 금요일 낡씨 맑음〉

운이예깨 있뜰 동안 가보지 못하고 해서 궁금해서 오후 일적 운이예깨 달리 가보았든이 역시 아직 치료만 하고 있쓰며 원장 선생님이 월요일좀 태원을 하두록 하자고 이야기을 한다기에 마음은 협족한 마음은 있쓰나 자신은 이왕이며 월요일에 학교에 나가두록 해주어쓰며 하는 마음뿐이다.

그리고 집사람이 (민정이 집) (미린내 집에서) 밥은 해다 나리고 있찌만 밥이 안전이 식어서 오니까 집사람은 남들 모양 식성이 좋찌 못해서 밥맡이 별로 모러고 때을 이우는 것 같더라. 그래서 오늘은 식당에 대리고 가서 정식 한때 사 먹이고 올라오고 마랐다. 자신이 이번에 가면 집사람과 같이 놀다 저녁이 돼며 올라올라고 생각을 했는돼 했필 큰집에 사과 포장을 해서 낸다고 하는 소리을 들어서 오래 있쓸 수 업고 해서 집사람 밥만 한때 먹이고 곳바로 올라오고 마랐다(큰집배 사과 포장 108개 함).

지출에 … 육모 상장 280개(A)급 182,000원
차비 460원 집사람 밥 갌 1,000
計 183,460원

〈1986년 3월 15일 토요일 낡씨 맑음〉

오늘은 창환내 회갑과 딸 결혼식을 내일 한다고 음식을 장만하는돼 그들어주어쓰며 요줌은 환갑 노인라 해도 노인 같지 않코 오히려 절마저가는 것이 환갑 노인이 아닌

34) 이 내용은 일기 지면 상단에 따로 기록되어 있다. '동사무소에서 비누류 한 막키 (가지고 옴)'이라고 기록하였다.

가 착각을 할 정도다.
그리고 우리 운이 내일이며 태원한다니 자신으로 더 반갑을 일이 업쓰며 우리 집사람 지옥에서 해방이 대는 기분을 가질 끝이며 이 밤이 눈 감짝할 사이에 지나같쓰며 하는 너킴밖에 업쓰며 이 밤을 새우는돼 잠이 아나서 수고가 만은 밤이 돼고 마랐다.
지출에 혜지 공낙금 인상비 1,410원

〈1986년 3월 16일 일요일 낢씨 맑음〉
오늘은 우리 운이 태원하는 날이다. 운이가 13日 동안 병원 생활에 을마나 고통이 만아는지 아무도 모러고 운이 자신밖에 모른다고 해도 무리는 아니다. 나 자신 이쳐름 가슴 아푸고 저린 너킴을 가진는돼 운이 속을 대신 누가 아리까. 정말 예 먹어따고 생각을 한다. 남이 운이을 날배락을 준 것이 더 뼈 아푸구나. 이것들을 이절래야 이절 수도 업쓰며 있는다 해도 일 초가 바푸게 머리에 떠오러는구나. 이 속을 누가 아리까.
우리 운이 오후에 태원한다고 전화 열락이 와서 오전에는 창환 집에 화갑잔치에 그들어주고 오후에는 순달이와 병원에 갈라고 준비을 했쓰며 큰집배서 민정이 내주라고 쌀 한가마니을 가지고 구미로 출발을 했쓰며 구미 역전에서 민정이 집배 쌀 갇다줄라고 택시을 잡는돼 아무도 실어주지을 안을라고 들더라. 기사 양반들이 쌀 가마니는 적개 두 뭉티을 만들어 노았찌만 이것들 기차너니까 실어주지을 안을라고 해서 극정이 돼더라. 그래도 개속 빈 택시만 잡아보았든이 실어줄라고 들지을 안으며 한참만에 개인택시가 아무도 실어주지 않치요 하면서 실어줄라고 해서 고맡기 작이 업더라. 그래서 민정이 집배 쌀을 갇다주니까 동생하는 말이 오늘 태원 몿 한다고 이야기을 할 때에 마음이 상화는구나. 왜냐 오늘 태원을 한다 말 하지 말고 삼 일 더 연장돼는 것은 별문제가 돼지 않치만 오늘 탁 태원한다고 해서 안전이 마음 준비을 가진 사람을 다시 삼 일 연장을 시키며 이 삼 일이 지나온 13일보다 더 고통이 따러기 마른이다. 이것을 생각을 할 때에 나의 타격이 크구나. 하여든 병원에 달리가보니 집사람은 집배 올라고 보타리을 다 싸낮더라. 이것을 보니 쓴 우섬이 나더라. 이것을 집사람이 다시 푸러야 할 때니 이 심정도 누가 알라주리까. 그리고 병원에 있쓰니까 대신 민성이 엄마가 오늘 태원한다고 병원에 들리서 미안하기 짝이 업쓰며 그냥 들리며 들 미안하게는돼 운이 먹을 꺼을 푸짐하게 들고 오는 것을 보니 이번에 우리 운이가 상당이 예을 먹이며 저 살기도 힘들땐돼 이쳐름 예을 쓰주니 자신은 어쩔 줄을 몰개쓰며 지수씨들 가계부에 우리 때문에 상당이 지출이 만이 나고 있쓸땐돼 자신으로는 부담을 떨어주는 일이 숙제끄리로 남아 있다. 화여튼 동생들예깨 고맡따고 말 밖에는 할 말이 업꾸나.
지출에 택시 1,000 차비 230원
회갑 부주 5,000
計 6,230원

〈1986년 3월 17일 월요일 낢씨 맑음〉
오늘은 세집배 작과일 비료거름을 대신분소에 가서 복합 10포을 뒤어와서 미원비료 20포을 혼합을 해 바시내이 복합 7포, 미원비료 10포을 혼합을 해서 헌치고 골래는 복합 3포, 미원비료 10포을 혼합을 해서 두 군대을 오전 내에 다 헌치고 마랐다.

오후에는 대나무을 전부 쳤는 것으로 하로 일과을 보낸 셈이며 대나무을 안전이 졌쓰 새집배 7곱 다발을, 큰집배 1다발, 내가 2 다발을 가지고 오는 것으로 하로을 보낸 셈이다.
“이번 운이 일로 쳐 어머님이 오시서 상당이 수고가 만타. 외냐하며 쳐 어머님이 절머시며 수고을 해도 들 미안캐는대 73 댄 노인을 부억에 일을 시키니 자신으로 바서는 마음이 들 조며 어머님도 표현을 하지는 안치만 육체적인 고통은 따리는 것이 사실이며 하로하로 가는 것이 상당이 지루하게 생각을 가지는 것이 사실일 껬이며 아무튼 우리 운이가 와야 만사 일이 순조렵게 풀리나갈 껬으로 보는돼 우리 운이 병원 생활은 이다지도 세월이 떠띠만 가는고.”
지출에 … 보충 수업비 5,000

〈1986년 3월 18일 화요일 낡씨 비〉
비가 내리서 나무대단 묵는 것으로 하로 일과을 보낸 셈이다. 비가 올라고더니 비가 자주 오는 편이다. 이번 비야말로 과수 나무에깨는 큰 도엄을 주는 비다. 이제는 나무들이 하로가 다려게 움이 도다날 끝으로 보고 있다.
비가 오니 우리 운이가 내일 태원이 대는지 궁금하기 짝이 업쓰며 나재 병원에 가볼라 하다 참고 저녁에 한번 가보자 하는 마음으로 일적은 저녁을 먹고 비가 봄비 쳐고 제법 오는 비을 마저가면서 병원예을 가보았든이 태원이 미정이라는 집사람 말래 어떠게 하나 하고 극정을 하고 있쓰니까 원장이 들어와서 학교에 너무 결석을 만이 하며 안대니까 통근 치료을 하라고 하면서 내일 태원을 하라 하더라. 이야기을 직접 들어니 정말 기분이 좋더라.
지출에 … 혜지 옻 값 4,000 차비 460원
計 4,460원

〈1986년 3월 19일 수요일 낡씨 비〉
오늘은 비가 내리서 아무 일도 못하고 낡씨가 추버서 더 일을 못하게더라. 그리고 오늘 우리 운이가 태원을 했쓰며 운이가 안전 뒤부스[깁스]을 해서 태원을 했쓰며 안전이 마음을 놓캐는돼 뒤부스을 하지 않코 멧칠 더 치료을 해서 안전이 뒤부스을 한다고 하니 마음은 깨운하지 않치만 지루한 병원에서 나오니 내가 살 껏 같고 집사람이 자신보다 마음이 더 캐운하리라고 생각을 한다.
지출에 … 운이 태원비 190,000만 원
김천 김종섭병원 10,000만 원
〃 도립병원에 9,000원
計 200,000원[35)]

〈1986년 3월 20일 목요일 낡씨 맑음〉
오늘은 우리 운이 병원 생활을 마치고 처음 학교 가는 날이 돼어쓰며 운이 학교 가는 모섭을 보니 자신의 마음이 좋으며 운이 친구들도 운이 태원을 해서 학교을 가게 대니 아이들이 더 좋하더라. 그리고 오늘은 자신이 선생님하고 싸울 작정을 했쓰며 이을 갈라는돼 선생님한태 실은 소리을 해야 우리 아이한태밖에 손예가 오지 별 효과도 업따고 하며 아이꼬고[아니꼽고] 해도 참아야지 우리 운이 공부도 못하는돼 거 대까 운이한태 오면 큰 문제가 댄다고 하면서 참자고

35) 실제 계산은 209,000원이나 200,000원으로 잘못 기록하였다.

해서 단단이 배륜 것이 허사가 돼고 마랐다. 자신이 저고 마랐찌만 선생님의 양심도 쓱어빠지따고 자신은 누구예깨라도 서섬치 않캐 말을 할 수가 있따고 생각을 한다.
외냐하면 우리 훈 봄 방학하고 개학을 하면서 바료 교단에 쓰잊는 것을 병호가 미려서 골쩔상을 입버서 김천에서 못해서 구미로 같쓰며 김천에서 못 한다고 하면서 도렵병원으로 가라고 할 때는 사람이 엇쩔 줄을 몰갰쓰며 도렵병원에서도 별료 신통찬다는 말을 하며 자신이 업씨 말을 할 때는 우리 운이 병신이 돼는가 하고 생각이 들며 만약에 병신이 댄다면 저 원망을 부모예깨 할 땐돼 하고 생각이 들며 사람이 부란해저가는돼 정말 참기 어려으며 김천에서 아이 팔이 만이 부키 전에 수술을 해야 한다기에 대구 종합병원에는 시간이 업쓰서 가지 못 하고 구미에서 하면 수술을 할 수 있따고 보고 구미 김옥배병원에 할려고 하니 수술을 하지 않코 팔을 맡출라고 원장이 잡고 사정 업씨 땅기고 있쓸 때는 운이 시소리[36] 쳐는 것을 들을 때에 아빠는 속이 발각 뒤비저는 너킴이 들며 자신 참기 어려으서 수술을 요구을 하고 마랐다. 그러니 수술을 하지 않코 입원을 시키더라. 입원을 삼 일 시키서 팔예 부가 안전이 빠진 다음에 수술을 하고 수술실래 들어갈 때는 눈물이 나서 운이 뒤을 따라가지을 못하게더라. 그 고통을 주고 오늘날까지 선생님의 미안타는 말 한 마뒤 업쓰며 아이들 시키서도 어떤야고 말을 한 마뒤 업는 것이 개씸하기 짝이 업더라. 소이 선생님이라는 작짜들이 양심이라는 것은 손톱만끔도 업는 선생들 정말 속이 상화는구나. 자신이 교장 선생님 예깨 꼭 {한}마뒤 할려고 작정을 했는돼 우리 운이예깨 영황이 올까바 죽고[안 하고] 마랐다.

지출에 … 운이 곰끄리 26,000원 병원비 1,500원 운이 간식 350원 오이 200 김 2,000 양발 1,000 지고기 1,000 상추 200 차비 720원 아빠 차비 360원
計 33,530원[37]

〈1986년 3월 21일 금요일 낡씨 맑음〉

오늘은 (도로에) 찬꽃 나무을 심는다고 동내 부역을 해서 산에 올라가서 찬꽃 캐아서 도로 주이에 심어쓰며 오전 내 약 60명이 나무을 다 심고 마랐다. 정부에서 하는 일은 정말 아들 하는 일들 같꾸나.
자신이 부역을 같다오니 쳐 어머님이 집배 같다고 하더라. 그래서 어머님 이때것 예 먹어는돼 좀 쉬어서 곰끄리을 잡수고 가라고 하지 왜 보냇나 하고 집사람에깨 이야기을 해서며 어머님이 운이 때문에 예을 먹어쓰며 자신이 어머님을 예을 먹인 것이 정말 미안하며 자식이 어머님을 예을 먹이는 것은 말도 안 대는 말이다. 그래서 좀 쉬지도 않코 어머님만 가쉬서 정말 제쓰렵더라.
오늘은 세집배 당산에 작과나무 8주까지 안전 거름을 했쓰며 당산에 복합 반 포 좀 더 함. 앞밭태는 복합 2포 4부을 한 셈이며 오늘로서 비료 거름은 안전이 함.
지출에 … 사료 6포, 인공류 1포 사료 값

36) 아프다고 외치는 큰 소리를 뜻한다.
37) 실제 계산은 33,330원이나 33,530원으로 잘못 기록하였다.

30,360원 병원비 1,500원 차비 700원 운이 간식 450원 경운기 문짝 야광 1,800원
計 34,710원[38]

〈1986년 3월 22일 토요일 낡씨 비〉

자신은 비을 마저면서 모내기 할 때는 일손이 업쓰서 그때 품을 만들라고 악짝같이 비을 마저면서 남왜 거름을 경운기로 내주고 살라보겟따고 발부등을 쳤고 살라온 것이 이제야 금이 가는 것 같다서 가슴이 타는구나.

저녁을 먹고 한참 있쓰니까 교회에 밑는 자가 딸하고 엄마 돼는 사람이 와서 창송가을 가지와서 교회 나오라고 근유을 하더라. 이 사람들 말에 처음 교회에 나오게 대면 남편에깨 매도 만이 마저가면서 나와도 나중에 개안타는 말을 할 때에 정말 기가 찬다. 외냐하면 남의 가정이 금이 가든지 맡드니 교회만 나오라는 말이니 나외깨는 무엇보다 제일 큰 충격이다. 왜냐 자신은 두리가 행복하게 살라갈라고 우리 어머님에깨 명세을 했쓰며 이것이 숲으로 도라가는 것이 무었보다 머리가 수러려지며 외당초 대구 사람을 선택을 했쓰며 우리 부부는 인간 천국에서 살라간다고 장담을 하는돼 결국 선택이 예당초 약혼 때에 문제가 있쓸 때에 마라야 하는돼 그러치 못하고 있때것 살라온 것이 잘못이며 어머님예깨 명세을 했찌만 교회 문제로 나의 사랑은 금은 갈 것 갈더며 이 사람이 자신예깨 잘 하고 있찌만 이것은 간 곳 업고 오늘까지 따뜻하게 사라온 것 쳐름 살 용기도 업쓸 뿐 아니라 앞푸로 교회 대리갈라고 매일 차저올 껏 갈더며 이것이 지속이 대며 자신은 살라갈 자신이 업따고 본다. 만약에 나중에 가서 추라벌이 버러지며 자신은 하로도 못 살 것 갈더며 자신이 좀 오래 살라면 일적 마는 것도 자신의 행복이라고 생각을 한다.

지출에 … 운이 병원비 1,500원
크피 150원 차비 700원
計 2,350원

〈1986년 3월 23일 일요일 낡씨 맑음〉

"오늘은 감자 갈랄고 봇밭을 갈라쓰며 세집배 당산 밭도 고추을 갈든지 할려고 집사람을 대리고 가서 집사람 비누류을 치우고 거친 그대로 경운기로 갈라치아다."

"어재 저녁에는 난돼 업는 사람이 와서 내가 정에 싸음하게 만들어쓰며 자신은 안내는 교회 가고 자신은 들로 가고 하면은 나 자신은 못 살 껏 같다. 왜냐하며 자신은 이 길로 집사람은 저 길로 가면은 사이가 벌어질 껏은 사실이며 나의 심년인돼 밑는 자는 한 번 붓트며 떨어지지 안는 정질을 가진 사람들이라서 어제 저녁에는 자신이 개산 착오을 해서 우리 부부가 싸음을 한대 대외서 미안하게 생각을 하며 집사람은 어재 일에 크게 간심 업씨 말을 하고 있더라. 이것을 볼 때에 한 가지만 생각을 했따고 본다. 교회는 미듬이 있은 자 업는 자는 물과 기름이라고 생각을 했키 때문에 어제 저녁은 형분을 만이 한대 돼외서는 집사람예깨 미안(한) 점을 생각을 한다."

지출에 … 민정이 집 1,000 미련내 집배
1,000 전기담아 800원 책

---

38) 실제 계산은 34,810원이나 34,710원으로 잘못 기록하였다.

4,500원 아들 궁급질 500원
병원비 1,500 차비 940원
計 13,140원[39]

〈1986년 3월 24일 월요일 낡씨 맑음〉
금일은 일끄리가 어중간하고 일을 할려고 해도 땅이 비 온 뒤라 질어서 하지 못할 껏 같다서 당산에서 나무하는 것으로 하로 일과을 보내쓰며 종일 동안 나무을 하니 62단을 하게더라. 이래하니 몸이 좀 피로하구나.
지출에 … 병원비 1,500 운이 지고기
[쥐포], 과자 400원 차비 700원
計 2,600원

〈1986년 3월 25일 화요일 낡씨 맑음〉
오늘은 대신 봇밭 가는돼 굴 앞에 땅이 질어서 다니가 그북해서 봇밭 있은 사람들은 경운기로 모래 한 발이만 실어달라고 총감이 이야기을 해서 오늘 한 발이 실어주는 것으로 오전 일과을 반은 봇냇따고 생각을 한다. 그리고 부엌에 땔감을 할려고 마늘 덥픈 것을 집을 한 발리 실고 와서 부엌에 땔까 하고 경운기로 같든이 경운기로 반 발이 실고 나오면서 봉답 논을 객토 하는 돼 파냇뜬이 거기에서 경운기가 나오다 빠저서 도저이 나오지을 몿해서 집을 다 부려고 해도 경운기가 나오지을 몿해서 그기에서 생 외를 먹어쓰며 경운기 사고는 처음 외을 먹어쓰며 오늘은 경운기 빠진 돼 너무나 외을 먹어서 오후에는 아무 일도 할 생각도 업쓰서 오후에 그만 휴식을 하고 마랐다.
지출에 … 고추 5,400원 김 1,500 양발
1,000 수세미 500 혜지 책
3,200원 과방 2,300 차비 540원
計[40]

〈1986년 3월 26일 수요일 낡씨 맑음〉
오전에는 땔감 할려고 나무을 24단을 하는 것으로 오전을 보내고 오후에는 징알 때에 부역을 해서 바풀 때에 하로 빠질라고 오늘 경운기로 부역을 했쓰며 오늘 부역을 하는 돼 너무나 수라게 했쓰며 경운기로 모래 한 발이 실찌 않코 부역을 끝을 냈쓰며 부역을 너무 일적 끝을 내서 작과나무 밑태 김매는 일로 오늘 하로을 보내고 마랐다.
지출에 … 주민세 값 820원

〈1986년 3월 27일 목요일 낡씨 맑음〉
오늘은 감자 씨 파종할려고 집사람을 돼리고 갈라 하다 어제 저녁 내 송아지 순산한다고 잠도 몿 자고 송아지 분만 하는돼 두리가 안만 땅기도 나오지을 안아서 세벽 3시가 돼어서 자는 사람을 깨우기가 미안치만 둘리가 안 대어서 재목이을 불어와서 분만을 잘 시키다. 그래서 송아지도 볼 겸 집사람은 송아지을 보라고 하고 자신 혼자 가서 감자 씨을 파종을 하고 집배 오니 경태 아버지가 내가 송아지을 받다 주어따면서 집배 빨리 가보라고 해서 그짓말인 줄 알라따. 왜냐하면 아직 송아지 놀 날짜가 8일이나 남아서 미더저지을 안으면서도 집배 빨리 와보니 집사람이 큰일 날 뿐 했따면서 송아지 손질을 하고 있떠라. 그래서 송아지 놀 짜가 미려는돼 이상하구나 하고 송아지

39) 실제 계산은 10,240원이나 13,140원으로 잘못 기록하였다.
40) 지출내역 밑에 두 줄은 지면이 모자라 다음장 상단 여백에 적혀있다.

옆패 가보니 황송아지을 낮쓰며 송아지가 말라서 그려치 별로 나푸지을 안더라. 이제는 소 셋 바리가 다들 송아지을 다 낮쓰며 자신은 옛초부터 다들 황송아지을 놀 껏 같은 기분을 가지고 쓰서며 마음과 같이 다들 황송아지라서 기분이 협쪽하구나.

우리 운이가 이제는 병원에서 특별한 일이 업는 한 15일에 한 번식 왔다[와야] 댄다는 말을 할 때에 우리 운이가 이제는 은불[큰불]은 다 끗다고 생각을 하며 병원 부주의로 뒤부스을 않코 우리 운이을 곤칠라고더니 자신은 불안감을 느키고 있다. 왜냐하면 병원에서 우리 운이 골쩔상을 입어면서 뼈가 살같을 찍어는 돼을 병원에서 치료을 하지 않코 수술 자리만 치료을 해서 보름 동안 하고 뒤부스을 할려고 붕대을 푸려보니 팔곱치 밑태 상쳐을 치료을 하지 않아서 상쳐가 그대로 있더라. 이것 때문에 뒤부스을 못 한다고 할 때에 속이 한번 상화고 마랐는데 이것 치료하다 뒤부스을 못하고 이제와서 그냥 곤칠라고 더니 그냥 해도 뒤부스 한 것과 다름 업씨 댈련지 급이 나는구나.

지출 … 병원비 2,000 운이 간식 400원
차비 700원
計 3,100원[41)]

〈1986년 3월 28일 금요일 낡씨 맑음〉

오늘은 세집배 당산 밭에 고추을 갈라쓰며 고추 골을 사람이 짓어서 갈라고더니 여관 힘이 안 들더라. 오전에는 나무을 25단을 지게로 저내라서 경운기 실어노코 고추 골을 사람이 짓어보니까 고추 골도 안전이 짓찌 못하고 오후로 넘어같쓰며 오후에는 집사람은 정미소 현미하는 것으로 일과을 보내고 자신 혼자 고추 일은 안전이 맡치기 위에서 고추 밭으로 달려가고 마랐다. 고추 골을 안전이 짓어서 고추을 갈라보니 모든 일이 사람 힘어로는 아무 일도 못하게따는 생각을 너켜다. 앞푸론 댈 수 있은 한 사람 힘어로는 생각을 마라야 하게따는 생각을 가지본다.

“오늘은 일은 고추을 갈고 땔감 나무 43단을 가지고 온 것으로 하로을 보낸 셈이다.”

“그리고 초등학교는 돈 드려가는 생각은 조금도 하지 않아는돼 우리 혜지가 중학교에 가니까 돈 들어가는 것이 상당이 만이 들어가며 돈 들어가는 것이 물 쓰더시 쓰여지는 너킴이며 중학이 이려깨 정신이 업는돼 고등학교는 더 돈이 들어갈땐돼 이것을 뒤바라지에 극정이 돼는구나.”

〈1986년 3월 29일 토요일 낡씨 맑음〉

오늘은 세집배 바시내에 작과나무에 황 소독을 오전 내에 칯쓰며 오후에는 골래 작과나무에 황 소독을 칯쓰며 오후 너깨에 앞밭대와 당산 밭에 나무 멧 주을 가지고 황 소독을 할려고 하니 퍽 기찬은 맡이 있다. 오늘 황 소득을 한 마지기는 10마지기는 충분이 약 살표을 했다고 생각을 한다.

“오늘 집사람을 대리고 하로 점두룩 약을 살표해보니 집사람이 상당이 곤하게 보이는돼 이것을 보신 약을 한번 먹이야 하는돼 이것도 잘 안 대는군나. 올해는 꼭 집사람을 한번 보신 약을 먹일라고 생각을 한 것이 응뚱하게 운이가 돈을 다 집어먹고 마라서 또 힘이 더는구나.”

---

41) 실제 계산은 1,300원이나 3,100원으로 잘못 기록하였다.

"세집배 바쉬내이 작과나무에 황이 5말, 골래 황 3말, 計 8말 함."
앞 밭태 황 3말 함. 황 2말을 하니 한 불은 쳤게더라.

〈1986년 3월 30일 일요일 낡씨 흐림〉
오늘은 상토 흙에 비료 거름과 다찌가랭[42]을 혼합을 해서 안전이 쓱끄서 나두어쓰며 올해는 작년보다 상당이 너전 감이 있쓰며 올해는 모든 것이 다들 너저만 가는 너킴이다.
그리고 오후에는 경운기로 땔감 나무을 40십 단을 실어왔쓰며 이제는 땔감 80단을 다 실어와서 마음이 캐운하더라.[43]
지출에 참기름 1,300원 고추 빠우는돼 800 파 씨 4,000 원고지 500원 옃 1,700원 관장 900 운이 신 1,000 과방 욳침 400 빵 550원 콩나물 300원 상추 200원 차비 360원 혜영이 다달학습 1,000
計 13,310원[44]

〈1986년 3월 31일 월요일 낡씨 맑음〉
오전에는 작과나무에 두엄 내쓰며 작과나무에 멧 발리면 더 내면 온 밭에 한 불석은 다질 수가 있쓸 껏 같다.
그리고 오후에는 세집배 감자 밭을 바로 갈라서 감자을 노았쓰며 곳바로 밭을 갈라서 일을 메조지니까 한 번 들 나가서 좋키는 좋찌만 힘이 더 드려가는구나.
그리고 우리 운이 팔 아푸다 합시고 공부을 할 생각을 하지 않는돼 제발 팔만 나어면 정신업시 다구치서 시키보고 그래도 하지 않는다면 고이 크구로 나두어서 기술 방면으로 돌리보는 수밖에 업따고 생각을 한다.
그리고 혜지는 중학교에 들어가면 악착같이 할려고 매일 이야기을 하든이 아직까지는 공부을 열심이 하고 있는돼 성정이 황상[향상]이 대는지 학교 측에서 시험을 치어 바쓰며 하는 생각이다.
우리 딸들은 아빠가 뒤빠리[뒷바라지]만 충분이 해준다면 혜지, 혜영이는 충분이 해낼 수가 있따고 생각을 한다.

〈1986년 4월 1일 화요일 낡씨 맑음〉
오늘은 오신기[올심기] 벼 씨 침종을 함.
침종을 하는 벼 씨 한 단지 14kg을 당가쓰며 실량은 13kg는 충분하리라고 생각을 한다. 앞푸로는 매상할 때에 씨는 한 번 더 제풍구질해서 보관을 해두야 충실한 벼 씨 침종 댈 꺼 같다.
그리고 마늘 거름을 함. 마늘에 다야톤[45]을 살포하고 올해는 비료거름이 너전 감이 더는구나.
오후에는 봉답에 객토 흙 파낸는돼 고루잔깨 파내서 일끄리가 상당이 만으며 일끄리가 만아도 빠저지만 안는다면 경운기로 일을 하며 수라겟는돼 빠저서 만대로 할 수가 업쓰서 큰 고통이며 우선 바서는 잘못했따는 너킴이 들며 오늘 마른 대만 경운

42) 다찌가렌(Tachigaren)은 밭, 못자리나 기계이앙용 모판에 발생하기 쉬운 입고병 방제용으로 개발된 토양 살균제로 널리 보급되고 있는 농약이다.
43) 이 내용은 일기 지면 상단에 따로 기록되어 있다. '(황 소득을 함)'이라고 기록하였다.
44) 실제 계산은 13,010원이나 13,3100원으로 잘못 기록하였다.
45) 다이아톤은 삽주벌레, 이화명충, 개미 등의 해충을 방제하는 살충제의 일종이다.

기로 해바야 얼마 하지 못하고 지치기만 하는구나.
오늘 대신학교 선생님 과정방문 오신다더니 올해 가정방문은 수라게 보고 가는 너킴이다. 자신은 이번에 선생님의 양심이라 알까 마음의 자세가 선생님이라고 말을 하고 십찌 않는대다 집사람 말이 헌영이 선생님은 방에 들어오지 않꼬 같다기에 미안{한}점도 사실 업더라. 그리고 운이 선생님은 장칸 방에 들어오싯다 같다고 이야기를 할 때에 무엇을 좀 자시고 가쉬지 어떠게 했느냐고 물어도 보았다.[46)]
지출에 … 복합 3포 15,000원 (선생님 가정방문에) 화장품 값 3,500원 2,200원
計 20,700원[47)]

〈1986년 4월 2일 수요일 낡씨 맑음〉
"오늘은 도량보을 했쓰며 도량보을 알더리한 셈이다. 왜냐하면 그전에는 나누어서 보을 하니 도량보가 대충 대어따고 생각을 하는돼 오늘은 전 보꾼을 도량 한 개을 잡고 일을 해서 도량은 잘 칮따고 생각을 한다."
지출에 … 혜영이 영화비 400원 운이 400원 운이 우유 값 1,000 집 값 10,000원
計 11,800원

〈1986년 4월 3일 목요일 낡씨 비〉
오늘도 도량보을 했쓰며 보을 하는돼 낡씨가 빗방울이 내리면서 쌀쌀한 바람이 부니 모두가 추버서 일 하기가 그북하게 생각을 하며 일이 제돼로 대지을 안아서 오늘은 좀 일적 일을 맡친 셈이다.
그리고 오늘 비가 오지 않코 낡씨만 멧칠 맑은 낡씨을 보여 준다면 논 갈기가 안성맡춤이 댈땐돼 비가 내리서 만이 올까바 극정이 돼는구나.
"그리고 이번에 침종하는돼 소득약을 벌로 했다. 외냐하면 소득약 용법에는 한 병에 물 두말하라고 명시돼어 있는돼 물 한 말에 한 병을 닷 쓰셔니 약 량이 꼭 배가 대니 씬나락에에 지장이 업쓸란지 하고 극정이 돼는구나."

혜영 …	100원	計 2,100원
지출…혜지 포스터 크림	2,000	

〈1986년 4월 4일 금요일 낡씨 맑음〉
금일은 민방위 교육이라서 대신국민학교에 교육 바더로 같든이 이번 교육이 형식적인 감을 너키계 했쓰며 이번 강사 말이 정부 피아리[피아르[48)]]밖에 하지 않아서 바푼 사람을 대리다 저는 소리 할려고 소집을 했는가 하고 오히려 정부 욕이 한 번 더 돼는 너킴이며 이번 교육은 소득이 업는 교육이 돼고 마라따고 자신은 생각을 한다.
그리고 오후에는 집사람과 둘리서 볻밭에 담아내기 갈란돼 김매기을 하고 비료거름을 주어쓰며 거름을 좀 빨리 주어쓰며 좀 조아저지 않예깨나 하고 생각도 해보았다.
지출에 … 향군회비 1,000

46) 이 내용은 일기 지면 상단에 따로 기록되어 있다. '오신기 침종 함'이라고 기록하였다.
47) 합계는 지면이 부족하여 위쪽에 기록하였으나 내용상 아래로 옮겨 적는다.
48) PR로 널리 알리는 일을 뜻한다.

〈1986년 4월 5일 토요일 낡씨 맑음〉
아래 뜰 도량보는 오늘로서 끝을 낸 셈이며 금년 도량보는 처음에는 잘 쳋고는 했는돼 나중에 쳐는 도량은 아주 엉망으로 쳐고 마랐다. 통떨어 본다면 형식적인 보을 했다고 생각을 한다.
"집사람은 오촌 조카 용근 집배 아무도 업고 용근 딸 혼자 있는돼 대낮에 강도가 들어와서 용근 딸 초등학교 4학년 짜리을 칼로 두 군대나 찔어서 간까지 들어가두록 찔어쓰며 그리고 딸 친구 공부하로 오는 것을 잡아서 무자비하게 찔어서 중태까지 상쳐을 냇따고 이야기을 할 때에 무자비하게 칼을 쓰는 것은 잡아서 죽이쓰며 하는 생각이며 인간도 만은돼 착실하게 살라가는 과정을 파개하는 자는 무족끈 죽이며 이른 불상사는 업쓸 것으로 보는돼 정말 한심스럽다."
지출에 …

〈1986년 4월 6일 일요일 낡씨 맑음〉
오전에는 복판논에 두엄을 열고 집을 실어 왔쓰며 오후에는 집사람은 앞패서 소을 끌고 자신은 모재을 가는돼 반은 생[生]갈리라고 해도 무리는 아니다. 그리고 큰집배 집 실어 더린다고 해서 한 발이 실어주는 것으로 하로 일과을 보낸 셈이다.

〈1986년 4월 7일 월요일 낡씨 맑음〉
오전에는 대신 사람과 합보을 했쓰며 보아 구지에 모래가 넘어나 만이 싸여 있쓰서 일끄리가 한정도 업더라. 그리고 오후에는 대신 들에 세집배 논을 갈라쓰며 올해는 세집배 9마지기을 처음 하는돼 잘 대어야 하는돼 하고 염려가 돼는구나.[49]
지출에 … 세 값 450원 전기세 1,230원
計 1,680원

〈1986년 4월 8일 화요일 낡씨 맑음〉
오늘로서 세집배 웃뜰래는 안전이 갈라쓰며 두 단지 다 갈라고 하니 힘이 들며 서들에서 갈지 않아따며 다 못 갈 뿐 했다.
450원
지출에 … 세 값 450원
計 900원[50]

〈1986년 4월 9일 수요일 낡씨 흐림〉
오전에는 비가 올 껏 같아서 복판 논을 갈라쓰며 오후에는 집사람과 둘리서 상토 흙을 440마을 안전이 담아쓰며 이것을 담꼬 시간이 있쓰서 달희하기 파종기 가지로 김천을 같쓰며 파종기 가지로 가서 적은 돈이지만 내 돈만 지출을 내고 마랐다.
"그리고 한 집배 30,000만 원 내서 파종기 51,000원 주고 가지고 옴."
지출에 … 파종기 30,000 우동 값 1,200
비누 1,300원 경운기 쟁기
바닥쇄 1,000 구리세린 700원
삽 1,600원 엔진 오일 5,000원
장값 500원
計 41,300원

〈1986년 4월 10일 금요일[51] 낡씨 맑음〉
오전에는 말리 논을 갈라쓰며 객토 흙 파낸

49) 이 내용은 일기 지면 상단에 따로 기록되어 있다. '4月 7日 순달 100,000만 원 차용 함'이라고 기록하였다.
50) 지출 내역은 지면이 모자라 상단에 따로 기록하였으나 내용상 아래로 옮겨 적는다.

돼 일끄리가 넘어 만아서 극정이 됀다. 오후에는 두엄을 실어 냇쓰며 순달이가 자기 집배 채소로 할려고 그름을 실어쓰며 하길래 이번에 실어내면서 거름이 쓱원[썩은] 거름이 나와서 한 발이 실어주고 마랐다.
"큰집 아들이 올라와서 아버지 또 아파여 하는 바람에 이번에는 죽는가 하고 크게 놀랐다."

〈1986년 4월 11일 토요일[52] 낡씨 맑음〉
오늘은 자신이 파종을 했쓰며 오늘 파종한 사람이 동내 쳐고도 셋 안쪽이라고 생각을 한다. 오늘 파종을 하면서 처음 기계을 싸서 일을 하니 일이 잘 안 돼고 파종기에 이상이 있쓰서 잘 안 돼고 해서 대림점에 기사을 부려고 날리을 짓이쓰며 처음 바서는 오늘 다 못 할 껏 같든이 일을 자꾸 하니 일이 능수가 나서 일예 속도가 나저며 생각보다 일을 일적 한 셈이며 오후 2시 경에 일이 끝이 낮다.[53]
지출에 … 세 값 3,500원 운이 책 1,000
計 4,500원

〈1986년 4월 12일 토요일 낡씨 맑음〉
형님이 요줌은 혼수 상태을 자주 하는 편이며 이번에는 셋 번재라 죽는가 하고 어쩔 줄을 몰개쓰며 사람이 이른 날리을 직이면서 담배을 하로 두 갑식을 태우고 있은 것을 좀 줄리서 담배을 하라고 하며 담배을 여전이 피우고 있은 것을 보며 요번에는 원망도 들어가는구나. 이번에 또 담배을 뛰지 뫃하고 담배을 하며 일도 거들 주지 안아야 돼겟다.
"오전에는 큰집배 모판할 때에 노타리을 쳣쓰며 냇 끝까지 모제리 오신기는 노타리을 안전이 쳤다. 오후에는 모제리 냇판을 안전이 하여쓰며 이제는 육모 상자만 나가면 돼두록 대어있다."
지출에 … 세 값 450원

〈1986년 4월 13일 일요일 낡씨 맑음〉
오늘은 형이 아파서 아무 일도 뫃하고 해서 자신이 형 모재을 다 했쓰며 모재리 하기 위해서 보뚝까지 해서 모판 여섯 판을 혼자 하니 하로 종일 하게더라. 형 일을 해주어야 하지만 형 일을 하면서 세까지 내가 먹어가면서 해도 별료 마음에 글리지을 안는돼 일을 다 하고 와도 밥 먹으라고 말 한 뒤 업쓰서스 서운한 감이 들며 실찌 큰집배 일을 해도 큰집배 밥을 잘 안 먹찌만 오늘은 아무 말도 업쓰니 좀 일에 자미[재미]을 보지을 뫃했다.
지출에 … 운이 병원비 5,000 세 값 450원
쇠고기 값 6,000
計 11,450원

〈1986년 4월 14일 월요일 낡씨 비〉
오늘은 경운기 기름이 떠려저서 아포에 가서 소 사료도 살 겸 아포로 일부로 같쓰며 경유을 한도람으로 사는돼 39,800원 주고 사오는돼 그냥 사오는 기분이다. 예냐하면 작년 만캉에 60,000원 주고 싸키 때문에

51) 목요일이나 금요일로 잘못 기록하였다.
52) 금요일이나 토요일로 잘못 기록하였다.
53) 이 내용은 일기 지면 상단에 따로 기록되어 있다. '(형님) (김천 신재학병원 신경외과)'라고 기록하였다.

만캉원 아니지만 15,000원 이상원 들 주고 사오니 기분이 공끄[공것] 갈다.
그리고 오후에는 올해 산 논을 경운기로 갈라쓰며 안전이는 못 갈라쓰며 경운기로 뒤뚝만 갈지 못하고 다 갈라쓰니 큰 다형이라 생각을 한다.
그리고 올해는 앞 밭태 작과나무에 꽃이 안전이 만발이 돼지 않아찌만 올해는 오른 꽃이 피어따고 보며 금년에는 자신의 예감이 자두을 만이 달 끝 갈다서 마음이 상당이 상캐{한} 기분이다.
지출에 경유 값 39,800원 사료 값 4포 17,040원 세 값 450원 병원비 값 1,500원
計 58,790원

〈1986년 4월 15일 화요일 낡씨 맑음〉

오늘은 영근내 파종을 했쓰며 영근내가 우리 조에서는 재일 만은 편이다. 신나락이 너캐 할 수록 잘 나는지 내가 제일 먼저 해서 그른지 촉이 제일 못하고 달희가 내 뒤에 해서 그른지 우리보다 잘 낯쓰며 영근내는 제일 나중해서 그른지 씬나락 촉이 아주 잘 낯더라. 이것을 볼 때에 기온차가 일적을 수락 차이가 만으니까 그 영향이 이따고 자신은 보고 있다.
"그리고 요줌 집사람이 허리가 아푸다고 해서 극정이다. 둘리가 아직은 일은 만이 하여야 하고 집사람 몸은 아푸다고 하니 금년일이 극정이 댄다. 이변에 남외 돈을 냇쓰라도 병원에 돼리고 가바 하게꾸나."
지출에 … 병원에 1,500 김 2,000 도시락 반찬 4,000 오이 200 운이 요구러터 지고기 200 가방 500 차비 700원
計 9,100원

〈1986년 4월 16일 수요일 낡씨 맑음〉

오전에는 육모상자 440십 개을 온상에서 나와서 오늘 비누류을 씨어쓰며 기상대에서는 바람이 만이 분다고 이야기을 해서 육모상자 내는돼 극정이 돼더니 바람 한 줌 업고 낡씨만 좋아서 마음이 상캐하더라.
"오후에는 울콩 씨을 갈고 파 씨을 갈라고 해도 급이 나더라. 왜냐하며 파 씨는 씨 세우기가 퍽 어렵따고 생각을 하기 때문."[54)]
지출에 … 병원비 1,500원 운이 100 차비 750원 집사람 약 2,000 쇠고기 값 6,000 빵, 술, 콜라 2,100
計 12,450원

〈1986년 4월 17일 목요일 낡씨 맑음〉

오전에는 봉답 모재리 뚝도 제돼로 매지도 않코 친구 논 가는돼 휴식을 하고 마랐다. 오후에는 당산에 일부 두룸을 하고 경운기로 추진 돼는 갈지 못한 곳을 큰집 소로 대충 갈고 말랐다.
지출에 … 병원비 1500 운이 과자 300원 차비 350원 아들 체육 선금 4,000 세 값 450원
計 6,600원

〈1986년 4월 18일 금요일 낡씨 맑음〉

오전에는 재철내 육모 상자을 모판에 내쓰며 육모 상자을 너캐 내는 사람이 모씨가 더 잘 냇쓰며 너깨 낼수록 기온이 따뜻하니

54) 이 내용은 일기 지면 상단에 따로 기록되어 있다. '(육모상자 온상에서 냄)'라고 기록하였다.

까 모들이 잘 자라는 편이라고 해도 무리는 아니며 한 번 생각을 해서 침종을 해바야 한다고 생각을 해본다.
오후에는 당산에 두룸하는 것으로 하로 일과을 보냇쓰며 어갈리 두룸하는 것도 보통 문제가 아니구나.
지출에 … 운이 병원비 2,500 운이 과자 500 차비 700
計 3,700원

〈1986년 4월 19일 토요일 낡씨 맑음〉
오전에는 세집배 작과나무에 노타리 하는 것으로 오전 일과을 보내쓰며 노타리을 마음먹고 쳐도 외냐하면 노타리을 대충 쳐며 캥이질 할 껏이 만아서 잘 천다고 처서 김맬 껏이 업쓸 껏으로 본다.
오후에는 앞 밭태 작과나무 밑을 김을 매면서 만발한 꽂이 이제는 한 입 두 입 떨어저고 있쓰며 올해는 꽂이 만발 했쓰며 우선 보기는 자두가 만이 달일 껏 같다서 마음이 협쭉하더라.[55)]
지출에 … 병원비 1,500원 차비 700원 쳐어머님 생신이라고 6,000원
計 8,200원

〈1986년 4월 20일 일요일 낡씨 맑음〉
오전에는 영근내 상자모 냇쓰며 모씨가 너깨 할수록 씨가 잘 쓰쎠며 셋 중에 재일 잘낸 셈이다. 그리고 오후에는 세 집배 밭따래이 4마지기을 오후 3시경에 시작을 해서 다 못갈 줄 알라는돼 다 갈 욕심으로 세도 먹찌 않코 갈라쓰며 다 갈고 나니까 해가 서산에 넘어 갈더라. 오늘 일은 무리한 일을 한 셈이다.
그리고 요줌 운이가 팔이 잘 풀리지 않코 있쓰며 병원에서 물리 치료을 해도 별로 풀리지 않코 있쓰서 아빠로서는 병신이 대지나 않을까 하고 불안하기 짝이 업꾸나.
지출에 새 값 450원

〈1986년 4월 21일 월요일 낡씨 맑음〉
오전에는 집사람과 둘리서 울콩씨와 린징씨[당근씨]을 파종을 했쓰며 낡씨가 너무 가물어서 씨가 나지을 안을 껏 같다. 그리고 집배 올라고 경운기을 돌리니 경운기 신부[심부]가 뿌라저서 친구 경운기에 달라서 뽕나무 꼴에서 신부을 띠아쓰며 일은 야물계 하더라. 때우는 값은 4,000원 친구 경운기로 달라서 다니키 때문에 미안에서 한타 2병, 빵 200원 計 700원 싸서 논 가는 돼서 오후 내 보내고 마랐다.
지출에 … 병원비 1,500 돼지고기 2,200 운이 과자 400원 차비 700원 경운기 신부 때움 4,000원 한타, 빵 700원
計 13,200원[56)]

〈1986년 4월 22일 화요일 낡씨 맑음〉
오전에는 당산에 두움이 내리안전 것을 곤치기 위에서 산에 가서 아까시와 말복을 배여 와서 두룸을 안전이 곤치쓰며 또 딴 곳이 이상위 업쓸란지 몰라도 우선은 안전 두룸이 돼어 있따고 본다.
그리고 오후에는 모재리에 물을 돼고 있쓰

---

55) 이 내용은 일기 지면 상단에 따로 기록되어 있다. '(봉답 논) 4月 19日 침종 함. 순달이 200,000만 원 차용 함'이라고 기록하였다.

56) 실제 계산은 9,500원이나 13,200원으로 잘못 기록하였다.

니 형이 멀리서 논을 갈고 있쓰서 먼저 죽다 사란[살아난] 사람이 논을 갈기가 힘이 들 껏 가타서 모제리 물을 다 돼고 형한태 가서 논을 갈라 주어쓰며 내일 논을 갈라줄 테니 오늘은 일적 집배 가자고 하면서 좀 일적 더려온 셈이다.

그리고 요줌 우리 운이 집배서 물리 치료을 하는돼 아푸다고 소리을 쳐는 것을 보니 자상해서 효력 있게 몾 하게쓰며 우리 운이 때문에 운이뿐 아니라 집사람까지 골탕을 먹는다고 해도 무리는 아니다.

지출에 … 병원비 1,500원 차비 700원
과자 400원
計 2,600원

〈1986년 4월 23일 수요일 낡씨 맑음〉

요줌 너무 낡씨가 가뭄이 심해서 큰 극정이다. 왜냐하면 작과나무에 가뭄이 심해서 과일이 달리지 안을까 하고 극정이 댄다. 농민에깨는 누가 무라 해도 풍년이 저야 한다.

그리고 오늘은 큰집배 논 가는돼 들까지 갈다 둔 것을 오늘 형은 웃예 들까지 논을 갈고 자신은 순달이가 엿 마지기 갈다 둔 것을 약 4마지기는 자신이 갈라 주어다.

그리고 오후에는 달희하고 대신 비료 뛰로 같쓰며 비료도 돈이 업쓰서 전액 외상으로 한 셈이다. 자신원 삼 분지 일은 현금을 줄라고 십 만 원 가지고 같쓴는 돼 쓸 돈이 적다고 극정을 하니 전액을 외상을 해주어서 고맙더라.57)

지출에 조합에 외상 비료 20십만 원 함.
비료 총금액 2십 2만 9천
300원인돼 현금은 끝따리 2만 9천
300원 줌. 비료수량 복합 17…21
…17 30포 요소 13포 가리 1포 計
44포

지출에 … 비료 값 29,300원 병원비 1,500
소풍간다고 과자 2,100 배지밀
500원 닭갈 2,000 차비 700원
計 36,100원

〈1986년 4월 24일 목요일 낡씨 맑음〉

오늘은 봉답 모재리 할려고 봉희 새암에 물을 프쓰며 올해 따라 봉답 모재리을 지재리 할려고 모판을 만들고 있는돼 날씨가 가뭄이 심해서 모제리 준비을 하면서도 극정이 따려는구나.

그리고 이제 저녁에 혜영이예깨 공부 하로 가라고 하니가 태레비 푸로을 보면서 공부하로 가면 돼지 하면서 아빠예깨 달라들더라. 그래서 혜영이을 불러서 아빠예깨 하는 짓이 무엇인가 하면서 마음먹고 매을 혜영이예깨 마구 대고 마라다. 앞푸로는 혜영이가 아빠예깨 다시는 돼들지 않깨 매을 마니 돼고 마라다. 집사람은 내일 소풍 갈려고 하는 아이을 매을 댄다고 아빠에깨 이야기을 하지만 그 소리가 들리지 안더니 오늘 혜영이 아침에 일어난 얼굴을 보니 눈이 부석부석한 감이 있쓰서 아빠가 아주 잘못했구나 마음이 앞쓰며 혜영이 어제 아빠예깨 마전 자리 만이 아푸지 하니까 안 아파요 하는 말이 고맙더라. 그리고 아빠 진지 잡수세요 하는 인사는 제일 먼저 하는 것을 보니 기특하더라.

지출에 아들 소풍가는돼 혜영이 2,000원
운이 1,000원 병원비 1,500 운이

57) 이 내용은 일기 지면 상단에 따로 기록되어 있다. '금년 비료 수량 (44포)'이라고 기록하였다.

과자 100원 차비 700원
計 5,300원

〈1986년 4월 25일 금요일 낡씨 흐림〉

오늘은 봉답 모재리을 하는 것으로 오전 일과을 보낸 셈이며 오후에는 객토 흙 파낸 돼 고논 고른다고 생왜을 먹어쓰며 논 나룬 것이 영 잘못했다고 생각을 하며 논 고룬 돼 앞푸로도 삼 일은 더 해야 논이 댈 껏 갈더며 논 고룬 대만 해도 상당이 여르 날 시간을 빼앗키고 있다. 요즘 논 고룬 돼만 시간을 쇼요돼지 안는다면 요즘 만향 황과[한가]할 땐돼 그러지 못해서 아쉽다.

지출에 병원비 1,500 쇠고기 2,000
우유 200 차비 500 혜지 2,000
혜영 약 600
計 6,800원

〈1986년 4월 26일 토요일 낡씨 비〉

봉답 모판을 했쓰며 모판에 마세토[마사토]을 살짝 헌치서 발라쓰며 어제 할려고 했뜬 것이 비가 올라고 해서 하지 못하고 오늘 한 것이 마세토 헌치고 발라논 곳이 비가 와서 효력이 업찌 않을까 하고 염려가 돼는구나.

그리고 들래 같다오니 집사람이 운이 학교에 가지 않코 가방만 알방[아랫방] 책상 밑태 순기두고 병호하고 같이 학교에 가지 않코 탄두[딴 데]로 같다고 해서 아빠가 정신 업씨 차저 다녀쓰며 병호는 우리 아이 팔을 골절상을 입피서 아직까지 운이을 반 죽이고 있은 것을 보며 이가 갈리는돼 또 요 곳이 운이을 꼬아서 학교 가지 않아타니 그만 태리 주기고 십픈 마음이 들며 이것은 자바이[저의 아버지] 할 일만 있따면 학교에 보내지 않코 학교에 안 가는 것 보통으로 여기고 있은 놈이 운이 신세을 조질라고 더는 것이 계심하기 짝이 업쓰며 운이는 온 동내 다 차저도 업쓰며 비는 오는돼 어뒤에 같는지 극정이 돼며 오후 2시가 넘두록 차저도 업쓰서 산에 올라가보니 산에서 혼자 있더라. 그래서 운이 산에서 그만 살지 하니까 감짝 놀라면서 안 싼다고 이야기을 하며 급을 먹고 있더라.

그래서 집부로 일단 대리고 와서 누가 학교에 가지 말자고 했나 하고 병호을 돼리고 와서 누가 학교에 가지 말자고 했는냐고 무러니까 병호가 산우로 가자고 했따고 이야기을 하길래 그만 성질이 총알같이 솟끗치더라. 남의 아이지만 손이 올라갈 당계며 발바 문계버리고 십프며 자신의 몸이 떨일 정도로 흥분이 돼더라. 마음은 그러나 남의 아이라서 성질돼로 못하고 빨리 가라고 말로만 하고 마랐다. 병호을 보내고 운이을 학교에 가지 않으며 아빠한태 혼이 난다는 생각을 가지게끔 다시는 못하두록 매을 댈 작정을 해서 운이 방에서 싸리대로 사정업시 돼는대로 때리쓰며 어낙 새개 때리니까 그만 도망을 갈더라. 도망을 갈 때에 아차 십프며 요것을 잡지 못하여 아이가 어리석으서 참말로 아이을 바리게 댄다는 생각이 머리에 반짝 해서 요 것을 잡아야지 하면서 곳바로 따라 같는돼 운이 맨 발로 도망을 같고 자신은 신발을 신는다고 시간이 같기 때문에 운이 잡찌 못하고 마랐다.

이재는 아이을 영 바린다고 생각을 했쓰며 비만 안 아도 좋게는돼 비가 와서 큰 일 낯따고 생각을 하고 아이을 넘어 세계 다라따는 너킴이 들며 자신이 아이 다루는돼 문재가 있따고 생각을 했쓰며 온 식구가 동내에

다 차자도 업쓰며 산에 가서 운이는 이제는 안 때리게 나와달라는 말까지 했쓰며 허리가 아푸도록 차저도 업쓰서 그만 방우로 드려와서 자리 누어도 잔깐도 누어 있찌을 못하게쓰며 자신의 성질이 집사람예깨 불이 온기 가는 맡이 있쓰며 시간이 갈수록 집사람에게 음성이 노파진다.

이것을 어덥기 전에 차저야지 그러치 안으며 추어서 아이을 죽이계 댄다는 생각을 하니 초가 바푸더라. 그래서 산에을 멧 번 올라갈지만 차지 못해도 산에밖에 업따는 생각에 온 산을 다 뒤지 판이며 정신업씨 뒤어다니고 내려오니 운이 길거리에서 아빠하더라. 그때는 정말 반가우며 양발 발로 아루투리는 마집이[아랫도리는 마즙이] 돼어 있쓰며 보설비에 머리는 다 저저있이고 해서 아무 말도 못하고 운이 안 춥더나 하니까 안 춥다고 이야기을 하지만 아빠 잠바을 버스서 입피서 집배 대리고 와쓰며 정심을 3시 넘어서 먹이고 말라쓰며 집사람은 골탕을 적게 먹이서 또 예을 먹이는냐고 울기까지 했쓰며 오늘은 운이 때문에 우리 집이 날리가 난 셈이다. 운이 때문에 오전 9시경부터 오후 3시 반경까지 산우로 집부로 차저다니쓰니 날리가 난 셈이다. 그리고 오늘 돈까지 1,000원 가지고 가서 남왜 아이들 다 사주고 거짓말을 넝청스렵게 하고 있은 것을 보며 사람 만들기가 힘이 들 꺼 같다. 아푸로 한 번 더 이른 일이 있쓰며 용서을 하지 않캐다.

지출에 … 병원비 2,500원 차비 700원
計 3,100원[58]

〈1986년 4월 27일 일요일 낡씨 흐림〉

오전에는 담아내기 밭을 집사람이 김 맬 여가 업쓰서 김매기 하지 완아서 멍에가 담아내기 키와 같더라. 남들이 이것을 보고 얼마나 욕을 했캐나. 집사람은 매일 병원에 다니기 때문에 실찌 집안과 병원에 가는 일 위에는 아무것도 못하는 실정인돼 남외 속도 모러고 집사람 욕 하는 사람이 만아쓸 껏으로 본다. 자신이 김매기을 하지 않코 둔 것을 마자 매서 비료 거름을 한 분 하였다.

오후에는 별로 일도 하지 않코 오후 일과을 보낸 셈이며 우리 운이가 팔을 좀 벗치노어며 또 오걸어들고[오글어들고] 해서 큰 극정이며 이제보니 실찌 골절상을 입벌쓸 때보다 아이을 더 예을 먹이고 있쓰며 벗치노어며 오걸어들고 해서 사람 환장할 노렷이다. 이것이 병신이 돼지 않나 하니 아무 일도 하기 실고 오늘 오후에는 자신가 집사람이 전기 찜질을 하고 물씨프을 해서 좀 벗치논 셈인돼 이것이 내일 돼며 장그[늘 그] 위치가 돼고 있쓰니 염려가 안 댈 수가 업꾸나. 그리고 병원에서는 집배서 운동을 만이 시키라고 하지만 원동도 어느 정도 해야 적당한지 병원에서 문제가 있은 것이 아닌가 하고 의심이 가기도 하는구나.

지출에 … 병원비 1,500 쇠고기 2,500원
차비 700원 김, 반찬 3,000
콩나물, 오이 500 혜지 차비 180
計 8,380원

〈1986년 4월 28일 월요일 낡씨 맑음〉

오전에는 봉답에 논 고룬다고 단부 구루마[덤프트럭]을 가지고 우리 소을 가지고 같

58) 실제 계산은 3,200원이나 3,100원으로 잘못 기록하였다.

든이 빠지니까 날 지기라 하는 식으로 가지도 않코 꼼짝도 하지 않아서 자신이 성질만 나서 소만 때리고 일도 하지도 못하고 마라쓰며 이제는 안전이 골라서 모내기을 할려고 들며 논 고룬돼서 지치고 말끝 갈다서 오늘로서 논 고룬대는 끝을 내고 두 다래이가 돼는 한이 있쓰도 올해는 대충해서 모내기을 할 작정이다.
그리고 오후에는 큰집배 봉답 모판에 비누씨운다고 해서 집사람과 둘리서 거들어주어쓰며 형수는 고사리 꺽끄로 갈다고 하며 용학이가 맞춤 나와서 넷시가 하니까 5섯마지기 모판을 일적 하게더라.
그리고 오늘로서 오신기 모판에 처음 양 머리만 황기 구멍을 열어 주었다. 그리고 올해는 우리 마을로 바서 육모 상자 모가 다들 좋은 편이다.
그리고 오늘이 자신의 생일이다. 집사람은 떡이라도 해서 위우지도 좀 주고 마음을 먹고 있이다 운이가 날라을 직이는 바람에 아무 준비을 못해서 아무것도 못해서 고기만 싸와서 국만 한 그릇 먹고 마라서서 집사람이 아무것도 해더리지 못해서 아빠 보기에 미안타면서 안내 도리로 면목이 업따고 하면서 미안해 여기는 집사람 정말 좋으며 푸짐하게 해서 잘 먹은 것보다 아주 기분이 좋더라. 그리고 큰집배서 넌링구와 쇠고기 1근을 사와서 잘 먹으다.[59)]

지출에 … 병원비 2,500 큰집배 세 값 800
운이 200 혜영이 책 2,000
차비 700 우리 세 값 500
혜지 차비 1,000
計 7,700원[60)]

〈1986년 4월 29일 화요일 낡씨 맑음〉

오전에는 봉답 모판에 비누류을 쉬어쓰며 형, 형수 다들 와서 일적 비누류을 쉬어쓰며 일적 끝을 내고 마늘 밭을 대신 민성이 엄마와 형수, 집사람 셋시가 매니 좀 수라겟더라. 그리고 셋집 중에 민성이 마늘이 제일 좋으며 물이 있쓰며 마늘밭에 한 불 너어며 마늘이 흘식 나와절끈돼 모판하면서 물을 모판으로 빼어보니 우리 마늘 밭은 한 번 들어같쓰며 민성이 마늘밭 반쯤 들어가고 말더라. 그러더니 오늘 보니 물 더러간 곳은 아주 좋더라.
오후에는 대신 들에 있은 세집배 논에 물을 너어서 보뚝을 엿마지기만 하고 하로가 넘어간 셈이다.

지출에 … 병원비 2,500 차비 700 운이
과자 100 혜영 200
計 3,500원

〈1986년 4월 30일 수요일 낡씨 흐림〉

"오전은 모재리 한 밖이 돌라서 작과나무 밑태 김매기을 하다 우영 부영 하로 오전을 보냇다."
오후에는 세집배 당신 밭 노타리을 하여서 콩 씨을 갈까 십프서 이랑을 짓어 두는 것으로 하로 일과을 보냇다.
"집사람 운이 병원에만 돼리고 가면 집배서 운동을 적개 한다고 이야기을 하지만 우리 부부는 운이 물리치료을 하는돼 절역을 다 하고 있는돼 병원에서는 집배서 운동이 적

---

59) 이 내용은 일기 지면 상단에 따로 기록되어 있다. '(모판 한 기 구멍 냄)'라고 기록하였다.
60) 합계는 지면이 모자라 상단에 기록하였으나 내용상 아래로 옮겨 적는다. 실제 계산은 8,900원이나 7,700원으로 잘못 기록하였다.

다고 하니 기가 찬다."
지출에 … 병원비 2,500 면도날, 운이 과자 1,000 차비 700원
計 3,200원[61)]

〈1986년 5월 1일 목요일 낡씨 비〉

오월을 마지하면서 가뭄을 해소하는 비가 내리서 극정을 들어주니 마음에 협쪽하구나. 오늘은 아침에는 비가 한 방울식 내리서 우리 아들은 우산을 가지고 가지 않아서 집사람이 우산을 가지고 갈려고 하는돼 집사람은 차 멀미을 하면서 우리 운이 때문에 매일 물리치료 하로 가기 때문에 죽을 고통을 당하고 있는돼 우산을 가지고 가면 걸어서 대신 같다 올라면 몸이 더 고단할 껏 같다서 좀 쉬게 하고 자신이 자전차로 우산을 혜영 크와[것과] 운이이 우산을 가지고 같쓰다. 학교을 가니 수업 시간이라 기다리면서 생각을 하길래 우리 운이 팔을 다치서 공부도 몿하는 중에 두 달이나 공부을 제돼로 몿해서 선생님 보기에 미안한돼 이대로 가면 선생님이 알면 서운해 여길 끝이 아닌가 생각을 할 때에 선생님을 배옵고 가야 도리가 아니갯나 하고 선생님을 차저배옵고 인사을 더리쓰며 선생님이 운이 공부가 너무 뒤뜰어 전다고 이야기을 하면서 극정을 하고 있쓰며 운이가 공부을 몿하니 선생님 보기에 정말 미안하기 짝이 업더라. 그리고 운이가 다음 시간이 미술 시간이라서 마음은 대리고 가고 십픈돼 참아 공부을 몿하니까 병원에 대리고 가야 한다고 말을 하지 몿하게쓰며 마음은 대리고 가고 십픈돼 참아 이야기는 하지 몿하고 선생님 수고한다는 말을 할 수밖예 업더라. 그러니 성운이 병원에 대리고 병원에 가라 해서 대리고 가도 대겟씁이까 하고서 돼리고 오고 마랎찌만 공부을 몿하니 미안한 감을 감출 수가 업더라.

그리고 정부에서 대학생들 농성 주동자을 너무나 세게 다루며 머리 좋은 아이들 넘어나 만이 다치게 하는돼 너무나 마음에 들지을 안으며 정부 정책을 잘몿하는 것은 사실이다. 왜냐하면 농촌에 보리농사을 바도 보리 수매예 양특적자[양곡특수]가 보리 수매에서 온다고 정부에서 보리 수매을 거부하든이 일 년도 안 돼어서 보리쌀은 다락같이 올라가고 보리쌀 구경을 할래야 할 수 업쓰며 보리쌀 값이 쌀값보다 시중에서 더 비싸게 팔고 있쓰니 이제와서 정부가 보리농사 계약 제배 한다고 법석을 부리는 정부 기가 차며 대학생이 대모을 하는 이유도 알 만하다. 정부도 모족끈 어그지로 밀고 갈라고만 들지 말고 유능한 자을 너무 희생을 하고 있는돼 인제을 살리는 것도 생각을 해야 한다. 정부도 잘몿하며 문등이가 생사람 다 죽이는 객이다.

지출에 … 병원에 2,500원 차비 700원
운이 티밥, 사탕 200원
라면 400원
計 3,800원

〈1986년 5월 2일 금요일 낡씨 맑음〉

오늘은 황시마 밭때기을 큰집 소로 갈라쓰며 모재리 한 밖이 돌라보는 것으로 오전 일과을 보냇쓰며 오후에는 용만에 용석이 장가 간다고 돼지 잡는대 그들어주는 것으

61) 실제 계산은 4,200원이나 3,200원으로 잘못 기록하였다.

로 하로 해을 보내고 마랐다.

지출은 … 병원비 2,500 차비 700원
사탕 100원
計 3,300원

〈1986년 5월 3일 토요일 낡씨 맑음〉

용만 집배 용혁이 내일 장가간다고 일 거들어 주는 것으로 하로 일과을 보냇쓰며 그리고 오늘 정심 시간을 이용해서 동민 여러분을 술 돼지을 했쓰며 동민 여러분의 이야기가 참 잘 먹어다고 이야기을 하니까 우리들도 마음이 좋더라.

지출은 … 병원비 2,500 차비 700원
운이 과자 100원
計 3,300원

〈1986년 5월 4일 일요일 낡씨 맑음〉

오늘은 용혁이 결혼식이라 집안에서 대구예식장에 가는돼 자신은 집사람을 보내고 마랐다. 자신이 예식장에 갈라 하다 자신의 신발이 맡당치 안아서 가지 안은 셈이다. 그리고 오늘은 운이한태 매달린 셈이나. 외냐하면 집사람도 업고 해서 운이 시프[찜질]을 하니라고 일도 만대로 하지 몾해쓰며 운이 때문에 둘리가 매달리서 아무 일도 제돼로 대지 않으며 일드리 쳐밀리는 중이며 앞푸로 운이가 모심기 전에 팔이 낮찌 않으며 일예 상당이 지장이 만을 껐이며 앞푸로 일예 지장이 있은 한이 있쓰도 운이 팔이 정상인 팔이 돼어야 하는돼 팔도 차도 눈예 보이게 표가 업쓰서 마음이 불란해서 골정상을 입은 아이들 집배 방문을 해서 무러보기도 했쓰며 운이와 같이 팔이 골절 입은 아이가 업쓰서 상세하게 알라보지 몾해서 마음은 점점 더 불안한 감이 더해가는 심정이다.

지출에 … 용혁이 결혼 부주값 10,000
과자 200원 오이 값 500원
닭갈 2,100원
計 3,800[62)]

〈1986년 5월 5일 월요일 낡씨 맑음〉

오늘은 어린이 날이며 오늘까지 우리 운이가 팔이 안치[완치]대며 오늘 달성공원에 구경을 시키줄라고 아이들에깨 약속을 했는돼 운이가 팔이 낮찌 안아서 약속을 지키지 않코 말라다. 자신은 돈이 업쓰도 아이들 돼리고 바람 씨고 올 작정을 했는돼 운이 팔이 낮찌 안아서 서운한 감을 참지 몾하게꾸나.

그리고 오늘 오전에는 도량보을 했쓰며 오늘 보는 안 나온 사람이 상당이 만더라. 도량보을 오전 10시 경에 맡치서 보뚝을 했쓰며 두름까지 할려고 하다 시간이 업쓰서 그만 하지 몾하고 오후에는 두름까지 안전이 끝을 낸 셈이다.

"그리고 오늘 육모 상자모을 안전이 비누류을 벗키고 집배 드러오면서 다시 씨우고 말라다."

"지출에 … 병원비 2,500 민정이 집배
과자 700 차비 700원
라면 500원
計 4,400원"

〈1986년 5월 6일 화요일 낡씨 맑음〉

오전에는 육모 상자 440개에 유안 거름

---

62) 실제 계산은 12,800원이나 3,800원으로 잘못 기록하였다.

3kg 200g로 역면 살포을 함.
오후에는 웃뜰에 두름을 두 단지는 안전이 끝이 낯다.
그리고 운이 때문에 일이 제돼로 돼지을 안으며 집사람 매일 병원에 아는돼 큰 고통을 당하고 있쓰며 운이가 모내기 하기 전에는 안치돼어야 하는돼 만약에 안치가 돼지을 안으며 모내기에 큰 고통이 따리게 댄다.
"대학생이 대모가 끈치지을 않코 개속 대모을 하고 있은 것을 보며 절먼 인제을 만이 버리는 것이 가슴 아푼 일이다."
지출에 … 병원비 2,500 통조림 900원
과자 400 차비 700
혜지 책 2,000
計 7,500[63)]

〈1986년 5월 7일 수요일 낡씨 맑음〉
오늘로서 웃뜰은 두룸을 안전이 하여쓰며 이재는 서양 바실하고 봉답만 하며 두룸은 안전이 끝을 낸다.
그리고 담아내기에 살충제을 안 쳐서 담아내기 농사는 잘 짓어서 기생충이 만아서 농사을 바리따고 본다. 오늘 약도 조금밖에 업고 해서 양수기로 물만 프고 마랐다.
"그리고 낡씨가 너무 가물고 있쓰며 밭 곡석 바서는 비가 만이 왔쓰며 하는돼 비가 오지 않아서 농민들을 예타게 하고 있꾸나."
지출에 병원비 2,500 김, 쏘세지, 닥강
4,200 소금 200원 시금치 200
운이 감빵 100원 차비 700 혜영이
예방 500원 라면 500원
計 6,200원[64)]

"정부 축산 농가 정치 부주이로 손예 같다고 쌀 한가 주더니 소금이 점점 떨어저고 있쓰며 축산 농가을 정부에서 바가지을 안전이 들게 하는구나. 자신이 볼 때에 정책이 하나에서 열까지가 잘몾돼에 다시 수정을 해가는 정책이니 수라게 댈 일이 업따고 본다."

〈1986년 5월 8일 목요일 낡씨 맑음〉
오늘은 세집배 바시냇이 작과나무에 약 살포을 했쓰며 골래 나무와 두 군대에 살포을 하니 오전이 안전이 가더라. 바시내이 약량은 2섬 2말, 골래는 17말을 살포을 함.
오후에는 바람이 몸씨 부는돼 내일 약을 철라고 들다 시작한 짐에 바람이 부러도 쵗는 것이 잘하는 것이 아닌가 하고 시작을 했뜬이 바람 때문에 약이 제돼로 약 살포가 안 대어서 손예가 만아따고 본다.
앞밭패 21말 살포함.
그리고 오늘은 어버이 날이라서 우리 딸들 아빠 꽃 다라주는돼 아직 아빠는 절머서 그른지 꽃 달고 밭같에 나가기가 쑥쓰러서 혜영아 미안타 일부로 달라주는 것을 달지 않코 그만 들래 가면서도 우리 딸더리 어떠개 생각을 할까 하고 염려도 대는구나.
지출에 … 병원비 2,500 차비 700원 운이
100 운동 하는돼 운이 1,000
혜영이 250원 혜지 소풍
1,000원 큰집배 아들 여행에
4,000원 과손 약 5,190원
計 14,740원

---
63) 실제 계산은 6,500원이나 7,500원으로 잘못 기록하였다.
64) 실제 계산은 8,900원이나 6,200원으로 잘못 기록하였다.

〈1986년 5월 9일 금요일 낡씨 맑음〉

서양바실에 물이나 돼어볼까 하고 가보았든이 물이 업쓰서 돼지도 못하고 두름할 준비만 하고 오전을 보내쓰며 오후에는 모제리 비누류 거더오는 것으로 하로 일과을 보내고 마랐다.

이번에 인천서 대학생 대모 주동자와 가담자 120명을 구속을 해서 법에 따라서 처벌을 할려고 더는 것을 보니 120명의 부모들은 을마나 가슴 아푸겟나 할 때에 남의 일 같찌 않꾸나.

"전 대통령 들어쓰고 두내 좋은 사람 다 죽이고 우리 후대에 나라을 길며지고 갈 일꾼들 너무나 희생을 만이 시킨다고 자신은 말을 하고 십다. 이번 대학생도 우리나라가 잘 사라보자는 한 뜻인돼 자라보지도 못하게 잘라버리니 좀 심각하다."

그리고 신민당도 국민들예깨 법 개정이니 하면서 국민들예계 서명 운동하로 다니고 있쓰니 앞푸로 정치하는돼 큰 고통이 딸릴 것으로 본다. 외냐하면 이제는 서명 운동이 벌어저서 야당은 툭하면 국민들예계 성명 운동 한다고 나쓸태니 시국은 이것을 수섭을 잘하는 자만이 정치인이라고 자신은 말을 하고 십다.

전 대통령도 이번 대학생 대모을 어떠개 수섭을 잘 하나 하는 문제가 전 대통령 인기가 순조렵게 잘 돼나 그러치 않으며 인기도 채우지 못하고 청아대을 나와야 하는 문제가 달리따고 해도 무리한 말은 아니라고 생각을 하고 십프며 이번 일은 수섭을 잘 해야 댄다고 생각을 한다.

지출은 … 병원비 2,500 운이 과자 100원
차비 700
3,300원[65)]

〈1986년 5월 10일 토요일 낡씨 맑음〉

오전에는 당산에 도랑 쳤는돼 부역을 했쓰며 오후에는 큰 골 도량보을 했쓰며 바픈돼 부역을 하로식 하니까 내 일이 밀리고 있쓰며 작년 같더며 논에 노타리을 안전이 했다고 보는돼 올해는 사람들이 넛서더는 감이 만으며 나중에 가서는 서로 할려고 몸부림 철 것으로 내다보고 있다.

그리고 우리 운이 병원에만 갇다오면 부예난다. 외냐하면 차도 조금식이라도 나야 제미가 있는돼 별료 표가 업쓰니 자신은 아이한태는 말은 크{게} 하지 않아도 극정도 태산같고 아이만 보면 성질이 나는구나.

지출에 병원비 2,500원 운이 예방비 500
운이 과자 100원 차비 700원
計 3,800원

〈1986년 5월 11일 일요일 낡씨 맑음〉

오전에는 보 하는 것으로 오전 일과을 보내고 오후에는 집사람이 운이 때문 김천장 갈 여가 업쓰서 자신이 내일은 노타리을 할 계핵이라서 물 장아를 싸로 김천을 가서 물신을 3,000원 두고 사왔쓰며 시간이 일적에서 웃뜰래 두룸을 안전이 손질을 했두는 것으로 하로 일과을 보내고 마랐다.

지출에 … 우이 6,000 살충제 1,000 국수
1,300원 물신 3,000 오강묵
1마에 600원 차비 360원
計 12,260원

65) 지출 내역은 지면이 모자라 상단에 따로 기록하였으나 내용상 아래로 옮겨 적는다.

〈1986년 5월 12일 월요일 낡씨 맑음〉
오늘은 웃뜰래 노타리을 하는돼 3단지을 3시 반 경에 끝을 냇쓰니 하로 점두록 하며 4단지는 충분이 쳐게더라.
지출에 세 값 900원

〈1986년 5월 18일 일요일 낡씨 맑음〉
이왕기을 처음 사와서 첯 계시을 내가 했쓰며 이왕기가 전에 나온 것은 모 심기가 불편한 점이 만은 껏 같든돼 요즘은 만이 보안을 해서 신형이라고 하든이 정말 좋더라.
오늘은 모 심은 것이 웃뜰과 당산 4단지을 (심음).

〈1986년 5월 21일 수요일 낡씨 맑음〉
오늘은 서양 바실과 복판에 모내기을 함.
이제는 이앙기가 있쓰서 모내기는 별료 신경이 가지을 않는구나.

〈1986년 5월 22일 목요일 낡씨 맑음〉
웃뜰과 당산에 일적 모내기한 돼 재초제을 한 단지 2봉식 살포함.

〈1986년 5월 30일 금요일 낡씨 맑음〉
"오늘은 눈님이 하로 점두록 모내기 한다고 해서 형과 둘리서 모내기 하는돼 그들어주었쓰며 모내기 하는돼 우리 마을 사람의 대집보다 낭비가 많깨 대집을 하고 있쓰며 우리 마을 사람들이 종일 모내기을 해도 술 10병과 빵 멧 깨 정도 있쓰며 고기라 해도 닭 2바리정도 해서 국만 끄리며 충분이 모내기을 할 수가 있따고 보는돼 용산은 그것이 아니고 그저 잔취을 쳐고 있더라. 닭 4섯 바리, 소주 대병으로 (14), 막끌리 2말 5돼, 맥주 5병, 정말 만이 채우며 놀기도 찰도 놀더라. 봉산은 모내기을 했도 업는 사람은 예료가 만을 껏으로 내다본다."

〈1986년 6월 1일 일요일 낡씨 맑음〉
오전은 우리 운이가 팔이 차도가 업쓰서 운이 팔이 병신이 돼지 않는가 하고 생각을 하니 숨 갑푸게 답답하더라. 그래서 김천에 신재학신경외과의원에 가서 진찰을 바다보았다. 그래서 원장 하는 말씀이 운동 부주이라고 해서 마음을 노을 수가 있쓰며 김천을 갈 때에는 불안하게 같쓴는돼 천만당행이라 생각을 했쓰며 운이 무었고 제일 먹고 십픈야고 물어니 우등이라고 해서 우등집배 사먹이는돼 반 그릇도 못 먹고 마라다.
지출에 … 8,400원

〈1986년 6월 4일 수요일 낡씨 맑음〉
운이 때문에 극정이 크다. 왜냐하며 집사람이나 자신이나 모내기 한다고 지친 몸인돼 운이 운동과 싯프[찜찔]을 해주야하니 그 고통이 말 할 수 업쓰며 집사람 운이 시프을 시키면서 자고 있은 것을 보니 다친 본인도 고통이 따리지만 아침, 저녁으로 빠짐 업씨 시프 운동을 시킬라니 시간이 넘어나 업다. 하로 일과가 너무나 바푸며 이 고통을 당하고 운이 정상인 팔이 대지 않을까 하고 극정이 머리에 떠나지을 않는다.
그리고 형이 골래 두룸한다고 있킬래 오후에는 그들어주는 것으로 하로 일과을 보내고 마랐다.

〈1986년 6월 8일 일요일 낡씨 맑음〉
오늘로서 봉답 모내기을 하여쓰며 오늘까지 정신업는 날을 오늘로서 마지막이 댄련지 몰개꾸나. 이제는 봉답 모내기을 하여쓰니 이제는 시간 여유가 만이 있쓸 껏으로 내다보며 집사람이 쳋째 마음 여유가 있쓸 껏으로 내다보며 자신은 시간 여유가 업쓰도 집사람이나 시간 여유가 만아서 휴식을 취하는 것을 보며 자신이 휴식을 하는 것보다 더 기분이 좋게다.

〈1986년 6월 10일 화요일 낡씨 맑음〉

오늘은 이앙기 서류 해달라고 해서 셋시가 면예 과서 임감 증명을 뛰서 조합에 접수을 하니까 조합에 부채가 만아서 셋시가 다들 만예서 안 댄다는 말래 기가 찬다. 이앙기 14십만 원을 셋시가 사는돼 돈 띨까바 안 댄다는 말래 성질이 나더라. 그래서 성질이 나서 안 대겟따면서 현금을 내서 사자고 이야기까지 했쓰며 재수씨가 현금으로 하며 부담을 너무 만이 대기 때문 안 댄다고 하면서 담보을 해서라도 융자을 해야 한다고 이야기을 해서 그러자고 대답을 하고 마랐다.

수입에 … 송아지 값 백육만 원 바듬.

지출에 사료 값 3포 12,780원 송아지 사료 2포 13,400원 사료 값 2포 8,520원 計 36,700[66)]

〈1986년 6월 11일 수요일 낡씨 맑음〉

오전에는 도사리을 혼자 주어니까 남들이 혼자는 해결을 몿하니 놉을 해서 올미을 주어야지 그러치 안으며 잡지 몿 한다고 보는 사람마다 인사을 해서 오후에는 집사람을 대리오고 놉을 한 사람 해서 할려고 하니 집사람이 두리 해보자고 해서 오후에는 집사람과 두리서 올미을 주어서 하로 일과을 보내고 마랐다.

〈1986년 6월 12일 목요일 낡씨 맑음〉

오전에는 집사람과 두리서 올미을 주었쓰며 웃뜰래는 올미을 대충 주은 셈이다.

오후에는 봉답에 제초제을 살포을 했쓰며.

"고속도로 순차래을 보니 정말 자신이 바도 속이 상할 정도다. 왜냐하며 어재도 몿뚱이 앉저서 계속 잡아서 운전기사와 무었시가 왓다같다 하며 보내고 어제 오전 8시도 안 대어서 계속 차을 세우며 오후 7시가 넘어도 가지 완코 계속 잡으며 오늘도 우리가 논에 나오기도 전에 장거자리[늘상의, 그자리에서]왜서 계속 어재와 같이 잡아서 집사람 보고 또 잡아스 하며 이야기을 하니까 순찰대 때문에 일도 몿한다면서 이야기을 해서 순찰대 잡는 차는 봉고 차와 2.5톤 작은 차들만 계속 잡고 있은 것을 보니 속이 상할 정도며 정부나 계인이나 약자을 도우면서 살라가야 할 땐돼 약자만 몿살게 하는 짓들이 불만이다."

"지휘청에서 부정을 하지 않으며 이 땅에는 부정 업쓰저리라."

〈1986년 6월 13일 금요일 낡씨 맑음〉

오전에는 채소밭을 담아내기 뽑고 그대로 두어서 지섬이 한정도 업씨 도다나서 바닥이 보이지 않투록 대어있쓰서 그것을 혼자 김매기을 하고 경운기로 갈라두는돼 1시가 돼두록 일을 했다.

오후에는 도사리 주는 것으로 하로 일과을 보내고 마라다.

〈1986년 6월 14일 토요일 낡씨 비〉

오늘은 서양바실래 도사리 주는 것으로 하

66) 실제 계산은 34,700원이나 36,700원으로 잘못 기록하였다.

로 일과을 보낸 셈이다. 오늘 비 오는 것이 사람의 속을 타계끔 오고 있다. 왜냐하며 가랑비로 오고 있쓰니 어찌 사람의 속이 타지 않캐나. 이번에 시원하게 내리주며 만사 일이 해결이 대는돼 그래주지을 안으니 예가 타는구나.

"오늘은 들판에는 가랑비을 마저가면서 일을 잘 했는돼 집배 와서 좋찌 않은 일이 버러지고 마랐다. 왜냐하며 우리 저녁이 매일 너전 식사을 하고 있다. 물론 놀면서 저녁은 너깨 하는 것은 아니다. 집사람도 일 좀 더 할 욕심으로 일을 더 하다보며 저녁이 늦는 것은 사실이다. 자신이 있것을 알고 있찌만 오늘은 밤이 9시가 돼더라. 그래서 저녁 좀 팔리 해라 하고 성질을 부리다. 나는 놀면서 저녁을 너캐 하는냐고 하면서 정당한 일쳐름 대들더라. 그래서 밭은 매지 않아도 되니 저녁을 일적 하라고 하니 일도 하지 않코 일적 하라하면 할 수 있따고 대들더라. 이것을 볼 때에 성질돼로 하며 낯반대기을 대차로 올리 부치며 자신의 속이 후련하게는돼 이웃 부끄러 성질돼로 못하고 참고 있는돼 집사람은 이것도 모러고 더 소리을 지러면서 대더는돼 어이가 업더라. 이것을 참아내는돼 속이 뒤버저며 여자는 너무 사랑을 하여주는 것이 아니라는 것을 오늘 너켜보았쓰며 앞푸론 사랑도 들 할 껏이며 앞푸로 이른 일이 있쓰며 이웃도 불쇄하고 반 죽이 놀 작정이다."

"여자는 남편에깨 고개을 좀 수기는 것이 여자의 행복이며 여자는 남편에게 고개을 더는 것은 여자의 불행이라고 생각을 하며 과정에 따뜻한 감을 차절 수가 업따고 자신은 말을 하고 십다."

〈1986년 6월 15일 일요일 낡씨 비〉

비오는 것이 쉬원찬계 비가 내리고 있다. 기상대서 비 온다고 해서 당산 물꼬을 안전이 파나서 당산 논이 너무 말라서 손예가 만타. 외야하면 자신이 너무 약파러계 물꼬을 나차따는 것이 자신이 실수다. 이 비가 이재라도 비가 푹 아서 비료거름을 해쓰마 하는돼 비는 가랑키만 오고 있쓰니 마음만 타고 있다.

"세집배 웃뜰래 논을 이때것 남이 농사을 짓어서 논들이 점부가 올미가 만아서 올해 농사을 짓을라니 힘이 더는구나. 오늘도 가랑비을 마저면서 올미을 주었다."

"우리 운이예깨 고생한 바람도 업씨 운이 팔이 낯찌을 안아서 극정이 대며 만약에 팔이 정상인 팔이 돼지 않는다면 어떠게 하나 하고 답답한 검함 길 업꾸나. 우리 운이 말을 지독실이 않 득고 있쓰니 더 성실이 난다."

〈1986년 6월 16일 월요일 낡씨 비〉

오전에는 비을 마저면서 도사리을 주어쓰며 오후에는 비가 만이 와서 아무 일도 못하고 휴식을 했쓰며 도로에 경운기로 도마도을 김천으로 팔로 가는 것을 잡아서 어울리서 개짝으로 싸쓰며 한 개짝에 7관 정도에 5,000원식 주고 6개짝 내주고 마랐다.

지출에 … 도마도 반 개짝에 2,500원

〈1986년 6월 17일 화요일 낡씨 흐림〉

오늘은 논마다 물을 빼내서 비료을 할려고 하니 시간이 상당이 만이 걸리더라. 웃뜰 셋단지 거름을 다 하고오니 오후 2시가 돼어더라.

오후에는 서양바실래 거름만 하고 하로을 보낸 셈이다.

웃뜰래 상강벼 2단지 요소[2차] 반 포식 각각 함.

웃뜰래 원풍벼는 1단지에 2차 거름 요소 20kg 함.

당산에는 원풍벼 2차 복합 반 포
요소 반 포 〉 1포 함.

〈1986년 6월 18일 수요일 낡씨 맑음〉

당산에 벼 잎 벌래가 만아서 우선 당산에만 살충제을 집사람과 두리서 약 살포을 하고 서양 바실래 4.5돼, 요소 10kg 함. 그리고 복판에는 요소 반 포 함. 봉답에 반 포 조금 더 함.
그리고 오후에는 이화명충 약[67], 사락 약[68] 살포 함. 한 단지에 2봉, 6봉 살포 함.
"싸락약은 조금 일적한 감이 들어서 마음은 별료 깨운치 않꾸나."

〈1986년 6월 19일 목요일 낡씨 맑음〉

웃뜰래 이화명충약, 싸락약 살포하고 오후에 집사람과 두리서 당산에 세집배 밭태 고추밭 김매기을 하여쓰며 오늘은 고추밭만 안전이 맏친 셈이며 비료, 제초제을 뿌리서 당분간 지섬이 들 날 껏 같다. 집사람이 끝을 몾 낸다고 놉을 해서 하라고 이야기을 해도 씨갑씨가 업쓰서 놉을 하며 욕을 한다고 하면서 혼자 해결을 한다고 하더니 오늘 고추밭, 콩밭을 보니 밭이 재돼로 대는 것 같떠며 집사람 김매기 하너라고 예을 만이 먹어꾸나.
지출에 … 혜지 체육비, 책 4,000 6,000원
計 10,000

〈1986년 6월 20일 금요일 낡씨 맑음〉

당산에 밭에 콩밭 김매기을 집사람과 오전일과 보내쓰며 오후에는 열무 씨 가는 것으로 하로 일과을 보내쓰며 쌍구름 밭태는 열무 씨 1,500원 주고 열무 씨을 사와서 갈라보니 삼분 일이 씨가 모자래더라.
"열무을 만이 갈라서 장사도 할 겸 만이 갈라볼라고 작정을 했는돼 씨갑 씨을 남이 싸와서 할 수 업씨 씨돼로 갈고 마랐다."

〈1986년 6월 21일 토요일 낡씨 흐림〉

오전에는 집사람과 벼 잎에 벌래가 만아서 복판과 서양 바실래 살충제 약 살포하고 당산에 도사리 쭈는 것으로 오전 일과을 보내고 오후에는 앞밭태서 집사람과 파씨 너는 것으로 하로 일과을 보내고 마랐다.
"우리 운이가 거진말을 상당이 수준이 높개 하고 있다. 왜냐하면 물건을 싸서 잊저버리고 다시 싸따면서 쓴 돈을 맡추고 있쓰니 보통 극정이 아니다. 그진말을 하는돼로 매을 대며 아이가 남찌도 않을 껏이고 그저 말로만 하고 있쓰니 만향 뜻찌도 않코 매을 대자니 압까바서 때리지을 않으니 점점 더 해저는 너킴이 더는구나."
그리고 혜지는 초등학교에서는 공부을 잘 하는 것 같든이 중학교에서는 차멀미한다고 몸부림을 쳐더니 공부가 점점 떠려저고 있쓰며 이제는 공부도 잠 때문에 공부도 하지 않더니 이재 와서는 공부가 아주 뒤떠러지는 것을 보니 아빠로서는 속이 상당이 상하는구나. 왜냐하며 공부을 시키볼라고 작정을 했는돼 이제는 그 작정이 문어지고 말

67) 이화명충약은 벼의 큰 해충인 이화명나방의 유층을 없애는 약이다.

68) 싸락약은 작은 알갱이 즉 세립으로된 화학약품, 농약의 살충제, 제초제 등을 뜻한다

라다. 이제는 아이들이 공부을 하지 못하니까 돈을 벌지 않아도 살라갈 수가 있따는 화마자 나는구나.

〈1986년 6월 22일 일요일 낡씨 흐림〉

웃뜰래 도사리을 혼자 주어쓰며 혼자 논을 매고 있쓰니 혼자는 지치서 못 한다고 주이예서 이야기을 하니 혼자 멧칠이 가든지 도사리을 주월라고 생각을 했는돼 주위에서 이야기을 하니 자신의 마음이 변화는구나. 그래서 집사람 허리 아푸다고 저녁마다 알는 것을 보고 댈 수 있는돼로 일을 안 씨킬라고 생각을 해도 자신의 혼자만이 안 대는 것이 사람의 마음인가바. 그래서 오후에는 집사람을 대리고 가서 논에 도사리을 주어쓰며 그 너른 들판에 우리 부부만 일을 하고 있더라. 이것을 보고 이러깨 일을 해도 못 살개쓰며 자신의 원망도 해보았다.

그리고 우리 혜영이가 학교에서 아빠 앞푸로 편지을 보낸 것을 보고 정말 간격했다 왜냐하며 우리 혜영이는 아직 어린 아이라고만 생각을 했는돼 혜영이 편지을 보고는 우리 혜영이 이제 어른이 돼어꾸나 하고 생각도 했쓰며 혜영이가 아빠의 고마움을 알고 있은 것을 볼 때에 마음이 제일 기쁘구나.

"정부에서 돌라는 것이 아이들 노나 먹이하는 것 갈더라. 왜냐하며 우리나라가 삼당 총무가 셋 사람이 만돼로 하며 법도 현제는 업따고 보며 셋사람의 수이돼로 제도 자우대고 있쓰며 대학생들이 정취 도구가 대고 있쓰며 학생들은 정취 도구로 만들고 잇는 것이 가슴 아푸며 학생들은 이것을 이용하여 나중에는 다들 구예주지 하는 마음으로 천지을 모러고 행동을 취하고 있쓰니 이것을 바서는 도가 넘취는 학생은 법대로 치해야 댄다고 생각을 한다. 그러치 안으며 앞푸로도 학생이 정취 타계터가 대리라고 생각을 한다. 이번 일을 보니 정취가도 신경을 만이 쓰지 않는다면 이번 학생의 정취 도구가 실천이 돼어서 자주 이용할까바 극정이 앞쓰는구나."

지출 … 운이 약 2,000원 고기 2,000
아이들 빤스 5,500
計 9,500

〈1986년 6월 23일 월요일 낡씨 비〉

벌서부터 장마라 하니 작과일은 돈 만이 받기는 힘들 것으로 내다보고 있다. 오전에는 비 때문에 휴식을 하고 오후에는 봉답 논에 도사리와 도구 쳤는 것으로 하로 일과을 보내고 마랐다.

"올해는 작과일을 돈을 좀 해볼까 하는 마음을 가진는돼 장마가 다음 달 15日까지 간다는 중앙기상돼 말을 듯고는 올해 좀 달리서 돈을"

〈1986년 6월 24일 화요일 낡씨 비〉

당산에 세집배 밭 한 마지기 돼는돼 그 길로 다니는 사람들 길 부역을 한다고 비가 오는돼 부역 한다고 해서 나가지 않을라하다 채면상 오전에 부역을 했다. 오늘 비가 오지 않코 땅이 질지 안은 상태외서 부역을 하고 모래을 오늘 실은 것도 상당이 만원 편인돼 부역한 포가 업꾸나.

그리고 오후에는 휴식을 한 셈이다. 비가 와도 점두록 쉬지도 않코 비가 내리고 있쓰서 아무것도 못할 지경으로 비가 왔따고 본다. 그리고 자신이 작년보다 소예 간심이 전연 업따고 생각을 한다. 왜냐하며 우박이 오고 낡씨가 어떠한 일이 있쓰도 경운기 몰코 가서 소 풀을 떠더 오는돼 올해는 풀을 전연 안 떳고 있쓰며 자신이 생각을 해도 소 금이 허러서 거른지 소예는 아주 간심이 업쓰서 소들이 죽을 지경이다. 그리고 나픈 아니라 다들 이야기을 들어보며 전부가 허른 소라 관심이 업쓰며 죽어며 잡아 먹찌 하는 식이라 앞푸로가 극정이다.
(소 끔이) 어미 조아야 70만 원 주며 고라서 산다.[69]

〈1986년 6월 25일 수요일 낡씨 비〉
비가 너무 만이 와서 들판이 물 천지가 돼어서 들판에 잉어 때가 튀어다니고 있쓰며 그전에는 물이 차도 잉어 때가 보이지을 안터니 올해는 잉어 때가 상당이 만더라.
오후에는 작과일 따는 것으로 하로 일과을 보내고 마랐다.
대석을 3짝 당산에 / 앞밭태 대석 1짝 〉 4짝
수입에 … 5짝에 5,880원

〈1986년 6월 26일 목요일 낡씨 맑음〉
봉답에 이화명충약, 싸락약을 살포했쓰며 작년보다 좀 일적 씨락약을 살포했다고 생각을 한다. 그리고 이번 비에 마을 재방이 터저서 오전에는 부역을 하는 것으로 하로 일과을 보내쓰며 자신의 생각보다 아주 만이 나왔더라.
오후에는 작과일 따는 것으로 하로 일과을 보내고 마랐다.
자두 8짝 … 36,640원

〈1986년 6월 27일 금요일 낡씨 맑음〉
이번 장마비가 상당이 만이 온 것은 사실이다. 온 들판에 물 천지을 이루쓰니 물이 불보다 더 급이 난다고 생각을 한다.
오늘은 집사람과 자두 따는 것으로 하로을 보내고 마랐다.
그리고 우리 마을로바서 작과일 한물이라고 해도 무리는 아니다. 각 상회에서 차을 몰고 왔쓰 작과일을 가지고 갈려고 야단이며 우리 마을에서 개짝 나오는 것을 한물이다.[70]

〈1986년 6월 28일 토요일 낡씨 비〉
작과일을 비을 마저 가면서 과일을 딸라고 하니 힘이 만이 들더라. 작과일은 꼭 장마때가 오니 과일은 낡씨에 과일 금이 자우대니 이것이 불만이다.
대석 9짝에 34,320원

〈1986년 6월 29일 일요일 낡씨 흐림〉
웃뜰래 흰빛마른병[71]이 발생해서 집사람과 두리서 약 살포하는 것으로 오전 일과을 보냇다. 웃뜰래 약은 흰빛마른병 약, 도열병 약[72], 살충제 살포.

---

69) 이 내용은 일기 지면 상단에 따로 기록되어 있다. '(자두 칯 수학) 6月 24日 당산에서 1짝'이라고 기록하였다.
70) 이 내용은 일기 지면 상단에 따로 기록되어 있다. '대석 10짝 41,200원'이라고 기록하였다.
71) 흰빛잎마름병은 벼 잎에 난 상처를 통해 주로 발생한다. 증상은 잎 가장자리가 노랗게 변하면서 마르는데 심하면 논 전체가 흰빛으로 보인다. 병을 예방하려면 벼가 물에 잠기지 않도록 주의해야 하며, 비가 와서 물에 잠기면 즉시 물을 빼고 깨끗한 물로 씻어줘야 한다.
72) 도열병은 벼가 잘 자란 뒤에 잎과 줄기에 박테리아가 생겨 잎줄기 등을 해치는 병이다.

대석 … 13짝에 48,040원

〈1986년 6월 30일 월요일 낡씨 흐림〉

형 때문에 큰 극정이다. 저녁을 먹고 있쓰니까 경숙이가 아빠 아푸다면서 맨발로 뛰어올라 왔더라. 그래서 이번에 살리겟나 하는 마음이 앞쓰며 형이 자주 그러니까 어뜰 적에는 형이 아푸다고 열락이 오지 않나 하는 마음이 들 때가 자주 있다. 형이 또 아푸다고 아이들이 오며 깜짝 깜짝 놀란다. 자신도 한 번식 놀라면 이뜰은 머리가 들 좋은 기분이 들며 이른 타격을 주는 줄도 모려고 하로 담배 두 갑식 피우는 담배을 해렵따고 못 피우구로 하며 실타고 하는 형 정말 안타값다. 이번에는 질식을 핸 사람이 병원에만 들어가며 사람이 차도가 생기고 병원에서는 학실은 진달을 내리지도 못하고 있쓰니 낭비만 시키고 있쓰니 이것이 큰 문제이며 병명이 나오지 않으며 사람은 결국은 버리지 않을까 하고 제일 극정이 크다. 만약에 형이 일적 버리며 동생들은 정신적인 타격은 죽는 사람보다 더 타격이 크다.

대석 15짝에 70,080원

〈1986년 7월 1일 화요일 낡씨 맑음〉

우리 운이가 저의 엄마에깨 화용품 산다고 돈 달라 해서 과자 사먹고 하는 것을 여려분[여러번] 잊쓰도 그저 사람이 거짓말 하는 사람이 제일 나푸다고 말로만 하고 마라떠니 운이가 여사로 여기고 자주 엄마을 씨키고 화용품을 사지 않코 과자을 싸먹어서 요번에는 매을 대어야지 하고 운이을 불어서 매을 한 차리 대며 아빠 한번 용서만 해달라고 손이 딸투록 빌며 거저 놀라서 넘어갈 정도로 해서 두 차리 더 매일 대지 못한다. 매을 댈라니 약한 운이을 때일 때가 업쓰서 바주자니 사람이 안 댈 것 같고 정말 극정이 댄다. 자식 하나 병신 만들까 눈에 잠이 와서 균형을 일어가면서 팔 운{동} 시킨다고 곤역을 추리고 있은 이 심을 모러고 운동을 하라고 신신부탁을 해서 학교을 보내며 운동이라고는 한 번도 하지 않코 그냥 도라오니 부모는 속이 다 탄다. 벌서부터 운이가 아빠 엄마을 너무 예을 먹이고 있다.

수입에 대석 20짝 93,440원

영농 세금 위자 123,972

경운기 〃 39,671

計 164,000원 줌 동장[73]

〈1986년 7월 2일 수요일 낡씨 흐림〉

중앙기상대에서 6月 25日부터 장마라고 이야기을 해서 금년 작과일 따서 시장에 팔라 먹는돼 지장이 만을 껏으로 내다보았는돼 다행이 장마가 삼 일 하더니 이떠것 대쳬로 말은 낡씨을 보이서 금년 대석을 잘 냇따고 생각을 하며 과일 금이 허려서 문제가 돼어서 좀 서운 감이 있쓰며 앞푸로 작과일 나무도 다 둥치야 댈 시기가 왔따고 생각을 한다.

수입에 … 대석 13짝 복숭[3,000] 1짝

計 85,280

〈1986년 7월 3일 목요일 낡씨 맑음〉

정부 정책이 책임 정취을 못하고 중앙에서만 시달을 하지만 밑태 와서는 둥갑을 하며 정부 돈이 농민에깨 와서는 빚을 갑끄나 돈

---

73) 지출 내역은 지면이 모자라 지면 상단에 따로 기록되어있으나 내용상 하단에 옮겨 적는다.

노리을 하고 있은 실정이니 정부로서는 무이미한 정취을 하고 있따고 해도 가연이 아니며 이번 민정당도 생명이 금년이 고비로 해도 무리{가 아니}라고 생각을 하고 있다.
수입 … 대석 21짝 83,400

〈1986년 7월 4일 금요일 낢씨 흐림〉

오늘로서 작과일을 전부 따 타고 바도 가연이 아니며 이재는 지친 몸을 좀 시간 여유가 생길 것을 생각을 하니 벌서부터 몸이 풀리는 감이 더는구나. 그리고 집사람은 운이 골절상을 입고서 시달리는 것이 모내기, 작과일 딴다고 시달리서 정말 이재는 더 시달리야 시달일 수 업개끔 시달린 몸이라 이제는 시간 여유가 있쓸 껏 같다 자신의 마음이 더 편한 감이 든다.

지출에 … 사료비 값 2포 8,520원
대출금 2500,000만 원 이자
(181일) 이자 123,972원
경운기 원금이 800,000원
이자 (181일) 39,671원
計 172,163원
수입에 대석 12짝 48,960

〈1986년 7월 5일 토요일 낢씨 비〉

오늘은 비가 와서 집사람보고 과일 불어서 떨어지는 것은 다 해야 얼마 안대니 오늘은 푹 시고 내일은 조금 남은 것을 둘리 따자 하고 자신은 큰집배 놀로 같쓰다. 큰집배서 놀면서도 집사람은 과일 타로 같지 하는 마음이 머리에서 떠나지을 안더라. 그래서 큰집배서 나와서 혜지야 하고 불어보니 이미 비을 마저며 과일 탄다고 있더라. 그래서 오후에 둘리 타자고 하면서 말라고 자신은 큰집배 다시 들어가서 놀라쓰며 한낮잘이 거진 다 돼어 극정이 돼어 가보니 비예 마저서 비옻은 입버찌만 머리는 물래 빠진 생쥐 모양 비에 다 저전 집사람을 보니 오전내 노란 것이 후예가 대며 집사람 보기에 미아터라. 그래도 집사람은 자신이 더뒤다면서 아빠는 휴식을 취화라면서 과일은 얼마 안 돼니 자신이 할 수 있따면서 극정을 하지 말라는 집사람이 정말 고맡다고 생각을 하며 자신이 생각을 할 때는 집사람이 상당이 야이어저서 만사일이 깃찬을 것으로 생각을 하는돼 그 반돼로 아빠의 건강을 거처름 생각을 하고 자신은 황상 염려가 안돼며 아빠가 일 무리가 만아서 극정을 하며 거저 아빠 일 도울라고 예을 쓰니 어찌 거 고마움을 다 하리까.
지출에 … 8,520원
수입 … 대석 5짝 24,280원

〈1986년 7월 6일 일요일 낢씨 맑음〉

오늘로서 작과일을 안전이 따쓰며 이제는 마음적으로나 육체적이나 휴식이 만을 껏으로 내다보며 우선 과일이 업쓰서 돈은 몿하게찌만 과일을 쉬운하게 잘 따냇다. 그리고 당산에 거름이 적은 것 같다서 반 포 해서 온대 한 불 헌칠라 하다 아주 적은 곳에만 헌치고 봉답에 객토 흙을 파내서 좀 빠지는돼 헌치고 마랏다. 당산에 2돼 봉답에 3돼 함.

〈1986년 7월 7일 월요일 낢씨 맑음〉

오전에 웃뜰래 도사리을 혼자 주어니 줄지도 않코 해서 일에 자미도 업쓰며 오후에 갈라 하다 매일 세집배 과일 실어주기 때문 도사리을 주로 가지 않코 소 풀 좀 떳고 세집배 작과일을 경운기로 실어주고 있는돼 혜영이가 자전차로 와서 운이가 김천을 가서 과자을 다 사먹고 돈이 업쓰서 김천서 걸어서 온다고 이야기을 해서 성질이 소궂치더라. 여기서 김천이 을마나 먼돼 걸어온다고 더느냐 하고 세집배 과일을 집배 실어다 노코 자전차로 김천으로 올라가보니 셋시가 걸어서 용전 거늘목[건널목]에 오더라. 그러자 버스가 막 오고 있쓰서 빨리 오라고 소리을 쳐니 우리 운이만 버스를 태어 보내고 마랐쓰며 운이을 태어 보내고 원국이하고 원국이 사촌하고 오는돼 여기서 김천이 어뒨돼 차비도 업씨 과자을 다 사먹어며 어떠게 하나 하고 이야기을 하고 걸어서 오니 다리도 안 아푸더나 하고 무러니까 물이 제일 먹고 십따고 이야기을 하더라. 그래서 예을 먹이야지 앞푸로 이른 일이 업찌하고 마음속으로 예을 먹어야 한다고 생각을 했다. 그리고 자전차을 빨리 타고 집배을 아보니 운이가 와서 숙제을 하더라. 그래서 이것을 그냥 두며 아빠의 속을 자주 태울 것으로 생각을 하고 마음먹고 운이한태 매을 대어쓰며 역씨 한 번만 용서을 해달라면서 빌고 있은 것을 앞푸로 이른 일이 업두록 하기 위에서 매을 좀 만이 때린 셈이며 돈을 벌로 두어서 아이들 다 바린다고 집사람한태 야단을 쳣다.

수입 대석 4짝 計 27,040원 복숭 1짝

〈1986년 7월 8일 화요일 낡씨 흐림〉

웃뜰래 오전에는 집사람 둘리서 도사리을 주어쓰며 오후에는 놉을 해서 냇 사람이 도사리을 주어니 좀 쉽더라. 너무나 남외 손으로 농사을 짓튼 논이라 올미가 한정도 업더라. 그래서 이것을 당년에 해결을 할려니 힘이 무진장 더는구나.

지출에 … 고기 값 4,000 세 값 1,800
품 값 2명 5,000원

〈1986년 7월 9일 수요일 낡씨 비〉

오늘은 어재 논에 도사리을 주타가 넘어나 만이 남아서 오늘도 어재 놉을 핸 사람을 돼리고 오늘 오전도 같이 주어니 점심시간이 넘두록 주어야 다 할 껏 같다서 그만 일을 하자고 하니 일을 하로 온 사람이 어림도 업씨 이것을 남겨 두며 오후에 두리 와서 해야 하니 여럿이가 하며 수라다면 다하고 가자고 해서 할 수 업씨 도사리을 안전이 주어서 자신한태는 일 손을 들어찌만 놉한태는 정말 미안터라.

지출에 … 도사리 품 값 5,000
세 값 1,600

〈1986년 7월 10일 목요일 낡씨 맑음〉

금년에는 정말 송아지 운이 따라타고 생각을 한다. 외냐하면 셋 바리 다 슷송아지을 나아서 돈을 만이 바다타고 생각을 한다. 오늘로서 송아지 두 바리을 마자 가지고 같쓰며 한 바리에 520,000원 바다쓰며 송아지 셋 바리 금액이 백오십육만 원 바다쓰며 송아지 사료 금까지 따진다면 좀 더 바들 셈이며 올해로 바서는 암송아지 꼭 배을 바다쓰니 상당이 잘 했따고 생각을 한다.

수입에 … 송아지 셋 바리 (백오십육만 원)

〈1986년 7월 11일 금요일 낡씨 비〉

올해는 소 수정이 상당이 넛타고 생각을 한다. 왜냐하며 매년 송아지 분만하고 한 달만 지나며 꼭 암을 내서[발정을 시켜서] 수정을 하는돼 올해는 석 달이 넘어서 수정을 하게 돼니 자신으로 바서는 상당이 손에가 댄다고 생각을 한다.
그리고 올해 이앙기을 처음 싸서 모내기 했준 값을 계산을 해보니 총 수입금이 삼십만원이 넘어니 그 벌리도 상당이 좋은 편이라고 생각을 해보며 마음만 먹어며 충분이 용자는 해결을 할 수 있따고 생각도 해보며 이것을 다들 결산을 하고 회식을 한 셈이며 일을 할 때는 서로가 따리지만 오늘 돈을 만치고 그 돈으로 술, 고기로 부담 업씨 회식을 한번 하니 생각보다 마음이 캐얄[쾌활]하구나.[74)]

〈1986년 7월 12일 토요일 낡씨 흐림〉
아이들 책상을 사줄라고 생각을 한 적은 작년이지만 그거을 이루지 못하고 올해는 송아지 돈도 있이고 했서 집사람과 두리 김천을 가서 책상을 마음에 더는 것은 가격이 넘어나 비싸서 재어바찌만 참아 돈이 앞쓰서 이루지 못하고 중간 정도로 했서 책상을 두 개을 싸쓰며 이것을 경운기에 실어노코 장 흥정을 다 해서 경운기에 실어니 한 바리가 돼더라. 이것을 주차 했둘 때가 맏탕치 않아서 못처름 두리서 시장을 나왔는돼 집사람 보고 맡있은 것을 사주도 못하게따고 하니 집사람은 개안타고 하지만 자신의 마음은 걸리는구나.
지출에 … 책상 64,000 사료가 5포가 19,500원

〈1986년 7월 13일 일요일 낡씨 맑음〉
아이들이 책상에 안저서 공부하는 모섭을 보니 공부가 저절로 댈 껏 같이 보이며 우리 딸더리 의젓하기 짝이 업쓰며 이것을 왜 일적 못 사준 것이 후예가 돼며 아이들이 공부 시간도 길어저는구나.
7月 13日 후무사 1짝에 5,000
복숭 4짝에 16,000 計 16,920원[75)]
수입에 … 후모사 1개 복숭 4개 16,920원

〈1986년 7월 14일 월요일 낡씨 비〉
오늘은 세집배 감자 수학을 했쓰며 비을 마저면서 감자 수학과 밭태 김매기을 셋시가 했쓰며 지섬도 만이 있쓰니 이것도 힘이 상당이 만이 들더라.
수입에 후모사 2짝 4,560원

〈1986년 7월 15일 화요일 낡씨 흐림〉
오전에는 앞 도로에서 사방 10매다에 안에는 잡초을 전부 제거햇쓰며 살라갈수록 더 힘이 들며 무이미한 일을 가지고 농민들을 개로피고 있따고 생각을 한다. 정부에서 조금이라도 소득이 돼는 일을 정부에서 이처름 힘을 쓰준다면 고마운 일이지만 사치 정치을 원치 않는다.
오후에는 소을 처음 먹이로 나가쓰며 올해는 상당이 소 풀 떡이는 것이 너저타고 생각을 한다.

〈1986년 7월 16일 수요일 낡씨 비〉
집사람이 일적부터 열무 장사 갈려고 하는 것을 돈도 안 대고 사람만 예을 먹는다고 허락을 하지 않아쓰며 오늘은 우리가 다 몿 먹어니 수일 내로 업쌔지 안으며 진끄라진다고 하면서 오늘이 구미장이라면서 갈라

---

74) 이 내용은 일기 지면 상단에 따로 기록되어 있다. '수정로 사료례 8,500'라고 기록하였다.
75) 이 내역은 7월 6일과 7일 일기를 기록한 지면 상단에 따로 기록되어 있으나 내용상 13일자로 옮겨 적는다. 실제 계산은 21,000원이나 16,920원으로 잘못 기록하였다.

고 해서 아침 일적 먹고 경운기로 둘리가 가서 열무을 해왔쓰 집사람을 열무 장을 보내고 한참 있쓰니 비가 억수같이 내리고 있쓰서 자신이 잘못했꾸나 하는 후예감이 들더라. 외냐하며 열무 장을 바야 2,000원 정도 밖에 못 할 땐돼 집배서 일을 해도 사람이 수라며 돈 같이을 생각을 한다며 그 배는 번다고 생각을 해보았쓰며 이 비을 마저면서 열무을 어뒤에 팔며 정심 시간이 훔신 넘두록 오지 않아서 염려가 대며 시간이 갈수록 후예가 돼며 집배서도 일이 안 대고 있쓰며 사람이 오지을 안아서 일을 가지 못하게쓰며 기다리다 하로 해을 보내고 마랐쓰며 저녁때야 오더라. 그래서 내일도 열무 장을 한 번 더 가야하게꾸나 하고 웃고 마라다.

수입에 … 열무 값 2,400원

지출 … 아빠 신발 1,200원
우산 1,700원 計 2,900원
차비 460원 460
計 3,360

〈1986년 7월 17일 목요일 낡씨 맑음〉

늑뚤 들판에 벼을 볼 때에 다들 가하다고 생각을 하며 올해는 이삭 거름 할 논은 한 게도 업다고 생각을 한다. 그리고 린징씨[당근씨]을 갈라쓰며 무지파 갈 준비을 하는 것으로 하로 일과을 보내고 마랐다.

지출에 … 인공 수정 사료레 8,500원
혜영 300원 수박 1,000
計 9,800원

〈1986년 7월 18일 금요일 낡씨 맑음〉

집사람과 무지파 파종하는 것으로 하로 일과을 보내고 마랐다. 금년에는 무지파을 작년보다 조금 더 한 셈이다.

수입에 후모사 2짝, 복숭 1짝 9,600원

〈1986년 7월 19일 토요일 낡씨 맑음〉

대신 동서 부친 상문 같쓰며 우리 마을보다 손님 접대 하는 것을 볼 때에 너무나 응망이더라. 손님은 손님돼로 재각이 놀라나는 것을 볼 때에 자신이 불계하더라.

지출에 … 상문에 부이 10,000원

〈1986년 7월 20일 일요일 낡씨 맑음〉

집사람과 둘리서 당산에 콩밭에 지섬이 한 정도 업쓰며 콩밭을 두리가 김매기 작업하는돼 힘이 들 뿐 아니라 더어서 사람이 죽을 지경이며 아침 해장으로 가서 김매기을 해도 줄지을 안으며 실찌 소득이 업씨 노동만 들어가니 반갑지을 안꾸나.

지출에 … 큰 상자 100개 … 47,000
작은 상자 30개 9,000
計 56,000원

〈1986년 7월 21일 월요일 낡씨 비〉

비가 와서 아무 일도 못하고 소 풀 떳는 것으로 하로 일과을 보낸 셈이다. 소 금[소 값]이 빗쌀 때는 우박이 왔도 제돼로 량을 다 먹인는돼 요즘은 소 금이 허러서 소에 간심도 업쓸 뿐 아니라 소을 반쯤 굴미고 있은 실정이며 자신뿐 아니라 소 먹이는 사람은 다들 간심이 업따고 본다.

〈1986년 7월 22일 화요일 낡씨 흐림〉

오전은 서양바실래 논 김매기을 하였쓰며 한 번식은 전부 도사리을 주었는돼 오늘 도 살리을 주어보니 한 번도 주찌 않은 논 같더라. 그래서 논마다 한 번식 더 주어야 대겟따는 생각을 해보았다.

〈1986년 7월 23일 수요일 낡씨 맑음〉
들 전체에 병충 방제을 하여쓰며 이번 병충 방제는 2차 방제을 하여쓰며 금년에는 병충이 더 만은 것 같더며 문고병[76] 약은 좀 너전 감이 있다. 자신으로 바서는 문고병이 벌서 발생을 해서 동장에깨 문고병이 발생해서 좀 쳐야 하게는돼 하니까 조합에 벌서 부탁을 했는돼 아직 도착이 안 돼서 몾 가온다고 이야기을 서 아직 몾 쳐고 오늘 약이 도착이 돼어서 약을 살포을 했찌만 문고병 약은 금년으로 바서는 만이 너전 감이 있다.
수입에 … 후모사 2짝 6,400원

〈1986년 7월 24일 목요일 낡씨 흐림〉
작년에 벼가 쓰려저서 집사람과 두리서 생외을 먹어서 금년에 이삭 거름을 어떠한 일이 있쓰서 이삭 거름은 안캐따고 명세을 했는돼 남들이 이삭 거름을 마구 헌치고 있은 것을 보니 자신의 마음이 이삭거름 하는돼 따리고 있은 것 갈드며 자신의 마음이 약해저고 있따는 것을 자신 알면서 따리고 있은 마음을 잡찌 몾하게 이삭 거름을 살려고 조합을 같쓰며 가리 거름과 이삭 거름용을 살려고 하니 가리는 업따고 해서 이삭 거름용만 2포을 싸와서 서양바실에 (한 포) (당산에) (복판) (봉답)예을 한 포을 나누어서 이삭 거름을 하고 마랐는돼 금년에도 벼가 쓰려저게해 고생을 하는 것이 아닌가 하고 극정이 앞쓰고 있꾸나.
지출에 … 비료 이삭 거름용 2포 7,160원

〈1986년 7월 25일 금요일 낡씨 흐림〉
금일은 봉답 논에 집사람과 두리서 김매기을 하여쓰며 금년에도 봉답 벼가 너무 좋아서 쓰려절까바 염려가 대는구나. 그래서 가리 비료을 한 벌 헌치고 마랐다. 그리고 오후에는 황시마 때기에 김매기을 하는 것으로 하로 일과을 보낸 셈이다.

지출에 …	아들 공책	4,600원	計 11,100원
	옷 값	6,500원	
	닭갈	2,100원	
	국수	1,300원	3,900원
	라면	500원	
			計 15,000원

〈1986년 8월 3일 일요일 낡씨 비〉
금일은 상과집배 일을 바주로 같쓰며 생각 같다서는 사람이 업쓸 줄 알라는돼 왜냐하며 이 사람이 돈이 있이다 합시고 남외 일은 아예 하지도 않코 자식도 면소무소 단인다 합시고 남왜 일을 안에서 사람이 업쓸 줄 알라쓰며 사람이 만아서 당행이다. 그리고 일부 사람들이 불평을 하면서 일을 하며 이번 일이 상같집 바서는 아무도 일을 하지 않는다고 하면서 이 복드위에 일들을 열심이 하여주는 것이 놀랍더라. 이우는 삼촌대는 사람이 군에 부군수 직이에 있쓰니까 이득이 크다고 생각을 하며 재각키 친구을 차저서 책임을 저고 해달라고 부탁을 하고 있은 모섭을 보니 인간 생할에 살라가는 방식이 따로 있따는 것을 너켜다.
지출에 … 부이 5,000

76) 문고병은 잎집무늬마름병이라고도 하며 주로 잎집에 담자균류가 기생하여 회색의 얼룩무늬가 생기고 차츰 잿빛을 띤 흰색으로 변하여 시들어 죽는 병이다.

〈1986년 8월 5일 화요일 낡씨 맑음〉
오전 내 들판에 괸 봉답에 문고병 약과 살충제을 집사람과 혜영이와 약 살포을 하여쓰며 금년 농사가 우선 바서는 풍작이며 앞푸로 날씨을 잘 한다면 대풍이 댈 꺼 같다.

〈1986년 8월 20일 수요일 낡씨 맑음〉
곤이 잠을 자고 있는돼 경숙이가 아빠 또 아푸다고 말을 하는돼 자신의 머리가 아푸게 놀라게떠라. 놀라서 일어나서 시계을 보니 밤 12시가 돼어쓰며 의식을 일은 형을 보니 정말 기가 막힌다. 아직 형이 아들이 어리서 아직 더 살라야 하는돼 생각밖에 들지을 안더라. 그러자 이웃지에서 사람이 와서 따고 하니까 몸이 풀리는 시간이 먼저보다 빠른 것 같떠며 형이 몸이 해복이 댄다고 해서 그만 내일 날이 쌔며 대구로 갈 작정을 하고 택시을 불어서 택시가 온 것을 돌리보내고 돈 4,000원 달라고 하여서 주고 그냥 보내고 마랐다. 그리고 형이 밤을 잘 자고 있쓰서 밤 두 시가 돼는 것을 보고 우리는 집사람과 둘리서 잠을 자로 오고 마랐쓰며 아침 4시에 또 형이 아푸다고 미숙이가 올라왔더라. 또 아푸다고 이야기을 하니 안 나푼 사람도 몾 살 정도로 쇼크가 오는구나. 제발을 하는 것을 보니 저녁에 병원에 같쓰며 잘한 것인돼 후예가 댄다. 이제는 큰 병원에 가서 안전 진단을 바다야 대겟따는 생각밖에 업쓰며 김천에 도렵병원에서 응급치료을 하고 대구 경북대학병원에 가서 뇌파 검사을 하고 결과도 일주일 후 난다고 해서 결과도 보지 몾 하고 집부로 돌라오고 마랐다.
지출에 6,000원

〈1986년 8월 21일 목요일 낡씨 맑음〉
오전에는 눈님이 오시서 놀다 오전을 거진 다 보냇쓰며 오후에는 소 먹이는 일로 하로을 보낸 셈이다.
그리고 장마 끝이 나고 계속 햇빛이 난 적이 별로 업쓰며 심지어 장마가 다시 온 것이 아니냐 하는 말도 돌라쓰며 벼들이 한참 출수을 할 때에 햇빛도 업고 비가 자주 왔서 올 가을에 벼 수학이 아무래도 떨어저지 않을까 하고 염려가 대는구나.

〈1986년 8월 22일 금요일 낡씨 맑음〉
우리 운이 때문에 큰 문제라고 생각을 한다. 왜냐하며 방학 숙제을 한 개도 하지 않코 만향 놀려고만 하며 아빠, 엄마 들래만 가면 곳바로 놀려가며 때리도 대지 않코 살살 달래도 안 대고 아빠, 엄마 급을 내지도 않코 저의 누나의 말을 뜻지 않으며 때린다고 해도 마저며 대지 하는 식으로 나가니 아빠가 말을 부칠 말이 업꾸나. 이것은 매마른 아들 하나 있은 것을 때릴 때도 업쓸뿐 아니라 한짜로[한 대라도] 때리며 곳바로 숨이 넘어가두록 빌고 있은 자식을 자꾸 때릴 수도 업고 해서 운이 하는돼로 두고 볼라니 기가 찬다.

〈1986년 8월 23일 토요일 낡씨 맑음〉
집사람과 둘리서 채소밭을 김매기을 하여쓰며 채소에 일체가 약 살포을 했쓰며 금년 채소는 일적 파종을 해서 우선 보기는 아주 좋은 편이다.
"금년 벼농사는 우선 바서는 대풍년이라고 생각을 한다. 앞푸로 날씨만 잘 한다면 더 바랄 길 업다."

〈1986년 8월 24일 일요일 낡씨 맑음〉

내일 작과나무 전지할려고 오전에는 경운기로 소 풀을 상당이 많이 떠드쓰며 오후에는 소만 먹이는 일로 하로을 보내고 마랐다. 그리고 운이가 내일은 학교 개학한다고 오늘은 숙재을 한다고 종일 집배서 공부을 하는 것 같다 마음에 더는구나. 운이가 저의 누이처름 공부을 한다면 극정을 않캐는돼 공부라 하며 날 직이라 하는 식이나 아빠로서는 밥맡이 떨어저며 딸들과 반돼가 대어쓰며 극정이 들 대겟는돼 이것을 해결책을 차지 몿해서 아빠로서는 안타값키 짝이 업꾸나.

〈1986년 8월 25일 월요일 낡씨 맑음〉

큰집배서 오늘 소장 갈라고 하면서 가자고 해서 자신은 요새 소 끔이 좀 오른다니 조금 있이다 팔라쓰며 하는돼 형수가 도저이 힘이 들어서 몿하게따면서 팔자고 해서 오늘 장에 형과 둘리서 팔로 같쓰며 큰집 소가 크고 살집은 좋찌만 어낙 늙어서 돈을 적게 바들 줄 알라는돼 생각보다 좀 더 바든 너킴이 든다. 자신은 칠십만 원 밭는돼 75만 원 바다쓰니 마음에는 별로 안 차지만 생각보다 좀 더 바다서 마음이 낯꾸나. 그리고 큰집 소가 약 15년을 우리와 같이 살라쓰며 송아지로 돈도 만이 벌어주어쓰며 우리 집배서 팔리 같쓰니 서운한 감을 참기 힘이 더는구나. 큰집 소가 아직 형만 아푸지 않는다면 우리와 멧 년은 더 살 수가 있쓸땐돼 그만 팔리같쓰니 아쉬어지며 아포 농지소로 팔리 같쓰니 마음이 들한 너킴이다. 이것이 도살장으로 팔리같쓰며 자신의 평생에 마음예 걸린다 해도 가연이 아닌돼 농지소로 같쓰니 한결 마음이 좋꾸나.

지출에 … 차비 180원 360원 경운기 엔진
오일 4,500
計 4,860원

〈1986년 8월 26일 화요일 낡씨 맑음〉

오늘은 작과나무 전지을 오늘로서 안전이 한 셈이다. 과수 전지을 일부하고 시간이 업쓰서 몿하고 둔 것이 마음에 계속 걸리더니 오전에 마음먹고 전지을 하니 다 하게쓰며 작과나무는 7월 전지을 하니까 좋은 것 같더라.

그리고 소 풀 먹이고는 오전에 풀 떠뜨야지 오후에는 어김업씨 소 먹이야지 하니까 자신의 시간은 다른 일을 할려면 땀을 흙리두록 풀을 떠더노코 딴 일을 할 수가 있쓰니 그만침 시간이 업쓸 뿐 아니라 하로 생할이 바푸게 돌라가고 있은 것은 사실이다.

〈1986년 8월 27일 수요일 낡씨 흐림〉

오늘은 형 내파검사 결과 나오는 날이라 형과 형수 둘리 보낼라 하다 같이 따라 같쓰다. 열차을 타고 갈 때는 (내예) 이상이 있따고 하며 어떠게 하나 하고 극정이 대며 불안하게 짝이 업시 병원까지 도착을 했쓰며 병원에 도착을 해서 9시 반경에 접수을 해서 병원 대합실래서 기다리고 있쓰니까 오전 11시에 간호원이 이름을 부려더라. 이제는 결과을 알 수가 있꾸나 하고 좋아했는돼 거것이 아니더라. 수납부에 가서 돈원을 지불하고 오라는 말래 기분이 상하더라. 왜냐하며 의사 10시경에 나오지 바푼 환자가 제시간에 출근을 하지 않아 불만인돼다 간호원이 기다리는 시간에 수납부을 지불하라면 다 하고도 지 업두록 기다리고 있쓸땐돼 진찰을 할 시기에 사람을 불어서 돈원

너라고 하니 기분만 상하고 말더라.
기분을 억제하고 있는돼 11시 40분에 이름을 부려더라. 그래서 진찰실래 들어가보니 내파 검사 결과는 아무 일 업따면서 일주일분 약을 줄때니 이 약을 복용해서 결과을 보라고 하면서 일주일 후에 한 번 더 오라는 말 뿐이라 결과가 나오지 않으니 극정이 대는구나.
지출에 … 2,000원

〈1986년 8월 28일 목요일 낡씨 비〉
금년 농사가 대풍을 만나는가 십더니 난돼 업는 불청격이 차자와 이번 배라 태풍이 몰라쳐서 피해가 업청나게 만으며 벼 도복이 극정이 돼어서 비바람을 마저면서 들판을 돌라보았떠니 태풍이 농민들의 가슴을 넘어 아푸게 했쓰며 좋다는 벼는 거진 다 쓰러젔고 원풍벼는 하야게 백수 현상이 일어나서 있쓰며 이것이 이삼 일 후에 가며 안전이 하야게 댈 것을 생각을 하니 밥맡이 업쓸 정도며 이번 태풍 배라[베라]호는 직접 강타을 했쓰며 아무것 남찌 않을 정도로 비바람이 센 줄을 정말 몰랐다. 직접 강타을 하지 않아도 벼 밭 곡석 과실이라 달린 것은 반 춤은 다 떨어저고 특히 사과는 정말 피해가 만타고 생각을 하며 소 풀 떠두로 가보며 사과 과손마다 사과가 가을에 수학을 해서 색 내고 있은 것쳐름 낙화가 돼어 있쓰니 이 농민의 가슴을 어찌 알리까.

〈1986년 8월 29일 금요일 낡씨 비〉
오늘은 태풍 때문에 큰집배 사과나무 쓰러진 것을 세운다고해서 같든이 형이 말바우자형 집배 아래채{에서} 떠든 석가래가 있따고 하면서 경운기로 갈라고 하니 어질업따고 하면서 자신 보고 가자고 해서 둘리 봉산에 가서 석가래을 경운기로 한 발리 실고 와서 쓰려진 사과 나무을 세우는돼 힘이 들 뿐 아니라 쓰려진 사과나무에 과일이 주렁주렁 달려 있은 사과나무을 보니 기가 찬다. 떨어진 과일이 수도 업시 땅바닥에 둥글고 있은 모섭을 보니 아깞키 짝이 업쓰며 정국적으로 이것을 어떠개 하나 하고 극정밖에 돼지을 않으며 형으로 바스도 총 25 나무에 15포기가 안전이 쓰려졌쓰니 생각만 해도 피해을 짐작을 할 수 있는돼 정부에서는 다행이 피해가 적따고 벌소리만 하고 있쓰니 한숨이 나오며 농민의 피해을 취제한 기자가 정부 쪽보다 욕이 더 간다고 해도 무리는 아니다.
"정부는 국민이 미들 수 있은 정책과 거짓을 국민에깨 좀 안예쓰며 하는 바람이며 정부는 국민이 미더야 하는돼 이번 정부는 입만 벌리며 국민이 거짓말 한다면서 욕을 하고 있쓰니 어찌 잘 돼리라고 생각을 하리까."

〈1986년 8월 30일 토요일 낡씨 맑음〉
작년에 벼가 쓰려저서 생식급을 보고 다시는 벼을 쓰려지게 안 질 꼈으로 맹세을 하다십피 했는돼 올해도 벼을 쓰려지게 했쓰니 집사람에개 할 말이 업꾸나. 그리고 동내 거름 만이 하는 사람은 올해도 다 쓰려지게 농사을 짓어쓰며 비료 거름 만이 하는 사람 장거[늘, 그] 사람이 벼을 쓰려지게 농사을 짓고 있는돼 거 석관도[그 습관도] 십깨 버리지을 못하고 있는가바. 자신도 한 단지에 비료 거름 요소 1포 반우로 돌리고 말라고 결심을 한 셈인돼 엽패 논에서 거름 좀 해야돼내 하는 바람에 이삭 거름을 해서 또 스려지게 농사을 짓어 낳쓰니 벌로 농사을 짓는다고 해도 가연이 아니다.
쓰려진 벼을 세울라고 집사람을 돼리고 벼을 세우는돼 하로을 보낸 셈이다.
지출에 … 책 6,400 차비 380원 과자 400
공책 800[77]
計 7,180원

〈1986년 8월 31일 일요일 낡씨 맑음〉
요줌은 태풍에 벼가 을마나 피해가 만이 젖는가 하고 매일 들판을 도라보곤 한다. 다른 벼는 피해가 적은 것 같든돼 무렸댄 원풍벼는 절쉬을 하지 않코 꼿꼿하게 쓰있은 것을 보니 기가 차며 자신은 11.5돼지기을 원풍벼을 해서 자신은 피해가 말로 할 수 업는 실정이며 자신이 마을에 쵳고도 제일 피해가 만타고 생각도 했본다.
지출에 … 고기 값 1,500원

〈1986년 9월 1일 월요일 낡씨 비〉
원풍벼가 날짜가 넘어갈수록 회복이 대는 것 같다서 기분이 상당이 좋꾸나. 만약 처음과 같이 피해을 본다면 10마지기는 내버리는 격이 대니 이것은 자신으로 바서는 음청난 피해가 돼며 원풍벼가 갈 때마다 마음이 난 것 같다서 요줌은 매일 들판을 돌아보는 실정이며 피해가 궁금해서 일주일은 눈 감짝할 사이에 넘어가서 원풍벼가 피해가 학실이 낮타났쓰며 하는 생각밖에 업꾸나.
"그리고 오늘이 아버지 제사이며 오 형제, 오 동시 다들 참석을 했쓰며 오늘까지 아버지 어머님 제사에는 오 형제가 빠진 적이 업쓰며 직장을 가진 놈이 불찬하는 사람 업씨 제사에 참석을 했주니 고맡키 이루어 말할 수가 업꾸나."
"우리 딸 혜영이가 이번원 회장이 대어따고 이야기을 할 때는 아버지로서는 제일 큰 기쁨이며 자식이 공부 잘 한다고 남보다 앞쓰간다는 말이 자식과 아버지의 시위는 그 기쁨을 알라도 남이 그 기쁨을 알 리가 업따고 본다. 그리고 먼저는 부회장인돼 이번에는 또 회장이 돼어쓰니 친구들이 먼저와 이번가 두 택을 내야 한다고 이야기을 하길에 아빠의 기분이 좋아서 초대을 하라고 이야기을 했쓰며 지출 대는 것이 급이 나지을 안더라."
지출에 … 큰집배 5,000 닭갈 2,100
計 7,100원

〈1986년 9월 2일 화요일 낡씨 비〉
"농민들의 가슴을 아푸게 하고 있꾸나. 왜냐하며 비가 적개도 오지 않코 줄줄 내리고 있쓰니 농민들은 간장을 다 태우며 피, 땀을 흙리서 짓어논 농사을 다 망치고 있쓰니 예가 타는구나."
"오늘 비가 벼농사에 치명적인 타격을 주는 비가 대며 이번 비는 농민 힘을 죽이는 비라고 해도 가연이 아니다."

〈1986년 9월 3일 수요일 낡씨 맑음〉
어재 비는 생각보다 벼을 쓰러지지는 않은 것 같다. 어제 저녁에 비오는 것을 잠자리에서 들을 때에 벼 다 쓰러진다고 극정을 했는돼 오늘 들판을 한 박키 돌라보니 별료 쓰러저지 않아서 큰 다행이라고 생각을 해본다.

77) 공책에 줄이 그어져있고 지출 합계에도 빠져있다.

"우리 운이가 돈을 아갑게 여기지을 않코 돈만 생기며 돈을 다 쓰버리고 마니 이거 극정이 대며 먼저 고속도로에서 차 전복돼어 차에 짐 쉬러주고 품값으로 600원을 바다서 다 쓰버리고 오늘도 앞 도로에 풀 뽑아주고 600원 바다서 다 쓰버리고 들어오니 우선 돈 쓰는 것은 극정이 돼지 않찌만 나중 가서도 돈에 소중한 감을 모런다며 극정이 안 댈 수가 업꾸나."

〈1986년 9월 4일 목요일 낡씨 맑음〉
이번 태풍 바람에 피해가 처음에는 음청나게 만원 것 같더니 이제와서 보며 과수업자는 생각을 할 바는 아니지만 그 나머지 벼 농사을 짓는 사람은 처음보다 우선 바서는 피해가 줄어더는 것은 사실이다. 외냐하며 자신을 바도 원풍 농사을 11한 마지기을 해서 이 피해을 어떠게 하나 하고 크게 극정을 했쓰며 이제 와서 벼 이삭을 보며 마음에 찬 벼는 못대지만 그런대로 태풍이 지나간 것을 생각을 하며 우선 바서는 3분의 1은 버린다고 해도 처음 생각을 한 것 비예서는 아무것도 아니라고 생각을 한다.
"금일은 앞 도로에 배수로에 흙 더러 있은 것을 면예서 보기 실타고 다 파내라고 한다고 그 밑태 작자들이 경운기로 실어 내면서 생각을 해도 정부에서 너무하다고 생각을 한다. 왜냐하며 도로 주위에 공터는 중장비을 동원해서 한다는 거이 꽃을 심고 있쓰니 우리 마을에서 중장비을 동원해서 대신에 꽃동산을 한다고 2천만 원 공사을 한다고 일을 하고 있은 것을 보며 마음에 내키지을 안으며 앞 도로에 풀 캐는 작업을 하는 사람의 노임을 주면서 일을 시키는 것을 보며 그 돈이 어뒤서 나오는 줄을 알 수가 업쓰며 오는 배수로 작업을 하는 것도 낭비라고 생각을 하며 정부에서 하는 일이 넘어 사치을 부린다고 생각을 하고 있다."

〈1986년 9월 5일 금요일 낡씨 맑음〉
이번 태풍 피해에 면회서 나온다기에 기다리고 있쓰는돼 단당 직원이 들로 나와서 보지 못하고 말라쓰며 넉뚤에만 한 박키 돌로 말라따니 피해 조사가 제대로 못하고 마라따는 결과가 돼고 마라쓰며 피해 조사을 할려면 필찌마다 도라보이야 하는돼 한 군대서 해버리니 마음에 들지을 않꾸나.

〈1986년 9월 6일 토요일 낡씨 맑음〉
"오늘은 마을 주변가 도로 주변에 끌 베기을 했쓰며 아시와 경기 때문에 살도로[사흘 내내] 부역을 했쓰며 경기 한 번 치루는돼 너무나 법석을 부리고 있은 것을 보며 우리 나라가 후진국이라는 것이 표가 난다고 해도 가연이 아니다."
그리고 오늘은 우리 혜영이 회장 돼어따고 저의 반 학생을 초대 한다고 김천 시장 간다고 난리을 직인다[피운다]. 이번에는 우리 혜영이가 육학년이라 아이들 초대하는 것을 허락을 하였다. 우리 혜영이 회장, 부회장을 쭉 했찌만 학생들 초대는 허락찌을 안아서 이번에 잘해야 하는돼 하면서도 돈이 앞쓰고 있따고 해도 무리는 아니다.

지출에 옷 2,000 과자 3,500 떡값 2,500
허리띠 2,000 신 1,000 반찬
4,700 수박이 1,100 오뎅값, 나물
1,500 오징어 2,500 혜지 책
1,400 약이 4,200 차비 600
計 27,000원

〈1986년 9월 7일 일요일 낡씨 맑음〉

"서양바실래 도량 천다고 작자들이 나와서 부역을 했쓰며 금년에 태풍 피해을 입지 않은 사람은 금년에 대풍년을 마지하게더라. 오늘도 들판을 한번 돌라보았찌만 벼들이 아주 잘 돼어서 풍년을 마지하게더라."

그리고 우리 혜영이 회장이라고 친구들을 초대을 해서 정심식사 대집을 하는돼 이것도 손님이라고 신경이 크게 쓰이며 집사람은 정신이 업쓸 정도로 분주하며 어른들 초대하는 것보다 더 힘이 드는 거 같더며 아이들이 더 힘이 들며 초대라는 것이 정말 조심스렵따는 것을 오늘 알라다. 그리고 아이들이 상이 내리안뚜록 했따면서 잘 먹개따고 인사을 하는 것을 들러니 마음이 노이는구나.

"그리고 요줌 아들 세대차이라고 이야기을 하든이 정말 만이 바키따고 생각을 한다. 우리들 잘랄 때에 초대라는 것을 감이 생각도 못했쓰며 요줌 아들은 조금한 일이라도 초대을 받고 캐알하게 하로을 절급게 놀다가는 모섭을 보며 요줌 아들 복 만은 아들이라고 생각을 한다."

〈1986년 9월 8일 월요일 낡씨 흐림〉

오전에는 집사람과 둘리서 배추 밭에 가서 배추을 속아쓰며 배추 속이가 넘어나 너전택이다. 좀 일적 속아서며 배추가 더 좋을 댄대 속음이 너저서 손예가 마느리라고 생각도 했본다. 배추가 속음이 넘어 만아서 위우지에[이웃에] 논아서 먹고 구미 시장에 팔로 같쓰며 구미 민정이 집배로 가서 그 위우지에 노나서 팔아서 좀 일적 온 셈이다. 집사람이 구미 갈 때는 비방울이 하나 둘 떨어저 집사람 에만 먹고 돈도 못 한다고 가지 말라 했쓰며 비가 만이 오며 민정이내가 팔든지 다 먹든지 같다 주고 올태니 아빠는 신경쓰지 말라고 해서 경운기로 주막까지 실어다 주고 마랐다.

수입에 … 배추 값 5,000

〈1986년 9월 9일 화요일 낡씨 비〉

벼 수학을 다 하두록 비가 오지 않아도 벼 농사을 짓을 수가 있따고 보는돼 요줌 때 아닌 비가 내리서 벼 익는 돼도 너절 뿐 아니라 비가 오게 대며 벼 수학하는 돼 상한 예로[상당한 애로]가 뒤따리게 대며 업는 농가에서는 기계로 비지 몾하고 사람 손으로 벼을 비며 벼단에 흙이 무키 때문에 등에도 차이가 있쓰서 결국은 업는 사람을 피해을 주는 격이 댄다. 그리고 제발 비가 안 아쓰며 하는 생각이다.

그리고 우리 운이가 산수 시간만 돼며 선생님깨서 손을 들어도 잘 안 시킨다는 말을 하며 때로는 나가서 문제을 맏춘다는 이야기을 할 때 2학기 들어와서는 공부 치미을 좀 가지는 것 같다서 아빠로서 정말 기쁜 일이며 요줌은 선생님깨 손만 들어도 돈 100원 주고 있다. 우리 운이 적으나 공부을 하며 성적이 아주 향상댈 껏이라고 생각을 하는돼 공부 치미을 어떠게 해야 공부을 하게나 하는 생각으로 고통을 넌길 때가 만다.

"그리고 오늘은 하루 점두록 휴식을 한 셈이며 오후에 소 먹인 일과로 하로을 넌긴 셈이다."

〈1986년 9월 10일 수요일 낡씨 맑음〉

어제 비오는 바람에 소 풀을 떳지 몾해서 오늘 오전에 소 먹이로 대리고 가서 오전내 소을 먹이쓰며 소을 오전, 오후을 점두록 소 먹이며 사람은 수라지만 다른 일은 점부 꽃해서 그것이 문제다.

"우리 운이가 공부에 취미을 가지는 기색이 있쓰며 요줌은 산수 시간만 대며 선생님예깨 바른끈을 엇는다고 하니 아빠의 걱정을 조금식 들어주고 있는돼 계속 취미을 가지서 저의 누나 모양 공부을 잘 하며 더 바라지을 않캣다."

지출에 고추 4,000 체육복 3,500 밀가루 5,400원 하이타이 600 닭 2,500 낮 2,000 차비 720

計 18,700원[78]

〈1986년 9월 11일 목요일 낡씨 비〉

가을 하늘에 비가 내리고 있쓰니 안타갑기 짝이 업꾸나. 가을 날씨에 비 오는 것이 꽃 맡당이며 비가 자주 오고 있쓰니 벼가 다 쓰러질 뿐 아니라 추수도 상당이 너저가는 것은 사실이다. 앞우로 비가 더 오며 상당이 피해가 크며 콤바위가 꽃 더러가는 곳도 만을 껏으로 내다보고 있다.

그리고 요줌은 원풍벼가 태풍 피해을 더 대는 너킴이 들며 처음에 보고 좀 있이다 보니까 원풍벼가 좀 난 것 같이 보이드니 요줌 보니 피해가 상당이 만은 것 같다서 안타갑키 짝이 업꾸나.

"그리고 우리나라에서 너무나 운동에 신경을 쓰며 요줌 정부는 아시아 경기에만 절열[전력]을 다 하며 우리나라에서는 너무나 분수에 맡이 않는 행동을 하며 라뒤오나 태래비나 하로 종일 시청을 해도 경기만을 가지고 움직이고 있쓰니 자신으로 바서는 기욱질[구역질] 나두록 법석을 부리고 있은 것이 하로 빨리 지나같쓰며 하는 생각박에 업꾸나."

〈1986년 9월 12일 금요일 낡씨 맑음〉

오늘 오전에는 늑뚤래서 신품종 칠성벼 푼평대회에서 서로 장단점을 농촌지도소에서 이야기을 하여주어쓰며 금년에 신품종을 해서 득을 본 셈이다. 이때것 자신은 신품종을 해서 손에만 보아서 금년에 산품종을 하지 안아떠니 금년 들어 신품종을 안에서 손예을 본 셈이며 신품종을 한 사람은 다들 농사을 잘 짓은 셈이다.

그리고 품평대회 한다고 김천 백사장에서 신민환당에서 대통령 직선제 하자고 예치고 있은 것을 보니 정부 돌라가는 것이 어떠게 수립을 해갈찌 몰라도 심각한 문제가 아닐 수 업다. 자신이 생각을 해서는 수섭이 잘 돼지을 않을 껏 같더니 학생만 희생이 댈 껏 같더니 어찌 극정이 안 댈 수가 잇나.

"그리고 오늘 김천에 강연 들어로 온 사람이 한정도 업더라."

지출에 … 정심 1,000 낮 1,000

計 2,000원

〈1986년 9월 13일 토요일 낡씨 맑음〉

금일은 예비군 교육이라 대신국민학교에서 교육을 밭는돼 정부 잘꽃을 무더주는 교육이라서 별로 흥미가 업다. 어너 누가 정부을 잡아도 별 다름이 업찌만 말단 공무원까지 정취 도구로 사용을 하니 모든 교육이라든지 모임을 가지며 하나의 청취 도구인이 대는 인식이 이제는 머리에 배기어 있쓰니 이것이 극정이다.

78) 실제 계산은 18,720원이나 18,700원으로 잘못 기록하였다.

그리고 들판에는 벼들이 황금물결 치는 모섭을 가지는 것은 농민의 한 사람 뿐이며 농민위 제일 중노동을 하고 있찌만 들판에 황금 물결 칠 때는 그 누구도 불찌[부럽지] 않으며 농민의 가슴, 얼굴 할 것 업씨 활짝 피어지는 촉감 누가 아리까.

"우리 운이가 공부라 하며 금새라도 죽는 기색을 보이는 운이가 요줌 학교에서 제법 맞추고 하니까 산수에 취미을 가지는 것 같다서 딸을 공부을 잘하는 제미보다 우리 운이 겨우 산수 책에 취미을 가지고 억찌론따나[억지로나마] 공부 하는 것이 아빠로서는 더 제미가 있다."

〈1986년 9월 14일 일요일 낡씨 맑음〉

금일은 인분을 일 년 만에 쵳는 것이 상당이 만으며 경운기로 오전 내 30십 장군을 포내서 작괴나무에 한 불식 준 셈인돼 작과나무에 인분을 만이 주어서 지장이 업쓸련지 알 수가 업꾸나. 인분을 줄 때가 업쓰서 작과나무에 준 것이 잘못이 아닌가 하는 생각이 든다.

그리고 김포 비행장에 폭발물 사건이 일어낮다고 하며 이것이 정부에서는 자경주위을 가진 학생이 아닌냐 하고 내다보고 있는돼 만약 자경학생이라면 잘못을 가리지 않코 이것은 사형을 시키야 하며 자신은 정취을 못해서 불만으로 학생들의 대모가 끝이 나지 않코 개속 하고 있은 줄 알라뜬이 이것만도 아닌 것 깥더며 신민당도 정근만 이앙할 욕심만 가지지 말고 진정 이 나라의 장래을 생각을 해서 노력을 해야 우리 국민이 순탄하게 살 수가 있따고 본다.

수입 … 콩 값 5,600원

지출에 … 오삽 1,800 혜지 약 3,000 시계 수리 3,000 지포 1,600 양발 1,500 차비 380원 구론산 200원 과자 300원

計 11,780원

〈1986년 9월 15일 월요일 낡씨 맑음〉

어제는 자신의 지질 때문에 일 하는돼 힘이 들어쓰며 지질이 일만 만이 하고 사람이 곤하며 발생을 해서 몸을 개롭게 하고 있다.

"요줌 들판에 벼는 하로가 다르게 익어가고 있다. 태풍은 우리나라을 직접 강태는 했찌만 정국적으로는 수학을 학실이 몰라도 우리 마을에서는 대풍년 맡이했따고 본다."

"우리 혜영이가 오늘 회장 임명장을 바다왔더라. 우리 혜영이는 상도 만이 밭고 하는 것을 보며 아빠만 뒤바라지 했준다면 이 아빠의 실망은 시키지 않을 딸이라고 생각을 한다."79)

〈1986년 9월 16일 화요일 낡씨 맑음〉

오늘은 추석 골[꼴] 떠들라고 오전부터 소을 먹이가면서 소 풀을 떠더니까 풀이 만이 밀리더라. 소가 떠더온 풀을 먹지 안으니까 수라게 풀리 밀리고 있다.

그리고 자신도 소을 풀을 떠드서 소을 먹일라니 잠쉬 시간도 업쓸 뿐 아니라 작년에만 해도 집사람과 둘리서 풀 더드온 적이 상당이 만은돼 금년에는 집사람이 어쩐지 시간이 나지을 않으며 집사람은 아빠 소 먹이는

---

79) 이 내용은 일기 지면 상단에 따로 기록되어 있다. '~~(윤대희 五萬 원 차용함)~~'이라고 기록하였다. 가운데 두 줄로 그은 것으로 보아 빌려준 돈을 돌려받았을 때 줄을 그어 표시한 것으로 보인다.

돼 골탕 다 먹개따면서 좀 거들어 줄라고 생각을 해도 대채 시간이 나지을 않는다면서 극정을 하고 있쓰며 막상 자신도 집사람을 대리고 가서 풀 떠드오고 십픈 마음은 별로 업다. 왜냐하며 집사람이 아푼돼도 업씨 말으고 있쓰서 금년에는 집사람 건강을 상당이 생각을 하기 때문에 채소밭 가는돼도 경운기 실어다 주어서 채소을 해오두록 하며 이것으로 자기 안내는 아키개찌만 자신은 살라갈수록 안내의 고마움과 아까운 마음이 앞쓰서 생활을 하고 있은 것은 사실이다.

〈1986년 9월 17일 수요일 낢씨 맑음〉

“내일이 추석이라서 경운기로 소 풀 떳는다고 시간가는 줄 몰라쓰며 소을 먹이면서 풀을 떳더니 십게 추석 꼴을 떳들 수가 있쓰서며 오후에는 소만 먹이고 일적 들어왔쓰 내일 준비을 할려고 마음먹고 소을 먹이면서 너무나 지루해서 창고장 소을 먹이는돼 가서 잠쉬 놀고 왔떠니 소가 어뒤 간는지 알 수가 업쓰며 온 냇바닥을 해매도 소가 업쓰서 해는 서산에 넘 가는돼 소는 업고 하니 마음은 초초해저며 머리 생각에는 내일이 추석인돼 소을 차저로 와야 하는 것이 아닌가 생각을 하니 마음은 바빠저고 있는돼 집배서는 온 식구가 나오고 이웃 사람도 나오니 마음 한편으로는 던든하며 고맡더라. 그러서 득개 사람이 소가 있따고 해서 사람이 들에 먹고 차전 셈이며 득개 사람 아니며 정말 예을 먹을 뿐 했다.”

그리고 정국적으로 성화 불 봉송하는돼 너무나 낭비을 만이 하며 성화 불 가는 곳마다 잔취을 벌리고 하는 것을 보며 너무나 낭비을 하고 있쓰서 정부에서 생각을 하여서 온 국민을 마음을 들떠게 하는 것을 알고나 있는지 영문을 몰갯다.[80]

지출에 … 수봉 6,700원 닭 3,200 떡 3,000 쬬기 2,000원 쏘세지 800원 하장지 550원 치약 800원 양발 500원 숙쭈나물 1,000
計 18,550원

〈1986년 9월 18일 목요일 낢씨 맑음〉

금년 추석은 추석 기분이 훩신 더 푼기는 말이 난다고 생각을 해도 뜰린 말은 아니다. 왜냐하며 이번 추석은 정부에서 공휴일로 했키 때문에 객찌 사람이 이번 추석은 다 왔따고 생각을 하며 이번 추석에는 골목이 점부 사람이니 추석 기분이 더 난다.
그리고 오늘 성모 하는돼 올해는 아들이 성모 하는돼 다들 성모 하는돼 모 주위에 설때도 업씨 만으며 권 씨 손도 상당이 만이 멀어젓따는 것을 너켜쓰며 엔날 같떠며 동내을 차리도 수라게 차리겟따고 생각도 해보았다.
지출에 … 아들 1,300원

〈1986년 9월 19일 금요일 낢씨 흐림〉

남들은 추석 뒤라 윷노리 논다고 법석을 부리고 있는돼 자신은 소 풀이 업쓰서 경운기로 집사람 채소 밭태 가면서 같치 가서 풀을 떠드왔쓰며 아무도 하지 않는 집사람을

---

80) 이 내용은 일기 지면 상단에 따로 기록되어 있다. ‘윤문희, 윤종희 ~~참석자 동사무소 9月 17日~~ 김춘효 ~~拾萬 원 차용함~~.’이라고 기록하였다. 가운데 두 줄로 그은 것으로 보아 빌려준 돈을 돌려받았을 때 줄을 그어 표시한 것으로 보인다.

가지고 가서 풀을 떠드니 집사람 보기에 미안해서 순덕한태 시집와서 골탕 먹는다고 이야기을 하니 집사람 하는 말이 자신은 골탕 먹는다고 조금도 안 예받쓰며 오히려 아빠가 소 먹인다고 골탕 먹는 것이 오히려 더 예가 쓰이며 아빠 바서는 소을 허려도 팔아 업쌔며 하는 생각이라고 말을 하는 것을 보며 정말 고마운 사람이며 한편으로 보며 사람이라면 할 수 업는 일을 하고 있따는 생각까지 들 때가 한두 번 아니다.

〈1986년 9월 20일 토요일 낡씨 비〉

자신에 예감이 탁 맡자다. 이 날씨가 초창기에 벼농사 짓는놰 별 어러운 일 업씨 때 맡차서 만이도 오지 않코 알맡게 내리주어서 수라게 농사을 짓을 수가 있깨끔 한 적이 드물어서 자신이 예원하기을 비가 필요 업쓸 때 만이 와서 농민들을 생외을 먹이지 않을까 하고 생각을 한 것이 기어코 농민들을 예을 먹이고 마는구나. 이번 비는 아무돼도 필요 업는 비가 적개도 오지 않코 종일 비가 내리고 있쓰니 들판에 벼 다 쓰러저고 이제는 농민만 죽이는 비가 돼고 마랐다.

"그리고 혜지가 감기가 약을 먹이도 떨어저지을 않는구나. 그래서 혜지 감기로 한독약국에 셋 번째에 약을 짓어왔쓰며 이번에 감기가 떨어저지 않는다면 병원에 가는 수밖에 업다."

그리고 서울 동서는 명절마다 처갓집배 인사 더리로 꼭 오는 것을 보며 그 열성이 크다고 생각을 한다. 왜냐하며 자신은 가까키 있쓰면서도 명절에 차저배옵지 몿하고 자신의 마음적으로는 나의 부모가 59세로 새상을 떠나쎠서 부모 사랑을 몿 했키 때문에 거것이 내 가슴에 멧쳐 있따고 해도 가연이 아니며 이 한을 처 어머님에깨 나의 엄마처름 사랑을 다 할려고 명세을 한 사람이지만 명절마다 처자 배옵지 몿하고 있은 자신을 원망도 해본다. 자오지간 서울 동서는 자기 고향에 오면서 들리지만 자신은 고맡따고 생각을 하고 있다.

지출에 … 혜지 감기약 4,500원 돼지고기 4,800원 우산 1,000원 서울 동서 술 맥주 1,500원 차비 380원
計 11,180원[81]

〈1986년 9월 21일 일요일 낡씨 비〉

필요업는 비가 내리서 정말 극정이며 비만 오지 안아따면 금년 벼농사는 수라게 추수을 할 수 있따고 보는돼 생각지도 안아뜬 비가 내리서 추수도 너절 뿐 아니라 농민들의 가슴을 아푸게 하고 있다. 그리고 비을 마저면서 소 풀 떠드오는돼 힘이 들 뿐 아니라 정부 정책 부주위로 소 끔이 똥 금이 돼어서 소에 간심도 업쓸 뿐 아니라 소 풀이 적으며 적은 대로 주고 쓰며 매일 손질을 하든 소을 이제는 소을 일 년이 넘뚜록 손질을 한 번 해주도 않코 소을 먹이고 있쓰니 소가 맬쇄[멸시]을 밭고 있은 것은 사실이다.

〈1986년 9월 22일 월요일 낡씨 맑음〉

다들 추석 후날에 다들 왔이다 같다고 서울 동서가 이야기을 해서 자신은 마음만 처 어머님을 생각을 하지만 실질적으로 행동으로

81) 실제 계산은 12,180원이나 11,180원으로 잘못 기록하였다.

못하고 있쓰서 처 어머님 보기에 미안해서 경운기로 집사람을 대리고 처갓집배 같쓰며 쳐가집에 가니 서울 처재만 있더라. 그래서 처갓집배서 놀고 있쓰니 사촌 쳐재가 자기 엄마 생신이라고 놀로 오라고 신신부탁을 하는 것을 보고 둘리 다 오라고 하는돼 자신은 소 때문에 가지 못하고 집사람만 처 숙모 생신이라고 (정종) 술만 가지고 가개 하고 자신은 그만 집부로 오고 마랐다.

지출에 … 처갓집배 (고기 4,800원 과자 1,600원 콜라 800원 사탕 500원()} 크래카 300원 처 숙모집배 (정종()} 4,500원 計 12,500원

〈1986년 9월 23일 화요일 낡씨 맑음〉

금일은 대신국민학교에 운동회 날이며 운동회을 해도 동민들이 돼다수가 구경을 가지 못하게 돼어다. 외냐하면 선태 부친 장래식이라 남자들은 만이 운동회 구경을 가지 못하고 상과 집배 일 바준다고 가지 못해서 아쉬운 마음을 가지고 있더라. 자신도 상과집배 운상꾼으로 같쓰며 자신은 집사람도 구경 같고 해서 소 정심 풀도 한 게도 업쓰서 몸은 산에 있쓰도 마음은 소 풀이 업쓰서 정심도 줄 수가 업쓰며 자신이 내리가지 못하며 소가 굶깨 돼어 그만 정심도 12시가 헐신 넘어도 정심 식사가 오지을 않아서 정심도 먹찌 않코 친구와 둘리서 내리오고 마라쓰며 집배서 정심을 먹고 소을 몰고 소 떡키로[풀을 뜯기러] 가고 마랐다.

지출에 … 세금에 7,180원 운동회 찬조 5,000 선생님 4,000 콜라 800원 사탕 500 운이 800 計 18,280원

〈1986년 9월 24일 수요일 낡씨 맑음〉

봉산에 눈님이 벼 탈곡을 한다고 해서 봉산에을 가보니 콤바위이로 벼을 빌 준비가 대어 있쓰서 자형에깨 준비도 해주지 않코 기계을 댈라고 하느냐고 하고 불만을 표해쓰며 자신이 생각을 해도 도저이 할 수가 업쓰서 우선 1.5돼을 먼저 비고 한 단지는 남을 비계 하고 나중에 마지막으로 하며 그간 준비을 할 수 있따고 하면서 남을 먼저 비계 하고 자형과 눈님, 셋시가 쓰려진 벼을 비니까 기계가 오기 전에 쓰려진 벼을 다 빌 수가 있쓰며 그간 준비을 하고 나니 정말 힘이 들더라. 자신은 우에 일을 만이 하며 자신에 일도 엽 더려 볼 새도 업는돼 주위에서 일을 한다고 하며 안 내줄 수가 업쓰며 한 번 일을 해주며 자신에 힘이 가하두록 하니 자신에 일에 영향이 만이 생긴다.82)

지출에 혜지 저금 1,000원

〈1986년 9월 25일 목요일 낡씨 맑음〉

어재 눈님 벼 탈곡을 밤 8시가 넘두록 일을 해서 넘어나 만이 떨어서 생 애를 먹어서 그른지 어재 저녁부트 머리가 아푸더니 감키로 그른지 오늘 아침부터 머리가 아빠서 집배 일도 못하고 휴식을 취해쓰며 머리가 계속 아푸며 자신에 극정이 생기든이 오후부터 머리가 풀리서 극정을 들은 셈이다.

지출에 … 경운기 수송할려고 밸터 값 1,800 책 값 1,900 반찬이 3,500원 밴티 2,500원 갈꾸리

82) 이 내용은 일기 지면 상단에 따로 기록되어 있다. '봉산 눈님 손모 벼 탈곡함'이라고 기록하였다.

800원 장갑 1,500 치솔 500
관장통 500원 찬기름 1,000
통조림 1,000 차비 360원
안티프라민 600 게보린 900
총 15,260원[83)]

〈1986년 9월 26일 금요일 낡씨 맑음〉

자신으로서는 처음 벼 탈곡을 하여쓰며 자신은 태풍이 한 번 지나가서도 별료 피해가 업쓰서 금년 벼농사는 풍년이 대어따고 자신은 생각을 하고 있쓰는돼 실찌 벼 탈곡을 해어보니 풍년이 아닌 것은 사실이라고 생각을 한다. 자신으로 바서는 한 단지에 4가마을 소득이 줄어젔따고 생각을 한다. 오늘 웃뜰에 2단지에 굼에는 금성 콤바위로 50푸대 수학을 하고 웃뜰 위에 논에 55푸대 나와더라.

지출에 … 돼지고기 2,400원
술 값 1,000원
計 3,400원

웃뜰래 벼 탈곡 함.

< 상강벼 굼에 콤바위 푸대로 50개
웃뜰 위에 논에 55개[84)]

〈1986년 9월 27일 토요일 낡씨 맑음〉

오늘은 봉답 벼을 집사람과 둘리서 벼을 빌라고 논자리에 들어쓰니 엄두도 않나며 그 전에는 형과 둘리 같이 농사을 짓을 때는 40십 마지기을 전부 손으로 벼을 빈는돼 이제는 한 단지 논에 들어쓰니 우선 급이 나서 논에 들어쓰니 금이 나서 들어지을 못 하게더라. 한참 망슬리다 둘리가 논자리에 들어쓰서 봉답 벼을 비쓰며 벼을 일부는 고쓸고[말라가고] 있찌만 한편으로는 아직 들 익어서 자꾸만 망스리저더라. 그래서 멧칠 있이다 안전이 익어며 벼을 빌라고 생각을 하고 좀 일적 마라다.[85)]

9月 27日
윤대희 … 돈 五萬원 차용함.[86)]

〈1986년 9월 28일 일요일 낡씨 맑음〉

금일은 봉답 벼을 비다가 벼가 아직 푸리다고[푸르다고] 집사람이 푸리다고 이야기을 해서 오늘은 봉답 벼을 비지 않으니까 아무 할 일이 업고 해서 집사람과 둘리서 배추 거름을 하고 채소밭을 한 밖기 돌라본 것으로 하로 일과을 보내고 마랐다.

"금년 벼 비기 작업이 좀 일적한 감이 있는가 넉뚤래 벼을 비지 않코 모두들 너추어 작업을 할려고 더는 사람이 많타. 자신이 생각을 해도 작년보다 좀 일적 서둘고 있은 것은 사실이다."

지출에 … 칼치 1,000원 고등어 1,000원
혜지 적금 2,000 혜영이 실래아
1,000 배지밀 250원
計 5,250원

〈1986년 9월 29일 월요일 낡씨 맑음〉

아침 식사가 막 들어올 때 줌 때어서 혜영이가 황급이 와서 아빠, 아빠 오늘 무선

---

83) 실제 계산은 16,860원이나 15,260원으로 잘못 기록하였다.

84) 이 내용은 일기 지면 상단에 따로 기록되어 있다.

85) 이 내용은 28일 일기를 기록한 지면 상단에 따로 기록되어 있으며 내용상 27일로 옮겨 적는다. '9月 27日(봉답 벼 비기에 들어감)'이라고 기록하였다.

86) 이 문장의 가운데에 두 줄로 밑줄을 그었으며 빌려준 돈을 돌려받았을 때 표시한 것으로 보인다.

날인지 알라여 하길에 몰라 하니까 아빠도 엄마 생일을 몰라여 하길에 올해는 엄마 생일을 깜짝 했꾸나. 매년 집사람 생일은 자신이 챙기서 돼지고기을 싸와서 국이라도 꼭 끄리먹고 했는돼 전연 엄마 생일을 몰라서 마음속으로는 얼마나 서운했깨나 하고 생각을 하니 미안한 마음을 감출 수가 업꾸나. 그래서 혜영이가 울 집배서는 총명한대 엄마가 오늘 무선 날인야 하거든 아무 날도 아닌돼 물을 때는 엄마 생일이라는 것을 벗떡 아라야지 하고 말을 하고 너이들 전부가 엄마 생일을 몰라쓰니 아침밥을 반 거릇식만 먹어야 한다고 말을 하고 있쓰니 집사람이 밥상을 가지고 들어오길래 집사람 보기에 미안해서 어쩌지 하고 말을 먼저 했찌만 집사람은 안 대갯쓰 하고 웃찌만 마음속으로는 좀 서운했쓸 것 아닌가 하고 생각을 할 때에 아직도 집사람에깨 신경을 들 쓰주는 너킴이 들며 내년에는 8月 달만 들어쓰며 달력에 책크을 했노아야 하게따는 생각을 했본다. 그리고 집사람에깨 외 어재라도 아빠한태 흰떠[힌트]라도 주며 돼지고기라도 사올땐대 말을 하지 않아지 하고 물어니까 아빠 알면 돈 쓴다고 일부로 하지 않아따니 한편으로는 입쁘고 한편으로는 미안코 했스 오늘 정말 집사람 보기 미안타 하고 엉뒤을 뚝뚝 치면서 밥이나 만이 자시개 하고 말 밖에는 하지 뫃했다.
그리고 봉답 벼을 비다 푸리서 두어따가 할수 업씨 혼자 봉답 벼을 좀 푸린따나[푸르지만] 벼을 비고 오후에는 집사람과 둘리서 반 줌 벼을 빈 셈이다.

〈1986년 9월 30일 화요일 낡씨 맑음〉

봉답 벼가 쓰러저서 둘리가 벼을 비도 줄어들지을 안으며 이제는 나이가 먹어서 거른지는 몰라도 힘이 들어서 뫃하게더라. 4년전만 해도 40십 마지기을 4시가 손우로 전부 벼을 베는돼 이제는 정말 뫃하게더라. 그 중 벼을 말라가면서 벼을 베랄라니 일이 더 안대며 앞푸론 콤바위 들어가지 않는 논은 문제가 댈 껏 같다.

지출에 … 운이 실래아 1,000 닭 2,000
칼치 1,000 운이 우유, 혜영이
우유 4,400원
計 8,400원

〈1986년 10월 1일 수요일 낡씨 비〉

올 들어 설 때 업는 비가 외 이래 만이 오는지 몰개꾸나. 비 때문에 가을 수학이 삼일은 너저갈 껏이며 수학도 상당이 줄어든다고 바야 한다. 외냐하며 이 비가 벼가 상당이 만이 쓰러졌쓰니 그 수량도 한정이 업쓸 껏으로 보고 있다.
"비 태문에 아무 일도 뫃하고 하로 종일 휴식을 한 셈이며 휴식을 해도 마음은 편하지을 않쿠나."
"농민 생할을 가만이 생각을 해보며 한심할 때가 한 두 번이 아니다. 노력에 비와며 아무겄도 아니고 수입도 업는 것이 외 이래 농민을 울리고 있은 물채들이 만은가 하며 떨고 나쓰야 한다는 마음 수십 번 들지만 농민의 글짜가[팔자가] 재일 힘이 업는 사람이며 돈 업는 사람들이라 꼼짝을 뫃하고 있쓰니 어이 한숨이 나오지 않을까."

지출에 … 석유 1말에 4,800원 혜지
보충비 값 2,500원
計 7,300원

〈1986년 10월 2일 목요일 낡씨 흐림〉

낡씨가 비온 뒤라 아무 일도 못하고 복판 논에 벼 벨라고 갇돌리는 것으로 하로 일과을 보낸 셈이다.

정부 정책 한심하다. 작년에 보리 수매 때문에 양특자[87]가 보리 때문에 적자가 난다고 법석을 부리면서 보리 매상을 않 받는다고 하든이 이재 와서 아무도 보리을 갈지 않으니까 보리 개약 재배 한다면서 면 직원과 동장과 반 강재로 보리을 갈라고 하니 의이 업쓰며 자신원 정부에서 일 년 앞도 보지 몿하는 사람들이 정취한다고 하면서 직원에 욕도 했찌만 정부 정책 한 마뒤로 말을 해서 개핵성 업는 정책을 한다고 해도 무리대는 말이 아니라고 생각을 하며 자신 있은 정책을 하지 몿하며 임기 전이라도 나와서 새 인물을 내서 우리 국민이 살라갈 수 있뚜록 하는 사람만이 우리 국민이라고 말을 하고 십다.

"우리나라 정책이 정앙[중앙]에서 생각하고 있은 정책이 돼지을 몿하고 내리오면서 둥갑을 하는 정책이 돼니 이것이 문제라고 자신은 생각을 하고 십다. 왜냐 중앙에서는 바르게 하달을 하며 말단 면에 오며 응뚱한 일로 변하고 말며 혹 확인이 나와도 형식만으로 실천을 하고 있쓰니 한심하기 짝이 업다. 자신이 생각을 할 때에 외 안 댈까 하고 원망도 가지보고 왜 책임 정취을 해서 비이[비리]가 있쓰며 담당 책임자을 문책을 해서 갈련자[관련자]는 추리내고 신인 인물을 집어 너어며 예 정부가 안 대나 하고 욕도 해본다."

"정부에서 막대한 자금을 주며 있은 사람의 주머니에 들어가서 응뚱한 짓을 하고 있쓰도 학인이 나와도 무이미하게 넘어가며 서류에는 비이[잘못된 것] 업씨 잘 돼어간다고 보고가 돼고 있쓰니 사람 한 장할 노렸이다."

"이것을 해결을 몿하고 있쓰니 한심하오리다."

〈1986년 10월 3일 금요일 낡씨 맑음〉

서양 바실래 벼을 탈곡을 하는돼 처음에는 태풍 바람에 피해가 만아서 콤바위 탈곡을 하는돼 생각보다 상당이 적개 나며 어짜나 하고 마음이 조마조마한 마음이 자신에 머리에 떠나지을 않으며 자신의 논 갈떠며 신경이 들 쓰게는돼 세집배 논이라 신경이 아주 가는 마음 참지 몿하게쓰며 탈곡을 다 하니 상원이 콤바위 푸대로 62개 수학이 돼며 적개는 수학이 돼어찌만 생각보다 만이 수학이 돼어서 마음이 조금 낮따만 태풍만 아니며 수학을 상당이 만이 할 벼을 태풍 때문에 망친 셈이구나.

그리고 오후에는 우리 복판에 벼 탈곡을 했쓰며 복판에는 벼가 조금 쓰려저서 콤바위가 힘이 들며 쓰러저서 벼 탈곡하는돼 허실이 상당이 만이 돼는구나. 작년에 집사람과 둘리서 손우로 벼을 베노코 비가 만이 왔서 생에을 먹은 생각을 하며 이번에 벼가 쓰러저서 콤바위이 탈곡을 하는돼 허실이 돼지만 생에을 먹은 생각을 하니 별로 앞깝다 하는 생각이 들 하는구나.

복판에는 콤바위 푸대로 62(상원)푸대 반이 수학이 돼어서 상당이 만이 수학을 한 셈이라고 생각을 한다.[88]

87) 양곡관리특별회계 자금.

지출에 … 세 값 2,900 돼지고기 1kg
서양 바실래 벼 탈곡을 함.
푸대로 63개 복판에 푸대로
62개 반

〈1986년 10월 4일 토요일 낡씨 맑음〉

어제 벼 탈곡을 한 것을 건조을 하기 위에서 큰집부로 열어 놓는대만 오전에 다가더라. 이재는 건조기도 앞푸로 있쓰야만 사람이 예을 먹찌 않으며 농민들도 수학이 들대는 한이 있쓰도 수란 쪽으로 가고 있은 것이 눈에 보이두록 따라가고 있다.

오후에는 집사람은 벼 말루는돼 책임 지우고 자신은 봉답 벼을 비로 같쓰며 먼저 밴 벼을 한 번식 뒤비고 벼을 비니까 을마 비지을 꽃했다.

그리고 정부에 하는 짓 우섬이 난다. 왜냐하며 양특 적자가 보리에서 난다고 매상을 않밭는다고 보리을 외면한 적이 꼭 일년 밖에 돼지을 않아는돼 이재 와서는 농민과 개약 재배한다고 하면서 어거지로 그 전에 보리을 갈란 사람은 한 필지도 안 갈며 안 갠다고 음포을 노어며 각 동내 할당 댄 보리을 갈라야 한다고 야단을 쳐는 것을 보며 의이가 업쓰서 말을 하지 꽃하게더라. 외야 업는 나라에서 무었시든지 수학을 하두록 건장을 하고 그래도 안아며 반강재을 썩끄도 위예을 하지만 손예 간다고 꽃 하두록 하더니 이제 와서 손예 간 보리을 다시 하라고 강제을 부리고 있쓰니 한심한 노릇이다.

〈1986년 10월 5일 일요일 낡씨 맑음〉

오늘로서 봉답 벼을 안전 베쓰며 둘리가 봉답 벼을 지루하게 끝을 낸 셈이다. 그리고 큰집에 미숙이가 냉장[맹장]이라고 병원에서 수슬을 해야 한다고 해서 저녁을 먹고 김천 도렵병원에을 가보니 수술실래서 아직 나오지 않아쓰며 한참 기다리니까 미숙이가 수술을 끝을 내고 나오더라. 미숙이는 먼저부터 맹장 만성이라고 병원에서 이야기을 했찌만 현제 큰집배는 돈 때문에 죽을 지경인돼 미숙이마자 생각지도 않은 돈이 들어가니 크 타격이 크다. 그리고 미숙이가 희복이 대는 것을 보고 형과 둘리는 내리오고 마랐다.

그리고 이번 아시아 경기을 하며 관광객을 얼마고 수입이 얼마을 잡고 하든이 그 소리는 경기 중에는 관광객을 보이주지도 않코 자{미}도 업쓰며 이것을 보며 정부에서는 하나의 실패라고 생각을 해보며 이번 10회 아시아 경기 치룬 것은 업는 과정에서 잔취을 그룩하게 잔취을 잘 했따고 소문이 나며 나는 돼로 만큼 극정이 따르게 마른이다. 외냐하며 그만침 낭비을 했키 때문에 주인은 그만침 노력을 해야하며 돈 극정이 따려게 마른이다. 이번에 중부에서 개핵성 업계 낭비을 너무 만이 했따고 생각을 하며 한 마뒤로 해서 별 잔취을 한 셈이라고 생각을 한다.

앞푸론 정부에서 소득 업는 잔취을 하지 않아쓰며 하며 정부에서 이번 아쉬아 캠[아시아 게임]이 성공리로 끝을 내따고 하지만 이번 냥패을 불투명하게 한 것은 책임을 져

88) 이 내용은 일기 지면 상단에 따로 기록되어 있다. '복판에는 자신이 제일 먼저 탈곡을 함'이라고 기록하였다.

야 한다고 생각을 한다.

지출에 … 쌍아탕 580원 갈치 1,000원
운이 소풍 1,000 혜영 1,000
혜영이 책, 감기약 소풍가는 돼
과자 종류 10,200원

〈1986년 10월 6일 월요일 낡씨 맑음〉

당산에 콩나물 콩을 뽑번 것으로 오전 일과을 보내고 오후에는 벼을 말린 것을 담아 취우는돼 저물더룩 치아쓰며 일적 치우지 안아더라면 너무 저물두록 할 뿐예꾸나.

"정부에서는 이번 아시아 선수 한영식을 9日까지 잔취을 한다고 법석을 부리는 것이 이상하다. 외냐하면 운동 선수을 돼집하는 것은 당연하다고 자신도 생각을 하지만 너무 낭비을 만이 하면서 벌리고 있은 것이 마음에 걸리며 업는 나라에서 낭비을 만이 해가면서도 잘 살 수가 있는지 이것이 문재로다."

"우리 운이 돈이라고 보며 마구 쓰고 있쓰며 저의 누나 돈을 만대로 두지을 못하는구나. 어재도 책상에 둔 이백 원을 과자을 사 먹어따고 하니 조금 낳다. 왜냐하면 거전에는 무족끈 안 거래따고 끝까지 오리발을 내밀고 있은 것이 극정이 대더니 이재는 오리발을 내밀지는 않치만 돈이 있쓰면 다 쓰고 마니 이 벗을 곤치야 하는돼 하고 생각밖에 업다."

지출에 … 용숙이 제주도 여행 가는돼
5,000

〈1986년 10월 7일 화요일 낡씨 맑음〉

오늘은 당산 논을 이재와서 생각을 하니 아주 잘못 샀따는 생각밖에 들지을 않는다. 외냐하면 콤바위 탈곡을 할려고 해 뒤뚝으로 빠저기 때문에 할 수가 업쓸 껏 같다서 뒤뚝으로 해서 한 마지기 정도는 집사람과 둘리서 손으로 벼을 다 비고 마랐쓰며 그래도 콤바위가 빠저지나 않을까 하고 극정이 돼는구나.

그리고 정부에서 아시아 경기을 입이 딸투록 하더니 이제는 아쉬아는 들어가고 올림픽 경기을 잘 치라야 댄다니 하면서 벌서부터 자주 나오고 있다. 이것을 보니 정치적인 감점도 있따고 생각도 들어가는구나.

"농민들이 너무들 편하게 살라갈려고 들고 있다. 예냐하면 작년만 해도 봉답에는 모두 손우로 벼을 벤는돼 이재와서는 봉답도 콤바위로 벼을 벤라고 다 고실라저 가는 벼을 그냥 둔 사람이 허다하며 별 소득도 업는돼 너무들 안아고 있은 것도 문제라고 아니할 수 업꾸나. 올게 와서는 눈에 표과 나게 살라갈려고 하는 것이 표과 난다."

지출에 … 세 값 300

〈1986년 10월 8일 수요일 낡씨 맑음〉

봉산 눈님 집 벼 벼집을 소 먹일라고 4말 5돼지기 집을 집사람과 둘리서 경운기로 다 가지고 왔쓰며 우리 때문에 눈님이 아무 일도 못 한 셈이다. 외냐하며 우리 일 거들고 정심까지 가지고 왔쓰니 눈님 일이 전연 돼지을 안아서 오희려 자신이 더 미안한 너킴이 들더라.

그리고 우리 혜지 중학교에 가니 국민학교에서 중학을 가니 그 차이는 일 년이라고 하지만 마음가짐이 어른이라고 해도 무리는 아닌 것 같다. 고리고 딸들은 돈을 만이 가지고 가도 돈을 쓰지 않코 겨우 200원 쓰고 아빠 줄라고 일부로 한타을 싸왔더라. 딸들은 남이 사먹크든 같이 먹으라고 해도 돈이 아깝다고 사먹지 않코 돈을 앞깝다고 생각을 하고 있는돼 우리 운이는 돈만 있쓰며 마구 쓰는돼 극정이 대는구나.
지출에 … 혜지 400원

〈1986년 10월 9일 목요일 낡씨 맑음〉

오늘은 오후 너깨 비 온다는 기상대 말래 비오기 전에 당산 벼을 콤바위 탈곡을 할려고 같을 돌리노니 와서 보고는 파진다고 들어 가보지 않코 안 댄다고 해서 그만 웃뜰래 세집 논을 콤바위 탈곡을 했쓰며 대신은 그진 일반 벼 말고는 탈곡이 다 돼어더라. 그래서 탈곡기 잡기가 훨씬 수래서 이야기만 하니까 탈곡을 해줄라고 해서 수라게 탈곡을 한 셈이며 원풍벼라서 금년 태풍에 제일 피해을 만이 받은 벼가 원풍이라서 수학이 만이 뜰어지며 어떠게하나 하고 마음만 졸리았다 막상 탈곡을 해본 결과 상광벼 보다는 떨어지지만 별료라서 마음이 노이더라. 생각으로서는 만이 생산이 돼어쓰며 하지마 그 만춤이라도 천만당행이라고 생각을 한다.[89)]

지출에 … 벼 탈곡하는돼 술, 한타 1,100원
칼치 1,200원
計 2,300원

〈1986년 10월 10일 금요일 낡씨 비〉

"가을 수학을 하다 비오면 아무 할 일도 업다고 하지만 이 쓸 때 업는 비가 넘어나 만이 오며 천동 번개을 동반을 해서 소낙비가 여름 모양 만이 오고 있쓰니 어찌 농민의 얼굴에 주름이 찌지 않캐나. 벼을 밑차 비지을 못해서 고슬고 있은 벼는 이제는 정말 수학에 지장이 만을 꺼으로 내다보고 있다. 그러고 비 때문에 아무 일도 못하고 방에서 하로 둥글고 마란 셈이다."

그리고 집사람이 미숙이 병문 가는돼 입벌옷, 신발하며 나슬 꺼이 업내 하면서 순덕씨 나무 집[남의 집] 살리을 해도 아무것도 업쓰서 대겠쑈 하는 말래 아직 요보는 댄장[된장] 갑도 못하고 있쓰면서 무었을 바라고 있이냐 아직 숙방료[숙박료], 밥값이 적자 내고 있는돼 하고 웃고 있찌만 오전 내로는 늙 미안하며 집사람 나슬 때는 겉맡찌 않는 옷과 신발하면서 하나에서 열 까지가 미급하며 요세 사람 처고는 자신이 넘어하고 있따는 것을 잘 알면서 마음은 번화도[변해도] 실찌 행동이 대지을 안는구나. 왜냐 조금이라도 모다 볼 욕심이 만아서 그러니 집사람도 이해하게찌. 집사람뿐 아니라 자신도 나슬 때는 밑이 보이는 것은 사실이다. 우리 주위을 바도 나보다 아주 못한 사람들 옷 하며 모든 것을 보며 을뚱한 차림을 하고 나스는 것을 여사로 안 보이며 특희 여자들이 나쓰는 것을 보며 집사람 보기에 더 미안한 마음을 가지며 올 가을에는 어떠한 일이 있쓰도 집사람 옷을 사주어야 하게꾸나.

지출에 미숙이 병문 가는돼 요구르트 700원 자죽 1,050원 눈님 칼치 1,000원 차비 540원
計 3,290원

---

89) 이 내용은 일기 지면 상단에 따로 기록되어 있다. '웃뜰래 아래 논 원풍벼 콤바이 탈곡 47계 생산함'이라고 기록하였다.

〈1986년 10월 11일 토요일 낡씨 비〉

비가 너무 만이 왔쓰며 들판에는 물 천지가 돼어 있쓰며 벼 수학을 밑차 못한 상강벼는 특희 문제가 돼어 있더라. 예냐하면 서로가 엉키있쓰서 수학에 지장이 만을 꺼으로 내다본다. 자신도 당산에 원풍벼 탈곡을 할려고 예을 쓰도 논자리가 나빠서 힘이 드니 자연 성실이 나는구나. 예냐 비온 뒤라 아무도 탈곡을 할 사람이 업쓸 껏 같더니 벼 탈곡을 해줄라고 대답을 해도 좋은 자리가 나오면 허사가 돼니 자연 성질이 나고 있찌만 자신이 가만이 생각을 해보며 자신도 기계을 가지따고 생각을 하면 좋은 자리부터 할려고 하는 마음은 같찌 않을까 하고 마음을 달래 본다.

"오늘은 비온 뒤라 벼을 탈곡을 할려고 마음만 바빠지 실찌 탈곡도 못하고 소 풀만 좀 떠더 온 것으로 하로 일과을 보낸 셈이며 그리고 오늘 미숙이가 병원에서 태원을 했쓰며 미숙이가 수술 환자지만 얼굴 축도 나지 않고 본 얼굴과 별 다름업씨 태원을 해서 큰 다행이라고 생각을 한다."

지출에 … 혜지 책 값 2,500원 혜영이 학교
음악부 망토 2,500원
計 5,000원

〈1986년 10월 12일 일요일 낡씨 맑음〉

오늘은 당산 논에 콤바위 탈곡을 했쓰며 탈곡을 앞 뚝으로 두 마지기 정도만 탈곡을 해서 생산량을 알 수가 업꾸나. 자우지간 수학은 뒤전 쳐고 콤바위 탈곡을 해서 마음이 시은하며 처음 한 박키 돌면서 빠저{서} 못하는가 하고 극정을 했는돼 다행히 다들 벼을 비서 큰 다행이라고 생각을 한다.

그리고 내년에는 일반 벼을 해서 나중에 수학을 하두록 하며 마음이 편할 껏 같다서 앞푸론 통일 개통에 벼을 하지 말고 일반 계통을 할 욕심을 가지고 있다.

지출에 … 벼 비는 돼 세 값 1,800원

〈1986년 10월 13일 월요일 낡씨 맑음〉

"봉산 눈님 집 벼을 놉을 해서 빈다고 경운기로 실어 달라고 해서 형과 둘리서 경운기을 가지고 소을 달라서 논예을 가보니 벼자 놉을 3명을 해서 6섯시가 벼을 베고 있더라. 논자리을 보니 기가 찬다. 왜냐 물은 가득 있이고 논은 고논이라고 파저지, 이 벼단을 사람이 끄낼라고 생각을 했따니 귀가 찬다. 자신이 소을 가지고 가지 않으며 사람이 들어낼라고 하지 하는 생각에 소가 길이 들지 않아서 가지고 가서 못하며 세아두지 하는 마음으로 소을 몰고 왔이더니 소가 꼬박꼬박 말을 잘 더러며 벤 벼단을 실어내고 있은 것을 생각을 하니 고맏기 짝이 업꾸나. 이 소을 몰고 오지 않아따면 내가 죽을 예을 먹을낀돼 내 대신 소가 했주니 얼마나 고마운지 절이라도 하고 십더라. 사람도 죽을 예을 먹어찌만 소가 아무것도 하지 않다 오늘 정심도 집단 한 단 먹지 않코 종일 빠진 논에서 벼단을 다 끄러냇쓰니 정말 예을 먹이서 아치려어서 소 보기에 미안할 정도로 예을 먹이쓰며 사람은 일곱 씨가 넘두록 예을 먹어쓰며 특희 길이 응망이라서 더 예을 먹어쓰며 자우지간 오늘 일 한 사람은 예을 먹은 셈이다. 사람이고 소고 남의 일 하로 예을 먹는돼 사람이 상당이 만이 지치는 것은 사실이다."

〈1986년 10월 14일 화요일 낡씨 맑음〉

오늘 오전에는 벼을 말루기 이예서 준비하

고 널고 하니 그진 오전이 다 가는 너킴이 들며 복판 논에 도구 쳐는 것으로 오전을 다 보내쓰며 오후에는 큰집에 탈곡을 하는 돼 경운기로 한 발리 실어주는 것으로 하로을 보내고 마랐다.
지출에 … 라면 500원

〈1986년 10월 15일 수요일 낢씨 맑음〉
어재 저녁에 활머니 제사을 차리쓰며 그전에는 추수에 활머니 제사가 바푼돼 올해는 제사 준비에는 시간 여유가 만윈 해가 대어꾸나.
오늘은 당산에 벼단을 끄러내서 두룸에 발가리 세우도록 하여쓰며 우영부영하면서 하로을 보낸 셈이다.
"정부와 신민당과 합이는 대지 완코 싸음만 하고 있쓰며 학생들 대모와 모든 것이 홀란만 주고 있쓰니 정부도 이 문제가 수섭을 할 수가 있쓸까 하고 엄려도 돼며 정부에서 수섭을 하지 못하면 제 업는 학생만 죽이계 대는 결과만 오계 댄다고 생각을 한다."

〈1986년 10월 16일 목요일 낢씨 맑음〉
"복판에 벼집을 물래 장기어 있쓰뜬 벼집을 말루기 위에서 물래 장기어든 벼집을 한 번식 휘둬비니까 그것도 수라지 않으며 사람이 힘만 들지 소 먹이가 돼지 못할 껏 같구나. 소 먹이가 극정이 돼지 않으며 그냥 두어쓰며 하는 생각이 앞쓰는구나."
요줌 혜지가 요번 시험에 성적이 올라가니까 공부을 더 열심이 하고 있꾸나.
"그리고 올해 들어서쓰는 벼을 손으로 베는 것 업쓰며 봉답도 다들 콤바위로 전부 베고 있쓰니 농민들이 넘어나 편하게 살라갈려고 하고 있꾸나. 이것들이 정말 수입이 만아서 그른지 수입은 업쓰도 편하게 살자 하는 마음으로 다들 편하게 하는지 알 수가 업꾸나."

〈1986년 10월 17일 금요일 낢씨 맑음〉
당산에 콤바이 탈곡을 하고 뒤뚝으로 남은 것을 오늘 집사람과 둘리가 벼 탈곡을 하여쓰며 벼 탈곡을 해보니 앞 뚝 쪽보다 뒤쪽이 들 대쓰며 올해 논 비에서 농사을 실패본 셈이다.
(당산 벼 수학) … 26계
지출에 … 라면 500원

〈1986년 10월 18일 토요일 낢씨 흐림〉
봉답에 논을 객토 흙(으)로 잇따래이[윗 다랭이]을 안전이 파내서 한 다래이 한 것이 아주 잘못했다. 외냐하며 논을 나추니 전부 수부가 대고 논이 말를 여과가 업쓰며 기계가 들어가지 못하니까 힘이 만이 들 뿐 아니라 오늘 벼 탈곡 하는돼 몸살을 부리쓰며 오전에 집사람과 좀 모다서 오후에는 벼 탈곡을 했쓰며 그전에 있뜬 대로 두어쓰며 일도 수라며 오늘 수라게 할 수 있쓸땐돼 오늘 벼 탈곡을 더 하지 못하고 조금 남아다.[90)]
지출에 세 값 1,000원

〈1986년 10월 19일 일요일 낢씨 맑음〉
봉답 벼 탈곡하고 남은 것을 오늘 오전에 마저 집사람과 벼 탈곡을 마저 했쓰며 금년 벼 탈곡은 안전이 한 셈이며 일 년이란 세월 정말 빨리도 간다.

---

90) 이 내용은 일기 지면 상단에 따로 기록되어 있다. '봉답 탈곡함. (봉답 벼 수학량) (25가마)'라고 기록하였다.

오후에는 휴식을 할려다 곤한 몸으로 서양 바실래 벼집 뒤비는 것으로 하로 일과을 보내고 마라다. 앞푸로 날씨만 잘 한다면 남아지 일들은 수라게 할 끄스로 내다본다.

〈1986년 10월 20일 월요일 낡씨 맑음〉

오전에는 당산 논에 벼집을 거두어쓰며 반춤은 벼집이 말리쓰며 반은 아직 들 말라쓰며 내일 기상대에서 비 온다고 했서 다른 일은 다음으로 미루고 당산 벼집을 거두어쓰며 오후에는 집사람과 그두어서 말린 것은 논에 재고 나머지는 단채로 새어두어쓰며 당산 논은 끝이 난 샘이다 다름이 업다.
지출에 구론산 200원

〈1986년 10월 21일 화요일 낡씨 비〉

오늘 비가 와도 넘어나 만이 와서 아무것도 하지 뫃하고 금년은 외 불필요 한 비가 만이 와서 농민들을 생 예을 먹이고 있은 것이 농민들이 큰 불평이다.
"하로 종일 휴식을 하고 마랐다."

〈1986년 10월 22일 수요일 낡씨 맑음〉

비 온 뒤라 아무 일도 뫃 한 셈이다. 비가 넘어 와서 작년 모양 벼집을 한 개도 쓰지 뫃하두록 비가 와서 소 먹이을 뫃하두록 돼어가니 안타갑개 만더는구나.
그리고 금년에는 배추, 무우가 다들 풍작이 돼어 있쓰서 팔로[판로]가 문제가 돼어 있쓰며 다들 채소 농사을 짓어나서 채소로 값이 비료 값도 대지 않게 댈 꺼으로 내다보고 있다.

〈1986년 10월 23일 목요일 낡씨 흐림〉

요줌 비 온 뒤라 아무 일도 하지 뫃하고 휴식을 한 셈이며 오후에는 자신에 일을 할려고 개핵을 잡았는돼 봉산 눈님이 보리 파종을 해달라고 해서 자신에 일을 포기하고 눈님 집배 파종해주로 갈쓰며 파종을 안전이 해주고 았쓰며 눈님이 일을 해달라고 하는돼 뫃 한다고 말을 하지 뫃한다. 외나하며 자신은 눈님이지만 어머님이 일적 돌라가시서 거른지 자신은 어머님처름 생각을 하기 때문에 눈님 이야기는 어떠한 있쓰도 실천을 하고 있다.

〈1986년 10월 24일 금요일 낡씨 비〉

어재 눈님 집배 일하로 간 것이 아주 잘 했다고 생각을 한다. 외냐하며 눈님 집에 보리을 갈지 않아따면 봉답에 벼집을 안전이 늘어 놀 개핵을 했는돼 그만 눈님 집배 보리 파종하로 오라고 해서 내 일을 포기하고 말라키 때문에 봉답 벼집을 비에 맡찌 않아서 자신에 일이 오희려 내 일을 하지 않아서 일을 들은 셈이다. 오늘 비오는 것을 보니 어재 집을 한 불 너려노면 이 비에 어떠게 하나 하고 생각도 해보았다. 오늘 비가 오후야 개인 하늘이 보이서 들을 한 박키 돌라보니 전부가 물 뿐이며 논바닥에 집들을 보니 저 집을 건저낼 수가 있쓸까 하는 염려 뿐이다.
그리고 자신이 낙씨을 잡아쓰며 정자 뫃에서 낙씨로 고기을 잠쉬 6바리을 잡아쓰며 자신도 낙시을 잡으니까 자신도 이쳐름 여유가 있꾸나 하는 마음도 들더라.
지출에 … 축엽 5포 20,000만 원

〈1986년 10월 25일 토요일 낡씨 흐림〉

요줌 감기가 들어서 마음이 캐알하지 않는돼 돈 않쓰고 감기을 이기낼라고 삼 일 동안 참아았는돼 오늘은 참아볼 수가 업쓰며 어재 저녁에는 기침이 나서 집사람도 잠도 재돼로 자지 못했쓰며 자신이 밤을 새우는돼 힘이 상당이 만이 들어서 참아볼 수가 업쓸 껏 같다서 오늘은 마을 사람이 장 가는 편으로 감기약을 시키고 마랐다.
오늘은 감기 때문에 휴식을 한 샘이다.
지출에 감기약 2일분 3,000

〈1986년 10월 26일 일요일 낡씨 맑음〉
오늘 순달이가 양방[양쪽 방]에 보이라 노는다고 큰 집부로 전화가 왔따면서 좀 거들어 달라고 경숙이가 왔더라. 그래서 감기 때문에 아무 일도 몿 한다고 하라고 이야기을 했쓰며 실찌가 감기 때문에 일을 할 수가 업찌만 무선 일이든지 큰집배만 그들어주고 자신은 거떠도 보지도 않으면서 일 해달라는 사람은 나뿐인고 하고 실찌 성질도 나더라. 그래서 가만이 생각을 할 때에 직장 다니는 놈이 을마나 바빠서 오라 하게나 하고 내 일을 몿해도 가아하지 않캐나 마음먹고 갈려고 하니 형이 같다고 이야기을 해서 그만 집배서 휴식을 했쓰며 오후에는 탈곡기로 풍구을 만든다고 하로을 보내고 마랐다.

〈1986년 10월 27일 월요일 낡씨 맑음〉
오전에는 봉답 벼단을 말루기 위에서 논바닥에 한 벌 널어놓는 것으로 오전 일과을 보내쓰며 비가 만이 왔서 벼단 말루기가 여관 힘이 아니구나.
"그리고 오후는 감기가 안전이 떨어저지 않아서 김천 한독약국에 약 사로 같다오는 것으로 하로 일과을 보내쓰며 이번 감기 때문에 썰 때 업는 휴식을 만이 하고 있다."
그리고 어재 운이 숙제 만이 냇따고 아이들이 말을 하는돼 운이 숙재을 다 했나 하고 물러니까 어재는 다 했따고 말을 하더라. 그래서 다 했따고만 생각을 하는돼 정용이가 숙재 하느라고 생 외을 먹어따고 하면서 막 다하고 왔따고 이야기을 해서 운이 숙제 정말 다 했나 하고 물어니까 안외따고 하여서 예 사람이 거짓말을 하느냐 하면서 좀 때리고 오늘 학교에 좀 넛는 한이 있쓰도 숙제을 다 하고 가라고 하여쓰며 숙재을 하는돼 책장이 연신 넘어가는돼 숙제을 대충하는 것을 알지만 숙제가 만원 것을 다 하고 가면 학교가 넘어나 느절 껏 같다서 하는돼로 보고 있쓰쓰며 숙재을 대강하고 다 했따고 하여서 알면서 모른 치하고 밥을 먹으라고 하고서는 운이 밥을 을래 먹고 십픈 것 같찌 먹찌을 안치만 오늘은 더한 것 같다서 자신이 보기에 마음이 않땢더라. 밥을 다 먹고 나니 8시 반이 돼드라. 그래서 아이들 다 가고 혼자 학교까지 갈려면 을마나 힘 업씨 가갯나 하고 생각을 하니 자전차로 실어다 주야 하겟꾸나 하고 자전차로 학교 정문까지 실어다 주고 마랐다.
지출에 … 차비 360 치약 400원 감기약 3,000 고무 장갑 800원
計 4,560원

〈1986년 10월 28일 화요일 낡씨 맑음〉
오전에는 굴근 콩 타작을 하여쓰며 적은나 갈라쓰며 수학을 만이 할 뿐 했다. 얼마 돼지 않아도 수학이 만이 댄 것 같다. 오후에는 집사람과 둘리서 벼집을 말루기 위에서 집을 뒤비는돼 반 춤은 거진 다 쓱은 것을 뒤빌라니 힘이 만이 들며 소 먹이만 아니며 거냥 두어따가 겨울에 실어더리며 하는 생

각도 드는구나.
그리고 오늘 과수밭에 가보니 찬바람에 낙엽에 떨어지는 것을 보니 이재는 겨울이구나 하는 너킴마저 더는구나. 낙엽이 바람에 밀려 희모라 철 때는 바다에 파도 밀리는 것쳐름 밀려 왔이다 밀려가는 모섭을 보니 바다을 영상캐 하는구나.
지출에 … 혜영이 여행비 값 14,500원

〈1986년 10월 29일 수요일 낡씨 맑음〉
웃뜰에 벼집 뒤비는돼 혼자서 2단지 밖에 뒤비지을 몿하게더라. 설 때 업는 비만 오지 안아따고 해도 집 뒤비는 일은 하지 않아도 댈 일을 하고는 했쓰며 오늘로 집 뒤비는 일은 끝을 냇쓰며 벼집 말루기 작업도 상당이 힘이 들어가는구나.
"정부에서도 큰 골치끄리가 학생들 대모 때문에 신경을 쓰야 한다고 생각을 한다. 왜냐하며 자신은 머리 좋은 학생들 희생을 만이 시킨다고 정부보고 욕을 만이 한 것은 사실이다만 이번 성균관 대학교에서 밤낮을 가리지 않코 농성을 부리는 것을 태래비로 부리는 것을 보니 학생들이 알고서 농성을 부리는 것이 아니라 공부하기가 실어니까 날뛰고 있따는 것 밖에 생각이 들지 않으며 부모 등살에 급계 잘라서 새상 물정을 모러고 정부을 홀란하게 만드는 것은 가차 업씨 음벌을 주야한다고 생각을 하며 이번에 정부에서 뿌리을 빼지 않으며 정책까지 흔들 껏으로 내다보고 있다."
전두환 대통령도 좀 가감한 행동을 바랄 뿐이다.

지출에 혜영이 잠바 12,000 멀미 바카스 500원

〈1986년 10월 30일 목요일 낡씨 맑음〉
오늘은 콩 타작을 하여쓰며 올해는 모두들 콩들이 아코[91]도 업씨 좋다고 하든이 정말 콩 색같이 아주 좋꾸나. 이 콩이 질긍 콩[질긴 콩]이 아니고 힌 콩이여쓰며 더 좋깨따는 생각이 드는구나.
그리고 우리 혜영이 수학여행을 서울로 같는돼 난생 처음 서울 구경을 같쓰며 서울 가는돼 멀리을 안아고 잘 같는지 그래 신경이 쓰이는구나.
지출에 혜영이 여행 가는돼 15,000 선생님 담배 5,000원
計 20,000원
10月 30日 五萬 원 차용[92]

〈1986년 10월 31일 금요일 낡씨 맑음〉
"오늘은 11月 3日날 우리 마을에 공판이라고 세집배 60개을 형 내외 우리 둘리가 오전에 풍구질을 했쓰며 처음 생각을 하기에는 종일해야 다 할 껏으로 내다밭는돼 수라게 새집배을 맡침 셈이다. 그리고 오후에는 우리 껏을 50계을 안전이 풍구질을 해서 매종지낮쓰니[매듭 지어놓았으니] 오이[오늘] 하루가 생각보다 팔리 끝을 낼 수 있은 시간이 나오는구나."
그리고 우리 혜영이 여행 갇다오는돼 1박 2일 동안 돈 500원을 쓰고 온 것을 보니 기가 찬다. 외냐 천지가 먹을 껏이며 천지가 가지고 십픈 물건들일 껏인돼 잔돈 오백

---

91) 벌레먹은 부분을 이야기한다.
92) 이 문장 가운데에 두 줄로 밑줄을 그었으며 빌린 돈을 갚았을 때 표시한 것으로 보인다.

원을 쓰고 왔다니 야물기로 저의 엄마보다 더 야물다고 생각을 해보며 혜영이 좀 사먹어야 구경이 댄다고 이야기을 하니까 관광지에 몇 백 원식이나 더 빗싼돼 말라고 사요 아까바서 못 사며 못 먹개따고 이야기을 하니 아들이 아니라 어른이라고 생각이 더는구나. 딸들 둘은 이처럼 야문돼 아들 하나는 큰돈이든지 적은 돈 구별을 하지 않코 돈을 진기지[저축하지] 못하고 있는돼로 다 쓰고 있쓰니 이것을 딸들과 반 춤식 번타쓰며[섞었으면] 아이들예계 극정을 하지 않깨는돼 운이 때문에 극정이 사실 댄다.

"근국대학교 농성 학생 전원을 진합을 했쓰며 이 학생원 자기 학교에 불을 지루고 있은 모섭을 보니 자기 학교에 불을 지룬다는 것은 정신 상태부터 걸어먹어쓰며 이 학생원 전원 정부에서 구석을 할려고 하는돼 아주 잘 한다고 생각을 한다. 이 학생원 음벌래 처해야 댄다고 생각을 한다."

지출에 … 매상 준비 세 값 1,000

〈1986년 11월 1일 토요일 낢씨 맑음〉

오늘은 큰집 매상 준비을 오전부터 시작을 하니 매상 가마니을 75개을 해도 좀 일적하게더라. 금년 매상량은 작년보다 할당량이 만은 것은 사실이다. 정부에서도 앞푸로 선거가 있쓰니까 좀 수라게 하여주며 가격도 좀 낮깨 올려준 편이다. 외냐하며 작년에는 한 가마에 54,500g을 담아냈는돼 금년에는 54kg만 담아내면 대니까 실찌 가격은 좀 올란 셈이라고 생각을 가지본다.

이번 건국대학교 농성 학생 수가 1,200원 명 전원을 구석을 할려고 하는 정부가 잘한다고 생각을 한다. 외냐하며 학생이 넘어나 건물을 파계을 만이 시키쓰며 학교에 불을 지루다니 생각도 못 할 일들을 했쓰며 정정당당하게 무었 때문에 실천을 해야 한다. 조용희 농성을 부리도 을마든지 이제 해결이 댈 수 있따고 보는돼 이번 농성은 안전 파계자라고 생각을 가질 수밖에 업쓰며 이번 학생원 원벌래 취해야 한다고 생각을 한다.

〈1986년 11월 2일 일요일 낢씨 맑음〉

그전에는 서양 바실래 벼집을 혼자 그두어 쓰며 혼자 일을 하니 줄어들지을 않는 너킴이 들며 지루한 오전을 보냇다. 오후에는 우영부영하다 벼집 거두로 가지을 못하고 내일 공판이라서 대비을 하느라고 휴식을 하고 마랐다.

〈1986년 11월 3일 월요일 낢씨 비〉

오늘은 농민들이 땀 흙인 대까을 신판 밭는 낢이며 농민이 돈을 만치는 날이라 제일 좋은 날이라고 생각을 한다. 오늘은 4시부터 매상 가마니을 실어날라쓰며 약 8시까지 180가마을 실어낮쓰며 모두들 날도 새지도 안아서 길도 어더운대 서로가 좋은 자리와 일적할 자리에 갈따노캐따고 날리을 지기며 우리는 세집배 숙모가 어적에 자리을 잡아나서 바로 문 앞패 잡아서 제일 일적 검사을 했쓰며 처음에도 검사을 춯 자리라서 검사에 조금 극정을 했찌만 자리도 업쓰서 일적하는 자리라서 거저 좋다고만 생각을 했는돼 제일 일적 검사을 하고보니 등이 넘어나 형편 업씨 나며 큰집배는 50가마나 등위에[상급]을 주고 2등을 몣 가을 주고 이른 실정으로 등을 주고 있쓰니 기가 찬다. 정부에서 7푸로 올린다고 법석을 부리지만 등을 낮추어서 주니 오히려 가격을 올리지 않는 것만 못차다. 작년으로 바서는 우리 마을에 썩은 벼 3가마 정도 등 위에을 마자쓰며 그 나머지는 다들 등을 잘 마자따고 하는돼 올해는 등 위에을 상당이 만이 마자쓰며 대다수가 2등이며 올해는 등이 낮추어 때린 것만은 사실이다. 그리고 이번에 검사원 아주 불만이며 예냐하며 한 집배는 오십 가마 넘는 것을 점부 등 위예을 마자서 점심식사 시간에 점부 온기서 뒤집버 점부 2부을 마저쓰니 이번 검사원 아무 것 모른다고 생각을 들며 자신이 이것을 너캐 알라서 그러치 그러치 안으며 실은 소리을 할껀돼 하고 생각이 들며 마음이 떨리서 참는다고 예을 먹으다. 앞푸론 일 번하는 돼는[일이 많은 곳은] 노치 안캐다. 1번 하는 바람에 상당이 손예을 본 셈이다.93)

자신은 1등이 30개, 2등이 20계 計 50계.

지출에 농민 신문 값 6,120원 영농 자금 값 421,429원 비료 값 210,684원 경운기 이자 원금 237,150원 영세 대출 자립 자금 이자 126,026원 김춘효 돈 장래 값 153,000원 대희 102,500원
計 1,256,909원

매상
수입에 … 1등에 30계 980,700 計 1,667,540원
2등에 20계 686,840

〈1986년 11월 4일 화요일 낡씨 맑음〉

오늘은 집사람과 둘리서 채소밭을 한 밖키 돌라바쓰며 일적 신은 배추가 오히려 망해 가고 있쓰서 이것이 배추을 남보다 일적 갈라서 병을 하는가 하고 생각을 가지보곤 했쓰며 남보다 일적 신은 배추 쳐고 마음에 들지을 안아서 마음에 걸린다. 그래서 내년에는 좀 너깨 가라볼까 하고 생각을 가지면서 무우, 배추, 당근, 파을 조금식 뽀바서 가지고 오다 대신 민성내가 인배 과손에 사과 꼭찌 딴다고 있쓰서 가지 가지을 제일 좋은 것만 골라서 주어쓰며 남을 주면서 좋은 것을 주어야지 하면서 제일 좋은 것을 주더라.

그리고 오후에는 서양바실에 집사람과 둘리서 벼집을 묵끄서 세와쓰며 아직 들판에 집 만치는 사람들이 별로 업더라. 그리고 저녁을 먹고 잘라고 들고 있는돼 봉산 상문 가자고 창길이가 와킬래 밤 너깨 차저가면 외이[예의]가 돼겟나 하고 이야기을 하면서 갈다 오는 것으로 하로 일과을 보낸 셈이다.94)

지출에 … 부이 값 … 5,000원 11月 4日
총금액 153,000 청산함.
참석자 김영남. 빛 청산함.

〈1986년 11월 5일 수요일 낡씨 맑음〉

금일 집사람과 둘리서 김천장을 같쓰며 마늘, 고추장을 보는돼, 고추, 마늘이 산태 날 지경이며 농산물은 고추가 1근에 1,200원을 주니 좋은 편이더라. 그리고 마늘 씨 마늘 할려고 6접에 3,000원 주고 싸쓰며 배추도 알찬 배추 한 포기에 100원 주며 좋으니 농민들이 생산하는 것은 다들 흐려서 발길에 채이니 어떠게 농민이 잘 살수가 있나 하고 극정이 앞쓰는 구나. 그리고 오후

93) 이 내용은 일기 지면 상단에 따로 기록되어 있다. '췌 공판 1등이 30계 2등이 20계 計 50계'라고 기록하였다.

94) 이 내용은 일기 지면 상단에 따로 기록되어 있다. '김춘효 150,000만 원 이자가 2,700원 3,000 줌'라고 기록하였다.

에는 마늘 파종하는 것으로 하로을 보내고 마랐다.

지출에 … 마늘 6접에 3,000 고추과 5근 6,000 인삼이 2,000원 아빠 구두가 20,000원 아빠 내이 5,300원 닭 4,500 혜지 잠바 15,000원 운이 내이 3,000 아빠 남방 3,000 화장지 550원 톱날 500원 김 3,000원 혜영이 모이고사 책 1,000원 아라바시, 뽄드, 지우게 400원 차비 360원 360원

計 63,920원[95)]

〈1986년 11월 6일 목요일 낡씨 맑음〉

서양 바실래 벼집 묵끄 세우는 작업은 오늘로서 안전이 끝이 낮다. 둘리가 벼집을 세우는돼 무선 일보다 더뒤다고 생각을 해본다. 외냐하면 벼집 묵끄 세우는 날은 잠자리에서 일어나며 온 몸이 절지며 한참 가을 할 때보다 몸은 더딘 것은 사실이다.

그리고 정부는 오늘날까지 북계가 남침할 우례가 만타고 정부는 매일 국민을 부란을 주고 정취을 해야 하는지 86年 아시아 깨임 할 때가 제일 고비라고 법석을 하도 부리서 아쉬아 깨임을 하고 나면 무선 핑계을 댈라고 저려깨 법석을 부리는지 궁금하든이 이제와서는 88年 올림픽이 또 고비라고 국민을 황상 부란을 주고 있쓰니 어찌 댄 영문인지 알 수가 업쓰며 정부는 북계을 빙자을 돼어서 국민을 단합할려고 그런지는 몰라도 막상 북계가 남침을 해서 내려오는 한이 있쓰도 국민만원 안정을 시키가면서 정취을 해야하는 것이 아닌가 생각도 해본다. 그리고 우리 적은 북계가 아니라 일본이라고 생각을 한다.

〈1986년 11월 7일 금요일 낡씨 비〉

마을에서 1박 2일 동안 서울 구경 가는돼 자신은 금년 지출이 넘어나 만아서 동장이 구경 갈 때 같이 가야한다고 사정을 하는돼 이번 구경을 가며 체하 50,000원 낭비가 댈 껏 같다서 거 돈으로 포[표] 나는 것을 할려고 꿍심을 먹고 있쓰는돼 용래 결혼식이 내일 서울예서 식을 올린다니 부모도 일적 일꼬 자기 형마저 미국으로 이민가고 외럽게 잘난 몸이라 집안도 다 해바야 6섯 1집 밖에 대지을 안아서 천상 결혼식에 참석을 해야 돼기 때문에 50,000원에 반원 지출을 해야 하게꾸나.

그리고 오늘은 비도 오고 큰집배 사과을 손질을 해서 저장고에 늙라고 하는돼 집사람은 이미 거들어주로 같찌만 비가 올 것 같다 우리 일은 대충하고 비 온 뒤라 집사람이 춥찌나 안을까 하고 집사람 옻을 가지고 가니까 대충 다 해가더라.

〈1986년 11월 8일 토요일 낡씨 맑음〉

용래 결혼식에 참석을 하기 위에서 서울 영빈 예식장에 간다고 7시 차로 출발을 해서 김천역에서 통일로 서울행 열차에 우리 집 안사람들과 집사람 같이 몸을 실고 서울로 같쓰며 서울까지 도착을 하는돼 3시간이 걸리며 빨리도 가는돼도 지루하기 위루어 말을 할 수도 업쓰며 급행 정도는 조금 더 빨리 같쓰며 하는 마음도 들더라. 영동포

95) 실제 계산은 67,970원이나 63,920원으로 잘못 기록하였다.

역에서 기다리고 있쓰니까 용래 눈님 집배서 봉고차을 보냇드라. 그래서 그 차을 타고 서울 영빈 예식장에 도착을 하니까 조금 일적에서 다방에서 기다리다 2시 예식이라 참석을 했쓰며 예식장에 실랑 축에는 사람이 얼마 업쓰서 마음이 좋찌 않은돼 용래 눈님이 자리에 있쓸 사람이 업따면서 울고 있는돼 눈물이 따라 나올라고 해서 억찌로 참아다. 자신이 생각을 해볼 때에 용래 학교 하는 {것}도 돈원 업고 용래 형은 용회는 이혼을 하고 술만 먹고 불량만 죽이고 용래는 학교 해야지 동생들 결혼을 둘을 식키야지 하니까 골머리가 아푸니까 용배는 자기 식구만 대리고 미국으로 이민을 가니 이 아들은 막막하기 짝이 업쓰며 서로가 벌어야 하고 눈님이 실찌 동생들 끌어안깨 대어쓰며 용래가 머리가 좋아서 공부을 했찌만 오늘 결혼식을 올리는 것을 보니 이재는 성공해따고 생각을 하며 실찌 용배보다 용래가 실속이 더 있따고 생각을 하며 용래는 용회가 죽어며 보험금 타서 집도 싸쓰며 이재는 맡버리 부부가 돼어서 어너 누구보다 잘 살 수가 있따고 보며 까시밭을 했쳐낮따고 생각을 한다.
그리고 용래 예식을 올리고 나서 형 쳐 조카딸이 서울 63빌딩 구경을 시키줄라고 봉고차을 몰고 와서 가자고 해서 따라갈든이 63빌등 전망대 구경을 하니 서울이 한눈에 들어오며 정말 경취가 좋으며 경치가 좋아서 집사람과 사진 한 판을 찍을라고 사진사 차저바도 사진사가 업쓰서 그만 찍지 못한 것 안타갑기 짝이 업쓰며 집사람이 돈 들어간다고 안 갈라고 해서 억찌로 대리고 같든이 정말 잘 대리고 앇따고 생각을 한다. 그리고 수족관을 구경을 하니 정말 사람이 했는가 생각이 들며 바다 고기가 업는 것이 업고 한 번식은 구경을 해볼만 하다고 생각을 하며 수족관 해녀가 들어가서 물고기 밥을 주며 같이 놀고 있은 광경을 보니 마음으로 표현을 몿 할 정도며 이 건물에 돈도 만이 들어 같찌만 하로 입장료만도 한정도 업쓸 껏으로 내다보며 형 쳐조카 때문에 구경을 잘 했따고 생각을 한다.
지출에 … 용래 결혼 축하비 값 10,000원
차비 10,000원
計 20,000원

〈1986년 11월 9일 일요일 낡씨 비〉

몸은 서울에 있찌만 몸은 우리 집배 아들이 잘 있쓰며 집배는 아무 일도 업는가 하고 극정밖에 업쓰며 우리 집이 서울 집보다 몿하지만 내 집밖에 업쓰며 내 집이 제일 편하게 자신은 서울 살라고 해도 몿 살 것 같은 마음이다.
용래 눈님 집배서 출발해서 현용이 집부로 들리서 정심을 먹고 집부로 오는돼도 하로가 글리더라.
용래가 내리오는돼 차비을 다 돼어서 잘 내리왔다.

〈1986년 11월 10일 월요일 낡씨 맑음〉

오늘은 어재 집사람이 밤잠을 위루지 몿해서 잠 밖에 오지 않으며 온 몸이 아파서 죽게따고 이야기을 해서 좀 쉬계 하고 자신은 웃뜰래 벼집 거두로 같쓰며 잇뜰 동안 우리 내외가 공휴일월 해서 남들은 일을 만이 했쓰며 벼집을 취어논 사람이 만떠구나. 우리도 날씨만 잘 한다면 별 영향 업씨 해갈 껏으로 내다보며 아직도 우리 일이 앞쓰가는 편이라 별로 극정은 돼지을 안는다. 그리고 오후에는 집사람과 둘리 하니까 한 단지을 다 묵깨떠라.

〈1986년 11월 11일 화요일 낡씨 맑음〉

오전에는 세집배 웃뜰래 벼집을 실어주어쓰며 한 단지 집을 다 실어주어다. 그리고 오후에는 무우 수학을 하여쓰며 경운기로 두 발리 수학을 하였다. 그리고 내일은 중앙 기상대에서 비 온다고 해서 시간도 업는돼 서양바실래 집을 한 발리 실어니 시간이 저물더라.

그리고 우리 혜영이는 군수상을 바다오는 것을 보며 착실한 것은 사실인가바. 그리고 학교에서 공부도 잘하며 1, 2등을 하며 혜영은 학교 뒤바리를 한다면 혜영이는 해낼 수가 있따고 생각을 한다.

“인간은 정말 휴식을 하며 그만침 노력을 해야 살라간다고 너켜쓰며 인간은 휴식 업씨 노력하는 자는 반더시 성공한다고 생각도 해본다.”

〈1986년 11월 12일 수요일 낡씨 흐림〉

내일이 기상돼에서 비 온다고 해서 집사람과 둘리가 정신 업씨 일을 해도 몿다하게쓰며 만약 내일 비가 온다면 용래 결혼식에 둘리가 참석을 해서 이 일이 연장이 돼어서 몿다한 것이 사실이다만 집사람 말과 같이 집사람은 빠저서 벼집을 거둘라고 하는 것을 집사람 가을 그둔다고 외을 먹어서 일부로 서울 구경을 시킬라고 한싸고 대리고 같든이 일손이 둘리가 파저서 발싹 말란 벼집이 내일 비가 오며 그 집이 다 졌키 때문에 여때것 말린 것이 아깝기 짝이 업꾸나.

오늘 두리가 벼집을 거두어더리도 몿다하게쓰며 벼집 거두어드릴 껏이 약 4마지기 정도 남아 있쓰서 내일 비가 오지 안으며 아무 일 업는돼 비가 온다면 빠싹 말린 벼집이 아쉽꾸나.

지출에 …

〈1986년 11월 13일 목요일 낡씨 비〉

설 때 업는 비가 와도 넘어나 만이 오며 비가 오니 벼집 말린 것이 제일 예톳해서 마음이 상할 정도며 집사람 말을 들어떠라도 소 먹이는 비에 젓찌는 안을 끈돼 자신의 생각대로 세집배 벼집을 먼저 실어주니라고 소 먹이을 밖싹 말린 것을 이번 비에 또 적씨니까 마음이 상화는구나.

오늘은 오후에 김천 대동 대리점에 가서 경운기 물탱크 사오는 것으로 하로 일과을 보내고 마랐다.

지출에 … 경운기 물탱크 24,000원 집사람 감기약 3,000원 혜지 감기약 3,000 운이 감기약 1,000 닥캉, 물감 400원 경운기 쟁기보드 200원 차비 360원 計 31,960원
경운기 물탱크 24,000
〃 쟁기보드 200
計 24,200원[96]

〈1986년 11월 14일 금요일 낡씨 구름〉

오전에 경운기 물탱크 갈라 넌는다고 오전내 안전이 허사며 이러개 힘이 들 쭐 알라따며 돈을 더 주어도 경운기 대리점에서 할

96) 이 내용은 상단에 따로 기록하였는데 지출내역으로 아래에도 기록한 것으로 보아 중요한 내용을 따로 기록한 것으로 보고 위에 넣는다.

끈돼 하는 마음이 앞쓰며 앞푸론 집배서는 힘 더는 일은 안 예야 하게꾸나. 물탱크가 갈리는 것이 물이 질질 새서 내일로 미루고 기온이 내일부터 내리간다고 해서 무우 얼까바 무우부터 손질을 해서 무우 갈무리을 하여쓰며 그리고 세집배 무우 뽑아주는 것으로 하로 일과을 보내고 마랐다.

지출에 … 매상 풋대 갑 30,360원 화장품 값 5,000원 혜지 차비 1,000원 計 36,360원

〈1986년 11월 15일 토요일 낡씨 맑음〉

오늘 오전에는 경운기 박킹 사와서 친구와 휴식을 한 셈이며 오후에는 경운기 물탱크 안전 교한한 것이 힘이 만이 들어쓰며 하로 일과가 경운기한태 다 보내고 마랐다.

"요줌 돈이 물 쓰더시 쓰이고 있꾸나. 남들보다 우리 집의 경비가 만이 나는 것 같더며 요줌 갈더며 돈을 치내도 다 못칠 껏 같꾸나."

지출에 … 사료 5포 20,000 경운기 박킹 400원 차비 360원 혜영이 책, 혜지 책, 라면 식빵, 6,500원 부식 값, 양발 7,000원
計 27,260원
7,000 計 34,260원
34,260

〈1986년 11월 16일 일요일 낡씨 맑음〉

"대신 순달이 마늘 갈라고 소똥 거름 한 바리을 달라고 해서 아침 일적이 한 발이 실어주고 당산에 도구물을 빼기 위예서 처과 집배서 관정 파이프을 가지고 온 것을 그기다 노았쓰며 이재는 경운기가 더나들 때 불편한 점 업쓸 껏으로 내다보고 있다. 그리고 봉답 집 한 바리을 실고 왔쓰며 오늘로서 무우, 빨간 무우을 안전 갈무리을 하기 위에서 저장을 안전이 하여주어다."

〈1986년 11월 17일 월요일 낡씨 맑음〉

봉산 눈님 집배 가서 콩깍지을 가지로 같든이 아무도 업쓰서 콩깍지을 실어 노코 눈이라도 보고 올라고 기다리도 아무도 오지을 안아서 11시 반경 돼는 것을 보고 오후에 벼집 실어로 갈려고 개핵을 세운 것이 지장이 있쓸까바 그만 아무도 보지 몾하고 콩깍지만 마지막으로 가지고 오고 마랐다. 그리고 오후에 웃뜰래 벼집 말린 것을 거두어서 한 발리 실어오는 것으로 하로 일과을 보내고 마랐다.

그리고 우리 운이 공부이 치미을 부치지 몾하며 공부가 하기 실어서 곳 죽을 지경같이 보이며 주위에서도 이제는 운이예깨 공부을 좀 안 알래하는 정도밖에 안대며 운이가 적으나 공부을 하며 댈 껏 같든돼 예돌바[애닳아] 몾 바줄 정도다.

〈1986년 11월 18일 화요일 낡씨 맑음〉

집사람과 둘리서 벼집 거두어 더리쓰며 가을비가 자주 오는 바람에 여태것 하지 몾해따고 생각을 하며 소 먹이 집원 내일만 하며 다 할 껏으로 내다보며 벼집 거두어더리는 날은 집사람 잠자리가 포가 난다. 외냐하며 꽁꽁 알는 소리을 하는 것을 보며 하로 정도 점 쉬어서 할까 해도 거것도 비가 자주 오는 가을이라서 그래 하지는 몾하고 계속 하기가 집사람 보기에 미안하며 자신이 이러깨 뒨대 집사람이야 말을 할 수도 업씨 뒤다는 것은 사실이다.

〈1986년 11월 19일 수요일 낡씨 맑음〉

웃뜰래 9마지 벼집을 거두어서 집배 안전이 가지고 오니 마음이 편하기 짝이 업꾸나. 자신이 마음이 편한대 집사람은 자신보다 더 마음이 캐운할 껏으로 내다본다.

벼집은 이재는 복판 집만 그두어더리며 대는돼 이제는 집사람 손을 벌리지 않코 자신 혼자 활 작정이다.

"인간이 살라갈수록 부인의 고마운 것을 알고 부인이 소중하다는 것을 알며 저의 깊이을 서로가 먼저 만이 들어갈려고 싸와가면서 살라 간다고 해도 조금도 무리대는 말은 아니라고 생각을 한다."

지출에 … 혜지 차비 1,000 혜영 500원
計 1,500원

〈1986년 11월 20일 목요일 낡씨 맑음〉

오늘은 손만원 모친 별세한 대 일 좀 거들어주어쓰며 사람이 한 번 나며 한 번 죽는 것은 사실인돼 별로 고생도 하지 않코 자식들 예 먹이지 않코 돌라가쉬쓰니 어너 쪽이 복이 만은지는 몰라도 조용할 때 돌라가신 것은 사실이며 오전에 일을 해도 별로 거들 껏 업쓰며 그리고 사람도 만아서 오후에는 배추와 무지파을 뽑아오고 마라쓰며 집사람은 위우지라 상가집배 종일 일을 거들어주고 마랐다.

지출에 … 오락에 2,000원

〈1986년 11월 21일 금요일 낡씨 맑음〉

오늘은 상가집배 출상을 하는 날이라 마음먹고 하로 일을 거들어주어쓰며 일끄리 량은 적으나 산에 전부가 돌이라 일 하기가 거북해서 시간이 지채했다.

그리고 전국적으로 대학생들이 대모을 끄짐업씨 벌리고 있쓰며 자신에 생각을 할 때에 너무 가격하다고 생각을 하며 재산 피해을 주는돼 불만이며 자신이 생각을 할 때에 학생들이 정권을 뒤집필 수도 업따고 보며 정권 문제로 대학생이 앞푸로 너무나 만이 다칠 것을 생각을 하니 극정이 앞쓰는구나. 앞푸로 민정당이 두 발자국 물어쓰고 신민당이 한 발 뒤로 물어쓰준다면 우리 제목들이 상쳐을 들 밖게 하여주어쓰며 하는 바람이다.

지출에 … 부주 5,000 나면 500원
計 5,500원

〈1986년 11월 22일 토요일 낡씨 맑음〉

마늘 금이 허려서 배추 수학한 자리에 마늘을 갈라볼려고 두엄을 오전에는 냇쓰며 오후에는 당산 벼집을 실어 더리쓰며 당산 벼집은 일적함시에[일찌감치] 제어두어떠니 추진 맡이 만더라.

그리고 정부가 요줌은 농민들을 만이 생각을 하는치 방송을 만이 하고는 있는돼 실지적인 것인 농민을 너무 외을 먹이고 있쓰며 전 대통령 들어쓰고는 농민들을 생각한 것이 업따고 해도 무리한 말은 아니라고 생각을 하며 앞푸로 국민 투표을 부치서 대통령은 직선제로 뽑아고 하자고 신민당에서 들고 쓰니까 농민들 생각을 하는지 하는돼 농민들이 부강 업씨는 나라가 쌀 찔 수가 업따고 말을 하고 십다.

"우리 운이 어떠게 하며 공부에 치미을 가술가[가질 수가] 있쓸까. 예 돌바서 죽을 지경이구나."

〈1986년 11월 23일 일요일 낡씨 맑음〉

오전에는 벼집을 집배다 갈다논 것을 정리

좀 하고 집 안 정리을 두리가 오전 내 하였쓰며 오후에는 서양바실에 배추을 뽑아왔쓰며 세집 끄와 경운기로 세 바리가 돼며 올해 따라서 무우, 배추을 넘어 만아서 극정이며 자신이 여때것 배추, 무우 농사을 만{이} 짓어찌만 돈 한 번 못하게쓰며 올해는 운님도 안 댈 정도대니 농민들은 할 짓이 업따고 본다.

〈1986년 11월 24일 월요일 낡씨 비〉

"마늘을 씨마늘이 적어서 좀 사와서 마늘을 더 놀라고 두엄을 내서 안전이 갈라쓰며 오후에는 집사람과 김장 배추을 좀 따듬아서 대신 순달이 김장 할 만끔 갈다 주어쓰며 매년 갈다주지만 배추 금이 허려서 배추가 만이 가는 것은 사실이며 동생들을 다 나누어줄라면 150포기는 들겟다."

"자신은 남이 볼 때는 욕심이 만은 사람이라고 볼련지는 몰라도 자신이 생각을 할 때는 욕심이 업는 사람이라고 생각을 해본다. 외냐하며 매년 돈 밭을 볼라고 채소류 종류을 만이 하지만 농사을 탁 지어서 수학을 하며 마음이 바킨다. 외냐하며 돈원 생각을 하지 않코 줄 때만 생각을 하며 조금 줄 때도 만이만 주고 십고 하니 돈 할 여유가 업다. 그리고 집사람 하는 말이 아빠는 너무 희프서 안 댄다고 더려 말을 하고 있은 것이 사실이다."

〈1986년 11월 25일 화요일 낡씨 맑음〉

오전에는 마늘 파종을 할려고 준비을 하여쓰며 오후에는 집사람과 둘리서 마늘 파종을 하는 것으로 하로 일과을 보낸 셈이다. 씨 마늘을 우리가 농사을 짓은 것은 씨 마늘이 조금 신찬은돼 시장에 가서 싸오기도 그중하고 해서 좀 신찬 것을 알면서도 파종을 한 것이 잘못이 아닌가 하고 염려도 됀다.

지출에 … 혜영이 책 2,500원 젓국 3,000
생강 1,000 멸치, 쥐포 2,000 닭
2,300원 비누 1,000 쇠고기
큰집 형 생신 3,800원 간장
1,100원 솜약, 손톱깍키 1,000
책칼[채칼] 1,000 엿 1,000 치약
1,000 참기름 1,000 고춧가루
500원 혜지 차비 1,000 차비
360원 운이 과자 300원
計 24,760원[97)]

〈1986년 11월 26일 수요일 낡씨 맑음〉

오전에는 형님 생신이라서 아침 식사을 같이 하고 오전 내 같이 휴식을 하고 오후에는 웃뜰래 갈갈리[가을갈이]을 쳐볼라고 가서 경운기을 돼어보니 아직 논이 말어지을 안아서 경운기가 빠지서 갈가리을 쳐지을 못하게쓰서 한 자락 대어보다 그냥 아버리고 마랐다.

"정부 정책이 미쓰가 만이 나는 것을 이번에 발키다. 외냐하며 대학 지망이 눈치작전 배짱 지원이 만으며 너무나 결점이 만타면서 7년 전에 대학시험 제도대로 한다고 오늘 정부에서 밝키는 것을 보며 외 정부에서 신중하게 생각을 해서 결정을 하여야 하는돼 느무나 십계 결정을 해서 공고을 하니 미스가 만이 나는 것이 사실이다. 이제는 내년부터는 우선 대학을 선택을 하고 시험을 뒤에 쳐는 식으로 한단이 이제는 제 길

97) 실제 계산은 23,860원이나 24,760원으로 잘못 기록하였다.

을 걷고 있따는 생각이 든다."

〈1986년 11월 27일 목요일 낡씨 맑음〉

오전에는 낡씨도 춥고 해서 들래 일하로 가기가 거북하고 해서 방에서 집사람과 둘리서 김장 마늘 까는 것으로 오전을 보내고 오후에는 복판에 벼집을 묵는 것으로 하로 일과을 보내쓰며 면예서 벼집을 거더라고 매일 차저와서 거두어더리라고 면직원이 아예 동내로 출근을 하고 있은 것을 보며 너무들 하고 있쓰며 이 사람들 아니며 안전이 말라서 벼집을 거두어더리며 벼집도 안전하고 두불[두번] 일이 아니며 단계적으로 하여 마음 여유도 생길 껏인돼 이 사람들이 오희려 농민들을 계롭게 하고 있다. 왜냐며 강제로 하다시피하니까 억지 일을 할 뿐 아니라 벼집만 거두어드리며 논 주인한태 물찌도 안코 트락드로 가을 가리을 쳐삼춘 불추 하다시피 갈라노며 봇머리와 생가리[생갈이][98] 전 것은 나중에 손을 댈라고 들며 생갈리전 것에는 손을 돼지 못하고 그냥 노타리을 쳐서 그냥 모내기을 하고 만다. 외래대며[오히려] 이 사람들이 국가 좀 먹는 놈이 아닌가 생각이 돼며 갈가리도 땅이 말라서 쳐며 생갈리가 들 저는돼 지발 터락타만 들어가며 형식으로 고속도로에서나 철로예서 바서 갈가리을 했다 하는 식만 돼며 대니까 힘 업는 농민만 때리 잡고 있다. 이러깨 해도 아무 말도 못하고 있쓰니까 한심하기 짝이 업꾸나.

"신민당이 28日날 서울 지구 집회 강연을 할려고 하는 신민당이나 강권을 발동해서 못하구로 하는 정부나 어느 누구을 나물아줄 수도 업쓰며 시국이 어질어서 갈피을 잡지을 못 할 판국에 서로가 글력[권력]예만 신경을 쓰고 있은 사람들 자신해서 다들 정권에서 나와야 한다고 생각을 한다."

지출에 … 혜지 1,000원

〈1986년 11월 28일 금요일 낡씨 맑음〉

오늘은 구미 동생들 집배 김장 배추, 무우을 경운기로 갇다 주어쓰며 올해는 충분이 김장을 하두록 갇다 주어쓰며 경운기로 구미시에 들어가기가 힘이 만이 들며 집배 올때에 구미 신호등 내 거리에서 복판도 몾아서 신호등이 밖킨는가 차가 교차을 하는돼 한참 당앙했쓰며 우리는 생맹이라서 신호등도 잘 구별을 몾해서 차들 행동을 하는 것을 보고 딸라하기 때문에 신호등 거리는 황상 불안한 감을 가지고 있은 것은 사실이다. 앞푸론 경운기로 시내 들어가는 것은 고루해[고려해야] 하게다.

지출에 민정이 집배 과자 1,200원 쌀뒹기 3,000원 미리네 집에 과자 1,200원 計 5,400원

〈1986년 11월 29일 토요일 낡씨 맑음〉

오늘은 제목이 부친 별세한 대 일을 거들어 주어쓰며 고인이 자신한태 육촌 형님 대는 빨리며 아직 더 살라야 하는돼 혈압부로 앞산에서 돌라가쉬서 거것이 더 안타까운 일이다.

그리고 김천 쳐형이 집배 와서 집사람 김장 하는돼 오후 너깨 와서 거들어찌만 집사람 바서는 우리 혜영이가 돼리고 와서 일을 그 들어찌만 내일 할 일은 오늘 매조지고 마라

98) 서툰 밭갈이를 뜻하는 말이다.

쓰니까 다행한 일이라고 생각을 한다. 이번에 일이 집사람과 둘리서 김장할려고 약속을 한 것인돼 이번에 육촌 형님이 별세하는 바람에 집사람 온자[혼자] 할련이 급이 나든가 김천 처형을 불어서 이왕 배추을 줄라고 마음을 먹고 있쓰니까 일을 거들어 달라고 한 것이 잘 했따고 생각을 한다. 그러지 안아쓰며 집사람 혼자 생 외을 먹을끈돼 참 잘 했따고 생각을 한다. 그리고 김천 쳐형도 일 좀 거들어주고 제일 좋은 배추만 난 군 것인돼 60포기와 무우, 당건, 파을 가지고 갈쓰니까 참 잘 했따고 생각을 한다.

〈1986년 11월 30일 일요일 낡씨 맑음〉

오늘은 운상꾼이 작아서 자신도 운상을 했쓰며 운상을 할 때마다 우리 부모 일적 도라가신 것이 한이 돼며 아버지 친구들도 아직 쟁쟁 하는 것을 보며 더 마음이 서운하고 운상을 할 때마다 눈물이 나올라고 해서 억찌로 참는돼 힘이 더는구나. 그리고 오늘 일끄리 바서는 상당이 만아는돼 오늘 모두가 노는 사람 업씨 일을 열심이 하여따고 생각을 한다.

지출에 … 부이 갑 5,000원 라면 500원
計 5,500원

〈1986년 12월 1일 월요일 낡씨 맑음〉

오전에 복판에 벼집 거두로 같든이 아직 추진 돼가 만아서 것지 못하고 마라쓰며 오후에는 땔감을 할려고 경운기을 가지고 나무을 하로 가서 경운기에 17단을 해서 가지고 마랐쓰며 앞푸로 날씨가 좋으며 나무 좀 하고 집배 일을 해야 대겟따는 생각을 가지본다.

"그리고 이번 신민당 서울 집회가 정부로부터 강제 무산 대어쓰며 이제는 신만당도 정취 생명은 다 끝이 낮따고 생각을 하며 앞푸론 집회만 할려고 하며 무족근 건국대학교 사건을 들추며 허락을 하지 않으며 한다고 하며 강제 철거을 할 꺼시며 오늘 국회도 정부 만돼로 세회 예산을 만대로 국회 민정당으로만 만장으로 찬성을 해서 통과해따고 이야기을 하고 있쓰니 정부 정책이 너무하다고 생각을 한다. 외냐하며 국민들의 눈을 바서도 민정당만으로 법을 만대로 하고 있쓰니 이것은 자유 국가가 아니고 독재 국가라고 말을 하고 십다. 이것은 다들 이회을[이해를] 한다고 하지만 학생만은 용서을 해주지 않을 끄시며 장래의 제목들을 너무나 희생을 시킬라고 작정을 하는 정부 용서 못하며 어떠한 일이 있쓰도 몰라내야 한다고 생각을 하며 결역[권력]에 욕심을 가지지 말고 참댄 일꾼이 나와서 정취을 1년 만이라도 했쓰며 하는 마음뿐이다."

〈1986년 12월 2일 화요일 낡씨 맑음〉

오늘은 땔감 준비 한다고 하로 해을 보내쓰며 농촌에도 부엌 개량이 대어서 아무돼나 나무는 만으며 산에는 나무가 만아서 산에 올라갈 수가 업게끔 산이 우거저 있쓰며 나무하기가 수란 편이다.

지출에 … 혜지 1,200원 혜영이 1,400원
計 2,600원

〈1986년 12월 3일 수요일 낡씨 비〉

금일은 동내 방목을 하였쓰며 오늘 방목하는돼 정심을 집배 더 가서 먹고 오며 해가 짤바서 일을 할 시간이 업따며 정심식사을 내와서 먹고 있쓰니까 야외 나온 것쳐름 기분이 좋더라. 여때것 동내 방목을 했찌만 정심식사을 내와서 먹어면서 방목한 적은 처음이라고 생각을 한다.

〈1986년 12월 4일 목요일 낡씨 맑음〉

금일은 비 온 뒤라 일 하기가 그북한 맡이 있쓰며 하로 시고 싶픈 마음도 들고 해서 큰집배 같든이 순달이가 소머리을 싸와서 곰을 꼬고 있쓰서 곰 고기와 국물을 먹고 놀리쓰며 큰집배는 김장을 이제 하는돼 집사람과 대신 민성 엄마와 형수 셋시가 김장을 하였쓰며 오늘 순달이 때문에 잘 먹어다.

〈1986년 12월 5일 금요일 낡씨 맑음〉

오늘은 자신이 아주 잘못한 날이라고 생각을 한다. 왜냐하며 오늘 아침에 혜영이가 학교 갈려고 하면서 옷이 업따고 눈물을 흙리면서 갱장거리는 것을 학교 길에 꾸중을 하고 때리며 댓게나 하고 아빠 성질을 억지로 참고 있는돼 개속 옷이 업따면서 책가방을 들고 나오면서 졸업 사진을 찍는다면서 눈물을 흙리고 있쓰서 아빠의 성질이 폭발하고 마랐다. 아빠는 성질이 나며 아이들을 닥떠리는 돼로[닥치는 대로] 마구 때리서 만이 막꼬는[맞고는] 하며 때리고 나서는 자신이 심하게 다라따는[때렸다는] 것이 후예가 뒤에 오고 만다. 자신이 참는 짐에 끝까지 참아서 학교 길에는 손을 돼지 않을라 하는돼 그만 참지을 못해서 우리 혜영이가 하로 종일 기분이 좋지 안을 것을 생각을 하며 부모 입장에서는 상당이 만이 생각을 하여야 한다고 생각을 한다.

"오늘은 땔감 준비 한다고 하로 종일 보내고 마랐다."

〈1986년 12월 6일 토요일 낡씨 맑음〉

복숭나무에 힌깍지벌레[99]가 만아서 기계류 약을 한 돼 가지고 따뜻한 날을 살포 할려고 복숭나무에 살포 할려고 복숭나무에 불필요한 가지을 잘라내는 것으로 하로 일과을 보내고 마랐다.

지출에 … 윤문희 둘째 딸 결혼식 올린다고 5,000원 혜영이 점명사진 [증명사진] 값 1,000원 라면 500원 과자 300원 혜지 보충비 2,500원
計 9,300원

〈1986년 12월 7일 일요일 낡씨 맑음〉

세집배 순석이 형이 웃뜰에 논자리에 경운기 들어가두록 할려고 록캉[노깡] 60,000 짜리 28,000원 주고 사와서 직접 가서 도랑을 퍼서 록캉을 집어 너어니 생각보다 수라며 여태것 남외 논으로 다니며 농사을 짓어쓰니 그 불편이야말로 말할 것도 업쓰며 집배 거름은 한 발리도 들어가지 안아따는 것이 사실이다.

그리고 원정훈이 부친이 도라가쉬서 일 바주는 것으로 하로 일과을 보내쓰며 우리 마을에 죽는 사람이 업떠니 올해 들어쓰서 죽는 사람이 예 이래 만원지 몰개꾸나. 이번에 원정훈이 부친이 9홉째 별세을 했쓰니 마을 사람이 너무들 만이 죽는다고 입을 모어고 있쓰며 마을에 잔치을 다 쳐며 입만 가지고도 살 수가 있쓸 정도로 일이 만으며

99) 깍지벌레는 주로 가지에 기생하여 즙액을 빨아먹는데 심하면 과실이 기형으로 되며 2차적으로 그을음병, 고약병을 유발시키는 해충이다. 기주식물은 감나무・귤나무・배나무・사과나무・복숭아나무・매실나무 등 과수와 벚나무・장미・동백나무・단풍나무 등이다.

남외 일 착실히 바주는 사람은 자기 일 할 일도 업두록 일이 나스는 것도 문재며 이에 따라서 부주가 이재는 5,000원 이상을 하고 있쓰니 이 돈도 적지 않꾸나.

"인간이 태어나는 것도 물물이[각자] 태어나고 사람이 죽년 것도 물물이 죽는 것이 사실인가바."

"인간은 한 번 나며 한 번 죽는 것이 사실인돼 마지막 가는 길은 왜 이처름 서러우리까."

〈1986년 12월 8일 월요일 낡씨 맑음〉

상가집배 일 바주로 갈찌만 별료 할 일이 업쓰서 휴식을 한 것이나 다름이 업는돼 사람은 더 피곤하며 자신에 일하는 것보다 더 필요가 심하며 우리는 남들 모양 술을 먹지 않아서 그른지 남들보다 더 피곤한 너킴이 더는구나.

"요즘 엔날과 달라저는 것이 일을 쳐도 술 채우는 것이 천지 차이다. 외냐하며 엔날 상가집 하며 사오십 말 쳐우는 것은 보통인돼 이제는 삼오까지 쳐도 막걸리는 7말을 쓰고 있쓰니 엔날 사람보다 몸 갈리을 철쳐희 하는 것이 술 들어가는 것으로도 알 수가 있다. (이재는 음료수, 소주가 만이 들어가고 있다.)"

우리 혜영이 저위 반에서 일등을 차지 하여따고 이야기을 할 때에 기분이 제일 좋으며 부모는 공부 잘한다는 것보다 더 기쁨을 줄 수가 업따고 생각을 한다. 우리 딸이 일등을 하여따기에 혜영아 오늘 기분이다 돈 을마 주래 하니까 돈 필요 업쓰요, 남외 돈 오십 원 빌리는 것이 있따면서 오십 원만 달라고 해서 목돈이 돼두록 주고 십픈대 그래 주지는 않코 1,000원을 주고 마랐다.

그리고 우리 혜영이는 아빠가 뒤바라지만 하여준다면 해내고도 충분한 시간이 있따고 이 아빠는 생각을 한다.

지출에 … 아들 과자 … 500원

〈1986년 12월 9일 월요일[100] 낡씨 맑음〉

원정훈이 아버지 장래식에 장지가 머러서 운상꾼들이 생외을 먹어쓰며 겨울에 땀이 비오더시 했쓰니 그 수고는 짐작을 활 만나며 구 명 중에 장지가 제일 머려서 이번 절먼 사람이 예을 먹어다고 생각을 하며 그리고 경운기가 좋은 것을 한 번 더 너켜다. 외냐하며 경운기가 한 발리식 실고 산봉리까지 따라 올라왔쓰니 다들 입을 벌리며 대우 경운기는 우리 마을 산에는 다들 다닐 수가 있따고 생각을 해본다.

지출에 … 부위 5,000원

〈1986년 12월 10일 화요일[101] 낡씨 맑음〉

오늘은 선태아 봉숭나무을 캐어서 가라고 해서 엿 포기을 캐와쓰며 시간이 있쓰며 더 캐어와서 앞 밭태 업는 포기을 더 심어쓰며 하는 마음인돼 시간이 업쓰서 더 캐어오지을 못해서 더 심지을 못하고 엿 포기만 집사람과 둘리서 심고 하로 해을 보내고 마랐다.

"가을하고 나며 시간 여유가 있쓸 것으로 내다보았는돼 그러치 않코 계쏙 여유가 업쓰며 차라이 가을보다 더 바푼 너킴이 들 때가 있다."

---

100) '화요일'이나 월요일로 잘못 기록하였다.

101) '수요일'이나 화요일로 잘못 기록하였다.

지출에 … 사랑 선금 600원 닭갈 2,000원
計 2,600원

〈1986년 12월 11일 목요일 낢씨 맑음〉
오늘은 매상 준비을 하여는돼 낢씨가 봄날이나 다름이 업씨 따뜻해서 땀을 만이 흙리기도 하였다. 매상 준비을 만은 사람이 하니 일도 좀 수랄 뿐 아니라 오전 일적부터 시작을 한다면 100가마는 수라게 할 수가 있따고 생각을 한다. 너깨 시작을 해서 68개 하고 큰집에 27개을 하여쓰니 만이 하여따고 생각을 한다.
지출에 세 값 1,500원

〈1986년 12월 12일 금요일 낢씨 맑음〉
오늘로서 큰집과 세집배 다들 매상 준비을 안전이 끝을 냇쓰며 하로에 (백 가마을) 충분이 하고 일적어니 상당이 만이 한 셈이다. "우리 운이가 공부에 취미을 가지는 것 같더니 요줌 보며 공부에 취미을 가지지 몾하는 것을 보며 보통 일이 아니구나. 앞푸로 집사람 시간이 난다면 매을 한 번 돼어서 공부을 하게끔 해 볼 작정이다."
지출에 닭갈 값 2,000 라면이 500원
혜영이 감기약 1,500원 혜영이
평화탬 건설비 500원 혜지 평화탬
건설비 500원 200원
計 5,200원

〈1986년 12월 13일 토요일 낢씨 맑음〉
앞 발태 봉숭나무에 깍지 벌래가 있쓰서 봉숭나무에만 물 두 말로 살포을 했쓰며 봉숭나무에는 깍지벌레가 만아서 그것도 문제구나. 깍지벌레 약도 좀 일 살포을 하여주야 하게꾸나.[102)]

〈1986년 12월 14일 일요일 낢씨 비〉
겨울비가 와도 너무나 만이 오고 있다. 여름 모양 줄줄 오는 것이 내일 매상 연기만 할려고 오는 것의 느킴이 들며 매상도 자주 있은 것이 아닌대 이 비가 매상을 몾하게끔 해서 반갑지 안는 손님이 되고 마랐다.

〈1986년 12월 15일 월요일 낢씨 비〉
결국 매상 날짜을 하로 연기을 하고 마랐다. 자신이 이번 매상 준비 한다고 생외을 먹어서 그러지 이번 감기 몸살래 난생 처음 고통이 심했따고 생각을 하며 감기 몸살래 이처름 아푼 것은 처음이구나.
그리고 오늘이 어머님 제사인대 참석을 몾하는 것이 아닌가 하고 생각이 들지만 그 순간은 잠깐이고 가다 구끄러저는 한이 있쓰도 참석을 했야지 앞푸로 어머님 제사을 내가 모시야 하는돼 내가 참석을 몾하며 말이 돼지 않는다 가야지 참석을 하지 마음 결심을 했찌만 몸이 따라주지을 안예서 그만 참석을 몾하고 방에서 죽는 소리만 하고 마랐쓰니 어머님은 얼마나 서운했깨나. 앞푸론 이른 일이 업쓰야 한다고 생각을 한다.
어머님 재사에 자신 혼자만 참석을 못하고 다리는 다들 참석을 했따니 고맏꾸나.
지출에 감기약 4,500원

〈1986년 12월 16일 화요일 낢씨 맑음〉
오늘이 매상인돼 방에서 콤짝끄리지을 몾하고 있쓰니 마음이 타는 것이 이루어 말

102) 이 내용은 일기 지면 상단에 따로 기록되어 있다. '봉숭나무에 깍찌벌레 약 살포함'이라고 기록하였다.

할 수 업다. 내일을 동생들이 그들며 마음이 들 하게는돼 형이 내 일을 한다는 것이 마음이 걸리는구나. 자신이 못하기 때문에 놉을 할려고 하니 순달이가 거들어줄라고 한다기에 내 마음 처음보다 마음이 느거러어 지는구나. 그리고 용만, 팔구가 와서 거들어 주기에 마음이 노이더라.

"그리고 오늘 매상 대는돼 처음 등을 잘 맡자쓰며 68개을 가지고 가서 67개을 1등을 맡고 1개을 2등을 맡자쓰니 이것은 행재라고 생각을 하며 남들은 등을 잘 맡저니까 나도 등을 잘 마꾸로 방에 누어야 하게따고 하면서 웃꼬 마라따고 집사람이 이야기을 하길에 자신도 웃고 마랐다."

"오늘날까지 자신 약빠르게 세벽 일적 남들보다 먼저 같다 논는 것 실책이라고 생각을 한다. 외냐하며 매년 오전에는 등이 잘 나지을 안으며 오후에는 창고장이 점심식사을 되집을 하고 나며 그 후로는 등을 잘 주니 오늘날까지 우리가 바보짓을 했따고 생각을 {한}다. 이번에도 내 나락이 세집, 큰집 나락보다 아주 못한 돼 내 나락은 점심을 먹고 검사을 했키 때문에 전부 1등을 마자따고 생각을 한다."

지출에 … 감기 환약 5,000

〈1986년 12월 17일 수요일 낡씨 맑음〉

감기 몸살이 이처름 예을 먹이는 것을 정말 몰라쓰며 오늘도 감기 때문에 방문 밖을 몰라쓰며 동사모소에서 조합에 총대 선출 하면서 같이 돼지을 잡아서 희초 겸 돌부리을 하고 있는돼 자신은 참석을 하지 못하고 있쓰니 마음이 답답하구나.

"자신이 꼭박 사 일 동{안} 아무것도 하지 못하고 발이 무켜있은 셈이라 자신에 할 일을 집사람이 다들 해야 하니 여간 안 바푸며 종일 휴식이 업는 일과가 계속대는 소리을 귀로 들을 때에는 자신이 빨리 일을 해야 집사람 일을 들어주는 일 밖에 업쓰며 둘리 다가 몸살을 한다면 큰 문제라면서 소죽이라도 끄리줄라고 하며 아예 집사람은 못 나오게 하며 조금도 불평 기색도 업쓰며 하나에서 일 까지을 바도 엔날로 본다면 양반 자식이라고 생각을 한다."

지출에 혜영이 저금 10,000원 문고비
20,800원 웃뜰래 베 벤 두 단지 값
70,000원 혜지 저금 2,000 운이
우유 값 2,000 화장품 값 4,000
아빠의 감기약, 타약 5,000 신약
4,800 대신 아들 과자비 1,000원
計 419,600원[103)]

수입에 … 집사람 사과 품 값 4,000원 매상
수입에 55가마 1등에 54개, 2등
1개

1,796,480원
4,000 총 매상 수 68개
計 1,800,480원 아직 미수금 13개 남음.

금년에 매상 수와 등급
1986年
금년 매상 수가 118개
1등급 97개
2등급 21개 計 118개

〈1986년 12월 18일 목요일 낡씨 비〉

요줌은 때 아닌 비가 자주 오고 있꾸나. 자신은 감기는 오늘로서 안전이 해복이 대어

103) 실제 계산은 119,600원이나 419,600원으로 잘못 기록하였다.

따고 보고 있찌만 너무나 예을 먹어서 힘이 업쓸 뿐 아니라 이번에는 자신의 일이 뒤떠려저는 한이 있쓰도 몸 좀 회복을 시키스 일을 할 작정이다.

자신이 내 나람돼로 건강 갈리을 한다고 보는돼 그러치도 안나바. 외냐하며 자신이 감기을 자주 한다는 것은 건강을 소을희 회따는 정거라고 생각을 하며 앞푸론 몸 괄리을 철저희 해야게꾸나.

지출에 … 상원 콤바이 싹 105,000원
수덕세 55,000원 농약 대금이
139,460원 배추 씨 값 1,300원
計 300,760원

수입에는 나락 13개 1등 424,970원

※ 조합에 1,000,000만 원 정기 적금 함.

〈1986년 12월 19일 금요일 낡씨 흐림〉

오늘도 큰집배서 하로 점두록[하루 내내] 휴식을 한 셈이다. 그러다 나이 만은 사람이라 그냥 갈 수도 업고 해서 상점에 가서 굴피스을 사돌고 병문안을 가보았든이 생각보다 들하며 혈압으로 고통을 당했따고 했찌만 자신이 볼 때는 회복이 수일 내로 될 것 같더라. 그리고 집사람도 저의 친구가 냉장 수술했따고 병문안 같다 왔쓰니 오늘은 병문안 날이 돼고 마랐꾸나.

지출에 … 병문안 500원 집사람 친구
병문안 1,550원 집배 밀감
500원 서폰지 요, 베게
10,600원 물명태 1,000원
라면, 국수, 치약, 2900원 차비
360원
計 17,510원[104]

〈1986년 12월 20일 토요일 낡씨 개임〉

금일도 휴식을 하여쓰며 겨울이라 다행이지 그러치 않코 농번기에 이른 일이 벌어진다면 상당이 예로가 딸을 뿐 예다. 다행히 농한기라서 휴식을 하여도 마음이 별료 부담이 가지을 않는구나.

그리고 우리 아들, 딸이 오늘로 방학을 하여서 아들 감기 극정은 들 하게 대어꾸나.

지출에 혜지 차비 1,000

〈1986년 12월 21일 일요일 낡씨 맑음〉

"오늘도 휴식을 할려고 하다 봉답 벼집을 계속 먹이다 다른 집부로 바꾸기가 멋해서 이양 마른 것을 마저 미고 탄 집을 먹이야 하지 않캐나 하는 생각으로 집을 조금 실고 올려고하니 집사람이 따라갈라 해서 마저 다 실고 오고 마랐다."

자신은 몸살 때문에 아무 일도 하지 않코 있쓰는돼 아무 일도 할 것도 업따고 생각을 해보았찌만 못쳐름 나가보니 모두 일을 만이 한 적이 만으며 자신도 빨리 회복이 돼어야 하겟따는 생각밖에 업꾸나.

지출에 순달이 돈 차용한 것 348,000원

〈1986년 12월 22일 월요일 낡씨 맑음〉

금일도 휴식을 하였쓰며 너무나 마음 노코 휴식을 하고 있따는 것을 한 번 생각을 해보았쓰며 앞푸론 일 좀 해야 하게따는 생각을 가저본다.

"내일은 날씨만 좋다면 나무라도 한 짐 할 작정이다."

지출에 … 대신 웃뜰래 벼 벤 것 1단지
36,000원

104) 실제 계산은 17,410원이나 17,510원으로 잘못 기록하였다.

〈1986년 12월 23일 화요일 낡씨 맑음〉

금일도 휴식을 하였쓰며 휴식을 하면서도 자신이 친구 집을 차저 다니면서 하로을 휴식을 하였다.

"자신이 이제는 일을 하여야 한다고 생각을 하면서도 실천이 돼지을 않코 자꾸만 휴식하는 돼만 마음이 자꾸 껄리가고[끌려가고] 있다고 생각을 한다."

그리고 우리 혜영이는 공부을 할려고 마음을 돈독하게 마음을 가진는지 배치고사 책을 4권을 싸와서 공부을 하는 것을 보며 아빠의 마음에 더는구나.

지출에 … 혜영 6,000원 약 2,000 카드
700원 화장지 900원 차비
360원 공책 800원 스키지북
200원 시험지 200원 과자
200원
計 11,360원[105]

〈1986년 12월 24일 수요일 낡씨 맑음〉

금일은 봄날과 다름이 업쓰며 바람 한 줌 업고 따뜻해서 일을 하면서 옷을 벗스놓코 일을 할 지경이니 어뒤 겨울이라 하겟나. 자신도 너무나 따뜻해서 산에 나무을 하로 갇쓰며 안 아다 하니까 나무도 하지 실더라. 그래서 일적 말고 내리오고 마랐다.

지출에 … 크리스마스이브라고 민성이,
우리 아들 과자 사는돼 1,400원

〈1986년 12월 25일 목요일 낡씨 맑음〉

금년 크리스마스는 조용희 보내고 있따는 것을 영넉설리[역력하게] 표가 나는구나. 그전에는 보며 노래 소리가 나곤 하는돼 금년에 노래 소리가 나는 돼가 업쓰며 조용희 한 해을 보내고 있꾸나. 금년도 우리 가정도 아무른 사고 업시 보내따고 하지는 못하지만 우리 운이 사고 때문에 상처는 크지만 운이한태 큰 지장 업씨 희복이 돼어서 천만다행이라고 생각을 하며 자신의 복이 더 만타고 생각을 하고 십다. 외냐하면 우리 운이가 안전이 회복이 안 대고 있쓰며 아빠는 그 고통에 이겨내지 못하고 자절을 하고 말끝 갇다서 운이가 별 사고 업씨 희복이 대어서 금년 한 해을 좋은 해라고 생각을 하고 십다.

"그리고 내년에는 정말 아무른 사고 업씨 우리 과정에 밝은 웃슴이 깃뜰기을 두 손 모아 빌개노라."

〈1986년 12월 26일 금요일 낡씨 맑음〉

어재 오늘은 지질 때문에 아무 일도 못하고 휴식을 하여쓰며 벌서 불편한 일만 티어나오니 이거 극정이 돼는구나. 외냐하면 마음은 아직 아들인돼 몸이 말을 안 들을라고 하며 고통이 말을 할 수가 업따고 보고 있다.

"이제는 일을 할려고 해도 겁이 나는구나. 외냐하면 몸이 이상이 올까봐 극정이 돼어서 덥석 하기가 겁이 난다."

그리고 대신 민성이가 방학을 하듬질로[하던 길로, 하자마자] 집에 와서 운이와 노는 돼 똑같으며 공부라고는 생각지 않으며 잘 놀고 있쓰며 우리 집에만 오면 저의 집배는 안 갈려고 하는 것이 이상하며 저의 집배 가라고 하면 그만 아이가 귀가 죽어서 아무 말도 못하고 마는 것을 보며 안 조았서 가라 소리 하지 않코 저의 집배서는 넘어오라

---

105) 지면이 부족하여 지출 합계를 지면 상단에 따로 기록하였으나 내용상 아래로 옮겨 적는다.

고 전화을 해도 이것은 집배 갈려고 생각지을 않으며 6일동{안} 잘 놀고 저의 집배 가는돼 우리 운이는 마음이 안 조아서 아주 실은 기색이며 민성이는 소가 도살장에 가는 모양 풀이 한 계도 업씨 혜영이 뒤을 따라가는 것이 보기도 안 조으며 한편으로 생각하며 하로라도 더 가면 뛰어노키가 힘이 들며 일적 뛰는 것이 낯따고 생각을 하며 오늘 떨어저게 해서 한편으로는 서운하나 잘 했따고 생각을 한다. 외냐하면 서로가 공부가 안 대고 있쓰니까 잘 햇따고 생각을 하며 집배 민성이가 업쓰니 아주 조용한 너킴이 들며 하나 업는돼 그 차이가 상당이 크구나.

〈1986년 12월 27일 토요일 낡씨 맑음〉

매일 휴식을 해도 몸이 캐알하지 못하고 일하기가 급이 나며 자신이 생기지을 못하고 무이미한 시간만 보내고 있은 자신의 마음을 잡지을 못하게쓰며 자신이 채력이 뜰어저서 그래서 거른지 알 수가 업쓰며 몸의 건강을 채크을 해 볼 문제가 있는지 자신도 알 길이 업꾸나.

자신의 몸은 매일 휴식을 하고 있찌만 정신적인 감정은 중노동을 하고 있다고 생각을 한다.

지출에 … 사료 값 20,000만 원 기계류 약
과수에 1,600원
計 21,600원

〈1986년 12월 28일 일요일 낡씨 맑음〉

"휴식으로 하로 일과을 보내면서 생각을 했본다면 자식은 두고 집사람마저 머기가[먹이기가] 힘들겟다는 생각마저 더는구나."

우리 운이가 아빠의 급도 업씨 놀기만 하는 아이가 요즘은 민성이가 집배 간 뒤는 놀지을 안으며 저의 누이와 공부을 한다고 법석을 부리는 것을 보니 부모의 노력은 40푸로도 안 댄다고 보며 자신이 할려고 해야 모든 것이 이루어진다고 생각을 해본다.

〈1986년 12월 29일 월요일 낡씨 맑음〉

오늘은 억찌로 땔감 할려고 한 짐 하는 것으로 하로 일과을 보내따고 생각을 하며 이번 나무도 부엌에 땔감이 업쓰서 부엌에 땔려고 억찌로 한 샘이다.

그리고 저녁을 먹고 아이들 공부하는 모섭을 볼려고 가보니까 셋시가 똑같이 안저서 공부을 하는 모섭을 보니 아빠의 마음이 무어라고 말을 할 수 업씨 기분이 좋으며 그 간경을 보고 잇따가 오늘 아빠의 기분이다 하고서 오늘 과자을 사준다면서 1,000원을 가지고 과자을 사와서 먹어라고 하니까 다들 좋아서 만세을 부러고 있더라. 이것을 본 아빠는 더 기분을 느켜다.

지출에 … 아이들 과자 1,000원

〈1986년 12월 30일 화요일 낡씨 흐림〉

중앙 기상대서 비온다고 해서 복판에 벼집 가지로 집사람과 경운기을 가지고 갇든이 집은 두고 물구뒤더라[물구덩이이더라]. 외냐하면 먼저 번이 감기 몸살 할 때에 비가 만이 와서 들래 가서 물꼬을 파 놀라고 해도 몸이 허락지을 안아서 그냥 두어떠니 그 비가 만이 와서 벼집을 물래 장기계 되어서 벼집은 아무 것 못하게 대어 있쓰며 어름과 한 압이[하나가] 돼어 있쓰서 어떠게 손을 쓸 수가 업쓰서 그만 집배 돌라오고 마랐다.

이번 일은 감기 몸살 때문에 안전이 버린 것이 사실이며 이것이 봄에 가도 땅이 마루지 않으며 큰 문제가 댄다고 생각을 한다.
지출에 … 소 먹이 쌀딩기 280斤 11,000원

〈1986년 12월 31일 수요일 낡씨 비〉

오늘로서 86年이 다 가고 내일이며 새해가 오는구나. 한 해도 이처름 빨리 가는지을 사람이 만이 알 수 있쓰며 자신으로 바서는 이 세월이 가지 않코 꼭 잡아 낯쓰며 하는 생각뿐이다. 금년 한 해을 지나오면서 하로 하로 생할은 착실히 살라 왔찌만 이제와서 뒤을 돌라보며 아무겄도 한 겄이 업쓰며 정말 무었을 하면서 살라 와는지 후예가 막심하구나.

그리고 밝아오는 세해는 우리 가정에 365일이 하로와 같이 밝계 우리 가족 모두 몸 건강하게 살라가두록 행운이 같이 해주십사 하고 새 해 아침에 머리 수기니라.

지출에 … 떡 하는돼 4,000원 실 두 타래 4,000원 신발이 셋 크리 12,700원 혜지 학용품 1,400 혜지 가방 1,400 김 3,000 차비 580원 혜영이 막년해 500원 바겟스 1,000 태프 2,200
計 30,780원

▌1987년▐

〈1987년 1월 1일 목요일 낡씨 흐림〉
금일은 새해다. 금년 새해는 정말 보람 있고 알찬 생할이 돼두록 노력을 할 끄시며 그리고 우리 가정에 행운이 같이 하기을 바라며 또 자식들이 아무 탈 업시 무럭무럭 자라주기을 누구보다 아빠의 마음이다.
"세월이 빨리 갈수록 더욱 더 갑 잇는 생할을 하여야 하며 알찬 생할을 하지 안으며 허공에 뜬 구름과 같이 살라지고 마는 인생 생할이 대고 만다."

〈1987년 1월 2일 금요일 낡씨 눈〉
아침에 일어나는니까 한박눈이 소복이 내리서 천지가 하야게 내리있는 모섭을 보니 아이 뿐 아니라 자신도 기분이 상당이 좋으며 실찌 시죽 솟때[쇠죽 솥에] 땔감이 업쓰도 한박눈이 소복이 내리 있는 광경을 보니 이 마음도 상당이 좋더라.
"땔감을 실찌 해야 하는돼도 땔감 문재는 극정이 돼지 않코 마음마는 상당이 뜰뜬 기분이이여 마냥 기분만 좋더라."
"금일 한박눈이 13cm치나 소복이 내리다."

〈1987년 1월 3일 토요일 낡씨 맑음〉
모두들 눈이 온 뒤라 아무 일도 못하고 하니까 동사[106]에서 만이들 모여서 잘들 놀며 일기불순으로 낭비들만 하고 있꾸나.
요줌원 자신이 할 일을 집사람이 다 하고 때도 재대로 차자 먹지 않코 놀고 있쓰며 밤 너깨 들어와서는 미안타 하는 말로 때우고 있쓰며 집사람이 마냥 놀고 있는 자신을 실은 말을 한다면 소죽이라도 주로 올련지 모러지만 그러치 않코 요줌 아빠 기압 좀 바다야 되겟쓰 하는 말로 끝을 내고 있쓰니 황상 놀면서도 집사람에게 미안한 점을 버리지 못하고 있다.

〈1987년 1월 4일 일요일 낡씨 맑음〉
"금일은 화토 노리로 오락을 절기는 사람들은 아무도 나오지 완코 있쓰며 그 사람들의 말을 들어보며 돈을 딸 때는 가뭄에 콩 나드시 하며 돈을 일을 때는 매일 일다십피 하니 이것을 매일 맹세을 한다십피 하여도 모여 있쓰며 하게 돼니 있것이 큰 병이라고 하고 있떠니 오늘은 가만이 유쓰[뉴스]을 들어니 다들 집사랍들에깨 목들미을 잡피서 꼼짝을 못하게 하여서 나올 수가 업따는 말을 들을 때에 내조의 힘도 무시 못 하는 것을 한 번 생각을 했쓰며 남편들이 비 행동을 하는 자는 여자들에깨 자피게 돼어 있다."
이번 눈 때문에 오락을 절기는 사람들은 수입을 본 사람은 한 두 사람이며 손예을 본 사람은 상당이 만으며 이번 눈이 낭비을 하게끔 눈이 만이 와서 아무 일도 못하게 하여서며 거것도 여러 날이 되어서 손예을 만이 가개끔 만들어따고 생각을 하며 그 사람들이 나오지 않으니까 동사가 빈 집이 되고 말며 아무 재미도 업는 동사가

---
106) 동네 회관.

돼고 말라따.
지출에 술방치기 … 2,000원

〈1987년 1월 5일 월요일 낡씨 흐림〉
오늘은 순복이가 땅 산다고 개와집배 논을 매매 한다고 한 기분이 좋꾸나. 순복이가 논 산지가 작년에 한 단지 사고 올해 또 한 단지을 매매을 했쓰니 정말 야물게 산다는 것을 정명을 할 수 있쓰며, 아이들 어릴 때에 모다야 하지 거러치 안으며 힘이 들기 때문에 잘한다고 생각을 하며 평당 가격원 10,150원 (601평)에 돈이 크다.
지출에 … 아이들 과자 200원

〈1987년 1월 6일 화요일 낡씨 맑음〉
올해는 정말 이상 기온이다. 외냐하며 이번 겨울은 춥지도 않코 봄날과 다름이 업씨 따뜻한 날을 겨속 보내고 있쓰니 우선 눈 때문에 일을 못하고 있찌만 마음은 날씨가 봄날씨라는 착각을 할 수 있떠시 매일 따뜻한 날이 되니 휴식을 하면서도 마음마는 휴식이 되지 않코 중노동을 하고 있따고 생각도 했본다.
지출에 … 혜지 옺 8,000원 혜영이 5,000
운이 4,000원 양발 2,000원
되지고기 4,400원 머리
4,000원 국수 1,400원 차비
360원
計 29,160원

〈1987년 1월 7일 수요일 낡씨 비〉
오늘은 하로 종일 아이들과 집배서 휴식을 한 셈이며 아이들 공부하는 모섭을 보니 내 마음이 머라 말할 수 업씨 좋으며 운이가 놀로을 가지 않는 것만도 아빠는 만족을 너킬 수가 있꾸나.

〈1987년 1월 8일 목요일 목요일 낡씨 맑음〉
전에부터 우리 운이가 기억 바람[기역 발음]이 잘 안대고 있쓰서 병원에 가본다는 것이 여때것 가보지 못하고 이번 겨울 방학동안 병원예을 간다 하면서 가보았든이 원장 하는 말이 2, 3살 때에 하여야 한다고 말을 할 때에 자신이 잘못했따는 것을 생각을 할 수가 있쓰며 자신은 일적하며 어릴 때에 하면 대것나 하고 칼 대기가 급이 나서 좀 크서 하며 나을 껏으로 본 것이 자신이 잘못했따고 생각을 한다. 그리고 내일은 대구 큰 병원에 가서 진찰을 해서 수술을 할 작정이다.
지출에 … 병원에 진찰권 1,000원 과자
500원 차비 570원 이왕기
보관비 1,750원
計 3,820원

〈1987년 1월 9일 금요일 낡씨 맑음〉
금일은 아침 일적부터 집사람과 운이 셋시가 대구 병원에 간다고 아침에 열차을 타고 경북 대학 병원에 갈쓰며 (이비노과에서) 진찰을 해보았든이 김천병원보다 배을 더 달라고 하니 병원마다 이 차위점이 무엇인지 알 수가 업쓰며 종합 병원에서 기다리는 시간이 넘어나 만으며 자신은 병원에서 엣스[엑스레이] 사진 찰영을 할려고 셋 시간이나 기다리 달라고 하는돼 정말 마음이 상하더라.
그리고 열차 편을 이용할려고 하니 올라오는 열차가 9시 이후에는 4시 47분 대전행밖에 업쓰서 자신이 아이들 대리고 대구역에서 2시간 47분 이상을 기다리고 있쓰스며 만이 이용하는 안행 열차을 종점과 같이 2시 차을 살리주어쓰며 하는 생각이 절로 나며 안행열차을 이용하는 손님이 불편이 업는가 좀 생각을 하여주며 교통부나 정부나 큰 오산이 업쓸 끄시며 호평을 바들 꺼으로 내다본다.

그리고 이번 월요일날 병원에 가며 수술 결정이 나는돼 김천 병원에서는 150,000원 달라고 하며 대구 경북 대학병원에서는 국립병원에서는 500,000만 원 이상 잡아야 한단이 업는 사람으로서 극정이 대는구나.

지출에 … 진찰비 2,650원 찰영비 13,000원 크피 650원 과자 500원 기차에서 300원 환타 350원 택시비 600원 밥 1,000원 점심 1,800원 차비 2,360원
計 23,210원

〈1987년 1월 10일 토요일 낡씨 맑음〉

무이미한 하로 일과을 보내고 요즘은 일 하기가 실어며 자신이 생각을 하여도 잘 놀고 있따는 생각이 들며 앞푸론 일 좀 해야 하게따는 생각밖에 업꾸나.

〈1987년 1월 11일 일요일 낡씨 맑음〉

저녁에 비 온다는 기상대 말을 듯고 나무도 업는돼 눈비가 만이 와부치며 어떠게 하나 하고 극정이 돼어서 오늘은 경운기을 가지고 하로만 해도 집안에 전부가 나무쳐름 보이며 아이들이 이재는 나무을 하지 않아도 댓겟따는 말을 하는 것을 보니 아이들까지 나무 극정까지 시키꾸나 하고 아빠의 마음이 좋지을 않으며 자신이 너무 휴식을 만이 했따는 생각밖에 업꾸나.

"그리고 먼저 번에 오전 내 나무 10단 한 것을 오늘로 실로 가보니 아무 것도 업고 빈자리만 남아있쓰니 기가 찬다. 누가 자기가 한 것이 아닌돼 어이 가지고 갈 수가 있나 하고 생각을 했볼 때에 기가 찬다. 사람이 이래 두고 사람은 하나같이 안타는 것을 한번 생각을 해보았다."

〈1987년 1월 12일 월요일 낡씨 눈〉

눈보라가 휘날리는돼 병원에서 결과 보로 오라는 날자라서 운이는 대리고 가지 않코 자신 혼자만이 가보았든이 귀로, 머리로 사진 촬영한 것은 아무 일도 업따고 하고써 밑태 만이[밑에 많이] 붙어 있는 것은 꼭 할려며 적십자 병원에서 하라고 하며 대학 병원에서는 너무 오래 가기 때문에 안 댄다고 이야기을 하여서 자신이 습적 곤칠라고 들기가 급이 나는구나. 외냐하며 대학 병원에서 위유을 되어서 미류는 것을 보며 십은 일은 아니구나 하는 생각이 들며 만약에 수술을 하여 말이 똑바로 댄다면 아무 탈 업찌만 운이 말과 같이 다른 말이 안 대며 어떠게 해여 하는 말도 일리가 있는 말이라고 생각을 하며 우선 바서는 (기억) 바람이 좀 신찬아서 그러치 다른 말은 다 잘하고 있키 때문에 그만 수술을 포기 하여야 하겟따고 생각을 먹고 마랐다.

"만약에 운이 자라서 아빠에게 원망이라도 활까바 극정이 말을 할 수도 업쓰며 대학 병원에서 하는 말을 듯고는 할라니 급, 아내도[안 해도] 급 이 두 길을 두고 집사람과 두리서 심중하게 말을 나누어쓰며 서로가 학답을 못 하고 한참 있따가 말을 하고 마랐다. 병원에서 자신을 가지지 안키 때문에 이 일은 포기을 하고 마랐다."

지출에 … 열차비 470원 시내뻐스 120원 구미까지 직행 670원 구미에서 집까지 버스비 260원 재진찰비 값 1,850원
計 3,410원[107)]

〈1987년 1월 13일 화요일 낡씨 맑음〉

일기불순으로 모두들 휴식을 하고 있찌만 모이며 낭비가 너무 만아서 모이지 말자 해도 다들 빠짐 업시 출석을 하고 있는 것을 보며 낭비가 되어도 노는 것이 찬에서[심해서] 다들 모여서 낭비을 하고 있는 것을 보며 너무 심화다는 생각을 하지만 말도 못하고 있찌만 낭비을 하는 사람은 여유가 변로 업는 사람이 다들 하며 장거[늘, 그] 사람뿐이며 안저며 하며 집사람들이 단속을 심화게 하고 있쓰도 여사이며 거것을 볼 때에 마음대로 대지 않는가바. 이것은 빨리 해동이 되어야 말릴 수가 있따고 생각을 한다. "사람은 오락 기구에 선택을 해서 취미을 가지야 한다고 생각을 한다. 외냐하며 동사무소에 장기, 바둑 떠는 사람은 모이며 장기, 바둑을 하며 낭비가 업찌만 화토하는 사람은 매일 낭비가 만을 뿐 아니라 때외 따라 일 년에 수입이 왔따 같따 하는 것을 보며 우리는 마음이 약해서 하지을 못화며 자신은 장기, 바둑에 취미을 가진 것이 큰 다행이라고 생각을 한다."

지출에 … 아이들 과자 200원 혜영 衾 갑 6,000원
計 6,200원

〈1987년 1월 14일 수요일 낡씨 맑음〉

금일도 집배서 무이미한 휴식을 한 셈이며 아이들과 집배서 장작을 쬬개는 것으로 하로을 보냇다. 그리고 선둘 동서가 마을 회갑 잔치에 와서 집배 들리서 둘리가 오후 내 놀다 갈쓰며 장문[장터]에서 만나 이야기하는 것보다 집배 와서 여담을 나누고 있쓰니까 절거운 시간을 보냇따고 생각을 한다.

지출에 … 술 값 500원 동서 차비 값 1,000원
計 1,500원

〈1987년 1월 15일 목요일 낡씨 맑음〉

"금일은 종일 동안 땔감을 했쓰며 할려고 마음먹고 나무을 하니 나무과 집배서 싸여가는 나무을 보니 그 재미도 가질 수 있꾸나." 그리고 정부에서는 외 국민을 불안하게 하는지을 알 수가 업쓰며 정부는 북한에서 언재쯤 남침을 할 우래가 있따면서 부란을 주며 오늘날까지 정부는 북괴을 들먹이며 정치 무기을 삼고 있는돼 이것을 좀 시정 좀 했쓰며 하는 생각이며 오늘날까지 우리 역사가 내리오면서 이북을 들먹이며 정취을 하는 것을 보며 정취 능력이 부족한 사람들이 정권을 쟁취해서 거러타고 자신은 생각을 하고 십다.

지출에 … 라면 500원

〈1987년 1월 16일 금요일 낡씨 비〉

올해는 겨울에 눈이 오지 안코 비가 내리는 것이 이상할 정도며 세월이 흘러갈수록 사철이라는 것이 점점 허러저는 너킴이 들며 변득 기온이 되는 것이 사실이다.

---

107) 실제 계산은 3,370원이나 3,410원으로 잘못 기록하였다.

그리고 큰집배 참나락 한 가마니와 나락 2 가마와 셋 가마을 도득을 맡자쓰니 이른 일이 어뒤 있쓰며 큰집에서도 갈리을 소을이 하는 것이 부주이라고 생각을 한다. 이번 일은 정미을 할려고 밭같에 내나쓰며 정미을 일적 했쓰며 도둑을 맡찌 않아쓸 껀돼 이 일은 너무나 밭같에 방치을 오래 두어서 도덕을 마자따고 자신은 생각도 했본다. 그리고 도득을 맡전 사람은 살라갈 수 있찌만 도둑을 해간 사람은 이 새상에서 그늘만 차저갸면서 살라가야 하기 때문 도득을 해간 사람은 신세을 자기가 조지고 마는 신세가 됀다고 본다.
"정부도 도득을 하는 사람은 엄벌을 하며 도득을 할려고 생각도 하지 않을 껏이며 국민들도 편하게 살 껏이며 도득 때문에 국민들은 늙 불안해 살라가고 경찰은 도득을 잡는다고 신경을 쓰지 안아도 댈 껏이며 국민이 불안에 뜰지 안아도 살라갈 껏이며 이것들만 업쓰며 국민들이 발계 살라갈 수가 있따고 보는돼 정부에서 힘을 쓰지 안아서 이것들이 살라간다고 생각을 한다. 왜냐하면 자신은 이르께 생각을 한다. 남외 물건을 훔치는 사람은 양심이 사람이 아니니까 이것운 다시 생각도 못 하두록 음벌에 쳐하며 국민들이 발개 살라갈 껏은 사실이며 마음 노코 자기 일에 충실이 하며 국가도 발전할 껏이며 도득 때문에 자기 집배 빈 집은 무선 일을 해도 정신이 집중이 돼지을 안으며 늙 마음은 집배 있쓰니 이것이 무었이 발전이 되어 가개나 하고 아쉬운 마음 검할 길 업쓰며 정부는 무었을 하는지 알 수가 업따."
지출에 … 엿 3,800원 과자 2,300원
공기름 6,500원
計 12,600원

〈1987년 1월 17일 토요일 낡씨 맑음〉
오전에는 집배 있는 나무을 가지고 장작 패쓰며 오후에는 무이미한 휴식 시간을 보내고 마랐다.
"요줌 일기가 불순해서 마음잡고 일을 만대로 하지 못하고 휴식 사간[시간]으로 일과을 만이 보내고 있다."

〈1987년 1월 18일 일요일 낡씨 맑음〉
오전에는 나무을 한 짐 하는 것으로 하로 일과을 보내고 마랐다.
"우리 운이가 공부는 별로 하지 않치만 놀로을 가지 않는 것만도 큰 다행이라고 생각을 한다. 외냐하면 집배만 있쓰며 저의 누이들이 공부을 하기 때문에 언잰가는 공부을 할 껏으로 내다본다."

〈1987년 1월 19일 월요일 낡씨 맑음〉
이거 야단낫다. 외냐하며 날씨 번득서러어서 일 못하고 하기 실어 일 못하고 요줌 매일 휴식을 하고 있다. 엔말래 사람 팔자는 길더리게[길들이기] 달리따고 하더니 요줌 매일 놀라고 별 일 업시 나가고 있다.
지출에 밀가류 5,400원 비누 1,900원
화장지 500원
計 7,800원
수입에 파 값 1,000원

〈1987년 1월 20일 화요일 낡씨 맑음〉
금일은 소득 작물 영농 교육을 하는돼 강사가 강사 자격이 업는 사람 모양 교육을 하는돼 교육이 돼지을 않코 하나의 모임이 돼어쓰며 축산 교육은 제돼로 하는돼 아무도 교육을 바들 사람이 업쓰며 축산에 간심이 업는 사람은 정심식사 넘어서 지루하고 교육을 바들 사람은 정부에 하는 짓 야미울 뿐 아니라 소 먹이는돼 다들 골탕을 먹어키 때문에 축산 교육하며 신경이 쓰일 정도로 상성되어[상승되어] 있쓰니 아무도 교육을 바들 사람이 업쓰니 재 시간도 채우지 못하고 그 시간을 때우고 마랐다.

그리고 금일은 임시 총회에서 자신이 계발 이원에 들어가서 캄짝 놀랐다. 반장이 계발 위원 하라고 해서 개발 위원은 나이 만원 사람이 하여야 한다면서 나이 마은 사람을 시키라 했는돼 나을 너어나서 깜짝 놀랐다. 계발 위원으로 신임을 해주니 고맡키는 하지만 자신은 아직 남외 봉사 시간 업따고 보며 오직 일을 해야 하는돼 하고 생각이 앞쓰는구나.

그리고 우리 마을에서 동장, 지도자 김춘효, 윤천이 이 사람 만침 동내을 위예서 열성으로 핸 사람이 업쓰며 이 사람에깨 언재나 고마운 감을 가지고 있다. 그리고 현 동장으로 인명댄 이진열 씨는 동장을 하면서 동민예깨 열성을 보일란지 몰라도 자신이 볼 때는 사람이 아무 것도 업는 사람이 착실리 해서 아이들 공부을 시키며 잘 하는돼 놀기 좋아하는 사람이 동장을 하기 때문에 김춘효 동장 모양 9年이고 10年 돼두록 동장을 하며 아이들 교육이라도 시킬련지는 몰라도 2, 3年 하고 말 정도가 돼며 아예 동장을 하지 말고 다른 길을 차저야 하는돼 동장을 해서 사람 만이 바리는 것이 아닌가 하고 우연이 극정 돼어 지는구나.[108]

지출에 … 시계줄 2,000원 비계 호충
1,300원 양발 1,000원 오댕,
멜치 2,000 물미역 200원 차비
340원
計 6,840원

수입 … 파 2,700원 당근 1500원
計 4,200원

〈1987년 1월 21일 수요일 낡씨 맑음〉

오전에는 자신 혼자 나무을 하여쓰며 오후에는 집사람 딸라갈라 해서 대리고 가서 나무을 하니 말벗이 되어서 나무하기가 수라며 지루한 것을 느키지 못하게더라.

지출에 … 구미 차비 460원

수입에 파 갑 3,500원 당근이 1,200원
計 4,700원

〈1987년 1월 22일 수요일[109] 낡씨 흐림〉

오전에는 나무을 하고 정심 먹으로 들어오니 집배서 아이들이 상덕이 집배 오라는 이야기을 하길래 무선 일인가 하고 가보니 동장 지도자 송별식을 한다면서 돼지 내장을 장만하고 있떠라. 그래서 송별식을 하고 나니 3시가 돼더라. 그래서 나무을 하려가지 않코 집배서 휴식을 할려다 다만 한 단이라도 해야 득이 돼지 않캐나 하는 마음으로 같든이 오전에 계속 한 것 만침 나무을 했쓰며 자신도 생각을 하길래 멧 단 하고 오자 하는 식으로 왔는돼 마음을 먹고 일을 해도 짤번 시간에 만은 일을 할 수 있따는 것을 절시리 너켰다. 오늘은 오전 시간에 비하며 삼 분지 일밖에 돼지을 않는돼 그 짤번 시간에 오전 일과와 똑같이 나무을 하니 자신도 기분이 좋꾸나.

---

108) 이 내용은 일기 지면 상단에 따로 기록되어 있다. '(동내에서) 한참 소을 만이 먹일 때는 80십 마리가 넘어쓴는돼 현재는 줄어서 송아지까지 45바리 사육하고 있씀'이라고 기록하였다.

109) '목요일'이나 수요일로 잘못 기록하였다.

지출에 … 고기값 1,000원 티밥값 1,200
김 3,000 옷이 12,500원 식구
속옷이 5,500원 차비 360원
국수, 치약 1,900원
計 25,400원[110)]
수입 … 콩 값 7,700원

〈1987년 1월 23일 목요일[111)] 낡씨 비〉

금년에는 정말 이상하다. 겨울 쳐고 한 번도 겨울 날씨는 업고 따뜻한 날씨만 보이며 눈은 오지 않코 봄날이 봄비 오더시 종일 비가 내리는 것이 이상하다. 이 기온이 변득 기온이라 여름에 농사 짓키가 힘들구로나 하지 않을까 하고 극정이 앞쓰 가는구나.
지출에 … 동장 지도자 송별래 1,300원

〈1987년 1월 24일 토요일 낡씨 맑음〉

금일은 영농 교육이라고 해서 교육 바두로 가는돼 이앙기 무료 봉사 나왔따고 하면서 이앙기 부품을 갈라 너어야 한다고 해서 영농 교육은 포기을 하고 이앙기 부속 가라 넌는돼 구경을 하고 품목을 갈라 채우는 돼 힘이 만이 들 뿐 아니라 품목 수도 상당이 만으며 안전 오수리을 한다고 해도 뜰린 말은 아니다. 기술자 둘리가 열두시 넘뚜록 다 하지 못해서 울 집배 와서 정심을 시킬라 하다 우리 집은 너무 머러서 가까운 곳에 제철내을 정심식사을 시킬라고 여러 곳에 차저다니스 겨우 차저 정심식사을 시키서 정심을 하게 돼어다. 그래서 집사람은 간신이 식사을 모면했따고 본다. 기사들이 이앙기 부품을 교한하는돼 아무리 정심을 너캐 먹어도 할 수가 업쓸 것 같다서 식사하고 하자고 하면서 정심을 2시가 돼어서 식사을 했쓰며 이앙기 교환 작업은 3시가 돼어서 끝을 냇쓰며 끝을 내고 집배 올라고 하는돼 달희가 영농 교육하고 나며 한잔 할려고 했따면서 가자고 하길래 집배 오지 안코 따라가면서 집사람이 날 기다리다 정심 식사을 못하고 있는 것이 아닌가 하고 염려도 대면서 따라가서 고기 안주, 두부 하며 푸짐하게 음식을 같다 노았떠라. 그래서 그기에서 하로을 채우고 마랐다.
그래서 자신이 할 말이 업쓰서 아침에 교육 바두로 가면서 이왕 석유도 업고 하니 집사람이 석유 바다오라고 해서 자전차로 석유 통을 실고 가서 대신은 석유가 뜰어저서 김천 가서 바다온다고 이야기을 하니까 딸래미들이 엄마는 아빠 기다리다 밥을 먹지 안아따고 하길래 아차 하더라. 한편으로 집사람 보기에 미안하고 한편으로는 정심을 먹지 안으며 이장이 좋찌 않을 껏을 생각하니 성질도 나더라. 한편으로는 고맡게 생각을 한다. 아직 집사람은 오늘날까지 자신이 업쓰며 혼자는 밥을 먹찌 않코 남편이 와야 밥을 먹고는 하니 아직까지도 자신은 집사람의 반도 신경을 쓰지 안는 자신이 늙 미안타.
지출에 … 석유 값 4,800원 (1말)

〈1987년 1월 25일 일요일 낡씨 맑음〉

오전에는 나무을 하고 오후에는 나무을 지게로 저내리쓰며 만사 일이 수란 것은 업쓰며 나무을 해도 농로가 얼음 투성이라 갈

110) 실제 계산은 25,460원이나 25,400원으로 잘못 기록하였다.
111) '금요일'이나 목요일로 잘못 기록하였다.

수도 업고 올 수도 업는 길이 돼어서 나무을 해도 극정이 돼는구나.
수입에 집사람 사과 품 값 6,000원
"집사람이 이 평범한 남편을 그쳐름 몸이 부스저두록 생각해주는 마음 지칠까바 너의 남편 극정이노라."

〈1987년 1월 26일 월요일 낡씨 맑음〉
금일은 낡씨도 별로 찹지도 않는돼 무이미하게 하로을 휴식을 하고 마랐다. 그리고 정부에서 앞푸로 선거가 있쓰니까 농민들을 만이 생각하는 것처름 태래비, 라듸오, 신문 할 껏 업씨 막 떠들고 있는 것을 보며 슨우섬이 난다. 외냐하며 오늘날까지 가만이 보며 선거 때만 생각을 하는 치 하다 선거만 끝이 나며 입을 꼭 다물고 있는 정부 정책이라 아니 할 수 업다.
지출에 아빠 잠바 16,000 새집배 쇠고기
7,600원 5돼 떡 값 1,000 김가루
1,000 삼치 1,000 미역 1,000
큰집배 5,000원 라면 300원 차비
380원
計 32,260원[112)]

〈1987년 1월 27일 화요일 낡씨 맑음〉
오전에는 나무 좀 하고 오후에는 내일 모레가 설이라 모욕을 하고 돌부리 하는돼 가서 고기 파는돼 거들어주는 것으로 하로 일과을 보내고 마랐다.
"내일 모래가 민속의 날이라 오늘부터는 민속의 기분이 조금식 풍기는 맡이 나는구나. 그리고 농민도 이제는 휴식을 다 했따고 생각을 한다. 정말 일 년이 지나가는 것이 밤 지나가는 너킴이라 해도 무리는 아니라고 생각을 한다."

〈1987년 1월 28일 수요일 낡씨 맑음〉
"오늘은 내일이 설이라 온통 잔치 기분으로 법석대며 매년 지나가는 것이 우리 딸들이 놀랄만춤 자라는 것이 미득서려어[미더워서] 덜 설 기분이 나는구나."
그리고 자신은 구뭄날 저녁을 날을 세운 적은 금년밖에 업따고 생각을 하며 다들 부담업시 화토 노리을 밤쇠두록 하여도 별료 손예을 본 사람 업시 금년 마지막 날을 보내고 마랐다. 자신은 밤 새두록 화토 노리에 1,00원 수입 밭따고 생각을 하며 우리 조위에는 하로 저녁을 지내는돼 아주 무리 가는 사람은 상당이 만이 같다고 생각을 하며 이 사람들은 민속의 날을 밝계 지나지을 못할 껏으로 자신은 보고 있다.
지출에 … 이발비 2,000원

〈1987년 1월 29일 목요일 목요일 낡씨 맑음〉
민속의 날은 보통 보며 날씨가 변득을 부린 날들이 만은돼 이번 설은 안전 봄이라고 착각을 할 정도로 따뜻한 날을 보이며 음달래 얼은 어름이 안전이 녹아서 길바닥을 질개 만들고 있꾸나. 이번 설은 정말 따뜻한 설이 돼어따고 생각을 하며 이번 설도 우리 오 형제가 빠지는 사람 업쓰며 오 형제, 오동시 다들 참석을 해도 고맙게 생각을 한다.[113)]
지출에 … 혜지 1,000원 혜영이 1,000원

112) 실제 계산은 33,280원이나 32,260원으로 잘못 기록하였다.
113) 이 내용은 일기 지면 상단에 따로 기록되어 있다. '1月 29日 민속의 날(설)'이라고 기록하였다.

운이 700원
計 2,700원

〈1987년 1월 30일 금요일 낡씨 맑음〉

금일은 봉산에 눈님 집배을 오 동시가 전부 같쓰며 아들까지 13명이나 가서 눈님 집배 부담이 돼어따고 생각을 한다. 외냐하면 다들 바푼 사람들이라 금새 같다 정심식사도 화지 않코 온다고 약속을 하고 간 사람들이 오지 않코 정심을 어더먹고 았쓰니 눈님이 부담이나 되지 않아는가 조금 극정이 돼는구나.

"그리고 집사람이 아이들 돼리고 친정에 일적 갈라고 마음을 먹어는돼 오 동시들이 눈님 집배 한번 들리고 온다고 해서 오후 너캐 집배서 집배서 출발을 하니 딸래미들이 밥은 어떠게 해여 하면서 딸 두리가 예가 {타며} 아빠의 밥이며 혜영이는 외가 집배 가지 말로 아빠 밥을 해줄 욕심으로 안 갈 욕심이 만으며 아빠을 생각을 해주니 정말 고맡고 자식들을 만이 키어따는 생각도 더는구나."

〈1987년 1월 31일 토요일 낡씨 맑음〉

집사람이 하로 동안 집을 비우니 당장 포가 나는구나. 외냐하며 집사람이 친정 가서 오지 않으니 자신의 부주이로 새암 물을 내루지 않아서 수도 화차가 얼어 떠저서 세암을 사용하지 못하니까 상당이 불편하며 소 물을 줄라니 물이 업쓰서 물을 들고 와서 소 물을 주는돼 힘이 만이 들어쓰며 집사람은 겨울 내 쓰도 얼어떠저지 않아는돼 자신은 하로 적년에 화차을 먹고 마랐다.

지출에 … 돼지고기값 4,520원 과자 1,000원
計 5,520원

〈1987년 2월 1일 일요일 낡씨 맑음〉

"금일은 혜지와 둘리서 장을 볼 겸 혜지 계학도 내일이라 안경점에 가서 안경도 도수을 점검을 하고 수도 화차와 혜지 탁상시계, 온 식수가 곰을 할려고 소 머리을 사온 것으로 하로 일과을 보내고 마랐다. 그리고 우리 혜지 탁상시계 사는 돼 상당이 시간을 보내는돼 무선 일을 해도 벌로 하는 아이가 아니라는 것을 시계점에서 한번 더 알라쓰며 우리 혜지한태 시게을 팔자면 여간 힘 아니계따고 이야기을 하니 시계점 주인 웃더라."[114)]

지출에 … 탁상시게 14,000 소머리 22,000원 화차 2,500원 전지, 가위 1,900원 골펜, 도화지 280원 차비 600원
計 40,680원[115)]

〈1987년 2월 2일 월요일 낡씨 눈〉

요줌 절만 사람이 만나면 화토노리 고 바람이 불어서 너도 나도 업씨 날 새우는 날이 만으며 구경도 멋이 좋은지 보통 열두시가 넘어야 집배 들어오며 고[고스톱] 쳐는 사람은 하루 저녁에 돈을 일련다면 20,000원 일떠라. 그래도 화토 노리 절기는 사람들은 구삐을 아나니까[안하니까] 고 돈 일넌 것은 여사라 알고 만나면 하고 있쓰며 자신은

114) 이 내용은 일기 지면 상단에 따로 기록되어 있다. '탁상시계 구입'이라고 기록하였다.
115) 실제 계산은 41,280원이나 40,680원으로 잘못 기록하였다.

고 놀리을 배아서 하라고 주위에서 이야기을 하지만 지금 당장이라도 돈을 아깝게 생각하지 안는다면 당장 하지만 자신도 화토노리 고는 다 알고 있찌만 자신 생각을 하기에는 돈을 따먹는 일이란 것은 좋은 것이 아니라는 것을 알면서 할 수가 업쓰서 자신의 마음을 매일 억재하고 있는 자신의 심적 고통도 만타. 남들은 어떠깨 생각을 할련지는 몰라도 아직 자신 바서는 아들 교육도 있꼬 아직 낭비을 했대게 한 푼이라도 했쓰는 안 댄다는 결심이 쓧키 때문에 자신은 하지 않코 있쓰며 혹 친구와 술빵치기, 나이롱뻥[116]은 백원 식 해도 만이 일어야 2,000원이니까 이것은 자신도 하고 있다. 그리고 오늘날까지 술빵치키, 나이롱뻥 다 해도 자신은 지출은 하지 않코 오히려 수입이 1,000원 있따고 생각을 하고 있다. 이번 겨울을 한다 해도 이제는 멧 칠밖에 남찌 않아서 자신의 결심이 성공 했따고 생각을 한다.

〈1987년 2월 3일 화요일 낡씨 맑음〉

어재 저녁에 운이가 입빨 아푸다고 이야기을 해서 금일 운이을 돼리고 치과을 갈라고 하니까 눈 온 뒤로 낡씨 차가와서 치과을 가고 십픈 마음은 하나도 업더라. 그래도 자신이 아니고 자식이라 무거운 발길을 온기고 마랐다. 김천 수정 치과을 가게 돼어쓰며 치료을 하니까 이것은 때우야 한다고 해서 때어달라고 하니까 너무 만이 먹어서 내일 해야 한다면 내일 오라 해서 치료만 받고 돌라오고 마랐다.

"운이 요 놈이 제법 아빠을 예을 먹이고 있다."

지출에 … 치료비 1,000원 차비 270원
計 1,270원

〈1987년 2월 4일 수요일 낡씨 맑음〉

아직 노달기[놀 때]라서 어울려 웃노리을 하면서 절기면서 절거움어로 하루을 보내쓰며 저녁에는 아무래도 돈을 가지고 놀기 때문에 자신도 생각을 하고 있찌만 형은 가만이 보며 화토노리을 갈수록 절기며 자신이 볼 때는 9시 이전에만 놀고 9시 이후에는 반다시 휴식을 해야 할 사람이라고 생각하는돼 요즘은 가만이 보면 끝까지 화토을 만치고 있쓰며 또래도 아닌돼 부터서 화토노리을 하고 있는 것을 보며 속 끄려도 놀기 좋아 하는돼 그만 두자 하는 식으로 지켜보았다. 오늘은 가만이 보니 안전이 부터서 노름을 하고 있는 것을 보고 있쓰니까 마음이 상하는 것을 억째 해왔쓰며 하메나[벌써나] 하고 가지갈 것이다. 이제는 자기 친구도 빠저서 집배 같쓰니까 갈 것이다 하고 생각만 하고 있는돼 형은 거 것이 아니더라. 가만이 두며 끝까지 하고도 남을 사람이다. 그래서 자신이 형을 집배 가기 위에서 나도 노름을 한다면서 이거 와도다 하고 자석에 키어다. 그러니까 형은 집부로 가더라. 형은 자신을 어떠게 생각을 할련지는 몰라도 자신은 형의 건강에 신경을 쓰는 것을 모려고 있쓰며 형이 자신을 신경을 쓰는 가치을 말을 한다면 이락천금을 준다 해도 팔지 안을끄다.

그리고 자신은 노름판에는 키지 않치만 놀기 좋아 백 원짜리을 가지고 놀지만 매일

---
116) 화투놀이의 일종이다.

11시가 넘는 날이 만으며 심지어 1시가 넘을 때가 셋 번은 넘을 껏이라고 생각을 한다. 자신은 구경을 하다 자정이 넘어갈 때가 만으며 놀기 좋아 자정이 넘어가고는 하지만 집배서는 남편이 업기 때문에 잠을 자지 못하고 내가 오두록 기다리는 것을 자신이 잘 알고 있찌만 거것이 잘 실천이 안 대며 앞푸론 자신이 열 시 이전에 와서 집사람 잠을 폭 자구로 할 결심이다.

〈1987년 2월 5일 목요일 낡씨 맑음〉

금일은 당산 논에 모래을 실어널라고 길 곤치고 하니까 실찌 논에는 모래가 들어가지 안은 셈이며 모래을 실고 논에 들어가보니 콤바이가 다니뜬 돼는 경운기가 다니지을 못하며 사람이 힘이 들고 경운기마 예을 먹이지 실찌 일이 돼지을 안아서 돈독이 마음을 먹은 것이 씩어가고 있구나. 그리고 당산이 빠지서 앞푸로 농사 짓어먹키가 보통 힘이 아니구나.

지출에 … 김원태 딸 치우는돼 부주 5,000원

〈1987년 2월 6일 금요일 낡씨 맑음〉

당산 논에 모래을 널을라고 아침 일적 가서 모래을 실어서 작업을 하니 작업 이치가 맡당치 안아서 도량에 첫 바리에 빠지는 바람에 모래을 논에 실어느치 못하고 그만 길바닥에 부루고 마랐쓰며 작업을 할라면 파이프을 사와서 물을 돌리고 작업을 하여야지 안전한 작업이 댈 껏 같다서 그만 작업을 치소하고 마랐쓰며 하로 일을 무이미하게 보내고 마랐다.

지출에 … 두부 1,000원

〈1987년 2월 7일 토요일 낡씨 맑음〉

금일은 아침 일적부터 할 일이 업따면서 아빠 나무 하는돼 갈라고 해서 안 대리고 갈라 하다 조금이라도 거들며 아빠가 그만춤 수랄 것이 아니갰너야 하면서 구때어 따라 갈라고 해서 돼리고 같든이 탐을 흙리면서 한 개라도 더 거들라고 예을 쓰는 것을 보니 정말 아빠가 그쳐름 이라는 것이 아깝은지 의심이 갈 정도로 생각하고 있쓰니 오희려 땀을 흙리면서 그들고 있는 것이 예가 떠 쓰이는구나.

그리고 오후에는 집사람은 정심 초대을 바다서 가고 자신 혼자 오후에는 경운기로 실어날어는 것으로 하로 일과을 보내고 마랐다.

지출에 … 정기세 값 1,580원 헤지 차비 1,200원
計 2,780원

〈1987년 2월 8일 일요일 낡씨 맑음〉

금일은 나무 전지을 하면서 나무 저내리쓰며 오후에는 과수 전지을 하는 것으로 하로 일과을 보내쓰며 오늘 날씨는 안전 봄이라고 해도 무리되는 말은 아니라고 생각을 한다.

요줌은 이상 기온이라서 매일 따뜻해서 작년보다 봄이 일적 차저온 것은 사실이며 앞푸로도 계속 따뜻한 날씨을 보인다면 과일나무에는 꽃이 만발한 날도 머지않아따고 생각도 해보인다.

박종철이 고문화다 죽은 사건은 정부에서 아주 잘못이며 이것은 적은 일이 아니다. 외냐하며 서울 대학생이며 이것은 우리나라 일꾼이라고 생각을 하며 반다시 국민예깨 규탄을 바다야 한다고 생각을 하며 오늘

명동 성당에서 박종철 추도 십패[집회]을 할려고 하는 것을 정부에서 질서 홀란 이유로 강제 철패을 하며 정부 만대로 지화철, 버스 할 것 업시 명동 방면으로 가는 것은 철폐을 했쓰니 이것은 너무하며 신민당이 가입을 해서가 나니라 정부에서 지면은 된다는 이유로 무족끈 꼭지어서 정치을 할려고 하는돼 이것도 한정이 있찌 지는 돼로 지저지 안을 껏이며 반더시 정부가 잘못하면 정당도 국민예게 사과할 줄 알 규탄을 바다야 한다고 생각을 하는돼 이것은 규탄을 받지 않을라고 하니 이것이 문제이며 이때까지 정치을 해오면서 학생을 희생시킨 수와 사일구 때의 희생 수을 다 합패도 전 대통령 정권을 잡고 학생을 희생 시킨 수가 몟 십 배가 희생이 되어따고 생각을 활 때에 임기가 일 년이 아니라 하로라도 빨리 나와야 나라의 재목을 들 희생 시킨다고 자신은 생각을 한다.
"앞푸로 정부에서 늒번 아량을 베풀지 안는다면 서울 대학생 머리 좋은 학생은 다들 희생 시킨다고 해도 무리되는 말은 아니라고 생각을 한다."

〈1987년 2월 9일 월요일 낡씨 맑음〉
"당산에는 작과 나무 전지는 오늘로서 안전이 하여쓰며 전지 핸 나무까지 묵어서 끝을 낸 샘이다. 그리고 당산에 땔감한 나무도 큰 둥 치기 두 포기는 힘이 들 껏 같다서 다음 징할 때 할 개산에 두고 다른 나무는 집 사람이 거들어서 오늘로 끝을 낸 셈이다. 이제는 논에 두엄을 내고 오후에는 앞밭태 전지을 할 계핵이다."
지출에 … 혜영이 옐먼비[앨범비] 값이
8,000원 졸업비 5,000원
計 13,000원

〈1987년 2월 10일 화요일 낡씨 비〉
웃뜰에 거름 한 발리 실어니까 갈방비가 와서 한 발리만 실고 앞밭태 작과나무 전지을 하여쓰며 작과나무 전지을 한참하고 있쓰니까 친구가 와서 술집배 한잔 하로 가자고 해서 따라가서 한타 한 병 마쉬고 백 원짜리 한뽐먹이 하다 칠백 원이나 손에을 보고 마랐다. 올 겨울 내 돈 작난은 별로 하지는 안치만 (수입) (지출을) 따지면 본전은 했따고 생각을 하는돼 이번에는 이제 본도 차절 시간도 업쓸 뿐 아니라 안전 봄이기 때문에 이제는 모여서 안저 놀 시간이 업키 때문에 안전 지출이라고 생각을 한다.
지출에 동전치기 700원

〈1987년 2월 11일 수요일 낡씨 비〉
금일은 비오는 것이 봄비가 아니라 여름비도 이쳐름 만이 온 적은 드물다고 생각을 하며 비가 너무 만이 오니까 급이 나며 희동비[겨울비]가 만이 오니까 일이나 저절까바 극정이 대는구나.
그리고 비가 오니까 동사무소에 사람이 만원이며 절먼 사람 나 만원 사람 할 껏 업씨 도박을 서로 할려고 예을 쓰며 서로가 돈 먹을라고 노리는 것을 보니 다들 급이 나며 전예는 이처름 도박을 할려고 날뛰지을 안아는돼 오늘은 마지막 날이라는 기회라고 생각을 하는지 서로가 돈 먹을라고 더는 것을 보니 어른, 절먼 사람 할 껏 업씨 도박을 절기는 사람은 양심은 업따고 생각을 해도 무리돼는 말은 아니라고 생각도 했본다.
"그리고 올 금년 쳐고는 동사무소에서 제일 크게 도박을 했따고 생각을 하며 오늘 손예을 본 사람은 40십만 원 대리라고 생각을 하며 도박을 가만이 볼 때에 남을 한 번 울리며 자기도 꼭 한 번 울어야 됀다는 것을 오늘 한번 너켜본며 오늘 울런 사람은 전에 남을 울린 사람이며 오늘 울른 사람은 너머 만이 손예을 만이 본 것 같더며 가용에 쓴다 했도 한참 쓸 돈을 일어쓰니 그 돈이 을마나 아까우리."
지출에 … 오락에 1,000원

〈1987년 2월 12일 목요일 낡씨 맑음〉
이제는 농민들의 휴일은 끝이 난 셈이다. 오늘이 보름이니 촌에는 보름이 지나며 다들 바푼 일손이 돼니 이제는 휴일은 업따고 본다. 내일부터 일을 해야 하며 금년도 풍년이 돼어야 하는 마음 뿐이다.
지출에 … 술빵치기 1,000원

〈1987년 2월 13일 금요일 낡씨 맑음〉
오전에 휴식을 하고 오후에는 작과나무 전지을 하여쓰며 금년에는 사다리에서 과일을 딸 수 업는 것은 전부 전지을 하고 있쓰며 자신이 생각을 할 때는 너무 갈리는 것이 아닌가 하고 과일이 적을까바 염려도 돼는구나.
"그리고 우리 혜영이가 내일 중학교에 배치고사을 쳐로 가는돼 시험을 잘 바주며 하는 마음 뿐이다. 우리 혜영이는 적으나 공부을 한다면 했낼 수 있는 능력이 있따고 생각을 하는돼 너무나 공부을 하지 않아서 아빠가 제일 불만을 안코 있다."
수입에 … 농협에 이자금액 1,100원

〈1987년 2월 14일 토요일 낡씨 맑음〉
우리 혜영이가 배치고사 보는 날이라 궁금하기 짝이 업꾸나. 오전부터 시험을 잘 보는지 공부을 한 곳에 시험이 출재 대어는가 현이 오기 전까지 극정이 대어쓰며 정심을 먹고는 현이가 오는가 하고 기다리저며 기다리다 전지을 하고 밭태까지 가니 혜영이 멀리서 오더라. 그래서 혜영이 시험을 잘 쳐는가 궁금해서 집부로 오고 마랐다. 혜영이 집배 오길래 시험을 잘 쳐는냐고 무려니까 공부한 배치고사에서는 한 계도 출재가 돼지 않아따고 이야기을 하길래 아차 하고 시험을 잡아꾸나 하고 너킴이 들며 혜영이는 그른돼로 시험을 잘 받따고 이야기을 하길래 마음은 노이나 잘 받따고는 생각지을 안는구나.
금일은 종일 동안 나무 전지을 하는 것으로 하로 일과을 보내고 마랐다.

〈1987년 2월 15일 일요일 낡씨 맑음〉
작과나무 전지을 하는돼 하로 해도 얼마 하지을 못하게쓰며 금년에는 강전지[117]을 하니 더 시간이 걸리며 내일 오전까지 해야 다 할 껏으로 내다본다.
그리고 이제 작과나무가 색갈리 변하고 있는 것이 이재는 열매가 만이 올 것 같이 보이고 있더라.

〈1987년 2월 16일 월요일 낡씨 맑음〉
오늘 오전 일적 전지을 다 하고 끝따리을 주어서 묵끄서며 오후에 혼자 다 할려고 열심이 묵꼬 있는돼 혜지, 혜영이가 나와서 아빠 일 거들어줄라고 나와따고 이야기을

117) 가지를 정상보다 더 많이 잘라 눈 수를 적게 하는 전지 방법을 말한다.

하길에 공부나 하지 멋 할라고 나와야 하니까 일 거들라고 나와따고 하면서 일을 거들어서 수라게 다 한 셈이다.
그리고 집사람은 친구 집배 과수 전지한 것을 모어는돼 품을 벌라고 같쓰며 여태껏 아무 일도 하지 않코 품 벌로 같쓰니 집사람이 상당이 덜 것으로 내다본다. 외냐하면 내 일은 부담업씨 일을 하고 남의 일은 정신적으로도 고통이 따려기 때문에 이번 일은 집사람이 좀 뒤리라고 생각을 한다.

〈1987년 2월 17일 화요일 낡씨 눈〉
이번에 눈이 내리는 적시 녹아서 거러치 녹지 않아따면 올 겨울에 쳐고 제일 만이 온 눈이다. 올해는 시작을 하며 만원 량이 오고 있다.
그리고 동사방에 놀로 같든이 닭돌부리 하자고 해서 열이가 한 사람에 1,000원 내서 10,000원 가지고 자신과 친구 둘리가 눈을 마저가면서 김천을 가서 닭 넷 바리을 싸와서 돌부리을 하니까 마음끝 먹개더라.
“그리고 우리 혜영이가 내일 졸업식이라고 이야기을 하면서 혜영이는 우등상을 한 가지 받더며 남들은 선생님을 차저보고 선물한 사람은 여러 개 준다면서 직접은 아빠, 엄마에게 이야기을 하지 않아도 자신이 볼 때에 혜영의 얼굴에 우리 아빠, 엄마는 선생님을 차저보지 안아서 상을 한 개밖에 타지 못한다는 원망이 썩인 얼굴 색깔이 보이며 현이가 얼굴이 변화지 안아도 이 아빠는 먼저 알고 있다. 이 아빠가 외 선생님 차저바서 우리 혜영이 잘 바달라는 이야기을 누구 부모보다 더 하고 십은 아빠다만 그래도 하지 못한 이 아빠의 속은 더 타고 있쓰며 남과 같이 하지 못한 이 아빠 원망하지 말고 그예 저지 말고 발고 일어쓰서 익여달라는 말밖에 업쓰며 너희들이 원망을 한다면 이 아빠가 월마든지 바다주리라.”
지출에 … 돌부리(닭) 1,000원

〈1987년 2월 18일 수요일 낡씨 맑음〉
오늘은 세집배 골래 논따래이 셋 개을 한 따래이로 {불}도자로 밀고 물나라시[물 흘려보내기] 할려고 한다고 하면서 형은 대구 병원에 가야 한다고 하면서 자신한태 하라고 하여서 자신이 오전 일적부터 경운기 두 대로 4시 까지 양수 작업을 해서 물나라시 하두록 양수 작업을 하는돼 혼자서 힘이 만이 더려다.
“그리고 우리 혜영이 졸업식을 오늘 하여쓰며 무엇보다 힘든 상을 바다서 장화다고 생각을 한다. 우등상과 육 년간 개근상을 바다왔쓰니 더 좋은 상원 업따고 본다. 그리고 집사람예계 담임을 보고 오지 하니까 혜영이 선생님이 너무 얄미게 논다고 다들 이야기을 하며 아이들이 꼴비기 실캐 논다고 이야기을 한다고 해서 찾저서 인사도 할려고 했는돼 올 때는 차저보지 않코 그냥 와버리따고 이야기을 하길래 미우나 담임을 했는돼 잘못 했따고 이야기을 하여쓰며 이번 선생은 너무나 선물 주는 사람만 생각하고 있따는 것을 학생들이 더 보기 실타고 이야기을 하고 있쓰니 선생님 자격이 업따고 생각을 한다.”
지출에 … 공낙금(혜지, 혜영) 72,900원 라면 1,360
후지덤[프리덤] 330 운이,
혜영이 과자 600원 친구들과
혜영이 노는돼 500원 혜지 저금
1,000원 혜영이 도장 500원

計 77,190원

〈1987년 2월 19일 목요일 낡씨 맑음〉

작과일 나무 전지한 것을 오늘로서 안전이 정리을 하여쓰며 금년에는 조금 너전 감이 더는구나.

"우리 운이 공부에 치미을 부치지 못하고 매일 놀기만 좋아하고 공부을 하라고 하며 얼굴이 벌겄개 달라올려니 여사 일이 아니다. 이것이 공부가 할 욕심만 있따면 남외깨 뒤떠려저지는 않캐는돼 그래 돼지을 안으니 아빠가 예가 타는구나."

혜영이 저금 찾전 것이.

〈1987년 2월 20일 금요일 낡씨 맑음〉

오늘은 집사람과 둘리가 세집배 과수 전지한 것을 숙모가 주어서 좀 가지고 가라 하지만 오전 내로는 둘리서 일을 거들어줄 욕심으로 가서 오전에 다 줄 수가 있쓰며 오후에는 묵끄서 도로변으로 미아까로 다 실어 내주는 것으로 하로 일과을 보내쓰며 나무을 가지고 오지 않을라고 하니 숙모가 하도 가지고 가라고 당분을 해서 할 수 업씨 좀 실고 왔다.

〈1987년 2월 21일 토요일 낡씨 맑음〉

봄마지 대청소을 온 동민이 나와서 일을 했쓰며 대청소을 관에서 하라고 하지 않으며 자발적으로 동내서 하기가 어러운 일인돼 마지않아 대청소이지만 청소을 하고 보니 아주 깨끝해서 아주 마음이 상캐하구나.

그리고 오후에는 우리 아래채에 기초가 허술해서 기초을 세멘으로 지어불 작정으로 봉산냇까에 가서 모래을 셋 바리 경운기로 실어 더리는 것으로 하로 일과을 보내고 마랐다.

지출에 경운기 엔진오일 3,550원
화장지 530원
計 4,080원

수입 혜영이 저금 찾은 것이 95,920원

〈1987년 2월 22일 일요일 낡씨 맑음〉

"오늘은 누님집배 가서 고구마 씨을 가지고 올 겸 오면서 모래을 한발리 실어 올 욕심으로 무지파 한단을 실고 눈님집배을 가서 오전내 놀고 오면서 씨고구마을 실고 모래 한 발리로 오전 일과을 보내고 마라쓰며 오후에는 세집배 전지 한 것을 순범이와 실어 더리쓰며 조금식 실어서 넷바리가 돼며 안전이 정리을 해가면서 실어니 오후내 실갯어라."

"우리 운이 공부 치미가 업쓰서 두통거리라고 생각을 한다. 자신이 오만 수단을 다 쓰도 돼지을 안으며 도돼채 어찌 댄 영문이 알 수가 업쓰며 우리 운이 때문에 늙 극정이다."

〈1987년 2월 25일 월요일 낡씨 맑음〉

오전에는 봇밭에 두엄을 실어내면서 보니까 대신 굴래에 대신 아{이}가 버스와 정면 충돌 하여서 현장에서 죽은 사건 현장 검사을 하길래 경운기을 한 군대에 시어 두고 현장 검사을 하는 것을 구경을 하니 수사과정이 약자에 도엄을 주는 기색이 업씨보이며 대을 살리고 있는 것을 눈에 보이게 대니 이것이 문제다. 예냐하면 사람이 하는 일이 목격자가 업쓰서 정학하게는 못하지만 만사 일이 소을 죽이고 있는 실정이며 정학하게는 소을 살리야지 만사가 수라게 살라가는 줄 알고 있쓰며 소을 계속 죽이며 대도 언잰가는 죽계 된다. 이 방침을 바꾸어 주어쓰며 하는 마음뿐이다.

지출에 … 봇돈 28,750원

〈1987년 2월 24일 화요일 낡씨 비〉

웃뜰래 먼저 번에 로캉[노깡] 논 것이 짤바서 경운기가 들어가기가 힘이 들어서 로캉을 한 개 가지고 집사람과 둘리서 좀 징할 때에 노코 온다고 아침 일적 시작을 해서 가는돼 비가 오더라. 그래서 이왕 실어논 것이라 같다만 노코 오는돼 비가 갑짝이 만이 와서 비을 다 맡고 마랐쓰며 30분만 너깨 서들어도 비가 와서 시작도 하지 않코 비도 맡찌 않아쓸 껀돼 너무 서든는 바람에 두리가 비만 맡고 마랐다.

"금일은 혼자 사는 아주마 집배 수도 화차 갈라주는 것으로 하로 일과을 보내쓰며 사람은 언재나 부부가 같이 살라야 댄다는 것을 한번 너켜쓰며 언재나 혼자 사는 사람은 동정을 받게 마련다."

지출에 혜지 약 3,000원 가방 8,000
쥐고기, 멸치, 김, 꽁치, 쑤세미,
찍개, 칫솔, 치약, 자, 필통, 혜영이
친구 우포, 간장, 껌, 12,380원
장갑 1,500원 게보린, 구리세린
1,000원 참기름 1,000 시금치
200원 사탕 100원 차비 620원
計 27,970원[118)]

수입에 콩나물 콩, 팥 4,860 6,750원
計 11,600원[119)]

〈1987년 2월 25일 수요일 낡씨 맑음〉

오늘은 꽃셈 추위인지 피부 너킴이 아주 추어며 바람이 몸씨부니 사람이 더 추어보이며 들래 가기가 그북스러어며 일 할 의욕이 업쓰서 동사무소에서 사람들과 같치 놀고 오후에는 추원따나 탤캄을 할 욕심으로 당산에 나무 하로 같든이 나무을 한참하고 둥치기 나무을 베어서 넌기니까 대통령 캄보이 차가 막 올라가서 혹시나 나무 베는 것을 보았든 것이 아닌가 하고 급이 나서 그만 집배 들어오고 마랐다.

"그리고 도박을 하는 관경을 보니 대충 타진다면 아들과 어른인 한 자리에서 도박을 하고 있쓰니까 돈이 와다 같다 하더니 아들 하나가 돌이 떨어지고 나니까 돈을 좀 빌리자고 이야기을 하니까 어른 한 사람이 말을 잘못한 것은 사실이지만 아들이 병을 지고 곳 때일 뜻 하면서 무차하게 욕을 해도 그 도박은 계속대며 돈이 뭇엇인지 어른과 아들 같이 안저서 돈만 보고 도박을 하고 있는 것이 정말 돈이 좋은 것인가바."[120)]

〈1987년 2월 26일 목요일 낡씨 맑음〉

일기불순으로 아무 일도 못하고 낡씨가 추어니까 다들 휴식을 하고 있쓰며 모두들 놀면서 하는 이야기을 들을 때에 하로만 놀면 다 논다고 하면서 부담업씨 놀고 있더라.

"요즘 일기불순으로 모두들 감기을 만이 하고 있따는 것이 사실이다."

〈1987년 2월 27일 금요일 낡씨 맑음〉

일기불순으로 모두 휴식을 하는 바람에 도박으로 손예을 본 사람 상당이 만으며 노소업씨 요즘 도박이 상당이 시마다고 생각을 하며 맡대면 하고 있쓰니 이것이 문제다.

---

118) 실제 계산은 27,800원이나 27,970원으로 잘못 기록하였다.

119) 실제 계산은 11,610원이나 11,600원으로 잘못 기록하였다.

120) 이 내용은 일기 지면 상단에 따로 기록되어 있다. '2月 25日 수세미, 찟개 1,000'이라고 기록하였다.

우리 마을로 바서는 꼭 일이 시작댈 무렴 대며 외 이래 행사처름 도박을 하고 손에을 본 사람은 일 년 농사을 헛짓고 마는 사람이 한 두사람이 생기니 이것은 꼭 말리야 하는돼 이것을 말리지 못하게 도박을 하는 사람이 동장 지위층에서 하고 있쓰니까 말리지 못하고 이것이 번성이 돼고 있다.

지출에 … 혜지 약 4,000 노트 3,500원
칫솔, 화장지 1,000원 차비
360원 꽁치 1,500원
計 10,750원[121)]

수입에 … 질금콩 … 3돼 6,750원

〈1987년 2월 28일 토요일 낡씨 흐림〉

세집배 순범이가 공학박사 돼어따고 내일 동내 술 돼집한다고 금일은 돼지 잡고 준비한다고 하로을 보냇다. 동내 술 돼집을 얼마든지 하여도 아캅지 않타고 생각을 하며 아무 부모라도 자식이 잘 돼기을 바라는 마음은 다들 같찌만 이것이 잘 안 돼는 것이 사람이라고 생각도 해보지만 이번에 술 내는 것은 정말 값진 술이라고 생각을 해본다.

그리고 대신분소 개업식을 하는돼 낡씨가 불순이라 개업 날씨는 마음 들지 안는 낡씨라고 생각도 더는구나. 자신은 세집배 일 때문에 참석을 하지 않아찌만 개업하는돼 사람이 너무 만아서 두서 업는 일이 돼어따고 이야기을 하는 사람이 만터구나. 그리고 조합이 연쇠점[잡화가게]을 하고 있쓰니까 대신동 사람은 상당이 득을 보고 있따는 것은 사실이다.

지출에 … 창고서[참고서] 10,000원 학용품
4,200원 창고서 4,000원
計 18,300원[122)]

〈1987년 3월 1일 일요일 낡씨 눈〉

금일은 순범이 박사 학위을 밭고 동민예깨 술 돼집 한다고 분주했쓰며 동내 술내는 것도 만족할 만춤 대집을 했따고 생각을 하며 낡씨마자 추어서 다들 모여서 온 동민 잘 나누어 먹어따고 생각을 한다.

이제는 봄이라는 삼 월 정말 좋은 달이다. 만물이 소생하는 봄을 마지하여쓰며 이제는 인간의 계절을 마지하여쓰며 삼 월이라는 달을 갑지게 마지하여야 한다고 생각을 한다.

〈1987년 3월 2일 화요일[123)] 낡씨 맑음〉

금일은 당산에 둥치기 베어논 나무을 실어오기 위에서 통 실어논 것으로 오전 일과을 보내고 오후에는 실어올라 하다 제복이 엄마가 돌라가쉬는 바람에 일 거들어주는 것으로 하로 일과을 보내쓰며 사람이 살라 계시도 언재 죽을찌 모런다고 이야기을 하더니 사람이 죽을라고 하니 허무하게 죽는 것이 사람이라는 것을 알라쓰며 제복이 부친 죽원지 삼 개월 정도박게 돼지을 안아는돼 또 모친이 돌라가쉬니 꿈만 같깨꾸나.

"그리고 우리 혜영이 중학교에 입학식이라 아무도 따라가지 않코 저의 언니가 있쓰서 별로 생각을 하지 않아는돼 학부형이 입학식을 한다고 부모내들 따라와서 만이 왔쓰

---

121) 실제 계산은 10,360원이나 10,750원으로 잘못 기록하였다.

122) 실제 계산은 18,200원이나 18,300원으로 잘못 기록하였다.

123) '월요일'이나 화요일로 잘못 기록하였다.

며 우리 혜영이 시셈이 만은 아이라 부모을 원망이라도 하지 않아는가 하고 이 아빠가 극정이 돼는구나. 우리 혜영이는 아빠의 실망을 하지 않투록 해낼 것으로 내다본다." 우리 운이 혜영이가 돼리고 다니다시피 학교을 같찌 초등학교 다니곤 했는돼 이재는 운이 혼자 두고 중학교에 같쓰니 이재는 운이을 바줄 사람이 업씨 혼이 혼자 다니야하니 염려가 만으며 5학년이 돼거든 제발 공부에 치미을 부쳐주어쓰며 하는 마음 뿐이다.

〈1987년 3월 3일 수요일[124] 낡씨 맑음〉

금일은 이성보에서 파보한다고 사람들이 몰리서 산가집배는 한참동안 신부름 할 아이들이 업쓰서 산가집배 보기에 미안하며 자신도 결산 보고만 하는 것 보고 봉계만 지고 오고 마랐다.

이번에 제복이 부구 돌리는 것이 대부분이 욕을 한다고 부구 돌리고 온 아들이 말을 하더라. 이것을 생각을 해볼 때에 더로 욕을 할마나다고 생각을 한다. 외냐하며 자기 부친이 석 달 전에 부구을 했찌 이번에도 또 거 사람에깨 부구을 하여쓰니 좋아할 일은 업고 또 제복이 형이 백차을 몰고 다니니까 김천 운전수는 실어도 와야댈 판이 이것이 속으로 욕을 만이 하게 돼어 있따고 생각을 한다.[125]

〈1987년 3월 4일 목요일[126] 낡씨 (비) (조금)〉

금일 상가집배 갈려고 생각을 했는돼 아침에 일어나서보니 소가 자신이 볼 때에 예정일도 다 대어고 해서 소을 관찰을 해보니 송아지을 분만을 할 것 같다서 상가집배 가는 것은 부이만 전화고 집배 와서 소 관찰하여쓰며 오전 내 송아지을 분만을 하지 않아서 상가집배 가서 일 거들어주어도 댈 뿐에다 하고 생각도 해보았쓰며 집사람이 가서 일을 도와주어서 들 미안치만 자신도 가서 거들어도 댈 뿐 했다 하는 생각을 가지보았쓰며 오후 4시 30분이 돼니까 분만을 하더라. 자신이 바다서 을런 송아지 감별을 해보니 암수더라. 그래서 작년에는 셋 바리가 쑥송아지[숫송아지]을 나와서 돈이 돼어쓰며 올해는 처음부터 암송아지을 나와서 자신이 상당이 마음이 상아더라. 사람이 생각돼로 대어지지는 안치만 암수을 노어니 기분이 별료라서 소 갈리에 등하게[등한히] 하며 자신은 소 갈리에 등하니까 집사람이 아무려치도 않는 뜻이 송아지 갈리을 만이 한 셈이다.

지출에 … 부위 5,000원

〈1987년 3월 5일 목요일 낡씨 맑음〉

앞밭태 비료 거름 할 욕심으로 나무 밑태 낙엽을 안전이 끌어냇쓰며 낙엽을 혼자 끌어내보니 오전이 넘뚜록 하게더라. 그리고 오후에는 대신 분소로 가서 비료을 뛰어와서 작과나무에 비료을 안전이 하니까 앞 밭태 복합 비료 4포 3돼 정도 함.

"거름을 하고 일적에서 달희하고 상토 흙쳐는 것을 두리 할려고 해서 지료는 있코

124) '화요일'이나 수요일로 잘못 기록하였다.

125) 이 내용은 일기 지면 상단에 따로 기록되어 있다. '순달이 100,000만 원 차용함'이라고 기록하였다.

126) '수요일'이나 목요일로 잘못 기록하였다.

해서 시간이 남아서 둘리가 흙 쳐는 아미[그물]을 만들고 있쓰니까 주위에서 한 사람이 문친 짐에 나도 한 개 만들라고 해서 아미을 두 개 만더니까 하로 해가 좀 너전 편이더라. 그리고 만들어 논 아미을 보고 잘 만들어따면서 인사을 하길래 마음이 좋더라."

지출에 … 복합 17, 17, 6포, 가리 1포
용성인비 1포 유안 1포
計 9포에 금액 46,6600원

〈1987년 3월 8일 일요일 낡씨 맑음〉

집사람과 둘리서 마늘밭에 김매기을 하여쓰며 마늘밭태 집을 거두니 마늘이 일부 땅우에 지발 한 두 개 이파리를 내밀고 비누류을 텁번 것은 마늘 이파리가 땅 위에 안전 낮따고 해도 무리는 아니다.

그리고 오후에는 집사람과 둘리서 작과나무 밑태 김매기을 안전이 하였다.

지출에 … 쌀겨 1,500원

〈1987년 3월 9일 월요일 낡씨 맑음〉

금일은 오전 일적부터 소 두엄을 경운기로 웃뜰래 논에 올미때을 죽이게 할 욕심으로 두엄을 종일 실어내니 9바리가 돼더라. 거름을 안전이 실어내고보니 집안이 허나며 자신의 마음이 더 말은 기분이 더는구나.

지출에 혜지 1,200원 혜영이 1,200원
計 2,400원

〈1987년 3월 10일 화요일 낡씨 흐림〉

금일은 상토 흙 쳐는돼 태성이 털락타로 노타리을 쳐서 아미 작업을 하니 흙신 수라며 직접 들래서 쳐서 집부로 가지고 오니 일이 간편한 너킴이 들며 집배 와서 작업을 하며 집사람까지 예을 먹이야 하는돼 들래서 하니 집사람도 예 먹이지 않코 들래서 어울리서 하니까 일이 간편하며 조금 수란 너킴으로 일을 맡치따고 생각을 한다. 그리고 오늘 흙이 수라게 아미에 나와서 거려치 하로만에 셋 집이 상토 흙을 맡치지 그러치 안으며 하로 가지고 다 할 수 업따고 생각을 한다.

금일 상토 흙 준비한 것이 경운기에 볼속 실찌 않코 5섯 바리 준비을 하여다.

지출에 … 반찬값이 4,000원
흙 쳐는돼 1,000원
計 5,000원

〈1987년 3월 11일 수요일 낡씨 맑음〉

금일은 영농 자금을 수령하는 날이라 친구와 일적 조합예 갈든이 조합에서 위로부터 돈 수령이 돼지을 안아서 영농 자금 수령하는 돼 상당이 만이 기다리쓰며 개인이 돈 수령을 하는돼 오후 2시가 넘더라. 그리고 봉산 사호가 통일 찰벼가 생산이 만이 댄다면서 한번 하라고 하더라. 그래서 찰벼을 한 번 농사도 짓어보지 않아찌만 생산이 만이 난다고 해서 하게따고 하고서는 봉산 사호 집에 가서 이야기을 하니 할 사람 신청 받는다고 현금을 받고 있더라. 현금을 주고 눈님 집배서 한참 놀고 정심만 어더먹고 온 셈이다.

집배 와서 집사람에깨 찰벼 한 단지을 할려고 현금 주고 신청했따고 이야기을 하니 집사람이 좋아하지을 안코 찰 벼 농사가 힘들며 병이 만타면서 안 했쓰며 하는 마음뿐이라 자신도 거리감이 자꾸 생기는구나.

자신의 일이 허개[허투루] 처리을 하는 맡이 만아서 무선 일이든지 집사람과 합이을 해서 무선 일이든지 결정을 할려고 결심을 한 사람인돼 또 이번 일이 자신 혼자 처리을 해서 또 자신의 마음이 90푸로는 실패가 아닌가 하고 마음이 들어가며 마을에서 통일 찰벼을 농사을 짓을 사람이 있따면 자신은 하지 않캐다 하는 마음뿐이다.[127)]
지출에 통일 찰벼 씨 값이 20kg에
14,000원 혜지 책 값 5,200원
혜지 1,000 혜영이 400원 운이
과자 300원 라면 500원
計 20,300원[128)]

〈1987년 3월 12일 목요일 낡씨 맑음〉
웃뜰래 논이 고루잔아서 작년에 이왕을 하니 어린 모가 삭아서 모 머더리는 힘이 들어서 올해는 깊은 자리을 경운기로 실어서 고룬다고 하로 종일 논자리 흙을 실어넌는돼만도 하로가 저물도록 하여다.
"농사일도 대로 대로 농사을 짓는 거와 알떠리 짓는 거와는 일의 문제가 하늘과 땅 차이 만춤 크다고 생각도 해본다."
지출에 … 흙 쳐는 아미 값 2,000원

〈1987년 3월 13일 금요일 낡씨 흐림〉
금일은 아침 일적은 보슬비가 내리서 아무 일도 못하고 있는돼 보슬비가 오전 9시줌 돼어서 비가 거치서 달희을 서로 해주기로 하고 대리고 와서 상토 흙래 황가루을 쎡어쓰며 오후에는 달희 집 가서 황아루을 쎡어서 서로가 도와주니 일손이 조금 수란 너킴이 드는구나.
그리고 황가루을 살포하고 나니 조금 일적어서 어갈리 논 도구을 대충 쳐는 것으로 하로 일과을 보내고 마랐다.[129)]
지출에 … 혜지 약 7,000 닭 2,000원
수저, 간통, 주개 1,300원 잡체
양미리 2,000 시금치 250원
국수 1,200원 혜지 신발 실내화
1,600원 차비 360원
計 15,710원
수입에 울콩 6,200원

〈1987년 3월 14일 토요일 낡씨 맑음〉
오전에는 두엄을 한 발리 실어내고 집을 조금 거두어서 오는 것으로 오전 일과을 보내쓰며 오후에는 갑짝이 부역이 생기따면서 3, 4반원 전원 나와달라고 이야기을 해서 가보니 부역이 아니고 군예서 누가 나온다면서 사람 만이 동원이 돼어야 한다고 해서 부역이라면서 사람을 부치따면서 이야기을 하는돼 실찌 일은 업는 사람 버려먹어라고 치료 사업이더라. 그리고 군에서는 온다더니 한 사람도 오지 않코 하로 일과을 보내고 마랐다.

〈1987년 3월 15일 일요일 낡씨 맑음〉
금일은 우리 아려체에 지돼가 내리안저서 집사람과 둘리가 공구리을 쳘라고 과와만[기와만] 부치고 내일은 놉을 해서 세면 작업을 할려고 마음을 먹고 둘리가 가와을 부치보니 생각보다 작업이 팔리 돼어서 집사람과 둘리 할려고 대신 통운에서 세멘을

---

127) 이 내용은 일기 지면 상단에 따로 기록되어 있다. '영농 자금 수령함. 500,000만 원'이라고 기록하였다.
128) 실제 계산은 21,400원이나 20,300원으로 잘못 기록하였다.
129) 이 내용은 일기 지면 상단에 따로 기록되어 있다. '대신 분조에 자립 예탁금 저금을 40,000만 원'라고 기록하였다.

12포을 사와서 일을 시작을 하니 하로 하니까 내일 일이 조금박에 남찌 않캐 다 한 셈이라 품값을 더리지 않코 둘리가 다 한 셈이며 앞푸로 무선 일이든지 할 수 있따는 자신을 어떤 셈인돼 그 대신 집사람이 고통이 따린다고 생각을 할 때는 별료 마음은 편하지 않는 너킴도 사실 있다.

지출에 … 세멘 12포에 26,400원 세 값 1,000원 혜영이 책 4,500원 혜지 책 7,000원 혜영이 머리 1,000 과자 200원 차비 440원
計 13,140원
16,400
計 29,540원
1,000
30,540
計 40,540원
쌀딩기 … 16,300
計 56,840

〈내지1〉

감 잎파리 1돼 살마서 하로 차로 마쉬며 댄다.

딸곡질에 감꼭지 따려서 차로 마시며 댄다.

기간 천식에 잠이 안 올 때, 불안할 때 감잎이 따려서 차로 마쉬며 댄다.

감을 먹다 취할 때는 됀장을 먹어며 댄다.130)

금릉군 아포면 대신 三동
권 순 덕

시조 (권행)
복사공파

이앙기 저금액 1986年 현제
210,700원

〈1987년 3월 16일 월요일 낡씨 맑음〉

오늘로서 아래채에 지대가 허물어저는 것을 집사람과 두리 손으로 공거리을 쳐쓰서며 세멘 일이 상당이 힘더는 일이라 품을 대서 할려고 개핵을 세운 것을 집사람 손으로 안전이 매듭을 짓어따는 것이 정말 힘이 만이 들어다. 이재는 늙 걱정을 하든 지돼을 이재는 지대 극정을 하지 않아도 대며 몟 년만에 했치운 것이 정말 깨운하다.

지출에 … 혜지, 혜영이 일주일 차비 2,400원 일기장 1,000원
計 3,400원

〈1987년 3월 17일 화요일 낡씨 맑음〉

오늘은 자신 혼자 세집배 밭따래리에 깊번 곳에 밭 흙을 실어너로 갈라고 하니 집사람이 아빠 혼자 하면 조금이라도 뒤다면서 한 삭고 따라갈라고 해서 대리고 같쓰며 가다 우리 논에 집을 한 발리식 실어내지는 못하지만 땅이 아직 마려지 못해서 반 발리는 실어낼 수가 있쓸 것 같다 밭따래리 일은 뒤로 비루고 오늘 밤 너깨 비 온다고 기상대에서 말을 하니 집을 실려내는 작업을 하자고 이야기을 집사람에깨 이야기을 했쎠며 벼집을 실어더리면서 정말 잘 따라와서 벼집을 잘 실어더린다고 집사람에깨 몟 번 이야기을 한 셈이며 오늘 일은 개핵에 업는

130) 이 문장은 지면 왼쪽에 세로쓰기를 하였다.

일을 하여찌만 황상 벼집을 논이 추지서 실어내지 못한 것을 늙 극정을 하든 일이라 오늘 집사람 득분으로 복판 논에 벼집을 안전이 실어도리서 마음이 깨운할 뿐 아니라 정말 일같은 일을 해따는 너킴이 든다.
그리고 이때까지 신민당 이민우 총재가 분쟁 업씨 잘 이꺼려가는돼 (김대중), (김종필) 이 두 사람이 내분을 이려키며 이 두 사람은 이민우 총재에깨 후원을 할 사람이 오희려 신민당을 홀란을 하며 내분을 이려키고 있는 것을 보니 강물래 떠내리가는 사람 건저주며 내 보따리 달라고 한다더니 신민당 이민우 총제을 비렸하여 신민당이 양 김씨을 정부 정책으로부터 구출하는돼 가진 노력을 다하여 건저주니 이재는 총재직을 넘보며 신민당을 내분을 이려키고 있쓰니 이 두 사람은 자신이 볼 때는 종재 자격이 못 땐다고 보며 아주 낮번 사람이라고 생각을 한다.

〈1987년 3월 18일 수요일 낡씨 맑음〉

오전에는 봉답에 벼집 탈곡하고 남은 집뿍티미[짚더미] 논자리에 까는 것으로 오전을 보내쓰며 오후에는 4반에서 태비장 오물 취우는 작업을 부역을 하여쓰며 반우로 일을 부치계 돼며 4반 사람들이 제일 만이 하고 있다. 그리고 요줌은 아빠의 몸을 상당이 살리고 있는 것은 사실이다. 여때것 일은 급을 내지을 안코 일을 했는돼 이제는 자연적 몸을 생각하는 것만은 사실이다.

지출에 상토흙에 황가루 4kg에 1,000원
파시 4,500원 고무장갑 2개
1,700원 오뎅 1,000원 강냉이
200 아빠 감기약 1,500원 운이 책
1,000원 운이 차비, 과자 400원
차비 360원
計 11,660원

〈1987년 3월 19일 목요일 낡씨 비〉

오늘은 가랑비가 내리고 해서 봉산에 찰벼 씨갑씨 가지로 갈 작정을 하고 있는돼 달희가 와서 차도 있고 하니 비가 와서 아무 일도 못하니까 김천 가서 온상 비누류을 사료 가자고 해서 같치 같쓰며 아무 일도 못할 때에 일끄리을 줄리고 있쓰니 일 한 보람이 나며 둘리가 장을 안전이 보고나니 1시가 돼더라. 그래서 우동 한 그릇을 사먹고 차 타고 내리오고 마랐다. 그리고 오후에는 달희 자전차 부속품을 싸와서 자전차 수리을 하여주여쓰며 거 대까로 봉산에 찰벼 씨갑씨을 가지로 차로 가지로 차로 몰고 가서 벼씨을 가지고 오니 자신이 오희려 더 미안한 감이 들더라.

지출에 … 다라이 2개 6,000원 온상
비누류 6,000원 신문 5관에
2,500원 경운기 연장 2,000원
노끈 3,900원 호르마링 300원
구리스 800 봉사 2,000원 뻥키
1,000원 벼씨 1,000원 씬나락
값 1가마니 33,000원
計 58,500원

〈1987년 3월 20일 금요일 낡씨 맑음〉

금일은 마늘밭태 비료 거름을 한 벌 하여쓰며 거름 시기가 일적은가 마늘씨가 납빠서 거른지 아직 땅 위에 올라오지 안는 마늘이 만이 있더라.
그리고 오후에는 처음 세집 논 서양바실래 논을 갈라쓰며 처음이라 갈 준비가 돼어있찌을 안아서 준비하는돼 시간을 만이 보내서 거른지 얼마 갈지을 못했다.
우리 운이 때문에 큰 문제다. 외냐하며 노트 산다고 돈 달라고 하든이 노트는 사지 않코 저의 친구와 김천 오락실래 같다 왔따고 하니 기가 찬다. 외냐하면 아들 닷섯이가 공부는 전부 모려는 자식들이 오락을 할 줄 아니 큰 문제며 운이 친구가 다들 문제 아들이라고 생각을 한다. 외냐하면 한 놈은 부모가 아무도 업고 할머니 밑태서 자라고 두 놈은 자부지가 업쓰서 저의 엄마들이 공단에 가서 벌어 재발 살라가며 또 한 놈은 양부모가 있찌만 여자는 공단에 벌고 남자는 업는 거나 다름이 업쓰며 외냐하면 아무 일도 하지 않코 소주만 다루고 있는 아이들이니 나양대로 자라고 있쓰서 김천이나 다니고 있쓰니 큰 문제며 오늘은 이사을 갈까도 생각을 해보았쓰며 별 생각을 다 했쓰며 오늘 성질대로하며 남외 자식이라도 좀 때리쓰며 마음이라도 쉬운할땐대 그러치 못하고 오락실에 과자가 한 아이가 누구냐 하니까 둘리가 가자고 했따고 이야기를 해서 손을 대쓰며 하는 생각도 들지만 참아 때리지는 못하고 선생님예깨 알린댄이 하고 마랐다. 그리고 밥도 제발 먹는 주제에 과부 아들은 돈을 쓰는 것을 보며 이는 집 아들보다 과부 아들이 돈을 잘 쓰고 있는 것이 이상할 정도다.
"그리고 우리 딸들은 중학교에서 빠저지는 않는가 엄마 임원회 한다고 엄마을 오라는 편지을 둘 다 가지고 오는 것을 보며 딸들은 극정을 하지 않아도 댄다고 생각을 하며 남외 딸들은 초대장을 바지 않아서도 학교에 가고 싶벌땐돼 집사람은 초대장을 받고도 옺이 맏탕치 않아서 학교에 가지 않코 마랐쓰며 이 심정은 외 학교에 가서 담인 선생님에깨 인사도 더리고 대집도 하고 십고 부모댄 도리로 다들 하고 십뻔돼 나의 한경이 대지 못해서 못하니 딸 보기에 미안하며 자신이 더 힘이 업꾸나. 외냐하며 너무 벌라고만 생각을 하고 집사람 옺 하나 나들이할 옷이 업쓰서 가고 십번 학교에 망슬리다 못가고 말은 심정 누가 알갯나. 이 심정 억재하면서 하로을 보내고 있쓰며 딸더라, 부모을 원망은 하지마라. 아빠가 남들보다 업쓰서 거른 것이 아니라 한 푼이라도 너이들 잘라기 전에 돈 모아 대학 꿈을 꾸고 있쓰니 우리 부모 욕하지 말고 공부만 열심이 해다오. 이 아빠는 두 가지도 아니고 한 가지 뿐이다."
지출에 운이 김천 오락실에 300원

〈1987년 3월 21일 토요일 낡씨 맑음〉

계발이원들이 모여여서 회을 하고 일적으서 경운기 기름이 업쓰서 시간이 어중간 이때에 기름을 살 욕심으로 아포조합까지 경운기을 몰고 기름 사로 같쓰다.
그리고 오후에는 서양바실 논을 안전이 갈라쓰며 자신이 작년보다 논 가는 것을 일적 시작을 하고 있다.
"요줌 정부에서는 농민들을 가만이 안치 노코 먹고 살리는 것쳐름 생각을 하는 것쳐름 법석을 부리고 있쓰며 이번 개발의원 회도 정부 방침으로 농민들 사채 절감을 하여준다고 업는 사람 우선으로 한다고 장간 회을 했쓰며 정부에서 농민들 생각하는 것이 선거 때가 와꾸나 하고 생각도 들며 선거 때만 대며 농민들 달삭하게 해주고는 선거만 끝이 나면 언재 바는 식으로 정취을 하는 것이 우리나라 정취라고 생각을 해도 무리돼는 말은 한 계도 업따고 생각을 한다."

자신 알기론 이번 정권이 농민들을 재일 못 살계 했따고 생각을 하고 또 제일 만이 부쳬을 저계 정취을 했따는 것도 사실이다. 이제는 우리나라도 사탕 정취는 물려가야 한다고 생각을 한다.131)

지출에 … 경운 기름 한 도람, 다찌가랭132) 7봉 47,000원 유황 1포, 석회 1포 9,250원
計 56,250원

〈1987년 3월 22일 일요일 낡씨 비〉

금일은 늑뚤에 논 좀 갈라고 일적 서들어서 물로 가는돼 경운기 고장이 나서 대신으로 곤치로 가는 바람에 늑뚤은 포기하고 경운기을 대신서 곤치쓰며 생각보다 돈이 적드라. 그리고 늑둘은 가면 멀고 해서 웃뜰래 터락타로 가을가리 친 곳에 논을 갈로 갇쓰며 터락타로 가을가리 친다고 고속도로 주변에 주인들 말도 업씨 책임 목적 달성할려고 터락타로 면예서 대충 논 복판만 가을가리을 쳐고 마란 논을 가는돼 힘이 상당이 만이 들어쓰며 동실라 경운기로 가는돼 일도 안 대며 엽패 논에 온 단지을 자신보다 먼저 갈고 나니 더 속이 상화더라. 외냐하며 정부에서 이따이 정취을 하고 안자쓰니 기가 찬다. 외냐하면 터락타로 생가리 반을 만들고 나두어쓰며 그것도 양 머리을 상당이 만이 날기서 경운기로 동실라 갈라보며 힘은 만이 들 뿐 아니라 경운기 기름은 을마나 더 태우니지 정부로 바서도 생가리 저소출 적은 기름 낭비 큰 손예을 보고 있는돼도 매년 이따이 짓을 하니 농민이 무선 소리을 해야 하는냐 의이가 업꾸나.

그리고 오전에 유황을 까쓰며 자신이 처음 개시을 하여쓰며 일기가 좋찌을 않으니까 다들 미루고 있쓰서 유황 한 포만 까월라고 생각을 했는 실찌 해보니 수라게 대어서 (세 포을) 다 꼬고 마랐쓰며 3포을 안전이 꼬고 나니 비가 오더라.

지출에 … 아들 공낙금 인상금 5,000원
경운 곤치는돼 … 2,000원
計 7,000원

〈1987년 3월 23일 월요일 낡씨 비〉

금일 어울리서 황솟을 같이 산 사람들이 한자리 모여서 비을 마저가면서 유황을 다 꼬는돼 저녁 8시가 넘떠라. 오늘 일을 하다보니까 일끄리가 그러깨 대어찌만 앞푸로는 저물게 일하는 일이 업뚜록 하여야 대겟다.

지출에 … 장판에 12,000 양발 1,000 미역, 줘고기 2,000 참기름 1,000 아빠 보리집모자 1,200 차비 360원
計 17,560원

〈1987년 3월 24일 화요일 낡씨 비〉

금일은 우리 운이가 어재에 선생님 과정방문 나오신다고 하길에 오늘은 비가 와서 아무 일도 못하고 선생님 오신다고 해 집사람과 둘리서 불리 불리야 해서 방에 장판을 피는돼 힘 더는 줄 모러고 방에 농을 들어내고 장판을 피고 추한 곳에 아랫목으로 벽지을 바르고 선생님 오신다고 오전 내 방을 치리을 한 셈이며 자신으로 바서는 선생님

131) 이 내용은 일기 지면 상단에 따로 기록되어 있다. '경운기 기름 (환 도람)'이라고 기록하였다.

132) 다찌가렌(Tachigaren)은 밭, 못자리나 기계이앙용 모판에 발생하기 쉬운 입고병 방제용으로 개발된 토양 살균제로 널리 보급되고 있는 농약이다.

이 제일 급이 나는 사람이라고 말을 하여쓰며 선생님 아니며 조금 추해도 일 년은 넘어가는돼 선생님 바람에 장판을 잘 까라따고 생각을 하며 선생님 오신다고 준비을 한 것인돼 선생님은 우리 집은 우리 딸래미들 전부 담임을 해서 번번이 나와따면서 선생님이 얼굴만 내밀고 총알같이 같따는 집사람의 말래 웃쓰면서 장판 지출은 하지 않아도 대는 것을 지출을 한 것이 아니냐 하고 웃고 마랐다.

그리고 이번 장판은 지나간 설래 깔라고 생각을 했는돼 농 들러내기가 힘이 들어서 하지 못한 것은 사실인돼 이번 선생님이 급은 나는 것은 사실인가바. 힘 더는 일 마다하고 장판을 샛 것으로 자리을 펴니 자신의 마음도 좋으며 신부 방쳐름 좋은돼 진작 할 끈돼 하는 마음도 던다.

〈1987년 3월 25일 수요일 낡씨 맑음〉

년중 꽃셈추위는 꼭 있찌만 올해는 꼭셈추위가 아니라 안전 겨울 날씨와 다름이 아니다. 그예 따라 바람까지 모라쳐서 사람들이 일을 할 생각을 하지 않더라.

금일은 일기불순으로 아무 일도 못하고 집사람과 육모 상자에 댈 신문지 종이 오리는 것으로 하로 일과을 보냇따고 생각을 한다.

"라뒤오 기상 방송하는돼 주위의 사람소리가 만이 따라오는지 알 수가 업쓰며 방송하는돼 별토로 방송실이 업는지 기상 방송하며 방송만 들리야 하는돼 때에 따라서는 우섬까지 따라오니 정부에서 이것도 시정을 못하고 있는돼 선진국으로 간다는 말은 밥먹떠시 하는 이유는 무선 영문인 알 수가 업더라."

〈1987년 3월 26일 목요일 낡씨 맑음〉

금일은 모재리 할 때에 흙 실어두는 것으로 하로 일과을 보내고 마랐다.

자신이 메년 모재리을 한 곳에 겨속 모재리을 하니 모씨가 잘 자라지 않는 것 같다서 올해는 자신이 마음먹고 규산질을 했쓰며 힘 드는 것도 참고 하로 종일 흙을 다섯 바리을 실어내는 것으로 하로을 보냇다.

"그리고 오늘 저녁을 먹고 나니 과자가 먹고 십따고 말을 해서 너이들 아빠가 과자을 사주며 공부을 열심이 할려고 약속을 한다면 자신이 인지라도 가서 사준다고 하니 다들 약속을 한다고 해서 상점에 가서 1,000원 주고 과자을 사왔다."

금일 지출에 혜영이 저금 4,000 혜지 저금 2,000원 과자 6,000원

〈1987년 3월 27일 금요일 낡씨 맑음〉

"작과나무에 황소득을 하는돼 작년보다는 멧 칠이 빨은 셈인되 꽃망우리는 더 큰 셈이며 황소득이 너전 감이 있는 것 같더며 황소득을 하면서 꽃에 지장이나 오지 않을까 하고 염려도 돼는구나."

하로만에 세집배 골래 (바시네이)하고 전부 황소득을 하는 정심을 내다 먹어도 저물도록 소득을 하여쓰며 종일 약을 쳐니 고통이 따려고 있꾸나. 내년에는 두 번에 다 쳐는 것으로 계산을 하여야겟다. 앞 밭태 황 3말로 조금 부족. 당산에 물 너 말 하면 충분하다.

지출에 … 닭갈 값 2,000원[133)]

133) 이 내용은 일기 지면 상단에 따로 기록되어 있으나 내용상 아래로 옮겨 적는다.

〈1987년 3월 28일 토요일 낡씨 맑음〉

금일은 고추을 파종을 하여쓰며.

"순범이한때 혈압을 제어보니 상당이 만이 높펴며 혈압이 자신에깨 말 못할 정도로 정신적인 고통을 주고 있는 것은 혈압에 고통을 당해보지 안는 자는 몰언다. 그리고 자신의 불상한 것보다 첯째는 쳐자식, 둘째는 자식이라고 말을 하고 십다."

앞푸론 자신의 몸을 갈리해야 한다고 결심을 할 작정이다.

〈1987년 3월 29일 일요일 낡씨 맑음〉

금일은 집사람과 둘리서 감자씨을 파종을 하여쓰며 사람들이 감자씨 파종을 하는 사람은 업따고 보며 아직 밭도 삼 분지 2는 아직 갈지 않아따고 생각을 한다.

"그리고 오후에는 모재리 할 때에 흙 실어 넌는 것을 오늘로서 끝을 냇다."

〈1987년 3월 30일 월요일 낡씨 흐림〉

"금일은 하로 종일 도량보을 했쓰며 자신은 남들보다 일적 나가서 봇뚝을 다 한 셈이다. 실질적인 것을 본다면 내 일로 하로을 보냇따고 해도 무리는 아닌 것 같다."

공동 일을 자신도 사실 하기 실치만 모두들 부역이라고 합시고 너무들 안 할려고 하며 앞쓰서 일 시키는 사람도 예료가 따려게찌만 이래 가다가는 머지 안아서 공동 일은 아예 할려고 생각을 마라야 하지 않캐나 하는 염려도 되는구나.

〈1987년 3월 31일 화요일 낡씨 비〉

오전에는 비가 조금 오는 바람에 아무 일도 못하고 휴식을 하여쓰며 오후에는 갯똘보을 하여쓰며 금년 갯뜰보는 대충 한 셈이며 갯뜰보을 하고 와서 달희와 둘리서 육모 상자에 흙에 비료을 쎡어쓰며 상토 흙을 600개 잡고 다찌가랭 8봉, 유안 4kg, 가리 4kg 혼합을 하여 두어다.

지출에 … 혜지 약 7,000언 노원 2,000원 혜영이 남방 3,000원 바지 3,000원 엿 1,500원 쥐고기, 미역 껍띠기 3,000원 성냥, 도료크, 치약 1,800원 설탕, 하이타이 1,350원 운이 신 1,000원 칼치 1,000원 작구 200원 고추 빠는 되 900 운이 책 1,000원 차비 360원 計 28,010원[134)]

수입에 … 질금 콩 7,200원

〈1987년 4월 1일 수요일 낡씨 맑음〉

오신기 벼 씨 침종함. 금일 침종한 벼 씨 칠성벼 4마지기, 상강벼 씨가 18마지기을 침종을 하여씀.

"그리고 갯뜰 보 하는돼 오전에는 좀 추어도 했찌망 오후에는 날씨가 추어니까 다들 못하게따고 해서 오후 세만 자시고 일을 하지 않코 그만 두고 말랐다."

지출에 … 학생 차비 2,400원

〈1987년 4월 2일 목요일 낡씨 맑음〉

아래채 지대는 이 집을 사고서부터 지대을 하여야 하는돼 하고 극정을 했든 일이다. 그 일을 오늘로서 안전이 망우리 하여쓰니 정말 마음이 캐운하구나.

---

134) 실제 계산은 27,110원이나 28,010원으로 잘못 기록하였다.

그리고 우물래 집사람과 둘리가 세멘 일을 하여쓰며 우물에 세멘 일도 자신이 처음 하는 편이다.
"오늘은 둘리가 세멘 일로 하로 일과을 보낸 셈이다."
지출에 … 육모 상자 50개 달희 앞푸로
융자 받는돼 선금 10,500원
감자 씨 값 3,140원
計 13,640원

〈1987년 4월 3일 금요일 낢씨 맑음〉
민방위 교육이라 대신학교에서 교육을 받는돼 이룩 광사[강사]라 나온 홍대목 씨라 하더라. 이 사람은 정말 교육을 하는돼 교육을 바더로 나온 사람이 졸음을 오지 않깨 재미있깨 정말 잘 하더라. 자신이 민방위 교육을 받든 위후 처음 교육을 잘 바다고 생각을 하며 청산유수더라.
오후에는 굼도량 쳧는 보을 했쓰며 보하는 것이 갈수록 태보을 보이며 공동 일을 하는돼 나마는 사람보다 절먼 사람이 위예타산을 더하며 일도 더 안하고 있는 것을 볼 때에 우리 마을로 바서는 큰 문제라고 생각을 해본다. 외냐하며 동내가 잘 댈려면 절먼 사람들이 마음이 늙버야 하는돼 마음이 쬬버니 공동 일이 댈 수가 업따고 생각을 한다.
그리고 자신원 이려깨 생각을 해본다. 민방위 교육대 마을에 단앞이 돼두록 이야기을 좀 해서 절먼 사람의 마음을 합동하는돼 노력이 돼두록 좀 끌어내는 교육을 좀 했쓰며 하는 마음 있다.

〈1987년 4월 4일 토요일 낢씨 맑음〉
오전에는 앞밭태에 작과나무 밑태 노타리을 오전 내 쳤쓰며 초봄에 노타리을 쳤지 않코 잡초약을 살포할려고 작정을 하고 두어떤 것이 오희려 바플 때에 노타리을 해서 바푼 거름만 쳤고 마랐다. 내년에는 황 쳤기 전에 노타리을 쳐야하겠따고 생각을 해 본다.
"그리고 오후에는 팔구내 형님 논을 대갈림할 사람 업다고 해서 자신한태 한 차리는 갈림을 하고 한 것은 상자모을 키아서 모내기만 해달라고 해서 대답을 하고 오늘은 갈림하는 논을 논 갈리을 하였다."
오늘 우리 마을에 어른들이 진해 벚꽃노리 가자고 하는돼 나중이라도 충분이 진해는 갈 수 안 잇깨나 하는 생각에 자신은 안 간다고 이야기을 했쓰며 구경도 남 갈 때에 가야하지만 아직은 낭비을 주리야 댄다는 생각에 구경을 포기했뜬 것이 사실이다.
지출에 … 형 구경가는 돼 5,000원 구론산
200원 달갈 2,000원 물명태
1,000 차비 400원
計 7,600원[135)]

〈1987년 4월 5일 일요일 낢씨 맑음〉
오늘은 웃뜰래 논을 갈면서 두엄을 피어가면서 논을 가니 사람 마음만 바푸고 사람만 고대며 일이 안 대고 한 단지도 아주 갈지 못하고 마랐쓰며 오후에는 집사람이 두엄을 깔라줄라고 해서 대리고 갇서 자신은 논을 갈고 집사람은 두엄을 펴는돼 날이 더어서 땀을 흙리가면서 두엄을 피는 것을 보니 힘들어 보이며 저 만은 두엄을 피고 나며

135) 실제 계산은 8,600원이나 7,600원으로 잘못 기록하였다.

몸살이나 하지 않을까 하고 생각을 하니 오희려 자신위 논을 갈면서도 오전에 자신 혼자 할 때보다 마음이 더 쓰이며 마음적으로 더 고댄 너킴이 들며 도저이 집사람을 마킬 수가 업쓰서 논 가는 것을 하로 더 갈지 하고 가는 것을 중단하고 두엄을 자신이 다 피고 마랐다. 자신이 다하고 나니 집사람은 개니 왔따 같다 하기에 힘만 들겟꾸나.
지출에 … 세 값 500원 구론산 200원
計 700원

〈1987년 4월 6일 월요일 낡씨 비〉

웃뜰에 논을 갈다 조금 남아서 오늘 오전에 갈방비을 마저가면서 논을 다 갈라쓰며 그리고 집사람이 내일 처 어머님 생신이라 친정 가야하기 때문에 갈방비가 오는돼 육모상자 소득을 하였다. 소득을 막 하고 나니 비가 만이 와서 오늘 일로 바서는 일이 순조렵계 일이 잘 대어따고 생각을 한다.
지출에 환타 값 250원

〈1987년 4월 7일 화요일 낡씨 맑음〉

오늘은 쳐 어머님 생신이라 가바야 하는돼 가보지 못하고 집사람만 매년 보내고 있다. 자신은 마음적으로는 어머님 같이 성기보자 하면서도 실찌 행동으로 하지 못하고 있는 실정이 외냐하면 올해는 별료 일도 업고 징한 편인돼 어머님한태 가보지 못하고 집사람에깨는 걸어가는 것이 실어 안 간다 하는 식으로 말을 하고 있찌만 자신이 상당이 어머님한태는 아주 잘못한다는 생각을 가지고 있다. 그리고 집사람은 친정 간다고 일부로 대신을 가서 쇠고기 포장류 2개, 돼지고기 2근을 사와서 가지고 가라 하니까 포장류 한 개는 아빠 줄라고 난기 노코 같더라. 이것을 볼 때에 부부가 부모보다 크다고 생각을 할까. 여화뜬 여자들은 남편을 부모보다 더 성기는 것은 사실이다.
금일은 … 우등씨, 배추씨, 파씨, 린징씨을 돌라다니면서 파종함. 오후에는 봇뚝하는 것으로 하로 일과을 보내고 마랐다.
지출에 … 쇠고기 포장류 3,200원 돼지고기 4,000원 차비 120
計 7,320원

〈1987년 4월 8일 수요일 낡씨 맑음〉

"금일은 침종한 벼씨을 싹 티우기 작업에 들어같쓰며 작년에도 침종을 먼저 해서 모재리 하는돼 물이 업쓰서 생외을 먹어는돼 올해도 물은 업고 모재리 해야 하고 그 신경 상당이 쓰이며 모재리을 할려고 나는 물로 할려고 준비을 해서 같다 하지 못하고 그냥 오고 마랐쓰며 내년에 서들어서 할 필요가 업따고 본다. 외냐하면 뒤에 하면 따라만 하면 돼는돼 앞쓰서 하면 마음적이나 육체적이나 더 힘더는 것은 사실이다. 앞푸론 뒤따라가야 하겟다."
오늘은 쌍구름 도량 봇을 하여씀. 그리고 집사람은 오늘부터 상자 못판에 흙을 담아쓰며 흙도 앞패 담아나야 하겠따고 생각을 한다.[136]

〈1987년 4월 9일 목요일 낡씨 맑음〉

금일은 대신과 합보을 해서 봇물을 너어쓰

136) 이 내용은 일기 지면 상단에 따로 기록되어 있다. '4月 8日 (벼씨 싹 티우기 작업에 들어감)'이라고 기록하였다.

며 금년에는 봇물 넘는돼 일거리가 적은 셈이다.

그리고 벼씨가 화오스에서 침종을 해서 싹 터는 것 아주 빨은 셈이다. 하로 밤에 촉이 나서 파종을 해도 충분한돼 준비가 돼어 있찌을 안아서 파종은 하지 못하고 벼씨만 떠력으로 다들 내나쓰며 하오스에서 침종을 해보지을 안예키 때문에 바푼 거름을 쳐개 댄다.

그리고 내년에 비뉴류에서 침종을 하계 대면 오후에 건저서 싹 티우기 작업에 들어가면 이 일만에 파종을 하면 대리라고 생각을 한다.

〈1987년 4월 10일 금요일 낡씨 맑음〉

금일은 자신이 파종을 하였쓰며 파종을 해보니 벼씨 침종을 14kg식을 하니까 벼씨가 모자라더라. 그리고 내년에는 15kg식을 하여야 댓갯다고 생각을 하며 꼭 해야 댄다고 생각을 한다. 그리고 파종을 하며 낡씨가 좋아야 하는돼 변득서러운 낡씨가 돼어서 파종한 벼씨가 염려가 돼는구나.

"파종을 590개을 파종을 다 하니 3시 30분 돼어서 끝을 냇다."137)

〈1987년 4월 11일 토요일 낡씨 맑음〉

금일은 영근내 파종을 하는돼 수라게 잘 돼어서 작업 일이 잘 돼어서 오후에 일이 적으서 자신은 오후에는 자신의 모재리 준비가 안 대어서 매일 회장으로 모재리을 하로 다니도 마음대로 돼지을 안아서 오늘은 경운기로 논자리을 갈지을 안은 상태에서 노타리을 쳐서 모재리 준비을 하고 마랐다.

〈1987년 4월 12일 일요일 낡씨 맑음〉

요줌은 삼 일 계속 변득서러어서 작과일 파종한 벼씨 다들 피해가 돼두록 추어서 큰 극정이다.

"오늘은 달희 벼씨 파종을 하는 일과로 하로 해을 보낸 셈이다."

자신이 실찌 오늘 회장에 가서 모재리을 끝을 낸 셈이며 오늘은 추어서 손가락을 불면서 작업을 한 셈이며 모재리을 동내서 제일 일적 할려니 문재가 한두 가지가 아니라서 내년에는 중관 정도로 하여야 댓것따고 생각을 하며 내년에는 꼭 실천을 하여야 한다.

"집사람은 달희 벼씨 파종을 하는돼 품을 돼고 세집배 눈님 딸 결혼식에 참석을 할려고 대구 명성예식장에 갈다 왔쓰며 대구에는 부주가 채화가[최하가] 만원이라고 집사람이 이야기을 하는 것을 볼 때에 농촌이나 도시나 부주 문제에 불평을 만이 화계따고 생각을 하며 농촌에는 다들 업세야 한다고 말을 하는 것이 높파가고 있는 것이 사실이다."

지출에 … 대신 김종환 둘째 딸 결혼식
부주 5,000원 대구 눈님 딸
결혼식에 10,000원
計 15,000원

〈1987년 4월 13일 월요일 낡씨 맑음〉

오전에는 영근에 파종을 하여쓰며 오후에는 복판에 논을 가는돼 땅이 추지서 경운기가 빠지서 힘들어 갈지을 못해서 조금 난구고 집배 와서 집사람과 둘리서 파종한 벼씨 상자을 한 번식 뒤비고 마랐다.

137) 이 내용은 일기 지면 상단에 따로 기록되어 있다. '(파종함) 4月 10日'이라고 기록하였다.

그리고 작과나무에 꽃이 안전 만발했쓰며 꽃은 만발했찌만 4月 동안 아침으로 얼음이 조금식 얼곤은 했쓰서 열매가 올련지 염려도 돼는구나.
그리고 파종을 하고 안전 이 일이 지나서 모판을 해도 육모 상자 나가는돼 지장이 업쓸 것 같다.

〈1987년 4월 14일 화요일 낡씨 맑음〉
오전에는 봉답 논을 마른 대만 경운기로 갈라쓰며 오후에는 당산 논을 말른 대만 갈라다. 당산에는 좀 더 갈물개 대며 십이는 갈수가 있따고 보는돼 현재로는 반 정도밖에 갈지 모했다.
"그리고 내일은 온상 모을 본답 모판으로 낼라고 작정을 했는돼 요줌 기온이 차거어서 자라지을 안아서 온상에서 하로라도 더 자라면 좋을 껏 같다서 하로을 연기을 한 셈이다."
요줌 신민당이 국민예깨 똥칠을 한다고 해도 가연이 아니다. 왜냐하면 (김대중) (김영삼) 이 두 사람이 신민당을 탈당을 해서 새당을 창설한다고 법석을 부리고 있는 것을 보며 우리 국민이 하는 말리 사촌이 땅을 사며 배가 아푸다는 말과 같이 걸래까지[근래까지] 신민당이 국민예깨 신임을 받고 나날이 신민당 인키가 있쓰니까 글력에만 눈을 뜬 양 김 씨가 신민당을 망치따고 생각을 하며 이 두 사람은 자신이 볼 때에 우선은 신당을 창설을 한다고 법석을 부리고 있쓰며 이 두 사람도 오래가지을 안으며 또 당이 갈릴 껏으로 내다보며 자신이 볼 때는 다 땐 밥에 재 뿌리는 사람들이라고 생각을 하며 이 두 사람 큰 인물인 줄 알라떠니 대통령은 자격은 기 마음 자세부터 갈추지 못한 사람이라고 생각을 하며 얄짝한 마음을 가진 사람을 국민이 알라야 한다고 생각을 한다.

지출에 … 혜지 가방 7,500원 물신 2개 5,000원 마른 반찬 2,800원 쑤세미, 쥬스 1,300원 쇠고기 1,900원 운이 작크 1,000 언니 집배 가는돼 1,050원 혜영이 책 2,500원 거풍기 600원 떡 갑, 설탕 1,300원 차비 380원 아빠 활명수 200원 쟁기보도 땜, 노타리 밭침대 1,000원 석유 4,800원 운이 껌 100원
計 31,430원

〈1987년 4월 15일 수요일 낡씨 맑음〉
모판이 넘어 말라서 물을 한 번식 대어서 바로 빼어냈쓰며 육모 상자 모판도 셋집배 파종을 다 하고 해도 충분이 모판이 댈 껏 같다 앞푸론 처음 해도 모판에 신경을 들쓰도 댈 껏 같다. 그리고 오늘로서 복판 논이 추지서 갈지 못한 걸을 오늘 안전이 갈라서 끝을 냇다.
"우리 운이 때문에 극정이 크다. 공부만 하라고 하며 하기 실어서 죽는 시늉이다. 그리고 공부만 하면 억찌로 하니까 열리 나는 형편이니 큰 극정이다. 외냐하면 나중에 자라서는 아빠가 외 이래 두어쓸까 하고 원망이라도 하지 않을까 하고 극정이 대어지는 구나."[138]

---
138) 이 내용은 일기 지면 상단에 따로 기록되어 있다. '4月 15日 혜지 (생일)'이라고 기록하였다.

〈1987년 4월 16일 목요일 낡씨 맑음〉

요즘 일기가 고루지 못해서 육모 상자에 모가 자라지을 안아서 고루지을 못하고 해서 어재 모판에 나가야 하는돼 하로을 연기을 해서 오늘 나가니 너무 자라서 들 좋은 감이 들며 어재 못 낸 것이 후예가 대는구나. 앞푸론 5일이 돼며 공식으로 나가야 하게 따고 생각을 하며 하로 상관에 콤팡이 만이 생기거 이것이 더 염려가 돼는구나.

(오늘 육모 상자 낸 것이 586개을 모판에 냇다.)

지출에 쇠고기 4,000원 김가루 김 2,000원
아빠 숫갈 2,000 꽁치, 비누
1,000원 상추, 시금치 550원 식초
250원 혜영이 앞치마 티 200원
차비 360원

지출에 … 計 11,360원[139)140)]

〈1987년 4월 17일 금요일 낡씨 맑음〉

금일은 영근내 육모 상자 내는돼 나 때문에 하로가 영기가 돼어서 모가 너무 자라서 상자끼리 떨어저지을 안아서 힘이 들 뿐 아니라 모가 따라서 일어나기 때문에 잘못하면 농사 피룡도 가능하다는 것을 너켜쓰며 어떠한 일이 있쓰도 5일에는 모판으로 나가야 댄다는 것을 한 번 더 너킨 셈이다.

"그리고 올해는 순달이가 자신에 생일을 알라서 쇠고기을 싸와서며 생일에 참석을 해서 밥이라도 한 때 먹으니 자신이 기분이 좋으며 금년 생일은 형, 형수, 순달이 아침 한 때라도 같이 먹어니 조금 갑어치가 있쓰뜬 생일이 돼어따고 생각을 한다."

〈1987년 4월 18일 토요일 낡씨 맑음〉

오늘로서 영근내 육모 상자가 모판으로 마지막 다 같쓰며 영근내는 이상하계 육모 상자에 모가 마이 크지도 않코 5일에만 모판으로 가는돼도 서로가 물고 떨어저지을 안더라. 이것은 자신이 생각을 할 때에 수분이 적뜬지 그려치 않으며 상토 흙이 적든지 이 두 가지로 자신은 보고 있다.

그리고 요즘 낡씨가 너무 가물어서 작과일 달리지 않을까 하고 극정이 앞쓰며 금년에는 일기가 차가와찌, 가물지, 과일 피해는 상당이 만으리라고 생각을 하고 있다.

그리고 집사람과 두리서 마늘밭을 김을 매고 살충재 물을 한 불식 주는 것으로 하로 일과을 보내고 마랐다.

〈1987년 4월 19일 일요일 낡씨 맑음〉

금일은 우리 모판 낼 때에 품을 대어서 품값는 돼 일하로 같쓰며 사람 추진돼 한정도 업따고 보고 있다. 외냐하면 품을 값기 위에서 식사을 하고 같든이 아직 식사도 할려고 들지을 알아서 큰집배 모판을 실어내기을 경운기로 한 발리 실어주고 오니 그때서 준비을 하고 있더라. 이것을 볼 때에 사람의 성격은 하늘과 땅 차이가 멀더시 사람의 성격도 그 차이점이 크다고 생각을 하며 부부도 자연적 그래 만나는지 그러치 안으며 살라가면서 성격이 달라가는지 알 수가 업꾸나.

그리고 오후에는 집사람과 둘리서 모판에 종이 벗키고 콤팡이 약을 한 봉지에 물 15 말을 타서 약 살포을 했쓰며 금년에 작년보

---

139) 실제 계산은 10,360원이나 11,360원으로 잘못 기록하였다.

140) 합계는 지면이 모자라 상단에 따로 기록하였으나 내용상 아래로 옮겨 적는다.

다 모 잎이 상당이 만이 하야며 전반적으로 다들 그러타고 생각을 해도 가연이 아니며 무선 영문인지 알 수가 업쓰며 대책 업시 기다리는 실정이니 자신으로 바서는 모판에는 어러어지고 있다.
"혜지 안경과 눈 검사하로 가보았든이 눈은 나파저지 안아따면서 안경티만 곤치고 마랐다."
지출에 경운기 약다이 4,500원 풀무기
쨍과 기와 7,500 혜지 스케치북이
200원 차비 600원
計 12,800원

〈1987년 4월 20일 월요일 낡씨 맑음〉

오전은 당산에 농로와 도량 작업을 하여쓰며 금년에는 도량을 잘 쳤다고 생각을 하며 그리고 자신은 아직은 엽 도라[옆을 돌아] 볼 수 업깨 바푼 사람인돼 봇 감독을 하라고 견유을 해서 어쩔 수 업씨 하게 돼어쓰며 자신은 실찌 마음은 공동에 참여해서 하고 하고 십픈 욕망인돼 아직은 그 만은 여유가 업따고 생각을 하며 언잰가는 공동 일에 참여을 해서 요줌 절먼 사람이 더 실속업는 일을 하지 않을라고 하는돼 잇것을 조금이라도 해소을 해볼 욕심이다.
그리고 어재 모재리에 모가 안전이 힌색이라 어떠개 해야 하나 하고 불안하게 보낸 것이 사실이다. 그래서 집사람을 일부로 대리고 가서 모판을 점검을 했보니 어재보다 힌빛이 줄어들어서 극정을 하지 않아도 댈껏 같다서 정말 큰 다행이다.

〈1987년 4월 21일 화요일 낡씨 (바람) 비〉

오전에는 바람 때문에 휴식을 하여쓰며 이번 바람은 바람이 아니라 날리라고 생각을 하고 십다. 외냐하면 모판에 비누류 날린 시간이 만으며 담장, 벼소칸, 몸채 스래트가 날라간 사람이 우리 마을에도 녯 집이 돼니 이거 상당이 피해가 만타고 생각을 하며 자신도 저녁을 먹고 있쓰니까 모판 비뉴류 날라 같다고 열락을 해주어서 집사람과 둘리 비누류을 덥는돼 힘이 들어가쓰며 우리 뿐 아니라 벌서 나와서 비누류 날린 것을 이미 덥고 있는 사람이 있쓰며 정말 날리을 치룬 셈이다. 자신도 비누류 날린다고 모판을 셋 번이나 나갔쓴는돼 다른 것은 날리도 내 것은 날리지 않캐다고 생각을 한 것이 날라버리고 마랐쓰니 사람은 원재나 방심을 해서는 안 댄다고 생각을 해보았다.
"오후에는 봉답 모판에 물대기 작업을 채 못하고 하로 일과을 보낸 세이며 오늘은 바람에 비누류 날린 것을 덥프주는 일이 남외 일, 자신의 일과로 바서는 남외 일 거들어 주는 시간이 흙신 만아따고 생각을 한다."

〈1987년 4월 22일 수요일 낡씨 흐림〉

모진 바람이 어뒤로 가버리고 나니 마음은 안정이 돼나 육체적인 노동은 상당이 만으며 바람 피해을 본 사람은 하로 종일 손길이 바푼 일과을 만들고 마랐다.
자신은 오늘로서 울콩 씨을 파종을 하여쓰며 울콩 씨가 자신 바서는 작년보다 상당이 넛찌 않나 하고 내다보고 있다. 이번에 비라도 조금 와서 그러치 이번가 아니며 울콩 씨도 갈지 못 할 정도로 가뭄이 심해쓰며 이번 비도 조금 온 것인돼 바람 휘모라쳐서 비온 표도 별료 업따고 본다. 그리고 모진 바람이 모판에 골주을 상하게 해서 골주을 다시 보광도 했쓰며 손질도 하고 육모 상자 위까지 물이 올라오두록 물을 돼어서 패내는 작업을 콤팡이가 혹시나 있쓸까바 했쓰며 그리고 육모 상자는 5일에는 모판에 가야한다고 생각을 했본다. 외냐하면 육모 상자 모가 고루지을 못한 것이 모판을 하로 연기한 것이 실책이라고 생각을 하기 때문에 이것을 실천을 하여야 한다고 생각을 해본다.
오후에는 당산 논에 두룸이 내리안절라고 해서 말목 준비을 하여쓰며 하로 일과을 보낸 셈이다. (가랑비 내림.)
그리고 자식들에깨 공부을 넘어 광유[권유]을 하고 있는 것은 사실이며 자신이 자식에깨 공부을 건유을 안 알라고 해도 공부을 잘 해야 살라갈 수가 있따고 생각을 할 때에 공부을 건유을 안 알래예야 안 알 수가 업쓰며 자식들이 공부을 해야 식성이 풀린다고 해도 가연이 아니다.
"자신은 다른 부모보다 공부을 자식들에깨 건유을 더 하는 편이라고 자신원 알고 있다."

〈1987년 4월 23일 목요일 낡씨 맑음〉
오전에 당산 논 두룸에 말목을 밭고 있쓰니까 동장이 와서 금년에는 정자못 감독이라면 면에서 차저와서 잡초을 제거을 하고 지저분한 것을 주어달라고 이야기을 해서 할 수 업시 따라가서 면 직원과 동 서기 셋시가 오물, 잡초을 취운다고 법석을 부리바야 일이 돼지을 안을라고 하다 겨우 참아다. 면 직원도 예비군 훌련이라면서 갈라고 해서 우리 정심식사을 하고 하겟따고 이야기을 하고 다들 다 가버리고 마랐다. 못 감독도 책임이라고 고통이 따려며 오늘 오후 내까지 자신의 경운기로 실어내쓰며 자신이 책임자가 아니면 경운기도 가지고 오지을 않을 끄시며 모든 것이 책임이라는 사명이 크며 무선 일이든지 신정을 쓰야 하며 모든 일이 헌신을 해야 하니 시간 여유가 업쓰며 모든 것이 신경이 쓰이는 것이 사실이다.

〈1987년 4월 24일 금요일 낡씨 맑음〉
오전에는 집사람과 둘리서 작과밭을 매쓰며 김을 매고 나니 밭이 더 크보이며 씨값씨을 너어며 금새라도 잘랄 껏 같더라. 그리고 오후에는 당산 경작지는 농로 보수을 하여쓰며 자신이 못 감독을 보니 일이 더 만으며 일끄리을 자신이 만들고 있쓰며 이재에 농로 보수을 할려고 흙을 밭는돼 자신 돈을 500원 주고 담배을 책임자을 주니 단번에 흙을 8톤 추력으로 6섯 바리을 부어 주니 정말 돈이 좋다는 이야기을 했쓰며 효력이 단번에 난다고 이야기을 하고는 웃고 마랐다. 금일 부역을 해서 농로에 피니까 정말 잘 했따는 생각이 나며 책임자로서 정말 기분이 좋으며 책임자 힘은 들어도 이 맡으로 하는 것 같다고 생각을 가저본다.
지출에 … 김, 지고기 3,000원 김가루,
오징어 발 2,000원 요쿠트,
과자 3,200원 운이 옻 4,000
참기름 1,000 티밥 티는돼
400원 쏘세지 700원 차비
360원 닭갈갑[달걀값] 2,000원
혜지 자연 학습장 가는돼
4,200원 운이 소풍 가는돼
1,500원 혜지 1,000원 아들
차비 2,600원
計 25,760원[141)]

〈1987년 4월 25일 일요일[142)] 낡씨 맑음〉
금일은 당밭에 김매기로 하로 종일을 보내

쓰며 그래도 안전이 김매기을 다 못 했쓰며 안전이 할려면 노타리가 한 번 가야 매조질 수가 잇쓸 껏 같다.
그리고 우리 혜지 자연 학습장에 일 박 2일 동안 저의 엄마가 과자 사준 것만 먹고 돈 원 한 푼도 쓰지 않코 그냥 가지고 왔더라. 우리 딸래미 둘원 돈을 쓰라고 해도 안 쓰고 있는돼 아들 하나가 돈이 있는 것 한정이고 소풍을 가든지 하며 돈원을 만이 달라고 하는 욕심 한편으로는 좋으며 한편으로 크스도 돈을 모러면 안 대는돼 하고서 극정도 사실 댄다.
"이번에 혜지가 1박 2일 동안 돈을 한 푼도 쓰지 않코 그냥 가지고 와서 날 달마서 한 푼도 쓰지 않아따고 이야기을 하니까 저의 엄마는 날 달마서 돈을 한 푼을 쓰지 않아따면서 서로가 달마따고 이야기을 하여쓰며 마음적으로는 상당이 좋으며 한편으로 좀 쓰고 오지 않고 하는 아쉬움 이꾸나."

〈1987년 4월 26일 월요일[143] 낡씨 맑음〉
금일은 오전에 봉답 모재리을 하여쓰며 봉답이라고 하지만 어갈리 논이나 다름이 업는돼 모재리가 조금 너전 감이 있다.
"그리고 오늘 침종 벼 씨가 싹 티우기 작업에 들어같다."
그리고 오후에는 봉답 논을 한 자리 할려고 파낸 돼가 전채가 수부 모양 경운기 빠지서 드갈 수가 업쓰며 오늘도 노타리가 파지서 생외을 먹어쓰며 자신으로 바서는 땅을 파낸 것이 아주 큰 실책이며 내 평생 예 먹계 되어쓰니 이거 보통 일이 아니라서 오늘은 앞뚝으로 길을 내서 안 따래이나 경운기가 들어갈 욕심으로 흙을 실어 부는 작업을 해 보니 힘드는구나.

〈1987년 4월 27일 월, 화요일[144] 낡씨 맑음〉
금일은 봉답 논에 앞뚝으로 경운기 길을 만들라고 흙을 실려서 종일 동안 흙을 실어 넝는 것으로 일과을 보냇쓰며 길을 만들고 보니 땅은 줄어도 이재는 경운기 안예 따래이로 들어갈 수가 있따는 것을 생각을 하니 마음이 편해저는구나.
그리고 내년부터 채소을 적개 갈 작정으로 채소밭을 참깨을 갈려고 숙모님하고 참깨 갈 자리 망을 짓어서 약을 쳐고 비누류을 갈라쓰며 참깨을 가는되 비누류을 사용을 하니 파종하기가 힘이 들어가는가 몰라도 우선 비누류 까는 작업까지는 아주 간편한 너킴이 댄다.

〈1987년 4월 28일 화요일 낡씨 맑음〉
금일은 우리 소 290日 넘뚜록 송아지 분만을 못해서 집사람이 밤에는 선잠을 자야하고 나제는 매일 소에 부터서 아무 일도 못한 날이 일주일 댄 샘이다. 그 부란을 온 가족이 총 비상으로 해결이 댄 셈이다.
외냐하면 송아지을 분만을 할려고 다리가 조금식 나오길력 다리을 잡고 땅기니까 뒤따리더라. 그래서 정신 업씨 젖소 먹인 친구에깨 달리서 갇쓰며 뒤로 나와도 당기면 돼는지 무려고 갇다오니 아들이 달리와서

---
141) 실제 계산은 25,960원이나 25,760원으로 잘못 기록하였다.
142) '토요일'이나 일요일로 잘못 기록하였다.
143) '일요일'이나 월요일로 잘못 기록하였다.
144) '화요일'이나 월,화요일로 잘못 기록하였다.

엄마가 땅기서 분만을 시키따고 열락이 와서 송아지가 살라는가 물어보니 살라따고 이야기을 하더라. 송아지가 끝굴로[꺼꾸로] 나오니 종일 동안 소가 외을 먹어꾸나 하고 생각이 돼는구나. 집배 와서 집사람 수이사구나 하고 이야기을 했쓰며 작년에는 아빠도 업는돼 소 잠지을 벌리서 분을 시키지 이재는 안전 수이사라고 이야기을 하고 웃고 마랐다.
금일은 집사람은 송아지 분만 할까바 봉답 벼 씨 파종하는돼 나오지을 못하고 형과 형수, 셋시가 1시간 정도 만에 파종을 안전이 한 셈이며 일적으서 형 육모 상자에 영양제을 살포 했쓰며 자신은 육모 상자에 신찬은 것이 들어있쓰서 맡침 모판을 정검 나온 지도소 직원이 와서 무려니까 다찌가랭 약을 살포하고 한풍을 시키며 댄다고 이야기을 하여쓰며 자신은 3모판은 만타고 하지만 더 실패가 업쓰며 충분하지만 앞푸로가 문제라고 생각을 한다.
다찌가랭 4병에 6,200원 주고 사와서 물 1.7말 정도 해서 살포을 했쓰며 오후에는 큰집배 봉답 모판에 비누류을 씨어서 하로 일과을 보낸 셈이다.
지출에 다찌가랭 4명 6,200원 혜지 저금 2,000원 혜영 4,000원 혜지 차비 1,300원 혜영 2,000원
計 15,500원

〈1987년 4월 29일 수요일 낡씨 맑음〉

오전에는 두룸 노타리을 웃뜰, 아래뜰 논 전채을 다 쳐니 오전 시간이 좀 너전 감이 있쓰며 내년에 조금 일적 시작을 해서 시간 여유도 있코 사람이 바피 안 해도 댈 것 같다. 오후에는 당산에 뒤뚝에 내려안전 것을 자신이 쳐올리쓰며 논 위우지도 좋아야 한다고 생각을 하며 오늘 일도 자신이 할 일이 아니지만 논 주인 안 아니까 피해가 자신이 더 만원이까 하게 돼는구나.
그리고 내년에는 곰팡이 약을 육모 상자을 낼 때에 금년에 한 봉을 쓰는돼 내년에는 물로 흙을 안 추는 작업을 하지 않코 바로 곰팡이 약을 두 봉을 타서 약으로 흙을 안 추는 작업을 하여야 하게따는 것을 너켜쓰며 금년에는 육모 상자가 군대모가 만원 것은 자신이 곰팡이 약을 적개 쓸라고 물로 흙을 안 추고 약을 사용한 것이 결점이 돼어서 상자 모을 실패을 못 것으로 생각을 해본다.[145)]

〈1987년 4월 30일 목요일 낡씨 흐림, 비〉

금일 마을 전채 농로 보수에 참여했쓰며 농로 보수에 경운기가 동원이 그진 다 돼어쓰며 경운기마다 대우가 다 달려있쓰며 대우 업는 것은 불과 멧 대 밖에 돼지을 안으며 앞푸로는 경운기 대우만은 다 달라야 하겟따는 것을 생각을 해보며 낡씨가 나중에 비가 오지 않아따면 농로 부역을 봉답까지 안전이 마칠 수가 있따고 보는돼 낡씨 때문에 봉답은 대충하고 마란 셈이다.
"우리 운이가 공부을 할려고 들며 공부을 잘 할 끝 같든돼 공부을 할려고 들지을 안으며 자신이라도 꼭 마음먹고 갈치며 대갯는돼 자신도 마음은 매일 잡고 시키야 하는돼 하면서 행동에 실천을 못하고 있쓰니 안타갑키 짝이 업다."

---

145) 이 내용은 일기 지면 상단에 따로 기록되어 있다. '내년에 참조 할 껏'이라고 기록하였다.

〈1987년 5월 1일 금요일 낡씨 맑음〉

오전에는 용만 상자모 실패해서 다시 파종하는돼 거들다 우리 소 송아지 분만한다고 열락이 와서 와보니 막 준비을 하며 송아지 분만을 하는돼 가만이 쓰서 분만을 하는 것을 볼 때에 소도 여러 가지더라. 이번 소는 매년 쓰서 분만을 하니 사람이 보지 않는다면 송아지 실패가 따른다고 생각을 한다. 오늘로서 안전이 소 셋 바리을 전부가 암송아지을 분만을 해서 마음이 상하는 마음 검할 길 업쓰며 셋 바리 중 한 바리라도 숫송아지을 분만을 했쓰며 별로 마음은 상하지을 한캐는돼 영 마음에 들지 않는 송아지 분만이다.

"그리고 큰집배 모판에 다찌가랭 약을 살포하는돼 거들어주는 것으로 하로 일과을 보내고 마랐쓰며 그리고 자신의 모가 벌개서 집사람을 일부로 대리고 가서 간찰 좀 하라고 모판을 보았쓰며 자신은 색명이기 때문에 간찰하는 돼는 안전 재로라고 생각을 했쓰며 색명은 정말 큰 병신이구나 하는 생각도 더는구나."

지출에 … 혜지 체육복 4,000 쥐고기, 김, 마늘 6,900 혜영, 운이 실래와 2,000원 혜지, 혜영, 차비 400
운이 우유 값 2,220원 운이
파화[판화], 도화지 140원
집사람 놀로간다고 3,000원
구두 4,300원 차비 350원 사탕 1,000원
計 24,310원

〈1987년 5월 2일 토요일 낡씨 비〉

금일은 당산 논에 두룸을 하여쓰며 비을 마저가면서 두룸을 하여쓰며 두룸을 비 마저가면서 다하고 나니 잘하였다고 생각을 한다. 이번 두룸은 집사람이 구미 금어산[금오산]에 놀로을 가서 집배 아무도 업키 때문에 자신이 일을 만이 했따고 생각을 한다.

〈1987년 5월 3일 일요일 낡씨 맑음〉

당산에 논을 고루는돼 논 장만을 할 때에 논 바닥을 고루는돼 자신이 힘이 들어서 오늘은 미리 논을 골라보니 경운기 빠저서 힘이 들어 못하게쓰며 경운기가 빠저지만 안타면 미리 골라 볼라고 금일 종일 고라바야다 못했쓰며 자신은 꼭 다 할려고 작정을 하고 동내 희초을 하는돼 자신은 놀지도 않코 정심 시간에 고기 돌부리만 하고 논을 골라바찌만 결국 다 못하고 하로 일과을 보내고 마랐다.

지출에 혜지 쏘세지 750원 스타킹 600원
차비 240원
計 1,590원

〈1987년 5월 4일 월요일 낡씨 맑음〉

금일은 육모 상자모에 다찌가랭 약을 살포을 했쓰며 금년 육모 상자 모가 재일 못하다고 생각을 하며 모내기을 할 때에 모가 모자갈까바 제일 극정이 대며 모가 갯치는 표가 업쓰서 제일 답땁하구나.

그리고 내년에는 육모 상자에 다찌가랭 약을 쓰지 말고 다찌밀146)을 금년에 사용한 사람들은 다들 육모 상자모 다들 좋다고 하니 자신이 외 다찌밀을 몰라뜬가 하고 안탑키 짝이 업꾸나.

내년에 (꼭 참조) 내년에 상토 흙에는 다찌

146) 방제약제의 일종이다.

밀을 꼭 쓰야 한다고 생각을 생각을 한다.
그리고 우리 딸래미들 운동회 한다고 집사람은 구경을 갈다오더니 중학교 운동회가 초등학교보다 재미가 업따고 이야기을 하며 딸내미들도 운동회가 초등학교보다 못하다고 이야기을 하고 있꾸나.[147)]
지출에 … 중학 운동회 하는돼 접대에 3,000원 아들 간색 요구르트 700원 빵 700원 사탕 450원 사이다 700원 차비 240원 농약 7,600원
計 13,390원

〈1987년 5월 5일 화요일 낡씨 맑음〉
금일은 아침을 먹고 나니 우리 운이가 영힘이 업고 불만댄 얼굴이라서 이상해서 운이예깨 외 힘이 업쓰며 무었 때문에 하느냐 하고 무려니까 아빠가 어린이날 구경 갈려고 했노코 가지 않아서 그른다고 이야기을 해서 그름 좋다 내가 실찌는 상당이 바푸지만 우리 운이와 하로 놀다 와도 다음에 열심이 하며 안 대겟나 하고 결심을 하고 비누류 통풍을 집사람을 대리고 가서 빨리 하고 와서 운이와 대구 달성공원 구경을 갈려고 서들어다. 집배 와서 운이와 구경을 갈려고 준비을 하는돼 집사람이 지금 아빠는 제일 바푼 때라고 하면서 운이을 돈 천 원을 주면서 달래나서 안 갈라고 하더라. 운이가 가자고 하는돼 무었을 못하게녀야고 하면서 가자고 준비을 하라고 하니 안 간다고 해서 가지 못하고 마랐찌만 실찌 마음에 걸리는구나.
"금일은 웃뜰과 아래뜰에 셋 군돼 봇뚝을 다 한 셈이다."
지출에 … 운이 1,000원

〈1987년 5월 6일 수요일 낡씨 맑음〉
오전은 자야내 변소와 창고을 짓는돼 일 거들어주는 것으로 오전 일과을 보내고 오후에는 웃뜰래 두룸 하는 것으로 하로 일과을 보내고 마랐다.
그리고 올해는 모들이 전반적으로 다들 깨끗하지을 못하며 작년에는 이만 때에는 비누류을 안전이 벗키는돼 올해는 비누류을 벗킬라고 생각을 하지을 않코 있다.
"육모 상자모는 매년 해도 자신이 부지을 안코 서뚤원 말이 앞쓰니 해가 갈수록 힘이 더는구나."

〈1987년 5월 7일 목요일 낡씨 맑음〉
금일은 작과나무에 약 살포함. 과일이 일기 불순으로 거른지 통 달리지을 안아서 약 살포하는돼 재미을 너키지 못한 셈이다. 약량은 23말로 당산까지 안전이 천 셈이다.
그리고 오후에는 웃뜰에 안전이 두룸 봇뚝 다들 맡치따고 본다.

〈1987년 5월 8일 금요일 낡씨 맑음〉
금일은 어버이날이구나. 어버이날에 생각을 할 사람은 이미 돌라가시고 어머이날은 자실은 한 번식 씁씁한 너킴을 한 번식 가진다. 외냐하며 아버지 또래 두 분이 정정하신 것을 보며 외 아버지는 일적 도라가쉬나 하는 생각이 떠나지을 안어며 살라 계신

147) 이 내용은 일기 지면 상단에 따로 기록되어 있다. '(내년에 꼭 참조.) (상토 흙에 다찌밀을 사용할 껏)'이라고 기록하였다.

다면 효도을 한번 해보아쓰며 하는 소원인 돼 그리고 자신은 남이 부모에 잘못하는 것을 보며 마음이 재일 아푼 너킴을 가진다. 금일 세집에 작과나무 약 살포을 하여쓰며 골래와 바시네이 두 군돼 약 43말 정도 들어간 셈이다.
오후에는 육모 상자에 거름을 함. 유안 2kg을 한 셈이며 이 량은 4kg을 해야 하는돼 헌치다 보니 적게 헌치서 적게 들어간 셈이다.

〈1987년 5월 9일 토요일 낡씨 맑음〉
웃뜰래 셋 단지을 노타리을 쳐는돼 정심을 내다먹고 안전이 천 샘이며 미리 두룸 손질을 안전이 하고 노타리만 천다면 상당이 일적 3단지는 철 것 같다.
그리고 기계모가 벌것개 죽어가니 모판에 가기가 실어도 하로 멫 번이고 가바야 돼는 심정 누가 아리.
지출에 … 김 1,800원 쥐고기 2,000원 오징어 2,000원 참기름 1,000원 쏘세지 700원 닭알 2,000원
計 9,500원
대신초등학교 운동회 요구르트 700원 빵 540원 빼빼루 180원 대신 아들 300원 선생님 대집에 바카스 1,800원 찬조 4,000원
計 7,520원

〈1987년 5월 10일 일요일 낡씨 맑음〉
"웃뜰래 도로 짝으로 논이 깊프서 흙을 경운기로 실어 붓는돼 낡씨는 덥지 땀은 비오더시 하지 그 일도 십지는 안은 일이며 좀 알떠리 할려니 사람이 힘이 들어서 못하게더라. 그래서 경운기로 내 바리 실어 붓는돼 힘이 들어 안전이는 못 한 셈이다."
"우리 운이 놀로을 신경을 들 쓰는 너킴이 들어서 운이 요줌 놀로을 가지 않나 하고 무려니까 별료 재미가 업쓰 하면서 놀로을 가지 않코 집배만 있쓰니 콘을 사먹으라고 돈을 주었다."
지출에 운이 200원

〈1987년 5월 11일 월요일 낡씨 비〉
오전에는 비가 조금 와서 휴식을 한 셈이며 정미소에서 정미을 하고 봇밭에 감자 밭, 울콩 밭을 돌라다니면서 김매기을 하는 것으로 하로 일과을 보내고 마랐다.
지출에 … 아빠 돌부리 값 2,000원 아이들 차비 2,000 아들 서승예 [스승의] 날이라고 800 영화비 600원 내음비 예방하는 돼 1,500원
計 6,900원

〈1987년 5월 12일 화요일 낡씨 맑음〉
오전에는 큰집배 넷 모자리을 한 반을 다시 하는돼 집사람과 둘이서 그들어주고 오후에는 내일 노타리을 철 개핵으로 돌라다니면서 두룸을 깍는 것으로 하로 일과을 보냇다. 그리 모재리 거름을 유안을 5月 8日날 2kg을 하여쓰며 오늘 또 먼저 거름 적은 것 갈다서 오늘도 2kg을 조금 더 한 셈이다.
지출에 … 운이 다달학습, 혜영이 문제집 2,500원 아빠 비옷 5,800원 혜지 약 3,000원 국수 1,200원 화장지 500 빵 360원 집사람 모자 1,000 배추 1,200원 차비 360원

計 15,920원

〈1987년 5월 13일 수요일 낡씨 비〉

금일은 비가 오는돼 노타리을 쳤쓰며 비을 마저가면서 노타리을 쳐는 사람은 넉뚤 들래서 냇 사람이더라. 이 사람은 부진련한 사람, 농사가 만은 사람이 비을 마저가면서 노타리을 쳐며 자신도 넷 사람 중 한 사람으로 들어 같쓰며 오전 내 비을 마저가면서 노타리을 쳐니 맑은 낡씨에는 경운기 뒤에 따라 다니며 곤한 말이 만은돼 비을 마저가면서 노타리을 쳐니 주위에서 보기는 어뜰지 몰라도 오희려 맑은 낡씨보다 일이 더 돼는 것 같더라. 그리고 남이 놀 때에 9마지기 노타리을 다 쳐고 한 단지 동쓰리을 다 했쓰니 이것이 다 공일 같더라.

"농기계을 공장에서 만들어 내는 것을 보며 모델을 연신 바키어서 만들고 있쓰며 이것은 농민을 죽이는 일이나 다름이 업따고 생각을 한다. 외냐하며 신품종으로 만들며 구형은 부속을 업쌔고 만들지을 않코 있는 실정이니 정부에서는 요런 것을 업쌔 주어야 농민을 생각을 하는 것이며 입부로만 농민을 생각을 한다고 법석을 부리고 있는 것이 가{증}스렵다."148)

〈1987년 5월 15일 목요일 낡씨 맑음〉

금일은 당산 논에 쓰리질을 해서 모내기을 하두록 뒤뚝으로 높픈 것을 삽부로 안전이 떠내는돼 힘이 만이 들어쓸 뿐 아니라 땅을 잘못 싸꾸나 하는 생각밖에 들지을 안는구나.

그리고 오후에는 순달이가 외상 비료을 해서 형과 비료을 떠오는 것으로 시간을 보냇쓰며 경운기 두 바리로 복합 요소 전부 115포을 실어왔쓰며 경운기에 무리가 같쓰리라고 생각을 한다.

자신이 복합 40포, 요소 15포 計 55포

그리고 오늘로서 안전이 모판 비누류을 안전이 거두어 왔다.

지출에 … {()비료값 3,800원 줌)

(참조할 껏)

육모 상자 모는 비누류 속에서 영향제나 업면 꼭 살포을 곡 하고 비누류을 벗키면서 유안 거름을 꼭 해야한다고 생각을 한다.

〈1987년 5월 15일 금요일 낡씨 맑음〉

웃뜰래 셋 단지을 동쓰리마 쓰리는돼 오후 3시가 돼니 안전이 쓰리겟더라. 그리고 봉답에 비누류을 안전이 벗기어 왔다.

처음에 모시 쓸 때 바서는 모씨가 쓰지을 안아서 이거 야단낳다 하고 극정을 만이 했는돼 요즘 보니 모씨가 모자라도 별로 문제가 돼지 않을 껏으로 내다본다.

지출에 … 선생님 음료수 대집비 600원 세값 빵 400원 한전 공사에
잡부에깨 파이프 주는돼 담배값 5,000원
計 6,000원

〈1987년 5월 16일 토요일 낡씨 맑음〉

금일은 당산과 경희내 살가리하는 것만 두 단지을 14日날 모내기을 할 곳에 쓰례질을 하는 것으로 하로 일과을 보낸 셈이다.

---

148) 이 내용은 일기 지면 상단에 따로 기록되어 있다. ''5月 13日 (순달 … 200,000만 원) {()차용함)'이라고 기록하였다.

비료 량 당산에 밑거름 17-21-4포 함.

〈1987년 5월 17일 일요일 낡씨 맑음〉
서양바실래 일부 두룸을 하고 모판에 농약과 도열병149)을 살포을 하여쓰며 오후에는 영근내 모판 실어주는 것으로 하로 일과을 보내고 마랐다.

〈1987년 5월 18일 월요일 낡씨 맑음〉
웃뜰래 모내기을 하기 위에서 쓰례질을 하는 것으로 하로 일과을 보내고 자신이 비료을 헌치가면서도 셋 단지을 일적 하게더라.

〈1987년 5월 19일 화요일 낡씨 맑음〉
금년에는 육모 상자 모기려는돼 안전이 실패라고 생각을 하며 오늘까지 모에 대한 신경을 쓴 것은 아무도 모른다. 자신은 한 단지 70십 장을 부어서 설마 심을 수가 있찌 않캐나 하는 생각을 만이 가짓다. 이것이 생각보다 아주 먼 거리다. 한 단지을 오늘 심어보니 모 상자는 신찬은 것이 만타고 생각을 하지만 한 단지에 80십 상자가 더 들어가니 캄작 놀라다.
모 농사을 못 짓어서 일이 돼지을 안는구나. 외냐하면 오늘도 당산 논에 모내기을 하는돼 대신 민성이 삼촌이 모을 일부 주고 대신 사돈이 주어서 자신의 모가 좀 밀리어 간 셈이다. 모 농사만 잘 짓어따면 하로에 4단지는 심을 수가 있쓸꺼대 두 단지밖에 심지 못하니 일이 안 대는 것이 사실이다.

〈1987년 5월 20일 수요일 낡씨 맑음〉
웃뜰래 모내기을 하기 위에서 집사람과 두리서 모 상자 뛰어서 갈다 날은 것으로 시간을 보냇쓰며 모 상자을 뛰어서 두 바리을 갈다 노니 경{운}기 빵구가 나서 일을 못하고 경우기빵에서 빵구을 뛰우고나니 오전이 다 가드라. 자신은 오전에 다 디따 갈다 놀라고 개핵을 잡고 정신 업씨 일을 했따고 가연이 아닌돼 왼일인지 빠풀 때 빵구가 나니 그 마음 좋찌 안으며 오후에 두 바리을 해서 끝을 냈쓰며 자신이 경운기에 하판을 돼어서 크게 해서 4바리로 끝을 냇찌만 경운기 그대로 실어날어면 엿[여섯] 바리을 해야 하는돼 두 바리을 단축을 시키서 밭따래이 4마지기 노타리 시간이 나와서 4마지기을 노타리을 다 쳐니 시간이 너무나 넛떠라. 이것이 경운기 고장으로 자신을 바푸게 해쓰며 신경을 쓰게 한 하로가 대어따고 생각을 한다.

〈1987년 5월 21일 목요일 낡씨 맑음〉
웃뜰래 3단지을 모내기을 하여쓰며 한 단지 육모 상자 수가 78상자로 재발 심음 샘이다.
금년에는 모판에 모 기르는 돼는 안전이 실패라고 자신은 시인을 한다.
내년에는 모판 수을 더 늙리서 하여야겟따고 생각을 하고 있다.
(웃뜰래 3단지에 복합 12포)

〈1987년 5월 22일 금요일 낡씨 비〉
경화내 대갈림 하는 논을 거름을 헌치가면서 모내기 할 준비을 안전이 하여쓰며 복판에 두 군돼을 거름을 헌치가면서 안전하게 모내기을 할 수 있도록 하는돼 하로가

149) 도열병은 벼가 잘 자란 뒤에 잎과 줄기에 박테리아가 생겨 잎줄기 등을 해치는 병이다.

가더라.
(경화내 논 복합 4포) 복판에 거름 4포
計 8포

〈1987년 5월 23일 토요일 낡씨 맑음〉
서양바실에는 봇뚝을 하여가면서 논을 장만 할려니 마음이 바푸며 시람도 고통이 따리는구나. 앞푸론 물이 업쓰며 마른 노타리을 쳐야 하게따고 생각을 가지받다.
(서양바실래 밑거름 량 복합 5포)

〈1987년 5월 24일 일요일 낡씨 맑음〉
"오전에는 웃뜰래 제초제을 살포하고 오후에는 집사람은 기계 이앙하는돼 모내기하로 가고 자신 혼자 열 마지기 모판을 뛰는돼 시간이 제법 걸리더라. 모판을 이앙할 때에 안전이 준비을 해두고 모판에 그냥 사시랑[쇠스랑]으로 해서 모내기을 할려고 작정을 했는돼 막상 할려고 더니 너무 허술한 것 같다서 경운기로 쓰리질 하여두어쓰며 목판 논이 금년이 제일 잘 고라져따고 생각을 가지본다. 남들도 논이 잘 고라젓따고 이야기을 하니 자신도 기분이 좋구나."

〈1987년 5월 25일 월요일 낡씨 맑음〉
오늘은 아래뜰래 자신이 붓치는 논 기계모을 안전이 모내기을 하여쓰며 대신 순달이 처남이 아니며 모을 준비을 못해서 한 자리는 더 심지 못하고 난가나야 할 형편인돼 사돈이라고 예을 쓰주어서 오늘로서 모내기을 끝을 냇쓰니 모판 실패을 쳐고는 큰 다행이라고 생각을 한다.
"내년에는 봉답도 기계모을 해서 모판을 실패을 하면 봉답 모판을 땡기서 심두록 하고 봉답은 별도로 손모을 하여야 올해 같은 모 신경을 쓰지을 않을 끝 같다. 사람이 한 번식 실패 맡을 보아야 그 마음을 알라야 한다."

〈1987년 5월 26일 화요일 낡씨 비〉
이번 비는 정말 좋은 비라고 생각을 한다. 외냐하면 이번 비가 아니며 자신은 물을 양수기로 프야 할 정도가 돼어 있는돼 이번 비가 그만 해결을 주니 정말 단비가 돼어따고 생각을 한다.
"그리고 오늘은 우리 기계조에서 돈벌리 이왕을 하여쓰며 오늘 같은 날은 돈 버는 일 아니며 푹 자고 십픈돼 돈 버는 것도 좋찌만 이왕기 업는 사람 조급하게 생각을 하는 모내기을 하여주는 것도 좋은 일이라고 생각을 하며 돈 버는 이왕을 하여주는 것으로 하로 일과을 보내고 마랐다."

〈1987년 5월 27일 수요일 낡씨 맑음〉
집사람과 두리서 우리 논과 밭이 있는 곳은 한번 일주하는 식으로 돌라바쓰며 감자 밭, 마늘 밭, 콩 밭을 김매기을 하는 것으로 하로 일과을 보내고 마랐다.

〈1987년 5월 28일 목요일 낡씨 맑음〉
금일은 제초제 쳐는 것으로 하로 일과을 보내쓰며 오후에는 육모 상자을 씨어서 내년에 쓸 준비을 하두록 치우고 마랐다.
이재는 집사람이나 자신이나 매일 10시, 11시경이 돼어야 저녁을 먹고 때에 따라서 우리 모을 심어며 새로 한 시가 돼는 적도 있다. 이래 돼며 우리 모 심는 날은 밤을 세우다십피 해야 하며 밥을 먹다 자불어버리는 날이 들어[더러] 있쓰며 이재는 자부는 날은 업쓸 껏 같다.

〈1987년 5월 29일 금요일 낡씨 비〉

금일 우리 조에서 남외 모 심어주고 돈 버는 일을 하여쓰며 남외 모을 이왕 해주는 것도 좋은 일이지만 벌리도 안 댈 뿐 아니라 오늘 같은 날은 우리 조에서 외초부터 남외 모을 심어주지을 안아따면 오늘 같은 날은 비가 휴식을 할낀돼 비을 마저가면서 이왕기을 몰고 다니기가 마음에 들지 않으며 한 번도 똑바로 가지을 못하게쓰며 남이 바도 돈 버는 일이라 잘 심어따고 하여야 하는돼 자신이 바도 마음에 들지 안는 모심기가 대어서 남이 밀어도 역시 만찬가지며 줄이 돼지을 안아서 정말 미안한 하로가 돼어쓰며 이재는 미안해서 남외 모을 심어주기가 힘이 들 뿐 아니라 신경이 넘어 쓰이서 내년에는 님외 일은 하지 않아야 하겟따는 생각을 가지밭다.

〈1987년 5월 30일 토요일 낡씨 맑음〉

금일은 우리 조에서 모 심어 줄라고 약속을 해쓰는돼 갑짝이 용산 눈님이 모내기을 한다고 전화가 큰집부로 왔따고 해서 자신은 내일 자신 혼자라도 내일은 내가 밀어줄라고 하고 자신은 금일 모 심어주로 가지 않코 눈님 집에 모내기을 한다고 해서 형과 둘리서 모내기을 하로 같든이 일 준비가 들 대어 있는 편이며 우리 가지 안아따면 일이 제돼로 돼지을 안을 껏 같더며 손 모을 심는돼 너무나 경비가 만이 나며 맥주까지 동원이 돼며 봉산에는 모내기 한 번 하며 업는 사람은 부담이 너무 크게더라. 자신이 바도 넘어하는 말이 나며 모을 심다 술 채서 논에 주저안는 사람이 다 있쓰며 이것을 볼 때에 좀 지나치다는 너킴이 들어간다. 그리고 오늘 모심기는 4단지을 심어서 만이도 한 셈이다.

〈1987년 5월 31일 일요일 낡씨 맑음〉

금일은 세집배 작과나무 골래에 약 20말을 가지고 살포을 하는돼 만이 남더라. 약을 살포하는돼 약을 만이 내고 빨리 쳐니 약이 오희려 적게 들어가더라. 약 쳐는돼 암력을 올리고 빨리 쳐니까 시간이 상당이 단축이 돼더라.

그리고 집사람은 모심기 가고 앞밭태 약을 살포하는돼 혜지, 혜영이 돼리고 약 살포을 하여쓰며 딸래미들이 그들어주니 일이 잘 돼는 너킴이 들더라. 약 량은 20말로 살포을 하고 마랐다.

오후에는 선태 모 심어주로 같쓰며 이재는 봉답도 기계을 해야 하게따고 생각을 해보며 자신보다 다들 이치가 낮뿐돼 기계을 다 하는 것을 보며 자신은 아직까지 들 생각을 하고 있 따는 너킴을 가지본다.

〈1987년 6월 1일 월요일 낡씨 맑음〉

오늘은 봉답에 모내기할 준비을 하여쓰며 뒤뚝으로 풀 재거을 하고 두룸도 다들 깍카서 물만 들어오며 두룸을 할 수 있뚜룩 하여두어다.

그리고 자신은 내년에는 상자 값이 들어가는 한이 있쓰도 기계모을 해야 하게따고 생각을 했다.

지출에 … 큰 소 수정로 값 … 8,500원

〈1987년 6월 2일 화요일 낡씨 비〉

오늘은 봉답 두룸하는 것으로 하로 일과을 보내쓰며 금년에는 모판에 거름을 적게 해서 너무나 적어서 심기하기가 불편할 껏으로 내다보고 있쓰며 모판에 거름을 한에 한 대만 했따며 키는 적지는 안을 끗인돼 올해는 반 대 조금 더 한 셈이라 키가 적어서 5

日날 심을라고더니 극정이 돼는구나.
우리 운이 요줌 누가 간섭을 하나 찰 놀고 있다. 집사람도 돌 볼 여가 업찌 자신도 들래만 같다오며 세상 모러게 자기 바푸지 운이는 더 좋은 일이 업쓸 껏 같다. 우리 운이는 요 때 잡지을 안으며 영영 바보을 만들지나 안나 하고 생각을 할 때는 숨 갑풀 일이다.
지출에 … 포장류 돼지고기 2,100원

〈1987년 6월 3일 수요일 낡씨 맑음〉
금일은 봉답 논에 노타리을 하였쓰며 금년에는 비 오는 바람에 마음의 여유가 생긴다. 왜냐하며 5日날 모내기을 할 논을 벌써부터 논 장만을 하여쓰니 조금 수라게 할 수가 잇쓰다.

〈1987년 6월 4일 목요일 낡씨 맑음〉
오늘은 내일 모내기 할 준비을 오전에 안전이 끝을 냇쓰며 언재라도 봉답은 물이 들어오면서 두룸을 해야지 갑짝이 모든 일을 다 해야 하니 육체적인 고통이 따리게 돼는돼 금년에 수라게 한 셈이다.
그리고 내년에 어떠한 일이 있쓰도 기계모을 할 작정이다. 자신이 경비도 만이 날 뿐 아니라 집사람이 밤잠을 자지 못하고 모 밥을 하너라고 잠을 자지 못하고 모든 준비을 하고 나며 밤 1시 경이 돼어야 잠자리에 들어오며 그것도 신찬아서 너저도 4시는 일어나야 하니 이것을 보며 모을 한 번 심어며 큰 고통이 다른다고 해도 무리는 아니라고 생각을 한다.

〈1987년 6월 5일 금요일 낡씨 맑음〉
금일 오전에 봉답 모내기을 하여쓰며 금년에는 작년보다는 좀 일적 심어따고 생각을 하며 자신은 모판에 거름이 적어서 모가 어리서 만이 적을 줄 알고 남외 모을 준비을 했든이 생각보다 모가 들 모자라며 멧춤이 모자란 편이다. 여와튼 모을 잘 심어따고 생각을 하며 금년 모내기는 마지막한 셈이다.
그리고 오늘은 오후에는 36도가 넘어쓰며 오늘따라 모내기 더방[품팔기]을 하고 온 집사람이 밤 10시가 돼어도 들어오지을 안으니까 집사람이 오늘 더위에 반 죽이는 것이 아닌가 하고 마음이 안절부절하며 외 이 더위에 몸 핑계돼고 빠저지 안코 하는 원망이 돼며 집사람이 죽뚝록 집사람에깨 하근돼며[화를 내며] 오전 내로는 집사람을 아값게 생각을 하며 그죽으로는[거짓으로] 빠저지 못했따고 어거지을 부리서 원승을 높피따고 생각을 하며 집사람은 친구 집이라 몸은 말을 덧찌 안치만 할 수 업씨 했따고 이야기을 하지만 자신은 거것이 자신의 귀에 들리지을 안으며 어거지을 부리서 집사람은 오전 내로 아빠는 외 내 마음을 몰라주는가 죽뚜록 한 사람을 외 마음을 상하게 하는가 하고 원망을 만이 했깨지 하는 마음이 더는구나. 자신도 죽뚜록 일을 하고 온 사람을 마음을 상화게 하고 십픈 마음은 손톱만큼도 업찌만 집사람의 몸을 내 몸보다 더 아깝게 여기는 자신이 어거지을 부리서 미안하게 생각을 하며 자신이 막상 그 이치에 노여있쓰며 어쩔 수 업씨 할 일이라고 생각을 하면서도 어거지을 부린 것이 집사람에깨 미안게 생각을 하고 있다.

〈1987년 6월 6일 토요일 낡씨 비〉
금일은 서양바실과 정화내 논 갈림하는 논에 웃거름을 하여쓰며 오후에는 당산 논에 도구을 쳐고 도사리을 주을라고 하니 비가 오더라. 그래서 집사람 남의 모내기 하로 같는돼 비을 마저며 감기라도 들까바 우장을 같다 주어쓰며 여자들은 남자가 우장을 같다주는 것을 여사로 안 보는 눈치며 불어 하는 것 같떠며 이번 뿐 아니라 여자들은 조금한 일이라도 좀 도와주고 하며 남자보다 다려게 좋아하는 기색을 보이는 것이 여자라고 말을 하고 십꾸나.

그리고 자신은 별료 할 일이 업쓰서 오늘은 낮참을 쉬고 경운기을 몰고 가니 친구 부인이 일거리에서 인사을 하길래 도시 사람은 빛을 보지 안아서 얼굴이 솜같이 하고는 하며 그예 비하며 우리 집사람은 빛에 타서 새카만 얼굴 경운기 몰고 가면서 두 얼굴을 생각해보았다. 그 얼굴을 생각을 할 때에 자신도 모러게 고개 숙여지는구나. 우리 집사람은 밤잠 한 번 푹 자지 못하고 이 시간에도 햇빛에 따가와서 짠뒤에는 불이 붓뜰 정도의 드위에도 무려쓰고 일을 하고 있는 집사람의 생각을 하니 고맙고 더 아켜주어야 하게쓰며 오늘은 집배 들어오며 꼭 안아 주어야지 하는 마음이 들더라.

〈1987년 6월 7일 일요일 낡씨 비〉

금일은 큰집배서 세집배 골래 논을 갈림하는돼 모내기을 할려고 준비을 터락타로 노타리을 하는돼 두룸을 형과 둘리서 안전이 하고 노타리만 안전이 한 셈이며 비을 마저 가면서 끝을 낸 셈이다.

오늘 터락타와 일하는 것을 보니 신서어러며[형편이 되면] 정말 가지고 십픈 기계라고 생각을 해보았쓰며 이제는 정말 사람이 일을 하는 것이 아니고 기계가 일하는 거라고 절시리 너켜다.

“금년에는 기상대에서는 금년 비가 적다고 한다더니 적은 비가 아니라 농촌에서 비가 필요하며 꼭 비을 내려주는 한이 정말 금년 같더며 농사 짓키가 수란 해라고 생각을 한다.”

〈1987년 6월 8일 월요일 낡씨 가랑비〉

금일은 형과 둘리서 터락타로 노타리만 첫는 곳을 내일 모내기을 할려고 논을 쓰레질을 하여쓰며 다레논[다랑이 논]을 한 다레 할려고 도자로 미련 것이 한 다레이가 돼지을 안으면서 사람만 예을 먹이고 있꾸나. 자신도 한 다레이 할려고 높은 곳을 떠낸 곳이 수부[150]가 생기며 경운기도 들어가지도 못하고 소도 제발 들어가니 사람만 골탕을 먹을 정도며 이제는 평생 내 탕이라는 생각이 들며 이제는 봉답 논에 경운기가 들어가지 않는 땅들은 평생 조상 땅이라고 생각을 한다.

이번에 형도 여러 다레이가 돼니까 한 자리을 하여 수라을 껏으로 미려찌만[밀었지만] 별료 득을 볼 수 업따는 생각을 가지본다.

〈1987년 6월 9일 화요일 낡씨 맑음〉

오전에는 형님 봉답에 모내기 하는돼 거들어주는 것으로 오전 일과을 보내고 오후에는 넉뚤래 물친 돼을 가보니 우리 복판에도 한 잔을 먹어쓰며 오전에 들레 가바떠라면 복판에 충분이 물을 뺄 수가 있쓰는대 오전에 가지을 못해서 손예가 만아따고 생각이 들며 앞푸론 물이 침수가 댈 때에 부진으로

150) 물구덩이.

날뛰어서 손예을 주리는 것이 부진련한 사람이라고 생각을 해본다.
그리고 집사람과 두리서 고구마을 파종을 하여쓰며 웃뜰에는 낮참을 이용해서 논예 올미을 한 단지 주어쓰며 작년에 집사람과 둘리서 에 먹은 보람이 금년에 올미을 주어쓰니 절쉬리 표가 난다. 이재는 슬슬 주어도 댈 정도니 올해 급이 나지을 아는구나.

〈1987년 6월 10일 수요일 낢씨 맑음〉
금일은 봉답 논에 제초제을 살포을 하고 뒤뚝으로 내리안전 것을 안전이 쳐올리지는 못하고 대충 치우는 것으로 망우리을 하여쓰며 논을 파내고 일끄리가 을마나 더 만원지 생각조차도 몰라쓰며 앞푸로도 장마가 오며 더 만은 량의 흙등어리가 내리안절 것을 생각을 하니 내리안전 흙을 만질 수가 업쓰서 대충 일을 한 셈이다.
그리고 집사람이 남외 모내기 하로 가서 열두 시가 돼어도 들어오지을 안아서 오늘도 먼저 36도 대든 날 남외 사정에 덥빵[덧방]하는 날을 생각을 하니 숨이 막히며 오늘도 12시가 돼어도 들어오지을 안코 1시가 돼어도 들어오지을 안아서 집배서 안절부절 해쓰며 삽짝만 보라보았쓰며[돌아보았으며] 정심을 먹찌도 않코 집사람만 기다리쓰며 오늘도 생 외을 먹는 것을 생각을 하니 한번 가보았쓰며 하는 생각밖에 업더니 1시가 넘어서 집배 들어오면서 웃고 들어오는 모섭을 보니 내 마음이 조금 낮꾸나. 오늘도 홀아비 집이라 마음에 걸리서 모내기 했주로 같다가 수고 만아따고 이야기을 하더라.[151]

〈1987년 6월 11일 목요일 낢씨 맑음〉
웃뜰래 도사리을 주어쓰며 작년보다 올미가 적은 것은 사실이며 올해는 자신이 혼자 도사리을 주어도 별로 바푸지을 안은 껏 같다.
지출에 송아지 인공류 5,900원 제초제
4,500원 차비 240원
計 10,640원[152]

〈1987년 6월 12일 금요일 낢씨 맑음〉
오전에는 넉둘에 경작은 저부가 도량에 풀제거 하는돼 부역을 하여쓰며 오늘은 도량에 풀 제거을 상당이 만이 하여따고 생각을 하며 부역이라고 해도 오늘 같이만 하면 무선 일이든지 할 수 있따고 생각도 해보았다.
그리고 굼작자 논에 물친 것 모을 보니 사람이 힘이 업쓸 정도며 농민들이 죽으라 하며 힘들어 모내기을 하여는 이번가 만이 와서 모가 착 프들어저 있는 모을 보니 남외 일이지만 너무 했따고 생각이 더는구나.

〈1987년 6월 13일 토요일 낢씨 맑음〉
오늘은 도사리을 나 혼자만 주어보니 하로종일 주어바야 두 단지밖에 줏찌을 못하게 더라. 그래도 작년보다는 도사리가 적은 것 같떠며 요줌 같떠며 집사람 손을 빌리지 안아도 했낼 껏 같꾸나.

---

151) 이 내용은 일기 지면 상단에 따로 기록되어 있다. '참조 6月 10日 (당산 논에 벼 잎패 발린 충을 죽이기 위에서 살충제을 살포함. 6月 10日에는 인화명충약을 살포을 해야 충을 방재하며 한번에 충을 두 가지을 잡는다고 생각한다.{)}'라고 기록하였다.

152) 차비와 합계는 지면이 모자라 상단에 따로 적고 화살표로 표시하였다. 내용상 아래로 옮겨 적는다.

〈1987년 6월 14일 일요일 낡씨 맑음〉

금일은 집사람이 밭태 김매기을 극정을 하며 좀 도아달라고 해서 집사람과 둘리서 김매기을 하여쓰며 자신이 생각을 해도 콩밭이 아니라 지섬밖에 업쓰보이며 집사람 혼자 두며 마음부터 질리어 버릴 정도며 자신이 종일 동안 김매기을 해서 대충 다 했따고 생각을 하며 자신의 마음이 더 편하구나.

지출에 … 혜지 여행 간다고 옷 한 벌레 9,000원 모자 1,500 양발, 칠부 바지 2,000 닭 2,500원 쥐고기 2,000원 킬라 1,700원 도마도 1,000원 집개, 화선지 550원 무우씨 500원 차비 600원 운이 펜티 1,400원 計 22,750원

수입 … 콩 4,100원

〈1987년 6월 15일 월요일 낡씨 맑음〉

금일은 소 장사꾼이 집배 와서 400,000만 원 준다고 해서 시장에 가서 송아 금이 어떠게 가는지 볼라고 소장에 가보았든이 송아지는 거전처름 만치는 않치만 다들 숫송아지며 자신만 암송아지을 나아꾸나 생각이 드는구나. 자신이 시장을 볼 때도 400,000만 원 조금 더 밭찌 않을까 하는 생각이 더는구나.

그리고 마늘 수학을 하고 오후에는 집사람과 들을 한 박키 돌라보는 것으로 하로 일과을 보내고 마랐다.

〈1987년 6월 16일 화요일 낡씨 맑음〉

오전에는 집사람과 둘리서 복판 논에 살충제 살포을 하고 앞 밭태와 당에에 제초제을 경운기로 살포하는 돼도 오전이 꼬밖 걸리며 오후에는 웃뜰래 물을 돼고 봉답에 거름을 한 포을 해서 만이 한 것이 아닌가 하고 염려가 돼는구나.

지출에 세 값 500원

〈1987년 6월 17일 수요일 낡씨 맑음〉

금일은 집사람과 웃뜰래 세 단지만 벼 살충제을 살포하고 오후에는 봉답에 도구을 쳐고 도사리도 안전이 주어쓰며 금년에는 우선 바서는 벼가 깨끝하고 우선 바서는 벼가 좋은 축에 간다고 생각을 한다.

그리고 오늘 우리 송아지 세 바리 다 1,200,000만 원 밭고 파라쓰며 금년에 암송아지가 아니고 숫송아지가 한 바리도 업따는 것이 마음 안타깝다고 생각을 금년에 숫송아지라면 정말 돈을 할 수 있따고 생각을 하며 돈을 바다지고 보니 마음이 더 아쉬운 감이 더는구나.

지출에 …

〈1987년 6월 18일 목요일 낡씨 맑음〉

금일은 이화명충 약[153], 싸락 약[154]을 돌라다니면서 헌치고 금년에는 이화명충이 더 심한 것을 알 수가 있쓰며 이것은 다들 정부에서 산불 예방한다고 이른 봄에 논뚜록을 태우지 못하게 해서 이것이 이화명충이 죽이지을 못해서 금년에는 이화명충이 상당이 만은 것은 사실이다.

153) 이화명충약은 벼의 큰 해충인 이화명나방의 유충을 없애는 약이다.

154) 싸락약은 작은 알갱이 즉 세립으로된 화학약품, 농약의 살충제, 제초제 등을 뜻한다.

그리고 오늘은 몸도 곤할 뿐 아니라 해가 절 머리는 배가 고파서 만사 일이 실어며 자신이 아무 것 하기 실찌만 집사람이 소 풀을 떠게 할려니 마음이 걸리서 집사람과 둘리서 소 풀을 떠더며 기동력이 업쓰도 해야 하는 것이 농촌 일이다. 외냐하며 안 하고는 돼지을 안으며 그 자신이 몸이 허락찌 않아도 해야 하며 오늘 8시가 돼두록 일을 해야 하는 것이 농촌 일이라고 생각을 하며 집사람이 자신보다 좀 일적 들어가서 배지밀과 빵을 싸서 혜영이을 시키서 보냇떠라. 이것을 볼 때는 좋찌만 집배 들어오는 길이라 먹찌 않코 집배 와서 아이들과 나누어 먹고 마랐다.

(자신이 난생 처음 배고품을 처음 너켜다.)

<1987년 6월 19일 금요일 낡씨 비>

오전에는 보을 했쓰며 자신이 개핵을 세운 것을 보을 하기 때문에 못 한다고 생각을 한 것이 마음먹고 보 가기 전에 당산에 이화명충약을 헌치고 보을 일적 마치서 복판에 웃거름이 적은 것 같다서 요소 반 포을 헌치고 이화 명충약을 헌치고 경화내 대갈림 하는 논도 거름 반 포 헌치고 싸락약을 헌치니까 1시 반이 돼며 자신이 무리가지만 마음먹고 하니 계핵한 일을 다들 한 셈이며 무선 일이든지 마음먹고 하면 다들 할 수 있따고 생각을 한다.

<1987년 6월 20일 토요일 낡씨 비>

서양바실래 거름이 적은 것 같다서 요소 거름을 반 포 못 대게 2차 거름을 하여쓰며 웃뜰래도 두 다래이만 반 포식을 한 셈이며 거름을 하면서도 이것이 무릿대어서 쓰러저며 어떠게 하나 하고 생각을 하면서 거름을 하니 만이 하지 못하고 자꾸만 적개 한 셈이 돼는구나. 오늘까지 2차 거름은 (봉답과) (당산에) (웃뜰래 굼) 이 셋 군대만 2차 거름을 하지 않코 다른 대는 2포 식을 한 셈이며 작년보다 비료 거름을 만이 한 셈이다.

그리고 혜지가 2박 삼 일 동안 여행을 갈다 오면서 돈을 삼백 원만 쓰고 왔따고 하길래 아빠는 캄짝 놀랐다. 외냐하면 집배서 화자, 한타, 구론산 하면서 일부 먹어라고 집사람이 사준 것일 다 먹찌 않코 집부로 가지고 왔쓰며 이 모든 것을 보니 자신이 부모님예깨 돈을 타면 주머니에 가지고 다니며 돈이 접친 것이 다 피두록 가지고 다니고 자란 생각이 나며 부모님이 돈이란 꼭 지고만 있쓰도 돈이 나갈라고 하면 돈이 쓰이니까 돈을 좀 쓰라 하는 말씀이 깃전을 쓰치는 너킴이 들며 자신도 혜지가 거쳐름 돈을 쓰지 않코 가지고 온 것은 자신이 너켜본 것이며 모든 것이 다들 먹고 십픈 마음은 한도 업찌만 저 어린 것이 다들 참고 돈을 쓰지 않아따는 것이 한편으로는 깃득하고 한편으로는 자신이 자식예깨 너무나 돈을 관심을 가지게해서 교육 자체가 무었이 잘못이 있는가 하고 이 아빠의 마음이 더 힘이 더는구나.

<1987년 6월 21일 일요일 낡씨 맑음>

오전에는 집사람과 둘리서 웃뜰래 김매기을 하여쓰며 오후에는 먼저 번에 소 수정을 한 것이 안 대어서 오늘 4시에 올라고 약속을 해서 들래도 가지 못하고 집배서 정지 앞패 있는 두지을 다 떠더내는 것으로 하로 일과을 보낸 셈이다.

지출에 … 국수 1,500원 한타 400원 빵 540원 세멘 5포 11,000원

計 13,440원

〈1987년 6월 22일 월요일 낡씨 맑음〉

금일은 우물에 펌프 달라고 김천에 가서 금성 자동 펌프을 좋다고 해서 펌프을 사와쓰며 내일 바로 자동 펌프을 달라볼 욕심으로 김천 갈다 왔쓰 해가 조금 남아서 아포역전에 부록구을 살려고 경운기을 몰고 또 펨프을 살려고 김천을 갈쓰며 금일은 정말 바파쓰며 자신 알기론 제일 바파뜬 하로 일과을 보내고 마랐다.

지출에 … 펌프가 94,000 식용유
14,000원 쌔쓰량[쇠스랑]
1,000원 부록구 60장에
10,000원 송아지 사료 5,900원
計 124,000원[155][156]

〈1987년 6월 23일 화요일 낡씨 흐림〉

금일은 우물 펌프을 너어볼라고 아침 일적 일어나서 두엄을 경운기로 쌍구름 밭태까지 두 바리 실어날어고 잠쉬 쉬지 않코 오늘 다 할 욕심으로 했든 것이 잘못 돼어다. 외냐하면 인치황에 25미리 파이프을 넘어며 들어가는돼 엔일인지 중관 줌 들어가드니 그만 비치서 들어가지을 안아서 야단이 낯쓰며 암만 해도 들려가지을 안아서 파이프을 짤린 것은 그만 주고 새것만 두 개을 가지고 버스로 실고 가서 20미리로 줄라서 싸와쓰며 이리다보니 계핵대로 일도 못하고 사람만 죽을 욕만 본 셈이며 아무 일도 못하고 땅만 판 셈이다.

지출에 … 파이프 교환에 … 1,000원

〈1987년 6월 24일 목요일[157] 낡씨 흐림〉

금일도 잔자리 일어나서 우물 작업을 시작했쓰며 일이란 것은 벌리노며 수도 업씨 만아서 나중에 어쩔 주망을 모을 정도로 일이 만으며 복잡하기 짝이 업꾸나. 그리고 수도 꼭지을 밑부분을 조어다 야마[꼭지]가 떨어저서 교환하기 위에서 자신이 싸들고 김천으로 갈쓰며 자신이 생각을 하귀에는 13,000원 짜리라서 반액은 줄 마음을 가지고 있쓰는돼 주인 하는 말리 회사에 반납을 하지 하면서 바다주기을 마음적으로는 고맡더라. 그 대가로 뽄트을 싸고 나머지 돈 1,400원이 남아서 자신 그냥 두라고 하면서 밭찌을 않코 집부로 오고 마랐다. 그리고 또 펌프 조립을 하다 펌프에 출입구을 조어다 야마가 뛰어서 물리 새어 나와서 이번에는 자신이 일끄리가 만아서 집배서 일을 하고 집사람을 보내고 마랐다.

그러다보니 일이 제돼로 돼지을 않아서 오늘도 끝을 내지을 않아쓰며 내일로 미루고 마랐다.

지출에 … 영농작

〈1987년 6월 25일 금요일[158] 낡씨 맑음〉

오늘로서 우물래 펌프 작업을 알로 했쓰며 짝또[작두] 우물을 쓰다 펌프을 달라보니 수도꼭지만 돌리면 물이 저절로 나오는 것을 보니 예 진작 못한 것이 원이 돼며 집사람이 하지 않을라도 해도 자신이 고집을 부

155) 실제 합계는 124,900원이나 124,000원으로 잘못 기록하였다.

156) 합계는 지면이 부족하여 상단에 따로 적었으나 내용상 아래로 옮겨 적는다.

157) '수요일'이나 목요일로 잘못 기록하였다.

158) '목요일'이나 금요일로 잘못 기록하였다.

리서 벌쓰 해야 할 일을 이재와서 한 것이 자동 펌프을 달고 보니 미안한 점이 더 앞쓰는구나. 돈이 좋다는 것을 알지만 한 번 더 돈이 좋다는 것을 너껴보았다.
대석 … 1짝 14,240원

〈1987년 6월 26일 토요일[159) 낡씨 맑음〉
금일은 부엌에 세멘 일을 혼자 하는돼 힘이 만이 들더라. 부엌에 벽을 한 번 발어고 부터막을 더해서 계수대을 노투록 할려니 종일 해도 다 못하게쓰며 이제는 부엌이 도시 부엌처름 조금만 해서 돌라쓰며 일을 할 수 있뚜록 부엌이 줄어들어서 일 하기는 좋을란지 몰라도 땔감 같다 노을 자리가 업쓰서 불편이 따라오지을 안을까 하고 극정이 돼는구나.

〈1987년 6월 27일 토요일 낡씨 맑음〉
금일은 장마가 온다고 중앙기상대에서 비가 온다고 이야기을 해서 경운기로 두엄을 하로 점두록 실어냇쓰며 날이 더어서 실어내는돼도 여간 힘이 아니여쓰며 그 만은 두엄을 실어내니 집이 헌하게 너껴지며 마음이 캐운 감을 너켜다.
그리고 금일은 가스렌지을 드리나쓰며 현찰이나 외상이나 돈이 같다고 해서 외상으로 가스렌지을 드리나쓰며 집사람은 거부을 하지만 송아지을 한 발리 안 난 셈 쳐고 다 해 줄 작정을 가지쓰며 자신보다 집사람이 속으로는 을마나 좋아하는 그 누가 알리.
대석 3짝 21,560원

〈1987년 6월 28일 일요일 낡씨 맑음〉
요줌 집사람과 자두을 타지만 재미가 업따. 외냐하면 매년 자두가 달리지을 안으며 오늘은 자두 타면서도 업쓰니까 사람이 힘이 업쓰며 하기 실어 집사람이 만이 하게돼 집사람이 하지 안는다면 발태 가지을 안을끈대 집사람이 일을 하기 때문에 자신하지 않는다면 내 목까지 다 하여야 하기 때문 가기 실은 발태을 가서 업는 자두을 홀롱계로 따고 있쓰니 시간이 걸일 뿐 아니라 하로 점두록 두리가 따바야 10계을 아직 못따바쓰니 그 제미가 있쓸쑈냐.
대석 4짝 29,360원

〈1987년 6월 29일 월요일 낡씨 맑음〉
대학생들이 공부을 하지 않코 계속 대모만 하고 너무나 가격하게 대모을 하여서 자신이 생각을 할 때에 학생들이 너무하지 않나 하는 생각일 했는돼 민정당예서 학생들의 의견을 바다더리서 대통령을 선거을 국민이 직접 뽑투록 법을 계정을 한다고 발표을 해서 이제는 학생들 학업에 들어갈 수가 있쓰서 이제는 학생이 자유을 나어따고[얻었다고] 해도 가연이 아니라고 생각을 한다. 그리고 이번에 대모에 앞쓰서 희생한 학생들이 만아서 마음이 아푼 일이다.
대석 5짝, 복숭 1짝 46,800원

〈1987년 6월 30일 화요일 낡씨 맑음〉
금일은 자두을 처음 만이 따쓰며 두리가 종일 딴 것이 10짝을 따쓰며 이 열 짝이 남들은 20짝 따는 것보다 노력은 더 드련 것은 사실이다. 과일은 만이 달려있쓰서 작업하

---
159) '금요일'이나 토요일로 잘못 기록하였다.

는 것보다 업는 과일 따는 것이 힘 더는 일은 이것뿐이라고 생각을 한다.
대석 9짝 … 60,080원
지출에 세 값 500원 차비 2,600원 라면 800원
지출계 3,900원

〈1987년 7월 1일 수요일 낡씨 맑음〉

금일은 일적부터 과일을 따도 17개 따는돼 저물도록 하여쓰며 남들은 수라게 하는돼 자신만은 힘 더는 너킴을 가지바쓰며 자신은 세집배 과일 상자을 다 만치주야하니 힘이 더 더는 것은 사실이다.
그리고 앞푸로 대석은 3, 4日만 따내며 다 들 떨어절 껏 갈떠며 앞푸로 멧칠만 힘이 들며 댈 껏으로 내다보니 벌서부터 수란 너킴이 들 수가 있는 기분이다.
대석 … 10상자 84,260원
지출에 … 벼씨 값 실청벼 20kg 14,400원
지출에 … 영세민 자립금 위자
경운기 자금 위자 〉 126,400원[160]

〈1987년 7월 2일 목요일 낡씨 맑음〉

금일은 일적부터 자두을 따기 위에서 서들어쓰며 당산에 자두을 따고 둘리서 소 풀을 떳는다고 땀을 흙리고 앞 밭태 와서 나잘이 지두록 일 하여쓰며 집사람은 열래부터 살이 업는 사람이지만 요줌 보며 너무 얼굴래 축이 나있쓰서 낮참으로 좀 쉬어서 하자고 하며 아빠나 줌 쉬어서 나오라고 하면서 갈라고 들며 자신은 집사람을 좀 쉬계 할려고 하며 집사람은 아빠보다 더 건강하다면서 아빠나 좀 쉬라고 말을 하는 것을 보며 어돼서 힘이 나오는지 알 수가 업쓰며 자신은 집사람을 좀 쉬게 할 재주가 업꾸나.
(금일은 자두 딴 것이) 16개, 복숭 2계
計 18개 130,260원
대석 17짝 90,790원[161]

〈1987년 7월 3일 금요일 낡씨 맑음〉

오늘로서 작과일은 그진 다 탄 셈이다. 이제는 이삭만 주어며 다 타는 셈이며 금년에는 너무나 과일이 업쓰서 과일에 서운한 감을 이절 수가 업따고 생각을 한다. 금년에 과일이 만이 달린 사람은 과일 금이 좋아서 상당이 만원 돈을 할 수 있따고 보고 있다. 금일은 좀 일적 망치서 세집배 과일 타주로 집사람이 가서 거들어주는 것으로 하로 일과을보내고 마랐다.
과일 수가 대석 12개 72,310원

〈1987년 7월 4일 토요일 낡씨 비〉

금일은 자두을 따는돼 엔일지 지루하고 집업고 몸이 곤에서 자두 따는돼 정말 힘더려쓰며 자신이 혼자라면 오늘은 휴식을 했쓸껏으로 생각을 해본다. 그른돼 집사람이 혼자 한다고 쉬라는 말을 들을 때에 거것이 힘이 돼어서 오늘도 참고 자두을 땃다고 생각을 한다.
"금일은 둘리가 홀롱개로 자두을 따는돼 오후 내 땃바야 자두 7개, 복숭 1계, 총 8개을 땃쓰니 업는 자두 따기가 이처름 힘 더는 줄 아무도 모을 껏이다."
자두 7계, 복숭 1계 8개 23,590원

160) 지출 내역은 일기 지면 상단에 따로 기록되어 있으나 내용상 아래로 옮겨 적는다.
161) 이 내용은 2일과 3일 일기를 기록한 지면 상단에 써있는 내용이나 어느 날짜에 해당하는 내용인지 정확히 알 수 없어서 지면의 해당 날짜에 적는다.

〈1987년 7월 5일 일요일 낡씨 흐림〉
금일은 웃뜰래 말란 논에 물 돼는 작업을 하고 오후에는 웃뜰래 굼논에 거름이 적어서 6kg을 같다 헌치고 말랐다.
내년에는 웃거름에 단번에 1포 반을 하고 2차 거름을 반 포을 해서 한 단지에 비료 거름량이 2포는 들어가야 농사을 짓을 수가 있따고 생각을 한다. 내년에는 한 단지에 2포을 해야 한다고 생각을 한다.

〈1987년 7월 6일 월요일 낡씨 맑음〉
오전에는 봉답에 도사리을 주어쓰며 오후에는 봉답에 거름키가 만아서 염가리 반 포을 헌치고 경화내 갈림 하는 논에 도사리을 주어쓰며 금년 농사가 처음이라서 거른지 별료 농사가 좋찌 안은 편이다.
"그리고 대석은 마지막 이삭을 주언 셈이다. 자두가 4개, 복숭이 4개, 8개을 딴 샘이다."[162]
32,960원

〈1987년 7월 7일 화요일 낡씨 맑음〉
금일은 집사람과 둘리서 웃뜰과 아래뜰래 전역에 살충제을 살포을 하고 하로 해을 보내고 마라다.
요즘 우리 운이가 감기몸살로 밥을 먹찌 않코 학교 가는 모섭을 볼 때에 내 몸이 일부분이 아푼 것보다 마음이 안 대쓰며 평소 때도 밥을 잘 안 먹고 하고는 하지만 여사이여는돼 자식이 밥을 안 먹고 학교 가는 뒤모섭을 보며 그야말로 마음이 걸리며 자식에 정은 아풀 때가 살라 남는 것은 절쉬리 너켜다.[163]
지출에 … 운이 빵 300원
우리 소 수정료 8,560원

〈1987년 7월 8일 수요일 낡씨 맑음〉
중앙기상대는 6月 25日부터 장마비가 온다고 법석을 부리더니 오늘날까지 비 한 방울 오지 않아쓰며 기상대서 장마 비 온다고 예보을 해서 봉답 논에 다들 비 온다고 나차나서 다들 벼가 가물이 들 뿐 아니라 하로 하로 가는돼 수학이 줄어든다고 해도 무리가 아니며 벼 뿐 아니라 감자 수학도 빨리 해서 그 손예도 만으리라고 생각을 하며 자신도 장마 온다고 해서 감자 수학을 일적한 것이 손예가 만타고 생각을 한다.
그리고 집사람과 둘리서 울콩 수학을 했쓰며 울콩이 가뭄이 심해서 알이 반 정도 밖에 차 있찌을 안떠라.

〈1987년 7월 9일 목요일 낡씨 맑음〉
오전에는 봉답 논에 살충제을 살포을 했쓰며 우리 논 위우지에서 약 살포할 극정을 해서 우리 끄 쳐고 약 살포을 해주어쓰며 자신은 마음적으로는 업쓰서 마음대로 못하는 사람을 보며 도우고 십펴며 자신이 업씨 살라와키 때문에 업는 사정을 누구보다 잘 알고 있다.
복숭 5짝 12,320원
그리고 오후에는 자신 혼자 웃뜰 논에 올미을 주는돼 낡씨가 더어서 땀은 나고 올미가

---

162) 이 내용은 일기 지면 상단에 따로 기록되어 있다. '봉답 논에 거름키가 상당이 만아서 염가리 반 포을 헌치고 마랐다.'라고 기록하였다.

163) 이 내용은 일기 지면 상단에 따로 기록되어 있다. '1867年 7月 7日 우리 소 수정료 8,560원'이라고 기록하였다.

너무 만아서 지루하기 짝이 업쓰며 일에 실정이 나서 조금 일적 마치고 들을 한 밖키 돌라보는 것으로 일과을 보내고 마랐다.
요줌 정부가 소리에 못 잇겨 너무 자유을 개방한다고 말을 해서 정부는 시국을 이끌어 갈 욕심로 하지만 아직은 우리 국민은 강제가 3분 1은 독제을 쓰야 나라가 부강해절 수가 있따고 보며 자신은 갑짝이 자유을 안전 개방을 하며 낭비뿐 아니라 질서을 잡찌을 못해서 오늘날까지 땀을 흙리서 이끌어 논 정부 무산이 돼지을 안을까 하고 극정이 말을 할 수 업씨 크구나.
자신이 생각을 할 때는 반 독제을 쓰서 나라을 선진국으로 이끌어 노코 자유을 개방을 했주어쓰며 하는 마음 뿐이구나.
"아직은 한국은 자유을 안전 개방을 하며 속이 업는 국민이라 자연이 소멸이 돼지 안나 하고 내다보고 있다."

〈1987년 7월 10일 금요일 낡씨 흐림〉

금일은 웃뜰래 김매기을 하여쓰며 집사람은 입빨리 아푸다고 해서 자신 혼자 김매기을 하니 줄지을 안으며 더 지루한 감을 가지고 일을 하였다.
"그리고 금년에 큰 일기 변화만 업따면 풍년을 약속을 할 수 있따고 보며 앞푸로 날씨만 순탄하기을 바랄 뿐이다."

〈1987년 7월 11일 토요일 낡씨 비〉

오늘로서 웃뜰래 논 김매기을 다 한 셈이며 금년에는 웃뜰 논은 김매기을 다 했따고 생각을 하며 내년에는 제초제을 좀 좋은 것으로 사용을 해야 한다고 생각을 가저받쓰며 앞푸로는 김매기 들 하두록 갈을가리 작업도 생각을 해 볼 문제다.

복숭 5짝 8,640원

〈1987년 7월 12일 일요일 낡씨 비〉

기상대 언재부터 장마라고 하든이 오늘 비오는 것을 보니 정말 비가 오기 실은 비가 내리고 있쓰니 농부을 마음만 타가 만들며 기상대 믿고 손예가 상당이 만이 보고 있따는 생각을 한다. 외냐하면 자신이 당산 논이 벌쎠부터 물이 들어가야 하는돼 기상대 말을 믿고 자꾸만 밀우고 왔쓰며 나뿐 아니라 다들 봇물을 대며 돈을 주야하니 기상대서 장마라고 하니 다들 돈을 안 주고 비 오두록 기다리고 있쓰니 보이지 않는 논에 벼가 손예을 간다는 것을 알면서 자신이 실천을 못하고 있는 것이 바보가 아닌가 하는 생각도 가지 받쓰며 이때것 참아쓰니 기다리보자 하는 생각으로 비만 기다리고 있는 중이다.
금일은 복판에 논에 김매기을 하여쓰며 오후에는 비을 마저가면서 서양바실래 김매기을 하고 있쓰니 지루하기 짝이 업쓰서 풀만 한 망태 떠더서 형 경운기 실어오고 말랐다.

〈1987년 7월 13일 월요일 낡씨 비〉

오늘로서 당산 논에 해갈을 면하두록 비가 내리서 예타게 기다리든 비가 와서 농민들의 극정을 안전이 들어준 비가 돼어따고 생각을 한다.
"오전은 비가 와서 형 집에서 휴식을 하고 오후에는 소 풀이 업쓰서 떠드오는 것으로 하로 일과을 보내고 마랐다."

〈1987년 7월 14일 화요일 낡씨 흐림〉

집사람과 둘리서 무지파 파종을 하여쓰며

금년에는 무지파 모종이 만아서 무우, 배추을 우리만 먹개 갈고 무지파을 만이 할려고 해도 동생들이 만아서 자신이 무우, 배추을 적개 갈면 당장 시장에 가서 사와서 김장을 할 꺼을 생각을 하니 무지파을 더 할 수가 업쓰며 자신이 조금 손예을 보며 동생들이 득을 만이 보는 것이 아니겠나 하고 집사람 보고 무지파 씨을 남구는 한이 있쓰도 싸먹는 동생들 생각을 하니 배추 갈 터을 줄울 수가 업쓰서 무지파을 난구고 말랐다.
집사람은 매일 경운기로 소 풀을 떠더야 하며 소 풀이 아니라도 일이 너무 만은돼 여과치로[덧붙여서] 소 풀을 떠더야 하는 실랑 죽이겟다면서 소을 업쌔야 하겟따고 말을 하지만 자신은 예 먹는 것은 뒤전 쳐고 집사람도 일을 맡치고 둘리서 소 풀을 떠더야 하는 날이 만으며 오늘도 겨우 입빨이 아프다고 치과에서 이을 빼고 감기몸살 겸 여때까지 누어만 있따 겨우 숨 돌릴 시간도 업씨 해야 하는 집사람 건강 회칠까봐 극정이 돼며 이번에 집사람이 아빠서 삼 일 집배 있는돼 자신이 아푼 것보다 신경이 더 쓰이며 아이들도 저의 엄마가 아푼 것이 좀 나따고 하니 우리 혜지는 내가 살라따고 좋아하는 모섭이 좋으며 집배서는 좋아하는 모섭이 좋으며 집배서는 안부모가 건강해야 그 과정이 행복하다고 생각을 해본다.

지출에 … 운이 신발 6,000원 오댕 1,000원 혜영이 옷 3,000원 운이 옷 3,000원 반찬 3,500원 운이 감기약 1,000원 밴드 150원 차비 360원
計 18,010원

지출에 … 혜지, 혜영이 자률학습비 10,000원 집사람 치과 9,300원 라면 1박스 4,200원 아빠 감기약 2,500원 모기장 1,200원 차비 720원
計 27,920원

〈1987년 7월 15일 수요일 낡씨 비〉

금일은 비가 와도 넘어 만이 오며 비가 한 번 오면 꼭 물날리을 지우고 마니 오늘 비을 바서는 급이 나는구나.
오늘은 오전에는 형 집배서 휴식을 하고 오후에는 세집배 과일 따주로 집사람이 가고 자신은 세집배 과일 딴 것을 경운기로 실어 다주고 우리 복숭과 후무사 1개 2짝을 따서 보낸 것이 하로 일과가 돼고 말랐다.

지출에 …	현지 기사에 3,000원	
	혜지 〃 3,000원	
	일주일 차비 2,600원	計 8,600원
	운이 우유값 2,320원	2,320
	연쇠점에서 국수 1관 1,500원	10,920
	빨래 비뉴 10장 1,400원	2,900
	計 13,820원	13,820

지출에 … 세집배
당산 밭태 갈림 40,000원

〈1987년 7월 16일 목요일 낡씨 비〉

결국 물날리을 만들고 마는구나. 밤 새두록 비온 것이 160미리 정도 내린 것이 천지가 물이 돼고 마라쓰며 이번 비가 보이구지에 재방이 터저쓰며 그리고 가진개 재방이 양쪽으로 100매다 폭으로 재방이 내리안저서 그 물이 웃뜰과 아래뜰에 관통이 돼어서 그 물이 엄청나게 만으며 자신이 알기론 처음 너켜보며 어른들도 이 물은 처음이라고 말씀을 하는 것을 볼 때에 엄청난 물이라는 것을 짐작을 할 수가 있다.
그리고 이번 비 때문에 재방이 너무 손실이

만아서 금년에는 우리들은 수학을 할 수 있깨나 하는 생각이 들며 자신이 생각을 할 때는 수학을 할 수 있따는 것이 30푸로라고 생각을 한다.

금일은 냇카에 재방이 유실댄 것을 가마니로 인시[임시] 냇물이 들어오는 것을 막아쓰며 사람의 힘으로는 해결을 할 수가 업따고 생각을 한다.

우리 마을로 바서는 재방이 분개댄 것이 7곱 군대가 댄다고 하니 이번 태풍 쌔일마[셀마]는 너머 상쳐을 만이 난가따고 생각을 한다.

〈1987년 7월 17일 금요일 낡씨 맑음〉

오전에는 냇뚝이 분개댄 곳에 우리들 물이 만이 나가두록 작업을 했쓰며 작업을 해도 올해는 구하지도 못하고 사람 욕만 먹고 말갯따는 생각밖에 업꾸나.

그리고 오후에는 웃뜰래 논 가운데에 사과나무 떠내려 온 것을 치우는 오후 내가 걸리쓰며 어떤 논자리는 사과나무 뿌리가 만이 떠내려 와서 큰 고충을 여기고 있다.

수입에 … 서모사 1짝 복숭 1짝 15,600원
지출에 … 민성이 200원 운이 300원
計 500원 닭갈 값 1,600원
1,600
計 2,100

〈1987년 7월 18일 토요일 낡씨 맑음〉

이번 물날리가 언잰가는 이런 고비을 맡을 바야 한다고 생각도 해본다. 외냐하면 오늘날까지 재방 보수을 한 번도 해본 적이 업쓰며 사람들의 인식이 재방이 터저며 정부에서 다 해준다는 인식을 가지고 있기 때문 재방 보수하며 잡초 제거을 한 번도 한 적이 업쓰며 어째 재방이 분개을 하지 않코 배기날 수가 있캐나. 이것을 생각을 할 때에 국민의 정신을 곤치야 하는돼 이것이 큰 병인돼 이 병을 곤치야 수해 복구비을 줄일 수가 있따고 보고 있다.

〈1987년 7월 19일 일요일 낡씨 흐림〉

온 들판에 벼가 물래 장겨있는 벼을 보니 정말 가슴 아푸며 농민들 진땀을 하로밤에 해치우다니 원망이 말을 할 수도 업쓰며 장긴 물이 좀 빨리 빠저주어쓰며 하는돼 물 빠짐이 하로예도 세 번 이상은 논자리에 가보는돼 갈 때마다 별료 포도 업쓰니 농민들의 가슴을 아푸게 하며 얼굴이 찌프런 상태로 돌라쓰는 농민의 심정 그 누가 알라주리까.

요줌은 재방이 분개땐 곳에 부역을 하느라고 눈꼬 뜰 쌔도 업꾸나. 그리고 다들 악만 남아서 말들이 거칠어저며 순박한 농민의 가슴을 거칠개 하는 것이 가슴 아푼 일이다.

〈1987년 7월 20일 월요일 낡씨 흐림〉

금일은 침수댄 물을 빨리 빼기 위에서 양수 작업을 밤 새두록 5명이 하여쓰며 양수기 5대에 물량이 상당이 만은돼도 들판에는 포도 업고 금년 농사는 헛농사지 하는 마음이 머리에 떠나지을 않으며 금년 농사가 수학이 대나, 집농사만 짓고 마나 마음만 조이고 있꾸나.

그리고 집사람과 둘리서 봉답 농사에 수학을 조금이라도 더 할 욕심을 살충제을 2봉을 당산에 살포을 하고 이삭 거름용 반 포을 하여쓰며 자신은 안전한 것이 당산과 말리 6마지기 박에 업따고 생각을 하고 집중을 해서 농사을 잘 지어야 하겟따는 생각밖에 업따고 생각을 한다.

지출에 … 사료 2포 7,200원 인공류 4,100원 밀가루 5,000원 푼무기 줄 감는 것에 용점 1,000원 {()이삭 거름용 한 포) 3,770 싸락약 파란 2봉에 3,600원
計 24,670원

〈1987년 7월 21일 화요일 낡씨 흐림, 비〉

비 때문에 오전은 휴식을 하고 오후에는 물이 잘 빠져지을 안아서 온 동민이 나와서 도량에 흙을 재거을 하고 온 동민이 땀을 흙리면서 일을 해도 보람이 있쓸련지 보장이 돼지을 안는 일을 하고 있쓰니 일래 재미을 가지지 못하고 있는 것은 사실이다.
지출에 돼지고기 … 2,100원

〈1987년 7월 22일 수요일 낡씨 비〉

먼저 비 때문에 피해을 입고 상처도 아물지 안아는돼 이번 비가 만이 와서 또 피해을 입고 있쓰며 굼통은 또 한 잔을 먹고 있쓰니 이재는 벼 수학을 할 수 업따고 생각을 하며 굼논[무논]을 가진 사람은 아예 못 먹을 껏을 부역을 하며 무엇해여 하면서 포기을 한 사람이 만으며 자신이 생각을 해도 굼 뿐 아니라 늑뚤 전채가 수학한다는 것은 할 수 업쓸 뿐 아니라 사방이 분개댄 재방이라 늑뚤 농사는 수학은 50푸로 본다면 만이 보는 것이라 생각도 해본다.
"요즘은 아무 일도 제돼로 돼지도 않코 부역만 하는 것으로 하로 일과들이 지나가고 있다."
지출에 … 화드 500원

〈1987년 7월 23일 목요일 낡씨 비〉

이번 폭우로 천지가 물이라도 무리는 아니다. 물날리을 연겨프 격어니까 사람들이 정신이 업따고 보고 있다. 그리고 물이 넘어만으니까 사람들이 동원이 돼어도 손도 못 쓰고 일 하는 사람은 멧 사람이 일을 할 뿐 일이 재대로 대지 않코 경비만 만이 내고 있다.
금년 한 해는 벼 수학을 한다고 해도 수학에 삼 분지 일은 폭우로 경비와 제방 보수 경비을 쓴다면 이것은 다들 쓴 것이나 다름이 업쓰며 금년 경비가 이것만 들어가면 적개 들어가는 셈이며 금년은 숭년이나 다름이 업다.
지출에 화드 … 400원 세집배 삼촌 생신에 고기 8,400원 집사람 빠마 5,000원 감기약 1,500 오이 300원 강내이 150원 옻 몸빼이 3,000원 차비 360원
計 19,010원[164)]

〈1987년 7월 24일 금요일 낡씨 (가랑비)〉

집배 있쓰며 들래가 짠예써[짠해서] 들래을 가보며 온 논들이 물천지가 돼어있쓰서 아무 일도 하기 실고 어영부영 하로 해을 보낸다고 해도 무리돼는 말은 아니다.
그리고 장마 전에 감자 수학을 다 할려고 하는돼 남들이 장마가 끝나서 나중에 캐면 감자가 굴거며 감자가 상하지 않는다고 해서 올감자만 캐고 넉감자는 캐지을 안코 두어떠니 감자 일부 썩고 있떠라. 이것을 볼 때에 무선 일이든지 한번 생각을 했쓰며 밀고 가야지 한다는 생각을 해보며 남외 말을

164) 실제 계산은 19,110원이나 19,010원으로 잘못 기록하였다.

덧는 바람에 감자가 썩어가서 손예을 본 셈이다.

〈1987년 7월 25일 토요일 낡씨 비〉

오전에 작과나무 전지을 칠월래 하면 좋다고 해서 오전에 일적 서둘러서 작과나무 전지을 하여쓰며 금년에는 나무 전지을 작년보다 상당이 만이 나무을 동치 냇쓰며 자신은 이래도 안 달리고 저래도 안 달리서 금년은 나무 가지을 훍빈하게 동칠라고 마음을 먹고 금년은 전지을 한 셈이며 오후에는 비가 와서 전지을 중단하고 오후에는 휴식을 하고 마라쓰며 그리고 금년 비나 정말 비가 너무 만으며 벼논에 물리 빠지기 전에 또 물이 치어서 이재는 벼 수학원 기대할 수가 업뚜록 비가 왔쓰니 이재는 농민의 원망소리 높아간다고 해도 무리는 아니다.

〈1987년 7월 26일 일요일 낡씨 비〉

필요 업는 비 때문에 농민들의 힘이 더 고통이 따린다는 것을 누가 알리 업고 이 아품은 농민 밖에 업쓰며 자신도 쌀 한 톨 더 건질 욕심으로 장긴 벼을 구하기 위해서 밤쇠 양수 작업을 하는돼 밤새두록 비는 오지, 모기는 물지 이 심정 정말 힘이 더는구나.

지출에 … 포장류 고기 2,100원

〈1987년 7월 27일 월요일 낡씨 맑음〉

논에 물이 잘 빠저지을 안아서 해당 작자들이 큰 도량에 잡초을 제거을 하고 물날리을 만났을 때에 사과나무가 떠내리와서 도량에 쳐백키 있는 것웃 다들 들어내는 돼 오전이 꼭 걸리더라.

"그리고 다들 벼들이 웃자라서 금년에는 이래 접고 저례 접고 벼 수학원 힘들지 않나 하는 예감이 떠나지을 안는구나."

〈1987년 7월 28일 화요일 낡씨 맑음〉

오늘은 세집배 발다래이 참깨을 갈라서 아{주} 좋은돼 이번에 물치는 바람에 참깨 안전이 말라 죽어버리고 마라쓰며 이것을 제거을 하고 티을 놀리지 않캐따고 밭을 갈라쓰며 숙모와 집사람 셋시가 구슬 땀을 흙리면서 오전 내 맡치고 마랐다.

지출에 … 사료 2포 7,200원 인공유
4,100원 엔진 오일 3,550원
라면 5,000원
計 19,850원

〈1987년 7월 29일 수요일 낡씨 흐림〉

이번 불청객 때문에 온 들판에 흰빛마른병165) 약을 살포한다고 야단이며 이것이 이번 폭우만 아니여떠라면 약값도 안 들어갈 뿐 아니라 사람들이 예을 안 먹어도 대는돼 이번 태풍 (폭우) 때문에 큰 고통을 치룬 셈이며 자신도 오늘 집사람과 약 살포한 것만 에도 25마지기나 약 살포을 했쓰며 이 약만에 돈이 상당이 만이 들어같다고 생각을 하며 약 살포을 하며 수학이 가능한지 그것도 모려고 자꾸만 돈이 들어가니 별료 좋은 기분은 아니구나.

〈1987년 7월 30일 목요일 낡씨 맑음〉

"이번 물로 재방이 분개대는 바람에 물 대

---

165) 흰빛잎마름병은 벼 잎에 난 상처를 통해 주로 발생한다. 증상은 잎 가장자리가 노랗게 변하면서 마르는데 심하면 논 전체가 흰빛으로 보인다. 병을 예방하려면 벼가 물에 잠기지 않도록 주의해야 하며, 비가 와서 물에 잠기면 즉시 물을 빼고 깨끗한 물로 씻어줘야 한다.

는 파이프가 파손이 돼어서 복구을 할 욕심으로 자신과 둘리가 아포 파이프을 사로 갈쓰며 생각보다 파이 값이 비싼 것 같은며 파이프 1개 5,500원씩 해서 4개에 22,000원 주고 사와쓰며 이번 비가 새부적으로 피해을 주어따고 생각을 한다."
정부하는 짓을 보며 각 당의 총제가 법을 만돼로 하며 국민의 법을 글리청[관청]에서는 만돼로 하고 서민예깨는 법이 살아 있코 대통령, 각 당의 총제는 법이 업따고 해도 무리는 아니며 이것들을 보며 아주 옛날로 돌라가야 맡땅하다고 생각을 했본다.

〈1987년 7월 31일 금요일 낡씨 맑음〉
금일은 분개댄 재방을 보수하고 비가 와서 재방이 분개대는 것을 막키 위해서 비누류을 재방을 감싸는 작업을 종일 하여쓰며 금년에는 풍년이 막상 댄다고 해도 재방 분개, 지천 분개, 어낙 여러 군대며 양수 작업 모든 것을 복구한다고 너무나 경비을 만이 내서 실찌 숭년이나 다름이 업씨 수입이 댄다고 보는돼 이것이 안전 숭년인대다 지출을 만이 냇쓰니 가을 수학은 빈 주머니가 대지 않나 하고 염려가 크다.
그리고 정부는 너무 일적 자유를 푸려서 기업은 집단으로 봉급을 올리달라고 농성이나 부리고 이 손예는 정부에서 어떠개 생각을 하는지는 몰라도 이것은 정부에서 정치하는 사람의 모순이라고 생각을 하며 이것은 현 정부가 책임을 져야한다고 생각도 해본다. 정부는 총칼을 진 전쟁이 아니라 이것이 총칼 전쟁보다 손실이 적다고 생각을 했쓰는 안 댄다고 생각을 하며 이 날리을 정부에서 신속하게 대책을 새우야 한다고 생각을 한다.

지출에 … 파이프 값 10,000원

〈1987년 8월 1일 토요일 낡씨 맑음〉
오전에는 집사람과 둘리서 배추씨을 일적 대는 씨 파종을 하여쓰며 자신은 여때까지 가을 배추을 갈라서 한 번도 돈을 해본 적이 업쓰서 금년에는 일적 대는 배추을 갈라 보았는돼 배추 행세을 하두록 댈련지 의문이 가는구나.
"우리 운이가 방학을 한 뒤는 전연 놀로을 가지 않코 집배서 공부을 하면서 집배서는 놀지만 친구들예깨 가지 않코 있는 것을 보며 자신의 마음에 들며 만사 일을 제치고 놀든 아이가 놀지 않코 공부한다고 법석을 부리니 아빠의 마음이 무어라 표현할 수 업씨 기분이 좋꾸나."
"그리고 작과나무 전지하는 것으로 하로 일과을 보내고 마라다."

〈1987년 8월 2일 일요일 낡씨 맑음〉
오전에는 서양바실래 감천뚝이 이번 비에 분개댄 것을 임시 복구을 해서 비뉴류을 한 번식 칼라쓰며 분계댄 뚝이 100매다가 흙신 넘두록 유실이 대어쓰며 앞푸로는 분개대지 않을탠대 앞푸로는 비가 올 날이 만을대 극정이 앞쓰는구나. 그리고 오후에는 이 철수 담벽이 이번 비에 문어저서 담벽을 쌀라고 하는돼 이 길을 다니는 사람들이 한 지대지만 물리달라고 해서 허락이 대어 지대는 움마[웃마을] 사람들이 나주고 한 지대을 어던 샘이다.
지출에 … 세 값 1,000원

〈1987년 8월 3일 월요일 낡씨 맑음〉
오전에는 대신 1, 2, 3동이 합보을 한 셈이

며 이 합보도 이번 폭우 바람에 생긴 일이며 이번 폭우가 음청난 일을 준 것이다.
오후에는 들을 한 밖키 돌라보니 벼들이 생각보다 생기가 있쓰 보이며 벼들이 출수을 할 준비을 가지는 것을 보니 마음의 여유을 가지개 만더는구나. 그리고 앞푸로 일기만 잘 한다면 생각보다 더 만이 수학을 할 수 있따고 본다.

〈1987년 8월 4일 화요일 낡씨 비〉
오전에는 큰 골 못짝자만 부역을 하여쓰며 요줌은 혼자 손은 부역만 하며 마치 말따고 생각을 하며 너무 부역이 만아서 짜증이 날 정도다.
"오후는 비 때문에 휴식을 하고 마라다."[166)]
지출에 … 수정비 8,500원

〈1987년 8월 5일 수요일 낡씨 맑음〉
금일은 하로 종일 동안 작과나무 전지을 하여쓰며 나무 전지도 때 아닌 여름에 할려니 더어서 힘이 더는구나.
정부에서 자유화을 한다고 이야기을 하고 난 뒤는 공장에 글로자는 다들 봉급 올리달라고 농성을 부리는돼 이것이 한 곳이 아니고 글로자을 대리고 있는 공장이 다들 법석을 부리고 있는 것을 보며 이것도 큰 문제다. 예냐하며 무리한 봉급을 올리달라고 할 때 공장에는 무리한 봉급 인상에 공장에서는 부도라도 난다면 이것이 글로자가 죽는 것이나 다름이 업는돼 이것이 큰 극정이다. 그리고 정부에서는 경제가 헌들리지 안을까 하고 염려가 앞쓰는구나.
지출에 … 킬라 1,700원 칼킬라 500원
모기향 600원 샵프심, 시험지, 태프, 봉투 1,400원 고기 1,200원 멸치 1,000원 간장 900원 미스가루 하는돼 1,300원 참기름 1,000 혜영이 옺 4,000 자무라 400원 배추씨 값 1,800원 붕사 1,000원 차비 360원 혜지 차 240원
計 17,400원

〈1987년 8월 6일 목요일 낡씨 맑음〉
오늘로서 작과나무 전지을 안전이 속음. 전지는 다 한 셈이다. 전지을 하는돼 낡씨가 너무 더어서 일의 진전을 보지 못하고 삼일 동안이나 걸리따고 생각을 한다.

〈1987년 8월 7일 금요일 낡씨 비〉
오전에는 이번 폭우에 재방이 분개댄 것을 재정비을 하여쓰며 오후에는 비 오는 바람에 휴식을 하여쓰며 이재는 비오는 것이 진저리 날 정도다.

〈1987년 8월 8일 토요일 낡씨 맑음〉
금일은 세집배 린징씨을 파종을 하여쓰며 린싱씨을 파종을 해도 시기가 너저서 별로 깨운한 감이 업꾸나. 그리고 오후에는 봉답에 두룸에 풀 떳는 것으로 하로을 보내고 마랐다.
요줌 노사 분규가 일어나서 심각할 정도로 심하며 심지어 낯품을 하는 직장까지 봉금 인상 해달라고 야단을 칠 뿐 아니라 법석을 부리고 있는 것을 보니 여사 일이 아니며 이것들이 합이 댄다고 해도 공장에 후유정

---

166) 이 내용은 일기 지면 상단에 따로 기록되어 있다. '8月 4日 우리 소 수정함'이라고 기록하였다.

이 상당이 클 꺼으로 내다보며 이것들이 합이가 댄다면 국가 공무원이 들고 일어쓰지나 안을까 하고 염려도 사실 댄다.
지출에 … 인공유 4,100원 비누 4,000
설탕 1,800원
計 9,900원

〈1987년 8월 9일 일요일 낡씨 맑음〉
금일은 작과나무 전지한 것을 집사람과 둘리서 안전이 묵끄서 빗까리을 안전이 하여서 일 한 보람이 있쓰며 남들은 때 아닌 전지을 한다고 이야기을 할련지는 몰라도 자신은 날씨가 더어서 일 하기가 그북해서 그러치 여름 전지을 하며 나무에는 아주 조으리라고 생각을 하며 특희 꽃눈이 충실히 대기 때문에 꼭 필요하다고 생각을 한다.
지출에 돌부리 값 … 1,000원

〈1987년 8월 10일 월요일 낡씨 비〉
금일은 웃뜰 논에 봇뚝에 풀 재거을 하다고 오전을 보냇쓰며 웃뜰 벼는 3 분지 일은 출수을 하여따고 생각을 하며 아래뜰은 출수하는 것이 겨우 한두 계 출수을 할 뿐 웃뜰 벼보다 일주일은 너절 꺼으로 내다보며 벼들이 침수 댄 것이 아주 영향이 있따고 생각을 한다.
그리고 오후에는 집사람 두리서 세집배 자두 따는 돼 거들어주는 것으로 하로을 보내따고 생각을 하며 요사이 과일 따는 사람은 징예서 좋을 껏 같떠며 값도 마음예 차두록 난다고 생각을 하니 과일 따는 사람이 제일 좋으리라고 생각을 한다.
요즘 기업채들이 큰 고전을 당한다고 생각을 하며 노조 분규가 너무 심하며 정국적으로 학산이 대며 일을 심각하게 하고 있쓰니 정부는 이것을 일적 해결을 보지 못하며 전쟁이 나서 힙쓸고 간 것쳐름 제산 피해도 있쓸 뿐 아니라 수출을 못해서 그 피해을 천다면 전쟁이나 다름이 업따고 자신은 생각을 한다.

〈1987년 8월 11일 화요일 낡씨 비〉
금일은 손만원 씨의 산소에 폭우로 모틀억이 내러완저서 독을 싸고 보수하는돼 거들어 주어쓰며 사람들이 생각보다 아주 만이 나와쓰며 우리 마을로 바서는 주막과, 중관, 웃마을과 셋 등분을 나눈다고 생각을 하며 중관은 아주 도시 인심이고 주막은 (읍) 인심이라고 하며 웃마을에는 아주 농촌 인심이 그대로 있따고 해도 무리는 아니며 오늘 일로 바서도 전부 나와서 일을 도와주는 것을 보며 역시 사람은 웃마을래 살라야 한다고 생각을 한다.
그리고 오후에는 집사람과 둘리서 세집배 과일 타주로 가서 일 거들어주는 것으로 하로 일과을 보내고 마랐다.
그리고 하늘래 비는 을마나 있킬래 그만은 비가 오고 또 비가 오니 이재는 비예 질리따고 생각을 한다.
지출에 무우씨 1,500원 찰흙 50원
색실 60원 차비 240원
計 1,850원

〈1987년 8월 12일 수요일 낡씨 맑음〉
당산 논 두름에 풀 깍는 일로 오전을 보냇쓰며 당산 논 산 뒤에 처음 농사가 잘 짓어따고 생각을 하며 벼 이삭 잔득 한 뽐이 넘두록 자라서 웃떡 쓰잇는 모섭 탐스러며 을마든지 쓰서 보급 십픈 마음 농민위 아니고는 그 맡을 알 수가 업따고 생각을 한다.

그리고 오후에는 집사람이 세집배 과일 따주로 가서 자신이 실어만 주는 식으로 오후 일과가 대니 요즘은 자신도 시간이 조금 여유가 있는 것 갈떠며 마음 여유가 생긴다고 생각을 하고 있는돼 집사람이 하는 말이 요줌 아빠는 시간 여유가 있쓰서 좋깨따고 하길래 사람이 살라가는돼 이을 때가 있쓰야 사람 사는 맡이 있찌 하고 웃꼬 마랐다.
정부는 전쟁을 두 번 치루는 것과 다름이 업다. 외냐하면 물날리로 한 번 치루고 이제는 노사 분규가 구미 공단까지 학산이 돼어서 날리을 치루고 있쓰니 일 고비을 잘 너기야 하며 우리 정부로서는 하나의 고비들이 엄청난 고비들이라 정부에서 잘 생각을 해서 처리을 해야 이기을 막을 수가 있따고 생각을 해본다.167)

〈1987년 8월 13일 목요일 낡씨 맑음〉
금일은 집사람과 둘리서 (배추) 무우을 파종을 하여쓰며 작년보다 배추 파종을 일주일 이상은 빨리 파종을 하여따고 생각을 하며 남들은 배추 파종을 하지 않코 있쓰서 배추가 일적에서 갈지 않는가 하는 생각도 들어가는구나.
요줌은 소을 먹이지 안는 사람은 만고 할 일이 업따고 생각을 해본다. 외냐하며 자신이 일하는 것을 바도 소 풀 떳지 안으며 할 일도 업쓰며 소 풀만 아니며 땀방울이 흙러서 옷을 두 번식은 꼭 적시야 돼니 소 업는 사람과 소 먹이는 사람과는 하늘과 땅 차이가 있따고 생각을 하며 자신도 소을 업샐라고 생각도 여러분 있찌만 자신이 수입을 생각을 한다면 그 일도 쉽찌 안꾸나.

〈1987년 8월 14일 금요일 낡씨 맑음〉
오전에는 세집배 밭따래이 무우, 배추 파종을 하여쓰며 올해 따라 무우, 배추가 작년보다 만이 갈린 셈인돼 배추 값이 똥금이 돼어서 배추가지고 씨름을 하는 것이 아닌가 하고 미리부터 염려가 돼며 외냐하면 전국적으로 물날리을 만나 논 실어 무든 돼는 다들 무우, 배추 갈 곳을 생각하니 금년 배추 값은 생산비도 못 댈 것으로 내다보고 잇다. 그리고 자신은 매년 배추을 만이 해서 동생들과 나누어 먹찌만 오늘날까지 시중에서 배추 값이 비산 적이 업따고 생각을 하며 이것을 볼 때에 금년에는 틀림 업씨 배추는 생산비가 안 댄다고 생각을 한다.
그리고 오늘 딸래미들이 자신한때 구박을 주고 있쓰서 오전 내로는 아주 불편하더라. 외냐하면 우리 형제간이 6남대인돼 다들 전화을 가지고 있는돼 아빠만이 전화가 업따면서 구박을 주는돼 오전 내로 힘이 들며 자신은 전화을 늘라고 들며 단장이라도 너치만 한 푼이라도 자식들 어릴 때에 더 모아서 내 자식을 공부을 할려고 하는 놈은 내 몸이 부스저는 한이 있쓰도 공부을 시킬 볼 마음의 결심을 하고 있는 아빠을 모러고 구박을 주는돼 할 말이 업쓰며 오전 내로 아주 힘든 날이 돼어따고 생각을 한다. 그래서 집사람보고 딸래미들에깨 아빠의 마음은 너이들이 생각하는 것과는 다려다고 이야기을 좀 해달라고 부탁을 한 셈이다.
오후는 집사람과 둘리서 세집배 과일따는

167) 이 내용은 일기 지면 상단에 따로 기록되어 있다. '당산 벼 이삭 3 분지 일 이상은 출수을 하여따고 생각함'이라고 기록하였다.

돼 그들어주었쓰며 내일은 독립 기념관 구경 간다고 정자나무에서 한 잔을 하면서 구경가는 기분을 낸 셈이다.

지출에 … 김 600원 쏘세지 700원 양발 700원 손수건 600원 학용품 600원 화장지 500원 달갈 1,700원 차비 490원
計 5,890원

〈1987년 8월 15일 토요일 낡씨 비〉

금일은 독립기념관 개관하는 날이라 우리 마을에서 42명이 구경을 갇쓰며 독립 기념 행사 때문에 일반 괄람객원 오후 2시부터 입장을 한다고 해서 시간 여유가 있쓰서 천안 삼거리을 둘러며 성불사을 구경하고 샵교천[삽교천]을 들리서 바다을 막아둔 것을 보니 사람이 어찌 하엿는가 하는 생각이 있쓰며 정말 잘 했더라. 그리고 수문을 한 것을 보니 웅장하며 정말 물 심이 저려깨 샌가 하는 생각이 들며 먼저 와서는 그저 둘러본 정도여는돼 이번에는 수문을 상세하게 본 셈이며 이재는 관광을 가면 여사로 보고 오는돼 이재는 생각을 만이 하는 관광객이 돼어야 하겟다.

이곳을 다 구경을 하고 독립기념관 구경을 할려고 하니 입장객이 만아서 들어가는 표을 안 준다고 하면서 기사 양반이 와서 이야기을 하니 일부 사람은 다음에 와서 구경을 하자고 하면서 그냥 내리가서 직기사 와서 놀자고 하면서 돌라서 내리오다 자신이 기념관 보로 와서 그냥 가서는 안 댄다고 하면서 거러서딴나 구경을 하자고 하면서 서로가 마음이 엇갈리서 시간을 지채하다 보자는 사람이 너려나자 기사 양반이 후문으로 돌라가서 독립기념관은 구경을 잘 했찌만 불행하게도 봉술이가 도라오지을 안아서 절먼 사람이 차저 다닌다고 시간을 지채했쓰며 처음에는 30분 찾다 못 찾저며 가자고 하는돼 이 사람은 돈이 업는 사람이기 때문에 두고 가면 안 댄다고 하면서 대리고 가야 한다면서 자신이 요구을 해서 반시간 더 찾키로 하고 1시간을 엇깨 대어쓰며 이 시간을 다 차져도 끝내 차지 못하고 그 만원 차가 한꺼번에 나올라고 하니 차저 나오지을 못해서 그 만원 차을 빠저 나오는 돼 꼬박 2시간이 시간을 지채해서며 이 더위에 난방 장치가 돼지을 안아서 이 두 시간에 사람을 안전이 쌀마따고 해도 가연이 아니다. 나이 만은 사람들은 참 외을 먹어따고 생각을 하며 오늘은 구경이 아니라 큰 고통을 당했따고 생각을 하며 여하든 박물관 구경은 잘 한 셈이다.

지출에 … 새집배 선물로 쇠고기 포장류 3,000원 과자 300원 한타 250원 (우리 돼지고기()} 2,000 과자 300원 과자 2,300원 전화비 시외 400원 형 청량 음료수 800원 배지밀 400원 구경가는 돼 선금 10,000원
計 19,750원

〈1987년 8월 16일 일요일 낡씨 비〉

금일은 결산보고 한다고 돼지을 잡고 속푸리을 한 셈이다. 이번 구경은 난방이 돼어 있지 안는 차라서 고생을 한 편이지만 돈을 적개 들고 구경을 잘 한 셈이라고 생각을 한다.

자신이 이번에 구경을 하면서 인파들이 쳐밀리는 것을 보고는 친구와 구경을 하면서 물나리을 아직 더 바다야 한다는 이야기을

했찌만 앚기 우리 국민은 낭비을 만이 한다고 생각을 하며 자신이 생각을 할 때에 다들 분수을 일코 있따고 생각을 한다.
금년 한 해는 비로 숭년을 짓을라고 작정이나 한 것쳐름 오늘도 종일 비가 오니 비에 사람이 먼저 지쳐 쓰려질 정도며 벼도 한참 출수을 하고 있는돼 매일 비가 오니 양글개[영글게] 결실이 댈 수가 있나 정말 예돌답다.

〈1987년 8월 17일 월요일 낢씨 맑음〉
금일은 집사람과 둘리서는 먼저 번에 무, 배추 파종한 것을 한 밝키 돌라보니 무, 배추씨는 아주 잘 낯더라. 그리고 칠성벼는 그진 다 출수을 했따고 해도 가연이 아니라고 생각을 한다.
그리고 들판을 한 박키 돌라보니 아직 상강은 출수을 안전이 하지을 않코 있쓰며 금년에는 출수을 하는 것이 고루잔아며 상강벼는 출수가 너전 감이 더는구나.
지출에 … 라면 500원

〈1987년 8월 18일 화요일 낢씨 맑음〉
벼 논에 약 살포을 하는돼 벼들이 막 출수을 해서 약 다루기가 그북하구나. 외냐하며 벼들이 출수을 하며 일적 약 살포을 하고 말라야 하기 때문에 약 쳐기가 급이 난다. 외냐하면 벼들이 다들 입을 일적 벌리는 것도 있쓸 그고 하니 약을 쳐서 오히려 손에가 가지 안을까 하고 염려도 되고 약을 안 철라니 별래가 만아서 벼 피해을 줄 꺼이 아닌가 하고 생각을 하니 마음에 갈피을 잡지을 못하게꾸나. 오늘은 집사람과 혜영이 셋시가 약 살포을 해도 오전 일적 말라야 하고 오후는 5시가 돼어서 약을 살포을 하니 종일 약을 살포을 천다고 해도 얼마 쳐지을 못하고 마랐다.
"내년에는 약 살포을 해도 출수 전에 약 살포을 해야 하게따고 생각을 하며 그러개 실천을 해야 한다고 마음을 먹고 있다."
"자신들이 공부을 부모가 하라고 노래을 하다시피 해도 공부을 하지 않코 있는 것을 보며 자식들이 이처름 부모 마음을 몰라주는돼 정말 예돌기[애닯기가] 한이 업꾸나."
"요줌 노조 분규가 가격해저 가는 것을 보며 심하다는 생각이 앞쓰가며 정국적으로 학산이 대어 있쓰며 이것들이 자신이 생각을 할 때에 정부에서 한 자리수로 물과 안정하며 어갑적으로 기업을 눌리서 봉급 억재을 시키기 때문에 이재 와서 노조가 폭발을 하여쓰며 코 압만 생각을 하고 정치을 해키 때문에 노조 문재가 생기따고 생각을 하며 정부가 발전을 한 것이 아니라 뒤거름 천 것이라고 생각을 하며 정부가 정취 잘못으로 큰 고전을 천다고 자신은 생각을 하고 있다. 자신은 정부가 하는 일이 한치 앞도 보지 못하고 모든 일을 해치우고 있는 것을 불만으로 생각을 한다."

〈1987년 8월 19일 수요일 낢씨 맑음〉
집사람은 고추밭에 김매기을 하고 자신은 소 풀을 일적 떳고 나니 집사람과 김매기을 같이 하고 오전 내 해도 김매기 잡업을 끝을 내지 못하고 마랐다. 오후에는 소 먹이로 처음 같쓰며 소을 처음 경운기에 달라서 가니 처음 밭갈 구경을 하니 소들이 날뛰서 힘이 들어다.
그리고 정부에서 어떠게 수섭을 할련지는 몰라도 전국적으로 버스 가시들이 총 파업로 가지 이것이 글로자들이 재미로 하는 것 같이 파업을 하고 있는돼 국민 한 사람으로 바서 경제가 염려가 돼는 바이다.
지출에 사진 1,000원 찰흙 100원 마분지,
우표 220원 실 60원 삔 300원
과자 100원 차비 300원
計 2,080원

〈1987년 8월 20일 목요일 낡씨 비〉
오전에는 경운기로 두엄을 실어냇쓰며 작과나무 밑태 집 썩은 것을 실어노니 힘은 들어도 한 포기에 한 발리식 실어두어쓰며 좋게따는 생각이 더는구나.
오후에는 집사람과 형수, 대신 민성이 엄마와 셋시가 자형이 구미 순천황병원에서 이변했따고 해서 병문안 같쓰며 눈님도 우안이 떨러저지을 안아서 고충이 말을 할 수 업씨 마느니라고 생각을 한다.
오후에는 소을 먹이면서 소 풀을 경운기로 한 바리식 떠드야 하니 소 먹이는 사람들은 잠쉬도 실 새가 업꾸나.

〈1987년 8월 21일 금요일 낡씨 맑음〉
오전에는 자형이 태원을 했따고 해서 가보아든이 생각보다 만이 회복이 돼어 있쓰며 눈님 가정에도 우안이 업쓰야 사람이 살라가는돼 수라지 그러치 안으며 힘이 들어 살기가 어렵따는 것이 사실이다. 자형이 삼사흙 동안 일을 못해서 참깨 수학을 눈님이 극정을 해서 자신이 경운기로 참깨을 한 발리 수학을 하여 주어쓰며 오후는 집사람도 갈라고 해서 둘리가 참깨 수학을 그들어주어다.
"그리고 올 때에 마늘 4접을 어더와서 큰집 배 2접을 주고 우리 2접을 가진 셈이다."

〈1987년 8월 22일 토요일 낡씨 맑음〉
금일은 원정훈이 가적[처마]을 달라내는놰 일 좀 해달라고 해서 목수일을 하는돼 그전보다 높이 올라가기가 급이 나며 일이 어색한 감이 더는구나.
오전에 남의 일을 했키 때문에 소 풀 준비가 대지을 안아서 소을 먹이면서 소 풀을 떠들라고 하니 낡씨는 덥지 가만이 있쓰도 땀이 줄줄 흙러 내리는 것을 참아가면서 소 풀 준비을 하느라고 힘이 들어다.

〈1987년 8월 23일 일요일 낡씨 맑음〉
금일 눈님이 자형이 아푸기 때문에 (무) (배추)을 갈지을 안아따고 극정을 해서 자신이 웃뜰래 살충제 살로 팔려고 개핵을 세운 것이 눈님 배추, 무 파종을 하로 같기 때문에 살충제는 치소을 하고 눈님 배추, 무 파종을 하여쓰며 무, 배추을 갈고 있쓰니까 대신 순달이가 세까지 사와서 일을 거들어키 때문에 일적 맡친 셈이다. 그래서 순달와 소 풀을 떠드쓰며 순달 때문에 자신 일이 수라게 진행댄 셈이다.
그리고 순달이가 안행으로 구미 금오산에 아들 대리고 구경 간다면서 운이을 대리고 같쓰며 자신이 생각을 하는 것보다 더 생각을 하고 있는 것 같떠며 아직 마음은 있쓰니 아직 한경이 허락을 돼지을 안아서 실천을 못하고 있다.
지출에 … 운이 1,000원

〈1987년 8월 24일 월요일 낡씨 비〉
요즘 기상대에서 매일 비 온다고 예보을 하지만 낡씨만 잔떡 흐리기만 하고 오늘은 비 오는 것이 기상대의 예보가 마자따고 생각을 하지만 기생대의 예보가 맡지을 안아서 약 살포을 기상대 말 덧다 약 살포을 못하게쓰며 기상대의 예보가 마절 때는 잘 맡지만 맡지 않을 때는 영 맡찌을 안는 것을 보며 기상대도 만이 생각을 해야 한다고 말을 하고 십꾸나.

〈1987년 8월 25일 화요일 낢씨 맑음〉

오전에는 집사람고 둘리서 무우, 배추 김매기을 하여쓰며 금년 배추는 작년보다 면적이 훍신 만은대 배추 씨 값이라도 할련지 몰개꾸나. 우선 바서는 배추 입이 딱딱 벌어저 있쓰며 배추가 쓰서 보며 막 잘라고 있는 기분이 나며 배추밭을 쓰서 바라보고 십픈 마음이 들며 자리을 온기가 힘이 들 정도다.

"들판에 다니는 운전수가 자신이며 매일 경운기로 가지만 손님은 집사람 하나 뿐 무료 손님을 실고 들길을 통 통하면서 다니는 그 기분도 적지 안으리라."

〈1987년 8월 26일 수요일 낢씨 맑음〉

오전에는 서양 바실래 도랑 잡초 제거하는 돼 부역을 하여쓰며 오후에는 (광열이) 모친 별세한돼 일 거들어주는 돼 하로 일과을 보낸 셈이며 그리고 숙모님이 오늘 구경을 가시면서 구경을 안 간다고 우리 집배 와 이야기을 하시든이 이번에 독립 기념관 구경을 형수 또래 가는돼 같이 간다고 너깨야 알라다. 자신이 생각을 할 때에 자신이 이번에 독립기념관 구경을 갈 때에 숙모님이 10,000원을 주더라. 이것이 자신과 집사람이 과일 따주는 돼 일 거들어주는돼 있쓰서 구경을 갈다오라면서 돈을 주어찌만 여화뜬 숙모님이 우리한태 잘하고 있는 것은 사실이다. 자신도 숙모님예깨 한다고 하고 있찌만 숙모님이 어떠게 생각을 하나가 문제지만 이번에 구경도 숙모님이 구경을 간다고 하면 돈을 준다고 생각을 했키 때문에 우리 몰래 구경을 간 것이 한편으로 생각을 하며 마음에 글린다. 외냐하면 숙모님이 이제 구경을 간다고 하도 멧 번이 돼지 않을 땐돼 모처름 구경을 가신는돼 우리들이 성이을 표시을 못했쓰니 마음에 글리는구나.

"숙모님이 구경가는 전날에 우리 집배 와서 이번 구경을 할마씨들은 한 사람도 안 부치며 사촌 형수 또래도 만타고 하면서 할마씨들은 안 부친다고 하면서 구경을 못 간다고 이야기을 하길래 이번 상가집배 일로 구경을 빠지는 사람돼로 가라고 하니까 안 간다고 하길래 우리 부부는 꼭 미더쓰며 사촌 형수, 우리 형수들은 5,000원 식을 구경가는 돼 주고 숙모님은 성이도 표시을 못했쓰니 집사람이 마음에 걸리서 하로 종일 할마씨 감촉같이 시킨다는 말을 자주하고 있더라."

지출에 … 형수 구경가는 돼 5,000원 사촌
형수 구경가는 돼 5,000원
숙모님 고기찌개 값

〈1987년 8월 27일 목요일 낢씨 맑음〉

광열이 모친 운상을 하여쓰며 이제는 산소을 높은 곳에 산소을 더리서는 후세들의 발길을 멀게 하는 원인이 돼겠따고 생각을 한다. 외냐하며 산에는 잡초들이 너무 만아서 산소을 갈려면 잡초을 제거하면서 산소을 가야하니 마음은 있쓰도 가보지 못한 사람도 만타고 보며 금일도 운상꾼이 산에 와서요 엽패 산소을 가바쓰며 하는 마음은 있쓰도 나무 숲이 우거저서 제거을 하지 않코 못가는 실정이 포기을 하고 말더라. 이것을 볼 때에 야산에는 산소을 더리며 원잰가는 이장을 해야 하고 산 높이에 산소을 더리면 산고을 쓰고 돌라서면 그만인 사람이 반 수라고 생각을 할 때에 앞푸로 산소 문제도 생각을 할 시기가 대어따고 생각을 한다.
숙모님이 이번에 구경을 같다 오시고 아들 주라고 과자을 싸와더라. 이것을 볼 때에 더 미안하게 숙모님은 우리가 부담댄다고 가만이 같다고 이야기을 하시더라. 이것은 한편은 좋은 일이라고 생각을 할련지는 몰라도 꼭 성위을 배풀 때는 배풀어더리는 것이 도리라고 생각을 한다.
지출에 … 광열이 모친 별세 부주 5,000원

〈1987년 8월 28일 금요일 낡씨 비〉
금년에는 비에 진절리 날 정도며 벼 수학에 큰 차질이 날 껏으로 내다보며 시방 벼 알을 보며 낮낵키가[낱알] 상당이 만이 죽어 있쓰며 금년에는 벼 출수을 하고는 계속 허리다고 생각을 하며 비가 만이 와서 벼 알이 삼 분지 일은 죽어따고 해도 가연이 아니다.
오전에는 비 때문에 휴식을 하고 오후에는 집사람은 채소밭에 일을 하고 자신은 소 풀 뗏는 것으로 하로 일과을 보내고 마랐다.
"노사 분규가 김천 택시까지 들어왔쓰니 정부로 바서는 기가 찬다. 그리고 정부는 서로가 정권만 잡을라고 서로가 바락이며 정부에서 안정을 찾지 못하니까 학생은 학생되로 노사는 노사돼로 홀란을 만들고 있쓰니 정부가 바로 갈 수가 업따고 보며 현재 우리 정부로 바서는 학생, 글로자, 국민 한 사람도 어건남이 업씨 뭉치야 국가 살라갈 수 있는 이귀[위기]라고 생각을 하고 있쓰며 그러치 않고 계쏙 노사 분규을 한다면 이번에 폭우로 국가 손실과 노사 분규 손실을 따지며 똔 때문에도 국가는 자연 소멸할 당계까지 와있따고 생각을 한다."

〈1987년 8월 29일 토요일 낡씨 비〉
오전에는 광열이 모친 산소에 물 돌리는 작업을 해달라고 하는돼 아직 자신은 내 일이 바빠서 남의 일은 아예 생각을 못 내는돼 이번 일은 사람을 돈 주고 살라고 해도 아무도 업따고 하며 또 그른 일은 하지 않을라고 한다면서 달희가 사정을 하는 바람에 오전에 5명이 작업을 끝을 낸 샘이다. 집배와서 정심을 먹고나니 돈을 줄라고 하더라. 그래서 자신은 나보다 못한 사람만 주라고 하고는 자신은 그부을 하고 마랐다.
그리고 오후에는 먼저 번에 폭우로 재방이 분실댄 것을 임시 조치한 것이 이번 비로 반 춤 갈리나가서 대작자만 나와서 보수을 하여쓰며 보수을 하면서도 소낙이는 오지, 12호 태풍이 온다고 기상대는 말을 하고 있쓰니 일을 하면서도 금년 농사는 먹을 업찌 하는 마음이 떠나지을 안코 있쓰서 작업을 해도 마음에 더는 작업 못 했따고 생각을 한다.
이번에 오전에 남의 일을 했키 때문에 자신의 개핵에 차질이 생기쓰며 비 오는돼 집사람이 소을 먹이는 모섭이 어치려어며 자신이 계핵 업는 일을 해서 소 풀 준비가 돼어 있찌 안아서 오늘 집사람이 비을 마저가면서 소을 먹이는 집사람을 보고 할마씨 미안내 하고 말을 하니까 웃는 모섭이 더 이쁘더라.

〈1987년 8월 30일 일요일 낡씨 비〉
오전에는 큰 골 못 작자들이 물을 돌리기 위

해서 부역을 했쓰며 오늘 부역은 십 원치 일을 했따고 생각을 하며 지출은 천 원치 낭비을 한 셈이다. 요줌 부역은 먹어야 하지만 공동 재신이라고 낭비을 만이 한 셈이다.
오후에는 12호 다이아 태풍이 온다고 기상대에서는 예보을 하지 벌서부터 태풍끈에 들어서 그른지 굴건 비가 내리고 있쓰며 하늘에는 전부가 비만 있는 것 같이 비가 와도 너무 오니 사람마저 진칠 정도다.
정부도 기가 차는구나. 외냐하면 태풍 폭우 태풍이 두 번식이나 강타을 하니 업는 나라에서 재난을 어떠게 해서 이겨내야 하나 하고 극정밖에 업따고 해도 가연이 아니라고 말을 하고 십꾸나.
금일은 우리 혜영이 생일이구나. (음력 7月 7日)
지출에 돼지고{기} 포장류 2,100원 라면 500원 분유값 3,500원
計 2,600원
3,500
計 6,100원

〈1987년 8월 31일 월요일 낡씨 비〉

기상대에서 태풍이 엣급[에이급]이라고 하면서 우리나라도 영향이 있다고 하면서 만반에 준비을 하라고 당부을 해서 큰 극정을 했는돼 다행이 한국가 일본 사이로 돌라서 가키 때문에 이 지역은 비가 만이 와서 피해을 만이 주었찌 태풍은 손예을 주지 안아따고 생각을 한다.
이번에 비가 만이 와서 먼저번에 폭우로 분개댄 재방이 또 다시 유실이 돼어서 늙뚤래 물바다가 대어가는 모섭을 볼 수가 업쓰며 자신의 논에까지 채어올리서 처음 갈 때는 벼 중간까지 채더니 또 다시 물을 확인하니 그의 이삭까찌 올라왔쓰니 아픈 가슴을 달래기가 힘이 더는구나. 그러나 굼통은 수학은 삼 분지 일도 수학이 불가능하다고 생각을 해보며 늡뜰래도 수학이 이번에 물날리에 벼 수학이 반절 이상은 대지을 안을까 하고 염려을 해보며 농민의 진땁이 무산대어버리쓰니 아무 일도 하기 실어며 이번 유실댄 재방을 더 갈리나가지 않깨 가마니 돼는 작업을 하는돼 실찌 하고 십픈 마음은 하나도 업쓰며 해바야 벼 수학에 한 개도 업이 업쓰니까 일 하기기 그북하며 절먼 사람은 다들 하기을 실어하며 억찌 일을 하는 것쳐름 일을 하고 있떠라.
그리고 동사무소에 수재품 농약을 타로 가니 동 서기가 이번에 광열이 집배 일한 사람들 담배 2갑을 주더라. 이것을 바다 지니[받아 쥐니] 친구 한 사람이 담배을 빼아사 형을 주더라. 이것을 자신이 담배 한 갑이라도 생기며 꼭 모다서 형을 주는돼 형님이 건강이 좋찌을 안아서 안전 실신을 자주하고 난 뒤부터는 병원에서는 담배가 해렵따고 하면서 끄는 것 견유을 하는돼 끈지 못하고 멧 번을 죽을 고비을 넌기고도 담배을 끈지 못하고 여전이 하로 담배 2갑을 다 태우고 있쓰니 자신이 생각을 할 때는 제일 못맡당아며 사람이 너무하다고 생각을 하며 이후부터는 담배을 생기도 형을 주지 않코 모다노며 순달이가 가끔 오며 그 단배을 태우고 있다. 그른돼 이번 일도 그 만은 사람이 자신을 어떠개 생각을 하는지는 몰라도 자신의 마음은 건강이 좋찌 않은 형을 담배는 주기가 실어며 한편으로는 담배을 끈지 못하고 여전이 담배을 피우고 있는 형이 이따는 것을 알면서도 을마 돼지 않는 담배을 가지고 형은 어떠게 생각을 할련지

는 몰라도 형이 담배에가 해렵따는 것을 알면서 담배을 준다면 자신도 나쁜 사람이 대는 것이 아닌가 하고 생각을 해본다.

〈1987년 9월 1일 화요일 낡씨 맑음〉

웃뜰래 재방이 분개가 대어서 벼들이 절시을 한 셈인돼 물이 고붕{으}로 채어서 하로가 물 속에서 지내고 하로가 넘어서 벼 이삭만 나와는돼 벼 수학이 댈련지 어너 정도 수학이 댈련지 갑갑한 마음 검할 길 업꾸나. 그리고 집사람과 둘리서 올 배추을 갈라서 한참 통을 안고 있는돼 이번 비에 배추밭이 물래 쟁기서 밍기[168]가 배추 잎에 한 불 무더서 집사람은 포기마다 잎을 벌리서 자신은 푼무기로 다들 시크쓰며 배추 새척을 해도 배추 행세을 할 수가 있쓸까 하고 의심이 가며 오전 내 집사람과 생 외만 먹고 마는 것이 아닌가 하고 이야기도 있쓰서며 학실한 보장이 업쓰서 조금 설한 셈이다.

"금년에는 힘이 들어도 봉답 농사을 가진 사람은 풍년 농사을 짓어낮따고 생각을 한다."[169]

〈1987년 9월 2일 수요일 낡씨 맑음〉

요줌 자신이 감기키로 몸이 고단하계 일을 하고 있쓰니까 집사람은 아빠의 건강해야 댄다면서 집사람은 뒤로 미류고 자신 일만 도우고 있쓰며 집사람이 도우니까 육체적인 고통은 훍신 수라다고 생각이 더는돼 정신적인 고통은 별로 편하지을 안꾸나. 외냐하면 자신은 집사람의 얼굴에 살이 빠진 모섭을 보며 저 얼굴에 살이 한 번 토동하계 치어보자는 것이 자신의 원이라서 집사람이 고대하게 하는 일은 실어니까 아빠 일을 넘어 도우는 것도 자신위 원치 안키 때문에 집사람을 일하는 돼는 잘 대리 가지을 안는돼 자신이 일하로 갈려고 경운기을 몰고 가면 일 거들어 줄라고 경운기에 타곤 하는돼 때로는 떠미려내도 아빠가 소 먹이는돼 골탕 먹는다면서 그들어야 한다면서 자신에 일을 너머 만이 도우고 있따고 생각을 한다.

지출에 … 혈압약 1,200원 진통제 1,000원 소화제 1,000원 산스타 1,000원 운이 책 1,500원 아빠의 옺 3,200원 모기향 2,000원 밴토, 찬통 3,000원 가스렌지 엄빡지 1,000원 참기름 1,000원 자전거 풀 1,000원 양발 1,000 소꼬비 400원 쓔세미 500원 약씨씨병 300원 칼치 1,000원 오뎅 500원 달갉 2,000원 차비 360원
計 21,960원[170]

〈1987년 9월 3일 목요일 낡씨 맑음〉

금일은 세집배 채소밭을 가면서 논자리을 한 밖키 돌라보니 아래뜰 전채 논 중에 반은 이삭만이 물 위에 나와 있고 그 나머지는 별 지장이 업두록 물이 이떠라만 들 정체 중 반은 수학에 큰 차질이 있쓸 것 갈더며 어떤 곳은 콤바이 싹도 나오지 않을 자리가 수도록이 있쓸 것 갈더며 금년 농사는 큰 숭년이라고 내다바야 댄다고 생각을 한

168) 벌레의 한 종류이다.

169) 이 내용은 일기 지면 상단에 따로 기록되어 있다. '9月 1日 순달이 돈 100,000만 원 청산함. (큰집배 500,000만 원 차용을 해감)'이라고 기록하였다.

170) 실제 계산은 22,960원이나 21,960원으로 잘못 기록하였다.

다. 자신은 우선 바서는 아래 뜰래 내 논 한 단지, 웃뜰래 한 단지며 우선 바서는 두 단지이어찌만 자신의 논이 들어있스서 갈림 논보다 피해 말다타고 생각을 한다.

"오후에는 몸도 곤한 맡이 있쓰서 소만 몰고 가서 소 떡키는 것로 하로 일과을 보낸 셈이다."

"금년에는 봉답 벼들이 다들 좋으며 금년 같떠면 봇뜰래는 힘이 들어 못 짓을 것 같더며 금년에는 봉답이 논이라는 생각마저 더는구나."

지출에 작과 상자 값 41,300원 원

〈1987년 9월 4일 금요일 낡씨 맑음〉

상구룸 앞 채소밭에 물친 파와 배추을 보니 기가 차는구나. 외냐하면 배추와 파는 안전이 주저앉저버린 꼴을 보니 사람마저 희마리가 업더라.

"오후는 분개댄 재방에 다시 복구한다고 내일 도자[불도저] 온다고 돌을 주어 모두는 작업을 한다고 늑뚤래 경작자는 북역을 하는돼 자신은 소 먹이키 때문에 부역을 가지 않아서며 막상 집사람을 막키고 가면 대지만 소 먹이가 맡당치 않으며 재방이 분개댄 것이 만아서 이재는 재방에는 양심상 소을 먹일 수가 업쓰며 산에는 조림지역이라 소 먹이가 힘들기 때문에 소 먹일 때가 업쓰서도 손을 업새야 대겟따는 생각마저 들 때가 자주 들고는 한다. 이번 부역을 가면 집사람이 소 먹일 때가 맡당치가 안아서 셋 바리의 소을 먹이가 힘이 들기 때문에 집사람을 맡킬 수가 업쓰서며 자신이 욕을 먹는 한이 있쓰서도 부역을 포기을 하고 자신이 소을 먹이고 있는돼 부역을 하고 일적 들어오는돼 그 사람을 보니 상당이 미안떠라. 그 사람이 볼 때에 자신을 욕을 만이 할 껏이 아닌가 하고 생각을 할 때에 미안한 감을 머라 할 수 업꾸나. 자신도 부역이라는 것 자신도 빠저지 않아는돼 하로 정때 빠진 것이 마음에 걸리는구나."

〈1987년 9월 5일 토요일 낡씨 비〉

오늘은 아침밥을 먹고나니 금세 소낙비라도 쏬다질 껏 같은 너킴이며 비 오기 전에 소 풀을 떠더올 욕심으로 서들아서며 집사람이 요줌 아빠 고단화다고 한다면서 둘이 가서 비오기 전에 떠더 오십시다 하면서 경운기에 탈라고 하더라. 내일은 내가 해도 충분하니 집사람 일이나 하라고 하면서 돼리가지 않는다고 하니까 둘리 하면 그만침 수라지 않는냐 하고 꼭 따라갈라고 하더라. 그래서 경운기을 들리지 않코 있다 집사람 변소에 들어가더라. 그래서 이때다 하고 경운기을 빨리 돌리서 집사람을 뛰어 놓고 나 혼자 나와서 경운기로 풀을 한 경운기 떠드도 시간이 일적으서 당산 논에 도구을 안전이 훌떠 내는 작업을 하여서 물을 이재는 띠고 마랐다.

오후에는 비가 와서 휴식을 하여쓰며 혜지가 선생님이 우리 집배 오신다고 이야기을 해서 선생님 오시며 대집할 껏도 업는돼 어떠게 하냐 하고 한참 당앙하더라. 그럼 청소을 좀 해라 하니까 동생 둘리가 청소한다고 분주하며 자신도 업는 것을 알면서 집사람보고 선생님 오신다고 하는돼 마신는 음식을 준비을 하라니까 갑짝이 어떠게 하게는냐고 하면서 둘리가 극정에 들어같쓰며 아무것도 대집을 못하고 저녁이나 돼집할려고 하며 돼지고기 포장류을 사와서 환참 바빠다. 선생님 오시도 돼집은 할 껏도 업쓰며 선생님이 기다리지며 하며나 오시나 하고 기다리도 오시지 안떠라. 부부가 기다린 것을 천다면 오후 내라고 해도 무리는 아니라고 하며 한편으로 돼집할 것도 업씨 선생님을 모시가지고 선생님 기대에 어거나며 차라리 안 오신 것이 더 편하리라 생각을 하니 당행이라고 생각도 던다만 한편으로 아무 준비도 업찌만 안 오시니 서운한 감도 있다.[171]
지출에 … 돼지고기 값 2,100원

〈1987년 9월 6일 일요일 낡씨 흐림, 비〉
자신이 요줌 일하는 것을 보며 별료 고댄 일은 하지도 않는돼 자신의 육체적인 고통이 따리는 것이 이상할 정도며 자신의 입배서 피곤하다고 입버릇같이 말을 하곤 하는돼 이것도 집사람 앞패서는 상과해야 댈 것 같다. 외냐하면 집사람 일은 만사 일을 재치두고 내 일만 그들어줄라고 하는 집사람을 바서도 이재는 피곤하다는 말을 하지 않아야 한다고 생가을 해본다.
오전에는 집사람은 봉답 벼가 조금 쓰려진 것을 묵끄세우고 자신은 소 풀을 떳는 작업을 하는 것으로 오전 일과을 보내고 오후에는 소만 먹이는 것으로 하로 일과을 보내고 마랐다.
지출에 … 농약 값 살충제 500cc 2병 5,200원
문고병 약[172] 500cc 3병 5,100원
計 10,300원

〈1987년 9월 7일 월요일 낡씨 맑음〉
금일 웃뜰 논에 멜구약과 살충제을 집사람과 둘리서 약 살포을 했쓰며 화천이 분개가 돼어서 물날리을 마저 있쓸 때에 바서는 벼알이 생기서 연결개 댈까 하는 마음은 반 정도밖에 보지 않아는돼 벼알이 안전이 연결어서 보리알 정도가 돼어 있는 벼을 보니 이것이 어뒤서 나왔는가 하고 약 살포을 하는 자신의 마음 기쁜 마음 검할 길 업꾸나. 약 살포을 3단지을 오전에 처는돼 조금 너떠라.
그리고 집사람이 속음 배추을 구미장에 팔로 갈려고 하길에 사람 수고 갑도 돼지 않는다고 가지 말라고 하니까 아빠는 다 먹지 못한 것을 팔라야지 하면서 한 번 갈라고 하더라. 그래서 둘리가 배추밭에 가서 불이야 불이야 해서 오니까 오전 일과가 너무 너저쓰며 이것을 손질을 하니까 형수가 와서 도우는 바람에 매손[마무리]을 빨리 할 수가 있쓰서며 채소 보따리가 만아서 주막까지 실어다주고 소을 먹이로 같쓰며 금년에는 온 대가 재방이 분개댄 곳에 재방에는 양심상 소을 먹일 수가 업쓰서 소 먹이는돼 제일 불편하다고 생각을 하며 소들도 배을 다 못 채우는 영향이 있따고 생각을 한다.
"우리 집사람이 오늘이 최고로 절거운 날 같꾸나. 속금 배추을 조금하게 묵끈 것을 한 단에 500원 바다따면서 절그{워} 하니까 자신도 절거어며 장사하는 사람이 이 재미로 하나바 하면서 그 절거움이 떠나지을 안으며 집사람 절거어 하는 모섭 바서는 계속 만이 있쓰서 그 절거움이 계속 간직 하여쓰며 하는 마음뿐이구나."
수입에 배추, 무우 … 10,000원

---

171) 이 내용은 일기 지면 상단에 따로 기록되어 있다. '당산 벼 논에 물 띠기 작업을 함'이라고 기록하였다.
172) 문고병은 잎집무늬마름병이라고도 하며 주로 잎집에 담자균류가 기생하여 회색의 얼룩무늬가 생기고 차츰 잿빛을 띤 흰색으로 변하여 시들어 죽는 병이다.

지출에 … 라면 1,000원 베지밀 200원
칼치 1,000원 차비 460원
計 2,660원

〈1987년 9월 8일 화요일 낡씨 맑음〉

오전에는 상원이 경운기 집 콤바위 집을 짓는다고 일 좀 해달라고 해서 자신은 남외 일은 할 여가도 업는돼 해달라고 하는돼 활 여가 업따고 안 해주며 서운하다고 생각을 할꺼이라 해주로 같쓰며 집을 짓어노니 마음에 들며 기분을 맡볼 수가 있다. 그리고 오후는 소와 소 풀을 떳는 것으로 하로 일과을 보내쓰며 오전에 남외 일을 해서 오후는 바픈 일과가 돼고 마랐다고 생각을 한다.
"우리 집사람은 배추 장사 재미을 냇따고 생각을 하며 오늘도 속음 배추을 가지고 구미장을 같쓰며 오늘은 채소가 상당이 만이 나와서 채소가 조금 내리따고 이야기을 하며 어재보다 조금 적개 돈을 해와더라."
정부는 노사 분규가 이재는 수섭을 해간다고 하지만 앞푸로 노사 분규로 모든 물과가 올라야하며 공무원 봉급 다 올라야하며 이 모든 것이 올라야하니 물가도 올라야 댄다고 보니 앞푸로 인풀래이가 문재며 이 인풀래이을 정부에서 잘 수섭을 해야 우리 경제가 천만다행으로 이끌어 갈 수가 있다고 보는돼 앞푸로 문재가 잇따고 생각을 해본다."
수입에 … 체소갑 8,500원
지출에 … 혜지 감기약 1,500원
오뎅 1,000원 차비 460원
計 2,960원

〈1987년 9월 9일 수요일 낡씨 흐림〉

분개댄 재방에 도자가 와서 작업을 하며 돌들이 도량 바닥에 돌들이 무치기 때문에 그것을 안전이 들어내는 것으로 오전 부역을 했쓰며 금년 부역 때문에 짓칠 정도다. 부역을 하며 안전한 감을 가지두록 재방을 부수을 하여주며 불필요한 부역을 들 하는돼 정부예서 시간을 정해서 도자 시간을 주며 그 시간에는 임시로 제발 복구을 할 정도라 또 비가 오며 재방이 분개대어서 이중우로 피해을 보구하며 이번에도 재발돼두록 시간을 주어서 오늘로 도자는 시간이 다 차서 못하게 하고 폭크레이만 작업을 하는돼 임시 분개댄 곳만 막는다고 하니 기가 찬다. 그래서 자신이 면에서 온 계장이 우리 동기라 분계댄 곳만 하고 갈리나간 제방은 그대로 두며 일을 하나 마나다고 이야기을 하니 한정댄 시간이며 어쩔 수도 업고 재방을 안전이 보수을 해야 천구 업자만 좋게 한다고 이야기을 하면서 거절을 하길래 또 비가 조금이라 오면 분계가 돼어서 또 농민은 물벼락을 마저야 하고 정부에서는 장비에 투자한 돈은 다들 허사이며 정부에서 중장비 지원금을 실속 업는 지원이며 이것은 국가로 바서는 큰 낭비며 우리들 뿐 아니라 이웃 개령에도 이른 식으로 장비 지원을 해주어서 안전 복구을 못하고 대충 복구을 해서 두어키 때문에 화천이 또 분개댄 곳이 유실이 돼어서 계령, 양천 심지어 빗내까지 물배락을 마자쓰니 이 해는 누가 변상을 하며 돈으로 따진다면 그 액수 한정도 업쓰며 정부 정책이 아주 잘못이라고 생각을 한다.

〈1987년 9월 10일 목요일 낡씨 비〉

보슬비가 내리서 무선 일 하기가 그북한 말이 있쓰서 자신의 주선으로 이왕기 금년 한해 결산을 함.

금년에도 이자만 나와서 별료 예금한 돈을 주리지을 안아도 대며 금년에는 이왕기로 벌러서 총금액이 5십만 원이 넘어며 내년예 간다면 상당한 돈이 댈 것 같떠며 오늘은 결산을 끝을 내고 해식을 하여쓰며 식구가 한 집배 둘 석 쳐도 6명이라서 고기 5斤을 가지니까 마음껏 먹개더라.

지출에 … 이왕기 품싹을 한 집배 15마지기 이상 심원 것은 한 단지에 15,000원식을 해서 35,000원
닭갈 2,000원
計 37,000원

〈1987년 9월 11일 금요일 낢씨 비〉

금년에는 비가 부담업시 비가 오고 있다. 인간이 질린 비 이재는 비가 자꾸 와야 한다고 부척을 하고 있쓰며 비가 한업이 와서 천지 계벽을 하여쓰며 한하는 사람이 만으며 이재는 간이 배 박예 나와서 무선 일이든지 급이 업쓰며 비가 올라면 얼마든지 오라는 인간의 말이다.

"다들 비가 온다고 휴식을 하고 있는돼 자신만이 소 풀을 떠더와야 하고 오후에는 소을 먹이로 가야 하는 심정도 가위 좋찌을 안는 나날을 보내고 잊따고 본다."

"혜지는 아빠가 공부을 하라고 저위 방에 가라고 하며 공부한다고 말을 그창하게 이야기는 하고서는 공부을 하지 않코 잠만 자고 있쓰며 부모 마음은 공부을 잘해서 저의 반에서라도 잘 한다는 말을 드러쓰며 하는 마음 간절하며 아빠는 너위들이 공부을 하여주어쓰며 이 아빠의 간곡한 소원이며 너위들만 밑고 이 아빠의 한평(생)을 밭치리라."

"부모 마음 몰라주는 자식들아 이 아빠는 눈 떠며 너위들이 공부을 하여주어쓰며 하는 마음 뿐이며 이 아빠는 공부라는 두 글짜밖에 업는 사람이며 너위들이 공부을 잘해서 이 아빠의 득이 댄다면 견유을 하지 아너리라. 이 아빠는 너위들이나 공부을 해서 이 세상에서 수라게 살라가라는 부탁이며 남외 모범이 돼라는 책직질이며 어찌 이내 마음 몰라주리."

〈1987년 9월 12일 토요일 낢씨 맑음〉

"오전 내 흐리더니 오후 너깨야 맑은 낢씨을 보이더라. 오랜만에 맑은 낢씨가 대니 사람의 마음도 맑은 것처름 상캐한 기분을 맡볼 수가 있쓰며 이제라도 맑은 낢씨을 보여주어쓰며 하는 마음 간절하구나."

오전에는 봉답에 도구 끌어내는 작업을 하여쓰며 금년에는 우선 바서는 제일 농사을 잘 짓어따고 생각을 하는돼 일기가 변득이 만아서 또 비가 와서 벼가 쓰려저지만 안는다면 봉답에는 퐁작이라고 해도 무리는 아니라고 생각을 한다.

〈1987년 9월 13일 일요일 낢씨 맑음〉

순달이 집배 신발 벗는데 비가 푸리면 신발이 비에 젖는다고 서라보[슬라브지붕]에서 가적을 달라주어쓰며 그리고 순달이 아래채 부순 재목을 안전이 우리 집부로 가지고 오는돼 경운기로 셋 바리나 돼더라. 오늘은 안전이 계핵 업는 일하는 날은 정신 업씨 바픈 날이 대고 만다. 오늘도 안전이 해가 넘어가두록 바쁜 하로가 돼고 마랐다.

지출에 … 혜지 친구 선물 1,100원 공책 1,000원 볼펜 100원 과자 150원 연습장 400원 라면 600원
計 3,590원[173)]

〈1987년 9월 14일 월요일 낡씨 맑음〉

금일은 영근내 마당에 세멘 일한다고 해서 그들어줄라고 아침을 일적 먹고 집사람과 둘리서 일적 서들어 소 풀을 떠드로 같쓰며 둘리서 1시간 정도 떠드니까 5섯 망태 정도 떠들 수가 있쓰며 남외 일로 집사람을 예을 먹이고 있는 것이 미안하며 우리 집사람은 풀 떠는 것은 동내 쳐고도 둘째가라면 서러울 사람이며 정말 잘한다고 생각을 하며 자신한태는 머라고 말을 할 수 업씨 고마운 사람이라고 생각을 한다. 둘리서 한 경운기 풀을 떠드노코 영근내 마당에 세멘 일하로 가니까 이미 사람이 만이 와서 일을 시작을 했쓰며 생각보다 사람들이 만이 와서 일을 빨리 진행이 대며 세멘 일을 오전내 다 할 수 있쓰따.

그리고 오후에는 김종필 씨 국무총리 할 때에 부정을 하지 않아따는 유세을 하기 위해 김천문화원예서 강연을 하는돼 자리가 비좁아 장소 선택을 잘못했따고 생각을 하며 문화원 안예는 사람이 넘어 만이 차서 더어서 강연을 잘 들을 수가 업쓸 정도로 더어며 밭같에는 햇빛 때문에 강연을 떠키가 그북해서 일부 사람은 강연을 떠찌 않코 거늘에서 떠위을 피하고 있는 사람도 상당이 만원 사람이라고 보며 자신도 그 한 사람이며 자신이 볼 때에 김종필 씨가 들어올 때에 저 패들이 김종필 씨을 앞뒤, 좌우 사람을 만돼로 거름을 거을 수가 업두록 돌라싸서 김종필 씨을 부축을 하며 신민예깨 박수을 쳐라고 건유을 하며 소리을 질어돼며 한 사람을 부축을 시키며 사람의 마음을 떠게 하는 사람들이 김종필 씨의 밑태 있는 사람들이 하고 있는 것을 볼 때에 자신은 이려깨 생각을 해본다. 사람을 망신을 주는 것도 직속이며 성공을 시키는 것도 직속이라고 생각을 해본다. 이번 김종필 씨는 대통령 출마 한다고 공식 발표을 했쓰며 이것도 대통령 유세라고 생각도 해보지만 아직 김종필 씨는 발이 업는 사람이라 대통령 출마을 해바야 소득이 업쓸 껏으로 내다보고 있따.

지출에 … 낮 2가락 2,000원 차비 360원
計 2,360원

〈1987년 9월 15일 화요일 낡씨 맑음〉

오전에는 굼도량[논 옆 도랑]을 칯쓰서며 오늘 부역을 온 사람은 불과 멧 사람밖에 나오지을 안아쓰니 이거 앞쓰서 일 시킨 사람도 힘이 들어서 못 식킬 정도며 앞푸로 앞쓰서 일을 할려고 들까 하는 의심이 대며 서로가 같이 살려고 하는돼도 이처름 힘이 더는돼 앞푸로 앞세울 사람이 문제가 대고 있꾸나.

그리고 봉산에 이상도 모친 별세라는 부고가 와떠라. 친구가 부고을 주면서 일 년에 셋 번 이라고 빈정돼더라. 이것을 볼 때에 자신이 생각을 해도 이것은 너무하다고 생각을 한다. 예야하면 부친 별세, 동생 결혼, 모친 별세 1년에 세 번식을 부위을 바다먹을 사람의 양심이 어너 정도가 들어 있는지가 염려쓰려어며 자신에 일은 청첩 하나 업씨 일을 다 치룬 자신이 생각을 할 때에 이해가 가지을 않으며 별로 좋은 기분은 아니며 그래서 친구가 언재 갈라고 물떠라. 내일 나제 가면 우리 일들이 지장이 있쓰니 저녁에 가자고 해서 금일 저녁

173) 실제 계산은 3,350원이나 3,590원으로 잘못 기록하였다.

에 같다 왔다.
지출에 … 이상도 부위 5,000원

〈1987년 9월 16일 수요일 낡씨 맑음〉
금일은 생각지도 안아뜬 것이 일이 생기어쓰며 자신은 어떠한 일이라도 돈이 들어가는 것은 시작은 안 알라고 생각을 하여는돼 떡밖에 일이 생기다. 이 일은 아래채에 두지와 마구 사이 담이 물러 안저서 얼철수 업씨 돈이 들어가게 대어쓰며 이것은 언재라도 사이 담을 업쌔서 창고 할려고 계핵은 세운 일이지만 금년에 돈 들어가는 일은 않 알라고 생각을 한 것이 무산이 돼고 마라다.
집사람과 둘리서 벽을 쳐기 위예서 앞패 담을 부록구로 싸올리는 작업을 일곱 시가 돼두록 일을 해도 못 다하고 소 풀이 업쓰서 둘리 떠더로 같쓰며 둘리 다 풀 몃는돼 선수라서 장칸 떠더올 수가 있쓰서며 집사람보고 소을 멋 바리 더 사와서 먹이자고 이야기을 하니까 집사람이 더 먹이자고 하길래 어이업는 우섬으로 보내고 마랐다.
(지출에 닭갈 값) … 1,600원[174)]

〈1987년 9월 17일 목요일 낡씨 맑음〉
아래채에 일을 할려니 소 때문에 일이 잘 안돼고 여과치로 할려니 사람이 바픈 것처름 일이 안 대며 오후에 집사람과 둘리 해바야 일 핸 표가 업는 것 같이 보며 앞푸로도 여러 날 해야 댈 꺼 같꾸나.
"요줌은 소 먹이는 사람은 세상에서 재일 등신이라고 하는돼 자신도 올해는 소 먹이는돼 힘더는 것을 너켜쓰며 소에 재미라고는 한 개도 업쓰며 지업원[지겨운] 정이 들며 팔라버리쓰며 하는 생각이 절로 나는구나."

〈1987년 9월 18일 금요일 낡씨 맑음〉
금일은 방갑지 않는 소식이 들어오는구나. 대신 민성이 엄마 냉장수술[맹장수술] 했따고 이야기을 하는돼 요줌은 냉장수술은 아무겄도 아니라 하지만 사람 몸에 칼을 대서 쓰나 하는 마음이 들며 본인은 수술실 들어갈 때에 을마나 놀라쓰며 고충은 겪어보지 않코는 그 누구도 몰라줄 꺼이며 여화뜬 감수는 말할 수 업씨 크다고 생각하며 앞푸로 뒤처리만 아무 탈 업씨 대기을 바란다.
"지수 병문안이라서 자신이 가기 멋하고 집사람을 보내떠니 아직 수술 자리가 통증이 심하다고 해서 극정이 돼는구나."
그리고 마을에 상해가 어재 9시에 쳐과집배 같다오다 오드바이 사고로 죽어따고 아침 뉴스에 나오더라. 절먼 사람이 죽어따니 자신의 마음이 어순하며 마음에 정리가 돼지을 안으며 사람 목숨 파리 목숨이라고 이야기을 하든이 상해가 저래 죽을 줄 누가 알며 한참 살 나이 41세 죽다니 귀가 차는구나. 상해가 구미 순천황병원에 안치돼어 있따는돼 아버지 재사가 내일 저녁이라 가보지 못해서 상당이 미안하며 상주을 보니 본인을 바도 가바야 하는돼 아버지 제사을 앞두고 못 가는 심정 송구서렵게 생각을 한다.
"금일은 아래채에 문짝 만더는 돼 하로을 보낸 셈이다."
지출에 … 장석 1,200원 1자 1,600원
문고제 600원 요도시 300원

---
174) 이 내용은 일기 지면 상단에 따로 기록되어 있으나 내용상 아래로 옮겨 적는다.

병문안 4,600원 차비 360원
計 8,660원

〈1987년 9월 19일 토요일 낡씨 맑음〉

금일은 산소에 벌채을 하여쓰며 벌채도 외치기로 해서 그러치 않으며 둘리가 종일 해도 벌채을 다 못 할 껀돼 외치기로 해서 오전에 형과 둘리서 다 할 수가 있쓰따.

그리고 저녁에 아버지 재사라 다들 모여는돼 대신 민성이 엄마 맹장수술을 하는 바람에 참석을 못해서 아쉬운 감이 들며 앞푸론 이른 불상사 일어나지 않아야 하며 내년에는 한 사람도 빠지는 사람이 업쓰야 하는 마음 검할 길 업다.

지출에 … 운이 200원 큰집배 재사에
5,000원 닭갈 값 1,400원
計 6,600원

〈1987년 9월 20일 일요일 낡씨 맑음〉

오늘 오전에는 구미 순서와 순복이, 민성, 운이 다들 경운기로 고기을 잡부로 같쓰며 자신은 바파서 고기 잡부로 안 카쓰며 하는돼 동생들 모쳐름 와서 고기을 잡부로 가자고 하는돼 안 갈수도 업고 해서 자신은 고기 잡는 돼만 실어다주고 소 풀을 떠드쓰며 고기는 만이 못 잡아도 한 번은 먹을 수가 있뚜록 잡아쓰며 고기가 잘나서 먹키가 좋으며 못쳐름 물고기 맡을 보니 아주 좋드라.

그리고 오후에 집배 있쓰니 종희가 아서 대신 짝따리몿을 프서 고기을 잡자고 큰집부로 와더라. 그래서 평소에 생각을 한 곳이라 업는 시간을 내서 둘리 경운기로 물펴서 고기을 잡아쓰며 정말 고기는 생각도 만이 잡아쓰며 고기을 잡고 집배 올 때까지는 상당이 기분이 좋아쓴는돼 그만 큰 불상사가 일어나고 마랐다. 외냐하면 형님 경운기에 들래 따라나와서 고기을 잡는돼 와서 종희 경운기에 따로 집배 오다 도로 건너서 바로 도량으로 경운기가 들어가는 바람에 대신 민성이는 땅바닥에 떨어저 작은 골절 시킨 것이 다치지을 아서 큰 다행이며 무었보다 자신은 소 풀을 떳고 있는돼 종희가 도로서 자신을 부러더라. 그래서 바라보니 도로서 부러는돼 금새 간 경운기는 보지 않코 아들도 보지 않아서 아들 둘리 실고 같는돼 다 죽이는 것이 아닌가 하고 놀란 것이 머라 말을 할 수 업쓰며 아이들한태 놀라니 그 고충은 상당이 크다고 생각을 한다.

그래서 주막에 진수 차가 있쓰서 아이을 실어노코 순달이한태 전화을 할려고 하니까 순달이 방금 큰집배 와따고 해서 자신이 순달예깨 열락을 해서 순달이가 실고 가는돼 김천으로 가지 않코 구미 쪽으로 가더라. 그래서 구미 김옥배정형외과에 간다고 생각을 하고 집배서 젼화을 기다리도 전화가 오지을 안아서 순복이가 김옥배병원으로 전화을 하니까 왔다 원장이 업쓰서 뒤돌아같따고 이야기을 하더라. 그리니 이재는 사람이 더 안절부절하며 오늘이 해필 일요일이라서 원장이 근무을 하지 안아서 아이을 예을 먹이는구나 하니 마음이 더 조급하고 있는돼 전화가 오더라. 구미 순천황병원에 있따고 해서 자신이 같다와야지 마음이 편화지 하면서 나쓰고 마랐쓰며 주막에서 차을 기다리니까 종희가 오더라. 종희도 장관 부주(의)로 사고을 내찌만 자신이 종희 보기도 미안하며 서로가 미안한 감이 들고 있다.

구미 병원에을 가보니 응급실에 아이가 누어있는 것을 보니 운이 병원에 있쓸 때 생각을 하니 소름이 기친다. 민성이 아푸다고 소리을 할 때 장상하며[마음이 너무 아파] 엽패 쓰있찌을 못하게쓰며 사진을 보니 두 번을 너어도 제대로 들어가지을 않아따고 하면서 침목만 지키고 있쓰며 의사도 잘 안 더려 가게는돼 하면서 큰 극정을 하고 있는 것을 보니 전문이가 아니고 실섭 나온 학생이 아닌가 하고 의심이 들며 그만 아이을 막키기도 실고 순달이을 가만이 소리을 해서 여기쓰니 안 대겟따고 하면서 딴 병원에 전화을 해서 아이을 대리고 가자고 이야기을 하는돼 순서 부부가 오더라. 그래서 사실 이야기을 하니까 안 댄다고 이야기을 하면서 김옥배 집배 가서 사정을 해볼라 하면서 가고 우리는 순달이가 종희가 있쓰니 힘이 드 들며 미안하고 그북하다고 하면서 종희을 돼리고 가라고 해서 더 있쓸 수 업고 해서 둘리는 올라오고 마랐다.
지출에 … 900원

〈내지2〉[175]
(혈압에)
감잎을 따서 1돼 삶마서 차로 마쉬며 댄다.

기간 천식에 / 잠이 안 올 때 / 불안할 때 } 감잎을 따려서 차로 마쉬며 댄다.

(감을 먹다 취할 때는 됀장을 먹어며 댄다.)
(농촌 진흥청)
율무 재배 (예원 율무 씨 좋음)

〈내지3〉
경북 금릉군 아포면 대신 三 동
권 순 덕

〈1987년 9월 21일 월요일 낡씨 맑음〉
마을 길래 전화국에서 전선을 지하로 선을 까는 작업을 한다고 새마을 사업으로 센멘트 길을 망가떠리서 그 작업과 부민장[부면장] 집 짓는다고 성토 작업을 한다고 마을 길을 안전이 망가떠리서 그 대책으로 센멘트[시멘트]만 200포을 받고 동민이 할려고 춘효 동장이 허락을 해서 이 일이 억찌로 한 셈이며 춘효도 자기가 동장을 할 때는 무족끈 밀고 가면 댄다는 의식으로 이번 일을 했뜬 것이 아주 모선이 대고 마랐쓰며 동내 절먼 사람한태 욕을 본 것이나 다름이 업쓰며 이번에 센멘토도 200포 가지고는 모래 실련돼 모래 값도 안 댄다고 생각을 하며 이번 일은 앞쓰서 한 사람이 생각도 안꼬 성낙을 한 것이 모선이며 이번 일 때문 동내 사람한태 상당이 욕을 먹은 것이 사실이며 춘효도 이번 서운하두록 당해따고 자신은 생각을 한다.
금일은 동내길 보수한다고 점두록 부역을 하여쓰며 부역을 해도 너무 해서 불만을 만이 가진 것이 사실이다. 이번 일은 앞쓰서 한 사람이 청탁을 받고 한 것이라고 생각을 하며 이번 일로 사람의 가버치을 내리따고 생각을 한다.

〈1987년 9월 22일 화요일 낡씨 맑음〉
어재 길 부역을 3 분지 1도 못해서 오늘은

175) 이 내용은 일기장의 뒷 표지에 기록한 것으로, 9월 20일의 일기가 길어져 이 내용을 가운데에 두고 20일자 일기를 이어 기록하였다. 내용상 아래로 옮겨 적는다.

3, 4반에는 오전 하고 1, 2반은 오후에 한다고 이야기을 하며 우리는 오전에 나와 달라고 이야기을 하길래 자신은 소 풀을 떳고 갈라고 생각을 하여는돼 부역이라면 아주 참석을 하지 안꼬 나오는 사람만 장그[늘, 그] 사람이며 나온 사람이 불만을 가지도 시정을 못하고 밀고 가는 것이 불만이며 그 위에 포장도로 망가터린 사람에 보수을 하두록 하라고 이야기을 할 때는 동 민심을 빌리지 않코 레미콘으로 한다고 이야기을 한 것과 달라서 그 문제도 불만이 돼고 복합적으로 불만이 대어서 이번 부역을 가지 않아떠니 소을 먹이고 들어오니 춘효가 외 부역을 안 나오녀야고 소리을 촟더라. 그래서 손만 헌들고 마랐다.

〈1987년 9월 23일 수요일 낡씨 맑음〉

집사람이 대신 민성이 엄마 병원에 밥을 갇다주기 때문에 아무 일도 못하고 있쓰니까 자신이 부역을 할란에 소 풀 떠들라내 자신이 더 바픈 일과가 돼고 있꾸나. 오늘 오전에 부역을 나오라고 이야기을 해서 자신이 생각을 할 때에 주위에 사람이 미안한 감이 있쓰서 오늘 오전에 부역을 하여다. 그리고 오후에는 학희 마당하는돼 하로 일과을 보내고 마랐다.

금일은 정미소에서 정미을 4가마 함.

지출에 … 쏘세지 700원 닥캉 300원 김 2,000원 참기름 1,000원 차비 360원 미역 500원
計 4,860원

〈1987년 9월 24일 목요일 낡씨 맑음〉

아래채에 내리안전 것을 업세고 창고을 이용할려고 갇담을 싸서 벽에 세멘을 발라쓰며 이재는 안쪽만 세멘을 발러며 임시 창고을 이용할 수가 있따고 보고 있다.

그리고 대신 초등학교에 운동을 하는 날리며 집사람은 운동 구경을 갇쓰며 이제는 운이만 졸업을 하며 끝이 나는 셈이다.

그리고 우리 혜영이가 일주일 촻고도 아침밥을 멧 키 먹지 않코 학교 간다고 가방을 가지고 뛰어갈 때에 아빠의 마음이 글리며 나중에 가면 건강이나 상하지 않을까 하고 염려가 돼어서 앞푸로는 일적 깨와서 아침 먹개 할려고 일찍 깨우며 음성이 노파야 일어나고 이려나야 기분이 좋찌 안은 얼굴이라 학교 가는 놈을 기분을 상하게 하여서는 대겟나 하고 생각 끝에 학교 담임에깨 편지을 할려고 하니까 혜영이가 편지을 하지 말라 하면서 학교 갈 때에 밥을 먹고 갈라고 하면서 편지을 하지 말라고 해서 그름 아침밥을 먹찌 안으며 편지을 할려고 이야기을 하여쓰며 이려깨 쉬운 것을 가지고 여때것 극정을 했쓰며 오늘 아침에는 혜영이가 일적 일어나 밥을 먹고 가는 모섭을 보니 아빠의 마음이 좋꾸나.

지출에 … 세멘 4,300원 운동회 찬조 3,000원 아들 과자 2,000원
計 9,300원

〈1987년 9월 25일 금요일 낡씨 맑음〉

아래채에 창고할려고 중관 벽을 안전이 허물어 버리다 허물고 보니 생각보다 아주 크며 안전이 수리가 대며 설모가 상당이 만을껏으로 본다. 이번 일은 생각지도 안아뜬 일이지만 이재와서 잘 내리안자따고 생각을 하며 이번 장마에 허물어지지 안아따면 아무 설모도 업씨 방치가 돼고 말끈대 이번에 일이 아주 잘 돼어따고 생각을 한다.

오전에 벽을 안전이 허물고 보니 2시가 돼더라. 2시에 정심식사을 하로 찰흙로 벽을 발을라 하다 갑짝이 비가 올 껏 같다서 소 풀을 떠더로 갈려고 하니 집사람이 요즘 아빠 일을 도우지 못해서 미안타고 하면서 갈라고 해서 대리고 가서 소 풀을 떠드니 자신이 수라며 자신이 수라면 집사람이 그 만춤 고충이 따리게 때문에 대리가지 안을 라고 해도 거들어줄라고 하는돼 자신이 당하지을 못하게쓰며 집사람을 대리고 가면 어뒨지 모려게 육체적인 고통이 수란 것보다 마음적으로 그만춤 수라며 둘리가 휴식을 해도 절그어며 집사람 일만 아니며 두리 다니며 일을 하며 무선 일이든지 절거울 껏이다.

"들판에 벼 이삭이 물결치는 것을 볼 때에 자신의 마음도 벼 이삭과 같이 춤을 쳐는 것 같떠며 고추잠자리도 어울려 넘실거리는 모섭을 볼 때에 이 내 가슴 늙찌 않으리라."

황금물결 따라 하늘에 뭉게구름도 서스이 흙려가내. 저 구름도 한번 흙려버리며 돌라오지 안을 껏이 아닌가. 내 욕심 같떠며 황금물결이 영혼이 같이 하였쓰며 얼마나 좋으리.

〈1987년 9월 26일 토요일 낡씨 맑음〉

오전에 집사람과 둘리서 창고할려고 찰흙을 발라쓰며 오후에는 집사람은 채소밭에 일을 하고 자신은 소 풀 떠드쓰며 그리고 대신 민성이 엄마 병원에서 태원을 해서 가보지 못해서 궁금도 하고 집사람이 채소을 좀 줄라고 하면서 가보자고 해서 들래 일을 끝내고 집배 오면서 대신을 들리떠니 민성이 엄마도 생각보다 회복이 만이 돼어 있쓰며 민성이도 뼈가 있딸이[이탈이] 돼지 안코 그대로 있따고 해서 당행이며 이재는 회복이 돼는 길이라 앞푸로는 극정을 하지 안아도 될 껏 같꾸나.

자신은 민성이 엄마는 어쩔 수 업는 냉장수술이지만 민성이가 다친 것은 마음에 걸리서 속이 상하는구나.

"그리고 김영삼이 활동으로 김대중 씨가 살라난 것이 사실인돼 이재 와서 김영삼 씨을 눌리고 있는 것을 보니 김대중 씨가 나뿐 사람이라고 생각을 하며 민주당 고문으로 초대을 해서 이재는 대통령 할려고 운동을 하고 있쓰며 이재는 민주당은 대통령 단일화 하여야 한다고 말을 하며 자신이 꼭 필요한 사람이라고 말을 하는 것을 볼 때에 민주당 총재는 김영삼 씨는 좋은 일을 하고 김대중 씨에깨 이번에 밀리면 두 번 밀리게 대는돼 김영삼 씨도 대통령 출마에 노력을 만이 하고 있찌만 야비한 김대중 씨가 이번에도 밀어내지 않을까 하고 염려가 앞쓰는구나."

지출에 … 대신 민성이 엄마 문완에
3,000원

〈1987년 9월 27일 일요일 낡씨 맑음〉

금일은 아주 추운 날씨가 돼어쓰며 글래 와서는 불규칙한 날씨가 와서 앞푸로는 벼농사에도 힘들기 대어 있다.

"금일은 창고 안에 세멘 바르는 것으로 하로 일과을 보낸 셈이다. 일요일이라 아이들이 그들어도 힘들다고 안 알라 하지, 공부한다고 안 알라 하지 실찌 자신 혼자 한 셈이며 일들이 만이 할 수가 업쓰며 마음만이 바푸구나."

요즘아서 둘리가 풀을 만이 떠더며 요줌 창고 한다고 어쩔 수가 업쓰며 창고 아니며 집사람은 풀을 떠찌 안아도 대며 금년 들어서는 꼴망태[176]을 얼마 미지 안아따고 생각을 하며 소을 먹개 먹이는 한이 있쓰도 자신이 만이 하고 있는돼도 남들은 집사람이 다들 한다고 이야기을 하는 것은 자신은 불만이다. 외냐하면 지나간 해는 둘리가 경운기로 소 풀 떠뜬 것은 사실이나 집사람이 곤하게 보이서 금년 들어쓰는 집사람이 일을 하는 것은 억재을 하며 집사람 건강을 상당이 쓰고 있키 때문에 금년 들어서는 일을 적게 한 것은 사실인돼 남들은 집사람 일을 좀 적개 시키라고 이야기을 할 대는 마음에 걸린다. 외냐하면 자신이 일을 다 하면 인사는 집사람이 다 몃고 있쓰며 자신은 일을 하지 않는 것처름 생각을 하고 있쓰니 어떠게 해야 자신이 다 한다는 것을 보일 수가 있나 하고 생각도 들 때가 있다.

〈1987년 9월 28일 월요일 낡씨 맑음〉

금일은 창고에 벽만 대충 끝을 낸 셈이다. 시간 나는 대로 작업을 하니 여러 날이 걸며 바닥까지 오늘 다 할려고 작정을 했는돼 세멘이 푼기 현상이라서 세멘을 창고에 한거석 채어노코 팔지을 안을라고 하며 무족 끝 팔지 안코 있쓰서 우리 마을 쳋고도 세멘 때문에 작업을 못하고 있쓰며 시중에서는 한 포에 3,000원 주며 팔라고 한다는돼 정부에서는 몰라서 단속을 못 하는가 그러치 안으며 상인들 돈 좀 버라고 눈을 깜아 두는지 좀처럼 알 수가 업쓰며 정부에서 어더운 대가 만아서 정치을 잘 한다고 볼 수가 업쓰며 모든 것이 불규칙서려어며 마음에 들지을 안는 구나.

지출에 … 2포에 5,000원 운이 소풍가는돼 5,000원 닭값 2,000원
計 12,000원

〈1987년 9월 29일 화요일 낡씨 맑음〉

금일은 농로 부역을 하여쓰며 농로 부역은 상당이 만이 너전 감이 있쓰며 심지어 일적 벼을 벤 사람은 어재여쓰며 벽을 베고 있는돼 부역을 한다고 나와달라고 하지만 오늘 오전에는 부역 인원이 얼마 돼지을 안으며 부역을 해도 굴을 파는 작업이라 휴식을 하는 사람이 만아서 이번 부역은 잘못돼어쓰며 반 별료 부역을 했떠라면 능력도 올라가고 부역을 해도 불만이 업쓸끈돼 오늘 부역은 아주 잘못돼어따고 생각을 한다.

그리고 오후에도 부역을 한다고 해도 자신은 당산 벼을 콤바이 탈곡을 하나고 부역은 가지 않코 마라쓰며 당산 벼논 자신이 보기에는 아주 잘 돼어따고 작년에 못 먹은 것을 올해 보충을 한다고 자신은 생각을 하고 있는돼 금년 벼 생산이 적개 난다고 하더니 그 말이 맡따고 생각을 한다. 우리 당산 벼는 물도 치지 않아쓰며 남들이 바도 만이 먹는다고 말들을 한든 벼가 오늘 탈곡을 해보니 마음에 차지 않으며 상원 콤바이로 46푸대 반 정도밖에 생산이 돼지을 안아쓰며 자신원 50푸대 이상은 수학을 할 수 있따고 내다보았다.

그리고 집배 너깨 들어오니 혜지 선생님 왔다 갈따고 이야기을 하길래 집도 어질어노코 그냥 갈따니 대접 못하고 마음에 걸리는 구나.[177]

지출에 … 세 값 1,500원

176) 소나 말이 먹을 꼴을 베어 담는 도구. 주로 대나무나 칡덩굴로 만든다

〈1987년 9월 30일 수요일 낡씨 맑음〉

“금일은 아주 운수가 나쁜 날이라고 생각을 한다. 외냐 나재 일을 하고 해가 절 무름인돼 창고에 세멘 일 할려고 모래을 말바우 냇까에서 모래을 실련돼 경운기가 빠저서 실고 나오지을 못해서 모래을 반 부루고 나올라고 해도 대지 않코 그러다보니 시간이 너저서 안전이 어덥게 돼며 도로에 오는돼 차가 너무 만이 다니서 기분이 좋은 감을 가지고 오지는 안아쓰며 모래을 한 바리 실고 봉산 창고에 오니까 뒤에서 소리가 요란하며 자신도 놀라서 경운기을 노코 밭같에 뛰어 나오니 오드바이가 경운기 추래라을 드리박고 사람이 중앙선에 내동댕이 쳐있는 것을 보니 자신의 생각에는 사람이 살지는 못하지 않는 생각이 앞쓰며 자신은 그만 어절 수 업쓰며 안전이 이성을 일어따고 해도 가연이 아니다. 자신은 과실이 업따고 하지만 오드바이가 경운기 추래라을 더려박고 죽어며 어떠게 할까 다리가 뜰리며 자신이 난생 처음 놀라쓰며 사고을 낸 사람을 우선 병원에 돼리고 가야 하지 하는 생각이 앞쓰서 사람을 뒤저보니 소리을 하고 사람이 일어쓰더라. 그래서 병원에을 가야한다고 하니까 아무 말도 업씨 오더바이을 타고 집배 갈라고 해서 가면 안 댄다고 하면서 있쓰라고 하니까 신고 할 필요 업고 자신이 과실을 했쓰니까 자신이 경운기 방을 하고 있쓰니 경운기을 곤치 준다면서 말라고 해서 자신은 나중에 말성이 댈까바 신고을 하고 오니까 오드바이는 가고 업고 경찰이 와서 사고 현장을 채크을 하여쓰며 다 하고 경운기을 몰고 오는돼 또 오드바이가 와서 더려박어을까바 전 신경이 경운기 뒤을 신경만 쓰고 집배까지 와쓰며 집배 와서 생각을 하니 오늘 저녁에 혹시나 죽을까 궁금해서 대신 경운방에 가보니 집이 고요하며 불도 업고 해서 오지 않아는가 하고 한 번 더 놀랐다. 방문 앞패 가서 막 부려니 소리을 하더라. 아무치도 안타면서 가라고 하더라. 그래서 사람이나 보고 가자고 하면서 방문을 열고 불을 켜서 누어있는 것을 보고 아푸다고 수건을 대어서 있는 것을 티어 보니 엽 볼 때기에 조금 만이 까전 샘이다. 다른 곳은 이상이 업고 해서 발을 운직어보니 아무 말도 하지 않코 개안타고 하면서 이야기을 하는돼도 내 경운기 추레가 못 쓰두록 푸사전는돼 살라 남은 것이 천명이며 밤사이라도 혼자 있는 사람이라 죽어며 어떠게 하게나 하는 마음이 머리에서 떠나지을 안는구나. 오늘 자신이 차선을 지키지 안아따면 큰 손예가 날 뻔 해쓰며 앞푸로 차선은 어떠한 일이 있쓰도 지켜야 한다는 결심이 쓰더라.”

〈1987년 10월 1일 목요일 낡씨 맑음〉

어재 밤 사고 생각이 나서 잠이 오지을 안으며 대채 잠이 오지을 안으며 밤새두록 잠을 이루지 못해다고 해도 가연이 아니며 밤사이에 혼자 자다 변이 업는가 하고 궁금해서 아침 일적 가보았든이 안만 불어도 소리가 업고 해서 또 급이 나더라. 이 사람 때문에 셋 번 놀란 셈이다. 자신이 잘못이 업쓰도 이쳐름 놀라게 해서 기분은 좋찌 안으며 소리을 크게 질어도 기척이 업쓰서 방문을 열어보니 사람이 업더라. 사람이 업쓰니 밤

---

177) 이 내용은 일기 지면 상단에 따로 기록되어 있다. ‘당산벼 탈곡을 함(46푸대)’라고 기록하였다.

사이에 몸이 아파서 병원에 같는 것이 아닌가 하고 극정이 돼어서 어재 사고 지점에 경찰에 사로 있치에 표하는 것을 여사고 여기고 자신이 잘못이 업쓰서 신경을 쓰지 않아서 혹시나 표시을 잘못한 것이 아닌가 하고 대신 순달이 집배 극정한다고 안 갈라고 하다 자신은 도저이 가 볼 심이 업쓰서 순달예깨 사고 있치 표을 어떠게 해는지 학인을 하고 오라 해쓰며 순달이가 가보고 오더니 형님 잘못이 업따고 이야기을 하더라. 그러면서 병원에 문안이나 한번 가보라고 이야기을 하면서 극정을 하지 말라 하더라. "오늘은 다리가 후들거리서 아무 일도 못하고 종일 휴식을 하고 마랐다."

지출에 … 고기 포장류 1,900원

〈1987년 10월 2일 금요일 낡씨 맑음〉

오전에는 질근콩 안전이 익은 것만 집사람과 둘리서 뽑아서 밭태 재애서 두어쓰며 오후에는 인분을 프서 작과나무에 통장군으로 부고 마랐다. 추석이 일적은 해는 마음이 바푸며 일손이 만아지는 것은 사실이다. 그리고 병원에 문안 갈려고 경운기 센타에 전화을 해보니 병원에 있따는 아주마가 이야기을 하더라. 그래서 병문 갈라고 하니 어떤 병원에 있는냐고 무러니까 전화을 바꾸더라. 바꾸는돼 사고 낸 본이 받더라. 다친 대는 얼굴래 팔을 갈고 무릅에 셋 바늘 꾸멧따고 이야기을 하는돼 그 날 사고로 바서는 살 희망은 업찌, 머리에 상쳐가 있찌 하는 마음이 머리에 떠나지을 안으며 의심만 생기더라. 그른대 오늘 장본인의 음성을 들어니까 정말 별 이상은 업는 것은 사실인가바. 그처름 경운기 다 때리부스지두록 더리박고 살라따는 것은 기적이라고 생각을 하며 그 사람보다 내가 더 운이 있따고 생각을 해본다. 외냐하면 내 경운기에 바치서 사람이 죽어따면 내 평생 고개을 들지 못하고 이 세상을 살라갈 꺼을 생각을 해보니 마음이 아찔하며 내가 사실은 업따고 해도 그 소리에 질리서 힘이 업쓸끈돼 이제는 자신도 만이 교육이 돼어쓰며 할기차게 살라갈 수가 있쓰서 자신이 운이 좋다고 생각을 한다.

〈1987년 10월 17일 토요일 낡씨 맑음〉

금일은 서양바실래 논 벼 콤바위 탈곡을 하여쓰며 남들이 벼 탈곡을 하고 작년보다 상당이 적개 생산 댄다고 이야기을 하든이 정말 수학량을 보니 숭년이라고 생각을 한다. 오늘 타곡을 해보니 작년보다 콤바이 푸대로 10부되 적개 나며 작년에 벼 씨 선택을 못해서 수학을 적개 본 것인돼 그에 따라 10푸대 적개 수학을 해서 자신은 아주 숭년을 본 샘이나 다름이 업쓰며 그리고 자신은 벼 씨 선택을 잘못해서 수학을 떨어지는돼 금년에는 벼 씨을 신경을 쓰서 침종을 해야 하게따고 생각을 해본다. 서양바실래 수학량 상원 콤파이 푸되로 52푸대 수학함.178)

지출에 … 세 값 1,500원

〈1987년 10월 4일 일요일 낡씨 맑음〉

자신 뿐 아니라 벼 수학대는 것을 보니 수

178) 이 내용은 일기 지면 상단에 따로 기록되어 있다. '서양바실래 콤바위 탈곡을 함(콤바이 푸돼 52개)'라고 기록하였다.

학은 적개 대는 것이 사실이며 비가 그처름 만이 았는대 소출이 만이 덜 택이 업찌, 물 날리을 만나쓸 때는 수학이 업찌 하는 마음이 들 때 바서는 이것도 감이 열 깨라고 할 련지는 몰라도 요줌 수학대는 것이 적어서 서운한 감을 감출 수 업쓰며 올해따라 (화천) {()제방) 우리 마을 쳐거도 7군대나 분실이 돼어서 그것을 부역으로 복구을 하너라고 부역을 수도 업씨 하여는돼 벼 수학대는 것을 보니 기가 차며 서운한 감을 감출 수 업꾸나.

"금일 웃뜰래 콤바이 탈곡할려고 같 돌리는 것으로 하로 일과을 보내고 마랐다."

〈1987년 10월 5일 월요일 낡씨 맑음〉

봉답 벼을 오늘 혼자서 베쓰며 자신이 농사을 짓꼬는 처음 잘 돼어따고 생각을 하고 있다. 탈곡을 하며 수학이 어떼게 댈련지는 몰라도 임시 보기에는 마음에 찬 벼가 돼어 따고 생각을 한다.

지출에 … 베지밀 250원 혜지 옷 12,000원
운이 10,000원 혜영 수봉
7,000원 양발 1,000원 세집배
쇠고기 4,000원 치약 900원
조림 2,400 물바가지 500원
장갑 900원 차비 360원
計 39,310원

〈1987년 10월 6일 화요일 낡씨 맑음〉

금일은 추석마지 대청소 한다고 앞 골목에 잡초 제거을 하고 일부 사람은 비로 쓸고 하는돼 웃마을 사람만 참여해서 청소을 하고 실찌 길가 외 사란 사람이 자기 담 밑태 풀 제거을 하지 않코 남이 하두록 하며 실찌 주인은 전연 나오지을 않코 남들이 하고 있쓰서 자신이 생각을 해도 너무 한다 시프서 동장한태 자신은 우리 골목 주위에 한다고 하면서 올라와서 내 골만 청소을 하고 마랐쓰며 그리고 봉답에 벼을 비니 혼자는 줄지을 안으며 남들이 벼을 손으로 비지을 안으니 더 힘이 업쓰서 못하게더라.

그리고 오후에는 콤바위 탈곡을 할려고 따라다니다 아무 일도 못하고 자신에 일도 못했쓸 뿐 아니라 콤바이도 고장이 자주 나서 벼을 탈곡을 못해서 시간이 지체해서 우리 논에 들어올 때에 해가 질 무렵이라 셋 바키 돌고 마랐다. 실찌 오늘은 자신이 시간 활용을 잘 못했따고 생각을 한다.

지출에 … 큰집배 5,000원
전기세 값 2,200원
計 7,200원

〈1987년 10월 7일 수요일 낡씨 맑음〉

이번 추석에도 우리 가족은 한 사람도 낙오 업씨 참석을 다 했쓰며 불행하게도 민성이가 팔을 다치어서 다들 추석을 마지하게 대어서 이번 추석은 마음에 걸리지만 탄 놈은 다들 건강한 모섭을 추석을 마지해서 자신은 마음 든든하구나.

그리고 이번 추석에는 황금 연휴가 돼어서 그른지 친구들이 다들 모여쓰며 이 사람들이 정담을 나누어쓰며 이러게 다들 모이기는 힘드는 일이라면서 8시가 돼어는돼 구미 가서 술 한잔을 하자고 하면서 자리을 온기게 돼어쓰며 밴드가 있는 홀에 가서 맥주을 마쉬게 돼어쓰며 자신은 난생 처음 악단이 있는 곳에 들어가보았쓰며 사람이 생할이 윤댁이 돼며 서태래스을 해소하려고 춤을 쳐며 술래 취해서 마음것 뒤어 놀며 마음의 해소는 댈련지는 몰라도 낭비의 휴유찡이 만으어리라고 생각을 하며 그 만은 중년 부인들이 저려게 남녀가 어울리서 춤을 쳐다 가연 집배 가서 남편을 존경을 할 수가 있쓸까, 아니 부부간에 정을 가지고 살라갈 수가 있쓸까 하고 염려가 돼며 자신이 볼 때는 남자들보다 중년 부인이 아주 만으며 앞푸로 갈수록 이 무리들이 더 할 판이며 이것이들이 오염을 시킬 것을 생각을 하니 국민들이 만이 생각을 하여야 한다고 생각을 한다.

"금일은 악단이 있는 홀래서 자신이 노래 2곡을 불어쓰며 자신이 난생 처음 홀래 들어가서 여자와 어울리찌만 이것이 실지을 안으며 불가 멧 시간 만에 물이 들어가는 말이 있는 것 같더며 이곳은 성실이 살라가는 과정은 출입을 해서는 안 댈 껏이라고 생각을 하며 사람은 부부간에는에 정이 업씨 살라가는 과정은 삶매 가치가 업따고 생각을 하기 때문예 여자와 어울리는 노리는 검물이라고 생각을 한다."

〈1987년 10월 8일 목요일 낡씨 맑음〉

웃뜰래 벼 탈곡을 함. 두 단지는 남들만춤 나와따고 생각을 하는돼 굼논에는 수학이 넘어 떨어지며 금년에 벼 수학이 너무 허무하며 눈우로 보기는 그드렵짠은돼[웬만큼 되는데] 벼 탈곡을 해보니 너무 허무하며 금년에 땀의 대까을 바서는 누무이 나올만춤 서운하구나.

두 단지는 90개, 굼에는 푸대가 일반 푸대가 있쓰서 40개는 댈 껏 같꾸나. 운학이 푸대.

지출에 … 새 값 2,000원 고기값,
고기 포장류 1,900원
計 3,900원

〈1987년 10월 9일 금요일 낡씨 맑음〉

금일은 어재 벼 탈곡한 것을 온대 열어도 다 열지을 못하게쓰며 이웃지로 열어노와 쓰며 그러자니 오전이 그이 다 가다시피 하며 오전에 벼을 조금도 비지 못하고 정화내 대갈림 하는 논 같돌리고 오전 해을 보내고 오후에 자신 혼자 벼을 베는돼 줄어들지 않으며 재미 업쓰서 못하게더라. 그래서 지루한 감을 업쌔기 위에서 추석 전에 벼을 빈 것은 발가리을 세우 두는 것으로 하로 일과을 보낸 셈이다.

지출에 … 딸 소풍 닭갈 1,900원 쏘세지,
김, 닥강 2,500원 아들 과자
(둘) 1,200원

〈1987년 10월 10일 토요일 낡씨 맑음〉

금일 선태 부친 칯 지사라고 동내 술 한 잔 주는돼 어더먹고 벼 베로 가니까 얼마 베지을 못해서 한나잘 돼고 혼자 베는 도대체 줄어 들지을 안으며 정심을 먹고 늑뚤에 벼을 빌 수가 있나 하고 들래을 가보니 오늘은 순서가 돼지을 안으며 내일 콤바이 탈곡을 해줄라고 하더라. 자신은 벼을 말류지 못해서 조금 있다 말라쓰며 하는돼 6촌 형님내 갈림하는[소작하는] 논은 콤바이 탈곡을 했쓰까 하는 생각이 앞쓰는구나. 외냐하면 육촌 형님은 아직 벼 탈곡한 것이 업키 때문에 본인 답답하지 않캐나 하는 생각을 하니 당장 콤바이만 댄다면 했주어쓰며 하구나. 그리고 자꾸만 불필하게 시간을 보내고 봉답 벼을 너깨 가니 집사람은 벼을 베고 있더라. 둘리가 한참 베고 집배 와서 말린 벼을 담어니 저물며 세집까지 푸대을 재어두니 상당이 너전 시간이 대고 말더라.

"정부에서 추곡 인상을 어떠게 올려줄련지

황상 궁금하며 금년에는 농민을 생각을 해 주어야 한다고 생각을 한다."

〈1987년 10월 11일 일요일 낡씨 맑음〉
콤바이 탈곡할려고 따라다니다 콤바이 탈곡도 못하고 내 일만 지연대고 콤바이도 고장이 자주 나서 성질 급한 사람은 하지도 못하게쓰며 콤바이을 밑지을 못하게쓰며 콤바이 딸라다니 보며 내 일이 전연 안 대며 일이 손에 잡피지을 안으며 들뜬 사람이 돼고 마니 내 일이 잘 댈 수가 업는 것이 사실이다.
오후에 집사람과 조금 너캐 봉답 벼을 베쓰며 일을 뜸으로 하고 있쓰니 봉답 벼을 시울도 업씨 벼 베기을 하게꾸나.
"그리고 우리 운이 공부에 취미가 업쓰서 부모로서 여간 고충이 아니며 이건 공부을 좀 하라고 때리지도 안 대고 달래도 안 대고 공부을 하라고 눈 떠며 공부을 하여야 한다고 이야기을 해도 들은 척도 안 아며 아빠만 들래 가면 놀로을 가고 마니 여사 일이 아니며 친구들도 그릇다. 한 놈은 양부모 다 죽고 활머니 밑태서 자라고 두 놈은 부친이 일적 죽어서 저의 엄마 공단에 가면 세상 모러고 놀고 있쓰며 또 한 놈은 땅이라고 깨시 불 때도[깨물데도] 업쓰며 알콜중독으로 골방거리지 만사가 다들 그러니 부모로서 고충이 이루어 말할 수 업씨 크다는 것이 사실이다."
"그리고 우리 혜지는 아직 성적은 중간 더 하지만 이제와서 노력은 하고 있쓰서 아빠로서 마음이 뜬뜬하구나."
"그리고 우리 혜영이는 체력만 뒤바라지 해주며 1, 2등은 충분이 할 수 있따고 아빠로서 장담을 하는돼 현재로서 자신이 혜영이 체력 문제을 아빠로서 뒤바라지 못해주서 가슴 아푸며 밥상을 같이 바다서 밥을 먹개 대면 혜지는 밥을 너무 잘 먹어서 극정업고 혜영이, 운이는 밥을 안 먹는 적이 만으며 아빠로서는 때마다 두 놈을 눈치을 바야 한다. 외냐하면 저 밥을 다 먹어야 하는돼 하고 극정을 하며 밥그릇을 비우면 아빠의 마음이 좋고 조금 먹고 말면 아빠의 힘이 쭉 빠지는 너킴이며 기분이 상하고 만다. 아빠로서 생각을 할 때에 한편으로 미안하기 짝이 업다. 외냐하면 저 때는 고기을 사와서 장조림이라도 해주면 밥을 먹을 꺳이 아닌가 생각을 할 때에 그 심정 누가 알개쓰며 돈이 만아서 아이들 영향 가치을 쳋 해주는[영양 간식을 척척해주는] 부모는 만사가 극정이 업쓸 꺳 같떠며 이른 개층에 있는 사람들은 아이들이 복이 만예서가 아니라 부모가 복이 만타고 나는 말을 하고 십다."
"자식들아 너위들래 불만 있따고 아빠 미어하지 말라. 돈으로는 비록 너위들예게 빠절련지 몰라도 몸으로는 어너 부모보다 뒤에 가지 안으리라."

〈1987년 10월 12일 월요일 낡씨 맑음〉
금일은 늑뚤래는 안전이 벼 탈곡을 한 셈이며 금년 농사는 처음에 모 상자에서 실수을 하여서 수학하는 돼까지 영향이 돼어따고 생각을 한다. 모 농사을 배리니 모 패기을 정식 포기을 학보하지 않아서 수학이 뜰어젔따고 생각을 한다.
내년에는 육모 상자을 더 학보을 해서 평당 주수을 정식으로 해야 한다고 생각을 한다. 아무라도 평당 쥬수가 적개 들어가스는 수학량을 만이 기대할 수가 업따고 본다.
경화내 복판에 태모 콤바인 푸대로 40개,

한 집배 20푸대
복판 논에 41 반 수학 함.
"집사람 따라올 때는 가슴이 든든한 감을 가지며 안내을 앞세어 걸어갈 때에 뒤모섭 바라볼 때에 한 포기의 꽃을 바라보는 것보다 더 이 내 가슴 좋은 줄 누가 알리."
지출에 … 한타 3병, 막걸리 1병,
빵 1,600원 통조림 900원
두부 350원
計 2,850원

〈1987년 10월 13일 화요일 낡씨 맑음〉

금일로 안전이 봉답 벼 베기을 끝을 냇쓰며 금년으로 벼 베기을 다 했쓰며 벼을 다 베고 나니 서운 감도 든다만 한편으로는 봉답 논이 수부가 만아서 빠저는돼 힘이 들어 예을 먹은 것을 생각을 하며 속이 시원하게 너켜저지만 끝을 내고 보니 더 벼을 베바쓰며 하는 마음이 앞쓰는구나.
"금일로 벼 가마니을 가지고 밤 너깨까지 만치는 일도 오늘로서 끝을 내는 것 같떠며 오늘은 며 가마니을 만치며 힘이 너무 들어서 농촌에는 이래 살라야 하나, 수라게 살라갈 수가 업는냐 하는 생각도 가저바쓰며 오늘 고통일 제일 심해따고 생각을 한다."
지출에 … 구론산 250원 포장류 1,900원
計 2,150원

〈1987년 10월 14일 수요일 낡씨 흐림〉

오늘은 무선 일을 해야 잘 할련지 결정이 돼지을 안아서 예료가 만아다. 왜냐하면 중앙 기상대에서는 오늘은 만은 비가 오지는 않치만 5미리에서 10미리는 온다고 하는돼 낡씨 바서는 비가 오지을 않을 껏 같떠며 만원 비가 온다면 봉답에 벼단을 발가리을 세우야 백 번 잘하는돼 비가 아주 적게 오면 발가리 세우는 힘 이삭이 떨어저기 때문에 세우지 않코 그 자리에서 탈곡을 하며 손십키 때문에 오늘은 어너 일을 해야 잘하는냐에서 결정이 돼지을 안아서 집사람보고 무선 일부터 해야 하겟너냐 하고 오늘 일 좀 결정을 하라고 해도 결정을 서로가 내리지 못하고 미류고 한참 시간 흙으다고 해도 무리는 아니다. 만약 비가 적게 오면 벼단은 지자리에서 말라서 탈곡을 하는 것이 좋을 껏이다. 오늘 일 콩나물 콩 타작을 하기로 결정을 하고 마랐다. 오전에는 집사람과 당산 밭태 콩을 뽑는 것으로 오전 일과을 보내고 오후에는 콩 타작을 하는 것으로 하로 일과을 보내쓰며 하로예도 뭉게 구룸이 몰려오며 비가 만이 오지 않을까 하고 극정을 하고 구룸이 벗껴지면 비는 안 오겟다 하고 안도의 숨을 도라 신 적이 여러 번 돼며 오늘은 어너 작업이 잘 했는지 내일도 비가 조금 온다고 이야기을 해서 결정은 내일 가바야 본정이 댄다.
"금일은 무선 이을 해야 잘할련지 결정을 하는 돼 힘이 들어다."
"무선 일이든지 결정을 잘못해서 오차가 생키따며 농촌 일은 다른 일과 달라서 작업량이 멧 배가 돼고 만다."

〈1987년 10월 15일 목요일 낡씨 비〉

"어재 일 판단을 잘못해따고 생각을 한다. 외냐하면 비가 적게 오면 발가리을 새우지 않코 벼 탈곡을 하며 수라다는 것만 생각을 해서 일 판단을 잘못하고 콩 타작을 한 것이 잘못했따고 시인을 하며 오늘 와서 보니 아주 일 머리을 잘못쓰따고 말을 하고 십다. 어재 콩 타작을 안코 발가리을 세우쓰며 오늘 비오돼 신경도 쓰지 않코 일이 수라게 풀리갈 것을 그만 오차가 생기고 마랐다."

오전에는 비가 와서 휴식을 하고 마랐쓰며 오후에는 배추 금이 좋다고 이야기을 해서 자신도 배추을 한 경운기 실고 구미 시장에 갈려고 마음을 먹고 집사람과 둘리서 경운기을 몰고 채소밭에 가니 아직 알이 들찬 느킴이 들어서 막상 달리들지을 못하게쓰며 한참 망설이다 그만 경운기로 구미 시장 가는 것을 포기하고 무지파만 시장에 가서 배추 금도 볼 겸 집사람이 무지파만 가지가게 파만 뽑아 왔다.

"금년에도 김장 때에 가면 배추 풍년이 댈 것으로 내다보고 있쓰면서도 배추을 뽑아다 시장에 내기가 쉽찌 않꾸나."

〈1987년 10월 16일 금요일 낡씨 맑음〉

오전에는 소 먹이 할려고 집 한 마리 실어 오는 것으로 오전 일과을 보낸 셈이다.

금일은 집사람이 무지파 팔로 구미 시장에 갈쓰며 시장에 배추 금을 볼 겸 겸사로 시장에 갈쓰며 자신은 기한 무지파을 가지고 가서 일적 집배 올 줄 알라는돼 오지 않코 오후 2시가 넘어도 오지을 안으니 방정한 마음이 들어가며 날씨가 오후에 가니까 낡씨가 추운대 옺을 얄깨 입고 간 것이 극정이며 장사가 돼지을 않으며 도매로 주고 말찌 다 해바야 을마 돼지을 않는돼 종일동안 사람 상화는 값도 돼지 않는돼 하고 원망도 돼며 남들 모양 장에 가면 정심이라도 사먹어며 극정이 들 돼겠는돼 3시가 넘어도 오지을 안아서 집배서 있쓸 수가 업쓰서 하며 나[이제나] 오겟찌 하고 큰집배 내리가면서 바라보았도 오지 않코 큰집에서 기다리도 오지을 않으며 자신도 오후에 집사람 기다리다 오후 시간이 다 같쓰며 사람이 올 때가 넘어도 오지을 안아서 극정이 더 해가며 앞푸론 장사을 안 보내야 하겟다. 외냐하면 물건을 팔라바야 을마 돼지을 안는 물건 때문에 둘리가 마음에 신경쓰는 값도 돼지 않는다고 생각을 한다.

"그리고 이제는 기한 파도 허나며 배추 금도 허러며 오늘 배추을 경운기로 배추을 뽑아 같쓰며 돈도 하지 않코 배추만 한 바리 버일 뿐 했쓰며 금일 일은 묘하게 모면했따고 생각을 해본다."

수입에 … 파 값 8,600원
지출에 … 통조림 1,000 닭갈 1,300원
지고기 1,800원 차비 460원
計 4,560원

〈1987년 10월 17일 토요일 낡씨 맑음〉

오전에는 봉답 벼 탈곡할려고 한 번식 더 비나쓰며 오후에는 기계만 차리노코 내일 일적 탈곡할려고 개핵을 세우고 기계만 차리고 말라고 하다 기계가 내일 탈곡을 할 수가 있쓸가 하고 궁금해서 시범으로 탈곡을 해보았다. 그러다 내일 종일 하는 것보다 일적 마치며 날 껐이라 생각을 하고 시작한 김에 탈곡을 하고 마랐다. 벼 탈곡을 해보니 마음먹은 것보다 수라게 잘 대어서 너캐 시작을 해도 만이 한 셈이다. 오늘 일이 운이, 혜영 둘리가 그들어서 만이 했따고 생각을 한다.

"금일에는 아들이 저의 엄마 생일이라고 어재부터 힌터을 주고 야단이며 금년에도 아들이 아니며 집사람 생일을 깜짝 할 뿐 했쓰며 만약에 올해도 집사람 생일을 몰래 넘어같쓰며 아빠로서는 할 말이 업쓸땐되 딸들이 힌터을 주어서 아빠가 어깨에 힘을 주게 돼어쓰며 집사람의 생일에 고기을 만이 사와서 마쉽게 자시는 것보다 집사람 생일날을 알고 넘어가는 것이 주목적이라고 생각을 한다. 서로가 마음을 쓰주는 것과 무이미하게 넘어가는 것과는 하늘과 땅 차이며 서로가 생각을 해주어야 살매 가치을 차절 수 있쓰며 지구의 땅등어리을 다 준다 해도 집사람만 못하리라."

지출에 … 포장류 2,000
두부 세 값 1,000원
計 3,000원

〈1987년 10월 18일 일요일 낡씨 비〉

어재 벼 탈곡을 정말 잘 했다고 생각을 한다. 왜냐하면 오늘 벼 탈곡을 할려고 작정을 했는돼 어재 시운전으로 벼 탈곡을 해서 그러치 오늘부터 벼 탈곡을 시작을 했더라면 비 때문에 벼 탈곡을 다 못 할 뿐 에서며 어재 일한 것이 그러깨 만족을 느킬 수가 업꾸나. 그리고 오늘이 집사람의 생일인돼 아침부터 남외 집에서 밥을 먹개 대애서 마음 습적 좋은 너킴이 아니더라. 용만내 형수 생신이 공일날 한다고 오늘로 땅기서 생일하게 돼어서 오늘 아침은 형수 집배서 밥을 먹개 돼어쓰며 집사람보고 내 생일이라면서 만이 자시지 어떠개 했는냐고 하니까 잘 먹어다고 이야기을 하여 오늘 생일은 남외 집배서 다 보냇따고 생각을 한다.

"오늘로서 금년 벼 탈곡을 다 한 셈이며 운이 친구들이 벼단을 근다고 법석을 부리고 집단을 조금 세우다 이것들을 생각을 하니 한편으로는 매일 모아서 들로 다니면서 놀고 있쓰며 만사가 글리는 것이 업쓰서 자기 멋대로 하고 있는 것을 바서는 미우나 오늘 친구라고 와서 일 거든다고 법석을 부리는 것을 볼 때에 미움이 업쓰저며 얼굴에 땀방울 흙리서 땀을 따까주어쓰며 정심 때가 돼어서 다들 너이들 집배 가라고 했쓰며 자신은 생각에 이것들 저의 집베 가야 부모도 다들 공장에 같쓰며 정심 챙기줄 사람이 업쓰며 자신이 생각을 해도 정심을 재돼로 먹지 못할 꺼라 생각을 해서 날씨만 좋다면 그만 들어가서 정심을 먹일라고 작정을 했는돼 그만 날씨가 금새라도 비가 올 껏 같다서 정심을 먹일 수가 업깨 돼어서 그만 우리 세을 나누어 먹개 하고 다들 집배 가라고 하니 집배 가지 않코 집단을 만질라고 들며 안 갈라고 하더라. 그래서 아무것도 모러는 아이들 돼리고 일 시킨다고 남이 생각을 할 껏이 아닌가 하는 생각이며 실찌 일한 시간은 1시간 정도 밖에 아닌돼 때가 넘두록 남외 아이들 일을 해서는 안 댄다고 해서 억찌로 집배 가라고 했쓰며 이것들이 집배는 가지 않코 공장 터에 놀고 있쓰며 우리가 2시가 넘두록 벼 탈곡을 다 하두록 놀고 있쓰니 우리 운이 보고 우리 집배 정심 먹꾸로 다들 대리고 와서 정심을 같이 먹어다."179)

지출에 … 세 값 1,000원 라면 500원
計 1,500원

〈1987년 10월 19일 월요일 낡씨 흐림, 맑음〉

금일은 벼집을 말루개 위에서 벼집을 한 번

179) 이 내용은 일기 지면 상단에 따로 기록되어 있다. '봉답벼 탈곡을 한 것이 … 27푸대 수학 함'이라고 기록하였다.

식 뒤비쓰며 서양바실에 혼자 뒤비보니까 시간이 만이 글리며 벼집을 그냥 그더서 더릴라고 해도 벼집이 조금 미급하며 안전이 말라서 그더어 드릴라고 하면 한 번식 더비서 그더어 더리는 것이 올타고 생각을 하는돼 벼집 전채을 더 빌라고 하면 상당이 힘이 들어갈 꺼을 생각을 하니 보통 일이 아니라고 생각을 한다.

"들판에 벼들이 다들 탈곡이 돼어있는 셈이며 각자 목씨가 있쓰서 빨리도 하고 있꾸나. 이재는 일반벼만 남아있으며 이재는 들판도 어순어하며 보기 실은 들판이 돼고 마랐다. 그 보기 좋은 황금물결 치든 들판을 내년이 돼어야 볼 수 있쓸 껏이 아닌가 하고 아쉬운 감을 검할 길 업꾸나."

"오후에는 집사람이 고추을 따달라고 사정을 하더라. 그래서 실랑이 고추을 딸 수가 업따면서 벼집 더 비로 갈라고 하니 벼집은 둘리 하고 내일 만약에 서리가 오며 고추는 안전이 못 쓴다고 해서 집사람 따라서 고추을 따쓰며 무선 일이든지 둘이는 되어야 한다고 생각을 가지본다."

〈1987년 10월 20일 화요일 낡씨 맑음〉

먼저 번에 부역을 빠지뗜이 이번 도로에 코스모스가 꽂이 젓서 보기 실타면서 면에서 베어 업새라고 한다면서 나와달라고 해서 도로에 코스모스 작업을 하로 같쓰며 이 코스모스는 앞푸로 갈지 안아야 한다고 생각을 한다. 외냐하면 앞 도로는 도로 폭이 너무 쫍을 뿐 아니라 이 도로는 일반 도로가 아니라 고속도로라고 해도 무리는 아니라고 생각을 한다. 그른대도 도로까에 매년 코스모스을 심어서 사람에 불편을 주는 행정 자신은 도무지 이해가 돼지을 안는구나. 도로에 코스모스 작업을 4명이 일적 마치고 집사람 당산 밭에 고구마을 캐는돼 집사람도 고구마을 캐는돼 생땅에 가뭄이 심해서 고구마가 순은 한 자 정도밖에 나가지 못해쓰며 고구마는 밤 알마나며 이것을 캐는돼 땅이 야물어서 진땀을 밴 샘이며 도대체 씨 값도 안 댈 껏 같떠며 이것을 새집배밭이라 반 갈림을 하고 나니 이것은 안전 적자라고 생각밖에 할 수 업꾸나.

"오후에는 복판에 벼집 더 비는 것으로 하로 일과을 보내고 마랐다."

그리고 민주당에 김대중과 김영삼이는 둘리가 처음에는 국민에깨 약속을 할 때는 민주당은 민주당은 대통령 출마는 단일하 한다고 약속을 한다고 하고서는 이재 와서는 서로가 양보을 하지 않코 서로가 국민들이 원하고 이따면서 서로가 대통령 출마을 한다고 실지 선거 운동을 하고 있쓰며 이 두 사람은 대통령이 댄 기분으로 날뛰고 있쓰니 기가 찬다. 외냐하면 국민을 잘 살개 하고 국민을 생각을 한다면 당을 우선을 해야 한다고 생각을 하는돼 이 두 사람은 한 당에서 둘 다 대통령 욕심박에 업는 사람이라고 생각을 하고 십고 이번 민주당은 한 분이 출마을 한다면 이번에는 정권을 잡을 기회라고 생각을 하는돼 이 두 사람이 당을 뒤로 하고 서로가 욕심 내며 두리가 사욕만 채리고 있는 것을 볼 때에는 자신은 정취인이 못 댄다고 생각을 한다. 이번에 김영삼이가 민주당 총재직을 보면서 김대중 씨을 고문으로 입당을 시킨 것이 이번 대통령 출마에 하건이[화근] 돼어따고 생각을 하며 김대중 씨는 김영삼 씨의 노력으로 정부로부터 풀려나와따고 생각을 하는돼 김대중 씨는 이번에는 김영삼 씨을 밀어주어서 대통령 출마을 단일하 하두록 해서 처음 약속 대로 국민에깨 신임을 가지두록 해야 말땅 하다고 생각을 하고 십다.
"이번 일은 계속 김대중 씨가 양보을 하지 않는다면 국민에깨 신임을 바들 길이 업쓰며 실찌 두 분 다 대통령 출마을 해바야 속을 내보이키 때문에 대통령은 당선이 안 댄다고 자신은 생각을 한다."

〈1987년 10월 21일 수요일 낡씨 흐림〉
오전에는 들까지 형 갈림하는 논 벼집을 소 먹이 할려고 더 비는 것으로 오전 일과을 보내고 오후에는 서양바실 논에 벼집 묵는 것으로 하로 일과을 다 보내고 일도 혼자 할려니 줄어 들지 않코 지루해서 못 하게더라.
지출에 … 군 체육에 찬조에 2,000원 설탕 650원 떨기름 1,500원 떡 값, 고춧가루 2,000원 김 3,600원 화장지, 후리덤 1,550원 고무장갑 800원 푸대 값 4,320원 통조림 800원 차비 360원
計 17,580원
수입에 … 콩 값 4,800원

〈1987년 10월 22일 목요일 낡씨 맑음〉
오전에는 혼자 벼집을 묵끄서며 바람이 몸씨 부려서 일 하기가 그북할 정도로 불며 배추 바서는 너무 가뭄이 심하다고 생각을 한다. 가을 들어쓰고는 비가 오지을 안아서 채소 종류는 상당한 감수을 볼 꺼 같다. 그리고 오후에는 집사람과 둘리서 집단을 묵고 한 바리 실어오는 것으로 하로 일과을 보내고 마랐다.
"자신은 집사람보고 성실하지 못한 농담을 상당이 만이 하는 편이며 앞푸론 집사람을 평등하게 되우을 해야 성실하지 못한 농담이 차차 어쓰절 껏으로 내다보며 아빠도 노력을 해야 댈 껏 같다"
지출에 … 운이 체육비 1,000원 혜영이 저금 4,000원 혜지 저금 2,000원 체육비 2,000원
計 9,000원

〈1987년 10월 23일 금요일 낡씨 맑음〉
금일은 군 체육회가 업쓰저고 면 체육회라고 아포중학교에서 운동회 한다고 식권을 발행해서 한 집배 한 장식 주고서 찬조 겸 2,000원 식을 거둔 셈이다. 자신은 식권을 형을 주고 자신은 집사람과 둘리서 경운기로 벼집을 실어오는 일을 했쓰며 일을 하면서 들판에는 사람들이 업쓰서 자신도 운동회을 구경을 가볼끈돼 하고 아쉬운 감이 들며 예초 낭비을 한다고 일 할려고 개핵을 세우쓰며 운동회 가면 낭비 할 돈으로 오늘 닭 장사가 와서 닭 두 바리을 아들 폭 살마 줄라고 싸쓰며 오늘 일한 것은 잘 했따고 생각을 해본다. 외냐하면 남들은 다들 놀고 있는돼 자신은 벼집을 4마지기에 집을 안전이 집배 들어 왔쓰니 일을 안전이 하고 보니 금일 일한 것이 잘 했따고 생각을 가지본다.
지출에 … 닭 값 2바리 2,000원

〈1987년 10월 24일 토요일 낡씨 맑음〉
"오늘은 집사람과 둘리서 벼집을 실어올 개핵을 했는돼 그만 조카 미느리가 와서 사과 좀 따달라고 해서 안 댄다고 이야기을 알수도 업고 못처름 이야기을 하는 것이라 대답을 하고 마라쓰며 집사람이 사과 따로 가

니 자신의 일이 돼지을 안아서 마음에 글리는구나. 자신 혼자 벼집을 묵는 것으로 하로 일과을 보내고 마랐다."
우리 국민이 저질이라는 것을 평소 알지만 이러깨 저질인 줄 정말 몰랐다. 외냐하면 우리 국민을 잘살개 해보겟따고 대통령 출마을 한 사람깨 닭갈 새래을 주는 사람이 업나, 자기 의 마음에 들지 안는 사람이라고 한 포을 달라고 호소을 하고 있는돼 유세장을 수라장을 만들고 닭갈 새래을 주고 있는 것을 보며 정말 기가 찬다. 자신이 생각을 할 때는 배운 자가 이따이 행세을 하며 국가적으로 망신을 주는 자는 죽이도 댄다고 생각을 한다. 그리고 우리가 잘 살 수가 있꼬 평화수롭게 살라갈라면 난폭 운전수, 도독, 운전수 과실 이 문제는 엄중게 처벌을 해서 다시는 생각을 못하게 해야 국민이 평화롭게 살라갈 수가 있따고 생각을 한다.
현 시점에는 교통사고가 나면 실찌 죽는 사람만 개죽음을 당하고 말며 그 피해자는 일평생을 고통으로 살라가는 것을 생각을 해보리. 이것을 남이라 생각을 하지 말고 나 자신이라 생각을 해보라. 조금한 심[힘]이나마 회치고 시프노라[외치고 싶노라].
지출에 … 닭갈 2,000원

〈1987년 10월 25일 일요일 낡씨 맑음〉

둘까지 형이 소 먹이 하라고 하는 벼집은 오늘로서 다 거두어와쓰며 복판 집을 일부 가지고 오고 남은 집이 삼 분지 일은 가지고 온 셈이다. 둘리가 벼집을 묵끄며 다 할 수 있는 시간이 댈 껏 같든돼 집사람이 어재 남외 일을 해서 몸이 딜 껏 같다서 오늘 일은 4시 15경에 일을 맡치고 집배 올라고 하는돼 집사람이 남들도 다들 하는돼 하면서 일을 다 하고 가자고 때을 쓰더라. 그래서 남편의 말을 안 떠고 누구 말을 들을라고 하면서 내일로 미루고 오늘 일은 일적 마치고 마랐다. 들래서는 작업을 일적 맡치지만 집배 일이 넘어 만아서 저녁은 평소 때와 별 다름이 업씨 10시 경에 끝을 낸 셈이다.
금일은 우리 혜영이 전국 어린희 글짓기대회 하는 날이며 혜영이가 글짓기에 참석을 할까 말까 하는 눈치더라. 그래서 사람이 어뛰뜬지 가감하게 참석을 하여야지 배움이 만아저며 참석을 하는 자와 참석을 하지 않는 자와는 그 차이점이 크다고 하면서 참석을 하라고 건유을 하였다. 그래서 엠비씨 주최에 전국 어린희 글짓기대회에 우리 혜영이 참석을 한 날이다.
지출에 …

〈1987년 10월 26일 월요일 낡씨 맑음〉

오늘은 집사람과 둘리서 큰집배 사과 따주로 갈쓰며 과수 중에는 사과 나무을 해야 하겟따고 생각을 한다. 사과나무는 밑천이 만이 들어간다고는 하지만 자신이 과일을 따볼 때에 수량이 상당이 만이 나오며 사과을 망태기에 따서 담을 때에 그 기분이 사과 농사을 짓찌 않코는 그 깃품을 맡보지 못한다고 자신은 말을 하고 십프며 자신도 사과 농사을 짓을라지 하는 마음이 부쩍 더는구나. 그리고 오후에 복판에 둘리가 일부 벼집을 묵고 한 발리 실어오는 것으로 하로 일과을 보내고 마랐다.
지출에 라면에 480원

〈1987년 10월 27일 화요일 낡씨 맑음〉

오늘은 여야가 합이 하예 개헌안을 국민 투

표로 부치는 날이며 투표가 순조럽게 투표가 대는 것을 실찌 너길 수가 있쓰다. 자신은 오전에 일적 투표을 하여다.
그리고 오후에는 집사람과 복판에 벼집을 다 실어오는 것으로 하로 일과을 보내고 마랐다.
"이번 국민 투표가 6회라고 한다."
지출에 … 자전차 부랙키 1,000원

〈1987년 10월 28일 수요일 낡씨 맑음〉
웃뜰래 둘리가 종일 벼집을 거두어들리는돼 하로 해가 다 가며 벼집 거두어들리는 것이 시간이 제법 걸리며 벼집이 문지 때문에 사람이 일 하기가 그북하며 사람이 피로가 빨리 오고 있꾸나.
"신민당은 결국 파가 갈리며 김대중 씨는 신당을 조직을 해서 대통령 출마을 할려고 공식 발표을 했쓰며 한태 뭉치야 살라남을 수가 있떠시 파 갈리면 살라남찌 못한다고 생각을 하며 김영삼 씨와 김대중 씨는 서로가 아욕을 너무 차리며 정치인들은 사욕보다 당이 우선이 돼어야 한다고 생각을 하는돼 이 두 사람은 욕심 때문에 당도 버리게 돼어 있따고 생각을 한다. 그리고 자신이 볼 때에 일개 국가 대통령의 자격을 가춘 사람이면 사욕을 버리고 국가 장래을 극정을 앞세우는 사람이 대어야 한다고 말을 하고 십꾸나."
"신민당은 금년으로 생명을 다할 껏으로 내다보고 있다. 외냐하면 자신은 신민당이 단일화해서 대통령 출마을 한다면 꼭 당선이 대리라고 생각을 하는돼 신민당이 단일화는 못해도 분산이 돼지을 안으야 하는돼 아이들 솝꼽장난 하더시 분산이 돼고 마는 정치인들은 어찌 국가을 막킬 수가 있캐나. 이 두 사람 뿐 아니라 신민당 의원도 다들 같다고 생각을 한다."

〈1987년 10월 29일 목요일 낡씨 흐림, 비〉
금일은 세집배 매상 댈 벼을 풍구질을 하는 것으로 하로 일과을 보내쓰며 금년부터 40kg을 포장을 하니 풍구질을 하는 것을 바느질을 따라 못하더라. 정부에서는 농민을 생각을 하여준다고 54kg에서 40kg로 한 것은 농민들로 바서는 상당은 손에가 크다고 생각을 한다. 외냐하면 푸대 수짜와 가마니 당 정량보다 더 너키 때문에 송민은 손에가 만타고 생각을 한다.

〈1987년 10월 30일 금요일 낡씨 비〉
가을 들어서고는 비다온 비가 이재야 왔따고 생각을 한다. 이번 비는 여름비 모양 줄줄 짜들고 있꾸나. 이 비는 가뭄이 심한 배추에는 비가 아니라 거름이며 모든 작물에는 갑진 비라고 생각을 한다. 그리고 하로 종일 그치도 않코 비가 내리서 아무 일도 못하고 휴식을 한 셈이며 방에서 잠이라도 폭 잘라고 해도 잠도 오지 않코 헛땐 시간을 보내쓰며 마을래서 돼지을 잡아서 2斤을 조금 넘깨 사와서 먹고 마랐다.
"그리고 우리 혜영이가 저의 반에서 5등을 했따면서 통지표을 보여주더라. 이 아빠가 먼저 번에 11등을 했따고 해서 성적이 향삭이 돼지을 않코 자꾸만 내리간다고 꾸중을 만이 주어던이 그 효과가 이재야 효가 나는구나 하고 생각이 들며 이번 성적이 제일 만이 올라따면서 선생님이 이야기을 해서 저의 반에서 박수을 바다따고 이야기을 하더라. 이것뿐 아니라 내 자신이 마음적으로 얼마나 좋으며 악수을 하고 혜영이 정말 예 먹으따면서 친창을 아키지 않아따고 생각을 하며 앞푸로도 노력을 해보자고 약속을 하여다."

"그리고 잠자리에 들어갈려고 하는돼 경숙이가 올라와서 아버지 아푸다고 이야기을 하더라. 형님이 여때것 조용하더니 또 다시 제발을 했따니 자신으로 여간한 문제가 아니며 병원에도 병명이 나와서 치료가 대며 별 문제가 돼지을 않캐는돼 병명은 나오지 않코 주위 사람만 놀라게 대며 그에 따린 아들은 얼마나 놀라는지 정말 기가 찬다. 사람이 아푸다고 몸부림을 쳐고 있는 것을 병원에 안 갈수 업쓰며 병원에 가바야 응급실래서 링계류 정도밖에 안 대고 있쓰니 가슴 아푼 일이며 오늘도 밤 11시 경에 김천 도립병원에 가서 링계류 하나 정도 밖에 업쓰며 기계 시설이 업따면서 미루고 말며 대구 대학병원에 가보라고 건유을 하며 차을 알선 해주더라. 실찌 병원에 가바야 또렷한 병명도 나지 않코 돈 낭비만 한다는 것을 알면서 밤 2시 경에 대구 대학병원으로 갈쓰며 자신은 매상 준비 때문에 마을 앞패서 내리고 형수, 용숙이가 둘리 같쓰며 학실리 병명이 나오지 않코 사람을 예을 먹이고 있는 것이 예돌따."

"그리고 내일은 비가 안 아야 큰집배 매상 88개, 자신이 60개 다들 준비을 하여야 하는돼 낡씨만 좋아진다면 별 문제가 돼지을 않캐는돼 내일 낡씨가 극정이 돼는구나."

〈1987년 10월 31일 토요일 낡씨 흐림〉

오늘은 매상 준비을 하여야 하고 매상 가마니도 상당이 만아서 자신 혼자는 도저이 할수가 업쓸 것 같다 봉산 자형을 일 좀 해달라고 전화을 하고 대신 민성 엄마에깨도 매상 가마니 바느질을 해달라고 전화을 해서 다들 와서 매상 준비을 하니까 마음 먹키보다 수라게 88가마을 한 셈이다. 그리고 어재 비만 아니여더라면 오늘로서 셋 집이 매상이 끝이 날킨돼 비가 그만 내일까지 하게 만들꾸나.

〈1987년 11월 1일 일요일 낡씨 비〉

"금일은 자신의 매상 준비을 하여쓰며 순달이가 와서 매상 준비을 하는돼 거들어주로 와서 일이 수랄 뿐 아니라 자신이 수라게 매상 준비을 다 하여쓰며 자신이 매상 준비을 안전이 끝을 내니 비방울이 떨어저서 자신은 다행이 비을 맡찌 않코 끝을 내서 큰 다행이라고 생각을 하며 자신이 매상 할당을 60개, 과입고 13개, 계 75계을 오후 1시 30분경에 끝을 냇다."

"오후에는 큰집배 가입고을 매상 준비을 할려고 한 것이 비가 내리서 마음만 먹다 비 때문에 하지 못하고 마랐다."

금년에는 사과 금이 좋으니 도득이 만으며 도득도 조금식 하는 것이 아니라 차로 하고 있쓰니 기가 찬다. 농민들은 사과 한 개 만들라고 일 년 동안 땀을 흘리는 것을 생각을 할 때에 재삼자로서도 혈압이 올라가며 일 년 동안 농사을 짓어논 것을 하로 밤에 회치우는 도득이 요세 판을 치고 있쓰니 농민은 이중으로 고통이 따리며 대신 시냇이 두 곳을 쵳도 4끈이[네 건이] 대니 농민들은 불란해서 매일 저녁에 야경을 하고 있쓰니 이 고통을 당하고 있는 것을 정부에서 안다면 정부에서는 도득은 원벌을 쵳한다면 아예 도득을 할려고 아예 생각을 못하두록 충분이 하고도 남은 있는돼 이것을 못하고 있쓰니 국민이 불안을 안고 살라는 것 정부에서 생각 좀 해주며 하는 마음이다.
지출에 … 돼기고{기} 값 (1,300 백그람)
2,800원

〈1987년 11월 2일 월요일 낡씨 흐림〉

금일은 우리 마을에 공판이며 칯 공판라서 상당이 분빌 껏으로 내다보고 있쓰며 형님이 펜찬아서 이번 공판은 내가 다 하여야 하는돼 하고 생각을 하니 극정이 만이 대어쓰며 생각보다 주위에서 만이 그들어주니 일이 수라며 이번 공판에 순달이가 예을 만이 먹어따고 생각을 한다. 그리고 이번에는 공판 가마니을 40kg로 줄라서 농민들은 이중으로 손예을 보게 대어찌만 오늘 일을 해보니 가마니 수자는 자신이 만친 것만 해도 300백 가마는 만치따고 생각을 하는돼 육체적인 고통은 들 피곤한 감이 더는구나.
지출에 … 베지밀 3개 750원
박카스 3계 600원
計 1,350원

〈1987년 11월 3일 화요일 낡씨 맑음〉

어재 저녁에는 활머니 기지사라 형님은 핀찬에서 순달이와 자신 둘리가 재사을 지냇셈이며 아버지가 살라서 계씰 때는 자반 하나까지 성환 것만 차저서 재사 준비을 하며 우리가 볼 때에 그러깨 정승을 더리서 재사을 모시는돼 대가 흝려가니 마음은 머러져가는 것이 사실이구나.
그리고 오늘은 채소밭을 한 박기 집사람과 돌라보니 파을 한 단 정도 뽑아같더라. 이것을 생각을 할 때에 남의 물건을 손을 대는 사람은 정말 이상하구나 생각을 가저바쓰며 이 사람은 남의 것을 가지고 가서 무었에 쓰며 마음은 어떠게 가지고 있는지 의심서러어며 한스렵꾸나. 그래서 오후에는 배추와 파을 뽑아서 경운기로 한 바리 가지고 구미 시장에 내일 갈려고 집부로 뽑아았다.

〈1987년 11월 4일 금요일[180] 낡씨 맑음〉

금일은 경운기에 무지파와 배추을 한 발리 실고 가서 민정이 집 앞패서 파는돼 생각보다 잘 팔리며 동생들이 둘리가 있쓰서 지수들이 사람을 소리을 해서 일적 다 팔라쓰며 자신은 힘이 별료 들지 않코 장사을 잘 했찌만 민정이 엄마는 정심을 했찌 다만 생각찌도 안는 경비가 나지 않아나 하는 생각이 앞쓰는구나.
그리고 집배 오면서 눈님 집배 들리서 콩깍때기와 쌀딩기을 실어와서 겸사로 일을 잘 했따고 생각을 한다.
지출에 … 민정 집배 … 민수 3,000원
오징어 1,500원 밀감 1,000
(미린내 과자) 730원 눈님
2,000원 길성이 병문안
2,200원 차비 470원 마른 반찬
2,000원 혜지 옷 14,000원
스타킹 500원 칠부 1,500원
파와 배추 한 단 700원 수입
4,1000원
지출 計 28,900원

〈1987년 11월 5일 목요일 낡씨 맑음〉

"오전에는 경운기 대우할려고 대신 경운기 센타에 가서쓰며 대우을 할려면 멧 칠이 걸

180) '수요일'이나 금요일로 잘못 기록하였다.

리야 한다고 해서 기다리다 그만 집배 오고 마랐다. 그리고 오후에는 당산 논에 도구 쳐는 것과 봉답 벼을 한 번 식 돌리 세우는 것으로 하로 일과을 보내고 마랐다."

"우리 운이 공부이 치미가 업쓰서 아빠로서는 제일 극정이 크며 자신으로는 한다고 해도 안 대고 있쓰며 자식 하는 있는 것을 어떠게 해도 갈치야 하는돼 현재로 바서는 공부한다는 것이 20푸로 정도밖에 대지을 안는다고 보는돼 이 아빠는 운이 생각만 해도 골치가 아푸며 부모로서는 자식 농사가 올치 못하며 만사가 실어며 만약에 운이 잘라서 우리 부모가 신경을 들 쓰서 공부을 하지 못해따고 원망이라도 하련지 의심 스려어며 현제로 바서는 딸들 보다 운이예깨 더 신경을 쓰는 것만 사실이다. 그리고 오늘은 시험지에 점수 들 맡자따는 핑계로 매을 대쓰며 앞푸로 매을 자주 대어 볼 결심이다."

〈1987년 11월 6일 금요일 낢씨 맑음〉

오전에는 휴식을 하여쓰며 오후에는 당산에 벼집을 소 먹이고 조금 남은 것을 한 번식 더 비 낮쓰며 아직 벼집을 만치지 않코 그냥 둔 벼집은 소 먹이도 골란하두록 썩은 편이며 벼집을 빨리 손을 대지 안는다면 암자가도[아무짝에도] 쓰지 못하게 댈 껏 같다.

지출에 혜영이 머리 1,000원

〈1987년 11월 7일 토요일 낢씨 맑음〉

오전에는 세집배 모래 한 바리 실어주는 것으로 오전 일가을 보내고 오후에는 경운기 대우하는 돼서 하로을 보낸 셈이며 대우을 했노니 경운기가 아주 보기에도 좋으며 돈이 들어가니 정말 좋은 기분이더라. 그리고 경운기을 차저오면서 대우 값을 다 주지 못하고 십만 원만 주고 와서 미안한 감을 가짓다.[181]

지출에 경운기 대우 값 선금 100,000만 원

〈1987년 11월 8일 일요일 낢씨 맑음〉

세집배 수세식 변기 단다고 부록구로 벽 싸고 수도 땡기서 가슬하는 돼 하로 종일 일을 하여쓰며 변기을 마루 뒤에 달면 나이 만은 사람들은 아주 편할 껏으로 생각이 들며 세집부 바서는 아주 잘한 일이라고 생각을 한다.

지출에 아이들 보온밥통 7,000 신발 아빠, 집사람 6,000원 경운기 바 1,500원 간장, 때수건 1,000원 엿 800원 학용품 1,000원 혜영이 독꼬리[옷] 5,000원 전구담아 850원 통조림 1,000원 계란 1,500원 양발 1,000원 떡 값 1,500 차비 600원 計 30,150원[182]

〈1987년 11월 9일 월요일 낢씨 맑음〉

오전에는 큰집배 사과 선별하는 돼 그들어 주어쓰며 금년 사과는 대풍이라고 생각을 해본다. 큰집 뿐 아니라 우리 마을에 사과 농사을 짓는 사람은 다들 수학량이 상당이 만으며 금년 사과 값이 좋키 때문에 사과 농사을 한 사람은 때을 맡출 수가 있따고 본다.

그리고 오후에는 낢씨가 추위가 올 껏 같다

181) 이 내용은 일기 지면 상단에 따로 기록되어 있다. '(경운기 대우 함)'이라고 기록하였다.

182) 실제 계산은 28,750원이나 30,150원으로 잘못 기록하였다.

서 큰집배 사과 선별을 내일 해주기로 하고 집사람과 둘리서 무우 수학을 했쓰며 금년 무우는 아주 알맡게 잘라따고 생각을 한다.
"그리고 자신은 배추 값이 좋을 것으로 내다보곤 했는돼 그 반대가 대고 마는구나. 자신이 배추 농사을 짓어서 때을 만춘 적이 업쓰며 내년에는 배추을 아주 적게 가라야 겟다."
"농민들이 살 자리가 업는가. 농산물이 한 가지도 값이 좋은 것이 없쓰니 농민이 잘 살 수가 업쓰며 선거 때만 대면 농민들을 달삭하게 만드는 것이 한국 정책이라고 생각을 한다."183)

〈1987년 11월 10일 화요일 낡씨 맑음〉
집사람과 둘리서 무우 갈무리 하는돼 손질을 했쓰며 오늘 바서는 낡씨가 좋아서 무우 수학을 하지 않아도 될 껏 같은 날씨을 보이는구나. 자신은 무우 갈무리 작업을 끝을 냇다.
오후에는 큰집배 사과 저장하는 돼 집사람과 둘리서 도와주는 것으로 하로 일과을 보냇다.
"고요희 잠든 집사람 손을 만저볼 때에 손이 어시며 만질수록 까시가 돼는 손 내 손과 바끌 수만 있따면 바꾸어주어쓰며 하는 마음뿐이며 이 손을 자신이 망가터리따는 생각을 할 때에 이 밤이 새두록 만저주어도 그 공 다하지 못하리라."
지출에 … 운이 감기약 1,300원

〈1987년 11월 11일 수요일 낡씨 맑음〉
오전은 집배서 모욕하는 것으로 오전 일과을 보내고 마랐다. 오후에는 집사람과 둘리서 큰집배 사과 선별을 해서 저장하는 돼 그들어쓰며 오늘로서 사과 저장 일은 끝을 낸 셈이다. 자신으로 바서는 큰 집배 일은 대충했따고 생각을 하며 내일부터는 자신에 할 일이 넘어 만은돼 한 가지부터 시작을 하여야 하게쓰며 내 일은 남이 모른다.
지출에 … 전기세 값 1,930원

〈1987년 11월 12일 목요일 낡씨 맑음〉
금일은 자신이 지질이 발생한 지가 상당히 오래 돼어서 지질위 발생할라 하고는 생각지도 안아는돼 오늘 갑짝이 발생이 돼어서 오늘은 안전 휴식을 하여쓰며 이재는 지질이 전예는 일하는 돼 별료 부담이 업쓰는돼 이재는 지질이 힘하다는 생각이 들며 일예지장이 댈까바 극정이 돼는구나.
"오전에는 세집배 무우 수학을 했준 것으로 하로 일과을 보내고 마랐다."
지출에 … 세멘 4포 8,800원

〈1987년 11월 13일 금요일 낡씨 비〉
오전은 지질 때문에 휴식을 하여쓰며 오후에는 구미에서 무우, 배추을 가지고 오라고 전화가 와서 몸이 불편하지만 구미에 배추을 가지고 갈 욕심으로 몸은 불편하지만 경운기을 몰고 가서 파와 배추을 한 발리 뽑아 았다.
그리고 우리 혜영이가 아포중학교에 백일장에 글짓기을 해서 글을 낸 것이 백일장에 전시을 하고 전시가 끝이 나서 계인에깨 돌리준다고 하면서 가지고 왔더라. 우리 혜영이가 "시"을 쓴 것이 아주 좋으며 우리 혜

---

183) 이 내용은 일기 지면 상단에 따로 기록되어 있다. '(무우 수학을 함)'이라고 기록하였다.

영이가 그쳐름 좋은 글키을 가진 것을 밑차 몰라쓰며 아직 중학교 1년생이지만 마음은 중년보다 더 늙다는 것을 이번 글로 알라쓰며 이 아빠는 그 시을 또 일고 또 일고 했쓰며 이 아빠의 마음이 절거어다.

지출에 … (혜영이 시 액자) 4,000원
경운기 기름 경유 (한 드러머) 36,000
計 40,000원

〈1987년 11월 14일 토요일 낡씨 맑음〉

금일은 경운기로 무우, 배추, 무지파을 한 발리 가지고 구미 민정이 집부로 팔로을 같쓰며 무우는 우거지 할려고 수라게 팔리며 무지파도 먼저 번보다 아주 들 팔리며 배추는 아주 안 팔리더라. 배추는 김장철리 아니기 때문 들 팔린다고 생각을 가지바쓰며 오늘은 장사도 아무나 하는 것이 아니구나 하는 생각을 했쓰며 배추는 이왕 팔리지 않아서 동생들을 배추을 주야하기 때문에 김장철은 조금 일적지만 남은 배추을 민정이 집과 미리내 집 두 집배 김장 배추가 충분이 대두록 주어쓰며 무우도 나누어 주어쓰며 이제는 구미도 안 가야 대겟따는 생각을 가저본다. 외냐하면 민정이 엄마가 벌리한다고 바파서 엽 도라볼 시간도 업는돼 가지고 오라고 한다고 염채 업씨 가서는 안 대겟따는 생각이 들더라. 그리고 자신이 가면 부담이 대지나 않을까 하는 생각 때문에 더 가지을 못하게더라.

지출에 … 차비 230원 민정이 1,000원
수입에 … (무우, 배추, 무지파) 27,000원

〈1987년 11월 15일 일요일 낡씨 맑음〉

지질이 안전이 들어가지을 안아서 일 하기가 그북해서 아무 일도 하지 않코 집배서 구둘목 신세만 졌쓰며 아무 일도 하지 않코 집배서 딩굴고 있쓰니 온 몸이 다들 아푼 것 갈떠며 하로 해가 지루하기 짝이 업꾸나.

그리고 우리 딸더리 공부을 제돼로 하지 않코 저 방에만 가면 잠자기가 바푼이 이 아빠가 속이 상하는 것은 말할 수 업고 어떠게 하면 공부 시간을 한 시간이라도 더 할 수 있뚜록 만들 수가 업쓸까 하는 생각에 오늘은 딸들래깨 공부 시간을 짜서 이 아빠와 서약을 하자면서 도장까지 찍고도 하로 밤을 약속을 못 하는 자식 어떠게 하면 댈껏인가. 오늘 약속대로 하면 당장 집을 나가두록 서약을 했는돼 약속대로 하면 당장 내일 집을 나가두록 하여야 약속을 하는돼 이것을 실천을 할련이 자식 눈에 눈물이 나와야 할 껏이며 그냥 둘라니 아푸로의 아빠와 약속은 아무것도 성립이 대지을 않을 끄시며 어떠게 하여야 잘하는 것인지 자신도 해결을 아직 못하게꾸나. 오늘로서는 결정을 하지 못하고 시간만 보내고 말며 내일이 있쓰니 곰곰이 생각을 해서 실천을 할 껏인 그러치 않으며 그냥 둘 끝인가는 내일 저녁 식사가 끝이 날 때까지 결정을 하게노라.

지출에 … 혜지 안경티 7,000원 혜지 책 3,000원 운이 책 1,300원 혜지 학용품 2,500원 후리듬, 쑤세미, 장값 2,300원 운이 내이 1,700원 혜영 부라자 900원 차비 600원
計 19,300원

수입은 … 콩나물 콩 6,470원

〈1987년 11월 16일 월요일 낡씨 맑음, 비〉

금일은 순복이 장인 상문에 형과 둘리 같쓰

며 난생 처음 지례 작내리을 가보아쓰며 처음 길이라도 차 안에서 동행을 만나서 처음 길이라도 힘은 들지 안아쓰며 작내리 어기에 들어가면서 바도 들길 하나 바른 대 업고 논자리 하나 반듯한 대 업고 들판도 아주 적은 너킴이며 우리 들판 바서는 하늘과 땅 차이라고 해도 무리는 아니다. 이곳에 사는 사람들은 복 만은 사람이라고 생각을 하여야 하게쓰며 우리는 작내리 사람과 같이 한 필지도 그냥 노는 땅이 업씨 이모작을 한다면 아직은 우리 마을래는 잘살 수가 을마든지 있따고 생각을 한다.
그리고 순복이 쳐과집배 상문을 가니 이미 운상이 산우로 갇더라. 그래서 산우로 올라가서 순복이 장인 문상하고 종금 있쓰니 비방울리 떨어저서 산을 내리와서 순복이 장모을 만나서 인사을 더리고 곳바로 집부로 오고 마랐찌만 자신이 볼 때에 초라하기 짝이 업쓰며 순복이 쳐과가 별료 여유가 업따고 들어찌만 자신이 생각가는 너무나 집관이 초라하기 짝이 업쓰며 사실 자신은 실망을 한 것은 사실이며 내 동생이 이른 곳에 장가을 안는가 생각을 했쓰며 남자는 여자만 보고 장가을 든다고 하지만 쳐과가 너무 초라한 것도 여사 일이 아니라고 생각을 한다.
지출에 … 차비 580원 부주 10,000원
計 10,580원

〈1987년 11월 17일 화요일 낡씨 맑음〉

금일은 마늘 파종할려고 경운기로 두엄을 오전 내 실어냇쓰며 오후에는 집사람과 두리서 파종을 하고 마늘씨 파종한 것은 6접 정도 파종을 한 셈이며 파종을 한 후에 비누류을 덥프서 끝을 낸 셈이다.
그리고 딸들예깨 아빠와 약속을 하고서 하로도 약속을 지키지 못하고 있따고 하면서 야단을 칮떠니 혜영이는 잘못을 어느 정도 생각을 하는지 수궁을 하는 것 같뜬돼 혜지는 전연 잘못을 모러고 아빠에깨 성질을 부리고 있더라. 그래서 아빠에깨 꾸정을 더 들어찌만 아이들에깨 신경은 쓰이고 아들은 아빠의 마음을 알지 못하고 있는 것이 안타갑키 짝이 업꾸나.
지출에 … 운이 실 값 200원

〈1987년 11월 18일 수요일 낡씨 맑음〉

오전에는 큰집배서 형과 동장 셋시가 오전 내 휴식을 하여쓰며 오후에는 작과 밭에 거름 낸 것을 전부 깔고 용만 세집배 큰집배 다들 소을 먹이지 않으니 우리 소가 씨래기을 포식을 하며 셋집 씨래기을 전부 거드어 들리는 것으로 하로 일과을 보냇다.
"대통령 후보가 이재는 7명으로 늚어가고 유세는 열기을 더 해가고 다들 우리 정부을 잘살개 하게따고 호소을 하고 있쓰며 이 분들이 다들 당선을 한다고 출마을 했는지 그려치 안으며 남외 표을 캐기 위에서 나온 것인지 알 수가 업쓰며 만약에 남외 표을 캐기 위에서 출마을 했따면 배운 자가 이쳐름 비굴한 자라면 모난 독에 밭치어 죽어야 말땅하다고 자신은 생각을 해본다. 그리고 김영삼 씨는 자신이 볼 때에 배운 자라고 생각을 하며 자신도 인정을 하지만 유세을 하는 것을 볼 때에 남을 넘어 눌리며 심지어 대통령도 체면도 업씨 눌리고 있는 것은 바람직하지 못하며 김영삼 씨는 유세 하는 돼 남을 넘어 눌리는돼 자신은 표가 줄어들껏으로 생각을 해보며 이번 대통령은 꼭 김영삼 씨가 민주당 단일화만 했따면 대통령이 대는 길인돼 단일화을 못해서 대통령 길로 가다 끈깃다고 생각을 하며 김대중 씨가 김영삼 씨을 좋지따고 생각을 하며 김영삼 씨는 호랑이 색키 키운 셈이다. 자신이 생각을 할 때에 김대중 씨는 나쁜 사람이라고 생각을 한다."

〈1987년 11월 19일 목요일 낡씨 맑음〉
금일은 동내 방목을 하는 날이며 금년에도 정심을 국수로 내다 먹어면서 방목을 하여쓰며 작년보다 방목이 량이 아주 적은 감이 들며 사람이 적개 나와서 방목을 만이 적개 했따고 생각을 한다.
"그리고 우리 형제는 다들 딸더리 만타. 이번 순복이 부인도 딸을 분만 했따니 우리 오 형제가 딸만 해도 12명이 대니 우리 때만 쳐도 전부가 아들인돼 이제는 전부가 딸이니 이제는 딸들레깨 포식을 할련지 몰겟게꾸나."

〈1987년 11월 20일 금요일 낡씨 맑음〉
금일은 큰집배 매상 준비하는돼 자형이 오시서 종일 매상 준비하는돼 예을 먹어쓰며 먼저 번에 매상 준비한다고 종일 예을 자시서 자신이 생각을 해볼 때에 처 어머님이 계시도 처가에 일 해주기가 상당이 어렵떤대 번번이 와서 그들어주니 고맙더라. 그리고 오늘 종일동안 매상 준비한 것이 132개을 한 것이 생각보다 만이 했따고 생각을 한다.
"그리고 당산에 우리 논 위에 있는 논을 싸서 도자로 밀어서 엿마지기 과손을 할려고 꿈을 꾸와서 오늘 살라고 사람을 보내보니 생각을 해보고 배을 내밀며 사람들은 이상하다. 평소 때는 업셀라고 말을 하면서 막상 배을 내밀고 있다. 이것은 사람이 무게가 업쓰서 그런 것이 아닌가 보며 자신은 할려고 머리에 구상을 한 것이 무산이 돼니까 섭섭하기 짝이 업쓰며 한편으로 생각을 하니 잘한 것이 아니냐 하고 생각도 가지본다. 외냐하면 멘 년 전부터 사과나무가 과잉 생산이라고 말을 한 적이 상당이 오래라고 생각을 하며 아직도 사과 하며 너도 나도 하는돼 내가 사과을 해서 생산을 할 때 돼며 사과 가치가 업쓸 것이 아니냐 하고 생각을 해본다면 김경철 씨가 나을 살리는 것이 아니냐 하고 생각을 가지니 들 섭섭하구나."

〈1987년 11월 21일 토요일 낡씨 맑음〉
"금일은 큰집배 한 단지와 웃뜰래 두 단지을 소 먹이기 위에서 한 번식 더 비낫쓰며 벼집이 다들 썩어서 소 먹이가 좋지을 안더라. 금일은 벼집 더 비는 것으로 하로 일과을 보냇다."
지출 … 운이 우유 값 2,220원 두부 1,200원 카스 10,200원 윤돈희 동생 결혼에 부주 5,000원
計 18,620원

〈1987년 11월 22일 일요일 낡씨 맑음〉
금일은 자신이 매상 준비을 하여쓰며 매상 준비 는돼 생각지도 안아는돼 대신 순달이가 와서 그들어서 자신이 수라며 일요일이라서 딸들이 그들어주니 수라며 오전에 79개을 안전이 매상을 하두록 준비을 끝을 내쓰며 그리고 순달이가 나한태 하는 것을 바서는 쌀 한 가마라도 주어쓰며 하는 마음 크나 아직 자신도 조합에 부채가 있는 놈이라 나 살기 위에서 도와주지 못한 이 심정

도 고통이 탈리는구나.
지출에 … 세 값 2,000원

〈1987년 11월 23일 월요일 낢씨 맑음〉

“금일은 오전에는 김영삼 씨 김천예서 유세 하는 돼 가볼 작정을 했는돼 순달이가 못 가게 하더라. 그래서 공무원 직개 가족은 참석을 못하게 한 것인가 하고 더 물지도 않코 좋은 것이 좋다고 쳐고 유세 구경을 남들은 다들 가는돼 가지 못하고 오전 내 휴식을 하고 오후에는 채소밭에 거름 내는 것으로 하로 일과을 보내고 마랐다.”
“집사람은 구미 미리내 동생 칠국 먹어로 간다면서 종일동안 휴식을 한 셈이다.”[184)]
지출에 … 미역 2,000원 김 3,500원
죄고기 1,000원 차비 460원
경운기 엔진 오일 3,550원
計 10,510원

〈1987년 11월 24일 화요일 낢씨 맑음〉

세집배 매상 준비을 오전에 69개을 하여쓰며 오전 끝을 내니 마음적 부담이 적꾸나. 그리고 오후에는 벼집을 드비난 것이 어떠 한가 한번 돌라보니 웃뜰래 꿈논이 짐을 무끄고 댈 껏 같다서 조금 묵고 하로 일을 끝을 낸 셈이다.
지출에 혜영이 …

〈1987년 11월 25일 수요일 낢씨 맑음〉

오늘은 벼집을 거두어 올 개핵을 세운 것이 육춘 형수가 올라와서 사과 저장 좀 해달라고 해서 집 거두어온 것은 깜짝 잇고 대답을 해서 어떠게 할 수도 업고 해서 벼집은 다음으로 미루고 사과 저장을 하로 같쓰며 사과 저장을 해보니 창고가 지하실로 대어서 개단을 내리가서 저장을 하기 때문에 사람이 힘이 들어 우리들은 못하게더라. 오늘은 죽어나 산아 둘리가 700개을 저장을 하여야 하니 기가 찬다. 한 경운기 실어와서 저장을 해보니 힘이 딸리며 급부터 먼저 나며 한 사람은 나이가 만원 사람인돼 자신이 볼 때에 아주 고단해 보이며 이재는 팔라와서 어떠게 할 수도 업쓰니 마지 못해 일을 자신과 하고 있쓰며 이곳에 한 번 저장을 해 본 사람은 안 알 끝 같떠며 품 더는 사람이 업쓰서 품을 들지만 품 들어서 수입을 볼라고 더는 사람은 자신의 살을 깍아서 돈을 번다고 해도 무리대는 말은 아니다. 외냐하며 품을 댈라고 더는 사람은 하로치을 꼭 대두록 만들어노코 품을 대니 어이 품을 드는 사람의 고통이 따리지 않캐나. 오늘도 둘리가 경운기 실어서 저장고 가서 들고 저장고에 칠 단으로 싸올리니 실찌 상사 수는 둘리가 1,400개을 만친 셈이며 오늘같 은 일은 몰라서 대답을 했쓰며 이것은 돈이 아니라 은을 준다 해도 자신은 못하게더라.

〈1987년 11월 26일 목요일 낢씨 비〉

어재 개핵대로 일을 했쓰며 벼집에 비도 맏지 않아쓸 끄며 자신의 일이 얼마나 수란지 모려는돼 대답을 잘못해서 사과 저장하로 간 것이 자신에깨 큰 낭패가 돼고 마라꾸나. 비가 와도 종일 비가오고 있쓰니 이재는 벼집은 말루지 못하고 다 썩꾸고 마는 것이 아닌가 생각이 들며 어재 일 잘못한 것이 후에가 돼며 어쩌구{니} 업는 일을 저

---

184) 이 내용은 일기 지면 상단에 따로 기록되어 있다. ‘경운기 엔진 오일 3,550원’이라고 기록하였다.

질고 마라따고 생각을 한다. 금일은 종일동안 휴식을 하여도 몸이 풀리지 않코 몸은 점점 둔한 감이 있꾸나.
지출에 … 구론산 … 200원 과자 … 100원
計 300원

〈1987년 11월 27일 금요일 낡씨 비〉
"금일은 매상 일짜인돼 비가 너무 만이 오는 바람에 연기가 돼고 마랐다. 매상 일자가 오래만에 오는돼 비 때문에 연기가 돼니 아쉬운 마음 검할 길 업꾸나."
(종일 휴식을 함.)

〈1987년 11월 28일 토요일 낡씨 흐림〉
오전에는 노태우 대통령 출마 술 어더먹어쓰며 돼지 130斤 잡아서 온 동내 잔치을 했쓰며 정당이라고 공연하게 술잔치을 벌리며 마을마다 돼지 선물을 하고 있쓰며 이 낭비을 나중에 어돼서 충당을 하는지 자신은 몰게꾸나. 오늘도 충분이 먹을 수가 있쓰며 동민들이 고기을 주니 다들 장래 극정은 뒤로 하고 다들 좋아하며 대통령 선거가 자주 있쓰며 좋깨따고 이야기을 하는 사람이 만으며 선거 자금이 어뒤서 나오는지 아포면에 유권자 수가 6,000 멧 명인돼 유권자 일인당 10,000원식 선거 자금이 나와서 면에서도 이 자금을 어떠게 돌리나 하는 생각 끝에 이 돈을 개인으로 돌릴 수도 업고 마을 사람 1개식 하두록 개핵서을 내달라고 합이 밭따니 기가 찬다. 외냐하면 이 돈이 국민들 세금이 아닌가 생각을 할 때에 욕이 앞쓰는구나. 그리고 선거 후에 후유증 어떻게 감당을 할려고 하는지 알 수가 업쓰며 대통령이 그쳐름 걸력이 좋은가. 너무나 글력을 주어서는 낭비 때문에 나라가 부강해질 수가 업따고도 들며 국민들이 이처름 타락 선거을 하두록 두는 것도 국민의 수준이며 말로만 민주화 소리을 내지만 아직 민주화는 보이지 않는 뒤에 있따고 생각을 하며 아직 우리 국민은 허리띠을 더 졸라 매야만 후세에 부끄름이 업씨 물리 준다고 생각을 한다.
"그리고 오늘 저녁에 영화 4도로 내리간다고 집사람과 둘리서 불이야 불이야 하고 배추 수학을 한 군돼만 수학을 하여다."

〈1987년 11월 29일 일요일 낡씨 맑음〉
비 때문에 연기가 돼어서 오늘이 매상이 하는 날이 돼어다. 금일 매상은 먼저 번보다 등이 잘나지을 안으며 말 듯기는 다른 곳은 선거 바람이 불어서 매상 등을 잘 준다고 하더니 그러치도 않더라. 우리 마을로 바서는 등이 잘 나오지을 안은 셈이다. 외냐하면 먼저 나락과 같다도 다들 2등을 주고 있쓰니 이번 매상은 등이 잘 안는 것은 사실이다. 그리고 자신은 이번 매상이 먼저보다 아주 잘 마전 셈이다. 오늘 매상 수가 79개에서 1등 75, 2등 4개 이 정도면 아주 잘 맡자따고 생각을 하며 자신의 생각은 2등 14개을 보고 집배서 오전 내로 개산을 했보았다.
자신의 오전 내의 계산보다 아주 다르게 등을 잘 마저니 자신은 어뒨가 모러게 그처름 일이 만이 한 몸이 뒨 줄 몰개쓰며 아주 좋은 날이라고 생각을 해본다. 그리고 집사람이 등을 잘 마저오니 더 좋아하며 나락이 좋아서 등을 잘 마전 것이 아니라 우리들의 운우로 돌리며 좋아하는 모섭을 보니 오늘은 영혼이 가지 말고 이 하로로 이 생명을 다 했쓰며 하는 마음 검하지 못하리라.

"그리고 우리들리가 오늘 보기 위애 남들보다 땀을 만이 흙리쓰며 자신이 생각을 해도 개매보다 더 만이 일을 했따고 생각을 하며 몸은 둘리지만 언재나 한 몸이 대에[되어] 일을 하는 집사람 정말 예 먹어쓰며 이 공을 어떠게 해야 더 갑파주리까. 정말 고맡소이다."185)

지출에 … 내년 벼 씨 학보 110,400원
푸대 값 2,100원 형수 제주도
구경가는돼 10,000원
計 141,400원186)

지출에 … 영세 자립 금액 이자 100,820원
비료 대금 290,616원 농사
지금 525,972원 영농 자금
207,627 경운기 융자
221,610원
計 1,346,645원

수입 매상 금액 1차 1,656,000원
〃 2차 2,175,480원
(15개 미수금)

〈1987년 11월 30일 월요일 낡씨 맑음〉

오늘은 정미소에서 해곡을 바찌어쓰며 금년에는 벼 알이 충실하지 못해서 그른지 생산 적게 나는 너킴이 들며 금년은 여러모로 숭년이라고 생각을 가지본다.

그리고 오늘은 날씨가 추어서 일하기가 그북하며 배추 수학을 할려고 해도 배추과 너무 추언 날씨로 일어서 뽑기도 조심서렵다. 외냐하면 배추는 얼른 것을 뽑어며 김장 말이 업따고 말을 하는 사람이 있찌 녹뚜록 그냥 둘라니 더 얼어버리며 어떠게 하나 하고 극정도 돼는구나.

지출에 … 콤바이 싹이 7마지기 (상원)
81.000원
計 81,000원

〈1987년 12월 1일 화요일 낡씨 맑음〉

세집배 배추 갈림하는 채소을 수학을 했쓰며 배추가 다들 얼으서 배추 행세을 다 하지 못할 껏 같이 얼으서 배추의 갑어치가 업쓰저며 배추가 자연적 천대가 돼고 마는구나. 그리고 날씨가 너무 춥고 해서 배추 두 발리만 수학을 하고 나머지는 뽑아서 모다두고 비누류을 덥고 그만 집부로 오고 마랐다.

그리고 내년에는 배추 수학을 11월 20日만 돼며 꼭 실천을 하여야 할 껏을 결심을 한다. 금년에는 날씨가 따뜻하다고 그냥 둔 것이 하로 저녁에 배추을 얼개 했쓰니 아뭇 것이라도 수학기가 돼며 뒤도라 볼 것도 업씨 수학을 해여야 한다고 생각을 한다.

지출에 … 콤바이 싹 태모 72,000원
운학이 106,000원 문고비
23,750원
計 201,750원

〈1987년 12월 2일 수요일 낡씨 맑음〉

금일은 수도 보온해주는 돼 오전 일과을 보낸 셈이며 오늘은 휴식으로 하로 해을 보낸 셈이다.

지출에 … 운이 돕아 15,000원 혜지 옷
10,000원 운이 실래화, 장갑
11,500원 혜지 내이, 혜영이

---

185) 이 내용은 일기 지면 상단에 따로 기록되어 있다. '매상 가격 1등 27,600원 2등 26,370원'라고 기록하였다.

186) 실제 계산은 122,500원이나 141,400원으로 잘못 기록하였다.

1,500원 구리세링 1,000원 김 4,000원 쥐고기 1,000 설탕 1,900원 치약 650원 운이 부추 10,000원 강냉이 티밥 300원 고추 빠우는데 500원 머리 약 1,000원 차비 360원
計 57,910원[187)]

〈1987년 12월 3일 목요일 낡씨 눈〉

오전에는 눈이 와서 아무 일도 하지 않코 휴식을 하여쓰며 김종필 씨 대통령 출마 술 준다고 집부로 초대을 해서 동민들 모두 잘 자시따고 하며 자신은 돼지 고기을 조금 상과해 볼 욕심으로 참석을 하지 않아서며 집배서 대집을 잘 바든 사람은 김천에서 김종필 씨 유세하는돼 다들 구미 관광버스 두 대로 올라 같쓰며 대통령 출마하는돼 유세장마다 사람 동원 시킬라고 관광버스를 동원을 하고 있쓰니 이 낭비을 어떠게 하나 하고 극정이 앞쓰는구나.

그리고 오후에는 고속도로에 비누차가 뒤비저서 비누 실은 사람을 구한다고 하면서 태모가가 비누 실어주로 가자고 해서 일당보다 비누을 조금 가지고 오며 좋을 꺼 같다서 현장에을 가보니 그 높은 돼서 차 딩굴아서며 운전수가 살라따니 천만다행이라는 생각이 들며 비누는 사람이 일부로 헌뜰라고 해도 그처름 고로 헌뜰지을 못할 정도로 고로 내동댕이 쳐있더라. 이것을 다 모다서 차에 안전이 실어주고 150,000원에 개약을 해서쓰며 이것을 어낙 느깨와서 결정을 해서 비누 모우는 작업을 분산댄 것을 일부만 모우고 시간이 업쓰서 그만 작업을 중단하고 집배 오면서 다들 비누 한 빡스씩 가지고 오는돼 자신은 그냥 올라니 어뒨가 모려게 다들 비누을 가지고 가는돼 남안 안 가지고 가면 대겟나 하고 나도 그만 한 쌈에 들어가고 마랐다.

그리고 마을에 60세 땐 아주마는 해가 저서 어떠운돼 비누 가지고 갈려고 나와서 사람이 있는돼 급도 업씨 비누 팍스을 가지고 가서 자신 생각에 저는 사람은 우리들 간보다 다려지 하는 생각이 앞쓰더라. 그리고 요것까지는 사람의 욕심이 만아서 그러타는 생각을 가지지만 안전이 어더어서 앞도 제발 보이는돼 비누을 가지고 갈려고 자식 오드바이을 타고 나와서 비누을 가지고 갈려고 현장에을 가는돼 비누 주인 비누을 갑빠로 덥는다면서 있따고 이야기을 하니까 뒤돌라오는 것을 여사로 안 보이며 사람의 욕심 한정이 업쓰며 지구상에 인간이 제일 나푸다고 생각까지 드는구나.

지출에 … 경운기 대우 값 2차 165,000원

〈1987년 12월 4일 금요일 낡씨 맑음〉

금일은 비누을 모다서 실어주기로 개약을 했키 때문에 일적 나가면서 거름을 한 발리 실어서 논에 칼고 현장을 가니 책임자가 오지을 안아쓰며 을마을 기다리도 오지을 안코 마을에 아주마들만 수도 업씨 나오며 이 사람들이 나오는 것을 볼 때에 노임을 바다서 쓸라고 나는 사람일까 그려치 안으며 비누 욕심을 내서 나오는 사람일까 자신도 그 속을 몰갯더라. 그리고 날씨는 추운돼 책임자가 오지을 안아서 일도 못하고 11시경에 나오더라. 그래서 사람이 약속을 하야지 하

187) 실제 계산은 58,710원이나 57,910원으로 잘못 기록하였다.

고 말을 하니까 자기 할 말은 다들 있더라. 그래서 푸대로 비누을 담아서 경운기로 실어다 날어며 여자들 7명은 비누 푸대에 담고 남자들 5명은 경운기에 실고 가서 차에 실어주는 작업을 하고 이 작업이 생각보다 다들 힘이 들어쓰며 일당 바서는 하로 종일 경운기로 일을 한 것 비와며 노임이 적따는 너킴이 들더라. 우리는 집사람과 둘리 해서 한 쪽에는 힘이 들어찌만 집사람은 수란 작업을 해서 자신은 별로 마음에 걸리지을 않더라.

수입 … 노임 남자 20,000원 여자 6,000원
計 26,000원

〈1987년 12월 5일 토요일 낡씨 맑음〉

금일은 먼저 번에 세집배 배추을 뽑고 너머너저서 그냥 모다둔 것을 오늘 경운기로 한 발리 실어오는 것으로 하로 일과을 보내쓰며 금년 배추는 만이 갈라서 때을 눈앞에 두고 중앙 기상대에서 기상 예보가 맡찌 않아서 배추 수입을 눈앞에 두고 그 만은 배추을 얼가서 배추 행세을 못하두록 만들어따고 생각을 한다. 이번 배추는 기상대 예보가 맡찌 않아서 정국 배추을 읃가따고 [얼렸다고]생각을 한다.

"그리고 어재 비누 돈 벌리 한다고 남외 밭을 말도 업시 경운기로 조금 문개서 마음에 걸린 것이 오늘 주인 입에 담을 수 업씨 욕을 하는 것을 볼 때에 밑차 생각을 못한 것이 발생이 돼어따고 생각을 하며 자신들이 잘못을 했찌만 자신이 생각을 할 때에 충분이 이해할 정도라고 자신이 생각을 한 것과 달리 욕을 하는 것을 볼 때에 앞푸로 이른 일이 있쓰며 상당이 만이 생각을 해서 작업을 할 껏이며 김진상이 욕을 하는 것을 바서는 먹이 살린다고 해도 안 알 껏을 생각을 했다. 그리고 사람이 아무리 잘못을 시인하고 잘못했따고 하면서 욕구대로 했줄라고 하는돼도 욕을 할 때에 오희려 잘못한 것은 뒤로 가고 오희려 감정이 생기더라."

지출에 … 혜지 수봉 5,800원 멜치젖
5,500원 화장지 550원 빗자루
1,200원 고추 12,500원 라면
400원 차비 480원
計 25,430원[188]

〈1987년 12월 6일 일요일 낡씨 맑음〉

금일은 손만원 모친 쵳 재사라고 돼지 잡는돼 그들어주어쓰며 요세는 돼지가 똥금이라 돼지을 잡는돼 힘이 들지을 않는다고 생각을 한다. 그리고 태모 동생 결혼식 한다고 동사에 술 돼집한다고 나오라 해서 같든이 부주도 밭찌 않고 대집을 하더라. 그래서 자신의 마음속으로 잘한다고 생각을 한다. 외냐하며 동사로 술 돼집한다고 고기와 술 조금식 주고 부주 5,000원식을 밭는다는 것은 인사라고 생각을 하지 안으며 오늘날까지 그른 섭성을 띠고 부주을 동민이 하며 동민들도 부주을 하면서 좋아하는 사람은 한 사람도 한영을 하지 않으면서 남이 하니까 할 수 업씨 하고 말라쓰며 이번에야 말로 그 버릇을 잡아따고 생각을 한다.

"그리고 동내 부주을 바들 마음이 있따면 집부로 초대을 해서 업는 그대로 성이을 표해서 부주을 바다야 그것이 돌리라고 자신은 생각을 하고 십꾸나."

188) 실제 계산은 26,430원이나 25,430원으로 잘못 기록하였다.

"오늘은 자식들래깨 공부을 너무 하지 않아서 호대게 꾸중을 하여쓰며 너이들은 중학{교}만 하고 마라고 소리을 쳤쓰며 아빠는 중학{교}도 못해는돼 너이들은 중학{교}을 시키면 댄다고 야단을 쳤더니 혜영이 이제 아빠라고 하지 안는다면서 고집을 부리고 있더라."

〈1987년 12월 7일 월요일 낡씨 맑음〉

오늘은 세집배 작과나무 배어내고 사과나무 심는다고 작과나무을 뽑아주고 작과나무는 다들 가지고 가기로 하고 나무을 다들 베어가고 같지만 두고 가서 나무 할려고 집사람과 둘리서 가치 작업을 해서 경운기로 가지고 오는 돼 하로 해을 다들 보내고 마랐다. 그리고 요줌 대통령 후보들이 열기을 다하고 있쓰며 이것은 다들 좋찌만 직억적인[지역적인] 감정으로 대통령 유세을 하기 위에서 자기 도을 차저와서 한 포을 달라고 호소을 하는 사람에깨 유세을 못하두록 방화을 하며 요줌은 안전 폭력이며 수행원 차을 다들 덥비서 불을 지루고 있쓰니 이것이야 말로 기가 찬다. 자기 설어며 한 포을 안 주면 대지 외 난동을 부리는 이유는 무었신지 알 수가 업쓰며 이것이 민주{주}위인가 민주주의 뜻도 모른다고 생각을 하며 아직 한국은 독째을 좀 쓰야 국민이 잘 살 수가 있따고 생각을 해보며 이번에 대통령 후보 차에 불 질어 태어버린 자는 한 놈도 업씨 색출을 해서 사형을 해야 민주의 길로 가는돼 막킴이 업따고 생각을 한다.

지출에 … 혜지, 혜영이 공낙금 73,750원

〈1987년 12월 8일 화요일 낡씨 맑음〉

금일은 삼촌이 이번에는 풍이 셋 번째가 돼어서 회복이 힘들이 않나 하는 생각이 더는구나. 삼촌 움직이도 안코 그대로 누어만 있는돼 숙모는 아주 대책도 업씨 기다리고만 있는 것 같이 약도 쓸 생각도 하지 않코 이재는 일어난다는 생각을 가지지 않코 사람만 보고 있쓰서 자신이 아무 약도 쓰지 않코 사람만 보고 있쓰며 어떠게 하느냐고 하면서 갈 때에 침우로 유명하다니 한번 대리다 보이야겠따고 하니 숙모가 허락을 하더라. 그래서 갈 때 가서 사람을 돼리고 와서 침을 노니 우선은 마음이라도 안정이 돼는 것 같아 보이서 기분이 좋더라.

"그리고 손만원 모친 첯 재사라고 동사사모소에 술 돼집한다고 음식을 가지고 와는데 만이 가지고 와서 다들 만이 먹어쓰며 요줌은 모사 철이라서 사람 수는 적은돼 음식이 만아서 음식이 남아돌아같쓰니 동민예깨 대집은 잘 했따고 말을 하고 십꾸나."

금일은 우리 운이가 시험지을 바다와 시험지도 보이지 않코 말도 하지 않으며 시험지을 벌서 바다따는 이야기을 아이들래깨 들어서 운이 시험지 한번 보자고 하니 시험지을 꿍치서 감차둔 것을 가지고 나와서 자신이 볼 때에 사람 행세을 하지 않코 그 짓을 하여서 오늘은 매을 새개 들어쓰며 이재는 말로 자신의 입만 아푸고 이재는 매로 사람을 만들라고 땀이 나두록 조지고 마라쓰며 이재는 살도로 매을 대어서 어떤 효과가 나는지 관찰을 해볼 결심이다.

수입에 … {()먼저 번에 교환곡으로 매상을 끈은 것을 오늘 현찰로 바듬.} 15개 405,200원

지출에 … 삼촌 풍 잡기 위에 침사 돼리고 오는돼 택시비 차비 180원 5,180원

〈1987년 12월 9일 수요일 낡씨 맑음〉
"대신 순달이 김장배추 같다주어쓰며 배추을 얼구지을 안아쓰며 김장 맡도 있쓸근대 배추을 조금 얼가서 배추을 주는 자신도 별료 기분이 좋찌을 안꾸나. 그리고 오후에는 세집배 당산 밭태 작과나무을 못골 가서 봉숭, 자두, 서모사 50포기을 사왔다. 요줌은 다들 사과나무만 심는돼 작과나무을 심을라니 마음이 이상하구나."
지출에 … 경운기 용접에 2,000원 전기세 1,880원
計 3,880원

〈1987년 12월 10일 목요일 낡씨 맑음〉
금일은 당산에 작과나무을 집사람과 둘리서 5주 나무을 하로동안 심어쓰며 나무을 밭태만 심어며 일적 심을 수가 있쓸땐대 산에다 나무을 베어내고 나무을 심어니 시간이 만이 걸린 셈이다.
"대통령 선거가 눈앞에 오니 국민 한 사람으로 불안하기 짝이 업쓰전다. 외냐하면 이번 선거로 각 후보가 순흥을 하며 따라갈 수가 있쓸까 하고 극정이 돼며 선거 후유증으로 안정이 헌들리지 안을까 하고 극정이 크며 자신이 생각을 할 때에 각 후보들이 욕심을 부리지 말고 나라을 생각하는 사람이면 불안을 가지지 안아도 댈 수가 있따고 보지만 이 사람들이 전부가 국민은 생각지도 않코 자기의 욕심만 부리고 있키 때문에 선거일이 눈 앞에 오니 불안하며 빨리 선거가 지나같쓰며 하는 생각이 앞쓰는구나."

〈1987년 12월 11일 금요일 낡씨 맑음〉
세집배 작과나무 순 천 것을 오늘로서 안전이 주어서 묵끈 셈이다. 작과나무 순 천 것을 주어서 묵끄보니 별로 수라지도 안으며 산에 나무하는 것보다 수란 것도 업는 너킴이 더는구나.
"그리고 아버지 세대도 지나가고 있따고 생각을 하며 외냐하면 삼촌 한 분이 살라개시다 이재는 풍우로 아무것도 모려고 있쓰니 아버지 세대도 다 간다는 것을 생각을 할 때에 아쉬운 마음이 앞쓰며 아버지 생존이 그리어지며 외 아버지는 우리들에 사랑을 바찌 못하고 자식들 키우는 돼 외만 자시고 일적 도라가신 것이 한이 대는구나."

〈1987년 12월 12일 토요일 낡씨 맑음〉
세집배 작과나무 가지을 오늘로서 안전이 묵끄서 두어쓰며 이재는 폭끄래이가 와서 뿌리만 뽑우면 사과 나무을 보식을 할 수가 있따고 보며 수 일 내로 오지 않으며 땅이 얼어서 나무 심는돼 지장이 있쓸 것으로 본다.

〈1987년 12월 ~~12일 토요일~~ 낡씨 맑음〉
작과나무 가지을 세집배 반 주고 자신이 반을 가지고 왔다. 이것이 남이라면 다 묵끄서 반 춤을 농짜고 하자면 안아게따고 생각을 한다. 외냐하면 단을 묵는 돼 시간이 만이 들 뿐 아니라 실어다주야지, 재주야지 이 시간을 따진다면 다른 곳에서 나무을 하게돼며 오희려 마음이 수라며 차라리 만이 할 수 있따고 생각을 한다.
오후에는 경운기로 두엄을 실러 내는돼 두엄을 실어내면 경운기에 쇠똥이 후래라에 무더서 세차을 하지 않으며 보기 실을 뿐 아니라 후래라가 만이 상하기 때문에 한 번 사용을 하며 세차가 힘이 들어서 사용할 때에 두엄을 다 실어낼라고 해가 저서 어덥두

록 실어내서 두엄을 안전이 실어내니까 8 바리가 돼며 마음에 언재나 걸리든 일을 다 하고나니 마음이 상캐하구나.

〈1987년 12월 13일 일요일 낡씨 맑음〉

(김달수 회갑)

금일은 일적부터 이우지에 회갑잔치 한다고 둘리가 다 그들어주로 같쓰며 잔치을 하는돼 모든 것이 부족함이 업쓰며 우리 알기라도 아주 못 살란 편이며 모녀들이 비단을 해서 살림을 꾸리안 셈인돼 이재는 아들이 초등학교 선생이지, 부부간 다들 교편을 잡고 있쓰니 이제는 아들 때문에 부자가 댄 셈이다. 업씨 살다 아들이 돈을 벌어서 부자가 돼어쓰며 회갑을 남 부렵찌 않깨 하니 회갑을 맡는 본인은 정말 좋으리라고 생각을 한다. 대다수가 회갑을 포기을 하고 있는돼 아들 농사을 잘 지어서 좋은 일을 바서 자신이 보기에도 부러울 정도며 인간의 갑읍치[값어치]을 했따고 생각을 한다.

"그리고 집사람 하는 말이 우리 아부님이 살라개시며 잔치을 해서 한번 업고 춤 좀 쳐바쓰며 하는 말래 다신도 어뒨가 모러깨 회갑 잔치을 쳐는 것을 보며 내 마음이 걸리고 있는돼 집사람이 가슴을 찌려는 말래 내 눈시울이 떠그어지며 자식 도리을 못한 것이 원망스렵꾸나."

"지출에 … 부주 5,000원"

〈1987년 12월 14일 월요일 낡씨 맑음〉

금일은 오전은 골목에 나와서 놀다보니 오전은 다 보낸 셈이 대며 요즘 사람들이 모이며 선거가 빨리 지나같쓰며 하는 말들 하며 여야가 다들 사람 동원에 경비을 낼 뿐 아니라 안전 낭비만 하며 이 돈이 어뒤서 나오며 어떠게 충당을 하나 극정을 하며 앞푸론 대통령 선거을 국민들이 직접 뽑는 재도는 업쓰야 하게따고 생각을 한다. 외냐하면 선거 자금의 경비을 너무 내며 지역관에 감정만 유발을 시키며 어는 것보다 버리는 것이 너무 만키 때문에 다음 대통령 선거는 다른 좋은 방법을 택해야 한다고 생각을 한다.

그리고 오후에는 김천 쳐형이 배추 가지로 왔더라. 그래서 들래 가는 일을 포기을 하고 쳐형과 둘리서 배추을 손질을 해서 타듬어 노니 언 표가 업더라. 금년에 배추 농사는 아주 잘 짓어는돼 얼가서 배추을 보며 안타가운 마음 검할 길 업쓰며 내년에는 시기만 돼어따 하며 배추 수학은 할 작정이다.

"오늘 배추는 얼지 안는 배추는 쳐형 사돈 줄 배추는 60포기 이상이 돼는돼 이 배추는 한 포기에 500원 쳐서 돈을 다 받고 쳐형 배추 가지고 가는 것은 포기 수는 120포기 이상이 돼는 것은 조금 얼은 것 벗키고 나도 쳐형, 지문이는 충분이 김장을 할 수 있뚜록 가지고 간 셈이다. 이것은 농사을 짓을 때에 예먹은 것과 비료 값 하며 말당이 돈을 바다야 하는돼 내 형제은 오늘까지 무, 배추 그냥 나누어 먹고 집사람 형제에깨 돈을 바들라고 하니 마음 걸리서 돈을 밭찌 못하게더라. 김천 쳐형도 2년은 배추을 그냥 준 셈이다."

수입에 배추 값 30,000원

〈1987년 12월 15일 화요일 낡씨 흐림〉

금일은 선거 술을 노태우, 김영삼, 김종필씨 삼 후보 술, 돼지고기을 온 동민이 잘 나누어 먹어쓰며 오늘로서 유세는 끝이 낳쓰며 이번 선거는 온 국민이 정말 바란 선거

돼 국민이 바란 것이 실찌가 한국 국민의 수준이 이러따는 것을 온 세계에 알리쓰며 각 도마다 성격송[선거성]을 내보이쓰며 이번 선거 유세는 안전이 전래 국회원 선거보다 저질이 돼어따고 생각을 한다.

"그리고 이제는 빨리 선거을 해서 투표함을 빨리 열어보앗쓰며 하는 마음뿐이다."

"금년 선거 술은 자신이 알기론 처음 요러깨 조직적으로 술, 한타, 고기 투표을 할 수 있는 사람은 한 사람도 업씨 다 가리내어서 또래 또래로 나누어 주었쓰니 자신도 이려깨 알떠리돼집을 한 것은 처음이라고 생각을 가지본다."

지출에 혜지 안경태 6,000원 금년 수해
대책 경비 1,200원
計 7,200원

〈1987년 12월 16일 수요일 낡씨 맑음〉

금일은 13대 대통령 선거날이며 금년 선거는 유세는 뒤로 하고 기표장에는 아주 찬바람이 나는 기색이며 학인하는돼 김대중 창관인이 대구에서 학생이 둘리 와서 학인을 하는돼 아주 어마며 학인이 더뒤서 사람이 몰리서 추운대 만이 뜰은 셈이며 자신이도 1시간을 기다린 셈이다.

〈1987년 12월 17일 목요일 낡씨 맑음〉

금일은 재복이 부친 쳊 재사라 동사무소에 술 돼집을 하는돼 음식도 잘 장만 했서 만이들 자시따고 생각한다.

그리고 오후에는 세집배 사과나무 보식을 하는돼 남자 놉을 둘리 해서 사람 닷섯이 심어니까 생각보다 조금 빨리 심어따고 생각을 한다.

"이번 선거는 정당이 돈을 만이 푸리따고는 생각을 하지만 나 자신이 생각에는 (노태우) 김영삼 씨와 검소한 표 차이가 돼지 않을까 하고 생각도 해보았쓰며 한편으로는 서울서 영삼 씨가 만이 나오며 정권이 뒤집{어}저는 것이 아닐까 생각도 반반은 가지고 있쓰는돼 뚜꼉을 열어보니 서울은 김대중이가 압도적으로 성리을 해서 생각보다 김영삼 씨는 서울 표가 업쓰서 정권을 뒤집키는 실력이 모자라는구나 하는 생각이 들며 이번 정권은 필리 뒤집을 기회라고 생각을 회는돼 김영삼 씨와 김대중 씨는 한 당에서 대통령 출마을 꼭 단일화한다고 법석을 부리더니 이것이 실천을 돼지을 않코 서로가 대통령만 눈에 어더어서 서로가 대통령 할려고 출마을 할려고 서료 양보하라고 하니 양보을 하지 않코 결국 분당이 돼어서 김대중이는 경민당을 창설해서 대통령 출마을 했쓰니 야당의 행세을 바서는 다들 국민이 등을 돌리고 마라쓰며 이것들을 정권을 주어서는 안 댄다는 생각에 그만 노태우 여당을 미려주어서 압도적으로 압승을 하고 마랐다. 자신은 야당에깨 한 포을 주어찌만 노태우 씨가 댕선이 돼어서 잘 대어따고 생각을 가진다.

그리고 이번 선거는 김영삼 씨나 김대중 씨나 부정이라고 하며 이번 선거는 무효라고 법석을 부리 모섭을 보니 얼굴이 빠니 보이며 이번 선거는 부정이기 때문에 군중 집회을 열 개핵을 세울라고 더는 것을 보니 대통령 인물은 못 댄다고 생각을 해보며 김대중 씨는 너무 얄싹하다고 생각을 하며 한편으로 너무나 남외 비방만 하는 사람이 성실한 인간이 댈 수가 업따고 본다.

지출에 집사람 파마 4,000 김 4,300원 아빠
잠바 짝쿠 2,000 혜영이 노트,

지우게 1,900원 칼치 1,000원
강냉이 300원 차비 360원
計 13,860원
지출에 고추 빠우돼 1,000원 미역 1,500원
간장 엿 1,900원 사프심, 빗 700원
꽁치 1,000원 빤드 150원 고기 값
1,000원 차비 360원
計 8,810원[189)]

〈1987년 12월 18일 금요일 낡씨 맑음〉

오전에는 땔감 나무을 하여쓰며 오후에는 동내 부역을 하여쓰며 동내 부역이라면 이재는 더 힘이 더는구나. 외냐하며 오전부터 부역을 할려고 나와달라고 부탁을 해도 아무도 나오지을 안아서 오후까지 밀리서 오후에 부역을 하는돼 부역에 참여하는 사람만 매일 참여하고 그 나머지는 부역 글자도 모러고 있쓰며 부역을 착실이 참여하는 사람만 골탕을 먹고 있는 편이라 앞푸로 부역에 고충이 크게 딸일 껏이다.
그리고 집사람과 형수, 대신 민성 엄마와 셋시가 김장을 해서 일적 한편이며 집사람 김장 극정을 하더니 타실 때 김장을 해서 큰 짐을 들은 셈이다.
"우리 운이 공부에 치미가 업고 태래비전만 보고 아예 공부는 할 생각을 하지 않코 부모 눈치만 바서 하는 척만 하고 말라서 언재부터 태래비전을 봉해버릴라고 마음은 벌서부터 가지바도 내가 더 태리비전을 보고 있쓰서 그것이 잘 대지을 안아서 오늘은 자식에 공부 시킬 작정을 가진다면 무엇을 못하게나 하고 크게 마음먹고 캐리비전을 취어버리떠니 이제는 저의 누{이}와 윷노리을 하는 것을 보고 이제는 태래비가 업쓰니 윷노리을 하는구나 하고 웃고 마랐다. 앞푸로 운이 동태을 바서 공부에 도엄이 있따면 아빠가 답답게 살라도 태래비전이 업씨 살라갈 작정이며 아빠는 정말 눈 떠며 자식들이 공부을 잘해서 저이들이나 이 세상에 수라게 살라주어쓰며 하는 마음뿐인돼 이 아빠의 마음을 몰라주고 있는 것을 보니 가슴 아푼 일이며 자식에 공부는 부모 심으로도 안 댄다는 생각까지 더는구나."

〈1987년 12월 19일 토요일 낡씨 맑음〉

요즘에는 휴식을 하는 날이 만으며 오늘도 들래 가다 중단하고 오전은 휴식을 하여쓰며 오후에는 웃뜰래 벼집을 실어와서 세집배 주는 것으로 하로 일과을 보낸 셈이며 벼집이 안전이 말류지을 못해서 땔감은 다시 손질을 해야 댈 것 같꾸나.
"김영삼, 김대중 이번 선거 무효라고 법석을 부리며 이 두 사람은 자기 사욕만 부리다 잘 돼어따고 생각을 하며 이 두 사람은 정권을 맡킬 수가 업는 사람이며 앞푸로 이 두 사람은 사태을 해야 한다고 생각을 한다. 외냐하면 정치인이 개인 사욕을 앞세우는 사람은 대통령 자격이 업따고 생각을 하며 이번 선거을 무효라고 선동을 할려고 더는 것을 볼 때에 아주 좋지 안는 사람이라고 말을 하고 십꾸나."
지출에 … 윤정희 … 4째 알들 결혼에 부주
5,000원

〈1987년 12월 20일 일요일 낡씨 맑음〉

금일은 세집배 벼집을 경운기로 두 바리 실

---

189) 실제 계산은 7,610원이나 8,810원으로 잘못 기록하였다.

어주고 나머지는 자신이 실어 더리쓰며 우선 바서는 조금 벼집이 추지더라. 무엇이든지 때가 있따는 것을 절시리 너켜다. 외냐하면 벼집도 가을 하고 집을 만치더라면 이런 고생은 들 할 것을 너켜쓰며 벼집을 배는 더 만치따고 생각을 한다.

"이번에 선거을 치루고 난 뒤에 야당들의 움직임을 볼 때에 귀가 찬다. 외냐하면 김영삼이나 김대중은 개표 직전에는 서로가 다들 정건 이왕 바들 준비이원[준비위원]을 세우야 하니 너울 좋은 말을 할 때에 저따위들이 정권을 잡어며 어떠게 하겟나 하는 생각이 들며 불안감이 앞쓰더니 개표가 끝을 내서 노태우 후보가 압도적으로 당선이 돼니 이제는 부정이다 하며 이번 선거는 무효라는 운동을 할려고 개핵을 세우야 한다고 말을 할 때에 야비하다고 생각을 하며 이번 정권은 김영삼, 김대중이가 단일화 하지 못하고 둘리가 대통령에 눈이 어더어서 쓰며 욕심만 부리다 대통령을 노친 것이 사실이며 이번 선거는 국민들이 60푸로가 야당을 표을 준 것이 무산이 대고 마랐다. 외냐하면 둘리가 나누어 가짓쓰며 야당이 단일화지 못해서 국민들이 등을 돌린 것이 폐인 돼어따고 생각을 하면 이번 양 김 씨는 하나예서 열 까지을 볼 때에 정치인 자격이 업는 사람이라고 생각을 하며 이 두 사람은 정치인 사태을 해야 한다고 생각을 가지보며 이 두 사람은 가만이 보며 정부의 좀이라고 생각을 가지본다."

〈1987년 12월 21일 월요일 낡씨 맑음〉

운이가 공부을 집배 있쓰도 공부을 하지 않코 아이들과 놀라고만 신경을 쓰고 있쓰서 오늘은 아포 주산학원에 대리고 가서 강섭비을 한 달에 12,000원 주고 오늘부터 지도을 받게 했쓰며 운이가 학원이라도 착실이 다닌다면 학교 성적이 조금 낮찌 안을까 하고 생각을 가지보며 제발 공부에 취미 좀 부치서 노력을 하는 것을 보며 이 아빠가 원도 없깨다.

그"리고 오후에는 웃뜰래는 마지막으로 벼집을 집사람과 둘리서 묵끄서 실어올라니 시간은 만이 걸리도 안전을 끝을 내니 한 짐은 들은 셈이라 생각을 한다."

지출에 학원비 12,000원 주산 5,700원
차비 360원
計 18,060원

〈1987년 12월 22일 화요일 낡씨 흐림〉

금새라도 비가 쇼다질 꼇 같다서 집안 청소을 하느라고 아무 일도 못하고 오전 일과을 다 보내는돼 비온다는 만반에 준비을 안전이 하고나니 차첨차첨 개이더니 오후에는 안전이 개이서 오후에는 맑은 빛이 나며 다형이라고 생각을 해본다. 외냐하면 아직 벼집이 들래 아직 두 군돼나 남이 있쓰서 비가 오면 일이 지채댈 뿐 아니라 사람의 고통이 배나 따리게 댄다. 오후에는 벼집을 묵는 것으로 오후 일과을 보내다.

"그리고 혜지가 구미 민정이 집배서 공부한다고 따라 같는돼 공부을 할련지 극정이 돼며 민정이는 정교에서 멧 등을 하고 있는돼 민정이 공부하는돼 지장이나 될련지 하나에서 열 까지가 극정이 돼는구나."

민정이 엄마도 부업을 하고 있는돼 별료 반갑지 안는 손님이나 돼지 않을까 하고 재일 문제며 민정이가 가자고 해서 따라 같는돼 공부나 할련지 몰게꾸나.

지출에 … 집사람 마이 15,000 수봉 8,000

남방 3,000원 양발 700 내이
5,200원 혜영이 약 3,000원
치약 900 살 빠우는돼 200원
강냉이 300원 때수건 200 차비
360원
計 35,860원[190)]

〈1987년 12월 23일 수요일 낡씨 맑음〉

금일은 집사람 유리공장에 구경 가는 날이며 집사람이 옷이 업는 것은 자신이 잘 알기 때문에 어재 집사람 옷을 사줄라고 김천 시장을 가서 싸주어야 옷을 싸지 그러치 안으며 옺을 안 산다면서 자신이 가서 외출복이 돼두록 좋은 옷을 사줄라고 하니 이재는 꼭 옷을 산다면서 아빠가 가면 돈을 만이 쓰기 때문이 집사람이 살라고 해서 꼭 사야 한다고 다짐을 밭고 자신은 들래 가서 벼집을 묵는 것으로 하로 일과을 보낸 셈이다. 그리고 시장을 갇다와서 간이 적으서 마음에 더는 것을 못 싸고 허른 것을 싸타면서 이야기을 할 때에 자신의 오전 내로 후예가 돼는구나. 외냐하면 아빠가 갇더라면 집사람 마음에 더는 옷을 싸서 입고 구경을 갇쓰면 하는 마음이 앞쓰며 집사람 마음을 잘 알면서 집사람을 마킨 것이 어려석으따는 너킴이 들며 참 잘못했따는 너킴밖에 업꾸나. 자신은 집사람예 마음에 더는 곳을 못 싸고 허른 옷을 입고 구경을 가서 마음에 글리는돼 집사람이 구경을 갇다와서 다들 옷이 좋다면서 이야기을 하며 구경을 잘 했따고 이야기을 하면서 이번 구경 간다고 돈을 만이 쓰서 아빠 미안타고 이야기을 하는 것이 더 예쁘 보이더라.

지출에 … 밀감 2,000원 고자 1,000원
유리공장 견학 4,000원
計 7,000원

〈1987년 12월 24일 목요일 낡씨 맑음〉

금일은 어재 벼집 묵끈 것을 집배 실어더리는돼 다 못 더리고 말란 것이 아쉽꾸나. 요줌은 종일 경운기로 네 바리 실어니 해가 다 저더라. 이제 벼집은 느뜰래는 한 발리 정도밖에 업쓰서 이제 일은 다 한 셈이라고 생각을 가지본다.

〈1987년 12월 25일 금요일 낡씨 맑음〉

"오전은 휴식을 하여쓰며 사람이 휴식을 하여도 안전 휴식이 안 대며 무었신가 모러게 해야 할 일들이 만꾸나."

오후에는 집사람과 둘리서 벼집을 경운기로 한 발리만 하면 댄다고 너것하게 스들어서 같든이 계핵보다 한 발 리가 드 되서 두 발리을 하는돼 시간이 바파스며 오늘 일은 정상대로 했따면 바푼 거름 하지 않코 마음 여유을 가지고 할 수 있는 일을 개산 착오로 서들지 않코 일을 하다 상당이 바푼 시간을 보냇다. 앞푸론 무선 일이든지 일을 다 하고 휴식을 해야 한다는 생각을 가지본다.

"앞푸로 교회가 문제 돼지 안을까 하는 생각을 가지본다. 외냐하면 미듬을 가진 사람은 다들 미듬에 들어가는 돈은 압까지을 안코 있쓰니 이 낭비을 년에 계산 한다면 엄청난 돈을 쓴다고 이른 사람은 생각을 하고 있는돼 미듬을 가지고 있는 사람은 이 세상 잔간 살다가는 길이라 생각을 하며 현 세상

190) 실제 계산은 36,860원이나 35,860원으로 잘못 기록하였다.

은 여사로 알고 있키 때문에 앞푸로 예수교 때문에 문제 될 껏으로 내다보며 앞푸로 후세들레깨는 예수교을 등을 돌리야 될 때가 올 것으로 내다보고 있다."
수입에 … 경화내 비료 값, 육모 상자 값
45,000원

〈1987년 12월 26일 토요일 낢씨 맑음〉

금일은 봉답에 벼집을 말류기 위해서 늙어 두는 것으로 하로 일과을 보낸 셈이며 그리고 원정운이 부친 쵳 재사 음식을 동사로 주어서 잘 어더먹다.
오늘은 우리 혜지 구미 공부을 하로 가서 공부을 잘하고 있는지 궁금하며 우리 혜지가 삼 일 동안 안 보니 이 아빠는 마냥 보고 십프 집사람 동생 집배 혜지 먹는 살을 줄라고 하며 살 서 말을 줄라고 해서 자신의 생각으로는 우리가 정부에 살을 사 먹는 한이 있쓰도 닷 말짜리 한 가마을 주어쓰며 하는 마음이 있쓰나 우리가 금년에 양식도 조금 두어따고 집사람이 이야기을 해서 실행을 못하고 집사람 한 말, 자신이 두 말을 나누어서 김치와 혜지 옷 보타리을 들고 두리가 딸 공부하는 모섭을 볼려고 민정이 집배을 갇든이 혜지가 아빠가 보고 십따면서 눈물을 그만 흙리더라. 그 모섭을 보니 자신도 눈물리 어리더라.
"너위들이 할려고 더는 이 아빠의 마음을 을마나 절거운지 머라 표현이 될련지 몰개꾸나. 내 마음은 너위들이 어떠개 평가을 할련지는 몰라도 내 마음은 너의 마음속에 이노라고 말을 하고 십꾸나."[191)]
지출에 … 민정이 집배 13,000원 차비
520원
計 13,520원
지출에 수득세 값 … 36,000원
計 49,520원

〈1987년 12월 27일 일요일 낢씨 맑음〉

금일은 채소밭에 거름을 한 발리 내고 우엉 캐오는 것으로 하로 일과을 보내고 마랐다.
"금년에는 자신의 욕심은 동생과 둘리서 땅을 살려고 마음을 먹고 자신이 가지고 십픈 땅은 막상 살려고 하니 안 팔라고 하는되 자꾸 달라고 부탁을 할 수도 업고 해서 그만 포귀을 하고 말라쓰며 한 곳은 너무 만이 달라고 해서 흥정이 대지을 안아서 이려다가는 금년 한 해가 무이미한 해가 댈까바 염려가 되며 자신은 금년에 땅을 사지 안는다면 못 살 껏 같꾸나. 예냐하면 자식들이 고학년으로 올라가기 때문에 내년부터는 학교 준비을 해야 자신이 큰 무리업씨 학교을 시킬 것 같다서 자식들 학교 준비을 해갈 작정이다."
지출에 … 라면 300원

〈1987년 12월 28일 월요일 낢씨 맑음〉

금일은 세집배 작과나무 뿌리 뽑아둔 것을 어재 경운기로 한 바리 정도을 뿌리에 흙을 떠는돼 힘이 들어 못할 것 같다서 남을 줄라고 작정을 하고 집배 왔쓰며 집배 와서 집사람보고 못하게따면서 나무을 필요한 사람을 줄라고 이야기을 하니까 우리가 나무을 하지 않코 남을 준다면 세집배 숙모가 욕을 한다면서 오늘 둘리 가서 힘이 더는 한이 있쓰도 우리가 해야 한다고 하

191) 이 내용은 일기 지면 상단에 따로 기록되어 있다. '수득세 값 36,000'이라고 기록하였다.

면서 뿌리에 흙을 둘리서 떨어버리니 힘은 들어도 잘 줄어들며 오전에 다 뜰어 오후에는 경운기로 안전이 실어내는 작업까지 끝을 내서 집사람 힘이 크다는 것을 너켜쓰며 이번 일은 집사람 힘으로 했따고 해도 무리는 아니다.

〈1987년 12월 29일 화요일 낡씨 흐림〉
일기불순으로 하로을 휴식을 하여쓰며 사람위 해가 갈수록 실속 있는 생활 해가며 요즘은 날씨가 따뜻하지만 엔날 같떠며 어울리서 노는 대가 만은되 아직은 절먼 사람은 아직 한 곳도 노는 돼가 업쓰며 농촌에도 겨울이 멀어저가고 있따고 말을 하고 십꾸나.
"금년 한 해을 생각을 해볼 때에 자신은 무었을 했나 라고 물련다면 금년에는 소득 업는 땀만 흙리따고 생각을 한다. 그리고 물날리 재방이 분실 금년은 농민의 날리을 만나따고 생가을 하며 앞푸론 이른 날리가 업키을 바란다."[192)]
지출에 … 동내 각종 농약 값 143,700원

〈1987년 12월 30일 수요일 낡씨 맑음〉
인간이 자기의 잘못을 모러고 이 새상을 살라간다고 오늘 한번 생각을 했다. 외냐하면 오늘 재준이 엄마예깨 자신이 늙 연탄재을 아침우로 우리 삽짝 앞패에 버리고 해도 자신 혼자만 이래서는 안 대는되 하고 자신 혼자만 마음 상하고 참와왔는데 오늘은 보니까 상당이 만이 또 버리고 자신이 오늘은 참찌을 못하고 차저가서 도대체 연탄재을 누가 버리는냐고 물어니까 재준이 엄마는 여사로 알고 자신은 이것을 하며 서운해 여기며 오희려 성을 더 내는 너킴을 보이며 자신예 잘못을 모려고 있는 것을 보니 답답기 짝이 업쓰며 사람이 성질이 나서 참는뒤 상당이 힘이 들어다. 옛날 사람이 사람의 깊피을 모려고 이따고 이야기을 하더니 오늘은 이웃에 있는 사람의 심리을 몰라쓰며 자기의 잘못을 모려고 살라가는 사람이 있따고 생각을 하니 무라고 표현을 해야 졸찌 몰개꾸나.
오늘은 안전 휴식을 하여쓰며 김재구 씨 딸 결혼한다고 동내로 술 돼집을 한다고 해서 자신이 주선하는 돼 조금 거들어주고 아이들이 만아서 자신은 그만 끝까지 그들어주지 않코 동사서[동사무소에서] 안전이 손님이 되고 마랐다.
지출에 … 오락에 500원 부주 5,000
計 5,500원

〈1987년 12월 31일 목요일 낡씨 맑음〉
"이 세상에 아버지 형제가 남원 분은 오직 한 분밖에 업는 삼촌마저 이제 사람도 알라보지 못하고 있쓰니 이제는 아버지 세대도 다 살라졌따는 것을 생각을 할 때에 아쉬운 마음 검활 길 업쓰며 이재는 우리가 대을 이어서 아버지 뒤을 이어갈 것을 생각을 하니 한편 어깨가 무거어저는구나."
"금년은 땀만 만이 흙린 해라고 말을 하고 십프며 이 해는 땀의 대까 업는 해가 돼어서 정말 아쉬어며 무라 말을 부치야 할련지 몰개꾸나."
올해는 소득은 업찌만 우리 가족이 아무련 사고 업씨 무리 업씨 지내온 것을 감사을

192) 이 내용은 일기 지면 상단에 따로 기록되어 있다. '동내 각종 금 143,700원'이라고 기록하였다.

더리고 내 자식 잘 자라주어 감사한 마음을 가진다.

"오늘은 87年을 마지막 보낸다고 우리 가족이 한 자리에 모여서 화토노리로 큼 따먹키 한다고 서로가 만이 가질라고 웃고 법석을 부리며 한 자리에서 자식들이 웃고 좋아하는 모섭을 볼 때에 이 아빠가 정말 좋으며 돈 천 원을 가지고 이처름 웃고 법석을 부리는 것을 볼 때에 부모는 자식과 한 등어리가 돼어야 우섬이 온다는 것 제삼 너켜 쓰며 언재나 자식과 같이 쓰리라."

지출에 … 막년회 1,000원

▌1988년▐

〈1988년 1월 1일 금요일 낡씨 흐림〉

금일은 우사에 창뜰래 비누류을 돼고 우사에 보온을 해주는돼 오전 일과을 보내쓰며 자신이 우사에 보온을 해주어야 하는돼 하면서도 못해와서 황상 걱정 따린 것이 사실이며 오늘 우사에 비누류을 안전이 되고 보니 자신의 마음이 좋을 뿐 아니라 오늘 저녁부터는 소들리 따뜻하게 밤을 세울 수가 있쓰서 말 못하는 소들이 좋을 생각을 해볼 때에 진작 못한 것이 미안타.

오후에는 눈비라도 곳 쑈다질 것 같다서 봉답 논에 벼단을 말류기 위해서 너려노원 것을 오늘 비을 마저며 안전이 못 쓰게 댈 것 같다서 불리야 불리야 해서 벼집을 싸는돼 비방울이 내리더라. 그래서 혼자는 도저이 다 하지 못하고 비을 맞추고 말개꾸나 하고 비을 한 방울이라도 적개 맞추어 볼 욕심으로 열심이 일을 하고 있는돼 집사람이 놀로 같다 비가 방울이 되어 내리서 정신 업씨 왔따면서 집사람이 오더라. 실찌 집사람이 놀로 가지 않코 같치 나와서 일을 했떠라면 하는 마음이 들런 것은 사실이다. 여하뜬 집사람이 뛰어 나오니 방갑더라. 둘리가 열심이 하니 비가 내리다 비가 오지 않코 개이는 날씨을 보이며 둘리서 땀만 흙린 일과가 돼고 마랐다.

"그리고 오늘은 혜지가 올 것으로 생각을 했는돼 오지 않코 있쓰며 우리 혜지가 열심이 공부을 하는 모양이구나. 이 아빠는 설이기 때문에 원거니 혜지을 기다린 것이 사실이며 집사람과 둘리서 잠자리에 들어갈 때는 우리 혜지가 다 잘라따는 새해을 는기계 돼어다."

"금년 한 해도 자식들 몸 건강이 잘라주고 우리 가족 건강하게 세해을 마지하여 기원하는 바이다."

〈1988년 1월 2일 토요일 낡씨 맑음〉

오늘도 경운기에 두엄을 한 발리 실어내고 당산 논에 추진 벼집을 실어낼라 하다 경운기가 빠저서 형님 경운기로 빼어냇쓰며 대우 있따고 함부로 들어가다 요분에 욕을 본 셈이다. 금일은 계핵되로 일을 하지 못하고 먼저 번에 두엄 실어냇 것을 논바닥에 까는 작업으로 하로 일과을 보내고 마랐다.

〈1988년 1월 3일 일요일 낡씨 맑음〉

금일은 어머님 제사라서 아무 일도 하지 않아는돼 구미 동생이 산에 칠이 이장병에 좋다고 하면서 칠 캐로 가자고 해서 둘리와 아들이 다 따라가서 칠을 캐는돼 생각보다 수라면 상당이 만이 캔 셈이다. 그리고 먼저 번에 큰집배 사과 산 사람이 사과을 가지로 와서 사과을 실련돼 서로가 의사 충돌리 되어서 음성 높피게 돼어쓰며 오늘은 어머님 제사라 가급적 서로가 좋게 할려고 자신은 아무 말도 하지 않코 서로가 충돌 업씨 회결을 할려고 노력을 했쓰며 오늘은 일은 형님이나 장사나 접어주는 것을 학실리 결정을 하지 않코 계약을 해서 충돌리 나게 되어따고 본다. 장사는 상자에 가득 체우두록 요구을 하고 형님은 요구돼로 주게 되면 260십 상자에서 접어 주는 상자 적개 잡아도 25상자가 돼니 이것은 너무하다 하면서 계약을 치소 하자고 하면서 음성을 서료가 높피게 돼어쓰며 이것을 회소 시키는데 힘이 들어쓰며 서료가 실수을 했쓰니 17개 접버주고 합이 시키서 별의이 업씨 실어가서 자신은 어머님 제사을 두고 큰 말성이 업씨 회결이 되어서 다행이라고 생각을 한다.

"금년에도 어머님 제사에 동생들 다들 참석을 고맙게 생각을 하며 마음에 걸린다면 종말리 지수가 아기 때문에 참석을 못 했찌만 마음 걸리는구나."

〈1988년 1월 4일 월요일 낡씨 눈〉

"오늘은 눈 빨리 내리니 사람들의 동사무소에 모여 놀라쓰며 금년들어 처음 사람이 만이 모여서 놀라따고 생각을 한다.

그리고 우리 혜지가 어머님 제사에 참석을 하고 오늘 저의 숙모 따라서 공부하로 하로 간다고 따라가며 아빠 열심이 공부을 하게 따고 인사을 하는 것을 볼 때 나도 자식을 다 키어따는 생각이 앞쓰는 구나."

"나는 너의 나이라면 밤잠을 자지 않코 노력하게 노라. 내 나이 되어 후회하는 자가 되지 말고 너희들리 자리서 열심히 했노라고 말해다오. 이 아빠는 너이들이 성인 되어 후회자 될까바 이 아빠 눈 떠며 걱정이노라."

"순달이가 이제 부장으로 증진이 되어따고 하니 형으로서 반가운 일이며 이 형이 조합에 가면 부장급은 별도의 의자가 있쓰서 그 자리에서 음무을 보고 있는 것을 부럽떠니 이제는 이 행이 조랍에을 가도 내 동생이 그 자리에서 음무을 보고 있는 모섭을 보며 이제는 부러울 자리가 업쓰서 내 마음이 더 좋꾸나."

예금액 3,170,000원

〈1988년 1월 5일 화요일 낡씨 맑음〉

오전은 아이들과 휴식을 하여쓰며 아이들 공부방에서 앞푸로 질료[진로]을 이야기로 오전을 다 보냇다. 앞푸로도 이런 시간을 만이 가지야겟다.

"오후에는 땔감을 하는돼 하로 일과을 보냇쓰며 땔감 문제는 소만 먹이지 않으며 땔감 문제는 안전이 회결이 되는돼 소을 먹이니 땔감이 상당이 만이 들어가며 잠쉬 실 새 업다고 생각을 한다."

〈1988년 1월 6일 수요일 낡씨 맑음〉

요줌에는 자신의 생각을 해도 휴식을 만이 한다고 생각을 하면서도 실천을 못하고 있쓰며 앞푸론 조금식 계핵을 세우서 일을 해야 할 작정이다.

"이번에 종석이 부인이 어머님 재사에 참석을 못하게 한 것은 낡씨 추어서 아이가 혹시 감기라 들까바 극정이 돼어서 형수가 오지 말라 했는돼 그것이 아니고 지수는 민정이 집이 바로 이우진되 아무 말도 하지 않코 어머님 제사을 뒤로 하고 친정에 같쓰니 이것은 지수가 상당이 잘못이라고 생각을 하며 이것을 참다 못해 순서가 순복이예깨 지수가 잘못 한다고 이야기을 했뜬가 오늘 순복이가 회사에 근무도 하지 않코 순복이 쳐가 친정에 있는 것을 불려내라서 큰집부{로} 돼리고 와서 이번에 일은 백 번 잘못 했따면서 사과을 하며 이번 일은 지수가 집배 있쓰며 아무 일도 업는돼 먼 친정에는 가고 엄마 제사는 참석을 하지 않는 것은 상당이 잘못이라고 생각을 하며 종말이 지수는 우리가 오희려 가값게 지낼라고 노력을 하는 편이며 영 사람이 마음에 들지을 안는 편이다.
지출에 … 라면 300원

〈1988년 1월 7일 목요일 낡씨 맑음〉

"금일은 땔감 할려고 오후에 일적 가서 나무을 한참 하고 있는돼 혜영이가 대리로 와서 포황[포항] 이모와 선들 이모가 왔따면서 집배 오라고 해서 일하는 작업을 중단하고 집부로 돌라왔쓰며 포황 쳐제는 울 집배 온 적은 처녀 때에 한 번 오고 이번이 두 번째라고 생각을 하며 정말 오래만이라고 생각을 하며 울 집까지 들리주니 고맙더라."
그리고 선둘 쳐형은 집배 조금 있따 곳바로 가서 오랜만에 왔는되 저녁 식사도 하지 않코 집배 아들이 들어오지 않는다면서 극정이 댄다고 하면서 쳐제가 집을 모련다고 해서 집만 갈치 주고 간다고 하면서도 이러깨 넛젓따고 이야기을 해서 잡지을 못하고 마랐다.
지출에 … 되지고기 3斤 5,100원

〈1988년 1월 8일 금요일 낡씨 맑음〉

금일은 쳐제와 하로 종일 동안 휴식을 하여쓰며 쳐제가 오후 너캐 친정으로 돌라가는돼 아이들과 가는 모섭을 보니 자신이 적으나 바줄 심이 있따면 좋찌만 그러 못해서 미안감이 앞쓰며 집사람이 찹쌀 1되만 주고 마랐쓰니 마음에 걸리며 쳐제가 가고 난 뒤가 아쉬운 마음 검할 길 업꾸나.
지출에 …
"그리고 혜지가 저의 담임 선생님 이사한다고 올라왔쓰며 선생님은 미리 이사을 다 했따고 하면서 선생님예깨 가지 않코 집부로 왔쓰며 혜지가 저의 사촌과 싸음을 했따고 해서 너이들이 싸우며 너의 숙모가 힘이 들어서 안 댄다면서 아푸로는 싸우지 말라고 부탁을 했쓰며 혜지 서적이 늙찌 못해서 걱정이 되는구나.
지출에 … 실 4,000 닭 3,000 김 1,500원
작구 300 차비 630원 포황
아들 2,000 아들 양발 1,000
計 15,930원[193)]

〈1988년 1월 9일 토요일 낡씨 맑음〉

금일은 갑짝이 추이 몰려와서 사람들이 얼신도 못 할 정도며 포황 쳐제가 집부로 돌라가는되 아이들과 힘이 만이 들을 끄수로 보며 그처름 봄 날싸와 다름이 업씨 따뜻한 날씨가 하로만에 이래 추울 수가 있나 하고 의심이 갈 정도며 오늘은 하로 종일 동안 방예서 보낸 셈이다.
그러고 종교 여동생 결혼한다고 동내로 술돼집 한다고 해서 음식을 어더 먹어쓰며 음식이 깨끗이 햇더라. 이재는 동내로 술을 내주어서 부주을 밭게 되며 이재 답래품으로 2,000원식 꼭 돌려주더라. 그전에는 답래품으로 1,000식 주는돼 이재 2,000원식 주는 것이 공식이 되고 마랐다.[194)]

〈1988년 1월 10일 일요일 낡씨 맑음〉

요줌은 자신이 몸이 이상하게 불안한 너킴

193) 실제 계산은 12,430원이나 15,930원으로 잘못 기록하였다.
194) 이 내용은 일기 지면 상단에 따로 기록되어 있다. '1月 9日 부주 종교 5,000원'이라고 기록하였다.

이 들며 혈압이 오러는지 몸이 별료 불편한 너킴을 가지지 않치만 밤에는 잠이 잘 오지 을 안으며 불안해저는돼 아직까지는 몸이 이상이 오며 큰 문제가 생긴다. 외냐하면 우리 가정은 아직 안전이 연결돼어 있찌 안아서 자신이 건강을 일년다면 우리 가정이 그대로 주저안절 생각을 하니 기가 찬다. "자신도 어떠게 해야 안정을 차절련지 갈피을 잡지을 못하게더라."

〈1988년 1월 11일 월요일 낡씨 맑음〉

집배서 무이미하게 하로 생활을 보내기가 답답해서 산촌 병문안을 갈쓰며 삼촌은 이재 아무것도 모러고 똥오줌을 자신도 모러개 누고 있쓰며 숙모마자 감기가 들어서 누어있는 과정을 볼 때에 자신은 이려깨 생각을 했본다. 숙모님과 삼촌은 복이 만타고 이야기을 할련지는 몰라도 자신이 볼 때에 복이 업는 사람이라고 생각까지 해본다. 외냐하면 숙모, 삼촌은 아이들을 공부을 갈치어 다들 자식은 수라게 살라갈 수가 이따는 것이 자랑을 할련지는 몰라도 주이에서 볼 때에는 70십 노인 절먼 사람보다 일을 만이 하며 70십 넘뚜록 부억을 면치 못하고 며느리 손에 밥 한 키 못 어더 먹고 있쓰니 자식은 복이 만타고 할련지는 몰라도 부모는 복이 업는 사람이라고 생각을 한다.

지출에 … 숙모님 감기약 사료가는되 차비 240원 집사람 친구 이사한돼 500 라면 400원
計 640원[195]

〈1988년 1월 12일 화요일 낡씨 맑음〉

금일은 마음에 운상꾼으로 같쓰며 오늘 죽은 사람은 정말 좋은 사람을 일으따고 생각을 한다. 고인된 이 분은 아들이나 어른이나 다들 좋으며 나이라 해도 58세 밖에 돼지 않아서메 이 분이 구자윤이며 이 분은 고향은 아니지만 쳐과 집부로 살로 와서 안전이 우리 마을에 정착을 한 분이지만 정말 아까운 이라고 한 번 더 생각을 해본다. 그리고 달로 바서는 안전이 추월땐돼 땅 하나 얼지 않코 따뜻한 날씨라고 생각을 하며 구 씨 산소가 앞이 업쓰서 그려치 그른대로 좋은 편이라고 말을 하고 십꾸나.

지출에 … 부주 5,000원 운이 암산 책 500원 운이 과자 500원
라면 300원
計 6,300원

〈1988년 1월 13일 수요일 낡씨 맑음〉

금일은 한희 할머니가 우리 마을에 살다 노후가 돼어 그늘 사람이 업쓰며 계속 살다 채종적으로 딸이 되리고 가서 병환을 간호을 했왔쓰며 이번에 딸도 자식이라 하지만 맡땅이 맡미너리가 있쓰도 돈이 업키 때문에 거늘 수가 업쓰서 딸이 구안을 하다 별세을 해서 고향 땅에 안장이 돼어찌만 막상할 사람이 하지 못하고 모든 일을 하는 되로 구경만 할 정도 되어 있쓰니 그 심정 남은 아무도 모렬 줄 안다.

"오늘 일은 아무라도 절머서 정신을 차리야 이른 서러운 일이 업쓸 껐으로 보며 오늘 동민들이 만이 나와서 극정을 하고 일을 만이 한 대 되예서 감사하며 아직은 농촌 임

195) 실제 계산은 1,140원이나 640원으로 잘못 기록하였다.

심이 살라 있따는 것을 생각을 할 때에 자신의 마음도 좋꾸나."

〈1988년 1월 14일 목요일 낡씨 맑음〉

오전에는 두엄을 봉답 논에 두 바리 실어 내고 소 먹이 집을 실어 왔쓰며 기상대에서 비나 눈이 내일 온다고 만반의 준비을 했두어쓰며 오후에는 형님 사과 실어내는돼 그들어주는 것으로 하로 일과을 보내고 마랐다.

"우리 운이가 고비을 넌기지 못하는 것 같다. 처음에는 잘 하는돼 요줌 와서 주산이 어려우며 곱파기가 자리수가 만으며 힘이 더니까 주산을 멀리 할려고 들고 있는 것을 볼 때에 고비을 너기지을 못하고 있는 것 같떠며 어떠개 해야 운이을 공부을 자신이 할 수 있뚜록 만들 수가 있쓸까 하는 문제가 나 자신이 큰 문제이며 이 숙제을 찾지 못하며 운이을 바로 키우기가 힘이 들 껏으로 내다보는돼 이 아빠 걱정이 되고 있다."

"정부에서 너무 하다고 생각을 한다. 외냐하면 축산하는 사람들이 오늘날까지 생산비도 안 되는대 언잰가 한 번 소 끔이 올라서 조금이라도 손예 간 것을 찾저볼려고 멧년을 참와왔는데 이것마저 몰쌀을 시키지 못해서 배가 아픈지 또 쇠고기 수입을 해야 하니 암력을 주어서 할 수 업니 이따오 소리을 하며 제발 국회원 선거 동안만 찾아달라는 뜻으로 이야기을 하며 어너 놈이 죽든 말든 우리 정권이나 잡원 뒤에는 모른다는 식으로 정권을 하고 있쓰니 귀가 차며 우리 국민이 다들 못 배운 제라고 생각을 하며 자신은 이러깨 말을 하고 십다. 우리 국민원 군정 때문에 나라 발전이 태보 돼어따고 생각을 하며 이 책임을 밝키야 하며 분명히 정취인이 책임저야 한다고 생각을 한다."

"이것을 금년에 발혀져야 하는돼 김대중이 김영삼이 욕심 때문에 이루어저지 못했쓰니 이 두 사람이 국민예깨 문책을 바다야 하며 이 두 사람이 업쓰저야 한다고 생각을 한다. 외냐하며 서료가 대통령예 눈이 어더어서 분당이 되어서 서로가 내가 대통령 한다, 내가 한다 이려깨 싸우면서 왔키 때문에 국민들이 원하는 것을 이루지 못했쓰며 그래도 정취 한다고 손을 뛰지 않코 각 당에서 총재한다고 법석을 부리고 있는 것을 볼 때에 우리 국민이 인재가 업따는 것이 한스렵꾸나."[196]

〈1988년 1월 15일 금요일 낡씨 비〉

금일은 동내 총회을 했쓰며 금년에도 이진일 동장이 계속 음무을 보게 돼어쓰며 우리 마을에는 동장을 할 사람이 업쓰며 우리 마을보다 적은 동내도 서로 동장을 할려고 하는 사람이 만타고 하는돼 우리 마을에는 동장을 할려고 하는 사람이 업쓰니 이것은 다들 생활이 좋아서 그른지 알 수가 업꾸나.

"그리고 동내 총회하면서 마을금고을 운영을 계속 할려고 더는 사람이 있는돼 이것은 나중에 가면 안전성이 업는돼 계속 할려고 더는 사람은 이상하며 이것은 알면서도 곳바로 말을 하지 못하고 따라가는지는 몰라도 이것은 억찌로 몰로 갈려고 하는 춘효가 잘못 생각을 하며 자신은 머지않아 부도을 내고 말 껏으로 내다보고 있다. 실찌 자신도 회원이지만 부도을 염려을 하면서 떨어

196) 이 내용은 일기 지면 상단에 따로 기록되어 있다. '큰집배 사과 산 사람 신평동 (최명우)'라고 기록하였다.

저나오지 못하고 하고는 있찌만 투자는 하지 않으며 매달 투자을 하라고 하며 원태[은퇴]을 할 욕심이다."
"앞푸로 우리 마을에서 부도을 낼 족끈이 두 끈이 있따고 본다. 이 두 가지는 안산이 김춘효 동장 할 때에 (파라꼴과) (안산) 이 두 목은 우선 동장 김춘효 지도자 윤천희 앞푸로 등기을 냇쓰며 이것은 공동 소유을 면예서 정리을 해야 한다면서 이 두 사람 앞푸로 등기을 냇는돼 이것은 후세예 가면 김영남이 봇방천을 저 할부지 앞푸로 있쓰서 바실보에서 결국은 법정에서 전 것쳐름 이것도 우리 후세에 가면 우리 마을 제산이 주곳도 돼지 않을 하고 염려도 된다."
지출에 … 쌀딩기[쌀등겨] 값 298斤
15,000원

〈1988년 1월 16일 토요일 낡씨 맑음〉
봉답 논에 벼집을 말루기 위에서 다시 열어쓰며 자신이 요줌 별료 일을 만이 하지도 않는되 몸이 어떠타 할 수도 업씨 몸이 피료가 따리고 있다. 이것을 해소하기 위해서 휴식을 만이 하고 있다.
그리고 어재 혜영이와 운이가 둘리서 아빠가 잠자리에 들어갈 때에 서로가 싸와서 그만 참지 못하고 아빠가 음성을 높피서며 요줌 아빠가 생각을 해도 아이들이 조금한 소리을 해도 아빠가 신경질을 내고 있쓰며 자신이 생각을 해도 아이들에깨 너무 거칠게 말을 하며 자신이 말을 하고 나며 자신이 참지 못하고 너무 한다는 생각을 하며 후에을 하면서도 아이들이 조금만 싸와도 아빠는 참지 못한돼 돼에서 미안하며 오늘 혜영이깨 어재 아빠가 잘못했따는 사과을 하고 마랐다.

〈1988년 1월 17일 일요일 낡씨 맑음〉
"오늘은 종일 동안 휴식을 하여쓰며 자신이 오늘 종일 동안 안전이 휴식을 하니 몸이 풀리는 너킴이 더는구나."
"그리고 오늘은 구미 도서관이 논다고 하면서 우리 혜지가 먼저번에 오늘 집배 올라올려고 하는 것을 자신이 올라오지 말고 공부을 하라고 했든이 그 말을 듯고 올라오지 안는가바. 자신은 그래도 혜지가 올라오는 것만 생각을 하고 이 아빠는 원건이[은근히] 하로을 기다린 셈이며 혜지가 해가 넘어가도 오지을 안으니 어뒨가 모려게 서운감이 있더라."

〈1988년 1월 18일 월요일 낡씨 맑음〉
금일은 자신이 생각을 해도 일을 너무 아난다는 생각을 했쓰며 자신이 이려다가는 우리 딸래미 뒤바리도 못하게쓰며 자신이 계속 휴식을 해서는 득이 돼지 않코 손예가 만타는 생각 끝에 오전 일적부터는 일터로 나가서 일을 했쓰며 사람은 언재나 일을 해야 속이 편하다고생각을 한다.
그리고 아빠가 집부로 오는돼 뒤에서 아빠하는 소리에 뒤을 돌라보니 혜지가 아빠 하는돼 정말 반갑더라. 혜지을 어재 기다린는돼 오늘 어찬 일이나 하면서 혜지와 둘리오니 마음이 든든하며 떨어저서 살기가 힘이 들겟따는 생각이 더는구나.

〈1988년 1월 19일 화요일 낡씨 맑음〉
금일은 소득 작목 교육을 동사무소에서 영농 교육을 했쓰며 오늘 영농 교육은 대충 강사들이 교육을 했쓰며 자신이 교육을 밭찌만 별료 도엄을 밭지 못하고 있따고 생각을 하며 앞푸로 영농 교육이면 안전 기술을 배울 수 있뚜록 하여주어쓰며 하는 생각이며 매년 이론만 교육을 하고 있쓰니 빹는[받는] 자와 갈치는 자도 역씨 재미가 업씨 시간만 때우는 영농 교육이라고 해도 무리는 아니라고 생각을 하고 십다.
지출에 … 혜지 6,000원

〈1988년 1월 20일 수요일 낡씨 맑음〉
금일은 수도작 영농 교육이라서 대신 학교에서 영농 교육을 하여쓰며 금일은 교육을 밭는 사람이 아주 적으며 갈수록 사람이 적으며 농사일에 자미가 업따고 생각을 해서 그른지 영농 교육을 바들라고 하는 사람이 업쓰서 영농 교육 강사로 나온 사람이 강위을 할 의욕이 업쓸 정도가 돼어 있쓰서 이재는 영농 교육도 실찌 식물 가지고 나와서 한 가지 기술을 습득이 되두록 영농 교육 방침을 바꾸야 할 껏 같꾸나.
"영농 교육을 참석한 사람 일 인당 700원 꼴로 돼집을 하고 있다."
그리고 오후에는 집사람과 둘리서 봉답 벼집을 비 온다고 기상대에 이야기을 해서 두 바리 실어오는 것으로 하로 일과을 보내고 마랐다.
우리 아들이 전화기을 너차고 이야기을 해서 이 아빠가 참기가 힘이 더는구나. 외냐하면 우리 마을에서 배급을 타 먹고 있는 사람이 요세 두 집이나 전화기을 너어쓰며 이 사람들은 깨 씨 모로 불 땅도 업는 사람이 전화기을 너니 우리 아들이 전화기을 너차고 하는돼 할 말이 업쓰며 자신이 생각을 할 때는 아직 전화기는 생각이 업따고 생각을 하며 이것은 좋은 줄은 알지만 이것을 선택을 못하는 위유는 자신은 이려꺠 살라가나 내 자식은 한 놈도 업씨 끝까지 갈치고 십고 좋은 이 세상에 편하게 살두록 만들자면 내가 고생하고 답답하게 살라가면서도 실속 있는 생활을 하여야 하며 이 아빠는 너위들의 뒤바라지 못 할까봐 늙 걱정{이}며 내가 편하게 살며 너희들이 아빠 편화게 사는 만큼 고통이 따리는 것을 생각을 해 볼 때에 이 아빠 힘들며 너희들 하고 십다 해도 아직은 조금 불편해도 살라가는돼 지장이 업쓰니 조금 참아달라는 말 박에 업꾸나.
지출에 … 과자 600원 라면 300원
計 6,300원[197]

〈1988년 1월 21일 목요일 낡씨 비〉
금일은 우리 마을래서 어른들이 구경을 가는 날이며 절먼 사람도 같이 가자고 하는돼 자신은 가지 않아쓰며 농촌도 정말 살기 좋은 시절이라고 생각을 한다. 외냐하며 수안보로 모욕을 가자고 하며 모욕하로 같쓰니 정말 좋은 시절이다. 모욕가는돼 관광뻐스을 내서 가니 다들 형편은 좋다고 생각을 하는 바이다.
"금일은 때 아닌 비가 종일 내리고 있쓰니 자신 알기론 한 겨울에 비가 오는 것은 처음이라고 생각을 한다."
우리 운이가 이제 한 달 주산 학원에 다니쓰며 오늘은 시험을 밭다면서 6급 책을 바다따면서 좋아하는 모섭을 보니 자신의 마음도 좋으며 주산 실력이 생각보다 잘 한다고 생각을 하며 일적 못 보낸 것이 후예가 댄다.

---
197) 실제 계산은 900원이나 6,300원으로 잘못 기록하였다.

지출에 … 술빵치기 1,200원 닭갈 2,000원 세집배 병문안 900원 計 4,100원

〈1988년 1월 22일 금요일 낡씨 맑음〉

금일은 당산 밭에 경운기 길을 만더는되 힘은 들어찌만 오늘로서 안전이 길을 만들고 나니 생각보다 힘은 들어따고 생각을 한다. 이 길을 완공하기에는 꼭 하로 반이 글리쓰며 이 길이 언잰가는 내야 할 길리키 때문에 힘은 들어찌만 잘 냇따고 생각을 한다. "그리고 농촌에도 의료 보험 카드을 꼭 있쓰야 한다고 생각을 했찌만 막상 보험 카트가 나와찌만 다들 의료 카드에 보험료가 너무 만타고 이야기을 할 뿐 아니라 농촌에는 1차, 2차, 3차 이른 순위로 질료을 하두록 한 것이 불만이며 이것은 아주 잘못이라고 생각을 하며 이것은 농민을 생각을 하는 것이 아니라 질료 이중 부담을 주는 것이며 보험료 이익만 생각을 하고 있쓰며 이것은 안전이 패쌔을 해야 한다고 생각을 하며 농촌 의료 카드을 일반 공무원 모양 아무대나 질료을 바들 수 있두록 해야 한다고 생각을 한다.

지출에 … 의료 보험료 값 8,900원

〈1988년 1월 23일 토요일 낡씨 눈〉

"오늘은 안전 휴식을 하여쓰며 올 들어 제일 추어머 갑짝이 추어서 사람의 할기을 일고 있꾸나."

그리고 동사무소에서 놀고 있는돼 차을 몰고 핀풍[병풍]장사가 와서 핀풍 사려고 하며 여려게을 보이며 팔풍자리 80,000만 원 달라고 하는 핀풍을 13,000원 주고 싸서 큰집배 주어다. 이것을 팔면서 외 어느리을 이려깨 만이 주어서 장사을 하는 줄을 몰개꾸나. 이것도 자신이 만이 주어키 때문에 팔란 것이 아닌가 생각을 해보며 아직도 한국은 발전이 될려면 머러따고 생각을 한다.

지출에 … 핀풍 8폭 짜리 13,000원 운이 학원비 값 10,000원 計 23,000원

〈1988년 1월 24일 일요일 낡씨 맑음〉

오늘은 어재보다 낡씨가 더 춥꾸나. 올더려 오늘이 고비가 아닐까 생각을 해본다.

요줌은 강도가 상당이 만으며 사람 죽이는 것이 여사로 여기고 있쓰며 심지어 사재 폭탄, 총기을 마구 사람을 죽이가미서 강도을 하고 있쓰니 국민들리 황상 불안한 감을 가지고 살라 간다고 해도 무리는 아니다.

지출에 … 오락에 1,000원

〈1988년 1월 25일 월요일 낡씨 맑음〉

금일은 안전 휴식을 함.

오늘은 혜지가 한 달 동안 구미 민정이 집배서 공부을 하고 집부로 오는 날이라 언건이 기다리저며 이것이 부모의 마음인가. 실찌 멧칠 전부터 기다리쓰며 이것도 모려고 혜지가 집배 들어오는 것을 보고는 이 아빠는 좋아서 이야기을 하는돼 혜지는 그 반돼로 아빠에깨 성질을 부리고 있더라. 그래서 생각지 않아뜬 일이 발생을 하니 이 아빠는 멍한 기분이며 영 재미을 가질 수가 업쓰며 큰 실망을 했쓰며 이것은 부모와 자식과는 이쓸 수가 업는 일을 맡을 밭쓰며 생각을 할수록 성질이 나며 참다 못해 꾸중을 하여쓰며 성질돼로 했쓰며 손이 올라갈 정도며 말로만 성질을 다 부리쓰며 나중에야 혜지가 와서 아빠 잘못 했따고 사과을 하더라.

그래서 아빠한태 그래서는 안 댄다고 하면서 사과을 바다더리고 마랐다.
혜지가 아빠에게 사과을 할 줄 알라서 이재는 혜지가 다 잘라따는 생각을 했쓰며 자신이 생각에는 집사람이 아빠한태 잘못을 사과 하라고 이야기을 했는가 하고 집사람에깨 무러니 이야기도 하기 전에 사과을 하더라고 이야기을 해서 혜지도 자기 잘못을 사과을 할 줄 아는 자식이란 것을 생각을 하니 오희려 마음이 협쭉하더라.
그리고 구미 민정이가 혜지 가방을 메고 오면서 아버지 산소에 같다고 이야기을 혜지가 할 때에 구미 동생이 아이들 교육을 잘 가려키고 있따는 생각을 가진다. 외냐하면 민정이가 아빠의 교육이 업씨 저의 할아버지 산소을 이 추운돼 갈 생각을 감이 생각이나 하겟나 하는 생각이 들며 부모가 자식 교육은 조금한 일예부터 교육을 하여야 하며 순서도 아버지, 어머님을 만이 생각을 하고 있따는 것을 자신이 알고 있쓰며 형제관에는 우정을 버리는 한이 있쓰도 부모님의 사랑만은 이 생명 다 하두록 간직을 하고 십꾸나.
그리고 혜지가 아빠에깨 성질을 부린 이유는 구미예서 올라오니 다들 보는 사람마다 공부을 하고 이제 오는냐고 인사을 하는 것이 못맡땅해서며 친구들이 공부을 만이 했나 하는 말래 실찌 혜지는 공부을 만이 한 편이 아닌돼 그 말을 더려니 기분이 상해나봐. 이 아빠 알고보니 혜지가 잘못을 알고 있따는 것을 아빠가 학인을 했쓰니 아빠의 마음이 편하구나.
지출에 … 통조림 800원

〈1988년 1월 26일 화요일 낡씨 맑음〉

금일은 일기는 학 풀리는돼 바람이 부려서 일을 할려고 개핵을 했는돼 집사람도 더 풀리거든 일을 하자고 해서 계핵만 세우고 일은 하지 안코 휴식을 하고 마랐쓰며 휴식을 하면서 낭비만 한 것이 마음에 걸리는구나.
지출에 … 오락에 2,250원

〈1988년 1월 27일 수요일 낡씨 맑음〉

금일은 아침에 일어나지도 안아는돼 큰집배 경숙이가 와서 세집배 삼촌이 더 하다고 해서 열락을 하길래 집사람과 둘리서 불이야 불이야 가보니 삼촌이 아주 우중하며 살라바야 멧 칠은 더 사지는 못하겟다 하는 생각을 하여쓰며 십계 돌라가지는 안캐따는 생각이 들어쓰며 숙모가 소 시죽 때문에 가라고 해서 자신은 소 때문에 올라왔떠니 집사람이 금새 따라와서 죽어따고 이야기을 해서 자신은 십계 돌라가시지 않캐떠니 염감이 돌라가씨따니 이재는 아버지 형제가 다들 이 세상에서 멀리 같따는 생각이 들며 사람이 이려깨 십계 죽을 수가 있나 하는 생각이 앞쓰며 정말 돌라가시나 하는 생각이 들며 오늘은 아주 서운한 날리라고 생각을 한다.198)
지출에 … 소주 350원

〈1988년 1월 28일 목요일 낡씨 맑음〉

세집배 일 거들어주는돼 하로가 분주이 넘이 같쓰며 삼촌이 몸 갈리도 할 뿐 아니라

---

198) 이 내용은 일기 지면 상단에 따로 기록되어 있다. '삼촌이 1988年 1月 27日 오전 8시 10분 별세함'이라고 기록하였다.

숙모가 약이 좋다는 것은 다 했주어키 때문에 제일 오래 살라쓰며 아버지 형제관이 65세도 살라보지 못하고 다들 황갑만 넘어가면 다들 별세을 하고 마는돼 삼촌은 73세까지 살라쓰니 이것도 복이라고 생각을 한다.
"인간이나 동물이나 혈통을 속이지 못하는 것 같이 어뜬 집안들은 술, 담배 다 잘하며 천하게 살라도 장수하는 집안이 있는가 하면 우리 집안은 술, 담배 하지 않코 착실이 살라가도 웃대들이 장수을 하지 않코 일적 돌라가쉬는 것을 보며 우리 혈통은 좋지을 안은 것만은 사실이다."

〈1988년 1월 29일 금요일 낡씨 맑음〉

삼촌이 가만이 보며 복노인라고 생각을 한다. 외냐하면 하나에서 열까지가 걸구치는 것이 업쓰며 겨울 낡씨까지 봄과 다름이 업쓰며 자신이 나무 실어 낼까 하고 길을 안전이 냇쓰며 세길로 상주꾼 길이 돼어쓰며 생각할 수 록 무엇시 그래 해라 하는 식으로 돌라같쓰며 자신이 핀풍을 셋 것을 처음 사용을 했쓰며 만사 일이 수라게 돌라같따고 자신은 생각을 하고 십꾸나.
그리고 오늘 상주꾼은 수고한 보람을 가질 수 있따고 생각을 한다. 외냐하면 숙모가 상주꾼들 예 먹는다고 100,000원을 별도 주고 운상하는돼 320,000원이 나와쓰니 여때껏 처음 돈이 제일 만이 나와쓰며 동내 처고도 상주가 제일 만으며 잘 사니까 돈도 체고 나와따고 생각을 한다. 합계 돈이 420,000원. 오늘 일도 생각보다 수라게 안장을 했따고 생각을 한다.

지출에 … 삼촌 부이 23,000원 원

〈1988년 1월 30일 토요일 낡씨 맑음〉

"세집배 삼오 줌비을 하여쓰며 삼 일 동안 지친 피료을 푸는 것으로 하로 일과을 보내쓰며 이번 삼일은 일하는 날보다 피료가 만아따고 생각을 한다."
그리고 오늘 전화 신청을 하여쓰며 전화 신청을 하고 나니 직각[즉각] 가설을 해주며 정말 살기 좋은 시대라고 말을 하고 십다. 이번 전화는 아들이 보치는 바람에 전화 신청을 하여쓰며 부모가 자식예깨 저고 마랐쓰며 우리 운이가 전화을 더 요구을 하며 우리 운이 전화 가설하는돼 뛰어다니는 것을 보니 저처름 좋은 것을 이 아빠가 억재을 너무 시키따는 생각이 들며 모든 일이 남이 하면 따라가야 대겟따는 것을 느켜다.
지출에 … 술 값 2,400원 라면 300원
전화기 신청 170,400원
計 174,100원[199]

〈1988년 1월 31일 일요일 낡씨 맑음〉

금일 세집배 삼촌 삼오 탈상을 하여쓰며 요줌은 절먼 아들 세대차라고 이야기을 하더니 이재는 세상이 만이 변화여 부모가 돌라가시도 삼오날 다들 탈상을 하며 정말 간소한 세상이 돼어버리쓰며 앞푸로 인간이 어떠게 간소한 세상으로 변하며 머지않아 다들 업쌜 줄도 몰겟꾸나.
"이번에 삼촌 별세을 한 뒤로 집사람 외을 먹어따고 생각을 하며 우리 집안은 형수와 집사람 아니며 상당이 예로가 만타고 생각을 하며 집사람 일을 만이 하는 것이 마음

199) 실제 계산은 173,100원이나 174,100원으로 잘못 기록하였다.

에 걸리며 조금 적게 하여쓰며 하는 마음 뿐이다."

그리고 어재 전화 가설을 해서 오늘은 동내 삼오 술을 대집을 하고 자신은 운이을 돼리고 김천 대우 직매점에 가서 전화기을 제일 좋은 것을 싸와서 전화기을 가슬을 하고 나니 전화을 통아을 한 번 해바쓰며 하는 마음 뿐이다.[200)]

지출에 … 전화기 37,000원, 도끼 2,500원
책 2,000원, 귤 1,000원, 빵
500원 차비 740원
計 43,740원

〈1988년 2월 1일 월요일 낡씨 맑음〉

"금일은 세집배 깃그릇을 안전이 정리을 하여주고 오후에는 당산에서 해논 나무을 경운기로 한 발리 실어왔쓰며 길을 낸 것이 아직은 미급하며 안전이 할려면 하로 정도 해야 오른 길이 댈 꺼 같꾸나."

그리고 금일은 전화는 안전이 가설을 하여는되 전화국에서 통화을 하여주지 않으니 실찌 자신이 더 예기 타며 순달이을 통해서 가슬을 했키 때문에 부탁을 한 사람에 이야기을 하여보라고 이야기까지 했쓰며 아이들보다 다신이 마음이 더 타따고 해도 무리되는 말은 아닌 것 같꾸나. 그리고 우리 아들, 딸 때문에 가설을 빨리 했따고 생각을 하며 자신의 계핵은 우리 딸들 고등학교 정도 가야 전화을 놓 개핵을 세운 것이 상당이 빨리 계통을 했따고 생각을 하며 인간이 살라가는되 자기 위주로만 살라가는 것도 좋지만 남도 바가면서 살라가야 하게따는 생각도 더는구나.[201)]

지출에 … 경운기 동전 500원 아빠 티, 운이
수봉[양복바지] 18,000원, 전기
밥솟 고치는데 5,000원 치약
900, 티밥 티는데 1,200원,
집사람 신발 3,400원, 화장지
1,000원, 미역 1,400원,
오꼬시[202)] 1,000원
計 32,400원

〈1988년 2월 2일 화요일 낡씨 맑음〉

금일은 날씨가 추애니가[추우니까] 동사무소에 사람이 한방이더라. 낡씨가 왼만하면 사람이 업는돼 오늘은 한방이며 이 사람이 모이며 돈을 쓸 준비을 하며 모이며 돈을 쓰계 마련이다.

그리고 정부에서 복합 영농을 해야 농민이 잘 살라간다면서 서민 농가만 복합 영농을 해야 살 수 있따면서 정부에서 입식 농가에께 만원 융자을 주어서 소을 사계 만둘어노코 82부터 소 수업을 해서 소 먹이라고 해서 소 먹인 사람이 상당이 만운 피해을 주고는 미안하니까 자녀을 둔 농가는 학자금을 1기분 돼주며 학생이 업는 농가는 쌀 한 가마로 그 대까을 때우더니 이재와서는 또 소고기 자유하며 소고기을 더러와야 한다고 이야기을 하고 있쌔니 이것은 서민들 살개 하라고 정부여서 만은 돈을 주어서 안전이 망치계 했쓰며 이 사람들이 가만이 두어쌔며 만은 돈도 업쓸 뿐 아니라 망칠 일도

---

200) 이 내용은 일기 지면 상단에 따로 기록되어 있다. '순달이 480,000만 빼감'이라고 기록하였다.

201) 이 내용은 일기 지면 상단에 따로 기록되어 있다. '(전화 계통함)'이라고 기록하였다.

202) 오코시(おこし/粔籹)는 밥풀과자로 쪄서 말린 쌀 따위를 볶아 깨・콩・김 등을 넣고 물엿 등으로 굳힌 과자를 이르는 말이다.

업쓰며 정부에서 돈을 주어서 배락[벼락]을 마자쓰며 배락을 맏고 희망을 걸고 근근이 살면서 희복이 되어서 반 돈이라도 건저 볼 욕심으로 5년 동안 버티면서 살라왔는돼 이 사람을 숨마저 못 시고 죽어야 정부가 속이 시원한가. 미국에 암력이라면서 수입해야 하니 이따이 소리을 하고 있쓰니 정부 정책 아주 잘못한다고 생각을 하며 이번에 김대중이, 김영삼이 이 둘리 사욕 때문에 국민들이 원하는 것을 이루지 못해쓰니 이 것들을 때리죽이야 한다고 생각을 한다.

지출에 … 자전거 부레크 500원, 뽀빠이 2,300원

〈1988년 2월 3일 수요일 낡씨 맑음〉

웃들래 캑토[객토] 한다고 아침 일적 먹고 갈든이 오늘 너어줄라고 하더니 빠저는돼부터 흙을 먼저 너어 준다면서 아직 우리 논에는 들어오지 않으며 내일도 제되로 들어오지 않을 껏 같꾸나. 그래서 집부로 돌라와서 이번에 기계 자금 조합 돈을 연기 신청을 하라고 해서 경운기는 연기 신청을 하고 자립 자금은 토지을 저당한 것을 티어 와야 한다면서 하지 못하고 순달이가 띠어 와서 해줄라고 해서 집배 돌라오고 마랐다.

그리고 팔구 신부 짐 온다고 해서 같쓰떤이 농빵[농기구상]에는 기구을 만치는 사람이 와서 다들 만치고 전자 제품은 전자 제품되로 와서 다들 만치고 가는돼 우리들은 필요도 업는돼 육촌 형님은 미리 급을 먹고 내리오라고 해서 별 일도 업씨 오후 해을 보내고 마랐다.

"정부 일하는 것이 영 마음에 안 든다. 외냐하면 이번 일도 저리로 융자을 해주며 상환 기간도 5넌 거쳐 7년 상환이라고 하면서 연기 신청을 받고 있는돼 이것은 어떠한 사람이 득을 보고 있는지 분석을 해보아라. 정부에서는 업는 사람의 빛을 저리로 해서 그 사람이 살라가게 하두록 정책안을 내서 이 재도을 낸는돼 이것은 업는 사람은 별료득 보는 사람이 소수며 득을 보고 있는 사람은 돈이 만아서 터락타, 콤바위 중장비로 돈을 만이 벌어 더리는 사람만 득을 주고 있쓰니 정부 정책이 잘못돼어 있따고 생각을 하며 정부에서는 모든 일에 학인하는 정책을 했쓰며 하는 마음 뿐이다."

지출에 … 밀가루 1포 5,000원 차비 240원 인지돼 100원 計 5,340원

〈1988년 2월 4일 목요일 낡씨 맑음〉

팔구 결혼하는돼 손님 대집할려고 돼지 두 바리을 잡아쓰며 집배서 잔치을 하지 않코 동내로 술을 내주며 고기는 상당이 만을 껏으로 내다보며 형님도 잘 생각을 했다고 생각을 한다. 외냐하며 집배서 잔취을 하기대며 경비도 만이 날 푼 아니라 모든 것이 힘이 만이 들끈돼 간소하게 할려고 하는 것이 마음을 잘 먹어따고 생각을 한다.

그리고 요줌 잔취을 처는 사람들은 되지 금이 허려서 잔취 부담을 조금 적개 들게 되어따고 생각을 하며 돼지 근 당에 800원 하고 있쓰니 잔취 부담을 상당이 만이 들어 주는 것은 사실이다.

지출에 … 업는 사람 도우는돼 2,000원

〈1988년 2월 5일 금요일 낡씨 맑음〉

오늘은 동내 술 되집[대접]을 하는 것으로 일과을 보내쓰며 오전에 되지을 살마서 동내로 돼집을 할려니 상당이 바빠서며 동내

로 떠신 고기을 줄라다 정심 시간이 조금 지나서 주어쓸 뿐 아니라 주선하는 하는 사람들이 상당이 바빠다.
지출에 … 이발비 갑 2,000원

〈1988년 2월 6일 토요일 낡씨 맑음〉
팔구 예식장에 참석을 할려고 같쓰는돼 손님 접대 한다고 예식을 하는 것도 보지 못하고 예식이 끝이 낮쓰며 손님 접대하는돼 신부름 하는 사람이 업쓰서 손님에계 밝은 얼굴을 보이지 못해서 지나고 나니 미안한 감이 들며 외 자신이 꾹 참지 못한 것 정말 미안타고 생각을 한다. 오늘 신부름은 박명섭과 둘리가 정식 104그릇을 해당하는 손님을 두리가 신부름을 하여쓰니 자신의 얼굴이 펴저지 못 했따고 생각을 한다.
앞푸론 이런 일이 있쓰며 방마다 접돼을 할 사람을 배치을 해서 접대을 하여야 하며 신부름꾼이 적으도 5명이 돼어야 손님 접돼을 할 수 있따고 생각을 한다.
그리고 집사람 외을 만이 먹어따고 생각을 하며 삼촌 돌라가신 되부터 잠쉬 실 새 업쓰서며 오늘날까지 형수와 집사람이 수고을 만이 하여쓰며 정말 외을 먹어따. 이 추원돼 밭같에서 집사람 일하는 모섭을 보며 그만 집부로 돼리고 가고 십픈 마음 용서씀쳐지만 그러지 못하고 내 마음 타곤 마는돼 이재는 일을 다 했쓰니 집사람 푹 자게 군불을 만이 때어서 집사람을 기다리고 있쓰서며 집사람이 들어오니 그처름 반갑을 수가 업쓰며 이불 속으로 살가머니 모시는 마음 그 누가 아리까.

〈1988년 2월 7일 일요일 낡씨 맑음〉
올 더려 가뭄이 너무 심한 셈이다. 가을 들어쓰면서 비다운 비 한 번 오지 않아쓰며 눈마저 오지 않으니 과수까지 가뭄이 따러지나 않을까 하고 염려가 되는구나.
“날씨가 추운 관계로 휴식을 하여쓰며 요즘은 낡씨 추어며 사람이 모여 노라도 그러지을 안으며 농촌에도 휴식을 하지 않는 편이다.”

〈1988년 2월 8일 월요일 낡씨 맑음〉
요즘은 매일 휴식을 하여쓰며 낡씨가 추운 간개로 잘 놀고 있다.
오늘 돌부리 수리미[오징어]로 하는돼 마음껏 먹어는돼 1,400원밖에 돌라오지을 안아서 생각보다 적개 부담이 돼며 잘 놀랐다.
“이번에 김영삼 씨가 민주당에서 사태을 한다고 하니 잘 나온다고 생각을 한다. 외냐하며 정치인이 개인 사욕을 차리서는 총재을 할 수 업쓸 뿐 아니라 총 자격도 되지을 안는다고 생각을 하며 평민당 총재 김대중이도 사태을 시키야 하며 모라내야 한다. 만약에 김대중을 모라내지 못하며 말도 안 돼며 김대중이가 계속 평민당 총재직을 개속한다면 김영삼이을 총재을 사태을 시키지는 안댄다고 생각을 하며 김영삼이보다 김대중을 먼저 모라내야 한다고 생각을 한다.”
지출에 … 오징어 돌부리 1,400원 엿 3,800원 반 캉통 닭갈 2,000원 計 6,200원[203)]

〈1988년 2월 9일 화요일 낡씨 맑음〉
금일은 추이가 조금 풀리는 것 같아서 경운

203) 실제 계산은 7,200원이나 6,200원으로 잘못 기록하였다.

기을 몰고 가서 나무한 것을 실어와쓰며 자신의 계산으로는 종일 동안 나무을 실어더릴라고 마음을 먹고 있쓰는돼 오후에는 절먼 사람이 오징어 돌부리을 한다고 오후에는 한 분도 들레 가는 사랍이 업두록 하여야 한다고 하면서 부탁을 한다고 해서 나가 보니 삼촌 운상할 때에 숙모가 100,000만원 준 것으로 돌부리을 한다고 하면서 오징어을 내 짝을 쌀마서 동내 어른과 나누어 먹는돼 정말 만이 먹어쓰며 오징어가 좋으니 어제 돌부리한 것보다 좋더라.

"요줌은 고기도 살라가도 살라갈 수가 있쓸 정도로 고기가 만이 생기며 개속 고기라 해도 무리되는 말은 아니며 요줌은 돼지고기는 사람들이 잘 먹지을 안으며 사람의 식성이 이처름 변해따면 여려분은 안 미들란가 몰라도 요줌 돼지고기하며 아예 먹지 않는 사람이 많으니 살기 좋은 때라고 말을 하고 십꾸나."

그리고 요줌은 돈이 기할 때라서 그런지 꿉피을 하지 않코 돈 백 원식 무더서 따먹기로 하로을 보내는 것을 보며 생활래 여유가 업쓰서 그런지 그러치 않으며 사람들이 성실해저가서 그른지 알 수가 업쓰며 자신이 생각을 할 때에는 다들 학생들이 고학년이라서 돈 여유가 업따고 보고 있다.

"웃뜰래 객토을 함. 아래 따래이는 40차, 위는 20차 적은 차로 객토을 함."

〈1988년 2월 10일 수요일 낡씨 맑음〉

금일은 당산 논에 뒤뚝으로 빠저는돼 모래을 실어와서 너어보니 힘이 들며 하로 종일 동안 실어바야 6바리 정도밖에 실지을 못하게더라. 자신의 마음되로 했쓰며 모래로 한 불 까라쓰며 하는 마음이 뿐이다.

"우리 형제로서는 처음 김천 전문학교을 졸업하는 용숙이 졸업 선물로 반지을 하여 준다고 저의 숙모들이 졸업식에 참석을 하기 위에서 다들 갈쓰며 4년재가 아니고 3년 전문 대학이라 마음에 글리는구나. 그리고 용숙이는 간호전문대학을 하면서 장학금을 바다가면서 공부을 했키 때문에 공부하는돼 형님은 별로 힘은 들지 않아따고 생각을 한다."

지출에 … 용숙이 졸업선물 10,000원
참기름, 뜰기름, 노트 4,000원,
아빠의 베게 호충 1,000원
計 15,000원

〈1988년 2월 11일 목요일 낡씨 흐림〉

요줌 기상대는 어재, 오늘 눈비가 온다고 하더니 눈비는 올라고 생각조차도 하지 안는 날씨가 되어가며 눈비을 기다리지며 이왕이며 눈이라도 텀벅 와바쓰며 하는 마음인돼 온다는 비, 눈이 오지 않코 개인 날씨가 되어가니 이내 마음 서운하구나.

오전은 휴식을 하여쓰며 오후에는 당산 나무을 한 발리 실어오는 것으로 하로 일과을 보내쓰며 낡씨가 너무 가문이 심해 문지가 너무 만으며 나무단을 만치는돼 문지가 일어나며 정말 비가 와야 하는돼 하는 마음 변하지을 안는구나.

"오늘 오전에는 일기가 불순이라 동사무소 놀로가니 이미 사람들이 한방 모여 놀고 있더라. 자신이 들어가니 동장이 이 사람 나오는 것을 보니 오늘은 들래 가서 일하는 사람이 업쓸 것으로 본다고 이야기을 하며 자신을 일을 만이 한다고 이야기을 하며 자신이 생각을 하기예는 보통이라고 생각을 하는돼 남이 볼 때는 상당이 만은 일을 한다고 생각을 하고 있나바."

〈1988년 2월 12일 금요일 낡씨 맑음〉

오전에는 당산 논에 모래을 두 발리 실어쓰며 당산 논에는 모래 열둘 바리로 끝을 낸 샘이다. 그리고 당산에 나무을 했쓰며 오늘 길래 경운기로 한 발리 실어왔쓰며 내일만 둥치기을 하면 안전이 할 수가 있따고 보며 둥추기만 하고 나면 실어더리는 것은 수랄 끝으로 내다보고 있다.

"우리 운이가 학교 같다오면 오후 4시가 넘어야 오기 때문에 학원에을 갈려고 하면 힘이 들 껏 같다서 학원을 그만 포기하라고 하니까 운이가 갈려고 하니 보내주야 하게 찌만 내가 볼 때에 우리 운이 너무 고댄 일과가 돼지을 안을까. 자신이 볼 때는 학원에 가서도 만이 하지 않코 반장 정도밖에 하지 않는돼 아이만 외을 먹이는 것이 아닌가 하고 염려가 만이 되고는 하지만 자신이 갈려고 하니 허락을 해야 하겠다."

지출에 … 아빠 감기약 2,000원, 오징어 2,000원 떡값 2,500원, 차비 400원 노끈, 문종이 2,000원 計 8,900원

〈1988년 2월 13일 토요일 낡씨 맑음〉

오늘 오전에는 바실보에 파보한다고 해서 대신을 같쓰며 각 임사와 총감이 이년식을 하기로 규정을 해서 선출을 한 것인돼 이 사람들이 나람돼로 일을 한다고 있는돼 천재지변으로 하천이 분계돼고 재방이 분개돼고 온 천지을 물날리을 보게 댄 한 해여쓰며 이것들이 부주위라는 말을 한 사람이 있는 모양이며 자신이 볼 때는 이 사람을 욕을 하기 위예서가 아니라 물날리에 외통이 떠저서 한 말이라고 생각을 하고 십다. 이것을 다 뜻고는 공동 일에 선임자가 일을 할 수가 업따고 보며 이것을 끈으로 잡고 금년 한 해을 보고 총감, 임사 다들 사태을 하는 것은 잘못이라고 생각을 하며 그 만은 사람이 근유을 해도 들어주지을 안으며 결국 총감을 선출을 하고 말랐다.

"대신서 파보을 끝을 내고 오후에 한 번 놀자면서 봉계을 별도로 술 안주 알려면서 4개을 더 어더와쓰며 오후에는 놀라고 했쓰며 낡씨가 너무 좋아서 정심을 먹고 놀라니 득대는 것은 업고 돈만 지출이 될 것을 생각을 하니 일하는 것보다 못 할 껏 같다서 노는 것을 포기을 하고 경운기을 몰고 나무 실어로 가니 달희가 다들 동사에 딱 부터서 벌어젓따면서 가자고 해서 이왕 나아서 딸라갈 수도 업고 해서 자신은 경운기를 몰고 나무을 하로 같쓰며 나무을 할려니 동사에서 노는 것이 짜나며[짠하며] 꿩이 콩밭이 짜나더시 자신 오늘따라 동사가 생각이 나서 일이 손에 걸리지을 안으며 가고 십프서 그만 나무을 하는 것을 포기을 하고 나무단을 한 발리 실고 말라쓰며 이 나무을 실고서 동사에 두고 방에 들어가 보니 술병은 혼잡을 이루고 온 방에 술병이며 추어서 일하기가 그북할 때보다 손님이 더 만으며 한 방이 놀고 있쓰며 자신도 한 쌈에 들어서 화토노리을 했쓰며 이것을 어덥두록 하여쓰며 그래도 자신은 저녁을 먹기 위에서 일적 마라쓰며 남어지 사람은 계속 할 껏이며 이것은 하고 나면 남는 것이 업쓰며 하고 나면 후예을 하고 마는 놀리가 돼고 마는 것이라고 생각을 하면서도 이것을 실어하는 사람이 업쓰니 신기한 마약이라고 말을 하고 십꾸나."

지출에 … 놀리에 3,000원

〈1988년 2월 14일 일요일 낡씨 맑음〉

오늘로서 당산에 둥치기 나무는 다 한 셈이며 이제는 나무단을 실어더리는 작업만 남와쓰며 금년에는 나무을 다 한 셈이며 이제는 정리을 하고 이제는 금년 한 해의 농사 준비을 할 작정이다.

"올 더려 이처름 가뭄이 심하며 과수 나무까지 피해가 딸을 꺳 같더며 여름에 이쳐름 가뭄이 따라따면 벌서 야단이 낳따고 생각을 하며 겨울에 가뭄이 여름예 시절이 해나 돼지 않을까 하고 미리부터 염려가 되는구나."

〈1988년 2월 15일 월요일 낡씨 맑음〉

"금일은 안전이 휴식을 하고 마랐다. 외냐하면 자신이 눈 밑태 조금 부어 있쓰서 이것이 몸에 이상이 있쓰서 눈 밑태가 부어 있는지 자신의 마음도 약간 부란한 감이 있쓰며 이것을 해소해볼까 하고 종일동안 휴식을 하여보았다. 휴식을 하여도 눈 밑태는 별 효과도 업고 감기만 더 하구나. 자신이 생각을 할 때에는 건강에는 아무 이상 업는돼 눈 밑태가 이상하게 부어있는 것이 의문서렵꾸나."

"야당이 분당이 돼어서 이번 대통령 선거에 페인의 원인 돼어서 민주당 총재인 김영삼 씨는 합당을 만들기 위에서 총재직을 사태을 하여쓰며 평민당에 김대중이는 총재직을 개속 버티고 있는 것을 보며 아직 개인 실속만 차리고 있쓰며 김대중 씨 때문에 더 통합이 안 댄다고 생각을 하며 하로 빨리 김대중 씨는 실속을 버리고 국가의 발전을 바서는 개인의 실속을 가지고 있는 사람은 총재 자격이 업쓸 뿐 아니라 이 사람을 하로 빨리 모라내야 한다고 생각을 한다. 국민예깨 지지을 바다야 야당이 살라갈 수가 있쓰며 아직까지 실속을 차리고 있키 때문 통합이 안 대고 있는돼 민주당, 평민당 이 두 당이 생각을 할 필요도 업씨 국민이 합당을 원하는돼 주저할 필요가 업따고 보며 만약에 이번에 합당이 돼지을 안으며 김영삼 씨만 페인만 만들고 아무련 효과도 업따고 보며 통합을 하지 않코는 평생동안 야당만 할 꺼이며 야당도 야당 행세도 제돼로 하지 못하는 야당이 돼고 말 껏으로 내다보고 있다."

〈1988년 2월 16일 화요일 낡씨 맑음〉

오전에는 동내 방목을 한 가구당 나무 한 짐 해달라고 부탁을 해서 자신이 이왕 동내 나무을 할려며 오전을 보내야 하기 때문에 경운기을 몰고 가서 당산에 나무을 한 발리 실어오면서 나무단을 다섯 단 정도 내려 놀 작정으로 경운기 몰고 가니 형님이 나무 할 준비을 해서 자신이 오면서 자신이 실어올 터니 형님 가지 말라고 하고 자신이 방목 나무을 실어와서 동 서기예깨 학인을 시키고 끝을 내쓰며 오늘 방목을 한 사람이 얼마 돼지을 안으며 공동 일이 갈수록 힘이 더는 것이 표가 나는구나.

"정부에서는 물과을 극정을 하지 않코 예사로 이야기을 하며 물까을 안정을 시킨다고 법석을 부리고 있찌만 정부가 생각을 하는 물과와 우리가 시장을 보며 물건 값이 상당이 만이 올라쓰며 우리 생각을 할 때에 극정을 할 만끔 올라따고 생각을 하며 돈이 갑어치가 업는 것은 사실이다."

"금년 들어 우리 마을에서는 땅이 매매을

하는 사람이 업쓰며 땅을 팔개따고 하는 사람은 상당이 만은돼 땅을 살려고 하는 사람이 업쓰니 땅이 갑어치가 업쓰서 그련지 돈이 업쓰서 그른지 알 수가 업쓰며 자신이 생각을 할 때에는 돈이 있는 사람은 앞푸로 땅이 필요도 업고 땅을 가지고 십픈 사람은 돈이 업따고 보며 이재는 농민도 우선 식량만 돼며 된다는 생각을 가지고 있쓰며 내대만 농사을 지어며 댄다는 생각을 가지며 땅에 의욕이 업따는 것이 사실이다. 이려다가는 월마 안 가서 농민의 정신이 패새나 돼지 않을까 하는 생각이 앞쓰는구나."

지출에 … 라면 4,200원, 닭티김 2바리 6,500원 감기약 5,000원, 혜영이 남방 4,000원, 쑤세미, 화장지, 찍개 1,270원, 세집배 쇠고기 4,500원, 공책 2,900원
計 28,770원[204)]

〈1988년 2월 17일 수요일 낡씨 맑음〉

금일은 민속의 날의 준비한다고 집사람은 수고을 하고 있찌만 자신은 종일 휴식을 하여쓰며 그리고 요줌은 민속의 날에 고기을 쓸 돼지을 잡는 작업을 금년 전까지는 솔선수범을 하여서 동내 일예 수고을 했와는돼 금년 들어와서는 절먼 사람이 돼지을 잡아주지 않을라고 해서 돼지을 가지고 와서 돼지을 잡는 사람이 업쓰서 상당이 시간이 만이 흙르서며 서로가 안 잡아줄라고 해서 앞푸론 돼지을 잡는 일도 개인적으로 식육점에서 개인적으로 이용을 하여야 할 시대가 오고 있따고 생각을 하며 이재는 농촌 인심이 자꾸만 죽어가고 있따고 생각을 한다.

지출에 … 적십자 금 1,800원, 처과집 돼지고기 값 4,600원 큰집배 고기 값 5,000원
計 10,400원[205)]

수입에 … 조합에 출자금 이자 1,600원

〈1988년 2월 18일 목요일 낡씨 맑음〉

오늘은 민속의 날이며 이번 설은 별료 민속의 기분이 들 나는 기분이며 사람마져 양력 신정보다 적으며 이번 설은 고향을 적개 차저니까 구정의 기분이 줄어더는구나.

"우리 오 형제는 한 분도 낙오업씨 설을 다들 참석을 하여쓰며 무었보다 건강하게 다들 부부와 다 와서 하로을 보내주니 고마우며 이것이 살라가는 자미가 아닌가 생각을 한다."

"금년에는에 삼촌 돌라가쉬서 재사가 3집이 돼어서 재사을 차리는돼 바픈 일과가 돼어쓰며 그리고 3집에서 장정이 아들 말고 14명이 돼니 재사을 같이 올리지 못하고 순위돼로 절을 하고 나오는 재사을 올리는 실정이니 이재는 방을 크게 만들지 않으며 공동으로 차례만 지내는 사당을 만들어야 하지 않캐나 하는 생각도 해본다."

지출에 … 오 형제 화토노리에 2,000원

〈1988년 2월 19일 금요일 낡씨 맑음〉

오늘은 아침에 나가보니 놀 사람이 업더라. 외냐하면 모두 계을 한다고 절먼 사람의 집에 두 집이 돼어서 사람이 다들 계하는 돼로 몰리서 놀 수가 업더라. 자신도 계을 하

---

204) 실제 계산은 28,370원이나 28,770원으로 잘못 기록하였다.

205) 실제 계산은 11,400원이나 10,400원으로 잘못 기록하였다.

는 집에 가서 하로을 놀로면 놀 수는 있는 돼 형님 또레라 채면에 가지 못하고 집배서 친구 일 명과 놀고 마랐쓰며 저녁에는 설 뒤라 다들 모여 놀갯찌 하는 마음으로 차저 같쓰며 결국은 계을 한 집에서 화토가 벌어 졌쓰며 거것을 구경을 하여쓰며 한참동안 하다 부친이 병환에 있는돼 오래해서 미안 타면서 집을 온기자고 해서 술집 방우로 온 기서 화토을 하여쓰며 구경을 하다보니 자 신도 한 쌈에 들어서 돈 따먹키을 하여쓰며 정말 이처름 큰 돈이 왔다 갈다 하는 판에 자신이 한 쌈에 부터서 노름을 하다니 자신 도 화토을 하면서 돈이 자신예깨 돈이 조금 들어와도 불란하더라. 외냐하면 이것을 하 면 물리 들키 때문에 큰 손에을 보는 것이 이것이 아니냐 하면서 머리에 떠나지을 않 으며 판이 점점 크저고 있쓰며 자신은 마음 이 적으며 마음의 한 구석에 해쓰는 안 댄 다 하고 말류을 하고 한 판에 3, 4만 원이 왔다 같다 한는 판이라 급이 나서 조금 딴 돈만 일어저며 말갯따는 생각이 머리에 떠 나지을 안으며 결국은 본전이 조금 딸라들 어가서 자신은 나와쓰며 결국은 뒤돈으로 보충이 돼어서 수입, 지출도 업씨 끝을 내 쓰다.

그리고 이 화토노리는 좋은 것은 아니라는 것을 알면서 모이며 하니 문제며 오늘 저녁 도 온 동내에 돈 빌다고 돌라다니도 업쓰서 그려치 돈이 만아따면 큰 손예을 본 사람이 나올 뿐 예쓰며 결국 밤 3시에 끝이 나쓰며 한 사람이 판조럼을 하고 나니 일은 사람은 절이 나며 음성이 노파저며 화토가 결국은 하늘을 나러고 싸음까지 가는 불상사가 발 생을 하고 마랐다.

수입에 … 동전치기 3,000원

〈1988년 2월 20일 토요일 낡씨 맑음〉

오전에는 동사에서 동전치기을 하여쓰며 일부 사람들은 아포에서 윷노리 대회한다 고 일개 동에서 한 떰을 만들어서 아포면 대회 한다고 가고 자신도 갈려 하다 구경도 좋지만 추은돼 떨기만 할 꺼시며 그리고 낭 비만 댈끄라 생각을 하고 그만 가지 완코 동정치기을 하다 말라쓰며 그리고 오후에 는 집사람이 친정에 가면서 자신을 꼭 대리 고 같치 갈려고 사정을 하는돼 자신은 옻이 맡당치 안타는 이유로 가지을 않코 말라쓰 며 집사람은 아들, 딸 다 되리고 친정에을 같쓰며 딸들도 아빠 같치 가자고 하는돼 가 지을 안아쓰며 이것은 아빠가 아주 잘못이 라고 생각을 한다. 외냐하면 딸들래깨는 옻 에 신경을 쓰지 말고 공부나 열심이 하고 머리가 좋아야 신사다면서 황상 이야기을 하고 옻이 떨려저서 잠지가 나올 정도면 아 빠가 사다줄태니 극정 말라는 이야기을 자 주 하면서 아빠는 옻 때문에 처 어머님을 배옵지 못하고 새해 인사을 더리지 못하는 바보가 되고 마라쓰며 마음속으로는 우리 어머님 일적 도라가쉬서 처 어머님을 나의 어머님이라고 생각을 하는 자신이 새해 인 사을 매년 하지 못하고 처만 보내고 있쓰니 부끄로고 머라 말을 할 수 업쓰며 이것들은 크개 별명을 하자면 오늘날까지 마이 한 불 못 맡추고 허누류만 기생복을 사입고 하니 별료 예출복이 돼지 안고 맞추자니 돈이 들 어가는 것이 급이 나면 한 푼이라도 나는 절약하고 자신은 이 새상에서 어렵개 사나 자식만 이 새상에 남외깨 놀리지 않캐 살두 록 하여야 할 욕심으로 집사람이나 자신이 나 절약하게 살라가니 아빠의 행세을 다 하 지 못하고 사라가는 실정이다.

그리고 혜지가 외갑집배서 전화을 하면서 저녁 식사을 했는냐고 인사을 하면서 활머니 바꾸줄라고 하더라. 전화을 들고 어머님 새회 인사을 들리로 못 가서 정말 미안함이 다 하니까 어머님은 개안타고 하지만 내 속을 모러고 한 번도 정식으로 인사을 하지 않는다고 마음속으로 얼마나 욕을 할련지 몰깨쓰며 자신도 어머님이 돌라가쉬기 전에는 못 다한 인사을 모다서따나 다 할 작정이며 자신의 마음속으로는 언재나 우리 삽짝에 꼬버러진 어머님이 오시는 착각을 가끔 가지며 언재나 나의 머리에 어머님이 떠나지 않코 있따는 것을 사실이라고 말을 하고 십씀이다.

그리고 집사람은 끝까지 친정에을 같치 가자고 하면서 우리 어머님 돌라가쉬기 전에 살라서 인사을 해야지 하면서 가자고 하는돼 너희들이나 같다오라면서 돌리쓰며 집사람은 자신을 하늘같이 생각을 하는돼 오늘은 마음적으로 표현은 하지 않치만 마음속으로 어떠개 생각을 하는지 몰개쓰며 자신은 아무련 이유도 업고 옻이 맡당치 안아서 집사람 같이 가지 못해쓰며 집사람이 서운하더라도 이 남편을 이해 달라는 말 밖에 못하게쓰며 내 마음이야 집사람이 같이 가자고 하는돼 멋춤이 어뒤 있쓰며 집사람의 길이라면 죽음 길도 가치 갈 끄시며 서려어하지 않으리. 이번이 일이 속이 상해다면 머리 숙혀 미안타는 말 밖에 업꾸나.

지출에 … 동전치기 700원

〈1988년 2월 21일 일요일 낡씨 맑음〉

오늘부터 일부 사람들은 일하는 사람이 있쓰며 자신도 내일부터 본격적으로 일을 할려고 마음을 잡고 있쓰며 오늘을 오전에는 친구들과 휴식을 하고 오후에는 안만 생각을 해도 처 어머님을 배옵고 와야 마음에 들 글릴 껏이란 생각박에 업쓰서 동생 오드바이을 타고 처갓집배을 갈쓰며 어머님에깨 인사을 더리고 오니 마음이 편하며 한 번 얼굴을 보고 오는돼 이처름 편한 것을 몰라쓰며 오늘도 마음에 걸리서 가서 그러치 생각만 하다 가지 못해쓰며 이 해가 다 가두록 어머님이 보고 십고 인사을 더리지 못해서 마음에 걸일 껏인돼 오늘 일은 정말 잘 했따는 생각이 앞쓰는구나.

지출에 … 오드바이 기름 3,160원,
처과집바 아들 과자 1,000
외가집배 과자, 차비 3,800원
친구들과 동전치기 1,000
計 7,960원
1,000
計 8,960원

〈1988년 2월 22일 월요일 낡씨 맑음〉

세집배 밭따래이 객토을 하면서 채소밭을 들러냇쓰며 객토 흙은 복색이라서 좋지는 안찌만 오래동안 객토을 못해서 이양 밭을 떠내면서 객토을 하고 마랐다.

그리고 오후에는 봉답 벼집을 조금 실어왔쓰며 혜지와 둘리서 실어왔쓰며 이재는 소먹이 집은 안전이 가지고 온 셈이다. 이재는 땔감을 할려고 실어오면 댈 정도밖에 남지을 안아다.

그리고 집사람이 사과 수출하는 사과을 손질하는돼 품으로 돈 벌로 같쓰며 내일도 또 갈려고 하는돼 내일은 땔감할려고 육촌 형님 사과나무 전지한 것을 주어서 묵끌 욕심으로 가지 말라고 하여뜨니 집사람 하는 말래 돈 버는돼는 못 가라고 한다면서 성화을 내더라. 자신은 우리 일도 만아서 사람이 고단할 것을 생각을 하고 남외 일은 예 먹는다고 못 가라고 했는돼 집사람은 자신과 반대로 생각을 하는 것 같떠며 생각을 하는 것이 달라서 성질이 나며 음성이 노파저며 앞푸로 돈 버는 일은 적극적으로 보낼라면서 성질을 냇쓰며 이것을 배채어서[화를 내며] 이야기을 한다면서 서로가 음성이 노파쓰며 이 문제을 생각을 할 때는 무었신가 마음이 맡찌 않는 느킴이 들며 자신과 꼭 마음이 맡는 사람과 살라바쓰며 하는 생각이 들더라.

"우리 둘리는 불화는 자신이 너무 집사람을 아키는돼서 발생을 하고 있는돼 이것을 반정도로 생각을 하면 불화가 업쓸땐돼 자신 생각을 해도 그래는 살지 못할 것 같떠며 앞푸로도 해결을 하지 못하고 이것이 발생을 자주하게 대며 나의 성격도 좋지을 안아서 영혼이 생각을 활 수 업는 일을 저질 가능성이 50푸로는 댄다는 기질이 있따고 자신도 생각을 하고 있다. 자신도 이 기질을 억재할려고 노력을 하는돼 자신도 내 마음을 만대로 못하고 있따는 생각을 여러 번 생각을 하며 이것을 내 마음을 자신 만대로 짭을라고 노력을 하고 있는돼 이것이 안 대는 자신도 속이 타고 있꾸나."

〈1988년 2월 23일 화요일 낢씨 비〉

"금일은 비가 상당이 만이 올 떳 하더니 실지 비는 방울비가 돼고 말라쓰며 농민들은 비을 상당이 바라고 있는돼 비가 오지을 안으니 큰 실망을 하여쓰며 정말 비가 만이 왔쓰며 하는 마음 뿐인돼 비가 오지을 안아서 큰 실망을 하고 마랐다."

"오늘은 집사람과 둘리가 서로가 잘못 했따면서 앞푸로는 웃고 살자면서 서로가 화을 퓰고 마랐다. 어재 일을 생각을 할 때는 아무 일도 아닌돼 서로 음성을 노피고 마라쓰며 서로가 마음의 문이 좁아따는 생각이 앞쓰는구나."

〈1988년 2월 24일 수요일 낢씨 비〉

오늘 일은 어제부터 계핵을 세운 것이라 보슬비가 내리는돼 비을 마저가면서 대안에 대밭이 내리안저 있는 것을 경운기로 실어냇쓰며 내 바리 실어내니 추성이가 교향에 어른들레깨 인술 되집을 한다고 하면서 술을 먹고 가라고 해서 동사에 참석을 해보니 오징어을 안주로 주는돼 마음껏 먹두록 량이 만으며 오징어가 안주을 하고 남와쓰니 그 량은 알 수가 있쓰며 동내 나온 사람은 정심을 먹지 않아도 때을 이울 수 있쓸 정도로 만이 먹어따고 생각을 한다. 그리고 이것은 돈을 쓰도 잘 쓴다고 생각을 하며 실지 돈은 50,000원 인돼 이 돈원 멧 십배 이상 인사을 들어따고 생각을 하며 자신도 잘 어 먹어다. 사람이 돈을 쓰도 돈의 갑어치가 있뚜록 쓰는 사람이 소수지만 이른 사람의 갑어치을 한 번식 생각을 할 줄 알라야 한다고 생각을 해본다.

"전두환 대통령이 취임을 할 때에는 내 임기을 끝을 낼려고 약속을 할 때는 자신은 이것을 밑지을 안아쓰며 대통령이 돼며 그 자리을 한 번, 두 번, 세 번까찌 자리을 지킬라고 하고 그 자리을 죽어서 나오는 자리을 전두환 대통령이 자신의 임기을 맡치고 민주 정권을 이앙할려고 이야기을 할 때에 밑지을 안아따는 생각을 캐고 내일 정부 이앙을 할 준비을 하고 있쓰니 가연 총뿌리를 들고 대통령을 탈치한 사람이라고 하지만 정말 전두환 대령령이 민주화 문을 열려쓰며 이 사람이야말로 민주화의 뿌리을 밭게 한 사람이며 이 사람이야말로 정말 대통령 자격을 갇춘 사람이라고 생각을 하며 앞푸론 영혼이 자유화 물결을 이룰 껏으로 미더진다."

오후에 일기불순으로 휴식을 하면서 화토 노리을 동전치기로 한 것이 오늘 3,200원 손예을 밭쓰며 이것이 모이며 하는 짓이며 놀면 손예을 보게 돼어 있쓰며 우리가 잘못했따고 생각을 하며 동내 절먼 사람들이 전연 화토판이 벌어저지도 않아는돼 설 시고는 안 저며 두 판이 갈리서 한 곳은 동전치기, 한 판은 안전 도박이 벌어저니 잡을 수도 씨 급강하며 이것은 날이 할짝 개이서 들판이 가야 잡을 수 있따고 생각을 한다.

지출에 … 동전치기 3,200원 순복이 둘째 딸 백날에 10,000원
計 13,200원

〈1988년 2월 25일 목요일 낡씨 맑음〉

어재 대단에 내리안전 것을 치우다 못 다한 일을 하는 하는돼 힘이 상당이 만이 들며 자신의 마음적으로 바서는 몸이 고단하며 어재 처음 달라들면서 집사람과 정신 업씨 해서 그른지 오늘 영 힘을 못 쓰계쓰며 집사람은 상가집배 가고 자신은 좀 쉬라고 당부을 하고 집사람은 같는돼 날씨 좋은 날래 내일 몸살을 하는 일이 있쓰도 자신이 해야 하지 하는 생각에 달라들어쓰며 4바리을 하고 한 발리 정도 더 해도 충분한 시간이 돼는돼 휴식을 할려고 작업을 중단하고 말랐다.

"그리고 오늘이 평화적인 정권 이왕하는 날리며 13대 대통령이 노태우 씨가 취임식을 정말 간소하게 하여쓰며 정말 보통 사랍답게 취임식을 하여쓰며 우리나라의 실정에 알맡전 취임식을 했따고 생각을 하며 유세장에 나올 때마다 보통 사람에 한 포을 달라고 호소을 하든이 정말 보통 사람답게 시대의 알마전 사람이라고 생각을 하며 자신은 야당에 한 포을 주어찌만 취임식을 하는 것을 보니 자신의 마음에 꼭 들며 대통령에 한 가지 부탁 말이 있따면 꼭 학인[확인]하는 정취을 하여주어쓰며 하는 마음뿐이며 오늘날까지 중앙에서 화달[하달]이 돼며 농민까지 오며 올캐 쓰이지 않코 불법으로 쓰이며 행정적으로만 이행돼고 있쓰며 오늘날까지 한 가지도 동내 와쓰는 돈만 타 쓰고 서류만 내미는 행정이 돼지 말고 끝까지 학인 정취을 하여주어쓰며 하는 마음 간절할 뿐이다."

지출에 … 피로회복제 200원 혜지 책 값이 44,000원 (학용품 일절)
計 44,200원

〈1988년 2월 26일 금요일 낡씨 흐림〉

금일은 손종고 부친 운상꾼으로 가니 사람들이 업는 느킴을 가질 수가 있쓰서 이상하다 하는 너킴을 가질 수가 있쓰서며 이 일은 싱싱한 종고 어른을 죽인 이유 때문에 그러며 사람이 어찌 남편을 죽개끔 할 수가 있나 하는 이유더라. 오늘 이유는 종고 부친이 동사에서 도박을 조금 한 것으로 부인이 대리로 와서 염감에깨 성화을 내면서 대리고 가서 염감에깨 구박을 을마나 해서 생대같은 염감을 약을 먹개 해 죽인 부인을 미어서 동내 어른들은 장래식에 참석을 한 분도 하지 않코 욕을 보이야 한다면서 장래준비을 하지 않아서 새이가 꾸미 저지을 안

으며 절면 사람은 어른들이 반대을 하고 있쓰니 선득 달라들지을 못하고 눈치만 보고 있다 오전을 다 보내쓰며 결국은 상주들이 동내 어른들에깨 사과을 하는 바람에 새이가 꾸미저며 일이 시작이 대어서 장래식을 하여젗쓰며 이것은 종고 어른이야말로 법이 업쓰도 살라갈 사람을 부인을 잘못 만나서 죽개 돼어쓰며 남자는 여자을 잘 어더야 생명뿐 아니라 만사가 연장할 수가 있쓰며 남자가 여자을 볼 때는 카날푸고 연약하고 약칸 여자라고 생각을 하지만 가정생활을 하는돼는 여자의 힘이 남자라로 생각을 할 수도 업쓸 정도의 힘이 있쓰며 여자 업씨는 한 가지도 이류어절 수가 업따고 보며 남자는 부인이 어질러야 인간 생할을 갑이게 살라갈 수가 있다.

"오늘은 사람이 사람 탈을 쓰고는 할 수 업는 일을 한 셈이며 오늘은 자신뿐 아니라 동정을 가지고 한 사람은 한 분도 업쓰며 마지못해 했쓰며 한 동내서 할 수 업쓰서 일은 치루찌만 종고 가정에도 만이 생각을 하여야 한다고 생각을 하며 앞푸로 자식들이 을마나 잘하나 못하나 하는 문제에 일이 십계 이저저나 계속 물고가나가 달려 있따고 생각을 한다."

지출에 … 종고 어른 고인 부주 5,000원

〈1988년 2월 27일 토요일 낡씨 맑음〉

요즘 낡씨가 너무 가뭄이 심해서 극정이 크며 이설비 오면 바람으로 다 말류고 가뭄은 갈수록 심하며 금년 겨울에는 눈 한 번 오지 않코 비 한 번 안 아쓰니 가뭄이 어느 정도가 돼는지 짐작을 할 정도라고 생각을 해본다.

오늘은 올림픽 봉송길을 정소을 한다면서 면 전채가 동별료 구간을 청소을 하여쓰며 금년 한 해는 청소 때문에 동민들이 시달림을 바다야 할 껏 같다. 봉송로 길을 대청소을 하고나니 오전 10시경이 돼어서 오전에 뒤안에 흙 내리안전 것을 실어내쓰며 오후에도 계속 실어내도 끝을 내지 못하고 아직 오전은 더 해야 할 정도로 량이 남아있쓰며 남들은 과수 나무 전지을 하곤 하니 자신은 아직 우에 일을 하고 있쓰니 마음 더 급파구나.

"금년 한 해는 제대로 한 번 휴식을 한 번 하지 못하고 겨울 한 철이 넘어같쓰니 아쉬운 마음 검취 못하게쓰며 자신의 생각으로 눈이 아주 푹 만이 와서 지루하게 한 번 놀고 난 뒤에 금년 새해의 일을 계핵을 세우서 일래 들러갈쓰며 하는 마음이 앞쓰는구나."

지출에 … 혜지 안경 알 교안 7,000원, 닭 2바리 3,500원 식빵 900원, 마이네저[마요네즈] 1,500원, 후리듬 1,100원 김 5,000원, 멜치 1,000원, 운이 신발 7,500, 액크롱 크림 1,500원, 차비 660원, 칫솔 800원, 혜지 공낙금, 혜영이 공낙금 73,140원
計 104,300원[206]

〈1988년 2월 28일 일요일 낡씨 맑음〉

오늘은 안전이 봄이란 느킴을 가질 정도며 꽃망울이 금세라도 나올 정도의 따뜻한 봄

---

206) 실제 계산은 103,600원이나 104,300원으로 잘못 기록하였다.

이라고 말을 하여야 하게꾸나. 인간이나 식물이나 봄부터 시작이 돼더시 봄이 오니 겨울에 놀지 못한 것이 아쉬움은 남아도 따뜻한 봄이 오니 사람의 힘도 생길뿐 아니라 오늘 육촌 형님 집배 과수 전지한 것을 땔감 하라고 주어가라 해서 집사람과 둘리서 주어쓰며 둘리 하니까 나무단은 잘 부려도 사과나무 전지 목이라도 좋지는 안더라.

〈1988년 2월 29일 월요일 낡씨 흐림〉

오늘도 집사람과 둘리서 육촌 형님 집배 과수 전지 한 것을 나무을 할려고 단을 묶는돼 힘이 들며 여때것 일을 하지 안타 갑짝이 일을 하니 힘더는 것은 사실이며 자신이 일례 딘 것은 뒤로 하고 집사람이 상당이 고댈 껏을 생각을 하니 마음의 고통이 따리며 오늘로서 끝을 내야 하게꾸나 하는 생각이 들며 앞푸론 집사람은 남외 일은 하지 않투록 노력을 해야 하겟다.

"금일은 봄비가 올 떳 올 뜻 하면서 오지 않아쓰며 이 내 마음은 비가 푹 아서 돼지을 적지며 을마나 좋으라만 올 뜻 하면서 비가 내리지 않으니 인간의 마음은 더 예타게 비가 기다리지는구나."

지출에 … 보험료 값 8,900원

〈1988년 3월 1일 화요일 낡씨 맑음〉

금일은 세집배 당산 밭에 작과 나무을 전지을 하고 남은 시간에 길 보수 좀 하고 땔감 두 바리을 실어오는 것으로 오늘 일과을 보내쓰며 처음 과수 전지을 하니 힘이 더는구나.

"세월이 이처름 빨리 가는 것이 서렵꾸나. 세월이 빨리 가면 갈수록 얼굴에는 주름이 저는법. 이제 삼 월 정말 좋은 달이라고 생각을 하며 이제는 농민들도 가슴을 할짝 열고 쵗 장을 여는 달이라고 생각을 한다."

"우리 운이 이제는 육학년이 대며 아빠와 약속을 하여쓰며 이제는 공부을 열심히 하여서 좋은 학교 갈 수 있는 자식이 댈라고 약속을 해서 두고 바야 하게꾸나. 우리 운이가 한 번 한다고 이야기을 하는 것만도 이 아빠의 마음이 편해지는구나."

지출에 … 남비, 그릇, 쪽대, 간통 5,000
공책 1,800, 통조림 1,000원,
운이 감기약 1,000원 소매 카바
400원, 차비 400원
計 9,600원

수입에 콩나물 콩, 울 콩 9,600원

〈1988년 3월 2일 수요일 낡씨 맑음〉

금년 한 해는 마음의 예감이 시절이 좋지 안으리라고 생각이 든다. 외냐하면 비 한 방울 오지 않코 바람만 계속 불고 있쓰니 풍년을 기원할 수가 업는 예감이 더는구나.

"오늘은 오전에 작과 나무 전지을 하여쓰며 오후에는 몸이 불편하고 해서 그만 휴식을 하고 마랐다."

"우리 운이 이번 봄방학 때에 저의 엄마와 공부을 조금 하니까 공부가 하기 실어서 머리가 아푸다는 건지 실지 감기로 머리가 아푼지 알 수가 업쓰며 평소 때도 마음먹고 공부을 갈치면 탈을 내고 아이가 힘아리[기운]가 한 개도 업쓰보이며 실지 눈예 보이두록 피곤함을 알 수가 있쓰며 자신 나람대로 총동원을 해서 노력을 해도 정말 어렵게만 되고 이재는 순간 순간 머려저는 너킴이 들 때가 있꾸나."

〈1988년 3월 3일 목요일 낡씨 맑음〉

오늘이 대보름이라 다들 하로을 휴식을 하고 있쓰며 일부 절먼충에서 오전 일을 하고 있더라. 얼마 전에 도막으로 사람이 죽개 되어는돼 그러도 도박을 하는 그 사람은 모여 안저며 도박판을 벌리는 것을 볼 때에 귀가 찬다. 도박판을 벌리는 것을 처음 시작을 할 때에 묘하게 시작이 댄다. 처음에는 술빵치기로 하다 닭, 돌부리 아니며 오징어 돌부리로 시발점이 댄다. 도박판 시발점은 꼭 이려따고 꼬집어 말을 해도 댄다고 본다. 동내 첫고도 어른들 대이트에 올란 명단은 6명 정도 40대어서 6명 정도 이 사람은 명절이나 상가집이 있는 날들은 의래이 행사라고 해도 무리돼는 말은 아니라고 생각을 하고 십펴며 그래도 만이 계심이 돼어따고 생각을 하는돼 아직까지 뛰지 못하고 하고 있쓰니 이것은 자신이 자각을 해서 멀리 하여야 댄다고 생각을 하고 있쓰며 자신이 생각을 할 때에는 자식들이 대학생들이 다 있쓰면 가정생활은 어러운 편인돼 도박을 하는 이유는 남보다 오락을 절기서 그럴까 그러치 안으며 돈을 보며 허역[허욕]이 나서 그저는 빼지 못하고 도박판을 벌리서 빼앗싸야지 하는 생각으로 하는지 자신은 할 수가 업꾸나.

"자신은 오늘 보름이라고 놀자고 하면서 친구가 전화을 하더라. 그래서 오늘은 명절이라 놀고 내일부터 열심히 하자면서 이야기을 했쓰며 박명섭이 집배서 놀자고 약속을 해서 자신은 큰집배 들리서 시간을 지체하여쓰며 약속을 했키 때문에 달희 집부로 같든이 벌서 놀로 가고 업쓰서 박명섭이 집배 같깨지 하고는 박명섭을 부러니 아무도 오지 않코 부부간에 둘리 있쓰며 나오지 못하고 둘리가 오전 내 살라온 과거 이야기을 하다 오전을 다 보내쓰며 올라오다보니 동서기가 통닭 사료 간다면서 한 패가 술 집부로 내리와따고 이야기을 해서 술집방을 보니 형님하고 한 방 안저서 벌어졎스며 달희도 한 쌈이며 달희도 술 한 잔 하지 않코 살려고 노력을 하는 핀되 도박판을 끝까지 절기는 성미며 오늘은 자신이 시간 약속을 지키쓰며 달희는 도박판에 어울일 학율이 10푸로도 업따고 생각을 하고 십다. 이번에 달희가 손예을 만이 바쓰며 자신의 원망도 하지 않을까 하는 생각도 더는구나. 이번에는 자신이 형님이 있쓰서 참석도 하지 않아찌만 정심도 먹찌 않코 벌어졎쓰니 손예을 본 사람은 상당이 만이 보앗쓸 것으로 생각을 하며 정심을 먹고 현장에을 갈려 하다 형님이 건강도 남들 모양 좋찌을 안으면서 때도 모려고 있키 때문에 실어저더라. 그래서 참석을 하지 않코 이번 설예 순복이가 양화점 티켓을 한 장 30,000원 짜리을 가지고 와서 한 장이라면서 다들 주어쓰며 좋은돼 한 장이라 형님 구두을 맞추라면서 주고 가더라. 이것을 집사람 구두을 맞추라면서 이야기을 해도 집사람은 시장에서 싼 구두 5,000원 짜리을 있따면서 아빠 하라고 이야기을 하면서 가지을 않코 있쓰서 자신이 대리고 가지 않으며 구두도 맡추지 못하고 유효 기간만 지나서 아무도 못 맡추겟다 하는 생각에 집사람을 대리고 구미 분홍신 양화점을 돼리고 가서 신발을 이야기을 하니 신발을 전시한 것에 골라서 발래 맡는 것을 고루게 하더라. 이것이 맡춤이 아니고 기생화점이며 티켓은 어떤 식으로 나와는지는 몰라도 실찌 신발 값은 시중에 신발 5,000원 짜리을 비화며 만이 바야 15,000

원 짜리 신발 정도밖에 돼지을 않으며 티켓 30,000원 짜리 반 이상 접어니 이것은 언재나 속고 살라가니 속이는 사람이 한심한가, 속는 사람이 한심한 것인지 잘 분간을 하지 못하겟꾸나."

지출에 … 차비 1,000원, 녹음기 태프 값 3개 3,000원
計 4,000원

〈1988년 3월 4일 금요일 낡씨 맑음〉

금일은 과수 전지을 하는 것으로 하로 일과을 보내쓰며 오늘도 우리 또래는 일부 술집 배서 놀고 있쓰며 자신도 놀고 십픈 마음은 있쓰나 이제는 일을 해야지 오늘 노는 사람들은 어재 도박판을 벌리뜬 그 사람들이지 다리는 놀 사람이 업쓰며 어재 한 판 벌린 사람들은 일이 손에 걸리지을 안아서 당분간 예료가 댈 껏으로 내다보고 있다. 그리고 자신도 내일 과수 전지을 서들어서 하며 안전이 끝이 날 껏으로 보는돼 등한시 하며 내일도 끝이 나지 않는다고 내다보고 있다.
"작과 나무가 일기만 잘 한다면 작년보다 열매가 만이 올 껏으로 내다본다. 외냐하며 꽃눈이 댈 것 같이 보이며 우선 바서는 열매가 만이 올 것으로 내다보는되 재발 서리 피해만 업키을 바랄 뿐이다."

지출에 … 용학이가 작업복을 가지고 와서 10,000원

〈1988년 3월 5일 토요일 낡씨 눈〉

오전에는 작과 전지을 하고 오후에 하면 작과 전지는 충분이 할 수가 있따고 보는되 오후에는 난대 업는 구름이 갑짝이 몰려오더니 한박눈이 내리기 시작을 하는돼 눈이 오는 적시 녹아버리서 거려치 녹지 않아따면 상당이 만이 싸인 눈이 될 땐돼 녹아서 현제 싸인 눈은 2cm정도박에 되지을 안는구나.
가뭄 바서는 때 너전 눈이기는 하지만 적은 눈이라도 와서 다소나마 해갈을 면할 수가 있따고 보고 있다.

지출에 … 사진 값 2,000원, 차비 300원

〈1988년 3월 6일 일요일 낡씨 맑음, 눈〉

어재 눈 온 뒤라 오전은 휴식을 할려고 나가보았든이 일적으로 아무도 놀지을 안아서 10시 경에 작과 나무 전지을 하고 있쓰니 동사에 한 패 나와서 놀고 있는 것을 보고 가서 놀라하다 놀면 돈이 지출이 대기 때문에 참고 일을 하여쓰며 참고 일을 해서 생각보다 일을 만이 한 셈이다. 오늘 작과 나무 전지한 것을 노끈이 업쓰서 석 단 정도 말고는 다들 묵끄서며 일이 오전 일이 더 댄 셈이다.
"오늘은 외값집배 외숙모 회갑이라서 자신이 갈려고 하다 작과 나무 전지 때문에 집사람이 회갑 잔치에 참석을 하게 하여쓰며 앞푸론 외갑집 일이 있따면 자신이 참석을 하여야 하겠다."

지출에 … 외갑집 회갑에 부주 10,000원
차비 400원
計 10,400원

〈1988년 3월 7일 월요일 낡씨 눈〉

금일은 눈이 올라 하는 마음은 아무도 가진 사람이 업쓸 껏으로 본다. 외냐하면 저녁에 그처름 맑은 하늘래서 눈이 올 줄 생각도 못해는돼 집사람이 아침 밥을 하로 나가면서 밤 사위 눈이 만이 왔따는 소리에 문을 열려보니 한박눈이 왔이쓰며 천지가 하야

게 돼어 있는 모섭 보기가 좋으며 내일의 개핵이 연기돼어도 자신의 마음이 아들 모양 눈이 와 있쓰니 정말 좋꾸나. 이번 가뭄이 다소나마 해갈을 시킬 수 있쓰서 큰 다행이며 눈이 오기 시작을 하니 자주 내리는구나.

"그리고 오늘은 다들 휴식을 하여쓰며 동사에 만은이며 안저며 돈 따먹키을 하여야 하니 이 오락이 낯번 것인 줄 알면서 끈치 못하고 안저며 하고 있쓰며 우리들은 백 원 짜리을 하지만 이것도 안돼며 오전에만 쳐도 3,000원 손예가 가며 종일로 쳦며 6,000원 손예을 볼 가능이 충분이 있따고 보며 이것을 하면 결국은 따는 사람은 업꼬 한 판에 술 먹을라고 뒤어놋는 돈으로 다 나가면 결국 일어쓰며 딴 사람은 하나도 업고 일은 사람 뿐이며 결국은 후예박에 할 수가 업쓰며 결국은 노리을 절기는 사람들은 바보가 돼고 말며 도박을 하는 사람은 동전은 보지도 안는 실정이며 이 사람들은 실정을 너켜보지 못 했찌만 일은 사람의 가슴은 얼마만끔 빼 아품의 후예을 할까 그 심정을 알 수가 업쓰며 우리로는 생각도 못할 정도며 가연 그 사람들이 돈이 만이 있는 사람이라면 아무 너킴도 업쓸땐대 그러치 않코 업는 사람이 하고 있쓰니 생각을 만이 해야 한다고 생각을 하고 있다."

지출에 … 동전치기 2,500원

〈1988년 3월 8일 화요일 낡씨 맑음, 눈〉

일기불순으로 하로 동안 휴식을 하여쓰며 오늘은 13명이 오징어 돌부리을 하여쓰며 종일 동안 상점에서 놀라서 지출을 만이 낸 사람은 만타고 생각을 하며 다들 생각을 오늘 하로만 놀며 이제는 농사 준비을 하여야 하기 때문에 못 논다고 다들 열심이 놀며 명태 돌부리 종일 동안 먹은 셈이니 상첨에서는 수입이 만아쓸 것으로 보며 오늘은 자신이 돌부리 1,000원 정도 박에 쓰지을 안아쓰니 화토가 잘 댄 샘이다.

그리고 가만이 보며 온 동내가 화토로 동전 따먹기을 하고 있쓰며 여자들도 적기을 해서 바람이 이래 불어대니 새대가 차이가 나서 거른지 도시 바람이 촌으로 불어와서 그른지 농촌이 여유가 있쓰서 그른지는 몰라도 여자들은 돈이라곤은 천연 몰라는되 이재는 여자들도 안저며 돈이 따라야 한다니 이 물결이 좋은 것은 아니라고 생각을 했본다.

지출에 … 동전치기 100원, 오징어 돌부리
　　　　1,000원 라면 500원
　　　　計 1,600원

〈1988년 3월 9일 수요일 낡씨 맑음〉

오전에는 앞 밭태 나무 전지을 한 것은 안전이 집배 드리고 오후에는 작과 나무에 비료 거름을 하여쓰며 금년에는 원예 비료을 하여는돼 나무에 거름이 얼마나 됄련지는 몰라도 비료량이 20kg라서 복합보다 5kg이나 적어서 비료가 실찌 가격이 빗살 꺼으로 내다보고 있다. 내년에는 가격의 차이점을 바서 원예 비료을 피하여야 돼겠따는 생각이 들며 정부에서도 원예 비료을 만들어 내면 농민들이 손예을 안 바도 될 것이라고 생각을 하는돼 농민들은 이중으로 손예을 보고 있는돼 정부는 어떠게 하는 줄을 몰개꾸나.

원예 비료 6포 외상

지출에 … 멀미약 300원, 라면 4,200원
　　　　計 4,500원

〈1988년 3월 10일 목요일 낡씨 맑음〉

당산 밭태는 원예 비료 1포을 가지고 다 하여쓰며 비료 효과을 을마나 날란지 몰라도 량은 대어따고 생각을 하는돼 처음 사용하는 것이라 별료 마음은 좋지을 안꾸나.

그리고 오후에는 세 집배 작과 나무 전지을 한 것을 주어로 가다보니 모판 흙을 파길래 자신도 전지을 한 것 주로 가는 것을 포기하고 오후에 실어내니 6섯 바리을 실어더리는 것로 하로 일과을 보내쓰며 금년은 모판 흙이 업쓰서 극정을 만이 했는돼 아무뜬 반 일을 하여두어쓰니 극정을 한시름 들언 셈이다.

지출에 … 수암보 온천 구경가는돼
(집사람) 2,450원
(부인회 기금으로 차 싹 줌)

〈1988년 3월 11일 금요일 낡씨 비〉

금일은 영농 자금을 아포 조합에 갈려고 낡씨가 흐리서 비 오기 전에 모판 흙을 파다노코 영농 자금을 타로 갈려고 오전 일적 시작을 해서 두 발리 마지막으로 파다노니 비가 오더라. 금년에는 처음 시작을 하면서 참 살해따는 생각이 들며 남들은 비가 와서 다들 포기을 하여는돼 자신은 모판 흙을 경운기로 8바리을 안전이 파서 집배 갈다노니 비가 시작을 하니 정말 이번 일이 잘 되어따고 여러번 생각이 나는구나. 그리고 영농 자금을 타고 오트바이로 비을 마저면서 아포 조합에 가서 형님 영농 자금 900,000만 원 바다서 미수금 600,000만 갑고 남어지 돈을 바다왔쓰며 자신은 500,000만 원 영농 자금을 바다왔쓰며 모두들 영농 자금을 바다왔찌 비가 와서 아무 일도 못하지 동사방에 안저서 도박을 하는돼 돈이 허나며 이 사람들은 도박을 할려고 기회을 만들고 있쓰며 어재도 날씨가 좋아서 봄 날씨와 다름이 업는돼 기회을 만들기 위해서 개 돌부리을 하고 낙씨질을 하고 있쓰니 이 기질이 나푸며 형님도 건강도 좋찌으 안으며 조금식 그들고 있쓰며 자신이 생각을 할 때에 예돌부며 생각을 할수록 정이 떨어지며 남들 모양 건강이라도 좋으며 살림을 다 한들 이처름 신경이 들 쓰이겠다.[207]

지출에 … 오트바이 기름 2,000원

〈1988년 3월 12일 토요일 낡씨 맑음〉

금일은 집사람과 둘리서 경화 형님 과수 전지한 것을 우리가 주어서 모둔 것은 전부 실어왔쓰며 나무을 실어내는돼 과수나무가 갈구치서 힘이 상당이 만이 들어쓰며 종일 동안 실어내니 6섯 바리 실어다노니 나무가 푸건하며 집배서는 아들을 전원이 거들어주니 나무을 재는돼 아이들이 그더니 수라더라.

지출에 … 혜지 책 2,500원, 운이 책
1,200원 전화세 값 6,220원
計 9,900원[208]

〈1988년 3월 13일 일요일 낡씨 맑음〉

집사람은 경화 형님 작과 전지한 것을 놉을 해서 오전만 줏는다고 해서 일 그들어주로 가고 자신 혼자 세집배 작과 나무 전지한 것을 바싯네이 밭에 혼자 줏는돼 지지하게

207) 이 내용은 일기 지면 상단에 따로 기록되어 있다. '영농 자금 수령액 500,000만 원'이라고 기록하였다.
208) 실제 계산은 9,920원이나 9,900원으로 잘못 기록하였다.

갈리 있쓰서 불찌도 않코 힘만 들며 오늘은 사과 전지목보다 일끄리가 나푸며 40십단 정도을 종일 주어쓰며 오후에는 집사람이 와서 다들 핸 셈이며 을마 돼지도 안는 것이 힘은 더 들어쓰며 오늘로서 전지목은 끝을 낸 셈이며 그리고 세집배 골래 밭태 전지목을 실련돼 숙모하고 경운기에 실련돼 전지목 실짜면 절먼 사람도 힘이 들어서 곳시어가면서 실자고 할 정도가 돼는돼 숙모가 80십 노인이라고 해도 가연이 아닌돼 전지목을 두 발리나 실어쓰니 그 걸역[근력] 알라줄 정도며 힘이 어돼서 저려깨 나오는지 알 수가 업쓰며 결력은 일을 할수록 나오는지 정말 대단한 심이라고 말을 하고 십꾸나.

"비가 오고 나니 안전 봄 날씨가 돼고 마는구나. 먼 곳을 바라보니 아지랑이 너울거리며 밭고량에서 일하는 농부는 옷가지을 버럿노코 일을 하고 있쓰니 남보다 더 그리운 봄이라는 너킴을 가지며 농민의 얼굴에 주름이 피어지는 봄이며 정말 소리라도 크게 질어밧쓰며 하는 마음뿐이구나."

"그리고 들래 갇다오니 영숙이 엄마가 병원에서 왔따고 이야기을 해서 집사람과 둘리서 우유을 사들고 병문안을 가바쓰며 정말 영숙이 엄마는 자신예깨는 얼마나 고마운 사람이라는 것을 말로 표현을 할 수가 업따고 생각을 한다. 외냐하면 자신이 어릴 때에 씨름하다 다리가 두 번이가 새 번인가 잘 기역은 나지 않치만 영숙이 엄마가 우굴난 것을 다 너어서 이러개 잘 살고 있쓰며 집사람과 행복하게 살고 있는 것을 영숙이 음마 득이라고 자신은 생각을 하고 있쓰며 자신은 영숙이 엄마가 구미 선재가 모시고 있쓰서 아픈지을 전연 몰라쓰며 병원에서 생활을 했따는 이야기을 들을 때에 병원에 계실 때에 병문안 못 간 것이 마음 아푸며 정말 자신예깨는 상당이 좋은 분이며 그 공을 알라야 하는돼 마음뿐이지 실찌 그 사람에깨는 도엄을 주지 못하고 있따고 생각을 한다."

지출에 … 병문안에 1,000원

〈1988년 3월 14일 수요일[209] 낡씨 비〉

금일은 8시부터 민방위 교육이라서 청소 도구을 가지고 나와서 마을 길 청소을 하여쓰며 민방위 교육을 끝을 내고 비가 올 꺼 갈다서 마늘 밭에 비누류을 덥프두어서 비가 오면 효력이 업쓸 것 같다서 비누류을 안전이 벗키고 김매기 작업까지 끝을 내고 우선 바서는 마늘이 댈 것 갈더라.

"그리고 오후에는 모판 흙을 철라고 하니 비방울이 내리고 있쓰며 비라 해도 이슬이나 다름이 업쓰며 일을 해도 할 수가 있따고 보는돼 작업을 시작을 하며 비가 만이 올까바 시작을 못하고 하늘만 쳐다바쓰며 둘리가 하늘만 보다 2시간이나 지나같쓰며 일끄리을 두고 무이미하게 보내고 있쓰니 그 심정 편치 안으며 마음이 불란해서 자꾸만 볼 수가 업쓰서 비방울을 마저가면서 흙쳐는 작업을 시작을 했쓰며 일을 하고보니 일 하기가 아주 알마전 조껀이라고 생각을 하며 진작 시작을 못한 것이 후예가 돼며 일을 시작을 하고보니 이쳐름 좋은돼 서로가 작업을 시작을 못하고 하늘만 쳐다바쓰니 어리석은 짓을 했따고 생각을 한다. 작

209) '월요일'이나 수요일로 잘못 기록하였다.

업을 1시간 30분 정도을 하니 비가 만이 내리고 해서 작업을 포기하고 마라쓰며 자신이 일적부터 시작을 했더라면 흙을 반 정도는 충분이 철 수가 있따고 보는돼 2발리 정도밖에 못 쳐쓰니 이것이 더 후예가 돼는 구나.
지출에 … 1,000원

〈1988년 3월 15일 화요일 낡씨 맑음〉
금일은 집사람과 둘리서 모판 흙을 안전 철 욕심으로 일적 시작을 했쓰며 비가 온 뒤라 흙 추지서 힘이 상당이 만이 들어쓰며 흙을 안전이 쳐고 황가루까지 썩어 두어쓰며 이 작업을 다 하고나니 아무것도 생각이 안 날 정도로 힘이 들어쓰며 자신은 뒤로 두고 집사람이 그 만은 흙을 쳐는돼 따라 다 했쓰니 그 고통이 말로 다 할 수가 있쓰리까.
"오늘 흙을 안전이 쳐서 오삽부로 100삽을 해서 흙무더기을 만들어보니 흙의 높이 반지름을 제보니 60십전이 돼며 이 무더기을 비교해서 7곱 무더기 잡고 육모 상자 700개을 잡아두어는 어떠게 댈련지 알 수가 업꾸나."

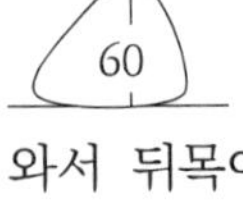

(7곱 무더기) 경운기로 8바리 파와서 뒤목이 2바리 남음

〈1988년 3월 16일 수요일 낡씨 흐림〉
오늘은 영숙이 엄마 장래식을 하여쓰며 자신은 어릴 때에 영숙이 엄마에깨 다리 우굴을 두 번이나 너어서 정상적인 일을 할 수 있쓰서며 자신예 우굴은 개령 아들과 씨름을 하다 다리가 우굴을 당했쓰며 우리 어릴 때는 형님들이 씨름 잘 한다고 일부로 개령 냇가을 대리고 가서 씨름을 씨키며 어째 잘 못하며 다리 우굴을 당하고 말며 우굴을 당할 때마다 어머님이 대리고 영숙 엄마에깨 대리고 가서 우굴을 너어며 금새 할동을 하여쓰며 그 정으로 마음적으로 언재나 고마움을 가지고 있는돼 오늘 장래식을 치루고 나니 서운한 마음 검할 길 업쓰며 또 우리 마을에 좋은 분이 돌라가씨쓰며 좋은 분이 일적 도라가시며 천한 사람은 오래 사는 법칙이라도 있는 것 같꾸나. 그리고 오늘 부주는 마음이 달라서 10,000원 하여다. (집사람도 하로 일을 도우고 말라다.)
지출에 … 부위 10,000원, 상토 흙에
항가루 갑 2,000
計 12,000원

〈1988년 3월 17일 목요일 낡씨 맑음〉
앞 밭태에 노타리을 안전이 하여쓰며 오후에는 작과 나무 밑태 김매기을 집사람과 둘리서 안전이 끝을 내쓰며 작업을 끝을 내고 보니 보기가 좋아서 바라보고 십픈 마음이 떠나지을 않으며 모든 일이 잘 되어따고 생각을 한다.
"오늘로서 김대중 씨가 평민당 총재직을 사태하고 말라쓰며 국민들이 반대하는돼 자신의 욕심만 차리서 총재직을 할려고 하는 양심이 눈에 보인다. 사태을 하여야 하며 벌서 해야 한다고 생각을 하여야 한다."

〈1988년 3월 18일 금요일 낡씨 맑음〉
오전에는 당산에 작과 나무 50포기을 작년 가을에 심은 것을 흙 무더기을 했쳐주고 집을 푸려주고 나무 좀 하는 것으로 오전 일과을 보내고 오후에는 세집배 밭따래이 객토한 것을 경운기로 흘 무더기을 깔고 집배 오니 형님이 형수와 둘리서 상토 흙을 쳐고 있쓰서 가보니 흙 무더기을 채로 쳐노아더라. 그래서 경운기로 두 바리 실어주는 것으로 하로 일과을 보내고 마랐다.
"집사람은 혜지 진학반이라면서 학부형을 오라해서 가보니 잘못을 학부형이 뒤바라지을 안 해주며 학생들이 의욕이 업따는 말을 하며 선생님의 질이 나푸다는 평은 하지 않코 학부형, 학생만 나푸다는 말만 하더란다."
우리 생각을 할 때는 선생님의 공부 의욕이 업따고 말을 하고 십프며 교장 선생님이 좀 원격한 분이 왔쓰며 하는 생각밖에 업따.
지출에 … 구론산 200원, 닭갈 2,000원,
차비 280원
計 2,480원

〈1988년 3월 19일 토요일 낡씨 맑음〉
웃들래 객토한 것을 경운기로 대충 다 골란셈이다. 금년에는 세집 논 10마지기을 객토을 해서 논 골루자면 힘이 만이 들 껏으로 내다보고 있다.
"아직은 우리나라의 야당은 아직은 아들이라고 생각을 한다. 외냐하면 앞을 보지 못하고 글역에만 욕심을 차리고 있쓰며 아직 통합을 이루지 못하고 주저하고 있쓰며 총선이 한 달 밖에 남찌 않아는되 아직 통합도 못하고 글역에만 신경을 쓰고 있쓰니 일이 제돼로 댈 택이 업쓰며 이번 야당은 국회의원도 큰 패을 바야 한다고 생각을 하며 자신도 여당을 주어야 하겟다 하는 생각이 더는구나."

〈1988년 3월 20일 일요일 낡씨 맑음〉
우리 운이가 언재부터 짜장면 먹고 십다고 하는 것을 한 번 돼리고 가서 짜장면을 사줄라고 마음먹어도 잘 안대어서 마음에 걸리든이 오늘 공일이지 김천 장이라 자신이 토기을 수정을 하기 위에서 숫토기을 싸야 하기 때문에 운이을 돼리고 가서 짜장면을 사줄라고 운이을 돼리고 가서 짜장면을 사주지 못해서 뻐스를 타고 오면서 운이 보기 미안하기 짝이 업꾸나.
오늘 개핵대로 못한 것은 아이들 책 치크을 7곱권 사고 쟁기빛을 싸고 토키을 5,000원 주고 싸고 해도 오전 9시밖에 돼지을 안아서 운이 보고 우리 여기서 놀다 짜장면을 먹고 가자고 하니 운이가 안 먹어도 대니까 집배 가자고 하길래 일부로 운이 짜장면 먹일라고 일부로 왔는데 하니까 운이가 가자고 해서 어쩔 수 업씨 집부로 내리오고 마랐찌만 운이 보기에 마음에 글리며 언잰가는 아무 볼 일이 업쓰도 시간을 내어서 짜장면을 우리 운이 사 줄 욕심이다.
지출에 … 우리 운이 빵 600원, 쟁기빛
3,500원, 토키 5,000 차비
600원,
計 9,700원
고추 값 7,600원, 엿 1,600원,
마른 반찬 4,000원 고추
파우는돼 500원, 양발 1,000원,
좀약, 작꾸 700원, 차비 400원
計 15,800원

〈1988년 3월 21일 월요일 낡씨 비〉
오전에는 들래 갈 때부터 비가 내릴 뜻이 뭉개구름이 되어 있쓰서 집배서 나갈 때에 우이을 가지 같쓰며 비을 한 방울식 내리고 있는돼 웃뜰래 논을 한 단지을 겨우 갈라쓰며 이 한 단지는 마음을 크게 가지고 비가 오면 포기을 하고 집배 오지 하는 마음으로 일을 시작한 것이 잘했쓰며 오늘 비가 하로 만 참아 주어따면 웃뜰래 객토한 논 두 단지을 안전 갈라두어쓰며 마음이 캐운할 땐되 한 단지을 갈고 나니 비가 만이 와서 집배 팔리 올라하다 봇도량으로 경운기가 들어가서 끄내는 힘이 만이 들어쓰며 일 자라고 다칠뿐 예쓰며 사람은 황상 마음이 차근해야 하며 황상 생각을 하여가면서 살라가야 한다고 생각을 한다.
지출에 … 성운이 책 1,400원

〈1988년 3월 22일 화요일 낡씨 맑음〉
비 온 뒤로 아무 일로 못 할 껏 같다서 봉산 눈님 집배 고구마 씨가 있따고 해서 가지로 같쓰며 고구마 씨을 (이 관) 정도 가지고 왔쓰며 아이들 먹으라고 광정을 만이 어더와 쓰며 누님이 얼굴이 좋으니 자신의 마음이 좋더라. 그리고 오후에는 성운이 선생님이 과정 방문 오신다고 해서 집배서 선생님을 기다리다 낡씨가 화창하게 맑은 날씨가 돼어서 선생님은 봉산을 들리서 일 적으며 우리 동내을 방문 하신다고 해서 오후 4시가 돼는 것을 보고 너저서 선생님이 들리지 않캐따는 생각에 그만 화창한 날씨에 그만 끌려나가 앞밭을 들려서 고추 밭에 고추 대을 안전이 뽑고 뒤도구을 안전이 돌리고 부모님 산소을 들리서 집배 들리니 선생님이 장간 들리따 갈시따고 이야기을 집사람이 하더라. 자신이 30분만 더 기다리쓰며 선생님을 배올 수가 있쓰스며 우리 운이 상담을 할 수가 있쓸설 뜬대 끝까지 기다리지 못한 것이 아쉽구나.

지출에 … 화장품 값 8,000원
計 9,800원
혜지 책 1,800원

〈1988년 3월 24일 목요일 낡씨 맑음〉[210)]
지질 때문에 아무 일도 못하고 집배서 휴식을 하여쓰며 자신의 지질이 발생만 하면 일을 못하두록 아품이 따리며 이재는 지질이 발생하면 일을 못하니까 한참 바풀 때에 발생을 할까바 극정이 되며 계속 발생을 자주하면 수술을 해야 할 껏 같다.
"자신의 몸이 불편해서 아무 일도 하지 않코 집배서 휴식을 하고 있쓰니 집사람 보기에 미안하며 자신의 일을 다 하고 있쓰니 집사람의 건강이 극정이 대며 집사람이 건강해야 내가 살 수가 있따고 생각을 해본다."

〈1988년 3월 23일 수요일 낡씨 맑음〉
오전은 감자 씨가 정부에서 나오지 안는다고 해서 올해는 집배 감자 씨로 파종을 하여쓰며 금년 감자 파종을 하면서 일 적으서 손예가 돼지 않을까 하고 극정이 좀 되는구나. 그리고 마늘 거름을 하여쓰며
"오후에는 지질 때문에 휴식을 하여쓰며 지질이 있쓰서 불편해서 일도 못하고 좋은 날씨에 집배서 하로을 보내야 하니 하로가 정말 지급꾸나 하는 것을 너켜다."[211)]

〈1988년 3월 25일 금요일 낡씨〉
화창한 날씨에 지질 때문 아무 일도 못하고 집배서 지루한 날을 보내고 있는 자신을 생

210) 3月 24日 일기가 23日 일기 앞장에 쓰여있다.
211) 이 내용은 일기 지면 상단에 따로 기록되어 있다. '감자 씨 파종함. 마늘레 거름을 함'이라고 기록하였다.

각을 하니 답답하며 내가 이래서는 자식들을 뒤바라지 할 수가 있나 극정이 돼며 자신의 마음은 어떠한 일이 있쓰도 자식들래깨 뒤바라지을 하여 줄 결심박에 업다. 그리고 이재는 지질이 발생을 하며 오래가며 이려다가는 일철에 발성을 할까바 극정이 노라.

"우리 운이가 고기을 저러깨 좋아하는 아이을 마음껏 사주지 못 한 자신이 마음에 걸리며 내 사랑하는 아이을 고기을 마음껏 먹이지 못하고 있는 자신이 속이 타는 것 같터며 우리 운이 고기 먹고 십프서 목이 타는 마음보다 자신이 자식을 고기을 마음껏 못해주는 자신의 목이 다 타며 이 아빠는 너위들을 살개 할려고 성실하게 살라왔다. 그러니 마음에 차지을 안아도 이 아빠의 욕을 하지 말라. 그리고 너위들만 이 아빠쳐름 성실하개 살라주며 너의 이세는 마음껏 살 수 있따고 자신은 학신을 하고 십꾸나."

"오늘 저의 엄마가 장 같다오니 운이가 고기을 사와는냐고 하더니 완 사와따니 성화을 내고 있는돼 맡침 이동차로 닭장사가 닭사라고 소리을 하고 있더라. 그래서 장사가기 전에 닭 두 바리을 사와서 운이 주라고 해서 두 바리을 살마서 한 마리는 아이들 주어는돼 운이가 뒤다리 둘을 서섬치 안코 다 먹어치우니 우리 운이 한 바리는 먹을 수가 있따고 보며 자신은 지질도 있고 해서 고기을 먹지 않코 운이 먹는 입만 쳐다보았쓰며 잘도 먹고 있는돼 이것을 마음것 먹개 못 한돼 되예서 한 번 더 미안하며 한 바리 마자 주어쓰며 하는돼 한 바리는 인삼 너어서 약이 돼두록 내일 줄라고 두어쓰며 앞푸론 셋 바리을 사야 우리 식구가 먹을 수가 있따고 보고 있다."

지출에 … 쌀딩기(쌀정 등겨) 6,750원, 파씨 2,500원 장아 3,000원, 장값 1,800원 통조림, 간장 2,100원, 호르마링[포르말린] 600원
안티푸라민 700원, 물파스 1,200원 바개스 1,000원, 닭 3,000, 식초 250 하이타이 650원, 차비 400원
計 26,450원[212)]

〈1988년 3월 26일 토요일 낡씨 맑음〉

"금일은 유황을 꼬아쓰며 유황 3포에 석회을 2포에서 조금 난구고 석회을 다 너쓰며 유황이 석회보다 적은 감이 드는구나. 유황 정량은 유황 2포에 석회 1포 꼴로 돌리고 있다. 그리고 금년 유황 꼬는 시기는 작년보다 조금 너전 감이 있다. 오늘 황 꼬는 량은 유황 11포을 꼬니 하로 해가 다 되더라."[213)]

지출에 … 백운기 딸 결혼에 부주 5,000원
라면 300원
計 5,300원

〈1988년 3월 27일 일요일 낡씨 맑음〉

오전은 세 집배 산소에 돌 쓸라고 돌 200띠을 경운기로 산소까지 실어올리는 작업을 했쓰며 경운기가 정말 좋더라. 외냐하면 돌을 한 발리 실고 산에 올라가며 산소 앞까지 실어올리쓰니 이거 경운기가 어이 좋

212) 실제 계산은 23,950원이나 26,450원으로 잘못 기록하였다.

213) 이 내용은 일기 지면 상단에 따로 기록되어 있다. '(금일은 유황을 꼬아씀) 유황 3포 석회 1.5 반'이라고 기록하였다.

다고 아니할 수 있깨는가. 오늘 일들이 경운기가 아니면 감이 생각을 할 수가 업따고 생각을 해본다. 오늘 경운기 4대로 돌 200백 띠을 오전에 일적 실어올리는 작업을 끝을 냇다. (돌 한 뒤 값 800원)
"그리고 오후에는 내일 작과 나무 황 살포을 할 욕심으로 황 준비하는돼 하로 일과을 보내고 마랐다."

〈1988년 3월 28일 월요일 낡씨 흐림〉
금일은 작과 나무에 황 소득을 함. 작과 나무 황 소득을 하는돼 밭치 내 군대나 돼어서 하로 바푸게 다 쳤쓰며 일부 사람은 일기차로 일 적다고 하지만 나무에 꽃망울이 티어나온 것을 보니 황 처리을 할 때가 꼭 대어따고 생각을 한다.
"금년에 유황 3포, 석회 2포을 해서 석회는 10kg 정도 남아쓰서며 금년은 휴황이 말가웃 정도 난은 셈이다."
"집사람 친구들이 계을 해서 아들 결혼인 딸 결혼이나 둘 중에 한 번만 반지 두 돈을 해주기로 회서 한 사람에 10,000원 식을 냇는되 이것은 우리들로 바서는 말을 할 수 업씨 손에라고 생각을 하며 우리는 딸 결혼을 할려고 하며 10년 이상은 있쓰야 잔치을 할 수 있는돼 먼저 타먹는 사람은 이자만으로 충당을 다 할 수 있뚜록 득이 댄다고 생각을 한다. 이것은 친구가 아니면 거절하지만 친구라서 활 수 업씨 참석을 했찌만 이것은 손예을 만이 본다고 생각을 한다."214)
지출에 … 집사람 반지 계, 백운기 딸 결혼에 10,000원

〈1988년 3월 29일 화요일 낡씨 맑음〉
"눈님 집배 건너방을 키우는돼 옛날 두지을 안전이 떠더서 방을 만더니 요줌 방처름 상당이 크며 마음에 들며 진작에 이려깨 하여야 한다고 생각을 해 보았쓰며 오늘 종일 해야 두지을 안전이 허러서 경운기로 실어내고 댄조하는 것으로 하로 일과을 보내쓰며 내일은 자신의 일도 만치 해서 그냥 둘라고 마음을 먹고 있는돼 놉을 어뒤가서 할까 극정을 하는 것을 보니 딱카고 돈도 업는 사람이 놉을 하면 음식이 따라야 하고 품을 주야 하니 모든 것을 생각을 하니 자신이 영향을 주는 한이 있쓰도 하로 더 그 들어주야 하게꾸나 하는 생각이 들며 자형이 적으나 일을 하며 이른 신경을 쓰지 안아도 될 수 있따고 보는되 정말 외돌꾸나."

〈1988년 3월 30일 수요일 낡씨 맑음〉
"금일은 누님 집배 방구둘을 노아서 세멘을 하는 것으로 하로 일과을 보내쓰며 눈님 집배 방을 안전이 다 하지 못하고 벽을 미장만 하면 안전이 하게 되는돼 자신이 오늘 하며 반 정도는 벽을 바을 수가 있찌만 자신이 바풀 뿐 아니라 오늘 해바야 끝을 못 내니까 손을 돼지 않코 일적 하로 일과을 끝을 내고 마라다."
"오늘 일을 맡치고 집배 올라고 오드바이 시동을 걸러보니 시동이 걸리지을 안아서 순달이한태 전화로 오드바이가 시동이 걸리지 안는다고 무려보니 조금 기다리면 올라고 해서 누님 집에서 기다리니 오더라. 오드바이 주인 해도 시동이 걸리지을 안아서 할 수 업씨 순달이 타고 온 오드바이로

214) 이 내용은 일기 지면 상단에 따로 기록되어 있다. '(작과 나무 유황처리함)'이라고 기록하였다.

집배까지 잘 타고 왔다."
지출에 … 오드바이 기름 1,000원,
구론산 2,00원 과자 300원
計 1,500원

〈1988년 3월 31일 목요일 낡씨 맑음〉
금일은 상토 흙에 뜸모약과 비료을 썩는 것으로 오전 일과을 다 보내쓰며 집사람과 둘리 하지만 집사람은 거름 바가지을 들고 있키 때문에 실찌 자신 혼자 흙을 더비기 때문에 시간이 만이 걸리며 오전 내 거름을 썩는 작업을 오전 내 하여다.
"상토 흙을 100삽으로 하여 흙 무더기을 모다서  반지름 높이을 제어보니 60전이 돼며 60전 무더기을 8무더기을 하여서 상토 흙을 5섯 무더기 반을 복토 흙을 두고 상토 흙을 2 무더기 반을 지예놋코 자신의 계산은 맏게 한다고 하여 두어는되 어떠게 될련지 염려가 되는구나."
"오후에 고구마 온상을 집사람과 둘리서 하여쓰며 모종 고추을 처음 하여보는돼 될련지 알 수가 업꾸나."
지출에 … 보험료 값 8,900원, 상토흙 거름 4봉, 상원 1봉 7,200원, 운이 책 값 1,300원 운이 과자 100원
計 17,500원

〈1988년 4월 1일 금요일 낡씨 맑음〉
웃들에 논을 갈로 가니 웃들 사람들은 도랑을 첫더라. 그래서 논을 한참 갈다 자신은 웃들 농사을 해도 우리 들레 마지기을 포함을 해서 작업을 하기 때문에 웃들에 도랑을 처도 내 일만 하면 되는돼 사람은 일은 나중 쳐고 내 논 머리 일을 하고 있는돼 자신은 논 간다고 일만 할 수가 업쓰서 자신도 합세을 해서 도랑을 한참 처다 논을 갈라서 오전에 한 단지 머리는 갈지 못하고 들어왔쓰며 오후에 가서 두 단지 머리을 갈고 집배 오니 어재 저녁에 송아지 논 것이 노량똥을 잘잘 내나서 곳바로 김천 동물 약방에 가서 주사 약과 먹이는 약을 사와서 주사을 주는돼 송아지을 죽이는 한이 있쓰도 자신이 나볼라고 더니 송아지가 날뒤니 주사 힘이 빠지고 주사 약도 나오지을 안으며 거것도 잘 돼지을 안아서 친구 일하는돼 자신이 해줄라면서 주사을 나와달라고 해서 주사는 친구가 놋코 먹이는 약은 자신이 먹이는돼 송아지가 안 돼지 하는 마음밖에 업쓰며 이른 일을 재준내 소을 처음 사와서 송아지 물똥 싸는 꼴을 보고 실패을 해서 이번에도 힘이 업찌 안나 하는 생각이 앞쓰고 있꾸나. 만약에 이번 송아지을 실패 본다면 소을 다 업세고 말 계핵이다.
그리고 오늘 (8가마) 정미을 함.
지출에 … 송아지 약 7,000원

〈1988년 4월 2일 토요일 낡씨 맑음〉
금일은 웃들 굴 보수 작업과 길 부역을 하여쓰며 오후에는 웃들에 논 갈로가다 형이 혼자 상토 흙에 거름을 할려고 해서 혼자 거름을 할려고 더는 것을 보고 논 갈로 갈 수가 업쓰서 논 갈로 가는 것을 포기을 하고 형님과 상토 흙에 거름을 하는 것을 하로 일과을 보낸 셈이며 시간이 조금 남아서 육모 상자 소득을 하는 것으로 하로 일과을 보내고 마랐다.
"그리고 어재 송아지 물똥 싸는 것을 보고는 희망은 업따고 보았는돼 오늘 아침에 송아지을 보니 생기가 나는 것 같떠며 똥도 누구룸[누렇게] 하게 구더있쓰며 희망은 있

따고 생각을 하며 기분이 아주 좋더라."215)
지출에 … 종희 둘째 아들 결혼 부주
5,000원 라면 350원
計 5,350원

〈1988년 4월 3일 일요일 낡씨 맑음〉

오늘 해장에 침종을 하는돼 소금 갈리을 하니까 시간이 상당이 걸리며 한 단지 벼씨는 15kg을 하고 나중에 1kg을 더 한 셈이다. 침종 간개로 오전 너깨야 웃들에 한 단지을 오전에 다 갈고 오는되 정신 업씨 한 셈이다. 그리고 오후에는 아래들에 경화 형님 논을 한 단지 가는 것으로 하로 일과을 보낸 셈이다.216)

지출에 … 빵, 환타, 배지밀 700원

〈1988년 4월 4일 월요일 낡씨 맑음〉

금일은 아래들에 겟돌보을 처음 시작을 하여쓰며 금년에는 자신 알기론 처음 도랑 바닥을 안전이 끌어올리는 작업을 했쓰니 아래들 생기고 처음 알들이 일을 하고 있쓰니 다들 놀라쓰며 오늘 우연이 이러깨 알더리하게 돼어쓰며 오늘 일을 한 생각을 해 본다면 작업을 분산을 시키서 작업을 하지 않코 사람을 몰부치서 작업이 잘 되어따고 생각을 한다.

〈1988년 4월 5일 화요일 낡씨 맑음〉

오늘은 식목일이고 한식이라 삼촌 산소에 돌 싸고 짠 뒤 입피는돼 종일 일을 하여쓰며 집안키리 일을 하여쓰며 돌 싸는돼 노임으로 60,000원 둘리 값이며 무선 일이든지 노임 만아서 일 한 번 할려면 급이 날 정도다. "돈이 무었신지 삼촌 산소에 처음에는 별료든이 돈이 들어가서 앞 떠력을 돌로 싸니 보기가 아주 좋으며 산소가 덥보이구나. 그리고 금년에는 산소 일을 상당이 만이 하며 온 동내 전부가 산소을 손질을 하는 편이며 오늘은 노임 주도 사람이 업쓸 정도니 과이 짐작을 할 정도다."

지출에 … 혜영이 수학여행 간다고 잠바
10,000원 혜영이, 혜지 책
4,000원, 혜영 머리 끝는데
1,000원, 가방 4,000 고추포트
500개 3,500원, 김, 마른 반찬
5,000원 기름 1,500원, 쏘세지,
닥강 1,000원, 과자, 마시는 것
2,300원, 면장값 1,000원, 소금
400원 아르바시 차비 690원,
소화제, 멀미약, 박카스 2,000원
計 37,340원217)

〈1988년 4월 6일 수요일 낡씨 맑음〉

낡씨과 너무 가뭄이 심하며 여름에 이러게 가뭄이 심해따면 야단이 낫쓸 것으로 생각을 해본다. 그리고 오늘도 갯돌 쳐는돼 종일이 걸리쓰며 오늘은 너깨야 도량 쳐올리는 당한시 하여쓰며 엔날 본가락을 조금 내고 마랐다.

"전두환 전 대통령 동생 전정환 씨가 백 억이 넘는 돈을 착치했따고 공식을 말을 하고 있찌만 실찌 돈을 쓴 것이 안전이 밝히지을

215) 이 내용은 일기 지면 상단에 따로 기록되어 있다. '육모 상자 소득을 함. 호로마린[포르말린] 한 병에 물 4말 함. 상토 흙에 쓰고 남은 것과 물 6말을 해서 상자을 당구니까 수라더라.'라고 기록하였따.

216) 이 내용은 일기 지면 상단에 따로 기록되어 있다. '4月 3日 침종함'이라고 기록하였다.

217) 실제 계산은 36,390원이나 37,340원으로 잘못 기록하였다.

안아서 그려치 국민들은 삼백 억이 댈련지 알 수가 업따고 하면서 국민들이 불만을 만이 하고 있다. 자기 형이 대통령이라고 돈을 그처름 만은 돈을 쓸 수가 있쓸까 하고 염려도 돼며 정말 전두환 대통령은 동생이 그처름 돈을 만이 저질어도 몰라떤가 하는 의심이 돼는구나. 이것을 보며 전두환도 부정이 있따면 비리을 밝히야 한다고 생각을 한다."
지출에 … 전기세 값 1,320원

〈1988년 4월 7일 목요일 낡씨 맑음〉
오늘은 우리 혜영이가 2박 3일 동안 수학여행 간다고 아침 일적부터 법석을 부리고 아들 셋 중에 한 놈만 가도 다들 김밥을 전부 다들 김밥을 싸들고 가니 다들 법석그리기 마련이다.
그리고 오전에는 겟돌 철는 작업을 오전만 하고 오후에는 낡씨고 참고 해서 겟돌 작업을 하로 연기하고 오후에는 경화내 갈림 논을 한 단지 일적 갈라쓰며 하로 두 단지만 갈면 힘들지 않을 껏으로 본다.
지출에 … 혜영이 여행 15,000원

〈1988년 4월 8일 금요일 낡씨 흐림, 비〉
오늘로서 겟돌보을 안전이 한 셈이며 금년 겟돌보는 가뭄이 심해서 도량 바닥에 물이 업키 때문에 잘 뒤어다고 생각을 한다.
그리고 오늘은 집사람이 상토 흙을 담아쓰며 상토 흙이 부들업지 안아서 힘이 더 든다고 하더라.[218]

〈1988년 4월 9일 토요일 낡씨 맑음〉
우리 혜영이가 2박 삼일 여행을 아무 탈 업씨 돌라오니 반갑터라. 그리고 멀미도 하지 않코 구경도 잘 했다고 하니 자신이 구경을 같다 온 기분 모양 좋더라.
"그리고 오늘로서 웃들가 아래들 논들은 점부 다 갈라쓰며 이재는 어갈리 두 단지만 갈면 금년 한 해는 다 논가는 것은 끝이 난다고 생각을 한다."
지출에 … 세 값 450원

(4月 11日날 지출 금액)
성노 부친 별세에 부주 5,000원,
　　라면 600원
　　計 1,100원

〈1988년 4월 10일 일요일 낡씨 맑음〉
오전에는 집사람과 둘리서 큰집배 상토 흙 담는되 그들어주어쓰며 형수가 손을 다치서 치료하로 단이기 때문에 일이 진연이 되어서 일이 쳐저가는 느킴이다.
그리고 오후에는 봇밭을 갈라두는 작업을 하여쓰며 들판에는 논을 갈라두는 사람이 만으며 별서 다들 갈고 남은 자리는 멧 자리가 되지을 안으며 다들 자기 목이 있쓰니 잘들 하고 있다.
지출에 … 라면 200원, 화드 250원
　　計 450원

〈1988년 4월 11일 월요일 낡씨 맑음〉
금일은 성노 부친 운상하로 같쓰며 영수 부친 살라계실 때는 다들 한 번 따뜻하게 하

---
218) 이 내용은 일기 지면 상단에 따로 기록되어 있다. '웃들래는 전부 앞두룸 갈라노와씀. 경화내 논은 전부 뒤뚝으로 갈라노와씀. (밭다래이[밭 다랑이]는 두룸 짝으로 갈라씀. 복판에 뒤뚝으로 갈라씀)'이라고 기록하였다.

지 않코 딸이나 아들이나 등한시 하여따고 잘 죽어따고 이야기을 하며 미너리가 아주 잘 못 한다고 평을 만이 하여쓰며 다들 부모라도 부모 대우을 밭지 못하고 자식에깨 천대을 바드며 죽어버리야 한다고 생각을 하며 자신이 가만이 볼 때에 부모을 천하게 하는 자식이 더 잘 살고 있다.
금일은 침종한 벼 씨을 싹 티우기 작업에 들어같쓰며 상강 벼 씨는 아침에 건지고 일반 벼 씨는 저녁에 방에 들어같는되 같이 될련지 몰겟꾸나.
그리고 온상 면적이 8매다 함.

〈1988년 4월 12일 화요일 낢씨 비〉
오늘 비는 여름 모양 비가 만이 왔쓰며 비 오는 소리을 들을 때에 파종을 앞두고 비가 오니 상토 흙에 비가 쓰며들어서 파종하는 돼 지장이 생길까바 극정이 잔득 돼더라. 그리고 이번 비가 가뭄을 안전이 해갈이 돼두록 왔쓰며 가뭄이 계속 되어서 씨 갑 씨을 너치을 못해서 비 온 뒤에 한다고 봇밭에 씨 갑 씨을 가는 사람이 만더라.
"오늘 오후에는 비가 그치서 내일 파종할 준비을 할려다 파종기 다라매이며 연속하기 때문에 모재리에 노타리을 하여두는 것이 좋을 껏 같다서 집배 일은 집사람에 맡키고 경운기을 몰고 가서 웃들에 모재리 자리에 노타리을 다 쳐고 두룸, 붓뚝 다 노타리을 쳐고 아래들에 내리와서 모재리을 다 쳐고 두룸, 붓뚝 다들 노타리을 쳐는되 오후 내 걸리며 다 할려고 정신 업씨 한 셈이다."
지출에 … 전화 요금 4,930원

〈1988년 4월 13일 수요일 낢씨 맑음〉
금일은 파종한다고 둘리가 아침 일적부터 서들어쓰며 집사람과 서들어서 준비을 안전이 하여도 같이 하는 조가 안아서 일을 할 수가 업쓰서 답답하며 예가 타더라. 이것은 주인은 아침 일적 바람이 불지 않코 할 때에 일을 만이 할려는 욕심 때문에 마음 쓰이는 것이 사실인가바. 오늘 일적 서들어쓰며 오전에 다 할려고 들껀돼 그만 오후까지 가서 오후는 바람이 부려서 일 하기가 그북하두록 불더라. 황상 파종할 때는 바람이 만이 부는 철이라 일적 서들어주야 한다는 것을 생각을 하여야 하며 여화튼 우리 것은 맑은 날씨에 파종을 아주 잘한 셈인되 하나의 실수을 크게 한 셈이다. 외냐하며 벼 씨 침종을 하는돼 일반 벼 씨 한 단지을 한 것을 모려고 일반 벼 씨 한 단지을 포함을 해서 상강 벼씨을 9단지을 다 상강 벼씨을 침종을 하여서 한 단지 폭이 솔거시 남아쓰며 그기다 여유 있씨 한다고 1단지에 15kg 돌리고 1kg 500을 더 당가쓰니 이것 미수가 남아돌라 가서 두 푸대가 남아서니 숙모는 씨 갑 씨을 벌로 한다고 성화가 낮쓰며 자신도 너무나 벌로 한 너킴이 들며 파종을 안전이 말치도 기분이 안 조며 씨 갑 씨 가격을 천다면 18,000원 손예을 본 셈이 되며 마음속으로는 정말 벌로라고 생각을 하며 자신을 원망을 만이 했다. 손예을 볼라니 계싼을 거처름 야뮬개 한다고 해도 이른 실수가 나오니 가슴 아푼 일이다.
"그리고 씨 갑 씨가 남어니 씨 갑 씨가 모자라서 셋 집이나 나누어 가지고 같서 잘 했다니 그 기분은 좋더라."
지출에 … 새 값 2,400원

〈1988년 4월 14일 목요일 낢씨 맑음〉
금일은 영권내 파종하는돼 바람이 불어서

작업하는돼 지장을 주어쓰며 그른돼로 작업량은 별료라고 생각을 하여쓰며 영권내 오전 일을 다 하고 정심을 먹어면서 우리 모재리 시간이 업는 것을 극정을 하다 내일 재철래 파종할 때에 여자 놉을 하고 자신은 빠절작정을 가지고 영권내 오후 일을 할려고 작업장에 가서 모재리 걱정을 하니 영권이 아버지가 그만 가서 모재리을 하라고 하면서 내일 빠지는 것보다 오늘 오후가 좋다면서 가라고 하여서 상당이 고맙더라. 그래서 경운기을 몰고 업는 말목 준비을 해서 불이야 불이야 웃들 모재리을 하로 가서 봇뚝을 하고 모재리 두 판을 하는돼 예 이래 시간이 걸리는지 답답하기 짝이 업더라. 웃들 모재리을 손질만 하게 되면 되두록 하여두고 아래들에 모재리을 할려고 오니 물도 업쓸 뿐 아니라 아래들은 모재리을 하는 사람이 업쓰며 물도 댈 수가 업고 해서 물을 펄 욕심으로 학희 양수기을 집배 있는 것을 빌리 와서 물을 프는돼 상당이 시간이 만이 걸리며 도로 편에 물이 오두록 프는돼 물이 온두로 프지고 실지 모판에 오는 물은 상당이 적은 량이라 시간이 걸리며 재철래 내일 파종만 아니며 당장 취우고 내일로 미루지만 재철래 파종뿐 아니라 자신이 모판이 급파다. 외냐하며 17日날 본단에 나와야 하니 이래라도 하지 않으며 시간이 업따. 그려기 때문에 밤이라도 해야 하기 때문에 밤이 어더어서 무었 분관도 못하두록 어더어서 물을 더 펄 수가 업쓰서 마음적으로는 더 퍼쓰며 하는돼 그만 양수 작업을 그만 하고 바로 엽패 천수 모재리을 두고 그냥 올라니 한참 프며 돼는돼 하고 올 수가 업더라. 그래서 천수 모재리을 물을 프주고 오니 집사람은 운이 하고 고속도로 굴래까지 마집을 나와더라. 낡씨가 이 추운돼 집사람이 나오니 한편으로는 좋고 한편으로는 바람이 차운돼 감기라고 들까바 더 신경이 쓰이더라. 집배 오니 밤 9시더라. 이것이 모재리을 일적하는 패단이다. 모재리을 중관 하든지 나중 하든지 하면 시간 여유가 만은돼 언재라도 일적하니 일이 만아저는 것이 사실이다. 내년에는 중관을 할 욕심이다.

〈1988년 4월 15일 금요일 낡씨 맑음〉

오전에는 송아지 분만 하는돼 그들어쓰며 작년에 전부 암송아지라도 손에을 만이 보았는데 금년도 전부가 암송아지가 나올란지 벌서 두 바리니 이거 때을 못 맡추게꾸나. 그리고 오늘이 재철내 파종하는돼 송아지 분만 때문 못 가서 숙모 되신해서 미안해서 송아지을 10시에 밭고 바로 가서 파종을 거들어 주어다.

오전에는 모재리을 안전이 하지 안아서 모재리을 하는되 혼자 다 하너라고 마음도 몸도 고되게 한 셈이다.

사람은 언재나 겸솜해야 한다는 것을 너켜다. 외냐 오늘 저물개 하고 집배 오는 길래 대신 친구가 경운기을 몰고 앞패서 카불더니 그만 사정업씨 봇도량에 물이 만원되 거꾸로 쑤시바가서 경운기 건저 주는돼 업덥두록 건저 주어쓰며 나 자신이 연기서 경운기 건저 주고 있는되 아래둘래 모재리 하로 가서 가서 안 온다고 마중이나 갈까바 극정이 되며 마음은 더 바푸더라. 나무 일사에 어듭두록 일을 해서 부예가 나더라.

〈1988년 4월 16일 토요일 낡씨 맑음〉

육모 상자 한 번식 덥비고 이 작업을 잘 할려며 상당이 힘 더는 작업이라고 생각을 한다. 오늘 집사람과 둘리 하는되 나중에는 여러 장식 한 번에 덥비는 작업을 끝을 냇다. 그리고 모재리을 재벌 발라쓰며 다시 손질을 하고 나니 보기가 아주 좋으며 남이 공당을 만든다고 이야기을 하는 사람이 있다. 모재리을 다시 한 번 더 손질을 하니 모판도 보기도 좋을 뿐 아니라 모판이 고루기 때문에 씨도 잘 쓰리라고 생각을 한다. 그리고 오후에는 당산 논에 논을 갈라볼라고 갈라보니 땅이 추지서 갈기가 힘이 들어 반정도박에 갈지 못했다.

지출에 … 다코닐[219] 2봉 8,800원, 나르빈 1봉 2,000원 혜영이 병원에 2,000원, 닭 4,000원, 마른 반찬 3,500원 테프 1,300원, 요구르트, 빵 2,350원 물신 2개 5,000원, 화장지 500원, 오빠 만나서 물명태 1,000원, 혜영이 우유 200원, 차비 640원
조합에서 식용유 2,100원, 국수 1,500원, 라면 1,000원
計 35,890원

〈1988년 4월 17일 일요일 낡씨 맑음〉

우리 동내서 육모 상자가 본답에 제일 먼저 나가씀며 형님도 같이 나와쓰며 제일 먼저 모판에 나오니 일 적으서 손예을 보는 것이 아닌가 하고 극정도 돼는구나. 금년에는 모판을 아래들과 웃들래 두 군대을 하니 오전내내 하여쓰며 모재리을 내 논에 하지 않으니 모판 할 때가 맡당치 않아서 힘이 더는구나.

지출에 … 숙모 구경가는되 10,000원,
형수 구경가는되 5,000원
술 값, 맥콜 1,750원
計 16,750원

〈1988년 4월 18일 월요일 낡씨 비〉

어재 저녁부터 비가 여름 모양 줄줄 쏘다저고 있쓰서 어재 육모 상자 모판에 비누류 바람에 날일까 밤잠을 재되로 자지을 못 할 정도로 비바람이 불어서 자신이 일적 모낸 것이 후예가 되며 자신은 남보다 너케해야 정신적인 신경을 들 쓴다고 생각을 한다.
"오늘은 어재 저녁부터 시작을 해서 오전내 비가 오고 비을 마저며 모판을 두 번식 돌라바서며 오늘 일과는 모판을 돌라보는 것이 하로 일과을 보내고 마랐다."
지출에 … 쌀딩기 2,500원

〈1988년 4월 19일 화요일 낡씨 맑음〉

요줌 날씨가 비 온 뒤로 계속 정신도 못 차리두록 바람이 불고 있쓰서 육모 상자 모판에 나가는되 상당이 힘이 들며 영권내가 날짜로 보며 어재 본답에 가야 하는돼 바람이 너무 새계 부려서 오늘 모판에 가는돼 모키가 상당이 만이 잘리쓰며 오늘도 바람 때문에 작업이 힘이 들어다. 그리고 오후에는 앞 밭태 집사람과 둘리서 일을 하는 것으로 하로 일과을 보내쓰며
그리고 이번 국회원 선거가 얼마 남찌 않아는돼 선거 운동자도 얼굴도 보이지 않코 국회원 후보자 얼굴도 보이지 않으니 이번 선거가 타락 선거라고 텔레전이 늙 이야기을

219) 정식 명칭은 클로로탈로닐로 브라보 또는 다코닐이라 부르며 살균제의 일종이다. 채소나 각종 작물에 발생하는 병해에 대하여 광범위한 방제효과를 보인다.

하는 것은 거짓말 같꾸나. 이곳은 너무나 선거 바람도 업쓰며 국회원 선거 흥미을 일을 정도다. 선거는 이려깨 해야 한다고 하지만 국회원 후보의 얼굴도 보지 못하고 선거을 하여야 될 정도가 대니 너무 야속하다고 말을 해야 될련지 몰겟꾸나.
"그리고 오늘 앞태서 일을 하는돼 금년에는 과일 꽂이 만발이 돼어있쓰니 정말 보기도 좋을 뿐 아니라 자신이 과일 농사을 짓고는 처음 이련 캐감을 받쓰며 꽂 한 송이 쓰쳐서 뜰어질까바 전 신경을 다 쓰따고 해도 거짓이 아니며 금년은 정말 꽂 한 송이을 내 부인처름 사랑스렵다."
지출에 … 라면 400원

〈1988년 4월 20일 수요일 낡씨 맑음〉

오늘로서 육모 상자는 들로 마지막 재철내가 나같쓰며 모판을 우리 마을에서 일적하는 편인돼 그 중에서 자신이 일적 하니까 모가 냉해을 입버서 탈이 생기고 있따고 생각을 한다. 외냐하면 육모 상자 파종을 너캐하는 사람들은 탈이 업씨 잘 자라주니 반드시 냉해라고 생각을 한다.
그리고 오후에는 모판에 종이을 안전이 벗키고 콤팡이 약 다코닐을 살포을 하여줌. 금년에는 우선 바서는 모들이 다들 캐끗하더라.
그리고 모을 냉해을 극정을 들 하두록 할려면 본답에 육모 상자가 20日이 넘어서 나가면 제일 접갑하다고 보고 있다. 내년에 댈 수 있는 돼로 너캐 해야 피해가 적다고 보고 있다.

〈1988년 4월 21일 목요일 낡씨 맑음〉

모판이 모재리 간 뒤부터 계속 바람이 만이 불 뿐 아니라 낡씨가 추어서 모가 자라지 못하고 냉해가 입지 안을까 하고 극정이 앞쓰는구나.
"오전에는 봇밭에 무지파씨 파종과 울콩씨을 갈라쓰며 울콩씨는 종금 일적한 맡이 있는 것 같더며 무선 씨갑씨라도 적기을 선택을 하여야 하는되 이것이 잘 되고 있꾸나."
"우리 운이가 얼굴에 숭이 손톱으로 세계 끌킨 것처름 자욱이 있쓰서 운이 얼굴에 예 그랜나 하고 물어니까 학교 뒤뜰래서 놀다 끌퀴따고 이야기을 해서 자식에 말이라 그대로 미더뜨니 저의 엄마가 카시한태 끌킨 것이 아니라면서 이야기을 하라니까 이재 와서는 아이들과 손톱으로 끌킨 것이라고 이야기을 하더라. 그래서 그진말을 해서 속으로는 마음이 상하나 사람이 그진말을 하는 사람이 재일 나뿌다면서 이야기만 하여는돼 오늘 와서는 이야기을 들어니까 대신 아이가 철사을 불래 달가서 얼굴에 되어서 그려타고 운이 친구가 이야기을 할 때에 나의 성질이 발칵 나더라. 벌서부터 그짓말을 누구한태 배와서 그짓말을 하는냐고 하면서 때리쓰며 성질이 나서 반 죽이겟더라. 앞푸로 그짓말을 하며 용서을 해줄 수 업쓰며 단단의 혼을 낼 작정이다."
"오늘 정말 참을 수 업는 성질이 나더라. 자식이 남외깨 병신되며 한 번은 남이 팔골절을 만들리찌 이번에는 얼굴에 숭을 저계 하여쓰니 여러모로 성질이 나며 얼마나 성화가 나서 운이 보고 너도 철사을 달가서 가만이 가서 얼굴에 상쳐을 내라고 이야기을 하여쓰며 얼굴에 상쳐을 내지 않코 집배오며 키우지 않을라고 이야기까지 하고 마랐다. 이처름 성질이 않 날킨되 아이들이 놀다 얼굴에 상쳐을 이버며 여사로 볼 수가 있는돼 이것은 철사을 달가서 얼굴에 되어서 상쳐을 내고 있쓰니 이것은 참을 수가 업더라."

〈1988년 4월 22일 금요일 낡씨 맑음〉

오전에는 봉답에 논을 갈라쓰며 뒤뚝으로 그냥 두고 경운기로 갈 수 있는 곳은 다 갈란 셈이다.

오후에는 모두 냉해을 입버서 모들이 잘라지도 않코 모가 이상있는 것은 사실인가바. 우리는 제일 일적 모을 내도 바람 불 때가 아니라서 그른지 육안으로 별 탈이 업는 것 같더라.

그리고 운이 문제로 자신의 속이 빨칵 뒤비저두록 성질이 낯쓰며 바로 앞패 있쓰며 사람 죽이겟더라. 외냐하며 형수가 운이 상쳐을 보고 그냥 두서는 안 댄다고 하면서 전화로 학교가서 아이을 보고 상쳐을 안전이 곤치달라고 하며 흉토 업씨 해 달라고 전화을 했따고 하는돼 운이가 학교 갈다 오길래 부모들이 차저왔든아 하니까 아무도 않아따면서 학생이 연고 약을 주더라면서 연고을 아빠 압패 노터라. 이 순간에 성질이 나며 참을 수가 업더라. 안만 아이들이 그랫더해도 아이가 그래따면 남외 아이을 얼마나 상쳐을 주어는돼 전화로 할까, 가바쓰야 하지 않나 자신은 누구라도 아이을 차저보았따면 성질은 나지 않아쓸끄며 자신은 운이가 서로 작난으로 팔 골절해서 한 달 이상 병원 생활을 해도 이처름 속이 상하지을 않아쓰며 십 원 한 장 물린 적이 업는돼 오늘은 속이 상해서 도대채 연고을 누가 사주어는지 물어나 보자 하면서 전화을 걸어다. 학인을 하니 부친이 전화을 바더면서 내가 연고 사서 학교 길 주어보내따고 하면서 이야기을 하길래 속이 빨칵 뒤비저는 바람에 연고을 당신이 사주녀냐고 제불 물어보니 이야기을 해서 내가 연고 살 돈이 업쓰서 전화 했는 줄 안나, 만약에 너의 아이라면 당장 학교로 가바쓸 것이 아니냐. 연고을 다리가 사주어따면 이쳐름 속이 상화지을 않캐다. 부모가 이따이 짓을 한다고 욕을 하여쓰며 전화 상으로 무리한 욕을 만이 했쓰며 이재와서는 자신의 마음은 까라안저나 전화상으로 욕을 만이 해서 미안하며 오늘 일이 상당방에서 무족끈 잘못했따고 해서 그려치 그러지 않코 상대방에서 귀 걸리는 소리를 했따면 당장 가서 사고을 쳐도 충분한 흥분이이여는되 이만해서 당행이라고 생각을 한다.

지출에 … 경운기 크라찌 줄 2,000원

〈1988년 4월 23일 토요일 낡씨 맑음〉

오전에는 앞 밭태 노타리을 하여쓰며 앞 밭태 노타리을 남 먼저 해노니 지섬 때문에 한 번 더 하게 되어쓰며 앞 밭태 노타리가 일 적으서 세 집배 바시내이 밭에 참깨 갈자리에 노타리을 쳐고 나니 오전 너깨까지 하여야 다 하게더라.

"그리고 오후에는 모판에 물을 되는되 도구에 가득차게 돼어다. 그리고 우선 바서는 모들이 다들 깨끝한 셈이다."

"선진국가도 이처름 정당이 세력을 부리는지 이번 국회원 선거을 운동을 하는돼 정당은 마을마다 술, 돼지 마음대로 먹이고 오늘 저녁에는 정당의 선물로 비누, 치약 셋트로 주며 이것을 가구당 한계식을 돌리고 있쓰니 귀가 차며 아직은 농촌이 못 살기 때문에 이 선물을 주며 다들 좋아하며 마음이 끌리가고 있쓰니 아직은 우리 국민의 수

중이 미계인에서 벗쓰나따고 해도 무리는 아닌 것 같다. 그리고 정부에서 부정 선거을 하는 사람은 다들 법에 따라 처벌을 할려고 강력하게 이야기을 하니 야당은 아직 씹번 막걸리도 한 잔 업쓰니 이것이 선거라고 누가 말을 하겟나. 자신도 오늘날까지 야당을 선택을 한 사람이지만 선물을 밭고 대집을 바더니 마음이 끌리가며 누가 가도 국회는 댄다는 생각을 앞쓰게 돼며 누가 돼어도 똑같다는 생각이 들며 마음이 정당으로 딸라가고 있쓰니 선거 공기와 투표함을 열여보며 반돼대는 현상이 백푸로 돼고 마니 선거 뒤에는 언제나 불만이 따려게 마련이다."

지출에 … 라면 400원

〈1988년 4월 24일 일요일 낡씨 맑음〉

금일은 앞 바태 노타리 한 곳에 나무 밑을 안전이 김매기을 하여쓰며 금년에는 꽃이 만발이 되어쓰며 마음적으로는 열매가 만이 오리라고 생각을 하는되 열매가 어느 정도 올련지 이 달이 빨리 지나가바쓰며 하는 마음뿐이다.

"오늘 누님 집배 딍기 있다고 해서 가줄로 가니까 보리쌀을 좀 주더라. 이것은 보리 농사을 짓찌 안으니까 상당이 귀한 쌀이라고 생각을 하며 쌀보다 좋은 기분을 같짓다."

"그리고 내일이며 장모님 생신인돼 자신의 마음적으로는 처 어머님을 내 부모처름 성겨볼 작정도 가짓고 자신의 어머님이 일적 도라가쉬서 처 어머님이 살라계시니 자신이 복이라고 생각을 하며 마음과 실찌 행동 같지을 안는 것을 자신도 알고 있다. 외 자신은 마음과 실지 행동을 같이 해야 하는되 같이 못하니 그 이유을 몰개쓰며 실찌 처 어머님이 때로는 우리 삽짝에 허리을 꼬보리서 오시는 착각을 더로 하면서 처과집배는 특별한 볼일이 있쓰며 가서 처 어머님의 손이라도 만저보고 오며 그 위에는 가지을 못 한다. 자신의 마음적으로는 내일이 어머님 생신인되 집사람과 둘리 가서 어머님 생신을 축하하며 얼마나 좋으리만 그려지 못하고 내일은 봉산 누님 깨 가는되 같이 갈라서 나누어 먹자고 해서 깨 갈 자리을 준비하로 갈라고 약속을 했쓰며 이것은 집사람은 마음적으로는 허락을 하지을 안는 일이라고 생각을 한다만 집사람은 황상 마음이 늙번 사람이라 이해을 해줄 줄 믿는다."

〈1988년 4월 25일 월요일 낡씨 맑음〉

금일은 처 어머님 생신라서 가바야 하지만 말바우 눈님 집에 깨 갈 자리을 경운기로 갈고 노타리을 하로 갈라고 약속을 해서 처 어머님 생신에 참석을 못해서 아침에 그만 전화로 처 어머님예깨 전화로 어머님 생신 축하합니다 하면서 누가 왔는냐고 하니까 아무도 아직 않아따고 해서 어머님 서운하게내요, 나는 혜지 엄마가 한 번 가자는 소리을 안예서 안 간다고 별명을 되고 마라쓰며 어머님은 나중이라도 놀로 오라는 이야기을 하시더라. 부모는 자식이 참석을 하지 않으며 속으로는 서운할까, 그저 우리가 생각을 하는 것처름 여사로 생각을 할까 영문을 몰개쓰며, 만약에 자식이 참석을 하지 않는다면 서운함을 가진다면 여사로 생각을 하는 자신이 큰 불효가 되며 남외 자식이 댄 도리로 불효는 하지 않으야 한다고 생각을 한다.

"오늘 일로 바서는 한 곳은 잘못 되어고 한 곳은 휴식 시간에 안전이 일을 다 해서 깨끝한 망우리을 했다고 생각을 한다."
"이번 국회원 선거는 정말 타락 선거라고 말을 하고 십다. 외냐 여당은 마음대로 선물, 고기, 술 열어노코 대집을 하고 오늘 저녁에도 반장 집배 오라 해서 가니까 닭 티김을 해서 못 다 먹두록 주고 있쓰니 야당 이원들은 운동자도 업쓰니 이것이 어찌 공명 선거가 될 수가 있나. 앞푸로 이런 식으로 선거을 한다면 야당원 백예 한 사람 이원이 당선이 될련지 몰개꾸나. 이것은 자유당 때 삼인조 선거보다 별 다름이 업따고 본다."
"정부가 이런 식으로 이끌어 간다면 제 업는 학생만 희생이 되고 절먼 재목만 희생을 시키기 되니 여야을 가리지 말고 정말 국민을 이하고 나라을 생각을 하는 정취인 되어 주어쓰며 하는 바람이다."
지출에 … 처 어머님 생신에 6,980원

〈1988년 4월 26일 화요일 낢씨 맑음〉

금일은 국회원 선거날 이번 13대 국회원 선거는 상당이 조용한 투표소 댄 것 같다. 이번 선거는 귀권자가 만아서 그른지 하는 사람마다 기다리고 있쓰따는 사람이 업더라.
"금일은 들래 갈려해도 엔 일인지 일을 해야 댄다는 생각도 업쓰며 무이미한 감을 가지며 오후에는 들래 가볼라고 들래을 가니 친구가 오늘은 놀자면서 술집배 가서 움료수을 먹는 것으로 하로 일과을 보내고 마라다."
지출에 … 포장류 돼지고기 1,900원

〈1988년 4월 27일 수요일 낢씨 맑음〉

이번 선거가 민정당이 그처름 술돼집을 하여도 국회원 의석을 과반수로 흙신 못 미치록 당선이 돼어서 앞푸로 민정당도 국정을 치려가는돼 문재점이 이쓸 뿐 아니라 노태우 대통령이 어떠게 국정을 이끌어 갈련지는 몰라도 시기적이나 모든 것이 이번 인기 중 잘 이끌어가야 나라가 부강을 이룰 수가 있따고 보는돼 국회원 수가 가반수을 못 차지했쓰니 우리 국민은 자기 사욕, 자기 당 무족끈 정당의 의견은 반대하는 섭관 이것을 어떠게 다스려가며 노사 분규 홀란, 생각만해도 등골이 오삭할 정도며 그리고 제일 야당이 평민당이 돼어서 광주 사태 모든 것을 밝킬 껏이며 모든 것이 노태우와는 맏지을 안는 것 같떠며 국민이 자제을 하지 않는다며 홀란이 올 껏으로 내다본다.
금일은 모판에 통풍을 양 머리만 시킴. 그리고 대신 사람들인 우리보다 일적 본답에 나와는돼 통풍을 시킬라고 하지을 안으며 대신은 아마두 시키지을 안아쓰며 대신 들은 자신 혼자만 통풍을 시킨 셈이다.
지출에 … 혜지 우유 값 2,400원

〈1988년 4월 28일 목요일 낢씨 비, 맑음〉

오전에는 근수내 마당에 세멘을 하는되 거들어주어쓰며 사람이 만아서 오전에 일적 하였다. 아무라도 마당에 세멘을 하여야 하는되 돈이 문제다. 그리고 마당을 할려면 300,000원 들어가야 하며 온 동내 잔치을 하다시피 음식을 나누어 먹어야하며 자신도 하여야 하는돼 돈이 급이나서 시작을 못 하겠다.
오후에는 당산에 뒤뚝으로 안전이 갈지는 못 했찌만 이재는 아쉬운 되로 바푸며 경운기 노타리을 쳐서 모내기을 하여도 되니 극정을 들은 셈이다.
"요줌 자신도 모러게 사소환 일도 신경을

잘 부리고 있쓰며 자신이 신경을 잘 부리면 자신은 건강에 지장이 상당이 만은 줄 알면서 참찌 못하고 있쓰니 여사일이 아니다. 앞푸론 신경질을 부리는 것을 억재을 하지 않으며 혈압에 지장이 만아 건강을 했칠 것을 생각을 해서도 마음의 여유을 가지야 하겟다."

지출에 운이 수봉 5,000원, 오뎅 1,000원, 쏘세지, 닥캉 1,000 마른 반찬 3,000원, 두부 1,300원, 운이 소풍 간다고 1,830원, 시금치 250원, 달갼 2,000
計 16,380원[220)]

〈1988년 4월 29일 금요일 낢씨 맑음〉

오늘은 대신 국민학교에서 소풍간다고 다들 지출을 어재 다 했는돼 아침에 비방울이 조금 오는 것을 소풍을 연기한다고 학교 준비을 다 해서 학교 오라는 열락이 와서 학부형은 이중 낭비을 다 하여쓰며 학생들이 다들 소풍 변또을 다들 가지고 와따고 이야기을 하며 오늘은 정상으로 소풍을 가도 날씨가 너무 좋으며 소풍 날씨가 안성맡춤인되 해장에 비방울 운다고 소풍을 포기을 한 학교 측에서 아주 잘못했다고 생각을 한다.

"세집배 바시내이 밭에 참깨 갈 자리을 이랑을 만들고 재초제을 안전이 칯서 비누류만 씨우며 돼두록 만들어낳다."

"오후에는 앞 밭태 김매기을 하고 모재리을 한 박키 돌라보는 것으로 하로 일과을 보내고 마랐다."

금년에는 전반적으로 모판이 탈이 업쓰며 다들 농사을 잘 짓은 셈이다. 그리고 모가 하로 하로 모가 표과 나는 것처름 잘 자라고 있더라.

지출에 … 소풍에 2,200원

〈1988년 4월 30일 토요일 낢씨 맑음〉

오전에는 모판을 돌라보고 물 갈리을 하여쓰며 금년에는 육모가 잘 자라며 우선 모가 아주 좋은 편이다.

오후에는 두엄을 앞 밭태 실어내는 작업을 하여다.

"우리 운이 학교 소풍 같을 갈오면서 집배서 살들고 간 것은 먹지 않코 돈을 가지고 간 돈으로 사먹고 왔더라. 앞푸론 집배서 사들고 가는 것은 좀 생각을 하여야 하게다."

〈1988년 5월 1일 일요일 낢씨 맑음〉

큰집배 봉답 모재리을 집사람과 둘리서 그들어 주는 것으로 오전 일과을 보내고 오후에는 모재리을 돌라보는 것으로 하로 일과을 보내면서 생각을 할 때 무이미하게 보내는 것보다 알찬 일을 하면서 보낼 수가 업쓸까 하고 생각을 했볼 때에 본논에 문을 잡는 것으로 하로 일과을 조금 갑집게[값지게] 할 수 있따고 생각을 한다.

"이재는 농촌에는 정말 바쁜 일과을 보내야 하며 오월이 그야말로 눈꼬 떨 세 업씨 해야 한다."

지출에 … 보험료 8,900원

〈1988년 5월 2일 월요일 낢씨 맑음〉

오전에는 쌍구름 도랑을 대신과 같이 처 삼촌 벌추 하더시 오전을 뛰우고 마라쓰며 그리고 본논에 물을 잡을 때가 꼭 대어는되

220) 실제 계산은 15,380원이나 16,380원으로 잘못 기록하였다.

아직 물을 잡을라고 들지을 안으며 금년은 모내기을 너깨 할려고 하는지 아직 조용이 있는돼 자신은 내일부터 물을 잡아서 스스이 할 계핵이다.
"우선 바서는 논들이 매말라서 물리 들어가니 학 풀어저는 너킴을 가질 수가 있쓰며 우선 바서는 예감이 풍년을 가질 수가 있따고 본다."
"육모 상자 모판에 한 판에 엽구리 한 곳씩 한풍을 처음 시킴."

〈1988년 5월 3일 화요일 낡씨 비〉

이번 비가 조금 만이 왔쓰며 참깨도 갈며 농민들이 일손을 상당이 들어주는 셈인되 이번 비가 적어서 참깨 씨을 파종을 하며 잘 하는지 나중하면 잘 할까 하는 생각이 알송달송 하두록 비가 적개 와서 농민의 신경을 쓰게 하는 비가 돼고 마라다.
"그리고 오늘은 모판에 잘록병 약, 다찌가랭221) 약과 나리겐과 혼용을 해서 모판에 15말로 푹 쳐고 마랐다."
이번 국회원 선거을 해서 재일 득표을 적개 한 사람이 평민당 정정문 씨가 다니면서 고맡다고 차을 타고 다니면서도 인사을 하는 것을 보며 사람은 좋은 사람이라고 생각을 한다. 외냐하면 이번 선거예서 차점자라면 나중이라도 볼라고 인사을 한다고 하면 여사로 알찌만 4개당 중에서 제일 득포을 적개 한 사람이 인사을 하는 것을 보며 인정을 하여도 댈 사람이라고 생각을 한다.
"그리고 민정당에서 술, 고기 대집을 하더니 득포을 만이 해서 앞도적으로 당선을 한 박정수 씨가 당선을 한 사람은 좋용한 것을 보며 한국 사람은 똥 누로 갈 때만 바푸지 똥을 누고 나면 징한 것이 한국 사람의 본질이라는 것을 이번 일로 바서도 한 번 더 생각을 할 수기 있꾸나."

〈1988년 5월 4일 수요일 낡씨 맑음〉

집시람과 둘리서 콩 씨, 땅콩 씨을 파종을 하여쓰며 오후에는 누님 참깨 씨 파종하기 위에서 비누류 씨우는 작업을 하여쓰며 참깨 파종 준비 가정도 수라지을 안는 것 같으며 셋시가 비누류 2막키을 갈라두는돼 오후을 다 보냇따고 생각을 한다.
오늘은 자신한태 불켸한 말을 들어쓰며 자신은 남외깨 원성을 들을 일도 하지 않을 뿐 아니라 자신은 언재나 마음은 좋은 일을 할려고 예을 쓴다고 생각을 하는돼 저녁에 김춘효라면서 전화가 오더라. 그래서 전화을 바다보니 동장 이진일이가 이야기을 한다면서 내가 담 때문에 이첨을 가진다고 하면서 원망을 하더 춘효는 내 담이라도 면에서 담을 싸라고 해서 지대을 나서 담을 싼 것이라면 그처름 불편하그든 내가 오늘 담에 개와을 인다고 하면서 이야기을 하라면서 원망쬬로 이야기을 하더라. 내 자신은 춘효 담을 정부에서 봉송로라고 우리 마을 입구에 요줌 차량은 수도 업씨 만치 정부에서 봉송로라고 상행길에 도로, 인도도 업쓸 정도로 담을 높이 싸서 우리 마을 사람들이 입구에 나갈 때는 이험을 가지고 있쓰며 캄짝 캄짝 할 때가 만아서 동에깨 멧칠 전에 담을 동내서 들어간 것을 부담을 하는 일이

221) 다찌가렌(Tachigaren)은 밭, 못자리나 기계이앙용 모판에 발생하기 쉬운 입고병 방제용으로 개발된 토양 살균제로 널리 보급되고 있는 농약이다.

있쓰도 본인 땅에 담을 싸야지 안전하고 하행 차을 육안 보이기 때문에 해야 한다고 이야기을 했든이 동장이 내가 이야기을 한다면서 원망쬬로 이야기을 하는돼 동장도 자신은 동내 사람의 안전이 극정이 돼어서 이야기을 한 것인돼 이것을 동장이 꼭 찝버서 이야기을 하고 있쓰니 자신은 상당이 불편하더라.

그리고 정부에서 하는 일을 질랄이라고 말을 하고 십다. 외냐 봉송로 길이며 도로 만댕이에 담을 싸서 교통 안전을 불란하두록 해야 하는가. 앞푸로 이것이 수정을 하지 않으며 대형 사고가 날 꺼이며 사고을 당하는 사람도 우리 마을 사람이라는 것을 생각을 할 때에 열이 난다고 생각을 하며 이 일은 온 동민이 뒤로 말을 하고 있쓰며 실찌 말을 못하고 있쓰며 앞푸로 내 자신모양 말을 했따가는 동장이 누가 이야기을 한다면서 춘효 전동장예깨 담 이야기을 하게 돼며 자신 모양 개인적으로 이야기을 한다. 외냐하면 담을 내가 싸지 안코 면에서 싸타면서 만돼로 하라는 원망을 하게 될 것이다. 우리 서민은 면장과 싸울 수 업는 서민이며 법을 몰라서도 싸우지 못하며 개인적으로 싸울 수도 업고 동민은 불안을 가지고 평생을 살라야 하나 정말 정부 시책 안타갑키 할량이 업꾸나.

"정부 정책 눈가림 하는 정책 하로 빨리 넘어가야 한다고 생각을 한다."

〈1988년 5월 5일 목요일 낡씨 맑음〉

어저 저녁에는 잠을 이루지 못했다. 외냐하면 집사람이 자신의 46회 생일 준비한다고 밤 12시까지 부억예서 무엇을 하는지 똑똑 소리가 나는 바람에 자신도 등따라 잠을 이루지 못하고 밤 1시에 둘리가 잠을 이루고 마랐다.

오늘은 자신의 생일이며 이번에는 음식도 품짐하게 해서 큰집 식구을 다들 참석을 하고 순달이는 다들 올라고 했는돼 친구들과 놀로간다고 온 식구가 구경을 간다고 참석을 못 한다면서 달 티김만 같다주고 마랐다.

다들 온다고 일부로 음식을 만이 하였는돼 참석을 하지 않으니까 참석을 했주어쓰며 하는 아시운 감이 더는구나. 이번에는 순복이가 부부간 다들 참석을 하였쓰며 캑익까지 들고 왔쓰며 순복이는 이번에 큰집배 한번 오는돼 경비을 상당이 만이 낯쓸 꺼으로 보며 앞푸로 참석을 회도 간소하게 고기 한근 정도로 와주어쓰며 하는 마음뿐이다. 이번 생일은 집사람이 마음먹고 생일 준비을 했쓰며 숙모가 음식을 만이 하였따고 이야기을 하며 자신 보기예도 자식이 생일을 준을 하여 준 상쳐름 푸짐한 감을 가질 수 있쓰며 정말 준비을 하여준되 돼예서 집사람에깨 감사을 할 뿐이다.

"오늘은 저녁에 잠을 이루지 못해서 오늘 일과을 휴식을 한 셈라고 생각을 하며 하로 일과을 모재리을 돌라보는 일과을 하로을 보내고 마랐다."

수입에 … 김천 처형 5,000원, 형수 5,000원

지출에 … 떡 값 3,000원, 참기름 3,000원, 명태 1,000 오징어 3,000원, 칼치 1,000원, 김 3,500원 오뎅, 쑈새지 1,650원, 쑤세미 500원, 소고기 10,000원 오이 1,000원, 당원, 설탕 2,000원, 조개 500원 실

1,000원, 차비 600원
計 31,250원[222)]

〈1988년 5월 6일 금요일 낡씨 맑음〉

새집배 바시내이 깨 씨 갈 때에 비누류을 집사람과 셋시가 오전에 일적 끝을 냇다. 그리고 마을에 경로 잔취을 하고 절먼 사람은 동내 희초을 하여쓰며 자신은 참석을 해서 고기을 한 줌 먹어니 입빨리 아빠서 그만 고기 두 점을 먹고 그만 집부로 오고 마라다. 사람이 몸이 아푸면 만사가 필요 업다. 그러니 건강을 지키지 못하는 사람은 식물보다 못하다는 말을 하고 십펴며 집배와서 참고 있쓰니 조금 통징이 수거들어서 고추 갈 때에 경운기로 갈라쓰며 우리 고추을 온상 고추을 갈 욕심을 고추을 갈지을 안코 맥밭추로 있는되 우리 온상 고추는 희망이 업고 모종 고추을 싸와서 심을 정도가 되고 마랐다.

"사람이 인생을 살라가는되 대중을 생각을 하게 되며 자신에깨는 욕이 돌라오는 것이 만으니 인생을 살라가는되는 내 앞을 딱과 가면 제일 원만한 일이라고 생각을 해본다."

"정부 일하는 것이 욕찡이 날 정도로 일을 하며 우리 마을에 부록구 담을 싸서 이것도 도로 안도에 담을 싸서 황시 이험이 딸릴 뿐 아니라 담 위에다 개와을 이며 이것이 자신이 볼 때는 불과 3년도 가지 않아서 철거가 될 것으로 보고 있쓰며 예냐하면 우리 마을 앞 도로가 차량 대수가 만아서 도로 학장을 해야 할 판인돼 도로 담을 싸서 개와을 이며 낭비을 하는 것을 보며 정부 정책을 잘못해서 우리가 못사니 이 정부가 물어가든지 그려치 않으며 전문가들이 분석을 해서 낭비을 했쓰며 하는 생각을 가진다."[223)]

지출에 … 외상 비료갑 拾萬원 복합이 35포
計 50포

현찰이 166,220원 요소 15포

〈1988년 5월 7일 토요일 낡씨 비〉

이번 비가 밭 작물래는 안전이 해갈을 면할 수가 있두록 비가 내리쓰며 이 비야말로 거름이라고 해도 거짓 되는 말은 안인 비라고 생각을 하고 십구나.

그리고 당산 논은 비가 30미리만 비가 와도 충분이 물을 잡을 수가 있따고 생각을 한다. 오늘도 두 집이 되어도 충분이 물을 잡아서 노타리을 다 쳐고 두름까지 하였쓰며 두름은 바려며 될 정도 끄러부치어 두어쓰며 금년에 빠지지 않고 뒤뚝까지 안전이 노타리을 쳤스며 이것이 여때것 가뭄이 왔키 때문에 빠지지 않코 노타리을 쳔 셈이라고 생각을 한다.

지출에 … 김철수 씨 자신 석환이 결혼에 부주 5,000원 경운기 크라지 선 2,000원
計 7,000원

〈1988년 5월 8일 일요일 낡씨 맑음〉

고추 모을 순달에깨 부탁을 해서 모정을 가지고 온 것을 보니 모정이 어리서 모종 행세을 못 할 껏 갈더며 마을에서 공동으로 구입을 한 것은 다들 좋은되 자신 혼자만

---

222) 실제 계산은 31,750원이나 31,250원으로 잘못 기록하였다.

223) 이 내용은 일기 지면 상단에 따로 기록되어 있다. '지출 금액 사료 포함 7포 256,200원'라고 기록하였다.

모정이 어리서 살구도 못 할 껏 같더며 모정도 못 쓰는 것을 포기당 50원식을 주고 사온 것이니 자신은 남들 비와며 상당이 비싸며 살 학률도 업쓸 것 같다서 상당이 예로가 만으며 모정을 혜지, 혜영이, 운이 다들 모정을 심는되 그들어주니 내가 수라며 집사람은 바풀 때에 구경을 가고 구경도 좋찌만 바풀 때에 가는 것을 보며 여자들은 생각을 하는 것을 보며 남자와 너무 다른되가 만타고 생각을 하며 이번 구경은 집사람은 구경을 갈 의사가 업는 것 같다서 자신이 남들이 가는되 빠질 수가 업따고 하면서 구경을 가라고 이야기을 해서 같지만 실찌 자신은 눈꼬 떨 새 업는 형편이며 그중에 비가 와서 모정을 할라 상당이 바픈되 구경을 가고나니 내 일이 만코 밀리니 마음에 글리며 구경을 가도 좀 징할 때에 가면 어떠서 바풀돼 갈까 하는 마음이 앞쓰는구나. 그리고 딸들과 모정을 정성껏 하여는돼 모정이 살라야 하는돼 모정이 어리서 살 학률이 적을 껏 같다서 우리 딸들 물 주고 수고한 대까도 나오지을 안을 같꾸나. 오늘 고추 모정이 140포기. 포기당 50원식

지출에 … 고추 7,000원
집사람 구경 3,130원
計 10,130원

〈1988년 5월 9일 월요일 낡씨 흐림〉

우리 고추 모가 어리서 극정을 만이 하여는돼 고추 모을 살리너라고 날씨가 흐리서 고추 모가 골지을 안아서 우선은 살기는 다들 살란 너킴이며 해상에 고추 물을 주는돼 어재는 안전이 간치서 나둔 것처름 돼어 있는 고추가 오늘 해장에 물 주로 가니까 고개을 쳐들고 새파게 돼어 있는 모섭 반갑더라.

그리고 요줌은 논에 두룸과 보뚝을 하는 것으로 일과을 보내고 있쓰며 금년에는 참깨씨을 너을 준비을 해서 그른지 시간 여유가 업는 너킴으로 하로 일과을 보내고 있는 것은 사실이다.

그리고 우리 운이 대신 국민학교 춘계 체육대회는 오늘로서 끝이 하로 지나는 것이 마지막이 돼고 있다.

지출에 … 운이 1,000원,
박카스 1통 1,900원
計 2,900원

〈1988년 5월 10일 화요일 낡씨 비〉

비가 올라니 자주 오며 이번 비들이 량이 적은 비라서 어갈리 논에 물을 잡아 노야 영농 계핵이 차질이 업는되 비는 자주 오지만 어갈리 논들이 거냥 있쓰니까 농민들의 신경을 보이는 것이 사실이다.

"금일은 비가 내리고 해서 이앙기 손을 안전이 바둘라고 이앙기을 경운기 센타 차로 실고 김천 대동 대리점으로 같쓰며 손 보는돼 돈원 들어가지을 안아찌만 우리 조셋시가 경비을 32,000원 쓰니까 마음껏 먹개더라."

"오늘로서 서양바실래 두룸 보뚝이 그냥 있찌만 다른 곳은 다들 끝을 낸 셈이다. 자신이 바서는 들 전체 쳐고는 상당이 빨리 일을 해 간다고 생각을 하지만 내년에는 이것보다 더 빨리 두룸 보뚝을 빨리 해야 하게다. 그리고 육모 기러는되 내년에는 양 머리을 바람 떠기을 하며 항상 모판에 물을 너어두야 하겠다."

지출에 … 약대 12,000원
양수기 심지 300원
計 12,300원

〈1988년 5월 11일 수요일 낡씨 맑음〉

오전에는 아포 국민학교에서 민방위 교육을 하여쓰며 민방위 교육을 농민들을 상대로 교육을 하는돼 외 바풀 때에 교육 시기을 잡아주는 이유을 몰개쓰며 민방위 교육을 바다도 다들 바푸기 때문에 강사 교육은 귀에 들어오지을 안는 실정이며 앞푸로 계속 이런 식으로 교육을 한다면 형식에 따라 갈 것으로 내다본다.

"오후에는 앞 밭태 작과 나무 약 살포을 하여쓰며 세집배 골래 바시내이, 당산 다들 오후에 다 할련이 상당 바푸며 해가 저두록 약 살포을 한 셈이다."

앞 밭태 20말, 골래 밭태는 20말, 바시내이는 15말 들어감.

지출에 … 송아지 인공류 3,900원,
작과 나무 약 5,000원
計 8,900원

〈1988년 5월 12일 목요일 낡씨 맑음 (바람)〉

금일은 큰골 목이자 전원이 물마리 보수 작업을 하여쓰며 이 부역은 진작해야 할 작업인돼 이재와서 부역을 부치며 경운기가 동원이 돼어서 중일 부역을 하여쓰며 자신은 처음 모재리 비누류을 안전이 벗키서 모가 바람에 피해가 돼지 않을까 하고 극정이 돼어서 몸은 항상 들에 있쓰며 부역은 해가 다 저가도 끝이 나지 않코 그냥 두고 모재 비누류을 덥버로 갈까 하는 마음 용서섬 쳐나 부역을 다 해가는돼 하고 억재을 하다 해가 다 저가며 양봉업자 벌통을 큰집 밭에 두어따며 일하는돼 술을 자시라면서 돈 20,000원을 주어서 이것을 닭 티김을 시키서 이것을 먹고 가면 모재리는 밤에 덥프야 할 태니 차라 안 먹고 모재리을 넣깨 덥프며 닭 티김 이상 손예가 따리는 것이 아닐까 하고 작업을 조금 들 하는 것 보고 모재리 비누류을 집사람과 둘리 덥프로 같쓰며 모재리 비누류을 바람 부는 짝으로 벗키서 덥는돼 불편 업쓰며 오희려 바람 때문 수래 따고 생각도 해본다.

그리고 정부 일하는 것을 보니 기가 차며 봉송로라면서 정부가 담을 도로에서 보이는 곳 다 공짜로 싸주지 개와까지 위주며 심지 도로 주변에 벽도 조금 실어며 미장을 해 새 집 모양으로 해주며 담에도 미장을 다 해주고 있쓰니 정부 돈이 을마나 만아서 그른지 알 수가 업쓰며 이곳도 도로까에 집을 짓는 사람은 다들 돈이 만은 사람인돼 돈 있는 사람만 정부에서 도와주는 이유을 몰겠다. 일반 가정에도 사치가 만으며 그 가정도 머지않아 망하고 마는 법. 정부도 망할려고 보이는 곳만 사치을 하는 이유을 몰개쓰며 정부 정책 한 번 생각 좀 해보라.

〈1988년 5월 13일 금요일 낡씨 맑음〉

웃뜰래 두룸 손질을 안전이 하고 모판에 쌀나락과 키다리 모을 뽑아내는 작업을 하는 것으로 하로 일과을 보내쓰며 웃뜰래는 모내기을 한다고 법석을 부리는돼 아래뜰은 아직 모내기을 할려고 들지을 안으며 금년에는 모내기 쉬기가 작년보다 너저가는 너킴이며 사람들이 서들지을 않코 있다. 자신도 올해는 20日 이후에 모내기을 할 예정이다. 이 지방에 모내기 적기는 5月 25日, 5月 30日이 제일 적기라고 생각을 한다.

〈1988년 5월 14일 토요일 낡씨 비〉

집사람과 봉답 누님 집에 참깨 씨 파종을 하로 같쓰며 넷시가 오전 내 하고 오후에는 셋시가 참깨 씨을 파종을 하는돼 비가 와서 중단을 해서 그른지 두 마지기 정도 참깨 씨을 파종을 못하게더라. 오늘은 일은 비가 오다가다 해서 일 하는돼 지장이 만아따고 생각을 하며 참깨 파종을 만이 하는 사람들 그 일을 다 어떠게 하는 줄 몰개더라. 우리는 참깨 농사을 처음 하지만 상당이 힘이 만이 들어가는 것 같더라.

〈1988년 5월 15일 일요일 낡씨 맑음〉

웃뜰래 노타리을 셋단지 뒤두룸을 깍까가면서 할련이 마음적으로 바푸더라. 노타리을 장으로 철라 하면 셋 단지는 수라게 쳤게더라. 그리고 오늘로서 모판 비누류을 거두어왔쓰며 실찌 모판에 비누류는 어재부터 사용을 하지 않아쓰며 오늘은 비누류을 가지고 오면서 모판에 상자당 5g식을 해 유안 거름을 손으로 헌치고 마랐다.

금년에 모가 자신의 모라서 그른 것이 아니라 아주 좋은 모라고 생각을 하며 모 농사는 잘 짓어낳따고 생각을 한다.

지출에 … 빵 450원

〈1988년 5월 16일 월요일 낡씨 맑음〉

웃뜰래 두 단지을 한 단지로 만더는돼 힘이 상당이 만이 들며 한 단지을 만들고 보니 보기도 좋을 뿐 아니라 논도 더 크 보이며 앞푸로 일 하는돼 조금 편할 껏으로 내다본다.

지출에 … 세 값 450원

〈1988년 5월 17일 화요일 낡씨 맑음〉

오늘로서 늑뚤래는 안전이 끝이 난 셈이며 금년에는 자신이 노타리을 너깨 서들어쓰며 내년에는 노타리을 조금 해야 할 껏 같다. 오늘 일은 서양바실래 노타리을 해 가면 두룸을 해 가면서 하니 일이 줄지을 안으며 마음만 바푸고 오전에 끝을 내지 못하고 정심을 먹으로 들어왔쓰며 집사람이 모내기을 하로 가서 소 먹이 때문에 때로는 곡 들어와야 하니 자신이 고통이 더 해가는 말이 따린다. 그리고 오후에 셋 단지을 노타리을 해도 해가 남더라. 하로 종일 노타리만 하게되며 5셋 단지을 쳣게더라.

지출에 … 셋 값 900원

너이들의 장래을 생각을 하며 숨이 갑파저 노라. 이 몸 이 세상에 갑어치 업씨 살라저는 한이 있쓰도 너위들이 갑찌게 살라주두록 눈 떠며 너위들의 극정이며 너이들이 공부을 하지 아니하며 인생에 삶매 보람을 어찌 못하며 너위들의 이세에깨 그 고통을 물리주게 돼는 법. 사람이 한 번 나서 갑찌게 살라가는 것도 자신의 노력에 달려 있쓰며 노력을 하지 않코 꿈을 가진다면 꽃도 피지 않코 열매을 바라는 것과 다름이 업쓰며 너위들은 꽃이 피서 알찬 열매을 가지달라는 마음 황상 가슴에 있노라.

〈1988년 5월 18일 수요일 낡씨 맑음〉

웃뜰래 두 단지만 동서리[동써레]을 하고 굼에 한 단지는 노타리 발 찌아서 그 먼돼 가기 불편해서 다음에 한 번 가면 동서리 장스리[장써레][224]을 한 묵 다 하고 나올라고 더는돼 나중에 힘이 더는 줄 몰겟꾸나. 그리고 오줌 엔일인지 금년에 일은 더 일예 지시가 더는 생각이 더는구나.

224) 논의 두두룩한 곳을 길게 써레질 하는 것.

지출에 … 900원

〈1988년 5월 19일 목요일 낡씨 맑음〉

오늘은 웃뜰래 논을 거름을 헌치가면서 한 단지는 동스리질도 하지 않코 있는돼 이것을 혼자 다 할 수 있쓸까 하고 극정이 돼어서 일적 서들어서 같쓰며 논 자리에 들어가면서 경운기 고장어로 아무 일도 못하고 거름포도 사람이 매어서 보뚝에 같다 나야 하니 그 힘이 들 뿐 아니라 요줌은 밤으로 물을 돼야 하니 밤으로 잠을 4시간 정도밖에 잠을 자지 못하고 있는 실정이라 그 고통이 따리는구나.
그리고 경운기 고장의 수리을 하는돼 오후 2시에 끝이 낮쓰니 자신의 할 일은 고대로 남아 있쓰니 자신은 오늘 작업량이 만아서 일적 서들어서 한다고 한 것이 결과 이래 돼고보니 사람의 간장은 다 타고 있다. 자신이 내일로 미류고 말라 하다 미류며 모내기가 셋 집 밭갈뚜로 연기을 하여야 할 실정이 돼니 자신은 손예가 너무 만을 껏 같다서 죽년 한이 있쓰도 다 해야 한다는 마음을 가지고 일을 했쓰며 나중에 해가 질 무름에는 허리을 바로 세울 수 업쓰서며 집배 와서 보니 입술에 급풀이 한 불 안저 있쓰며 이것을 보고 대신 사람이 탕 먹는다고 적기 하라고 이야기을 한 것이구나 하는 생각이 들며 남이 볼 때에 좋은 시선으로 보지는 않아쓸 껏이 아닌가 생각이 들며 오늘 같떠며 일도 못하게더라.
지출에 … 경운기 곤치는돼 25,000원

〈1988년 5월 20일 금요일 낡씨 맑음〉

아래뜰래 논 전채에 동서리 질만 안전이 다 했쓰며 동스리 질은 바피 하지 안아도 5섯 단지는 수라게 하개더라.
그리고 당산에 내일 모내기 할 때에 모판을 띄는돼 힘이 뜰 뿐이 아니라 집사람이 모판을 뛰는돼 생예을 먹어다고 이야기을 하며 자신이 모판을 멧 판 뛰는돼 흙 따라부터서 판이 퓨서 정도로 힘이 들어가니 이것 금년 모판에 힘이 들어갈 껏을 생각을 하니 극정이 돼는구나.
지출에 … 900원

〈1988년 5월 21일 토요일 낡씨 맑음〉

5月 25日날 모내기 할 논에 비료 거름을 시간이 업쓰서 셋 단지만 헌치고 나머지 서양 바실래는 거름을 헌칠 시간이 업쓰서 하지 못하고 말라는돼 나중에 시간이 바푸지 않을란지 몰개꾸나. 그리고 당산 논에 모내기을 하는돼 모판 수가 상당이 만이 들어가는 편이며 금년 모 농사는 체고 잘 짓어따고 해도 가연이 아닌돼 모판 수가 78판이 들어가니 표준이 쥬수로 본다면 90주가 대지 않는가 십꾸나. 앞푸론 늙게 심어서 모판 수가 70개 잡고 심어야 적당하지 않을까 하는 생각이다.
"그리고 오후 6시 정도에 내일 모내기 할 논에 모판을 한 개도 뛰어서 같다 노치을 안아서 딸들에깨 오늘만 아빠 일 좀 도와달라고 이야기을 하니 아무 말도 하지 않코 응하는돼 기분이 좋더라. 이것들을 돼리고 가서 모판 띠는 작업을 하는 혜지는 모판에 흙이 한 불 일어나서 우리들도 씨름을 하고 힘이 더는돼 혜지는 모판 띠는돼 아빠보다 별로 떨어지지 않고 잘하며 혜영이는 띠어 논 모판을 논에 끌어 같다 논는 일을 하고 공장에 물건 나오더시 손이 마저 들어가며 오늘은 딸 덕을 갑찌게 바든 셈이며 이것들이 빨리 잘라주며 이 아빠 도움이 돼게꾸나."

〈1988년 5월 22일 일요일 낡씨 비〉

이번 비야 잘 오고 있찌만 오늘 모내기을 할려고 하는돼 아침부터 비가 내리니 사람이 무얿을 할까 하는 마음이 바로 서지을 않코 마음 바푸며 정신이 업쓰저더라. 실지 사람들이 작업하는돼 불해서 그려치 모에 깨 죽살지 않코 도업이 돼는 비가 댄다고 보고 있다. 웃뜰래 두 단지 모판은 145판, 굼에는 74판 들어감.

"그리고 순달이 가서 모내기을 하는돼 도와주서 자신이 금일 모내기 하는돼 상당이 도음이 돼어쓰며 순달이 아니며 남을 놉을 해서 하여야 하는돼 순달이가 와서 모내기을 잘 한 셈이다."

〈1988년 5월 23일 월요일 낡씨 맑음〉

오늘로서 늑뚤래 모내기을 할 수 있두록 돼어 있쓰며 복판에 장쓰리 경화내 논 두 자리 장쓰리 질 서양바실래 동쓰리로 논을 일부 더 고라서 비료을 헌치가면서 장쓰리 질을 해도 일 적더라. 앞푸로 비료을 일적 헌치 노니 사람이 상당이 수라더라.

그리고 모판을 하는돼 구추지을 안에서 그른지 모판에 흙이 부터서 힘이 들 뿐 아니라 작업이 돼지을 안으니 앞푸론 모판을 일적 해서 모판을 안전이 구차야 모판 일이 수라게더라.

"그리고 동서리 질을 5日 전에 하며 거름 헌칠 시간을 하로 두고 해야 사람이 수라게 돼니 앞푸론 실천을 해야 하게꾸나. 사람이 수학보다 사람이 수란 방식을 선택을 하여야 한다고 생각을 한다."

지출에 … 세 값 900원

〈1988년 5월 24일 화요일 낡씨 맑음〉

금년에는 모판에 흙이 너무 부터서 힘이 들 뿐 아니라 여태것 농사을 짓어바도 이쳐름 모판에 흙이 만이 달린 적은 처음이라고 생각을 한다.

내일 모내기을 할 논에 모판을 다 띠어 노아쓰며 한 단지에 모판을 74개 돌린 셈이다.

〈1988년 5월 25일 수요일 낡씨 맑음〉

오늘은 이앙기로 모내기을 한다고 일적 서들어서 일적 할려고 마음을 먹고 아침 일적 모판 논부터 이앙기로 모을 심는돼 다들 심고 양 머리만 남아서 이앙기 그만 고장이 나서 작동이 돼지을 않으며 자신이 일적 할려고 마음을 먹고 서들원 것이 다 허사며 모내기을 할려고 음식을 다 한 것이 무산이 돼며 다음에 한 번 더 음식을 하여야 할 껏을 생각을 하니 마음이 상하며 그리고 이앙기가 공동 재산이라 너무 무리하게 사용을 하며 갈리가 너무 무관심하며 모든 것이 불만이 돼며 성질돼로 했쓰며 다 부스버리쓰며 하는 마음이 앞쓰며 성질을 다 부리지 못 한 것이 사람인가바. 성질을 참아서 이앙기을 대림점으로 차로 실고 가서 고치는 돼 유압 호수가 터저서 그 호수만 갈라서 생각보다 수라게 고치쓰며 시간이 을마 글리지을 안아쓰며 순달이가 와서 서로 휴식을 해 가면서 이앙기을 계속 한 셈이라 모내기눈 순달이 때문에 자신이 수라게 모내기을 했쓸 뿐 아니라 모내기을 일적 끝이 난 셈이며 오늘 일은 순달이가 와서 모내기을 도운 것이 자신은 정말 고맙더라. 그리고 모내기을 할 때마다 와서 도와주어서 그 대까을 하여주야 하는돼 하는 마음이 들며 자신이 적으나 살며 양식이린 조금식 주어쓰며 을마나 좋으리만 그래 못해서 마음에 글리는 마음 그 누가 알지 못하리라.

〈1988년 5월 26일 목요일 낡씨 맑음〉

오늘은 웃뜰래 재초제을 헌치는 것으로 오전 일과을 보내쓰며 오늘은 큰집배 모내기을 하는돼 두와주야 하는돼 웃뜰래 굼은 물댈 시간이 업쓰서 물리 적은 것을 제조제을 살포을 했쓰며 큰집배 모내기만 아니며 천천이 물을 돼어서 약 살포을 하지만 큰집배 모내기을 하는돼 형님 혼자 하는돼 도와주야지 하는 마음이 들기 때문에 실찌 자신은 손예을 바가면서 일을 하는 줄 형님은 모을 쩟이 내 마음은 이처름 바푸고 있다. 오후에 형님 모내기을 도와줄라고 상당이 마음이 바파쓰며 오후에는 형님 모내기을 하는돼 도와주는돼 하로을 보내고 마랐다.

〈1988년 5월 27일 금요일 낡씨 맑음〉

오늘로서 안전이 제초제을 봉답 말고는 다 살포을 한 셈이다. 다들 목씨가 있쓰서 그늘은 들판에 모내기을 멧 자리 말고 다 하여쓰니 잘들 하고 있쓰며 그전에는 보리 갈때는 두 달식 하든 모내기가 일주일 정도로 끝을 내고 있쓰니 농사 짓기가 이처름 수라다고 보는돼 그래도 절먼 사람들은 힘 든다고 말을 하고 있쓰며 농사 일을 멀리하는 실정이며 정부에서 농업을 생각을 하여주지 않으며 농민은 교육 문제을 해결을 시키질 못 할 껏이며 이 상태로 가면 논들이 밭으로 둥갑을 할 끄시며 머지않아서 정책이 잘못 대어따고 시인을 할 끄시며 농민이 살지 못하며 나라가 발전이 될 수가 업다고 보고 있다.

〈1988년 5월 28일 토요일 낡씨 맑음〉

봉답에 모내기을 할려고 물을 밭는돼 여때것 가뭄에 매말라서 물을 종일 바다쓰며 논 600평이 못 되는돼 물 들어가는 것을 볼때 가뭄이 어느 정도 심해따는 것을 알 수 있쓰며 이것을 해결을 시킬라면 비가 와야 하는돼 하는 마음 뿐이며 비가 오지 않으니 봇물을 빼는돼 두서도 업쓸 뿐 아니라 인간의 마음이 거칠어저며 하늘이 인간의 마음을 악카게 만들고 있꾸나.

〈1988년 5월 29일 일요일 낡씨 맑음〉

금일은 봉답에 모내기을 할려고 아래 따래이는 경운기로 안전이 장만을 하고 캑토[객토]한다고 파낸돼는 빠지서 경운기로 할 수가 업쓰서 우리 소로 집사람은 앞패서 잇끌로 자신은 쓰리 질을 하는돼 서로가 흙 투성이 돼어 있는 모섭을 보니 한편으로 웃섭고 한편으로 이처름 힘이 들어 어떠게 하나하 생각이 뒤범벅이 돼어 갈피을 잡지을 못해서 멍할 때가 만아다.

이 논을 안전이 장만을 해서 내리다볼 때에 그 모섭 그처름 고울 수가 업쓰며 농민이 힘이 들어도 다들 하고 바라볼 때 그 기운 말할 수 업씨 좋으리라.

〈1988년 5월 30일 월요일 낡씨 맑음〉

오늘은 금년 마지막 모내기을 하여쓰며 한편으로는 기분이 좋고 한편으로는 아쉬운 마음이 더는구나. 아래 따래이는 이앙기로 모내기을 하고 위에 따래이는 집사람과 못줄 돼어 가면서 모을 심어쓰며 처음 시작을 할 때는 놉을 해서 할끈돼 하는 마음이 들며 못 다 한다고 이야기을 했쓰며 집사람은 내일 오전에 끝이 나껫찌 하면서 심어보자고 하면서 심어보니 생각보다 진도 빨리 나가며 생각보다 수라면 다 한다고 해도 일적할 너킴이 들며 그때부터 힘이 생기며 시작이 반이라드니 시작을 하니 수란 것을 급을 먹어꾸나 하는 생각이 들며 내일 오전까지 잡은 것이 일적 끝을 내고 육모 상자까지 다 씨스서며 안전이 끝을 낸 셈이다. 그리고 손 모을 했쓰며 음식이라든지 지출이 상당이 만을 끄시며 집사람은 음식 준비한다고 밤잠을 자지 못 했쓸근돼 이앙기로 모내기을 하니 돈도 더려가지 않으며 사람이 수래서 좋꾸나.

〈1988년 5월 31일 화요일 낡씨 맑음〉

오전에는 들판에 모내기을 한 논에 물이 있나 하는 마음으로 들판을 가보니 일적 모내기을 한 사람의 모는 땅 냄새을 안전이 바다서 할짝 피어 있는 모섭 보기 좋으며 너깨 심은 것은 아직 할짝이 돼지 못하고 있쓰니 보기가 실어며 내년에는 조금 일적 심어야 하겠꾸나 하는 생각이 앞쓰는구나.

그리고 오후에는 봉산 누님 집배 모내기 한다고 하면서 자형은 술만 자쉬고 쇽이 상해서 죽깨따면서 모내기을 다 했끄든 좀 오라고 해서 자신도 어재 모내기을 끝을 내고 좀 쉬고 십픈돼 오라고 해서 마음 섭적 내키지을 않찌만 누님이 오라고 하니 안 갈 수 있나, 그리고 누님이지만 실찌 부모나 다름이 업따고 생각을 하고 있고 누님 일이라며 내 일을 미루자 누님 일은 꼭 하여주고 있다. 오늘도 누님 모내기을 하는돼 자신이 이앙기로 모내기을 하여주고 일적 끝을 내고 마랐다.[225)]

〈1988년 6월 1일 수요일 낡씨 비〉

이번 비야말로 농민을 을마나 일을 들어주는지 모런다. 오늘 비가 오지 않으며 자신부터 밤잠을 자지 못하고 물 되로 가야 할 실정인돼 이 비야말로 정말 단비가 돼고 마랐다. 오늘 비로 오전을 휴식을 하여쓰며 오후에는 들판을 한 박키 돌라보고 우리 고추 모종을 집사람과 둘리서 모종을 하여쓰며 우선 바서는 모종이 적지만 모종 행세을 할 수 있쓰리라고 생각을 해본다.

"우리나라가 정말 심각하다고 생각을 한다. 외냐하며 자유 물결이 빨리 들어왔따고 생각을 하며 요줌은 노사 분규을 너무 가격하게 하며 기업들리 큰 곤욕을 치류며 노사 분규을 하고 나며 봉급이 올라가니 자주 하며 우리가 볼 때에 심각하며 자신이 볼 때는 우리나라가 아직은 약쇠인돼 노사 분규로 망하게 돼지나 않나 하고 염려가 크며 자신은 아직까지는 독재을 쓰서 소리가 업개 불끈 지어서 정치을 해야 국가 부강을 하지 그려치 않코 자유화을 부려짓다 멸망이 돼지 않을까 하고 염려가 돼며 대학생 대모 모이며 소리가 나며 심지어 야구 경기장에서 자기편이 역전을 당해따고 수라장을 만들어서 사람이 죽는 일이 뱔생을 하는 난동을 부리는 국민이 무선 자유을 찾고 있쓰며 이것을 볼 때에 주동자는 무족끈 평생 빛도 보지 못하게 만들어야 하며 아직 한국은 법이 가볍따고 생각을 한다.

〈1988년 6월 2일 목요일 낡씨 흐림〉

봉답에 두름 콩 씨을 너어쓰며 작년에는 벼

225) 이 내용은 일기 지면 상단에 따로 기록되어 있다. '상자수 백색 430 흑색 256 計 686개'라고 기록하였다.

가 지장이 있따고 두룸 콩을 너치 않아는되 올해는 두룸 콩 씨을 너어다.
그리고 오후에는 당산에 밭에 김매기을 하고 작과 나무 받침대을 배어오는 것으로 하로 일과을 보내고 마랐다.
요즘 보며 작과 나무에 과일이 작년보다 아주 만이 달린 것 같더며 올해는 전반적으로 과일이 업다든돼 우리는 과일이 제대로 달린 셈이니 이것이 행운이라고 생각을 하고 십꾸나.
지출에 … 경운기 엔진오일, 사료 3포,
라면 1빡스, 콩기름, 랴쑈 1봉,
풀 약 3병
計 27,800원

〈1988년 6월 3일 금요일 낡씨 맑음〉
작과일 2차 약 살포을 하는 것으로 하로을 보낸 셈이다. 세집배 골래와 바시내이, 앞 밭태, 당산 이것을 약 살포을 하고 앞 밭태, 당산에 밭에 잡초약을 살포을 하니 하로 시간이 을마 남찌을 안으며 당산 논에 비료 웃거름 요소 1포을 헌치고 봉답에 제초제을 살포을 할 시간이 겨우 돼더라.
"요즘 대학생들이 너무 가격하며 불을 질려서 태어버리는 일을 여사로 알고 있쓰며 버스 이른 것은 여사로 불 태어바리는 일을 보통으로 알고 있쓰며 이 대학에서 불을 질어며 아무게 대학에서 대모을 하여는돼 우리도 하자 하는 식으로 대모을 일삼고 있쓰니 정부에는 이것을 막을 힘이 업쓰니 기가 차며 야당은 이것들을 주돈을 하고 있는 실정이며 강 건네 불 보더시 바라보고 있는 실정이 한국 정취인은 결력[권력]에만 사우고 있쓰니 정취인이라 할 수가 업쓰며 실지 정취인이라며 국민이 부강해절 수 있는 일이라면 협조을 해야 하는돼 이것은 협조하는 대까을 주어야 협조을 하고 있는 실정이며 앞푸로 정취가 예료가 만을 뿐 아니라 여당의 국회원 수가 가반수가 못 대니 정취을 할 수가 업따고 보고 있다."

〈1988년 6월 4일 토요일 낡씨 맑음〉
오늘로서 웃뜰래 웃거름을 요소 1포 반을 한 단지에 다들 했쓰며 작년에는 한 단지에 한 포 꼴로 돌리고 했는돼 금년에는 한 단지에 췣 그름을 한 단지에 전부 1포 반을 잡고 돌릴 작정이다.
"오후에는 밭에 김매기을 집사람이 요즘 모내기로 못 한 것을 자신이 김매기을 다 했쓰며 이재는 집사람이나 자신이나 시간 여유가 있쓰리라 생각을 하니 마음의 여유가 생기며 모내기 시달리서 김매기 못 다한 것을 집사람과 둘리서 호미을 들고 김매기을 할 수 있쓰리라고 생각을 한다."
"요즘 우리 딸들이 성적이 떨여저 오늘 성적표을 보고 정말 이 아빠 힘이 업쓸 뿐 아니라 딸들을 공부을 시킬 욕심어로 열심이 살라 왔는돼 오늘 정적을 보니 자신의 계핵이 갑짝이 무너저는 너킴을 가자쓰며 이 아빠 눈 떠며 공부을 해야 한다고 부려짓저 바야 다 허사며 이재는 이 아빠 편하게 살라갈까 하는 욕망이 앞쓰며 이재는 이 아빠가 질리서 공부하라는 말을 할 수가 업쓸 정도로 힘이 쭉 빠지는구나."
"요즘 대학생들 너무 정취에 참여하고 있쓰며 학생들이 무었을 안다고 대학생이 전방 철책원에 가서 이북 학생을 만나서 통일한다고 법석을 부리는 것을 보며 의이가 업쓰며 불피료한 대학을 다 업쌔버리쓰며 하는 생각을 한다."

〈1988년 6월 5일 일요일 낡씨 맑음〉

집사람과 둘리서 봉산 누님 집에 갈림하는 참깨 속큼 작업을 하여쓰며 처음 시작을 할 때는 누님도 콩 씨을 갈고 온다고 너깨 온다면서 오시지 않코 집사람과 둘리서 참깨 속큼을 하는되 오전에 다 할 수 있따고 생각을 하여는돼 처음보다 갈 수록 일이 까다로어며 김매기을 하여가면서 할려니 시간이 지연이 돼며 오전에 할 수 있따고 생각을 한 것이 차고을 했쓰며 종일 할려고드니 시간이 지루한 너킴을 가지고 있쓰다.
두 집배 참깨 갈림 한다고 하다 누님이 우리가 오며 정심을 하여준다고 오희려 힘이 들개쓰며 깃찬개만 하고 만다는 생각을 하여본다.
그리고 참깨 갈 때 밭을 잘 장만을 하여야 참깨 농사을 짓을 수가 있찌 그러치 않코 대충해서 참깨 파종을 뒤손이 만아서 실찌 일을 했보니 자신의 처음 일이 어려썩키 일을 했따고 생각을 해본다. 이재는 앞푸로 참깨 농사을 한다면 토양 살충제 할 끄시며 그리고 풀약도 물약을 해야 풀이 나지을 않을 끄시며 기초부터 착실이 하여야 할 껏 같고 생각을 하며 실천을 해야 한다.

〈1988년 6월 6일 월요일 낡씨 맑음〉

세집배 참깨에 리도밀약226)과 떠물약[뜸물약]을 살포을 했쓰며 봉산에 참깨에도 약을 집사람과 둘리서 약을 쳐는돼 둘리는 밭 자체과 빗탈이라서 그른지 일하기가 그북하며 일하기가 힘이 들더라.
그리고 오후에는 내일 비료거름을 하기 위에서 논마다 물을 다 돼는돼 밤 너깨까지 돼어도 다 돼지을 못해서 밤 너깨는 물을 너두고 내일 해장에 가 볼 욕심으로 두고 10시경에 들어오고 마랐다.
지출에 … 약 3,700원 반판 5,500원 간장,
수세미 1,400 기름 1,000원
식빵 450원 차비 400원
計 12,450원

〈1988년 6월 7일 화요일 낡씨 맑음〉

오전에는 늑뚤래는 전부 거름을 하여쓰며 그리고 밤새두록 너어둔 서양바실래는 물이 너무 들어가서 위웃 논에 물을 다 대어 줌. 이것들을 처리할려니 시간이 걸리며 비료 헌칠 시간이 줄어들며 오전에 13마지기 거름을 헌치고 나니 오후 1시에 끝이 낮쓰며 날씨가 더어서 힘이 상당이 들어쓰며 오늘 같은 날은 오전 10시까지만 일을 하며 맡치마절 정됴다.
그리고 오후에는 웃뜰래 비료거름 한 곳에 모가 할짝이 잘 대나 하고 한 번 돌라보는 것으로 하로 일과을 보내고 마랐다.
"들판에 한 밖키 돌라보니 다들 모가 잘 자라며 그 늙번 들판에 모들이 땅 냄새을 맡고 자라고 있는 모섭 정말 보기 좋으며 농민들 힘은 들어도 이 제미료 살라간다는 것을 너켜본 셈이다."
지출에 … 담아내기 1,500원

〈1988년 6월 8일 수요일 낡씨 비〉

당산 밭에 콩 씨 파종하기 위해서 경운기로 밭을 갈고 노타리을 쳐고 준비하는 과정이

226) Ciba Geigy사(社)에서 리도밀이란 상품명으로 개발한 약제로, 한국에서도 '리도밀'이란 품목명으로 고시되었다. 이행성이며 잔효성이 긴 농약으로서 병해에 대하여 보호 및 치료효과가 있으며, 한국에서는 25%의 수화제가 배추의 노균병 및 감자역병 방제약제로 사용된다

힘이 만이 들어쓰며 비을 마저가면서 집사람과 일을 했쓰며 밭을 너무 지사서 콩 씨 파종을 하기가 힘이 만이 들어쓰며 오늘 일은 이랑만 만드려 놀 시간 정도밖에 돼지을 않는돼 파종까지 다 하여쓰니 무리한 시간을 내서 일을 했키 때문 사람위 지칠 정도며 일을 다 하고나서 집사람 보고 사람이 무리한 일을 하는돼 건강이 상환다고 이야기을 하였다.

"자식들이 공부을 할 욕심이 보이야 하는돼 그 기미는 보이지 않코 저녁으로 공부 좀 하다 자며 을마나 좋으리만 잠자기 바푸니 이 내 마음이 속이 타며 자신이 돈을 버는 기쁨보다 너위들이 노력을 해서 성적이 올라가는 그 기쁨을 무었과 비아리만 외 이 아빠의 심정을 몰라주는 너위들이 미어만 가고 있다. 자신원 자식들래 공부는 부모에께 달리따고 생각을 했는돼 너위들 길려보니 부모는 공부에서는 멀리 있따고 생각을 하며 공부는 자신에께 달리타는 것을 절시리 너켜본다."

〈1988년 6월 9일 목요일 낡씨 맑음〉

앞 도로가 봉송로라고 마을 전체 도로 주변에 화해 작업을 했쓰며 앞푸로 주민을 예을 먹일 껏으로 보고 있쓰며 가만이 보며 정취가 아들 쇼꿉놀리 하는 정취을 하고 있따고 생각도 들 때가 있꾸나.

"오전에는 집사람과 둘리서 콩 씨 파종한 것을 망우리을 하고 마랐쓰며 오후에는 이양기 세차하는돼 하로을 보낸 셈이며 셋시가 이양기을 들어다노코 술집배서 9,000원 경비을 내는 것으로 하로 일과을 보내고 마랐다."

지출에 … 김 매는 약, 국수 4,290원

〈1988년 6월 10일 금요일 낡씨 맑음〉

먼저 보 할 때에 자신이 갈차란돼 봉답 모내기을 한다고 가지 못하고 오늘 처음 보을 같쓰며 물만 막아 넌는돼 작업 일은 1시간 정도 몿 했쓸 끄로 본다. 그리고 날씨는 가뭄이 대단했따고 생각을 하는돼 냇까에서는 아직 물이 상당이 만이 내리오는 것을 볼 때에 금년 농사는 안전하개 농사을 짓을 수가 있따고 생각을 해본다.

그리고 봉답에 거름을 작년에 손 모라서 그른지는 몰라도 요소 1포 하니 거름이 만아서 벼가 쓰러저서 올해는 적개 할 욕심을 가진는돼 손 모가 아니라 기계 모라서 요소 1포을 했는돼 벼가 저려저지 안을까 하고 염려을 하면서 1포을 다 하고 마랐다.

봉답에 거름을 다 하고 집사람과 둘리서 모가 을마나 자란나 하는 생각에 한 밖키 돌라보니 금년 벼는 자신의 마음에 더는 너킴을 가지 밧쓰며 금년 농사는 풍년 농사가 댈 수가 있따고 생각을 했본다. 그리고 모내기을 5月 22日 안으로 모내기을 다 할 계핵을 세어본다.

"정국에 대학생들이 판문점에서 회담을 한다고 난동을 부리는 것을 볼 때가 기가 찬다. 그리고 학생이 공부을 열심이 하여서 후세에 정부 재목이 돼어 국민을 이해서 열심이 살라주어쓰며 하는돼 성급희 정치에 개입을 해서 피지 않코 시들어저야 하는 학생이 안타까우며 희생돼는 학생이 안타까우리라. 이번 6月 10일 판문점 남북 학생 통일 회담을 미리 봉새을 해서 이루저지 않아서 잘 돼어따고 생각을 가지본다."

〈1988년 6월 11일 토요일 낡씨 맑음〉

금일은 봉희 부친 운상꾼으로 같쓰며 오전

에 냇 시가 짠디을 경운기로 한 발리 떠오는 것으로 하로 일과을 보내쓰며 이번에 청년회을 조직을 해서 회원들이 일을 하니까 자연적 밀리며 우리가 중관에 노여 있쓰서 당한 사람 바서는 일을 열심이 하여주야 하는돼 절먼 사람이 만으니까 일하는돼 자연적 밀리며 일도 더어서 하기가 실은 편이며 모든 것이 맡지 않아서 그른지 오전은 열심이 하여주고 오후는 실찌 놀란 셈이라 상주 보기에 미안한 감이 들더라.

그리고 이번에 상주에깨 돈 나온 것이 이제부터 청년회에서 갈리을 하기 때문에 청년회원 기금 장만 하는돼 큰 도음이 대며 이번에 돈 나온 것이 350,000만 원 정도 대니 이것이 크다고 본다.

지출에 … 부이 5,000원

〈1988년 6월 12일 일요일 낡씨 맑음〉

당산 논에 도구을 침. 그리고 두룸 전체을 한 밖키 깍는돼 온전 내 걸리며 요줌은 기온이 너무 올라가서 일하기가 그북할 뿐 아니라 땀이 비 오더시 나기 때문에 일을 하고 십고 못하고 억찌로 한다고 말을 해도 가연이 아니다.

그리고 오후에는 집사람과 모종 고추을 한 곳에 김매기을 하여쓰며 고추에 처음 갈면서 비누류을 씨기 전에 풀 안나는 약을 쳐고 비누류을 씨어서 고추 모종을 하여야 하는돼 여사로 생각을 하고 그리고 시간도 업쓰서 그냥 고추 모종을 하여뜬이 풀이 비누류을 떠들고 올라오는돼 보기가 실을 뿐 아니라 지섬[지심][227] 때문에 그냥 둘 수가 업쓰서 집사람은 종일 김매기을 한 샘이고 자신은 오후에 그들은 셈이며 김매기을 한참하고 있는돼 동내 옘푸[앰프 스피커]가 윤봉희 씨 집배 불이 낱따고 동민 여러분 나와달라고 이야기을 해서 가보니 불은 대충 잡아쓰며 불이 남빛까리[삐까리][228]라 당행이라고 생각을 하며 무선 일이든지 발생을 하고 나며 안전을 무시해서 그러타고 생각을 한다. 이번에도 자신이 보니 돼지 삶는 손을 집비까리 옆패서 돼지을 살마쓰니 이것이 부주이라고 생각을 하며 내일이 삼오 준비한다고 본집배 사람이 만이 있쓰서 불을 일적 잡아따고 생각을 한다.

〈1988년 6월 13일 월요일 낡씨 맑음〉

몸이 곤해서 휴식을 할려고 마음을 먹고 방에서 휴식을 하다 자신이 곤하다고 휴식을 하면 되겟나 하는 생각을 하면 휴식을 할 수가 업쓰서 그만 고추 모종에 떠물래 약 살포을 하여쓰며

"오후에는 웃뜰래 물을 돼는 것으로 일과을 끝을 낸 셈이며 금년에는 우선 바서는 일 적으서 그른지 잡초가 적은 너킴 더는구나."

지출에 … 사료 5포 18,750원

〈1988년 6월 14일 화요일 낡씨 맑음〉

아래들에 두룸에 풀 뽑고 물 돼는 작업을 하로 종일 한 셈이며 기상대는 비가 오겟따고 하는 날은 가끔 해도 예보는 빗나가고 가뭄이 심해서 벼 뿐 아니라 밭작물이 돌라가는 모섭을 보니 정말 안타까우며 요때 비

227) 풀, 잡초.

228) '낟가리'의 방언

가 아주 만이 푹 아쓰며 하는 바람이다.

〈1988년 6월 15일 수요일 낡씨 맑음〉

오늘은 봉산 누님과 참깨에 쏙음과 약 살포을 할려고 약속을 하여는돼 갑짝이 외성보에서 갑짝이 정군한다고 해서 자신은 오전에 보하로 가고 집사람은 오전부터 참깨 쏙음 하로 같쓰며 오늘 정군이라도 사람의 수가 얼마 돼지 않으며 냇까에 물이 안전이 말라부터서 앞푸로가 문재라고 생각을 하며 수일 내로 비가 오지 않으며 물 때문에 큰 곤욕이 댈 껏으로 내다보고 있다.

그리고 오후에는 참깨에 떠물약을 살포을 하고 김매기을 하여쓰며 처음 참깨 갈 때는 참깨가 돼겟나 하는 마음이 머리에 떠나지 않터니 오늘 어떠서 참깨가 이러게 잘란는지 정말 탐스려어며 좋다는 말이 자신도 몰래 여려번 나오며 촌에서 농사을 짓찌만 이러개 참깨 모양 사랑을 가진 작물은 업따고 생각을 해본다.

지출에 … 작과 상자 140개, 상자당 300원식 함. … 42,000원

〈1988년 6월 16일 목요일 낡씨 비〉

복판에 경화 논에 비료 거름이 약한 것 같다서 요소 반 포을 조금 넘깨 더 헌친 셈이며 경화내 논은 아주 찰 땅이라서 거름이 아주 만이 들어가는 것을 생각을 했쓰며 오늘 반 포을 더 한 셈인되 제대로 거름 소암이 날련지 몰개꾸나. 그리고 마늘이 그처름 좋더니 몟칠 산간에 마늘이 안전이 망해서 마늘 쪽도 업는 줄 알라떠니 오늘 집사람이 캣논 마늘을 보니 쪽이 아주 좋으며 자신이 바도 마늘 농사는 재일 잘 짓어따고 생각을 해본다.

그리고 오후에는 난데 업는 비가 내리서 이제 논 해갈을 면하는가 생각을 했든이 땅에 문지 안 날 정도 비가 오더니 그만 살살 빛이 나며 맑은 낡씨을 볼 때에 이 날이 월마나 가뭄을 더 할려고 비가 만이 오지 않코 있는 것을 볼 때에 가뭄 때문에 수학에 큰 차질이 따월끝 같꾸나.

〈1988년 6월 17일 금요일 낡씨 맑음〉

큰집배 봉답에 물 잡는다고 해서 그들어줄라고 생각을 하니 물신이 한 해도 못쓰고 밑창이 구멍이 나서 신을 수가 업쓰서 일부로 물신 사로 같쓰며 물신이 때가 넘어가니 공장에서 나오지을 안는다면서 고무신 전마다 물신이 업쓰며 도매집배 가니 맡침 물신은 있는돼 좋은 것이라면서 3,000원 달라하더라. 물건이 기화면 가격이 올라가는 줄은 알지만 안전 장사을 하는 사람들이 물건 업다 합시고 500원 식이나 더 받고 있더라. 그리고 벼 논에 약 쳤는 약대가 조금 터저서 약이 흙으서 때우는돼 천 원을 주어쓰며 이재는 잘 사용을 할 수가 있쓸란지 궁금하구나.

오후에는 큰집배 논 장만하는돼 그들어주는 것으로 하로을 보낸 셈이며 모내기도 잿때 하여야 하는돼 하는 생각이 들며 요줌 논 장만을 해보니 땀이 절로 나서 힘이 들 뿐 아니라 벼 수학을 만이 할 수가 있깨나 하는 생각이 앞쓰는구나.

지출에 … 약때 땜 1,000원, 물신 3,000원
차비 340원
計 4,340원

지출에 … 송아지 약 2,000, 차비 400원
計 2,400원
計 6,740원

〈1988년 6월 18일 토요일 낡씨 맑음〉

큰집배 봉답에 손 모내기을 하는돼 그들어 주어쓰며 이재는 손으로 모내기을 하면 사람 먹는 것도 클 뿐 아니라 품 값이 한나잘 래 3,000원 이라서 노임 값이 빗싸서 사람으로 심을라고는 생각을 하지 안아야 돼며 엔만하면 기계 이왕을 하여야 품값이 적개 들어갈 뿐 아니라 사람이 을마나 수란지 모른다.

그리고 송아지가 물똥을 싼 지가 너무 오래 돼어쓰며 집사람이 약을 싸와서 약을 먹이도 덧지 않코 계속 물똥을 싸는돼 손에을 보지 않을란지 몰개쓰며 오늘 자신이 김천 동물 약국에 가서 약을 싸서 먹이쓰며 설사가 너무 오래 대어서 극정이 돼는구나.

웃뜰래 도사리을 주어보니 작년보다 적은 것 같더라. 앞푸로 벼가 더 잘라기 전에 도사리을 주어야 한다고 생각을 해본다.

지출에 … 송아지 약 5,600원, 살충재 2,000원 차비 400원
計 9,000원

〈1988년 6월 19일 일요일 낡씨 맑음〉

들 전체에 2차 벼 거름을 오늘로서 안전이 하여쓰며 오늘 거름 량은 한 단지에 요소 반 포을 하여쓰며 우선 바서는 벼들이 다들 좋은 편이다. 그래도 나중에 거름을 할 수도 업고 해서 오늘로서 전부 반 포을 다 돌리서 한 단지에 요소 2포을 돌라같쓰며 경화내 형님 논 일반 벼는 2포을 돌리서 나중 일이 염려가 돼는구나.

웃뜰래 논 3단지 한 단지에 1차 거름 - 1포 반을 하고
2차 거름에 반 포을 해서
한 단지 총 량은 2포을 전부 한 셈이다.

아래 뜰래에 서양바실래는 4마지기에 첮 거름 2포을 하고 2차 거름은 8ㅂ을 한 셈. 계 2포 8부을 한 셈.

"복판에는 일반 벼도 첮 거름 1포 반을 하고 2차 거름을 반 포을 해서 총 거름은 2포을 한 셈이 대며 일반 벼을 통일벼와 똑같이 거름 량이 다 같이 해서 나중에 벼가 쓰려절까바 극정이 대는구나. 우선 바서 일반 벼가 아주 못한 편이라 통일 벼와 같이 했뜬 것이 하고 나니 실수을 한 것이 아닌가 하고 극정이 돼는구나."

단산 논에는 1차 거름 1포 하고 2차 거름 반 포을 해서 1포 반을 한 셈이다.

봉답에는 1차 거름으로 1포을 한 셈.

〈1988년 6월 20일 월요일 낡씨 맑음〉

오전에는 논에 김매기을 하여쓰며 오후에는 이화명충[229] 1화기 약을 금년에 파단이 좋다고 해서 한 봉지에 350원 더 비싸며 이것을 7곱 단지 1마지기을 오후에 살포하는돼 잠쉬도 쉬지 않코 자리마다 헌치는돼 자신이 일을 하면서도 무리로 일을 한다고 생각을 하며 자신의 개핵도 하면 일은 여유가 있는돼 약이 너전만 가서 무리가 돼는 한이 있쓰도 일을 만이 했떠니 나중에는 힘이 업는돼 억찌로 일을 한 셈이다.

"그리고 사락약이 살포가 너젔다. 외냐하며 충이 벼을 벌서 먹어서 대공이 골라서 넘어가고 있더라. 이것을 볼 때에 5일을 너젓따고 자신은 생각을 했본다. 내년에는 5일 앞당기서 할 개핵이다."

229) 이화명충약은 벼의 큰 해충인 이화명나방의 유충을 없애는 약이다.

"그리고 오늘 오후에는 관정에 물이 적다고 부역 나오라고 하는돼 싸락 약[230]이 급패서 부역은 포기을 하고 약 살포을 해서 미안한 감을 가지며 오늘 약 살포을 하지 않으며 물을 전부 돼어서 작업을 할려면 그만큼 외로가 따리기 때문에 눈을 딱 감고 내일을 하고 마랐다."

〈1988년 6월 21일 화요일 낢씨 맑음〉
오늘은 당산 논과 봉답에 집사람과 김매기을 하고 살충제 싹락약을 살포을 하고 오후에는 아래들래는 김매기을 한 번식 다 본 셈이다. 그리고 일 적어서 작과 밭을 한 박기 돌라보니 가뭄이 을마나 심해따는 정거가 나오는돼 과일이 땅바닥에 한 벌식 떠려저 있는 것을 보니 가뭄이 만이 타는 밭은 이래가 전부 과일이라고 해도 무리돼는 말이 아니라 생각을 한다. 앞푸로 과일이 5日 이내 출하을 하여야 하는돼 가뭄이 심해서 과일 행세을 할 수가 업따고 보고 있쓰며 수일 내로 비가 와야 하는돼 그려치 않코 이번 주 내로 비가 오지 않으며 밭작물은 수학이 반으로 줄어든다고 바도 그릇댄 말은 아니라고 자신은 말을 하고 십꾸나.
"요즘 정책이 이끌어가는 모섭을 보니 불안하구나. 정부는 정부대로 노사는 노사대로 모든 것이 안정을 찾지 못하고 자유 물결에 헌들리고 있쓰니 국민마저 마음이 잡피지을 않코 불안을 안고 살라간다고 보고 있다."
지출에 … 옷 값 16,000원, 머리 4,500, 화장지, 수세미 2,500원 신 값 10,000, 언니 집배 가는돼 1,000, 참와 1,500원, 차비 600원
計 35,100원[231]

〈1988년 6월 22일 수요일 낢씨 맑음〉
오늘 오전으로 논에 도사리을 한 번식은 다 준 셈이며 내년에는 잡초약을 좋은 것으로 사용을 해야지 이재는 마셋토약은 피 살리는 업쌔지만 다른 잡초는 그대로 나서 소용이 업다고 보며 내년에는 만드리약을 사용을 할 욕심이다.
"그리고 집사람과 발작물에 김매기을 하여쓰며 밭작물이 잎이 끝이 갈물어서 다 말라쓰며 수일 내로 오지 않으며 요사할 정도다."
"사람이 사랑을 바들수록 더 사랑을 요구하며 사랑을 더 받고 십픈 마음이 있쓰며 자신이 볼 때에 집사람은 정말 잘 하고 있쓰며 너무 잘하고 아켜주니 여자몸으로 이처름 생각을 하여주니 자신이 황상 고마운 마음을 가지고 있찌만 한편 때로는 사랑을 더 받고 십픈 마음이 들 때가 있꾸나."

〈1988년 6월 23일 목요일 낢씨 비〉
"중앙 기상대서 내일은 전국적으로 비가 온다고 해서 오늘은 열무 씨을 마늘 갠 곳에 파종을 하여쓰며 비가 방울비 이슬비가 내리더니 구름은 어뒤로 가버리가 맑은 낢씨을 보이는 것을 보니 비라는 것은 생전에 비가 오지 않을 꺼 갇구나."
"오후에는 이슬비 오는 것을 비 온다고 휴

230) 싸락약은 작은 알갱이 즉 세립으로된 화학약품, 농약의 살충제, 제초제 등을 뜻한다.
231) 실제 계산은 36,100원이나 35,100원으로 잘못 기록하였다.

식을 한 것이 시간이 아까어 휴식을 한 것이 마음에 편찌을 안꾸나."
"정부 노사 분규로 기업이 힘이 업쓰며 기업이 힘이 업쓰저며 자연이 무너저는 법. 결국은 국가에 영향이 가니 국민은 쓰라린 고통을 바다가야 하는 실정이 노사 분규도 코앞만 생각을 말고 멀리 후세까지 내다보고 했쓰며 하는 바람이다."232)

〈1988년 6월 24일 금요일 낡씨 맑음〉

오전에는 들판을 한 박키 돌라보니 우선 보기에는 다 좋은돼 일반 벼 한 단지가 거름이 만아서 극정이 돼는구나. 일반 벼 처음에 벼가 자라지 못하고 앙마치서[자그마해서] 거름을 요소 2포을 조금 더 들어간 셈이다. 이것이 일반 벼 거름하는 것을 처음하면서 한 번 하고 말라고 전량을 다 한 것이 실수가 돼어다고 생각을 해본다. 그리고 오후에는 낮참에 세집배 바시내이 떠물약을 살포을 하여주고 집사람은 자두 2상자을 따는 것으로 하로을 보낸 셈이며 금년에는 가뭄이 심해서 과일이 잘라서 돈이 돼지 않을까 하고 염려가 돼는구나.

〈1988년 6월 25일 토요일 낡씨 맑음〉

오전은 가진개 길 부역을 하여쓰며 오후에는 봉산에 참깨 약을 살포하로 같더니 참깨 잎이 올갈병인지 가뭄이 심해서 그른지 알수가 업쓰며 참깨 올갈병233)이라면 약도 업쓰며 참깨도 달리지 않는다든되 외쓰 가카온 참깨가 돼지 안는다면 노력이 아까우서 어떠게 하나. 오늘 참깨 밭에 간 것이 후예가 돼며 차라리 보지 않아따면 마음은 편할 껏인돼.
"작과일이 가뭄이 심해서 나무과 죽을 직전에 있쓰며 과일이 골라서 시장에 출하을 할수 업는 과일이 너무 만아서 돈도 돼지을 안을 껏 같꾸나. 그리고 과일에 익는 약을 살포을 해서 출하을 만이 하고 있는 사람은 잘하며 일적 과일이 나오니 돈도 만이 하고 있쓰며 사람이 수단을 부리는 것도 현명한 사람이라고 생각을 들 때가 있다."
"내년에는 자신도 일적 익는 약을 사용을 할 작정이다."
작과 2짝

〈1988년 6월 26일 일요일 낡씨 맑음〉

금일은 5명이 헌 집 철거 작업을 100,000만 원 뛰어서 일을 하는돼 이 일이 수란 일이 아니며 일보다 탁한 문지 때문에 못하게쓰며 아푸론 이른 작업을 상가할 방침이며 5명이 참값을 다 쳐니 실찌 돌라오는 액수는 17,000원 돌라오며 오늘 수입으로 바서는 예을 먹어따고 생각을 하며 요줌 구미 공장에 노임이 15,000원 식을 받고 우리 마을 사람들이 일을 하고 있는돼 그에 비와며 일예 비화며 노임이 적다고 생각을 해본다.
그리고 술집배서 술을 자쉬고 노래 가락이 나오는 70십 노인들의 모섭을 보니 술을 먹어며 흥이 나며 기분이 저쳐름 좋은가 하는 생각이 들며 술을 좋아하는 사람이 절거운 날을 마니 가지는 것 같꾸나.
짝과 3짝

232) 이 내용은 일기 지면 상단에 따로 기록되어 있다. '자두 수학함. 2상자'라고 기록하였다.
233) 오갈병은 농작물이 병원체의 침입을 받아서 잎·줄기가 불규칙하게 오그라들어 기형이 되는 병으로 위축병이라고도 한다.

〈1988년 6월 27일 월요일 낡씨 맑음〉
쌍구룸 도량에 줄 비는 보을 하여쓰며 바닥에 점부 줄이라서 재거하는돼 외로가 만을 뿐 아니라 앞푸로 사람들의 부역이라 하면 날짓기라 하는돼 오늘도 형식으로 일만 했다 하는 식으로 오전을 부역을 맡치서며 오후에는 자두 수학하는돼 하로을 보내쓰며 금년에는 자두가 익도 않코 물려서 문제며 색도 재돼로 나지 안아서 상품 가치가 더 업따고 보며 자두을 타도 자미을 가지 못하게쓰며 금년은 만이 달리도 돈원 작년보다 적이하지 않을까 하는 생각이 드는구나.
작과일 6짝

〈1988년 6월 28일 화요일 낡씨 맑음〉
수로에 잡초 제거 하는 보을 했쓰며 이제는 예고도 업씨 부역을 하고 있쓰니 출역 인원이 적으서 출역한 사람의 불만이 만아저서 작엽하는돼 외로가 점점 만아저고 있다.
"오후에는 휴식을 업씨 작과일을 따도 익은 것만 골라서 따니 을마 하지을 못하게쓰며 과일이 잘라서 돈을 못 할 것을 생각을 하니 별료 재미을 가질 수가 업꾸나." (5짝)

〈1988년 6월 29일 수요일 낡씨 비〉
정말 반가운 비가 종일 동안 내리며 비가 적으서 마음에 들지는 않치만 그래도 대지을 안전이 적시 주니 밭 작물래는 생명을 구안 비가 돼어다. 이재는 장마끈에 들어따니 해갈은 면할 껏 갈꾸나.
"비가 내리는돼 비을 두리가 안전이 마저가면서 과일을 하나, 둘 따 모단 것이 9짝이 돼며 이것을 돈이라 만이 주며 재미로 한 상자라도 더 딸라고 들지만 일이 힘들며 시간이 지루해저는 너킴이며 오늘 일은 비을 마저가면서 자두을 딴 것은 집사람이 한 상자라도 만이 따야 덕이 댄다면서 자꾸 하자고 건유을 해서 9짝 수학을 하는돼 해가 저물도록 한 셈이다."
"그리고 비가 오기 전에는 과일이 전부가 무려더니 이번 비가 오니 과일을 수학을 해보니 과일이 야물어저가고 만질수록 더 야물며 자신이 생각에는 비가 오며 물러서 시장 출하예 극정을 했든 것이 오희려 반돼가 돼고 과일이 야물어저 가는 과일에 자신은 기쁨을 가질 수가 있쓰다."
(작과일 9짝) 지출에 … 셋값 250원

〈1988년 6월 30일 목요일 낡씨 맑음〉
수입부로 본다면 하로라도 빨리 자두을 수학을 만이 하는 것이 오른 일인되 비 온 뒤라 고구마 순을 잘라서 오전에는 집사람과 둘리서 심어쓰며 고구마가 파종이 너저서 고구마 달릴 시간이 있쓸란지 몰개꾸나. 그리고 오후에 오전에 과일을 못 탄 것을 보충을 할려고 정심 식사을 하고 곳바로 과일따로 같쓰며 과일이 만이 익어서 그런지 어재 종일 딴 과일보다 한 상자 적개 수학을 해서 생각보다 만이 따서 기분이 좋더라.
지출에 … 셋값 450원 (8짝)

〈1988년 7월 1일 금요일 낡씨 맑음〉
오늘은 집사람이 외쳐려 자신의 마음이 안절부절한 날라 말을 하고 십꾸나. 외냐하면 오늘이 삼 일채 밤 1시경에 잠자리에 들러 같쓰며 이것은 혜영이 가정 문제로 치마을 학교에서 만을어 오라고 한다면서 혜영이는 못 한다면서 저의 엄마을 마키고 말라쓰니 저의 엄마는 잠쉬 시간여도 업쓰며 휴식을 해도 육체적인 무리가 온다고 해도 가연이 아닌돼 혜영이 가정 문제로 밤 10시 돼어야 부억일을 맡치고 들어오는 집사람이 바로 잠자리에 들려가도 신찬은돼 혜영이 가사 치마을 다 해서 내일 선생님예깨 내야 한다고 하니 이것을 하기 실어도 해야 하니 잠이 와서 자불면서 억찌로 1시가 넘두록 한 것인돼 오늘 잘못돼어따면서 다 떠드서 가지고 와서 다시 해야 한다면 혜영이가 저녁에 저의 엄에깨 내어노터라. 이것을 볼 때에 그만 성질이 나며 너의 일은 너위들이 해결하라고 소리을 했쓰며 혜지 너나 다들 엄마 손을 빌리서 하면 너의 엄마는 요줌 일이 뒤서 잠을 재돼로 자지 못하는돼 하면서 성화을 내도 저위들의 손으로 못하니 죽어나 사나 저의 엄마가 해야 하니 이것을 또 해야 하니 자신이 더 극정이 돼는구나. 외냐하면 집사람은 밤잠을 못 자서 눈에는 충열이 생기서 벌개서 일하기가 그북할 정도며 잠이라도 푹 자야하는되 이것을 또 해야 하니 자신이 할 수 있는 문제라면 내가 하고 집사람은 잠이라도 자두록 했쓰며 하는 마음인돼 그러지 못하고 마음 타는구나. 집사람이 자불면서 하는 모섭을 지키보아쓰며 자신도 다 하두록 잠을 자지 않코 지키보았쓰며 자신이 집사람이라면 내일 자두을 못 따서 물여빠지는 한이 있쓰도 낮잠이라도 푹 자고 일을 시작을 할 끈돼 이 사람은 하다 죽는 한이 있쓰도 하는 성질이며 장나는 개안따면서 아빠나 쉬라는 말박캐 할 줄 모려는 사람이라고 말을 하고 십다.
"오늘같이 집사람에깨 외쳐러운 간심이 가며 자신이 먼저 몸살을 알을 정도로 외쳐러운 감을 가짓노라."
짝과일 20짝.

〈1988년 7월 2일 토요일 낡씨 맑음〉

오늘부터 과일이 줄어더는구나. 집사람과 둘리서 어재보다 만이 딸라고 부지련이 하여도 18짝밖에 따지을 못해쓰며 앞푸로는 과일이 줄어든다고 바야하지만 금년에는 작년보다 만이 달리서 개짝을 140개을 준비을 하여 둔 것이 요줌 과일을 보니 상자을 만이 준비을 하여따는 너킴이 더는구나. 그리고 작년 가격과 금년 가격이 너무나 차이가 만구나. 작년에 개산서을 보니 한 짝에 만이 나는 것은 3,000원 차이가 나는 것도 있꾸나. 금년에는 처음 시작을 하면서 가격이 적개 나오더라.
작과일 18짝.

〈1988년 7월 3일 일요일 낡씨 맑음〉

자두을 이재부터 수학을 해서 조합에 주는돼 장사을 잘 했는지 궁금하며 순달이가 과일을 취급을 하지 않으며 조합에 주지을 않캐는되 순달이을 바서 안 주도 못하고 작년 모양 조합 주어서 다 잡아는돼 금년에는 어떠게 될련지 궁금하구나.
"그리고 조합을 농민들은 다들 이용을 하여야 하는돼 실찌 농민들이 이용을 해서 득이 되두록 성숙이 돼어 있찌 않타고 생각을 하고 십꾸나. 자신이 생각을 해 볼 때에 조합도 과일 책임자가 별도로 있쓰서 상인 모양 돈을 하로 건너서 지불이 돼고 직각 처리가 돼며 이용을 하지만 아직은 미급하다고 생각을 하고 십꾸나."
과일 20짝.

〈1988년 7월 4일 월요일 낡씨 맑음〉

금일은 아주 마음이 상환 날이라고 말을 하고 십꾸나. 외냐하면 조합에서 순달이가 와서 칯 날은 18짝을 주어쓰며 처음 가지고 가서 가격이 폭락이 돼어쓰며 전화을 한 통이 해서 조합으로 물건을 못 주게 해서 손예을 못 보게 만들어주야 할 일인돼 아무 말도 하지 않코 두 번이나 주어서 큰 손예을 보두록 만들어쓰며 자신으로 바서는 38짝이라면 전채의 반이 돼는되 이 물량을 짓어밝아서니 마음이 크게 상하며 이것도 한 번이며 자신은 아무 그러킴 업씨 지내게는 돼 두 번째는 충분이 손예을 막을 수 있는 돼 순달이 무관심으로 손예을 보니 속이 상하며 작년에도 반쪽을 잡더니 올해도 순달이가 잡아서니 이제는 조합이라면 보석을 바꾸어 온다고 해도 주지 안으리다.

생각을 하지 않을라고 해도 종일 머리에 떠나지을 안으며 과일이 일 년에 두 번이 생산 돼는 것도 아니며 일 년에 1번 나는 것을 조합에서 다 잡아쓰니 할 말이 업꾸나.

"정부에서 조합을 크게 생각을 하고 있찌만 장사 경험을 멧 십 년 가지도 장사가 힘 더는 일이라고 생각을 하는되 조합에서 직원이 무얷을 알며 펜돼을 지다 장사을 마음돼로 할 수 있따면 누가 장사을 어렵따고 누가 말을 하게쓰며 조합에도 조합원 손예을 그만 보이고 손을 띠어야 하다고 생각을 하며 계속 한다면 마음 약하고 직원이 돌라고 하며 채면을 가지는 사람만 손예을 보이고 마니 하로 빨리 손에을 보이지 말고 손을 띠어야 한다고 자신은 생각을 한다."

"오늘은 조합에서 손예을 보고 나니 마음이 크지는구나. 자신은 본동에서 장사을 하는 사람을 적개 나와도 아주 말도 하지 않코 나오는되로 주어는돼 이번에는 물량이 나올끄도 업지만 17짝이 나누어 주고 말라다."

과일 17짝.

〈1988년 7월 5일 화요일 낡씨 맑음〉

금일로 작과일을 안전이 수학을 한 셈이다. 이재는 이삭으로 한 장사 정도밖에 남와따고 생각을 한다. 금년에는 과일 일적 수학을 한 셈이며 작년보다 30짝을 더 수학을 해도 돈원 아주 적개 한 셈이다.

"그리고 오늘은 조합에서 어재 물건들은 돈이 잘 나와따면서 과일을 가지고 왔더라. 그래도 자신은 조합에 주지 안아다. 순달이는 자신이 과일을 주지 않아따고 조합 직원이 말을 하며 서운하게 생각을 할련지는 몰라도 아직 자신은 조합은 장사 수준이 낮따고 생각을 하기 때문에 이번 주지 않아따."234)

과일 10짝, 복숭 1짝 計 11짝.

지출에 … 수정 값 8,500원

〈1988년 7월 6일 수요일 낡씨 맑음〉

"오늘은 집사람과 둘리서 세집배 과일 따주로 같쓰며 세집배도 다 타고 을마 남지 안아서 자신은 조금 거들다 그만 휴식을 한거나 다름이 업쓰다. 세집배 과일을 다따 모다도 9짝 밖에 안 돼어서 오전에 끝을 내고 마랐다. 그리고 오후에는 채소 갈 때에 두엄을 내고 감자을 안전이 수학을 한 셈이며 가뭄이 심한되 이려게 감자가 만이 달리서 상당이 기분이 좋으며 이 가뭄에 감자가 상화지 않코 큰 감자가 땅 위로 올라 올 때에

234) 이 내용은 일기 지면 상단에 따로 기록되어 있다. '(과일 마지막 수함) 큰 소 수정함. 7月 5日'라고 기록하였다.

기 기분 머와 바꿀 수 업쓸 정도며 이것은 농민이 아니고는 맡볼 수 업쓰리라."
"오늘 집사람이 과일을 이삭을 주원 것이 3짝이 돼며 이것은 공끄라는 말이 생기는 구나."
과일 3짝.

〈1988년 7월 7일 목요일 낡씨 맑음〉

순달이 집배 두엄을 두 바리 실어주고 오후에는 두엄을 채소 갈 때에 한 발리 실어내는 것으로 하로 일과을 보낸 셈이다. 오늘은 더이가 아니라 불을 가슴에 한아람 안고 있는 너킴이며 요줌 더이는 더 사람을 계록개 만들고 있쓰며 오후 5시가 넘어도 더이가 수거려 들지 않코 있다.

지출에 … 데시스[235] 2,800원, 라면 5,000원, 기름, 국수 3,600원 인공류 사료 8,000, 음료수 600원
計 20,000원

〈1988년 7월 8일 금요일 낡씨 맑음〉

기상대도 요줌은 오차을 넘어 내며 기상대가 정학해야 하는돼 기상대가 응떠리라서 농민들도 큰 손에을 보고 있다. 그리고 요줌 기온이 35도 가는 것은 여사가 되고 있쓰며 더어서 아무 일도 못 할 지경이며 자신도 오늘 일과는 우사에 모기장 쳤는 것으로 일과가 끝을 낸 셈이다.
"요줌 더이에 아이들이 고통을 당하는 것 같다서 선풍기을 사왔서 아이들 방에 두니 아이들이 좋아하는 모섭을 보니 진작 해줄 끈돼 하는 마음이 더는구나."

지출에 … 선풍기 30,000만 원, 모기장 2,800원, 냉장고 도란서 12,000원, 코드 400원, 킬라 1,500원 차비 400원, 사료 18,750원
計 65,100원[236]

〈1988년 7월 9일 토요일 낡씨 맑음〉

웃뜰래 봇뚝에 풀을 베는돼 오전이 글리쓰며 날이 더어서 풀 베는 작업도 못하게쓰며 일만 조 하게 대며 입이 저절로 벌어저는 지경이니 마음먹고 작업을 할 수가 업쓰며 이때는 소낙비라도 싹 쏴다저며 사람이 먼저 살 것 같은 마음이 더는구나.
"오후에는 웃뜰래 도사리을 줏는돼 나 혼자만 주워쓰며 다들 도사리을 안전이 주어서 들판에 사람이 업는 것인지 날씨가 더어서 사람이 업는 것인 알 수가 업꾸나."
"그리고 봉답에는 벼가 좋은 너킴이 업찌만 늑뜰래는 전부가 다 좋으며 이 가뭄에도 불구하고 벼들이 너무 좋으며 예감에 대풍년을 마지 할 끄라는 너킴이 앞쓰는구나."
"요줌은 모내기 과일 따는돼 바빠서 지출을 내지 않코 미류오다[미뤄오다] 요줌 지출을 내는돼 상당이 만이 내는 너킴이며 농촌에서는 지출이 다들 형편에 탈라서 만이 내고 있쓰며 안 낼래야 안 낼 수 업는 지출 하는 돼도 살기가 힘이 들며 매년 지출, 수입이 같떠니 농민이 살 수가 업쓰며 농민의 얼굴

235) 정식 명칭은 델타메트린으로 데시스라고도 불리며 작물과 해충에 대한 살충효과가 있는 약이다. 우리나라에서는 사과의 잎말이나방・진딧물, 뽕나무의 잎말이나방, 플라타너스의 흰불나방의 방제약제로 등록되어 있다.

236) 실제 계산은 65,850원이나 65,100원으로 잘못 기록하였다.

래는 주름만 늙어가는 형편이다."
지출에 … 집사람 장보는돼 30,000원

〈1988년 7월 10일 일요일 낡씨 맑음〉

콩 밭이 과일 딴다고 김매기을 못해서 콩밭이 아니라 지섬이 너무 만아서 급이 날 정도며 집사람은 낮엣는 더어서 김매기을 하기가 그북해서 잠자리 일어나면서 바로 김매기을 하로 같쓰며 오전에는 두리서 김매기을 하여쓰며 오후에는 금세라도 소낙비가 쏘다절 너킴이며 비가 오는 너킴을 가질 정도 뭉게구름이 모여들어도 비가 오지 않으니 이려다가는 장마비가 오지 않코 장마철이 다 가는 것이 아닌가 염려가 돼며 날씨가 너무하다는 원망도 해본다. "오후에는 비가 금새라도 쏘다질 껏 같다서 울콩을 수학을 하고 웃뜰래 벼 논 도사리을 줏는 것으로 하로 일과을 보낸 셈이다."
"들판에 벼들을 바라보며 볼수록 좋아저는 너킴이며 이 벼가 빨리 잘라서 이삭을 밭쓰며 하는 성급한 마음이 앞쓰는구나."

〈1988년 7월 11일 월요일 낡씨 비〉

비가 장마비가 와도 시원찬따고 생각을 할 판인돼 보슬비 정도로 비 오니 사람의 마음이 타는구나. 비오는 것이 시원찬에서 우비을 들고 웃뜰래 도사리을 주어로 같쓰며 보슬비을 마저가면서 도사리을 더위에 땀을 흙리는 것 보다는 흙신 좋은 편이다. 그리고 도사리을 줏는 사람이 들어있쓰야 힘이 생기는돼 아무도 업는 들판에 혼자서 도사리을 줏는 자신도 지루한 느킴이 들 때가 있꾸나. 그리고 오후에는 경화 형님이 일반 벼가 거름 적다고 복합 비료을 하면 좋겟따고 이야기을 해서 놀라다. 왜냐하면 자신은 비료 거름을 포기하고 나중에 이삭 거름으로 조금 할까 하는 생각이여는돼 오늘 형님 이야기을 해서 들판을 가보니 별료 거름이 적지 않코 있는돼 더 하라고 하니 극정이 돼며 주인 하라고 하는돼 안 알 수도 업쓰며 내일은 복합을 반 포을 할 욕심이다.

〈1988년 7월 12일 화요일 낡씨 비〉

아래들래는 도사리[237]을 두 번식은 다들 주원 셈이며 요줌 도사리는 알더리 줏찌 못한다고 바야 한다. 그리고 장마라 하지만 남부 지방은 해갈을 면치 못하고 중부 지방에는 물날리을 당하고 불공편한 날씨가 더 마음이 타는구나.
복숭 5짝.

〈1988년 7월 13일 수요일 낡씨 비〉

"오전에는 서양바실래 두룸 주위로 안전이 풀 깍는 작업을 하여쓰며 오후에는 친구들과 휴식을 하여쓰며 오늘 비는 급이 날 정도로 쏘다저고 있쓰며 이 비는 무선 일을 저질지 하는 마음이 더는구나. 이 비는 자신이 생각을 해도 여태것 가뭄이 심해서 예을 먹이는되 이재는 비로 농민을 생외을 먹어야 끝이 날 것이 아닌가 하고 생각이 앞쓰는구나."
"정부에서는 쇠고기 수입을 한다고 법석을 부리며 축산 농가을 안정선에서 수입을 한다고 하지만 농민들은 소을 강재로 먹이두록 하여야 거름이 생산이 되어서 곡식이 수

237) 중간에 떨어진 과실 또는 못자리나 논에 난 잡풀.

학이 돼지 소 거름이 들어가지 않으며 면적이 안만 마나도 수학이 업쓰며 머지 안아서 농민들은 무었을 생산 하라고 정부에서 수입을 하는지 분관 못하게쓰며 우리 마을에서 소을 만이 먹일 때는 120마리 정도 돼는돼 이재는 정부 방침이 하로 아침에 달라저니 농민은 다들 소을 팔아 업쌔고 이재는 15섯 바리 미만밖에 돼지 안으니 이려깨 계속 간다면 농토는 다들 망가저리라."

농민 가는 길을 막지 말고 농민이 가는 길을 인도하여 농민이 정부로 딸캐하여 주며 정부가 사는 길이라고 생각을 하고 십다. 농민이 살지 못하며 정부도 살지 못하는 법.

(500cc 20병 1병에 840원)

지출에 … 농약 값, 문고병 약[238] 16,800원

〈1988년 7월 14일 목요일 낡씨 비〉

이번 비가 아주 만은 비가 아니라고 생각을 하는돼 작년 분개댄 재방 공사을 끝을 낸지가 1달도 못 댄 재방이 이번 비로 두 군대나 반족이 분개 직전인돼 동민들의 역사로 분개는 면해찌만 당국에서 취급하는 것이 너무 소월하며 업자도 그죽치리만 하고 마는 섭성, 그 버릇을 어떠개 해야 식성이 풀릴련지 생각조차도 못하겠다. 이번 공사는 우리가 바도 부실 공사라는 것을 단번에 알 수 있는돼 이 공사을 준공검사가 돼어쓰니 그 비리야 말할 것도 업코 정부 재산을 부정하게 처리하는 자는 원벌래 취해주며 부실 공사는 건절돼지만 정부가 알떠라지 못하기 때문에 모든 것이 발생을 한다고 바야 돼겟꾸나.

"오후에는 비 때문에 휴식을 함."

〈1988년 7월 15일 금요일 낡씨 비〉

봉답에 두룸에 풀 베는 작업을 하여쓰며 금년에도 봉답 벼가 기한 너킴이 들며 봉답에는 거름을 적게 할려고 작정을 해도 실천이 돼지 않코 거름이 일부가 좋으며 금년에는 기계 이왕기로 모내기을 해서 작년 거름을 하며 곡 마절 것으로 보았는돼 손 모와 기계모와 거름 량은 별다름 업따고 생각이 돼는구나. 이번에 봉답 벼가 쓰려진다면 기계모는 손 모보다 거름량이 만이 들어간다고 생각을 했키 때문에 실수을 한 셈이라고 생각을 한다.

〈1988년 7월 16일 토요일 낡씨 흐림〉

오전에는 당산 논에 도사리 주는 것으로 시간을 보냇쓰며 당산 벼는 거름량이 1.5반을 한 것이 상당이 적은 벼가 돼고 마랐쓰며 내년에는 늑뚤과 2포을 해야 좋을 껏으로 내다보고 있다.

그리고 오늘 오후로 웃뜰래 굼에 도사리을 줏는 것으로 금년에는 도사리을 안전이 줏어따고 생각을 하며 금년 농사는 3분지 2는 다 했따고 생각을 했본다.

지출에 … 농약 값 29,150원

〈1988년 7월 17일 일요일 낡씨 비〉

오늘은 비 때문에 안전이 휴식을 함.

오후에는 친구들과 돌부리을 함.

그리고 논에는 벼 잎 깔가먹는 벌레는 앙성

---

238) 문고병은 잎집무늬마름병이라고도 하며 주로 잎집에 담자균류가 기생하여 회색의 얼룩무늬가 생기고 차츰 잿빛을 띤 흰색으로 변하여 시들어 죽는 병이다.

하게 성해서 벼 잎을 마구 깔가먹고 있는돼 장마비 때문에 약 살포을 못해서 휴식을 해도 마음은 종급한 마음뿐이구나.
"벼 잎을 깔가먹는 벌레는 작년에 아래들에 일부 논에만 발생을 해서 먹떠니 올해는 전체 들레 발생을 해서 벼 잎을 먹고 있쓰니 업뜬 벌레가 발생을 해서 벼에 피해을 주고 있쓰니 농민들은 지출이 늙어나고 있다."

〈1988년 7월 18일 월요일 낡씨 흐림〉

금일은 기상대에서 비가 온다고 해서 오전 일적 벼 논에 약 살포을 할려고 준비을 해서 갈려고 하니 하늘에서는 비가 금새라도 비가 올 뜻 해서 그만 포기을 하고 들판을 한 밖기 돌라보로 같든이 날씨는 개이고 있쓰서 약 쳐로 가지 못 한 것 안타까와쓰며 오후에는 비가 오지 않으며 약 쳐로 갈려고 작정을 하고 집배서 출발하니 보슬비가 내리더라. 그려니 오전에 못 한 것이 마음 아푸며 그래도 시작을 한 것이라 논에 가서 비가 쏘다저지 않으며 우선 바픈 논 한 자리는 천다는 결심을 하고 현장에 가니 낡씨가 오지 않더라. 사람이 간 크게 할 때는 해야 한다는 생각이 들며 오늘 약을 살포한 것이 아주 잘한 일이며 자신이 생각을 해도 용코로 했따고 생각을 한다.

〈1988년 7월 19일 화요일 낡씨 비〉

오전에는 숫뜰 재방이 허술한 곳에 보수을 하고 구룸에 모래 싸인 것을 희비고 동내 전체 부역을 하여쓰며 부역이 갈수록 출역 이원이 적으저며 참석을 하지 않는 사람은 계속 참석을 하지 않코 있는돼 그 워유는 벌전을 내지 않코 그냥 넘어가니 섭관하가 돼어다고 생각을 해본다. 그리고 이 사람들을 걸전을 바더며 바들 수도 있찌만 앞쓰서 얼굴을 불키가면서 할 사람이 업서스 이 사람들이 득을 보고 있다.
오후에는 집사람과 둘리서 콩밭에 김매기을 하는돼 너무나 바랭이가 콩과 같다서 김매기에 시간이 만이 글리며 김매기을 하여둔 곳은 콩들이 좋아서 소리을 지려는 것처름 너켜지는구나. 앞푸로도 둘리가 해도 하로는 더 김매기을 해야 끝이 날 끝 같더며 앞푸로 고랑을 만들어서 콩에 북을 주어서 잡초약을 천다고 보며 멧 칠이 더 걸일 끝을 생각을 하니 소름이 기친다.
지출에 … 포장류 2,000원 인공유
4,200원 소 수정 8,500원
6,200원 計 14,700원
8,500
14,700

〈1988년 7월 20일 수요일 낡씨 비〉

오전에는 집사람과 둘리서 콩밭 김매기을 야시만 한 셈이다. 그리고 오후에는 비가 내리서 휴식을 하여쓰며 금년에는 장마가 오래 대며 기상대는 금년 장마는 해빛이 자주 나는 장마라 하더니 영 반대되는 날씨가 계속 돼니 작물 뿐 아니라 사람이 먼저 지치는 말이 있꾸나.
"그리고 오늘은 운이예깨 못 할 말을 골라서 한 셈이다. 이것은 우리 운이가 매을 되어도 말도 덧지 않코 타일려도 그때뿐이며 공부라고는 할 의욕은 업쓰며 오늘은 공부을 하라고 했는돼 저의 엄마 아빠가 드레 가는 것을 보고 곳바로 뒤따라서 놀로 가서 오후 2시가 넘어도 정심 먹으로 오지 않코 저의 엄마가 대리고 가서 돼리고 오는 것을 보고 어떠게 해야 운이가 말을 들을까 하고 생각 끝에 죽이서 산에 무들라고 소리을 질려쓰며 오늘이 마지막이니 밥을 만이 먹으라고 하면서 엽패서 부척그리며 밥을 만이 먹어야 한다고 하며 이재는 죽이서 산을 무들라고 급을 주어쓰며 자신이 급을 주기 위에서 이야기을 한 것이지만 나중에 너무한 것이 아닌가 하고 생각이 들며 본인 운이는 어떠게 생각을 했쓸까 그것이 조심서렵꾸나."

"너위들을 공부을 시킬 욕심으로 어느 누구 앞패서도 열심이 했노라고 말을 할 수 있노라. 너이들이 자라면서 열심이 하지 않코 성적이 내리가는 너이들을 보니 자신이 생할에 의욕이 업쓰저는 맡이 날이 갈수록 더 해가며 내 욕심 같더며 밤을 낮 삼아서 공부을 하라고 조어며 내 마음에 차게찌만 요줌 학생이 공부에 비관하는 학생들이 만아서 혹시나 내 자식이 공부에 비관이나 하지 않을까 하고 염려 때문에 너위들의 성적 노력에 요줌 들 보치고 이노라. 이 아빠는 너위들이 공부을 잘 하며 잘 자라 주는 것을 보기 이해서 살라 준다고 해도 하나도 그짓이 업노라."

〈1988년 7월 21일 목요일 낡씨 흐림〉

금일은 기상대에서 비가 온다고 하며 만이 온다고 해서 벼 논에는 문고병, 벼 잎 깔가먹는 벌래가 기성을 하며 약 살포 시기가 시급한돼 기상대는 매일 비 온다고 에보을 하고 있쓰서 벼 논에 약이 시급하지만 비가 금세라도 쏘다질 같은 날씨 때문에 약 살포을 포기하고 다른 일로 돌리고 있쓰며 오늘은 기상대는 그짓말이 돼어쓰며 오늘같은 날씨에 벼 논 약 살포을 했쓰며 아주 좋은 날씨가 돼어는돼 약 살포을 못 한 것이 한이 돼는구나.

〈1988년 7월 22일 금요일 낡씨 비〉

금일은 비가 온다는 기상대 예보을 무시하고 벼 논에 약 살포을 하로 같쓰며 집배서는 나 혼자 약 살포 하로 나오는 줄 알라떠니 들레 나와보니 벌서 두 집은 약 살포을 하고 있는 모섭을 보니 마음이 노이며 우리 뒤에 줄을 이어 나오는 모섭을 보니 마음이 편해저며 비가 곳 올 뜻 해도 마음의 부담이 업쓰저는 느킴이다.

"오늘 약 살포을 하면서도 오늘만 비을 참아달라는 마음뿐이며 벼 논에는 안전이 한번식 약 살포을 다 하고 편한 마음으로 오전 일과을 끝을 내고 집배 와서 정심 식사을 하고 오후 2시가 돼니 비가 시작을 하더라. 하늘만 쳐다보면서 제발 오늘만 참아주어쓰며 비가 오는 소리을 들을 때에 마음이 노이지을 않으며 오늘 약 살포한 돈만도 적지 않으며 집사람과 둘리서 외 먹은 것을 어뒤서 차저오리까."

"자신은 언재라도 낮참으로 조금 휴식을 취하고 있쓰며 자신은 휴식 시간을 만이 가진다고 생각을 하며 집사람은 일어나며 무선일이 그처름 만은지 저녁 잠자리에 들어가야 휴식 시간이 돼며 잠 자는 시간이다. 사람이 휴식을 가지면서 일을 해도 농촌 일이 고댄돼 휴식 시간 업씨 일을 하는 집사람 건강이 극정이 돼어서 일하는 집사람을 방으로 대리고 와서 휴식을 하자고 하면서 이야기을 해도 아빠나 쉬라고 하며 구태어 자신을 그절을 하고 하든 일 계속 하는 집사람이 미어저는 맡이 있더라. 이것이 때로는 자신의 몸이 상해도 집사람은 건강을 황상 가지주어쓰며 하는 마음뿐이다."

〈1988년 7월 23일 토요일 낡씨 비〉

"보슬비가 내리는돼 집사람과 둘리서 콩밭을 매로 갈쓰며 보슬비가 내릴 때는 비가 오지 않을 것으로 내다보고 갈떠니 콩밭에 골을 갱이로 푹 줄라고 한참 하니 장때비가 내리더라. 그래서 생각되로 일을 하지 않코 집배 오고 마랐다. 오후에는 안전 휴식을 할려고 집사람에깨 이야기을 하고 휴식을 하고 있는돼 집사람은 이미 들래 가고 방에서 휴식을 할례야 할 수도 업고 마음적으로는 휴식을 돼지을 않더라. 그래서 오후 5시가 대는 것을 보고 웃뜰례 봇뚝에 풀 베로 가서 경운기로 한 경운기 떠드왔쓰며 웃뜰레 벼는 아무 좋으며 논 자리에서 을마든지 바라보고만 있고 십꾸나."

"그리고 금년 벼농사는 당산 벼가 조금 빠저지 그 위예는 아주 좋으며 마음에 찬 농사을 우선 바서는 짓어낮따고 생각을 하는돼 앞푸로 일기가 어떠게 변할란지는 몰라도 마음은 던든한 감이 더는구나. 금년에는 풍년을 약속을 하여주어쓰며 더 발알 길이 업쓰리라."

금년도 작과 상자 총 145개.

총 수입금 694,190원

〈1988년 7월 24일 일요일 낡씨 흐림〉

고추에 지주목을 두리가 세우고 김매기을 오전으로 끝을 내고 고추가 좋은돼 노루가 고추와 고추 나무을 먹고 있쓰서 마음이 아푸구나. 고추 모을 돈을 주고 사와서 정성 것 키어왔는돼 이재와 노루가 먹고 있는 것이 가슴 아푸며 어떠게 해야 먹지 못하게 하나, 어떠게 해야 잡아 업쌔나 하는 생각이 머리에 십게 떠나지을 안꾸나. 그리고 오후에는 무지파을 파종을 한 셈이며 금년 무지파는 가뭄 때문에 모가 자라지을 못해서 좀 적따고 생각을 한다.

"정부가 힘이 업따는 것을 절시리 알 수가 있꾸나. 외냐하며 정부 공무원이 농성을 부리고 있쓰며 철도 공무원이 오늘 자정을 기회서 자기들의 요구 족끈을 들어주지 않는다면 철패을 한다고 농성을 부리고 있는 것을 볼 때에 정부가 불란하구나. 내 자신이 생각을 할 때 노태우 대통령이 운이 업따고 할까, 국민이 복이 업따고 할까 누구을 원망을 해야 좋을찌 자신도 섭적 생각을 하지 못하게꾸나. 자신은 우리 국민이 노태우 대통령 인기만 국민이 잘 따라준다면 우리 국민이 안전 선진국으로 간다고 보며 이번 임기만 지나서는 어떠한 농성이 따련다고 해도 무난이 큰 신경 업씨 지나갈 것으로 보는돼 고비에 와서 정부가 힘을 못 쓰게 국민이 만들어 낮쓰니 국민이 복이 업따고 말을 해야 하나. 자신은 이려깨 생각을 해본다. 국민의 살 길은 아직은 독재을 쓰서 정치가 필요하다고 생각을 한다."

〈1988년 7월 25일 월요일 낡씨 흐림〉

모든 것이 농성만 부리며 타결이 돼니 앞푸론 무리한 농성을 부릴 것으로 보는돼 그때는 정부에서 어떠게 돼쳐을 할련지 국가 발전을 할려면 소리가 업쓰야 하는돼 이 소리 때문에에 국가로 본다면 엄청난 손실이 따려고 있는돼 손에을 크게 본다면 내 손예로 보아야 한다고 생각도 해본다.

"그리고 오늘은 콩밭을 안전이 김매기을 끝을 냇쓰며 오늘 콩밭에 골을 쓰서 북까지 주어서 김매기을 하여노니 밭이 헌하며 보기도 좋을 뿐 아니라 집사람이 매일 극정하든 밭을 김매기을 안전이 하고 제초체을 살포했쓰니 마지막 손질을 하고 나니 내 마음이 집사람보다 더 좋으며 내 마음이 좋아서 날라갈 기분이구나."

〈1988년 7월 26일 화요일 낡씨 비〉

금일은 본격적인 장마비가 시작을 한 것쳐름 종일 동안 비가 쏘다저서 종일 휴식을 한 셈이며 저녁을 먹고 있쓰니 동내 엠쁘가 웃뜰 구름이 막혀서 물이 넘쳐서 늑뚤로 들어간다고 구룸을 떨키 위에서 늑뚤래 경작자는 다들 나오라는 엠푸 소리에 비가 줄줄 오는돼 슬마 급한 사람이 가겟찌 하는 마음이 들어서 나쓰기가 십찌 안으며 제방이 거러며 진작 이야기을 해서 낮재 하며 사람도 만이 동원이 돼지 평소 때 부역을 부치도 절반도 출역을 하니 않는돼 이재 어두어저는돼 누가 나오겟나 하는 마음이 앞쓰며 오늘 저녁에는 참석을 안을라 하다 밤이라서 아무도 나오지 않으며 재방은 안전이 파손이 돼며 다들 우리가 할 인돼 하고서 실은 몸을 억찌로 갈 결심을 하고 우이 입고 현장에 가니 벌서 나와서 하는 사람이 있더라. 모두들 마음이 저려야 하는돼 마음들이 고루지을 안아서 극정이구나. 오늘 출역을 한 사람은 삼 분지 일 정도밖에 나오지 안아쓰며 오늘 일은 너깨라도 현장을 잘 목격을 해서 큰 모면을 한 셈이다.

지출에 … 배추씨, 무우씨, 풍사 6,000원, 혜영이 토비콤, 혜지 감기약 12,500원 우산 4,000원, 장갑 1,800원, 짜장 600원, 수박 1,000원, 샤푸심, 건전지 약 600원, 통조림 1,000원, 운이 책, 혜지 책 4,000원 차비 400원 計 31,900원

〈1988년 7월 27일 수요일 낡씨 비〉

요줌은 비가 계속 온 편이며 날씨가 차거어서 벼에 성장에도 만이 해렵지 않을까 염려도 돼는구나. 이재는 비 좀 재발 안 아쓰며 하는 바람이다.

그리고 오후에는 들래 가보니 벼들이 다들 좋은돼 문고병이 어느 누구 업씨 왕성해서 벼들이 무성한 곳에는 다들 썩는다고 해도 무리되는 말은 아니라고 생각을 해본다. 앞푸론 문고병을 시급이 방제을 해야 수학을 만이 할 수 있따고 생각을 가지본다.

"사람이 성공을 할려면 무선 일을 하다가 적갑하지 않으며 아무리 소중하다고 해도 미련을 주지 말고 직각 바꿀 수 있는 사람이 잘 살 수 있따고 생각을 하며 옛날에는 무선 일이든지 오래만 가지고 있쓰며 돈이 댄다고 말을 했는돼 이거선 돈이 아니라 장래에 후에만 가지고 올 뿐이다."

〈1988년 7월 28일 목요일 낡씨 맑음〉

정말 오래만에 햇빛을 보와다. 이것도 저녁 노을이 질 무렵에 빛이 나서 빛을 처음 보는 너킴이며 그리 방갑더라.

오전에는 집사람과 둘리서 올 배추을 파종을 하여쓰며 작년에 올 배추을 갈라서 재미도 못 바서 물이 치는 바람에 망친 셈이며 금년에는 또 물리 채지는 안캐지 하는 마음으로 작년보다 3일 일적 파종을 한 셈이다.

"그리고 올해는 송아지 장을 가서 송아지을 팔 욕심을 가지는돼 생각지도 않아뜬 송아지 장사들이 몰려와서 건유을 하는 바람에 송아지 장 구경도 한 번 하지 않코 송아지을 그만 팔고 말라쓰며 자신의 마음속으로는 900,000만 원 바들 욕심을 가진는돼 그만 880,000만 원밖에 받지 못해서 서운한

감이 남이 있꾸나."

"송아지 돈은 생각보다 20,000만 원 적깨 바다찌만 집사람 소 먹인다고 정말 외 먹어쓰며 동내 쳐거도 일을 제일 만이 한다고 생각을 한다. 집사람은 남들 모양 여자 일만 하는 것이 아니라 시간만 나면 내 일 그들어줄라고 외을 쓰며 그들어 줄 때에 자신이 생각을 해볼 때에 자기 몸의 더 피료한 줄을 알고 있는돼도 일을 해 줄라는 그 마음 고마어며 때료는 너의 실량이 그쳐름 좋원지 돈도 벌지 못해서 허득이는 실랑 도을 필요도 업다면서 그만 두라 하며 신량 선기고 악키지 않으며 누가 아켜주나 하며서 죽자 하면서 도와주는 집사람 세탁기을 사 줄 작정을 마음속으로 결정을 하니 벌서부터 마음이 설래는구나. 집사람은 한부레 자도 내지 말라 하지만 내일 만사일을 재치고 세탁기 사로 갈 작정이다. 남들은 부자집도 업씨 살라가는돼 자신이 세탁기을 사며 동민들은 어떠개 욕을 할련지는 몰라도 우리 집사람 살도로 다라이로 빨래 하로가는 모섭을 보며 자신이 빨래하는 것보다 더 힘이 들어서 남이 어떠개 생각을 하든지 세탁기을 사올 작정이다."

수입에 송아지 두 바리 880,000만 원

지출에 … 사료 18,750원, 식용유 16,300원, 우선 3,700원, 비료 4,480원

計 44,680원[239]

〈1988년 7월 29일 금요일 낡씨 맑음〉

금일은 혜지가 구미로 전건 간 선생님 집배 한 번 가볼라고 해서 아빠가 김천 볼 일로 가는 걸엄으로 혜지가 과일 보따리을 못 가지고 가기 때문에 이 아빠가 선생님 집 입구까지 갈다주어쓰며 혜지가 선생님 집배 한 번 간다, 간다 하면서 여때것 가보지 못해서 선생님은 오해을 가지지나 않아는지 몰개꾸나. 선생님은 전권을 가서 사랑하는 제자들이 다들 마음이 변해따고 생각을 하지나 않아는지 염려도 대는구나. 아이들이 선생님을 좋아하면서도 시간을 내지 못하고 미루어 오다 이 아빠가 김천 간다고 따라 나선 것이며 오늘도 이 아빠가 아니며 혜지는 선생님 생각만 하고 방학을 는길 것이 아닌냐 하는 생각이 들며 이번에 복숭, 자두을 선생님 개시지 않아도 사모님을 주고 온 것이 잘 해따고 생각을 한다.

"오늘은 집사람 좋아하는 날이라고 생각을 한다. 외냐하며 매일 빨래에 시달이든 것을 세탁기로 할 수가 있뚜록 세탁기 사료 가는 날이라 정말 마음속으로 을마나 좋아쓰리까. 아니 시집가는 날보다 더 좋은 날이라고 생각을 했쓸란지 모련다. 오늘 세탁기는 반자동 대형 290,000원을 주고 사와쓰며 수동식은 대형 230,000원 한다고 이야기을 해도 이왕 할려면 좋은 것이 낮따고 생각을 해서 반자동 제일 좋은 것으로 가지고 오고 마랐다. 그리고 냉장고을 동생이 같다 준 것이 냉장고 역할을 못하고 그저 약간 차거운 감밖에 업쓰서 사 월 돌리고 그만 중단하고 말라다. 자신이 냉장고 수리점에 가본다는 것이 날짜만 잡아다 가지 못하고 미루어만 왔쓰며 이번에 세탁기 사면서 생질한태 헌 냉장고까지 어더와서 자신이 수리점에 안 간 것이 우선 바서는 잘 했따고

239) 실제 계산은 43,230원이나 44,680원으로 잘못 기록하였다.

생각은 하지만 이것도 신형 냉장고와 교환한 것이라서 냉장고 역할을 할련지는 몰라도 두 개 중에 대는 것을 쓰라고 하는돼 과동이 될련지 몰겠꾸나. 이려다가는 헌 냉장고 수집하는 곳이 안 댈련지 몰게꾸나."
"우선 바서 생질이 삼성 대리점을 하고 있쓰니 득을 보고 있다고 생각을 한다."
지출에 … 국수 1,200원, 짜장 1,000원, 때미리 100원 간장 900원, 물바지 12,300원, 보도 200원 혜지 선생님 방문에 택시비 1,200원, 선물 1,800원 세탁기 290,000만 원, 차비 730원
計 309,430원

〈1988년 7월 30일 토요일 낡씨 맑음〉

오늘은 송아지 팔려가는 날이며 송아지가 마구관에서 안 나올라고 유난이 버티는 모섭을 보니 마음에 걸리며 차에 실리가는 모섭을 보니 아주 서운한 마음 검치[금하지]을 못하게더라.
그리고 벼논에 2차 약 살포을 해쓰며 아래들과 봉답에만 약 살포을 하고 마라쓰며 벼들이 날이 갈수록 검어저며 너무 가해서 극정이 크구나.
오늘 처음 세탁기 가동을 시키는돼 가동이 돼지을 안으며 우리가 보단을 이거 저거 눌러도 돼지을 안아서 세탁기 있는 집에 사람을 불어와서 소동 벌리도 아무도 아는 사람이 업쓰며 신형이라 아는 사람이 업쓰서 대리점으로 열락을 해보지 표준만 눌리며 자연적으로 세탁이 댄다고 하며 물이 한정까지 차야 돌라간다고 이야기을 하더라. 그래서 세탁기에 자동 모타로 연결을 하여주니 자연적으로 대는 것을 법석을 부리다.
오늘은 세탁기을 어더와 가동이 돼고 세탁기 가동을 하고 다들 잘 돼니 아이들이 더 좋아하는 모섭 좋더라.

〈1988년 7월 31일 일요일 낡씨 맑음〉

오늘로서 벼 살충제을 2회을 살포을 하여쓰며 살충제가 모자라서 웃뜰 논에만 살충제을 쓰지 않코 문고병 약만 살포을 하고 그 남어지 논은 다들 살충제을 혼용을 해서 약 살포을 (두 번)을 안전이 살포을 한 셈이며 싸락약까지는 셋 번을 한 셈이다.
오늘 약을 살포을 하면서 보니 벼가 너무 가한 곳이 섯너 자리가 돼며 자신은 이곳에 이삭 거름을 할려고 작정을 한 곳인돼 이삭 거름을 급이 나서 하지 않아뜬 것이 천만다행이라고 생각을 한다. 이삭 거름을 하지 않아도 벼들이 넘어 좋으며 도복이 돼지 않을까 염려가 끄며 복판에는 소똥이 들어가서 그른지 이삭 거름 시기 전까지 노라떠니 이제와서 껌어저며 벼가 너무 좋아저는돼 농사을 버린 것이 아닌가 생각이 돼며 이제는 뒤 날씨만 좋키을 바랄 뿐이다.
저축 송아지 돈 400,000만 원
지출에 … 농약 1,800원

〈1988년 8월 1일 월요일 낡씨 맑음〉

"한 달이 일주일 가는 너킴이며 세월 이처름 빨리 가는 줄 어너 누구도 생각을 못하리라고 생각을 해본다. 외냐하면 자기 몸도 이 세월처름 자신도 모러게 늙어가고 있쓰니까 가는 세월 잡지는 못하지만 인간이 늙어간다는 것을 어느 누구 업씨 좋아하지 안으리라."
오전에는 이웃 논 두룸을 매지을 안으니까 자신의 피해도 똑같이 있쓰며 실지 내 논이

낮키 때문에 피해가 더 있따고 본다. 이것을 그냥 두고 볼라니 내 피해가 더 만원 것 같다서 오전에는 남의 일로 오전을 보냇따고 생각을 한다.
"오후에는 고추밭에 누루가 내리와서 고추와 고추나무을 몰강스렵게 떠드먹고 있쓰서 요 노류을 잡아야 고추 농사을 짓지 잡지 않으며 고추는 구경을 할 수가 업쓸 끝 같다서 오늘 노루 목매을 만들어서 노와두어쓰며 목매 실력이 업쓰서 잡필란지 몰개꾸나."
그리고 작과 밭에 여름 전지을 할련니 날씨가 더어서 일이 제되로 안돼 전지을 하는돼 얼마 못하게더라. 전지을 한 곳에는 빛이 만되로 들어오는 것을 보며 전지을 하여두며 내년에 열매는 꽃눈이 좋아서 낙화 업씨 돼리라는 생각을 하면서도 날씨 더어 작업이 안 대서 극정이다.
지출에 … 돼지고기 포장류 2개 3,600원

〈1988년 8월 2일 화요일 낡씨 맑음〉

마을 앞 공장에 잡부로 돈 벌로 갈더니 일은 별로인되 불볕 더이에 일을 할려니 정말 고통이 돼더라. 집배서는 날씨 더어며 오후 5시 되어도 일하로 가기을 주첨하는 때라고 생각을 하는돼 이것은 어떠한 더이라도 시간을 지키야 하니 우리같은 사람은 일은 어떠한 일이라도 급이 안 나는돼 더어서 참기가 그북하며 오후 1시 30분에 가서 작업을 하는돼 외로가 다리는구나.
우리 마을에 공장이 들어쓰며 있는 사람은 손예가 따를란지는 몰라도 업는 사람 바서는 아주 잘 생긴 일이라고 생각을 하며 처음에는 착공을 해서 도중에 부도을 내서 2年관 방취을 하여둔 때 바서는 공장 생활을 하겟나 하는 마음이 들더니 이재와서 건물을 안공을 하여두니 이재는 공장이 허나며 어뒤에 가도 공장이라는 품을 내개쓰며 아주 이치와 모든 것이 안벽한 공장이라고 생각을 한다.

〈1988년 8월 3일 수요일 낡씨 맑음〉

오늘도 삼복드위에 노동일로 돈을 번다고 하는 사람은 오희려 건강에 손에가 돼리라고 생각을 한다. 37도 대는 땡빛에 돈을 번다고 하는 것은 나 혼자의 힘이라는 생각은 아닌 것 같다. 내 힘만으로는 삼복 더이에 돈 번다는 힘이 자절 돼어따고 생각을 한다.
집사람은 이 더이에 돈벌로 가니까 그늘에 있키가 그북하며 미안에서 집사람이 더 마음적으로 고통이 따린다면서 가지 말라고 이야기을 해도 자신의 마음속으로 이번에 돈을 벌어서 옷을 마차서 입을 생각으로 이 더이을 참아서 일을 하는 줄 안다.
"앞 공장에서 더위에 돈을 벌어서 상점에 와서 돈을 쓰고 집배 가지 않코 술 마쉬는 사람들을 보니 머리 말을 해야 할 줄 모려겠쓰며 사람이 이 더위에 수고을 만이 해서 어느 정도 술을 마시는 것은 인정을 하지만 너무 가하다고 생각을 하며 우리 같더며 십원 한 장도 허때게 쓰기가 아까울 껏이며 마음적으로는 가만이 두고 십원 마음이다."

〈1988년 8월 4일 목요일 낡씨 맑음〉

오늘 아침에는 집사람이 생각을 해서 요쇠 돈 번다고 돼지고기을 찌개을 해서 주는돼 반참도 별료 업쓰서 돼지 찌게을 먹어니까 기분이 좋지을 안으며 고기을 먹어서 그련지 우연희 그런지 숫푼을 노니까 이상하게

어지러저는 너킴이 들며 자신이 생각을 해도 오늘 작업을 무사이 하겟나 하는 마음이 쓰쳐가는 기분이 들며 별로 마음은 내키지 않는 출근을 하고 마라쓰며 출근을 해서 작업을 할려고 삼청에 청소하로 가는돼 맑은 정신이 돼지 않코 불안한 감이 앞쓰며 오늘 작업을 욕심을 부리서 한다면 오희려 내 건강에 손에가 올 껏 같다서 몸이 갑짝이 좋찌을 안아서 오늘 일은 그만 두야하겟따면서 집부로 돌아오고 집사람을 돼신 보내고 마라쓰며 집배서 안정을 시킬라고 누어있쓰니 그만 아침 먹은 것을 조금 통화고 활명수을 먹어니 정신이 말아저며 읕마 있쓰니 안전 회복이 돼어서 마음적으로는 휴식을 하여쓰며 하는돼 집사람이 대신 때앙볕에서 일을 하는 생각을 하니 도저이 방에서 휴식이 돼지을 안아서 그만 작과 나무 전지하로 가서 12시가 돼두록 자신도 일을 하여쓰며 오후에 갈려고 마음을 먹고 집사람이 돼신 가고 마랐다.

"자신의 마음속으로 결심을 한 것이 다 무산이 돼고 마랐쓰며 마음적으로 결심을 해도 건강이 따리지을 안으니 실천을 못하니 그 마음이야말로 실망이 따리는 것이 크구나."

오늘 집사람이 처음 잡부로 돈 버는 일은 처음 같서 야관 작업을 밤 11시까지 작업을 하며 2일분의 노임을 준다고 한다면서 그 시간을 다 치우고 들어왔쓰며 집사람이 집배 오지 않으니까 온 식구가 잠을 자지 안코 있는 것을 보니 돈도 좋찌만 앞푸론 야관 작업을 못하게 하여야 되겟따고 생각을 한다.

〈1988년 8월 5일 금요일 낡씨 맑음〉

오전에는 봉답에 물 되고 두룸 콩잎이 너무 좋아서 반 정도로 잘라서 벼에 지장이 좀 들가두록 했쓰며 두룸에 콩을 갈며 실찌 콩을 수학하는 것보다 벼 수학에 지장이 만이저는 것을 알면서도 콩을 자꾸만 갈개더라.

"요줌 날씨가 너무 더어서 일을 도저이 할 수가 업쓰며 요줌 기운이 이상 기온이 일주일 동안 계속 돼고 있쓰며 평균 기온이 37도가 돼니 사람들이 일을 할 수가 업따고 보고 있다."

"자두 값 200,000만 원 저축을 하여쓰며 금년에는 자두값이 저축이 돼는구나."

〈1988년 8월 6일 토요일 낡씨 맑음〉

요줌 고작 일은 할래야 할 수도 업고 논에 물 돼는 작업 아니며 아무 일도 하지 않코 휴식을 하며 정지 나무 밑태서 하로 일과을 보내고 있쓰며 집사람은 이 더이도 불구하고 잡부로 돈 번다고 시간에 억매이고 있쓰며 자신은 집사람은 돈을 한 푼이라도 번다고 예을 쓰는돼 자신은 매일 휴식으로 시간을 보내고 있쓰니 미안한 마음 때문에 하로 가는 것이 펜찌 안쿠나.

그리고 형수와 둘리서 이모부 별세에 문상을 했쓰며 도시에서 이려깨 당하게 돼며 사람이 업쓰서 큰 문제가 돼며 이것을 볼 때는 그래도 촌이 좋다는 생각이 들며 아직까지는 농촌 인심이 좋다는 것을 재삼 느키며 인간은 농촌에 살라야 인간의 본 양심을 가지고 살라간다고 생각을 해본다.

지출에 … 부주 10,000원, 차비 400원
열무 400원
計 10,800원

〈1988년 8월 7일 일요일 낡씨 맑음〉

금일은 숙모 생신이라서 우리 집안키리만

아침 식사을 나누어 먹어쓰며 논에 물 돼는 돼 오전을 보내고 오후에는 숙모의 작과일을 서울로 부치지 않코 무실로 천과 조합으로 자신이 실고 가서 팔라오는돼 20짝만 가지고 가서 141,950원 바다와서 숙모을 주니 서울 시세보다 아주 좋다면서 좋아하길에 자신의 마음 좋으며 자신도 실고 가서 서울 시세보다 적개 바다오며 숙모 보기도 안돼쓸 뿐 아니라 숙모가 조금 힘더는 사람이라고 생각을 하기 때문에 처음 막상 극정한 것은 사실이다.
지출에 … 숙모 생신 5,000원

〈1988년 8월 8일 월요일 낡씨 맑음〉
배추 갈 때에 밑거름을 해서 경운기로 갈라쓰며 밭 이우지에 그냥 둘라 하다 그냥 둘 수가 업쓰서 남의 끄도 갈라주고 올 배추 김매기을 하고 배추에다 살충제을 쳐고 할려니 더어서 힘이 들어쓰며 내 밭만 갈고 배추에 김매기 약 다 해도 일 적어서 덥기 전에 다 할 수 있는돼 남의 일로 진땀을 뺀 셈이다.
"늑뚤에 물 될라고 가보니 도량에는 전채 다 말라쓰며 요줌 벼 이삭이 한참 올라오는돼 물 될라고 생각을 하지 않으며 사람들이 생각을 하기에 엔날과 달라서 만이 생산을 하자 하는 생각이 업고 대는돼 먹자는 생각 밖에 업는 것 같다."

〈1988년 8월 9일 화요일 낡씨 맑음〉
서양바실에 4마지기을 물이 업쓰서 양수기로 관정물을 프는돼 9시간 양수 작업을 해도 제발 초벌돼어진 셈이며 마음에 차두록 양수 작업을 할려며 15기간을 걸일 꺼으로 내다본다. 앞푸로 수일 내로 비가 온다는 것을 계산을 하고 물을 제발 픈기는 정도로 양수 작업을 하여는돼 앞푸로 낡씨가 이러깨 찌어되며 하로 정도 밖에 가지 못 할 껏으로 내다본다.
"요줌 날씨가 너무 찜통같이 더어우니까 사람이 살 수가 업쓸 정도며 농민들은 도저이 일을 할 수가 업쓰며 오히려 낭비을 만이 하고 있다. 농민들은 일을 해야 마음에 살찌노라."

〈1988년 8월 10일 수요일 낡씨 맑음〉
요줌은 열대어 날씨가 계속대니 인간이 견뒤기가 벅찬 날씨며 이른 날씨을 좋아하는 사람들은 회수욕장, 어름과자 만더는 사람들은 일 년 내내 이른 날씨을 바라고 있는 사람이 있쓰며 인간을 다 좋게 못하고 있쓰며 인간의 성미가 제일 불공평하다고 생각을 한다.
"오늘은 벼논에 물을 한 자리만 돼고 종일 휴식을 했따고 생각을 한다. 요줌 날씨가 너무 농민을 예먹이고 있따고 생각을 하며 인간의 직업은 농민이 제일 못하며 이 직업은 제 아무리 열심히 하여도 외부로부터 침입을 다 바드며 노력의 대까업는 직업은 농업이라고 생각을 한다."
지출에 … 인공 수정 제수정 값 2,500원

〈1988년 9월[240] 11일 목요일 낡씨 맑음〉
"오늘로서 기온이 내리가며 오늘같은 날씨는 휴식을 하기에는 아까운 날씨라고 생각을 하면서 휴식을 하든 벗럿이라서 그른지

240) '8월'이나 9월로 잘못 기록하였다.

오늘도 휴식을 한 셈이다."
오전에는 우리 마을 사람만이 물 막아 넌근 작업을 했쓰며 우리 마을로 바서는 언재든지 들이 아래키 때문에 물을 너어도 만이 너어야 하며 보을 해도 대신 사람보다는 만이 해야 물을 바다먹어니 보에 되에서는 대신보다는 열심이 해야 하며 만이 하는 것은 사실이다.
"오늘 서늘한 바람을 마지하니 사람 살 맡이 난다고 해야 올캐지. 다들 좋아서 시운한 감을 여러번 이야기을 하며 열돼어 더이을 오늘 하로에 다들 씨쓰주는 너킴이라고 말을 하고 십다."

〈1988년 8월 12일 금요일 낡씨 흐림〉
기온이 조금 내리가서 돈을 한 푼 더 벌어보자 하는 욕심으로 앞 공장에 같쓰며 막상 기온은 3도, 4도 정도 내리가도 더이는 맡찬가지라고 생각을 한다.
그리고 앞 공장도 수일 내로 끝이 날 껏 같더며 우선 바서는 아직 잡부 버리가 있쓰야 도엄이 돼는되 수일 내로 끝이 난다는 것을 생각을 할 때에 아쉬운 마음이 앞쓰는구나.
지출에 … 경운기 앞밖키 빵구 1,500원

〈1988년 8월 13일 토요일 낡씨 맑음〉
잡부로 돈을 벌기가 조금 수라다고는 보지만 아직은 더이가 여전하다고 생각을 한다.
"노임을 받는 일이라 일하는 것은 실지 아무것도 아닌돼 종일 동안 시간을 지키야 하고 종일 동안 꾸준이 해야 돼며 해절머리는 돈을 받는 일이라고 허전하게 고되고 있따는 것을 너킬 정도 고통이 따리는구나."
"만사 일은 뒤로 하고 비 좀 와주어쓰며 하는 마음뿐이다. 수일 내로가 아니라 한시가 시급하다고 생각을 하며 그려치 안너며 농민이 생외을 먹어야 하니까 비가 시급하며 배추, 무우씨가 너저만 가고 있다."

〈1988년 8월 14일 일요일 낡씨 맑음〉
공장 일이 오늘만 하면 다 한다더니 그 말이 2일이나 미라와쓰며 하로 가면 하로 일거리가 나오고 있쓰며 우리로 바서는 일그리가 만이 나와쓰며 하는 마음뿐이다.
"그리고 대학생들의 통일 놀란 때문에 국가 안정이 헌들일 정도며 매일 대모나 하고 국가 제산에다 불이나 지루고 교통 차단이나 하고 국가 재산을 너무 파게을 제미로 하는 식으로 하고 있쓰니 학생들이 너무한다는 마음이 앞쓰며 우리가 생각을 할 때는 국가 재산에 손에을 가게 하는 자는 다시 회생을 못하두록 엄벌을 취해주며 국민이 생각을 할 때는 이제 올림픽이 한 달 정도 두고 학생들이 훌란을 준다는 것은 생각을 할 여유도 업다고 생각을 하며 적개 생각을 하며 과정에 잔취 날은 받다 노코 집안에서 싸음만 한다면 그 집안은 어른도 업고 아래 우예가 업쓰며 그 집안은 풍기박산이 눈앞에 있따고 해도 무리되는 말은 아니라고 생각을 하며 이재는 대학생들도 자재을 해서 우리 대학생들이 나와 손님을 마지하는 대학생이 대어주어쓰며 하는 마음이며 실찌 나라가 부강하고 발전을 할려며 우리 대학생들이 발 벗고 일을 해야 한다고 생각을 한다."

〈1988년 8월 15일 월요일 낡씨 문지, 비〉
비가 있처름 오기 실은지 올 뜻 올 뜻 하면서 오지 않코 사람의 간장을 태우며 비가 오지 않으니 정말 예가 따는구나. 비가 와야 무우, 배추을 갈라야 하는돼 배추가 너저만 가는돼 아쉬운 마음 검치 못하겠다.
오늘로서 공장에 잡부일을 끝을 냇쓰며 논에 물 땔 극정을 바서는 공장일이 끝이 나서 한편으로 깨운하고 한편으로는 돈을 더 벌어쓰며 하는 마음이 머리에 남아도 있꾸나. 이번에 금새라도 쏘다질 뜻한 날씨가 멧칠이 돼어도 비가 한 번 오지 않는 것을 보며 금년 농사가 풍년을 주지 않코 숭년을 짓을라고 이려깨 비가 오지 않는 것이 아닌가 하는 염려도 돼며 나중에 벼가 출수을 할 때에 때 아닌 비가 쏘다절 껏이 아닌가 하는 염려가 간다.
앞 공장에 잡부로 일한 것이 집사람이 6일, 자신이 6일 합이 12일이며 경운기가 1일을 함셈이다.

〈1988년 8월 16일 화요일 낡씨 비〉

들판을 오래만에 돌라보니 칠성벼는 벌서 출수을 다 하고 상강벼는 반 정도 출수을 하고 있쓰며 벼 바서는 비을 바랄 때가 아니라고 생각을, 무우, 배추 바서는 비가 좀 아야하는돼 오늘 비도 채소비가 적고 있쓰니 배추 비는 적으서 금년 배추가 너저만 가고 있다.
"오늘 오후에는 혜지 안경 점검을 해서 갈라줄라고 김천 안경점을 같떠니 안경점이 다들 공휴일 관판을 달라노코 업더라. 그래서 안경 점검을 못하고 그만 돌라오고 마랐다."
우리 혜지가 나보다 더 야물다는 것을 너켜쓰며 음식점에 문 앞패서 혜지 맡있는 것을 사줄라고 사정을 하다시피 해도 돈 들어간다고 그절을 해서 아무겄도 먹도 못하고 말라쓰며 무선 물건을 사는돼도 아주 까다려우며 자신과는 대조도 못 할 만춤 야문 말이 있쓰며 자신이 마음속으로는 상당이 기분이 좋은 캐감을 가지고 돌라온 셈이다.
지출에 … 쇠고기 5,200원, 당근 300원,
빵 900원 차비 660원
計 7,060원

〈1988년 8월 17일 수요일 낡씨 비〉

오늘은 어재 이슬비가 온 것을 맞추어서 무우, 배추을 간다고 채소을 간다고 다들 앞 다투어 갈라쓰며 채소밭에 사람들이 대신 1, 2, 3동이 사람들이 다들 나와서 배추 파종을 하는돼 피란 나와서 움직이는 것쳐름 사람이 만으며 자신이 배추 씨을 파종하면서 비가 오지 않아서 밭치 하야며 갈라도 돼지 않을 껏 같터며 씨 값 씨만 버리는 것이 아닌가 하는 마음이 앞쓰는구나.
"오후에는 집사람과 둘리서 세집배 참깨 수학을 하는돼 거들어주어쓰며 경운기로 두 바리 실어다낮쓰며 아직 반 정도 수학을 했따고 생각을 하며 오늘 세집배 참깨 수학을 참 잘했따고 생각을 한다. 외냐하며 집배 와서 조금 있쓰니까 소낙이가 쏘다저며 이번 비가 벼에는 필요도 업는돼 배추 바서는 잘 온다고 생각을 하지만 벼에는 비상이라고 생각을 한다."[241)]
지출에 … 사료 4포 15,400원, 라면
1,000원, 후리듬 1,000 국수
1,500원, 공낙금 혜지, 혜영이
80,340원
計 99,240원

241) 이 내용은 일기 지면 상단에 따로 기록되어 있다. '8月 17日 무우, 배추 파종함'이라고 기록하였다.

〈1988년 8월 18일 목요일 낡씨 비〉

요즘 날씨가 한차례 비가 내리고 있쓰니 벼 출수을 하고 있는듸 비로 인하여 수학만 떨러지게 하고 있쓰며 벌서부터 이러개 만들 끄라고 생각을 했쓰며 이재는 비가 그만 와야 풍년을 약속을 할 수 있는돼 매일 한차례 비가 내리서 극정이다.

오전에는 세집배 참깨 묵끄서 세우는 작업을 하여쓰며 오후에는 들래 한 밖키 돌라 받쓰며 어재 무우, 배추 파종을 한 것이 소낙이가 내리서 파종한 씨 값 씨가 티어나 와쓰며 소낙이 때문에 흙이 다 뒤저 씨 갑 씨가 땅 박에 나올 수가 있쓸련지 궁금도 하구나.

"정부가 너무나 낭비을 만이 하는 정취 생할을 하고 있쓰며 오늘도 올림픽 30일 축제니 하면서 메스콤이 더 낭비을 만이 하는 것을 보이며 오늘은 우리 운이가 축제 한다고 풍선을 수십만 개을 하늘로 올리는데 그 풍선을 보고 저 풍선 값은 어뒤서 나오는가 하고 물을 때에 어떠게 대답을 해야 올런지 그저 낭비을 저러개 하여야 하는지 그 풍선이 비가 오니까 하늘로 날라버리지 못하고 한강으로 날려서 떠내려가는 것을 볼 때에 저것은 누가 치우는지 알 수가 업쓰며 정부나 과정이나 분수에 맡찌 않캐 낭비을 만이 하는 것이 극정을 아니 할 수가 업꾸나."

〈1988년 8월 19일 금요일 낡씨 맑음〉

금일은 작과 나무 여름 전지을 하여쓰며 전지을 안전이 못하고 속아내는 작업만 하고 말라쓰며 대충만 해도 하로 반을 한 셈이다. 사람이 힘이 들어도 안전이 하여두며 작과 나무에 좋찌만 힘이 들어서 대충하는 것으로 작과 전지는 끝을 내고 마랐다. 금년에 풍작이 돼어야 하는듸 중앙 기상대는 토요일, 일요일 양 일에는 비가 온다고 하니 출수한 벼에 손에을 보이는 것 아니냐, 또 작년 모양 물로 숭년을 만들 껏이 아니냐 하는 생각에 머리가 어지렵꾸나. 연이티 숭년을 만들며 농민은 더 힘이 들게 살라가야 하며 적자 생활을 하면서 살라가야 하니 올해는 대풍년을 만들어주야 한다고 생각을 한다.

"중단대어뜬 남북 회담이 오늘 오전을 기회서 열려쓰며 진정 통일을 원한다면 쌍방에 의견 차이로 중단이 돼어는돼 이재는 의견을 차이을 둘 필요가 무었시 인나. 북한 동포들 하자하는 돼로 한다면 우선 접촉이 될 끄시며 우선은 손예가 가고 채면이 쓰지 않는 한이 있쓰도 통일을 성사 시키며 그것이 이기는 일이며 외면의 차이로 또 중단된다면 우리 쪽에도 통일의 의사가 업따고 자신은 말을 하고 십다."

〈1988년 8월 20일 토요일 낡씨 비〉

오전에는 집사람과 둘리가 가서 참깨 수학을 안전이 하여쓰며 오후에는 집사람만 참깨 나무을 묵끄서 세우는듸 그들어주어쓰며 자신은 나무 전지을 한 것을 단으로 묵는듸 오후 시간을 보내쓰며 저녁 때는 비가 내리는돼 시작을 하면서 크게 비가 내리니 벼 농사을 다 망칠라고 더는 기분이 들며 요즘 일기가 불순해서 벼 농사 망칠까 황상 마음이 불란하구나.

"이번에도 남북 적십자 회담이 의견 차이을 쬬피지을 못하고 무산이 돼고 마라따니 통일 회담이 외 번번이 실패돼는 위유을 몰개 쓰며 이번에 한번 더 접촉을 한다니 그때을 기대을 해보야 하게꾸나. 통일에는 무선 족끈이 있쓸 수가 업따고 본다."

〈1988년 8월 21일 일요일 낡씨 비〉

오전은 어영부영 하다 아무 일도 못하고 오후에는 집사람과 둘리서 채소밭에 갇더니 한 곳은 그른돼로 잘 낮뜬돼 한 곳은 아주 안 낮떠라. 그래서 집사람이 한 벌 머더리 다십피 파종을 하고 마랐다. 채소는 씨가 잘 쓰야 채소 농사을 잘 짓는돼 배추씨을 가리서 올 배추 농사는 신통찬은 것이 아닌가 하고 생각이 더는구나.

"그리고 웃뜰래는 자신이 농사을 짓고는 처음 농사을 잘 짓어따고 생각을 하며 앞푸로 태풍만 잘 지나간다면 대풍년을 기대을 한다."

지출에 … 아빠 남방 3,000원, 세탁기 뜨개와 비계통 3,000원 통조림, 화장지 2,000원, 빵 720원, 신 800원 석고가루 300원, 찰흙, 샤프심, 샤프, 화선지 1,100원 아빠 넌닝구, 팬티 1,600원, 차비 540원
計 13,060원

〈1988년 8월 22일 월요일 낡씨 맑음〉

집배서 일을 할 때는 구미 잡부일을 해서 돈을 벌러야지 하는 마음 때문에 집배 일이 안 대더니 실지 오늘부터 구미 공장에 잡부로 일을 해보니 내 몸이 이처름 새약했는가, 혈압우로 이처름 허댕대겟쓰며 나이 만은 사람이 아무 일도 업씨 일을 잘 하고 있는돼 자신은 버스에서 시달림을 너키게쓰며 하로 일을 하는돼 생외로 했쓰며 오늘은 억찌로 하여쓰며 도중에 포기을 할려고 멧번 생각을 하다 우리 마을 사람 때문에 참고 일을 했따고 생각을 한다.

"금일은 내 몸이 이처름 나약했따는 것을 오늘 일터에서 알라쓰며 혈압으로 그른지 이장에서 그른지는는 학실이 모러겟쓰며 내 몸이 개로운 것은 사실이며 자신이 벌서 공사판에 잡부을 못 한다며 어떠게 하나, 이거 다 살란 것이 아닌가 하는 생각이 앞쓰며 서운감을 버릴 수가 업꾸나."

지출에 … 카스 명수, 차비 950원

〈1988년 8월 23일 화요일 낡씨 맑음〉

어재 일로 바서는 억찌로 하여쓰며 어재 생각에는 오늘은 실라고 마음을 먹어쓰며 어재 저녁에는 잠도 셋 시간 정도 밖에 자지 못 했쓰며 자신이 생각을 하기에는 하로을 하고 그만 둔다니 이거 말이 안 대며 동내 아주마도 5명이 같이 일을 하는돼 동내 아주마들은 하로을 하고 뒤다고 안 나온다면 어떠게 생각을 할까 그 사람들이 자신의 건강을 어떠게 생각을 할까 막상 두렵떠라. 그래서 오늘은 집사람이 가지 마라고 밥도 시간을 맡차서 하지 안아서 십분 전에 불이 불이야 해서 밥을 한 숫가락 먹고는 일터에 갈려고 뻐스을 기다리는돼 사람이 힘이 업쓰며 도저이 할 수가 업따는 생각에 뻐스을 안 탈라 하다 남 눈을 바서 뻐스에 몸을 실고 가는돼 내 마음어로 가지 않아쓰며 막상 작업장에서 돌라올라고 하니 반장이 조금 수란 것을 시키면서 살살하라고 해서 참아가면서 일을 하니 억찌로 오전 일하고 오후에 올라고 마음을 먹고 정심 식사을 하고나니 몸이 편한 감이 들며 오후에 일을 참아가면서 하면 할껏 같다서 참고 일을 했쓰며 이곳은 주관만 하면 수라겟는돼 매일 야관을 하여야

하니 우리는 부담이 상당이 만이 가고 있다. 오늘도 야관을 억찌로 주이 동료들이 같이 해야 한다면서 이야기도 하고 그중에서도 다들 60십 노인이다. 이 사람들이 매일 관을 하는돼 자신이 그 사람들의 앞패서 야관을 하지 않코 온다는 것을 생각을 할 때에 말이 안 대서 설마 죽찌는 않캐찌 하는 마음으로 오늘 일을 억찌로 한 셈이며 오늘 일을 맡치고 자신이 어른들을 술 한 잔 바다주니 고맡게 자시는 모섭을 보니 내 기분이 좋더라.

"그리고 오늘같은 날에는 반장이 한 잔을 바다주야 하는돼 바다주지 않으니까 다들 사기가 죽어저는 것을 볼 때에 일꾼을 잘 다리야 하는돼 하는 너킴이 앞쓰더라."

지출에 … 구론산, 술, 차비 2,600원

〈1988년 8월 24일 수요일 낡씨 맑음〉

어재 일을 하면서 그처름 곤욕을 치루고 내일은 이 내 몸을 생각을 해서는 돈이 아무리 좋아도 좀 쉬야 하겟다 오늘만 참자 하는 식으로 참아서 야관까지 다 하고 돌라왔는돼 그날 저녁에는 잠을 잘 자서 몸은 깨운한 기분이 들며 어재도 했는돼 하고 일터에 간다고 집사람에깨 준비을 하라고 하면서 아침 밥을 조금 먹고 집을 나스서 뻐스 승강장에 있쓰니까 마음이 헌들리며 자신의 마음과는 달리 움직이는 것을 느킬 수가 있쓰며 그래도 참고 오늘만 참고 하자 하는 식으로 뻐스을 타고 가는돼 자신은 그전에 보며 멀미을 안 아며 차을 더 타스며 하는 사람인돼 차 멀리을 하는 것을 보니 자신은 이재 다 늙어버린 것이 아닌가 생각이 들며 아직 이래서는 안 대는대 하고 내 마음을 가다듬어도 머리에서 떠나지을 안으며 그 감을 뻐스 안에서 정리을 하지 못하고 뻐스에서 내리니 오늘 일을 참키가 힘이 들끄라는 예감이 들며 현장에 가서 작업 지쉬을 받고 개단을 올라다니니 내 마음이 마음대로 안 대며 그저 안저서 쉬고 십픈 마음 밖에 업쓰서며 자신의 욕심으로 개속 참고 한다면 오희려 돈을 만이 쓰는 것이 아닐까 하는 너킴이 들어서 그만 반장에깨 도저이 못하겟따고 하면서 미안하고 하면서 돌라오고 마라쓰며 돌라오는 길에 자신을 생각을 할 때 기가 찬다. 자신보다 나이 만은 사람들 다들 하는돼 자신은 이것도 못하고 삼일도 넌기지 못하고 포기을 하는 자신, 이 몸이 다 부스저도 이세들 뒤바라지 할 결심을 하여뜬 자신이 벌서 주저안저야 하는 자신을 생각을 하니 그저 울고십픈 마음이며 자신도 옛날에는 잡부을 할 때에 권 씨 정말 지독하다는 말도 들은 자신이 벌쓰 주저안저야 하나 생각을 할 때에 무라고 말을 할 수가 업쓰며 이제는 무었수로 돈을 벌어야 하나 하는 생각을 돌리야 하니 생각을 해도 좋은 생각이 머리에 떠오려지 않으며 집배 오니 집사람이 업더라. 엄마 어뒤 갇나 하니까 당산에 두룸 풀 비로 갇다고 하길래 곳바로 경운기을 몰고 가서 같치 두룸 풀을 베는되 같이 하여쓰며 오늘 집배 오지 않아따면 이 만은 풀을 미아까로 같다 나룬다면 집사람을 예을 먹이깨꾸나 하는 생각이 드는구나.

"그리고 집사람은 잘 오시따고 하면서 집배 일도 만타고 하면서 자신을 위로하지만 내 몸이 나약해따는 것을 서운한 감을 가지지나 않아는지 몰개꾸나."

지출에 … 뻐스 600원

〈1988년 8월 25일 목요일 낡씨 비〉

오전에는 당산 두룸과 뒤뚝에 안전이 풀을 제거하고 오후에는 봉답에 뒤뚝으로 풀 재거을 하여쓰며 이제는 벼논에 풀 제거는 오늘로 끝을 낸 셈인 것 같꾸나. 그리고 오후에는 작과나무 전지한 것을 단으로 안전이 묵끄쓰며 하로 일과들이 망우리 작업이 돼어가는 맏으로 하고 있다.

우리 운이가 오늘로 방학이 끝이 낫쓰며 우리 운이가 학교 다닐 때에는 학교에 같다오면 책 보따리만 같다 노며 놀로을 가서 저의 아빠가 때리도 안대고 달래도 안대뜬 아이가 방학을 하고 나니 집배서만 놀지 밭같을 잘 안가며 아주 밭같을 안 간다고 해야 하겟꾸나. 집배서 저의 누나하고 집배만 있쓰도 공부는 하지 안는 편이며 그래도 나가서 놀지 않코 집배서만 있는 것이 을마나 좋은이 이 아빠는 글로서는 표현을 못하게 쓰며 우리 운이가 조금 더 자라면 공부을 할 수 있는 아이라고 생각을 하며 올 여름 방학동안에 집배만 있는 긍찌을 보고도 알 수 있따고 생각을 하며 앞푸론 공부을 열심이 하리라고 생각을 한다.

"오늘 앞 도로에 봉송 주자들 연습으로 주자들만 뛰는되 교통을 차단을 하고 경찰 백치는 다들 동원을 시킨것인가 주자들 연습을 하는돼 저쳐름 낭비을 지키야 하는가 우리로서는 납득이 가지을 안으며 오늘 정자나무에 모여 있는 사람은 다들 너무한다고 말을 하며 이것 뿐 아니라 봉송로 주위에는 무상으로 담을 다 싸주며 무상으로 다들 뺑키칠 다 해주고 변소도 보기 실은 것은 다들 스레드로 해주며 봉송로 주이는 햇땍을 상당이 만이 밭쓰며 국민의 세금으로 국민 전채가 고로 바야지 특별 지억에만 득을 보이는 이유을 몰갯쓰며 자신이 볼 때는 낮뿌게 말을 한다면 창녀들 얼굴에 배니 발라서 보기 좋게 하며 무었을 하니 속이 맑고 마음이 발라야 곱게 성장을 하지 그러치 않코는 성장을 바랄 수가 업노라."

〈1988년 8월 26일 금요일 낡씨 맑음〉

오늘은 세집배 숙모가 참깨을 한 말을 가지고 와떠라. 자신이 숙모님예깨 일은 자신이 만이 그들지만 자신이 숙모님 득을 만이 보고 있쓰며 숙모님이 우리들에깨는 아주 잘 해주고 있다. 우리도 잘 해주야 하게쓰며 앞푸로도 노력을 만이 해야하게쓰며 따지고 보며 부모나 다름이 업따.

오전에는 집사람과 둘리서 세집 밭태 참깨 푸리을 뽑고 시금치을 갈라 볼까 하는 마음으로 참깨 푸리을 뽑아쓰며 오후에는 들판을 오래 보지을 안아서 돌라보니 벼 출수을 한 것을 보니 정말 탐스러어며 얼마든지 바라보고 십픈 마음이며 볼수록 아름답고 좋은 감을 다들 가진 것 같떠며 올해는 대풍이라는 예감은 머리에서는 떠나지을 안는구나.

〈1988년 8월 27일 토요일 낡씨 비〉

오늘도 참깨 뿌리을 뽑고 내년 봄에 먹을 시금치와 삼동추을 갈라서 잘 돼며 시장에 팔 욕심으로 가랑비을 마저가면서 준비을 하여쓰며 그리고 이번에 잡부로 돈을 벌로 가서 도중에 중단을 해서 그 타격으로 오늘 비을 마저가면서 일을 열심이 한 것은 사실이다. 이재는 공장에 잡부 일도 못하고 목수 노릇을 못하는 자신이 이재는 돈 버는 일은 아무것도 못하니 이재 활 일은 농사일 밖에 업따는 것을 이미 생각을 하여쓰니 잡음을 버리고 열심이 살라야 자신의 도음밖에 업따고 생각을 하고 오늘도 비을 마저며 종일 참깨 뿌리와 김매기 하는 것으로 하로을 보내고 마랐다.

"오늘은 집사람 뿐 아니라 자신도 상당이 좋은 날이라고 생각을 하며 외냐하며 난생 처음 참깨 농사을 짓어서 참기름 짜로 같쓰니 의이 집사람이 기분이 안 조을리 업쓰며 오늘날까지 참깨 기름은 박카스 병으로 1,000원 주고 사오며 달월 이집뿔두록 먹어며 손 끝이 야문 집사람이 돈이 아까어서 박카스병도 잘 사지 않코 그냥 살라온 집사람이 참깨 보따리로 참기름 짜로 같쓰니 그 기분 무엇에 비와리까. 여때것 농사을 지어도 참깨 사랑만침 좋은 기쁨을 너켜보지 못한 자신이다"

〈1988년 8월 28일 일요일 낢씨 맑음〉

오전에는 집사람과 둘리서 채소밭을 김매기와 약 살포을 하여쓰며 채소밭 한 군대는 씨가 그대로 잘 썼다고 생각을 하며 한 군대는 씨가 잘 섯지을 안아서 머더리는돼 셋 번을 해도 씨가 잘 섯지 안는 것을 보며 배추 농사가 잘 댄다는 것을 밑지 않는다.

그리고 오후에는 김천 동서 병문을 둘리서 들리쓰며 풍우로 몸 저 누어있는 줄 알라떠니 용켸 회복이 돼어서 이발 일을 하고 있더라. 자신이 생각을 할 때에 너무 무리하게 일을 한다고 생각을 한다. 자신도 혈압을 가지고 있찌만 이 병이말로 정말 제일 낮번 병이라고 생각을 하며 자식들래깨 미안한 감이 항상 떠나지을 않는다. 자신이 혈합만 아니며 구미 공단 작업장에 가며 을마든지 돈을 벌 수가 있쓰며 자신의 계산으로는 소을 팔고 본격적으로 구미로 돈 벌로 갈 결심을 하여는되 이것이 엔말인가 몸이 하락을 하지 않코 마음만 있쓰니 이 고통은 누가 알리까. 이 심정 안정을 할려니 힘이 더는구나.

지출 … 병문안 8,100원, 아빠 약 700원,
소아제 1,000원, 무우 1,000
식빵 1,350원, 차비 800원
計 12,950원

〈1988년 8월 29일 월요일 낢씨 맑음〉

세집배 바시내이 밭 참깨 후작으로 시금치, 삼동추 씨 파종을 하다 자신이 요줌 마음이 집중이 돼지을 안코 누어쓰며 하는 마음이 자신 요줌 배가 소화가 한 개도 대지 않코 마음으로 바서는 한배가 돼는 기분이며 마음이 불란한 감을 마니 가지는 셈이다. 그래서 집배서 좀 쉬어볼라고 일하든 것을 집사람에 미루고 집배 드러오고 마랐다. 오후에는 사람이 푹 시니까 마음이 말라저며 마음의 집중이 좀 되는 너킴이며 자신도 혈압이라서 그른지 몸이 새약해서 채고 가로해서 그른지 몰개쓰며 집사람은 병원에을 가보자고 하지만 혈압이 높키 때문에 병원도 잘 생각을 해서 가야지 하는 마음 때문에 습적 병원에 가고 십픈 마음이 들지을 안으며 5年 전에 병원에서 혈압으로 다루다 죽을 욕을 바서 벼원에 가기도 급이 나는구나.

〈1988년 8월 30일 화요일 낢씨 맑음〉

오늘은 자신의 몸이 회복이 여전한 것 같다서 집사람과 둘리서 김천 이내과 병원에 갈쓰며 진찰을 해보니 혈압은 조금 노푸고 별다른 말 업씨 주사만 한 대 주고 약을 2일 분만을 주고 낮찌 않크든 오라는 말박에 하지 않더라. 이번에는 병원예을 가도 급을 주는 맡이 업쓰며 수라더라. 그리고 의료증이 있쓰니까 질료하는돼 부담이 업쓰며 보험료을 매달 줄 때는 돈이 아깝고 큰 낭비라고 생각을 했찌만 이번에 처음 병원에 진찰비와 약값을 쵯도 2,000원 밖에 달라고 하지 않으니 공끄라는 맡이 나며 서료가 도와가면서 살라가야 인간 생활을 할 수가 있따는 것을 한 번 너켜 보았다. 오후에는 병원에서 주사을 마자서 그른지 속이 깨운한 감이 들며 마음이 편하며 방에서 시간을 보내기가 지루하기 짝이 업쓰며 답답한 마음을 업쌔기 위해서 고추밭에 나방약을 살포을 해보니 사람이 죽 먹고 살지 못하게꾸나. 자신의 마음이 헌들리며 몸까 후들거리는 기분을 가지쓰며 요줌은 엔만하면 자리에 누어며 안 댄다는 느킴이 머리에 터나지을 안는구나.

지출에 … 병원비 값 2,000, 차비 800원
計 2,800원

〈1988년 8월 31일 수요일 낡씨 맑음〉

금일은 집사람과 둘리서 채소밭 김매기와 약 살포을 하는 것으로 김매기을 끝을 내고 오후에는 휴식을 하고 있쓰니까 동내 소 장사 와 우리 송아지와 어미와 같이 다 팔라고 하면서 건유을 처음 할 때는 사절을 하고 이번에는 집배서 송아지을 안 팔라고 작정을 했쓰며 먼저 번에는 집배서 팔라서 손예을 본 것 같다서 이번에는 김천 장에 가서 송아지을 팔려고 작정을 했는 이번에 어미 소와 같이 팔라는 바람에 본 동 사람의 건유로 또 당한 기분이 들며 팔고 나니 상당이 만이 당한 너킴이 들어서 영 기분이 좋찌을 안아서 하로의 일과가 서운한 일과가 돼어따고 생각을 한다.

오늘 송아지와 어미 소 가격이 1,730,000원
수입에 … 소 값 송아지 1,730,000원

〈1988년 9월 1일 목요일 낡씨 맑음〉

어재 송아지와 어미소을 잘못 팔아서 그른지 신경을 쓰서 그른지 밤잠을 셋 시간 정도밖에 못 자서 아침에 일어나니 오늘 아무 일도 못 할 껏 같떠며 자신의 마음으로 바서는 종일 휴식을 하여쓰며 하는 마음인돼 용만에 저장고 짓는돼 오비 공구리 철라고 준비한다고 이야기을 들어쓰며 자신은 몸이 불편하지만 그쪽에서는 나처름 생각을 하지 않을 것 같떠며 자신이 가서 일은 하지 않아도 방식이라도 갈치주야 하겟다는 생각으로 오전 내 그들어주었다.

오후에는 병원에 같다오는 것으로 하로 일과을 보내고 마랐다. 그리고 자신이 몸이 불편해서 앞 공장에 잡부 일한 것을 돈을 주지 않아서 벌써부터 마을 아주마와 구미사모소 가서 야단을 철라고 하는 것을 회사에 원재 준다고 하는돼 참아보자고 하면서 자신이 억재해왔는돼 오늘날까지 준다 준다 하면서 주지 않아서 오늘은 집사람하고 여자들만 5명이 회사에 차저가서 돈 바들라고 같쓰며 돈도 한 푼 밭지 못하고 정심도 굴머따고 하며 저녁 때에 들어오는데 얼굴이 아주 피료한 기색으로 들어오는 것을 보니 마음에 글리며 자신이 신경을 쓰지 않을라고 하니 집사람 고생을 하며 정심을 굴머쓰니 오직 필요가 따리겟나 하는 생각에 다들 너무했따는 생각이 들며 회사에 감정이 들어가는구나. 외냐하며 (조 씨) 하는 말에는 자기가 돈을 가지고 있는돼 권 씨가 사람을 1명 되리고 와서 일을 하고 갈 때에 돈을 가지고 가라고 하든이 이것이 잡부가 업쓰서 사람 구할 욕심으로 이야기한 것이구나 하는 생각이 앞쓰며 사람이 그진말을 하는 것이 개씸하구나.242)
지출에 … 병원비 1,500원, 차비 400원
計 1,900원

〈1988년 9월 2일 금요일 낡씨 흐림〉
오늘은 용만 큰집배 오비 공구리 쳐는돼 일 그들어주었쓰며 내 몸이 이처름 불편을 무렵쓰고 일 그들어주는 것을 알겟나 하는 마음이 들며 한편 내 몸이 상해가면서 일하는 것은 아무도 모려며 나만이 아는 일이며 자신이 판단을 해서 일을 거들어주야 하는돼 이것은 자신이 너무리로 하고 있따는 생각이 머리에 남와있꾸나.
그리고 저녁 때에 구미 일한 것을 돈을 찾저서 동내 아주마가 주길에 고맙더라. 한군돼는 오래 땐 것도 돈을 못 바다서 날리인돼 이것은 아직 일 적으서 생각도 아난 일인돼 돈을 주니 반값드라. (2일 주관 야관) 40,500원
수입에 … 공장에 잡부 노임 40,500원

〈1988년 9월 3일 토요일 낡씨 흐림〉
육촌 형님 딸 경림이 결혼 준비한다고 해서 형님 집배 가니 남자들은 아무 활 일도 업쓰며 예식을 공주로 가서 식을 올리니 여기에서는 아무겄도 하지 않는 편이다.
육촌 형님 딸 결혼에 들어가는 비용이 간소하게 해도 700백만 원 들어간다고 하니 딸 가진 사람은 무리가 만이 따리는구나. 형님도 딸 전문 대학을 시킬 때는 학교 시키는 대까로 결혼 비용은 안 알라고 작정을 하고 시킨 것이 막상 글고 나니 안 알 수가 업고 딸은 한 푼 벌지 않코 생돈으로 700백 들어가니 농촌에서는 큰 부담이 아닐 수가 업다.
수입에 … 집사람 노임에 5일 반에
60,000원 자신의 노임 6일
경운기 20,000원 84,000원
計 164,000원

〈1988년 9월 4일 일요일 낡씨 맑음〉
오늘은 육촌 형님 딸 경님이 결혼식을 공주 목화예식장에서 올린다고 관광 뻐스을 전세을 내서 공주까지 같쓰며 공주가 적찌는 하지만 아담한 감이 더는구나. 그리고 공주 박물관에 관람을 해보니 실째 건물보다 보관물이 미급한 감이 들더라.
지출에 … 부주 10,000원

〈1988년 9월 5일 월요일 낡씨 흐림〉
오전에는 앞 도로 봉송 주자들이 간다고 동민들 다 나와달라고 하며 여자들은 한복을 입고 나와달라고 부탁을 하며 오늘은 봉송대는 것을 보기 위에서 동민들이 전원이 다들 나와쓰며 봉송하는돼 단 오 분도 글리지 안는 봉송에 너무 낭비을 만이 한 것 같떠며 업는 나라서 생각 업씨 잔취을 벌린다고 생각을 하며 우리 국민답게 당당한 기세을 보여서 실속 있는 잔취을 벌리야 득이 돼리라.
요줌 매일 기상대는 한 두 차례 비가 온다고 해도 하늘은 비가 오지 않코 벼논이 말란 농민들은 하늘은 수십번 바라만 볼 뿐 비는 오지 않코 예타는 이 마음 달랠 길 업

242) 이 내용은 일기 지면 상단에 따로 기록되어 있다. '9月 1日 ~~윤창희 씨 百萬원 차용해감~~' 이라고 기록하였다.

쓰서 양수기을 들고 양수 작업을 하로 가서 벼논에 물을 프니 예만 달래는 것보다 심리적으로 편하구나. 오늘 양수 작업은 재발 푼기는돼 5시간 작업을 한 셈이다.
그리고 봉송로 주변에 한경 정리에 정국에서 1등 했따고 돼지을 기증을 바든 셈이며 이것을 잡아서 온 동민이 돼지 돌부리을 한 셈이다. 아포면 전역에 오늘 돼지 잡은 것만 해도 엄청난 돈이라고 생각을 하며 정부는 돈이 무한정으로 있는지 우리가 생각을 활 때에 돈 쓰는 것이 우리가 물 쓰는 것보다 더 허내 보이는구나.
지출에 … 셋값 우유 200원 빵 200원
計 400원

〈1988년 9월 6일 화요일 낡씨 비〉

바라든 비가 내리서 어재 관정에 물 픈 것이 후회가 돼며 하로 정때만 참아도 양수 작업을 5시간은 허비을 안코 돈 낭비을 하지 않아도 될 것을 허때게 해서 마음에 걸리며 아쉬어 하는 마음 검할 길 업꾸나. 오늘 비가 내리서 비 량은 적찌만 벼논에 밭쓰는 아주 잘 온 비라고 생각은 하지만 비가 적어서 해갈은 하로 정도 면할 수가 있쓸까 하는 정도라 어재 양수 작업한 것이 크게 후에하지는 안는다.
"오후에는 채소밭에 살충제 살포와 김매기을 하여쓰며 먼저번에 채소 벌례가 약을 살포을 해도 죽찌 않코 성해서 약을 20씨씨 욕량인돼 40씨씨가 더 되게 약살포을 하여떠니 배추과 어리서 그른지 다들 약해을 입버서 배추과 영 보기가 실어며 자신이 잘못해서 일어난 일이지만 김매기도 하기 실어며 집사람은 약 량을 만이 한다고 하며 잔소리을 하며 배추 꼴을 보니 김매기 하기 실어며 금년에는 배추 농사을 망친 것이 아닌가 하는 마음이 앞쓰는구나."

〈1988년 9월 7일 수요일 낡씨 맑음〉

금일은 아버지 제사라서 김종환 모친 운상에도 가지 완고 부주만 전하고 마랐다.
아버지 제사에 오 형제가 다들 참석을 하여 미느리도 한 사람도 파저지 않코 참석을 하였다.
그리고 오늘은 물 바지가 삭아서 물 바지에서 물이 다 셋는돼 피부이 물 밭지는 벌써 사노코 물 밭뒤을 간다 하면서 갈지 않코 미루어오다 오늘로 물 밭디을 갈라취우는 작업을 하니 보기에도 좋을 뿐 아니라 내 마음이 후련하다.
지출에 … 아버지 제사에 10,000원,
김종환 모친 별세에 5,000
計 15,000원

〈1988년 9월 8일 목요일 낡씨 맑음〉

벼논에 물이 업는 곳에는 낡씨 가물지 보독빛[바닥빛]이 보이는 이 때가 불만이 될련지 모러지만 요줌 낡씨가 벼 이삭 연거는 돼는 아주 잘하는 낡씨라고 생각을 하며 금년에는 대풍작이라고 생각을 가지본다.
그리고 용만 저장고 웃업는돼 일 거들어주어쓰며 생각보다 사람이 만아서 일도 만이 한 셈이다.
우리 운이가 외할머니에깨 전화로 울 집배외 안 오시너야고 전화을 하더니 오늘 활머니가 오시쓰며 자신은 제일 소중하고 선기야 할 사람이 오시니 정말 반가어며 자신은 일적 부모님을 일은 사람이라 처 어머님이라도 한 분 계시니까 좋으며 우리 어머님 대신 할 수 있는 분이라 머라 말을 할 수 업씨 좋으며 자신 황상 부모을 가진 자는 황상 불버[부러워]하는 자신이라 처 어머님이라도 모시고 십프며 외동 처남이 도시로 살로 가고 자신은 처 부모이지만 자신이 모시고 살고 십꾸나. 자신은 우리 어머님이 살라서 오신 겄처름 사랑도 하고 십고 맡있는 음식도 대집하고 십고 구경도 좀 쉬키고 십픈 마음이 머리에 칵 차나 이겄을 행동으로 물질적으로 다 따라야 하니 이겄이 문제에 이며 가슴 아푼 일이구나.

〈1988년 9월 9일 금요일 낡씨 맑음〉

오늘 낡씨는 한여름 낡씨을 보이며 오전은 우연이 골목에서 안저 놀다 다 보내고 오후에는 소 풀 뜻는돼 오후 시간을 다 보내쓰며 낡씨 더어 아무 일도 못 할 정도로 드이가 따리는구나.

그리고 저의 외할머니예깨 하는 짓을 보니 이상할 정도다. 외냐하면 외할머니 선기며 외할머니가 집배 갈까바 전 신경을 다 쓰며 저하고 같이 살자는 것이 어린 나이로 생각을 하는 것이 이 아빠보다 낮따는 생각이 들더라. 운이 저의 할머니예깨 잘하니 내 마음이 기쁘구나.

〈1988년 9월 10일 토요일 낡씨 비〉

금일은 처 어머님과 숙모와 두 분을 대리고 구미 쓰끄서 구경을 간다고 집배서 나쓰니 비방울이 떨어저서 구경도 하지 못하고 두 노인 옷만 다 적시는 것이 아닌가 생각이 들러서 경운기을 돌라쓰서 올라고 하니 숙모님이 이왕 낮쓰셔니 가보자고 해서 경운기로 대신까찌 직행을 탈라고 갈쓰며 경운기는 대신 순달이 집에 두고 직행 뻐쓰가 처음 생기서 손님은 업찌만 일반 뻐스을 타다 자석이 있쓰니까 아주 좋더라. 그리고 쓰끄서 구경을 하는돼 비가 와서 공연을 재시간이 돼어도 손님이 업쓰니 시작을 한 시간 너추어도 역시 손님은 별다름 업쓰서 공연을 파터리고 하는 것이 아닌가 생각을 했떠니 공연을 하는돼 파터리지는 않코 하는 것 같떠며 공연을 하는돼 10살 미만 짜리가 만으며 이겄들이 연출하는돼 아질아질할 때가 한 두 번이 아니며 저 어린 것들을 공부는 갈치지는 않코 어린 아이들을 이용해서 돈을 벌라고 더는 어른들이 더 계심하며 저려다가는 떨어저 죽어며 그만 업쌔버리지 하는 마음이 앞쓰며 어린 아이로 이용해서 돈을 버는 어른 한 번 생각을 해 볼 문제며 정부에서는 무선 규정이 업는가 젖먹이 어린 아이로 돈을 버는 용마담을 처벌을 해서 아이들은 교육을 바들 나이는 교육을 바다야 하며 이겄은 아주 잘못이 아닌가 생각을 해본다.

그리고 숙모님과 처 어머님들예깨 구경을 잘 했너야고 물어니 잘 했따고 이야기을 하며 그 어린 것들을 어떠게 갈치서 저른 연기을 하는지 신기한 처름 이야기을 해서 자신의 마음이 좋더라. 외냐하면 자신이 돼리고 가서 구경이 낮푸다고 이야기을 하며 내 마음도 별료 좋찌는 안을끈돼 구경을 잘 하시따니 자신도 보람이 이꾸나.

지출에 … 용마담 구경 경비 6,000원
쇠고기 5,400원 킬라

〈1988년 9월 11일 일요일 낡씨 비〉

이번 비가 만이 오며 어떠게 하나 하고 극정이 크쓰따 다행이다. 배추 무우에 아주 알맡전 비가 왔쓰며 비가 곱게 내리서 천만 다행이라고 생각을 한다.

그리고 집사람은 구미 동생이 쓰든 텔레비전 12인치을 어더왔쓰며 아직까지 얼마 쓰지는 안아찌만 너무 적으서 불편한 점이 따리는구나. 아이들 바서는 이갈례 티부이을 업쌔고 아이들 공부 한 자 하구로 하는 것이 이 아빠의 도리인되 자신이 불편해서 실천을 못하고 있는 이 몸 마음이 답답구나.[243)]
지출에 … 이앙기 계산 66,000원

〈1988년 9월 12일 월요일 낡씨 맑음〉
금년에는 배추 벌례 때문에 생외을 먹어쓰며 배추 잎파리가 삼태미 같떠며 갈 때마다 둘리가 잡아도 끝이 업쓰며 이 벌레는 무선 약을 쳐야 죽는지 대리서 디디푸이는 약을 안만 쳐도 죽찌 않으니 벌레 때문에 배추 농사도 힘이 더는구나. 오전에는 벌래을 두리가 오전 내 잡고 오후에 약 살포을 배추 밭에 철라고 담배 나방약을 사와서 살포을 하여는돼 배추에 해가 돼지 않을까 하고 극정이 돼며 약해가 나며 남의 것을 두 집이나 쳐주어는돼 이것이 더 염려가 돼는구나.[244)]
지출에 …

〈1988년 9월 13일 화요일 낡씨 맑음〉
금일은 태비장 청소한 것을 삼 사반이 흙로 덥는 작업을 하여쓰며 갈수록 부역이라면 사람이 적개 나오며 이것을 해결을 못하고 참석 한 자가 불평만 하다 부역이 끝이 나 버리는 것이며 인간이 살라가는돼 정직을 가진 자가 장소내을 보고 있쓰니 사람의 살라가는 과정이 잘못돼어 가며 요세는 것칠고 못댄 자가 복을 밭는 것이 아닌가 하는 생각이 돼는구나.
지출에 … 돼지고기 1,900원

〈1988년 9월 14일 수요일 낡씨 맑음〉
인분을 칯내지을 못해서 매일 미루어 오다 오늘 안전이 인분을 작과 나무에 장군우로 나무 사이에 부어버리쓰며 마구 버리니 일은 수라며 통장군으로 34장군이 돼며 일을 안전이 끝이 나니 오후 1시가 돼더라. 내년에는 장군을 7개을 해서 인분을 칯며 오전에 끝을 낼 수가 있따고 생각을 한다.
금년 낡씨가 벼 논 바서는 정말 잘 하며 오늘낡까지는 잘해와찌만 앞푸로 10일 정도만 잘 한다면 작년에 못 먹은 곡식을 금년에 보충을 충분이 할 수 있따고 생각을 한다.

〈1988년 9월 15일 목요일 낡씨 흐림〉
오전에는 늑둘레 전지역 논에 물꼬을 안전이 파나쓰며 이거시 조금 너전 감을 가지본다.
"우리 운이가 저의 외할머니에 죽고는 못 산다고 생각을 해본다. 자신이 생각을 할 때에 어떠게 해서 할머니에깨 좋은 것은 다 신기고 하나에서 열까지을 다 신기는 것을 보니 내 마음이 아주 좋으며 어머님이 살라 계시며 을마나 좋으리만 업는 것이 한이 돼는구나. 부모가 일적 도라가쉬며 손자까지 저처름 상쳐을 주는 것을 우리 운이 행동보고 절시리 너켜다."
지출에 … 외할머니 옻 17,000원,
운이 옻 7,000원, 차비 400원

---

243) 이 내용은 일기 지면 상단에 따로 기록되어 있다. '우리 조에 이왕기 정기예금 600,000만 원 영권 차용 100,000만 원 計 700,000원'이라고 기록하였다.

244) 이 내용은 일기 지면 상단에 따로 기록되어 있다. '9月 12日 웃들과 당산 벼 논은 안전이 물꼬을 파놈'이라고 기록하였다.

칼치 1,000원
計 25,400원

〈1988년 9월 16일 금요일 낡씨 맑음〉

금일은 늑둘레 농로 부역을 하여쓰며 농로 부역도 대충도 못 했따고 생각을 하며 농로 부역은 들 전체 경작자는 다 나와야 하는돼 전연 참석을 하지 않는 거사람은 매번 참석을 하지 않으며 참석을 잘 하는 사람도 조금한 일이 있쓰며 나도 파지자 하는 식으로 하니 부역은 더 질서가 업고 앞푸론 대책을 새우야 단채을 잇끌어 가는돼 여기에서 희생을 하고 십따는 사람이 나와야 단합을 할 수 있따고 생각을 한다.

"들판에는 이제는 벼 이삭들이 넘실거리는 모섭이 내 귀전에 풍년이다 하고 외치는 것 같더며 벼 이삭이 넘실거리는 모섭 바라볼 때에 장미꽃 아무리 예쁘다 해도 넘실거리는 벼 이삭만 못하리라."

오늘은 저의 외할머니가 집배 간다고 하니 자식들이 못 간다고 하며 나서는 모섭을 보니 활머니 사랑을 바다보지 못 한 것이 절시리 너켜저며 나의 어머님이 여때것 살라서 주어떠라며 자식들례깨 저처름 외달게 마음의 상쳐을 주지 않아쓸 끄시며 자식들을 바서는 처 어머님을 모시고 십프도 처남을 바서는 그을 형편도 돼지 못하고 자식들이 활머니에깨 사랑을 줄 때는 나의 엄마 생각만 나는구나.

〈1988년 9월 17일 토요일 낡씨 맑음〉

오늘은 순달이 아래채에 방을 너어서 방세 놀라고 소 마구을 다시 계조을 하여쓰며 모래을 형과 둘리서 실어다주는 것으로 하로 일과을 보낸 셈이며 소 마구을 방우로 만들라니 여관 힘이 아니며 다시 짓는 힘이 들어가는 셈 같다.

그리고 오늘은 저의 외할머니가 갈시니 아들이 점부과 풀이 업쓰며 우리 운이는 같잇치 살자든 할머니가 같따고 영 불만이 만으며 외할머니 오시는 것은 좋은돼 갈실 때에 아이들의 상처을 주는 것이 내 마음을 아푸게 하는 맡이 있꾸나.

〈1988년 9월 18일 일요일 낡씨 맑음〉

순달이 방세 놀라고 담을 사단을 올리는돼 새로 싸는 힘보다 더 들며 일끄리가 까달으서 일 능률이 업쓰며 형과 셋시가 하는돼 너무 땀을 만이 흙리쓰며 오늘 날씨는 여름보다 더 더어며 오늘 같은며 일예 힘이 들어서 못하겟더라.

〈1988년 9월 19일 월요일 낡씨 맑음〉

요줌은 부역만 계속 하고 있다. 오늘은 눈님 집배 보일라 놋는돼 일 거들어주어쓰며 보일이라 설치 하는돼 아무라도 놀 수가 있따고 보는되 기술자라고 방 한 칸에 20,000만 원 주고 노니 노임이 이처름 비싸서 남외 손으로는 할려고 생각을 못 낼 정도다. 그리고 눈님 집배서 오후 4시에 와서 순달이 집배 담을 들 싼 것을 오늘까자 끝을 냇쓰며 순달이 집도 생각 위에 돈이 만이 들어갈 껏 같꾸나.

그리고 대신은 방세을 어들라고 상당이 만이 온다는돼 우리 마을에는 아직 방세 들을라고 찾는 사람이 업쓰니 이곳보다 대신이 이치 족끈이 좋다는 것이 사실이다.

〈1988년 9월 20일 화요일 낡씨 맑음〉

금일은 형과 둘리서 순달이 집배 갈쇼 짜는

되 나무을 밑차 사다주지을 못해서 시간이 만이 글린 셈이며 벌서 사십만 원 들어같따고 하는돼 외초 50십, 60십만 원에 충분이 한다고 외정을 한 것이 생각가는 너무나 생각 차이 만이 생길 끝 갇꾸나.

〈1988년 9월 21일 수요일 낡씨 맑음〉
금일은 정순현 부친 운상할려고 내리가니 숙모가 형과 가지 순달이는 친구라고 가지온 식구가 다 가면 추석 제사는 누가 지낼라고 하며 나는 가지 말라고 해서며 자신도 부친 제사을 지내야 하는돼 하는 마음이 머리에 있쓰며 섭적 가고 십픈 마음은 들지 안으며 온 식구 다 가서 그만 포기을 하고 동사에 벽 바려는돼 먼저 번에 부역을 파전돼까로 일 거들어주어쓰며 종일 동안 그들으 주어쓰며 학희가 벽을 바련돼 이재는 기술자가 돼어따고 생각을 하며 그리고 운상꾼이 오후 3시경에 일적으며 공원 묘지로 가니 아무 할 일이 업다고 하면 가라고 해서 일적 온다고 이야기을 하며 자신은 그 사람 보기는 마음에 안 대떠라. 외냐하며 다들 재사 지낼 입장이며 옛날 식으로 한다면 당한 사람은 사람이 업쓰서 고통이 따릴 끝은 사실이며 앞푸론 옛날 식은 조금 업쌔가면서 살라야 하겟다.

〈1988년 9월 22일 목요일 낡씨 맑음〉
오전에는 집사람과 채소밭을 한 밖키 돌라보니 채소가 가뭄이 들러서 금년 배추는 알배기가 돼지을 안으리라고 생각을 하며 가을 배추는 가격이 좋으리라고 생각을 해본다. 배추 속음 배추가 너무 만아서 집사람이 구미 배추 장을 갈려고 해서 오늘은 배추 대목이 돼니 가지 말라고 했든이 배추을 다 먹지 못 한다면서 장에을 갈려고 해서 그냥 두어떠니 배추가 너무 만이 나와 배추을 파라먹지 못하게쓰며 집사람 이야기가 시내 사람이 끼가 나서 농민들이 가지고 나온 것은 해가 절머리 나오며 농민이 가지고 간 것은 해가 저무니까 그냥 주다시피 해서 주고 오니까 그것을 만이 이용한다는 말을 들어니 기가 찬다.
그리고 들판을 한 밖기 돌라보니 금년 풍년이라고 생각을 한 것이 생각 착오라고 생각을 한다. 외냐하면 벼가 깨끝하다는 생각으로 농민들이 병충 예방을 소어리 한 것이 지명적인 타격을 입버따고 생각을 하며 금년 농사는 처음에는 풍년이라고 다들 좋아했는돼 이재와서 이화명춘 때문에 벼 수학이 아주 떨어질 껏 같더며 병충을 소어리 한 사람은 작년보다 별다름 업는 수학이 돼지 않을까 하고 염려도 돼며 자신도 들래 돌라본 것이 마음만 우울한 것 같꾸나.
지출에 … 큰집배 10,000원,
세집배 5,000원
計 15,000원

〈1988년 9월 24일 토요일 낡씨 맑음〉
초곡산에 산소가 있따고 해도 한 번도 보지 않아쓰며 초곡산에는 남이 오늘날까지 해오다 아무 대까가 업쓰니 하지 않코 방춰을 하여 두어쓰며 오늘 무려서 산소을 가보니 생각보다 깨끝하며 용만하고 벌추을 하여도 내 산소가 맡는지 알 수가 업쓰며 전번에 한 사람도 처음에 하는 사람에깨 그기 있따 하는 식으로 벌추을 했았쓰니 산소가 학실하다는 것을 미들 수가 업다.
"올해는 팔월이 어너 해보다 한가하며 시간 여유가 아주 만타고 생각을 하며 자신도 오늘은 종일 동안 휴식을 하고 마랐다."
지출에 … 이발비 2,000원

〈1988년 9월 25일 일요일 낡씨 맑음〉
올해는 추석 한가이가 올림픽 간계로 별료 테례비전에 바람을 들 잡고 있쓰니까 고유 명절 기분이 들 나며 우리 한가위가 올림픽 열기에 죽어따고 생각이 더는구나.
"그리고 이번에 용숙이가 파티마 병원에 간호원에 합격을 하고 발행이 나지을 안아서 임시로 구미 직장을 구하며 돈을 벌겟따고 마음에 들지 않는 직장이라고 불평을 하더니 이재는 용숙이가 삼 년 동안 배운 간호원이 직장을 가계 댄 지 한 달 봉급을 바다 와서 자신의 양발까지 선물로 주는 것을 볼 때에 선물이라고 할 필요는 안대지만 이재는 용숙이가 안전한 직장을 가지게 돼어쓰며 삼 년 공부한 보람이 있쓰며 큰집 배도 이재는 미숙이 공단에 가서 벌지 용숙이 병원에서 벌지 이재는 큰집배는 고비을 넌기다고 생각을 해본다."

〈1988년 9월 26일 월요일 낡씨 맑음〉
이번 추석은 정말 한과한 추석이구나. 금년 추석에는 술집배 노소가 구별이 안대고 다들 돈 먹기만 열중이며 인간이 살라가는돼 돈이 앞스야 하며 오락을 해도 돈이 업쓰며 오락이 안대니 업는 사람은 오락도 절길 수 업는 실정이며 언재나 뒤로 물어서야 하는 실정이며 마음을 황상 달래야 하는 심정 누가 알라주리까.

〈1988년 9월 27일 화요일 낡씨 맑음〉
순달이 셋집 노을 채에 미장을 형과 같이 그들어 주어쓰며 학희가 미장을 하는돼 이재는 기술자가 돼어쓰며 이재는 아무대 가도 손색이 업다고 본다. 그리고 순달이가 직장에 가는 것을 알며 자신이 그들어주지 않으며 돼지 않는 것을 알면서 안 갈수도 업고 집이 다 돼두록 해줄라니 자신이 일 뿐 아니라 자신에 일에 지장이 만으며 앞푸로 벼 베기에 들어갈 날도 을마 남찌 않아쓰며 건강도 보충을 해야 하는돼 계속 고대개 하여서 자신에 일 지장이 생길까바 염려가 돼는구나. 자신이 동생일 한다고 빠저니 집사람이 그대까로 집배 일 한다고 빠푼 일과을 보내고 있다.
지출에 … 구론산, 과자 500원

〈1988년 9월 28일 수요일 낡씨 맑음〉
오늘로서 순달이 세 놀 집은 미장일만 안전이 한 셈이며 순달이 집배 일은 자신 일은 끝이 난 셈이며 순달이 집을 다 짓어 노니 재가 살 것 같더며 남들은 벼을 베는돼 자신은 집 때문에 황상 극정이 돼더니 이제는 순달이가 망우리 작업만 남어쓰니 순달이 문재로 신경을 쓰지 안아도 대며 이재는 자신에 일만 열중하며 돼니 자신이 살 껏 같꾸나.
"세울이 정말 이쳐름 빨리 가는가 의심이 가며 자신이 어제 모내기을 한 것 같뜬돼 황금 벌판에 콤바이가 벼을 베는 것을 볼 때에 한편으로 좋으며 한편으로 자신이 그 만춤 늙어간다는 것을 생각을 할 때에 습한 마음도 들어간다."

〈1988년 9월 29일 목요일 낡씨 맑음〉
혜영이가 통지표을 가지고 와서 저의 아빠을 안 보여줄라고 하더라. 그래서 성적이 내리가서 안 보일라고 하는 것을 자신의 육

감으로 알라찌만 그러깨까지 성적이 내리갈 줄은 몰라쓰며 혜영이는 저의 반에서는 9등 안우로 돌라는돼 이재와서 17등으로 밀려있는 것을 볼 때에 그만 성화 발까 나며 아이들이 국민학교에서는 딸들은 다 상이권에 들어있는돼 중학교 들어와서는 둘다 빛 보지 못하고 중관으로 밀리고 있쓰니 한편으로는 딸들이 노력을 하지 않아서 성적이 내리가서 성화뿐 아니라 갑짝이 사는 말이 업쓰저며 한편으로 마음의 안정을 해서 생각을 해 볼 때에 우리 아이들이 고기을 적개 사주서 채력에 딸리서 못하는가 하는 마음이 들 때는 자식에깨 미안한 마음이 들며 우리 자랄 때는 보리밥도 올캐 못 먹어찌만 이재는 다들 먹는 것은 극정이 업는 시대며 이재는 머리, 노력, 체력 삼 요소가 마자야 공부을 할 수 있따는 것을 생각을 할 때에 자식에 미안함을 가지본다.

"자신이 생각을 할 때에 아이들은 부모가 아이들 공부에 관심이 있쓰서 노력을 하며 아이들은 공부을 하는 줄 알라떠니 그것이 아니며 공부는 자기가 하고자 할 놈만 한다는 것을 우리 딸들 보고 절시리 너켜쓰며 자신은 아무 농사도 풍년이 돼지 못하고 숭년이 돼니 살라가는돼 힘이 될 길이 업노라. 비록 자신은 죽을 먹는 한의 신세가 돼어도 너이들이 자라면서 공부을 잘하며 자라는 모섭을 보노라며 이 세상에 제일 기쁜 일은 업노라고 생각을 한다."

〈1988년 9월 30일 금요일 낡씨 맑음〉

당산 벼 콤바이 탈곡을 해보니 벼 수학이 작년과 같은 수학이 대며 자신의 생각으로는 올해는 작년보다 수학이 작년보다는 콤바이 푸대로 5개 이상 수학이 댄다고 밭는돼 실찌 탈곡을 해보니 생각보다 차이가 만이 나며 풍년이 아니라 숭년이라고 말을 하고 십다.

지출에 … 세 값 1,900원,
돼지고기 1,900원
計 3,800원

"배추가 가뭄이 너무 심해서 물을 40말 주어쓰며 배추에 물을 주니 금새 생기가 나는 것을 볼 때에 진작 주어쓰며 배추 생육에 큰 도움이 만이 돼어쓸 끈돼 하는 생각이 더는구나."

〈1988년 10월 1일 토요일 낡씨 맑음〉

금일은 경화내 갈림하는 콤바이 탈곡을 하여쓰며 생각보다 수학이 떨어저서 가을 기분이 나지을 안는다고 해도 무리대는 말은 아니라고 생각을 한다.

"금년 농사는 한마띠로 말을 한다면 집농사라고 해도 무리대는 말은 아니라고 생각을 한다."

"벼수학 상원 콤바이 푸대로 49개"245)

지출에 … 세 값, 음료수 900원, 빵 600원,
탁주 600원 구론산 200원
計 2,300원

〈1988년 10월 2일 일요일 낡씨 맑음〉

쌍구름 봇밭에 가뭄이 심해서 경운기로 물 주는 작업을 했쓰며 배추에 물을 준다 해도 가을 배추 행세을 하지 못하리라고 생각을

245) 이 내용은 일기 지면 상단에 따로 기록되어 있다. '당산 논 벼는 콤바이 푸대 (성원) 46개 수학'이라고 기록하였다.

하며 정부에서는 면적이 만아서 가을 배추기 폭락이 우레덴다고 말을 하지만 자신은 그 반대라고 생각을 하며 가을에 알찬 배추는 상당이 빗싸리라고 생각을 한다.
"혜영이가 김천 볼 일로 가더니 저의 엄마 생신이 다가온다고 차비을 만이 다랄고 하더니 그 남어지 돈으로 저의 엄마 생일 선물로 저의 엄마 내위을 한 불 사온 것을 보니 자신도 딸들을 다 키운 너킴을 한 번 더 생각을 가자본다."
"오늘로서 올림픽을 막을 내리쓰며 이 올림픽이 무사이 추룬 것은 아주 장한 일이지만 우리 국민성이 (치가) 만원 국민이라서 올림픽 잔취을 (너무 야하게) (하려하게) 치라서 잔취 디에 빛 극정이 만아서 머리을 아푸게 하지 않을란지 염려가 앞쓰며 우리가 생각을 할 때는 실속 있는 경기을 하지 않코 정신 업는 주이 돼고 마라따고 생각을 한다. 그리고 자신이 생각을 할 때 올림픽이 너무 일적 치라따고 생각을 하며 너무나 빨리 자유물결만 바다더린 것이 우리 국민성 치가 만은 땃시라 자유 물결 때문에 손상이 만으리라고 생각을 가지본다."[246)]
지출에 …

〈1988년 10월 3일 월요일 낡씨 맑음〉

콩나물 콩을 뽑아서 탈곡을 할려니 종일 동안 두리가 꼭 부터서 해야만 끝을 낼 수가 있쓰며 벼 탈곡을 해야하는돼 그 사이에 콩 타작을 할려니 마음이 바푸며 일이 재대로 안 대는 맡이 남이 있쓰며 하로 일과가 바푸개 지나같다고 생각을 한다.
"그리고 이번에 올림픽이 흑자을 냇따고 자랑을 하지만 어떠개 계산을 해서 흑자을 냇따고 하는지 몰라도 미더저지을 안으며 아직까지 국민을 대충해서 지나갈려는 정책을 버리야 하는돼 아직 어더운 대가 있쓰서는 정책이 힘이 들어서는 안돼는돼 하는 마음이 앞쓰는구나."

〈1988년 10월 4일 화요일 낡씨 맑음〉

정석윤 씨 이름으로 군위에서 일째 콤바이 대형이 와서 벼 탈곡을 하는돼 신스렵게 하며 6골식 먹어더는돼 한 단지에 40분 정도며 벼 탈곡을 걸떠니 했치우니 아직은 한국 콤바이는 아이들 장난감이라고 말을 하고 십프며 아직은 한국은 일본과 차이점은 100년은 떨어졌따고 해도 무리되는 말은 아닌 것 같다.
"정석윤 씨 득택으로 일째 콤바이로 벼 탈곡을 아주 잘 했쓰며 웃뜰래 셋 단지을 벼 탈곡을 하여쓰며 올해는 작년보다는 콤바이 푸대로 한 단지 10푸대는 더 생산이 대며 웃들로 바서는 금년에 잘 짓어따고 생각을 했본다."
"웃뜰래 두 단지 112개 굼논에는 52개 計 164개"
지출에 … 탁주 900원, 보리댄 900원,
빵 600원, 포장류 1,900원
라면 600원
計 4,900원

〈1988년 10월 5일 수요일 낡씨 비〉

오늘은 아침부터 하늘래 구름이 금새라도

246) 이 내용은 일기 지면 상단에 따로 기록되어 있다. '(한국 올림픽이 24회) 이번 심판 부정이 너무 만음. (한국 4위)'이라고 기록하였다.

올 뜻한 낡씨라서 재아무리 간 큰 사람도 벼 탈곡을 한 것을 열지 못하고 다들 설거지을 하며 중앙기상대로 정국적으로 비가 80푸로 온다고 예보을 해서 어느 누구도 벼을 열지 못해는돼 자신은 벼을 딸곡을 일적해서 벼알이 전부가 물띠라서 열지 안으며 벼색이 갈 꺼 같다서 비가 오는 한이 있쓰도 열어야 한다는 마음으로 3단지 벼을 두 집부로 나누어 열어쓰며 남들은 비 온다고 다들 치우는돼 벼을 는다고 이야기을 하는 사람이 있는가 하며 간 큰 사람이 열장사라고 이야기을 한 사람도 있쓰며 자신도 이 만은 벼을 막약에 비가 쏘다저며 어떠게 하나 하는 극정도 사실 마음속으로는 만아다.
이 비을 다 늘고나니 비가 방울이 돼어 오더라. 그래서 이 비는 마저바야 벌 소용이 업따고 하면서 그냥 두어쓰며 당행이 그 비는 방울비가 돼어 조금 오다 그치며 도중에 문개 구름이 오며 벼을 담을라고 준비을 한 적이 두, 셋 번 돼며 두리가 하늘만 종일 밭따고 해도 무리돼는 말은 아니며 이 날씨가 날 도우너라고 종일 동 잠아주며 남들은 오후 너깨야 날 보고 벼을 열더니 오후 너깨까지 그냥 둔 사람은 비을 마고 마라쓰며 자신은 벼을 그냥 두서는 비가 저녁에는 비가 만이 올 꺼 같다서 설거지을 다 하고 나니 비가 그만 쏘다저더라. 그래서 오늘 한 일을 생각을 해보니 자신이 어떠깨 시작을 했쓰며 비가 날 바서 참아주어따는 생각이 들며 오늘 일은 잇저저지 안는 날이라고 하여야 하게쓰며 오늘은 간 적은 사람은 벼도 말루도 못하고 벼에 비만 맡추고 마랐다.
지출에 … 사료 15,000원, 라면 5,000원,
포장류 1,900원
計 21,900원

〈1988년 10월 6일 목요일 낡씨 맑음〉
벼알 말류는돼 부부가 정신 업는 시간을 보내며 잠쉬 실 사이 업씨 벼알을 굴리면서 좀 더 만이 말류기 대회을 하는 것처름 분주한 시간을 보내는 것은 사실이다. 그리고 자신은 집사람이 벼 말류는 작업을 하는 것은 일이 별료 힘이 안 더는 줄만 알라떠니 집사람이 빨래가 만타면서 자신에깨 해달라고 해서 오늘 오후에는 벼 말류는 작업을 해보았떠니 자신이 생각한 것처름 수란 일은 아니며 오희려 자신보다 더 고댄 일을 하고 있따는 것을 생각을 했쓰며 여자 일들이 큰 심더는 것이이 아니라서 그러치 남자의 배을 한다고 생각을 하며 여자들이 생할력이 강하며 남자들은 여자 업씨는 생할이 돼지을 안깨따는 심정을 재산 너켜 본 셈이다.
"어재 비가 조금 온 것이 농민들의 일손을 얼마나 수라게 하여는지는 그 누구도 모려며 이것을 아는 자는 농민 밖에 알 수 업다. 그리고 비온 뒤는 삼천이 맑고 아름답고 공기 말고 모든 것 깨끝하여서 사람 마음 밝개 하는돼 오늘은 이것보다 멧 십 배 좋은 낡씨라고 말을 하고 십꾸나. 오늘은 정말 한국의 가을 날씨을 안전이 보여따고 생각을 한다. 외냐하며 하늘 높이는 흰 구름 떠 있고 따스한 빛, 서늘 바람 정말 감탄스론 말이 자신도 몰로 입 밖꾸로 띠어나오며 아직은 이른 낡씨을 본 기역이 업쓰며 정말 영혼이 간직하고 십픈 날이라고 생각을 한다."

〈1988년 10월 7일 금요일 낡씨 맑음〉
형님 들까지 콤바인 탈곡을 하는돼 경운기로 한 발리 실어다주는 작업을 했쓰며 형님이 농사을 잘 짓는돼 이번에는 아주 적개 생산이 돼며 금년은 수학이 적개 나는 것은 사실이다.
오후에는 복판에 콤바인 벼 탈곡을 하여쓰며 남들은 적개 생산이 댄다고 말을 하지만 내 논에는 수학이 만이 나지 하는 마음 뿐이더니 실지 수학을 해보니 마음에 찬 수학이 돼지 않더라.
그리고 벼 농사 짓는 방식을 바꾸어야 하겟다. 외냐하면 벼 수학을 해보며 매년 낱알이 만이 죽는 것을 보며 벼에 거름질 하는 방식을 바꾸야 하겟따는 생각이 들어 내년에는 벼에 웃거름 1차 거름으로 벼 거름을 다 하는 방식으로 방침을 바꾸어 볼 작정이다. 자신이 있때것 1차 거름을 요소 1포 반을 하고 2차 거름을 반 포을 하고 있는 식으로 농사을 짓어왔다. 이것이 잘못이 아닌가 하는 마음이 크다.
지출에 … 셋값 1,500원

〈1988년 10월 7[247]일 토요일 낡씨 맑음〉
금일은 종석이 논 세집배 논 콤바인 탈곡을 하는돼 형님 일 도와주는 것으로 하로 일과을 보낸 셈이다.
이재는 황금 벌판이 콤바인 벼 탈곡을 하는 바람에 보기 실은 벌판을 만들고 있쓰며 이재는 들판을 바라보니 별서 한해가 지나가고 있따는 생각이 들며 인간도 이 벌판처름 한해을 살며 또 다시 절먼이 오며 수십 년이 흙러도 변함이 업쓰며 흙레 질리을 인간에 몟 만 분지 일이라도 인간예깨 주었든들 모질개 살라가지는 안을 끄시며 인간이란 살라갈수록 더 인간에깨는 배울 점이 업다고 생각을 해본다.

"노태우 대통령 들어쓰고 농촌에 일이 수란너킴이 만이 밭다따. 외냐하면 여름에 만은 비가 오지 않아서며 물날리을 만나지 않아쓰며 강우량도 알맞게 와서 농사일에 극정을 하지 않아쓰며 아직 태풍이 일 년에 두셋 개식은 지나가는돼 올해는 태풍 하나 업씨 농사을 다 잘 짓은 편이며 그에다 올림픽을 아무 탈 업씨 치룬 것을 볼 때에 노태우 대통령은 복이 만은 사람이라고 생각을 하며 어진 편이라고 말을 하고 십꾸나."
그리고 이번 대통령은 과반수의 득표을 못해서 그려치 김대중, 김영삼 씨의 이런 사람보다는 자신이 볼 때는 득망이 만은 사람이라고 생각을 하며 이번 대통령 잘 선출이 돼어따고 생각을 한다. 자신은 노태우 대통령에깨 득표을 주지 않아찌만 이재와서 생각을 할 때에 선출이 잘 돼어따고 생각을 한다.

〈1988년 10월 9일 일요일 낡씨 맑음〉
가을 날씨 정말 잘하고 있다. 가을 추수가 이처름 말끔이 할 수 있는 해도 더문 해라고 생각을 한다.
오늘은 봉답에 벼 베기을 하여쓰며 집사람과 둘리서 시작을 해보니 정말 못하게쓰며 겨우 낮질을 하로 하여는돼 몸이 고대서 못하게쓰며 주위에 아무도 손우로 벼 베기을 하지 않으니 더 힘이 업는지 손우로 벼을 베는 것을 멀리 하여야 하겟따는 생각이 더는구나.[248]

〈1988년 10월 10일 월요일 낡씨 맑음〉
오전에는 봉답 벼을 손으로 벼 베기을 하

---

247) 8일이나 7일로 잘못 기록하였다.

248) 이 내용은 일기 지면 상단에 따로 기록되어 있다. '(봉답 논 벼 베기을 함)'이라고 기록하였다.

여쓰며 오후에는 형님이 콤바인 벼 탈곡을 한다고 해서 경운기로 실어주는 작업을 하여쓰며 돌판에 멧 칠 안 나갈뜨니 오늘 들판을 볼 때에 벼 베기 그위 끝이 난 샘이라고 보고 있다. 예냐하면 이제는 벼가 남은 것은 콤바이 주인 끄만 남어있다고 보고 있다.

"이번 국정 감사는 잘 치루따고 생각을 한다. 이번 감사에 비리가 있는 것은 다들 처벌을 하고 부정으로 수입 금액은 다들 정부로 환안해서 그 돈으로 공장을 건설을 해서 실업자을 업쌔서 국민이 잘 살라가는 것이 국력이다. 이번 국정 감사에 송사리는 그냥 두고 큰 것만 잡아서 비리라는 글자가 살라저두록 하여주며 땀의 대까로 살라가리라."

〈1988년 10월 11일 화요일 낡씨 흐림〉

집사람과 둘리서 봉답 논에 벼을 베는돼 지루한 벼 베기을 한 셈이며 콤바인 탈곡을 할려고 따라다니다 보니 봉답 벼는 시간만 만이 걸리며 이재는 봉답이라도 콤바인 들어가는 곳은 다들 콤바이 탈곡을 해야 한다고 생각을 하며 사람은 시대 따라서 살라가게끔 만들어 낯따고 생각을 해본다.

그리고 오후에는 서양 바실례 콤바인 탈곡을 해줄라고 해서 들래 같쓰며 콤바이가 엔일인 우리 논 자리에 막 들어쓰며 콤바인 개도가 탈선이 돼며 고장이 나서 벼 한 포기 베지 못하고 고장이 나서 벼 탈곡은 포기을 하고 자신은 벼 탈곡도 못하고 자신에 일만 못하게 한 셈이며 한편으로는 자신이 고장이 나라고 하지는 안아찌만 우리 논에 들러쓰며 고장이 낮쓰니 미안하기 짝이 업꾸나.

지출에 … 전화요금 4,200원

〈1988년 10월 12일 수요일 낡씨 맑음〉

서양바실래 콤바이 탈곡을 하여쓰며 서양 바실래는 생각보다는 적기 수학이 되어찌만 작년보다는 콤바인 푸대로 10개는 더 수학이 돼어쓰며 마음적으로는 반 밖에 차지 안는 수학이라고 생각을 한다. (윤주희 콤바인 푸대로 62 반이 생산이 돼어다.)

"그리고 형님 콤바인 탈곡을 한 것을 실어다주는 것으로 오후 일과을 보내고 말랐다. 자신은 아무도 일 도와줄 사람은 업고 자신은 외 일복이 만은지 몰개꾸나. 일복이 만으며 먹을 끄라도 만아야 하는돼 먹을 껏은 업노라."

"대학생들이 올림픽을 끝을 냇따고 하는지 설설 학생들 대모가 일어나는 것을 볼 때에 도대채 학생들이 외 공부을 하지 않코 대모하는 것을 신경을 쓰는지 알 수가 업쓰며 자신이 생각을 할 때는 이재는 우리 국민도 수준이 정취을 잘 하는지 분별을 할 줄 아는 국민의 수준이 대어쓰니 이재는 학생 대모는 업쓰저도 우리 국가가 바르게 갈 끝이며 이미 학생 대모는 옛날이라고 생각을 하며 이재는 학생은 공부만 열심이 하는 것이 국력을 키우는 일이며 대모 따이는 국가의 좀이라고 생각을 하며 대모 주동자는 원벌에 취해서 다시는 가담하는 일이 업두록 해야 한다고 생각을 하며 학생들이 공부을 하기가 시련니까 선동해서 대모을 한다고 바야하기 때문에 요론 충원 업쌔야 신선하게 잘라갈 수가 있다고 본다."

지출에 … 포장류 1,900원 빵, 음료수 1,300원
計 3,200원

〈1988년 10월 13일 목요일 낡씨 맑음〉

낡씨 변화는 아무도 모러는구나. 기상대도 모려고 있다. 갑짝이 강추이가 차저와서 농민들을 계로피는구나. 그리고 밭작물은 추이에 손에가 만으리라고 생각을 한다.

오늘로서 봉답 벼을 둘리서 다 베쓰며 우선에는 힘이 들어도 할 수 있지만 나중에는 나이가 만아서는 어떠게 하나 하나 하고 극정이 앞쓰며 이것이 자신이 부족해서 이처름 고생을 한다고 생각도 해보았쓰며 한편으로는 세월이 이려깨 만드고 있꾸나 하는 생각가 내 머리에는 얼키서 각차 있따고 생각을 하며 논바닥이 빠지면서 벼단을 집사람고 들어낼 때에 기가 찬다. 외냐하면 요줌처럼 밭이 수학이 만이 나고 밭이 논보다 더 값어치가 만으며 앞다투어 봉답 논을 밭을 만들고 있쓰며 자신도 멀리 생각을 하지 못하고 논만 있쓰며 산다는 생각에 두 다래이을 안 다래이 해줄라는 객토 사업주 말래 좋다고 해서 들어낸 것이 이처름 후에가 될 줄이야 몰라따. 그냥 두어쓰며 밭이 돼고 자신이 살기가 수란 쪽으로 갈 수가 있는돼 이재는 골탕을 먹개 되어쓰니 어찌 마음이 안 아푸리.

〈1988년 10월 14일 금요일 낡씨 맑음〉

오전에는 벼단을 이번 일요일날 벼단을 탈곡을 할 욕심으로 벼단을 전부 더비는 작업을 하여쓰며 오후에는 복판에 집을 말루기 위해서 집을 더비고 있쓰니까 상원 콤바인 자기들의 벼 탈곡을 하고 오길래 허부삼아 일반벼 탈곡을 해달라고 하니 습득 해줄라고 하더라. 그래서 해절머리[해질녘]에 경화내 일반벼 콤바인 탈곡을 하여쓰며 일반벼는 수학이 너무 적으서 내 논 같떠며 일반벼을 하지 않캐는돼 경화내 형님 양식을 할려고 일반 벼을 한 단지을 할려고 하니 자신은 따라가니 그 손예가 만타. 외냐하면 통일계통을 하게 대며 적개 생산이 돼어도 콤바인 푸대로 48개는 생산이 보장이 댄다고 생각을 해 볼 때에 이번에 탈곡을 하여보니 상원 콤바인 푸대로 41개밖에 수학이 안 대니 이것은 통일계통의 벼을 한다면 잘 짓어며 55개는 수학이 댄다고 볼 때에 이것은 너무나 차이점이 만타고 생각을 한다.

"이번 경화내 갈림하는 일반벼 콤바인 탈곡을 하니 41개 수학을 해서 형님은 21푸대 주고 자신은 20푸대을 해쓰며 갈림을 주는 사람은 갈림을 하는 사람이 큰 돈을 버는 줄 알고 있는 것 같떠며 실찌 업는 사람은 한 푼이라도 벌기 위에서 건강원 상한는 일이 있쓰도 살기 위에서 남외 농사을 하고 있찌만 실찌 남는 것은 업따고 생각을 한다."249)

〈1988년 10월 15일 토요일 낡씨 맑음〉

내일 봉답 벼 탈곡을 할 욕심으로 집사람과 둘리서 벼단을 모다쓰며 기상대서 월요일날 정국적으로 비가 온다고 해서 벼단이 너깨 벤 것은 아직 벼단이 추지며 내일 벼 탈곡을 하는돼 지장이 안 댈련지 몰겟꾸나.

"우리 혜지과 저의 아빠가 공부을 하려고 노래을 해도 여사로 알고 잠만 자더니 이제와서는 발등에 불이 떨어젓는지 이제는 공부한다고 발부등을 부리는 것을 볼 때에 평소에 좀 더 했더라면 무리한 공부을 하지

249) 이 내용은 일기 지면 상단에 따로 기록되어 있다. '콤바인 벼 탈곡함. 일반벼'라고 기록하였다.

않아도 될땐대 하고 원망도 되는구나. 우리 혜지가 배락 공부을 하고 있는돼 머리에 저축이 될련지 염려가 되는구나."
"이 세상에서 아무것도 힘 더는 일은 업따고 보는돼 자식 잘 키우기 이처름 힘이 더는 줄이야 자신은 몰랐다."

〈1988년 10월 16일 일요일 낡씨 맑음〉
오늘은 봉답 벼 탈곡을 했쓰며 벼 탈곡하는돼 형님이 그들어서 오전에 벼 탈곡을 다 하여쓰며 봉답 벼는 너무 적개 생산이 돼며 자신이 생각을 할 때는 25가마는 보았는되 탈곡을 다 하니 22가마밖에 안 대며 봉답에 벼는 아주 잘 되어따고 보는돼 생산이 적개 되니 허전감이 더는구나.
한편으로는 오늘로서 벼 탈곡을 다 하니 마음이 시원하며 이제는 집사람도 시간 여유가 만을 뿐 아니라 집사람이 고댄 일이 다 지나같쓰니 이 내 마음도 더 편하구나.
"집사람은 언재나 잠자리에 들어올 때는 언재나 넌링구는 구멍이 나있쓰며 구멍도 한 두 개가 아니라 샐 수 업는 구멍이 낮있는 넌링구을 볼 때마다 미안감을 너키며 자신이 이러개 살라가는 것도 집사람 득이 아닌가 생각도 하며 집사람은 자신이 입버서 구멍이 날 정도 돼며 집사람이 다시 입버서 안전이 망가저두록 입버니 생활수가 업쓰며 집사람의 속옷은 옛출을 해야 새 옻을 입는 날이라고 생각을 하며 자신이 생각을 할 때에 둘리가 야문 것은 저울로 달라도 평행이 될 껏 같떠며 어찌 여자로서 사치가 업쓰며 뒤에서 가만이 볼 때에 변함이 업쓰며 언재나 휘생하며 살라가는 것을 보며 마음이 걸리며 이 빛을 나중에 을마 정도나 갑파줄 수가 있쓸련지 염려가 크구나."

지출에 … 셋값 3,650원

〈1988년 10월 17일 월요일 낡씨 맑음〉
기상대서 오늘 전국적으로 비 온다는 예보 때문에 어재 오후부터 비 온다는 예보 때문에 국석을 뜰고 집 치우는돼 밤 9시가 돼도록 치우는돼 힘이 들어쓰며 아침에 일어나니 맑은 낡씨만 보이며 비 온다고 얼마나 힘이 들어는돼 맑은 하늘만 보고 어재 집 취운다고 벼도 말류지 않은 것을 다 들 떨어서 집사람과 둘리서 힘들게 치운 것이 아쉬어며 이처름 맑은 낡에 그냥 두어서 벼을 말류며 얼마나 좋아쓸끈돼 아쉬운 마음 검할 길 업쓰며 일기 예보들이 빛나가게 돼며 이것은 농민을 얼마나 계로피는지 몰게꾸나.
오늘은 통 타작을 조금식 대는 것을 안전이 방망이로 타작을 하는 것으로 일과을 보낸 셈이다.
그리고 운이가 감기가 약방에서 약을 사먹도 낮찌 않아서 낮찌 않코 있는 운이을 병원에 한번 가본다는 마음은 매일 이쓰찌만 시간이 나지 않아서 미루어 왔쓰며 운이가 감기 때문에 개로운 감이 가지서 오늘은 어떠한 일이 있쓰도 집사람예깨 병원에 대리고 가라고 하여쓰며 오늘 따라서 운이가 4시 30분에 집배 오더라. 그래서 집사람을 보낼라다 자신이 운이을 돼리고 김천 이냇과에 대리고 가서 주사와 약을 가지고 병원 문을 나오고 마랐다.

지출에 … 차비 730원, 병원비 2,000원, 우동 1,400원 혜영이 체육복 상위만 4,000원, 운이 우유 200원, 민성이 우유 200원 計 8,500원[250]

〈1988년 10월 18일 화요일 낡씨 맑음〉

오늘은 순달이 세 놀 집에 일을 하여쓰며 오전에는 부엌에 일과 수도 관 무는 일을 하고 오후에는 부억에 도둘 흙을 형과 둘리서 파다주는 것으로 하로 일과을 보내쓰며 순달이도 직장에 갈라내 일을 떰떰이 할려고 하는 마음 자체가 고대지만 우리도 동생이 한 푼이라도 벌개따고 발부등을 처고 있는 것을 내 몰라 하고 두고 볼 수도 업쓰며 해줄라고 더니 한이 업쓰며 남들은 벼집을 말라서 집배 들어오는 것을 보니 이 내 몸 마음이 바푸구나.

"지수와 일을 해보니 농촌에서 일하는 사람보다 더 잘하며 무선 일을 해도 머리가 잘 도라가며 자신이 여자와 일을 한다 하는 너킴이 업씨 일을 잘하더라."

지출에 … 오일, 성냥, 휴지 4,700원

〈1988년 10월 19일 수요일 낡씨 맑음〉

배추과 과뭄이 너무 심해서 자라지 못하고 있는 모섭을 보며 물을 준다고 해도 알배기 배추는 너무나 시간이 업다고 보면서 가뭄에 시들어가는 모섭을 보니 마음이 아타가와서 경운기로 물을 실어다 배추에 주는 작업을 하여쓰며 금년에 배추 면적이 만아서 하락을 한다는 방송이 나와도 자신은 미저 저지을 안으며 누가 무라 해도 자신은 금년 배추는 빗싸저리라고 생각을 한다. 오후에는 벼집을 묵년 작업을 하는 것으로 하로의 일과을 보냇다.

지출 … 구란산 2병 400원,
포장류 1,900원
計 2,300원

〈1988년 10월 20일 목요일 낡씨 맑음〉

벼집 거더어더리는 작업을 하여쓰며 집을 거더리는 밭쓰는 비가 안 아쓰며 하는 마음이 앞쓰는구나. 사람은 칠년 가뭄에도 하로을 참이 달리고 한다더니 가을 배추 바서는 단 일 초가 바푼돼 벼집 바서는 비가 참아 주어쓰며 하는 사람의 마음이구나.

"금년같이 가을 깨끗하게 마친 적은 자신이 알기론 처음이라고 생각을 한다."

〈1988년 10월 21일 금요일 낡씨 맑음〉

오전에는 당산 논 벼집을 거두어쓰며 집배서는 활머니 재사가 오늘 저녁이라 재사 준비한다고 구미 동생들은 오지 않코 대신 지수와 삼 동시가 준비을 하고 있쓰셔며 재사라도 한 다리가 넘어가니 마음의 자세 뿐 아니라 행동도 재사 기분이 엄숙이 업는 것이 사실이라는 것을 인정을 하고 십다.

그리고 자신이 입빨리 아빠서 치과에 치료을 바더로 같쓰며 치과에는 치료을 바더며 아푼 줄 알고 있쓰서며 치과에서 잠쉬 시고 있는 동안에는 실찌 급을 만이 먹고 있쓰는 돼 실찌 질료을 밭고 보니 시원한 감이 들며 병원예을 나오니 시원하기 짝이 업쓰며 입빨일수록 치과을 자주 방문을 해야 한다고 생각을 한다.

〈1988년 10월 22일 토요일 낡씨 맑음〉

배추밭을 들리서 벼집 거두어쓰며 오후에는 집사람과 배집을 묵끄서 실어더리는 작업을 하여다.

"그리고 우리 혜지가 고등학교 원서을 낸다고 아빠 도장을 가지고 하면서 극정을 하는

250) 실제 계산은 8,530원이나 8,500원으로 잘못 기록하였다.

것을 볼 때에 아쉬운 감도 있고 한편으로는 이 아빠가 그처름 공부을 하여야 한다고 노래을 해도 말도 덧찌 않코 저의 방에만 가면 잠을 참찌 못하고 노력을 하지 안는 그 모섭이 미어서 말도 하기가 실어며 요줌은 혜지에깨 무선 말을 해야 돼나 하고 조심이 가며 마음적으로는 이 아빠의 말을 안 텃고 있재와서 희망 학교에는 실력이 모자라서 원서도 내지 못하고 극정을 하고 있는 것을 보고는 호되게 꾸중을 하고 십프나 내 마음과 다러게 혜지을 좋게 말을 하고 있다."

"부모의 마음은 자신이 돈을 벌어서 재산을 모우는 기쁨보다 너이들이 공부 잘하는 모섭 너의 얼굴 바라보는 그 기쁨이 나예깨 소원이엿쓰며 너위들이 잘 자라서 남외께 뒤저지 않는 자신이 대귀을 소원이여쓴는 돼 이재와서 무산이 돼어버린 것이 아닌가 하고 이내 몸 서러어리라."

"너의 아빠는 처음부터 내 몸이 부스저는 한이 있쓰도 자식을 대학 문특에 들린다는 결심을 가지고 살라왔쓰며 부모 유산을 만이 바다서 대학을 시킨다는 결심을 했쓰며 이 아빠가 셔렵찌 않으리라. 부모 재산은 한 단지을 가지고 처음부터 너이들은 대학을 시킨다는 결심을 가지고 살라온 이 아빠가 오늘날까지 변함의 한 치도 착고 업씨 사라와쓰며 너위들 이 아빠의 모섭을 어떠개 보고 잘라와는지는 몰라도 이 아빠는 너위들 보고 살라왔쓰며 이재와서 혜지가 희망 학교에 실력이 모자라서 원서을 내지 못하는 모섭이 내 마음이 아프구나."

〈1988년 10월 23일 일요일 낡씨 맑음〉

금일 순달이 세 줄 집을 미장과 과배 부치는[도배하는] 작업을 하여쓰며 오늘 일은 직원이 3명 결과적으로 6명을 작업을 열심이 한 것 같든돼 일손을 노코 보니 오늘 일한 것이 사람 수보다 아주 적으며 일 한 표과 업더라. 그리고 학희을 보내고 남원 사모래가 남아서 저녁을 먹고 직원과 부억 바닥에에 미장일을 하고 끝을 낸 샘이다. 학희가 기술원 만이 늙어찌만 아직은 부족하며 일래 비에서 노임을 25,000원 밭는 것은 상당이 만이 밭는다고 생각을 한다.

〈1988년 10월 24일 월요일 낡씨 비〉

오늘 오전으로 순달이 집은 벽지 말고는 그 남어지는 안전이 끝을 낸 셈이다. 아래채을 짓는돼 그리 힘들며 사람의 수도 만이 들어가며 틈틈이 일을 할려고 더니 어이 힘이 안 들며 이 집은 휴식 시간을 이용해서 집을 짓어따고 생각을 한다.

오후에는 김천 김동인 치과을 같쓰며 입뻘을 치료을 하로 같쓰며 병원에만 가면 2, 3세 시간 기다리는 것 보통 같떠며 오늘도 기다리는 중에 한 분이 순서대로 해주지 않코 세치기을 시키는 간호원 행동에 불만을 안고 그만 치료을 포기을 하고 가버리고 말라쓰며 기다리는 것은 좋은되 간호원들이 순서돼로 부려지 안코 아름으로 세치기을 시키는 것은 정말 속이 상하며 폭발을 하고 십프도 자신예깨 손예가 올까바 속과 마음과 다른 마음을 달래는 과정이 힘이 들어 얼굴래 열이 올러며 건강에도 손예을 가게 돼는 것 아쉬운 마음 검할 길 업꾸나.

"우리 혜지가 원하는 학교에 원서을 내어주지 않는 선생님에깨 불만을 가지며 얼굴을 보니 우런 헌적이 보이며 이것을 볼 때에 아빠의 마음 상화며 그처름 공부 하려고 노래을 해도 여사 알고 잠만 자더니 이제와서는 눈에 눈물을 내는 것을 볼 때 속이 상해서 성화을 내고 마랐다. 자신이 생각을 하기에는 내 마음보다 혜지 마음이 더 알풀껏이며 혜지의 마음을 잡키 위해서 자신의 속은 끌치만 참아았는데 오늘은 아주 과하게 성화는 내지 않아찌만 오늘은 분노을 참찌 못하고 마랐다."

지출에 … 차비 400원, 치과에 2,000원
計 2,400원

〈1988년 10월 25일 화요일 낡씨 맑음〉

고구마을 수학을 하는돼 가뭄이 너무나 만타서 고구마가 잘라지을 못하고 납딱하게 눌려있는 것도 있쓰며 고구마는 작년보다 면적은 만은돼 작년과 별다름이 업쓰며 매상 푸대로 한 가마니도 잘 안 대는 것을 세집과 나누니 고구마라고 해도 쌀마서 먹을끄도 업쓰며 매년 고구마 씨 값도 못하니 내년에는 갈지을 안을까 하는 식으로 마음이 들어가는구나.

오후에는 집사람과 둘리서 벼집 거두어서 드리는 것으로 하로 일과을 보내고 마랐다.

〈1988년 10월 26일 수요일 낡씨 맑음〉

오전에는 이슬이 만아서 벼집을 혼자 묵끄서며 이슬이 만을 때는 오전을 피해야 할껏 같다. 외냐하며 이슬이 만아서 묵끄며 벼집이 변질이 될 껏 같다서 피하며 좋을껏 같다도 농촌 일이 할 때 해치우야 뒤에 일이 적어저기 때문에 무리가 대어도 작업을 하고 있다.

우리 혜지가 가고 십픈 학교에 원서을 포기하고 아포 학교에 갈 준비을 한 것 같꾸나. 이것을 볼 때에 한편으로 자신이 안심이 돼며 한편으로는 희망 학교에 실력이 모자라서 가지 못하는 딸을 원망도 해본다. 자신은 일적부터 후예가 돼지 않캐 아들 딸들예깨 공부을 하라고 당부도 했는돼 이것이 다 무산이 돼고 마니 자신이 힘이 업쓰저는구나. 이재는 혜지에깨는 공부 사랑은 끝이 난 것이 아닌가 하는 마음이 앞쓰며 이재는 이 사랑을 맡보기 이외서 혜영이예깨 혜지 원한이 혜영이가 밭은 것이나 다름이 업다. 외냐하며 집배 오며 공부을 하지 않으며 다꾸치기 때문에 혜영이가 곤욕을 치루고 있다.

"인간은 한 살이라도 만이 먹은 사람에깨 살매 길을 배우야 한다고 생각을 한다. 인생을 만이 살은 사람의 말을 뜻지 않으며 반더시 후예가 따러리라."

"훌령하게 잘 할 사람은 남외 말을 잘 덧는 사람이 훌령하게 자라갈 수 있따고 본다."

지출에 … 운이 수학여행비 21,500원

〈1988년 10월 27일 목요일 낡씨 맑음〉

오늘은 오전 9시에서 오후 1시까지 민방위 교육이라서 참석을 하여쓰며 교육 시간에 교관이 보기에 너무 좋더니 여시 민방위 교육을 하는돼 아이들이 들어주지을 않으며 사람이 가만이 볼 때 좋은 사람은 사람 다루는 돼는 문제가 있다. 외냐하면 인간은 좋은 사람은 잘 돼해주야 하는돼 그려치 않코 그 사람을 이용을 할려고 들며 우리가 보기에 미안할 정도로 운직여주니 기가 차며 역시 쌍문자을 쓰고 교관이 못 땐 사람에깨는 잘해주고 있쓰며 귤도 서며 통솔이 돼고 있쓰니 이것이 정상의 교육인지 그러치 않으며 아직 국민 수준이 낮자서 그른지 알 수 업꾸나.

"오늘 교육은 민방위 교육은 재로이며 이촉강사 홍대 목씨 강위에서 바람이 있쓰다고 생각을 해본다."
오늘로서 웃뜰래 벼집을 안전이 거두어 왔쓰며 집사람이 벼집 거두어돌리는돼 힘이 만이 더는가바. 잠자리에 몸부림을 치는 것을 볼 때에 자신의 속으로는 촌으로 시집을 오지 않아쓰며 저처름 몸부림을 치지 않을끈돼 하고 마음속으로 미안함을 가지며 좀 쉬고 하고 십프도 만약에 비가 오며 오희려 더 힘이 들며 여러번 만치야 하기 때문에 건강에 무리가 가도 해야 하는 농촌 일이다.

〈1988년 10월 28일 금요일 낡씨 맑음〉
벼집 거두어더리는 작업이 힘들며 집사람은 집배서 할 일이 만타고 해서 자신 혼자만 벼집을 것는 작업을 하여따.
앞푸로 2일만 하게 되며 벼집 일은 대충 할껏으로 내다보고 있다.
지출에 … 구론산 300원

〈1988년 10월 29일 토요일 낡씨 맑음〉
집사람은 경화 형님 사과 따주로 가고 자신 혼자 벼집 거두더리는 일을 하니 일래 손발리 맡지 않아서 일도 제돼로 안 대고 힘은 더는구나. 금년에는 벼집에 비 한 번 맡찌 않아서 소 먹이에 안정맡춤이며 자신에 마음도 제일 깨운한 감을 가진다.
"노사 분규가 또 고개을 치들고 일어나니 나라의 안정이 파계돼어가는 너킴이 들며 기업에서 첯째 살라야 하는돼 요즘은 기업은 죽어도 나만 살자는 식으로 분구가 발생을 하니 신각한 문재며 아직은 한국으로 바서는 자유 물결이 빨리 차저왔쓰며 우리 국민은 선동하는 정신적인 기질이 만아서 어떠개 극복을 해갈찌 극정이 돼는구나."

〈1988년 10월 30일 일요일 낡씨 맑음〉
금일은 우리 동내서 살다 부산으로 간 윤관희 부친 운상하로 갈쓰며 고인이 고향에 온다고 해도 아이들이나 다들 고향을 사랑하지 않코 등을 돌린 사람이며 이 사람들이 고향을 사랑했더라면 요줌은 시간 여유가 만을땐되 집안 위에는 불과 멫 사람박에 오지 않아쓰며 자신도 실찌 (관희)가 우리와 같치 자란 친구지만 고향에 가끔 오는 모양인돼 한 번도 보지 못 했코 국민학교를 끝을 내고 고향을 떠나쓰니 그 후 한 번도 본적이 없쓰니 어찌 정을 줄 수 있깨나. 그래서 자신도 마음 한 구석에는 안 갈 마음이 들 때도 한두 번이 아니며 그것을 억재하고 참석을 해서 마음먹고 일을 하여주어쓰며 집안 사람에깨 호감을 어떠따고 생각을 하며 오늘 일은 사람이 적은 수예 비에서 상당이 만이 했쓰며 그에 모친 이장까지 했쓰니 큰일을 했따고 생각을 하며 자신도 본동에 일보다 더 만이 하여따고 생각을 한다.
그리고 순달이가 강아지을 한 바리 가지고 왔쓰며 자신이 그러찬아도 강아지을 한 바리 살 욕심을 가진는돼 잘 돼어따고 생각을 하며 고맡더라.

〈1988년 10월 31일 월요일 낡씨 맑음〉
세집배 작과 나무에 벼집 두 바리 같다주는 일을 하여쓰며 그리고 서양바실례 벼집도 실찌 오전으로 끝을 낸 셈이며 이재는 봉답 벼집만 남은 셈이며 이제는 바푼 일과는 다 했따고 생각을 한다.
오후에는 자신이 온 몸이 곤해서 일을 하기가 실어며 오전에는 겨우 참고 하여는돼 오후에 어떠한 일이 있쓰도 못 할 껏 같다서 오후 4시까지 안전 휴식을 하여쓰며 휴식을 하고 나니 조금 회복이 대는 기분이더라.

지출에 … 장값 2,000원, 간장 900, 운이 여행과 2,600원 혜지, 혜영 1,000원, 약, 박까스, 소아제 2,600원 운이 신발 7,000원, 김, 쏘세지, 닥캉 2,100원 차비 600원, 치약 1,200원
計 21,000원[251)]

〈1988년 11월 1일 화요일 낡씨 맑음〉

우리 운이가 여행을 서울로 갔는돼 가는 날이 장날이라던니 추어서 어떠게하며 저의 엄마 모양 차 멀리을 하는돼 멀미을 하지 않코 잘 갔는지 극정이 돼며 집배는 운이가 업쓰니 집이 덩 빈 것 같더며 나뿐 아니라 가족이 다들 그러타고 말을 하고 있는 것을 보니 우리 운이는 집배서 필요한 인간이 댄 정명이 오늘 녀켜쓰며 우리 운이가 나들리에 아무련 고충업씨 구경을 잘 하고 왔쓰며 하는 마음 뿐이다. 요즘은 아빠는 건강을 저축을 할려고 마음적으로 노력을 하며 실제 하고저 하는 일들을 뒤로 미루고 있는 실정이며 계산을 해서 휴식을 하고 있는 것이 사실이다.

"혜영이가 저의 학교에서 글짓기에 장려상을 바더온 것을 보며 우리 혜영이는 적은나 책자을 사준다면 혜영이는 해낼 수가 있는 아이라고 생각을 하며 공부에도 노력이 부족해서 성적은 떠려젓찌만 조금만 더 노력을 한다면 상위끈은 지킬 수 있따고 생각을 하며 앞푸로 자신이 신경을 쓰서 도와주는 일이 아키지 않아야 하겠다."

지출에 … 여행에 가는돼 8,000원

〈1988년 11월 2일 수요일 낡씨 맑음〉

매상 일자가 4일 날이 첯 매상 일자라고 하여서 오늘은 매상 준비을 하여쓰며 자신이 71개을 준비을 하고 세집배 65개을 준비을 하여쓰며 매년 자신에 생각에는 매상 일자을 여유을 두고 매상 준비을 하여서 시간 여유을 가질 작정을 하였는돼 금년도 대목아지 와서 매상 준비을 셋집에 다하니 수자가 만아서 그 고충이 만아서 몸살을 쳐니 올해는 여유을 가지고 할려고 마음을 먹은 것이 올해도 실천을 못하고 마는구나.

그리고 우리 운이가 일박 이일 여행을 맡치고 돌라오는 날이며 매사에 김천만 같다와도 얼굴에 노라게 변하는돼 먼 여행길에 아이을 죽이는 것이 아닌가 하고 마음의 송구서러운 마음 머라고 말을 할 수 업쓰며 저녁 8시가 넘어도 집배 오지 않으니 온 식구가 마음이 들뜬 기분이며 여행이 아니라 차 멀미 때문에 아이을 죽이는 것이 아닌가 하는 마음 때문에 집배 있쓰도 방에 가만이 있쓸 수 업쓰며 에타는 마음 검할 길 업쓰서며 딸들보다 더 마음이 타는 것이 사실이며 우리 혜영이는 우리 갈 때에는 아무도 마집[마중]은 아무도 안 아따면서 아들의 선우도[서운하다고]을 이야기을 해서 이 아빠 할 말이 업쓰며 그 소리에 자신이 미안한 감이 들며 자신이 운이예깨 신경을 만이 쓰는가 생각이 들며 딸들 눈치을 바가면서 운이을 돌바야 하겟꾸나 생각이 더는구나.

여화뜬 우리 운이가 차멀미을 하지 않코 구경을 잘 했따고 자랑을 하고 있는 모섭을 보니 이 아빠는 개니 걱정을 한 것이구나.

"그리고 대학생들이 대모데가 일어쓰는데

---

251) 실제 계산은 20,000원이나 21,000원으로 잘못 기록하였다.

자신이 생각을 할 때에 국가 낭비을 시키며 건물에 화재을 시키면서 대모을 하는 이유을 몰개쓰며 이재는 대학생들이 대모을 하니 감정이 생기며 그전에는 재목이 될 나무 원순 잘라버린다고 국가을 욕을 하여는돼 이재는 대모을 가담하는 전원을 잡아서 대모자도 모려게 처벌을 해주며 가옥하게 하는 자는 사형까지 했주어쓰며 하는 마음 뿐이며 이제는 학생들의 대모하는 것은 옛날이며 이재는 서로가 머리을 짜서 좋은 길로 가는 것이 국가의 의무이며 국회에서 비리을 발키는 것을 보며 이재는 부정업는 국가가 대어가는 가정이며 오런 길로 가고 있는돼 대학생들의 대모 때문에 국가 안정이 헌들리며 국가 길은 어둬로 가라 말이냐. 대학생들의 대모을 하는 모섭이 한심하며 대모하는 학생의 부모는 얼마나 허딸한 마음뿐이겠쓰며 이내들이 한심서렵꾸나."
지출에 … 매상 준비 2,800원

〈1988년 11월 3일 목요일 낢씨 맑음〉
금일은 큰집배 매상 준비을 오전 너깨까지 하니까 80십 가마니을 하여쓰며 생각보다 빨리 한 셈이며 자신이 생각을 하기에 매상 준비을 하여 꼭 몸살을 하는돼 금년에는 자신의 몸이 좋은 너킴이 들며 무선 일든지 여유을 가지고 하는 너킴으로 마음이 댄다. 이것을 볼 때는 자신의 건강이 좋아줬따는 생각이 댄다.
"그리고 학생들이 정국적으로 전두환 대통령 구속 하려고 대모을 정국적으로 부리며 이 모섭을 볼 때에 너무 한다고 생각을 한다. 외냐하면 그 당시로 바서는 박정희 대통령이 김재구에 살래대고 홀란이 왔쓰며 그때로 바서는 우왕좌왕하며 제 유교가 안난다고 누가 말을 하게쓰며 그때야말로 군정이 잡지 않코 여당이나 야당이나 어느 누구도 정권을 바로 잡찌 못 한다고 자신은 보며 그 당시 전두환 대통령이 직권을 잡는다고 무리한 희생일 시킨 것은 사실이며 전두환 정권을 잡우면서 사람을 너무 죽인 것도 사실며 이것을 두고 볼 때는 가차업씨 사형이라고 해도 무리대는 말은 아니라고 보며 한편으로 보며 이 사람이 정권을 잡찌 않코 우왕좌왕 했떠라면 국가의 손실은 계산도 못 할 만큼 엄청난 손내와 인간의 살상도 대지 완아쓸까 하는 생각도 가저바야 하며 이 두 가지을 노코 계산을 한다면 전두환 대통령 국가 바서는 잘했따는 평이 될련지도 모려니 국민들도 자재해서 이순자 여사가 부정으로 돈을 모원 것만 해수하는 정도로 두어쓰며 하는 바람이다."

〈1988년 11월 4일 금요일 낢씨 맑음〉
금일 매상의 첯 매상이라서 세벽부터 경운기 소리가 세벽 공기을 타고 요란하게 하며 오늘 아침은 한층 더 힘찬 아침이라는 너킴으로 시작이 대어따고 생각을 한다. 식전에 세집배 52개, 큰집배 80개, 자신이 63개을 다들 갇다노코 아침을 먹고 현장에을 가니 벌서 1등이란 마크을 다 부치낮쓰며 이것을 볼 때에 을마나 좋은지 모려며 63개을 전부가 1등을 맡자쓰니 이 기분이 말을 할 수도 업쓰며 정말 좋더라. 오늘 검사원이 시원하게 등급을 주니 농민의 마음에 속 들며 올해같떠며 농사 짓을 맡이 나며 올해는 들머리도 우리가 하지 않코 다들 해주니 농민들로 바서는 대한영이며 언칙은 들머리도 해주야 하지만 해주지 않코 작년까지만 해도 매상가마니 주인이 다들 했주어니 그

심이 만이 들며 자신으로 바서는 을마나 고충이라고 생각을 했쓰며 실찌 극정을 만이 한 것은 사실이다. 외냐하면 자신이 정이 만아서 그런지는 몰라도 우리 셋집 해도 약 200개을 들머리하여 주는 것도 우리 힘에 무리인돼 우리는 매년 들머리하는 것이 우예로 상당이 만이 한다. 외냐하며 어른이라고 그들지, 친구라고 그들지, 엽패라고 그들어주며 남들은 피하는 것을 보며 자신도 그래 해야지 해도 내 성질이 그러치 못하니 남의 일을 만이 하며 공일을 만이 하는돼 오늘 들머리도 다들 해주는 것을 보니 농사을 더 짖어도 될 껏 같꾸나.

"오늘은 매상 가마니을 자리을 잘 잡아서 1등이란 등급이 대어따고 보며 남들은 칯 검사 자리에 등급이 안 난다고 일부로 자리을 온기 간 사람 자리에 우리 셋집 다들 같다 낯쓰니 처음에 자신도 실찌 극정을 한자인돼 생각보다 다려게 전원 일등을 주며 우리 셋집은 전부가 1등며 자신은 벼 색깔이 낮파서 1등, 2등 반을 잡아쓰며 이것을 무시하게 63개을 전부 1등을 맏자쓰니 정말 좋은 매상날이 돼어다."[252)]

지출에 … 혜영이 5,000원

〈1988년 11월 5일 토요일 낡씨 맑음〉

오늘은 누님 집배 콩깍지 가지로 같쓰며 누님 집배는 7일 날이 매상이라면서 매상 준비을 할려고 해서 오전에 거들어주고 왔쓰며 콩깍지가 작년보다 더 만으며 누님 득분으로 매년 소 먹이을 잘 먹이고 있다. 그래서 오늘은 담배 한 보루와 포장류을 사가지고 감.

오후에는 휴식을 함.

지출에 … 담배, 포장류 눈님 집배 6,900원

〈1988년 11월 6일 일요일 낡씨 맑음〉

금일은 무심하게 하로 일과을 보내쓰며 이것은 집사람이 피료가 안전이 풀리두록 시라는 건유에 휴식을 한 셈이며 휴식을 해도 잠자리에서 일어날려면 몸이 무겁꾸나. 실찌 농민은 요줌원 휴식을 매일 해도 일에 대회서는 아무 표가 업쓰며 마음 놋코 놀라도 내년에 농사 일에는 아무 지장이 업다고 본다.

"그리고 어재, 오늘 전두환 대통령 구속하려고 정국 대학생뿐만 아니라 시민까찌 합세을 해서 대모을 가격하게 하며 대는돼로 푸스며 경찰 뻐스에 불을 질려서 다 태어버리는 사왕을 보니 너무들하며 이재는 한국도 대모 타이는 구식이라고 생각을 할 때도 돼어는돼 외 국가의 낭비만 주고 날뛰는 것을 보니 참키가 힘이 더는구나. 그리고 전두환 대통령이 비리는 저절고 직계 가족들이 비리을 만이 했따고 하지만 이 친척들의 비리을 들추고 있쓰며 비리가 발꼬지는돼로 구속을 하고 있는돼도 학생들 시민까지 합세을 해서 국가의 손실만 주고 있쓰니 이 사람들 우리나라가 후진국에서 살자는 뜻인지 알 수가 업꾸나. 우리 국민이 잘 살기을 원한다면 어러울 때일수록 마음을 안정을 시키서 한번에 결단을 내리지 말고 여러번 생각을 해서 무선 일에 손을 대어야 한다고 생각을 하며 요줌 대학생, 시민 대모에 합세 해서 국가 손실 주고 있는 사람들은 입배 밥 들어가는 것이 정말 아깝따고

252) 이 내용은 일기 지면 상단에 따로 기록되어 있다. '(칯 매상 날)'이라고 기록하였다.

자신은 생각을 한다. 외냐 정부에서는 비리을 하나에서 열까지을 발키서 구속자는 구속을 하고 정리을 해가는돼 외 정신업씨 홀란만 주고 있는지 알 수가 업꾸나."
"그리고 김대중 씨는 제일 야당이 댄 총제로서는 아이들 홀란을 하두록 부채질을 하고 있는돼 김대중 때문에 혼란이 가격하다고 보며 김대중이을 죽이야 한다고 생각을 한다."

〈1988년 11월 7일 월요일 낡씨 맑음〉

윤두희 씨 부친 장래식에 참석을 하여쓰며 두희 씨가 자기는 본동 일래는 흉사에는 별료 참석을 하지 않아도 외지로는 만이 다니서 손님은 상당이 만으며 이 손님 대집을 하는돼는 두희가 동내 일을 하지 않아서 동내 아들이 협조을 잘 하지 않는 너킴이며 일래 두서가 업쓰며 이번에 영향을 만이 바다쓰리라고 생각을 한다.
그리고 이른 사람들은 이번에 청년회에서 개을 해서 사람의 동원이 돼지 그러치 않으며 상당 고충을 만이 받듯 끝을 청년회원 때문에 장래식을 잘 했따고 생각을 한다.
지출에 … 윤두희 부친 장래식에 부주 5,000원

〈1988년 11월 8일 화요일 낡씨 맑음〉

서양 바실래 잡초가 매년 만아저는 너킴이 만으며 실찌 만아저고 있쓰서 올해는 가을가리을 해보자 하는 욕심으로 금일 가을가리을 쳤는돼 봄가리보다 가을가리가 힘이 들며 실찌 가을가리가 시간 여유가 만아서 가을가리을 쳤지 그러치 않으며 봄가리을 쳤는 것이 사람은 훍신 수라다고 보고 있다. 오늘은 서양바실에 가을가리을 안전이 천 셈이다. (그리고 도로 편으로 갈라놈.)
"앞푸로 청문회가 보광을 해서 잘 운영을 해간다면 우리나라에 비리가 살라절 뿐 아니라 국가 발전에 한 목을 할 꺼으로 내다보고 있쓰며 청문회에 수사끈을 부여했준다면 비리는 뿌리까지 파했치는 힘이 있지만 우리나라에서는 야당이 무족끈 여당의 하는 일은 무족끈 반대을 하는 섭성 때문에 아직은 국민 수준 바서는 일 적다고 염려는 돼지만 언잰가 청문회에 수사끈을 주어서 여당의 글력청에서 암력을 주는 것과 비리을 막을 수 있두록 힘을 주어야 한다고 생각을 한다."
"그리고 금년에는 자신이 땅을 한 군대 장만을 하는 해가 돼어야 하는돼 맏탕한 땅이 날련지 몰개쓰며 자신으로 바서는 올해 땅을 싸고 내년부터는 자식들 학교 준비을 해야 학교을 시키는돼 힘이 들 들것으로 보기 때문에 자신의 계핵이 이루어저야 하는 한 해라고 생각을 해본다."

〈1988년 11월 9일 수요일 낡씨 맑음〉

집사람과 둘리서 벼집 쓸런 것을 골고루 헛떠서 가을갈리을 칯 계핵을 가지고 둘리서 두 단지을 일적 작업을 끝을 내고 무우 수학을 했쓰며 무우가 가뭄에 자라지을 못해서 수학이 적을 뿐 아니라 상품 가치가 금년에는 안전이 업따고 본다.
청문에서 정인들의 정원을 들어보는 과정에서 국회원들의 정원을 할 때에 정인들이 부정한 길로 유도하는 질문이며 정인들을 재로 다루는 실정이며 지휘로 본다면 국회원들보다 다들 상위라고 보는돼 청문회는 수사인 사람처름 착각을 하고 질문을 하고 있따는 생각이 들어가는구나. 그리고 자신이 생각을 해 볼 때에 국회원 수준도 선진 국가로 갈려며 아직은 먼 길라는 너킴이 더는구나.
그리고 오늘은 자신도 청문회의 정인들이 소리을 덧는 과정을 지켜보는돼 오후 시간을 다 보내고 말라쓰며 이 가정을 볼 때에 글력자에깨는 법도 업고 무법 천지며 이 나라에서는 글력자와 돈 만원 사람들은 인간 위의 천국에서 살라따는 생각을 가지본다. 이것은 바로 후진국이라는 입정을 한 것이다. 이재는 요런 불법 천지는 업쓰저리라고 생각을 가진다.253)

〈1988년 11월 10일 목요일 낡씨 맑음〉
오늘은 값짝이 온도 내리가서 배추을 작년과 같이 얼구지나 안을까 하고 염려가 대며 배추 수학을 할려고 마음먹다 기상대에서 주말래는 낡씨가 해복댄다는 말래 배추 수학을 포기을 하고 종일 동 휴식을 한 셈이며 자신이 입빨리 아파서 휴식을 한 셈이며 입빨리 이처름 아푼 것을 처음 너켜쓰며 한참 아플 때는 정신이 업쓸 정도며 내일은 어떠한 일이 있쓰도 치과 병원에을 갈 작정을 가저본다.

〈1988년 11월 11일 금요일 낡씨 맑음〉
"엣날부터 입빨은 아파보지 안은 사람은 그 사정을 모런다니 자신이 가끔은 입빨리 아파본 적은 있찌만 그저 지내왔는데 오늘은 입빨이 아파서 죽을 지경이며 자신의 정신은 한 개도 업는 너킴이며 곳 죽깨따는 생각이 들두록 몸부림을 첫다. 오늘은 치과에서 입빨 치료하는 것으로 하로의 일과을 보내고 마랐다. 그리고 앞 공장 대화실업 주에서 우리 마을에 여자, 남자 할 것 업씨 정심 식사 대집을 잘 받다. 앞 공장에서 계업식을 벌써부터 한다고 한 것이 어재 계업식을 한 것이나 다름이 업다."
전두환 대통령 생가을 몸채와 사랑채을 경북대학생 6명이 갈서 전경을 물리치고 화염병으로 불을 질어서 다 태어버리쓰니 이것은 너무하다고 생각을 한다. 외냐 비리는 청문회에서 발키고 정부에서는 부정을 발키가고 있는돼 외 재산을 손실을 시키며 이것은 정부의 낭비다고 보며 전 대통령이 법대로 처벌을 바더며 돼지 외 대학생들은 화염병으로 국가 재산을 불을 질어 손실을 보게 하는 것은 이유을 몰깨쓰며 이것은 가차 업씨 법대로 엄하게 다스리야 하며 국가 손실 시킨 것을 보상을 시키야 한다고 보며 이번 전두환 대통령 생가에 불을 질런 학생은 엄벌 취해야 한다고 생각을 하며 아직은 한국이 너무 일적 자유화 물결을 바다더리 따고 생각을 하며 아직 한국은 강제가 3 분지 1일 라는 것은 있쓰야 국가 안정을 잡아 가리라고 생각을 한다. 앞푸로 노태우 대통령 인기까지 고비가 대리라고 생각을 하며 힘이 적은 노태우 대통령이 국가을 이끌어 갈련지 염려가 크다.
지출에 … 치과 병원 2,000원

〈1988년 11월 12일 토요일 낡씨 맑음〉
금일은 어재 입빨리 아파서 몸부림을 천 날이라 오늘은 아무 일도 하기 실어서 오늘은

253) 이 내용은 일기 지면 상단에 따로 기록되어 있다. '(서양바실래 가을가리을 함) (무우 수학함)'이라고 기록하였다.

안전 휴식을 하여쓰며 집사람은 추운대 큰집 사과 선별을 하는돼 종일 그들고 자신은 종일 동안 방에서 시간을 보내고 말라쓰며 집사람 오기 전에 소 죽 군불을 안전이 때어 놀 작정을 했는돼 그만 텔레비전을 보다 너무 너깨 돼어쓰며 텔래미전을 끝을 내고 방문을 열고 나가니 집사람은 방문 앞까지 이미 왔쓰며 자신은 미안해 할 말이 업쓰서 활망구 정말 미안타고 이야기을 하니 웃는 얼굴로 입빨은 어떤야고 물어면서 오희려 더 좋아하는 얼굴이며 이것이 부부의 정이인가 하고 한 번 더 캐감을 가짓다.
지출에 … 전화 요금 4,250원

〈1988년 11월 13일 일요일 낡씨 맑음〉
큰집배 사과 선별해서 상자에 담아서 저장고 저장을 하는 작업을 하고 정심 먹으로 오는돼 배가 아파서 이상하다고 활명수만 사다 먹고 견뒤보자 하는 욕심으로 정심을 먹찌 안코 구둘목에서 배을 대고 휴식을 해도 배가 수거들지 않으며 배가 거북해서 오후에는 자신은 큰집배 일 가는 것을 포기을 하고 집사람은 계속하고 자신은 휴식을 하고 마라서 자신은 미안한 감이 앞쓰며 용학이가 그들어서 들 미안타는 너킴이 더는구나. 자신이 오늘 오전 세을 빵, 우유, 빵을 한 쬬각을 먹고 식중독이 아니여튼가 하는 마음이 든다. 그리고 오후 5시경에는 병원에 갈려고 준비을 한 셈이나 다름업씨 마음에 결정을 하다 활명수을 먹고 참아 볼까 하는 생각이 들어 활명수을 사와서 먹고 참아완 것이 병원에 가지 않코 회복이 돼어서 돈을 지출을 하지 않아서 돈을 버린 셈이 돼지만 이것은 별로 좋은 버렷이 아니라고 생각을 하지만 참아서 면해따고 생각을 한다.
야당의 정직을 자신이 생각을 해본다면 제일 평민당 당수 김대중은 정국에 학생, 국민을 정식으로 부축이지 안는다고 할련지는 몰라도 마음의 속으로는 학생들을 선동을 하게끔 바람을 너꼬 다니며 김대중은 선동의 앞잡이라고 생각을 한다 해도 무리돼는 말은 아닌 것 같꾸나. 그리고 민주당에 당수 김영삼 씨는 사태 따라서 바람을 내고 기해마다 주입을 시키며 김영삼 씨는 말로 했치우는 성격이며 무게가 업는 당수라고 생각을 하며 공화당 당수 김종필 씨는 야당이면서도 용심이 제일 적은 사람이며 한마뒤로 말을 해서 한국의 정취인 근접에 같따고 생각을 하며 야당 당수들이 다들 김종필 씨의 마음과 같다면 정부에서 홀란 업씨 국가의 안정이 될 뿐 아니라 민주화의 길이 도로처름 늙려 있쓸끄라고 생각까지 해본다.
지출에 … 활명수 2병에 400원

〈1988년 11월 14일 월요일 낡씨 맑음〉
요줌은 자신의 건강에 지시가 면할 수가 업두록 지시가 들고 있꾸나. 어재 배가 아파서 몸부림을 치고 대변이라도 보며 속이 시원할 껏 같다서 대변을 볼려고 힘을 쓰서 그른지 황문에 지질이 발생을 해서 행동하기가 그북해서 오전에 치과을 갈다 올려고 마음먹어는되 그동이 불편해서 치과을 오후로 미루고 오전에는 안전 휴식을 하고 오후 2시 돼어서 치과에 오라는 날짜라서 가보았든이 입빨을 밸라 하더라. 그래서 다음에 빼면 어떠야고 하니까 날짜가 너무 멀어서는 안 대지만 맘대로 하라는 말래 집배 일을 대충하고 입빨을 뺄라고 그냥 도랐다. 집배 오니 재복이가 배추을 다 뽑아같다고 이야기을 해서 우리 배추는 별료 좋은 편이 아니라고 이야기을 하니 세집배 배추만 좋은 것으로 골라서 다 뽑아같다는 말래 새상에 여름 내 땀을 흙리서 가까서 노어며 힘도 더리지 않코 뽑아가는 양심 기가 차는구나. 그래서 해가 질 무렵에 집사람은 큰집배 사과 선별하는 것 돼리고 배추밭을 가보니 생각보다 마음이 편하더라. 외냐하면 배추밭을 다논들 어디 가 한탄하게쓰며 그저 마음 아푸지 별 도리가 업쓰며 그래도 60포기는 이저쓰며 좋은 것만 고라서 뽑아가는 그 심정은 어떠개 말을 표현 해야 할찌몰개쓰며 실찌 가격으로 본다면 을마 안 대는 가치을 가지고 몰래 뽑아가는 사람의 양심도 죽어간다고 바야한다. 내야 동생들 적개 주며 대고 배추 60포기 업따고 아무련 영향은 업찌만 훈친 자는 영혼이 마의 상쳐는 지우저지 아너리라. 배추 수학은 일 적지만 남들도 배추 뽑아같다는 말을 덧고 배추 수학을 만이 하며 자신도 배추을 웃들래 있는 것은 모조리 다 뽑아왔쓰며 내일은 쌍구름 배추, 파 다들 뽑아올 작정이다.254)
지출에 … 치과 가는 차비 400원

〈1988년 11월 15일 화요일 낡씨 맑음〉
금년 배추 수학원 도 선생이 한 번 거쳐같다는 말이 돌라서 그런지 오늘은 배수 수학에 날이라는 낢짜처름 앞다투어 배추 수학을 하고 있꾸나. 자신도 오늘로서 무지파 다들 수학을 하고 마랐다. 금년 배추을 수학을 해보니 가뭄이 심해서 배추가 다들 뚝갈리라고 생각을 하여는돼 배추을 수학을 해보니 그진 알리 찬 배추가 돼어 있쓰서 마음의 기분이 좋더라.

〈1988년 11월 16일 수요일 낡씨 맑음〉
오늘은 세벽녁에 비방울리 내리서 목 매이게 바라든 비가 오는구나 하고 마음에 찬비가 온다는 것을 좋아했는돼 방울비가 내리고 사람만 서글지만 시키고 하창하게 맑으면서 바람만 부려잭키서 오히려 가뭄을 더 주는 현상이 돼고 마랐쓰며 사람의 생각으로는 바라는 것은 전연 업찌 하는 마음이 앞쓰는구나. 외냐하며 기상대는 비 온다고 외보을 해도 비가 오지 않코 하늘을 보며 비가 올 행세을 여러번 가지도 비가 오지 않으니 이번 겨울에는 해갈 면하두록 비, 눈은 업찌 안을까 하는 생각이 앞쓰는구나. 금일은 마늘 파종할 준비만 하고 마랐쓰며 금년에는 마늘이 쪽들이 말라죽은 것이 상당이 만으며 시은찬은 것들은 다들 가리서 빼어내어도 씨 마늘이 마음에 들지을 안으며 무선 곡석이든지 씨가 좋아야 그해 농사가 잘 돼는돼 하는 마음이 앞쓰는구나.
지출에 … 마늘 소득약 토양 살충제
2,100원, 철물점 경운기 크라줄
2개 2,000 운이 코물 나는약,
감기 1,000, 혜영이 한문 노트
2권 200원 돼지고기 1,800원
計 7,100원

〈1988년 11월 17일 목요일 낡씨 맑음〉
마늘 파종할 때에 양수기로 물을 모재리 할 정도로 약수 작업을 하여 두어씀.
"그리고 광주 사태 때에 발포 명령자가 누구냐 하는 것을 내일 청문회을 연다고 하지만 이것은 그 당시 정권을 잡기 위해서 발포 명령을 했캐찌만 발포자가 나오지을 안을 껏

254) 이 내용은 일기 지면 상단에 따로 기록되어 있다. '배추수학을 함. 경운기로 두바리'라고 기록하였다.

갇더며 이것은 역사로 바서는 발혀저야 하나 우리 국민으로 바서는 발포 명령자가 발혀저며 국가는 안전이 홀란이 올 꺼이며 노태우 대통령도 물려쓰야 될 것이며 정부는 후진만 돼니 발표 명령자까지는 발혀저지 안는 것이 국가 발전의 도음이 되리라."

〈1988년 11월 18일 금요일 낡씨 맑음〉

오늘로서 마늘 파종을 하여쓰며 마늘 6접을 노와쓰며 우선 바서는 물을 프서 마늘 파종을 하니 땅이 부더렵고 검새라[금방이라도] 촉이 나을 너킴이 들 정도이며 내년에는 마늘 농사가 될 기분이구나.

오늘은 광주 청문회을 하는돼 김대중 씨 정인 질문을 하는돼 4당 중에 3당은 물어볼 것이 업따면서 질문을 포기을 하고 민정당에서만 정인 질문을 하는 것을 볼 때에 자신은 아직도 국민에 대한 일은 뒤로 미루고 자기들 정권에만 힘쓰며 정당의 비리만 발키서 힘을 빼앗아 정권을 잡을 욕심만 부리고 있는 것을 우리가 절쉬리 너킬 수가 있캐끔 행동을 하고 있는 것을 볼 때에 국회도 업쌔야 하며 외 국회원이 다들 자기 당만 주장을 하고 남외 당은 잘잘못을 가리지 않코 찬성을 안코 반대만 하니 국회도 당이 업씨 중립적으로 국회원 선출이 돼어서 과반수로 가결을 짓어서 국가 일을 해가며 국가 발전이 대지 않을까 하는 생각이 던다. 이번 정권이 한 번 바키야 하는돼 하는 마음이 더는구나. 외냐 이번 광주 청문회 정인 질문하는돼 청취을 할 때에 이것은 민정당과 야당의 싸음이며 이것을 말류하는 것은 이번에는 정권이 야당으로 뒤집어저야 광주 사태의 전반을 국민에깨 인정이 가개끔 파해칠 꺼이며 (비리) 모든 것이 혁명이 돼어 국민에깨 속을 보일 수 있는 기회가 무산이 돼어 아쉬고 민주화 길이 너저가는 것이 아쉽다.

〈1988년 11월 19일 토요일 낡씨 맑음〉

금일은 웃뜰래 가을가리을 함. 가을가리는 봄가리보다 흘신 힘이 들며 올해 가뭄이 이처름 힘해도 가을가리 쳤보니 아직은 밑은 추지서 경운기 발통이 밀리는 말이 만아서 가을가리에 힘이 너무 만이 들어따고 생각을 한다.[255)]

〈1988년 11월 20일 일요일 낡씨 비, 맑음〉

금일은 웃뜰래 논 3단지을 다 가을가리을 다 철라고 예정을 하고 오늘은 일적 서들어서 들판으로 가니 비가 금새라도 쏘다질 껏 같떠며 어재 두 단지 머리도 못 가는 것이 아닌가 하고 극정도 실찌 했쓰며 봇 머리는 쟁기가 마음먹은돼로 돼지을 안아서 힘이 만이 들 뿐 아니라 시간도 만이 글린다. 이것을 반도 갈지을 안아서 비가 오더라. 그래서 이재는 우박이 왔도 이것은 끝을 낸다는 자신을 가지고 열심히 하고 있쓰니 비가 언재 안는냐 하는 식으로 맑은 하늘이 보이며 따스한 빛살이 나며 굼에 논도 예정을 한 대로 가을가리을 철라고 하다 봇머리에 힘이 너무 들어서 굼논 가을가리는 포기을 하고 마랐다. 오늘로서 금년 가을가리는 끝이 난 샘이다.

---

255) 이 내용은 일기 지면 상단에 따로 기록되어 있다. '11月19日 지출에 경운기 쟁기날 2,500원 밀가루 2500, 슈포타 1300원 計 6,300원'라고 기록하였다.

지출에 … 집사람 파마 4,500원, 아빠 신 3,500원, 장갑, 양발 2,700원, 미놀, 구리세린, 감기약, 박카스 2,900원 멸치, 쥐고기 3,000원, 통조림, 후리덤 2,000원 쑤세미 500원, 샤프심, 유리태프 900원 기름 짜는되 1,000원, 떡 하는데 1,000원, 신발 1,000원 오뎅 1,200원, 생강 500원, 후지 200원 차비 600원, 린스 750원 計 26,250원

〈1988년 11월 21일 월요일 낡씨 맑음〉
당산 논에 캑토을 할 욕심으로 큰 골못에 안침 밑테 모래을 실러서 당산 논에 실어널라고 가보니 봉희가 봉답 논을 객토을 해서 과수나무 심을라고 벌서 시작이 돼어서 자신은 경운기로 할려니 갈구치어서 자신은 한 발리만 실고 마라쓰며 사람이 황상 머리을 쓰는 사람이 앞쓰가기 마련이다. 사람은 황상 머리을 쓰야 인간 생활예 앞쓰갈 수가 있따고 본다.

〈1988년 11월 22일 화요일 낡씨 맑음〉
금일은 당산 논에 경운기로 객토을 하여쓰며 경운기로 부진련이 실어 너봐야 14바리 밖에 실려 너치 못 했쓰며 이래 너어바야 앞푸로 20일은 해야 다 할 것 같꾸나.

〈1988년 11월 23일 수요일 낡씨 비〉
"목마른 대지에 입을 추굴 수 있는 비가 오니 그 얼마나 좋아할까. 이 비야말로 땅의 생명을 구한 적은 비가 돼어따고 생각을 하며 사람이라면 벌서 생명을 일어버리고 말라쓸땐돼 농민들의 땅이야말로 묵묵이 참아오니 생명의 길이 열리고 있는 것을 볼 수가 있꾸나. 이것들이 사람의 얄팍한 가슴을 열고 묵묵이 참아서 행운을 가지는 것을 가려치는 것이 아닌가 하고생각도 들며 땅이나 인간이나 묵묵이 참아서 살라간다면 행운이 온다는 것 재정명이 됀 샘이다."
"전두환 대통령이 국민예깨 사과문을 낭독을 하는 모섭을 보니 안타까운 마음 검할 길 업쓰며 전두환 대통령 눈에는 눈물이 어리는 모섭을 보니 마음에 걸리며 전두환 대통령은 정권을 잡울 때는 마는 사람을 희생을 시킨 것은 사실이지만 실찌 국민예깨는 편하게 살아았쓰며 안정을 가지고 살라다. 그리고 전두환 씨가 민주화 문을 열련 사람을 구석을 해야 한다, 대모을 한다 모라 세우는 것은 우리 국민의 수준이 낮따고 생각을 하며 이재는 전두환 대통령 재산을 천부 국가에 바치고 서울을 떠나게 한 국민도 이재는 자재을 해서 국가 안정을 가지두록 노력을 해야하며 이것을 교훈을 가지고 민주화 길을 착실이 다져간다면 일련 것보다 어든 것이 더 만으니 전두환 대통령을 용서을 하고 앞푸로 민주화 소리가 세계의 하늘 높이 메아리 치두록 살라가야 한다."

〈1988년 11월 24일 목요일 낡씨 눈〉
전두환 대통령 사과문에 평민당에서는 전대통령이 아직 재산을 감추고 있쓰며 국민들래 미급하다고 하면서 평민당에서 파했치야 한다고 법석을 부리는 것을 보니 정부 안정이 염려돼며 이재는 전두환 대통령은 그만 해도 제의 대까는 다 돼어따고 생각을 한다. 일계 대통령을 7년 반이라는 긴 세월에 국정을 맡타은 사람을 귀양 사리라 다름이 업씨 서울시에서 떠나같쓰니 본인의 심

정은 죽지 못해서 살라는 있찌만 마음은 죽어따고 생각을 해도 무리돼는 말은 아니며 실찌 전대통령의 심정은 아픔과 쓰라린 교통은 어느 누구도 모려며 본인만 피을 통할 일이라고 본인 생각을 한다. 앞푸론 전두환 대통령의 잘못을 그만 끝을 내야한다고 생각을 한다. 외냐하면 일계 과정을 일끄러가는돼 불만 나고 재산에 손예가 가는 발생이 일어나는돼 일계 과정을 일끄러가려면 부정이 있깨 마련이며 원재나 소을 죽이고 대을 살리가야 하는 국정일인돼 이려다가는 대통령을 하고 나면 제을 바다야 하니 이려다가는 우리 국과가 후진을 면치 못 한다고 생각을 한다.

앞푸론 비리을 발키돼 국민의 감정이 나지 않캐 해야하며 우리 살라갈 길은 혼란이 업쓰야 돼며 혼란 주어서 소리을 크게 만들어 평민당, 민주당 어너 누가 정권을 잡아야 안정이 돼지 안으며 후진국에서 허득이는 국과가 돼어야 하니 곽 당이 희생이 돼어서라도 국과가 부강해저는 모섭을 바라볼 수 있는 정취인들이 돼어달라는 말을 예원하고 십꾸나.

금년에 쳇눈이 내리쓰며 눈 내리는 모섭을 보니 아이들이나 어른이나 다들 기쁨 마음은 다 갈다고 생각을 하며 인간은 동심이라는 심정은 다들 갈다고 생각을 하며 동심만 가지고 살라간다면 인간은 늙찌 안으리라.

〈1988년 11월 25일 금요일 낡씨 눈〉

눈빨리 휘날리며 바람이 모라쳐서 어슬쁘기 짝이 업쓰며 실찌 대지는 더 매마려게 하고 있꾸나. 외냐하며 비가 조금 오고 바람만 모라쳐오니 대지에 목을 추인 것 간곳 업고 목마름은 더해가고 있꾸나.

전두환 대통령이 국민예깨 사과을 한 뒤에는 학생들의 기분을 조금 안춘 너킴이 더나그 불이 노태우 대통령에깨 가고 있쓰며 일부 학생들이 노태우 대통령 사임하라고 대모을 하고 있쓰니 노태우 정권이 염려가 크며 국회의 힘이 적은 대통령이라 임기에 힘이 들 뿐 아니라 임기 동안 무사하게 채울 수가 더 염려가 돼는구나. 그리고 학생들래깨 부채질을 하는 사람이 누군지 몰라도 피을 토할 일이라고 생각을 한다.

우리의 국민 수준으로 바서는 독재 감미을 패야하며 월론도 조금 저지해야 국민의 안정을 바라지 그려치 않코는 노정권 안에는 안정이 힘이 들 끄시며 우리 국가의 안정이 너무 자유 물결을 일적 바다더린 것이 국가의 안정의 길이 패인이 돼 것으로 자신은 본다. 그리고 이번 안정을 잡는돼는 군 빡에 업따고 생각을 한다.

그리고 전두환 대통령 구속하려고 학생 대모을 하는돼 이것을 조금이나 안출라면 전두환 대통령 그쳐을 몰라야 하는돼 방송에 전두환 씨가 설악산 백록담에 있따는 것과 행동을 다 보여주는 이유을 몰개쓰며 전 대통령을 테레비에 만이 나올수록 학생들의 대모가 수거려들지 않을 껏으로 보며 아푸로는 전두환 대통령은 일체 메스콤에 나오지 안아야 한다고 생각을 한다.

〈1988년 11월 26일 토요일 낡씨 맑음〉

노태우 대통령이 전두환 대통령 후속 조치와 정부 수섭 안정을 잡키 위에 발표을 하여는돼 평민당에는 전두환 부부을 구속해야 비리을 밝킬 수 있쓰며 안전 5공국원 들추야 하며 역시 민주당에서도 평민당 보다는 들하지만 위 두 당은 우리가 느낄 때에 노태우 정권을 전두환 비리을 물고 너무터 일 작정을 가지고 있는 것 같떠며 평민당 김대중과 민주당에 김영삼 씨는 정권을 잡는돼 기회로 잡는 것 같은 생각을 가지는 것다.

그리고 민주 공화당에는 노태우 후속 조치을 조금은 미급하다면서 긍정을 가지며 앞푸로 정부 홀란 수섭에 협조을 할려고 더는 것을 보며 정말 정취인이라는 생각이 든다. 외냐하면 김종필 씨는 전두환 대통령에깨 직접 당해쓰며 전 대통령 아니며 박정희 밑태서 고대로 대통령을 잡아서 현제 대통령이 돼어씈끈돼 요줌 제일 힘이 적은 민주 공화당을 이끌어가는 심정에서 노태우 대통령을 협조을 하고 있는 것은 국가 안정을 바라는 마음으로 협조을 하고 있따고 생각을 한다.

〈1988년 11월 27일 일요일 낡씨 맑음〉

정화내 형님 사과 저장하는돼 그들어달라고 해서 상호와 둘리서 일을 하여쓰며 금년에는 팔구가 오전에 그들어서 작년보다 일적 끝을 냇쓰며 조금 수라더라.

형님도 과수가 고목이라서 상자 수도 적개 수학이 될 뿐 아니라 별로 제미가 업는 것 느킴이 더는구나. 오늘 상자 수 500개 조금 더 돼며 관손에 마지기 비해서 아주 적개 생산이 돼어따고 생각을 한다.

〈1988년 11월 28일 월요일 낡씨 맑음〉

금일은 큰집배 매상 준비을 하는돼 용학이가 그들어서 매상 준비을 88개을 오전에 다 했쓰며 매상 수짜을 이번에 다 주야하는돼 또 반을 난기고 활당량을 주니 우리들로서는 불편할 뿐 아니라 가마니을 한 대 두니 그 신경도 무시을 못 한다. 이번에는 돈은 나중 주는 한이 있쓰도 다 주어쓰며 하는 바람이다.

그리고 저녁 노을 다 질 때 줌 대어서 우리 운이가 작동 아이가 불려서 잠깐 같다 온 아이보고 친구 모친이 와서 단벽락에 비누류에 불장난을 해서 태어따고 이야기을 하면서 만약 불이라도 냇쓰며 어떠게 하나 하고 꾸중을 할려고 왔따고 하면서 얼굴 색깔이 변해서 운이예깨 무려니 운이는 안 그래쓰며 순박꼭질 했따고 하면서 부인하며 그때는 오리발 내는 줄 모려고 자신도 운이는 검새 나가서 불에는 가입이 돼지 않아따고 인정을 하고 친구 모친이 가고 나서 운이을 돼리고 살그머니 무려니 조금 했따고 이야기을 해서 그만 화가 머리 끝까지 소구치며 파리채로 때리다 신찬아서 손우로 갈기쓰며 그저 죽이고 업쌔버리쓰며 하두록 미어쓰며 한다는 짓이 마음에 글리며 내 자식이 바보라서 그른지 노라도 아이들과 똑같은 아이들이 만나서 노니 속이 타며 마음돼로 돼지 안는 것이 자식이라든이 그 말이 꼭 맡따고 생각을 해보며 오늘 일이 우리 운이가 다시는 불장난을 못하게 호댄 꾸중을 했찌만 무잡이하게 때리서 마음에 걸리며 자신이 자식 다루는돼 너무 무리하며 발생할 때마다 후해을 하면서도 그것이 실천을 못하고 있는 자신도 벌을 바다야 한다고 생각까지 해본다.

지출 … 딸 두리 공낙금이 81,000원,
라면 5,000, 치약 820원
計 86,820원

〈1988년 11월 29일 화요일 낡씨 맑음〉

금일은 매상 준비을 오전으로 자신의 매상

66개을 일적 끝을 냇쓰며 오후에는 세집배 60개을 안전이 하여쓰며 하로에 120개을 해도 일적 하니 종일 동안 한다면 150개는 수라게 하겟더라. 내년에는 농사을 잘 짓어야 하겟다. 외냐하면 농사을 양글게 짓원 것은 푸대 수가 너려나지만 농사가 거름이 만은 것은 벼 알이 양걸지도 안치만 푸대 수도 별료 벗스나지 않으며 여러모로 손예가 만타고 생각을 하며 자신이 벼농사을 잘 못 짓어서 마음 아푼 것이 쉬 잇저저지을 안으며 마음이 답답하구나.

지출에 … 셋값 1,500원, 소 사료,
쌀 딩기 값 1,500원
計 3,000원

〈1988년 11월 30일 수요일 낡씨 맑음〉

우리 마을에 내일이 매상 날짜라서 오늘은 내일을 대비해서 안전 휴식을 하여쓰며 오늘 10시부터 광주 황쟁 청문회을 하는돼 시청을 해보니 전두환 씨가 재산을 정부에 바치고 돈을 다 밭치고 해도 국민위 용서을 하지 않캐쓰며 자신으로 바서는 용서을 해주어쓰며 하는 바람님인돼 청문회 가정을 지키보며 오늘 정인로 나온 사람의 종은을 들어볼 때에 용서을 바들 수 업두록 하여쓰며 정말인지 의심이 가두록 심했쓰며 청문회가 개속 뿌리을 본다면 현 대통령 노태우도 자리가 불안하며 이번 사태는 국민의 갈림길에서 허득이고 있는 것은 사실이다.

오늘 종인은 김동년, 정성화, 심재필이 4명이 나와쓰며 실찌 민정당이 더 밝키는 모섭을 보니 노태우도 힘이 업따는 너킴이 들며 노태우가 어떠게 합이을 할련지 현재로 바서는 야당이 하자는돼로 딸라가는 실정이라고 보고 있쓰며 이려다가는 목들미까지 잡피지 않을까 염려가 돼고 있다.

그리고 우리 혜영이가 아빠예깨 편지을 주면서 보고 답장 요구을 하더라. 그 편지을 보니 아빠을 끔직하게 생각을 하며 원재나 고맡따는 말을 할 때에 아빠의 마음이 조금 노이며 그래도 그 편지 내용은 안정이 돼나 아빠의 속마음은 펜치 안으며 마음속으로는 부지련희 노력을 하여 원하는 학교에 가서 좋은 성적을 바라는 마음 변함이 업쓰며 공부을 안예서 황상 불만을 가진다고 해도 무리돼는 말은 아니다.

그리고 딸들이 자기들의 점수을 바라고 있쓰서 아빠로 볼 때에 40점도 후하게 주는 점수라고 했는돼 딸들이 어떠게 생각을 하여는 몰개꾸나.

〈1988년 12월 1일 목요일 낡씨 맑음〉

금일은 본동에 매상 날이며 두 번째 매상이며 자신은 일적 한다고 한 것이 실찌 공판에 실고가니 이미 벼 가마니가 벌서 무득무득 만이 나와 있쓰서며 이 사람들은 4시 정도는 시작을 한 것 같떠며 자신도 5시에 시작을 했는돼 주막 사람보다는 녗 서들런 것이 사실이다. 우리는 숙모가 일적 자리을 잡아나서 이번도 제일 앞자리라서 먼저 번에 일적 검사을 해서 다들 1등을 마자쓰며 칮 매상때에 오전 검사가 수래쓰며 다들 1등이라고 해도 가연이 아니며 오후에 매상 검사을 한 사람은 2등이 만아따고 하여쓰며 이번에는 반대 현상으로 검사가 돼지 않을까 하고 자신은 마음속으로 염려가 크쓰다. 우리는 아침을 먹고 가서 고리표을 달고 나니 검사원이 샛때[쇠꼬챙이]을 가지고 검사을 자신의 벼 가마니부터 검사에 들어가는돼 셋때을 한 번 찌러며 이것은 보지 않아도 1등이며 두 번씩 찌려며 2등이 날까바 깜찍 깜찍한 감을 가지며 자신의 벼 65개 중 두 번씩 찌련 것 다섯 가마니는 된다고 보며 오늘은 어렵개 다들 1등을 맡자 따고 생각을 하며 췾 매상보다 벼는 더 좋은돼 췾 매상보다 자신은 어러운 검사을 하여따고 생각을 하며 큰집에도 100개을 다들 1등이며 자신은 65개 1등, 세집배 55개 1등 다들 마저쓰니 금년에는 벼농사을 더 지어쓰며 하는 마음의 충동이 일어나는구나.[256]

수입 … 총수 65개 금액 2,044,900만 원
상원이가 백만 원 차용해감.
남어지 돈 278,240원

지출에는 … 조합에 빛 766,660원

〈1988년 12월 2일 금요일 낡씨 맑음〉

금일은 외갑집 작은 외숙모 아들 결혼식을 김천 자유 예식에서 하는돼 가보니 살림도 별로 업는 줄 아는돼 음식을 깨끗이 해와서 음식을 돼집을 하며 참 잘하더라. 그리고 이모님이 두 분 계시는돼 송무이 이모님은 멀미 때문에 외갑집에서 예식장에 오지 않코 있다고 하며 자신은 이번에는 두 분의 이모님을 볼 끝으로 생각을 하고 왔는돼 아쉬운 마음 검할 길 업쓰며 이재 이모님은 여전이 건강한 모섭이며 어머님이 생각이 절쉬리 나며 자신예 마음 우울한 감이 내 머리에서 쉽사리 떠나지을 안으며 내가 송무이 이모님을 배옵고 가야하는 것이 도리인데 이재 이모님 보고 이재는 할 일 다 했쓰니 시내이 한 번 오라고 당부을 하여쓰며 두 분의 이모님을 밥 한 키라도 대집을 하고 십꾸나.

지출에 … 부주 10,000원, 차비 1,200원

(12月 1日) 지출 금액

지출 … 김, 마른반찬 1,000, 고추 빠는돼
1,400 화장지, 엿, 고무장갑,
비누류 3,500원 약 1,000원, 보온
도시락 8,000원, 남비 2,500
새우젓 2,000, 아빠 노트 2,000,
오뎅 1,000, 차비 400원
計 31,800원[257]

〈1988년 12월 3일 토요일 낡씨 맑음〉

금일은 형님의 생신이며 구미에서 지수 둘리 올라왔쓰며 이것을 볼 때에 잘한다고 생각을 하며 조금한 날이라도 오고가야 정이 생기는 것이다.

그리고 큰집 짝도 우물을 펌프로 할려니 힘이 상당이 만이 들며 처음 개설하는 것보다 더 힘이 들며 부억까지 물을 안전이 땡기서 설치을 해서 이재는 도시 부억이나 다름이 업따고본다. 그리고 촌 생활도 도시와 문화 시설이 꼭 같따고 생각을 하며 농촌으로 본다면 점점 부담이 만아전다고 보며 부담이 점점 만아저서 이세들레깨 그 빗이 물려주지 않을까 하고 염려도 돼는 농촌 실정이다.

지출에 … 형님 생신에 쇠고기 값 6,000

〈1988년 12월 4일 일요일 낡씨 비〉

오전에는 당산 논에 객토을 6섯 바리을 하

256) 이 내용은 일기 지면 상단에 따로 기록되어 있다. '정상원 백만 원 차용해감. 본 사람 권용만, 운학이 상점에서'라고 기록하였다.

257) 이 내용은 12월 1일 지출액이지만 12월 2일 일기 하단에 기록되어 있다. 또한 실제 계산은 22,800원이나 31,800원으로 잘못 기록하였다.

여쓰며 낡씨가 너무 좋으니 경운기 발통에 흙이 달라부터서 일하기가 그북하며 일이 재돼로 되지을 안으며 오후에는 갈방비가 내리서 객토 작업을 포기을 하고 휴식을 하여쓰며 이래 가다가는 겨울 내 했도 끝을 낼 수 있설까 하는 너킴마저 더는구나.
지출에 … 콤바인 싹 상원 4단지
155,000원
콤바이 싹이 한 단지 3마지기에 3,000원식이나 올라쓰니 너무 마이 올라따고 생각을 한다.

〈1988년 12월 5일 월요일 낡씨 맑음〉
비 온 뒤로 낡씨가 변득이 만으며 비 온 뒤에는 모진 바람 때문에 아무 일도 하지 않코 종일 동안 휴식을 하여쓰며 자신이 휴식을 하면서도 자신의 머리에는 농촌에서도 겨울철에 버리가 있쓰야 농촌에서도 살기가 수라다고 생각을 하며 이것이 해결을 하지 못하며 농촌은 영흔희 가리라고 생각을 해본다.
금년에는 자신이 한 자리을 장만해야 하며 금년을 넘기지 않코 매매을 해야 하는돼 하는 마음뿐이며 이재는 돈 노리을 하고 있쓰며 그 돈은 이미 죽어가는 것이나 다름이 업쓰며 우리 마을에도 구미 바람이 부려서 봉답은 감이 흥정을 활 의욕도 업쓰며 구미 바람 때문에 우리 마을에서는 매매가 돼지을 안으니까 결과적으로 손예을 보고 있따고 생각을 가지본다.
정부에서 농민을 잘 살게 할려고 입부로만 하지 말고 실찌 농촌 땅을 도시 사람 앞푸로 돼서 있는 것을 그대로 방취하지 말고 그 대지을 농민 손으로 돌라오두록 해서 농민은 자기 땅이 돼어 땅에 사령을 가지게끔 해서 한 줌이라도 수학을 더 해서 소득이 돼게 해야 하며 그려치 않코는 농민은 대부분이 소작만 하고 있쓰니 땀의 다까도 업쓰며 땅에 대한 사랑을 가질 수가 업쓸 뿐 아니라 마음의 갈등 때문에 낭비도 만타고 보며 이것이 문제라고 생각을 해본다.

〈1988년 12월 6일 화요일 낡씨 맑음〉
금일은 안전이 봄날이라는 착각을 할 만춤 따뜻하며 일을 하면서 옷을 벗서노코 일을 했쓰니 기온이 변득이 만어며 이러다가는 갑짝이 내리가며 아이들의 감기에 몸살을 알캐할려고 더는 너킴이며 앞푸로는 눈이나 푹 아쓰며 하는 마음뿐이다.
그리고 단산 논에 객토을 오전만 하고 마랐쓰며 오후에는 당이 녹아서 경운기에 달라부터서 작업을 못하게쓰며 자신의 마음 후탁 해버리쓰며 하는돼 일끄리가 그래서 어쩔 수 업쓰서 마음만 급파구나. 그리고 오후에는 큰집배 포도 순 자려는돼 순을 산목할 욕심으로 포도 순을 셋 마디씩 다시 잘라서 1,000포기을 가지고 왔쓰며 이것이 멧 푸로 살련지는 몰라도 말리논에 포도밭을 할 작정이다.

〈1988년 12월 7일 수요일 낡씨 맑음〉
오늘은 지질이 발생을 해서 아무 일도 하지 않코 휴식을 함.
그리고 혜지가 요줌은 노력을 안예서 생각을 한 고등학교을 실패을 하고 계로어 하는 모섭을 보고는 마음속으로는 자신이 더 아푸며 남예 딸들은 성적이 좋아서 우선 김천학교을 다 가는돼 혜지만이 성적이 안대어 본 학교에 주저안자야 하는 딸을 생각을 할 때는 심정 계러어며 이 아빠는 큰 기대을 가지고 열심히 하라고 노래을 불런 대까 이것인가 할 때에 가슴 아푸며 이것을 참아야 하는 것이 부모인가. 혜지을 보고 계러어 할 필요도 업쓰며 이재 열심히 하여서 장학생만 돼며 대학가는 과정이 더 낮따면서 달래도 보앗쓰며 오늘은 후배들이 옻을 같다 주고 시험 잘 쳐라는 말래 더 풀이 업는 것 같떠며 이 아빠 보기에 개롭더라.

딸더라 인간은 노력을 해야 좋은 성적을 바라지, 노력을 하지 않코 성적을 바라는 자는 이미 멍청한 인간이로다. 살매 길은 노력을 하는 자만이 열리며 노력을 하지 않으며 늘리지 안는 법이다.

"나의 행복은 평생동안 노력을 해야 하지만 너위들의 행복은 이 아빠는 6년이라고 생각을 하며 육 년 참찌 못하며 평생을 두고 후회하리라."

집사람 친정 어머님이 허리가 아푸다는 이야기을 듯고도 바빠서 가보지 않코 오늘 자신도 같이 가자고 하는돼 자신은 혼자 같다 오라면서 자신은 발을 빼고 마라쓰며 이것은 잘못하는 일이라는 생각을 가지면서도 선뜻 내키지 않으며 큰 잘못이라고 마음속으로는 처 어머님에깨 재송하다는 마음 황상 가지고 있다.

집사람은 저의 엄마 보로 간다고 찹쌀 빠아서 봉다리을 들고 가는 모섭을 보니 부모가 업는 자 그 스러움을 어뒤다 비아리까. 집사람 나보다 아주 행복한 사람이라고 생각을 하며 인간은 부모을 오래 가질수록 복이 만타고 말을 하고 십꾸나.

지출에 … 쇠고기 6,500, 쌀 빠우데
200원, 과자 1,000 차비 400원
計 8,100원

〈1988년 12월 8일 목요일 낢씨 비〉

당산 논에 객토을 하는돼 오전만 하고만니 낢짜을 만이 끌개쓰며 오늘도 오전도 제발한 셈이다. 외냐하며 땅이 녹우니 발통에 흙이 달라부터서 작업을 할 수가 업쓰니 마음만 답답하구나.

자신으로 바서는 금년에 한 자리 장만하고 새해을 마지하여야 하는돼 구미 바람이 자꾸만 불고 있쓰서 땅을 팔갯따고 하는 사람이 업쓸 뿐 아니라 우리 마을에는 땅의 매매가 사실 중단이 돼어 있따고 해도 무리돼는 말은 아닌 것 같다. 자신은 금년에 한 자리 하고 새해부터는 자식들의 공부 밑천을 벌 개햌이라 금년은 한 자리 하여야 한다.

〈1988년 12월 9일 금요일 낢씨 맑음〉

금일은 종국이 결혼 준비을 한다고 돼지 실어로 갈 사람이 업다고 해서 돼지 실어로 득계로 같쓰며 돼지가 아직 낼 돼지가 만으며 양돈을 하는 사람은 이번 여름에 조금 가격의 하락이 돼어서 그려치 계속 좋아쓰며 양돈 사업을 한 사람들은 다들 돈을 벌어따고 생각을 함. 오늘 돼지 117斤, 140斤 두 바리을 205,000원 주고 사왔다. 오늘 일과는 근수 돼지 잡는대서 우영부영 하로 일과을 보내고 마랐다.

그리고 창로 어른에깨 윤정희 씨 밭을 가격을 어너 정도 바들란지 가격이나 무려보라 했쓰며 이것은 구미 바람이 불기 때문에 밭주인은 모든 것이 악족끈이지만 내 못한 것은 잇고 구미 바람만 생각 때문에 흥정이 십지 않타고 생각을 가지며 사람을 시키서 가격을 무려보자 했찌만 십찌 안으리라고 생각을 가지고 있다.

〈1988년 12월 10일 토요일 낡씨 눈〉

윤정희 씨 밭을 팔 의욕은 있따고 하며 가격은 동민 여론에 하려고 한다고 열락이 왔쓰며 이재는 가격이 문제라고 생각을 하며 자신이 볼 때에 평당 10,000원식을 하며 어떠게나 하는 생각이 들며 막상 할려고 하니까 잘못 생각을 하고 있는 것이 아닐까 하는 생각이 머리에 있고 학정정적으로 좋다는 너킴이 별로로 생각을 하는 바이다. 집사람도 나와 같은 생각이 더는 모양이다. 외냐하면 나중에 잘못대면 책임이 돌라올까바 그른지 처음에 좋다고 하더니 이제는 아빠에깨 전부을 막키는 실정이며 자신도 힘더는 것은 나중 쳐고 그 밭을 다닐 때에 빈 몸으로 다니게 돼며 철길을 이용하면 아주 가까어서 십게 철길을 이용하는 것이 이험해서 만이 신경이 쓰이는 것이 사실이다. 자신이 위치과 나빠서 나중에 가면 갈수록 가격이 뜰러진다는 생각을 가지면서 실찌 소득이 우선은 만이 나기 때문에 대들어보는돼 이것이 잘하는지 잘못을 하고 있는지 판단업는 생각을 가지고 행동을 하고 있다.

지출에 … 종국이 결온식 부주 5,000원
오락하는돼 1,500원
計 6,500원

〈1988년 12월 11일 일요일 낡씨 맑음〉

금일은 자신이 계핵한 것이 이러저쓰며 막상 개약을 하고 나니 잘했따는 생각이 들며 정희 형님은 나이가 만아서 힘 더는 농사며 이미 땅을 내어 논은지 오래 돼어쓰며 살 주인 업쓰서 이때것 밀려왔쓰며 정희 형님은 잘 했따고 생각을 한다. 자신도 꿈을 가진 것은 세집배 밭이 1.5마지기 정도가 부터있쓰서 자신 그것부로 가야하기 때문에 생각을 한 것이 잘 하여는지 잘못 했는줄은 몰라도 계약 전보다는 계약을 하고나니 마음이 난 것은 사실이다.

그리고 이번 땅의 가격은 온 동민이 평가을 해서 결정된 것이며 오늘따라 동내 방에 두방이 칵 차두록 모여쓰며 이번 개약을 한 밭은 가격의 평가로 학정이 돼어서 가격에는 불만이 업다.

1평당 가격은 10,700원씩 하여쓰며 총 평수 701평, 총 금액을 7,500,000원 계약을 함.[258)]

지출에 … 동내 어른 술 값 20,000원

〈1988년 12월 12일 월요일 낡씨 맑음〉

금일은 내일이 우리 마을에 마지막 매상이라 셋집배 매상량이 총 196개을 오늘 풍구질을 다 했쓰니 힘이 만이 들어쓸 뿐 아니라 순전이 억찌 일을 한 셈이라고 생각을 하는 바위다. 그리고 매년 매상 준비을 일적암시 할려고 해도 거것을 실천을 못하고 단대목에 와서 마는 량을 할려니 사람이 상당이 만이 상하는 것은 사실이다. 그리고 오늘 매상 준비을 자신의 것이 49개.

지출에 …

〈1988년 12월 13일 화요일 낡씨 맑음〉

금일은 우리 매상 날이며 매상 수짜는 2,000개 정도밖에 돼지을 안으며 금년도 수학한 벼는 전량 바다 금년 매상이 끝이

---

258) 이 내용은 일기 지면 상단에 따로 기록되어 있다. '(인상폭 14푸로) 금년 매상 가격 1등 31,460 32,020원 2등 30,060원 당산 밭태 거름량 복합 8포 중과석 1포 계 9포 황소득 6말'라고 기록하였다.

난 셈이다. 그리고 자신은 어재 생외을 먹은 뒤라서 그런지 오늘 실어내고 들머리을 하여주는돼 힘이 여관 아니며 400가마니을 연속 만친 셈이 돼며 내년에는 어떠한 일이 있쓰도 일적암시 준비을 하여둘 작정이다. 그리고 난생 처음 전량을 일등을 맏짜쓰며 이등 하나 업씨 일등이란 등급을 맏고 보니 기분이 정말 좋더라. 자신이 금년 매상량 177개을 전부가 일등을 마자쓰며 금년에는 농부들의 기분을 맏차준 셈이다.

수입에 … 매상량 49개 1,541,540원

지출은 … 보험료 21,900원, 경유 한 드럼 31,100원 활명수 600원, 구론산, 빵 700원 전화세 값 3,770원, 운이 500원 計 92,500원[259)]

금년 매상 총 수자 177개 전부 1등

계약금 지불 750,000원 윤천희 줌.

〈1988년 12월 14일 수요일 낡씨 맑음〉

금일은 장래식을 하여쓰며 각 매스콤에서 부모을 안 거늘고 양노원에 보내는 사람이 만타고 하여도 여사로 생각을 하여떠니 우리 마을에서 허무하개 죽원 어른이 있쓰며 이 사람은 아들만 셋 가지고 살라왔쓰며 부인은 약 십 년 전에 돌라가시고 홀로 살면서 도시에 어너 자식 따라가지 않코 시골서 혼자 살면서 적은 곡석이나마 자식들래깨 부쳐주고서 살라왔쓰며 자식들은 등등한 셋 아들이 도시에서 잘 살지 못 한다고 하지만 부모 하나 모시가지 못하고 오늘날까지 홀로 살두록 둔 것은 좋으나 요 메칠은 병환에 있쓰따고 하는돼 어느 자식 하나 간호하는 자식이 업쓰서며 허무하게 죽어같쓰며 이것은 동장이 발견해서 죽은 것을 알라쓰며 명구 어른이 어재 죽어는지 아침에 죽은 것인지 아무도 모려며 허무하게 죽어가는 것을 보고는 자식들래깨 원망도 하고 십꾸나. 부모을 모실 힘이 업따면 한 명식 교대로 부모을 돌볼 수 있쓰며 죽을 먹어도 마음만 있따면 부모을 잘 모실 수 있따고 생각을 하며 오늘 허무하게 죽어간 김방수씨을 보니 자식들이 너무나 잘못해서 말을 할 수가 업꾸나. 이래도 부모는 자식을 사랑하고 손발이 딸라가는 줄도 모려고 키어논 자식들이 부모을 어떠게 하고 있는가 한 번 더 머리을 숙이고 생각을 해보라. 오늘 상주는 동민 보고는 고개을 들며 양심이라고는 모래알 만춤도 업따고 생각을 하며 (아들) 명구, 종구, 영배 이 사람들은 인간이 외 살라가야 하나 하고 한 번 생각 좀 하여쓰며 하는 바람이다.

그리고 부모 재산이 (집) (밭) 700평줌 댐. 논 600평 이것들은 서로 가질라고 들지는 안는지 몰개꾸나.

그리고 오늘 청문회을 간심을 가지지 않으며 혹 청문회을 활 때에 텔레비존을 키며 곳바로 끄며 욕을 하는 자신이다. 외냐하며 정당하게 비리을 캐면 청취을 할 수 있는돼 평민당에서 정인에깨 물을 때는 이것은 형사것키도 하고 새 살 먹은 아들을 가지고 잘못했따고 이야기을 하라고 강제로 요구을 하며 정인이 알개끔 말을 할려고 하며 말을 못하게 돼며 자신이 볼 때에 어이가 업쓰서 욕을 할 정도며 평민당에서 어떠게 해쓰라도 정권을 무너터릴 작정을 가진 사

259) 실제 계산은 58,570원이나 92,500원으로 잘못 기록하였다.

람이며 야권 3당이 다들 국민을 홀란을 주어서 전두환 대통령 비리와 싸잡아서 노태우 대통령 못하게 하고 서로가 대통령 자리 싸음하는 청문회라고 생각을 하며 이에 따라 대학생들이 대모와 화염병으로 방화을 하는 자식들이 더 개심한 놈이라고 생각을 한다. 이재는 우리 국민이 하로가 엔날이며 한 발 한 발 민주화로 가는돼 법석을 부리는 것이 욕이 나오두록 눈에 거슬거리는 실정이다.

그리고 국가 청문회에서 자리 싸음하는 국회가 미어서 날씨마저 비도 오지 않코 대지 가뭄이 심각하며 과수에 가뭄이 너무해서 내년에 꽃이나 필까 하는 극정이 돼고 있다. 막심한 가뭄 때문에 과수에는 내년에 큰 타격이 오지 않나 하고 염려을 하고 있다.

수입 집사람 참이 씨 씨부림 하는돼 품 3,000원

〈1988년 12월 15일 목요일 낡씨 맑음〉

당산 논에 객토 사업을 하여쓰며 객토 일을 할려니 모진 바람 때문에 거북한 점 무렵쓰고 집사람과 둘리서 하로을 한 셈이다.

그리고 요줌 정부는 학인 정취을 할 여유도 업쓸 뿐 아니라 우리나라 정취가 중앙에서 하달은 잘 하고 있따고 하지만 마지막 면 단위까지 와서는 중앙과 면 (읍에) 와서는 직원 마음대로 변하며 하나에서 열까지가 둔갑을 하고 마는 정취가 한스려우며 이번에 싱크대 더라놀 융자금을 400,000만 원 주는 것도 이미 싱크대을 더리는 사람들의 몟 사람과 마을에 모 사람과 안저서 나누어 먹은 것을 오늘 자신도 알라쓰며 이것은 학인 정취을 한다면 어뒤 떡 나누어 먹더시 하는 일은 업찌만 중앙에서는 좋은 취지로 결정이 돼지만 (읍), (면)에 와서는 눈 발은 사람이 먼저 먹어버리만 그만이 돼고 마니 황상 불만을 가지게 마련이다.

"제발 학인 정취을 하여주며 국민이 발개 살라갈 수가 있따고 자신은 학신을 한다."

지출에 … 마이네죄 1,400원, 수포타이 1,300원, 하이타이 550원
計 3,250원, 문고비 값 27,400원
計 30,650원

〈1988년 12월 16일 금요일 낡씨 맑음〉

타지방에는 오늘 눈이 만이 왔는돼 외 우리 지방에는 눈도 한 번 재대로 오지 않아서 극정을 시키는지 알 수가 업쓰며 너무한다고 생각을 가지보며 이제는 힌 눈이 천지을 하야게 마들어서 내년 풍년을 만들어 주어쓰며 하는 마음은 자신픈 아니라 농민 전채라고 생각을 한다.

그리고 요줌은 우리 딸들이 공부을 할려는 의욕을 가지며 할려고 더는 것을 보니 이 아빠가 어깨에 힘이 들어가며 기운 생기고 있따는 것을 자신이 알 수가 있다.

너위들이 공부을 할려고 더는 모섭을 보며 이 아빠 일예 의욕이 줄어들다가도 너위들의 의욕을 가지고 할려고 더는 모섭을 보며 아빠의 힘이 처음보다 더 힘이 생기며 착실리 살라가자 하는 의욕이 생긴다.

오늘은 낡씨 변즉으로 안전 휴식을 함.

〈1988년 12월 17일 토요일 낡씨 맑음〉

당산 논에 객토을 집사람과 둘리서 하면서도 남들은 다들 휴식을 하는돼 자신만이 객토을 하기 위에서 일기불순이라도 객토을 하며 집사람이 나와서 그들어준다고 일을 하는 것을 볼 때에 남들은 휴식을 하는

돼 집사람을 돼리고 할려니 미안하며 객토 하는돼 집사람은 안 나와쓰며 하는 마음뿐 이다.
서로가 서로 아켜가면서 살라가는 것이 부부라지만 집사람은 너무 나예깨 희생을 만이 하고 있쓰며 늙 미안한 감을 가지고 살라간다.

〈1988년 12월 18일 일요일 낡씨 맑음〉
금일은 당산 논에 객토을 오전만 하고 마랐다. 외냐하면 오후에는 몸이 피곤해서 오후에는 휴식을 하였다.
매일 대학생들의 대모대가 건물을 파계하는 자는 과차업씨 피해 보상을 바다야 하며 원벌레 취해야 한다고 한다. 대모대는 건물 파계하는 사람 따로 있고 국민은 세금의로 파계댄 건물을 보수을 해야 하는지 생각을 할수록 기가 찬다.
지출에 … 조장류 2개 3,900원

〈1988년 12월 19일 월요일 낡씨 이슬비〉
낡씨 너무한다고 생각을 한다. 그처름 외타게 (비나) (눈)이나 한 번 푹 았쓰며 하는 바람인돼 비나 눈은 오지 않코 비가 온다고 해도 고창 이슬비, 눈이라 해야 땅 한 번도 적쎠줄 만춤도 오지 않으니 외타는 마음 말할 수 업다.
우리나라가 민주하 찾다가 강도, 절또, 도득만 성하며 국민이 부란해서 살 수가 업쓰며 길거리도 마음 노코 다니지 못하는 나라가 민주하만 부려지쓰며 무엇하며 국회나 대학생들이 지나간 과거 일을 좀 잘못을 치키들 소리만 쳐며 무었하. 역시 대학생들도 건물을 파계시키고 경철서 불이나 지려고 유리창이나 부수며 큰 영웅우로 생각하는 대학생 이것들을 다 업쌔버리야 한다. 외냐 이재는 앞을 보고 살라가야 하며 국회는 국민이 잘 살라가는 길을 가지고 토론하고 해야 활 국회서 비리만 들추서 정당을 헌들리게 해서 자리만 빽아사버릴 작정만 하고 있쓰니 아주 야비한 국회원이며 마음 쓰는 것을 보며 국민들의 한 포 한 포을 줄 때는 우리 국민이 잘 사라가두록 일 하라고 한 포 한 포을 마음의 양심을 가지고 포을 준 것이 악으로 사용하고 있쓰니 이것을 다 업쌔버리고 국민이 불안 업고 안전하게 살라가면 차라리 더 좋으리만 국회, 대학생들이 과거을 가지고 헌들기 때문에 국가는 치안에는 손도 못 대고 있쓰니 사람 끌고가서 사창까에 팔지을 안나, 길 가는 사람 돈 멧푼 가지고 죽이지을 안나 국회에서는 이것을 자유란 말인가. 자신이 생각을 할 때는 사람이 사람 행동을 못 할 때는 다들 죽이 업쌔야 한다고 생각을 한다. 그려지 않코 그냥 두며 요것들이 양심을 가지고 살라가는 사람까지 멍들게 하고 국가 좀이 돼니 과차업씨 업쌔버리야 한다고 생각을 한다. "노태우가 정부 안정 하로 빨리 잡을라하며 국민예깨 신임을 팔리 물코 국회원에서 비리와 모든 것을 조끈을 부치서 정당이 국가을 이끌어 갈 수 있는 힘을 달라는 조끈을 부치서 신임을 물어며 자신은 다들 찬성 포을 줄 꺼으로 생각을 한다. 자신 마음 같떠며 주저하지 말고 신임을 무려서 힘을 달라고 국민 투표을 실시하겟노라."

〈1988년 12월 20일 화요일 낡씨 맑음〉
땅 값을 다 장만해서 윤천희 만날라고 찾다 주지 못하고 저녁 할머리 만나서 좀 가자고 하니 내일로 미루고 말더라. 자신도 계약금을 (천희)을 주지 안아따면 돈을 가지고 주저할 필도 업고 직접 윤정희 형님을 갈다주며 대는되 오늘 와서 이래 돼는 것을 보고 처음을 잘못했따는 생각이 더는구나. 윤천희 씨도 건 칠십 노인인대 갈치가서 돈도 학인도 했주고 하며 좋은 일인돼 득을 보면서도 십계 하여주지 않을라는 이유을 몰겟다.
오늘은 친구와 바둑으로 내기 한 것이 처음에 저는 바람에 호빵을 사주게 돼어쓰며 실지는 2:2로 비군 셈인돼 자신이 지출을 하게 돼어쓰며 자신이 처음에 욕심을 만이 부리서 실패을 하여다.
지출에 … 호빵, 음료수 1,400원

〈1988년 12월 21일 수요일 낡씨 맑음〉
오늘로서 정희 형님 밭 값을 오늘로서 전액을 준 셈이며 오늘 정희 형님 돈 준 것이 작액 6,750,000원을 형님과 형수 둘리서 아침 식사 할 때에 주어쓰며 땅을 싸도 별료 좋은 마음은 업쓰며 그저 그른 맡이다. 그리고 오늘로서 정희 형님 밭이 내 밭으로 대어쓰며 내년에 작과일이 만이 달리서 돈을 만이 했쓰며 하는 마음뿐이다.
그리고 오늘로서 넉둘에 농로 찾키 작업을 하여쓰며 길 찾는 일예는 찬성은 다들 하지만 사람이 동원이 돼지을 안아서 길 차키에 외로운 점이 만으며 양심이 무더러운 사람만 욕을 보게 돼어 있따고 생각을 한다.
지출에 … 밭 값 잔액 6,750,000원, 약 2,000원, 간장, 엿 2,350 호빵 450원, 남비 1,000원, 차비 400원 헤지가 지출 차비 200원 우포 800원 샤프심 400 카드 2,500원 편지지 600원
計 6,760,250원[260]

〈1988년 12월 22일 목요일[261] 낡씨 맑음〉
오늘이 어머님 제삿날이며 어머님의 재사라고 아들 딸 한 사람도 빠짐 업씨 다들 참석을 하여쓰며 손이 만아서 방우로도 넘처 다들 안절 수가 업쓰며 이 관경을 보니 머리 말을 할 수 업씨 기분이 좋으며 손이 옛날 모양 객지에 나가지 않코 동내에 주저안저며 우리 손으로도 마을을 차리로 남을 만침 손이 벌어쓰며 어머님 자식들이 아무 탈 업씨 성실하게 잘 살라가고 있따는 것을 어머님예깨 말을 하고 십씀이다. 이 자식 어머님이 일적 돌라가쉬서 늙 섭섭하며 어머님의 친구가 살라개시는 것을 볼 때마다 어머님을 생각을 하며 가슴 아파하고 있씀이다. 이것이 어머님을 살라 생전에 따뜻하게 모시지 않아 제을 밭고 있따고 생각을 하고 있씀이다.
금일도 길 찾기 운동을 하는돼 단 20명 정도밖에 나오지을 안으며 앞푸로 할 일이 상당이 만은데 어떠개 해간다는 개핵도 업씨 일을 하고 있는 것이 답답키 짝이 업꾸나.
지출에 … 어머님 제사에 10,000원

〈1988년 12월 23일 금요일 낡씨 맑음〉
자신의 마음속으로는 상당이 기분이 어짜아따고 생각을 한다. 외냐하면 자신이 근근이 모아서 밭을 산 것이 형님이 나중 산 판을 해도 된다고 말을 해서 여사로 생각을

260) 실제 계산은 6,760,700원이나 6,760,250원으로 잘못 기록하였다.
261) 옆에 "음력 11月 14日"이라 적혀있음.

하여는돼 그리고 하로가 지나서 또 산 판을 해도 됀다는 말 큰집 방에서 말을 해서 어띤가 모려게 자신의 머리을 스쳐가는 것이 너위들은 그 밭을 나중에 산 판해라, 하는 소리로 들리도 마음속만 습씁하고 마라쓰며 그 후로 그만 가기가 실떠라. 외냐하면 나 자신은 정말 큰집 일이라면 만사 일 두고 하여주는돼 형님 가연 나외깨 무엇을 주어는가 생각을 할 때에 뼈가 아푸며 모든 것을 주고도 우리 두 부부 절멈을 다 빼사버린 사람이며 부모 재산이라고 1단지 타고 나서 한 단지을 짓을라고 삼십 마지기 일을 두 부부가 씨가 빠저두록 하여주어쓰며 이것을 생각을 하며 머리가 어지렵고 만다. 그래도 거것은 참고 잠쉬며 남 눈이 무서어서 매일 큰집배 놀로가고 주위에 보며 살라온 것이 어리석고 살매 욕심이 업는 자신이여쓰며 나의 이세들이 돈을 적개 버려따고 이야기을 하며 아버지 바보 짓만 했따고 나중에 말을 하며 나의 책임은 면하지 못 한다고 생각이 가끔 들 때가 한 두 번이 아니다. 사실 형님 일 해주지 않코 진작 나와쓰며 자신은 벌서 이세들에깨 큰 소리할 수 있따고 자신은 학신을 한다고 보는돼 이것만도 원망을 하고 십픈대 아래깨 형수가 하는 말이 자두 나무 망하며 산 판을 해도 됀다는 말을 할 때에 아차 하는 기분이 들더라.

그래서 어머님 제사을 지내고 조용할 때에 이야기을 할려고 참아왔쓰며 형님은 우리 오 형제가 다들 산이 업쓰니 사람이 한 번 죽는 법이라 부모님 산 밑투로 다들 가면 자기 밭이 그만 손에가 가기 때문이 미리 방지하는 소리라고 생각을 하니 몸이 뜰린다. 외냐 그 산을 아버지 살라개실 때 논 한 단지와 산 반춤을 주면 살 수 있따고 이야기을 뉴차 하여쓰며 자신은 그때만도 아버지가 돌라가실 판국에 재산 말은 하고 십찌도 안코 생각도 가지본 적이 업다. 그련대도 형님은 인간의 마지막 길을 까지 생각을 해서 미리 방지하는 말의 뿌린가 하고 생각을 할 때 정말 참기가 어려어며 기가 찬다. 막상 형이 한 품 한 품 모원 산이라도 그른 생각이 어이 만 분 1일이라도 자신같떠며 마음의 한 구석에 가질 수 업따고 생각을 하는돼 그것을 형님, 형수 둘리가 생각을 하고 있따니 개심하기 짝이 업는 일이라서 혹 자신이 잘못 생각을 하는가 해서 잠자리 들어가기 전이 부인한태 형님이 당산 밭 나중에 삼판 이야기을 두 번 해쓰며 아래깨 형수가 나중에 삼판 가면 된다고 말을 하더라. 그러니 이 말을 니가 분석을 해보아라 하고 집사람에 이야기을 하니 역시 집사람도 나중에 산판을 안 준다는 말이캐찌 하고 답을 말을 하더라.

이것을 생각을 하니 자신은 무었을 생각을 하며 살라왔는가 허전한 마음 검할 길 업꾸나. 그래서 주일 내로 형님, 형수 산판 이야기의 뿌리가 무었신지 물을 작정을 가지고 있쓰며 그 푸리가 역씨 나의 말도 같다면 뒤도 보지 않코 나올 작정을 가지고 있다는 생각을 마음속에 두고 있쓰며 준비가 돼어다. 어머님 제사 밥을 먹고 눈님이 보일아가 불리 끄진다고 이야기을 하며 겨울에 살라갈 극정을 해서 자신도 보일라에 기술도 업쓰면서도 혹시 굴떡에서 불이 끄지는 것이 아닌가 하고 곤쳐줄라고 세멘을 실고 누님과 경운기로 가면서 사실 이야기을 하니 누님이 남들은 너이들의 형제을 인정 있코 불버하며 오늘 아침에 밥을 먹어면서 너위들의 형재는 정이 만타고 칭찬을 하더라면서 자신 무선 말인가 집고 넘어갈려고 하니 누님이 남을 바서 참어라고 한사코 이야기을 하더라. 그래도 자신은 그 넘에 정 때문에 신세을 망친 놈이라면서 누님에 성화을 낸 셈이다.

그리고 누님의 보일라을 간찰을 해보니 굴뚝에 물이 고여서 연돌 구멍을 다 막아서 연탄이 끄지는 것을 모려고 이때것 지나왔쓰니 자형도 생각을 할 문제라고 마음속으로 생각을 한다. 연돌에 물과 어름을 제거을 하니 연돌래 연기가 잘 나오며 기분이 좋더라.

그리고 순달이가 태근하면서 이번 땅 사는돼 신고제라서 정희 형님 도장과 내 도장을 사용을 하고 가지고 와서 도장만 주고 갈려고 하는 것을 내 말 좀 잔깐 덧고 가라고 하면서 이야기을 하니 방우로 들어오더라. 사실 이야기을 하고 내일은 형수가 산판 이야기을 하는 그 말 뿌리가 무었신지 해바야겟따고 이야기을 하니 순달이도 누님과 형님 속을 석꾸라고 이야기을 하며 한사코 말리더라. 자신은 훌 떨고 나오면 육체적으로나 정신적으로 모든 것 편할 줄 모려나 동생들이 쌀을 갈다 먹는 놈들이 영향이 갈 끝 같떠며 곰곰이 생각을 하니 참는 것이 좋따는 생각으로 따짓지 않키로 마음을 먹어쓰며 자신이 이번에 산 당산 밭이 내가 생각을 해서 조금이라도 산판이 돼것다 하는 생각이 돼며 이 말은 여사로 덧깨는돼 전연 그런 생각이 업는돼 그 말을 들어니 기가 차며 한 핏줄이라도 정말 몰겟다. 만약에 산판 이야기을 한 번 더 한다며 그 말 뿌리을 잣고 맬갯다.

금일은 오전에는 누님 보일라 때문에 부역을 못 감. 오후에는 길 부역을 하는 것으로 하로 일과을 보냇다.

지출에 … 땅 신고하는돼 5,000원

〈1988년 12월 24일 토요일 낡씨 맑음〉

농로 뒤찾기을 하는돼 종일 동안 하여쓰며 다들 하로 시어서 하라는 말이 만으며 계속 4일 동안 일을 하니 실찌 지루한 감이 있다. 낡씨가 을마나 가뭄이 들라고 예타는 눈, 비가 오지 않코 계속 가뭄이 될 뿐 아니라 바람이 불고 있쓰니 내년 시절이 크게 염려돼는 구나.

지출에 … 아이들과 과자 1,000원, 매상 푸대(200개) 50,000원
동사무소에 농약 값 112,000원
計 163,000원

〈1988년 12월 25일 일요일 낡씨 맑음〉

"농로 찾기을 하여쓰며 오늘은 사람들이 적개 나오니 술 안주가 돼지 고기을 사왔쓰며 사람이 출력을 하지 않는 것을 보며 돼지 뿐 아니라 잘 먹으야 하는돼 그러지 못하는 것이 아쉽다."

앞푸로도 (사일) 정도는 해야 다 할 껏 같든돼 농로 일로 집배 일이 돼지 완아서 마음이 답답하구나.

지출에 … 구론산 200원,
완창공사 35,000원
計 35,200원

〈1988년 12월 26일 월요일 낡씨 맑음〉

오늘도 부역에 열중하여쓰며 도로을 깔아먹은 사람들은 콤바이 싹은 충분이 나왔따고 생각을 가지 본다. 앞푸론 이른 일들이 업쓰야 하는돼 이번 일은 깔가먹은 사람 때

문에 먹지 않은 사람들이 부역을 다 하고 있쓰니 불공편한 일을 하고 있따고 본다.

〈1988년 12월 27일 화요일 낡씨 맑음〉

도로 찾기 운동을 하는돼 불만도 만코 대농들이 참석을 한 반도 하지 않는다면서 휴식을 하자고 하는 사람이 만아저고 있는 것은 사실이다. 일을 중단하면 땅이 얼어버리며 하고 십프저도 하지 못하는 실정이라 밀고 가야 하지만 계속 7일 동안 하고 있쓰니 지루하기 짝이 업꾸나.

"금년 한해는 자신으로 보며 성원을 이룬 셈인돼 우리 혜지로 보며 원하는 학교에 진학을 못해서 불행한 한해가 돼고 마라쓰며 자신이 성원을 이루지 못하는 한이 있쓰도 혜지가 성공을 하는 해가 돼어야 우리 가정이 축복 해라고 말을 하는돼 금년 한해는 자신이 생각을 할 때는 아주 불운이라고 생각을 해본다."

그리고 내년에는 우리 혜영이가 원하는 학교에 가야하며 새해는 우리 가족 어느 누구도 낙오자가 돼어쓰는 안대며 우리 과정이 웃는 한 해가 돼기을 바란다.

지출에 … 원예 비료 6포 29,000원,
치과 2,500원, 그릇 1,300
빵 1,000원, 라면 1,000원,
차비 400원
計 35,200원

〈1988년 12월 28일 수요일 낡씨 맑음〉

이번 노태우 대통령이 우리 정부가 안정이 돼지 완코 질서가 모든 것이 헌들일[흔들릴 일] 이기라면서 앞푸로 불법 행위, 강도, 인심매매, 과정 파계범 할 껏 업씨 법이 허용하는 한도 내예서 엄중하게 다스리겟따고 발표을 오늘 했는돼 자신은 이 발표 너젓따고 생가을 하며 진작 발표을 해서 안전 소탕 작전을 펴야하며 국민이 마음 노코 살라가야지 요줌에는 국민이 불란해서 살 수가 업쓰며 슬량한 국민이 쓰도 못 할 인간에깨 늙 불안을 안고 살라갈 필요도 업쓰며 국가에서도 하나의 열매의 벌거지가 있쓰며 그냥 두며 열매가 잘라지 않코 열매 하나부터 먹어가며 열매 전채을 다 먹고 말며 이것이 나중에는 과수 포기을 죽게하고 만다. 이것을 볼 때는 인간의 좀은 생각할 여유가 업씨 업세버리야 인간이 살고 사회가 산다. 내 자신이 생각을 해도 우리 정부가 극정이 돼며 평민당, 민주당, 공화당, 삼 당은 국가가 안정이 헌들리고 기둥이 헌들리도 책임이 업떠시 홀란에 부채질만 하고 있찌, 평민당에서는 홀란울 주어서 노태우 정권을 죽이고 자리만 차지할 욕심박에 업쓰니 국가 발전이 어뒤서 오게쓰며 세 살 먹은 아이들도 사울 때는 싸우지만 놀 때는 정말 다정하게 합심해서 일을 하고 노는돼 이것은 합세 한 번 하지 않코 나무 위에 올려노코 밑태서 헌들고만 있쓰며 나무 위 있는 사람은 안 뜰러질라고만 노력을 하니 정부는 어떠게 국민을 잘 살게 할려고 마음을 가질 수가 업다. 자신이 볼 때는 김대중, 김영삼 이 두 사람은 대통령 자격조차 업는 사람이라고 생각을 한다. 외냐하며 우리가 생각을 해도 국가 위기라고 생각을 하는돼 홀란에 부채질만 하는 자가 대통령 자격을 가질 수가 업쓰며 이 사람들을 당수로 모시고 있는 국회원도 말창가지라고 생각을 해본다. 그리고 공화당원 실지 피을 본 사람이며 김종필 씨는 민정당과는 원수라 해도 가연이 아닌돼 때로는 국가에 극정을 갈이 하고 있는 것을 보니 우리가 볼 때는 양심가라고 말을 하고 십꾸나.

그리고 우리가 생각을 해볼 때에 국가의 걸음거리을 볼 때에 잘못하고 있따는 것은 사실이다. 외냐 재인을 잘못 다스리서 구속돼고 고문을 새개 해서 구속대고 이른 채재을 볼 때 법을 다스리는 사람은 뒤가 무서어 일을 할 수가 업따고 본다. 외냐 정권이 뒤접어버리며 영창 생할을 하는돼 누가 음정하게 일을 할 사람이 업쓰며 일을 해도 황상 뒤을 보고 하기 때문에 무선 일이 될 수가 업다. 그러니 국민이 생각을 할 때는 한숨뿐이로다.

자신이 생각을 할 때는 모든 것을 통재을 해서 발을 맡추가면서 살라가야 한다고 생각을 한다. 국민 수준은 밭닥인돼 문화 수준을 최상으로 올리스는 안돼며 월론도 통제을 해야한다고 본다. 외냐하면 좋은 것은 떠들지 않코 나픈 것만 들고 국민에께 홀란을 주고 있쓰니 통재을 해야한다고 생각을 한다.

"요줌 국과가 자유당 때보다 더 홀란하다고 생각을 가지본다."

오늘은 새 밭태 두엄을 실어냇쓰며 오후에는 동장이 암침 공사하는돼 일 좀 해달라고 해서 두엄 내는 것을 그만 두고 공사 일하는돼 벌로 같쓰다.

지출에 … 차비 340원 금년도 세집 수득세 값 35,240원

〈1988년 12월 29일 목요일 낡씨 눈〉

당산 밭에 두엄을 실어내쓰며 당산 밭이 나무로 바서는 잘 했는지는 몰라도 자신의 이세까지 본다면 길이 불편하며 철로 학장이 돼며 길이 업쓰저 자신이 만이 생각을 못하고 밭을 산 것이 학실하며 세대가 밖키며 값어치가 업서저는 물건이 돼고 말개쓰며 현재 바서는 봇뜰 땅 값, 상답 값보다 평당으로 본다면 1,000원 싼 편이며 낲번 논은 자신이 더 만이 주고 산 것을 나중에는 갑어치가 업게 되어 있따는 것을 생각을 하니 입이 십꾸나.

오늘로서 농로 찾기 일을 오늘로서 맡치쓰며 다들 힘더려 한 것이 금년으로 끝을 냇쓰니 큰 다행이다.

지출에 … 헤지 잠바 45,500원, 수봉 7,000원, 집사람 입빨 48,000원 김 3,000원, 오뎅 1,000원, 닭 2,000원, 차비 620원
計 100,120원[262]

〈1988년 12월 30일 금요일 낡씨 맑음〉

지질 때문에 아무 것도 휴식을 하고 마랐다. 인간은 돈이 업쓰도 건강만 좋으며 돈은 저절로 따라오는 법. 자신도 건강이 별로 좋찌 안은 편이며 자신이 몸 갈리에 상당이 예을 쓰고 있는 것은 사실이다.

노태우 대통령이 발표한 말을 강력하게 폭력, 불량, 강도, 인신매매, 날치기 할 것 업씨 국민을 부란하게 하는 자는 엄중하게 다스린다는 발표을 큰 기대을 한 것이 큰 실망을 하고 마랐다. 외냐하며 발표 내용이 힙이 업쓰며 자신이 생각을 하기에는 국민의 불안을 들어 줄 힘이 업따고 자신은 말을 하고 십꾸나. 이것을 볼 때에 노태우 자리까지 염려가 돼고 있다.

262) 실제 계산은 107,120원이나 100,120원으로 잘못 기록하였다.

〈1988년 12월 31일 토요일 낡씨 눈〉
오전에 당산 논에 객토을 하고 오후에는 땅이 녹아서 경운기 발통이 미끄러저서 하기가 힘이 들어 하지 않코 휴식을 할려고 동사에 가니까 득계 사람이 우리 마을에 땅을 살까 하는 마음으로 왔따가 자식 같은 아들례깨 (삽십만 원을) 금세 일코 마는 과정을 지키볼 때에 한편으로는 우섭고 한편으로는 사기라는 생각이 더는구나. 외냐 처음에는 어른이 땅 이야기만 하는돼 엽패서 노름하자고 돈 뭉티을 보이고 둘리가 작전을 하는돼 그 과정이 우섭더라. 처음에는 노룸이 나푼 것이라면서 크게는 하지 말자고 하면서 백 원 동전만 하더니 두 판 돌리고 동전은 시시해서 안 댄다면서 치우고 오천 원, 만 원 짜리로 하는돼 득계 어른은 검새 300,000만 원을 꼴코 나서는 돈을 딴 사람에깨 x돈 10,000만 원 달라고 사정을 하는돼 그 과정을 지키보니 돈을 딴 사람도 안 줄라고 발부등을 쳐며 돌라고 안간힘을 다해서 매달리는 것을 보니 어느 누구 낮따고 평을 할 수가 업쓰며 돈이 그처름 좋은지 자식같은 아들에깨 돈을 따먹개따고 돼더는 사람이나 어너 누구을 욕을 할 수가 업꾸나.
그리고 노름을 하는 사람은 복장이 나뿌다고 생각을 한다. 외냐하며 정식으로 하지 않코 눈을 시키서 남외 돈을 따먹어니 좋은 사람이라고 생각을 하지 않는다.
오늘이 이 해도 마지막 가는구나. 세월 이처름 빨리 가는 것이 우리 이마에 주름을 주는 것이나 다름이 업쓰며 내 자신이 세월 빨리 가는 것이 제일 실타고 말을 하고 십다. 내 마음 같떠며 이세들이 잘라서 잘 살고 세상 끝까지 바라보고 십픈 심정 의이 세월은 몰라주는냐.
내 욕심 같떠며 일 년이 십 년 세월이 돼어주도 실치는 안타고 말을 하고 십다. 88年 해는 자신의 소원은 풀은 셈이지만 우리 혜지 소원을 풀지 못해서 잘 가라고 손을 헌들어 줄 해는 못 댄다고 말을 하고 십꾸나. 내일이며 89年 새해과 마지하는구나. 세해는 온 가족이 소원 성치을 하는 해가 돼어주기을 자신의 심정으로 빌게노라. 89年에는 우리 혜영이 여고에 좋은 성적으로 들어간다면 다른 소원은 하지 않캐노라. (이 아빠)

1989년

〈1989년 1월 1일 일요일 낡씨 맑음〉
금년에도 성실하게 살라갈 꺼이며 89年에는 자신이 가족들레깨 사랑을 아끼지 않을 끄시며 마음과 모든 것을 넒개 가지며 존경을 하면서 새해을 살라갈 것을 약속을 한다.
오늘로서 마을 금고을 회재[해제]을 하고 적금을 다들 지불하여쓰며 자신은 처음부터 마음 금고가 운영이 안 댄다고 생각을 해서 처음부터 회원만 하자는 욕심으로 (천원식) 불입을 하여서 지불 금액은 자신은 을마 돼지을 안는구나. 마음 금고가 지불 금액이 400백만 원이나 동장이 책임을 않고 회재을 하여쓰니 자신이 생각을 한 것이 마자떨어졋따고 생각을 한다.
오늘은 새해에 도박이 크게 벌어저는 가정을 볼 때에 처음에는 고기로 술자석이 이루어저며 백 원짜리가 몟 깨가 도박의 첫거름이 댄다. 백 원짜리는 자리만 어울려주며 곳바로 자리을 감추고 만다. 오늘 도박은 제일 큰 도박이 돼어쓰며 판돈이 150만 원 이상은 충분이 됏다고 생각을 한다. 자신은 도박을 하지 않치만 그 노름이 무었시 좋은지 정심, 저녁을 굴머가면서 구경을 하여쓰며 자신 뿐 아니라 방우로 한방 구경을 하고 있쓰며 마음 구경 중에 엄숙하게 구경을 하는 것도 도박뿐이라고 생각을 하며 자신의 마음속으로는 구경을 하는 자채도 좋은 것이 아닌돼 하면서 절급게 보는 것이 자신도 도박을 할 학율이 만타는 입정이 아닌가 생각도 가끔 가지본다.
오늘도 정심, 저녁을 굴머서 잠이 오지을 안아서 마음속으로는 밥을 달라고 집사람에깨 이야기을 할려고 해도 집사람은 자리에 누어있는 것을 보고 참아 이야기을 할 수가 업쓰서며 잠이 아 나 몸부림만 쳐고 있쓰니 집사람이 배가 고푸며 잠이 오지을 안는다면서 집사람이 라면과 밥을 가지고 와서 정말 고맙더라. 그리고 앞푸론 이른 일은 하지을 안캐다. 오늘 저녁은 밤 1시에 먹은 셈이다.
지출에 … 술방치기 500원

〈1989년 1월 2일 월요일 낡씨 맑음〉
오늘은 봄 날씨와 다름 업씨 따뜻한 낡씨라서 일을 충분이 할 수가 있는돼 정초라는 기분 때문에 오늘 휴식을 하여쓰며 내일도 오늘과 같이 따뜻하며 객토 일을 끝을 내고 작과 전지할 계핵을 가지고 있다.
"이재는 추원 낡씨가 업쓸 꺼으로 보는 사람이 만으며 자신도 금년에는 추위가 업쓸 꺼으로 내다보고 있다."
지출에 … 최주섭이 막내 동생 결혼 부주 5,000원 구미 민정이 동생들 3,000원

〈1989년 1월 3일 화요일 낡씨 맑음〉
금일도 공휴일이라서 그른지 자신도 친구들과 술집배서 휴식을 한 셈이다. 공휴일도 오늘로서 끝이 돼며 내일로 공무원들도 정식으로 출건을 하여야 하기 때문에 자신도 오늘은 마음 놋코 휴식을 하고 내일은 작업

을 할 예정이다.
"대신 민성이 엄마에깨 자신의 쪼끼을 손수 만들어서 줄 때 고맙더라. 자신은 누구에깨 선물이라도 바다 본 적이 업쓰며 집사람은 떠개질은 솜씨가 업쓰서 마음은 먹어도 자신의 것은 손을 돼지 못하고 아이들 것만 떠게질을 하는돼 마음은 있쓰도 화지 못하는 안타까운 마음을 민성의 엄마가 풀어준 셈이며 이번에 두 번째며 자신도 섬세하게 만든 쪼깨을 볼 때에 기분이 좋으며 손으로 한 것이라는 생각이 전연 업더라."
지출에 … 술빵치기 2,000원
민성와 동생들 3,000원
집사람이 민성 1,500원
計 6,500원

〈1989년 1월 4일 수요일 낡씨 맑음〉

오늘로서 당산 논에 객토 일은 대충 끝을 낸 셈이다. 아푸로 일이 업쓰며 경운기로 서느 바리 더 실어늘 작정이다.
그리고 오후에는 앞밭태 작과나무 전지을 해보니 월마 하지을 못하게쓰며 자신이 작과밭이 7곱 마지기라서 동내 쳐고도 제일 만은 축에 간다. 그레서 봄이 오기 전에 작과나무 전지을 안전이 하여야 한다.
"앞밭태서 일을 하고 있는데 동내 서기가 불이야 하면서 뛰어내리오더라. 그래서 동내을 채다보니 움마서[움막에서] 연기가 치쇼서며 뛰어가보니 정석윤 씨 집애 나무벛까리[나무 샇아둔 것]에 불이 붙터서 치쇼고 있더라. 첨에는 급이 나서 사람이 적으서 불을 잡지 못할 껏 같더니 조금 있쓰니 동내 사람들 상당이 만이 나와서 불을 수라게 잡은 셈이며 우리 마을에는 엣날부터 불끄는 돼 단채가 잘 댄다고 이야기을 하더니 우리가 생각을 해도 불 잡는 돼는 일등이라고 생각을 해본다."
지출에 … 닭티김 3,500원 화장지, 치약, 후리덤 3,600 차비 400원 혜지 책 15,000원
計 25,200원[263)]

〈1989년 1월 5일 목요일 낡씨 맑음〉

오로서 당산 밭을 등기을 내기 위하여 서류 접수을 안전이 하여서 대석방[대서소]에 주어쓰며 이재는 시간만 가면 자신의 땅이 돼개 되어 있쓰며 앞부로는 땅을 사계 돼며 그때그때 하여야 한다고 생각을 하며 말리 논을 아직 등기 이전을 하지 않아서 극정이 돼며 그 당시 특별 조치법으로 하여쓰며 돈도 안 들어갈 뿐 아니라 수라게 등기 일이 끝이 나는돼 이재 와서 할려니 신고해서 절차되로 할려니 보통 일이 아니며 그 당시 못한 것이 바보짓을 만이 하여따고 이재와서는 크게 생각을 하는 바이다.
"정부에서는 농민을 살라야 한다고 입부로만 떠들지 실찌 속을 보며 농민을 죽이고 있다. 외냐 오늘 등기 이전을 할려고 하니 등기 절차도 업는 것 더 있쓰며 땅의 평가도 흙신 만이 올라서 수수로을 만이 바들 뿐 아니라 등기 이전하는 돼 상당이 만이 올라쓰며 자신시 등기 비용이 62,700원 주어따. 이것을 아주 간소하게 할 수도 있따고 생각을 하는돼 농민 바서는 어렵고 비용이 너무 빗싸도고 생각을 한다. 외냐 자신으로 바서는 근근이 모아서 정말 십 원까지

263) 실제 계산은 22,500원이나 25,200원으로 잘못 기록하였다.

아켜서 땅을 산 것이라고 생각을 하는돼 이 것을 자신의 땅으로 이전하는돼 신고와 (절차) 까달와서 힘들며 생각보다 돈이 만이 들어간다고 생각을 한다. 자신이 생각을 할 때는 농민이 한 톨이라도 생산을 더 할려고 하는 것은 정부도 만이 생각을 해서 비용이 라든지 등기비가 적개 해도 충분이 할 수 있따고 자신은 생각을 해본다."

지출에 … 등기비 값 62,700원 주민등록
2통 150원 등기 접수 300원
차비 280원
計 63,430원

〈1989년 1월 6일 금요일 낡씨 맑음〉

오전에는 작과나무 전지을 하고 오후에는 윤종희 말아들 장가보낸다고 돼지을 잡는돼 그들어주었쓰며 집배서 잔치을 처며 좋다고 하지만 돈도 만이 들 뿐 아니라 준비 가정이 힘이 들어 십게 잔치을 시작을 할 수가 업다. 현재로 바서는 잔치을 쳐는 사람은 적어저고 있쓰며 앞푸로 갈수록 잔치 수가 줄어들어가는 것이 사실이 요즘 아들이 자라면 집배서 잔치는 업쓰절 꺼으로 내다보고 있다.

〈1989년 1월 7일 토요일 낡씨 비〉

금일은 종희 아들 (판국이) 결혼한다고 준비하는돼 비가 종일 동안 내리며 비가 계속 내리니 일 거들어주는 사람도 서급픈돼 주인들은 마음속으로 을마나 아푸게쓰며 여때것 맑고 봄날과 다름이 업쓰는되 오늘따라 비가 내리고 마당에 전부 포장을 쳐도 마당에는 전부가 물리며 음식 준비가 힘이 들어다. 본주인 집에서 날만 좋아따면 상당이 좋은 날이 돼어쓸끈돼 외냐하면 이번 잔취가 사람들도 징하지 윤 씨 지반이 만치 온 동민이 참석을 다 해서 준비을 갈이 하니 이것보다 더 좋은 일이 업쓸껀대 종일 비오는 바람에 얼굴을 지프라게 돼어다. 자신이 오늘날까지 잔취 준비하는돼 온 동민이 다들 참석을 해서 그들어주는 과정은 오늘 처음 밭따고 생각을 해본다.

그리고 김춘효는 자신의 밭이 10,700원 주고 싸도 김춘효와 봉산 최상섭 밭을 평당 6,300원 주고 싼 것을 요줌 좋다고 자신의 밭과는 바꾸지 않으며 좋아서 이야기을 하고 있찌만 자신도 6,500원 짜리와는 바꾸지 않캐다.

그리고 자신은 투기성을 가지고 밭을 싸쓰며 앞 도로가 먼지 완아서 당산으로 난다고 보고 있쓰며 만약에 길이 당산으로 나서 돼지 필찌가 남는다면 손예는 업따는 존재 아래 시작을 해쓰며 이것 뿐 아니라 세집 밭이 부터서 목시가 크며 또 산이 언잰가는 밭우로 변할 전망이 있키 때문에 여려가지로 득일 될 것 같다서 당산 밭을 씨키 때문에 자신은 별로 휴예는 하지 않는다. 동민들은 일부는 잘하지 안아따고 이야기을 할 련지는 몰라도 자신은 후예을 가지고 잊지 완타.

〈1989년 1월 8일 일요일 낡씨 비〉

오늘 판국이 잔치에 보슬비가 종일동 비가 내리고 있쓰서 그른지 몰라도 생각보다 손님이 아주 적다고 생각을 하며 오늘 잔치 집배는 일 바줄 사람이 더 분주했쓰며 손님보다 더 만아따는 생각이 더는구나. 잔치 집부로 바서는 상당이 불만을 가질 수 있는 낡씨라고 생각을 하며 음식은 음식은대로 소비을 다 했따고 생각을 할 때에 가위 좋은 기분은 아니라고 생각을 한다.
"자신원 오늘 부주을 집사람이 사돈 돼는돼 남들보다 만이 해야 되지 않캐나 하는 질문에 자신은 아직 그를 필요 업따면서 남들 모양 5,000원 하고 마라쓰며 자신이 만이 하며 좋지만 첬째 자신이 살라야 한다는 생각에 돈을 줄인 셈이다."
지출에 … 부주 5,000원

〈1989년 1월 9일 월요일 낡씨 흐림〉
금일은 잔치 집배서 일 바주는돼 외 먹어따면서 술을 한잔 대집하더라. 모두들 대집을 받고 나니 개돌부리 한다고 일부 다 가고 개고기을 먹지 않는 4명이 내기 화투을 하여쓰며 나중에는 동전 따먹기로 그진 하로을 보낸 셈이며 자신이 생각을 할 때에 우리는 술을 못하기 때문에 술집배서는 별료 좋은 손님이 아니라는 생각을 자신의 마음속으로 가지보곤 하여쓰며 오늘도 우리 4명원 상점 방에서 종일은 조금 못대지만 그진 하로 동안 방을 차지해서 3,000원 정도밖에 파라주 않아서 마음속으로 미안하며 상점 주인은 안녕이 가라고 인사을 하지만 나오면서 속으로 욕이나 하지 않을까 하고 뒤가 부끄렵더라.
이것을 생각을 할 때에는 상점에서 놀지을 안으야 하는돼 하면서도 놀 때가 업쓰서 상점에서 놀개 된다. 이것이 범벅이 개속 대며 사람의 가치가 떠려저개 되는 것이 사실이다.
"인간은 남을 득을 보이야 하지 손에을 보이는 자는 그 이름이 멀리 가지을 못하노라."
지출에 … 내기 화투로 1,000원
동전치기로 1,500원
計 2,500원

〈1989년 1월 10일 화요일 낡씨 흐림〉
금일은 안전 봄이다. 어재와 오늘은 정말 봄이라고 말을 하고 십프며 오늘 오전에 객토한 것을 논바닥에 까는돼 땀이 만이 흛리서 옷을 벗서노코 작업을 해도 낡씨가 너무 더어서 땀우로 옷을 버리따니 생각만 해도 을마만춤 더운 낡씨을 보여는지 짐작을 할 정도다. 그리고 종일동안 객토 흙을 까는 작업을 한다며 요즘 매일 놀라키 때문에 건강에 무리가 갈까바 오후에는 작업 방향을 밭까서 오후에는 작과나무 전지을 하는 것으로 하로 일과을 보내고 마랐다.
"앞밭태 전지을 하면서 아이들을 볼 때에 온 동내 아들이 논털레[모두] 모여서 다들 노는돼 우리 아들은 나오지 않코 집배서 공부을 하고 있는 것을 생각을 할 때에 자신도 전지을 한 나무라도 더 하자 하는 욕심이 나며 힘이 생기드라."

〈1989년 1월 11일 수요일 낡씨 비〉
금일은 관희 부친 장래식 때 돈 160,000원 나온 것을 오늘 개돌부리을 하여쓰며 이것이 동장을 돈을 갈리을 하여쓰며 이것은 동장이 짓때 해야 할 일을 이재야 해서 눈살을 지푸레게 하여쓰며 이 돈은 동장이 지출을 하고 바푼 핑계로 미루어 왔쓰며 주위에서 들추니까 시작을 한 것로 본다. 오늘 참석을 한 20명이 먹어쓰며 오늘은 돌부리는 액수도 만치만 만이들 먹어다.
그리고 동장은 지출 내역을 알리야 하는돼 이려타 저려타 말도 업씨 지내버리는 것은 동장이 아주 잘못이라고 생각을 한다. 외냐하면 동장이 자기 돈이 따라가는 한이 있쓰도 20명이라 사람 다 그려깨 생각을 했주지 않키 때문에 동장 하는 일들이 뒤가 무려며 자신은 한영하지 않는다. 외냐하며 짓 때에 결산을 하여야 여려 사람이 알기 때문에 자신은 원재나 토막이 나야 한다고 생각을 한다.

"금일은 비가 개속 비가 내리고 있쓰며 이번 비가 밭작물에깨는 안전 해갈을 면하두록 왔쓰며 특희 작과나무에 해갈을 면하두록 하여주어서 자신의 마음이 협죽한 마음이다."

그리교 요줌은 우리 아들 딸더리 공부을 할려는 의욕이 보이며 그 모섭을 바라볼 때에 내 마음 머라 말을 할 수 업시 좋으며 가만이 바라보는 그 모섭 영혼이 간직하고 십프노라.

"요줌 바독을 친구와 떠보니 절머서는 머리 통정을 몰겟떠니 요줌은 바독을 떠보니 자신의 머리에 아품이 오며 이것이 자신의 건강에 좋찌 않타는 것을 너켜면서도 바독판을 보며 떠고 십픈 마음을 억재하지 못하고 마는돼 내일부터는 바독을 떠지 않캐노라고 멩세하노라."

〈1989년 1월 12일 목요일 낡씨 흐림〉

어재 돌부리 한 뒤에 개 뛰다리 남원 것을 오늘 재차 돌부리을 하여쓰며 국을 만들어 밥을 낫어서 한 그릇에 1,000원식으로 돌리고 마랐다. 오늘은 국물로 먹을 수가 있는돼 고기을 너어서 어재 고기돌부리로 티을 낸 샘인돼 오늘 고기로 지출을 낸 것은 아주 잘못이다라고 생각을 하고 십다.

그리고 어재 돌부리을 끝을 내고 노름을 하는돼 아주 아들과 노름을 하는 것을 볼 때에 노름은 정말 노소가 업꾸나. 외냐하며 돈 보고 돈 먹키라는 생각이 정말 더는 너킴이 들며 구경하는 것이 별로 좋찌을 안아서 자신은 저녁 때 돼어서 왔떠니 정말 잘 았따는 너킴이 들더라. 외냐하며 나중에 싸음이 부터서 술병이 수십 계 날라다니며 현장에 있쓰든 사람들은 몸이 뜰리서 고 관경을 볼 수가 업따고 하더라. 한 놈은 병으로 마저서 온 천지 피투성이고 입발이 삐지고 입술이 병우로 마저서 막창이 나서 병원에 실리가는 난동을 직이따니 현장에서 일적 벗쓰난 것이 아주 잘했따고 생각을 한다.

"그리고 정부에서도 광주사태 일을 을마든지 끌고 갈 끄시며 정부에서도 과그에 매여서 허득이야 하며 야당에서도 너무 하다고 생각을 한다. 외냐하면 잘못을 들추내는 것도 좋찌만 정부 정책에 홀란이 오두록 소리을 내서 전부 홀란에 부채질을 하면서 일하는 것이 자신은 불만이라고 생각을 하며 광주 문제로 실째적으로 정부에서 을마나 손에가 가는 줄을 생각을 하고 있는지쬬차 모려고 있쓰며 정부에서 과그에 10원치 차절라고 이재와서 1,000원 손에가 가도 좋다는 말인가. 그리고 전두환 대통령이 정치을 잘 해서 국민이 잘 사라따면 그 대까는 전두환 대통령에 돌려주어야 하지 않는냐."

그만 이재는 국민들도 잘 알고 있쓰니 이제는 소리을 내지 않코 수섭을 할 수가 있쓰니 이제 각자 일에 충실리 하여주어쓰며 국민은 차라리 더 편하게쓰며 경찰도 치안에 힘을 쓰두록 하여서 시민이나 국민이나 다들 불안 업씨 사라가는 것이 인간이 바라는 바이며 너 아무리 잘한다고 떠들어도 자유라는 글짜을 죽이지 않코 국민이 편하게 살 수가 업따. 외냐하면 소리을 크게 내는 사람이 이키며 외 쓰지 못하는 사람을 살리서 설랑하게 하로하로 생활 복돼게 살라가는 사람을 희생을 시키고 있는 것을 만돼로 처벌을 못하두록 만더는 것 현 야당이라고 말을 하고 십다.
아직은 우리 국민원 전두환 대통령이 정춰을 하더시 불량자들 처먹고 활 일 업씨 돌라다니면 주위에 어갑을 주며 마음을 부란하게 만더는 사람이 수도 업쓰며 우리 마을에도 부모에깨 욕설하는 놈, 쓰지 못할 셋명이 있따고 보는돼 이 사람에깨 아무도 무선 소리을 못하고 있쓰며 실지는 아무 말도 하지 못하고 뒤로만 말을 하며 실찌 이 사람들이 업쓰며 동민들이 아무 불안 업씨 정답게 살라가는돼 이것들을 처벌을 하지 않코 두고 있쓰니 이 사람들은 고개을 요줌 더 들고 있다고 생각을 한다. 정부에서 이것들을 제거하지 안으며 자유 하러비을 더리나도 국민은 불란하게 살라야 하는 운명이라고 말을 하고 십다. 요줌 야당에서 자유 찾는 바람에 생명이 을마나 허무하게 죽어가며 살린을[사람을] 그저 개 죽이더시 하며 이것들을 가만이 생각을 해볼 떼에 정치인이 정치 잘못이라고 자신은 말을 하고 십다.
지출에 … 개장국 1,000원 동전치기 1,000원
計 2,000원

〈1989년 1월 13일 금요일 낡씨 맑음〉
금일은 세집배 밧시내이 밭에 들셈[들 샘]을 기계로 파는돼 그들어주어쓰며 세집배 들셈은 힘이 한 계도 들지 않코 자신이 볼 때도 그저 슬슬 내리가며 쉽계 130,000원을 버려따고 생각을 하며 오후 4시 경에 끝이 난 셈이다.
그리고 집사람이 혜영이와 운이, 서울 쳐제 아들 진주와 진석이 아이들을 대리고 외갑집에 활머니을 보고 십다고 해서 대리고 가서 해가 절멀개 돼어도 아이들은 오지 않코 하니 자신의 마음은 혜영이가 감기로 힘들어하는돼 해가 저기 전에 일적 오며 좋을땐 돼 하고 자신이 원망이 돼며 해가 저물어지는 시간이 갈수록 성질이 더 나며 외냐하며 자신이 생각을 할 때는 생각이 업는 사람이라고 생각이 돼 성질이 나는돼 진주 활머니는 아들이 추운돼 오지 않는다고 극정을 울집배 와서 무려보는돼 그만 성질이 발칵 나더라. 자신은 집사람이 오며 쳐가집부로 돌리 보내고 살두록 해줄라고 마음먹고 집배서 오기만 기다리고 있쓰쓰며 해가 저니 집사람이 오길래 그만 돌리 세우며 난동을 부리고 마랐쓰며 난동을 부리고 있쓰니 집사람은 내 이야기을 한 번 덧고 성질을 부리라고 하는돼 그 소리는 덧찌 안코 하고 십픈 소리 다들 했쓰며 성질을 다 부리고 나서는 집사람 이야기을 덧고 보니 자신이 성질을 내지 않아도 될 일을 냇따는 생각이 들며 자신이 그 이치에 노여쓰도 어쩔 수 업씨 당해따고 생각을 하며 자신이 너무 경솔했따고 생각을 했다. 외냐하면 집사람이 친정에 가니 처남 생신이라면서 우리 아이들 먹일라고 두부콩을 체 불찌도 않는 콩을 김천서 갈라와 하니 시간이 글리며 시간이 너저며 운이가 먹고 갈려고 해서 오지 못했따면서 이야기을 하며 일적 올라고 야물지도 안은 두부 먹고 와도 이려깨 너전따고 이야기을 하며 전화을 해줄라고 하는돼 엄마가 곳바로 가는되 하면서 전화을 멀 할려고 하는냐고 해서 전화도 못 했따는 이야기을 들을 때에 자신이 정말 미안하며 전화한 통아을 하여쓰며 진주 할머니에깨도 두부을 먹이고 올려니 너따고 이야기을 하며 좋찌 않아깨너야 하면서 집사람도 잘못 있다고 하고 서로 합이을 하여쓰며 자신은 생각을 가만이 해볼 때에 성질이 급파며 집사람에깨 너무 한다는 생각이 늙 되며 집사람에깨는 성질이 나며 그저 똥파리 날리더시 하는 섭성이라 이것을 억재 좀 할려고 해도 이것이 실천이 돼지을 안으며 생각을 할수록 안타까운 마음 검할 길 업노라. 자신은 집사람을 똥파리을 날리더시 하여도 집사람은 나외깨 귀중한 사람이라고 생각을 하고 있쓰니까 성질이 나더라도 참아달라고 부탁을 더리고 십꾸나.

지출에 … 집사람 친정가는 되 6,000원

〈1989년 1월 14일 토요일 낡씨 맑음〉

세집배 들 세암 파서 모타로 물을 대충 펀니 물이 생각보다 적개 나오며 안전이 설치을 하여서 물량이 어떠게 되는지 실험을 하여야 하는돼 설치 작업 때문에 양수 작업은 30분 정도 하여는지 조금 하고 말고 펌프 자리을 만드니라고 양수 작업을 그만두고 마라서 물량이 적은지 만은지 알 수가 업꾸나.

오후에는 마음은 작과나무 전지을 할려고 마음을 가지고 있는돼 몸이 말을 떳지 안아서 테래비 보는 것으로 오후 일과을 보내고 마랐다.

지출에 … 아이들 과자 1,200원

〈1989년 1월 15일 일요일 낡씨 맑음〉

금일은 삼촌 쵲 지사라 김천 떡집배 숙모와 형님 차로 셋시가 가서 떡과 돼지고기 40斤을 사왔쓰며 이것으로 동내 어른들 대집을 할 수 있쓸런지 또자래한다고[조금 모자라다고] 생각을 한다. 삼촌 돌라가신 지가 벌서 일 년이 돼어쓰니 세월이 눈 깜작할 사이에 지나버리는 것을 생각을 할 때에 아쉬운 감을 금치 못하게다.

인심매매인들이 구미에서 활동을 하며 구미 공단에 아이들이 만이 업쓰저며 행방을 알 수가 업따고 하며 아포 고등학생이 4명이 인신매매인들례깨 봉고차 실려 갈따니 귀가 찰 일이며 면 단위까지 와서 활동을 하고 있는 것을 보며 이것은 국가법이 약하며 정부 치안이 문제라고 생각이 돼며 쵳째로 오공비리에 경찰이 시문하는 돼 무리을 하며 오히려 경찰이 고랑을 차야하는 일들이 요줌 만으며 이것을 본 경찰이 누가 무리을 할려고 들개쓰며 정부에서 과거을 너무 오래 잡고 말성을 만든는 야당들이 책임을 저야 한다고 생각을 한다. 외냐하며 전두환 대통령이 사실 잘한 것도 수도 업씨 만타고 생각을 하며 또 국가 원수을 지나온 사람을 구속을 할려고 하는 모섭 무리며 우리 국민성을 욕보이는 것이나 다름이 업다고 본다.

"국민이 마음 노코 살려며 삼천 교육대가 재생을 하여야 국민이 마음 노코 살라갈 수가 있쓰며 국민이 불안을 안고 산다면 국가가 제 아무리 발전해도 국민의 마음은 발가저지 안으리라."

〈1989년 1월 16일 월요일 낡씨 맑음〉

오늘로서 삼촌 쵲 지사을 안전이 끝을 냇쓰며 동내 술대집도 푸군하게 준 셈이다. 자신 처음에 사람이 너무 만이 모여서 안주 접시을 48개을 준비를 하여서 적을 줄 알라떠니 나중에는 남더라. 오늘 일로 바서는 잘 했따고 생각을 하며 숙모님으로 바서는 마지막 일이 끝이 난 셈이다.

"자신도 마음의 한구석에는 눈이라도 만이 와서 한번 놀라바쓰며 하는 마음이 있는 것은 사실인돼 이재는 마음의 자세을 바로 잡아서 자신에 일들을 충실희 해야 하게따고 마음의 다짐을 하노라."

"요즘 낢씨가 안전히 봄날이라고 해도 무리돼는 말이 아니며 겨울 추어서 벌레들이 죽어야 하는돼 벌거지들리 죽지 않아서 네년 농사에 차질이 올까바 농민으로서는 극정이 크게 되는 바이다."

〈1989년 1월 17일 화요일 낢씨 맑음〉

오늘은 앞밭태 작과나무 전지을 종일동안 하여쓰며 앞밭태 나무을 보니 꽃눈이 상당이 만으며 꽃눈이 월마나 충실히 될련지는 몰라도 우선 바서는 열매가 만이 오리라고 생각을 한다.

그리고 혜지 아포고등학교 등록금과 책값을 오늘 대신분소에 납부을 하는돼 부끄럽더라. 요즘 아포고등학에 입학하는 아이들은 돈이 업던지 공부을 못 하는 아이들만 가니 자신이 입학금을 내는 자신이 부끄럽더라.

"집사람은 김천 쳐형 딸 내일 결혼 준비하는 돼 음식 준비하는 돼 그들어주로 가고 김천 쳐형도 아들이 9명이 돼니 이것을 짝을 지어줄라면 머리가 복잡하리라고 생각을 한다."

그리고 요즘 정부에서는 무었을 하는지 알 수가 업다. 외냐하면 모든 것이 가짜라고 하며 매이크가 전부 이조을 해서 그래가 돼고 있쓰며 천지, 이조, 불량 남외 눈만 시키고 절도, 강도 하나에서 열까지가 다들 불법으로 살라가는 자을 정부에서는 잡지을 못하고 국민을 불안하게 하고 있는 이유을 알 수가 업다고 본다. 자신은 노태우 대통령이 자유에 무리가 가는 한이 있쓰도 가감하게 정치을 하여주어쓰며 하는 마음뿐이다.

지출에 … 안티푸라민 700원 오뎅 1,000원 자신 남방 10,000원 차비 400원 혜지 입학금, 책값 92,030원
計 104,130원

〈1989년 1월 18일 수요일 낢씨 눈〉

금일은 연말 정기 총회을 하여쓰며 이진일 동장이 총회 결산보고을 하는돼 우리들 보기에 아주 시원차와 보이며 사람이 업쓰서스 그른지 동내 일을 하는돼 정직함이 업는 것 갈고 뒤가 물어서 동내 일은 적갑하지을 못하다고 보며 동내 동장 활 사람이 업쓰서 동장을 하지 그러치 안어며 자격이 못 댄다고 생각을 한다. 오늘도 단독이라 동민에에 신임을 묻는돼 54명에 반대표가 17명이 떤진 것은 다들 실타는 표정이라고 본다. 외냐하면 방에서 다들 보는돼 종이에 반대표을 하기가 그북한 점을 바서 이것은 반대표가 만타고 보고 있다. 동장도 자신이 볼 때는 착실이 해서 동민에깨 신임을 어더서 아이들 공부라도 시킬 동안 동장이(라)도 하며 좋을 땐돼 술을 좋아하고 뒤가 물어서 신임을 일어가는 것이 외돌다.

그리고 동내방에서 동회을 하는돼 한박눈이 쏘다저는돼 어느 누구 업씨 좋아하는 모섭을 볼 때에 좋아하는 것은 아이들이나 어른이나 다들 같떠며 한박눈을 보고 사람이 다닐 수 업두록 푹 아주어쓰며 하고 소원을 하다시피 하는 모섭을 보니 내 마음과 꼭 같더라. 자신은 솜등쳐름 눈이 오는 모섭보니 자신의 가슴에는 티 하나 업씨 말은

기분이며 언재까지라도 와주어쓰며 하는 기분이였따고 말을 하고 십다. 이 세상 사람이며 눈 실어하는 사람은 업따고 보며 님인들 이처름 반가우리까.

"그리고 김천 동서 딸 결혼식인돼 집사람만 보내고 자신은 동내 돼지 잡고 총회을 한다고 핑계을 돼고 결혼 참석을 못해서 김천 동서 보기에 미안개 돼어쓰며 오늘 일로 바서는 동내는 불참하고 예식장에 참석을 해야 내 도리을 다 한다고 보는돼 이것을 실천을 못한 이유을 댄다면 아직까지 살기 위해 옷 한 벌 못 마차쓰며 자신의 옷이 맡당치 않아서 불참했따고 생각을 하며 올해는 꼭 마이 한 불 맡출라고 작정을 한 것이 생각에 업는 지출 때문에 자신에 옻은 내년으로 미라야 할 쳐지가 돼고 마랐다. 여화든 김천 동서예깨는 정말 미안따고 말을 하고 십다."

지출에 … 봇돈 71,000원 오늘 화토 장난 3,000원
計 74,000원

〈1989년 1월 19일 목요일 낡씨 비〉

오늘 비는 겨울비가 아니라 봄비가 종일 동안 내리쓰며 어재 한박눈이 내린 눈을 오늘 비로 그진 다 녹여버리쓰니 아쉬운 마음 검할 길 업꾸나.

"요줌은 모이며 내기 화토을 일차 하고 나온 음식은 먹고 나면 백 원짜리 구피을 하며 이것도 백 원짜리는 셋 번 정도 돌라가면 이것도 어뒤로 살라저고 만다. 그 다음 지폐만 움직이며 금세 판이 크게 됀다. 이것이 요줌 공식이다."

자신도 이 공식에 동전까지는 하다 피폐까지 달라가다 보면 자신의 머리는 해서는 안 됀다는 섬직한 감이 들어 자신의 행동을 말리고 말며 결과적으로 말리들어간다고 생각을 한다.

앞푸론 자신이 동전까찌도 하지 안아야 하게쓰며 묘하게 끄리더리서 손예을 보게 만드는 사람이 만으며 이것이 하나의 작전이라고 생각을 해본다.

지출에 … 화토노리 7,000원

〈1989년 1월 20일 금요일 낡씨 흐림〉

금일도 술집배서 하로을 보내쓰며 요줌은 나가면 두부로 정심을 때우고 말며 자신은 소가 두 바리나 먹이면서 정심 때는 와서 소도 돌바주야 하는돼 화토 하는 것을 보며 정심은 내 몰라라는 식어로 때을 건너고 마는돼 자신의 마음은 이래서는 안 대는돼 하면서 실천을 못 하는 자신을 안타가운 마음이 든다. 그리고 그 만은 사람 중에 윤종희는 돈도 만으며 화토 노리을 전연 아나며 그 또레가 전부가 좋아하는데 전연 만치는 일이 업쓰며 때을 꼭 쨍기며 정심 때는 소죽을 꼭 주로 가는 모섭을 볼 때에 자신은 여사로 안 보이며 착실이 살라가는 사람은 한 사람 뿐이라는 것을 늘 마음에 가지곤 한다. 인간이 살라가는 과정에서는 모든 일들이 곽이[모양새가] 나야 하며 어떠한 일이 있쓰도 때을 쨍기는 사람이 인간 생활을 성실희 살라간다고 본다.

지출에 … 라면 330원 쌀딩기[쌀등겨] 값 105斤 5,000원
計 5,330원

〈1989년 1월 21일 토요일 낡씨 맑음〉

오전에는 앞밭태 전지을 하고 있쓰니 사람들이 술집 골목에 다들 놀며 이 맑은 낡씨에

다들 일하로 가지 않코 저레 놀까 하는 생각이 들며서 오전 일과을 맡치고 오후에도 전지을 하고 있쓰니 다들 노는돼 을마나 할려고 놀지도 않코 일 한다고 하면서 전지을 하고 있쓰니까 친구들이 불려서 작과 전지을 그만 두고 내려오니 술집부로 끌고 들어가면서 내기 화토을 하자고 하여서 술집 방우로 들어가서 화토을 하는돼 다들 가부시키[264] 정도가 돼어쓰며 골목에 있는 사람들이 다들 방우로 몰려 들어와서 우리 뒤에 술빵치기을 하여쓰며 술빵치기도 끝도 나지을 안아서 성급한 사람은 오동 비[265]을 전부 폐고 굿삐[266]을 시작을 하며 금세 판이 크지며 매일 만나면 굿삐로 시간을 보내니 손예을 보는 사람은 상당이 만이 본다고 생각을 하며 자신이 노는 중에서 제일 나이가 적으니 어떠게 말도 할 수 업는 문제고 만약에 나이가 만은 측으로 간다면 굿삐는 안전희 말리지는 못할련지 몰라도 어너 정도는 줄릴 수 있따고 생각을 하며 이것도 가만이 보며 제산이 업는 것들이 노다지 날뛰며 오늘로 바서는 동장이 굿삐을 서들어다. 이것을 볼 때에 동장은 전연 생각지도 안는 사람이라고 생각을 하며 이번 동장도 적으나 주때가[줏대가] 있는 사람이라면 반대표을 바서 굴머 죽는 한이 있쓰도 화지을 안치만 저러깨 생각이 업쓰니 동장을 하는 갑다 하고 자신의 마음속으로 가지 본다.

"그리고 자신은 나가서 돈을 일어쓰며 그대로 온 식구가 있는돼서 이야기을 꼭 한다. 그려면 자식들은 그 돈으로 우리들 고기라도 먹을 수 있는돼 과자을 먹어며 실큰 먹는돼 하는 말을 딸레미들은 꼭 이야기을 하는 것을 볼 때마다 자신의 가슴에 순간적으로 절류을 주게 돼며 후예을 한다만 사람이 모여 놀며 지출이 따리는 법. 이것을 안전희 업쌜라고 하며 친구들예깨 어울리지 안아야 돼며 놀로을 가지 안아야 돼는돼 사람이란 돈도 꼭 설 때는 쓰야지 그려치 안으며 거것은 사람의 가치가 문제 돼는 일이며 인간의 심리는 자기의 분수을 모려고 있따는 것이 아쉬운 마음 검할 길 업쓰며 자신은 낭비에는 신경을 만이 쓰는 편이다."

지출에 … 술빵치 600원

〈1989년 1월 23일 일요일 낡씨 흐림〉

오늘은 집토기을 두 바리을 잡아서 외초 생각에는 순달와 형님 셋시가 정심을 이용을 해서 먹을라고 했든 것이 순달이는 정심 시간을 이용을 해서 올라고 한 것이 일이 바파서 오지 못하고 형님과 둘리서 먹어니 만이 먹깨쓰며 집토기 두 바리라서 고기 만은되 순달이가 왔쓰며 좋을땐대 오지 완아서 마음에 걸리더라. 오후에는 앞밭태 작과나무 전지을 하여쓰며 전지을 하면서도 동내서 노는 모섭을 볼 때 자신도 마음은 노는데 가며 실찌 억지로 참고 전지을 하여쓰며 4시가 돼니 선희 엄마 한갑이라고 동민들레깨 음식을 대집을 한다고 동사모소에 가지고 와서 동민을 동사무소에 나와달라고 엠프소리가 나서 자신도 가서 잘 먹어다. 자신은 부주 준비을 하여서 갈든이 오늘은

264) 가부시키(株式, かぶしき)는 주식, 나눠내기, 추렴을 나타내는 일본어이다.

265) 화투의 오동과 비를 뜻한다.

266) '굽비', 화투놀이의 일종이다.

돈을 받지 안는다고 이야기을 해서 이번 일은 잘했다고 생각을 한다. 그리고 동내 술 한잔 주고 돈을 받는 일은 좀 생각을 해야 한다고 생각을 한다.

〈1989년 1월 24일 월요일 낡씨 비〉

금일은 종일 비가 내리고 있쓰니 겨울 감각을 잊저버리곤 하는 기분이며 벌레들 바서는 낡씨가 추어서 벌레들이 얼어서 죽어야 하는돼 그려치 안아서 내년 농사가 염려가 돼는구나.

그리고 오늘은 영농 교육이라서 마을 회관에서 영농 교육을 바더며 영농 교육도 자유 바람이 불어서 그런지 영농 교육도 알떠리 갈칠라고 들지도 안을 뿐 아니라 다들 도사라면서 그저 넘어가고 말며 과수에 교육은 별도 한다면서 하지 않코 말더라.

"우리 한국에 자유 바람을 어떠게 다스릴란지 정말 염려가 돼며 실찌 너무 난장판이 돼어따고 생각을 하고 십다."

지출에 … 김 5,500원 당면, 밤 2,500원
딸다리 1,000원 차비 600원
굿삐 한 번에 3,000원
計 12,600원

〈1989년 1월 25일 화요일 낡씨 흐림〉

금일도 작과나무에 전지을 하는돼 회관에 한페기[한 패거리] 어울려서 노는 모섭을 보고 전지을 할려니 마음은 회관에서 노는 되 있쓰며 나의 육채는 일을 할려고 들고 마음은 남들이 놀며 그만 따라가는 섭성이며 오늘도 오전 11시까지만 작업을 하고 회관에 가서 놀고 마라다. 오늘은 날씨는 허리지만 일을 충분이 할 수가 있는돼 평소 노는 것과 다름이 업씨 모여 놀며 그리고 안저며 돈 따먹기을 하고 있쓰니 이거 너무 하다고 생각을 하며 형도 크게는 하지 않치만 요줌은 계속 그들고 있는 것을 볼 때에 생각이 업는 것처름 보여서 예돌다. 그리고 동장, 창고장, 지도자 셋시가 노름하다 싸음이 나서 그 사권으로 고발이 돼어서 아포 지서에 가서 각서을 쓰고는 경찰 급을 내면서도 안저며 돈 따먹기을 하니 문제며 요줌은 누가 문만 열어도 깜짝 깜짝 놀라면서 화토을 하고 있쓰니 이것은 어느 누구도 말일 수가 업다고 본다.

지출에 … 티밥 티는 되 2,000원 라면,
오꼬시 2,000 운이 만두, 과자
1,100원 때수건 200원 이발료
1,000원 차비 600원
計 6,900원

〈1989년 1월 26일 수요일 낡씨 맑음〉

오전으로서 앞밭태는 작과나무 전지을 안전희 하여쓰며 오후에는 집사람과 둘리서 전지 목을 안전희 묶끄서 다들 실어왔쓰며 여름 전지을 하여서 이번에는 전지 목이 얼마 돼지을 안더라.

그리고 온 동내 아들이 다들 모여서 노는데 우리 아들은 집배서 공부을 하든 안아든 골목에 놀로 나오지을 안으니 자신은 마음이 좋꾸나. 인간은 노력을 해야 대까을 어들 수 있쓰며 노력을 해야 인간이 살라가는 데 진미을 차절 수가 있따고 본다.

"너희들이 밝개 살라간다면 이 아빠는 거늘레서 한 세상을 갈라간다 해도 서러어하지 안으리라."

〈1989년 1월 27일 목요일 낡씨 흐림〉

오전에는 혜지와 봉답 벼집을 한 발리 실고

정미소에서 정미하는 것으로 오전을 보내고 당산 밭태 작과나무 전지을 하는 것으로 하로 일과을 보내고 마랐다. 당산 밭을 사고 나니 내 밭이라서 그른지 사기 전보다 보기가 좋아 보이더라.

지출에 … 집사람 허리아푼 되 약 4,500원
톱 3,500원 뽑빠이 2,300원
고기, 실, 양발, 손톱깍키
3,800원 치약, 차비 1,400원
計 15,500원

〈1989년 1월 28일 금요일 낡씨 맑음〉

금년들어 처음 추이가 오니 사람의 행동이 달라저는구나. 봄 날씨을 보일 때는 할기가 보이더니 오늘은 추운돼 바람마저 불어짹키니 인간의 채감의 온다가 내리가며 오늘은 거것을 춥다고 동내 방으로 한방 돼고 사람이 모이며 낭비는 따리는 법.

그리고 오늘 정항기 모친 죽은 사람의 한갑이라고 음식을 동사무소에 가지고 았는돼 음식도 만으며 음식이 하나에서 열까지가 다들 정승이 들어간 것이 영력이 보이며 음식 그릇도 음박지로 사용을 해 깨끚하게 하여쓰며 아직까지 자신은 그 엄청난 상을 바다보지 못했쓰며 술도 마음돼로 먹을 수도 있뚜록 맥주와 업는 음식은 업더라. 사람이 살라서 한갑을 해도 이려깨 만은 음식을 가지고 한갑을 할 수가 업따고 보는돼 죽은 사람의 한갑을 이처름 그창하게 하는 것도 처음 보았다.

그리고 죽은 한기 엄마야말로 살라가는 되 무성한 고난을 치라쓰며 남편 남외 집 머섬 살리 할 때에 그 시다바리하고 말이 여자잇지 남편보다 실찌 만이 한 사람이라고 생각을 하며 제발 살림만 모다노코 모내기을 하다 혈압으로 죽고 마라쓰며 이재와서 새 엄마가 들어와서 호광을 하면서 살라가고 있쓰며 오늘 음식을 먹으면서 다들 이야기가 쓰는 사람 따고 있따고 입을 모우고 있꾸나. "오늘 음식은 정말 대집을 바다따고 생각을 한다."

지출에 … 집사람 친구 대구 동산 병원에
병문안 5,310원

〈1989년 1월 28일 토요일 낡씨 맑음〉

금일은 이성보 파보을 대신동에서 하여서 낡씨 추운돼 고기 한 줌 먹으로 갈려고 해도 습적 마음이 내키지을 안은돼 여러 가지를 생각을 해보니 가서 고기 변또을 가지고 와서 아이들이라도 주야 이것이 득이다 하고 같쓰며 자신이 고기을 먹지 않코 자식들 줄라고 추운 것을 무렵쓰고 같다는 것이 사실이다.

"인간이 살라가는 과정이 사랑이 업쓰며 아무련 의미가 업다고 본다. 외냐하면 사랑이 업쓰며 힘이 업쓸 것이며 앞을 볼 수가 업따고 본다. 첮재는 자식 사랑, 둘재 부부의 사랑이 이것이 혼합이 돼어야 살매 진미을 가질 수 있쓰며 이것이 업시는 힘을 낼 수가 업따는 것이 인간이라고 자신은 생각을 하고 십꾸나."

〈1989년 1월 29일 일요일 낡씨 맑음〉

금일은 낡씨 조금 차가어서 동사방에서 놀라바야 담배 연기에 곤욕을 치류니 일터에 가서 일하는 것이 오히려 편할 것 같다서 전지 준비을 하여서 일적 가니 동사에 놀로 간다면서 둘리가 올라오면서 추운되 일하로 간다면서 사람을 잡아 돌리는돼 따라갈 마음은 더나 이왕 작과나무 전지을 할려고 준비을 했쓰니 오전만 하고 와서 놀자 하는 작정으로 일터에 가서 오전을 하고 오니 방우로 하나 돈 따먹기 한다고 연기가 작욱한대 안저있는 모섭을 보니 이 사람들이 일을 안 갈 작정인가 하는 마음이 들더라. 그리고 자신도 오후에는 같이 휴식을 하여쓰며 요줌은 다들 돈이 떨러진는지 굽삐울 새계하지 않코 지폐는 사용을 하지 않코 백 은짜리로만 하는되 그래도 개속 일캐 돼며 4만 원 내지 5만 원식은 일캐 대지만 이것은 아주 적개 하는 노름이며 보통은 2만 원 지출 하게 된다.

지출에 … 화토노리 1,000원

〈1989년 1월 30일 월요일 낡씨 맑음〉

당산에 새밭때에 처음 전지을 하여쓰며 우선 바서는 과일이 상당이 만이 달일 꺼 같더며 이세들 학교 할 동안만 수학을 바라고 산 것이지만 7년 동안 수학을 할련지 우선 바서는 나무들이 묵어다 해도 별료라는 마음이 더는되 두고 바야할 껏이며 여화든 10년 동안만 수입을 볼 수 있따면 더 바라지는 안캐다.

지출에 … 집사람 입빨 값 90,000원 닭 2,700원 멜치 1,000원 스프링 200원 차비 400원
計 94,300원

〈1989년 1월 31일 화요일 낡씨 흐림〉

금일은 김원태 숙모가 서울서 고향으로 장래식을 할려고 내려왔쓰며 아직은 농촌에서는 한가하기 때문에 사람들이 상당이 만이 나와서 장래식에 도와서 생각보다 일이 수라며 일적 맡치고 마랐다.

"오늘은 자신이 작과나무 전지을 할려고 마음을 먹다 큰일에 손을 모다주야 한다는 생각에 일을 그들로 같든이 사람이 만아서 자신은 나무 전지을 하려 같쓰며 하는 마음이 아쉽더라."

지출에 … 떡 값 2,000 메밀 빠어는 돼 300원 라면 300원
計 2,600원

〈1989년 2월 1일 수요일 낡씨 맑음〉

금일은 설맡이 대청소을 온 동민이 하여쓰며 청소는 보이는 곳만 대충 하여쓰며 청소을 알더리 할려고 해도 얼어부터서 재되로 대지을 안아서 대충 다 하고 나니 오전 10시가 돼더라. 그래서 오후에는 온 동민이 방목을 한 짐식 할려고 해서 자신은 오후에는 작과나무 전지 하로 갈려고 오전에 동내 방목을 하여주고 오후에는 당산 밭태 전지을 하로 같쓰며 전지을 하고 4시 돼는 것을 보고 작업을 맡치고 집배 와서 소죽과 집배 일을 할려고 일적 맡치쓰며 이것도 집사람이 이모종 하는되 품으로 가서 집배 일적 온다고 오니 술집배서 김원태 숙모 장래식 돈 나온 것으로 고기 먹는다고 술집배서 부러길래 그만 집배도 오지 않코 술집배서 저물두록 노라쓰며 놀면서도 집배서 자신이 여기서 노는 줄도 모러고 극정을 한다는 너킴이 자신의 머리에 여러 번 쓰쳐가는돼 오늘은 노름이 아주 크게 하더라. 그것을 구경을 하다 보니 저녁 너캐야 집배 오니 집사람이 아빠 때문에 신경쓰이서 죽깨따고 이야기을 하는돼 자신도 깜짝 놀라서 들어보니 운이을 시키서 동사 노는 돼 가보라고 하니 아빠가 업따고 해서 아빠가 극정이 돼어서 밥을 하다 그냥 당산 밭태까지 뛰어같다 와따면서 이야기을 하며 놀란 것을 생각

을 해보니 이것이 여사 문재가 아니구나. 외냐하면 벌서부터 철도을 건너서 다니는 것이 집사람의 신경을 그쳐름 놀라게 하여쓰며 온 식구가 비상이 돼어쓰며 우리 혜영이가 술집배 와서 아빠 노는 것을 학인을 한 후 마음을 낮따니 자신이 아주 잘못했따고 집사람에깨 시인을 해쓰며 집사람이 남외 품으로 벌로 가서 일도 만이 하여쓸끄며 5시에 끝을 내서 밥을 하다 그만 두고 아빠가 극정이 돼어서 당산 밭에 뒤어와따니 을마나 힘이 들어깨쓰며 생각을 할수록 집사람 외먹은 것이 앞까바 죽을 정도며 오늘은 자신 아주 잘못했따고 생각을 하며 앞푸론 당산 밭태는 신경을 쓰서 일을 할 끄시며 굴래 물만 업다면 돌라서 갈 끄시며 될 수 있는 돼로 철길을 건너 가지 않을 끄시며 평생 동안 이른 고충이 따월 것이 아닌가 생각을 할 때에 업새버일까 하는 생각이 자신의 머리을 울리는구나.[267)]

〈1989년 2월 2일 목요일 낡씨 맑음〉

당산 밭태 작과나무 전쟁을 하면서 생각을 하여보니 하루 빨리 대치 나무을 선택을 하여야 하겟따는 너킴이며 전쟁을 할려고 나무에 올라가보니 나무들이 고목이 돼어따는 것을 알 수가 있쓰며 내년에 어떠한 일이 있쓰도 과식을 할 작정이다.

수입에 … 도랑에 낙착공사에 노임 7,500원

〈1989년 2월 3일 금요일 낡씨 맑음〉

정부에서 금년에는 설을 공휴일로 정하며 이것을 낭비가 만타는 이유로 정부에서는 적극적으로 말린 적이 불과 몟 년 전이여쓰며 하로 아침에 공휴일로 정화며 이것을 정부에서는 메스끔으로 바람을 너무 이려키며 낭비을 하게끔 만들고 있따고 생각을 한다. 정부 시책이 하나에서 열까지가 하로 아침에 변경을 하고 있는 것을 보며 아이들 솝곱장난 하더시 변하는 것이 불만이다.

"오늘도 당산 밭에 작가나무 전쟁을 하는 것으로 하로 일과을 보내고 앞푸로 2일만 전쟁을 하며 끝을 낼 껏 같꾸나."

화장품 값 5,000 미역, 김 4,000원 큰집배
설 시는 돼 10,000원 두부
1,500원
計 20,500원

〈1989년 2월 4일 토요일 낡씨 맑음〉

당산 밭에 나무 전쟁을 오전만 하고 오후에는 설 신다고 집배서 목욕을 하고 오늘 하로는 온 식구가 집배서 목욕을 하는 날이 되어버리스며 집배서 목욕을 하게 돼면 불편한 점 만아도 돈을 쓰지 않으니 살림에 득이 돼며 우리 식구는 목욕탕에 가서 목욕을 하는 사람은 업쓰며 집배서 해버린다. 모든 것이 집배서 할 수 있는 일은 집배서 하는 섭관을 가지야 하며 부모가 금소하게 살라가는 것을 보며 이세들에깨 교육도 된다고 생각을 해본다.

"집사람 섬세하고 알뗠하고 정말 야물게 살라가는 모섭을 볼 때는 살매 맡을 느낄 수 있쓰며 집사람 알더람에 비해서 살림이 드뒤게 늙고 있따고 자신은 생각을 가지본다."

지출에 … 당산 밭 취득세 67,100원

---

267) 이 내용은 일기 지면 상단에 따로 기록되어 있다. '순달 취득세 값 100,000만 원'이라고 기록하였다.

〈1989년 2월 5일 일요일 낡씨 맑음〉

이번 설이 공휴일로 지정이 돼며 고향을 더 만이 차저오며 설 기분이 살라저는 너킴이여는되 금년은 아주 설이 살라가는 너킴이며 매스크미 떠들어되어서 그른지 아주 설이 뜰뜬 너킴이 들 정도로 인간의 마음마저 떠잇는 느킴이 되며 낭비도 하게 되어 있는 것처름 아이들이나 어른이나 다들 마음 노고 쓰는 너킴이 들며 실찌 다들 돈 놋코 돈 따먹키가 이처름 성한 것을 처음 볼 수가 있는 것 같떠며 한국 사람의 낭비는 다들 분수에 넘친 낭비을 하고 있다고 말을 하고 십다.

지출에 … 이발비 값 2,000원 세집배
쇠고기 7,000원
計 9,000원

〈1989년 2월 6일 월요일 낡씨 맑음〉

이재는 농촌도 택시, 성용차, 추럭 할 것 업시 길가로 즐비하게 노여 있쓰며 머지완아 차량 물결을 이룰 것은 사실이며 살기 좋은 세상이라고 말을 하고 십꾸나. 이재는 한국도 품파리을 해도 자가용이 있쓰냐 벌수 있는 시대가 눈앞에 앖따고 생각을 하고 십다.

"오늘로서 자신의 나이가 47곱 살이나 돼니 이 47년 동안 걸어온 길을 뒤을 돌라볼 때에 자신은 허탈한 감도 더는구나. 외냐 자신이 여태것 무엇을 했킬에 때을 벗지 못하고 살라가는 것을 생각을 할 때에 머리만 수겨저는구나. 그리고 나의 이세깨 무엇을 했노라고 답을 할 수 있쓰리까. 입이 열 개라도 대답은 업쓰리라."

지출에 … 민성이 1,000원 민수 1,000원
운이 1,000원
計 3,000원

〈1989년 2월 7일 화요일 낡씨 맑음〉

오전에는 순서가 너타리 벗섯을 한다면서 저의 처남이 모타톱을 가지고 와서 참나무을 비는되 그들어주어쓰며 참나무 5포기을 당산에서 베어서 대충 동강이을 내논는 것으로 오전 일과을 보내고 마라쓰며 오후에는 김상환 삼촌이 선산 부군수로 발행이 돼어서 축하의 뜻으로 동내에 200,000만 원으로 고기와 술대접을 해서 온 동내에 또래대로 고기을 나누어 잘 먹었다.

사람이 돈을 쓰도 동내 어른들래깨 쓰는 것은 아깝지 않을 끄시며 이것워 다들 자신의 자랑이며 인간의 갑어치라고 말을 하고 십다. 그리고 이 사람이 대구농고 나와서 부군수 자리까지 올라따는 것은 상당한 인내와 노력이 따리따는 것을 정명이 돼며 아이들 말과 같이 출세을 한 사람이라고 생각을 하고 십다.

"오늘 고기 음식을 끝을 내고 노름할려고 땡땡 베루는 사람들이 만으며 그저 돈 따먹기 할려고 심지어 고기도 먹지 않코 상 내라는 사람이 업나 오늘은 자신도 화토 자석에 들어서쓰며 돈 먹기을 하니 자신에깨 돈이 들어오더라. 이 기분을 굽삐을 하지 않아떤 사람은 이 기분을 알 리가 업쓰며 동내 방으로 한방에 안전 사람들이 다들 남외 돈 먹을라고 돈을 더리되는 것을 볼 때에 한편으로 기가 찬다. 외냐하며 누구의 돈을 먹을라고 이리때가 먹이을 가지고 설치는 모섭보다 더하는 것을 너켜쓰며 자신이 비뒤오가 있따면 이 과정을 찍어쓰며 멋찌겠따는 이야기까지 하여쓰며 자신도 그중에 한 사람이 돼고 마랐쓰며 자신도 오늘은 돈을 만이 따쓸 때에 그만하고 수입을 보고 말까 하는 생각이 자신의 머리에 곽 차며 이것을 수입을 할까 이 돈을 수입을 하면 나중에 이 돈의 배가 지출이 된다 노름은 따면 신세을 죠진다는 엔 말이 머리에서 서로 싸우고 있쓰서며 결국은 자신의 머리에서 수입을 보자는 생각이 저고 다 업세버리라는 생각이 이겨서 푹 가다 멧 번에 딴 돈은 간 곳 업고 오희려 자신의 생돈이 3,000원 따라가고 마라쓰며 자신의 머리에서 버리라는 생각이 이겨서 버리찌만 내 수정에 들어온 돈이 남의 돈이지만 다 버리고 나니 안타가어서 그 참음을 이기는 돼 힘이 들 뿐 아니라 하나의 상쳐가 된다고 해도 무리 되는 말은 아니라고 말을 하고 십프며 보겟트에 돈과 집배 가서 한 뭉띠 가지고 와서 한번 해볼까 하는 마음이 들어서 참니라고 자신 나람돼로 큰 고통을 당해쓰며 오늘 판돈이 800,000만 원 이상은 돼어따고 생각을 하며 노름을 하는 사람이 누구의 돈이든 내 수정에 일단 들어왔따 나가며 안타까운 심정을 참지 못해서 도박을 한다고 말을 하고 십다.

여하든 도박이란 글짜을 몰라야 한다고 말을 하고 십프며 도박에는 손을 되면 손예라는 것은 뜰림이 업는 것이 사실이다.

지출에 … 도박 3,000원 전기 요금
1,410원
計 4,410원

〈1989년 2월 8일 수요일 낢씨 비〉

요줌은 안저며 도박이니 이것들은 다들 건절대지[근절되지] 못하고 있쓰며 자신은 오늘은 도박을 하지 않을라고 뒤전에서 참아오다 그만 정심 때줌 돼어서 그만 말려들어 같쓰며 한 번 잡아보지 않꼬 두 번에 7,000원 일고 마라쓰며 도박이란 운수라고 생각을 하는 것은 잘못 생각을 한다고 말을 하고 십다. 외냐하면 운수라면 돈을 따는 사람은 장한 사람이며 이것을 볼 때에 바독이 급수가 있떠시 도박도 급수가 있따고 생가을 한다. 그리고 일부 사람은 급수가 업따면서 그 사람이 돈줄이 좋아서 수입을 본다고 하지만 그 말도 일리는 있따고 하지만 안전희 급수가 있따고 생각을 해본다. 그리고 오후에 본전 생각은 나지만 도박을 참아쓰며 도박은 급수라고 보고 있다.

지출에 … 도박에 7,000원

〈1989년 2월 9일 목요일 낢씨 흐림〉

"이재는 도박을 해도 하로 종일 하며 도박을 매일 하는 사람이며 동내에서 감부[간부]들만 도박을 한다고 보며 꼭 맡따고 생각을 한다. 도박을 해도 얼굴을 붉키는 일은 더물더니 오늘은 도박을 하는 과정을 보니 아주 사납게 하며 우리들은 감정이 들게끔 주묵이 가는돼 이것을 참어가면서 도박을 하고 있는 것 보니 여사로 안 보이며 이재는 도박을 계속 한다면 상처을 바들 가능성이 크다고 생각을 하며 오늘도 자신이 나이가 중간이라도 댄다면 말리겟는돼 나이가 제일 적으니 매일 어울리 놀지만 형님 또래라 보고만 있쓸 뿐이며 오늘은 은성을 노피는 것을 보니 속은 상하지만 머라 말을 한 마듸 부치도 못하고 집배 가서 자는 것이 상책이라 하고 집부로 오고 마랐는돼 오늘 가정이 무사해야 하는돼 원근이[은근히] 극정이 되는구나."

〈1989년 2월 10일 금요일 낢씨 맑음〉

어재 저녁에 예감이 한 번 터저지 하는 예감이 들려서 윤종희을 보고 집배 가자고 하면서 집배 온 것이 아주 잘 했따고 생각을 한다. 외냐하면 도박을 하는 도중에 싸음이 부터서 야밤에 야단이 낯따니 자신은 예감을 한 것이 마자떨어졌쓰며 자신이 계속 있쓰떠라면 손예도 볼련지 아무도도 모련다. 외냐하면 어재 싸음을 말리다 손에을 보았따는 이야기을 들을 때에 자신은 어재 저녁에 실천을 한 것이 천만다행이다. 아푸로 도박은 낡씨가 말리지만 그래도 친구란 것도 생각을 해야지 누구의 돈을 따먹을라고 싸음까지 하는 것은 생각도 못하며 이것은 반성을 만이 해야 하며 서로가 생각을 할 문제다.
금일은 일기는 바람이 불고 조금 차거운 맡은 잇찌만 다들 노달기라 마음은 나무 전쟁하로 갈 마음인돼 주위에 사람들 때문에 실천을 못하고 오늘 하로는 억찌로 보낸 셈이며 어재 저녁에 문제 때문에 재미가 업는 하로가 돼고 마랐다.
"사람의 본심에는 싸음은 업따고 보는돼 돈이 따리고 돈이란 글짜 때문에 인간이 포악해저며 살별해저가며 인간의 이성을 일꼬만다. 이것을 볼 때에 돈이 따린 일들은 세심한 생각을 해야 하며 마음을 늙게 가지야 한다."
"우리 운이가 공부을 저의 반에서 뒤에서 멧 등하는 놈이 요줌은 저의 엄마에께 불평을 만이 한다고 하며 때로는 시계을 안 사준다고 티집을 하고 옷, 선물 다들 티집을 한다고 이야기을 집사람이 잠자리에서 이야기을 할 때에 공부도 못하는 자식이 외 불만이 만은가 생각을 하면서 운이 자는 모섭을 볼 때에 밋지 않으며 불만을 부모예께 이야기을 하는 것을 볼 때에 사랑시렵고 한편으로 이재 철이 더는 너킴이 들며 운이 불만은 다 들어주지는 못하고 한 가지는 들어주겟다. 너의 아빠 너이들이 자라는 모섭보고 살라가는돼 무었을 궁색하게 하게녀냐 잘만 잘라다오.

〈1989년 2월 11일 토요일 낡씨 흐림〉
금일은 작과나무 전쟁을 하는 것으로 하로일과을 보내쓰며 오후에는 집사람이 나와서 전쟁한 나무을 묶끄서며 내일은 아이들을 돼리고 나와서 다들 주어야 하겟다.
"요줌은 운이는 초등학교 졸업한다고 분주한 일과을 보내며 혜지는 중학교 졸업한다고 들뜬 날을 보내는 것 같꾸나."
"그리고 우리 운이가 중학교 배치고사 시험 본다고 처음 아포중학교 같는돼 시험이나 잘 바야 하는돼 하고 시험 생각밖에 업꾸나."
"그리고 우리 운이가 중학교 가서는 성적이 나저야 하는돼 어느 정도 노력을 할련지 몰겟쓰며 재발 노력을 해서 성적이 나저야 이 아빠의 극정이 들겟다."
지출에 … 운이 졸업 선물 3,500원 혜지 졸업 선물 5,000 화장지 550원 삔 800원 감기약 1,500원 차비 260원 운이 졸업비 8,000
計 11,360원[268)]

〈1989년 2월 12일 일요일 낡씨 맑음〉
금일은 온 식구가 당산 밭에 일을 하여쓰며 자신은 나무 전쟁을 하고 집사람과 아들은 나무단을 묶끄내는 작업을 하여쓰며 자신

268) 실제 계산은 19,610원이나 11,360원으로 잘못 기록하였다.

이 전쟁만 다 했노아떠라면 충분이 끝을 낼 수가 있쓰는돼 조금 남언 것이 아쉽고 우리 자식들을 공부하려고 집사람과 둘리만 갈려 하다 자식들도 때에 따라 한 번식 일을 해야 머리에서 생각을 하는 문제가 생기며 자신이 생각에 손예보다 득일 만을 것 같다서 다들 되리고 가서 종일 동안 아빠 일을 도어게 한 셈이다. 그리고 남들은 술집배서 윷노리한다고 법석을 부리는돼 자신은 온 식구을 실고 경운기로 다니니 자신의 마음에 자신만 일을 해도 남들보다 봄에 일을 만이 했따고 생각을 하며 자신만 일을 해도 노라가면서 할 일인돼 온 식구을 대리고 일을 하는 자신이 집사람 보기에 마음에 글리는구나.

정부에서 질서가 업고 무법천지로 변해가는 것이 다들 김대중, 김영삼 다들 국과 안정은 뒤로 하고 노태우 대통령 자리만 엿보며 무선 일이든지 반대로 가며 심이 업는 노태우 대통령 고전만 당하며 그저 대통령 자리만 유지할 정도니 국가는 소리만 크며 어른이며 이려다가는 자유당 시대보다 더 무법천지가 돼지 않을까 하고 염려까지 돼고 있다.

그리고 자신이 생각을 할 때에 대통령 임기을 마치고 영창을 가는 한이 있쓰도 국가을 위해서 국민을 안전을 위하며 국가 발전을 하는 일은 광재가 들려가야 하며 가감희 대을 살리며 불법자을 업세가면서 대을 살리가는 가감한 정취인 나와쓰며 하는 바람이다.

지출에 … 쌀딩기 값 110斤 5,500원
전화세 값 4,470원
計 9,970원

〈1989년 2월 13일 월요일 낡씨 맑음〉

금일은 혜지 졸업하는 날이여쓰며 저 엄마가 졸업식에 참석을 않코 일을 할려고 하는 것을 일은 다음에 해도 된다면서 혜지 졸업식에 참석을 하지 않으며 나중에 서운하게 생각을 할련지 모려니 졸업식에 참석하라고 이야기을 하여쓰며 너의 아빠는 나중에 대학교 졸업식을 할 때는 나도 참석을 하여주마. 너위들이 대학을 가지 않는다면 나의 평생 졸업식 참석은 못할 뿐 아니라 구경도 못할 껏이니 너위들이 이 아빠 졸업식 구경을 시킬라면 대학문에 들아 가야 한다고 생각을 한다.

"오늘로서 작과나무 전쟁을 끝을 냇쓰며 나무단까지 전부 집부로 가지고 들어왔다."

지출에 … 혜지, 혜영 4,000원 돼지고
1,900원 차비 980원
計 6,880원

〈1989년 2월 14일 화요일 낡씨 맑음〉

금일은 작과나무 비료 거름을 일적 해보았쓰며 기상대에 내일 비 온다고 예보을 해서 오늘까지 비료거름을 안전이 할려고 자신은 상당이 서들어서 일을 하여쓰며 그 대까로 집사람이 예을 먹어다. 남들은 혼자 하라고 이야기을 하지민 집사람이 더 일을 거들어줄라고 생각을 하니 언재라도 집사람이 자신보다 더 무리돼는 일을 하는 것이 사실이다. 둘리가 나무 밑태 다들 집사람이 끌러내고 자신은 거름을 하는돼 일곱 마지기 정도을 하니 해가 저물더라.

세집배 밭태 조선비료(원예용) 1포 반 하고 당산 밭에 12포 반 하고 앞밭태 5포 반 하였다.

지출에 … 운이 사진값 600원 사랑 선금

200원 적십자비 값 1,800원
라면 600원
計 3,200원

〈1989년 2월 15일 수요일 낡씨 맑음〉

오전에는 앞밭에 밭뚝을 안전이 깍까서 땔캄을 할려고 오전 내 하여쓰며 생각보다 시간이 만이 글리더라.
오후에는 동장이 안침공사에 합판 철거을 할 사람이 업따면서 경운기을 몰고 오라고 하면서 사정을 하길래 할 수 업씨 내 일은 뒤로 마루고 일을 같쓰며 작업량 바서는 사람이 만더라. 철거을 한 하판이 경운기로 두 바리가 돼더라.
"이번에 광주에 초도 순시을 간 노태우 대통령 질료 방해을 하며 화염병으로 대통령을 보고 떤지며 이 관경을 볼 때에 피가 끌을 정도며 국가 원수에깨 질료 방해을 하지 않나 노태우 대통령 차에 뛰어들지을 안나 이것을 볼 때에 욕이 끌어올라서 참기가 힘이 더는구나. 그리고 카토릭 교회에는 설량한 농민을 앞세우서 대모을 하지 않나 경찰서을 화염병으로 불을 질려 내부을 안전희 전소을 했쓰며 정부에서는 무었을 생각을 하고 있는지 도무지 알 수가 업쓰며 대모 주동자도 별료 엄벌을 취하지 않으며 우리가 볼 때에 국가의 의무을 상실하지 않아는가 하고 생각도 들며 이려다가는 노태우 자리도 지키기가 힘들 정도며 하로라도 더 가면 국가의 낭비만 돼니 군이 한 번 더 나와서 강제을 감미을 시킨 정치을 해야 우리나라가 살라간다고 자신은 말을 하고 십다."
수입 … 울콩 4,700원 배추 값 50,000원
計 54,700원
지출에 … 드라키 14,000 닭 3,000 오뎅 1,000 감기약 3,000원 혜영이 옺 4,500 차비 600원 라면 1,000원 실 500원
計 27,600원

〈1989년 2월 16일 목요일 낡씨 비〉

오늘 비 온다고 과수 거름을 한 것이 비가 너무 만이 와서 과수 거름이 떠내리가서 거름량이 적지나 않을까 하는 생각에 한편으로 비료을 한 것이 잘못이 아니냐 하는 마음이 더는구나.
"금일은 술집에는 방마다 손님이 깍 차며 두 집 다 더려슬 대가 업쓰서 한 대서 술을 한 잔식 할 정도며 오늘은 술집이 한 대목 보는 날이며 농촌에서 검소하게 사는 뜻하더니 요줌은 다들 낭비을 만이 하고 있쓰며 돈을 벌리면 술집이 제일 어뜸이라고 생각을 해본다. 그리고 우리도 김원태 숙모 운상하고 남은 돈 30,000원으로 오징어 돌부리을 하여쓰며 돌부리을 하며 공식으로 도박을 하게 돼는 볍. 자신도 슬쩍 그들다 5,000원을 일고 해바야 점점 손예라면서 참고 저녁 식사 하로 같쓰며 소죽과 저녁을 먹고 나서 집배서 시간을 보낼라니 5,000원 본전 생각이 나서 집배 잇쓸 수가 업쓰며 나와서 현장을 보니 고대로 정신 업씨 딱 부터있쓰며 자신도 본전 생각으로 그들고 2,000원 먹고 나니 순경이 왔따고 이야기을 해서 그만 총알같이 끝을 내고 말라쓰며 돌라서스 술 한잔식 한다고 있쓰니까 순경이 와서 자리을 보더니 술빵치기 한 자리가 아닌돼 하고 가더라. 우리는 다행이 면해찌만 술집 두 군돼는 다들 글리서 이에 사권이 돼어 있떠라. 전번에는 지도자급더리 도박을 한 이유로 경찰서 가서

각서을 한 장식 쓰따면서 급을 상당이 만이 내는 중인돼 또 일이 떠저서 어떠게 해결을 할련지 몰겟꾸나. 자신은 5,000원 차절라다 멧 십배 손예을 갈 뿐 했쓰며 손영수가 열락을 하지 않아따면 콤짝 업씨 당하고 말 뿐 했다."

"오늘은 자신의 꿈의 이야기을 하여보자. 어재 저녁에는 꿈에 우리 집배 전부가 돼지며 돼지도 다들 소만침 크며 우리마다 가득 차잇쓰며 자신이 난생 처음 그대한 꿈을 꾸어서 이 꿈을 복권에 연결을 해보자 하는 욕심으로 김천 갈려고 돈 20,000원을 집사람에깨 돈을 달라서 집사람이 무엇을 할려고 하느냐 하고 물더라. 그래서 김천을 같다와서 이야기을 할려고 하니 집사람은 나도 미리 이야기을 하지 않으며 돈을 주지 않캐따고 우기며 꿈 이야기는 오전에 하면 효력이 업따고 옛말이 생각이 나서 이야기 못하고 무족끈 같다와서 이야기을 할려니 집사람이 먹어저지을 안으며 자신이 평소에 하나에서 열까지가 다 알리며 그짓이 자신에깨는 업시 살라와서 이것이 같다와서 이야기을 할려고 하는 말리 통하지을 않으며 집사람은 잡고 돼잡고 무선 돈이냐 물러니 이야기을 할련니 꿈의 효력도 효력이근이냐[효력이거니와] 슬 때 업는 짓을 한다고 말을 할 것 같떠며 둘려될 수가 업쓰서 먼저 번에 봉답 등기 열람 이야기을 핸 적이 있쓰서 그만 그 핑개을 되며 법원에 가서 열람을 한다고 하니 집사람이 이상한 감을 가진 느킴으로 돈을 주어서 별료 생각지도 안아뜬 것을 겸사로 이왕 김천에 왔쓰니까 등기 열람도 해보자 하는 욕심, 비 오는 그리을 걸어면서 법원에 가서 두 필지 등기 열람을 하여보니 자신의 앞푸로 다들 잘 돼어 있더라. 이재는 복권을 살려고 농협에 가니 다들 팔리따고 이야기을 해서 시장 주차장에 복권을 무려보니 다들 팔리따면서 오늘 너캐 온다고 이야기을 해서 복권도 사지 못하고 허전하게 돌라온 셈이다. 집배와서 집사람에깨 꿈 이야기을 하고 복권 싸려 갈따고 이야기을 하니 집사람 말이 실량설 때 업는 짓을 한다고 이야기을 할 때에 처음부터 이 말을 할 줄 알라서며 요 말이 띠어나서 웃고 마랐다.

지출에 … 등기 열람 800원 택시비 1,200원 빵 500 차비 400 도박 4,000원
計 6,900원

〈1989년 2월 17일 금요일 낡씨 비〉

우리 운이가 졸업 했따고 밤을 세우는 것을 보니 정말 아들 말과 같이 세대차라고 헌이 말을 하더시 우리 잘알 때는 초등학교 졸업하고 밤을 세운다는 것은 생각도 가저보지 못했다. 그런대 요줌 아들은 밤을 세우는 것을 여사로 알고 있는 것을 우리가 위해을 할 수 업쓸 정도로 변해간다는 것이 사실이다.

오늘도 술집배서 종일동안 보낸 셈이며 오늘도 도박 뒤전에서 노리하다 5,000원을 손에을 같쓰며 자신이 생각을 늙 도박은 만치지 않아야 한다고 결심을 하고 있쓰면서도 가끔 뒤전에서 손에을 가면서 하는 버릇을 볼 때에 내 마음도 자신위 말리지 못하고 있따는 것을 느킬 수 있쓰며 자신이 이것을 멀리할 수 있는 것은 그 자리을 참석을 안애야 하는돼 참석을 하면 다들 만치고 있는 것을 보며 자신도 참아다가 잠쉬 손예을 가고 만다. 이것을 억재하는 일은 참석

을 안 해야 한다고 생각을 한다.
"요즘 정부에서 어떠게 홀란을 해결을 할련지 극정이 돼며 나가서 대통령 자리까지 불안한 시기까지 도달 했따고 생각을 가지보며 국민들이 자제하지 않으며 화기을 가지고 불예 뛰어더는 것이나 다름이 업쓰며 이발은 세상에 남외 재물이 돼어 움직이는 사람이 예돌꾸나."
지출에 … 도박에 5,000원

〈1989년 2월 18일 토요일 낡씨 흐림〉

"금일은 윤정희 형님 칠순이라고 동내에 술대집한다고 일 그들어주어쓰며 동내에서 윤 씨 집안이 만타고 하지만 신부름 할 사람이 업쓰며 우리는 집안이 적다고는 하지만 신부름에 지장을 주지는 안아는돼 집안이 만타고 해도 좋은 점을 느킬 수가 업떠라. 그리고 오늘은 술 준다고 해서 그른지 동내 방이 비잡뚝록 모여서 놀며 처음부터 도박이 부터있쓰며 자신은 마음이 이섯나 남외 일 때문에 참석을 못하지만 어뒨가 모러게 마음이 끌리는 것은 사실이나 실찌 참석을 하지 않아 득을 본다고 생각을 한다. 그리고 한자리에서 도박을 구경만 할려고 있는돼 동장이 투자 좀 해달라고 사정을 하는 바람에 말려들어서 12,000원 일어서 이 돈을 찾는돼 밤 11시 경에 본을 찾고 7,000원을 더 수입을 보고 그만 자리에서 일어나고 말라쓰며 오늘도 판돈이 만으며 밤을 세우도 끝이 나지 않을 껏 같더라. 자신도 이번에 내 돈을 다 일고 마라야지 도박을 보지 않는데 조금이라도 수입을 바서 이것이 문재가 돼지 않을까 하는 생각과 염려가 돼는구나. 도박은 돈을 일련 사람은 살라가지만 도박에 돈을 따면 인생의 길이 흐러저기 시운 일."
수입에 … 도박에 처음 수입 7,000원
"오늘은 도박을 하는돼 보초병을 세우노코 도박을 하여쓰며 경찰 급을 내면서 안저며 도박을 하니 심각한 일이라고 생각을 하여 본다."

〈1989년 2월 19일 일요일 낡씨 맑음〉

봄이 아니라 여름 기분이 나며 낡씨가 맑아도 보통 맑은 것이 아니라 사람이 감탄할 정도로 맑어며 이 좋은 날씨에 술집배서 노는 사람 일부, 일을 하는 사람, 노는 사람은 일을 하는 사람 보며 일을 해야 하는데 하면서도 술집배서 놀고 있다. 그중에 자신 키어 있쓰며 그리고 어재 저녁에 도박을 해서 수입을 본 사람은 피곤한 기색 업씨 나와서 속푸리을 하며 남들래깨 술도 바다주고 하는데 지출을 본 사람은 일적 나오지도 않코 나잘이 돼어 풀이 업씨 나오는 모섭을 보니 우리가 보기에 그북하며 아주 보기 실터라. 사람이 손에을 만이 보니 금심이 가득한 사람의 행동이 돼고 말며 서로의 친구로서 수입을 본 사람이 일은 사람의 (친구) 얼굴을 보며 어떠게 생각을 할련지 몰라도 우리가 볼 때는 생각을 해바야 하며 그 사람들은 여러 번 주고 받고 한 과정이라 마음의 상쳐가 우리 생각하는 것과는 다른지 몰라도 어색한 장난이며 영혼희 친구을 읽을 학륦도 있따고 생각을 한다.
그리고 오후에는 앞밭태에 작과나무 밑에 거름 깔고 벼집을 깔며 이 작업을 하니 술집배에서는 윷노리 한다고 소리 소리가 동내가 떠나갈 정도로 소리가 우리 밭까지 들리며 자신을 유혹을 하며 자신이 일을 하면서도 남들은 놀고 있는돼 이려깨 하지 안아도 할 수 있다는 생각이 들며 그만 술집으로 자신이 끌려가고 말랐다.
"사람들의 마음을 생각을 해볼 때에 오늘 내일만 놀며 다들 논다고 마음 노코 윷노리을 하고 있다."
지출에 … 우유 값 500원

〈1989년 2월 20일 월요일 낡씨 맑음〉
금일은 보름이라고 다들 놀며 낡씨는 화창한 낡이며 놀기에는 아까운 날이라고 생각을 한다만 다들 보름이지 올 겨울에 마음 노코 놀지을 못해서 아쉬운 마음으로 오늘 하로 밖에 업따면서 열심이들 놀며 오늘은 술집에서 노장 대 소장으로 윷노리 대회을 하여쓰며 6개 띰을 만들어 13 대 3 동전을 하여서 체종으로 각 띰에 A팀을 선발을 해서 결성을 가진 결과 결국 소장 팀이 저고 마라쓰며 자신도 팀에 선발이 돼어서 본선에서 저고 마랐다. 우리도 오락하는 데는 남 뒤에 가라면 서러운돼 윷까지는 잘 대지을 안더라. 그래서 오늘 하로 술값은 소장 팀에서 다 하고 마랐다.
그리고 오늘은 정말 도박을 하는 과정을 볼 때에 전에 이리때가 달을 굶주리고 먹이을 찾는 것보다 오늘은 더 슬치며 오늘 본을 찾지 못하며 내년에 이만때 가야 돈을 찾절 수 있따면 금년에 일은 사람들은 다들 오늘이 마지막이라면서 서로 돈을 딸라고 설치며 동작이 떠며 돈을 놀 세가 업씨 판이 흙려가니 눈을 굴리야지 돈도 먹을 수가 있쓰며 오늘은 천 원짜리는 부치도 못하고 아예 할 생각을 가질 수가 업쓰며 만 원짜리만 사용을 하는돼 우리는 간이 적으서 돼들 수가 업더라. 그리고 형님과 같이 놀며 형님이 하고 있쓰니 자신은 뒤로 밀리고 말며 형님 때문에 멀리 해서 그려치 형님이 업따면 그 판에서 놀고 하며 손예을 만이 볼 끄라고 생각을 한다. 그래서 결국은 형님 때문에 돈을 번다고 생각을 하는 대신 자신의 신경이 상당이 만이 쓰이며 형님 건강으로 바서는 좀 멀리 했쓰며 하는돼 그 고집은 어느 누가 말로서는 말리지 못하며 어릴 때부터 노름을 한 사람이며 아버지 있쓸 때도 말리지 못핸 사람인돼 이재는 말일 생각은 하지 않코 주시만 하고 있쓰며 뒤전에서 말리더는 것만 볼라니 자신이 넘어 신경을 쓰며 오늘 저녁도 자신이 10,000원 따고 일적 집배 올라 해도 어낙 큰 판이며 이재는 자신을 만이 생각을 하며 그리을 두는돼 요줌은 돈을 일려며 자신한태 돈을 빌리달라고 하니 마음을 노코 도박을 하며 오늘 저녁에는 도박이 아니라 강도라고 말을 하고 십꾸나. 그래서 형님과 같이 올라고 밤 느뚜록 기다리쓰며 나중에는 오늘 빚을 한 판에 형님이 그더더리더니 빚을 값고 일어쓰더라. 그래서 같이 집부로 왔쓰며 요줌은 도박이 안전이 심리작전 사람을 유인을 해서 도박을 하니 잘못하며 말려들고 만다.
수입에 … 도박에 10,000원
지출에 … 운이 등록금 53,000원

〈1989년 2월 21일 화요일 낡씨 맑음〉
새집 밭에 작과나무 전지을 기술자가 두 골반 정도만 전정을 하고 그 나머지는 해주지을 안아서 나머지는 숙모가 해달라고 해서 오늘은 세집에 작과나무 전정을 하는 것으로 하로의 일과을 보내쓰며 전정 기술자보다 자신이 잔가지을 좀 만이 두니 좋아하더라. 그리고 기술자는 원둥치기만 두는 너킴으로 전정하여서 우리 보기는 수학을 할 때가 업는 너킴이 들더라.
어재 저녁에 도박 전쟁을 하고 이긴 사람은 얼굴에 꽃이 피고 전 사람은 폐인처름 얼굴 색갈리 달라저며 어재 저녁에 손에을 본 사람이 들로 공기을 씨로 나온 것을 보니 오전 내에 화가 을마나 치솟아 들로 아무 용무 업씨 다니고 있는 모섭 저 심정은 도박을 해서 손예을 본 사람만이 알 수 있는 문제며 어재 저녁에는 마지막이라면서 큰돈으로 설치는 바람에 손예을 밭다 하며 살림에 축이 날 정도로 피해을 본다고 생각을 한다. 과정에서도 남편이 도박을 하고 있는 부인들은 봄이 들어설 때에 남자의 동태을 잘 파악을 해서 말리주며 도박을 막을 수가 있따고 보며 원재라도 낮재 절급게 놀며 저녁에는 이어서 도박이 돼니 요것은 하나의 공식이다. 그리고 손예을 본 사람은 묘하게 (개) (돼지) (닭) 요론 돌부리 자리을 만들어 도박으로 유인을 하는 것이 도박의 공식이라고 말을 하고 십다. 여자들은 요것만 잘 생각을 해서 자기의 남편을 갈리을 하여준다면 도박으로 손예는 막을 수가 있다고 본다.
"우리가 생각을 해볼 때에 도박에 손 대고 술, 단배 다들 한다면 겨울 한 철례 일 년 영농비는 충분이 들어간다고 생각이 돼며 만이 간다고 하며 일 년은 공산다고 바도 무리돼는 말은 아닌 것 같다. 이것을 하로 저녁에 먹어버리니 어찌 얼굴에 색이 변하지 않캐녀냐. 이것은 처음 시작부터 잘못이라고 바야 한다. 그리고 이 사람들은 하로 생활을 한 번식 생각을 하는 사람인지 알 수가 업더라."

〈1989년 2월 22일 수요일 낡씨 맑음〉
세집배 작과 전정을 오전에 끝을 냇쓰며 자신의 생각에는 종일 한다고 계산을 한 것이 생각보다 작업을 일적 맡친 셈이다. 요즘은 작업이 겨울철보다 배는 더 한다고 생각을 하며 실찌 일을 하여보니 요세는 해가 길어서 배는 작업을 할 수 있다고 생각을 한다. 오후에는 앞밭태 나무 밑에 두엄을 깔고 낙엽을 한 번 깔라서 벼집부로 덥프두는 것으로 하로의 일과을 보냇다.
정부 홀란을 야당이 더 부채지을 하며 야당은 정부 홀란을 해서 우리나라가 후진국으로 밀려간다 해도 아랑곳 할 꺼 업시 정권만 잡으며 된다는 식으로 가는 것 같떠며 가만이 생각을 하며 자리 욕심만 부리는 것 같떠며 우리가 생각을 할 때에 너무들 하다고 생각을 한다.
"그리고 생각을 한다면 정권은 현재 국회원 태둘리 안에서는 대통령 자리을 안절 자격이 한 분도 업다고 보며 자신의 생각에서는 군정이 나와서 사회 홀란을 안전희 막고 반강제을 쎡인 정취을 하여 주어쓰며 하는 심정이며 나라의 발전에 도음이 된다면 어떠한 정취을 한다고 해도 찬성을 하게노라."

〈1989년 2월 23일 목요일 낡씨 비〉
당산 밭에 두엄을 깔고 자신은 석회을 헌치고 집사람과 둘리서 종일 동안 일을 해도 다 하지 못하고 내일 해도 끝을 낼련지 의문이며 세밭에 둘리가 일하는 것 무엇보다 기분이 찬 일들이며 저녁 노월에 이삭 줏는 두 부부보다 기분이 더 좋은 일과엿따고 생각을 한다.
"정부 청문회하는 과정이 여당원 참석을 하지 않코 야당만이 광주 피해자 정원을 덧는 돼 이것들을 생방송을 하여서 국민의 홀란을 주며 부채질 해야 하나 하고 의문이 돼며 이것은 노태우 대통령 정권을 무너떠일 작정을 가지고 자리 싸음을 해도 너무한다고 생각을 한다. 외냐하며 국민이 선택한 대통령을 협조을 해서 홀란을 막아주야 할 의무도 있따고 보는돼 그러치 않아도 대학생들은 화염병을 가지고 주요 거물에[건물에] 불을 질려서 국가 재산에 손실을 보이는 것을 볼 때에 기가 찬다. 외냐 세상 모려게 화염병을 가지고 날뛰는 대학생들을 국가에 예국자라고 생각을 하고 날띠는 어리석은 학생들 과섬에 피가 끝을 정도며 이것이 자유라고 생각을 하는가. 이것은 국가의 좀이라고 생각하며 방화 사건은 당연이 변상을 하두록 하여야 한다고 생각을 한다."

지출에 … 병원비 값 혜지, 혜영 감기에
4,000원 떡복기 1,400원
차비 540원
計 5,940원[269)]
귤 값 1,000원
6,940원

〈1989년 2월 24일 금요일 낡씨 비〉

오늘도 낡씨가 비가 내리는 바람에 아무 일도 못하고 휴식을 하여쓰며 오전에는 그른대로 잘 보냇쓰며 오후에는 도박을 하기 위에서 미키[미끼]을 논 셈이다. 외냐 돼지 돌부리을 한 디에는 공식이라 도박이 꼭 따리게 돼어 있다. 돼지 돌부리을 하게 하는 것은 도박꾼이 하나의 작전이라고 자신은 생각을 한다. 돼지 돌부리을 하고 음식도 채 먹지 않코 도박 자리을 차리며 서들고 있는 것을 볼 때에 남외 돈이 저처럼 욕심이 나는가 아니며 하나의 버릇인가 속을 몰겟쓰며 이것을 부터며 때을 굴머가면서 도박을 하며 자신은 소죽을 끌리기 위에서 저녁에 때에 집부로 왔쓰며 저녁을 먹고 나서 도박 사항이 궁금해서 도박 현장을 가보니 사람위 들어오는 것도 모루두록 부터서 도박을 하며 이번 도박은 먼저 번에 보다는 판이 적더라. 그래도 우리는 간이 적으서 판에 키지을 못하게쓰며 엽패서 구경만 하고 마랐쓰며 한참 구경을 하고 있쓰니까 밤 9시경에 순경이 문을 열고 한참 도박을 하는 과정을 지키밧쓰며 이 동내는 문재라면서 전그물로 화토와 담노 이것을 일부 돈과 압수을 하여가면서 뒤전에 있는 사람은 그냥 두고 도박을 한 사람은 다들 이름을 적그가면서 내일 지서로 전부 오라고 하면서 가버리더라. 자신은 다행이 방에서 돈 노리도 하지 않코 구경만 하여쓰며 그 나머지는 다들 직접 도박은 하지 않아도 뒤전에서 돈 노리을 하여쓰며 다들 한 묵끔이라 해도 무리되는 말은 아니며 실찌 자신은 할려고 마음은 있쓰도 판이 너무 크기 때문에 화지 안아서 모면했따고 생각을 한다.

그리고 방에서 의견들이 내일 가는 것보다 오늘 저녁에 소부을 보자고 의견이 돌라서 창고장과 동장 둘리서 곳바로 따라 내리가서 사정을 하여보니 우리 동내는 셋 번째라면서 욕을 보일라면서 사정을 바다더리지 않코 올라가서 내일로 미루며 내일 다시 오라면서 바다더리지 않코 숙소로 잠 자로 가기 때문에 회결을 하지 못하고 올라{와}비리떠라. 이번 도박은 판돈을 다들 감추고 압수 한 돈이 40,000원 정도 박에 안 돼어서 법정에 가도 별로 재가 돼지 않을까 하

269) 計 5,940원에만 밑줄이 그어져있다.

고 염려도 가지 본다.
지출에 … 돌부리 값 2,000원

〈1989년 2월 25일 토요일 낡씨 눈, 비〉

눈비가 같이 오는돼 보기도 좋게 만이 내리며 이 눈이 진작 왔쓰며 하는 아쉬움이 있더라. 그리고 어재 저녁에 도박 문재로 아포지서에서 오라는 전화가 와서 동장과 창고장 둘리는 지서에 불려같는돼 나머지는 동사에서 도박을 하는 것을 볼 때에 이 사람들이 한번 불여가서 골탕을 먹어야지 정을 다 실라고 하느냐 하니까 지서장이 재발 도박을 하지 말라고 빌두록 할려고 하면서 우시게 소리을 하지만 실찌 너무들 하고 있다. 외냐 대표로 지서에 가서 빌고 있는 사람이 있는돼 그 나머지는 방에서 여전이 도박을 하고 있는 것을 이 사람이 안다면 감정이 생길련지도 모런다. 그리고 오후에는 사람이 오지 않으니 다들 극정을 하더라. 외냐하면 일이 안 대는 것은 사실이다 하고 극정을 더 하며 아무가 생각을 할 때에 오전에 일적 지서에 불여간 사람이 오후 3시가 돼어도 오지 않으니 도박이 자연희 시들래저며 사람이 오거든 큰 판으로 한번 하든지 하며 일단 도박이 중단이 돼어 방에서 서로가 극정만 하고 있다. 그러자 3시 넘어서 사람이 오는되 다시는 하지 말자고 하더라. 그러자 모두들 얼굴이 밝은 편이더라. 이것을 볼 때에 재을 짓어서는 살지 못하는 것을 너켜쓰며 요되로 도박을 자재을 해서 오락 방향을 돌리야 하는돼 그러치 못하고 화토의 오동비을 빼고 도박판이 곳바로 벌어저며 이 두 사람은 하지 말라고 하면서 큰 방으로 가버리며 우선은 참석을 하지 않치만 언재까지 갈련지는 몰겟다.

"우리가 가만이 생각을 해볼 때에 우리의 국민성이 아직 바닥이란 것을 생각을 가저 본다. 외냐 우리로 바서 도박 문제로 동내에서 4번째 충고을 받고도 시정을 하지 않코 조금 시정을 할려고 마음의 한 구석에도 차저볼 수가 업쓰니 우리의 국민성이 낮전간개라고 바도 무리돼는 말은 아니라고 보며 정부에 고통도 만타는 것을 생각을 하여주야 하겟다. 관에 있는 사람들이 우리들보다 마음이 늙다고 바야 한다. 그러치 안으며 이번에 꼭 벌을 바다야 된다고 본다."

지출에 … 술빵치기 1,000원 살딩기 2,000
혜영이 안경 값 15,000원
병원에 눈 검사 2,000 혜영이
머리 끈는 돼 1,000 라면
2,000원 차비 660원
計 20,660원[270]

〈1989년 2월 26일 일요일 낡씨 맑음〉

세집배 전정한 나무을 집사람과 둘리서 주어서 집배 오니까 김도식이 모친 한갑이라면서 동내 술 준다고 하며 한잔 하라고 해서 들어가니까 동내 방우로 깍 차잇쓰며 오전에 일을 하였다고 모두들 입을 모어며 우리들은 오늘 다들 놀며 도박을 해서 돈 땃다고 자랑하는 사람, 돈을 일어 달아올라서 열을 내는 사람 다들 각자더라. 자신도 처음에 일터에 가니까 눈이 하야게 해서 녹지 않아 나무 죽키가 드북하며 세집배 거름 극정이 돼어서 사실 일을 한 셈이다. 오늘도 도식이 모친 한갑에 아주 돼집을 잘 받다.

270) 실제 계산은 23,660원이나 20,660원으로 잘못 기록하였다.

이재는 맥주가 동사에 자주 등장을 하고 있쓰며 머지 안아 막글리는 살라저지 않을까 하고 염려도 되는구나. 그리고 오후에 들레 간다고 하니까 동내 방에서 도박이 한참 부터서 있는 것을 구경을 하다 집사람은 벌서 일하로 갈다는 이야기을 하지 그래서 일뜬 따뜬 한 번 지고 갈자 하면서 한 번 지니까 한 끗에 7,000원 일어버리서 아주 서운감이 들어서 한 번 더 지어서 일어며 간다 하면서 사정을 하여 지어보니 역시 맡찬가지로 7,000원 일으다. 도박이 댈 뜻 해도 대지 않는 것이 도박이구나. 14,000원 순식간에 일어니 아갑은 마음이 머리에 살라저지 않으며 집사람과 일을 하면서도 마음은 도박장에 가 잇쓰며 일을 그만 두고 올라고 하는돼 집사람이 일런 것은 개안타면서 남외 돈을 도박으로 딸라고 하는 마음 자채가 낮부다면서 말리더라. 그래서 억찌로 참고 마라치만 사람이 일어줄라고 도박을 하는 사람은 업깨지만 하다보면 일어버리는 돈 생각을 할수록 아값다. 자신도 오후 일을 반 정도 할 때까지 엣뜻하다는[애틋하다는] 감이 들어 일하는 돼 힘이 만이 들어다.
오늘은 도박은 일은 사람만 모여서 도박판을 벌리더라. 자신이 오늘 도박을 하여서 돈을 일은 생각을 잠자리 들면서 생각을 활 때에 우리 자식들 고기을 사줏쓰며 을마나 좋아할까 아니 자신 살림을 모들 욕으로 아이들 고기 하나 재되로 사주지 않아쓰며 집사람이나 자신이나 살림 모어는 되만 전 신경을 다 쓰왔따고 해도 가연이 아니며 이것을 생각을 할수록 아깝꾸나. 우리 운이 고기 좋아해도 돈 극정 때문에 사주지 못하는 돼 아빠가 14,000원 일은 것을 아들이 알면 을마나 압깝게 생각하며 가슴 아파할까 극정이 되어 집사람에깨 아이들레깨 이야기을 하지 말라고 말을 하고 마랐다. 아푸론 이른 장난을 하지 마라야 하겟다. 외냐 자신이 이 돈을 가지고 고기을 사면 온 식구가 웃섬으로 고기을 자실 수 있는 충분한 돈이다. 이것을 눈 감짝할 사이에 일어버리는 아쉬운 생각을 할수록 아갑다는 그 심정 생각을 하여보앗다. 이것도 알콜 중독이 잇떠시 인이 배기면 해어나지 못할 뿐 아니라 사랑에 맡이 업쓰저며 과정에 우섬이 줄어던다고 생각을 하여본다.
지출에 … 도박에 14,000원

〈1989년 2월 27일 월요일 낡씨 맑음〉

오전에는 새집배 과수 전정한 것을 집사람과 둘리서 묵끄서 집에 실어오는 것을 안전이 끝을 냇다. 오후에는 당산 밭에 뒤도구을 비 온다는 중앙 기상대에 예보에 내일 비 온다고 해서 도구을 안전이 쳐는돼 오후 시간이 다 걸리쓰며 이것을 진작 해야 할 일을 오늘 해서 밭에 지장이 만아따고 생각을 해본다. 그리고 집사람은 나무 밑에 벼 집을 더 깔고 가자고 하는돼 눈 떠며 일을 해야 하며 남들은 아직 전정하지 않아 그대로 있는돼 만이 할 필요도 업따면서 집사람을 가자고 졸랐다.
“우리 혜영이가 안경을 쓰야할 정도로 눈이 낮빠저 있따는 것이 아타갑끼 짝이 업꾸나. 여자들은 안경을 쓰며 결혼 문제에 장해물이 댈 뿐 아니라 일상생활에 갈구친다는 것을 생각을 할 때 이 아빠의 숨이 갑파절 정도다. 이재는 우리 운이가 안경을 쓰지 않코 학교생활을 하여야 하는돼 하고 미리 극정이 돼는구나.”

〈1989년 2월 28일 화요일 낡씨 비, 맑음〉

오전에 비가 오는 바람에 일도 못하고 휴식을 하고 오후에는 당산에 작과 밭에 두엄을 한 벌 깔고 벼집을 두리서 깔라쓰며 앞푸로 한나절 일과을 더 해야 당산 밭에 일을 안전이 끝을 낼 껏 같다.

"세월 눈 갑짝 할 사이에 1월, 2월 다 가버리쓰니 허전하기 짝이 업쓰며 세월이 빨리 간다면 우리 집사람 주름이 빨리 전다는 것과 인생에 진미가 멀러저가는 것 세월 가는 것 이 몸 제일 서러오리라."

〈1989년 3월 1일 수요일 낡씨 맑음〉

당산 밭에는 안전이 작업을 오전에 끝을 냇다. 오후에는 누님이 오시서 한참 놀다 누님이 다리가 아푸다고 해서 경운기로 실어다 주면서 (파) (토키)을 가지고 누님 집배 같쓰며 오면서 쌀딩기와 사다리을 빌리서 총알같이 온 셈이며 이것도 오후에 원정운이 포도나무을 양살구 심는다고 뽑아버리는 나무을 자신이 일부 뽑아서 올라고 약속을 해서 포도나무 가지고 올라고 누님 집배서 금새 왔버리다. 누님은 곳바로 가서 서운하지나 않예쓸란지 몰겟꾸나.

지출에 … 아빠 약 … 3,400원 차미 260원
샤프 200원
計 3,860원

"인간 생활이 어렵고 아무리 힘들더라도 포기하지 말고 꿋꿋하게 살라가며 언잰가는 빛이 오며 생활의 터전이 열리며 미리 포기하는 자야말로 이 세상에 어리석고 못난 자식이다. 내 생활이 어렵그든 불구의 몸도 이 새상을 갈라가는되 나보다 모든 족끈이 나푼 인간을 바라보아라. 내가 힘들거든 내 이새만이 나의 인생길을 걸어가지 않깨 하로 일과을 착실하게 살라 간다면 복은 오게 돼어 있따고 자신은 말을 하고 십다."

〈1989년 3월 2일 목요일 낡씨 흐림〉

"오전에는 원정훈이 포도나무을 양살구나무 심는다고 뽑아버리는 것 당산에 세집 밭에 심어서 아이들 먹어나 할까 하고 집사람과 둘리서 심어쓰며 포도나무 포기수가 26포기을 심어는되 될련지 그러치 않으며 둘리가 생외을 먹고 마는 것이 아닌가 하고 염려도 되는구나."

"그리고 오후에는 집사람과 둘리서 숙모가 과수에 거름을 할려고 해서 그들어주고 작과 전정한 것을 전부 실어다 나무 빗깔리[삐까리]까지 개주어다. 요줌은 숙모가 우리들에깨 아주 잘하는 편이다. 그래서 우리도 시간만 나며 그들어줄라고 노력을 만이 하는 편이다. 그리고 골래 밭에는 복합비료 3포, 원에비료 3포 계 6포, 밭시내이도 복합 3포, 원에비료 3포을 가지고 사과나무도 비료 거름을 다 함."

"그리고 집사람 힘든다고 일량이 적으며 자신 혼자 가서 일을 할려고 집사람 할 일 하려고 뛰어노어면 꼭 같이 가서 할려고 하면 모든 것이 두리가 하며 십다면서 그들어줄라고 안간힘을 다 쓴다고 해도 무리되는 말이 아니며 여자가 때료는 일을 안 알라 하는돼 집사람은 내일 죽는 한이 있쓰도 남편 일을 그들어주며 오희려 자신을 쉬어서 하라고 하며 일을 만이 하는 사람이다. 그래서 자신은 집사람 너무 무리한다고 생각을 하며 좀 쉬계 할 도리가 업다. 바늘이 가면 실이 같더시 우리는 떨어저서 일을 한 적이 업따고 보며 하잘 것 업는 남편을 정성으로 선기며 오늘날까지 변함이 없는 집사람 정말 고맙게 생각을 하며 이세들이 있쓰도 눈깜으라 하고는 뽑뽀도 하며 때로는 안아주는 것이 보통으로 생각을 하며 아이들도 여사로 안다."

"이것들 아이 교육 망침이[방침이] 나쁜지도 좋은지도 몰개쓰며 아이들 바도 집사람 유방을 끄집어내서 다들 만치며 자신 좋은 돼로 다들하고 살라가는돼 아이들 교육은 어떠한지 한편으로는 염려도 돼는구나."

"노태우 대통령 중간 펜가을 무려볼려고 하지만 평가을 무러서 찬성이 나온들 힘 업는 노태우가 심이 생기는 것도 아니고 반더시 심임을 무러며 찬성포가 만타는 것은 사실이지만 이것이 중간 평가을 물고 정부 시책이 달리저서 불법 행동 하는 자을 음중하게 다스릴 힘이 있따면 중간 평가을 시간이 바푸게 무려야 하지만 이것도 저것도 아니고 그저 평가만 문는다며 국가의 낭비만 돼니 할 필요가 업따고 본다. 요줌 청아대는 대모 장소며 난동 부리는 돼라고 해도 무리되는 말은 아니다. 이려다가는 우리 국가가 아주 후진국가로 밀려갈 직전까지 았따고 자신 보고 있다."

자신이 볼 때에 국가을 위에서는 자기의 생명을 버리고라도 실천을 해야 하는돼 자신이 볼 때는 생명을 버리고 국가을 세우보고 십다는 알찬 마음가짐을 가진 자가 업따고 보고 있다.

"국가가 다 기우려서 누구의 잘못을 땃하지 말고 개음령이 내리서 국가 안정을 잡아주어쓰며 하는 바람이다."

〈1989년 3월 3일 금요일 낡씨 비〉

엔 비가 만이 내리는 줄을 몰게쓰며 겨울에 눈 한번 오지 않더니 요줌은 살도로 비가 내리는구나. 그리고 감기가 들어서 약방에서 약을 짓어 왔서 먹어도 낮지 않고 감기가 더 심하며 오늘은 이주원내과병원에을 가니 사람이 들어쓸 때가 업더라. 그래서 남산의원에 가니 손님이 아주 업더라. 그래서 접수을 하니 곳바로 하더라. 병원에을 가면 곳바로 병의 진단을 바들 수가 있쓰야 하는돼 병원에 좀 잘 본다 하는 돼 5시간은 기다리야 진찰을 바들 수가 있쓰니 이것이 문제라고 생각을 가지본다.

오늘은 종일 동안 안전휴식을 함.

집사람은 천안에서 예식을 올리는 송문이 이모 딸 결혼식을 형수와 둘리서 같다 옴.

"이번에 정부에서 과외 공부을 할 수 있뚜록 허용을 하며 농민의 자녀는 일류 학교 진학은 다 했따고 생각을 하며 정부 시책이 외 한 치 앞도 보지 않코 결정을 하며 변득을 부리는 줄 몰개쓰며 이번에 과외을 폐지을 하며 업는 집 자녀는 더 구룽떵에 파지며 청소년 문제가 사회 홀란을 주는 마당에 업는 집 아이는 갈 때가 업쓰며 이 아들이 한번 변화면 사자보다 더 무섭게 변한다고 생각은 한번 하여는지 세상이 빈곤 차이을 줄리간다고 정취을 하는 줄 아는돼 (입과) 실찌 질료는 다르니 국민은 어디로 갈 주망을 모러며 현재로 바서는 셋 사람이 서로 오라 하니 어뒤로 갈 수가 업쓰며 강 건너 불 보더시 바라만 보고 있는 실정이며 이번 과외 폐지는 아주 잘못이다고 생각을 한다. 모든 것이 평등해야 균형을 이룰라는 힘이 생기지 그러치 않코 을둥하게 차이가 있따면 미리 자포자기을 하며 힘을 결룰 사람이 업다. 이것과 맡찬가지로 정부에서 있는 사람의 정취을 맡차서 할려면 자리을 물려주야 한다고 생각을 한다. 외냐 힘이 업쓰며 힘이 좋은 사람 따라가게 마련이며 이른 사람을 정권을 막인다는[맡긴다는] 것은 정부가 후진이 될 뿐 아니라 나라가 폐망이 되기 쉽다."
지출에 … 송문이 이모 딸 결혼 부주
10,000원 차비 3,940원
計 13,940원

〈1989년 3월 4일 토요일 낡씨 비〉
봄비가 너무 만이 와서 모자리 상토 흙이 문재다. 외냐하면 땅이 추지서 상토 흙을 철 수가 업쓰니 극정이 되는구나.
낡씨 비가 내려 아무 일도 못하고 동사무소에 가니 어재 저녁에 도박을 하고 있는 일은 사람이 모여 안저서 돈을 딴 사람이 오기을 기다리며 저근 도박을 하며 매일 한 사람에께 당하고 말면서 그래도 부터서 할려고 하는 섭성을 몰개쓰며 이것도 병이라고 생각을 한다. 오늘 판도 500,000만 원이 되며 차라리 오늘 판이 돈 먹기가 더 좋다고 자신은 생각을 하며 자신은 적개 해서 그러치 만이 하여따면 상당이 만이 수입을 볼 수 있쓰는돼 그저 그더는 것으로 해서 5,000원만 먹고 저녁 때에 와버리다.
수입에 … 도박에 5,000원

〈1989년 3월 5일 일요일 낡씨 비, 눈〉
금일은 눈, 비가 썩여보는돼 그 간경도 아주 보기 좋으며 눈만 왔따면 상당이 만이 싸여있쓸 땐되 눈비가 한그번에 와버리쓰니 갑어치가 업쓰따고 생각을 한다.
그리고 내일 구경을 청년회원 주선으로 간다고 마음은 들뜬 기분이며 질료도 모륜 상태에서 따리만 간다고 생각을 하며 아이들 마냥 바람난 처녀 모양 일들이 손예 잡피지 않는 상태라고 말을 하고 십다.
그리고 금일은 동전치기을 하는되 잘돼에[잘되어] 3,000원 먹어서쓰며 2,000원 술을 바다주고 마랐다.

〈1989년 3월 6일 월요일 낡씨 눈〉
우리 아들 딸더리 본격적으로 개학을 해서 학교 가는 낡이며 우리 운이는 중학교 1학년, 우리 혜영이는 중 3학년, 우리 혜지는 고등학교 1학년 요 자식들이 세 기분으로 세 학기부터는 그저 열심이 하여 성적이 좋은 결과을 보두록 해다오. 이 아빠 너위들이 공부하는 모섭 보고 살라간다고 해도 가연이 아니며 어너 부모가 자식 실어하는 사람이 있깨나만 너의 아빠는 남들보다 자식 욕심은 상당이 만이 가진 사람이며 너위들은 이 아빠을 어떠게 볼련지 몰라도 한 시간 아니 일 분도 너위들을 여사로 본 적이 업쓰며 너위들은 공부와 싸우어 이키고 아빠는 흙과 싸우 이겨보자. 성리을 해따고 소리 한번 쳐보자. 이 아빠 원이라고 말을 하고 십고 위의 말은 어뒤서 생각을 하는 것이 아니라 오늘 1박 2일을 여행길에 올라서 관광 버스에서 이것을 생각을 하면서 남해 대교로 가는 뻐스 안이다. 우리 운이는 중학교 가서 어리석은 짓은 하지 않는가. 초등학교 보다는 하나에서 열까 다들 더 잘하며 중간이라도 공부을 해주어쓰며 하는 바람이며 매일 뒤쩐에서 세월만 보내고 있쓰니 아빠의 마음은 뼈을 깔는 심정이다. 우리 운이 중학교 들어가서는 성적위 좀 나저는 학교생활이 대어 주어쓰며 하는 심성이며 솔직한 심정으로 말을 한다면 딸을 못하는 일이 잇쓰도 우리 운이가 잘 했주어쓰며 하는 욕심도 사실 생기더라. 창가을 물구러미 바라보면서 자신의 머리는 사진 필림 모양 지나가는구나. 이것이 대풀리대면서 남해 대교에 도달했다.
남해서 정심을 먹고 정식을 가오지 안는 분은 정식을 시키는돼 모든 엄식이 다들 비싸며 우리들의 인상은 한 번 왔다가는 사람을 바가지 시키지 않으며 누구을 시키갰나 하는 인식이 대며 우리 여행객들이 무족끈 시키는 실수라고 생각을 해본다. 외냐 처음부터 가격을 정하며 이른 폐단이 업는돼 다 먹고 나서 개산을 하며 안전 박아지을 쓰는 너킴이다.
남해 대교는 세 번째라고 생각을 하며 처음이나 오늘이나 한 가지도 변한 것은 업구나. 우리가 올 때는 달라저지 않아깨나 하는 너킴으로 왔는되 변한 것이 업쓰니 마음이 습한 감이다. 남해 대교에서 여수 오동도로 같쓰며 오동도 셋 번 이상 온 것 같더며 메년 방파제로 같쓴돼 올해는 여수 대교로 왔 배편으로 오동도을 같쓰며 오동도 변함이 업쓰며 방파제는 다시 학창을 하여 보수을 하더라. 그기에서 본 것이라 강 건너 불 보더시 보고 마랐다.
오동도 송강사로 와서 여장을 풀어쓰며 송강사 들어쓰니 한 번 여행을 하여찌만 삼천을 보는돼 감이 생기며 정말 산이 잘 생깃따고 소리을 하고 십다. 송강사 여장을 휴식을 하는돼 방을 세 방을 주는돼 아주 늘버며 휴식을 하는돼 좋은 곳이라고 생각이 들더라. 우리가 어른들을 대리고 왔쓸 때는 어른을 늙 생각을 하고 마음돼로 놀지을 못하는데 오늘은 청년회원들이 와서 밤이 세두록 놀며 잘들 노며 아들이란 너킴이 더는구나. 송강사에서 밤을 자고 나니 아침 산책하는 식으로 송강사 절을 구경을 하는돼 문이 닽여 있쓰서 건물 구경만 한번 돌라본 셈이다. 아침 눈빨을 마저면서 산천 구경, 송강사 사찰 구경을 하니 돈이 정말 만이 투자 했따고 생각이 들며 이 만은 돈을 가연 투자을 할 이유가 있는가 생각이 들 정도며 투자 가치가 염려되며 송강사에 이만원 돈이 어뒤에 있는가 하는 마음이 들며 건물 한 채가 엄청난 돈이 들어같따고 생각을 할 때 40, 50채가 됀다고 생각을 할 때에 엄청난 돈이라고 생각을 한다.

〈1989년 3월 7일 화요일 낢씨 눈〉

송강사에서 나오는 길이 눈이 왔서 도로변이 얼어부터서 차들이 거북이 거름을 하는돼 이험이 따라서 우리들도 급이 나며 내리서 사람은 걸어같쓰며 하는 마음이 들더라. 버스 안에서 이험하다고 일부 사람들은 내리서 걸어가자 하는 소리도 있쓰서며 일부는 운전수가 알라서 한다면서 막키자는 의견이 돼어 동이을 하고 다들 숨을 죽이며 기사 양반에깨 안전을 막키쓰며 오면서 사고난 차을 볼 때는 불란한 감이 떠나지을 안으며 약 2시간 정도 나오니 눈 재거을 하고 모래을 푸리더라. 그리고 눈이 녹아서 통행을 할 수 있뚜록 길이 나잇쓰서 마음이 노이며 버스가 질주해가는 속도가 빨라저는 것을 보고 마음이 노이더라. 송강사에서 금산사까지 3시간 더 걸리쓰며 금산사에 가서 구경은 하지 않코 정심만 먹고 나와쓰며 이것을 볼 때는 남자들은 다들 대충한다는 것이 공통점이라고 말을 하고 십다. 외냐하면 일부 사람은 본 것이라 안 본다는 것은 인정이 돼나 청년회원처름 가면서 금산사 와서 정심을 먹고 구경을 하지 않코 나오는 것이 남자들의 세계서만 생각을 할 수 있따고 본다.
금산사에서 곳바로 유성 온천에 가서 목욕을 하고 집배 오는돼 시간 여유가 만아서 김천 한일해관에 와서 한 판 놀고 뺀드 앞패서 노래 두 곡 부러고 한판 노라쓰며 다리가 볼 때는 자신을 이상하게생각을 할련지 몰개꾸나. 동장은 사람 다 바리따고 이야기을 하지 남들이 욕을 했쓸란지도 모런다고 생각을 한다. 자신이 생각을 해도 가감한 행동을 했쓰며 남이 볼 때는 너무나 점잔해서 조용하다고 생각을 하고 있는되 그 반대로 행동을 했쓰니 어떠게 생각을 할련지도 모련다.
그리고 자신은 기분 좋은 여행이 돼어따고 생각을 하며 행선지는 다들 세 번은 가바쓰니 조금은 아쉽다고 생각을 한다.
지출에 … 집부로 전화비 값 400원 여행비 15,000원 아이들 과자 2,000원 노래하는 대 2,000원 음식 값 4,000원
計 23,400원

〈1989년 3월 8일 수요일 낢씨 맑음〉
금일은 여행 경비에 결산 겸 속푸리을 하여쓰며 여행의 총 경비가 1,040,000만 원 지출이 되어다고 이야기을 할 때에 돈은 백자가 지출이 대어찌만 어든 것은 한 가지고 업다고 생각을 가진다. 이것이 낭비라고 말을 하고 십다.
그리고 여행을 가서 도박을 배루다 한 사람의 난동으로 도박판이 무산이 돼고 마니 도박을 하는 사람의 말이 서로가 자기 돈이 대는 것을 무산이 대어따면서 아주 불평을 만이 하더라. 이것을 볼 때에 도박을 하는 사람은 양심은 아주 불량으로 생각을 한다. 그리고 송강사에서 못 버른 돈을 여기서 벌자면서 성급희 판을 만들고 있다. 오늘 도박은 서로가 자기 돈이라고 정신이 업는 사람 모양 보이며 형은 적개 하고 있찌만 도박은 둘째 가라면 서려울 사람이며 이재는 자신도 행님이 도박을 해도 알라서 하겟찌하고 별 신경을 들 쓴다고 해도 무리 돼는 말은 아니다. 오늘은 일련다면 마지학이라고 바야 한다. 외냐하면 일철이 돼며 할래야 할 수가 업쓰니 끝으로 생각을 하고 몸을 살리야 하는데 하고 생각이 더는구나.
"오늘은 자신이 도박판을 억찌로 부친 셈이다."
"자신은 저녁 무릅에 집배 옴."
오늘은 도박을 할려고 몸살을 쳐면서 처음에는 달라들 사람이 업고 뒤로 밀려 있는데 송강사에서 원푸리을 못해서 아시어 하는데 도박을 부치볼까 하면 내 돈으로 화토갑을 푸면 사오라 하고 해서 화토로 자신이 2,000원 노코 판을 벌리도 들어쓰지을 안으며 이러다가는 우리 형님이 말려들까바 극정이라니 남들이 웃더라. 이 사람들이 급이 나나하고 하려고 해도 습득 들지 않더라. 한참 있다 원태가 천 원 가자하면서 동장을 끌리더라. 셋시가 하면서 판이 십개부터저지 않으며 내 돈만 축이 나며 판이 돼지을 안더라. 그래서 마음속으로는 판도 돼지 않코 내 돈만 축이 나니 나만 말려더는 기분이며 오래 진행돼며 내 돈만 박살이 날 껏 같다. 그래서 셋시가 하다 자신이 하지 않으며 판은 자연적 깨지고 만다. 예냐하면 둘리는 참아 하지 못하니까 요것 가만해서 일려쓰지을 못해서 자신 돈이 만 원 이상 축이 나서 판이 대든 말든 자신이 손예가서는 안 댄다고 하고 생각을 가지쓰며

그려다 돈이 들어와서 판이 깨어지도 일어난다고 하니 한 사람이 들어오더라. 그래서 자신은 일어쓰다. 결국은 4,000원 일꼬 마라스며 그 뛰로는 정신 업는 도박이 대더라. 오늘 유스는 내일 아침이 돼며 다 안다고 생각을 한다.
지출에 … 도박 4,000원

〈1989년 3월 9일 목요일 낡씨 맑음〉

이번 감기가 지독한지 병원에을 가도 낮찌 않코 밤우로 기침이 나서 잠을 잘 수가 업쓰며 감기로 이처름 예을 먹은 적은 이번이 처음이며 감기로 죽는 사람도 만을 껏으로 생각까지 든다. 그리고 감기 때문에 종일 동안 휴식을 함.
지출에 … 남산 병원에 1,500원
차비 400원
計 1,900원

〈1989년 3월 10일 금요일 낡씨 맑음〉

감기가 병원에 가도 차도 업쓰니 극정이 돼며 병원에서 약을 좋은 약을 쓰지 않는가 하는 의심이 더는구나. 외냐하며 이주원내과에 가면 사람들이 처멀리는되 남산병원에는 병원은 종합병원이라지 사람들 오지 않코 병원에 뜽 빈 병원이며 가면 기다림이 업씨 곳바로 치료을 하기 때문에 이용을 하고 이번이 셋 번이나 돼는돼 오늘도 차도가 업쓰며 병원 인기서 치료을 할 계산이며 오늘은 의사 선생님이 기관지 검사을 하자고 해서 허락을 했더니 오점 검사와 피 검사, 예스래리 사진까지 찍고 내일 오라고 하는돼 이것이 한편으로 나의 병을 학실리 알기 위에서 하는 것은 좋으나 한편으로는 감기가 잘 낮찌 않코 자신이 감기 차도 업따고 이야기을 하니까 할 말이 업쓰니 검진을 하자고 이야기을 한 것이 아닌가 하는 생각이 들며 한편으로 당한 셈이라는 생각이들 든다. 그리고 오늘 병원비는 달라 하지 않코 내일로 미루고 마는 것을 볼 때 오늘 주사도 좋은 약을 쓰고 더 달라고 하지 못하고 내일로 미루어 합치서 돈을 만이 바들라고 하는 것이라 생각을 한다.
지출에 … 차비 200원 쌀딩기 10,500원
計 10,700원

〈1989년 3월 11일 토요일 낡씨 맑음〉

금일은 기침은 안전이 그치서며 어재 예스레이 사진과 오점, 피 검사만 아니며 병원에 가지 완아도 될 뜻 한대 검사 결과 때문에 갈떠니 혈당이 조금 나온 것 같다면서 극정을 할 정도가 아니라고 이야기을 하더라. 이 병원에는 손님이 업쓰니 감기 한자라도 오면 공식으로 셋 가지 검진을 하는 것 같떠며 약을 좋은 약을 쓰지 않는 너킴이 들더라. 외냐 감기는 병원에 가서 주사 한 대만 마저며 나들 낮는다고 하는돼 감기 가지고 4일이나 갇다면 남산병원에 문제가 있따고 본다.
그리고 오늘은 집사람이 참기름 짜는돼 같이 병원에까지 따라와쓰며 병원에서 주사 맡고 결과을 다 보고 책방에 가서 아들 전과을 싸서 기름 집부로 한 박키 돌라서 온 셈이다. 집사람을 가만이 보니까 모처름 둘리 나오니 아들 모양 좋아서 어떠게 할 주망을 모려며 행단보도을 건너는돼 아빠을 지고 건너며 오히려 남편 행동을 하는 너킴이며 자신보다 더 좋아하며 자신은 좋아할 여유가 업떠구나. 자신은 사실 내 몸 떠려저는 것보다 집사람 몸 딸련 것이 더 압값은 것이 사실이다.
집사람도 가만이 보면 역시 자신 마음과 꼭 같다는 생가이 든다. 그리고 참기름을 짜는 돼 참깨가 2돼 좀 더 된다고 하는돼 참기름은 아주 만이 낮따면서 소주병 큰 병으로 한 병이 돼더라. 참기름 집배서 나오니 오후 다{섯} 시가 넘어쓰며 자신은 집부로 오면 돼지만 집사람은 남어{지} 짹[책]이 너캐 온다고 해서 책방을 다시 가면 멀어서 허전하지 않캐나 하는 생각에 우등 한 그릇 사 주는 것도 사정사정 하여서 우등을 먹어쓰며 이 돈으로 물명태라도, 고기라도 사서 아들 먹이야 하는돼 하면서 안 먹을라고 하는돼 억찌로 집사람 우등 사주는돼 힘더려쓰며 자신은 돈이 만아따면 불고기 집이라도 대리고 가서 집사람 만이 먹는 모섭을 밧쓰며 하는 마음인돼 실천을 못해서 미안다. 언잿가는 못다한 행동과 사랑 한 가지도 빼어노지 않코 집사람에깨 하리라.

지출에 … 아빠 병원비 13,300원 차비 800원 기름 짜는데 1,000 아빠와 우동 값 1,400원 밀감 1,000원 운이 책 값 14,800 고무장갑 2,000 운이 수학책 4,000
計 38,000[271]

〈1989년 3월 12일 일요일 낡씨 흐림〉

금일은 상토 흙을 경운기로 실어더리씀. 상토 흙이 적갑한 곳이 아니라 여기저기서 파서 실어더리는돼 힘이 들더라. 그리고 집사람도 상토 흙을 처음부터 그들어줄라고 하는 것을 자신이 남들도 혼자 파는되 나만이 집사람을 대리고 흙을 파면 남들이 욕을 한다면서 그절을 하니 집사람 말이 남들 죽어며 아빠도 같이 죽을라 하고 내 남편 그들어주는되 누가 욕을 해 하면서 경운기에 탈라고 들길에 내 혼자 해도 충분이 한다면서 떠밀어냇쓰며 오전에는 자신 혼자 내 발리을 파왔쓰며 오후에는 집사람이 그든다면서 경운기에 올라안저서 어절 수 업씨 대리고 같다. 형님과 형수가 둘리가 포도나무 비누류을 씨우고 있더라. 그것을 보고 집사람과 둘리서 상토 흙을 판다고 하며 어떠게 생각을 하겟나. 그래서 경운기을 세우면서 비누류나 씨우는 돼 그들어주라니까 처음과 다르니 집사람이 습득 내리지 않코 머뭇거리더라. 그래서 혼자 파니까 집사람은 큰집배 그들어주라니까 남편 일 그들어주야 하는돼 하고 아쉽게 내리며 몸살한다고 하는 돼로 해요 조용희 말하는 모섭을 보니 나외 힘이 어된가 생기며 자기 몸은 말라서 남들 보기는 미안할 정도댄 남편 일하는 것을 그들어줄 용기가 어뒤서 나오는 줄 몰겟다. 결국 큰집배 일을 봉지가 업쓰서 일적 맡치고 오더라. 그래서 자신을 세우며 따라가서 한 발리라도 실어줄라면서 경운기 타더라. 같이 와서 실어니 흙신 수란 너킴이 들며 집사람이 좋은 것을 한번 더 너켜쓰며 낡씨 흐리서 상토흙을 종일 동안 8바리 파는돼 바픈 일과여따고 생각을 한다.

지출에 … 감자씨 900원 운이 영어 책값 200원 차비 400원 반찬통 500 아이들 책 값 1,900
計 3,900원

---

271) 실제 계산은 38,300원이나 38,000원으로 잘못 기록하였다.

〈1989년 3월 13일 월요일 낡씨 맑음〉

상토 흙을 둘리 쳐는돼 여관 힘이 안 드려 쓰며 흙 쳐는데 힘이 상당이 들어쓰며 오후에는 자신도 힘이 만이 들 뿐 아니라 집사람이 땀을 펄펄 흘리면서 따라하는 것이 안타가와서 연신 휴식을 하여쓰며 오후 5시경에는 집사람은 아이들 정과책 사려 가고 자신은 산됴을 아포지도소에 가서 산도을 재어보니 5.8이 나오며 이것을 오늘 재지 못하면 내 일이 돼지 않키 때문에 서로가 분담을 해서 각자 일을 오늘 마우리 할려고 일을 중단하고 일을 부담했다. 자신은 산도을 재어 와서 흙 쳐는 작업을 끝을 낼라고 혜지는 밥 하고 혜영이는 소죽을 끄리고 아빠는 흙 쳐는 작업을 끝을 내자면서 서로 일을 시작을 하여쓰며 자신은 어더어저기 직전에 작업을 끝을 냇다.

"금년 농사일에 본격적으로 들어같쓰며 금년에도 풍년이 돼어야 우리 농민들의 얼굴에 주름이 들 저지 농민이야 말로 숭년이 저며 몟 년에 타격이 돼며 이것 뿐 아니라 낭비가 따리게 돼며 열 까지가 손에가 돼니 숭년은 업쓰야 한다. 금년에도 풍년을 기원하면서 금년 농사일에 들어간다고 본다."

〈1989년 3월 14일 화요일 낡씨 맑음〉

금일은 상토 흙에 유황을 썩어쓰며 숙모님이 유황을 뿌리고 집사람과 둘리는 흙을 더 비면서 고로 석는 작업을 하였다. 금년에는 상자 수을 학실이 파악을 못해서 100개라는 수자을 적개 잡아서 흙 무더기을 잡아서 유황 처리을 하고 난 뒤에 상자 수을 다시 학실한 수자가 나와서 다시 흙을 각삽으로 30삽의 흙을 추과해서 유황을 다시 너어서 총 13,500백 그람은 들어같따고 생각을 하며 지도소에서 너어라는 량보다 1,000그람은 더 드려같다고 생각을 한다.

"그리고 흙 무더기을 올해는 6섯 무더기을 만들어쓰며 흙 무더기에서 반지름이 66점이 대며 상자 착오로 흙을 다시 각삽으로 30삽을 추가하여다."

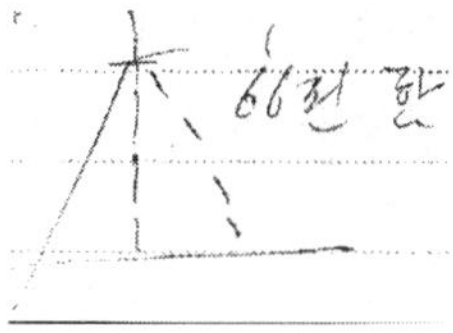

"금년에는 상자 수의 파악의 실수로 흙 량이 적학성이 업는 일이 되어다고 생각을 한다." 그리고 금년에는 마늘 거름을 일적 하여쓰며 오늘 마늘 거름을 복합을 반 포을 하여따고 생각을 한다. 오늘 집사람과 둘리서 마늘에 김매기을 하여쓰며 우선 바서는 제일 마늘 농사을 잘 짓어따고 생각이 든다.

"오늘은 영농자금을 주는돼 조합 직원이 직접 나와서 돈을 지불하여주며 자신은 처음에 60십만 원 신청을 하였는돼 나중에 보니 다들 백만 원식 신청을 해서 자신도 동장에깨 나도 백만 원 해달라고 했든이 금일 백만 원 주더라. 자신은 50십만 원식만 쓰왔는돼 금년에는 백만 원 뛰어쓰니 이것이 다들 빛이며 정부에 돈이 만타는 징조며 이것이 인풀레이 돼어다고 생각도 했본다. 여하든 자신의 요구돼로 영농 자금을 백만 원 바다쓰니 기분은 좋더라. 그리고 우선 조합에 80십만 원 저축을 하고 나머지 20십만 원 집배 가지고 옴."[272]

지출에 … 계란, 고등어 3,000원[273]

〈1989년 3월 15일 수요일 낡씨 맑음〉

"포도나무 30포기 되는데 이장하는 되 힘이 들 뿐 아니라 일이 만나서 이장하는 돼

2일이나 해도 끝을 내지 못했쓰며 말리 논에 포도을 한번 해볼라고 삼목[삽목]까지 하여는데 오늘 여상을[예상을] 하여보니 그만 실정이 나며 포도 할 의욕이 떨어저는구나. 사람이 수입도 좋지만 작업량이 너무 만은 것도 문제를 삼아야 한다. 외냐 사람이 살라가는 데 시간의 여유가 있쓰야 하며 너무나 털레 짜여 있는 생활을 피하는 것도 좋다고 생각을 한다."

"지하철 노조들의 농성을 보니 너무나 지나치며 외냐 앞전에는 무임 성차을 시키지 완나 이재는 안전 파업을 하며 닥치는 데로 때리부수며 무법천지라고 생각을 하며 요즘은 한국에 법이 업따고 본다. 외냐 그 사람들 법에 저축도 돼지 않코 나중에 정부 발포하는 것을 보며 2, 3명 입건한다고 이야기을 하는 것을 볼 때에 외돌따고 생각을 한다. 외냐 불법자는 법에 따라 쳐단을 해야 하는돼 법대로 쳐단을 못하며 구속자도 석방하려고 농성을 부리면 석방을 하고 마는 정취 이제는 더 바랄 것이 업노라고 말을 하고 십프며 자신이 대통령예게 말을 할 수 있따면 외 입부로만 법에 따라 쳐단 한다고 말만 하지 말고 음격하게 쳐단을 하며 무었신가 보여주야 하는돼 요즘 와쓰는 노태우 대통령이 꼽비을 풀어주는지 힘이 업쓰서 풀리는 것인지 알 수가 업다. 만약에 힘이 업쓰서 바람에 날리는 대로라면 국가을 위에서 물어서는 것이 나라의 발전을 하는 데 도엄이 될 뿐 아니라 국력이 성장을 할 수 있따면 희생도 할 줄 알라야 한다고 본다."

"우리나라가 기질이 농성을 부리는 기질인되 요즘 기업체가 농성 때문에 골머리가 아푸다고 생각을 하며 기질을 정부에서 강력하게 강제라도 쓰서 잡지 못하며 우리나라는 농성 때문에 망하고 말 끄라는 예감이 먼저 더는구나."

지출에 … 운이 차비 200원

〈1989년 3월 16일 목요일 낡씨 맑음〉

포도 삼목 한 것이 우선 보기에는 눈이 다들 석은 것 같더며 삼목을 해도 마음에 들지을 안는다. 외냐하며 보기에 다들 죽어 있쓰며 혹시나 눈이 살라나올란지 마음은 반반이여다. 그래서 삼목나무는 만은돼 300백 포기 정도는 삼목을 하고 반은 다들 버린 셈이다. 그리고 오후에는 당산에 작과나무 김매기을 하여쓰며 혼자 매도 일적 매게더라.

그리고 우리 부부는 무선 일을 하여도 같이 다니고 하니까 오늘은 절만 사람이 이 바람이 부는데 무었하로 둘리 가는냐고 하면서 이야기을 할 때에 내 마음의 속으로는 저 사람은 여자을 안고 다니다고 욕을 하지 않는가 이른 너킴도 더는구나.

〈1989년 3월 17일 금요일 낡씨 맑음〉

당산 논에 객토 한 것을 종일 동안 다들 피쓰며 오늘 작량이 하로 일이 더 되는데 오늘 다 해버리는 무리가 만이 같쓰며 허리을 못 필 정도 하였다. 모든 일이 무리 가두록

272) 이 내용은 일기 지면 상단에 따로 기록되어 있다. '상토 흙을 유황 처리함. (영농자금 백만 원 냄)'이라고 기록하였다.

273) 지출 내역은 지면이 모자라 다음 날인 15일 일기를 기록한 지면 상단에 기록되어있다. 내용상 14일자 일기 아래로 옮겨 적는다.

하면 다음 일이 지장이 가계되어서 무리한 작업을 하지 않느냐 하는되 하면서 무리하게 일을 하는 적이 사실 만타.

“노태우 대통령이 중간 평가을 할려고 선거 공약으로 하여찌만 정책 평가을 물어서 정책 질료을 바꾸는 것은 몰라도 노태우 신임까지 국민 투표을 가지고 물련다면 아주 잘못이라고 생각을 한다. 외냐 국민이 대통령으로 뽑아준 것인돼 신임을 다시 물련다면 경솔한 짓이다고 생각을 한다. 노태우 선거 공약과 같이 중간 평가 말 그대로 정책 평가 시국이 혼란이 오니 국가 안정을 위에서 공약을 세우서 국민 투표을 부치서 좀 강력하게 밀어주었쓰며 하는 바람이다. 정부에서 어떠한 공약을 가지고 국민 투표에 부칠란지 몰라도 국가의 큰 낭비라고 말을 하고 십다.”

그리고 야당 총재들 너무 자리을 욕심을 내며 남의 자리을 밀어내고 그 자리에 안절 욕심을 부리는 사람이 그 자리에 자격도 업쓸 뿐 아니라 우리 국가의 손실이 음청나게 만은돼 야당 대표들은 수섭을 하지 않코 부채질을 해서 손실을 더 하게 하는 야당 대표들 얄미어며 존경을 할 사람이 못 된다고 생각을 한다.

자신이 볼 때는 넷 사람 중에 노태우 씨가 적임이라고 생각을 하며 이번 신임 평가에 성공을 해서 국가 안정을 하로 빨리 하여주며 걸로자와 대학생들, 불법 시이자, 국과 재산 파게자 다들 손실 배상을 물리서 원별에 취해서 국민이 안정을 가지게 하여주며 더 바라지 안캐다.

〈1989년 3월 18일 토요일 낡씨 맑음〉

오전에는 농로 찾기에 논땅을 피올린[퍼올린] 것을 논땅으로 한 단지 늡비[넓이]에 경운기로 7바리을 들어가더라. 이것이 만이 들어간 곳이다. 오전에 경화 형님 논 한 자리는 안전이 한 셈이다.

“오후에는 진수 차가 김천 간다고 해서 따라가서 약통 45말짜리 2개에 사와쓰며 이것을 당산에 새밭에 무더서 약 처는 물이나 구할 욕심으로 사와찌만 약물이나 구할찌 문제구나. 이것을 땅을 파서 무덜라니 씩피리 땅이라서 갱이도 들어가지을 못해서 작업을 중단하고 내일로 미루고 마랐다.”

지출에 … 약통 45말통 11,000원 / 11,000원 2개 22,000원 황통 3개 3,000원 운님 1,000원

혜영이 지출에 … 혜영이 신발 13,500원
혜영이 바지 9,000원 운이 국어
참고서, 혜영이 영어 문제집
5,100원 운이 가방 5,000원 혜지
실례화 3,000원 차비 520원
計 63,120원[274)]

〈1989년 3월 19일 일요일 낡씨 맑음〉

당산 밭에 약통을 두 게 안전이 무더쓰며 약물만 구할 수 있따면 자신에깨는 상당한 가치가 있따고 생각을 한다. 그리고 오후에는 경화 형님 논에 흙을 두 바리 실어너어며 낡씨가 너무나 하창해서 사람이 노곤해서 형님 포도밭에 일하는데 그진 놀라따고 보면 된다.

그리고 우리 운이가 중학교 들어가더니 밥도 잘 먹고 하니 얼굴이 초등학교보다 좋으

274) 실제 계산은 63,120원이나 63,120원으로 잘못 기록하였다.

며 운이가 밥을 잘 먹어니 이 아빠는 정말 좋꾸나.
밥을 잘 먹지 않으며 때마다 눈치을 바야하는돼 이재는 밥을 잘 먹어니 이 아빠의 마음을 들은 셈이며 공부도 잘해야 하지만 건강하게 잘라달라는 말밖에 업다.
지출에 … 돼지고기 포장류 1,800원

〈1989년 3월 20일 월요일 낡씨 맑음〉
참외밭에 김매기을 할려고 집사람을 품을 어더로 와서 온상 속에서 땀을 흙릴 생각을 하니 보내고 십픈 마음이 업쓰며 비누류 화오스가 아니며 허락을 하겟는데 비누류 속에서 종일 동안 한다고 해서 돈도 좋지만 집사람 상하는 것이 오희려 손해다 하고 허락을 하지 않아쓰며 작과밭에 김매기을 한다면서 거절을 했쓰며 품을 하로 아서 그저 돌라갈 때는 마음속으로 습페깨지만 내 사람 내가 건강 갈리을 하여주지 않으며 누가 하게나 하는 생각을 할 때는 미안감이 들하더라. 그리고 봄날같이 화창하며 날씨 더우니까 집사람을 못가게 한 것이 정말 잘 했쓰며 품으로 가며 죽으도 하로을 해야 하니 그 고통을 생각을 하니 처음 집사람에깨 좋은 일을 했따는 너킴이 더는구나.
금일은 재선희 하고 유황을 꼬아쓰며 유황을 꼬어는데 처음에는 물을 돼어서 유황을 반죽을 물을 만이 해서 하니 반죽이 잘 돼며 반죽이 된 상태에서 물이 끌을 직전에 솟태 반죽을 한 유황을 너어면 된다. 그리{고} 석회는 물이 끌을 때 스스이 너어서 물만 한 번 넘치두록 꼬어며 된다.
금년에 유황 3포 반을 함. 그리고 석회 2포에서 6kg정도 난굼.
지출에 … 황 꼬는 되 300원

〈1989년 3월 21일 화요일 낡씨 맑음〉
금일은 눈님 집배 앞처마 달라내서 창고 대신 사용을 할려고 앞 처마에서 8자 스레트로 달라냇쓰며 제목을 좋은 것을 쓰서 보기도 좋을 뿐 아니라 사용하기도 용이하게더라.
"오늘은 앞처마 달라내는 되는 안전이 끝을 내쓰며 이재는 됀조만이 남아 있쓰며 내일 가서 그들어주면 좋찌만 자신의 일이 밀려 잇지는 안찌만 그래도 누님 일을 할려니 마음이 바푸며 내일은 자형이 그들어만 주면 대니 오늘로서 누님 일을 끝을 내고 마랐다. 누님은 자신의 일이 바픈지 아는 것 갈든되 자형은 일 좀 거들어주어쓰며 하는 마음이더라. 그래도 내일[내일은]은 일그리가 부{지런} 떨어만 주며 되니 오늘로서 누님의 일은 끝을 내고 마랐다."
"그리고 노태우 대통령이 신임을 물캐따고 이야기을 하더니 갑짝이 신임을 무기 연기한다고 노태우 대통령이 직접 발표하였다. 우리 국민은 다들 4月 초순으로 국민 토표을 한다고 민정당에서 발표을 해서 우리는 하로 빨리 신임을 물어서 좀 강력하게 다스려주어쓰며 하는 심정인돼 이재와서 국민에깨 신임을 무기 연기을 한다고 하니 국가 안정을 어떠게 다스려갈 개핵인지 알 수가 업쓰며 노태우 대통령이 아직은 일적으서 찬성을 어찌 못할까바 연기을 하는지 알 수가 업쓰며 앞푸로 신임을 연기을 하여찌 정부는 불신 세력이 더 날뛰며 홀란이 더 오두록 해서 적기을 선택을 할려고 더는지 감을 잡을 수가 업다."
이번에 신임 연기는 아주 잘했따고 보지만 정부로서는 홀란이 더 하다는 것을 생각을 하여야 하며 이 홀란도 어느 한계점에서 잡아야 돼지 너무 부풀며 파손이 돼니까 기회 포착을 해서 국가 낭비가 만이 되는 한이 있쓰도 신임을 무려서 좀 강력하게 정취을 하며 주어쓰며 하는 생각이다.
"이번 일은 자신이 생각을 할 때는 야당들이 발 벗고 반대운동을 할려고 더는 것을 보니 이번에 노태우 씨가 개인적이나 국가로 보나 이기을 임시는 면회따고 생각을 한다. 앞푸로 국민이 자유 물결에 진저리을 낼 시기는 4月이라고 생각을 한다. 4月 이후에 기회을 표착을 잘했서 국민의 낭비가 따리는 한이 있쓰도 신임을 일단 물어서 강력하게 밀고 가쓰마 하는 바람이다."

〈1989년 3월 22일 수요일 낡씨 맑음〉
감자 씨을 파종을 하여쓰며 올해는 이상 기온으로 낡씨가 따뜻해서 일주일은 더 빨리 봄이 왔따고 해서 작년보다 일적 감자 씨을 파종을 한 셈이다.
그리고 조합에 총대을 업세고 대위원을 일개 마을에서 삼 명식 선출을 해서 선거을 해서 뽑아달라고 조합에 직원이 와서 선출 과정을 보고 있쓰며 동내에서 선출이 하나에서 열까지가 한 사람이 누구, 누구을 선정을 하여 실타하는 소리 업씨 따라가고 마는 식으로 선출이 된다.
이것이 한판으로는 불만을 가지는 사람이 업찌는 않타고 본다. 외냐하면 하고 십프도 주위의 사람이 섭득 선정을 해주는 사람이 업쓰며 재아무리 하고 십프도 하지 못하는 것이 불만이라고 말을 하고 십다. 동내 알을[일을] 해가는 것을 보며 한두 사람이 선출 꼭 하는 것을 보며 이것은 바람직한 일은 아니라고 생각을 하는돼 다른 사람은 좋다고 생각을 하는지는 몰겟다.
"그리고 이번 노태우 대통령이 불법 농성 하염병 투적자는 총기을 사용을 해도 좋다는 이야기을 하여쓰며 오늘은 강력하게 공고을 하는 것을 볼 때에 박수을 보냇다. 국가 안정을 위해서라면 발표을 해서라도 잡아서 국가 발전을 한다면 이것이 국가의 여웅이라고 말을 하고 십다."
"앞푸로 야당에 무선 소리을 하든 말든 정부 안정에 일이라면 어떤 수단을 쓰더라도 불법자는 엄중하게 처벌을 하여주며 좋게다."
"우리 운이가 뒤에서 멧 번째 공부을 하면서 공부에 취미을 부치지 못하고 친구들과 놀기만 하는 운이 오늘은 친구 집배 가서 놀다 오는돼 저물두록 와서 집배서는 극정을 하여쓰며 혜영이예께 한번 나가서 알라보라고 한참 이야기을 하는데 운이 숙 들어오는데 자신의 속은 끌어올라서 마구 때리쓰마 하는 마음인데 오늘은 억찌로 참아다. 자신이 생각을 할 때에 아빠의 마음은 어제깨 전 신경을 다 쓴다고 해도 그짓이 아닌데 아빠의 마음을 들어주지 않으니 에돌키짝이 업꾸나."275)

〈1989년 3월 23일 목요일 낡씨 흐림〉
오늘은 어재부터 작과나무에 유황 살포을 할려고 안전 준비을 하여 두서며 기상대에서 오후 너깨 영남 지방에 비 온다고 해서 내일로 미라는돼 숙모님이 남들도 황 쳐로 간다고 우리 췾자는 이야기와 남들도 유황 쳐로 가는 것을 보고 유황 쳐로 가서 앞밭

275) 이 내용은 일기 지면 상단에 따로 기록되어 있다. '감자 씨 파종함'이라고 기록하였다.

태부터 시작을 하여쓰며 오후 3시경에 시[세] 군되 골래와 바시내이 다들 살포을 하여쓰며 바람이 너무 부려서 오후에는 포기을 할려고 하다 문친 짐에 다 하자는 생각에 오후에 바시내이는 바람 때문에 반은 허실을 하지 안아나 하는 생각이 들더라.
"(앞밭태 25말, 골래 26말, 바시내이 22말 들어감)"
"집사람 잠자리 들어쓸 때 내위을 보니 아빠 헌 내위며 이것을 셋 군데 꾸매서 보기에도 흉하더라. 이것을 볼 때에 우리 조가 황골 때에 땔감으로 옷이 나오는돼 이것들은 아주 구멍 하나 업는 내위들이 황 꼬는데 땔감으로 들어가는 것을 보고 이 사람들은 이처름 돈이 만은가, 얼마든지 사용을 할 수 있는 옷들을 불로 태우서 버리다니 우리 집사람은 멧 년이 아니라 십 년 입벌라고 하지 완캐나 하는 생각을 가지며 옷가지을 한 벌 한 벌 부엌에 너어면서 생각을 하여다. 그 옷가지 외 오늘 집사람 입번 옷가지는 생각도 못하며 집사람 켜안아서 미안타고 말만 하여쓰며 외 당장이라도 김천 가서 내위을 한 벌 사와서 아빠 손으로 갈라입피고 십픈 마음 용소섬 쳐지만 이세들 공부을 못해도 전문대학이라도 시키서 관판이라도 따야 시집을 보내지 하는 생각에 한 푼이라도 더 모와서 공부을 싯킬 마음은 하나뿐이다. 너위들 공부 시킬 욕심 때문에 너의 엄마에깨 점수을 만이 바들 수가 업쓰며 이 아빠는 너의 엄마에깨 빛만 저고 살라간단다."

〈1989년 3월 24일 금요일 낡씨 눈〉
때 아닌 대설보가 내리서 눈송이 하나 솜뭉치갈이 내리며 설경이 좋아서 사진기만 이따면 이 관경을 찍어두어쓰며 하는 마음이며 필요 업는 눈이지만 사람의 마음을 좋게 하는 물질이다. 이 눈이 싸이더라면 상당한 눈이 대어쓸땐대 녹아서 량을 별료 만치 않은 눈이 대어서 아쉽다.
그리고 오후에는 돌부리을 하여쓰며 오늘 고기는 돼지고가 아홉 달 된 돼지가 아직 적으서 북만아더라[북만한 크기이더라]. 그레서 그른지 고기는 연하고 고기 맡이 좋으며 자신은 정심을 먹고 가서도 잘 먹어다. 사람들이 돌부리가 적으서 서운한 감을 가지고 마라쓰며 자신이 볼 때는 도박팀이 기회 포짝을 해서 만들은 기분이 들며 고기 돌부리가 막 끝이 나니 곳바로 전을 벌리며 이것을 실어하는 사람이 업쓰며 전을 피면 몰려 들며 몰려 들며 7명원 올맨바이며[올멤버이며] 이 사람들은 모이며 전을 벌리게 돼어있쓰며 이 사람들은 다들 좋은 사이다. 그른대 전을 벌리며 앞면이 몰수며 돈 보고 돈 먹이며 도박은 어너 무엇보다 바르다고 생각을 한다. 이것은 규칙에 어건나면 하지 않으니 법보다 교직하다고[더 바르다고] 보고 십다. 그리고 오늘 도박은 판돈은 실지 을마 돼지 않으며 이 돈이 삼점 주인으로 부터서 돌려주니 실찌 돈을 다 따바야 을마 돼지 않은 돈인데 늘 일은 사람은 그 자리에서 돈을 돌려주는 도박이 돼어서 상점에 돈을 달라주기 때문에 다들 상점만 득을 보이며 일은 사람은 상당한 수짜을 일깨 돼며 이제 도박이 이상하게 돌라가며 앞푸로 이른 도박을 한다면 도박을 하는 사람은 정신이 하나도 업는 사람이라고 바야 한다. 오늘 도박은 아주 야비한 도박이며 돈을 따면 상점으로 주어서 빌리게 만들며 이것은 안전 사기로 바야 한다.

지출에 … 돌부리 값 1,500원
그리고 오늘은 형님이 키어들지 않으며 뒤전에서 관경을 보고만 있쓰서 자신 때문에 하지 않는가 아니라 오늘날까지 같이 놀라도 극정하지 않코 한 사람이라 자신이 아니라 먼저 번에 조금 다친 것이 아닌가 하는 생각도 들더라.

〈1989년 3월 25일 토요일 낡씨 맑음〉
오전에 당산 밭에 유황 살포을 하여쓰며 금년에 밭을 쌰스 처음 유황 살포을 하기 때문에 량을 알 수가 업꾸나. 유황을 살포을 하여보니 유황이 6말, 물은 40말 정도 해야 마음먹고 철 수가 있따고 생각을 한다. 금년에 유황이 적으서 대충 살포을 한 셈이다. 내년에는 유황을 6포, 석회 3포는 꼬아야 충분이 쵳겟더라.
그리고 오후에는 경운기 유황 무던 것을 세차을 하고 우리 혜영이 체육 시간이 매달기 시험이 적키 나온다면서 철봉 해달라고 해서 재발 택끄리만 할 수 있뚜록 하여쓰며 언재부터 해달라고 해도 해준다면서 실천을 하지 못하고 오늘로서 실천을 하여 오늘 우리 혜영이가 매달기을 하는데 정말 못하더라. 안만 여자이지만 손이 힘이 업쓰도 너무 업쓰서 이 아빠가 극정이 되는구나. 외냐 정상이 아닌가 하고 극정이 딱 대며 외 자신이 해달라는 것 일적 못했주어뜬가 하고 후해감이 생기면 앞푸론 자식이 해달라면 만사 일을 재쳐놓고 하여주야 하겟다.276)

〈1989년 3월 26일 일요일 낡씨 맑음〉
고추 파종함. 노지 고추는 시대가 변하여서 그른지 노지 고추는 돼지 않아서 집사람과 둘리서 당산에 조금 갈라쓰며 오후에는 봉답에 벼집을 안전이 실어왔다. 그리고 우리 운이가 공부을 끄띠에서 멤돌면서도 아빠가 중학교 가서 멧 등을 보고 공부을 하느냐고 무려며 저의 반에서 십 등을 목표로 한단은 말래 이 아빠는 못하리 삼아도 기분이 얼마나 좋은지 모련다. 그래서 우리 운이는 공부을 하면 된다고 매일 친찬을 만이 한다. 우리 운이가 공부 의욕을 어떠게 해주어야 생길련지 해결이 업렵꾸나. 자신은 정말 자식 공부 한번 시키볼려고 정말 열심이 살라가는돼 위 원을 풀련지 몰게꾸나. 그리고 우리 공부 치미 부치볼려고 운이가 말만 하며 들어주는 실정이다.
지출에 … 포장류 고기 1,800원

〈1989년 3월 27일 월요일 낡씨 비〉
경화내 형님 논에 흙 실어너는 작업을 하여쓰며 올해 논들을 보니 다들 물이 들어있는 것을 보니 일하기가 힘이 들 것 같다.
"오후에는 달희가 차로 김천에 벼씨 침종할 다라이를 바꾸로 간다고 해서 자신도 따라가서 시죽솟과 벼씨 침종할 것을 사왔쓰며 그리고 세집배 약통을 사왔다. 약통이 올라서 그른지 불과 사흘밖에 돼지 완아따고 생각을 하는데 올라따면서 먼저 가격으로 주지 않을라고 하며 억찌로 그 가격을 주고 사왔다. 이른 것을 보며 농민만 손에가 만으며 죽어나는 것은 농민이라는 것을 한번

276) 이 내용은 일기 지면 상단에 따로 기록되어 있다. '당산 밭에 유황 살포함. 내년에 참조 우황 6포, 석회 3포는 꼭 꼬아야 충분량이'라고 기록하였다.

더 생각을 해본다."

"정부가 홀란하다는 것을 절시키 너킬 수 있다. 외냐하면 문익환 목사가 정부 성인 업씨 일본을 거쳐서 이북에 김일성을 만나서 통일 논이을 한다고 법석을 부리는 것을 보니 기가 찬다. 외냐하면 일계 목사가 국가의 이려따 말도 북한 김일성을 만나서 종경한다는 말따이을 하고 있는 것은 이쓸 수 업쓰며 이것은 국가의 앞날을 실서[질서]을 허리게 할 뿐 아니라 이 사람 때문에 앞푸로 홀란이 올 끄시며 법에 따라 처벌을 하며 신자들이 불법 시위을 하고 나올떠니 이것은 하나의 불법 행동으로 국가의 손예을 어떠게 변제을 할 꺼인가. 그리고 정부 성인 업씨 이북을 간다는 것은 음중하게 쳐벌을 해야 하며 이것은 정미리 본다면 간첩행이라고 보고 십다."

지출에 … 경운기 쟁기 바닥쇄 1,000원
시죽솟 33,000원 벼씨 침종
다라이 4,500원 육모상자 거름
2포 4,380원

〈1989년 3월 28일 화요일 낡씨 맑음〉

오늘은 집사람 관광 길에 올러는 날이며 오늘은 땅굴 구경을 사실 안 갈려고 하는 것을 자신이 갇다오라는 건유에 할 수 업씨 가며 자기 친구는 둘 밖에 가지 않는다고 집사람 구경 가는 돈으로 아이들 옷이라고 한 벌 사준다면서 안 갈려고 하는 것을 구경을 남이 가면 가야하며 돈도 설 때 쓰야 돈이라면서 자신이 형수 또례 가는데 딸려가게 하여쓰며 오늘 아침에 집사람은 평소 화장을 하지 않으며 않는 것이 아니라 돈 들어간다고 하지 않는 사람이라고 해야 정답이 될 것 같꾸나. 집사람 구경 간다면 자신이 신경을 더 쓰는 편이 사실이다. 외냐 머리도 손질할 때가 넘어서 머리가 길에 미장원에 가서 잘라내고 하려고 해도 가지 않코 선보이는 것도 아닌데 그냥 갈려고 하는 집사람 돈을 너무 아키며 집사람이 야물게 살라주서 자신이 이만춤 살라간다고 늙 고맙게 생각을 하고 있다. 오늘 아침에 업는 화장품 두 가지 정도로 화장 한다고 얼굴에 바르며 분주하게 멧시을 내며 우리 혜영이와 두리서는 집사람 머리 더라이 한다고 법석을 부리쓰며 더라이 사용을 잘 할 줄 몰라서 머리을 하고 십픈 대로 대지 않코 반대로 대며 오히려 머리에 파마키가 풀리며 혜영이는 감는 빛으로 감고 자신은 더라이로 쐬이다 잘 돼지 않코 법석을 부리도 잘 돼지 않코 오히려 머리 손질한 것이 보기가 나푸더라. 아직 더라이 사용을 할 줄 몰라서 집사람은 머리을 응성하게 하여서 마음에 글리며 집사람도 화장이라도 한 얼굴을 바라볼 때 만이 예쁘저쓰며 아이들이 업쓰며 한번 안아주어쓰며 하는 마음이더라. 이번 아침은 분주한 날이 되고 마랐다.

오전에는 순달이가 사과나무 모목을 10포기 어더왔따면서 주더라. 사과나무 106이라면서 모목이 보기에도 상당이 좋더라. 이것을 당산 밭에 심어쓰며 자신은 계산을 하기에는 새밭에 당감나무을 심을 계핵을 하고 있는데 자식은 학정은 아니지만 순달이가 사과나무을 주니 어떤 나무을 심어야 자신에깨 조금이라도 더 수학이 만을까 망스려저고 있다. 나머지 시간에는 나무단을 묶는 것으로 오전 일과을 보냈쓰며.

"오후에는 자신 혼자 정심 식사을 하고 휴식도 화지 않코 소죽 솟을 끌어쓰며 먼저 솟보다 만이 적은 편이더라. 먼저 솟이 만이 크서 솟 바닥에 솟이 글리따고 이번에는 전에 글리두록 적은 것을 사왔떠니 착각을 한 셈이더라. 오늘 솟을 띠어보니 솟이 재대로 글려있떠라. 그래서 솟전을 줄가서 솟을 재그는데 힘 좀 들은 셈이다."

"그리고 해가 절 무렵이 돼어도 운이가 오지 않으며 같이 다니는 경용이는 벌서 왔는데 운이는 오지 않으서 오락실래 갈따는 말래 아침에도 오락실례 들리서 같다고 하더라. 같이 다니는 놈들이 똑같다. 공부는 꼬띠 하면서 오락실래라나 가며 그짓말이나 하며 한 놈도 슬 놈이 업따고 생각을 하며 그 소리을 들어니 집배 있씁 수가 업쓰서 길그리에 운이 오두록 기다리쓰며 을마을 기다리고 있쓰니 운이 혼자 오더라. 그래서 원국이는 예 안 오니 하니 아직 오락실에 있따고 이야기을 하더라. 그래서 내가 생각을 하기에는 아빠가 꾸중을 주고 하니 극정이 돼어서 오는 것으로 생각을 한다."

아빠는 오늘 우리 운이 하로 일과을 소상이 알고 물어서 거짓을 하며 혼을 낼라고 작정을 하고 하나에서 물꼬 있는데 한 가지도 바른 말을 하나도 하지 않더라. 그래서 매을 데어쓰며 오늘은 메을 만이 된 셈이다. 운이 매을 데고 있는데 집사람이 전화로 잘 았따고 인사을 하길에 자신이 하가 나서 운이 죽이는 날이라고 하니까 집사람이 때리지 말고 말로 따이려라면서 사정을 하더라. 그 말도 다 더지 않코 구경이 잘하라고 하면서 전화을 끈은 셈이다. 훈에깨 매을 데면서 아빠 무었 때문에 매을 데는 줄 아는냐 무려니까 거짓말 한다고 때린다 이야기을 하면서 바른 데로 말을 하지 않떠라. 그래서 아빠는 죽을 재을 짓어도 바른 말만 하며 용서을 할 사람이다 하고 조어니까 바른 말을 하더라. 그래서 운이는 친구들이 다들 문재라면서 운이는 학년을 꿀리서 내년에 일 학년 들어가려고 하면서 책 보따리을 다들 푸대 담아서 창고 때리너코 학교에 안 시킨다면서 운이 만대로 하라고 하면서 이야기을 하고 말라다. 그리고 운이 동태을 보니 입이 쑥 나와서 불만이 만원 얼굴이더라. 자신은 어떤 행동을 하나 하고 운이 얼굴만 바라보고 있다 이려다가는 우리 운이 정말 학교 결석을 시키는 것이 아닌가 하고 극정도 돼며 운이 급 줄라고 운이 담임 선생님에깨 휴학개 낸다고 운이 보는데 편지도 쓰찌 저녁 10시 경이 돼어서 혜지 보고 운이와 둘리 와서 한번만 용서 했달라고 잘못을 사가하두록 건유을 하라고 해서 혜지 보고 일부로 시키쓰며 두리만 알고 서로 약속을 하여다. 그중에는 혜영이는 용서 해주지 말라고 이야기을 하지 한 해 꿀린다고 큰소리을 아빠는 쳐지 운이는 정말 한 해 꿀리는 것이 아닌가 하고 극정이 되는 눈치더라. 그래서 이번 용서 해주면 다음에는 이른 일이 업깨나 하니까 대답을 하지만 미더저지 않으며 부모가 자식을 밑찌 못하면 이 세상에 누구을 믿고 살란 말인가. 자신은 그래도 우리 운이가 점차로 사람이 될 줄 알라는데 이재와서 보니 그려깨나 사람대라고 늙 부탁을 하여는데 아랑곳 업씨 오락실에 아침 저녁에 들린다니 이재는 실망밖에 안대며 이려깨 허전할 수가 업쓰며 사람 대라고 열심이 시킬 욕심이여는데 오늘은 자신이 이려깨 살라갈 필요가 가연 있는가 허무하게 짝이 업꾸나.

지출에 … 음료수 값 1,300원 육모 상자
모판 전용비로 1포 2,190원
퐁퐁 600원 수퍼타이 1,300원

치약 800원
計 3,190원[277)]

〈1989년 3월 29일 수요일 낡씨 맑음〉

금일은 집사람이 업셔는 포가 나는구나. 외냐하며 저의 엄마가 업쓰니 혜지 혜영이 둘리가 아침 일적 일어나서 밥을 한다고 법석을 부리더니 밥이 떡이 돼어서 입배 넘어가지을 안는데 그대로 대어따면서 아이들 먹어라고 억찌로 먹어면서 아이들 눈치만 본다. 우리 혜영이는 입안에서 넘어가지을 안는다면서 숫까락을 들다 말찌, 탄 놈들도 밥을 끄리며 아빠는 밥이 개안아여 하면서 아빠의 밥 먹는 모섭을 보며 숫갈질이 먹찌 않을 눈치더라. 그래서 너이들 억찌로라도 밥을 먹어야 공부을 할 수 있따면서 건유을 하여도 밥이 너어가지을 안는다면서 점부 숟가락을 노어며 운이는 어재 저녁에 매을 맡고 아침도 먹찌 않코 학교에 가면 어떠게 할까 아치려운 감이 들어서 물 마라서라도 먹어라고 하면서 혜지 보고 물 떠오라고 했떠니 가스렌지에서 물 팔팔 끄린 물을 그만 운이 무렵에 솟아서 운이는 벼락을 맡고 아주 고통서려 하며 날띠는 것을 옻을 벗키니 이미 무렵에 한 불 끕질이 벗기저 벌그깨 대어 있는 모섭을 보니 천벌이 나며 밥상이구 마당에 집어 던지고 십픈 심정이며 속이 상하는데 이루어 말을 할 수 업쓰며 학교길이라 약만 바르고 학교 가는 모섭을 보니 개렵운 모섭이며 절룩그리면서 학교 가는 모섭 보기가 정말 가슴 아푸더라.

"오전에는 봉답에 깊은데 흙을 경운기로 서너 바리 실어너는 작업을 하여쓰며 오후에는 봇밭을 갈라두는 작업을 하고 집사람 구경같다 오며 먹을 것이 업쓰서 대신 고기집에 가서 돼지고기 2斤을 사와서 집에 구불을[군불을] 일적 때노는 일을 하여다."

"오늘 일은 자신한데 아주 불운이라고 생각을 하며 오늘 아침에 딸들 얼굴이라도 덥프씨어따면 어떠게 하게나 하는 생각을 하니 천만다행이라고 생각을 한다."

"그리고 우리 혜영이가 보건소에 치료할려고 데리고 가니 보건소 소장이 4月 1日부로 딴 곳으로 간다면서 김천으로 가서 치료을 하라고 한다면서 그냥 와서 극정이 되는구나. 이것을 데리고 김천을 갈려고 해도 이미 시간이 저녁 시간이 어떠게 할 수가 업쓰며 세집배 숙모가 화상약이 좋은 것 있따면서 가지고 가라 해서 약으로 상쳐 부위을 발르니 우선 보기에는 조금 나은 편이더라. 내일은 결석을 해서 병원에을 데리고 갈려 해도 공부을 못하는 자식이라 한 시간을 빼면 다른 아들 열 시간 빼는 것보다 더 할떠니 공부 때문에 결석도 조태도 실지 하기 실러저는 너킴이더라."

지출에 … 돼지고기 2斤 4,000원 정미 500원 집사람 구경비 34,000 과자값 5,500원 박카스 900원
計 40,400원[278)]

〈1989년 3월 30일 목요일 낡씨 맑음〉

"당산 논에 객토 할 때에 자갈리 만이 들어가서 돌 주어내는데 종일 걸린 셈이며 대충 주어서 경운기로 잔득 한 발리 데더라. 그

277) 실제 계산은 6,190원이나 3,190원으로 잘못 기록하였다.

278) 실제 계산은 44,900원이나 40,400원으로 잘못 기록하였다.

리고 중앙 기상대에서 내일 비 온다고 해서 상토 흙에 거름과 뜸모[뜬모]약을 혼합을 하여쓰며 상토 흙이 작년보다 적다고 생각을 하여는데 실찌 오늘 상토 흙을 모다보니 충분하게더라."

"노태우 대통령이 전국에 경찰에 화염병으로 경찰서 기섭 방화자는 발표을 해도 좋다는 것으로 정국 경찰에 안전 무기 휴대 그리고 전국에 에무원[M1] 소총을 전부 교부을 해서 강력하게 나가서 진작 해야 한다고 찬사을 보낸는데 요즘 아서 야당들이 강력저지을 하니 수거려들며 무었이 한 가지라도 강력하게 밀고 가지을 못하며 정부가 끌려다니는 정치을 하고 있쓰니 국민의 한 사람으로 불만을 만이 가지는 바이다."

"우리가 생각을 할 때는 대통령에 무리가 오는 한이 있쓰도 나라가 발전이 되는 일이라면 을마든지 하게노라."

지출에 … 라면 4,200원 국수 900원
두유 400원
計 5,500원

〈1989년 3월 31일 금요일 낡씨 맑음〉

당산 밭에 노타리을 하여쓰며 노타리도 일적 하면 야물지을 안아서 수라알 땐돼 이재 하니 땅이 야물어서 노타리에 무리가는 것 같다.

오후에는 집사람과 고구마 파종을 하는 것으로 하로 일과을 보내고 마랐다.

그리고 집사람이 구경을 같다오더니 상당이 피료한 모양이다. 외냐하면 집사람은 낮잠은 자지 안는 사람인돼 낮잠을 정신 업시 자는 것을 보니 을마든지 잠을 재어밧쓰며 하는 마음이 더는구나.

"오늘로서 3월이 접어두야 하며 이재 사월을 마지해야 하며 사월에는 농민은 제일 바픈 철이며 사람도 봄을 타는 계절이라 나련한 몸을 이끄려 가는 철이라 건강에도 신경을 쓰야 한다고 생각을 한다. 그리고 금년도 벌서 4분의 1은 다 지나가버리쓰니 아쉬운 감 검할 길 업꾸나."

지출에 … 혜지 책 값 8,000원 감기, 혜지 2,000원 차비 260원 학교 차비 3,900원
計 14,100원

〈1989년 4월 1일 토요일 낡씨 맑음〉

당산 밭에 김매기을 하고 울콩 씨 파종을 하여씀. 울콩 씨 뿌림은 일적은 감이 있쓰도 나중에 하면 일손이 바푸며 짓때 못하는 수가 있키 때문에 해버리고 마랐다.

"오후에는 육모 상자 소득을 물 열 말에 호르마랭 1병 200cc 다 너어서 소득을 안전이 함."

"금년에는 벼씨 침종을 4月 1日 되어도 할려고 들지을 안으며 작년에는 오늘 상당이 만이 침종을 하여따고 보는돼 올해는 생각을 하지 안는구나."

지출에 … 화상약 3,300원 공낙금 인상금 혜영, 운이 7,260원 혜영이 보건로 600원 라면 300원
計 11,460원

〈1989년 4월 2일 일요일 낡씨 맑음〉

오전에는 봉답에 논 갈리을 하는데 은재든지 뒤뚝으로 갈지 못하고 말라다. 봉답에 일거리 바서는 늑둘과 바꾸야 하는데 현재는 늑뚤 땅 값을 줄라고 팔라고 하는데 자신은 앞푸로 봉답 시세가 있따고 보고 있쓰서 섭적 한매을 하지 않코 있다.

오후에는 당산 논에 모래 객토을 한 것이 논 갈리에 도엄이 돼는 것 같꾸나. 외냐 물키가 만은데 논 갈리을 하여보니 경운기가 빠저는 것이 들한 너킴이며 적은나 가물며 뒤똑에 얼마 안 두고 다 갈 수가 있깨더라.
"울산 중공업에 노사 분규가 3달이 넘개 법석을 부리고 우리가 볼 때에 넘어한다가 아니라 기욱질이 날 정도며 외 길거리 나와서 보도부록구을 다들 부셔며 난동과 건물에 피해을 주야 하는지 알 수가 업꾸나. 그리고 이번에 정부가 노사분규을 강제 진압을 해따고들 하지만 우리가 보기에는 아주 잘 했다고 보는데 강제 진압을 하여따고 정국 대학생들이 노사 분규에 합세을 하기 위하여 울산으로 내리가서 합세을 하여 경찰과 경열한 싸음을 하며 이것은 누구의 지시에 대학생들이 움직이고 있따는 것이 사실이다."
그리고 문익환 목사 일행이 통일 운동 한다 김일선을 만나지 않나 목사가 무었신대 통일 한다고 덥득거리는 것을 보니 정부 홀란을 더할 뿐 아니라 제각이 단체의 장이라 하며 김일선 만나서 통일 논이한다고 법석을 부릴 끄시며 이번에 문 목사 일행은 정부에 이른방구 한 마뒤 업씨 김일선을 만나서 통일 논이 한 것은 반온 간첩이라고 바야 한다고 보며 이것은 법대로 처벌을 해야 한다고 보며 이것은 정부 국회원이 다룬다고 하는데 우리 국회는 무었을 하는 국회원인지 알 수가 업다. 외냐 제인들도 국회예서 다루지 우리가 볼 때는 국회원이 약방감초 행세을 하지 말고 재각키 할 일이 구분이 있는데 남외 일에 침입을 하지 말고 자기 일에만 충실이 하여주어쓰며 하는 바람이다. 그리고 야당들도 자리 싸음 하지 말고 불란 집배 부채질 하지 말고 국가 안정을 찾는데 협조을 하여서 양심 있는 정취을 하여주어쓰며 하며 시국이 불안하며 결국은 김일선 우섬만 노파가노라. 어리석은 국민이 되지 말고 이재는 조용희 해도 연차적으로 해결이 돼니 성급희 하지 말라. 의이 참을성이 업노라.

〈1989년 4월 3일 월요일 낡씨 맑음〉

경화내 형님 논 갈리을 하여쓰며 논 갈리에 우선 보기에는 추지다고 생각을 할 정도며 이것이 논 갈리에 가장 알맡다고 생각을 하며 될 수 있는 데로 일적 논 갈리을 하여야 하겟다. 오늘은 경화내 형님 논 갈리는 안전이 하였다.
"금년에는 가을갈리을 10마지기을 하여노니 요줌은 할 일이 업는 기분이다."

〈1989년 4월 3일 화요일 낡씨 맑음〉

겟돌을 오늘 챟는데 작년보다 대충 하는 셈이다. 종일 보 하는 것으로 하로 일과을 보내고 마랐다.
"그리고 당산 밭에는 자두꽃이 상당이 만이 피어쓰며 앞푸로 2일만 데며 만발할 끄시며 금년에 세밭테서 꽃망불이 만발 직전에 있는 모섭 탐스려며 얼마든지 지키보고 십은 심정이더라. 그리고 앞에 논 꽃망울이 당산 밭태 보다 3일은 너절 껏 같꾸나."
그리고 벼 씨 침종을 오늘로서 하여쓰며 일반 벼씨는 내일로 미루고 통일벼씨는 안전이 침종을 한 셈이며 금년에는 오늘 침종을 한 사람들이 제일 일적 한 사람이며 금년에는 기온이 따뜻해서 봄은 일적 온 셈이며 기상대는 봄이 일주일 빠르다고 하여는데 벼씨 침종은 오희려 5일이 너저쓰니 기온차와 5일 너전 것을 생각을 한다면 상당이

만이 너저따고 생각을 해본다.[279]

〈1989년 4월 5일 수요일 낡씨 맑음〉

겟돌 보 하는 것은 오늘로서 그진 다 한 셈이다. 그리고 오늘은 일반벼 침종을 하여쓰며 그전에는 벼 씨 침종은 오늘로서 안전이 벼 씨 침종은 끝을 내고 마랐다.

"요줌은 사람들이 살기가 좋은니까 산소에 투자을 만이 하며 잘하는 사람은 천만 원 들어같니 하고 있는 것을 보며 빈곤 차이가 만아서 문재점이 있쓰며 업는 사람들은 살기 힘더려 하고 있는 것을 볼 때에 이것이 인간 생활인가 허전한 감도 들어가는구나."

〈1989년 4월 6일 목요일 낡씨 맑음〉

금일은 한식이라고 용만 산소 일 한다고 해서 그들어주어쓰며 처음 시작을 할 때 바서는 종일 걸리겟다고 생각을 한 것이 경운기로 작업을 하니 좀 빨리 한 셈이더라. 산소일을 안전이 끝을 내고 보니 오후 3시 정도가 돼더라. 오후에는 누님이 어재 변소와 재관을 4인지 부록꾸로 담을 싼 것이 다들 넘어가 있쓰며 사모래[모래]을 하여서 세멘이 배압이 대지을 안아서 부록구가 그냥 부록꾸 위에 싸여둔 것이나 다름이 업씨 노여 있쓰며 자신이 암만 생각을 하여도 그냥 할 수가 업쓰서 부록꾸을 안전이 떠드버리고 마랐다. 우리 생각을 할 때는 자신이 업쓰며 남외 일을 외 손을 데어서 손예을 작득 보이는 줄을 몰게쓰며 이번으로 보며 누님은 하로 종일 음식 뿐 아니라 보록꾸까지 가격을 천다면 상당한 소내을 본 셈이다. 그리고 누님도 빠풀 때에 일을 할려고 하니 자신은 시간이 업쓸 뿐 아니라 해주지 못하니 마음만 글리며 자신의 일까지 잡음이 생기며 마음적으로는 누님의 일이 극정만 돼고 있다.

〈1989년 4월 7일 금요일 낡씨 맑음〉

오전으로서 도랑보을 안전이 끝을 냇쓰며 오후에는 웃뜰레 굼논을 논갈리을 하여쓰며 논갈리 도중에 빛살이 뿌려저서 대신 경운기방에 곤치서 논갈리을 하너라고 상당이 바픈 논갈리을 하여다.

"그리고 당산 밭에는 먼 곳에서 보며 안전이 꽃이 만발이 되어 있쓰서 한번 가바쓰며 하는 심정인데 가볼 시간이 나지을 안으며 자신으로 바서는 기대가 크며 셋밭에서 과일이 만이 달리서 이 기쁨을 만킹해 바쓰며 하는 바람이다."

"우리나라가 안정을 차절라면 노태우 대통령이 강력하게 다루든지 그러치 안으며 노태우 대통령이 자리을 내노튼지 양 가지 길박에 업는 사태까지 와따고 생각을 가진다."

오래 지속이 대며 나라 망하고 대국 망한다는 식이며 노태우 대통령이 자유을 넘어 만이 풀어나서 이것을 바로 잡자면 소리가 나게 돼어 있쓰며 노태우 대통령이 임기 후에 책임 추궁이 따리는 한이 있쓰도 국가 안정을 바로 잡아야 하며 우리 국가의 생사는 노태우 결단에 달려 있따고 생각을 하며 현 시점에서는 자유 정취로는 자경주위를 잡지을 {못}하고 홀란만 더해가니 하로가 시급하다고 생각을 한다.

279) 이 내용은 일기 지면 상단에 따로 기록되어 있다. '(벼씨 침종함)'라고 기록하였다.

〈1989년 4월 8일 토요일 낡씨 맑음〉
복판 논 논갈리을 하는데 땅이 추지서 생외을 먹어쓰며 경운기와 시름을 하고 나니 다시 더정업더라. 그리고 뛰뚝으로 갈라씀. 오후에는 웃뜰레 모재리 노타리을 하고 뚝까지 메어낮다. 그리고 낮재 논갈리 한다고 생외을 먹어서 그른지 저녁에는 한정이 들기을 시작을 하는데 그 고통은 말로 표현을 할 수 업두록 밤새두록 곤욕을 치라쓰며 옛날 어른들이 한정을 이야기을 해도 여사로 알라는데 오늘 격끄보니 사람 죽개더라.

〈1989년 4월 9일 일요일 낡씨 맑음〉
"오늘은 몸살로 아무 일도 하지 않코 하로종일 방에서 누어만 잊쓰서며 종일 방에만 있쓰니 답답하기 짝이 업쓰며 마음적으로는 일을 해야 하는데 하고 생각에만 잠겨 있쓰따. 그리고 혜지, 운이 둘리는 감기로 방에서 아빠가 보내쓰며 이것들이 감기에 이기지 못하고 우리 혜영이는 감기을 자주하는 것을 보니 자신이 돈만 벌라고 들지 자식들 건강에 영양 문제에는 너무 소월해서 채력이 따리기 때문에 감기을 이기지 못하는구나 하고 생각이 들며 이번 감기가 떠러저며 하다못해 닭티김이라도 해주어야 하게쓰며 이재는 자신도 아이들 건강에 신경을 쓰서 영양 보충을 하여서 건강하게 잘라가는 것만이 아빠가 돈 버는 길이라는 것을 생각을 하였다. 그리고 우리 가정에서 집사람만이 제일 건강하며 우선 보기에는 메말라서 늙 집사람 건강 문제을 극정을 하여왔는데 오희려 반대가 되며 집사람은 야문 살람이라고 인정을 하고 십다."

〈1989년 4월 10일 월요일 낡씨 맑음〉
오늘로서 바실보에 도랑보는 안전이 끝을 내고 물을 막아 너어다. 보아구지에 모래는 폭끄랜이 하여서 작업량이 적으서 오늘 일적 한 셈이다.
금년에 상토 흙무더기을 6무더기을 하여서 한 무더기에 높이를 65전을 하여서 두 무더기 복토 흙로 지희두고[재워두고] 4무더기로 상토흙을 담아는데 집사람이 이뜰 동안 담아쓰며 상토 흙을 686개을 안전이 담아도 흙이 65개 담을 흙이 남더라.

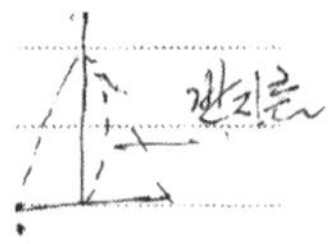

금년도 상토 흙 준비는 경운기로 8들 바리 파와서 경운기 노타리을 하지 않코 그냥 흙을 쳐서 흙 무그리가 경운기로 4바리 정도을 버리고 4마리 량으로 한 셈이며 앞푸로 복토 흙이 어떠게 될련지 몰라도 만약에 흙을 쳧서 경운기로 실련다면 5바라만 한다면 충분이 돼리라고 생각을 가지 본다.
갯뜰에 도량보 2일 반, 쌍구름, 보아구지 일 하로, 총 3일 반 함.[280]

〈1989년 4월 11일 화요일 낡씨 맑음〉
오전에는 경수가 매기탕을 싸와서 둘리가 설치을 하는데 시간이 엄치 글리며 집배 와서 모판 온상을 만더는돼 마음이 바푸며 실지 촉 띠우는 작업을 내일 예정해는데 벼씨을 보니 일반은 이미 촉이 떠저있고 통일계 벼씨도 눈이 곳 나올 것 같다서 오늘로 촉 띠우는 것을 땅기서 준비가 들 덴 상태라 마음이 바푸며 하우서 설치을 하고 벼씨

280) 이 내용은 일기 지면 상단에 따로 기록되어 있다. '(금일은 상자에 흙 다멈)'이라고 기록하였다.

을 건저서 하요서 속에 너어두는 작업을 다 하고 보니 오후 2시가 넘더라. 그때사 노타리을 실고 모판 할려고 하니 모판까지 물이 들어오자 본답까지 스며들어 모판에 들어오는 물이 적어서 일이 돼지을 않코 일이 지연만 돼 그려자 오후 6시경에 운이가 송아지 분만 한다고 아빠을 대리로 와더라. 모판에 일은 반도 못하고 매기을 부칠라면 여간 힘이 아니며 이것을 내일로 미루며 경운기 노타리 매기 부치는 작업하며 내일 오전은 다 글리야 한다는 생각을 하니 송아지 분만 한다고 해도 엄마가 하라고 하며 정바푼 일이 생기그든 이웃 사람 데라 하고 운이 보내고 나니 이것은 자신이 잘못 했따는 생각이 머리에 쓰쳐가며 송아지는 1년에 한 번 보며 만약에 실패을 본다면 공이 돼고 마니 오늘 일은 예정보다 하로 빨리 하는 것을 변경을 해서 이른 폐단이 생기며 좋게는 생각이 돼지 않코 극정돼는 것으로 머리에 잡음이 만으며 일은 제대로 돼지 않코 해서 물만 제발 집어노코 불이야 불이야 해도 시간이 7시가 넘어가며 집배 오는데 경운기로 오는데 제일 빠른 속도로 집배 왔쓰며 집배 들어서면서 어떠게 돼어냐 물어니 암송아지라면서 이야기을 하길에 내다 버리지 하면서도 내 복에 숫송아지을 바라겟나 하면서 완도 숨을 쉬고 마랐다. 그래도 자신은 숫송아지을 바라는데 암송아지라니 서운한 마음이 앞스는구나.

지출에 … 보문대 17마지기 51,000원
대조자 석윤 씨, 석희, 동장

〈1989년 4월 12일 수요일 낡씨 맑음〉

오전에 모판을 하여쓰며 모판을 물을 안전이 빼지 않코 다시 한 번 바을 욕심으로 판위에 물이 있뚜록 하여 두어는데 모판 나갈 때에 시간과 모판이 일치할련지 몰겟다. 자신은 시간 여유가 있따고 모판 위에 물을 쪽 빼지 않코 그냥 두어서 염려가 돼는데 오전으로 끝을 내고 마랐다.

그리고 오후에는 아포조합에서 농기구 수리 봉사단이 나와서 수리한다고 경운기 몰고 가보니 농기구가 상당이 만이들 가지고 나와쓰며 자신은 발통 측을 가라늙라니 부품이 업타고 하며 시간이 만이 글린다고 하면서 안 댄다고 이야기을 하며 간단하게 손만 볼 수 있는 것이라하야 한다고 봉사단에 수리 기사가 이야기을 하길래 간단한 문제면 집배서 하지 이곳까지 일 못해가며 무었할려고 여기 오며 농민들의 도음을 줄라면 말만 그창하게 하지 말고 부품을 어떠한 교한이 될 수가 있쓰야 하며 자신이 볼 때는 형식이며 우리 마을에 한 분은 고친서 집배오니 조립을 다 하지 않코 해서 마을 어구에 오니 오일이 쏘다저며 응망이더라. 그리고 부품 값도 수리 센타보다 싸도 안터라. 자신은 부품이 업다고 해서 조합에 기사에깨 곤치쓰며 부품 값만 받는다고 해서 아포까지 가서 손을 본다고 하지 부품 값이 그저 같다면 갈 필요가 업다고 본다. 자신도 실찌 부품 값을 보니 수리 셴타와 별다름이 업고 수리 센타에 45,000원 수리을 한다면 다음에 엔만 일은 그냥 볼 수 있는 문제가 만은데 오희려 손을 본 너킴이다.

지출에 … 경운기 양 고무 발통 한 쪽 축
고정하는데 주물 부란자 손만
보는데 45,000원 소사료 5포
19,500원 화장지 2,400원
송아지 설사약 3,300원 물신
집사람, 자신 2개 5,000

야구려터 100 중신예비 우유 200원 차비 550원 전화 요금 4,220원

〈1989년 4월 13일 목요일 낡씨 맑음〉

오늘은 파종을 함. 오늘 낡씨는 바람 한 점 업쓰서 파종하는 낡씨는 아주 좋은 날씨라고 말을 하고 십다. 그리고 금년에는 벼 씨가 촉만 나와서 한 셈이며 올해가 파종은 제일 잘 했따고 생각을 한다.

오후에는 웃뜰레 모판을 안전희 만들고 아래 뜰래 모판 재차 발라서 물을 한 벌 프쓰며 모판을 일적 하니 모판 물 갈리가 힘이 들며 이재는 모판을 일적 하데래도 모판을 안전희 만들고 나서 물을 충분히 돼어주야 하게더라.

"금년에는 파종을 정심식사을 하지 않코 계속 해서 오후 1시 30분경에 맡치고 마랐다."281)

〈1989년 4월 14일 금요일 낡씨 흐림〉

금일은 재철래 파종을 하고 나서 웃뜰래 모재리 손질을 하고 비을 마저면서 당산 뒤뚝에 논 갈리을 하는데 안전희는 못하고 뒤뚝 세암까지 최 못 갈라따고 본다. 그래도 작년보다는 만이 갈란 셈이며 앞푸로 흙을 조금 너어도 경운기 작업이 들낀돼 아쉬운 점이 만타.

"금년도 상토 흙은 정학하게 맡아따고 생각을 하며 내년에도 금년 량을 하여야 하겟다."

〈1989년 4월 15일 토요일 낡씨 비〉

오늘은 영권내 벼 씨 파종을 하면서도 오늘이 처 어머님 생신이며 문경 처재 부부가 아주 오랜만에 왔따고 하여 오라고 열락을 하는데 우리 조에 일하는데 빠저나오지 못하고 오전만 둘리가 그들고 오후에는 경화내 형수을 품을 대고 순달이 오트바이로 둘리서 처 어머님 생신에 참석 하로 같쓰며 자신은 을마 돼지 않는 거리에 살면서도 처 어머님 생신에는 참석을 하지 않코 집사람만이 매년 빠점이 업씨 보내고 하여쓰며 자신은 마음은 나의 어머님이 안 계시니까 처 어머님을 나의 어머님이라고 선기고 못 다한 어머님 사랑을 처 어머님에깨 다 할려고 마음을 버린 적은 업쓰도 실찌 행동을 못하고 있는 자신을 늒 꾸짓고 살라가는 실정이며 자신을 가만이 생각을 해볼 때에 맡당한 옺이 업쓰서 사랑하고 선기고 십은 행동을 하지 못하고 있따는 것이 한편으로는 아들이라는 생각과 하잘 것 업는 옷 때문에 어머님 보고 십고 가서 안아 주고 십은 어머님을 행동으로 못하고 늒 마음에만 간직을 하고 있는 자신을 어떻게 해야 용서가 될련지 모러개꾸나. 금년에는 잠쉬 정심식사만 하고 남의 일 때문에 와버리찌만 어머님 얼굴이라도 보고 왔쓰니 나의 머리는 어머님 생각이 잠시라도 살라저는 너킴이 상캐하다고 말을 하고 십다.

"오늘 순달이 오트바이 같다주로 같뜬이 순달이 부인이 크피 셋트을 주는데 자신 혼자 할 수가 업쓰서 큰집과 반을 나누어 같짓다. 그리고 자신은 아이들 과자 한 개도 사들고 가지 못하고 간 것이 조카들에깨 미안감이 들며 돈 1,000원만 과자을 사들어도 자신의 인사는 데메 아들 보기에 미안한 점

281) 이 내용은 일기 지면 상단에 따로 기록되어 있다. '파종함'이라고 기록하였다.

이 업쓸땐데 나의 생각 부족으로 상당이 조카들예깨 미안한 감을 만이 밭다따고 생각을 한다."
지출에 … 거름 소그리 … 3,000원

〈1989년 4월 16일 일요일 낡씨 비〉
비가 올라고 더니 비가 만이 오며 인간은 7년이 가뭄이 돼어도 하로만 더 참아 달라는 것이 사람이라던니 파종한다고 단 하로만이 안전한 빛을 보고는 그 뒤로는 빛을 보지 못해서 비가 오지 않코 맑은 낡씨을 보여주어쓰며 하는 바람이다. 실찌 오래 가뭄이 데어서 비는 와야 한다고 본다.
"금일은 온상 안에 있는 파종한 벼 씨을 낡씨가 맑은 날을 보이지 않아서 온상 안에 벼씨가 잘라지을 못했쓸 것이다 하고 보지을 안아더니 위에 잇는 것은 너무들 잘라서 뿌리가 종이을 뜰고 밑태 상자까지 이에 들어간 것이 만이 있쓰며 실찌 한 번식 더비는 낡은 어재인데 오늘 더비서 너전 것이 표가 나는구나. 앞푸론 낡씨가 어떠뜬 이뜰 밤만 자고나며 더비는 작업을 꼭 해야 하겟다."

〈1989년 4월 17일 월요일 낡씨 흐림〉
금일은 육모 상자 온상에서 본답으로 나갈 쓰며 원칙으로 한다면 내일 본답에 낼 작정을 하여는데 어재 더비면서 보니까 곰팡이가 들로[더러] 보이며 곰팡이 때문에 하로 일적 낸 셈이다. 그리고 땅 위에 재발 나온 것을 본답에 내서 잘 자라줄까 하고 염려가 돼고 있다.
그리고 금년에는 대신 사람들이 서들며 우리 마을 사람은 자신이 두 번째라고 생각을 하며 대신은 그진 나와따고 해도 무리대는 말은 아닌 것 같다.[282]

〈1989년 4월 18일 화요일 낡씨 맑음〉
금일은 세집배 바시내이 밭테 삼동추 시금치을 안전이 올리내고 시금추와 상동추을 먹도 못하고 토기가 다 먹어따고 해도 가연이 아니다. 그리고 노타리을 쳤는데 봄에 일적 쳐며 경운기가 수란대 요줌 철라니 경운기가 무리가 가더라.
"그리고 웃뜰 모재리는 도구에 물을 넘어다. 대신 사람들은 파종을 하고 삼 일만에 본답에 나온다는데 우리 마을 사람들은 6일이 돼어야 본답에 나가니 어느 것이 좋은지 알 수가 업꾸나."

〈1989년 4월 19일 수요일 낡씨 맑음〉
육모 상자 온상에서 본답으로 오늘 내는 사람이 알맡다고 생각을 한다. 그리고 재철내 오늘 내는데 모가 알맡게 잘 자라따고 생각을 하며 오늘이 한방구라고 생각을 하며 만은 량은 다들 했따고 생각을 하며 이재 난은[남은] 사람들은 아주 소수라고 생각을 하며 그리고 요줌 피곤한 감을 자신 혼자만 너키는 기분이먀 작년에만도 잠자리 들어슬 때 이처름 피곤함을 몰란 기분인데 금년에는 잠자리 들어쓰며 강아지 알련 소리을 하며 피곤함을 상당이 만이 너키는 것은 사실이다.
"오후에는 당산 밭에 두엄을 경운기로 세바리 실어내는 작업으로 오늘 일과을 보내고 마랐다."

---
282) 이 내용은 일기 지면 상단에 따로 기록되어 있다. '(육모 상자 본답에 냄)'이라고 기록하였다.

〈1989년 4월 20일 목요일 낡씨 맑음〉

영권내 모판 본답에 내고 오후에는 웃뜰래 모재리 종이을 벗키고 보니 우선 보기에는 모가 깨끗하고 키가 아주 만이 잘라더라. 낡씨가 여름 기온이 돼고 하니 모들이 만이 잘라는 것 같떠며 땅 위에 재발 난 것은 키가 차이가 만은데 같이 잘라줄란지 몰갯꾸나.

"그리고 요줌 노사 분규가 공장, 병원 다들 앞다투며 노사분규을 하며 너무들 경렬하게 하며 그리고 노사 분규에 대학생들이 참석을 해서 경렬하게 하는 이유을 몰겟쓰며 부모가 대학을 시키는데 여유가 만아서 시키는 사람도 있찌만 대다수가 허리끈을 졸라매고 먹고 십은 음식 참아가면서 대학을 시키는 부모들은 자식이 공부는 하지 않코 노사 분규 하는데 참석을 해서 경렬하게 하는 짓을 본다면 피을 토화고 죽을 일이다." 그리고 대모을 하는 자와 대모대을 막는 자와 다들 우리 국민이며 돌을 떤지고 화염병을 떤지며 그것이 다들 누구에께 가며 이것이 다들 누어서 춤 뱃는 일이며 생각을 할수록 한심서렵다.

그리고 기자들도 양심이 업는 사람들이다. 외냐하면 기사을 쓸 때에 양심으 보도을 하며 그렸땐 것은 사실대로 보도을 해야 하는데 가만이 보면 기자들이 다들 대모, 노사 분규 편에서 기사을 쓰며 외을 들며 대모하다 부상이 나면 엄청나게 보도을 하며 경찰들이 부상이 나며 조금하게 보도가 돼며 아예 보도가 돼지 않는 일이 만타고 보며 이것은 노사 분규나 대모나 경렬하게 하는 자는 올코 막는 국가는 잘못이란 말인가. 국민들이 아직은 성숙이 대지 않아따고 말을 하고 십프며 정취인들 정말 노고가 만타고 생각을 하고 십다.

〈1989년 4월 21일 금요일 낡씨 맑음〉

금일은 아래 뜰래 모판에 종이을 벗키보니 모 끝이 하야게 돼어있쓰며 웃뜰래는 모가 백색이 업고 모가 아주 깨끗하더니 아래들은 외 모 끝이 하야게 돼어 있는 것을 분석을 해보니 아래들은 아침 일적 내고 그날따라 낡씨 차가어서 냉해라고 생각을 한다. 웃뜰래는 아래뜰 내고 웃뜰을 내키 때문에 그때는 12시경이 돼어서 기온이 따뜻하기 때문에 냉해을 받지 않아서 모가 깨끗하다고 생각을 한다.

내는에는 본답에 모판이 나갈 때에 기온 참작을 만이 해야 한다고 생각을 하여야 함. 우리 혜지 공부을 하는 것을 보니 아빠의 마음을 실망을 시키쓰며 자신은 아포고등학교에 그냥 두며 상위급이 돼며 공부 의욕이 생기서 공부을 할 줄 알라는데 그 반대가 돼며 성적이 떨어저며 저의 반에서 16등을 하는 것을 보며 들어갈 때보다 성적이 내리는 것을 보니 이 아빠는 학교 한번 시키볼라고 노력을 하여는데 그 대까가 살라저가는 너킴이며 큰 실망이 아닐 수 업쓰며 혜지, 운이는 기대할 수 업는 느킴이며 부모가 못 바운[배운] 대까을 자식에께 소원 성취을 할려고 들은 자신이 허망하기 짝이 업는 낡이 돼고 마랐다.[283]

〈1989년 4월 22일 토요일 낡씨 맑음〉

금일은 앞밭데 김매기을 하여쓰며 작과일

283) 이 내용은 일기 지면 상단에 따로 기록되어 있다. '(기온 참작해야 함)'이라고 기록하였다.

이 아직은 만이 달릴련지 낙화가 델련지 알 수가 업쓰며 예감에는 금년에는 풍년이 한 번 대지 않을 하고 생각은 던다. 그리고 오후에는 모재리을 한번 돌라보니 모 끝이 힌 빛이 줄어더는 너킴이며 우선 보기에는 될 껏 같꾸나. 이번 감기가 우리 모판 낼 때부터 코감기가 들어서 이번에는 감기약을 싸 먹지 않코 견뒤볼 작정으로 오늘까지 버띠 왔는데 오늘 저녁에는 정말 참기가 어려어며 자신이 약을 진작 사먹을끌 하고 후예가 돼며 내일은 어떠한 일이 있쓰도 감기약을 사먹고 바야 하겟따는 결심을 하고 마랐다.

〈1989년 4월 23일 일요일 낡씨 맑음〉

요줌 비가 푹 와주어쓰며 하는 바람인데 비가 오지을 안타값키 짝이 업꾸나. 밭작물들이 가뭄이 들고 있쓰며 잔씨값씨가 가뭄 때문 나지을 안는 실정이다

그리고 앞밭데 김매기을 오늘로 안전이 하여쓰며 고추밭 김매기도 안전이 한 셈이며 이재는 당산 밭만 김매기을 하면 돼는데 뒤로 미루고 내일부터는 논두룸을 손질을 해야 두룸에 하는 데 시간을 주릴 수가 있키 때문에 그 방향으로 작업을 해야 한다.

"요줌은 야당 총재들이 시국이 어집렵따고 하면서 국가 안정을 가지야 한다면서 김대중, 김영삼, 김종필이 세 사람이 국가 안정을 가지기 위해서 협상이니 손잡고 일하자는 소리을 하는 것을 볼 때에 얄미운 감이 들더라. 외냐 이재 와서 협상이 안정이니 해바야 손예을 다 보이고 안정을 차저바야 손실된 것은 어디에서 변상이 돼며 이재와 안정을 차절라면 쉽게 돼지을 안으며 부채질하지 안아따면 이처름 국가 홀란이 오지을 안을 껏을 이재 와서 야당들이 시국이 불란하다면서 극정을 하는 이유을 몰개따."

"오늘은 혜지 생일인데 포장류라도 사와서 해주라고 집사람에깨 이야기을 했든이 아빠가 감기라서 돼지고기 나푸다고 사지 않아따면서 달라전 것이 업씨 미역국으로 혜지 생일을 띠우기 댄 것이 혜지 보기에 미안어며 혜지 보고 생일 그냥 너어가며 고기 반찬이 업쓰서 미안타 하고 이야기을 하니 아빠 생신 때도 아무것도 하지 말라고 이야기을 할 때에 속으로 서운한 것 같떠며 볼만이 만은 모양이며 실찌 집사람이 잘못해따고 생각을 한다. 여화튼 오늘 자신이 식사 시간에는 상당한 미안감을 가짓다."

〈1989년 4월 24일 월요일 낡씨 맑음〉

당산 논에 두룸 깍는 작업고 물을 너어서 모내기 준비을 한 셈이며 이재는 논에 물을 돼어서 모내기 할 준비도 할 때가 돼어다고 생각을 하며 농사일은 쓰스이 하여두며 아주 수란 편이다.

"그리고 작과일 기대을 하여더니 열매가 전연 업쓰며 양 밭에 다 바야 말찬가지며 과일 풍년이 저야 생활이 수란대 과일이 업쓰니 허전한 마음 검할 길 업꾸나."

〈1989년 4월 25일 화요일 낡씨 맑음〉

금일은 자신의 생일이며 별로 차린 것은 업쓰도 여릇이 나누어 먹으니 좋으며 정심은 큰집배서 생똘배이 먹어쓰며 돈이 만으며 음식도 푸짐하게 하여서 이웃까지 소리을 해서 음식을 나누어 먹고 십은 심정이나 아직은 그른 여유가 아니라고 생각을 하고 있다.

"오늘은 웃뜰 봇밭에 참깨 갈려고 이량을 안전이 짓어나쓰며 약까지 살포을 하여두

어쓰며 앞푸로 비만 온다면 파종을 할 작정이다."
"그리고 자신 모가 우선 보기에 아주 좋으며 하로가 다루게 크며 비누류 속에서 너무 좋으니 극정이 돼는 구나."

〈1989년 4월 26일 수요일 낡씨 맑음〉
오전에는 물 막아너는 보을 하여쓰며 금년 들어서는 물 막아넌는 보는 쵳날이며 요줌 보는 일적 서들어 자기 일하로 가는 시간쳐름 해야 하며 자신은 오늘 일적다고 모재리을 천천이 돌라보면서 같뜬이 이미 작업을 지작을 하여더라. 이것을 볼 때에 일은 서들어야 하며 개니 남외깨 미안한 점을 가지야 하며 바쁜 거름을 쳐야 한다.
오후에는 세집배 바시내 밭테 참깨 갈 곳이랑을 만드는 것으로 하로 일과을 보내고 마랐다.

〈1989년 4월 27일 목요일 낡씨 맑음〉
금일은 모판에 물이 올라오두록 돼어다 패냄. 그리고 모판에 통풍을 시킬 때는 반드시 모판 위에 물이 이쓰야 함. 모판에 물이 적어며 잎이 마르는 현상이 만아전다.
그리고 오늘부터 두룸과 봇뚝을 시작을 함.

〈1989년 4월 28일 금요일 낡씨 맑음〉
요줌은 논들마다 물을 잡는 돼 분주한 낡을 보내고 있다. 그리고 오늘은 아주 추운 너킴이 들며 일기가 고루잔아서 어린 모들이 곤욕을 치루리라고 생각을 한다. 사람도 일기가 고루잔아 감기을 싸고 도는 판이다.
"세월이 이처름 빨리 가는 것을 재삼 너킬수가 있쓰며 4월이 눈 감짝할 사이에 다들 지나가버리며 세월이 빨리 간다고 하며 여사로 여기지만 실은 내 인생이 이처름 빨리 늙어간다고 하며 서운한 감을 아니 가질 수 업꾸나."

〈1989년 4월 29일 토요일 낡씨 맑음〉
웃뜰래는 물을 안전이 잡아쓰며 올해는 논에 물을 잡는 사람이 적으며 서들어 하는 사람이 적은 것 같다.
그리고 오늘 이앙기 수리할려고 나왔다 대동 대리점에 휴업이라고 해서 이앙기는 곤치도 못하고 이왕 내친 김에 작과 약을 사오고 마랐다. 작과일도 업는데 약값이 만이 들어가니 서운하구나. 자신은 양 군데 550짝을 기대을 하여는데 우선 바서는 반을 수학을 할 수 있쓸까 하고 극정이 돼는구나.[284]
지출에 … 삽 2,500원 화장지 200원
감기약 900원 재초제 1,300원
참깨 비누류 5,500원
計 9,400원[285]
작과약 외상 28,000원

〈1989년 4월 30일 일요일 낡씨 맑음〉
금일은 선둘 동서 아들 결혼식을 올리는 날인데 집사람만 보내고 자신은 아이들 대리고 모재리 잘록병약, 다찌가랭약을 살포하여쓰며 자신은 너무 독단적으로 행동을 한다고 생각을 할련지 모련다. 외냐 자신이 갈 자리든 집사람이 갈 자리든 막론하고 집사람만 보내고 말며 이것은 출타을 할련이 입

284) 이 내용은 일기 지면 상단에 따로 기록되어 있다. '종합 농사 약값 28,000원 4月 29日 6.5발통'이라고 기록하였으며 글자를 동그라미로 그려놓았다.
285) 실제 계산은 10,400원이나 9,400원으로 잘못 기록하였다.

고 갈 옺 하나 재대로 업쓰서 씰찌 고개을 만이 숙이는 편이며 못다한 인사을 자신이 생각을 할 때에 개렵따고 말을 하고 십다.
지출에 … 부주 선둘 동서 아들 결혼
20,000원

〈1989년 5월 1일 월요일 낡씨 맑음〉
작과 밭에 약 살포을 하여쓰며 약을 살포을 하면서도 과일이 전연 업쓰서 정말 약 쳐기도 아갑을 정도며 약 갑이라도 생산이 될까 하는 심정이며 당산에 세밭에는 수풍년 업씨 만이 달리든 곳도 자신이 하니 과일이 업쓰니 자신은 과일 농사가 안대는구나 하는 생각이 들어가며 과일에 재미을 부쳐볼 수가 업꾸나.

〈1989년 5월 2일 화요일 낡씨 맑음〉
오전에는 세집배 바시내이 작과 밭에 약 살포함. 약량은 2섭을 하니 충분이 하게더라.

〈1989년 5월 3일 수요일 낡씨 맑음〉
금일은 우리 조에 이왕기 수리하로 대동대리점에 갈뜬이 손볼 것이 만더라. 그전에는 수리할 것이 업쓰서 그냥 같다 손만 보고 온 셈이며 금일은 교환 품목이 만아서 시간이 만이 걸일 뿐 아니라 돈도 제법 만이 들어간 셈이다. 수리비가 60,000원 이상이며 고{기} 갌, 술 갌 67,700원 지출이 난 셈.
노사 분규 대학생 대모가 경열해가든이 결국은 부산동이대학교에서 방화로 경찰 6명을 사망을 시키쓰니 이것은 용서을 할 수 업는 일이며 이것은 살인제로 다스리야 하며 국민의 한사람으로서 음중하게 다스리야 하며 건물 파게자는 당연이 변상을 시키야 하며 앞푸론 기물 파게자는 법대로 처벌을 해서 다시는 파게자가 업는 시위는 업쓰야 하며 노사 분규든 대학교 학례 문제든 법에 어건나는 일들은 법에 따라 처벌을 시키주어쓰며 하는 생각이다. 그리고 정부가 끌려다니는 정취을 하지 말고 가감하게 각이 나두록 정취을 하여주어쓰며 하는 생각이다.
지출에 … 김 갌 1,000원 오뎅, 닥강,
쏘세지 1,500원
計 2,500원

〈1989년 5월 4일 목요일 낡씨 맑음〉
요줌은 모판에 비누류을 낮재는 벗키고 밤에는 덥버주는 작업으로 일과을 보내는 실정이다.
오후에는 큰골 목리자 부역을 하는 것으로 하로 일과을 보내고 마랐다.

〈1989년 5월 5일 금요일 낡씨 맑음〉
오전에는 모판 비누류 벗키고 오전을 보내쓰며 그리고 비가 와야 일손이 바빠저는데 비가 오지 않으니 할 일 업쓰며 어영부영 하로을 보내며 비가 너무나 안아서 가뭄이 시급하며 요때 배가 한번 푹 아야 농사일이 편한데 극정이 돼는구나.
그리고 오후에는 정자못 작자들이 수로 작업을 하여쓰며 자신이 못 책임자을 2年동안 보고 못 감독을 성노에 미라주어쓰며 이것을 하니 소득 업는 일로 신경을 만이 쓰게 돼며 사람이 앞을 갈 때는 가야 하지만 뒤따라가는 것이 제일 편한 것이라 생각을 하며 오늘로의 못 책임을 벗게 돼어다.
이번 부산동위대학교에 경찰 6명 사망으로 대학생이나 글로자나 경열하게 시이를 하는 것은 상방 간에 손예라는 것을 너키며 이번 일로 대학생들이 반선을 하는 기미가 만으며 이것은 진작에 반성을 하여야 할 일들이며 이번 경찰 6명이 불래 죽은 것으로 정부가 이급한 고비을 넌기따고 해도 무리 돼는 말은 아니며 이번 동이대학교 대모 주동자는 엄별을 취해도 재의 대까을 다할 수 업쓰며 정부에도 강력하게 정취을 하여서 이른 불상사 일어나지 않투록 하여주어쓰며 하는 심정이다.

〈1989년 5월 6일 토요일 낡씨 맑음〉

금일은 모판에 비누류을 밤에도 덥프주지 않고 그냥 두어쓰며 비누류을 작년보다 안전이 벗긴 날을 본다면 일주일은 빠르다고 생각을 한다.

그리고 노타리을 할 준비로 두룸을 깍고 이재는 노타리 준비을 하고 있다.

그리고 당산 밭을 자신으로 바서 밭을 처음 산 것이며 적으나 과일이 달려쓰며 매일 가도 실정이 나지 안을 끝인데 시간이 있쓰도 가고 십지 않으며 당산 밭에는 가고 십지을 안쿠나.

자신이 밭을 사지 않코 논을 사며 돈이 남는 돈이며 만약에 논을 사따면 백만 원 구진 돈이라고 보는데 금년에 밭에는 오십만 원도 못할 껏 같떠며 금년에 음청난 적자라고 생각을 한다.286)

지출에 … 경운기 오일 3,500원 노타리발 800원 용접 200원
計 4,500원

〈1989년 5월 7일 일요일 낡씨 맑음〉

웃뜰래 노타리을 하는데 오전에 다 할려고 마음먹고 일을 하여는데 오전 시간 가지고는 도저희 할 수가 업더라. 노타리을 다 할려고 들며 오후에 일적 가서 작업을 한다면 다 할 수가 있캐더라.

지출에 … 세 값 1,000원

〈1989년 5월 8일 월요일 낡씨 맑음〉

아래 들래 노타리을 하는데 두룸을 깍가가면서 노타리을 할려는 세 단지 박에 못하게 쓰며 이제는 서양바실에만 남은 셈이다. 서양바실에는 비가 와야 논 장만을 할 수가 잇따고 보는데 낡씨가 너무 가뭄 편이다.

〈1989년 5월 9일 화요일 낡씨 맑음〉

오늘은 모판에 비누류을 철수하고 살충제약을 살포함. 그리고 웃뜰 모판에는 유안거름을 2kg정도 함.

오후에는 당산에 잡초약을 살포하고 나니 동내 아주마들 삼 명이 여기는 과일이 을마나 달린나 하고 구경 좀 하자면서 밭을 구경을 하는데 정말 업따고 이야기을 하며 과일이 내년에는 안 달리도 올해는 밭을 돈을 만이 주고 싼 것이 금년에는 만이 달리야 재미가 있는데 하고 극정들을 하더라. 자신도 금년 이후는 안 달리도 금년에는 사랑땜으로 과일이 만이 달리야 돈을 투자한 진맡을 가질 수 있는데 하고 황상 극정을 하는 편이다.

지출에 경운기 후앙[팬] 벨트 1,200원
잡초약 4,200원
計 5,400원

---

286) 이 내용은 일기 지면 상단에 따로 기록되어 있다. '종합 영농사 외상 제초제 만드리 빡스 48,000원'이라고 기록하였다.

〈1989년 5월 10일 수요일 낡씨 비〉

이번 비야말로 천금을 준다 해도 살 수 업는 값으치 있는 비가 돼어꾸나. 이번 비가 농민의 일손을 을마나 만이 들어준 것인지 말로 표현을 할 수 업는 고마운 비라고 생각을 한다.
그리고 우리 혜지 편지가 우포가 부터서 아빠 앞으로 편지가 와더라. 편지 봉투을 떠더서 내용을 일어보니 아빠의 고마운 마음 다 가지고 있쓰며 우리 혜지가 이처름 성숙이 돼어꾸나 하며 대견서렵더라. 우리 혜지는 마음은 열심이 할려고 하는데 잠이 만나서 마음과 행동을 일치가 돼지 못해서 이 아빠는 극정이다.
웃어른들의 말씀이 자식 농사을 잘 지어야 한다고 헌이 이야기을 하더니 그 말이 여사로 들어더니 그 말이 곡 맡는 말이다. 자신은 이미 공부을 못해서 공부 원을 자식들에깨 풀어볼 욕심으로 자신은 열심이 했노라고 말을 하고 십프며 자신만이 열심희 해도 안 댄다고 생각을 가지 밧쓰며 나 자신은 요즘 생각을 해보며 혜영이나 기대을 해볼까 하는 마음이며 혜지, 운이는 마음의 결심이 서지 않으며 잠을 이귀지 못해서는 공부을 할 수가 업다.
"이 아빠 너위들이 공부을 하지 않코 있쓰며 이 아빠 일하기 실어저며 이 아빠는 너위들 때문에 매일같이 땀을 흘리고 있쓰며 이 아빠 실망하지 않캐 열심이 했다오. 너위들이 열심희 해도 돼지 않는다면 이 아빠 서운하지 않으리라."

〈1989년 5월 11일 목요일 낡씨 비〉

당산 논이 논 갈리한 것이 매말라서 허여게 그냥 있는 모섭 볼 때마다 예가 타더니 이번 비로 논에 물을 그득 잡아서 오늘은 비을 마저가면서 모내기 할려고 논장만을 해도 서급프지 않코 힘이 생기며 일이 저절로 돼는 너킴으로 오늘은 일을 하여다.
이재는 당산 논은 모내기만 하면 돼두록 돼어 있다.
"이번 비가 조금만 더 왔따면 봉답에도 잡을 수가 있는데 봉답에 물 잡을라고 열심이 뛰어다니도 비가 약빨라서 잡지 못해 서운한 감은 있쓰니 당산에 물을 잡아서 만족을 하여야 하게꾸나."

〈1989년 5월 12일 금요일 낡씨 맑음〉

금일은 웃뜰래 채소밭을 채소만 갈려고 하니 매년 채소가 만아서 금년에는 참깨을 갈려고 참깨 씨을 너어쓰며 금일은 참깨 씨 뿌림을 하는 날처름 봇밭에는 사람들이 하야며 참깨 씨 뿌림을 하는데 다들 손길이 바뿌구나. 오후에는 세집배 바시내이 참깨 씨 뿌림을 하두록 비누루만 갈라주고 서양 바실래 두룸을 하는 것으로 하로 일과을 보내고 말라다.
"낡짜도 대지 않는 것을 송아지을 기다리쓰니 소가 생각을 하는 동물이라면 을마나 어리석따고 욕을 하겠나. 수정 날짜을 재수정을 한 것을 처음 수정한 낡짜로 생각을 하고 송아지 분만 한다고 기다리쓰니 자신이 의이가 업쓰서 웃고 마라다. 이것을 재수정을 한 것을 일기장을 들추어서 보니 재수정 했따고 기록이 돼어서 알라쓰니 사람이랑 황상 기록을 하야 한다는 것을 한 번 더 너킨 셈이다."

〈1989년 5월 13일 토요일 낡씨 맑음〉

웃뜰레 두 단지 거름 8포 헌치고 동스리질

만 하는데 오후 1시까지 하여쓰며 자신은 오전에 할 수 있다고 본 것이 시간이 상당이 지연이 돼며 내년에는 오후 시간에 한다면 수라게 할 수 있따고 보며 시간 여유을 가지고 작업을 할 수 있따고 보고 있다.
오후에는 서양바실래 노타리을 쳐고 깊은데 쓰리지을 하는 것으로 하로 일과을 보내고 마랐다.
노태우 씨가 연속 불운만 닥치며 누군가 훌란을 줄려고 조정을 하는지 어떠게 순탄하지 못하고 불란 집배 부채질만 하고 있는 식이다. 노태우 대통령이 국가 안정을 할려고 노력을 하는데 민정당의 국회원 수가 적으서 힘을 쓸 수가 업쓰서 그른지 이끄러 가는 것이 힘이 업는 것이 결점이라고 말을 하고 십다. 이번 변사채 발견 조선대 이철규 죽음이 또 다시 홀란을 몰고 올 것이며 이철규 씨가 대모 주동자며 학생들은 이철규 씨가 정부 고문의 죽음이라면 학생들은 농성을 부리는 것을 볼 때에 노태우 정취가 고비가 돼지 않을까 하는 염려가 돼며 이번 이철규 씨가 사실 경찰 고문의 죽음으로 시채가 버리젓따면 이것이 망우리가 어렵따고 생각을 하며 이 일이 만에 하나라도 고문의 죽음이 아니야 국가의 혼란을 억재을 해갈 수 있따고 보며 이번 사건이 의심이 업는 수사가 필요하다고 본다.
지출에 세 값 900원

〈1989년 5월 14일 일요일 낢씨 맑음〉

"오늘은 당산에 모내기 할려고 날을 바다쓰며 오늘따라 바람과 추위 때문에 도저이 할 수가 업더라. 오늘 낢씨는 안전 겨울 낢씨라고 말을 하고 십프며 안전 겨울 옷을 입고 작업을 하여도 덥지을 안으며 자신 알기론 오월 달래 이처름 추위을 몰고 온 적은 업따고 생각이 더는구나. 금일 복판에 논 골러는 작업과 당산에 모내기을 연기을 하여서 당시 동쓰레질을 하는 것으로 하로 일과을 보내고 마랐다. 조선대 이철규가 익사라고 정부에서는 발표을 하여서며 학생들이나 가족은 익사로 죽을 사람이 아니라면서 그진말 하지 말라면서 농성을 부리고 있쓰며 조선대 농성 지휘자라서 이 사건이 의문이 업두록 수사가 돼어야 학생 농성을 잡을 수가 있찌 그러치 않코는 홀란이 더해갈 끄라는 예상을 해보며 수사 기간에도 예로점이 만타고 생각을 해본다. 외냐하며 학생들이 미드줄란지 참 어러운 문제가 돼지 않을까 하고 생각을 가지 보며 이번 조선대 이철규 죽음만 아니며 시국이 안전 길로 들어가는 길목에서 이철규 씨 죽음이 가로막아따는 것이 가슴 아푼 일이라고 생각을 한다. 학생들의 시위 방화로 경찰 6명 죽음으로 노사 분규와 대학생 시위가 안전을 잡아가며 대학생들도 폭력과 방화, 화염병은 사용은 하지 않캐따는 것을 발표을 하여가며 한참 온정이 열기을 더해가는 이때에 이철규 죽음이 가로막아따고 생각을 가지며 이철규 바람에 학생 시위 방화로 경찰 6명 죽음이 허땐 죽음이 대고 마는구나. 아쉬운 감을 검할 길 업꾸나."

〈1989년 5월 16일 월요일 낢씨 맑음〉

웃뜰래 굼은 비료 헌치고 동서리 장쓰리질을 하니까 오전 시간이 다 가며 오후에는 두 단지 장쓰레질을 하니까 아주 일적더라. 매년 오늘 일한 것 처름 해야 경운기가 굼에 한 번 들 가는 계산이 나오며 굼논에 노타리 발을 키아서 돌라나올라면 상당은 시간이 소요

댈 뿐 아니라 경운기가 상당한 무리가 가기 때문에 사람이 신경을 만이 쓰게 된다. 오늘은 가만이 생각을 하며 논 자리마다 한 번식 다들 들린 셈이며 물량을 다들 조절했쓸 뿐 아니라 일을 여러 가지로 하여쓰며 제일 만이 일을 했따고 생각을 하여 오늘 일과는 정말 바푼 일과을 보낸 셈이다.

"그리고 오늘 저녁 12시에 송아지 분만함. 송아지는 숫송아진대 아주 메말라서 송아지가 적더라. 이번 송아지는 자신이 기대한 대로 숫송아지이지만 적으서 서운하지만 아패 송아지 놀 때는 암송아지라서 아주 서운했는데 오늘은 그러치 않코 조금 서운감이 더는구나."287)

지출에 … 셋값 900원

〈1989년 5월 16일 화요일 낡씨 맑음〉

오늘 개핵한 것은 아래들에 셋 단지 거름과 동스레질만 할려고 여정을 하고 작업을 했쓰며 이것을 하고 나니 일적으서 장스레질을 내일 오전에 할려고 예정을 한 것이 오늘 다 해버릴라니 힘이 들더라. 그래도 어찌로 참아가면서 너깨까지 일을 작업을 하니 내일 오전 일을 앞당겨일 수가 있쓰다.

지출에 … 셋값 900원

〈1989년 5월 17일 수요일 낡씨 맑음〉

금일은 18日 모내기 할 때에 모판을 혼자 띠어서 본답에 갈다놋는 작업을 3단지을 오전 내 하여쓰며 금년에는 모판이 흙이 만이 부터서 힘이 만이 들어다.

오후에는 당산 논에 모내기을 하는데 모판수가 생각보다 만이 들어갈쓰며 매년 모판이 적으서 신경이 쓰여지며 내년에 모판을 더 사스 모판 극정업는 모내기을 해보자 하는 생각이 더는구나. 이앙기 모판이 충분해야 한다고 생각을 한다.

"그리고 어제 오전 일을 앞당기지 않아따면 오늘 일이 쑤세범벅[뒤범벅]이 될 뿐 했다 하는 생각이 자신의 머리에 여르 번 쓰쳐간다."

지출에 … 경운기 부속 값 3,500원

〈1989년 5월 18일 목요일 낡씨 맑음〉

"웃뜰래 모내기을 함. 올해는 표준에 심지 않아도 한 단지 모판 수가 74개식 들어가니 올해는 모판 수가 만이 들어가는구나. 금년에 표준에 심어보지 못하고 모내기을 다하게꾸나."

"사람은 자식 농사을 잘 짓어야 된다고 하더니 자신은 자식 농사는 안전이 숭년 농사을 짓고 있따고 생각이 들며 아들 하나 있는 것이 그짓말만 살살하고 자신이 때리 죽일 놈 해도 그때뿐이고 여전이 학교길에 오락실부터 들리고 학교 간다니 기가 찬다. 자신은 해볼 때로 내 머리로서 생각을 해서 다스리바도 아이가 들어주지 않으니 이재는 어떠게 할 수도 업고 손도 될 수가 업쓸 뿐 아니라 속색무책이라고 해도 가연이 아니며 자신은 부모 속 한 번 썩이지 않코 자라왔는데 자신은 외 속 썩이는 자식이 태어나서 이처름 곤욕을 줄까. 이 아빠 혈압 올라 오래 못 살 정도로 고통을 주는구나. 너의 아빠 너위들래깨 희생 한번 할려고 십원 가지고 발발 떨어따고 해도 가연이 아니며 이래 살라온 이 아빠을 벌쓰 실망을 주

287) 이 내용은 일기 지면 상단에 따로 기록되어 있다. '(송아지 분만)'이라고 기록하였다.

는냐. 정말 한심스렵꾸나."

〈1989년 5월 19일 금요일 낡씨 맑음〉

금일은 서양바실래 장쓰리 동쓰리 한껐번에 다 하고 물을 충분이 돼어서 비료 거름을 위에 하여서 거름 소암이 어떠게 날련지 알 수가 업꾸나. 이것은 쓰리물만 잡아서 거름을 하게 돼며 모내기을 하기 전에 물이 말을 껏 같다서 반대로 거름을 한 셈이다. "오늘은 속이 상해서 죽을 뿐 했다. 외냐하면 모판에 모판을 뛰어놀라고 같떠니 모 상자을 33판을 경운기로 안전이 갈라서 응망을 만들어 노아더라. 이것을 본 자신은 차저며 낮으로 죽일 작정을 하고 이리저리 뛰어다니쓰며 물어니 아무도 못 밭따면서 입을 다물더라. 그래서 자신은 불안하며 이것을 차저야 결판을 내지 하며 뛰어다니며 무려니 손만원이가 술이 치해서 그래따고 알리주더라. 그래서 만나면 죽일라고 온 들래다 차고 집배 와도 사람을 만나지 못해쓰며 그러자 시간이 지나니 속이 풀리며 손을 돼어서는 이득이 업따는 너킴이며 마음이 죽어더라. 오늘 오후는 자신의 마음이 하나도 업는 오후라고 본다."

〈1989년 5월 20일 토요일 낡씨 맑음〉

혼자 모판을 닷섯 단지 띠어서 모내기을 할 곳에 갈다놋는 작업과 모재리 쓰리는 일까지 할려니 정말 바푸며 농촌 생활이 요련 결점이라고 말을 하고 십꾸나.
"오늘 모판을 안전이 뛰어서 본답에 같다노니 금년 농사는 다들 짓은 너킴이 더는구나."

〈1989년 5월 21일 일요일 낡씨 맑음〉

"금일은 모내기을 하여쓰며 아래 뜰 13마지기을 모내기을 하여쓰며 순달이가 와서 이앙기을 몰라서 자신은 모내기을 하여찌만 제일 편한 날이 돼고 마랐쓰며 순달이 때문에 정말 수래쓰며 오늘 잠자리에 꽁꽁 알치나 안을란지 몰개꾸나. 정말 고맙더라. 이재는 봉답에 모내기을 할 곳이 있찌만 이재 금년 농사는 다들 짓은 너킴이며 금년 해가 다들 같꾸나 하는 너킴마저 더는구나."

〈1989년 5월 22일 월요일 낡씨 맑음〉

웃뜰래 제초제을 올해는 제일 좋은 약 마드리을 사용을 하여쓰며 한 봉다리에 6,000원 하며 마세트는 1,300원 하는데 좋은 약을 사용을 할려고 하며 부담이 만아전다. 웃뜰 세 단지 물 되어가면서 재초제을 헌치는데 오후 3시까지 하는데 자신이 무리하게 일을 하여따는 생각이 들며 배가 곱파서 논에 만데로 다닐 수가 업쓸 정도로 하여쓰며 자신도 일을 하면서 무리하여서는 안 데는데 하는 생각까지 들더라.

〈1989년 5월 23일 화요일 낡씨 맑음〉

금일은 큰집에 모내기 하는데 그들어쓰며 오후 5시에는 이앙기 고장이 나서 대동 대리점에 수리하로 갈쓰며 이왕기 중에 대동 이앙기가 품질이 제일 못한 너킴이며 다시 이왕기을 구입을 한다면 동양 이앙기을 구입을 하고 십꾸나.[288]

288) 이 내용은 일기 지면 상단에 따로 기록되어 있다. '5月 23日 (종합 영농사) 작과약 75말용 15,000 외상 구입'이라고 기록하였다.

〈1989년 5월 24일 수요일 낡씨 맑음〉

오전에는 제초제을 13마지기 헌치고 오후에는 봉답에 못물을 돼는데 몸이 곤해서 정말 외로가 만아다. 외냐하며 어제 저녁에 서양바실에 물 된다고 잠을 못자서 봉답에 두룸을 하는데 정말 힘이 더려쓰며 하로 저녁을 안 잦따고 그처름 피곤함을 처음 너켜 보았다.

"그리고 올해는 너무 가뭄이 심하며 작과일이 가물이 더려서 쬬거려저 수일 내로 비가 오지 않는다면 과일 행세도 못할 것 같다. 인간이 비을 바랄 때에 비가 한 번 와주어쓰며 하는 바람이다."

〈1989년 5월 24일[289] 목요일 낡씨 비〉

비가 때 마차 오기는 했찌만 비가 아주 적은 량이라서 비가 오나마나 하는 비라 아쉬운 마음만 난긴 비라고 말을 하고 십다. 금일은 봉답 논에 못물로 잡아쓰며 봉답 논에 수부 때문에 큰 곤욕을 치루고 있다. 오늘도 논을 한 다래이 한다고 파낸 곳은 경운기가 들어가지 못해서 우리 소로 쓰레질을 해보니 길이 들지 안는 소라서 수부논에서 가지 안을 뿐 아니라 집사람은 스례질을 하고 자신은 앞폐서 소을 끄는데 일도 대지 않코 둘리가 생외을 먹고 소만 죽일 껏 같다서 중단을 하고 두리가 스스랑[쇠스랑]으로 쬬고 마랐다.

〈1989년 5월 26일 금요일 낡씨 맑음〉

오전에는 둘리서 수부에 스스랑으로 쬬아서 모내기을 하두록 만들어 노았쓰며 내년에는 어떠한 일이 있쓰도 객토 흙을 바다서 위따래이는 밭을 할 작정이다. 그리고 당산 세집밭에 콩씨 뿌림을 하여쓰며 거것도 노타리을 하여서 콩씨 부림을 하는 작업이 오후 내 글리는구나.

"당산에 세밭에 과일이 업쓰니 예착감이 업쓰저며 금년에는 과일이 조롱조롱 달려있쓰며 이 마음 을마나 조어련만 어이해 이내 가슴을 슬프게 하느냐."

〈1989년 5월 27일 토요일 낡씨 맑음〉

봉답에 이앙기 모내기을 하여쓰며 봉답에는 언재나 물을 만이 밭키 때문에 봉답 논은 골을 수가 업쓰며 기계 이앙은 문재점이 만타고 보며 그 대신 사람이 그 대가로 일을 만이 하는 것이 사실이다. 집사람이 모을 머더리면서 일끄리가 만타고 이야기을 하는 것을 볼 때에 일이 만타는 것을 인정을 하여주야 한다고 생각을 한다.

자신도 논을 골라야지 하면서도 그 일이 잘 안돼며 그냥 짓어 먹고 마는데 내년에 경운기로 20바리만 실어 너어며 논은 골라질 것 같다.

그리고 모을 둘리서 오후 내 머드리도 삼분지 일은 남은 셈이다. 무선 일이든지 처음부터 손질을 잘 해야 나중 일이 수란 법. 자신은 처음부터가 잘못 댄다고 생각을 가지 본다. 앞푸론 처음부터 잘 해야 하겠따는 생각을 가지보며 실천을 할 개핵이다.

〈1989년 5월 28일 일요일 낡씨 맑음〉

낡씨 너무 가뭄이 심해서 극정이다. 외냐하면 작과일이 크지 않코 그대로 익어가며 상품 가치가 업쓸 뿐 아니라 수학량도 업키

289) '25일'이나 24일로 잘못 기록하였다.

때문에 염려을 아니할 수가 업꾸나.
"봉답에 모내기 한 곳은 집사람과 둘리서 머드리쓰며 이것도 품을 돼쓰며 둘리가 이처름 외을 안 먹을 것을 돈을 안 쓸라고 하니 둘리가 힘이 더 만이 더는구나."
오후에는 집사람 바시내이 참깨씨가 40푸로는 나지을 안아서 깨 씨 머더리로 갇쓰며 자신은 아이들 돼리고 육모 상자을 씩크서 안전이 정리을 하고 오후 너깨야 콩씨 갈란 곳에 지섬 안 나는 약을 살포을 하고 오늘은 바푼 일과을 보낸 셈이다.
지출에 … 이세들 어름과자 1,000원
라면 450원
計 1,450원

〈1989년 5월 29일 월요일 낡씨 맑음〉
당산 논에 (웃거름 1차) 요소 1포을 함. 객토을 하여서 비료량이 조금 적지 안을란지 몰겟다.
"오후에는 봇밭에 참깨 씨 머더리는 것으로 하로 일과을 보낸 셈이다. 우리가 참깨 씨 부림을 하는 료령을 몰라서 참깨 씨가 고로 나지을 안아서 머더리는 시간을 낭비을 하고 있다. 참깨 씨는 만이 부어야 한다고 하며 만이 부어야 운짐[훈짐]에 잘 난다고 생각을 한다."
"우리 운이 때문에 극정을 아니할 수가 업다. 외냐하며 공부을 할려고 하지을 안으며 자신은 어떠게 손을 쓸 수가 업쓰며 자신은 어떠게 이끌어가야 공부을 할 수 있쓸까 하는 생각이 자신의 머리에는 깍 차있쓰며 이것을 풀어갈 길이 업쓰니 이것이 한스렵꾸나."[290)]

〈1989년 5월 30일 화요일 낡씨 맑음〉
웃뜰래 요소 비료 1차, 두 단지 3포 굼에는 논은 뒤뚝에서 비료을 헌치오는 바람에 앞쪽에는 거름 량이 적개 헌친 셈이며 만약에 2차 거름을 할 때는 앞 두룸에서 헌치돼 조금 만개 하여야 한다. 그리고 오후에는 당산 작과 밭에 2차 약 살표할 물 준비을 하는 것으로 하로 일과을 보낸 셈이다.
그리고 오늘은 자신이 좋은 날이여따고 생각을 한다. 외냐하며 우리 운이가 통지표을 가지고 오는데 먼저 번에는 뒤에서 7등 하여떠니 오늘은 3명을 뛰어 넘어쓰니 자신이 기분이 좋을 뿐 아니라 운이도 하면 댄다, 하나, 둘 뛰어 넘어며 머지않아서 1등도 할 수 있다고 칭찬을 아키지 안아서며 운이도 3명을 뛰로 미라노니 좋은 너킴을 가지는 것 같떠며 이재는 요 고비을 어떠게 넘기야 우리 운이가 공부에 치미을 부치서 할까 고심이 돼며 만 가지가 돼지 않아도 우리 운이 공부 해결만 댄다면 만족을 가지고 살라가리라.
"남들은 웃쓸란지 몰라도 자신은 운이 공부을 하여따는 것에 오늘 만족은 어너 것과는 비길 수 업따고 말을 하고 십다."

〈1989년 5월 31일 수요일 낡씨 맑음〉
작과 밭에 약을 2차 살포을 하여쓰며 과일이 가뭄 때문에 잘라지을 못해서 상품 가치가 업쓰서 시중에 팔라먹지을 못하게더라. 그리고 종일 동얀 약을 살표을 하여쓰며 이것은 무리라고 생각을 한다. 수일 내로 비가 오지 않으며 밭에 씨갑씨는 안전이 고사하며 씨갑씨는 다시 너어야 하기 때문에 그

---

290) 이 내용은 일기 지면 상단에 따로 기록되어 있다. '(순달이 차용함. 200,000원)'이라고 기록하였다.

일과 씨갑씨 돈을 생각을 해본다면 음청난 돈이 낭비가 대며 작과일 할 것 업씨 큰 피해을 보니 정말 비을 바라는 심정이다.
"정부에서 농민들 수입을 주기 위에서 정권 발행해서 주식을 배당을 하여주는돼 이것은 농민들은 실찌 수입은 보지 않코 돈 가진 사람이 다들 매입을 해서 실지 돈은 벌고 있고 농민들은 실찌 주식을 간직을 하고 있는 사람들은 멧 명 정도박에 안 대니 정부가 생각을 하는 것과 실찌 농민들의 실정과는 너무나 먼 거리에 있쓰니 이것은 정책이 잘못이라고 생각을 가지 본다."
"오늘이 5월 달이 마지막 넘어가는구나. 이 달은 자신을 만이 땀을 만이 흙리게 한 달, 제일 고통을 만이 준 달, 정신 업는 달이 오늘로서 마지막 가니 한편 아쉽게 생각이 들며 벌써 5월이 다 가다니 벌쓰란 말이 입배 맨도는구나."

〈1989년 6월 1일 목요일 낢씨 맑음〉

아래뜰래 1차 거름 다들 함. 서양바실에 요소 2포에서 조금 남음. 경화내 통일벼는 1포 반이 못 들어가고 일반벼는 헌치다보니 1포 반이 조금 더 드려감. 그리고 복판에는 요소 1포, 복합 반 포 가지고 가서 헌치다 적으서 요소을 6분에 1을 더 헌친 셈이다. 그리고 보며 복판에는 거름 전량을 다 먹은 셈이다.
"낢씨 너무한다. 외냐하며 가뭄이 심한대 밭작물을 태어서 죽일라고 작정을 하는 것처름 낮재는 불빛 더이가 개속 대니 그 어너 장사도 배기나지 못할 낢씨가 개속이니 극정을 아니 할 수가 업꾸나."

〈1989년 6월 2일 금요일 낢씨 맑음〉

오전에는 봇물 막아 넘는 작업을 하여쓰며 오늘은 냇물이 조금식 내리오는 것을 안전이 막아서 봇물로 집어너어도 을마대지 않으며 이재는 비가 오지 않으며 번새[물대기 우물]을 파야 할 형편이 돼어 있쓰며 농민들을 제일 개료피는 일이다. 농민들의 땀을 들 흙리게 할려면 당장 비가 와야 한다. 그러치 안아도 농민들의 신경이 사나어저 있다. 외냐 낢씨 가물지, 사람들은 일래 지치서 신경이 날까러어저 있는데 낢씨가 더 부채질을 하고 있는 형편이다. 오늘 오후에 웃뜰래 물을 대고 있쓰니까 서로가 양보을 하지 않코 물을 될려고 하면서 싸우는 모섭을 볼 때에 싸우는 저 사람을 욕을 할까 하늘에 비을 주지 않는 것에 욕을 해야 할까. 싸우고 있는 두 사람도 다들 좋은 분들리며 진작 비가 와더라면 싸울 생각조차 하지 않을 껏이며 농민들 성격을 사납게 하지 말고 하로 빨리 비을 내리다오. 앞푸로 비을 주지 않는다면 살린의 비극도 발생을 할련지 모려니 이것을 말릴 자는 하늘의 너 뿐이로다.
지출에 … 슈프타이, 국수, 슈세미, 후리덤, 우유 6,520원

〈1989년 6월 3일 토요일 낢씨 맑음〉

큰골 목이자[몽리자]가 전부 나와서 간정물을 프기 위해서 일부는 가래을 대고 일부는 삽부로 파서 양수기 작업을 할 수 있뚜록 부역을 한 셈이며 일을 맡치고 기계을 돌리서 물을 프올리라고 하니 일부 사람들은 다들 미리 빠지고 나머지 6명만 남아 있더라.
요 사람들은 다시 빠지도 못하고 원동기을 돌리는 한 사람은 무렵을 다치고 한 사람은 업프지서 사람 죽일 뿐 했다. 이 원동기을

한 번 돌리는 양수기에 물 채우는데 힘이 상당이 만이 들 뿐 아니라 장정 셋 사람 힘은 부족하다고 보다. 이것이 힘이 들어서 앞푸로 양수기 한 번 돌리는 돼 8명원 들어야 하며 이 사람이 다들 땀을 흙리야 돌 정도니 앞푸로 사람 동원이 문제가 될 껏 같다.
"오후에는 앞밭태서 김매기도 하지 않코 오후을 보낸 셈이다."

〈1989년 6월 4일 일요일 낡씨 맑음〉
금일 일적부터 집사람과 둘리서 누님 집배 보리타작 하로 같쓰며 보리도 한 단지 갈라 따고 보리도 만더라. 자신은 누님 집배 큰 일을 한다면 꼭 가서 그들고곤 한다. 오늘은 집사람이 어재 모내기 하로 가서 몸도 고댈끈대 오늘 보리 타작하로 가면서 좀 쉬게 할끈대 하고 오전 내로 글리며 자신만 외을 먹어며 돼는대 집사람마저 고생을 시킨다는 생각이 자신의 머리 깍 차서 십사리 떠나지을 안는구나. 오늘 일은 집사람 건강을 생각을 못했따고 보며 자신만 가서 그들고 좀 쉬게 했쓰며 이 마음 편할끈대 미안한 마음 금할 길 업꾸나.
금일 보리타작은 오후 2시 경에 안전이 맡치쓰며 보리도 상당이 만터라. 그리고 누님으로 바서는 보리을 갈며 손에다고 본다. 외냐 콤바이 탈곡을 아무도 하려고 하지을 안으니 사람의 높을 하며 이번에 여자 높을 6명이 오후 1시경까지 하여서 더한 대까로 돈을 더 지불했따니 보리 수학을 해야 별료 수입이 업따고 본다.
"그리고 오후에는 몸이 피곤해서 휴식을 하여쓰며 휴식을 하면서 집사람 얼굴을 바라보니 아주 피로한 얼굴이라 억찌로 쉬게 하여쓰며 한 번 더 자신 잘못이라는 생각을 가지본다."
"저녁을 먹고 있쓰니 비소리가 나더라. 비소리을 덧고 문을 열면서 비소리가 님 소리보다 더 예쁘다고 소리을 쳤니 자식들 웃더라. 정말 이 비야말로 을마나나 기다린 빈지 농민들 아니곤 아무도 모런다고 말을 하고 십프며 이 비야말로 금싸래기 비라고 말을 하고 십프며 만이만 와다오 하고 빌고 십프노라."

〈1989년 6월 5일 월요일 낡씨 흐림〉
어재 저녁에 비 온다고 함성을 질려따고 보며 그처름 비소리가 아름답고 반갑든 비가 그쳐름 간질난 비가 될 줄은 아무도 몰라쓸 것이며 자신도 서운해서 참기가 힘이 들 정도며 비가 그래 올라면 차라리 오지 않아야 하는데 하고 생각마저 들며 무선 비가 고추 모종할려고 뽑어니까 문지가 뽈속 뽈속 나고 있쓰니 어이 비라고 말을 할 수 있깨나.
금일은 들만 한 박키 돌라보니 들판에 모가 들판에 원색을 이루고 모 끝은 바람에 산들 산들 춤을 쳐는 너킴이며 키가 솔솔 자라는 너킴을 주며 을마든지 서스 바라만 보고 십픈 충동을 주며 그저 좋아서 입이 버러저는 구나. 일저 심은 모는 제일 보기가 좋을 때라고 생각을 한다.
"고구마 노을 때에 김매기을 하고 이랑을 만들어 놋는 작업으로 하로 일과을 보낸 셈이다. 그리고 오늘은 피로한 몸을 억찌로 작업을 한 셈이다."
지출에 … 사료 20,000원

〈1989년 6월 6일 화요일 낡씨 맑음〉
봉답에 1차 거름을 함. 요소 1포 좀 더 함. 매년 요소 1포을 하니 거름 량이 만아서 벼

알이 쭉중이가 만아서 올래는 좀 적개할려고 마음을 먹어는데 하다 보니 요소 1포 하고 3돼을 더 한 셈이다. 그래도 밑거름을 3포 해서 결과적으로 복합을 1포을 적개 해서 거름이 만타는 너킴은 업찌만 봉답에는 벼알이 쭉정이가 만이 생기서 심적으로 신경이 만이 쓰이는구나.
그리고 고구마을 심는데 물을 주면서 심는데 시간이 만이 걸일 뿐 아니라 이 가뭄에 고구마을 심은들 살 수가 있쓸까 하고 마음이 두 마음이 들어서 일래 열중이 돼지을 안는구나. 밭작물은 수일 내로 비가 오지 안으며 지명적인 타격을 바들 것으로 내다 보고 있다.
"우리 운이가 공부을 할려는 노력을 보이며 요되로 공부 치미을 부치며 댈 것 갈더며 운이 공부 치미만 부친다면 이 아빠 극정이 업게노라."
지출에 … 전기세 값 1,450원

〈1989년 6월 7일 수요일 낡씨 맑음〉
당산 밭에 두엄을 경운기로 실어내고 오후에는 들을 한 박기 돌라보는 것과 밭떠막 풀 깍는 작업을 하는 것으로 일과을 보내쓰며 집사람은 콩씨 뿌림한 것을 비들기가 다 들 따먹어서 다시 콩씨을 갈다시피 하여쓰며 새들도 농민들 외을 먹이는데 어이 농민의 힘이 들지 않캐나.
"들을 한 박키 돌아보니 경화 논 모재리 한 논은 잎 빠저나지을 안는 너킴이 들며 작년 모양 건부현상이 일어나는지 감을 잡을 수가 업꾸나."

〈1989년 6월 8일 목요일 낡씨 비〉
오늘 비는 요전번 비보다 들 반갑든 비가 안전 해갈을 면해주며 이번 비야말로 농민을 득을 보인 것은 엄청나게 큰 것이라 생각을 하며 고마운 비가 돼어다. 인간이 풍년 농사을 짓을라고 발부등을 쳐바야 하나의 몸살이지 별료 도엄을 주지 못한다고 생각을 하며 풍년 농사는 하늘에 달려 있다고 말을 하고 십다.
"금년 농사는 평탄하게 짓은 셈인데 노사분규도 서로가 자제해서 제작기 맏든 일에 열심이 한다면 어너 국민 불찌 안을땐돼 노사 분규도 형편에 따라 해야 하는되 무리한 요구와 남들 흙떠는[헐뜯는] 섭정 야당은 무족끈 반대 이것들이 국가의 좀이 돼고 있쓰니 우리 국민성이 독재을 감미해야 정치을 할 수 있쓰며 이려다가는 한번 스보지 못하고 마는 것이 아닌가 두렵꾸나."
"정치가 무법 정치며 노태우 대통령이 끌려다니는 정치을 하는 것 갈떠며 노태우 씨는 정부 덕을 보이지 못하고 손실만 주는 정치라고 말을 하고 십프며 차라리 전두한 정치을 그냥 두어쓰며 우리나라는 안전희 선진국에 발탁이 되어따고 보며 일개 나라에 대통령이라며 개인에 손실이 오는 한이 있쓰도 가감하게 업샐 것은 업세고 음안[엄한] 정치을 해야 하는데 국민의 소리을 다 듯고 정치을 어찌 하는고. 현 시국 돌라가는 것을 보며 전두환 대통령, 노태우 대통령 이 두 사람 중에 상을 주라 하며 전두환 대통령에 더리겠다."
"앞푸로 전두환 대통령 정치 방력을 가진 분이 나와야 한국은 발전을 할 수 있따고 본다."
(금일은 안전 휴식을 함.) 집사람의 토기가 해도 가연이 아니며 외냐하며 우리 식구 중에 한 사람도 토기 풀을 주는 사람이 업고

집사람이 다들 하고 있쓰니 오늘 토기을 잡아서 잘 먹어다. 이것은 집사람에깨 고맙다는 인사을 해야 할 일다.

〈1989년 6월 9일 금요일 낡씨 비〉

남들은 비가 오는데 집사람을 경운기 태우서 무었 하로 가는가 숭을 볼련지 몰겟다. 외냐하면 평소 때도 매일 집사람을 엽자리에 태어서 일터로 가기 때문에 남들은 여자을 무선 일을 매일 하길에 꼭 둘리 가기 때문에 숭을 볼련지 모러지만 실찌 자신은 채소밭을 간다 해도 실어다주고 그 주위의 논에 일을 하고 같이 오며 채소밭을 가도 걸어서 같다오는 때는 혹 잇찌 그러치 안으며 경운기 때어서 다니기 때문에 남들은 유별나게 집사람과 꼭 같이 다닌다고 숭을 볼련지 몰겟다. 오늘도 들판을 한 박기 돌라보니 들판이 물 천지며 벼 잎이 끝만 보이는 논이 그위 다며 그래도 논자리마다 집사람을 경운기에 태우서 가니까 사람들이 모여 잇쓰서 가기가 그북하더라. 외냐하며 남들은 여자을 쪄고 다닌다고 할련지 무선 눈초리로 바라볼련지 예감이 썩 좋지는 안더라.
"오늘은 참깨 속는 작업과 마늘에 김매기 작업을 한 셈이며 마늘은 처음에는 마늘 농사을 잘 짓어따고 생각을 했떠니 오늘 보니 마늘이 삼 분지 일은 다들 망해따고 해도 가연이 아니며 마늘을 연작을 하여서 그런지 마늘 농사가 잘 돼지을 않는구나."
지출에 … 혜지 공낙금 77,330원 혜영이 43,400원 운이 43,400원
計 164,130원

〈1989년 6월 10일 토요일 낡씨 흐림〉

오전에는 늑뚝 전역에 수로 잡초 제거을 봇에서 하여쓰며 이것은 일적 하여서며 피해가 적은돼 그러치 안아서 잡초 때문에 물리 빠지지 못하고 봇뚝을 넘어서 두룸, 두룸을 넘어서 나전대로 흙로갓키 때문에 늑뚤 전역에 피해을 다 발리따고 해도 무리되는 말은 아닌 것 같다.
오후에는 고추에 살충제 살포하고 참깨에 약 살포, 논자리마다 물리 만아서 빼는 작업, 상당이 분주하게 바푼 일과을 보냇다. 정부에서 농민들 잘살게 할려며 도시에 사람이 촌에 땅을 가진 사람이 농촌에서 농사을 짓는 사람에깨 돌라와야 농민이 잘살 수 있쓰며 그러치 않코는 죽뚜록 일만 하지 소득은 도시 사람이 가지고 가는 법. 이것은 자신이 벌스부터 주정을 하는 사람이다. 정부에서는 말로만 농민들을 잘살게 하여준다고 하지만 정책길이 농민들을 잘 살개 할 수가 업쓰며 수입 개방 때문에 농민의 설 자리조차 업쓰저고 있는 실정이다. 정부는 (말과) 실찌 정책길이 다른 것이 한스렵구나. 너무나 순박하고 말이 업는 농민이지만 너무 짜게 돼며 자연적 소리을 하고 죽는 법. 재발 소리을 하지 않캐 농민들 생각을 해다오.
지출에 … 아들 학급비 800원
혜지 2,000원

〈1989년 6월 11일 일요일 낡씨 맑음〉

오전에는 당산 두룸에 풀을 전부 깍고 이차 거름을 요소 1포을 전부 헌치쓰며 거름 량이 객토을 해서 비료을 만이 한 셈이다. 당산 논에는 현재 거름 들어간 량이 밑거름 복합이 4포, 웃거름 요소 2포을 안전이 한 셈이다.
"그리고 오후에는 바시내이 참깨 약 살포을

하고 들을 한 박키 돌라보면서 비료을 헌칠까 하고 망스려진다. 외냐하며 거름을 나중하는 것보다 일적 해버리며 더 낮지 않을까 하고 망스러져며 그러다 순달이 처남과 둘리서 농사에 다한 이야기로 하로 해을 보내고 마랐다. 대화을 해 볼 때에 순달이 처남은 좀 알더라.”

〈1989년 6월 12일 월요일 낡씨 맑음〉

금일은 당산 논과 봉답에 도구 떠는 것으로 오전 일과을 보내고 오후에는 아래들에 논자리 전부 이차 거름 요소을 함. 서양바실에 요소 1포, 경화내 일반벼 논도 반 포을 전부 하고 경와내 통일벼 논도 반 포하고 복판에 요소 반 포을 하여는데 거름량을 본다면 농촌지도소는 1단지에 요소 14kg 한다고 하는데 지도소 량 바서는 아주 만은 량의 비료인데 어떠게 해야 수학이 만이 날련지 감을 잡지을 못하게더라.

지출에 … 작과일 익는 약 11,000 기름 짜는데 3,000원 미수가루 2,400원 통닭 3,000 반찬 2,000원 물신, 딸따리 3,700원 생강 200원 도마도 1,000 계란 1,900원

〈1989년 6월 23일 화요일 낡씨 맑음〉

금일은 자신이 생전에 처음 놀란 날이라고 말을 하고 십다. 다름이 아니라 혜지가 잠자리에 일어나서 아빠 엄마 앞에서 손바닥이 만이 부어따면서 손바닥을 보여주는데 실지 보니 손바닥이 만이 부어있더라. 이것을 보니 자신이 볼 때는 물린 것 갈떠며 손바닥에 검을 축을 해서 손가락 쪽으로 부어있더라. 이것은 물린 자욱이라 생각을 하고 있는 중에 혜지가 넘어가더라. 혜지을 잡고 어떠게 할 주망을 모러고 헌들어쓸 뿐 그러저 온 식구가 놀라서 바늘로 따고 야단을 처고 나니 아이가 생기가 나며 아이가 깨어나더라. 이것을 보니 안도의 숨을 실 수가 있쓰며 아침을 먹고 학교을 갈려고 하여서 공부 필요 업다면서 건강을 일어며 만사과 필요 업따면서 병원부터 가자고 하니 혜지가 개안타면서 학교 가서 2시간 하고 조태을 할려고 이야기을 하여서 허락을 하고 나도 학교 길에 혹시나 아빠는 극정이 머리에 떠나지을 안더라. 학교을 보내고 자신이 살라온 방침이 잘못이구나 하고 자신의 책망을 만이 하여다. 외냐하면 자신이 살림을 모을 욕심만 부린 것이 자신의 방침이 잘못이다. 아이들 건강을 생각을 해서 고기라도 자주 먹고 하며 건강이 좋으며 쓰레저는 일이 업쓸 끄시며 빈열이 아닌가 하고 극정아니며 혜지 건강에 문재가 있는가 모든 생각이 머리에 곽 차서 살라저지 않으며 앞푸론 아이들 건강을 생각을 하면서 살라가야 하겟꾸나 생각이 앞쓰는구나. 그리고 아이들 감기만 들어도 자신이 병원에 돼리고 가는데 오늘은 만사 일 뒤로 하고 병원에 갈려고 마음을 먹어는데 어제 (이봉림) 집에 우물에 펌프 너어주는데 3명이 70,000원 뛰어내줄라고 해서 할려고 약속을 해서 오늘 벌은 돈원 혜지 영양제 사줄라고 생각을 하고 집사람을 병원에 가라 하고 자신은 우물 펌프 작업을 하고 생각에는 십게 할려고 마음을 먹어는데 자신의 개핵대로 대지을 안코 힘 더는 작업으로 변경을 할 수밖에 업더라. 이것을 보니 어재에 기술자가 와서 못 한 이유가 여기에 있꾸나 하고 생각을 하여쓰며 무선 일이든지 십계 생각을 하지

말라는 것을 새삼 너켜다.
일은 까달어찌만 일은 쉽게 한 셈이다. 물만 땅기서 오는 작업은 오후 1시경에 작업을 마친 셈이다.
오늘 일은 여자가 있쓰며 지출을 만이 내지는 안는데 호레비로 살림을 하고 있쓰니 통닭과 다들 싸와서 대집을 하니 돈이 만이 들어같다고 생각을 한다. 살라가는 것이 여자가 있쓰야 하며 여자 일이 엄청난 힘을 가지고 살림을 한다는 것을 너켜보이며 사람은 둘리가 끝까지 살라야 인생에 복이라고 생각을 한다.
"우리 혜지가 병원에 같다 와서 이야기을 하는 것을 보니 빈열이 아니고 벌레깨 물리서 그러타는 이야기을 의사 선생님 이야기을 한다고 해도 자신은 벌레깨 물리서 쓰러질까 하는 의심도 되는구나. 여하든 별 일이 업쓰야 하는 생각밖에 업꾸나."
지출 … 혜지 병원비 2,000원 소화제, 진통제, 무좀약 3,400원 아빠 모시 메리야쓰, 몸빼이, 양말, 팬티 10,800 들깨잎, 고추 500원 킬라, 후지뎀 2,500원 자두 상자 끈 3,000원 샤프심 400원 차비 820원

〈1989년 6월 14일 수요일 낢씨 비〉
금일은 필료 업는 비가 종일 오고 있쓰며 이번 비는 바람이 불면서 비가 오기 때문에 작과일 뿐만 아니라 과수 농사에는 피해만 준다고 말을 하고 십프며 작과일에는 피해가 만으리라고 생각을 한다.
그리고 오늘 비가 온다고 마늘 뽑다 온 것을 접부 역끄서 매달라 놋는 것으로 하로 일과을 보내고 마랐다. 올래부터 농부는 비오며 공쳐는 날이라고 하지만 요줌은 비가 오며 할 일들이 더 만아전다고 생각을 하며 비가 와도 일들을 만이 하는데 자신은 종일 동안 휴식을 한 셈이다.
그리고 정부나 노사 분규나 학생이나 다들 뉴스에 사고가 낫다 하며 살했따는[잘했다는] 친찬을 보내며 사람이 죽이도 안타까운 마음이 업쓰저머 조용히 해결을 하지 않코 경렬하게 주동을 하는 자는 다들 죽이야 한다는 생각을 한다. 외냐 이 사람 때문에 국가 전채의 손에을 생각을 한다면 약과라고 생각을 한다.
수입에 … 수도 펌프 달라주고 … 20,000원

〈1989년 6월 15일 목요일 낢씨 흐림〉
오전에는 집사람과 둘리서 서양 바실래 도사리을 주어보니 아직 일적으서 그른지 별료 도사리가 업고 깨끗한 편이더라. 그레서 딴 놈들은 줏찌도 안코 서양바실레만 한 번 줏고 마라다.
그리고 오후에는 아레들 전면에 살충제을 살포하여다. 작년에는 벼 잎, 줄기 속으로 깔가먹는 벌레는 업쓰서 이것은 처음이며 이것은 무지파에 속에서 깔가서 양분과 결국 죽어버리는 충이다. 이 병은 벼는 처음이며 아래들레 더 심해서 벼가 잘라지 못하고 피해가 상당이 만으며 모두 이 병이 처음이라 주저주저하다 다들 때을 노친 셈이다. 오늘 오후에는 들판에 약 천다고 야단들이며 우리도 집사람과 둘리서 5섯 단지 살포을 하였다. 오늘 살포한 약은 리바이짓드약 300cc짜리 사용함. 효염 어떨란지 몰겟꾸나.
지출에 …

〈1989년 6월 16일 금요일 낡씨 흐림〉

오전에는 동민이 도로에 화외[화훼]작업을 하여쓰며 사람이 만이 나와서 생각보다 일적한 셈이다.

오후에는 웃뜰과 봉답에 잎줄기 파먹는 벌레 작기 위해서 살충제 리바이짓드 약을 살포을 하여쓰며 오늘로서 안전이 벼논에는 살충제 유제을 첨.

그리고 자신은 처음 작과일에 익는 약을 쳐보아쓰며 남들은 벌서부터 사용해왔다는데 자신은 처음이라서 어떠게 해야 잘하는지 감을 잡뜰 수가 업쓰 물 한 말래 착색 양 18씨[cc], 꼭지 안 빠지는 약 20cc이, 영양제 50cc을 첨. 그리고 당산 밭에 2말 량만 가지니 온 밭을 다 쳐다시피 첯쓰며 이것이 우선은 돈을 만이 바다서 좋은란지 몰라도 결국은 자기 코 자기가 지어받는 식이 대는 것이 아닌가 몰겟꾸나. 약을 쳤다보니 아직 새파란 것도 약이 다들 살포가 돼어서 상품가치가 업쓰며 어떠게 하나 하고 극정이 사실 만이 댄다.

〈1989년 6월 17일 토요일 낡씨 맑음〉

웃뜰레 논에 두룸에 풀을 메고 비료와 이화명충 약291) 입제을 헌치는데 오전 내 글리쓰며 웃뜰 두 단지에는 2차 거름 요소 2포가 그진 들어간 셈이며 굼에는 반 포을 할려고 가지고 가서 보니 벼가 상당이 좋은 것 같다서 반 포을 못하고 마랐다.

"그리고 오후에는 당산에 이화명충약 파단 입제을 사용하고 봉답에는 김매기을 하고 이화명충약을 헌치고 마랐다."

정부 정책이 홀란을 유도해서 국민들로부터 청취을 엄중하게 하여야 댄다고 국민들의 여론 들을라고 하는지 알 수가 업다. 외냐하면 이번에 국화가 발표한 내용을 보며 대모대의 집압 과정에서 채류탄 발사 과정과 인명 피해을 주며 현장 책임자을 문책을 할려고 발포을 하는 것을 보니 정부에서 정취을 할려고 생각을 하는지 그러며 바람이 부는 데로 가서 자리만 임기 동안 차고 있쓸 작정인지 알 수가 업쓰며 대학생은 경열하게 화염병 모든 방법을 다들 동원에서 아우성 쳐는 이때에 경찰의 힘을 점점 죽이는 이유가 무었시며 정부 홀란을 가중시키고 국가의 손예을 준다면 하로 빨리 자리을 물어쓰고 유망한 인재을 주어서 정부 안정을 차자야 국가 발전을 볼 수 있쓰며 모든 것이 자신이 업쓰며 물러쓸 줄 아는 자만이 현명하며 대을 살리고 나가서는 국가을 사랑할 줄 아는 자라고 말을 하고 십다.

"노태우 대통령은 날리 갈수록 인기을 일어가며 이레 가다가는 임기 중에 무능한 대통령이라고 껄어내리는 국민의 음성이 나오지 않을까 하는 염려도 돼는구나."

〈1989년 6월 18일 일요일 낡씨 맑음〉

오늘로서 이화명충약을 논 전채에 헌치고 그리고 경화내 형님 논에 통일벼는 3차 거름을 하여다. 이번에 거름은 복합에다 요소 3대 정도로 해서 복합 반 포을 하여다. 경화내 논은 매년 벼가 재대로 자랄 때가 업꾸나. 우선 바서는 제일 빠지는 편이다.

그리고 오늘 오후에는 당산 세 밭에서 대석 6개짝을 수학을 함. 작과일 착색약을 살포을 해서 그른지 작년보다 일적 수학을 한

---

291) 이화명충약은 벼의 큰 해충인 이화명나방의 유충을 없애는 약이다.

셈이다.[292)]

〈1989년 6월 19일 월요일 낡씨 맑음〉

오전에는 갈 때에 청과시장에 대석 6개, 세집배 7개, 計 13개을 가지고 청과시장에 갈려니 경운기 값이나 하겟나 하고 너무 적으서 어대 부칠 때가 업나 하고 처음에 살피쓰며 할 수가 업쓰서 시장에을 가니 경운기 3개 실고 온 사람도 만으며 자신은 아주 적은 편도 아니더라. 그리고 청과시장에을 가니 과일이 벌서 한물처름 한정도 업쓰며 저 과일이 착색약을 살포을 하여서 다들 나와쓰며 인간이 인간을 속이며 살라야 하며 순탄하게 살라가며 득이 업고 인간을 속이며 살라가며 득이 대고 있쓰니 인간의 기초 과정이 무었가 잘못 대고 있따. 자신도 처음 착색약을 살포을 하여서 시장에 가지고 나왔찌만 오늘날까지 어리석키 짝이 업시 살라왔따는 너킴이 들더라. 과일에 약을 쳐서 과일이 재대로 자라지 못하고 억찌로 익과서 시장에 가지고 오니 24,000원을 주니 약을 쳐지 않코 가지고 나오며 그때는 한물 만이 해야 50천[5,000] 원 꼴리 돌라가지 안으니 이것을 생각을 하며 사람은 때에 따라서 정식을 넘어서 살라야 한다는 것을 너켜다.

지출에 … 구론산 형님만 사줄 수가 업쓰서 동내 사람이라 6섯 병에 1,200원

수입에 … 쳧 수학 대석 6개 100,700원

〈1989년 6월 20일 화요일 낡씨 맑음〉

오전에 작과일 11개을 경운기에 실고 원예 공판장에 갇다 노코 보니 공기가 오늘은 값이 하락이 돼어따고 풍문이 돌더니 정말 어재 6개 값이나 오늘 11개 값이나 별다름이 업쓰니 이것은 정말로 하로에 시세가 떠러젔는지 아니며 상인들 논관인지 알 수가 업쓰며 형님은 원예 공판장에서 입찰을 본 것이 상자 당 10,000원이나 적다면서 유찰을 시키서 농업 공판장에 가서 입찰을 보이니 100,000만이나 더 솟아따니 이것은 음청난 돈이며 21짝에서 100,000원 적개 사들래서 상인들은 하로에 우리 일 년 수학량의 돈보다 더 만이 볼려고 더니 이것은 말도 아니며 오늘 원예 공판장에 물건을 낸 사람은 다들 음청난 돈을 손예을 밧쓰며 가격은 별다름이 업는데 원예 공판장 상인 10명이 공판장에 나온 농민들 다 죽이쓰니 농민은 어디 가야만 살 수가 있쓰리까 한스렵꾸나.

수입에 자두 11개 117,260원

지출에 … 형님과 점심 1,600원
진수 … 13개 줌.

수입 … 141,750원

〈1989년 6월 21일 수요일 낡씨 맑음〉

금일은 둘리가 자두을 수학을 하는데 고로 달리지 않코 더물개 달리서 따모두는데 여관 힘이 아니며 종일 따모다도 21개 밖에 따지 못했쓰며 집사람은 해장부터 한 것이 을마 하지을 못핸 셈이다.

금년에는 이상하게 초기부터 값이 하락세이니 이것은 정말 가격이 값이 떨러저서 그른지 그러치 않으며 중매 상인들의 이익을 만이 바서 생산자가 득이 업는 것인지 알 수가 업쓰며 앞푸로 자두 농사는 하로 빨리

---

292) 이 내용은 일기 지면 상단에 따로 기록되어 있다. '과일 첫 수학함'이라고 기록하였다.

대책 작물을 선택을 하여야 하는데 정부 방침이 자유화 개방 정책 문재 때문에 농민이 할 길이 막연하며 망슬리는 기간이 만을 뿐 아니라 망스리다 세월 보낸다고 해도 가연이 아니다.

수입 … 자두 … 4짝에 39,800원

진수 자두 18짝 줌. 수입 130,100원

〈1989년 6월 22일 목요일 낡씨 맑음〉

금일은 자두가 너무 만{이} 익어서 눈님을 불러쓰며 눈님 와서 셋시가 따 모두니 상당이 만이 하게쓰며 앞밭태는 손도 돼지 않코 그냥 있는데 양 군대 익어며 정신이 업쓸끄며 내년에 일적 약을 사용해서 한 군대는 금년보다 일적 수학을 해서 앞밭태와 따불이 돼지 않캐 할 작정이다.

진수 … 자두 상 10개, 중 10개, 하 4개
計 24개 줌.

수입 168,360원

〈1989년 6월 23일 금요일 낡씨 맑음〉

금일은 대신 민성이 엄마도 소리을 해서 오늘은 당산 밭에는 대신 지수씨와 누님과 셋시가 자두을 따고 앞밭에는 집사람과 처형과 둘리서 자두을 따고 오늘은 두 군대에서 작업을 하니 일은 들 대는 것은 사실이다. 앞밭에는 오늘 처음 자두을 수학을 한 셈이다.

수입 … 자두 17개 131,860원

진수 자두 26개 줌. 상 9개, 중 9개,
하 8개
計 26개

수입에 26짝 160,220원

〈1989년 6월 24일 토요일 낡씨 비〉

오늘은 아침부터 비가 쇼다저며 오늘 놉을 해서 만이 딸라고 개핵을 한 것이 비 때문에 실천이 돼지 않코 마랐다. 비가 오니 사람만 분주하고 일은 돼지 않코 마음만 답답더라. 그리고 오늘 경운기에 22짝을 가지고 원예 공판장에 가니 비가 와도 만이들 따서 가지고 나와더라. 자신은 접수만 하고 형님이 돈만 차저오게 하고 자신은 과일 따기 위해서 곳바로 돌라왔쓰며 집배서 과일 딸 사람만 있따면 매일 김천 공판장에 가지고 가서 판매을 하며 운님이라도 벌 수가 있따고 보는데 손이 업쓰서 김천 공판장 갈 수가 업꾸나.

수입 … 자두 22짝 159,100원

진수 … 자두 상 5짝, 중 7짝, 하 3짝 15개
125,100원

정씨 앞 자두 상 4짝, 중 7짝, 하 3짝 14개
133,950원

〈1989년 6월 25일 일요일 낡씨 맑음〉

오늘은 비 온 뒤라 물방울이 떨러저서 비올 때나 다름이 업씨 옷은 다 바리쓰며 작업하기가 그북하기는 맏찬가지다. 오늘도 품을 대어서 일을 하니 생각보다 만이 한 셈이다. 오후에는 혜지, 혜영이가 그들어 일이 좀 수레따고 생각을 한다.

그리고 어제 저녁에 셋밭에서 돈 나온 것을 을마나 나온 것인가 새리 볼라고 새리다 중간에 가면 잠이 와서 새리지 못하고 또 새리지 못하고 밤 내 끝까지 새리지 못하고 자고 마랐따니 한편으로는 웃섭고 한편으로 생각을 해 볼 때 90십 멧 만 원을 끝까지 새리지 못하고 결국 자고 마랐따니 농촌에 일이 이처름 힘들며 농촌 생활을 하여보지 않은 사람은 이 실정을 모른다. 아무라도 잠이 을마나 와서 90십 원 돈을 못 새리고 잠예깨 저고 마랐따니 집사람이 일이 넘어 만이 하고 있따는 것과 몸에 무리가 돼두록 하고 있따는 정그가 돼고 있꾸나. 앞푸로 삼 일정도 하며 앞밭에만 좀 수라지 않캐나 하는 생각이 더는구나.
수입에 … 자두 26짝에 160,220원
진수 상 9, 중 6, 하 2
계 17짝 163,710원
정씨 … 상 6, 중 7, 하 4
계 17짝 161,870원
앞밭태 자두 5짝 원예 공팡장
29,460원

〈1989년 6월 26일 월요일 낡씨 맑음〉

금일도 범식이 엄마와 누님 넷시가 자두 수학을 해도 얼마 하지 못한 셈이다. 그리고 오늘은 19짝을 가지고 공판장에 간다고 용신촌 넘어서 가는데 상인 잡더라. 그레서 자신도 가격만 적당하면 팔려고 생각을 하여쓰며 가격이 7,000원 밖에 주지을 안을라고 해서 자신은 7,500원 주며 주겟다고 하니까 그름 남찌을 안는다면서 이야기을 하길레 자신도 남찌 않는 장사는 자신도 하고 십찌 않타고 하면서 그만 경운기를 다시 몰고 올라가니 또 상인이 잡더라. 이것 뿐 아니라 중간 중간 전부가 상인이며 이번 상인은 7,500원 줄라고 몰미러 하자고 해서 흥정을 하고 개짝이 모자라서 100개을 싸와쓰며 앞푸로 상자가 조금 더 사야지 될끄라는 너킴이다. 상자 1개당 400원, 100개 40,000원 주어쓰며 이것은 동내에서 일적 구입을 했떠라면 350원 주고 가만이 안저서 상자 구입을 을마든지 할 수가 있는데 당산 밭은 처음이라 개수 파악이 안 대어서 300개을 더리낮떠니 상자가 만이 모자라더라.[293]
지출에 … 상자 100개 … 40,000원
수입에 (도로) 자두 19짝에 140,000원
도로서 판매함.
진수 상 10개, 중 7개, 하 1
계 18짝 153,000원
정씨 상 7개 중 7, 하 4
계 18짝 134,700원

〈1989년 6월 27일 화요일 낡씨 비〉

아침부터 비가 줄줄 내리는데 자두 수학을 할려니 서급프기 짝이 업더라. 자두는 생물이라 하로라도 너철 수가 업쓰며 비가 와도 따야하니 그 고충이 말을 할 수가 업다. 그리고 우리는 힘이 들고 비을 마저도 돈 하는 맡으로 작업을 하지만 누님은 비을 마저면서 자주 따는데 종일 동안 날비을 마저며 일을 하여쓰니 그 힘이 만아쓰며 정말 고맡게 생각을 하며 자신이 과일밭을 (싸스) 누님만 예을 먹이는구나 하는 생각이 더는구나.
지출에 … 누님 포장류, 담배 … 8,800원
지출에 세 값, 포장류 1,900 빵,
술 2,350원
計 11,150원
앞, 진수 상 7, 중 6, 하 2
계 15짝 116,850원
앞, 정씨 상 7, 중 6, 하 3
계 16짝 120,040원

---

293) 이 내용은 일기 지면 상단에 따로 기록되어 있다. '진수 상 10개, 중 7, 하, 1 18짝 19개 노 전정시 상 7, 중 7, 하 4, 18짝'이라고 기록하였다.

앞 김천원예공판장 … 5짝 29,460원

〈1989년 6월 28일 수요일 낡씨 맑음〉

비 온 디라 작업이 그북하며 오전 내 비오는 것이나 다름이 업꾸나. 오늘은 품을 돼지 않코 둘리 작업을 해보니 생각대로 돼지 않코 자두가 익은 것은 당산 밭에는 다 할려고 생각을 한 것이 하지 못하고 조금 남아서 내일 일이 지장이 돼지 않을까 하고 염려가 돼는구나.

정씨 자두 상 10, 중 5, 하 2
계 17짝 155,430원
진수 자두 상 5, 중 5, 하 2
계 12짝 93,480원

〈1989년 6월 29일 목요일 낡씨 맑음〉

기상대는 장마라고 이야기을 하지 자두는 만치 극정을 만이 한 셈이다. 그리고 올해는 세집배 그들도 못하고 정신 업는 날을 요줌 보내고 있다. 요줌 같터며 자신의 몸을 열 쪽을 내서 일을 한다 해도 부족하게 쓰며 정말 엽 도라볼 시간이 사실 업다. 오늘도 품을 돼어서 당산 밭, 앞밭 두군 데을 할련이 작업이 들 데며 오늘은 자두 수학을 36짝을 수학하고 복숭 2짝을 수학함.

정씨 … 자두 9짝은 당산 밭태 것이다.
자두 상 7, 중 9, 하 4 복숭 2짝 계 22짝 128,140원
진수 앞 자두 상 8, 중 5, 하 3 계 10짝 145,800원
지출에 … 돼지고기 포장류 3,800원 세값 1,700원
計 5,500원

〈1989년 6월 30일 금요일 낡씨 맑음〉

당산 밭에는 오늘로서 안전 자두을 다 따버리쓰며 끝이 나니 서운함은 남으나 생각보다 만이 수학을 하여고 가격도 서운찬개 받다고 생각을 한다. 그리고 앞밭에도 다들 따고 이삭 정도밖에 남찌 않아서 금년으로 바서 자두 수학은 아주 잘한 편이다.
금년에 자신이 밭을 사고 마음이 논을 산 것이 좋아찌 안아나 하는 생각가 반반의 마음을 가지고 있쓰떤 것은 사실이며 자두을 수학을 하고 보니 밭 산 것이 잘 했따는 것이 학정이 된다.
"(오후에는 형수와 용학이가 그들어 일적 끝을 내서 마음적으로 편하더라.)"[294)]
지출 … 명세 자립금 이자 99,178원
진수 … 상 3, 중 4, 하 1 계 8짝 57,720원
정씨 … 당산 상 5, 중 4, 하 1
계 10짝 88,940원
지출에 혜영이 보충비 값 5,000원 영세 자립금 이자 99,178원 화장품 값 24,400원 세 값 4,000원 모품 14,000원
計 146,000원[295)]

〈1989년 7월 1일 토요일 낡씨 맑음〉

금일은 앞밭데 자두 이삭을 주어보니 12짝이 대더라. 안전이 주어며 멧 짝은 더 줄 수가 있는데 시간이 업쓰서 다 하지 못하고 12짝으로 끝을 내고 마랐다.
"그리고 집사람 자두 수학을 하고는 잠도 제대로 못 자쓰며 아침 식사는 아예 하지

---

294) 이 내용은 일기 지면 상단에 따로 기록되어 있다. '(2,483,900원 현재)
273,940
2,757,800'이라고 기록하였다.

295) 실제 계산은 146,578원이나 146,000원으로 잘못 기록하였다.

않코 자두 수학을 하였다. 외냐하며 품을 돼며 음식에 신경을 쓰지 들레서 작업을 맡치고 들어와서 저녁을 할려며 너저 밤 열 시가 돼어야 끝을 내는 하로 일정이 매일 같더니 잠이라도 불과 멧 시간이라 생각을 하며 그중에 가계부에 지출 내역을 적으며 한 번도 올깨 쓰지 못하고 연필을 잡고 그대로 자는 모섭을 안타갑고 이처름 뒤서 어떠게 할까 대로는 자신이 바로 누피서 잠을 자게 하며 이것이 한두 번이 아니며 이것들이 다들 모내기 때부터 지쳐서 온 영향이라고 생각도 해본다. 이것 뿐 아니라 집사람이 자신보다 일이 만으며 요줌은 안저며 졸고 하는 모섭을 보며 예처러키 짝이 업꾸나. 자신도 오늘은 자두 수학을 다 하고 나니 몸이 나련하며 무라 표현을 할 수가 업꾸나."

자두 진수 상 5, 중 5, 하 2
계 12짝 84,280원

〈1989년 7월 2일 일요일 낡씨 맑음〉

오늘로서 자두 수학은 끝을 냇다. 자신은 나무 전쟁 하고 집사람은 자두 이삭을 주어보니 2짝이 돼며 금년은 대석 자두는 안전이 끝을 냇쓰며 자두 수학을 할 때는 몸은 띠도 매일 돈이 200,000만 원 이상 들어오니 그 기분으로 고충도 참고 자두 수학을 했는데 이제는 그 기분이 업쓰저니 서운한 감이 더는구나.

"이제는 내년에 과일 농사을 잘 짓기 위해서 나무 여름 전쟁에 들어같쓰며 전쟁을 다 하고나며 비료 거름을 할 작정이며 내년 과일 농사을 잘 짓기 위하여 매진을 할 작정이다."

자두, 봉숭, 정씨 자두 2짝, 복숭 4짝
계 6짝 20,060원

〈1989년 7월 3일 월요일 낡씨 맑음〉

금일은 작과나무 전쟁을 하여쓰며 작과나무는 빛이 만이 들어와야 과일이 야물며 과일도 만이 열리는 것 같더라. 그래서 당산과 앞밭에 나무 전쟁을 더 하는 중이다.

그리고 낮참에 아포농협과 축협에 사료 사로 갇다 왔쓰며 사료도 이번만 먹이고 나중에는 풀로 대용하여서 사료 값을 벌 작정이다.

지출에 … 순달리와 음료서 1,000원
인공류 4,600원 사료 20,000
농약 2,600원
計 28,200원

지출에 … 순달예깨 빛 차용한 것
305,000원

〈1989년 7월 4일 월요일[296] 낡씨 맑음〉

당산에는 작과나무 전쟁을 다 하고 앞밭 조금 남고 칠 월 전쟁은 그진 다 한 셈이다. 나무에는 칠 월 전쟁을 하여보니 좋은 너킴이 들며 바픈 일을 무렵쓰고 해마다 전쟁을 하는 편이다.

그리고 금년에는 작과일 돈을 삼백이란 돈을 했쓰니 자신 생각보다 백만 원이나 더 만이 하여쓰니 기분이 정말 좋더라. 금년에 과일이 적으나 당산에 달려쓰며 상당이 만원 돈을 {벌} 뿐 했는데 그 점 아쉽구나.

지출에 … 표장류 3,800원
진수 복숭 4짝 9,080원

296) '화요일'이나 월요일로 잘못 기록하였다.

〈1989년 7월 5일 수요일 낡씨 맑음〉

오전에는 쌍구름 잡초 제거 부역을 하여쓰며 그리고 들을 한 박키 돌라보니 두룸마다 잡초가 무성하며 작과일에 매달리고 들을 돌라보지을 안아서 다들 두룸에 풀이 무성하게 잘라서 시급할 정도다. 그리고 오후에는 작과나무 전쟁한 나무 묶끄오는 작업으로 하로 일과을 보냇다.

후무사 찾 수학함 3짝 (진수 줌) 16,930원

〈1989년 5월[297] 6일 목요일 낡씨 맑음〉

콩밭에 지섬이 만아서 크라목선[298] 천다는 것이 오전 내 지섬 안 나는 약을 찿쓰며 이것도 그진 다 쳐가는데 집사람이 풀 죽이는 약이 아니라고 해서 용법을 일그보니 이것은 잡초약이라도 풀이 안 나는 약이더라. 냇딴에는 콩에 띠어가면 콩이 죽는다고 이랑만 조심해서 살포을 한다고 전 신경을 다 쓰서 살포을 한 것이 다들 헛일만 하고 마라쓰며 이것이 한 통이 아니고 4통이나 돼는 일을 무산이 돼고 마라쓰니 남은 힘마저 쭉 파저는 너킴이구니. 적시 대신분소 가서 크라이목손 약을 싸와서 처음부터 시작을 해서 이랑마다 살포을 하였다. 이것을 살포을 하면서 힘이 업쓰도 집사람이 힘든다고 좀 쳐줄라고 하는데 집사람은 자신보다 더 힘이 들겟찌 하고 힘은 들으도 꾹 참고 정심시간이 넘두록 하여서 끝을 내고 마랐다. 오늘 일은 자신이 약에 돼어서 안전이 몰라서 페단이 생기따고 생각을 한다.

그리 우리 운이가 하교길에 차비는 궁급질로 쓰고 이 더이에 저의 친구 자전차로 왔따면서 얼굴이 타버리더라. 이것은 처음에는 자신이 학교 갈다온 놈이 얼굴이 안전이 빛에 타서 왔더라. 운이 얼굴이 피로해보이며 안전이 기력이 업쓰 보이서 운이 힘이 한 게도 업쓰며 힘이 그처름 들더나 하고 무러니 아이가 무색이며 자신이 생각을 할 때는 차비는 다들 싸먹고 친구 자전차로 와서 아이가 이처름 얼굴에 기력이 업쓰며 빛에 탄 색이구나 하고 마음속으로 감을 잡고 운이 아빠에깨 바른 말을 해야 한다 하고 오늘 버스로 안 아찌 하고 무러니 버스 타고 왔따고 이야기를 하더라. 계속 무러도 버스로 왔따고 우기더라. 이 아빠는 그짓말을 실어한다면서 무러도 우기고 있는 운이 볼 때에 아이가 이 모양일까 하고 한심스러어며 자신의 마음에 죽이고 십픈 마음이 더나 성질돼{로} 다 하지 못하고 형영이가 자전차로 오는 것을 바따고 들어오면서 이야기을 하니 그때사 자전차로 왔따고 이야기을 하더라. 그레서 당장 나가라면서 내어보내고 마랐다. 그레도 자신이 크면서 사람이 돼겟찌 하고 기대을 하면서 하로하로 살라가는데 이것이 무산돼는가 하고 앞이 캄캄하더라. 그레서 이제는 어떠게 하더라도 관섭을 하지 않아야 하며 운이는 자신의 능력돼로 다들 해바서며 자신은 어떠한 모책이 업쓰며 손발 다들 들어다.

지출에 … 크라이목손 6,500원
수정 두 바리 20,000원 이발료
값 2,000원
計 28,500원

후모사 1짝, 복숭 3짝 계 4짝에 14,600원

---

297) '7월'이나 5월로 잘못 기록하였다.

298) 국내에는 그라목손(Gramoxone)이라는 이름으로 널리 알려져 있으며 이에 대한 오기인 것으로 보인다. 정식명칭은 파라콰트(paraquat)이며 제초제의 일종이다.

〈1989년 7월 7일 금요일 낡씨 맑음〉

이성보에 물 막아 넌는 작업을 하여쓰며 아직은 물이 필요 업다고 생각을 한다. 외냐 벼논에는 밀라서 땅바닥이 손이 들어갈 정도 말라야 벼 수학을 만이 하지 벼논을 말루지 않코는 수학을 절때 만이 할 수가 업따고 보는데 모두들 논 말라따고 물을 델라고 하더라.

그리고 오후에는 당산 밭데 전쟁 목을 묶끄 오는 작업으로 일과을 보내고 마랐다.

"요즘 정부가 정취을 하는지 정부 치안이 있는지 업는지 알 수가 업다. 외냐하면 국회원 정부 정인 업씨 이북을 가지 완나 학생이 이북을 가지 완나 이것들 다들 이북에 가서 벌소리을 하고 있는 모섭을 보니 기가 찬다. 이러깨 법이 물우고 힘업는 정취을 할려면 물어쓰야 한다고 본다. 한번 밀고 가지 못하고 말로만 한다고 하는 정취 인정을 할 수가 업쓰며 능력 업쓰면서 자리을 지키는 자는 이것도 국가의 좀이다."

"외 도중에 물어쓰는 한이 있쓰도 국가을 위에서 한번줌은 일을 할 수가 있따고 보는데 노태우 대통령 정취 외돌따고 생각을 해본다. 차라리 전두환 대통령이 부정을 만이 하여찌만 민생 치안은 안전하고 국민이 불안 업씨 잘 사라쓰며 강력범이 어디 생기며 자신은 이재와서는 전두환 정취을 찬성을 한다."

후모사 5짝 진수 줌. 16,870원

〈1989년 7월 8일 토요일 낡씨 비〉

오전에는 당산 밭에 전쟁 목을 안전이 실어오고 거름이 적은 나무에는 요소 1포, 복합 2포을 가지고 가서 나누어 헌치고 마랐다. 오후에는 비가 오는 바람에 할 일은 만으니 휴식을 하고 세집배 자두 8짝 실어주는 것으로 하로을 보내다.

"그리고 우리 운이예깨 손을 대지 않을라고 작정을 했는데 그만 실천을 하지 않코 손을 대고 마랐다. 외냐하면 비을 마저 옺이 다 들 줓어 물레 빠진 세양처름 돼어서 그것도 저의 누가 대리고 왔서 그것도 어덥두룩 놀고 오며 갇치 놀지 못하구로 하는 아이와 놀고 왔쓰며 이것을 뉴차 이야기을 해도 아빠의 말을 들어주지 않는데 하가 치키서 아이예깨 매을 데고 마랐쓰며 손을 데면서 바도 급을 너무 내는 것 같다서 그만 화을 풀고 마랐다."

〈1989년 7월 9일 일요일 낡씨 흐림〉

작과 일 때문에 논에 잡초 제거을 하지 못 하여서 오늘 들판에 나가서 봇뚝과 논에 잡초 재거을 하여쓰며 그 들판에 아무도 업쓰며 자신만이 잡초 제거을 하여쓰며 다들 잡초 제거을 모두들 소을리 하며 때로는 대로대로[되는대로, 대충대충] 농사을 짓는 것이 사실이라고 말을 하고 십꾸나.

지출에 … 돼지고기 포장류 1,900원

진수 후모사 7짝, 복숭 3짝,

계 10짝 37,420원

〈1989년 7월 10일 월요일 낡씨 맑음〉

금일 복판 논에 김매기을 한다고 논에 들어가 보니 벼가 제발 모때을 가시고 특희 뒤뚝에 노푸다고 끌어낸 곳이 거름키가 한 개도 업씨 벼가 노라캐 있쓰서 유안 4돼 정도을 해서 뒤뚝에 헌치고 남아서 중간으로 빠진 돼만 조금식 헌치쓰며 이것을 그냥 두어다 이삭 거름을 할 때 할까 하다 너무나 파지서 거름을 한 것이 잘못이 아닌가 하고 생각도 들어가는구나.

"오후에는 당산 논에 김매기을 하는데 너무나 만아서 오후 내 혼자 주어도 다 매지 못하고 마랐다. 이것을 오늘 다 죳고 내일은 웃뜰 논에 도사리을 줄 개핵으로 열심이 하여쓰며 어뎝두록 일을 해도 끝을 내지 못하고 결국 들어오고 마랐다."

"논에 김매기는 안전이 자신이 책임을 저고 밭태 김매기는 집사람이 책임을 저고 서로가 약속을 하여서 제각기 책임을 안수하기 위해서 작업을 열심이 하여도 일이 지업고 시간이 지루한 감으로 작업을 하는데 앞푸론 논에 김매기을 집사람을 대리고 하고 밭에 김매기을 같치 하는 식으로 작업을 바꾸어 볼 작정이다."

〈1989년 7월 11일 화요일 낡씨 비〉

당산 논에는 김매기는 안전이 끝을 내고 마랐다.

우리 운이가 아빠에께 꾸중을 들은 지가 하로 밖에 가지 않아는데 오늘 또 저녁에 들어오니 기가 찬다. 외냐 아빠에깨 꾸중뿐 아니라 매도 만이 맡고는 하는데 매을 댈 때만 다시는 놀지 않고 공부을 열심이 할려고 하지 그때만 지나며 매을 마전 것을 잊고 행동이 여전하니 오늘은 운이을 불려서 달레 받다. 앞푸론 운이을 달래서 지도을 해 볼 작정이다.

"인간은 누가 지도을 해서 사람이 돼는 것이 아니라 인간의 자신이 사람이 될려고 해야지 사람이 돼는가바."

진수 자두, 후모사 5짝 줌. 31,590원

지출에 … 전화 요금 3,990원

〈1989년 7월 12일 수요일 낡씨 비〉

금년에 바서는 장마가 수라게 비가 오며 양도 만치 않코 곱게 내리고 있쓰서 작물래 큰 피해 업시 수라게 하로하로 지나가는 것이 농민의 마음 편하게 하는구나.

그리고 오늘은 장마 때문에 그른지 몸이 아주 피료한 감이 들어서 종일 동안 휴식을 하고 지루해서 저녁놀이 절 머리 골막[오두막]에 가니 돼지을 잡더라. 그레서 가입을 하여두고 돌부리을 하는 것으로 하로 일과을 보내고 마랐다.

지출에 … 돼지고기 값 4,400원 돌부리 값 1,000 숙모 발통 값 1,200원 計 6,600원

〈1989년 7월 13일 목요일 낡씨 맑음〉

봉답에는에 김매기을 하고 집사람은 두룸에 콩에 김매기을 하고 자신은 김매기을 하여쓰며 오전 내 매야 한 다래이 밖에 매지 못해쓰며 봉답 논 김매기을 종일 동 김매기을 하여서 끝을 냈쓰며 그리고 우선 바서는 봉답 벼가 넘어 좋아서 극정이 앞쓰는구나. 금년에는 봉답에 밑거름을 1포을 작년보다 줄라서 사용을 하여는데 그레도 벼가 너무 좋아서 벼 수학에 극정이 돼는구나.

후무사 … 5짝 진수 줌. 33,430원

〈1989년 7월 14일 금요일 낡씨 맑음〉

금일은 12시에 대구 재옥이 내수술[뇌수술] 문병 갈려고 약속을 하여쓰며 그래서 오전만 웃뜰 논에 김매기을 할려고 집사람과 둘리서 김매기을 할려고 논바닥에 들러서니 논바닥이 그야말로 마당처름 맬콤하더라[말끔하더라]. 잡초약이 이처름 좋은 약이 있는 것을 오늘날까지 논바닥에 올미 잡는다고 집사람과 둘리서 3년간 김매기을 하너라고 고생을 한 것이 아쉬운 감을 버릴

수가 업꾸나. 오늘 오전에 둘리가 웃뜰 논 3단지을 다들 김매기을 한 번식 돌라 보너라고 아주 바푼 오전 일과을 보냇다.
오후에는 병문안을 창길이와 둘리서 안행 열차을 타고 영대병원에을 가보니 시설도 엄청나며 모든 것이 잘 돼어있는 것 같더라. 그리고 병실을 들어서니 7명 입원을 하여있쓰며 재옥이는 생각보다 아주 해복댄 얼굴이며 한국 의술이 좋다는 감탄을 한번 가지보았쓰며 예날 같떠며 콤짝 업씨 친구을 일캐 돼지만 이재는 의술이 발전이 돼어서 내 수술도 극정을 하지 않코 성공을 하니 인간의 살기는 좋을 때라고 생각을 한다. 재옥이도 우선 바서는 수술이 아주 잘 돼어따고 자신은 보고 십프며 몸조리만 잘 한다면 수일 내로 태원할 것으로 본다.
"그리고 우리가 병문 간다고 하니까 대구 말진이가 나와서 병실에 차저와서 서로가 같이 만나서 이야기로 한참 시간을 보내고 병실을 나와서 말진이 차로 대구 변두리 회집에 가서 한 사리 먹고 가자고 하면서 시내을 빠저 나와 회집으로 달리는 한참이 걸리며 목적지까지 오는데 주위의 경관도 좋으며 회집의 이치도 좋으며 앞패는 뽀트가 총알 같이 다니며 물결은 잔잔하며 돈 잇는 사람들의 휴식쳐는 안성맡춤이라고 생각을 하며 요즘은 거리는 상관 하지 않으며 주차장과 시설 경관만 좋다면 을마든지 손님은 오게 마련이다. 그리고 요즘은 다들 과다 낭비을 만이 한다고 보며 오늘 말진이 부담을 만이 시키서 미안꾸나."
지출에 … 병문안 7,300원

〈1989년 7월 15일 토요일 낡씨 비〉

금년 장마는 수라게 오면 량이 적기 오니 작물에 지장이 업쓰서 오선 바서는 아주 좋은 장마라고 말을 하고 십꾸나.
"하로 종일 비가 내려 휴식을 하여도 몸의 피료는 풀리지 않코 휴식을 할수록 몸은 더 깔리는 너킴이 더는구나."
"오늘은 우리 부부가 안전이 종일 휴식을 한 날이며 오늘날까지 둘리가 안전이 종일 휴식을 한 적은 처음이라고 생각을 한다."

〈1989년 7월 16일 일요일 낡씨 비〉

금일은 배달이 방천 보수 작업을 보에서 하여쓰며 이 재방이 비가 만이 온다면 분개댈 끄로 본다. 외냐 작년에 분계돼어쓸 때 이것도 독 뿌리까지 패이고 독이 다들 어슬어저 보기에는 물만 한번 서쳐가면 터질 것 같은 너킴이며 오늘도 푸대에 흙을 담아서 보수을 한다고 하여찌만 하나의 형식에 불과했쓰며 사람들의 인식이 떠지야 정부에서 공사을 하여주지 하며 정부에 기대을 다하고 있쓰니 이것이 극정이며 실찌 분개가 돼며 손예을 다 보고 나서 보수을 하는 버릇은 버리고 앞푸론 면사무소에 재방 담당자 잇쓰서 미리 대비을 한다면 재난을 미리 방지할 뿐 아니라 홍수 피해는 90% 막을 수 있따고 보며 오늘 부역한 자라도 50,000만 원 정도로 보수을 안전이 할 수가 있따고 보는데 이것이 큰 비가 한 번 오며 분개가 돼며 논 피해는 그냥 두고 재방 피해가 멧 천만 원 넘을 것을 생각을 하니 농민과 정부 간에 생각을 만이 할 뿐 아니라 이것은 음격이 따진다고 바도 서로의 잘못이 같다고 생각을 한다.
"그리고 오후에는 자신 안과 병원에을 가면서 운이을 돼리고 비가 오는데도 같다. 이것은 운이가 자신이 친건감을 갈키 위에서 비가 오는데 둘리서 같쓰며 자신의 생각에는 김천 가서 운이가 원하는 것을 해줄라고 들어쓰며 이재는 운이와 자신이 대화로 해결을 할려고 계핵을 세우쓰며 그러자 병원에 들어서니 안과는 오전만 본다고 내일 오전에 오라고 해서 자신의 눈도 한번 보이지 못하고 병문을 나와쓰며 이재는 운이가 무었이 제일 좋은냐 하며 오늘은 해달라는 것은 이 아빠가 다 해주마 말만 해보라고 하니 할 것도 업따면서 사양을 하더라. 그래서 운이 이 아빠 그짓말이 아니니 말만 해보라고 해도 말도 하지 않코 고기, 짜장면 무었을 사줄까 해도 집배 가서 같이 먹자면서 사양하고 해서 자신이 할 도리가 업쓰서 운이 말과 같이 고기 2斤과 짜장면 할 끄리을 사고 마랐다. 그러자 오락실이 지나치게 돼어서 운이 오락 한번 하고 가자 하니 운이가 자신의 눈치을 한 번 썩 보더니 한번 하고 가자 하더라. 그래서 운이을 데리고 들어쓰니 학생들이 초만원이며 고등학생도 만으며 계층이 다양하더라. 국민학생, 중학생, 고등학생, 여학생, 어린리, 이 학생들도 돌라슬 때도 업시 분비대며 오락 기구도 여러 종류가 30대 정도가 될 것으로 보이며 오늘은 자신이 운이 하고 십픈 데로 해줄 생각을 했키 때문에 운이 그동만 보았다. 가만이 보니 오락기을 다루는 솜씨가 아주 좋더라. 손놀림이 재싸하게 놀리는 것을 보니 오락실에 을마나 들리서 저른 솜씨가 나올까 하고 자신의 속으로 웃고 마랐다. 이 아빠는 오락기 만치는 데로 따라다니면서 구경만 하고 운이는 마음에 더는 오락기 가리가면서 하더라. 이것을 보니 오락이라도 자기에 맡는 오락이 있꾸나 하는 생각과 이것이 아주 낮뻔 것만이 아니구나 하는 생각이 머리에 쓰쳐가며 이재는 오락이 자신의 생각처름 나뿐 것이 아니다 생각을 하고 반 정도만 억째을 해가야 하겠다는 것을 생각을 가지본다. 우리 운이가 오후 내 할려고 해도 돈을 될려고 작정을 하여는데 오락키에 400원, 만두 100원, 500원을 쓰더니 아빠에깨 그만 할려고 하더라. 그레서 자신이 웃쓰면서 끄러당기서 의자에 안치면서 오늘만 하고 십픈 데로 해보라고 하면서 건유을 해도 그절을 하더라. 그레서 어쩔 수가 업씨 오락실 문을 나오면서 운이 나 갈터며 오락하지 않코 그 돈으로 빵을 싸먹겟다 이야기을 하니 고개만 그득이고 있떠라.”

지출에 … 고기 3,600원 짜장면 끄리와 모기향, 킬라 6,400원 안약 2,000원 차비 660원
計 12,660원

〈1989년 7월 17일 월요일 낡씨 비〉

금일은 안과 병원에 가서 자신의 눈 치료을 하여쓰며 눈에 염증이 생기따면서 치료을 하고 눈막개을 하여주면서 뛰어내지 말라고 하는데 오전에는 눈막개을 하여서 웃뜰례 논 셋 단지는 약을 집사람과 다 쳐고 오후에 집사람이 자두 따논 것을 실어로 가는데 답답해서 참을 수가 업쓰서 띠어내고 마랐다. 이것은 잘못인 줄 알면서 너무나 답답해서 오희려 탄 병이 날 것 같은 너킴이 들 정도로 참기가 힘이 들어서 뛰어내고 마랐다.

지출에 김천남산병원에 2,000원
차비 400원
計 2,400원

진수 자두, 후{모사} 6짝 줌.

〈1989년 7월 18일 화요일 낡씨 맑음〉

오전에는 김천남산병원 안과에서 치료 하고 오전에 휴식을 하고 요줌은 병원에 들리야지 하니 하로 일과 일이 돼지 않코 자신의 일이 끝이 업고 계속 미리만 가는구나. 내가 일이 대지 않으니까 집사람 일마저 뒤범벅이 돼고 있다.

그리고 오후에는 바시내 세집 밭태 풀 약을 자신은 쳐고 집사람은 김매기을 하고 대충 일을 끝을 낸 셈이다. 풀 약을 자신이 6통, 집사람이 1통 총 7통으로 잡초을 제거 한 셈이다.

지출에 … 병원비 2,000원 차비 400원
인공류 6,500원
計 8,900원

〈1989년 7월 19일 수요일 낡씨 맑음〉

오전에는 늑뚤레 살충제와 문고병 약[299]을 살포을 하고 오후에는 쌍구름 봇밭에에 김매기을 하는데 처음에는 너무나 무성해서 손을 될 수가 업쓰서 무안하게 집사람과 둘리가 한참 동안 서잇쓰다. 마늘 수학을 하고 그냥 두어쓰니 말할 나이도 업찌 하고 둘리서 풀을 낮수로 배어서 경운기로 갈라서 잡초 뿌리을 떨어서 보이는 것만 추리내고 마라다. 우선 바서는 미딱한 맡이 잇더라. 앞푸론 지섬이 안 나는 약을 사용을 하여겟다.

지출에 … 참두유 400원

〈1989년 7월 20일 목요일 낡씨 비〉

봉답에논에 살충제와 문고병 약을 살포함. 우선 바서는 봉답과 당산 벼는 아주 좋어며 우선 바서는 풍년이 됀다고 보는데 아푸로 일기 변화가 어떠게 될련지는 몰라도 풍년 농사가 돼지 않을 하고 생각을 한다.

"요줌은 정부가 폭력배, 인심매매자 솟탕 작전을 세우며 특수 기동반을 발대식을 하고 법석을 부리는데 어느 정도 성과을 어들란지 두고바야 하겟다. 우리 국민이라면 인심 침해범을 음중하게 달우며 원벌레 치라서 다시는 범행을 저질지 않깨 하두록 원을 하고 있따고 본다."

이삭거름 웃뜰래 한 단지에 요소 7kg, 가리가 10kg을 한 단지에 헌침. 지도소에 하라는 량을 반 정도 하여씀.[300]

지출에 … 요소 4포, 가리 3포, 보험료,
데시스 1병 35,000원

〈1989년 7월 21일 금요일 낡씨 비〉

오전에는 늑뚤레 이삭 거름을 약한 대만 조금식 한 셈이다. 내년에는 한 단지 웃거름 세 포을 해야 하겟다. 남들은 다들 세 포을 한 사람들은 현재 벼들이 다들 좋다고 본다. 자신은 한 단지 두 포을 조금 더 한 셈이라 남들보다 조금식 빠진 셈이라 오늘 경화 논 모자리 논은 요소 10kg, 가리 15kg을 한 셈이며 목판에는 두룸 짝으로 조금식 하고 끝을 낸 셈이다. 그리고 오후에는 집사람과 논에 김매기을 하여쓰며 비을 마저 가면서 두리서 김매기을 하여쓰며 들판에 우리 두 부부만 일을 하고 남들은 비가 오니 들어가고 아무도 업쓰며 오늘로서 김매

---

299) 문고병은 잎집무늬마름병이라고도 하며 주로 잎집에 담자균류가 기생하여 회색의 얼룩무늬가 생기고 차츰 잿빛을 띤 흰색으로 변하여 시들어 죽는 병이다.

300) 이 내용은 일기 지면 상단에 따로 기록되어 있다. '7月 20日 이삭거름 함. 웃뜰레 2단지 요소 14kg, 가리 20kg. 굼에 6kg, 가리 9kg 함'이라고 기록하였다.

기 작업은 끝을 내야 하겠다.
"우리 혜영이, 혜지는 내일 (통지표) 받는 날이라 오늘부터 아빠 내일 통지포 보고서 성질을 내지 말라고 당부을 하고 있는데 이것을 꾸중을 해야 하나 저위들 말과 같이 이 학기에 열심희 하라고 할까 자신으로서도 어떠게 할까 하고 망스리저며 이 아빠도 내일을 어떠게 해야 자식들레 공부을 열심희 하두록 힘이 돼는 말일까 하고 염려가 크게 돼는구나."
"우리 운이는 통지포을 밭는 날인지 어떠게 돼는 것인지 아무것도 모러고 만향 놀기만 하는 자식이며 저의 아빠는 공부을 해야 한다고 노래을 해도 그때뿐이며 공부을 아예 할 생각을 하지 않으니 기가 찰 일이다."

〈1989년 7월 22일 토요일 낡씨 맑음〉

오전에는 집사람과 둘리서 무지파 무지을 하여쓰며 무지파가 작년보다 아주 적은 편이다. 그리고 오후에는 두리서 당산 콩밭에 김매기을 하여쓰며 낡씨 더어서 일하기가 매우 힘이 들며 더어서 오전에 장간 일을 하고 휴식을 하며 알마전 낡씨라고 말을 하고 십다. 요줌 낡씨가 대구 지방 35도가 계속 돼고 있쓰니 사람으로서는 견뒤기가 힘이 던다.
"혜지, 혜영이, 운이 다들 성적이 떨어잦쓰며 성질을 내지 않을라고 생각을 했는데 넘어나 노력을 하지 않는 표가 나서 그만 너이들 이레 해서 어데 갈레, 너이들은 노력을 하지 않코 성적이 나오겟나, 잠만 자고 성적이 올라가겟나 하고 꾸중을 주어쓰며 이 아빠는 너이들이 열심희 노력을 해서 성적이 올라가지 않으며 이 아빠가 꾸중하지 않코 친찬을 하게노라. 너의 아빠 공부하라 할 때 공부을 해서 너위들 편하게 살라가라고 몸부림을 칯고 잇노라. 이 아빠 너이들 노력하지 않코 잠자는 모섭을 하며 이 아빠 속이 딴다. 내 가슴 따는 모섭 보이지 못하고 이 가슴 다 따 업쓰저며 너이들은 휴예을 하리라. 내 가슴 따는 것은 너이들이 어른이 돼어서 아이들 키우며 내 가슴 따는 것을 알리라."
그리고 내년에 작과일 따면 품을 잡키 위에서 오늘 용식이 엄마 포도 10짝을 김천농협공판장에 실어다 주어쓰며 이것도 낮참에 실어다 주는데 힘이 들어다.
지출에 모자 1,000원

〈1989년 7월 23일 일요일 낡씨 맑음〉

오전에 넉들레 벌레가 일부 남아서 벼 잎을 먹고 있더라. 이것을 보고 그냥 둘 수가 업쓰서 재차 살충제을 쳤쓰며 그전에는 잎 갈가먹는 벌레는 약만 가면 업쓰저든니 이재는 약을 살표을 하여도 죽지 않코 벼을 쭐구리만 남깨 만들고 있쓰서 신경이 만이 쓰이는구나.
"그리고 정심을 먹을라고 하니 선둘 동서와 칯형이 경운기 사고로 만이 다치다고 전화가 와서 집사람과 혜지 셋시가 가보았든이 정말 만이 다치쓰며 사람 안 주지게 돼어서 큰 다행이라고 생각이 들더라. 농촌에는 경운기 사고율이 만으며 경운기가 모든 일레 용이하면서도 작동에 이험이 만은 것이 경운기라고 하고 십꾸나."
"우리 혜지가 이재 공부을 할려는 행동이 보이는구나. 오늘 안경알을 단장 갈고 학원 신청을 하는 데을 같이 다니쓰며 영어, 수학 두 가목을 신청을 하며 가만이 보니 야문 대가 저의 엄마처름 달마쓰며 안경알을 갈고 나서 학인을 하는 것이 다른 아이는 안경을 주니 그저 돈만 주고 그냥 나가는 학생을 보아쓰며 우리 혜지는 그러치 안코 먼 대, 글씨 잘 돼어는지 이것을 다들 보는 것을 보니 공부는 못해도 인간의 댐댐이 돼어꾸나 하고 자신의 마음이 우섬을 짓어다. 처음부터 병원에서 혜지 학원에 접수을 할려면 엄청나게 멀어서 택시을 타고 갈라고 하니 어름도 업더라. 거러서 가자고 하는 것을 볼 때에 자신은 혜지가 이 더운데 걸어서 가면 띠겟찌 하고 태어서 갈라고 하는데 혜지는 돈이 들어간다고 걸어서 가자고 할 때에 야문 마음이 기떡하더라."

그리고 처음에는 병문안을 낮잠을 이용을 하여서 오후 일레 지장이 업게 할려고 생각을 했쓰며 이것이 마음돼로 돼지 않아쓰며 집사람 티 하나 사줄라고 상점으로 가다 다음으로 미루고 오후 일에 차질이 업개 할려고 내리와도 오후 일레 지장을 주엇쓰며 만사 일에 마음 뜻대로 돼지 안는 것이 인간의 행동이구나 하는 생각을 가지며 이제 와서는 외 집사람 티을 사줄라고 가다 마란 것이 후예가 돼며 자신의 눈우로 바서 좋은 것을 사줄 땐돼 자신이 사면 좋은 것을 사지만 집사람은 자기 옷은 돈이 아갑다고 사지 안는 성격이라는 것을 알면서 자신이 옿을 사주지 않코 오후 일만 신경을 쓴 것이 아주 잘 못이며 집사람 보기에 미안하며 오늘 일은 아주 잘못 대어따고 생각을 가지본다.

지출에 … 병문안에 3,000원 마른 반찬 10,000원 멸치 1,500 지고기 2,000원 삼치 1,800원 난닝구 4,800원 국수 1,900원 요구르터 700원 돼지고기 3,600원 모자 1,500원 안경 8,000원 학원 30,000원 혜지 아구러터 200원 차비 1,060원 計 70,060원

〈1989년 7월 24일 월요일 낡씨 맑음〉

오전에는 웃뜰 벼논에 잎 갈가먹는 벌레가 일부 남아서 있키 때문에 이번에는 스미치온 약[301]을 3차로 약을 살포하여다. 오후에는 당산 콩밭을 두리서 김매기을 하여쓰며 콩밭에 지섬이 너무나 만아서 우리 부부가 구슬땀을 을마나 만이 흙리는 땀의 대과도 나오지 않을 껏을 생각을 하니 재미가 업꾸나.

그리고 세집배 바시네이 (탄따루) 자두 익는 약을 살포을 해달라고 하여서 한 말 반으로 약을 살포을 하여쓰며 전부 다 살포을 할려니 약이 적더라.

"오늘은 자식들이 공부을 할려는 의욕이 보이며 혜지는 학원으로 혜영, 운이는 세집배 서늘한 곳을 차저며 공부을 하는 모섭을 보니 처음 시작이든지 말든지 이 아빠의 마음이 들며 혜영이, 운이가 공부을 하는데 덥지나 안은가 일부로 가보았다. 당장 선풍기라도 사주어서 선풍기 바람이라도 쏘이며 아주 공부하기가 좋찌만 숙모님은 전기세 나온다고 오촉 짜리로 살라가는데 습득 선풍기을 쓸라고 들지을 못하게쓰며 자신이 한 달 전기세을 물리줄라고 해도 어떠게 생각을 할련지 집사람은 그냥 두라 하며."

301) 스미치온은 유기인계 살충제로 주로 과수류 해충의 구제에 쓰이며, 벼의 이화명충, 멸구, 채소나 과수의 애벌래나 진딧물에도 쓰인다.

〈1989년 7월 25일 화요일 낡씨 비〉

오전에는 비가 오는데 둘리서 콩밭 김매기을 하로 가서 김매기을 하는데 땡빛에 일하는 것 보다 만이 하게더라. 비가 오니 사람이 서급프서 그러치 비을 마저가면서 하는 것이 불빛 더이에 일하는 것보다는 낮따고 생각을 한다. 오후에는 비가 넘어나 만이 와서 참아 김매기 하로 나쓰지을 못하겟쓰며 공밭이 어떠게 돼든 말든 휴식을 하고 마라다.

그리고 오버로[오보로] 장마가 물러간다는 예보가 나오니 우리 자방으로 바서는 장마라 해도 곱게 비가 내리쓰며 만은 량도 오지 않코 금년 장마는 자신 알기론 제일 적은 비가 왔따고 생각을 하며 타지방은 오늘도 물날리로 인명 피해가 만으며 400미리나 쏘다저니 지명적인 타격을 입는다고 보며 이것은 하늘레서 준 피라 어떠게 할 수도 업씨 당하고 있는 사람들 정말 가슴 아픈 일들이다. 타지방은 이 시간에도 비가 아니라 비 배락을 맡고 있는데 우리 지방은 갈방비 정도 내리고 있쓰니 복 받은 땅에 산다고 보고 있다.

〈1989년 7월 26일 수요일 낡씨 비〉

금년에는 조용히 비가 온다고 자랑을 하여든이 오늘은 제법 비가 만이 오고 있쓰니 급이 나며 우리 지방도 물날리가 나지 안을까 하고 염려가 돼는구나.

"금일은 종일 동안 휴식을 하고 마랐다. 비만 아니며 콩밭을 망우리을 할 수 잇쓴는데 비 대문에 콩밭 김매기을 못해서 신경이 쓰이는구나."

"정부에서는 외 엄중하게 다라서 불법단채들의 행동을 저지 못하고 잇는 것을 보며 아타값고 그리고 교회 단채에서 통일 한다고 이북을 제삼국을 통해서 이북을 가는 자는 여웅처름 여기서 서로 간다는 판국이며 실찌 불법으로 금년에 3명이 이북을 가서 김일성을 만나는 것을 보며 아직 한국은 후진국으로 남아서 예를 더 먹어야 한다고 생각을 한다."

〈1989년 7월 28일[302] 목요일 낡씨 비〉

오전에는 늑들레 한 박기 돌라보니 아직은 굼에도 물날리을 만나지는 완코 조금만 더 오면 손예가 따릴 것으로 내다본다. 요즘은 아무 벼 업씨 일더리 차이 잇는 상태라 물이 차이며 손예가 엄청나게 따린다고 본다. 그리고 오후에는 범식이내 포도을 실어달라고 해서 자신도 우리 운이 방을 꾸미줄라고 시장에 가서 사올 것을 생각을 하니 제법 만으며 겸사겸사 일을 할 수가 잇쓰서 마음적으로는 좋더라. 이번에는 자신이 물틀을 실어올 욕심으로 별 부담이 업씨 갈지만 이험이 따리서 경운기로 시장 가기가 좋지는 안타. 자신이 처음에 포도을 실어다주고 내년에 자신위 자두 품을 아사놀[확보해둘] 욕심으로 이야기을 하여찌만 이번이 두번짼돼 실찌 이험이 만이 따리며 오늘도 술치한 사람이 자전차을 타고 차 안으로 기어들어 오는 것을 피하면서 자신의 차선으로 추력이 달려더는데 집사람과 둘리서 타고 오는데 감짝 놀라쓰며 일단 차선 올라쓰며 자신 혼자만 조심을 하여도 대지 않은며 이것은 양 편이 좋심을 해야 한다고 생각을

302) '27일'이나 28일로 잘못 기록하였다.

한다.“
“오늘 일은 자신이 볼 때는 술 취한 사람이 자전차을 타고 차 안으로 들오는 것을 자신이 서로 밭쓰며 이번 사끈은 사람은 갈리지 않코 자전차 앞 박키만 밭짝 갈라찌만 이것은 잘못이 술취한 사람에깨 잇따고 바야 한다.”

〈1989년 7월 27[303]일 금요일 낡씨 비〉
기상대서 태풍 (주디)가 온다고 오늘은 수로에 잡초 제거을 하여쓰며 그리고 재방 보수을 종일 하여다.
기상대서 발표을 하기는 경북을 강타해서 우리 지역으로 질료을 기상대서 이야기을 하는 것을 보고 정말 극정을 만이 하여다.
기상대에서 사화라 태풍과 갈다는 이야기을 할 때 국민이 총 비상이였다고 생각을 한다.
태풍 (주디)가 기상대서 이야기을 한 것처름 큰 피을 주고 안아따고 생각을 하며 우리 지방에는 비키가서 우리 지방은 현재로 좋용이 비가 오며 아직은 우리 지역은 피해가 업쓰며 염려보다 조용했다고 생각을 한다.[304]

〈1989년 7월 29일 토요일 낡씨 흐림〉
우리 운이 공부방 꾸미줄라고 봉창문을 너어쓰며 벽을 파고 너을 때는 적은 것을 사와서 너어도 될 뿐 했는데 하고 후예가 돼더니 안전이 너코 보니 큰 창문이 보기에 좋으며 여름에는 아주 시원하게더라.
그리고 오후에 봇밭에 참깨 나무가 쓰러저서 집사람과 세우라니 일부 푸러저고 해서 세우지 않코 포기을 하고 말라다. 그래서 두엄을 실어내니 좀 노라가면서 일을 하라고 이야기을 들을 때 기분이 좋으며 자신이 이 소리을 들을라고 남들은 다들 길거리에 서나 술집배서 욳노리을 하면서 하로 일과을 보내는데 자신은 일을 하면서도 조금 미안점이 잇쓰면서도 자신은 활 일이 넘어나 만아서 남과 같이 항가한 시간을 보낼 수가 업쓰서 자신은 일을 만이 하는 편이며 늙부지련이 한다는 말을 말이 듯는다.
지출에 …

〈1989년 7월 30일 일요일 낡씨 맑음〉
부록구을 사기 위해서 경운기로 아포 부록구집에 갈쓰며 사인치 부록구 50장에 11,000원, 센면 4포 9,200원 주고 사왔쓰며 이것을 가지고 오는 적시 작업을 하여서 미장 작업을 봉창 문뜰만 안전이 끝을 낸 셈이다.
지출에 … 부록구 50장,
센면 4포 20,200원
숙모님 생신에 10,000원

〈1989년 7월 31일 월요일 낡씨 맑음〉
들레 한 박키 돌라보니 아직 물꼬에 물이 들어오 손도 쓰지 못하고 아직 물 천지가 돼어 잇쓰며 이번 태풍은 이 지방은 피해 업씨 잘 넘어가서 천만 다행이다. 그리고 오후에는 세집배 과일 경운기로 실어다주고 오면서 연탄 보일라을 싸옴.
지출에 … 보일아 전채 값이 45,000원

---

303) ‘28일’이나 27일로 잘못 기록하였다.
304) 이 내용은 일기 지면 상단에 따로 기록되어 있다. ‘태풍 ‘주디’ 발생함’이라고 기록하였다.

〈1989년 8월 1일 화요일 낡씨 맑음〉

금일은 보일라 부품을 들 가지고 와서 다시 가서 부품을 가지고 와서 보일라 노코 운이 방을 안전을 끝을 내는데 밤 열 시까지 한 셈이며 우리 운이가 지 방 한다고 아빠 일을 잘 도어며 일하는 것도 재치 잇게 잘하며 처음부터 끝까지 그들어다. 우리 운이가 일하는 것은 재치 잇게 잘하고 머리가 돌라는 것이 아빠보다 머리을 잘 돌일 때가 잇는데 공부는 외 못할까 이상하며 우리 운이 예깨는 감을 잡을 수가 업쓰며 요줌 운이에깨는 꾸중은 일채 업고 친찬만 하고 운이 말만 떨어저며 다들 하여주는 편이다.

우리 운이 공부방 하는데 시간 나는 뜸을 이용하여서 일을 하노라고 다들 예을 먹어다고 생각을 하며 이재는 벽지만 바르며 다들 한 셈이다.

우리 국민성 바서는 자유가 너무 일어며 염차적으로 문을 열어가야 하는데 노태우 대통령 들어스면서 문을 안전이 열어노아서 한꼬번에 밀여나오니 이그 감당을 할 수가 업쓰며 정부로서도 요줌 어떠한 것을 먼저 손을 대어야 하는지 생각조차도 모러며 한가지로 말을 해서 응망징창이라고 말을 하고 십꾸나.

"자신이 볼 때에 각 당 총재나 국회원이나 다들 국가을 생각을 하여서 일하는 사람 업고 당까지 파별 싸음만 하고 언재까지 서로가 밀고 탕기며 언재 잘 살기 바라나 한심스렵꾸나."

지출에 … 모기장 아미[그물] 3,000원
돼지고기 2斤 3,600원
計 6,600원

〈1989년 8월 2일 수요일 낡씨 맑음〉

기상대는 장마가 끝이 낮따고 이야기을 하는데 비가 자주 올라고 더는지을 몰게쓰며 요데로 장마라든지 모든 것이 끝이 난다면 풍년을 약속을 할 수가 잇따고 장담을 할 수 잇따고 보는데 일기가 기상대와 맡찌 완으며 일기변득이 만으며 이재는 비 피해는 더 주어서는 안 된다고 본다.

"이재는 자신도 시간 여유가 잇찌 않을까 하고 생각을 가지본다. 앞푸로 활 일은 작과나무에 살충제만 쳐며 자신도 한가한 시간을 좀 기질 수 잇따고 본다."

지출에 … 혜영 빵 1,000원

〈1989년 8월 3일 목요일 낡씨 흐림, 비〉

금일은 봉답과 당산 논에 두룸에 풀 깍는 것으로 하로 일과을 보내고 마랐다.

"그리고 요줌 아침으로 낡씨가 추어서 벼가 일적 출수하는 것은 지장이 만을 껏으로 내다보며 낡씨가 변득서러어 극정이 돼는구나."

"집사람은 오늘 세집배 자두 타주로 같쓰며 집사람은 내 일 하지 집사람 일과 세집배 일 이것을 다 할려고 하니 여자 몸으로 넘어나 벅찬 일이라 생각을 하며 현제로 바서는 일 량을 주률 슈가 업쓰며 숙모님도 해주야 한다. 외냐 금년에는 자두가 만이 달리서 처음 백만 원 넘어쓰셔머 자신이 백만 원 하면 반갈림을 할려고 개핵을 했쓰며 금년에만 돈을 만이 하였찌 그전에는 실찌 득을 보지 못했따고 생각을 하며 금년에는 백만 원 해서 갈림을 할려고 하니 숙모님이 받찌 않으며 숙모님 살라 생전에는 받찌 안을라고 하고 숙모님 죽끄든 순범이 주라고 이야기을 하더라. 그래서 고맙더라. 실찌 우리가 숙모님 입만 떠러저며 일만 하여주고 하지만 이 돈을 밭찌 안으니 자신으로 바서 상당이 도음이 만타고 생각을 한다. 그리고 숙모님이 우리에깨는 아주 잘한다고 생각을 하며 금년에는 자신이 자두밭을 사고는 숙모님 일을 들 도아준 것이 마음에 글리며 앞푸로 시간이 나는 돼로 도와줄 작정이다."
금년에 자두 총 수입이 3,400,000만 원 한 셈이다.

〈1989년 8월 4일 금요일 낡씨 맑음〉
금일 봇밭에 참깨 나무가 남의 밭으로 쓰러저서 남외 피해가 업두록 줄을 쳐서 대충 세우고 웃들레 굼논은 요줌 보니까 두 단지 벼보다 조금 못하며 거름 량을 같이 하여도 돼겟더라. 매년 초기에는 늙 좋아서 거{름}량이 두 단지 량보다 늙 적개 하게 돼는데 이제는 같이 하여 두어야 하겟다.
그리고 운이 방을 집사람과 둘리서 벽지와 모든 것을 끝을 낸 셈이다. 운이 방을 만들어 주는데 103,000원 투자을 한 셈이다.[305]
지출에 … 큰 소 제수정 3,000원

〈1989년 8월 5일 토요일 낡씨 맑음〉
"금일은 송아지 가격을 보기 위해서 김천 소장에 가보앗든이 요먼저 동내서 송아지 팔때 가격보다 송아지 가격이 조금 올란 셈이더라. 우리 송아지는 800,000만 원 바둘 것으로 내다본다. 그리고 금난에 우물 펌프을 사다주어쓰며 자신이 돈을 가지고 물건을 사다주는 일을 안 알라고 들어는데 오늘 일은 여자 혼자 살기 때문에 이것도 좋은 일이다 하고 마음먹고 사다주어쓰며 자신은 마음먹고 사다주었는데 금액이 따리기 때문에 어떠게 생각을 할련지 몰겟꾸나."
지출에 … 차비 400원 송아지 꼽비 600원
計 1,000원

〈1989년 8월 6일 일요일 낡씨 맑음〉
집사람 친구가 남편 업씨 살면서 우물 펌프을 너어달라고 해서 그절도 하지 못하고 이더이에 작업을 하여는데 안전이 작업을 끝을 내고 전기을 너어보니 물이 올라오지을 안더라. 이것은 자신이 설치을 못해서 그른 것이 아니라 집주인이 고장 자리을 몰라서 오늘 오전 내 작업을 헌 일을 한 셈이다. 이것을 미리부터 손을 돼지 않아야 하는데 하면서 후에가 돼며 이것을 손을 돼서 어떠게 할 수도 업고 어떠한 고통이 따리도 물이 나우도록 하여야 하는돼 하고 극정이 돼는데 주인 이제는 힘이 들어서 이것을 표기을 하고 기계로 우물 파는 사람에깨 뛰어 내어 주야 하겟따고 해서 자신이 마음이 좋더라. 자신은 오늘 오전 내 헛수고 했찌만 이것을 자신이 물이 오두록 할려면 길바닥을 다시 파서 파이프을 너어 배관을 전부 다시 하여야 하는 실정이며 오늘 오전만 하는데도 땀을 무진장 흙리는데 하고 생각을 하니 일이 급이 나서 도저희 활 힘이 업더라. 오늘은 자신 주인보다 헌심이 더 풀리더라.
"오후에는 숙모님 자두만 실어주고 오후 내 휴식을 한 셈이다."

〈1989년 8월 7일 월요일 낡씨 맑음〉
가부댁이 기계로 우물을 팔련이 주이에 기

305) 이 내용은 일기 지면 상단에 따로 기록되어 있다. '8月 4日 큰 소 제수정 3,000원'이라고 기록하였다.

계 우물 판 사람들이 식수가 철분이 만아서 좋지 안타고 이야기을 하니 기계로 파는데 150,000만 원 한다고 하니 이 돈으로 을래 우물을 땅기서 돌라고 사정을 하여서 이재는 일을 저절러 노아서 할 수 업씨 응답을 하여쓰며 처음에는 힘 든다고 기계로 새암을 팔라고 해서 당행이라고 생각을 하여는데 이것을 다시 하게 돼어서 점부 세멘이라 이것을 다들 깻어서 작업을 할려니 처음부터 급이 나더라. 막상 두 사람을 불어서 자신과 셋시서 더우며 못 한다고 해장이 일적부터 시작을 하여쓰며 오늘은 어재보다 낡씨가 들 더우며 구름이 키어 있쓰서 작업에 큰 도음을 주어쓰며 오후에도 정심식사 하고 곳바로 작업을 하여쓰며 오후 3시경에 작업을 알로 하고 우물을 펌프로 프는데 잘 올라오는 모섭을 볼 때에는 그 기분 머라 말을 할 수 업씨 좋으며 자신만이 기분을 가지는 너킴이다. 오늘 일은 자재비 뛰어내고 한 사람이 35,000원식 똑같이 나누어 가짓다.

그리고 우리 운이 방을 꾸미주니 좋아서 어절 줄을 모러며 공부을 한다고 법석을 부리는 것을 보니 내 마음이 더 좋으며 재발 공부에 치미을 부치서 저의 반에서 중간이라도 성적이 올라가며 더 큰 욕심은 부리지 않캐다.

"그리고 운이가 요줌은 아주 활기을 핀다. 외냐 자신이 꾸중은 업고 다들 친찬만 하면 된다고 이야기을 하며 우리 운이 공부을 하여보자 하면서 운이 자랑에 열을 올리니 운이가 명랑해저며 활기가 생기는 너킴이다."

"오늘 집사람이 잠자리 들어서는 모섭이 아주 피곤해 보이며 누어잇는 안내의 얼굴이 아주 핼쪽하며 얼굴을 만저볼 때에 살은 업고 방대삐만[광대뼈만] 티어나와 잇쓰며 얼굴을 만칠수록 자신이 넘해꾸나 하며 마음 속으로 우러나오며 집사람이야말로 일이 넘어나 만으며 오늘 날까지 비가 오나 눈이 오나 한 번 실 사이 업쓰며 무새라 해도 녹아서 업쓰절 껏인돼 집사람은 무새보다 더 야문 사람이라고 생각을 하며 이재는 집사람도 김매기도 끝이 낮고 하니 내일은 비가 와서 집사람 하로 종일 휴식을 하여주며 좋깨쓰며 실찌 집사람이 건강해야 내 행복이 연장돼며 살매 보람을 가질 뿐 아니라 자신은 행복한 사람이라고 생각을 한다."

수입에 … 우물 펌프 작업 35,000원

〈1989년 8월 8일 화요일 낡씨 맑음〉

오전에는 포도나무 밑에 쇠풀을 떳고 집사람은 김매기을 하여쓰며 그리고 밭뚝과 아까시와을 재거을 하여쓰며 아까시와는 그대로 두어서 포도나무을 그진 다들 덥고 잇쓰며 올해는 손질이 너무나 바픈 너킴이 더는구나.

"그리고 오늘이 혜영이 생일이며 혜영이 생일 날 아무것도 하지 말고 빵 사달라고 해서 실찌 생일은 먼저 번에 차저 먹은 셈인돼 오늘 포장류로 혜영이 생일을 마지하여쓰며 우선 바서는 혜영이가 제일 똑똑한돼 앞푸로 노력을 하여서 원하는 학교에 들어가서 공부을 잘하는 것이 이 아빠는 소원이다."

지출에 … 포장류, 과자 2,000원

〈1989년 8월 9일 수요일 낡씨 맑음〉

금일은 누님 집배 창고와 변소채을 짓어는데 반은 미장을 하고 반은 그대로 두어서 이것을 아무도 할 사람이 업따면서 나한태 해달라고 하는데 이때것 하여주지 못하고 자신이 바뿌니까 해주도 못하고 오늘 가서 미장과 창고 바닥을 하는데 난생 처음 땀을 만이 흙리따고 생각을 한다. 오늘 창고을 볼 때에 여때것 창고 바닥을 하지 않코 그대로 둔 것을 볼 때에 의이 사람이 이른 것도 못할까 사람이 반구치며 돈이라도 만아야 하는데 돈도 업고 누님도 일평생 고댄 인생 살리을 한다고 본다. 오늘 일이 다 하지 못하고 오전 일을 난겨 놓고 일과을 맡치다.

지출에 … 누님 집배 가는데 누님 옺
15,000 포장류 3,800
담배 5,000원
計 23,800원

〈1989년 8월 10일 목요일 낡씨 맑음〉

금일은 일적 송아지 장예을 갈려고 차을 불어서 송아지 두 바리을 실고 한 바리는 윤호 씨 송아지며 집배서 6시 30분에 가서 송아지 장을 너무나 일적한 것이 아닌가 하고 같든이 벌서 송아지가 만이 나와 잇더라. 그리고 송아지 장이 5日날보다 송아지 장이 희먹고 잇쓰며 우리 송아지는 발개서 들 조아하는 편이더라. 자신은 800,000만 원 바는데 750,000만 원 박에 못 바다서 마음적으로 서운한 감 잊저저지 않는구나.

"오후에는 자신 논만 이화명충약, 다이톤약[306]을 살표할려고 6봉만 사와서 우선 봉답과 당산에는 살포을 하고 복판에는 물이 업쓰서 살표을 하지 못하고 마랐다."

"대신 지수가 와서 빨래을 하는 것을 보고 미안떠라. 집사람은 혜영이 감기로 김천 병원에 같는데 집사람은 오지 않코 빨래는 다 하여가는데 미안하기 짝이 업더라."[307]

지출에 … 다야톤약 입재 6봉, 랴쑈 입제 1봉 9,100원 하장지 3,300원
송아지 운님 10,000원 송아지 흥정하는데 술값가 수고비쪼로 10,000원 차비 200원
計 22,600원[308]

〈1989년 8월 11일 금요일 낡씨 맑음〉

우리 마을에서도 구미 사람이 셋 가구가 살로 와쓰며 이재는 구미시에서 자꾸만 벗스나는 사람이 만원 것 같더며 그 이유는 교통이 좋아서 출태권이 반대로 돼며 버스만도 10분에 한 대식 잇쓰니까 구태어 모든 것이 악족건이며 하나에서 열까지가 만이 들어가는 시내에서 살 필요가 업따고 본다. 그래서 하나둘식 우리 마을로 살로 오는 사람이 하나둘식 늙어가며 오늘은 구미에서 살로 온 사람이 마을 사람들레깨 술대집을 하여서 자신도 음식을 어더 먹어다.

"앞푸로 머지 안아 구미 살든 사람이 만이 올 것으로 본다."

"오후에는 봉답과 당산 논에 고압 품무기로 약 살포함. 그리고 재비도 위읏[이웃] 농사라고 단답이라 어대 부칠 때가 맏당치 않으니 좀 같이 쳤자고 하여서 그절도 하지 못하고 이번이 두 번째다. 우리 쳤면서 같이 천다고 하지만 신경이 만이 쓰이서 불편한 점이 만꾸나."

306) 다이아톤은 삽주벌레, 이화명충, 개미 등의 해충을 방제하는 살충제의 일종이다.

307) 이 내용은 일기 지면 상단에 따로 기록되어 있다. '송아지 값 750,000만 원'이라고 기록하였다.

308) 실제 계산은 32,600원이나 22,600원으로 잘못 기록하였다.

"봉답고 당산은 유제약이 4차 방재째다."
지출에 … 살충제 1병 도열병[309] 약
300cc 10병 문고병 약 6병
計 23,800원

〈1989년 8월 12일 토요일 낡씨 비〉
앞밭태 여름 전정을 하다 둔 것을 오늘로서 안전이 하고 마랐다. 전정을 하다 톱부로 손가락을 그리서 장갑이 다라나고 손가락이 만이 다치쓰며 오늘 사고는 너무나 무리 힘을 가해서 손가락 상쳐을 주어쓰며 이것은 자신이 어슬퍼게 하여서 상쳐을 준 것이다.
"오후에는 먹구름이 몰려더러서 금세라도 소낙비가 쑈다질 뜻해서 일하려 가지 않고 휴식을 하면서 손가락을 닷치지 않아도 될 일을 다치게 하여서 마음이 더 쓰이며 원재라도 침착한 마음은 버리지 안아야 한다는 것을 너켜쓰며 그 문게 구름은 비방울이 우둑우둑 떨어지더니 어디로 살라저 버리는 구름 정말 아쉬운 감만 주는구나. 오는 지며[김에] 김장 배추 갈두록 아주어쓰며 하는데 그만 어디론지 살라저버린 구름 얄밋게 가고 마랐다."
"우리 운이 공부을 하든 말든 놀로 가지 않코 집배서 공부을 하고 잇는 모섭 볼 때에 아빠의 마음을 발게 하며 우리 운이 무었을 사줄까 말만 하면 사줄태니 말만 하려고 하니까 먹지 않캐따고 그절을 하더라. 우리 운이 조금한 일도 친찬을 아킴업씨 하니까 운이가 발아저는 너킴이 엽보이며 자신이 진작 발견을 하지 못한 것이 가슴을 아푸게 하였다."

〈1989년 8월 13일 일요일 낡씨 맑음〉
금일은 우리 운이 보신약을 한약으로 먹이볼려고 멧 년을 이루다 돈이 앞쓰고 하니 생각만 하다 해을 넌군 것이 을년[얼른] 생각을 한다면 3년이 넘어같다고 생각을 하며 이것을 마음만 먹고 돈 때문에 못했주어서 항상 마음에 걸리고 하여서 오늘 큰 마음먹고 도 150,000만 원을 가지고 운이 대리고 대구 약전 골목으로 같쓰며 운이 진맥을 잡고 진찰을 하더니 잘 짓어서 40,000만 원 달라고 하더라. 자신은 보신약 하며 10지 넘어선다고 보았는데 생각보다 흙더라. 자신이 늙 생각만 하다 돈이 앞스곤 하여서 자식이 약한 것을 보고도 약첩을 따려주지 못하고 마음만 쓴 가슴을 풀어쓰니 이 아빠의 마음은 40,000만 원만 주며 할 수 잇는 것을 예 진작 못했주어쓸까 하고 마음의 꾸중을 크게 주어다.
"그리고 재옥이 병문안을 먼저 번에 창길이와 가보았찌만 이왕 여기까지 왔쓰며 친구의 병이 을마나 차도가 았는지 한번 보고 가자 하고 운이와 택시을 타고 영남대학병원에 가니 재옥이가 자리에 업쓰서 태원한 것이 아닌가 하고 감짝 하여떠니 누구을 보러고 하는냐고 하며 재옥 씨라고 하여떠니 잠간 나같다고 하여서 안도의 숨을 쉬고 한참 기다리니 재옥이가 오더라. 재옥이 모섭을 보니 얼굴이 만이 부어잇더라. 사람이 붓는 것이 좋찌 않는 것인데 하고 염려을 하여쓰며 태원을 18日날 한다고 하지만 자신이 볼 때는 수술이 잘못댄 것이 아닌가 하고 염려가 돼는구나."
지출에 … 병문안에 3,600원 운이 한약에

309) 도열병은 벼가 잘 자란 뒤에 잎과 줄기에 박테리아가 생겨 잎줄기 등을 해치는 병이다.

40,000 열차비 960원 택새비
3,200원 직행뻐스비 1,000
구미 버스비가 450원
計 49,210원

〈1989년 8월 14일 월요일 낡씨 맑음〉

오전에는 쌍구룸 봇밭에 무, 배추을 갈려고 물을 푼기서 무, 배추을 갈라는데 요줌 낡씨가 너무너 더어서 씨갑씨가 날련지 몰게꾸나.

그리고 웃뜰 논에 약 살포을 굼논에 고앞 푼무기로 살포을 하고 웃뜰 두 단지에 와서 약을 철라고 하니 먼 산에는 비가 오며 금새라도 쏘다질 것 같다서 그만 포기을 하고 집사람은 참깨 수학을 할려고 가고 자신은 푼무기을 갇다 노코 들레 나오니 하늘레 구름은 어뒤로 살라저버리고 원재비 올 낡씨을 하여나 하는 식이라 이때 바서는 간이 크야 하는데 하고 후예을 하여쓰며 그 대신 참깨을 안전이 배어서 뿌리까지 뽑아서 채소 갈 준비을 하여서 일은 미라저는 것이 업찌만 약을 쳤다 남아서 마음에 걸리는구나.

"집사람이 지문이 집배 약탄기을 살려고 하니 약탄기가 진열을 하여둔 것이 구식이라서 사지 않코 신형을 산다면서 약탄기을 어더왔더라. (안만) 이모님이라 하지만 구식이라 그냥 준다고 돈도 주지 않코 가지고 왔는냐고 하니 가격도 갈치주지 않코 돈 바들 것 갈더며 신형을 주지 구형을 주겠는냐고 하면서 가지고 가라 한다면서 어더왔더라."

처음 약탄기에 탄약을 너어서 타리보니 정말 좋더라. 이것은 시간 조절만 하면 자동으로 다 따리저니 을마나 좋은 것인가. 옛날래는 약을 다 따리두록 지켜바야 하는 번거러운 점이 업쓰니 그야말로 돈이 좋다는 것을 한 번 더 느켜다.

〈1989년 8월 15일 화요일 낡씨 맑음〉

오전에 웃뜰래 약을 쳤다 난온 것을 아침 일적 시작을 하여서 약 살포을 두 단지 일적 쳤고 참깨 수학을 한 자리에 무, 배추 갈려고 장만하고 그기다 물까지 주어서 무만 파종하는데도 1시가 넘더라. 이것을 다 하고 올려고 하니 낡씨가 너무 더어서 이려다가 사람 죽이겠다 하고 그만 집사람 돼리고 들어오고 마랐다.

낮참에는 약통에 물을 올리는 것을 보니 오천전[5,000전]주면 물이 약통에 빨리 받곤 해서 자신도 채소밭에 물을 줄라고 하니 시간이 지연돼고 해서 낮참에 김천을 가서 물건을 사는돼 나뿐 것은 업고 주물로 만들어서 아주 잘 나오더라. 이것은 그 대신 돈이 만으며 안전이 맞추는데 14,000원 들더라. 요줌 돈을 너무 만이 쓰서 아쉬운 데로 살라 갈까 하다 약대와 농약과 필요한 것은 다들 사고 마랐다.

오후 너깨는 물통에 물을 퍼보니 아주 시간이 단축이 돼며 물압우로 물이 만은 량이 올라깔까 하고 신기한 물것이더라. 당장 물건을 사용을 해보니 경운기는 무리가 가도 시간 단축을 바서는 좋은 물건이라고 말을 하고 십다.

"오늘로서 무우, 배추을 안전이 파종을 하여는데 낡씨가 너무 더어서 무우, 배추가 난들 낡씨가 너무 더어서 극정이다."

지출에 … 농약 11,000원 약통에 물 받는
것이 14,000원 차비 400원
計 25,400원

〈1989년 8월 16일 수요일 낡씨 맑음〉

오늘 오전으로서 늑뚤래 고압푼무기로 약 살포을 함. 그리고 서양바실에는 살충재을 (파단 유제)을 살포을 하여는데 효력이 어떠게 될련지 몰개꾸나.

"그리고 이화명충 적기가 조금 너전 감이 잇쓰며 벼가 출수 전에 약 살포을 하며 벼에도 지장도 업쓸 껏이며 약 살포도 그만춤 수라지 않을까 하고 너켜보았쓰며 내년에는 논바닥에 한두 개 출수을 하면 약 살포을 해야 하겟다."

"그리고 오후에는 무우, 배추 갈란 곳에 물을 주어쓰며 채소밭에 물 주는 것이 날리라고 생각을 한다."

그리고 정부에서 폭력, 가정파게범, 인심매매단 소탕 작전을 한다면서 특수 기동대 조직을 하며 긴급 차량까지 동원을 한다 법석만 부리고 그 뒤의 대까는 업고 국민의 불란은 갈수록 더해가면 정부는 개핵이 업고 정부가 회호리 바람처름 사권이 떠지면 전연 그리 솔리고 어떠지면 일로 솔리고 솔리는 반대 방면은 무법 천지니 이러다가는 우리 국민이 안전이 뿌리을 박을 수가 업쓸 뿐 아니라 상쳐을 줄 뿐 득이 업쓰니 노태우 대통령이 입부로만 하지 말고 국민을 생각을 한다면 폭력, 가정파게범, 인심매매단 하나 단속을 하지 못하고 국민을 부란하게 한다면 그 자리을 벌서 내노아야지 능력업씨 자리만 욕심을 낸다면 이것은 국민의 좀이라고 말을 하고 십다.

자신이 생각을 할 때는 군이 나와서 질서을 잡고 상쳐을 더 밭끼 전에 파개범, 폭력, 인신매매단 이것들이나 잡아주어쓰며 하는 바람이다.

〈1989년 8월 17일 목요일 낡씨 맑음〉

요줌은 소낙이 구름은 한두 차례식 모여들다 어디로 살라저고 하니까 서양바실래 논은 물길이 멀어서 물 돼기가 그북해서 아직은 차례도 오지 않코 하늘만 바라보다 일부 출수을 했는데도 논이 물이 업쓰도 한두 차례 소낙이 구름 몰려 더는 것을 비가 오겟찌 하고는 비만 바라다 논 말란 지가 좀 대어따고 생각을 하며 마음적으로는 벼가 출수을 하며 물이 만이 필요할 땐돼 물이 업쓰니 간장은 사실 타고 잇쓰다. 매일 간장을 태우는 것 보다 양수기로 물을 프고 마는 것이 좋겟따는 생각으로 오늘 물을 양수기로 프올리다 이래 될바에야 진작 물을 펄킨돼 하고 아쉬운 마음이 드는구나.

그리고 세집배 바시내이 밭에 참깨을 반 식 갈란 것이 자신은 거름이 만아서 참깨 농사을 올해는 다 바리따고 생각을 하며 내년에 참깨 거름을 아주 적개 할란다. 세집배는 거름이 적으서 그른대로 대어는데 자신은 거름이 너무 만아서 찰깨 농사을 헛찟고 마랐다.

"그리고 금년에 벼 이삭이 출수을 하는데 꽃이 적으며 일적 출수을 한 벼는 끝이 다들 죽으서며 꽃이 업쓰니 어이 열매을 바랄 수가 잇깨나. 금년 농사가 큰 숭년이 돼지 완을까 하고 극정이 앞쓰는구나."

"매년 농사 멋찌게 원을 푸러보두록 짓어볼란다 하고 욕심과 열정을 다 해도 안 대며 하늘과 인간의 마음과 일치을 해야 풍년 농사가 돼지 하면서 잇제는 농사에 열정이 씩어저는구나."

〈1989년 8월 18일 금요일 낡씨 비〉

비가 시작을 한 짐에 채소 해갈이 돼두록

아쓰며 하는데 비가 오다 마니 예만 타는구나. 실찌 비는 바랄 때가 아니지만 채소가 가뭄 때문에 올캐 나지 완코 잇다.

"오후에는 바시내이 참깨 가라뜬 자리에 미물[메밀] 갈려고 김매기을 하여쓰며 요줌은 별 소득 업고 일손 만은 것은 멀리하는 실정이며 자신 같떠며 미물 씨을 갈지 않코 그냥 두어쓰며 하는데 숙모님이 갈라고 하니 안 갈면 어른들은 배가 나와서 그러타면서 욕을 할 껏이고 갈자니 집사람 손길만 바파저며 집사람만 예을 먹이는 것이 아닌가 하고 미리부터 염려가 돼는구나."

"구미 순서는 딸더리 공부을 잘하니 살림은 업쓰도 살라가는 자미는 잊쓰리라고 생각을 한다. 부모는 아무나 자식 보고 살라가는데 자식이 잘 자라주지 않으며 만사 일이 잘 돼지 안는 너킴이며 우울해저는 것이 사실이다. 오늘 동생 딸더리 왔따 가는데 줄 것이 업쓰서 자신이 미안타. 내가 잘 사라서 주고 십픈 것을 주고 살라가면 을마나 좋으리만 내 뜻 이루지 못하고 가슴 아파저는구나."

지출에 … 민정 차비 2,000원

〈1989년 8월 19일 토요일 낢씨 맑음〉

"금일은 세집배 밭태 메물[메밀]을 가는데 자신이 더 만이 갈라쓰며 오늘은 종일 동안 메물 파종하는데 하로 해을 보내고 마랐다."

"그리고 이재는 바푼 일손은 다들 지나따고 생각을 하며 잇재는 집사람이나 자신이나 시간 여유을 가지고 하로 일과을 보낼 수가 잇따고 본다."

〈1989년 8월 20일 일요일 낢씨 맑음〉

들로 채소 밭투로 한 박키 돌라보니 일적심은 벼는 안전이 출수을 하여서 잇는 모섭을 보니 보찰스렵고 정이 가며 저려개 키우는 데 을마나 땀을 흙리뜬가 땀의 대까라고 돌리며 내 욕심이라면 더 크서 더 넘렴한 모섭을 더 보여주어쓰며 하는 욕심이 서는구나.

그리고 보닥빛에 물 조금식 주고 배추 씨알을 갈란 것이 다들 땅을 떨고 일부는 흙 등으리을 들고 잇는 모섭 보고는 하나의 씨알이 이처름 힘이 센 것을 보고 감탄을 했쓰며 오늘은 들판을 한 박키 돌라보고는 기쁨을 만킹한 셈이다.

"정부 방침이 잘못돼어서 농민이 소을 먹이지 않코 기업이 먹이니 농민은 요줌은 한가한 시간을 보낼 뿐 아니라 소가 업쓰며 옥토가 빈 답으로 변하며 우리가 어릴 때는 두룸에 풀 한 점 업고 재방에 풀이 업쓰서 풀망태을 매고 오전 내 돌라다니서 한 망태 떳뜬 풀이 이재는 어뒤을 가나 풀 때문에 길을 갈 수가 업고 재방에는 풀 때문에 사람이 지나갈 수가 업쓸 뿐 아니라 자신이 오늘 재방에 풀을 떳뜨로 가니 천지가 풀이며 잠쉬 경운기로 떳떠쓰며 이것은 정부가 소 수입을 농민이 소을 먹이바야 노력 대과가 업쓰니 다들 팔아 업세고 우리 마을에도 그전에는 150마리 이상 돼어쓴는데 이제와서는 10바리 안족이니 정부가 을마나 농민을 죽이는가 이것만 바도 알 수가 잇쓰며 자신이 생각을 할 때에 외 농민을 죽이는지 알 수가 업쓰며 생각만 할수록 열이 오른다. 앞푸로 정부가 축산을 건강을 하지 않으며 옥토가 황폐해저고 농민은 땅이 폐어지며 농민은 자연 사멸 돼는 법. 자신은 소는 농민만이 먹이서 소득을 줄 뿐 아니라 땅들이 옥토로 변하면 모든 것이 수학이 만이 댈 뿐 아니라 농민도 잡년 업씨 자기 일에 열심이 할 끄시며 자연적 나라가 부강해 절 끄시며 농민이 살며 소도시도 따라서 윤택해저는 법. 이재는 농민을 더 죽이쓰는 정취인도 생명이 짤바저는 법. 정취인 농민을 살리지 않으며 정치을 잡을 수가 업따고 보며 재발 얄삭한 정취을 하지 말고 우리 후세들래깨 알이 찬 국가을 물리주두록 정취을 하여주어쓰며 한다."

〈1989년 8월 21일 월요일 낡씨 비〉

오늘 비는 벼 출수에 지명적인 타격을 줄 뿐 아니라 농민들의 땀으로 벼 출수을 하게끔 만들어 노았는데 하로의 비료 망치다니 정말 가슴 아푼 일이다. 비가 와도 만원 량이 오며 오늘 비로 풍작을 못 한다니 분통할 일이다.

"오늘 누님 집배 창고 벼 미장을 하다 남은 것을 오늘로서 미장일을 안전이 끝을 냇쓰며 오늘 작업은 비가 와서 공일이라고 보는데 자신은 누님 창고 일을 끝을 냇쓰니 시간이 누님보다 마음이 더 깨온하더라."

〈1989년 8월 22 화요일 낡씨 비〉

때 아닌 비가 종일 비가 오니 가슴 아푸구나. 비가 적개 오면 마음이 들 쓰이는데 비가 쇼다저며 벼가 출수을 하는데 참비가 쇼다저며 벼 감수가 만을 뿐 아니라 쑈다저는 비을 보며 자신의 마음이 감짝감짝 놀란다. 외냐하면 오늘날까지 풍작을 만들어 노았는데 이 불청객이 차저와서 숭작을 만든다면 그 아픔을 어떠게 참어리까. 금일은 비가 그만 아야 하는데 하고 하늘만 쳐다보다 하로을 다 보냇따고 말을 하고 십다.

〈1989년 8월 23일 수요일 낡씨 흐림〉

"이번 비가 타 지방에는 200미리, 최고 온 돼는 300미리 왔따고 기상대서 예보을 하며 이것을 볼 때는 우리 지방이 적개, 곱게 온 대 되예서 고맙고 안도의 숨을 실 수가 잇쓰며 우리 지방도 이번 비로 벼 수학에는 상당한 손실을 보이따고 생각을 한다. 외냐 벼들이 다들 출수 하는데 참비을 맡자쓰니 그 피해야 나중에 가면 표가 나지만 상당한 피해가 오리라고 생각을 한다."

"정부는 입부로 정취을 하고 실찌 행동은 국회원들이 자리 싸음, 당 싸음만 하고 잇쓰며 서로가 남의 당 흙뗜[헐뜯는] 일만 하고 잇쓰니 국민의 한 사람으로 기가 찬다. 이러다가는 나라 발전은 그냥 누고 인기 동안 사리만 지키고 마는 것이 아닌가 하고 염려도 돼며 만약에 자리만 지키고 만다면 이것도 국가의 좀이며 실적 업시 자리만 지킨 것을 충궁을 해야 한다고 본다."

"우리 국민은 언재까지 당 싸음만 할련지 몰개쓰며 남을 비방을 하는 자는 훌령한 사람이 못대며 남외 잘못을 마음속으로 지도을 하는 자 남의 장점을 늙 이야기을 하며 남의 이야기을 잘 들을 줄 아는 사람 이것이 좋은 사람이라고 말을 하고 십다."

〈1989년 8월 24일 목요일 낡씨 맑음〉

금일은 집사람과 둘리서 채소밭 김매기와 살출재약을 살포을 했쓰며 우선 바서는 배추씨와 무우씨가 손도 될 것이 업시 고루 씨가 잘 쓰서며 우선 바서는 배추가 될 뜻 하구나.

그리고 우리 마을래도 인분차가 자주 들어오며 인분차는 김천 시내 차 들어오는 것을 볼 때에 이것은 촌에 와서 인분을 수거하는 것은 자기들의 부수입부로 하는 것이 아닌가 물겟다. 농촌에서 인분 거름을 마다하고 인분차을 이용을 하니 우리 농촌 땅은 갈수록 나약하며 정부 방침우로 농촌에 한두 마리도 외국에 수입으로 불랑 마저 다들 팔고 농촌에 거름은 어디서 나온다는 말인가. 우리들의 어른들은 거름을 하기 위에서 방천으로 아침 전에 개똥을 망태기로 주언 적을 우리도 실찌 보고 살라왔는데 이재는 세상이 이처름 변해꾸나. 아니 사람이 개어러어 그른 것인가 정말 살기가 좋아서 그른지 자신도 잘 몰겟쓰며 자신이 볼 때는 우리 국민 누구 업씨 다들 분수 이상 생활을 하고 잇다. 이것은 우리 가정을 좀 먹개 하며 나가서는 국가의 좀이 돼고 만다.[310]
지출에 … 소 수정료 10,000원

〈1989년 8월 25일 금요일 낡씨 맑음〉
금일은 손만원 마당 세멘하는데 마당이 적어서 사람도 별로 만치도 않는데 생각보다 일적 끝이 나고 이식이내도 마당을 같이 하여쓰며 손만원 때문에 이식이내가 큰 부담업씨 마당을 잘 하여스며 그러치 않으며 과부택이라 사람 모두는 데 힘이 들끈대 개산을 잘 잡아서 수라게 마당을 하여쓰며 그리고 오전에 마당을 두 집이나 하는 것도 오늘이 처음이다.
"자신도 남외 일을 만이 하여주는 편인돼 손만원은 남외 일이라면 꼭 나쓰셔며 동내 쳐고도 손만원 손이 안 간 곳이 별료 업쓰리라고 생각을 하는데 오늘 보니 사람이 업쓰며 주인도 사람이 만이 오리라고 생각을 하여서 준비을 만이 하여는데 생각 반대가 돼며 그러니 음식은 남고 마라쓰며 이것을 볼 때에 손만원 씨가 돈이 업쓰서 무시하고 사람이 들 안는지 그러치 않으며 을례 한국 사람은 똥 누로 갈 때만 바푸더시 자기 마당을 다 하여서 등한시 하여쓰 그른지 사람이 업는 것을 볼 때에 자신은 땅을 한 단지 더 모두고 마당을 할려고 작정을 하여는데 오늘 보니 나중 가면 자신은 죽두록 부역을 하고 자신이 마당을 할 때는 사람을 품을 주고도 못 구할 형편이 돼지 않캐나 하는 생각으로 자신도 땅을 뒤로 하고 마당을 하여야 하겟따는 생각을 부적 들어서 오후부터는 마당 할 준비을 하여다. 그러니 집사람이 갑짝이 바람이 들어따고 하며 땅을 먼저 싸고 하자고 하면서 이야기을 하는데 마당이 먼저라면서 개핵을 바꾸고 마랐다."

〈1989년 8월 26일 토요일 낡씨 맑음〉
"금일은 마당에 세멘을 할려고 준비와 배수로 작업 모든 작업을 끝을 내는데 낮참도 업시 일을 하여쓰며 신경을 쓰지 않으라고 해도 자신도 몰래 신경이 쓰이는 것이 사실이다."

〈1989년 8월 27일 일요일 낡씨 맑음〉
오늘은 말바우 냇까에서 모레을 실어더리는데 형님과 달희, 순달이 경운기 4대로 실다 순달이는 저의 쳐과집배 경운기을 가지고 와서 모래 한 발리 실고 뻥구나서 오전은 실지 못하고 실어주기만 하여고 자형은 냇까에서 실어주기만 하는데 경운기 셋대는 계속 실어들리니 오전에 경운기 한 대에 6섯 바리을 충분이 실어더리게쓰며 오늘

310) 이 내용은 일기 지면 상단에 따로 기록되어 있다. '큰 소 재수정 함. 3차'라고 기록하였다.

모래의 총 바리수가 27바리을 실어더리다. 자신은 모래 실어더리는 작업의 극정이 만이 돼어쓰며 극정보다 실찌 작업을 하고 보니 수라더라. 오늘 모래을 안전이 실어노니 이재는 다한 너킴이다.

지출에 … 통닭 티김 9,000원 담배 5,000 맥콜 1,800 돼지고기 포장류 3,800원 큰집배 아버지 재사 장 보는데 10,000원
計 29,600원

〈1989년 8월 29일 화요일 낡씨 맑음〉

금일은 아버지 재사여쓰며 그전에는 아버지 재사 때는 무우, 배추가 나물하는데 지장이 업쓰는데 금년에는 무우, 배추가 나물에 할 수 업두록 적으서 절우로 바서 배추, 무우가 너치 안는가 생각이 더는구나.

이 날만 돼며 아버지을 생각을 하고 아버지 살라개실 때에 활머니 재사 준비을 할 때에 아주 심중하게 하며 어물도 깨끗하고 좋은 것만 하는 생격을 한 번 생각을 해보게 됀다.

금일은 세멘을 120포을 자신이 실어더리는데 4차래로 120포을 대신통운에서 실어오는데 힘이 들어쓰며 이재는 준비는 안전이 끝이 낮따고 생각을 하며 잊줌 하여도 마당을 다 한 것 마음이 노이는 실정이다.

지출에 … 세멘 12포에 264,000원 봉답에 물 새 11,000
計 275,000원

〈1989년 8월 30일 수요일 낡씨 비〉

금일은 자신이 마당을 할려고 날을 바다논 날이며 오늘 마당에 세멘을 할려고 준비는 안로하여둔는데 엔 비가 쑈다저도 그러게 만은 량의 비가 오는지 몰개쓰며 자신으로 바서 큰 피해다. 외냐하면 모래에 물이 먹어면 세멘 개기도 힘들 뿐 아니라 일이 재돼로 안 될 것은 사실이며 재날자에 못하니 마음 뿐 아니라 모든 것이 불편하기 짝이 업꾸나.

"한참 연걸고 잊는데 엔 비바람이 새차게 분단 말이냐. 벼알 연걸게 까지는 우리 농민이 여름내 땀을 흙리서 고이고이 길어 논 벼알 연걸고 잊는데 너는 염치도 업시 마구잡이로 벼알 흔든단 말이냐. 니가 새차게 불 때는 내 가슴 철령철렁 하는구나. 나 자신도 연걸어 가는 벼알 가만이 만치고 하는데 너는 의이 마구잡이 성격이라는 말이냐. 아 ㅈ ㅈ 가슴 서럽꾸나."

지출에 … 음료수 2팍스, 소주 대병 2명, 치약 17,950원 닭 14,000원 오징어 7,000 채소류 6,500원 설탕, 식초, 쑤세미 1,000원 이불호충 5,000 체육복 3,500 바게스, 수도꼭지 1,800 김, 미역 1,500 요구르트 처형 방문에 700원 실내화 1,000원 차비 400원
計 60,150원[311]

〈1989년 8월 31일 목요일 낡씨 맑음〉

금일은 자신이 마당에 세멘을 하여쓰며 자신은 동내 어른들이 구경을 가서 사람이 적으며 어떠게 하나 하고 극정을 하여는데 다행히 절먼 사람이 만이 와서 오전에 일적

311) 실제 계산은 60,350원이나 60,150원으로 잘못 기록하였다.

했쓰며 모두들 동내에서 마당이 제일 잘 돼어따면서 세멘도 제일 만이 들어같다고 이야기을 하며 자신도 보기 뿐 아니라 모든 것이 잘 돼어따고 생각을 하며 세멘 표수도 동내 쳐고 자신보다 만이 쓴 사람이 업고 자신이 오늘 세멘이 138포, 모래는 21바리 정도 사용을 한 셈이다.

"오늘 일이 사람이 만아서 자신은 무었보다 좋으며 부인내도 웃마을에는 그진 다들 아서 그들어주는데 고맏더라."

지출에 … 담배 10,000원
세멘 20포 44,000원
計 54,000원

〈1989년 9월 1일 금요일 낢씨 흐림〉

큰집배 철 대문 단다고 해서 자신이 풀 떳드로 갈려고 하다 큰집배 대문 다는 돼 그들어주었쓰며 양철 대문과 철 대문이 넒비는 다 같든돼 철 대문이 더 넓버보이더라.

그리고 오늘 일이 세멘을 깨어가면서 할려니 작업이 안 대며 일이 힘이 들며 다 하기까지는 오후 2시까지 하였다.

그리고 오후에는 휴식을 하고 비가 올라고 들어서 집 좀 치우고 나니 오후 5시가 넘더라. 그래서 자신은 쇠 풀을 떳더로 갈러고 나쓰시 집사람이 아빠가 요줌 몸살하두록 한다면서 도운다면서 혼자 갈려고 하여도 그든다면서 따라갈려고 하여서 비방울이 떨어저고 잇는데 집사람과 같이 경운기을 몰고 같쓰며 풀을 두리가 떳뜨니 수라게 경운기로 쇠풀을 떳뜰 수가 잇쓰며 자신은 집사람이 그들기 때문에 자신은 수라지만 집사람은 그 대신 더 고대며 여자의 몸으로 자신의 일 넘어 도우고 잇쓰며 늙 집사람을 편하게 해줄라고 하여도 거것이 잘 안 대며 오늘도 집사람이 어재 일 대문에 몸이 고단할 끈돼 오늘도 그들어준다고 나와서 낮질을 하며 몸이 고단활 껏 같다서 자신이 온몸에 땀이 험벅 젖뚜록 풀을 떳떠서 시간을 단축을 하여서 집사람 피료을 들어주기 위해서 일적 마치게 하고 마랐다.

지출에 … 양발 3,000원 책 11,300원
실래화 1,000 학용품 1,300원
計 16,600원

〈1989년 9월 2일 토요일 낢씨 맑음〉

당산 논에 두룸에 풀을 떳더면서 쇠풀하여서 일구양득을 한 셈이다. 뒤두룸을 깍카도 경운기로 한 바리가 돼더라. 그리고 우선 바서는 당산 논 벼가 제일 잘 돼어보이며 보기에 담스러어 보이며 정말 마음이 찬 기분이더라.

그리고 오후에는 순복이가 저의 형 집부로 이사을 하는데 우리 오 형제 오 동시 그리고 순복이와 같이 근무하는 동로와 합세을 하니 정말 사람이 만으며 순복이 이사짐 그더로 온 사람들이 한 사람도 등한시 일을 하는 사람 업고 다들 땀을 흙리며 일을 하고 서로가 무게가 만이 가는 것을 서로 가지고 갈러고 하는 것을 볼 때에 순복이가 회사에서 그저 임심은 일지 않아쓰며 동로가 좋다는 것을 한 번 더 너킴 셈이다.

"그리고 순서가 늙 한경에 쬬달린다고 생각을 하고 자신 살기 위해서 쌀 한 가마 주지 못하고 마음 따왔는데 오늘 순서가 아파트가 2채가 돼니 그간 돈을 벌은 것은 사실이다. 살려고 노력을 하니까 다들 밥 극정은 하지 않코 살라가니 고맏더라. 그리고 자신이 잇때것 극정을 한 것이 허사이며 잇제는 서로가 더 열심이 살라보자."

지출에 … 버스비 1,200원

〈1989년 9월 3일 일요일 낡씨 맑음〉

금일은 집사람 친구 집배 여자 혼자 살면서 금년에 집수리하는데 돈을 만이 먹어며 우리 생각을 할 때는 우선 살다 나중에 가서 집을 만치고 우선 실속이 잇쓰야 하는데 그러지 안코 돈을 만이 쓰고 있는 것 같더라. 오늘도 지붕에 개와도 쟁쟁하든돼 다들 벗키고 스래트로 하고 처마도 가닥을 달라서 도시 집 모양 할려고 하는데 이것을 다 하면 800,000만 원 이상 들어갈 것으로 보는데 오늘은 지붕에 스레트로 뒤쪽에 들 잇고 마라다. 오늘 일은 생각보다 만이 하여따고 생각을 가지 보며 사람이 일적 과부가 돼며 사람이 살라잇쓰니 살림을 하고 살라 가는 것이지 인간은 두리가 살라야 하며 정을 나눌 수 잇쓸 때까지는 살라주야 한다고 생각을 하며 우리 부부라는 것이 을마나 중하며 서로가 자기의 목을 끝까지 지키주야 하게꾸나.

"그리고 우리 부부는 더 알찬 생활을 하여야 하겟쓰며 서로가 한 마음이 돼어 서로의 개로움을 주지 않코 생을 다 하여야 하겟다."

〈1989년 9월 4일 월요일 낡씨 맑음〉

오늘로서 금주내 지붕과 가닥을 스레트로 위는 작업을 어덥두록 하여서 작업을 끝을 냇쓰며 돈이 들어가니 집이 어울리며 보기에도 아주 좋더라. 그리고 금년에는 다들 집수리을 상당이 만이 하는 편이며 이것들을 볼 때에 남이 하면 따라하는 섭성이 만타.

〈1989년 9월 5일 화요일 낡씨 맑음〉

금일은 채소밭에 약 살포을 할려고 나와 보니 그간 배추가 몰라보게 잘라쓰며 배추가 처음부터 씨가 고로 잘 낮쓰며 처음 예감부터 배추가 잘 돼리라고 생각을 했찌만 이러깨 배추가 무럭무럭 잘 자라주는데 마음 기쁘며 벌서부터 배추 농사을 잘 짓어서 동생들을 나누어 줄 것을 생각을 하니 기분이 좋구나.

"그리고 배추에 벌거지는 약 살포을 독하게 하여도 죽지을 안으니 큰 고질이며 일부 사람은 손수 잡는 일과을 하다십피 하고 잇쓰서 자신도 한 군대는 한벌 잡아다."

〈1989년 9월 6일 수요일 낡씨 맑음〉

금일은 이앙기 계산을 하여쓰며 이왕기 계산을 먼저 번에 계산을 할려고 하는 것을 자신이 바빠서 연기을 하여서 자신이 무관심 하다 생각을 할까바 늙 염려을 한 것은 사실이다. 그른데 오늘 갑짝이 이앙기 계산을 잠깐 하고 나니 이래 십은 것을 미루어 왔따고 생각이 더는구나.

그리고 죽은 개 돌부리을 하여쓰며 개가 어리서 그른지 맡이 업쓰며 한 번 먹고 자신은 일이 바파서 다시 먹으로 가지을 않아서며 두 번째는 개장국을 끄리서 먹어니 맡이 잇따고 하면서 외 아나는냐 하고 하더라. 오늘 돌부리는 돈이 얼마가 될련지는 몰라도 손예가 돼어따고 생각을 하며 곳 추석이 오니 별료 개고기라 마음에 찬 기분은 아니라 달갑지 않는 돌부리여따고 생각을 한다.

오후에는 재선이 김천 사과 팔로 가서 대문 달려고 기동 파이프을 사달라고 이야기을 하니 사다준다고 하여서 고맙더라. 자신은 대문 다는 사람들 모양 파이프가 같든 줄 알라떠니 이것은 아주 좋더라. 그래서 전기 용접기을 친구 집배 잇는 것을 빌리와서 전기 용접기는 난생 처음 용접을 하는데 보기보다 용접이 돼지을 안으며 용접봉만 소비을 만이 시키며 겨우 용접을 하고 나니 저녁 노월이 안전이 젓서 어더움이 짓트오는데 집사람과 그때서 쇠풀 떠더로 가는데 권순덕 씨는 매일 이래 바푸다고 집사람이 이야기을 하길래 웃고 마랐다.
자신이 생각을 하여도 엽 도라 볼 여유가 업쓰며 자신이 생각을 하여도 정말 바푼 사람이라고 생각을 하며 동내 촻고도 바푸기로는 둘 째 가라면 서러울 정도라고 생각을 가지본다.
지출에 … 대문기둥 18,000원

〈1989년 9월 7일 목요일 낡씨 맑음〉
대문 기둥을 둘리서 세우고 문틀까지 한끄번에 할려니 둘리서는 손이 모자라며 힘이 들어 자신은 원재라도 혼자 하여야 하며 형님도 대문 기둥을 세우고 잇는데 혼자 하겟나 하고 물련대 좀 그들어달라 할 수가 업쓰서 할 수가 잇따고 이야기을 하니 가버리더라. 자신은 조금한 일이라도 도와주는데 형님은 어떠게 일을 안을라는 편이며 생각을 못해서 그른지 그러치 않으며 하여주기가 실어서 그른지 영문을 몰겟다.
오늘 대문 다는데 좀 너깨 시작은 하여찌만 오후 2시까지 하여쓰며 정심을 먹찌 않코 대문 단다고 둘리가 손이 모자라는 것을 억찌로 한다고 나중에는 배곱파서 일이 더 잇다 해도 할 수가 업쓸 정도가 돼더라.
그리고 오후에는 집사람과 둘리서 배추밭 김매기와 벌레을 안벌[잔뜩] 잡고 나서 소풀을 떠더며 매일 자신이 바푸니 집사람도 따라서 바푸다. 이것을 생각을 하니 사람이 시간 여유을 가지며 살라야 하는 생각까지 들며 집사람과 둘리서 경운기에 풀을 한 발리 실고 오니 서산에 해는 반춤 걸처 잇쓰며 그 반춤 했빛으로 우리 부부을 빛쳐주고 잇더라. 이것을 본 자신은 마음에 여유가 잇쓰며 하로의 피료가 풀어저는 너킴을 가지쓰며 한편으로는 돈 배락이라도 하늘래서 떨어저며 우리 부부 편하게 한번 살두록 돈 배락이 안 떨어저나 하고 소리을 쳐니 집사람 하는 말이 돈 배락 무엇하려고 하며 물더라. 집사람 외 먹는데 편하게 한번 살구로 하니까 집사람 하는 말이 언재나 둘이 같이 다니며 같이 일하고 남편 디며 같이 디게 하는 것이 재일 좋다면서 이야기을 할 때에 고마움 마음 검치 몿하나 자신은 늙 여자의 몸으로 자신과 똑같이 일을 하여주는 집사람 내 몸보다 더 기중하며 정말 고마운 분이다.
지출에 … 라면 한 상자 4,600원 세멘 6,600원
計 11,200원
수입 … 음료수 병 값 3,080원

〈1989년 9월 8일 금요일 낡씨 비〉
이 비야말로 벼 이삭 감수만 시키는 비라고 말을 하고 십꾸나. 벼 이삭 바서는 가을 수학을 할 때까지 비가 안아도 벼에는 지장이 업따고 보는데 이번 비가 바람이 불면서 만이 오기 때문에 벼 잠수가 만을 껏으로 내다보고 잇다.
그리고 큰방 구둘장을 들시서[들추어] 방을 따는 작업이 그중하며 제일 하기 실은 작업이며 둘리서 하는데 비가 만이 오기 전에 작업을 하여서 그러치 휴식이라도 했더라면 작업을 반 정도 하고 그냥 둘 수도 업는 문제 외로가 상당이 만을 땐돼 방 문재는 일적

해결을 해서 큰 다행이라고 생각을 한다.
"앞푸론 이른 작업은 미리 하여주어야 하겟다. 외냐하면 단대목[바쁜 시기]에 와서 할련이 신경이 만이 쓰일 뿐 아니라 마음이 바파서 불편한 점이 한두 가지가 아니구나."

〈1989년 9월 9일 토요일 낡씨 비〉

"비 오는 예감이 올해는 비로 가을하는데 예 먹일 뿐 아니라 비로 인하여 벼 피해을 만이 줄 뿐 아니라 흉년을 줄 쫄 모런다는 예감이 더는구나."
그리고 비가 너무 만이 와서 소 풀을 떠뜨로 나올 수가 업쓰서 비만 그치기을 바라다 열 시가 넘두록 풀 떠드로 가지 못하고 하늘만 쳐다밭쓰며 비는 여전희 내리고 우리 소들은 어재 일 때문에 풀이 적으서 아침도 조금 주고 마랐는데 점심마저 너깨 주며 안 된다는 생각으로 우이을 입고 나쓰니 집사람도 따라 나쓰더라. 그래서 남들이 보며 비가 오는데 집사람 일 시킨다고 하면서 욕한다고 하면서 집배서 쉬라고 하니 배추 밭을 들리서 둘리 같이 하면 수라다고 하여서 돼리고 같쓰며 채소밭을 가니 하로가 다르게 배추가 잘 자라며 그 모섭을 볼 때에 모든 잡년이 업쓰저며 내 마음 기쁘며 을마든지 보고 십꾸나. 배추가 너무 좋아서 한 군데만 쏙아도 배추가 만아서 풀을 경운기로 한발리 떠드서 배추 나무을 순달이 줄라고 일부로 도라서 순달이 배추을 주고 집배 오니 오후 1시가 돼더라.
그리고 자신은 늙 집사람이 그들어주니 내 일은 늙 편한 셈이다. 그른데 오늘 점심을 먹고 나니 빨래는 큰 다래이로 고봉으로 돼어 잇고 나물을 일부 다덤질을 해서 물에 잇고 손질을 할 배추는 수북이 남아 잇는 모섭을 보니 내 마음이 앗질하여지는구나. 자신은 방에서 휴식을 할 수가 잇찌만 집사람은 저것을 다 만치서 해결을 해야 돼며 자신 같떠며 어떠게 할 주망을 모을 뿐 아니라 짜증이라도 내야 사람인돼 자신에깨 시집오고 짜증 불만 하는 것을 자신은 너켜 보지 못해고 아빠가 혹 힘더는 일을 하며 그저 입이 딸투록 힘더르찌요 하는 사람이며 의이하여 내 몸 생각하지 안코 남편에깨만 희생을 한단 말인가. 아 ㅈ ㅈ 고맙다. 내 목숨 달라 해도 스섭치 안코 주리다, 너외깨. 서럽끄든 어재라도 말을 하라. 스러움을 바꾸어서 우섬을 꼭 주리라.

〈1989년 9월 10일 일요일 낡씨 비〉

금일은 우리 마을에 추석맞이 대청소을 하여쓰며 각 하수천에 풀 재거을 하여쓰며 자신은 풀 재거을 하면서 소 풀 떠든 일까지 하여쓰니 자신은 두 가지 일을 한 셈이다. 남들은 자신을 보고 저래 사니 부자가 어찌 안 돼겟나 하며 일부 사람은 친찬도 하여주지만 일부 사람은 부역을 하면서 자신의 실속을 차린다고 내포는 하지 않치만 일부 하는 사람도 잇따고 보지만 실찌 자신은 이래 해야 한다고 본다. 외냐 남들은 먹이지 안는 소을 먹이니 눈총을 밭는 한이 잇쓰도 일을 해야 한다. 그리고 자신이 그 대신 일을 만이 하고 잇쓰니까 눈총을 주는 사람이 나푸다고 생각을 한다.
그리고 오후에는 봉답에 뒤두룸에 풀 재거 하는 것으로 하로의 일과을 보냇다.

〈1989년 9월 11일 월요일 낡씨 흐림〉

자신이 처음 양철 대문이지만 대문을 만들어 닷고 보니 집이 안옥하여 보이며 안전감이 훍신 만으며 보기에도 좋구나. 오늘날까지 대문 업씨 그냥 살라왔쓰며 이재 대문 때문에 집사람이 일이 하나 더 너러난 샘이구나. 갈수록 집사람이 늙어나는 것이 아쉽기도 하구나.

"그리고 방안에 안장이 다 들떠잇쓰서 다시 떠드내고 다시 할련이 여관 힘이 아니며 처음에 다들 떠드내고 나서는 어떠게 할 주망으 몰겟쓰며 신문지만 바르는 데 두리가 오후 내 걸리쓰며 이것을 단 대목에 할려니 일이 더 안 대는 너킴이다."

〈1989년 9월 12일 화요일 낡씨 맑음〉

오늘로서 방에 벽지을 안전이 부치서며 이재는 단대목에는 무선 일이든지 시작을 하지 않을 껏이며 이번에 단대목에 방을 만치는데 집사람 뿐 아니라 마음적으로 상당이 바픈 일과을 보냇다.

자신의 일과가 소만 아니며 이처름 바픈 일과는 업쓸 껏이며 자신의 육체적인 피료는 업깨찌만 그 대신 실속이 그만침 업키 때문에 십게 업쌔버리지을 못하는 이유가 잇다.

〈1989년 9월 13일 수요일 낡씨 비〉

"슬 때 업는 비가 외 이래 비가 만이 오는지 알 수가 업쓰며 비가 만이 올수록 농민의 얼굴만 어더어저는 법. 농민을 개러어피는 자가 너무 만타. 그러니 한 번도 시달림 업씨 지나지을 못하고 잇다."

금일은 비을 마저면서 추석 풀을 덧는데 외로가 만아쓰며 자신의 생각에는 2일 풀은 떠들라고 생각을 하여는데 비 때문에 재발 추석에 하로 먹일 풀만 덧고 마랐다.

"그리고 오후에 추석에 고기 쓸 돼지을 잡는데 금세 고기가 다들 나가며 오늘로 바서 두 바리 나가도 적을 정도라고 생각을 가지본다."

숙모님을 득을 금년에 상당이 만이 본 셈이며 그전에는 과일이 달리지을 안아서 득은 바따고 하지만 별로라고 생각을 하여쓰며 금년에는 과일 돈을 처음 만이 하여서 반 갈림을 할려고 하니 돈을 밭찌 않을라고 하더라. 그레서 반 갈림을 하지 않코 자신이 다들 가지쓰며 수입을 보지 않을 때는 명절로 생신으로 쇠고기 2근식을 준 셈인데 수입을 보는데 고기을 안 바들라고 하며 작년부터 고기도 사지 말라고 하여서 소고기 1근식을 주어는데 금년에는 돼지고기 극정을 하여서 자신이 앞다리 하나을 가지고 와서 큰집과 숙모님 근대도 달지 않코 주어쓰며 숙모님은 쇠고기와 돼지고기을 주어떠니 쇠고기는 조금 띠어놋고 돼지고기, 쇠고기을 도로 가지고 왔더라고 이야기을 하여서 자신은 숙모님 득을 보기 때문에 적으나마 성이로 주는데 도로 주니 마음은 별로 좋지 않꾸나.

수입에 … (목수 일) 40,000원
지출에 … 돼지고기 값 13,500원 돌부리 1,000원 이발료 2,000원
큰집배 추석 시는데 10,000원
計 26,500원

〈1989년 9월 14일 목요일 낡씨 비〉

금일 추석은 한가위인데 비가 내리서 추석 기분을 허터리며 이번에 공휴일로 해서 낡씨만 좋아따면 추석 기분을 만킹할 수 잇따고 보는데 낡씨가 추석 기분을 다 버리따고 생각을 한다.

"그리고 우리 오 형재 나고 업씨 추석에 다들 참석을 하여쓰며 우리 오 형재에서만도

딸이 12명, 이것을 한 자리에 모이니 포장하며[묶어서] 잔치집 뒤로 가라 하더라. 그리고 이 딸들을 한 번 출가을 시키며 정신 업는 잔치을 치율 것을 생각을 하니 미리 우섬이 먼저 나오는구나."

금년에 추석 성모길은 비 온 디라 안전 성모는 못하고 앞산은 다들 하고 그 나머지는 재각키 부모님 산소 성모길로 나누어 하고 마라다. 남들은 비 온 뒤라 성모길로 가지도 안는데 우리 집안은 자기 부모 성모는 한 셈이다.

"그리고 중 삼, 고 일 이것들이 하라는 공부는 하지 않코 (티부이)만 보고 해서 오늘은 추석이라 참을라고 마음가짐을 가지는데 오래까지 둘리가 쳐다고 잊쓰서 (성화)을 냇쓰며 (테래비전)을 다들 띠어서 치어버리고 마랐다. 내가 볼 때는 공부을 하지 않코 그냥 둔다면 생각을 할 필요도 업고 앞이 거울 디다보더시 헌하게 앞이 보이는데 이것들은 그래도 노력을 하지 않코 티부이만 보는데 부모로서는 폭발하며 그저 실어만 하고 얼굴을 돌리고 실은 상을 하니 부모로서는 가슴 아푼 일이며 부모 노릇이 이처름 힘더는 줄을 밑차 몰랐다."

"오늘은 추석인데 아이들 텔레비전 본다고 텔레비전전 선을 절단을 해서 치운 데는 이 아빠가 조금 참아쓰며 하는 후예가 대며 너이들레께 마음속으로 미안타 하고 시인을 한다만 이 아빠 너이들 공부 아 안다고 역정을 내는 것을 욕을 하지 말라. 이 아빠 공부을 하여따면 공부 하라고 열을 들 내리라고 생각을 한다. 이 아빠 인간 생활을 하는데 배우지 못해서 외로점이 한두 가지 않으며 이것을 실지 격고 살고 잊는 자신이 의이하여 너이들 노력을 하지 않코 잊는 모섭만 보고 잊깨나. 이 아빠는 너이들이 볼 때는 여사로 보고 아빠가 꾸중만 준다고 욕만 할련지 몰라도 이 아빠 너위들 밥을 만이 먹나 적기 먹나 실찌 숫까락 수까지 다들 관찰하는 사람이며 너이들이 학교 길래 밥을 먹지 않코 학교을 가면 집 올 때까지 극정이 대며 실찌 너이들이 아침 밥을 먹찌 않코 잊쓰며 이 아빠도 입맡이 떠러저는 실정이며 이 아빠 욕하지 말라. 이 아빠는 너이들 자라는 모섭을 보고 산다고 말을 하고 십다."

"이 아빠 너이들 멋찌게 예쁘게 키우고 십픈 이 마음 몰라주고 따라주지 안는 자식들아. 내 진실을 어떠게 해야 바다더리겟나 말 좀 해다오. 그 실천은 이 아빠 (초)까지 어기지 않코 실천 하겟노라."

〈1989년 9월 15일 금요일 낡씨 비〉

추석 기분을 망친 비, 이 비야말로 정말 건질긴 비라고 말을 하고 십프며 이 비는 농민의 주룸만 주는 비며 아무나 너무하다는 소리가 높다.

그리고 생각지도 안은 손님이 봉고차로 더러오니 정말 기뻐더라. 포항 동서 내외분과 아들, 서울 동서 내외분, 선둘 족카 이러게 차저주니 자신으로 반갑꾸나. 자신은 별로 출타을 안는 성격이며 이번 추석도 각 동서들 다 왔다고 하면서 오라는데 자신은 집사람만 보내고 마라쓰며 그리고 전화로만 처어머님에깨 안부을 하여서 편희 계신다고 생각을 하여떠니 몸이 편치는 못하다니 마음에 걸리며 가을 전에는 한번 들리야 하겟꾸나.

그리고 오늘은 비을 마저면서 동생들 줄라고 집사람과 둘리서 배추을 경운기로 상당이 만이 하여와서 동생들을 나누어 주어쓰며 이것은 배추을 나누어 준 것이 아니라 이 비을 맞저며 배추을 한 것은 정 때문에 여따고 생가을 가지본다.

"우리 운이가 공부에 치미을 부치지 못하고 주위로만 돌고 있는 모섭을 보며 자신의 몸에 한이 매칠 정도며 자신으로는 어떠게 손을 쓸 도리가 업쓰며 자신의 능력 다들 동원을 해서 발이했찌만 우리 운이 돌라오는 것은 업고 장[늘, 변함없이] 원점이니 기가 찬다. 이재는 운이 공부방을 시간을 정하여 같이 공부을 하는 방식으로 하여 볼 작정이다."

지출에 … 순달이 소주 400원 집사람
친정가는데 1,900원
計 2,300원

〈1989년 9월 16일 토요일 낡씨 비〉

오전에 친구가 투망을 가지고 고기 잡부로 가자고 하여서 따라같든이 고기는 비가 만이 와서 고기 잇는 데도 다들 세물따라 가버리는지 한 마리도 거물레 걸리지 않으며 이곳저곳 다니도 고기는 잡지 못하고 윷만 다들 바리고 마랐쓰며 술집배 오니 윷노리 구경을 하다 말밥을 나주게 돼어쓰며 하늘래서 소낙비가 쏘다질 날씨을 보여서 이것을 남들레깨 넘겨 주고 소 풀을 떠드로 갈러고 하니 아무도 할 사람이 업쓰서 비가 안 올 때는 놀고 비가 올 때에 소 풀 떠더로 가는 것이구나 하고 극정이 돼는 구나. 그러자 하늘에서 비방울이 떠러저기 시작을 하니 윷판이 시들레저서 그만 뒤돈으로 술만 먹고 자신은 소 풀 때문에 집부로 와서 비을 마저면서 경운기 몰고 가니 집사람도 갈려고 하는 것을 골목에 사람이 만아서 돼리고 가지을 못하겟쓰니 오늘은 혼자 나서고 마랐쓰며 비을 마저면서 하로 정도 풀을 먹일 풀만 덧고 마랐다.

그리고 윷노리는 노는 사람이 바보다. 외냐 술 먹을라고 하지만 이긴 사람은 장[늘, 변함없이] 본전이고 전 사람은 술 값을 다 하는데 매일 이길 수도 업는 문제 주위에 사람이 만아서 술 값도 만이 들어가는대 이것은 오락이라 하지만 만치는 사람이 어리석타고 생각을 가지본다. 언재든지 구경하는 사람이 만이 먹개 마련이다.

지출에 … 봉술이 형님 소주 한 병 400원
동서 왔다가는 데 5,000
計 5,400원

〈1989년 9월 17일 일요일 낡씨 비〉

금일은 금릉군 면 단위로 팀을 구성을 하여서 직지사 주차장에서 경연대회 한다고 해서 비가 오는데 우산을 들고 동내에서 멧치 구경을 같든이 우리 마을에서 불과 10명 안쬒이더라. 경연 대회을 한다고 다들 준비을 만이 하여쓰며 감천면은 여자들로서 팀을 이라따고 바도 가연이 아니며 열심이 노력은 만이 한 것이 보이나 아직 여자들이 수집따는 표가 만아서 보기가 조금 들하더라. 그리고 농악놀리는 대충하고 직기사 절 구경을 하여보니 상당이 만이 달라젓쓰며 아직 신축 건물 수리도 돼지 안는 건물이 만으며 직기사도 옛날과가는 아주 달라젓따. 관광지는 일 년이 다르게 모섭이 달라저니 한 번 밭따고 등한시 하며는 변회가는 진미는 볼 수가 업개노라.

그리고 직기사에서 정심식사을 4명 하니 만 원이 넘더라. 그래서 이것을 개인 푸레[플레이]로 한다면 어색한 점이 만캐따는 생각으로 우리 이라지 말고 다들 만 원 내서 4만 원으로 경비을 쓰자고 하니 다들 좋다고 하더라. 오늘 4만 원으로 김천 와서 불고기 집, 회집 여러차례 다니면서 정말 잘 먹어다. 나 뿐 아니라 간 사람 다들 잘 먹고 잘 노라따고 이야기을 하더라.

"남들은 너무 딱딱하다고 할련지는 몰라도 공동 일에는 누구 한 사람도 돈을 더 쓰게 하고 십찌 않코 남이 자신보다 돈을 만이 쓰게 돼며 마음적으로 부담 돼고 차라리 자신이 경비을 만이 하는 것이 속이 편하다. 주위에서는 어떠게 보는지는 몰라도 자신은 주위을 피해을 주지 않는 방침으로 인생 살리을 한다고 말을 하고 십다."

지출에 … 직기사 주창에서 농악놀리 구경 10,000원

〈1989년 9월 18일 월요일 낡씨 맑음〉

금일은 정말 오레만 화창한 낡씨는 아니라도 비가 오다 오지 않으니 사람이 살 것 같꾸나. 이번 비는 장마보다 더 지류한 비여따고 생각을 한다.

"오늘은 채소을 만이 하여서 순달이 나물을 줄라고 경운기 몰고 대신으로 달리서 왔쓰며 매년 채소을 하여서 주는 정성이나 알고 잇는지 모러개꾸나. 자신이 개산을 하지 않코 내가 줄 수 잇는 것은 배추고 자신이 주지 않으면 돈을 주어서 먹어야 한다는 것을 알면서 어이 자신이 힘든다고 아니할 수 업쓰며 그래도 매년 무, 배추 농사을 짓어서 주었다."

지출에 … 치약, 쑤세미, 계란, 정구담아, 아들 차비
計 3,980원

〈1989년 9월 19일 화요일 낡씨 맑음〉

들녘에는 누구 업씨 벼늘이 고개을 숙여 잇는 모섭 정말 탐스러어 보이며 아직까지는 낡씨가 곱게 했따고 보는데 앞푸로 낡씨만 잘해다오 하고서 소망을 빌게노라. 금년 농사가 일반 벼는 누구 업씨 잘 돼어서 비바람이 온다면 반은 스러질 것 같더라. 이것을 볼 때는 농민의 한 사람으로서는 비바람 올까바 가슴 조이며 숨을 죽이고 잇는 실정이다.

"금일은 수로에 잡초 제거을 하여쓰며 수로에 풀 제거하는 사람은 장거사람[늘 그사람] 나오지 완는 사람은 심장을 무선 심장을 가지고 잇는지 알 수가 업꾸나. 오늘은 나온 사람이 다들 마음먹고 한 셈이라 도량 전역을 오전에 다들 끝을 내고 마랐다."

〈1989년 9월 20일 수요일 낡씨 맑음〉

오래만에 가을 하늘을 본 셈이다. 추선 전부터 계속 흐리고 비가 와쓰니 이재야 빛을 보니 사람이 살 것 같꾸나. 그리고 오늘은 앞밭태 여름 전지 한 것을 다들 묶끄서 집배 가지고 와서 다들 재고 작과나무에 무성한 풀을 다들 매쓰니 오늘 일은 잡초 약을 쳐서 다 죽일라고 계핵을 세운 것이 약값 절락을 할려고 집사람과 둘리서 다들 뽑아쓰니 이것은 약값을 벌은 셈이며 잠쉬 수고을 하니 밭이 허나며 언재 잡초가 무성해서 마음에 걸리더니 오늘 두리서 다들 잡초을 재거을 하여쓰니 이것보다 더 깨운한 일은 하여본 일이 업는 너킴이구나.

그리고 오늘 우리 송아지을 1,100,000만 원 바다쓰며 자신이 소을 먹이왔찌만 송아지로 백십만 원 바든 적은 업쓰며 정말 마음이 찬 기분이며 우리 부부가 외을 먹은

덕이라고 생각을 하며 송아지 금이 이러개 좋다면 재아무리 힘이 든다고 해도 계속 소을 먹일 작정이다.
수입에 … 송아지 값 1,100,000원

〈1989년 9월 21일 목요일 낡씨 맑음〉
금일은 당산 논에 도구 물을 삼 일 전에 파놓고 오늘은 도구을 훌런 작업을 하여쓰며 봉답 논에도 아직은 물 파노차 안아찌만 도구는 다들 훌던 셈이다. 그리고 우선 바서는 당산과 봉답 벼들이 생각보다 다들 잘 돼어따고 생각을 하며 마음 허뭇하구나.
"우리 운이 공부을 해야 한다는 것을 자신이 볼 때에 너키는 감을 가지는 것 같이 이 아빠의 너킴이 들어오는구나. 자신의 마음에는 올치 이재부터라도 운이가 너킴을 가진다면 아직 너찌 안타는 것을 장담을 하며 우리 운이 공부에 조금식 취미을 가지다오. 이 아빠의 외 눈은 너만이 쥬시하고 잇따고 말을 하고 십다."
"이 아빠는 돈보다 너위들이 잘 자라고 공부을 잘하고 훌령하게 성장하는 모섭만 보고 십따고 소리 쳐고 십프며 위의 글자을 잇전 적이 업노라."
"자신은 부자집보다 돈이 업쓰서 구미 잡부로 일을 하며 가면서 살라가는 과정에 자식이 공부을 잘하고 잇는 가정이 황상 불버하고 잇노라."
지출에 … 연탄 400장 78,000원

〈1989년 9월 22일 금요일 낡씨 맑음〉
금일은 김천 부곡동에 제일약복점에서 농민신문에 양복 티곅을 너어서 울 집배 온 것만도 상당이 여러 장이며 마이 한 벌에 59,000원에 준다고 하면서 허른 맡으로 제일약복점을 차저 같든이 김고[김천고교] 교복 만춘 집이라고 하여낮더라. 그레서 우선 보기에 허전해 보이며 자신도 섭득 들어가기가 실은 차에 집사람은 좋은데 가서 마이 맞추자고 하면서 자신을 끌더라. 그래서 자신이 집사람 말을 들어주자 하는 생각에 양복점에 들어가지 안코 나오고 마랐다. 나와서 보니 갈 곳이 맡당치 안아서 형수 친척집이 김천서 양복 일 한다는 말을 들어서 형수에 전화을 하여보니 아래 장터에서 한다고 이야기을 해서 부곡동에서 아래 장터 올라면 한참 올 뿐 아니라 생각만 하여도 아득하더라. 그래서 집사람부로 택시을 타고 가자 하니 캄짝 놀라면서 안 탈라고 하며 그래서 버스를 타고 가자고 하여도 그절을 하며 그 돈으로 아이들 먹을 것을 사주겟따면서 그절을 하더라. 그래서 이재는 너와는 김천을 안아야 하겟따고 이야기을 하니 집사람 하는 말이 아빠와 둘리서 걸어다니니 좋다면서 내 팔을 당기면서 걸자고 하는데 한편으로는 자신보다 집사람이 만이 걸어며 짓칠땐돼 하고 극정이 돼면서도 집사람이 내 말을 덧찌 않코 집사람이 앞을 끄는데 자신은 딸리가고 마랐다. 부곡동에서 아래 장터까지 걸어오는데 피료기색 업씨 할기찬 기색으로 조잘대면서 좋아하는 모섭 바라볼 때에 내 마음도 좋으며 자신이 어이해서 조런 여자을 주어쓰며 실찌 똥도 버리기 아까운 여자라고 생각을 하며 자신은 늙 복 만은 남자라고 생각을 가진다. 그 아득한 길도 님과 걸어니 장간이며 님과 같이라면 지구 끝이라도 마다 안코 걸어리라. 그러자 형수 친척이란 양복점에 들어쓰니 점포는 조금 적으나 대희주는 것은 잘하며 형수 친척이라니 친근감이 더 가는 것은 사실이다. 자신은 실찌 마이 한 번 해입발라고 작정운 5년 이상은 돼어따고 생각을 하며 언재라도 돈 때문에 미루오다 오늘날까지 완 것은 사실이다. 자신의 치수을 다들 재고는 마이 한 벌에 170,000만 원 하고 수봉은 우리가 가지고 가서 수봉 2개을 맞추는 싹이 30,000만 원 계 200,000만 원 된다고 해서 마음속으로 깜짝 놀란 것은 사실이다. 자신은 처음부터 200,000만 원 들어간다고 생각을 했더라면 포기을 하여쓸끈돼 제일 양복점에서 59,000원 한다고 티겟이 와서 나온 것이지 그러치 안으며 아예 생각을 하지 않아쓸 것이다.

"자신이 200,000만 원 주고 마이 맡춤을 하고 양복점을 나오면서 돈 200,000만 원이 어떠게나 앞갑든지 자꾸만 뒤세기기 데더라. 집사람은 오늘 일은 잘 대어따고 이야기을 하며 제일양복점에서 하며 양복이라도 맡지 않으며 어떠게 하겟소 마음의 달래을 하지만 자신으로서는 아갑따는 마음이 쉽게 떠나지 않는구나. 그러자 오후 1시가 넘더라. 그래서 집사람은 짜장이라도 사줄라고 분식점에 들어갈라니 또 그절을 해서 남외 눈만 아니며 볼껀 끄러안아서 음식점에 갈쓰며 해도 남외 눈 때문에 그러지 못하고 소리을 철라고 해도 주위 때문에 못하고 집사람에깨 꼼짝도 못하고 집사람에깨 끌여다닌 김천 나들이가 돼어따고 생각을 한다."

지출에 양복 선금 50,000만 원 반찬
6,500원 책 1,800원 무우, 벗섯
1,200원 차비 800원 껌 100원
計 60,400원

〈1989년 9월 23일 토요일 낡씨 맑음〉

"오전에는 몸 피료해서 휴식을 하여쓰며 오늘은 마음은 일을 해야 한다고 생각을 가지도 몸이 말을 더지 안아서 오전에 대신 분소에서 돈만 차저오는 것으로 오전을 보내고 오후에는 집사람과 둘리서 작과 밭에 잡초 제거을 하는 것으로 일과을 보냇다."

"요줌 가만이 생각을 할 때에 숙모님 말씀맡타나 개구리 언득에서 떨어저더시 정신업씨 쓴다는 말씀을 하더시 자신이 생각을 하여도 돈을 쓸 때 쓴다고 하지만 금년에는 큼직큼직한 돈을 쓴다고 생각을 하며 이러다가는 개핵을 성치 못하고 한해을 더 넘기는 것이 아닌가 하고 염려을 가지면서 돈을 쓰고 잇다."

〈1989년 9월 24일 일요일 낡씨 맑음〉

금일은 당산 밭에 잡초 제거을 하여쓰며 잡초약을 살포을 하여더라면 잡초 제거을 깨운하게 제거을 할 수 잇는데 돈을 절약을 할려니 피충밖에 할 수 업는 것이 아쉽다. 금년으로 작과 밭일은 안전이 끝을 낸 셈이다.

"노태우 대통령이 말로만 정취을 하지 실지 행동에는 미급하며 자신은 언잰가 한번 질서을 잡아줄 것이라 미던는데 가만이 주시을 해볼 때에 노태우 씨가 할려는 의욕은 보이나 심이 너무 적으서 어쩔 수 업는 일이며 수거러저지 안는 난동 이것을 노태우 씨가 잡는 데는 너무나 힘이 적다고 말을 하고 십다."

지출에 … 의료보험료 21,000원

〈1989년 9월 25일 월요일 낡씨 맑음〉

금일은 집사람 43회 생일이다. 오늘 집사람 생일이라 돼지고기 포장류라도 어재 살러고 하니 집사람 하는 말이 오늘 옷 가공

하로 가면 김천 가서 돼지고기 쓸런 것 두 근을 사와서 먹자고 하면서 말류을 하여서 오늘 아침에는 아무것도 업씨 자신단 말이야 하니까 아침에 미역국 먹고 저녁에 아들과 고기을 꾸어 먹어면 그개 나따고 하여서 집사람 말을 들어쓰며 자신의 생각대로 했더라면 큰 실수을 안해쓸 껀돼 이것이 오늘 가공하로 가는 아침에 이야기 했더라면 잊찌 않코 고기을 사올 땐돼 어재 이야기라 오늘 옻 가공하로 가니 가공을 할 정도 대지 않아따면서 내일 오라고 하면서 미안타고 이야기을 하는 재봉사가 이야기을 해서거 길로 수필집 책 한 권만 사들로 내리왔쓰니 나로서는 제일 큰 실수을 하여쓰며 집사람은 그냥 들어오는 모섭을 보고 마음속으로 실망을 하여쓸까 속이 열번 여자라면 생일 몟칠 전부터 생일이 온다고 법석을 수도 업씨 부리쓸껀대 안만 속이 늚번 집사람이라지만 탈랑탈랑 빈손으로 들어오는 실랑 모섭을 어떠게 보았쓸까 자신은 집배 들어왔쓰도 몰라쓰며 집사람이 아빠 점수을 만이 깍까야 하겠쓰 하는 말래 외 하니까 장도 보지 않코 그냥 왓따고 이야기을 하는 바람에 알라쓰며 그때서는 어떠게 할 수도 업고 손목을 잡부면서 미안타 이해해다오 20점만 깍꾸라는 부탁 말을 하여찌만 이것들이 다 소용업는 짓이 돼지 않아쓸까 한편으로는 집사람 속이 늚번 부인이라 다들 양해을 할 껏이다 하면서도 한편으로는 실망이 한 기뚱이라도 생각이 들어쓸 껏이 아닌가 하고 생각이 돼어 오는구나.

그리고 자신은 실수을 연발로 한 셈이지만 우리 혜지는 용돈을 절약을 하여서 저의 엄마 수저을 선물을 하여쓰며 선물 통에 엄마 아빠 오래 사세요, 이제부터라도 착한 딸이 될래요 하는 글기을 일그갈 때에 내 잘못은 어디로 날라버리고 내 딸이 이처름 부모을 생각하고 이미 곱게곱게 잘아고 잇따는 것을 너켜쓰며 이 가슴에 찡하고 닫는 촉감을 가지노라. 이 아빠 어떠게 살라가는 것든 탓하지 말고 곱게 곱게 잘라가는 모섭만 모아도 만족한 세상 살리라고 생각을 하고노라. "그리고 내일은 어떠한 일이 잊쓰도 쓸런 돼지고기 사와서 집사람 입배 너어더리라." 오늘 일은 정말 미안타고 할 수밖에 업쓰요 (요보).

〈1989년 9월 26일 화요일 낡씨 맑음〉

오전에는 옻 가공하로 가면서 숙모님이 성류을 한 상자 가지고 김천 공판장에 갈러고 해서 자신이 공판장까지 갈다주고 옻 가공하로 갈쓰며 숙모님은 70십 노인이 아직 50대보다 걸력이 좋다고 생각을 한다. 그리고 옻 가공하로 가서 옻을 입버보니 상위는 마음에 들어도 수봉은 좀 크지 안을까 하고 염려도 돼는구나.

"금일은 운이 통지표을 바다왔더라. 요줌은 운이 하자는 돼로 하는 편이며 요구하는 데로 하여주며 꾸중을 안는 편인데 오늘 통지표을 보니 자신의 성화을 참지 못하고 그만 폭발하였다. 자신은 하며나 나절 것을 생각을 하여쓰며 갈수록 낮깨지 하는 생각을 하여는데 여전이 운이 디로 8명 밖에 업쓰며 꼴치나 다름이 업쓰니 기가 차며 이것을 보고는 성질대로 하여쓰며 쬬차버리고 어뒤가서 살든지 눈에 안 보이쓰며 하는 생각까지 들며 이것은 잠쉬 뿐이고 성질돼로 다 하지 못하고 자신의 활 일을 운이보고 시키쓰며 이것도 입이 쑥 나와서 억찌로 하는 모섭 볼 때에 자신의 심정이 좋지 않쿠나."

"운이을 어떠게 하여야 공부을 더 할 수 잇쓸까 하고 고심이 이루어 말을 할 수 업씨 답답하며 정말 가슴 아푼 일이다."

지출에 … 돼지고기 2斤 4,000원 쥐약 600원 엿 1,000원 옻 가공비 50,000원 차비 400원
計 56,000원

〈1989년 9월 27일 수요일 낡씨 비〉

용일이 마당에 세멘하는데 거들어주었쓰며 요줌은 그전과 달라서 (백 포) 미만 가지고는 생각을 하지 않아야 하게꾸나. 그전에는 50포에 가지고 잇쓰며 미장이 큰 마당을 할 수가 잇는데 요줌은 아예 생각을 하지 않아야 하며 오늘 용일이도 마당은 우리 반도 돼지 안는 마당에 97포을 너어쓰니 요줌 일은 일하기 쉽게 그 자리에 세멘을 더러부어서 비비고 마니 세멘이 만이 들어가기 마련이다.

"그리고 오후에는 비오는 바람에 휴식을 하여쓰며 가을비가 잇처름 여름비 모양 자주 오는 것은 처음 보았쓰며 금년 가을은 정말 힘이 더는 가을이 돼개꾸나."

"정부에서 이처름 힘이 업는가 자신은 이해을 할 수가 업꾸나. 다름이 아니라 전교직회직 공부원이 학생들을 선두을 세우서 시위을 하는 것을 볼 때에 그리고 파출소 방화, 그리고 선생들이 학생을 앞세우서 시위을 하는 것은 아주 생각도 못 할 비이 행동이며 이것은 과차업씨 구속을 해서 다시는 생각도 못하두록 만들어야 하는데 이것을 잡지 못하니까 질서가 문란해저며 나가서는 모든 것이 불법화돼고 잇는 것이 사실이다. 잇재는 정부가 모선 잇다 해도 선위로 곤치서 가야 국가의 발전을 하지 그러치 않코 때리 부수고 집안에서 싸음만 한다면 그 가정은 생각하나 마나 시간이 가면 망하는 길밖에 업쓰며 실은 쪽박을 들고 나서 서로가 잘못이라고 이야기을 한들 아주 소용이 업는 일인데 생각을 할 수록 뼈아품만 더해 가는구나."

〈1989년 9월 28일 목요일 낡씨 맑음〉

"농로길 보수 작업을 오전에 하여쓰며 우리 마을에 경운기만도 한정도 업더라. 이것들이 외국에서 기름을 가지고 와야 운직일 수가 잇쓰니 외의하여 우리 국민이 살기가 수라겟나."

"금년에는 추석을 쉬고 나서 잇처름 한가한 시간을 가질 수 잇는 해가 자신이 처음이 아닌가 하는 생각이 들어지는구나."

요줌 소 먹이 일만 아니며 만양 시간 여유을 가질 수 잇따고 본다.

"그리고 작년 같더며 벼 탈곡을 할려고 들어따고 보는데 금년에는 논에 물이 잇는 곳이 만으며 벼 수학을 할려면 힘이 들 것으로 내다보고 잇다."

"농민의 길이 외 이래 허막한 길만 돼어지며 외 농민의 길 밝고 늙번 길이 업따는 것은 어뒨다 모러개 정책이 잘못돼어쓰며 농민의 얼굴이 밝아야 정부가 안정이 돼지 그러치 않코는 홀란이 더해갈 뿐 아니라 정부가 부강했진다고 본다."

"외 농민의 뿌리가 헌들리고 잇쓰니 복토을 할 사람이 업딴 말이냐."

〈1989년 9월 29일 금요일 낡씨 맑음〉

금일은 윤상무 씨 마다을 할려고 이야기을 들어쓰며 이 분은 월래 남외 일도 하지 않을 뿐 아니라 나이가 만은 축이라 자신은

사실 갈까 말까하고 망슬리쓰며 자신이 마당을 하여보니 사람이 만이 동원이 돼어야 한다는 생각을 너켜키 때문에 자신은 바푸지만 오전만 시간을 내며 좋은 일이다 하는 생각에 가서 일을 하는데 절먼 사람은 업고 나이 만은 사람이 만이 왔더라. 상무 씨는 마당 비에 세멘량이 적개 들어같쓰며 12포로 다들 하여쓰니 세멘량은 적개 들어같다고 생각을 한다.
그리고 들판을 한 박키 돌라보니 벼 수학은 작년보다 만이 될끄로 생각을 가지보며 벼도 작년에는 이화명충이 상당이 만이 먹어는데 금년에는 방제을 알더리 하여서 이화명충도 아주 적개 먹어쓰 수학량은 작년보다 흘신 나어리라고 생각을 한다.

〈1989년 9월 30일 토요일 낡씨 맑음〉
황금 물결치는 들판을 바라보는 9月이 오늘로 마지막 돼는구나. 9月달이 농민은 제일 한가한 달이며 가슴이 뻑찬 달이 좀 오래 간직을 하고 십픈 달이다.
그리고 오늘 이성보 파보날이며 메년 파보을 하여 겨울이라서 음식을 재돼로 먹지 못하고 고기 변또만 지고 오는데 오늘은 모두들 마음것 먹어따고 생가을 한다.
"오늘 콩 수확을 하는데 콩이 거름을 하지 않아서 그른지 힌콩이 콩나물 콩 모양 아주 잘며 콩 탈곡을 해야 을마 나지 않으리라고 생각을 하며 내년에는 콩 갈 때 거름을 하리라."
"우리 마을에 때 아닌 욽판이 매일 열리며 자신은 아직 참석을 하지 않코 오미 가면서 구경을 하여찌만 작년에도 해도 명절에 한번 놀지 그러치 않코는 욽판을 벌리서 놀지 않는데 금년에는 욽판이 저녁 무렵돼며 꼭 버러진다. 이것을 하면 돈은 나오게 마련이며 도박판이 버려진다. 우리 마을도 돈이 만아저서 그른지 낭비쬬로 만이 하며 자신이 생각을 할 때에 농촌이 도시보다 과소비가 더 만으며 앞푸로 이것이 건절돼지 안으며 문재점이 만을 뿐 아니라 정부는 만사일을 접어두고 과소비 풍조을 잡아야 한다고 본다."
"자신은 하로가 48시간이라도 흥청돼는 시간은 나오지 아너리라. 남들은 매일 흥청돼고 잇는 것을 보며 때로 불벌 때도 잇찌만 자신은 늙 바푼 가정을 살라가는 것도 나의 행복이라고 생각을 가진다."
"사람이란 개핵을 세우서 뛰는 자는 제 아무리 뛰어도 지치지 안는 법. 개핵 업씨 뛰는 자는 쉽게 지치고 만다. 사람이란 개핵을 세우서 열심이 한다면 이것이 행복이며 사랑이 따라오게 마련다."

〈1989년 10월 1일 일요일 낡씨 맑음〉
금일은 자신의 옺맡춤을 찾는 날이라 집사람 돼리고 가서 돈 만 원이라도 깍껄라고 대리고 같든이 어림도 업쓰며 집사람이나 자신이나 물건 깍는 데는 치미가 업다고 생각을 하며 달라는 금액 200,000만 원 다들 주어쓰며 금액을 지불을 하니 2,000원을 집사람을 주더라. 이것을 볼 때에 짜다는 생각이 들어가는구나.
막상 옺을 하고 보니 하지 말고 땅 사는데 봇땔 것을 개니 옺을 하여따는 생각이 쉽사리 떠나지 않으며 돈 200,000만 원이 정말 아값따는 생각이 들어간다.
그리고 혜지 잠바 하나 살려고 돌라보니 매이크 잇는 것은 65,000원 다들 50,000만 원 이상 다들 하며 이것을 보니 물가 올라서 그른지 아니며 정말 옷이 좋아서 그른지 알 수가 업쓰며 아이들 옷을 그처름 만이 달라고 하니 기만 찰 뿐이다.
학부형이 신경을 안 쓰도 될 일을 부모들이 신경을 쓰며 정부에서 학생복을 입개 하여 주어쓰며 아무런 부담 업고 학생들이 곱게 학생복을 입고 길거리 어뒤나 가면 예쁘고 을마나 좋으리만 교복을 업쌔니 낭비가 을마나 만은지 정부에서 생각을 하는지 몰개꾸나. 이것은 잇는 자와 업는 자을 구별이 돼며 띠 업는 아들의 아무 극정 업씨 자라야 하는데 잇는 자의 아들은 몟 십만 원짜리 옷을 입고 다니면서 자랑을 하고 업는 자는 길거리에서 파는 싸구리 옷을 억찌로 입고 다니야 하는 심정이 어떠게 공부을 할 의욕이 잇쓰며 업는 자는 공부시간을 후탁 가버리고 가방을 어떠게 빨리 버리자는 생각밖에 업쓸 껏이며 이 아이들이 부모을 좋게 생각을 할 수가 잇쓰리까. 가슴에 한이 몟쳐 잇는데 이것들이 나중에 불씨가 돼고 인간의 존경도 업쓸 껏이며 교복을 업쌘 정취는 아주 잘못이며 이것은 규탄을 바다야 하며 우리 정부가 하로 빨리 교복을 입는 학원이 돼어야 불씨을 들어주는 길이라고 자신은 말을 하고 십다.
지출에 … 마이값 100,000만 원

<1989년 10월 2일 월요일 낡씨 맑음>

오전에는 이웃에 황갑을 하는데 동내 술돼집을 한다고 해서 거들어주었쓰며 임구현 모친 한갑이며 자신이 볼 때는 동내 술 주는 것이 무리라고 생각을 하며 실찌 쌀이 업쓰서 팔라 먹고 있따고 하면서 돼지 두바리 잡고 동내 술 주는 것은 무리라 하고 십프며 물련 한갑이라는 단 번이니까 자식들은 하고 십계찌만 그래도 빛도 만코 하니 그 돈으로 실속을 차리는 것이 혜영하며 오늘 한갑집배 아들은 발찌 못하고 힘이 업쓰 보이는 것을 보니 부모도 자신의 형편을 고리을 해야 한다고 생각을 한다.
그리고 오후에는 내일 순종이 형님 딸 결혼식을 서울 성당에서 하기 때문에 소 풀을 만이 떳뜨야 하며 콩도 마저 뽑아서 탈곡을 하여야기 때문에 집사람과 경운기로 풀을 떳뜨와서 또 콩을 뽑어로 갇쓰며 오늘 오후는 집사람과 둘리가 바픈 일과가 돼어버리다. 남들은 오늘 한갑집 음식을 먹고 다들 윷판을 벌리서 다들 놀고 잇는 모섭을 보기에 미안타는 생각이 더는구나.

<1989년 10월 3일 화요일 낡씨 맑음>

순종이 형님 딸 결혼식을 서울 성당에서 식을 올리는데 관광차을 내서 여기에서 서울로 올라갇쓰며 요줌 교통이 정말 좋꾸나. 하로만에 서울에 가서 식을 올리고 내리와도 해가 남아 잇쓰니 정말 살기 좋은 세상이다.
"순종이 형님은 배우기는 최고 학력은 했찌만 내가 볼 때는 배운 가치는 못하고 잇쓰며 사회생활이 아주 업럽깨따고 생각을 가지본다."312)
지출에 … 순종 딸 결혼 20,000원 용학이
이모 아들 결혼 10,000원

<1989년 10월 4일 수요일 낡씨 맑음>

금일은 콩타작을 하여보니 아주 허무하더

312) 이 내용은 일기 지면 상단에 따로 기록되어 있다. '우리 마을에 10月 3日 벼 탈곡을 함'라고 기록하였다.

라. 작년 콩나물 콩보다 금년에 힌콩을 하여는데 힌콩이 더 적개 나니 이것은 여름에 땀의 대까도 돼지 않을 뿐 아니라 밭이 가뭄이 심한 곳이라 언재든지 땀의 대까가 업쓰서 별 자미가 업쓰며 세집배 밭이라서 부치지 남외 밭이며 당장 거절할 끄시며 매년 집사람 고생만 시킨다. 이른 중도 모러고 숙모님은 자신이 득을 만이 본다고 생각을 할련지 모른다. 그 밭테서 콩 수학을 해바야 2말 이것도 만이 해야 그르니 이것은 다 먹도 시원찬을 것인데 반을 나누어 주고 자신은 그 밑천을 개산한다면 자신한테는 떨어저는 것은 업고 둘리서 김매기 한다고 땀흙린 것은 어디 가서 찬는단 말이야. 요줌 흙은 땀의 대가을 흙은 준다고 이야기 하지만 땅도 땀의 대까을 안 줄 때가 만타고 생각을 가진다.
"그리고 우리 마을에 벼 탈곡에 들어같쓰며 어재 두 집하고 오늘도 조금 하고 잇더라."

〈1989년 10월 5일 목요일 낡씨 흐림〉

우연희 당산 벼을 선태가 콤바위을 대리고 오는 바람에 자신은 당산 논은 논이 빠지기 때문에 사실 콤바위 잇는 사람이 끄린다. 그래서 작년에 모래을 만이 너어는돼 간 곳 업고 콤바위가 빠지는 것을 사람이 억찌로 밀어서 다들 비어쓰며 자신의로서는 상당희 신경을 만이 쓰는 논이 안전이 해결이 돼어쓰니 이재는 기분이 벼 탈곡은 다 한 기분이더라. 그리고 웃뜰 논 굼에 논도 다 베어쓰며 자신은 금년 농사가 작년보다 훍신 잘 짓어따고 생각을 하며 실찌 만이 나고 잇더라.
당산 논은 자신이 논을 사고 처음 농사을 잘 짓어따고 생각을 한다. 당산에 논에 선태 콤바이 54개는 훌륭하게 됀다고 생각을 한다.
웃뜰 굼논에 53개 수학을 함.
지출에 … 포장류, 셋 값 5,650원

〈1989년 10월 6일 금요일 낡씨 맑음〉

오늘은 벼 탈곡을 한 것을 잇우지로 놁다[늘여놓다] 보니 오전 일과가 다들 가버리고 할 일도 업씨 하로 일과을 보내고 마랐다.
그리고 혜지, 혜영이, 운이 셋시가 다들 소풍을 같쓰며 셋 중에 혜지, 혜영이는 그냥 빈손으로 들어오고 운이는 저의 아빠 줄라고 보리덴을 사와더라. 그리서 마음적으로 을마나 좋은지 그래도 운이 밖에 업꾸나 너이들은 다들 헛끄라니 딸들 하는 말이 돈을 안 쓸라고 안 사왔찌 하면서 말을 하더라. 돈을 쓰든 안 쓰든 아빠을 생각을 하는 마음의 자세가 필요하지 그 위에는 필요가 업다. 우리 운이가 공부을 만이도 말고 중간이라도 하여쓰며 더 바라지 않코 건강하게 잘라주어쓰며 하는 간절한 소망이다.
지출에 소풍 값

〈1989년 10월 7일 토요일 낡씨 맑음〉

금일 웃뜰래 두 단지 콤바이 탈곡을 함. 금년에는 작년보다 수학이 만이 돼며 자신으로 바서는 농사을 잘 짓어따고 생각을 한다. 그리고 자신이 자리마다 생산이 만이 나니 일에 필료가 업는 것 같꾸나.
(두 단지에 선태 콤바이 110개. 아주 만이 담음)
지출에 … 세 값 1,400원
전기세 값 8,130원
計 9,530원

〈1989년 10월 8일 일요일 낡씨 맑음〉
금일은 근수내 형님 칠순 한다고 그들어주는 것으로 오전 일과을 보내고 동내에 칠순술 한잔 어더자시고 술집배서 윷판이 벌어저서 형님에깨 노리 너어 5,000원 투자해서 겨우 1,000원 수입을 본 셈이며 자신이 놀다 생각을 해도 보는 사람마다 오늘 언찬일로 이러개 한가한 시간이 잇는가 하고 인사을 할 뿐 아니라 대가을 판에 윷노리 할 시간이 어디 잇쓰며 자신은 남이 한 시간 일하며 두 시간 해야 한다는 이념으로 살라간다. 그리고 아직 자신은 술집배서 헝청하게 시간을 보낼 나이도 대지 않아쓸 뿐 아니라 내 나이 절머서 착실하게 살라가리라. 그리하여 윷판을 뒤로 하고 집배 와서 집사람 벼 말류는데 그들어주는 시간으로 하로 일과 보내고 마랐다.
"농민들이 넘어 한가한 시간이 만은 것은 사실이며 시간 여유가 만아 농민이 못 사는 이유가 여기 잇는가 하는 생각도 들어갈 때가 사실 잇다."

〈1989년 10월 9일 월요일 낡씨 맑음〉
요줌은 들레을 가나 어디을 가나 사람이 때을 짓어서 잇는 것을 자주 볼 때 잇다. 이것을 보며 다들 기계로 벼을 베니까 사람들은 아주 한가한 날이 가을이 돼고 잇다. 콤바이가 나오기 전에는 가을 한 달은 정신 업씨 하여도 한 달 이상은 바픈 시간을 보내야 하는데 이것을 볼 때에 세상은 살기 좋은 해라고 말을 하고 십다.
"그리고 자신도 오늘은 콤바이가 시간이 나나 하고 들을 한 밖키 돌고 두 단지 같 돌리는 것으로 일과을 보내고 마랐다."[313]

〈1989년 10월 10일 화요일 낡씨 흐림〉
서양바실래 벼 탈곡을 하여쓰며 오후 너깨야 시작을 하니 벼 탈곡을 하니 넘어 너저밤 9시경에 작업을 맡치쓰며 자신의 논이라면 별 문제가 아니지만 갈림 논이라 밤이 넘어 너저니 미안하기 짝이 업꾸나.
"그리고 자신은 자리마다 작년보다 수학이 만이 대며 작년에는 62개여는돼 올해는 69개 돼니 콤바이 싹은 대수학이 낮쓰니 자신으로서는 상당이 기쁘며 농사에 자신을 가지게 된다."

〈1989년 10월 11일 수요일 낡씨 비〉
기상대는 오늘 비 온다고 하는데 낡씨가 전연 비가 올 껏 같지 않으며 맑은 하늘만 보여서 다들 벼을 말루기 위해서 다들 늙어노왔다 갑짝이 비가 오는 바람에 다들 말률라 하다 오히려 더 추지게 돼어쓰며 우리도 마당으로 널어노왔다 손도 쓰보지 못하고 다들 적싸쓰며 오늘은 우리 마을이 벼 말률라 하다 혼줄이 난 날이라고 말을 하고 십고 이것도 기상대가 꼭 마저 떨어저며 널지 않찌만 요줌 기상대는 90%푸라가 맡찌 않으니 오늘은 화창한 낡씨에 누가 비 온다고 생각을 할 수가 업다고 본다.
"자신이 큰집배 벼 탈곡 하는데 실어주로 안 같쓰며 우리 벼는 비을 적개 맡고 조금 더 치울 수가 잇쓰따고 생각한다."

〈1989년 10월 12일 목요일 낡씨 비〉
난돼업는 비가 자주 오는구나. 비는 채소에

313) 이 내용은 일기 지면 상단에 따로 기록되어 있다. '서양바실에 69개 생산'라고 기록하였다.

조금 피료하지만 가을 추수 바서는 비가 업쓰야 하며 때로 바서는 비가 올 때가 아니며 비가 오면 올수록 농민의 힘만 더 들고 추수만 너저간다.
"그리고 고구마 수학을 하는데 자신이 고구마을 을마 갈지는 않치만 금년에는 고구마가 엄청 크며 큰 푸대로 셋개을 수학을 했쓰니 집사람과 둘리서 기쁨을 서로가 참지을 못했다."
"술집배서는 윷노리 소리가 허강을 치솟아 우리 밭까지 들리는 것을 들을 때에 그곳에 동요돼지 않코 을마나 할 일이 업쓰며 술집배 쪽치고 잇쓸까 썬맡[쓴맛] 뿐이구나."

〈1989년 10월 13일 금요일 낡씨 맑음〉
형님 벼 콤바이 탈곡한 것을 실어주는 것으로 오전을 보내고 오후에는 배추 물을 주어쓰며 물을 주면서도 배추가 남보다 조으며 도득을 맡개 돼는돼 하면서 이른 생각이 머리에 쓰쳐가며 배추을 잘 짓어도 극정이 돼는 새상이니 이거 무어라 말을 해야 할찌 모러개꾸나.
"웃뜰래 추수가 우리 마을보다 너전는돼 오늘 보니 그진 일반벼 말고 통일벼는 그진 다들 탈곡 하여따고 본다."
지출에 … 전화세 4,100원

〈1989년 10월 14일 토요일 낡씨 맑음〉
복판논 벼가 잘 돼어잇는 줄 알라떠니 오늘 벼 탈곡을 하여보니 벼알이 만이 죽어 잇쓰며 우선 보기에도 벼 알이 충실지 못하더라. 그 위유는 이삭 거름을 너전 것과 마은 량을 한 것이 잘못이라고 생각을 하며 내년에는 웃거름을 요소 1포 8부 정도 하고 이삭 거름은 아주 적은 량을 할 작정이다.
복판에 콤파이 푸대는 적개 담은 것이 들어[더러] 만아 52개
실찌 량은 48개 보며 충분 하리라고 본다.314)
지출에 … 세 값 2,000원

〈1989년 10월 15일 일요일 낡씨 맑음〉
금일은 경화내 형님 통일벼 갈림하는 논 벼 탈곡을 하여보니 아주 수학이 떨어절 뿐 아니라 벼 탈곡이 너저 벼알이 땅에 만이 떨어저서 입만 벌어저는구나. 자신은 벼알 떨어전다 해도 여사로 들어쓰며 실찌 자신이 농사을 짓어도 오늘처름 만이 떨어저는 것은 처음 보았쓰며 오늘 벼 탈곡은 너저서 그르타고 생각을 하지만 일부 생각에는 콤바이가 금성이라서 기계 자채가 모순이 잇쓰서 그른 것이 아닌가 하고 금성 콤바이 댄 것이 잘못이 아닌가 하고 후에도 한다. 그리고 내 논 복판가 형님 논 두 자리을 안전 숭년이라고 생각을 한다. 자신 이처름 허무할 줄은 정말 몰라쓰며 그리고 자신이 주인을 한 가마니식 더 주고 잇쓰며 오늘도 형님내는 27개 하고 자신이 26개을 했쓰니 일이 끄굴로 가니 어이하며 득을 볼 수가 잇쓰리까.
"끄굴로 가는 것이 작년 올해 내년에도 끌로 간다면은 형님 농사는 짓찌 안으리라.'
오늘 푸대는 푸대을 차게 하며 48개 정도 밖에 보지 안는다.
지출에 … 세 값 2,000원

---
314) 이 내용은 일기 지면 상단에 따로 기록되어 있다. '복판에 벼 탈곡 48개'라고 기록하였다.

〈1989년 10월 16일 월요일 낡씨 비, 맑음〉

당산 밭에 고구마 한 골 갈란 것을 마지막으로 다들 캐오고 이재는 당산 밭에는 고구마을 갈지 않아아야 하겟다. 고구마는 야물어 말이 잇따고 하지만 고구마가 달리지 않아 노력 갑도 매년 업쓰서 허전하기 짝이 업꾸나.

"그리고 우리 운이을 어떠게 하든 말든 그대로 두니 급이 업쓰며 놀고 다니며 오늘 볼 때는 인간이 된다고 만 분지 일도 업는 것 같떠며 너깨야 들어오는 것을 보니 성질을 참을 수가 업두록 성화가 솟구찌더라. 오늘은 손을 대지 않코 자신이 활 일을 전원 다 시키고 밤 새두록이라도 할 일이 잇쓰며 코을 키어서라도 다 식킬 작정을 하여는데 별료 일이 업쓰서 소 돌보는 정도 끝을 내쓰며 사람이란 누가 식키서 인간이 돼는 것이 아니라 자신이 할려고 하는 자만이 돼는구나. 이것은 할려고 들지을 안을 뿐 아니라 요즘은 돈을 잊저먹어따면서 돈을 쓰는데 정말 잇고 돈을 달라는지 그짓말로 돈을 더 달라는지 분간을 못 할 정도니 부모로서는 활 말이 업꾸나."

"자신도 골머리을 썩을 필요도 업고 인간은 다들 잘 자{라}구나 하고 신경을 쓰지 않아야 하겟다. 노력을 하지 않는 자는 고생을 하여야 하는 법. 인간의 팔자을 인간이 곤칠 수가 업따고 자신은 너켜다."

〈1989년 10월 17일 화요일 낡씨 맑음〉

봉답 벼는 늙 집사람과 둘리서 손으로 벼을 베어서 자동 탈곡기로 하는데 오늘은 벼 베기을 할려고 들어가보니 엄두도 못 하겟쓰며 도저히 손으로는 해결을 못 시키지 하는 마음이 앞쓰며 일에 급이 나는구나. 그레서 콤바이 탈곡을 할려고 그냥 두어는데 콤바이 탈곡을 하며 다행인돼 기다리다 콤바이 탈곡을 못하며 가을이 너절 뿐 아니라 수학에 손에가 크다고 생각을 한다.

"금년으로 바서는 콤바이 탈곡이 닞따고 생각을 하며 요줌 벼 탈곡하는 사람들은 벼알이 떨어저는 것 때문에 손실이 넘어 만타고 생각을 한다."

〈1989년 10월 18일 수요일 낡씨 맑음〉

금일은 봉답 벼 콤바이 탈곡 할려고 오전부터 따라다니면서 일 그들어주어는데 억찌로 억찌로 사정을 하여서 논에 들어갇는데 머리 한 번 돌더니 빠진다면서 오늘 득계[데리고] 갈려고 어재부터 약속을 하여서 가야된다면서 내일 베준다면서 머리 좀만 베어 달라고 하면서 가려고 하는 것을 어떠게 할 수도 업고 그름 미안타 하고 마랐다. 자신이 꼭 베어 보겟따고 담배 500원짜리 4갑을 준 것이 벼도 베지도 못하고 너무 약빠러게 날띤 것이 어리석은 짓이 돼고 마는 것이 아니냐 하는 생각이 들며 이재는 저 말돼로 베어주며 큰 다행이고 이재는 부탁은 하지 못하겟다.

〈1989년 10월 19일 목요일 낡씨 비〉

"갈방비가 내리서 가을 추수만 너저가는구나. 가랑비가 와도 부지른 사람은 할 수도 잇고 개어른 사람은 잠자기 좋은 만춤 좋은 낡씨가 돼고 있다."

"금일은 정미소에 햇쌀 찟는 것과 채소 해 오는 것으로 하로 일과을 보내고 마랐다."

〈1989년 10월 20일 금요일 낡씨 맑음〉

금일은 봉답 논 빠지는 곶은 집사람과 둘리

서 벼 베기을 하여서 다들 들어냇쓰며 이것을 들어내면서 생각을 하여도 이것이 매년 이른 고충을 당해야 하니 이 문재가 해결을 하여야 하는데 십게 해결을 할 수가 업쓰서 고민이구나.

"앞푸로 어깔리 논은 벼 베기을 하기가 힘이 들며 앞푸로 벼 탈곡을 하여도 떠내기 콤바이한태 벼을 베니 마지막 봉답 벼을 베지 않고 그냥 가버리니 결국은 떠내기에깨는 당하고 말며 예로점이 잇꾸나."

그리고 운이는 하로만 건너며 이 아빠의 성질을 곤더새우니 어떠게 할 주망을 몰개쓰며 오늘도 너깨야 들어오는데 무었하고 이재 오는냐고 하니까 그짓말을 하더라. 자신은 그짓을 알면서 그냥 참고 마랐는데 집사람이 처음 운이 아래 종알리을 매을 대는 것을 보고는 참찌 못하고 손이 올라가고 마랐쓰며 자신도 자식에깨 손을 돼고 나며 밤새두록 마음에 걸리며 이것을 어떠게 하여야 운이을 사람을 만들겟나 하고 생각을 할 때는 밤을 설치고 만다. 우리 운이깨 다시 한 번 더 아빠가 발을 들고 마랐다.

"우리 운이 마음을 푸러주며 응뚱한 짓 하고 탈탈 복끄며 아빠의 마음이 안 댓고 친찬을 아키지 않아도 돼지 않코 너의 누나들은 무었시 덥프시운 것이 아니냐고 하고 말을 하니 갈피을 잡지을 못하겟더라."

〈1989년 10월 21일 토요일 낡씨 맑음〉

봉답 벼을 콤바이 탈곡을 할려고 밑태 따래이는 그냥 두어쓰며 하로하로 미루어오다 오늘날까지 콤바이 기다리다 비는 다 고실고 사람의 간장을 바푸게 돼어 잇쓰며 태모 콤바이가 숫뜰 베고 봉답 우리 논으로 올라오는데 통일벼가 이처름 고실아쓰니 좀 베어달라고 하니 안만 사정을 하여도 베어주지 않으며 한 번 베어달라고 자신의 손발이 딸투록 외원을 해도 베어주지 않으며 결국은 가더라. 그 모섭을 보니 정말 속이 상하더라. 그리고 일반을 베어로 가며 일반은 아직 시기적으로 좀 일적은데 봉희도 자기 끄만 아는 봉희에 형님은 일반이니 좀 양보을 해달라고 하니 양보 뒤로 하고 자기 베고 나서 베어라고 하니 속은 아푸지만 사람이 그레 살라서는 안 돼너라 마음속으로 가지고 마랐다.

〈1989년 10월 22일 일요일 낡씨 맑음〉

금일 봉답 벼을 베는돼 재근 바인다로 벼을 베어줄라고 하여서 정말 반갑더라. 바인더로 베을 베는돼 생각보다 적개 떨어저며 살살의나면서 베는돼 마음이 얼마나 좋은지 말도 표현을 못할 정도로 좋아가셨는데 일이 안 댈라고 그만 고장이 나더라. 이것을 보니 자신이 복이 업꾸나 하는 마음이 들어가더라. 콤바이 들어오다 말라찌 바인데 조금 베다 고장으로 베지 못하고 말라찌 정말 복이 업쓰며 우리 부부가 낯수로 베어라는 팔자구나 하는 생각이 더는구나. 여하든 둘리가 오늘 낯숫로 다들 베어쓰니 속이 시원하더라. 그리고 금년으로서 벼농사는 끝이 될 껏이라고 생각을 한다. 내년에 밭을 만들어 돼는돼로 사과 나무을 심어서 수학이 돼는돼로 농사을 짓어갈 작정이다.

지출에 … 술 값 700원

〈1989년 10월 23일 월요일 낡씨 맑음〉

금일은 아포 조합원 운동회 날이며 진행을 시키는 것을 보니 힘이 들개쓰며 주채 척에도 경비가 만이 날 뿐 아니라 힘이 들어 매년 잔치을 할 수가 업다고 본다.
자신은 봉답 벼을 내일 자동 탈곡기로 타작을 할려고 개핵을 세우서 오전만 구경을 하여는데 아포 조합동이 29개 동이라고 한정도 업는 수자가 모여쓰며 정말 농민의 축재날이 돼어따고 생각을 하며 자신은 오후에 운이 돼리고 봉답 벼을 한 군두로 모다쓰며 그진 모다갈 때에 집사람이 왔더라. 외 와는냐고 하니 아빠 일하는 것을 생각을 하니 도저희 잊쓸 수가 업쓰며 특희 올해는 우리 마을 부녀회원이 밥장사하는 차례라서 집사람 같치 끝까지 장사을 하여야 하는돼도 불구하고 형수에깨만 이야기을 하고 살짝 왔다고 하면서 일을 도울 때에 정말 고맡더라. 마음돼로 놀지 않코 아빠의 수고을 극정이 돼어서 잊쓸 수가 업따는 그 말을 들을 때에 자신은 정말 행복한 사람이구나 하는 것을 너켜쓰며 남편의 몸을 자기 몸보다 더 소중하게 여겨주는 집사람 고맡게 생각을 하는 바이다.
"우리 운이 오후 내 벼단을 모다쓰며 운이 경운기을 몰개하고 벼단을 반 이상 모다두고는 운이 만이 하여쓰니 우리도 좀 쉬어서 하자고 하면서 내가 자리을 만들어 운이 일하니 좋찌 하니까 실타고 하더라. 외 경운기도 몰고 일을 하며 자미도 잊고 운이가 일을 하면 아빠는 수라잔아 하고 넌그시 떠보니 일은 전연 하기 실어하며 공부을 할려고 하면서도 실찌 공부을 하지 않는 것을 볼 때에 이 아빠로서는 이상하며 말로는 대학까지 할려고 하는 것을 볼 때 이 아빠로서는 조금 마음은 노이니 한편으로는 천지을 모러고 노는 놈이 어떠게 공부을 하겟나 하는 마음도 사실 더어간다."
"오늘 운이 일 시킨 것은 딸들은 공부을 하라고 대리고 가지 않코 운이만 꼭 집어서 대리고 간 것은 농사일 을마나 힘더는 일이며 저의 아빠가 을마나 힘들개 일을 하는 것을 보여줄라고 대리고 나와서 벼단을 모다쓰며 그것도 저의 엄마가 일적 오는 바람에 일을 들 하고 집배 더리보냇쓰며 실어하는 일을 시키는 아빠의 마음도 편찌 않더라."
지출에 … 식권 1,000원 짜리 차비 140원

〈1989년 10월 24일 화요일 낡씨 맑음〉
금일은 봉답 벼 탈곡을 하여쓰며 통일벼는 일적 탈곡을 한 셈인데 위따레이 일반벼는 단이 크니까 탈곡이 대지 않아서 힘이 만이 들러다. 오전에는 형님이 와서 도와쓰며 오후에는 집사람과 둘리서 일반벼 탈곡을 하는데 시간이 만이 걸리쓸 뿐 아니라 일반벼는 단이 적으야 탈곡이 돼지 그러치 않으며 두 번 너어야 안전이 떨러저고 잊다.
"금년 벼 수학은 작년보다는 잘 짓어따고 생각을 하며 봉답 벼도 만이 수학이 돼어따고 생각을 한다."

〈1989년 10월 25일 수요일 낡씨 맑음〉
금일은 채소밭을 들리면서 일반벼 논을 가보니 누{구} 논 업시 일반 벼도 고실라저서 다들 때가 너저 한시가 시급하며 본동에 콤바이가 여릇 될 때는 하기가 수래따고 생각을 한다. 동내 콤바이가 업쓰니 처음 시작을 할 때는 여릇 대가 와서 이 사람 저 사람 벼 탈곡을 하니까 수라더니 통일벼 그리고 넉들래 탈곡하기 좋은 것만 다 해먹고 가버리니 남은 벼가 콤바이는 업찌 벼는 고실어저 고사리 밥 같지 변해가는 모섭을 보니 사람 마음은 다 타나 콤바이 잊쓰야 벼을 탈곡을 하니 이것이 문제점이며 그레도 다들 콤바이만 기다리지 손으로는 할 생각을 하지 않으며 동내에 두희 씨 부친 제사라고 술 대집 하는데 동내에서 술 대집 밭는 날은 의래 술집배 윷판 벌어저는 날이며 오늘 동장이 바람을 너는 바람에 처음에는 윷까지을 다루지을 못해서 우리 편이 두 판을 몰저고[모두 지고] 세 판재 겨우 이기서 손에는 가지 않코 오희려 1,000원 수입을 본 셈이며 다행이 셋 판재는 저면 개니 놀다 손예가 만을 뿐 했다. 윷판도 돈이 따리니 놀 줄 몰라도 저며 오기로 돈을 배로 실어니 윷판도 종일 놀며 손예가 가는 사람은 만이 간다고 생각을 한다. 자신은 종일 놀지 않코 집배 와서 휴식을 하고 벼 말륜 것을 자시 혼자 다들 담아서면 자신은 좀 곤하다고 휴식을 하고 집사람은 일을 하는데 생각을 하니 방에서 계속 실 수가 업쓰서 집사람 손을 빌리지 않코 벼을 일적 담아버리자 하는 생각으로 3시 30분부터 벼을 담기 시작 했쓰며 혼자 담어니 불편한 점이 한두 가지가 아니며 시간이 배나 걸리는 것 같더라. 집사람 오기 전에 다 담아버릴라고 등골짝이 땀이 나두록 하여쓰며 막 다 담어니 집사람이 들러오면서 혼자 어째 담아는냐고 하면서 상당이 좋은 얼굴색이더라. 오늘 휴식을 한 재로 하여따고 하니까 집사람 말이 곤해보여서 일부로 대리고 가지 않코 집사람 혼자 같다고 이야기을 하더라. 이것을 볼 때는 가끔 깨을 부린다고 할까 자신은 곤하며 실 때가 잇는데 집사람은 365일 휴식이 업쓰며 집사람 몸을 너무 무리하게 쓴다고 생각을 하지만 집사람 쉬게 할 재간이 업꾸나. 이 사람은 자신에깨 너무나 희생을 만이 한다고 생각을 하며 자신은 100 분지 일만 희생해다오 하고 말을 하고 십꾸나.

〈1989년 10월 26일 목요일 낡씨 맑음〉

오전에 메밀 수학을 하여보니 메밀이 설리가 빨리 와서 알맹이도 업쓰며 섬을 짓어[열매를 맺고] 잇는 것도 반 알 정도 밖에 업쓰며 메밀은 안전 숭년이라고 말을 하고 십꾸나. 집사람은 땅콩을 수학을 하는데 수학기을 너무 너저서 그른지 땅콩은 업고 그저 던불만 잇는 것이 맞으며 땅콩을 쥐가 다들 물고 간다더니 정말 쥐들이 다들 캔 것인지 땅콩이 업더라.

그리고 오후에는 당산 세밭에 사과나무 두 폭이에 사과 수학을 하는데 정말 마음이 상캐하며 자신 혼자 수학을 하다 집사람 불어서 사과 따는 맡이 이처름 좋은 것을 처음 보며 나도 사과을 다 딴다면서 집사람도 이 기쁨을 두리 보자면서 같이 따고 나중에 고추, 땅콩은 두리 같이 하자고 하여쓰며 남들은 사과을 열 마지기 수학을 하는 것보다 자신이 오늘 우리 사과나무 두 폭이에서 사과 따는 진맡을 만킹해따고 생각을 하며 오늘 사과 7짝 따는데 그 절그운 마음은 나마니 보는 기분이더라.315)

〈1989년 10월 27일 금요일 낡씨 맑음〉

금일은 메밀, 땅콩 고추, 팥 다들 마구리 손질을 한 날이며 이재는 한 가지식 끝을 내는 마지만 손질이 바푼 일과을 보내고 잇다. 이재는 여름 내 땀 흙린 대까의 결산을 하는 날을 보낸다고 해도 무리대는 말은 아니며 이재 집사람의 손끝에 조목조목 자루

315) 이 내용은 일기 지면 상단에 따로 기록되어 있다. '사과 7짝 (수학)'라고 기록하였다.

에 당기어 정리가 돼는 모섭 흐뭇하구나.

〈1989년 10월 28일 토요일 낡씨 맑음〉

금일은 봉리 형님이 콤바이 와서 벼을 베준다고 하여서 자신도 바로 엽패 잇기 때문에 부탁을 해서 벼을 탈곡을 할 욕심을 오전내 기다리쓰며 콤바이가 서양바실레 와서 한 단지 탈곡을 하면서 형님 논에 벼 탈곡을 하여주지 않코 가더라. 형님은 친척이라고 하며 벼 한 단지 탈곡을 할려고 셋 번이나 득계을 차저가서 부탁을 했따면서 오늘은 가는 거름에 하여준다고 이야기을 했따기에 자신도 부탁을 해서 벼 탈곡을 할려고 오전 내 기다리다 오후 1시까지 콤바이 기다리는 바람에 자신의 일만 못하고 형님은 을마나 서운하게나. 기계는 4명이 어울리서 싸따고 하지만 이왕 여기까지 왔쓰니 친척이라면서 그냥 갈다는 것은 성이가 업따고 바야한다.

"오후에는 당산 셋밭에 두음을 실러내쓰며 콤바이 때문에 자신에 일만 너저버리쓰며 오늘 오전부터 두엄을 실어내쓰며 안전이 끝을 내고 마라설 끈데 내일 해야 끝을 낼 수가 잇다고 본다."

"요줌 같테며 성질이 나서 콤바이 살까 하는 생각밖에 업꾸나."

〈1989년 10월 29일 일요일 낡씨 맑음〉

오전에는 두엄을 안전이 실어내고 오후에는 어재 이모님 딸 결혼식을 김천예식장에서 올리는데 참석을 하여쓰며 어디 업씨 초만원이며 장사는 예식장 사업이 제일 낮다고 생각을 가지보며.

그리고 이모님은 다들 걸력이 다들 좋은데 우리 어머님만 일적 돌라가시쓰니 그 스러운 마음은 자식뿐이구나. 이것도 한 번이 아니고 잊저절 때가 돼며 또 다시 살라나고 그 개로운 마음은 부모을 일적 일은 자마니 그 쓰라린 심정을 알리라.

"그리고 형님과 친구모친 병문안 가는데 우유 값을 5,000원 형님이 다 하여쓰며 이 돈원 내가 먼저 내는데 어림도 업씨 형님이 하고 마라쓰며 이 돈원 자신이 하고 십은데 형님이 하여서 미안하며 오늘 병문안 정말 잘 같다. 외냐하며 내일 태원을 할려고 하더라. 오늘 병문안을 가지 않아따면 상당희 미안한 고비을 가질 뿐 했꾸나.

지출에 … 부주 10,000원 시계줄 2,000원
차비 600원
計 12,600원

〈1989년 10월 30일 월요일 낡씨 맑음〉

자신은 금일 오전은 아주 한가한 시간을 보내쓰며 집사람은 내년에 우리 자주 탈 품아사놀라고 남외 사과 따주로 종일 갈찌만 자신은 오전에 안전이 휴식을 한 셈이나 다름이 업쓰며 집사람 보기에는 미안터라. 그리고 오후에는 경화내 형님 갈림하는 것을 오늘로서 벼 탈곡을 하여쓰며 일반벼인데 만이 난 셈이다. 사료 콤바이 부대로 45개 수학을 한 셈이다.

그리고 형님내는 매년 자리마다 자신이 한 가마니 두[더] 주고 잇쓰며 올해는 두 가마니 두 준 셈이며 남들은 농사짓는 사람을 더 준다든데 형님은 자신이 매년 더 주고 잇쓰며 육촌 형님이 남들 땡비[땡벌]라더니 정말 무섭구나. 사람이 그를 수가 어디 잇쓰며 사람의 예이 갈추고 땡비가 돼어야지 형님처름 내 욕심만 가지는 사람은 존경을 받지 못한다.

"그리고 금년에는 우리 마을에 콤바이 엿섯 대가 겨우 한 대 두고 다 팔라서 처음에는 예쳐것[외지의 것]이 만이 와서 통일벼는 수라게 탈곡을 하여찌만 일반과 봉답, 어카리 논은 다들 콤바이 댄다고 다들 언기 집어먹어따고 생각을 하며 자신도 상당이 힘이 만이 들은 해라고 말을 하고 십다."
지출에 … 세 값, 담배 3,000원

〈1989년 10월 31일 화요일 낡씨 비〉
금일 비오고 바람 부는 것을 보고는 어재 일반벼 탈곡을 한 것을 용캐 하여따고 여러 번 대새기고는 하여쓰며 콤바이 때문에 외 먹은 것이 어재 벼 탈곡을 잘하여서 그 기분을 오늘 비오는 것으로 다 잊전 마음의 깨캄을 본 셈이다.
그리고 이 비가 만이도 오지 않고 벼 탈곡만 못하두록 온 셈이며 벼 수학을 못한 사람의 간장만 태우고 잊다.
"금일 오전에는 토기 셋 바리 잡아서 대신 순달이 한 바리는 주고 두 바리는 형님과 숙모님과 같이 정심을 이용하여 잘 먹어따고 생각을 하며 토기을 키우기가 힘이 들어 그러치 가끔 잡아먹는 기분도 실찌는 않꾸나."
오후에는 형님 벼 탈곡하는데 실어주로 같쓰며 콤바이가 고장이 나서 을마 탈곡을 못 한돼 그중에 겨우 곤치서 벼탈곡을 하는데 저녁 노을 절 무렵에 비가 내리서 벼 탈곡은 못하고 조금 남은 채 중단을 하고 마랐다.
그리고 우리 운이 성적표을 가지고 왔는데 이번에는 더 내리같쓰며 이재는 매을 될 필요 업고 아빠의 일을 시키서 아빠나 조금 수라게 할 수밖에 업따는 생각이 들며 아들 하나 잊는 것이 저 모양이니 이 아빠 속은 다 타며 어너 부모 자식 잘 키우고 십픈 심정 업깨나마는 대지는 않코 이 아빠의 말을 들어주지 못하고 잊쓰니 이 속 다 타며 어떠게 할 도리가 업쓰며 기대는 뒤로 가고 운이가 저능아구나 하고 이 아빠가 생각을 할 때에 그저 한스렵다.

〈1989년 11월 1일 수요일 낡씨 맑음〉
"집사람은 친정에 사과 선별 좀 해달라고 처 어머님이 와달라고 전화을 해서 집사람은 친정에 가고 자신은 봉답 벼단을 말류기 위해서 열어놋는 작업을 오전 내 하였다. 오후에는 마늘 파종할 준비을 하는 것으로 하로의 일과을 보내고 마랐다."
우리 운이가 공부을 할려고 이야기을 하여서 한 번 더 미더보자 하면서 이번에 아빠가 미더보는데 앞푸로 성적이 올라가면 운이을 공부을 하두록 미러주고 그러치 않으며 아빠의 일을 시키서 아빠나 수라게 살 작정이다 하고 약속을 하여는데 이번 약속이 멧 번을 데풀리대어 왔는데 이번에 한 번 더 미더보자 하는 것으로 약속을 하였다.
"다른 약속 다들 지키지 않아도 이번 약속 많은 지키주어쓰며 이 아빠는 황금 등으리 어던 것보다 더 값진 보배을 어든 것이라 생각을 하겠다."
"자식들아 너의 아빠 살라가면서 빛이 나고 않고 구름이 키는 기분이다. 외냐 너의 아빠는 너이들이 아빠처름 노력을 하는 자신이 돼어달라고 그처름 외원도 하여왔는데 이 아빠의 마음 반도 따라주지 않고 잊는 자식을 볼 때에 이 아빠가 어이 빛이 날 리가 잊쓰리까. 이 자식들라 부디 노력을 하여서 이 사회 필요한 자식이 돼어달라. 노력 업씨 살라따는 자식은 이미 마음은 죽은 자나 다름이 업따고 본다. 노력은 힘이 더

나 반더시 데까가 잊는 법이니라."[316)]

〈1989년 11월 2일 목요일 낡씨 맑음〉

"오전에는 창고에 식량할 벼을 더리놓키 위해 창고 정리하는 것으로 오전 일과을 보내고 오후에는 집사람과 배추 밭을 돌라보니 벌래가 배추 속까지 다 먹은 것이 만으며 배추 농사을 벌래들이 다 망쳐버리쓰며 자신이 배추을 해다 날라도 여사로 밭든이 이재 와서 보니 채소밭이 벌래밭이 돼어 잊쓰니 기가 찬다. 이것을 잡을라니 잘 보이지 않코 일부 벌래는 누예마나며 그냥 두어서는 김장 배추 다 먹어버리겟더라."

"금일은 자신이 생각을 하지 않코 반성낙을 한 점이 너무나 무게 업는 행동을 했따고 자신의 마음을 꾸중을 한 날이라고 말을 하고 십꾸나."

다름이 아니라 집배 너깨 들어오니 혜지가 아빠, 아빠 중기 집에 세들로 온 사람이 학생들 과외 공부을 한 사람이 업는냐 이야기을 한다기에 우리 운이 공부을 시키볼려고 가보았든이 이재 막 와서 짐도 풀지 않은 상태며 사람은 어디 사람인 줄도 모러고 외관으로 보기에는 착실래 보이며 과외 공부을 시키며 어떠게 하느냐고 무려니 학생 7명 정도 해서 개인 지도을 할려고 이야기을 해서 자신이 우리 아이가 돌인돼 혼자 갈치면 을마나 돈을 바다야 하느냐고 물어니 본집에서 아직은 방이 돼지 않코 한 달 후에 방이 된다면서 우리 집배서 밥을 다 먹고 100,000만 원 한달래 달라고 하더라. 자신도 돈 100,000만 원 자식 공부 갈칠라고 하는 사람이 문재가 아닌대 사람이 어떠한 사람인 줄도 모러고 방을 주고 밥까지 줄라고 반성낙이 돼어쓰며 이재 와서 생각을 하니 이 사람이 구미 회사 갈려고 하니 아침으로 세벽밥을 하여야지, 저녁에 들어오며 때마다 두 번 밥상을 차리야 할 판이니 문재 한두 가지가 아닌돼 십개 성낙이 돼어버린 것이 너무나 경솔하게 됀 것을 마음속을 마니 꾸중을 하는 하로의 일과가 돼어버리다.

〈1989년 11월 3일 금요일 낡씨 맑음〉

운이 가정교사 이야기을 한 것을 십계 떨어저지 않으며 자신의 실수라서 집사람이 예을 먹는 한이 잊쓰도 해야 하지 않나 하고 생각도 들고 잊는데 오늘 본인예깨 모든 것이 맏지 않나서 못하게쓰며 앞푸로 중기 집배 개신다니 그때가서 가외을 하며 우리 아이도 한 번 해보게따면서 이야기을 하니 십계 떨어저더라. 이것도 자신 성급하게 결정을 하여서 실수을 한 셈이다.

"그리고 숙모님 매상 준비을 하여쓰며 이번에 어떠게 배정을 할련지는 몰라도 숙모님은 61개을 준비을 하여두어다."

〈1989년 11월 4일 토요일 낡씨 비〉

금일은 우리 혜영이가 여고에 원서을 너을라고 하니 선생님이 성적이 적따면서 화을 내서 혜영이도 화로 냇따면서 집배 와서 울더라. 그것을 본 아빠는 마음이 안대쓰면서도 성의여고을 잘 냇다 그기 가서 장학생하며 낮지 않캐나 하고 달래찌만 이 아빠는 우리 혜영이는 여고을 식키서 좋은 대학에

316) 이 내용은 일기 지면 상단에 따로 기록되어 있다. '지출에 … 경운기 오일, 라면, (퐁퐁) 9,000원'라고 기록하였다.

보내고 십은 이 아빠의 꿈이 깨어저고 마랐다. 냇 딸 여고 보내서 좋은 대학가는 미래의 절그움으로 이 아빠 살라왔따고 해도 그 짓이 아닌데 오늘 혜영이 화킴으로 성이 냇따니 마음속으로는 허전하기 짝이 업쓰며 습한 날이라고 말을 하고 십다.
"그리고 혜영이가 아빠 엄마에깨 할 말이 잇따기에 이 아빠는 아빠 엄마에깨 큰 불만이 잇는가 하고 마음속으로는 캄짝 놀라쓰며 혜영이 할 말이 잇따면서 습득 말을 하지 않아서 우리 혜영이가 아빠에깨 무선 할 말이 잇는지 들어보자 하고 혜영이 엽패 밭삭 같쓰며 혜영이가 아빠 엄마 여고에 못 가서 정말 미안해요, 성이 가서 장학생이 돼두록 노력하게쓰요 하는 말래 이 아빠의 눈에 핑 하는 맡이 놀며 그 감을 억찌로 참고 우리 혜영이 잘했다, 선생님은 만약에 떨어저며 어떠게 하나 하고 안전하게 할려고 성이을 내라고 한 것이 아니겟나 하고 혜영이 마음을 달래쓰며 내 가슴보다 혜영이 가슴이 더 타는 안타깜을 생각을 하니 이 아빠의 가슴은 수꾸러저는 느킴이 잇다."

〈내지 1〉

(1989年도 동사무소에서 외상 구입함)

2月 5日 석회 20포
2月 14日 원예 비료, 조선 비료 20포 수령함
3月 17日 뜸모약 다찌엣스 12봉 소비자 가격 2,060원
〃 유황 3포, 석회 2포
4月 3日 모판 비누류 1막키
벼씨 침종약 9병
5月 18日 제초제 마세포 1빡스3봉 수령 박세춘
6月 15日 이화 나방약 리바이짓트 300cc 10병 이태옥 氏 수령함.
리바이짓트 300cc 가격이 1,750원
7月 22日 살충제 500cc 스미치온 10병 3,300원
네와소진[317] 5병 1,100원
7月 23日 도열병 약 500CC 3병 수령
도열병 약 입재 2봉

26300
17500
8800

(옥수수)

개화기에 수정률 높이는 것이 11시경에 나무을 헌들어서 수정을 시키며 수정률 높인다고 한다.

(작과나무도 내년에는 한번 시도해바야 하겟다.)

〈내지 2〉

금릉군 아포면 대신三동
권 순 덕

〈1989년 11월 5일 일요일 낡씨 비〉

때 아닌 비가 내리서 안전 휴식을 한 셈이다. 비 때문에 아직 벼 탈곡을 못하고 잊는 논자리을 보니 기가 찬다. 가을 비 쳐고 비가 너무 자주 오는구나.
오후에 종희가 고기 잡부로 가자고 하여서 둘리가 양수기 두 대로 양수 작업을 하니 1시간 반 정도 하니 물은 다 프겟더라. 고기

317) 네아소진은 벼문고병약(벼 잎집무늬마름병)에 사용되는 약이다.

가 다들 크며 여태것 고기 잡아도 이번 처름 고기가 좋은 것은 잡아보지 못해고 오늘처름 만이 잡은 적도 처음 같다. 오늘 고기는 물리 안전이 줄어들 직전에 고기 노는 모섭 정말 보기도 좋더라.

"우리 운이가 밤 10시 이전에는 잠자기 업따면서 약속을 하여쓰며 자신이 매일 집사람 설거지도 하기 전에 자는 사람이 밤 10시까지 참는다는 것은 정말 큰 고통이며 오늘 저녁에 잠이 오는 것은 억찌로 참어니 전 신경이 다들 스는 너킴이며 참는 심정 달래는데 무었보다 힘더는 일이라고 말을 하고 십다. 그리고 운이도 참다못해 금새 잠이 살짝 더려떠라. 그래서 운이 약속을 지키야지 하면서 깨우니 벌떡 이러나더라. 그래서 옻을 입피서 마당에 대리고 가서 씨름을 갈치고 둘리가 잡아서 몸부리을 쳐고 나니 잠이 어디로 가버리며 운이 잠 오는 것이 다 날라같지 하고 무러니 그러타고 하여서 그름 10시까지 공부을 해야지 하면서 대리고 들어왔다. 자신은 운이가 공부을 하든 말든 우선 10시까지 안자는 버릇을 먼저 더리고 나중에 공부을 하두록 만더러 볼 작정이며 오늘로서 이틀 약속을 지키쓰며 앞푸로 자신이 고통이 따리는 한이 잇쓰도 이것만은 실천을 할 작정이다."

〈1989년 11월 6일 월요일 낡씨 비〉

오늘 비는 안전 여름비라고 말을 하고 십프며 이 비는 여름외 와따고 하여도 만은 량의 비라고 생각을 하며 들레 한 박기 돌라보니 벼단이 물레 장겨잇는 모섭을 보니 남외 끄라 하지만 물꼬나 만들어 물이나 업개 하지 외 그냥 두어쓸까 하는 아타까운 마음이 들어가며 곡식을 너무들 십계 생각을 하고 잇다. 그리고 자신은 소 먹이 집단을 준비을 할 여가도 업시 비가 만이 와서 집단이 다들 물래 장겨잇는 모섭을 보니 소 먹이 때문에 염려가 될 뿐 아니라 저 벼집들리 말룰 수가 잇쓸까 하고 극정이 더 된다. 농민예깨는 불청객이 한번 차저오면 그 칙탁끄리에 멧 날을 해도 끝이 돼지 않코 농민의 힘 을마나 더는지 그 누가 알리라. 불청객 너는 왔따 가면 그만이지만 이 내 몸은 한업씨 바푸며 육체적인 물질적인 할 껏 업씨 손예을 보는 것이 한이 업쓰며 너는 의이하여 년에 한 번도 만은데 체면 업시 자주 오나. 내는에는 재발 철 좀 더러다오.

지출에 … 전기세 값 4,540원

〈1989년 11월 7일 화요일 낡씨 흐림, 비〉

우리 마을에 매상 일자가 11月 9日로 학정이 돼어쓰며 오늘은 금새라도 비가 쏘다질 것 같다서 아무라도 습득 매상준비을 하지 못하고 다들 동내 골목에 나와 하늘만 쳐다 볼 뿐이며 서로가 눈치만 사실 볼 정도며 우리도 그와 같이 일을 한참동안 시작을 못하고 오전 10시 경에 할 수 업씨 시작을 하여쓰며 시작을 해도 하늘만 쳐다 밧따고 해도 무리대는 말은 아니다. 큰집배는 매상 준비을 80개을 안전이 담아도 비는 오지 않코 꾹 참아주며 정심을 너깨야 먹고 불리야 불리야 챙기서 자신의 집배서 매상준비을 하여쓰며 비가 곳 솟아절 것 같은 너킴 때문에 불안한 느킴으로 한 가마니 한 가마니 하다 보니 그진 다 해가두록 낡씨가 참아주니 정말 한시름 낮쓰며 이재는 비가 와도 망우리을 활 수 잇따는 생각으로 휴식을 할려니 비방울이 떨어저서 휴식을 하다 말고 개속 매상 준비을 하여쓰며 큰 비는 맡지 않코 매상 가마니 65개을 안전이 하고 설거지까지 하고 나니 비가 비가 쏘다저드라. 오늘 작업량은 상당이 만치만 내일 비 온다는 기상대의 예보을 들어키 때문에 무리한 일을 한 것이 아주 잘햇다고 생각을 한다.

"그리고 우리 혜영이가 화킴에 성의교을 냇따고 하더니 다시 선생님 차저가서 여고로 바꾸며 안 대느냐고 선생님예깨 말씀 더리따니 우리 혜영이는 무선 일이든지 자기가 햇결을 할 수 잇는 아이라고 생각을 하며 처음부터 진학 문제는 저의 부모 업시 해결을 한다고 하더니 결국은 여고을 냇따니 이재는 부모 업씨도 했쳐갈 수 잇따는 것을 이 아빠는 다시 한번 너켜다."

지출에 … 새 값 1,900원

〈1989년 11월 9일 목요일 낡씨 맑음〉

금일은 오늘이 공판이 이며 서로가 이치을 좋은데 잡아서 매상 푸대을 둘라고 서로가 몸부림을 쳐며 하나의 전쟁이라고 말을 하고 십다. 자신도 숙모님이 자리을 잡아서 아침 5시 경에 서둘러서 경운기로 실어냇다. 아침 동이 터기 전에 형님 80개, 숙모님 50개, 자신도 63개을 다들 실어내니 마음이 노인다.

그리고 오늘 공판에 자신은 다들 일 등을 맞자쓰며 전부 일 등을 주니 마음이 허뭇하더라. 금내 땀을 흙리서 농사을 짓어온 것이 오늘로서 그 결과을 판결을 하는 날이라고 생각을 하며 자신은 금년도 농사는 잘 짓어따고 판결을 받다따고 말을 하고 십다.

"그리고 운이와 10시 이전에 잠을 자기 업따는 약속을 오늘은 지키지 못했쓰며 운이도 약속을 지키지 못했따고 하는돼 운이는 그냥 두고 자신이 오늘 약속을 어기서 아빠로서는 큰 실수라고 생각을 하며 이재는 어떠한 일이 잇쓰도 약속을 지키겟다."

수입에 1등 가격이 35,540원 63개 일등
2,230,020원

지출에 … 비료값, 경운기 값, 영농세 자립,
영농 자금

〈1989년 11월 10일 금요일 낡씨 맑음〉

마늘 파종 할려고 준비을 하여쓰며 금년 마늘은 갈무리을 잘못해서 그른지 다들 썩은 것이 아주 만으며 파종을 한다고 하여도 씨가 나푸기 때문에 마음이 사실 부란하더라. 그리고 소 먹이 할려고 배추밭을 들리서 벼집을 보니 안전이 물래 장기서 벼집이 다들 썩으잇쓰며 금년에 소먹이 준비가 돼지 않아서 문재가 만타고 생각을 하여본다.

그리고 정부에서는 삼양 삼 개 회사의 재품 라면 (마가내솜) 이른 식품이 소기름, 식용으로는 할 수 업는 기름을 수입을 해서 식품을 만들어 국민에깨 시판을 해서 국민 건강을 이협주고 잇는 물질이 나오두록 둔 국가는 무었을 하고 잇쓰며 이 회사들이 다들 대기업들이 이른 짓을 하고 잇는 것을 볼 때에 그리고 라면은 아이들이 밥보다 다들 더 먹고 잇는 식품을 불량으로 재조을 해서 시중에 판다니 이것은 불량을 만더는 회사보다 정부에 욕을 더 하고 십다. 불량 재품이 그것도 대기업들이 만들어 내고 잇는데 여태것 몰라따니 정부는 무엇을 하는 정부인가 알 수가 업꾸나.

"우리도 라면 한 빡스을 반품을 하여찌만 이것은 용서을 도저희 해서는 안 댄다고 생각을 하며 앞푸로 국민의 건강을 해치는 재품을 만들어서 파는 회사는 원벌레 취해야 한다고 생각을 하여야 한다."
"노태우 정권 한 가지도 바로 하는 것이 업고 자신은 그래도 한 번은 할 수 잇는 사람이라고 미더왔는데 갈수록 무넝만[무능만] 나타나고 국가에 필요한 사람이 못 대며 자리도 이왕하는[이양하는] 것도 나라의 충성이 돼는 길이다."
지출에 … 복합 비료 1포, 싸락 약318) 1봉 6,300원

〈1989년 11월 11일 토요일 낡씨 맑음〉
금일은 마늘 파종을 함. 그리고 무우 수학을 하는데 금년 무우는 아주 잘 짓은 무우라고 말을 하고 십다.
매년 무우, 배추 농사을 짓는데 힘더는 것을 바서는 채소밭 하나는 다른 작물을 해야 하는데 이것이 잘 안대는구나. 외냐하면 자신이 무우, 배추을 주지 않으며 다들 사먹야 한다는 것을 생각을 하니 매년 양 밭으로 채소을 하게 돼며 집사람 김매기에 힘만 들고 자신에깨는 소득이 업다. 그래도 오늘날까지 자신이 짓는 그대로 나누어 주어쓰며 그래도 자신은 그 중에 재일 좋은 것은 하지 않는다. 외냐 남을 주며 못한 것을 주며 주고도 욕 먼다고 늚 좋은 것을 주게 돼며 이것이 내가 좋다고 해도 집사람이 실타하며 이루어저지 않는 법인데 집사람이 따라주니 고마운 사람이다.
요줌 혜지 대하기가 힘이 더는구나. 외냐하며 요줌 혜영이만 좋아한다면서 티집을 잡고 눈물을 흙리곤 하는데 이 아빠는 혜지에깨 접권을 할려고 한 마둬 하며 혜지는 잘 바다더리지 않코 나프게 생각을 하고 나마니 실어한다고 푹 하며 돌라스서는 혜지 이 아빠의 속마음을 어느 누구을 실어할소냐. 너의 아빠는 칯 딸을 노코 을마나 좋아했는지 아나. 아들은 고소하고 나만이 자식을 가지는 기분이며 혜지는 엄마 품 안보다 아빠의 품 안에서 더 만이 자라따고 해도 무리돼는 말은 아니며 의이하며 너만이 실어한다고 마을 할 수가 잇나. 이 아빠 속 터지는 소리 하지 말라. 요줌 혜지가 늙개 생각을 하지 않으며 착각을 할 수가 잇따고 생각을 하고 잇따면 이 아빠는 이해간다. 요줌 이 아빠의 교육 방침을 바카서 밤 10시 이전에는 아빠도 자지 않코 너위들과 한 자리에서 공부하는 모섭을 바리볼 작정의 개핵을 세우쓰며 이 아빠는 너위들이 성적이 좋은 아이로 키우볼려고 가진 예을 다 쓰며 매일 영구을 한다 해도 하나도 무리돼는 말은 아니다.
너위들이 생각을 해바라. 이 아빠 일을 열심이 하고 나며 몸이 피곤해서 너의 엄마 설그지도 하지 않코 너의 엄마 방에 오는 것도 모러고 자는 아빠가 요줌은 너이들 공부 좀 더 하러고 억찌로 참 참아서 밤 10시까지 참으르며 밭같을 셋 번은 나가서 참바람을 쉬는 가정을 보고 잇찌 않나. 이 고통을 참는 것도 너이들 때문이다. 그리고 요줌은 혜영, 운이에깨 간심이 더 가는 것은 혜영이는 고등학교 입학 때문에 좋은 실력으로 들어가라고 전 감심을 쏫고 운이는 너무나 공부을 못했서 공부 좀 하라고 전 사랑을 다 쏫고 잇다. 이 방법을 쓰니 너이들이 잠을 들 자고 잇쓰며 공부도 더 하고 잇쓰며 성적은 나중에 어떠게 나올란

318) 싸락약은 작은 알갱이 즉 세립으로된 화학약품, 농약의 살충제, 제초제 등을 뜻한다.

지 몰라도 이 아빠의 교육 방침을 진작 못 쓴 것이 아타가어 몸부림을 철 정도며 요줌은 마음속으로 신이 난다고 말을 하고 십다. 이 아빠는 혜지는 고등학교 1학년이니 이재는 시간이 잇쓰니까 혜지까지 신경을 다 못 쓰서 그러치 외 혜지을 미어하겟나. 우리 혜지 공부 못해도 이 아빠 맡딸이 더 좋다.

〈1989년 11월 12일 일요일 낡씨 비〉

금일은 봉산 누님 집에 콩깍지 가지로 가면서 파 한 단과 포장류 2개을 가지고 같쓰며 누님 집배 들어쓰니 매상 준비을 하고 잇더라.
자신은 처음부터 매상을 준비을 할 껏이다 하고 마음속으로는 그들어줄라고 같쓰며 매상 준비을 어제 60개을 하고 오늘은 나머지를 한다면서 하고 잇쓰며 자형은 돈 벌로 가고 업고 이웃 사람과 조카와 하고 잇더라. 그래서 자신도 그들어주고 풍구가 둘리 하는 사람들은 적개 하니까 될련지 몰라도 여럿이 할려고 들면 답답해서 못하겟다. 비는 쇼다질 것 같이 먹구름이 키어 잇는데 빨리 돼지을 안아서 오후에는 남외 풍구을 빌리오라 하여쓰며 오전 내 해도 30개 정도박에 못했쓰니 답답해서 오후에는 남외 풍구로 한참 할려고 하니 막 비 막 오더라. 그래서 불이 불이 치우고 자신은 콩깍지와 쌀딩기을 실고 집배 오고 마랐찌만 처음부터 남외 풍구로 하여쓰며 오전에 일적 맡칠 수 잇는 수짜인돼 풍구 때문에 멧 가마니 남아서 마음이 맑지는 안꾸나.
지출에 … 돼지고 (누님) 포장류 2개
3,800원

〈1989년 11월 13일 월요일 낡씨 맑음〉

세집배 작과나무을 사과로 대채 할려고 작과나무을 경운기로 한 발리 둥치서 숙모님 집배 실어주는 것으로 오전을 보내고 오후에는 벼집을 덥비보니 이미 벼집이 다들 썩으서 소 먹이에 큰 극정이다.
지출에 … 전화세 값 3,600원

〈1989년 11월 14일 화요일 낡씨 맑음〉

금일은 봉산 누님 집배 공판을 할려고 하니 자형이 어재는 모사라서 돈 별로 가지 못하고 오늘은 공판이라서 파지며 현장에서 실어한다고 매상 가마니을 실어달라고 하여서 해장에 실어다주고 하여찌만 조카가 잇쓰서 내 손을 빌리지 안아도 할 수 잇는 일을 내 손까지 빌리고 잇꾸나. 누님 일이라면 월마든지 하여주고는 십지만 자신도 일이 내 몸에 비에서 만타고 생각을 하고 잇다.
그리고 오후에는 형님이 사과 선별을 하여서 창고에 저장을 한다고 집사람이 오전부터 일 거들어주로 같쓰며 형님은 성격이 바라는 성격이라 일을 안 해주며 실은 감을 가지는 것 같떠며 내 몸이 힘이 들어도 하여주야지 하면서 경운기 몰고 가서 실어주고 창고 저장을 하여 주어쓰며 자신이 일이 만으니 집사람은 등따라 일이 만으며 앞푸론 집사람은 채면을 반 정도로 줄리두록 하여야지 집사람을 도우는 길이다. 인간이 주는 것이 만으야 한다지만 너무 주는 것도 만으며 건강을 상하게 하는 것.
"금일은 누님 집배서 일당보다 만이 바더온 셈이다. 찹쌀 조금, 팥 조금, 보리차 할 것 봉다리 봉다리 가지고 왔다. 자신은 돈 대는 것은 두고 보리차 할 것만 가지고 올라니 누님이 가지고 가라는 바람에 다들 가지고 왔서 미안타."

〈1989년 11월 15일 수요일 낡씨 맑음〉

금일은 늙번 들판에 자신 혼자만 벼집을 말루기 위하여 한번식 더비는 작업을 하여쓰며 자신 혼자만이 하니 일과 시간을 다 채우지 안코 일적 맡치고 만다. 이것은 주위에서 일을 하여 만이 할 욕심으로 정심 시간이 돼두록 일을 할끈돼 실찌 작업 시간은 을마 돼지을 안는구나.

"정부에서 이처름 농민들을 멸씨하는 것은 처음 밭다. 외냐하며 고속도로 주변에 밑차 모내기 못하면 (면회) 군이나 다들 직원들이 나와서 모을 심어주고 심지어 주인이 실타 해도 모내기을 다 하여주고 피살리, 벼 베기 다들 하여주는 실정이엿는돼 올해 갑짝이 정부에서 버리는 것과 같다. 외냐하면 도로 주변과 고속도로 주변에 통일벼가 그대로 썩어가고 잇쓰며 이것이 잘못 돼어서 그른 것이 아니고 콤바이가 아다리가 돼지을 않코 잇키 때문에 남은 필지는 얼마 돼지는 안치만 다 된 곡석이 논바닥에서 썩어가두록 하여서는 대겟는가. 그래도 관에서 말 한디만 하여준다면 논바닥에서 소멸해서는 되겟나. 농민은 벼알이 연결두록 하기 위해서 오육월 보닥빛에 농민의 얼굴에 진땀을 흙리두록 한 것인데 밝은 수학을 못하고 벼 이삭이 땅으로 주저안저버린 벼을 볼 때에 자신이 콤바이가 잇따면 탈곡을 하여주어쓰며 하는 안타가움을 버리지 못하게 쓰며 벼 이삭이 땅 속으로 기어들어가는 벼 주인 을마나 속이 탈까. 이것보다 더 속이 탈 일은 업쓸 것이다. 우리들도 벼 탈곡을 너저가는데 콤바이 밑차 아달리가 돼지 않으니까 밥맡이 업쓰며 모든 일이 손에 걸리지 않뜬데 아직 대신 들래 통일벼가 멧 필지 남어잇는돼 정말 안타까어며 그전에는 벼가 썩어간다면 벌서 면장은 직이 해재가 돼어쓸 것이며 군수까지 모가지 날라갈 정도의 일이라고 생각을 가지며 관에서 넘어나 농민들을 염두에도 두지 않는 것을 볼 때에 가슴 아픈 일이다. 정부에서는 제 아무리 양심 정취을 한다고 해도 뿌리을 이처름 멸씨을 하고도 열매을 바란다는 것은 하늘에서 금 등으리 늘져두록 잇는 것과 다름이 업노라."

지출에 … 아들 공부 하라고 과자 1,000원

〈1989년 11월 16일 목요일 낡씨 맑음〉

금일 오전에는 웃들래 벼집을 한번 다 더비고 일적에 아포조합에 가서 경운기 기름을 한 도람우 가지로 갇든이 순달이 자리가 덥보이더라. 그 전에는 부장 자리라고 희면에 [구석에] 잇더니 이재는 복판에 부장자리가 의젓해보이며 내가 볼 때도 아주 기분이 좋으며 동생이 착실하게 조합 일을 보는 인정의 자리라고 생각을 하고 십다.

"경우 한 도람에 31,100원 주고 가지고 왔쓰며 오후에는 봉답에 모래 두 발리 실어넛는 것으로 하로 일과을 보내고 마랐다."

"정부에서 먼저 번에 라면, 쨈 종류들 비유지로 만들어 식품으로 할 수가 업따고 발포을 하여는데 그 후 라면을 다들 반품을 다들 하고 법석을 부리는데 이재와서 정부가 비유지을 사용하지 말고 식품 유지로 명을 하며 라면 종류 인채에 해가 업다고 이재와 발포을 하는 이유을 몰개쓰며 이재와서 라면이 해가 업따고 해도 국민이 인식을 올캐 할 수 잇쓸까 하고 염려가 돼며 예 이래 정부 하는 짓들이 다들 실속이 업쓰며 정부가 하나도 똑부러저개 하는 일이 업쓰며 외 질질 끌러다니는 정취을 하고 잇는 것이 비이에 그슬리는구나."

"국가의 발전이 업는 정취는 반더시 처벌을 바다야 한다. 진보 업는 정취는 임기 전이라도 자리을 물러쓰야 한다."

지출에 … 경운기 기름 한 드람우 31,100원

〈1989년 11월 17일 금요일 낡씨 맑음〉

정부 시책을 보니까 농사는 한개점이라고 생각을 하며 이재는 봉답이 농사을 짓키가 힘더러 당감나무을 심어볼려고 집사람과 둘리서 두룸을 재시하는 작업을 하여쓰며 당감나무는 한 곳에 밀식을 하여다 삼 년 후에 이식을 할려고 계핵을 하여는데 소문을 덧키는 당감나무는 월동에 약하기 때문에 이식에는 안 좋다는 이야기 때문에 준비을 하여도 습득 시작이 힘더는구나.

"그리고 농민은 모든 작물이 대책 작물이 현재로 업쓰며 농민은 할 것이 업스며 농민은 서스이 죽어가고 잇쓰며 머지 안아 농로의 사링을 할 사람 업쓰며 농토는 황페어저고 나가서는 정부가 황페어저며 이것은 누가 책임을 질소냐 정말 염려스렵다."

"정부는 공업만 발달하며 정부가 부강해서 선진국이 돼는 줄 알라도 농업이 황페저며 뿌리 업는 나무가 재아무리 성장을 한들 아무 소용이 업쓰며 모든 것이 기초부터 다지야 하며 그리고 전부가 고루 살라야지 한곳을 짓빨고 살라야 그것은 머지않아 뒤발피는 현상이 중복으로 살라갈 수가 업다고 본다."

〈1989년 11월 18일 토요일 낡씨 눈〉

금년 들어 처음 눈빨리 휘날리쓰며 눈비가 셕혀서 내리곤 하여쓰며 낡씨가 어슬프서 배추 수학을 하는데 힘이 들어다.

오늘은 배추, 파 전부을 다 수학을 하고 마랐다. 금년 배추는 풍작이라고 본다. 자신은 배추을 경운기로 두 바리을 가득 뽑아쓰며 배추가 잘 돼니 상당한 불량[분량]이다.

"올해는 동생들 주고도 만은 불량을 팔 수가 잇쓰리라고 생각을 하고 잇다."[319]

〈1989년 11월 19일 일요일 낡씨 맑음〉

오전은 추어서 휴식을 한 바나 다름이 업고 오후에는 두룸을 떠내는 작업을 혼자 하니 나중에 집사람이 나와서 오늘은 그들 시간이 업쓰서 집사람 할 일이 너무 맡나면서 어떠게 추운데 나와는냐고 하니까 실량 그들 어줄라고 나와찌 하더라. 그 소리을 들을 때에 내 마음은 좋아서 우섬이 나오고 언재나 실랑 일 만이 하여서 몸살이나 할까바 오늘날까지 극정을 지극희 해주는 내 님 정말 고맙고 실랑 돈도 업는 사람인돼 하늘같이 여기는 집사람 정말 고맙고 자신은 아무도 업는 무인도라면 집사람을 등에 업고 다니면서 살고 십프노라. 내 너의 얼굴 변하지 안는 그 모섭 배어가면서 한평생 살리라.

우리 운이와 약속을 한지가 깨 오래 대어따고 본다. 10시 이전에 자기 업따는 약속을 아빠와 하고는 시간은 지킨다고 보는데 공부는 하지 않는 것 같다. 외냐하면 책을 들고 안저서 정신 집중을 하지 않코 그저 책만 들고 시간만 때우는 식이더라. 아빠는 운이가 밥만 먹으며 자는 놈을 10시까지

---

319) 이 내용은 일기 지면 상단에 따로 기록되어 있다. '배추 (수학함)'라고 기록하였다.

자지 않는 것은 성공을 했따고 생각을 하는데 책을 들고 집중을 하지 않는 것이 가슴 아픈 일이며 이것을 어떼게 해결을 하나 하고 고심을 해도 해결책이 업쓰며 이것이 해결이 돼어야 중간이라도 올리지 그러치 않으며 다들 무효나 다름이 업쓰니 정말 가슴 아픈 일이다.

"우리 혜지 이야기처름 아빠는 다들 좋은데 자식 농사을 못 짓어따고 이야기을 할 때는 웃고 말지만 정말 땅 농사는 못 짓어도 아들 농사는 잘 지어야 하는데 하는 마음은 눈 떠며 머리에 박혀잇노라."

〈1989년 11월 20일 월요일 낡씨 맑음〉

복판 벼집 더비는 작업은 오늘로서 안전이 한 번식은 다들 더비는 작업을 끝을 냇쓰며 그리고 봉답에 당감나무 심을 곳에 노타리 작업을 하여쓰며 나무을 심어서 벼 수학보다 수입이 적개 대면 업는 사람은 투자가 대며 그간 수학을 감소돼는 것을 개산한다면 엄청난 수입이 감소돼는 것을 생각을 하니 가위 내 얼굴은 밝지는 않쿠나.

〈1989년 11월 21일 화요일 낡씨 맑음〉

오전은 당감나무 책 빌리보너라고 아무 일도 못하고 책을 들추보니까 자신이 당감나무 심을라고 개핵을 한 것이 하로 아침에 무너지는구나. 외냐하면 책을 보니까 감은 건조한 땅을 요구하며 감이란 것은 재배 적지가 까다러어며 수학도 해갈리 때문에 문재점이 만은 것 같더며 책을 한번 보니 감나무을 심어보자는 의욕이 업쓰며 오늘로서 감나무는 포기을 하고 마랐다. 이것을 포기을 하니 심을 작물이 업쓰서 멍한 시간을 보내쓰며 개니 두룸을 다 터내쓰며 처음부터 감나무 책자을 먼저 바쓰며 두룸을 건들기 않코 힘이 들어도 벼 농사을 더 짓고 보는데 자신이 넘어 성급희 달라더른 것이구나 하고 생각을 만이 하였다. 이재는 사과가 가잉 생산이라고 맷 년 전부터 매스콤을 타는데 이재 와서 사과을 심어만 돼겟나 하는 마음 때문에 습득 마음에 허락이 안 돼지만 이재는 논을 나무 심을라고 앞뚝으로 다들 파했치나서 도로 논은 못하고 할 수 업시 사과 나무 심을 돌리밖에 업꾸나. 오후에는 집사람과 둘리서 소 먹이 할려고 벼집을 묵끄스며 겨우 집배 경운기로 처음 한 발리 들어온 셈이다.

〈1989년 11월 22일 수요일 낡씨 맑음〉

사과나무 살려고 대구을 갈려고 하여는데 형님이 과수는 대구나 목골이나 다름이 업따고 하며 형님도 대석나무을 살라고 하면서 김천 목골에 가자고 하여서 자신은 106 사과나무을 보고 살라고 마음을 반 정도만 가지고 사실 같쓰며 신품종 (야다가) 여름 사과나무을 별도로 잇쓰며 실찌 가보니 나무들도 다들 좋으며 마음에 싹 들어오며 실찌 신품종 (야다가) 나무 때문에 대구 하양 갈려고 마음을 먹어는돼 실찌 여기을 와보니 나무들도 다 좋으며 아직 모묙이 처음 팔리는 너킴이며 정말 잘 와서 나무을 살 산다는 기분이더라. 그리고 나무을 집배까지 같다 주니 을마나 잘했는지 모런다.

"오후에는 집사람 대리고 사과나무 보식을 하여쓰며 집사람은 나무을 심다 내일 형님 생일이라 쇠고기 1斤이라도 사주야 한다면서 김천 시장에 가고 혼자 심어니 사과 먹키도 힘이 더는 너킴이다."

그리고 자신은 처음에 감나무을 심을라고

작정을 하여는데 하로만에 변하여 사과로 변하여서 사과나무 멧 년째 과잉 생산이라고 소리을 쳤는 판에 이재 와서사과 나무 심는다는 것이 큰 모순이 아닌가 하고 염려가 크다.

오늘 심은 나무 (야댜가) 신품종은 (원기) 팥쪽에서 셋줄 째 17포기가 신품종 (야다가)다.

사과나무 106부사 70포기
여름사과 야다가 20포기 計 90포기
지출에 … 106부사 70포기 56,000원
여름사과 (야다가) 20포기 40,000원
計 96,000원
지출에 … 쇠고기 6,500원 장갑 1,500원 엿 1,700원 호빵 900 치약 1,000원 칫솔 1,200원 김, 오텡, 오징어, 타시마, 팬티, 부라자, 차비
計 6,100원
총계 23,500원[320)]

〈1989년 11월 23일 목요일 낡씨 맑음〉

오늘 오전까지 사과나무 심는 작업은 겨우 다 하여쓰며 앞푸로 월동에 준비만 하여주며 사과 보식은 안전을 끝을 내개 땐다. 오후에는 집 실어오고 벼집 묵는 일로 일과을 보내고 마랐다.

그리고 오늘이 형님 생일이라 동생들은 오지 않고 (지수)씨만 달 참석을 하여쓰며 모두들 와주니 고맙더라.

그리고 구미는 나중에 쌀 가지고 갈 때에 배추을 주기로 하고 대신 순달이는 김장 배추을 40포 정도 하니까 충분하다면서 그만 가지고 갈려고 해서 배추을 경운기로 실을 때는 만타 십더니 순달 집배 내라노니 배추가 적은 감이 들어서 더 가지고 올끈대 하고 아쉬운 마음이 들더라.

〈1989년 11월 24일 금요일 낡씨 맑음〉

작년에 순달이가 준 사과나무 10포기을 무선 나무인 줄도 모러고 당산 밭에 캐어서 봉답 논에 같이 보식을 하여 놈. 그리고 오후에는 벼집을 묵끄서 실어더리바야 별료 줄어더는 감도 업고 몸은 더 필요한지 잠자리에서 일어나며 서로가 다들 몸이 고단해서 알런 소리을 하며 억찌로 집사람 일어나는 것을 보며 자신의 마음이 안댓쓰며 내일은 조금 일적 맡치야지 하면서도 실천이 안대고 잇다. 내일은 어떠한 일이 잇쓰도 일적 맡치고 말라야겟다.

"우리 혜지는 공부을 극정을 하며 입부로 다한다. 말로만 공부을 해서 대학을 간다고 큰소리 쳤지만 실천을 하지 않코 저의 방에만 가면 잠부터 자는 혜지 이 아빠가 볼 때는 예돌바서 가슴 타는구나."

"너이들 삼년을 노력을 하지 않으며 평생을 고생을 하게 대니 재발 노력해다오. 이 아빠가 어떠한 고난을 당해도 너이들이 노력을 하며 이 아빠가 서섬치 않코 너이들래깨 희생해보리다."

〈1989년 11월 25일 토요일 낡씨 맑음〉

오늘로서 사과나무 보식을 한 것에 월동 준비을 안전이 하여쓰며 자신이 이재 사과나무을 심어서 언재 수입을 볼련지 아득하기

320) 실제 계산은 18,900원이나 23,500원으로 잘못 기록하였다.

만 하구나. 그리고 자신이 수입을 볼 때는 사과가 가잉 생산이 돼어서 자기 사과 자기가 먹어야 하는 것이 아닌가 하고 염려도 돼는구나.

"그리고 오전에는 설리 때문에 벼집을 만치지 못하고 슬이가 마른 후 오후만 만치니 벼집 거두어들리는 작업을 매일 하는 것 같다도 일이 줄어들지을 안는구나."

"그리고 오늘은 자신도 좀 일적 작업을 맡치라고 생각을 하고 잇는데 집사람이 먼저 작업을 그만 하자고 하며 오늘은 몸이 말을 덧지 안는다면서 일적 마치자고 할 때에 이 말은 집사람 만난 후 처음 덧는 말이며 원재나 일 거만 하자고 하며 조금 더 하자는 집사람이 오늘은 반대로 먼저 말자고 할 때에 집사람이 월마나 몸이 고단하며 그만 하자 할까 하고 아빠에깨 이야기을 할 때에 정말 미안타. 자신도 집사람에깨 무리대는 것 같아 오늘은 일적 맡칠라고 생각을 하여서 집사람을 그만 하자고 하며 일을 중단하고 마랐다. 앞푸로 작업을 너추어도 실찌 손에가는 일은 업쓰니까 작업량을 줄리서 해야 한다고 생각을 가지본다."

〈1989년 11월 26일 일요일 낡씨 맑음〉

숙모님 자식들 줄라고 쌀방아을 14가마니을 정미을 하여서 자식들을 주는데 작은 차로 한 차가 돼며 부모가 하나에서 열 까지 다들 챙기서 주는데 못 산다면 말이 아니지. 부모가 잘 사니 자식들이 을마나 살라가는데 수라며 이것보다 더 복이 만을쇼냐. 그리고 오늘 사촌과 사과나무을 7포기을 정식으로 온기 심어쓰며 숙모님도 사과밭을 할려면 금년에 다들 온기 심어야 돼는데 자두을 1년 더 수학을 하고 내년에 정식으로 오기 심을라고 하니 이것은 한 가지 욕심만 부리는 것이 잘못이라고 생각을 한다.

"오늘은 사촌과 정심식사을 같이 하는데 다들 자신을 정을 가지는 너킴이 들며 자신도 숙모님에깨 한다고 하며 자신도 엇는 것 만큼은 준다고 생각을 한다."

〈1989년 11월 27일 월요일 낡씨 비〉

금일은 먹구름이 몰러더는 모섭을 보니 벼집을 만치도 못하고 비가 먼저 올 껏 같다 집사람과 둘리서 집배 할 일들은 뒤로 하고 경운기로 벼집을 묵끄서 실어올라고 둘리서 벼집을 부지련희 묵끄도 한 바리도 채 묵지 안아서 비가 내리더라. 가을비 때문에 금년 벼집은 다들 썩어서 만치며 문지 때문에 숨을 재대로 실 수가 업쓸 정도로 문지가 나며 벼집만 만치며 속이 상할 정도라고 생각을 한다.

오후에는 비 때문에 아무 일도 못하고 휴식을 한 셈이며 집사람은 소 먹이을 준비을 못해서 안타가어 하는 모섭을 보고 자신은 낡씨가 거르는데 어떠게 할 수도 업쓰며 자신은 쉬게 하여서 더 좋꾸나. 슬마 소 먹이는 충분이 할 수 잇따고 생각을 하여본다.

"오늘은 자신이 재일 기분이 좋은 날이라고 생각을 가지본다. 외냐하면 우리 운이가 11월 성적표을 가지고 왔더라. 성적표을 보며 자신의 얼굴에는 늙 왕주름이 저는 날인데 오늘은 성적표을 보니 정말 우섬이 나며 우리 운이 정말 수고했다. 성적이 반에서 45등에서 늙 놀더니 오늘은 53명 반에서 34등으로 올라 같쓰니 이 아빠가 을마나 기분이 좋은지 말도 표현을 다 못 할 정도라고 말을 하고 십다. 앞푸로도 노력을 해다오. 이 아빠 너의 노력을 하는 모섭 보아가며 살려가리다."
"오늘 같은 기쁨을 늙 다오 운아."
지출에 … 오늘 기분이 좋아서 운이 과자 1,000원

〈1989년 11월 28일 화요일 낡씨 눈〉
금년 들어 두 번째 눈빨을 휘날리게 하여쓰며 눈도 오지 않코 농민들 일만 못하게 하여쓰며 자신은 눈빨을 마저가면서 두엄을 다 실어내고 마지막 바리에 정심 때가 너저서 빨리 같다올려고 하다 경운기 하고 삽작아[같이] 넘어갈 뻔 하여쓰며 혼자 끄집버낼라 하다 경운기을 둥굴게 할 꺼 같다서 박명서 도음으로 아무 사고 업씨 끌러내고 마라찌만 그 순간을 생각하니 아찔한 순간을 잘 넌기따고 생각을 한다. 사람이 늙 바픈대 사고가 난다. 옛말가 같이 바풀수록 도라가라는 말이 잊떠시 매사 일에 차분이 하여야 하게쓰며 이재는 경운기 올라안저며 차분하두록 노력을 하여야 하겟다.
"그리고 오늘은 구미 순서, 순복이 동생 김장 배추을 다 주어쓰며 올해는 푸군하두록 다들 주어쓰며 김장 배추을 어더먹는 사람은 별 거 아니라고 생각을 하지만 농사을 짓어서 주는 사람은 여관 힘이 아니며 여름내 김매기와 가까어서 주기 때문에 실찌 힘이 만이 든다. 오늘은 동생 배추을 주면서 속으로 성화가 난다. 외냐하며 여때까지 배추 농사을 짓은 대로 주곤 하여는데 오늘은 집사람은 좋은 얼굴로 주고 잊찌만 자신은 마음에 걸리더라. 외냐 눈빨리 휘날리며 추어서 손가락을 불면서 배추을 따듬어서 어서 만치기 힘든다고 푸대에 담아서 집사람이 다 하고 동생들은 우리들보다 수라지 와서 손질을 해서 가지고 가도 무엇할땐돼 가만이 안저서 같다 주두록 한단 말이냐 하면서 마음에 글리더라. 오늘 동생들 무, 배추가 경운기로 한 발 리가 돼더라. 진수 차로 큰집배 쌀과 같이 실어주고 형수가 같다주고 왔찌만 앞푸론 이른 일을 하지 않아야 하게쓰며 집사람은 나보다 더 마음이 상활 것이 아닌가 하고 생각을 가지본다."
"오늘 배추에 마음에 걸리든 것이 순서가 전화로 형님 배추 잘 먹깨따고 하면서 형님 배추을 너무 만이 주어서 형님 김장 배추가 적지 않캐쇼 하면서 극정을 하며 잘 먹개따고 전화을 받고 보니 글린 마음 다 살라저고 오희려 내 마음이 더 좋꾸나."

〈1989년 11월 29일 수요일 낡씨 맑음〉
오전에 일반 볏짚을 한 번식 더비쓰며 오늘은 추어서 바람이 모질게 부러서 휴식을 할려고 하다 바람이 불며 볏집이 잘 마을 꺼 같다서 일반 볏짚을 더비는데 오전이 다 글리며 집배 돌라오니 집사람 얼굴이 아주 만이 바픈 기색이라 아주 놀랐다. 그래서 무러니 갑짝이 팔, 다리가 아푸고 한정이 들더라면서 이야기을 하더라. 어재 집사람이 눈빨리 휘날리고 추원대 배추 만치는 것이 마음에 걸리더니 그만 감기 몸살이 나고 마랐꾸나 하고 대신 약국에 가서 감기 몸살약을 짓어달라고 하니 약사는 업고 아주마가 약을 짓어논 것을 만치서 마음에 들지는 안으나 당장 어디로 갈 수도 업고 약사가 아니라서 약을 먹이고 피해나 보이지 않을까 하는 생각에 하로치 약만 달라고 하였다. 우리 집사람 자리에 누어있는 사람이 아니며 아푼 적이 업쓰며 오늘 하로는 집사람이 아파서 누어 잊쓰니까 자신 이 더 바파저

집배 일이 마비가 돼는 것처름 너켜지며 오늘 빨래는 세탁기로 하지만 자신이 다 하고 밥은 딸래미들이 하며 자신은 군불하며 다들 책임을 지고 하여도 두서가 업쓰며 온 식구가 분주하게 날뛰서 하여도 정리가 안 대는 너킴이며 집사람 하나 일이 우리 딸, 아들 다 동원을 하여서 하로 일과을 보냇다. 그리고 우리 가족이 다들 건강해야 하지만 특별이 집사람이 건강을 가지야 하게 꾸나 하고 제삼 너켜보았다.

지출에 … 집사람 감기 몸살약 1,500원
담배 선물 5,000
計 6,500원

〈1989년 11월 30일 목요일 낡씨 맑음〉

금일은 낡씨가 어슬프기 짝이 업쓰서 일은 만은데 그만 접어두고 노라쓰며 놀다 하도 추어서 집배 오니 집사람이 방에 업더라. 자신의 머리에 불결한 마음이 들어가며 깜짝 하는 마음이 머리에 스쳐가며 이 방 저 방 다들 널어바도 업고 해서 변소 문까지 다들 열어보았쓰며 이 사람이 감기몸살로 밥도 먹찌도 않코 방에서 누어 잇쓴 사람이 어뒤 갈쓸까 하고 불이야 불이야 큰집배 내리가서 혜지 왔는냐고 하니까 김장한다고 이야기을 하더라. 그래서 안도감은 쉬어쓰나 의이하며 집사람은 몸을 한부로 쓸까 하고 극정이 돼며 오늘만큼은 방에서 푹 쉬어쓰며 하는 바람인데 추운데 김장한다고 극성을 부리는 집사람이 미어서 너는 의이하여 몸갈리을 그는 식으로 하는냐고 꾸중을 주어찌만 집사람은 형님 혼자 김장을 한다는 것을 생각을 하니 누어잇쓸 수가 업쓰서 같다고 이야기을 하여서 무어라 말을 할 수가 업더라.

〈1989년 12월 1일 금요일 낡씨 맑음〉

우리 마을 매상 일이 6日이라 미리 매상 준비을 하여쓰며 이번에 매상을 그진 다들 바다더리야 하는데 이번도 먼저 번 매상 때와 같든 양으로 준비을 해달라고 하니 이거 매상을 전량을 다 못돼는 것이 아닌가 하고 생각이 더는구나. 만약에 통일벼 매상 못돼게 돼며 시중에 팔료도 안 댄다고 본다. 오늘 자신이 매상 준비한 것이 66개을 하여 노았다.

"그리고 조금 일적으서 볏짚을 묵끄서 경운기로 실련돼 집사람이 아주 피료해보이서 그만 쉬게할 끈대 하고 생각이 들며 자신의 마음의 기피가 업꾸나 하는 생각이 더는구나. 오늘은 집사람에깨 큰 실수을 한 날이라고 말을 하고 십다."

지출에 … 셋값 3,900원

〈1989년 12월 2일 토요일 낡씨 맑음〉

오늘은 큰집배 매상 준비을 89개을 하여쓰며 다들 다음 매상할 가마니 수가 이번 처름 수자가 남어 잇따고 보는돼 정부에서 이것을 빠른 시간에 매상을 바다주야 하는데 만약 전량을 바다주지 않는다면 정부는 말로만 농민들 생각 하는 체 하고 마음속으로는 농민을 주기고 잇따고 생각을 한다.

그리고 오늘 큰집배 매상 준비을 다 하고 1시간 여유가 잇쓰서 자신은 그만 휴식을 할려고 하며 집사람 바서도 더 휴식을 할려고 더는돼 집사람이 더 가서 한 발리도 묵끄서 오자고 하여서 자신이 저고 말라쓰며 집사람이 볏짚을 한 발리 실어와서는 한단은 말이 그만 놀라쓰며 이것은 업쓸 껏이며 이 한 발리는 내 덕이라고 말을 하더라.

〈1989년 12월 3일 일요일 낡씨 맑음〉

금일은 숙모님 매상 준비을 오전만 하고 오후에는 경화내 형님 사과 저장고 너어달라고 하여서 사과 저장하로 같쓰며 정화내 형님은 매년 매상 준비한다고 몸이 지쳐있는데 또 사과 저장을 하며 꼭 몸살을 하며 금년에는 숙모님 매상 준비한다고 오전에는 피하고 오후만 하여주어서 그러치 올해도 오전부터 같쓰며 크게 지칠 뿐 했쓰며 여하튼 금년에는 잘 모면을 했따고 생각을 하며 자신 정화내 형님 농사을 대갈림을 하며 매년 해주야 하며 농사을 짓어도 한 집 끄만 짓어야 우에 일하는 것이 업따고 본다. 그리고 경화내 형님 논은 이삼 년 짓고 마라야 하겠다. 외냐하며 형과 형님은 매년 사과을 남들과 같이 하지 않코 매상 할 때 하며 저장고가 개단을 내리가서 저장을 하기 때문에 내 몸으로서는 상당이 무리돼는 일이며 그리고 한 번식 몸살을 해야 하는 일은 돈이 좋아도 피하여야 한다고 본다.

"자신이 가만이 생각을 해보며 업는 사람이 남외 일을 하여주야 한다지만 남외 일을 넘어 만이 하여준다고 생각을 하며 일을 자신만이 하여주며 돼는 것이 아니라 집사람도 하여주야 하는 이것이 더 문재다."

〈1989년 12월 4일 월요일 낡씨 맑음〉

금일은 김천 동서 김장 배추 주어쓰며 김천은 배추 주기도 힘도 들며 마음 쓰는 것이 혜지 엄마와는 아주 다르며 책임감이 업쓰며 우리들과는 마음이 맡지을 안는구나.

"오늘로서 서양바실래 볏짚은 다들 거두어더리쓰며 이재는 하로가 가며 하나식 망우리가 돼어가며 일 년의 망우가 월마 남지 않아따고 생각을 한다."

"금일 김천 동서 배추 140포기, 무 1푸대을 주어쓰며 앞푸론 거래을 하지 않아야 하겟다. 외냐 자신도 주기도 힘들고 집사람을 불필요한 노력을 하지 않을 끄시며 내년부터는 구미 동생도 안 줄 껏시며 대신은 개속 무, 배추는 대어줄 것이며 대신은 촌에서 배추을 사먹는다면 말이 안 대기 때문에 줄 작정이다."

〈1989년 12월 5일 화요일 낡씨 맑음〉

"볏짚 실어더리다 매상 추과로 11가마 부치라고 하여서 볏짚 실다 중단하고 큰집에 5개, 자신이 11가마 재차 부치는돼 새삼수러어며 앞푸론 2차 매상 때는 별도로 여유을 더 주야하게쓰며 황상 여유분을 가지고 살라야 한다."

"금년 꿈은 깨어저지 않코 이루어저야 하는데 요줌 와서는 꿈이 두 가지가 생기서 한 가지을 선택을 해서 실행을 하여야 하는데 어느 것을 해야 잘하는지 갈등이 생기는구나."

"자신의 갈등은 한 평이라도 더 모다야 하나, 들 모다도 수라게 살라가는냐 이 두 계의 길을 가지고 선택이 어렵꾸나."

〈1989년 12월 6일 수요일 낡씨 맑음〉

금일은 매상날이라 156개 실어낸다고 세벽부터 실어냇쓰며 매상을 되기 위해서 세벽부터 좋은 기분으로 서들어는돼 이곳도 아랑곳 업시 등급에 불만이 만으며 첯 공판에 봉답 벼을 가지고 가서 다들 1등급을 마자는돼 오늘 벼는 늑뚤 벼이며 봉답보다 다들 좋으며 자신은 봉답도 1등급을 마자키 때문에 전부 1등만 바라는돼 80개 중 24개가 2등을 맡자쓰니 속이 상하는구나. 그래서 자신이 2등짜리는 다음에 버리는 한이 잇

쓰도 집배 가지고 올라고 하니 다들 너어라 고 하여서 그만 입고을 하여찌만 아주 마음에 글리는구나.321)
수입에 … 매상 80개 중 1등이 54개,
2등이 24개
총금액 2,805,040원
오늘날까지 매상 총금액 5,0440,060원

〈1989년 12월 7일 목요일 낡씨 흐림, 비〉
금일은 농약방에 작과나무 약값을 갑파주로 같쓰며 달희하고 둘리 가서 지불을 하여쓰며 이번 약값은 영수증이 업쓰며 5만 원 더 줄 뿐 했다. 외냐하면 원장에 글씨을 잘 못 쓰서 그래쓰며 내 영수증에 가격이 다들 바르게 되어 있쓰서 그 모면을 했따고 생각을 한다.
그리고 오늘 일반벼 짚을 거두어드릴 욕심으로 김천도 서들어서 달희 오트바이로 같다 왔쓰며 낡씨는 비가 올라고 들지 볏짚은 그냥 잇찌 집사람은 이미 가서 묶꼬 잇찌 김천도 불이야 불이야 했스 같다와서 했도 경운기 한 바리 정도 하고 그만 비을 맡고 마랐다. 비가 오늘만 참아주어따면 볏짚을 넉둘레는 안전희 그두어더리고 봉답에만 남는 결과 돼는돼 정말 아쉬운 마음 검할 길 업쓰며 비도 만이 오지 않으며 일만 지연시키고 잇다.
우리 혜영이가 올해로서 중학 과정을 맡치고 내일이며 고등학교 시험을 취는 날이다. 혜영이 시험 잘 쳐라고 선, 후배들이 엿, 선물 주어서 혜영이 뿐 아니라 우리 가족이 다들 먹고도 남을 정도로 선물이 들어오며 매년 시험 때는 학생들도 낭비가 만캐꾸나. 그리고 요줌 아들이 생각을 하는 것을 보며 어른들이 생각을 못하는 것을 생각을 하여서 행동에 온기고 있쓰며 요줌 아들은 십 년 전 어른 행세을 능가한다고 자신은 말을 하고 십다. 그리고 사촌들도 선물을 주며 미숙까지 시험 잘 쳐라고 엿 선물 주곤하며 이른 광경을 지켜볼 때에 정말 조원 일이라고 생각을 하며 우리 혜지는 이른 것도 모루지 하는 생각이 들며 마음속으로 혜지가 선물 사오지 않으며 집배서라도 경숙이 선물을 해야 하겠다 하고 생각을 하고 잇는 중에 혜지가 어두엄이 저는데 집배 들어오는데 사촌들이 혜영이 시험 잘 보라고 선물을 푸짐하게 하여는데 혜지는 경숙이 선물 어떠게 하느냐 무러니 사왔따고 하더라. 그레서 우리 혜지도 다들 키우따는 생각이 들며 선물 한다고 돈 달라 소리도 업떠니 자기 목을 다 하고 잇는 혜지가 대견스럽더라.
"그리고 우리 운이는 오늘 먹는 재미을 톡톡희 본 셈이며 우리 운이 동태을 볼 때에 오늘 같은 날이 매일 잇쓰며 하는 기분이더라. 선물을 주로 올 때마다 또 와여 하며 소리을 쳐는 것을 보며 오희려 운이 날이라고 착각을 할 정도며 그 반대로는 우리 집배서 곤욕을 치룬 것이 잇다. 이것은 우리 집 개 올 때마다 고래고래 소리을 쳐는 개 우리 집 개는 손님이 만을수록 곤욕을 치루는 개가 밑찌 않꾸나."
지출 … 작과 약 91,000원 쥐약 500원
計 91,500원

〈1989년 12월 8일 금요일 낡씨 맑음〉
금일은 동내 방목을 하여쓰며 방목 하로 나

321) 이 내용은 일기 지면 상단에 따로 기록되어 있다. '(2차 매상) 89개'라고 기록하였다.

온 사람은 별로 만타고 보지 못할 정도로 나와쓰며 갈수록 부역은 힘더는 일이라고 생각을 한다. 그리고 방목하는 날은 국수을 먹는 날이라고 생각을 하며 온 동민이 정심으로 먹는 것이 진미을 가질 수가 잇다.
"우리 혜영이 여고에 시험 쳤는 날이며 이 아빠의 마음은 우리 혜영이 중간 이상으로 들어간다고 이 아빠는 장담을 하여왔쓰며 우리 혜영이는 들어간다면 했내고 생각을 하며 혜영이 성격이 남외께 저기 실어하는 성격이며 이 아빠는 혜영이 만큼은 아빠의 실망을 주지 않을 끗으로 본다."
"금일 혜영이 시험장에 집사람이 참석을 하여쓰며 이재는 여고도 별로 떨어저는 사람이 업쓰니 학부형들이 감심을 들 가지는 것 같다고 말을 하더라."

〈1989년 12월 9일 토요일 낡씨 맑음〉

금일은 어재 동내 방목을 하면서도 과수나무 밭침대 할 나무들이 다들 방목으로 들어가는 것이 아쉬운 감이 만아서 오늘 오전에는 작과나무 밭침대 할 나무을 하로 가서 경운기로 한 발리 했왔쓰며 나무 맡침대가 너무나 좋은 나무들이며 앞푸로 한 발이 더 했왔쓰며 욕심에 차게더라.
오후에는 집사람과 둘리서 일반 볏짚을 거두어들리왔쓰며 이것은 내일로 끝을 낼 수가 잇따고 보며 이것들이 하로 빨리 정리가 대어야 집사람이 시간 여유을 가질 뿐 아니라 김장할 시간이 나지을 안아서 오늘날까지 미루어 왔는데 이것이 춥키 진에 김장을 하여야 하는데 하며 염려가 돼는구나.
우리 혜영이가 원서가 성위학교을 냇는데 이것이 마지막으로 여고로 변경을 하여서 여고에 원서을 접수을 시키서 선생님에께 정말 고맙고 우리 혜영이가 여고 낼라고 하다 선생님이 여고에 성적이 극정이 된다고 그절을 하여서 혜영이가 화킴으로 성위학교을 냇따고 하면서 집배 와서 울든 모섭을 볼 때 가슴 아푸더니 이것들이 혜영이가 원하는 학교 원서 돌라같쓰니 이것은 선생님의 도엄이 크며 이 고마움을 어떠게 대집을 하여야 하겟내 하고 혜영이가 극정을 만이 하여왔는데 오늘 혜영이 하는 말이 선생님이 선물을 해달라고 이야기을 한다고 이야기을 할 때에 너무한다는 생각이 들며 선생님도 선물을 달라고 하여서 선물 받는다면 주는 사람 받는 사람 다들 의미가 업쓰며 이것은 선생님의 도리가 아니라고 생각을 하고 십다.
선생님이 달라는 선물을 주지 않으며 우리 혜영이을 어떠게 보겟나 하고 혜영이께 사과 선물을 하며 어떠겟나 하고 무러니 혜영이 말리 사과는 10,000원 하는데 하며 입이 버러저며 아빠 나하고 둘린데 합페서 해결을 할태니까 아빠는 극정을 하지 말라고 이야기을 하더라. 이것을 혜영이깨 매키두어야 하눈냐 그러치 안으며 부모가 개입을 하는냐 이 두 문재을 두고 생각을 할 때에 혜영이가 해결을 하두록 두어야 하겟따고 생각을 가지며 혜영이 반에서 둘리라니 두고 바야하겟다.
"자신은 선생님이 선물을 해달라고 이야기을 하지 않아따면 정말 고마운 마음을 내 평생 잊찌 않을 껫인데 선물을 해달라고 독촉을 한다니 부모로서도 별로 고마움을 가슴 갚이 들어가지 않는구나."

〈1989년 12월 10일 일요일 낡씨 맑음〉

오늘로서 늑뚤레는 안전이 볏짚을 거두어

더리쓰며 봉답 볏짚은 아직 재어있는 상태로 잇찌만 실찌 금년 농사는 망우리가 댄 것이나 다름이 업따고 생각을 하여본다.

"요줌 정부가 무었을 하고 잇는지 알 수가 업쓰며 도시에는 도득과 캉패, 들치기, 사람을 눈도 깜짝이지 안코 사람을 죽이는 인간, 잠자고 나면 칼 들고 사람 죽이따는 뉴스가 쇼다저 나오니 이거 정부는 무었을 하고 잇는지 한심하기 짝이 업쓰며 국회원은 서로가 자리 싸음만 하고 남의 자리만 흝떨고 남의 자리을 넘보니라고 세월 다 가니 정부가 바로 갈 수도 업쓸 뿐 아니라 어이하여 노태우 대통령을 이처름 방역이 업는가 외돌바 짝이 업꾸나. 그리고 우리 국민이 남을 장점만 이야기을 하여줄 지도자는 김대중, 김영삼, 김종필 이 사람들이 정계에서 다들 탈태을 하여야 하며 세 지도자가 나온다고 보며 이 사람들은 정치을 막키며 올란만 오고 정부 발전은 업따고 본다. 그리고 우리 국민성도 하로 빨리 바꾸어야 후세에깨 버림을 밭찌 안는다고 본다."

"노태우 정권 동안에 나라가 멸망을 하지 않아야 하는데 멸망을 하고 난 뒤에 제 아무리 유망한 지도자 나와도 힘더는 문제며 우리나라가 어디로 갈러고 이런 지경이 계속돼는지 정말 염러가 크다."

지출에 … 선태 콤바이싹 1마지기 14,000
4단지 165,000원 지불함.

〈1989년 12월 11일 월요일 낡씨 맑음〉

선수가 아파트 신청을 하여본다고 이백만원 달라고 하여서 아무 일도 못하고 오전 일과을 보내고 오후에는 서양바실래 가을가리을 쳣로 가트며 자신은 다 철 수가 잇다고 밭는데 넛스들어서 그른지 상당이 만이 남은 셈이며 그리고 어머님 재사가 오늘 저녁에 들어서 작업을 조금 일적 맡치고 마랐다.

"그리고 어머님이 우리 육 남매가 다들 참석을 하여서 재사을 지내는 것을 알까. 우리 인간은 죽어며 다들 업따고 보는데 정말 영혼이 살라서 저 새상에 살라개실까. 만약에 살라개신다면 더 만이 만이 음식을 장만을 하여서 재사상에 노아야 하는데 하면서 어머님 모섭을 가만이 회상하면서 오늘 밤도 조용희 넌기고 잇씀이다."

지출에 … 동생들과 내기 장기에 2,000원

〈1989년 12월 12일 화요일 낡씨 맑음〉

오늘 오전으로서 서양바실래 가을 가리을 안전이 첨. 서양바실에는 도로 쪽으로 갈라씀. 오후에는 웃뜰래 6마지기에 가을가리을 함. 금년 가을가리을 생각보다 수라더라. 그전에는 경운기가 가지을 안아서 힘이 상당이 만이 더는데 금년에는 별로더라. 그리고 웃뜰 6마지기는 뒤두룸으로 갈라씀.[322)]

지출에 … 전화세 4,160원 콤바이 싹(사호)
44,000원 (재근) 콤바이 싹
4마지기 56,000원
計 104,000원[323)]

〈1989년 12월 13일 수요일 낡씨 비〉

오늘은 금세라도 비가 쇼다질 것 같은 낡씨

---

322) 이 내용은 일기 지면 상단에 따로 기록되어 있다. '가을가리 서양바실에 도로 쪽으로 갈라씀'라고 기록하였다.

323) 실제 계산은 114,160원이나 104,000원으로 잘못 기록하였다.

라 서들어 가을가리 쳤다 남은 것을 마저 하기 위에 서들어 가을가리을 하여쓰며 반춤 하여쓸 때는 방울비가 내리더라. 이것을 마저면서 가을가리을 하여쓰며 방울비가 오는데 땅은 질어서 경운기가 힘이 더는 너킴이 금세 오더라. 이것을 그냥 두며 가을가리는 못할 것 같다서 비을 마저며 가을가리을 하여쓰며 그른대로 다들 갈고 머리을 가을가리을 쳤는데 힘이 들 뿐 아니라 땅은 질어서 경운기는 바로 가지 않코 힘은 들지 곳 울고 십두록 힘이 들며 억찌로 다들 갈고 나니 오후 1시가 넘더라. 오늘 일은 힘은 들어도 종일 할려고 들은 것인데 비오는 관게로 휴식도 업씨 일을 하니 오후 일을 오전으로 앞당길 수가 잇쓰다.
"오늘은 어그지 일로 무리하여따고 생각을 가지본다."

지출에 … 고추 빠우는 데 2,000원
녹살앗는데 2,000원 같, 떡복기 1,000원 차비 400원
計 5,400원

〈1989년 12월 14일 목요일 낡씨 맑음〉

일기불순으로 종일 동안 휴식을 하여쓰며 하로 동안 휴식을 하여도 피료는 풀리지 않는 너킴이며 오희려 나련한 감이 더는구나.
"순달이가 김천아파트 한번 할려고 하며 대신 집을 등기 이전을 내 앞푸로 할려고 인감도장을 가지고 갇쓰며 이것도 동생이 한푼 벌라고 더는데 못하구로 할 수도 업고 자신은 2천만 원짜리가 내 소유로 된다면 자신은 세금만 만아저고 득이 돼는 것은 업다고 보며 이것을 삼 년 이전에 처분이 돼어야 된다고 보는데 순달이는 어떠게 생각을 하는지을 알 수가 업꾸나."

지출에 … 문구비 31,000원

〈1989년 12월 15일 금요일 낡씨 맑음〉

당산에서 작과나무 받침대 준비을 하여쓰며 오전 내 하여도 을마 대지을 안떠라. 그리고 오후에는 두엄을 한 발리 실어내고 받침대 썩은 것을 전은 다 실어 왔쓰며 당산밭에 잇는 나무가 필료 업는 것은 다들 정리을 하여쓰며 실찌 내년에 할 일을 미리 준비을 하여 둔 셈이다.
"우리 딸래미들 시험 천다고 저녁에 밤잠을 자지 않코 공부을 하지, 세벽으로 시계 벨소리을 내어서 억찌로 억찌로 일어나서 공부을 하는 모섭을 볼 때 안스러어며 저 어린것들이 잠을 푹 자지 못하고 공부에 죠기서 허덕이는 모섭을 부모가 볼 때 가슴 아푼 일이며 이것이 남북 전쟁이 아니고 인간 전쟁이니 어이할 수 업판 말인가. 자신은 교육 정책만 잘한다면 부디 인간 전쟁 업씨 살라갈 수가 잇따고 본다. 한편으로 생각을 해보며 절먼 이세들이 공부에 죠키어 새약한 것보다 마음대로 할동을 하여서 건강한 이세들이 더 필요하지 않깨는가 하고 생각도 가지본다."

지출에 … 열차편으로 관광 예약 값 5,400원

〈1989년 12월 16일 토요일 낡씨 맑음〉

당산 논에 수건해서 도구을 칯서 파이프을 넘어서 물을 돌려낼라고 작업을 하고 잇다. 이것을 실천을 하며 논이 수건한 것을 막을 수가 잇쓸련지 염려도 돼고 잇따만 지출을 할 작정이다.
이번에 정부가 통일벼 12%로 학정을 하여는데 이것은 농민을 말로만 생각을 하고

실찌는 정부에서는 농민을 조금도 생각을 한 것이라고 생각지 않으며 정부에서 농민을 너무나 방쥐을 하여서는 안 돼며 이것은 정부가 정쥐을 잘못 한다고 생각을 가지본다.

〈1989년 12월 17일 일요일 낡씨 맑음〉
당산 논 뒤도구 물과 새암 물을 돌리패기 위하여 파이프을 사앗쓰며 이것을 뒤도구에서 새암으로 돌리는 작업은 우선 하여 노았다. 돈을 잘약할려고더니 미리수을 큰 것은 못하고 20미리짜리을 노았는돼 재구실을 다 할련지 알 수가 업꾸나.
"순달이가 잉어을 두 바리 가지고 와서 한 바리는 운이 꼬아먹이라고 하며 주고 가더라. 우리 아들은 두고 저의 아들이나 먹이지 않코 운이까지 극정을 하여주니 고맏더라. 자신도 실찌 마음 잇쓴 돈이 따리기 때문에 행동을 못하는 것이 세릴 수 업따고 생각을 한다. 실찌 잉어을 형님 꼬아 자시라는 것보다 운이 꼬아주라는 것이 정말 고맏게 생각을 하여본다."
지출에 … 파이프 23개, 본드 3개
41,000원 차비 400원 운님
2,000원
計 43,400원

〈1989년 12월 18일 월요일 낡씨 맑음〉
금일은 열차편으로 포황 재철공장 견학을 하는 날이라 우리 동내서 절먼 노소 업씨 40명이 구경을 갇쓰며 철도편도 처음 관광객을 모집을 하여서 처음 운행을 한다고 하며 이것을 이용을 처음 해보니 가격은 상당이 싼 편이라도 지채하는 시간가 어울러 놀두록 엠프 장치가 업쓰서 관광객 유치하는데는 아주 미급한 상태다. 철도청에도 관광객을 유치할려며 별도로 관광차을 만들어서 시설만 잘한다면 이용하는 관광객을 유치할 수가 잇따 본다. 그리고 오늘 관광은 자신은 포항 재철만 구경을 하고 자신은 포항에 동서가 살기 때문에 이왕 이줌 앗쓰니까 자신이 구경을 한두 곳 못하더라도 동서 집배나 들러보자는 욕심으로 처음 길을 무러서 택시로 동서 집을 같쓰며 두 시간 여유로 동서 집배을 가니 마음 노코 실 수도 업고 동서는 업고 처재만 잇더라. 그 당시 동서 집이 천이백 주어따고 하는데 요줌 와서는 주위로 아파트들 곽 차잇쓰며 집은 잘 산 편이며 이재는 집값이 만이 올라쓸 끄라고 생각을 하며 동서도 하전민으로 살다 출세을 하여다고 보며 동서도 살기는 그대로 살 수가 잇따고 보는데 양친 부모가 80십 고령 부모가 극정이 크게더라.
오늘 여행은 은재라도 슥 잘했따는 여행은 업더라만 오늘 여행은 잘했다, 잘못했다가 반이라고 생각을 하여본다.
지출에 … 택시비 9,000원 동서 선물
5,000원 음료수 1,000원
아이들 과자 1,000원
計 16,000원

〈1989년 12월 19일 화요일 낡씨 흐림〉
금일은 포항 재철에 견학하고 나올 때에 판국이가 마을 사람들의 술 한 잔 하라고 나온 돈 50,000만 원을 줄 때에 돈을 올바르게 쓰며 공부을 한 바람이 잇꾸나 하는 생각이 들며 고맏더라. 그 돈과 여자들외깨 20,000만 원 나온 돈 합이 70,000만 원으로 속푸리을 한 셈이며 그진 동내 잔치가 돼어따고 생각을 한다. 그리고 언재라도 자신이 제일 연소자며 농촌 수입으로 본다면 농촌에 관광을 좀 생각을 하여 보앗야 한다고 생각을 하며 이러다가는 이세들 대학을 시키내갯나 하는 생각이 머리에 쓰쳐갈 때가 만타고 생각을 하며 앞푸론 만이 생각을 해야 한다고 생각을 가지본다.

"그리고 자신이 이세들이 공부을 하지 않코 탄 짓을 하며 성질이 치키며 이때는 알찬 욕을 할 때가 만탄고 생각을 하며 오늘도 부모로서는 해서는 안 돼는 말을 하여쓰며 이것을 상당이 억재할려고 노력을 하여도 잘 안돼는 것이 입버릇이다. 입버릇 나픈 것은 인격 문재라서 상당이 조심을 하여야 하는돼 자신은 이세들래깨 난발이 심하다고 생각을 가지보며 오늘도 사용을 하여서 마음속으로 자책을 너키는데 저의 엄마가 가니까 저위들키리 배우따면서 사용을 하고 잇따고 이야기을 할 때에 너무나 나푼 말이라 웃고 마라찌만 정말 부모가 입조심을 해야 하게쓰며 부모 행동하기가 이처름 힘둔다는 것을 한 번 더 느켜쓰며 부모 행동에 따라서 이세들이 순하게 자라고 악하게 자라간다는 것을 부모의 일거일동에서 달려 잇따고 생각을 하며 부모 마음을 알려면 자식 행동을 보며 알 수가 잇따고 생각을 하며 앞푸론 말과 행동을 신조을 삼아서 살라야 하겟다."

"오늘 너이들에깨 성질이 난다고 함부로 말을 한 것을 미안타고 생각을 가지며 앞푸론 너의 아빠에깨 나푼 점 배우지 말고 좋은 점만 배어다오. 그리고 말과 행동은 너의 엄마에깨 배우고 열심이 살라가는 것은 이 아빠에깨 배어다오. 오늘 정말 너에깨 이 글로서 용서을 빌 뿐이다. 이 아빠 미안타."

〈1989년 12월 20일 수요일 낡씨 맑음〉

오늘은 치질 때문에 구둘방 신세로 종일 보내고 이 종일이 이처름 지루하고 남들이 경운기로 일하로 가는 소리을 들을 때에 더 답답하기 짝이 업더라. 이 치질이 벌서 수술을 하여서 재거을 하여야 하는데 막상 돈이 앞쓰기 때문에 수술을 하지 못하고 미루어 완 것은 사실이다. 이것은 하로라도 빨리 재거을 해야 자신에깨 득이란 것을 알면서도 돼지을 안는구나. 요줌은 치질이 발생을 삼 일 이상 가야 황문 속으로 들어가는 것을 보며 만이 악하돼어따고 본다. 오늘도 지루한 시간을 보내쓰며 이 시간이 값찌게 보내야 하는데 아무련 소득 업씨 보내게 돼어서 습습한 일이라고 말을 하고 십다.

이번에 정부안이 내년에는 통일벼을 상당이 만이 감축을 시킬라고 더는 것을 볼 때에 이재는 농민은 죽으라는 소리로 들리며 정부에서 농민을 살려볼려고 노력을 해도 농민이 스스이 소멸이 돼어가는 판국에 내년부터 통일벼 대폭 감축을 할려고 하니 이재는 농민들의 소멸은 시간 문재라고 생각을 한다. 그리고 농민이 저앙 한번 하여보지 못하고 소멸대는 것은 정치인들 정치을 못해서 농민이 죽어가고 잇는 것은 사실이다. 일개 가정도 어른 노릇 못하고 과정만 이끌어가며 결국 방하는 법. 이것을 지식에 글력을 주며 일어나는 가정이 더 만으며 요줌 절먼 세대들이 을마나 똑똑하며 시원찬은 어른 넌가하며 정치인도 재발 능력이 업쓰며 자리도 물려줄 쭐 아는 정치인 돼어주어쓰며 하는 바람이며 요줌 전두환 대통령을 두고 국회에서 일 년 두고 싸우왔쓰며 자신은 이 사람을 정치는 잘 했따고 생각을 하며 요줌 정치가 끌러다니는 정치보다 각이 나며 일

개 대통령은 나라 발전을 위해서 싸우야 하며 국가의 발전이라면 30% 무리가는 한이 잇쓰도 70% 살리는 것이 국가 발전이라고 생각을 한다. 그리고 때강도, 가정파계범, 뉴스을 들을 때마다 법원 없고 온 세상이 때강도밖에 업쓰 보니 사람이 의이하여 살라갈 수가 잇나. 요즘 바서는 전두환 대통령 집게 가족들이 정부 돈을 다들 가지는 한이 잇쓰도 전두환 대통령이 말도 말고 3年만 정치을 하여주어쓰며 하는 바람이다.

지출에 … 떡 2,000원 오뎅 1,000원 식초 350원 차비 400원
計 3,750원

〈1989년 12월 21일 목요일 낡씨 맑음〉

금일도 치질 때문에 구들방 신세로 종일 보내쓰며 요즘 종일 동안 방 신세을 저고 잇는 남편을 선기고 잇는 것을 볼 때에 어이하여 꾸김이 업는 집사람 바라볼 때가 자신은 재일 행복이라고 생각을 하며 이 몸은 한 시간이라도 놀며 그만침 이세들레깨 짐이 된다고 생각을 하며 하로 해가 지루한감 이루어 말할 수 업따고 본다.

"내일은 어떠한 일이 잇쓰도 일을 해야 하게쓰며 자신이 열심이 하지 아니하며 자식들의 배움의 길이 열리지 않을 꺼이며 내이 몸 희생하여 배움의 길을 할짝 열러주리라."

지출에 … 밥상 19,000원 선생 선물(두 분) 19,600원 밀감 1,000원 마스크 500원 장갑 1,000원 차비 600원
計 41,600원[324)]

〈1989년 12월 22일 금요일 낡씨 맑음〉

금일은 당산 논에 파이프 너원 자리 매꾸는데 계령 모래을 실어너는 작업을 하여쓰며 뒤도구와 새암물을 빼는 작업을 하며 논이 조금 건조해절란지 몰개쓰며 앞푸로도 빨리 작업을 하여보았쓰며 하는데 땅이 추지니까 경운기 작업이 않대기 때문에 미루어 오는데 마음 바푸구나.

우리 마을에도 금년에는 갈림할 논을 만이 나오는 것을 볼 때에 농사는 한계점이 왔따고 보며 가진 자가 스스이 논을 내어노니 업는 사람이 우선 농사을 짓어니 임시 소득은 더 돼지만 결국은 업는 사람이 뒤따라가는 법. 이것이 정식으로 돼자면 업는 사람이 먼저 도시로 뛰어가야 하는데 오희려 반대가 돼어버리니 나가서는 정부 문제점이 돼버린다고 자신은 본다.

"그리고 노태우 대통령이 90年에는 모든 것을 바로 잡는다고 법석을 부리는데 두고 바야 하겟쓰며 제 아무리 민주 정치라 하지만 법은 엄중해야 한다고 보는데 요즘은 법도 재돼로 구실도 못하고 음성만 크며 높은 사람이며 그것이 먼저 해결이 돼어 버리니까 앞 다투어 소리을 지루고 잇쓰니 흘란은 오개 마련이며 정말 정치는 어듸로 가든 법만이 음중하게 다라주어서 마음이 썩어빠지는 놈들 정신이 똑바로 들게 하여주며 더 바라지는 않캐다. 우리 사회가 발전과 안전이 불안한 것은 마음이 썩어빠진 연석들 때문이라고 생각도 하며 사실 이것들은 다들 죽이도 별로 재[죄] 돼지 않는 인간이라고 생각을 한다. 현 시대가 문둥이가 생사람 죽이고 잇따는 실정으로 가고 잇다. 이것을

324) 실제 계산은 41,700원이나 41,600원으로 잘못 기록하였다.

두고만 볼 수가 잇따 말인가. 정말 가슴 아픈 일이다."
지출에 … 돼지고기 값 2,820원

〈1989년 12월 23일 토요일 낡씨 비, 눈〉

오늘은 인분을 경운기로 펴내는데 눈, 비 혼합이 돼어서 내리고 잇쓰며 이미 인분 첫는 것을 시작을 하여서 눈빨을 마저며 34 장군을 펴냇쓰며 자신은 종일 잡아는데 아침 일적부터 시작을 하며 오전에 끝을 낼 수도 잇따고 보며 오늘은 윤상주 씨 아들 결혼한다고 오늘 12시에 동내 술 준다고 음식을 동내로 가지고 나와서 인분 냄새을 내며 예이상 할 수가 업쓰서 휴식을 하여서 인분 첯는데 시간이 더 걸리쓰며 오늘은 음식도 먹찌 않코 부주 5,000원을 하여쓰며 이것은 음식을 하지 않코 부주을 주는 것은 심부름 하는 사람들이 잘못한다고 생각을 한다.
지출에 … 부주 5,000원

〈1989년 12월 24일 일요일 낡씨 눈〉

잠자리에서 일어나니 천지가 하얀 모섭을 볼 때에 이 내 가슴 안전이 비우는 마음이며 아들 모양 소복희 내린 눈 바라볼 때에 절거운 마음 말을 할 수 업쓰며 무었보다 내년에는 풍년이 될 끄라는 너킴이 먼저 들며 소복소복 내린 눈처름 내년 농사도 자리마다 소복소복돼어 이 내 가슴 차두록 하여 주기을 바랄 뿐이다.
"금일은 술집배서 놀라쓰며 한 자리에 5명이 모여 안저서 술빵치기을 하는돼 아주 업는 친구 아직도 결혼도 못하고 혼자 살면서 아무것도 업쓰서 구미 노동 품을 들어 생활을 하는 놈이 돈 30,000만을 가지고 도박을 할려고 몸부림을 첯는 것을 볼 때에 10원 치도 아켜쓰야 할 놈이 외 돈 3만 원이 무거어서 도박을 하자고 날리을 부리니 무어라 말을 할 수도 업쓰며 매년 돈을 벌어서 도박으로 다들 날리고 빈 몸이 매년 그 덥대면서 마음의 계정을 못하고 허등대는 모섭을 볼 때에 동갑내기로 생각을 할 때 안타갑키 짝이 업다. 이것은 재주도 업쓰며 욕심이 만은 것을 볼 때에 어느 누구도 말리지 못하며 당하는 모섭 바라보노라면 가슴 아픈 일들이다. 오늘도 오전과 오후에 4만 원 다들 하여따고 이야기을 할 때에 재발 의덕이 좀 그만 외 먹이라고 이야기을 하며 도박을 먼저 하자고 하는돼 어떠게 하느냐고 다들 자기 할 소리는 다들 잇쓰며 자신은 술빵치기로 3,000원 일어는돼 도박대라돈으로 막카너어쓰며[전부 넣었으며] 올 때는 돈을 탄 사람이 돈을 주어서 아이들 과자을 사와쓰며 오늘은 지출이 오희려 수입이 돼고 마랐다.
"금년 들어 도박이 처음 개시을 하여따고 본다."325)
지출에 … 학원비 혜지, 혜영 80,000원
설탕 700원 치약 900원 차비 520원
計 82,120원

〈1989년 12월 25일 월요일 낡씨 맑음〉

"금일은 눈이 안전이 녹지 안아서 작업은 못하고 다들 휴식을 하여따고 생각을 하며 자신도 종일 동안 친구들과 휴식을 하여쓰

325) 이 내용은 일기 지면 상단에 따로 기록되어 있다. '(금일 눈 15cm)'라고 기록하였다.

며 시간 여유가 만으며 낭비을 하게 마련이다. 금년에는 이번에 눈이 만이 왔서 술집배 노는 시간이 작년보다 아주 빨라젔따고 생각을 하며 농촌에 하로가 일기불순으로 휴식을 가진다면 하로의 낭비만도 상당원 수짜로 보고 잇다."

"우리나라의 실정이 엄청나게 변한 것은 사실이다. 외냐하면 10년 전만 하여도 돈이 업쓰서 대학에 가지 못하고 요줌은 돈원 잇쓰도 대학 문이 쫍바서 들어가지 못하는 실정이 돼어 잇쓰니 변한 것은 사실이다."

이재는 정부 방침이 과외을 허용을 하여서 업는 자식들은 살라가기가 힘들게 돼어 잇쓰며 이것은 업는 자식은 교육 길을 막는 거나 다름이 업다. 잇는 자는 곽 과목마다 가정교사을 두어서 공부을 하는 실정이며 어이하여 업는 자식들은 학교 과정에서만 배어야 하며 이것도 교사들의 봉급을 받고 잇는 교사들이 과연 을마나 열성을 가지고 가리키며 심지어 시간만 때우고 돈만 바다가는 선생님 업따고는 볼 수 업쓰며 세월이 이러깨 흙으가고 잇는데 의이하여 농촌 자식들이 교육에 부담이 업깨쓰며 아예 농촌 자식들은 대학 문을 정부에서 막아주는 것이 올은 것이 아니냐. 정부는 정치을 대을 보지 않코 소을 가지고 정치을 하는 너킴이며 그리고 가소비을 말리야 한다고 법석을 부리지 말고 과외 허용이 더 가소비라고 생각을 하며 과외 허용 하로 빨리 패쇠하여야 하며 이것을 폐쇠하지 않으며 성실한 일꾼 좀 먹어가고 잇따고 말을 하고 십다.

"정부 정책이 자신이 볼 때는 순서가 업따고 보고 잇다. 외냐 외을 들자면 나무토막을 10개가 잇따면 이것이 열까지가 다들 재각이 다른 길로 가고 잇쓰니 어이하며 순탈할 수가 잇깨는가. 답답한 마음 검할 길 업꾸나."

지출에 … 술빵치기 1,700원

〈1989년 12월 26일 화요일 낡씨 맑음〉

금일도 휴식을 하여쓰며 이번 눈이 낡씨 차거서 오래 갈 것 같꾸나. 그리고 운이가 고기 먹고 십다고 하며 고기 한번 안 먹어 밭는 것 같다고 저의 엄마에깨 하여따고 한다면서 자신이 놀고 오니 집사람이 이야기을 하더라. 그래서 당장 토기 고기을 잡아주어쓰며 자신은 야물게 살기 때문에 고기을 만이 사먹는다고는 생각지 않으며 그래도 고기 잡는 데 가면 고기 근을 만이 사는 편이라고 생각을 하는데 운이가 이야기 하는 것처름 고기가 먹고 십따고 이야기을 한다고 이야기을 할 때 미안한 점 말을 할 수 업쓰며 자신이 낭비을 만이 하면서 너이들에 고기 근을 아키며 나쁜 사람이라고 할련지는 몰라도 이 아빠는 늙 돈을 쓰는 것은 늙 염두에 두어서 쓰며 그리고 한 푼이라도 더 모아서 대학 한번 시킬 작정을 가지고 살라간다고 보며 의이하여 너이들 입배 고기 들어가는 것이 아까어서 그른 것이 아니라 이 아빠는 늙 너이들 공부에 뒤바라지 못할까 극정이 머리에 떠나지을 않는다.

"우리 처음에는 힘들고 개롭고 고충 참찌 못하면 너와 나는 발고 웃는 가정이 이루어저지 아니하오니 우리 다 같이 조금식 참아서 밝은 가정 이루어 크게 한번 웃쓰보자."

지출에 … 보험료 값 3기분 21,000원

〈1989년 12월 27일 수요일 낡씨 맑음〉

요줌은 날로 휴식을 하는 것이 공식처름 지나고 있쓰며 술집배 놀라바야 장그[늘 그]

사람이며 다들 무었을 하는지 별로 노는 사람이 업따고 생각을 한다. 이재는 술집배 장사도 그전처름 수입을 볼 수가 업따고 본다.
"지출에 … 술빵치 600원"

〈1989년 12월 28일 목요일 낡씨 맑음〉
금일은 매일 휴식을 해야 돼는 마음이 답답해 들을 한 박키 도라보니 눈 덥힌 들판을 의이 손을 쓸 수도 업쓰며 묵묵히 바라 볼 뿐이다.
국회에 오공 비리에 정원으로 전두환 대통령이 31日 국회에 출석을 한다고 하는데 별 소득은 업쓰며 앞푸로 국가 발전만 저해돼고 정부 혼란만 더해갈 뿐 망우리 작업을 노태우 대통령이 한쌈이기 때문에 망우리가 돼지 않으며 정부 안정을 바서는 전두환 대통령은 국회 정원도 하지 않으야 한다고 보며 전두환 대통령도 정치는 못했따고는 하지 않으며 모순도 잇찌만 잘한 것은 잘하여따고 인정을 하여주야 한다. 자신은 불법으로 대통령이 돼어따는 것이 불평이지 정치는 잘했따고 생각을 하며 그리고 노태우 대통령 정권 들어쓰고 국가 손실에 비와며 전두환 대통령은 부정으로 국가 손실을 본다면 전두환 대통령은 국가의 정식에 도엄이 돼어따고 생각을 하는 바이다.
"이번에 국회 정원으로 전두환 대통령이 나와서 오공 비리가 안전이 망우리가 됀다면 국가 안전을 가질 수가 잇따고 보지만 이것이 불씨가 돼어 정부 불안을 90년도에도 금년처름 돼두가 된다면 노태우 대통령 자리 지키기가 힘들 뿐 아니라 우리 국민이 노력을 해서 보리 고개 넌긴 것이 오히려 뒤차저 오는 너킴마저 들며 불안한 감이 앞쓰는구나."

〈1989년 12월 29일 금요일 낡씨 흐림〉
용일이가 키가 적고 택시 운전 한다고 맡선을 볼 때마다 티자을 마자서 30세가 넘두록 장가을 못가서 육촌 형수가 극정을 정말 만이 하여는되 이재는 해결이 돼고 이번 31日날 구미 목화예식장에서 식을 올린다고 오늘은 돼지 셋 바리을 잡아서며 돼지 잡는 돼 그들어주쓰며 용일한태 시집오는 사람은 정말 잘 온다고 생각을 하며 헌집을 잡는다면 키가 적은 탓이지 그 나머지는 다들 좋으며 복이 만은 여자라고 말을 하고 십꾸나.
"요사이 국회가 어떠게 돌라가는 줄 몰개쓰며 정호영 씨는 야당들이 광주사태 비리 때문에 사표을 해야 하며 물고 뒤리저 사태을 하는 줄 알라떠니 정호영 씨는 광주 상태와는 무관한 사람이라고 하며 사태 이유을 돼며 정호영 씨의 사태는 무었신가 매듭이 잇따고 보며 정부 돌라는 것이 수수게키가 만타고 생가을 하며 국민의 한 포로 국회원이 된 사람을 이유을 맹학게 국민에깨 발키고 사태을 하며 국민도 그 정도며 사태 이유가 돼는구나 하고 납득이 가두록 하여쓰며 하는 바람이며 그리고 홀란 속에 박충기 위원도 사표 수리을 하였는데 민정단 의원이 별이 떨어저는 이유을 알고 십다. 가연 이 두 사람이 사태 이유가 돼는지 자신으로서는 이유을 몰겟꾸나."

〈1989년 12월 30일 토요일 낡씨 맑음〉
용일이 결혼 술을 오늘로서 동내 술 돼집을 하여쓰며 낡씨가 추어서 동내 방으로 각 차 잇쓸 줄 알라떠니 생각보다 적더라. 그리고 오늘 부주을 보니까 10,000원 짜리가 한두 사람 보이더라. 이재는 머지않아 5,000원

짜리가 10,000원 짜리로 올라갈 날이 머지 않아따고 생각을 가지본다. 이것은 돈의 가치가 업따고 생각을 한다.
"금년이 내일로 장을 덥퍼야 하며 우리 가정에 89年을 무사이 넘기개 돼어서 정말 감사하고 한편으로는 89年에 특별이 한 것이 업따는 것이 가슴 아픔 일이지만 무었보다 우리 가정이 건강하게 89年을 지냇따는 것이 행운의 해라고 생각을 한다."

〈1989년 12월 31일 일요일 낡씨 맑음〉

금일은 용일이 예식을 올리는 날이라 구미 목화예식장에서 식을 올리쓰며 용일이로 바서는 손님도 만아따고 생각을 한다. 이것을 볼 때에 인간은 성실리 살며 다들 인간이 따리는 법이며 인간이 성실을 모러며 이미 죽은 자나 다름이 업따고 생각을 한다. 그리고 전두환 대통령이 정은으로 국회 정원석에서 정은하는 것을 볼 때에 자신이 처음부터 정원석에 참석을 하지 않아야 한다고 생각을 하였다. 외냐하면 전두환 대통령이 정원에 진실을 바라지만 안전 진실이 나오며 국민의 반발이 생길 것이며 정원을 반을 한다면 위정이라고 국회원들이 법석을 부릴 껏이며 이것은 이래도 저래도 반발 맡찬가지기 때문에 별 이득은 업따고 생각을 하여는돼 오늘 전두환 대통령 정원을 들어보니 별 이득도 업쓸 뿐 국회원들의 질서 업는 소리 서로가 아우성을 칯는 모섭을 볼 때에 다음에 선거 하는데 표나 어들 작정같이 서로 아우성을 첫며 국회원 질서가 우리들의 안끈 처리모양 재각키 소리을 첫고 잇는 모섭을 국회장에 이식을 한 것처름 너켜저며 우리 국민성이나 국회원 질이나 다들 더 배우야 하겟따고 너켜쓰며 이번 전두환 대통령도 정원을 뿌리을 들추지 않코 넘어간 것이 국민의 안정으로 바서는 잘 했따고 생각을 하며 한편으로 정원을 끝까지 다들 못하고 국회원의 이우성으로 중단을 해서는 아쉽다고 생각을 한다만 이재는 오공 비리가 90年도 또 나온다면 우리 경제가 문어저는 것이 눈앞에 패 잇따고 생각을 하며 이재는 비리는 접어두고 나라 발전에 전심을 다 쓰야하며 이재와서는 비리을 들출 시간이 업따고 생각을 하며 만약 우리가 주저않코 서로가 잘못을 무러서는 어느 누가 잘 했따고 국민이 이야기도 하지 않을 뿐 아니라 국민의 전부가 책임져야 하는 일이며 이재는 큰 무리가 가는 한이 잇쓰도 국가의 안전을 하고 수출을 해서 우리 경제가 선진국으로 가두록 만드는 사람이 국가 영웅이라고 말을 하고 십다.
"우리 가정이 89年을 무사하게 넌긴을 정말 고맙게 생각을 하며 90年도에도 우리 가정에 건강과 따뜻한 우섬이 오며 발은 한해가 돼기으 두 손을 가만이 모아본다."
"이것이야 말로 나의 진실과 복이라고 생각을 한다."
지출에 … 용일이 부주 15,000원

▌1990년 ▌

〈1990년 1월 1일 월요일 낡씨 맑음, 눈〉
우리 가정이 새해을 마지하여쓰며 발고 티 업는 해가 돼어주업사 하고 빌 뿐이다. 그리고 자식들 건강과 성적을 올리는 해가 돼어주기을 빌 뿐이다.
"원인득이가 31日날 중풍을 마저 밤 11시에 죽어따고 이야기을 들을 때에 인생이 불상하구나. 47세가 돼두록 결혼도 못하고 살라오면서 온 동내 미꼬라지 한 바리가 돼어서 살라왔쓰며 농내 어른들 불란하게 만들어 살라왔따고 보며 평상시는 저 놈 때리 죽일 놈 업는냐 하고 말들 하곤 하지만 오늘 혼자의 몸으로 아무도 업는 집배서 죽어따고 생각을 할 때에 가슴 아픈 일들이며 내 동갑내기 나이로 세상을 마다하고 장의차에 실려 김천 화장터로 실려가는 모섭 바라볼 때에 행세 바서는 죽어야 맡당하지만 인생이 불상한 놈이다 하고 말을 하고 십다. 인간의 생명이 이처름 허무한가. 절먼 나이로 십게 떠러저는 것이 자신으로 바서는 미더더지을 안는구나."
"원인득이 죽은 것은 좋아하는 사람이 형제간이 더 좋아할 것으로 본다. 외냐 돈 떨러저며 저의 형 셋 명에깨 돌라카면서 못살게 하며 동민이나 저의 형이나 못 할 일 만이 하고 인득이는 죽어따고 하며 된다."

〈1990년 1월 2일 화요일 낡씨 맑음〉
요줌은 일기불신도 잊찌만 자신의 외쪽 억캐가 아푸며 벌서 멧칠이 지나도 해복이 돼지 않으며 억캐의 염려로 열손 재배을 하고 휴식을 취하지만 마음은 일을 해야 하는돼 하는 심정은 변하지 않는구나.
"자신의 아침으로 운동을 조금식 하는 것이 건강에 도엄이 만은 것 갈떠며 건강도 좋아절 뿐 아니라 마음이 크지는 것이 학실하며 무선 일이든지 자신이 생기며 자신이 운동을 한 지가 추수을 끝내고 곳바로 시작을 하여는데 건강에 도움이 만아전다고 생각을 하여본다. 인간의 건강은 아침 조킹이라고 생각을 한다."

지출에 … 영농비 값 동사모소 300,300원
집사람 친구 놀리 10,000원
計 310,300원

〈1990년 1월 3일 수요일 낡씨 맑음〉
금일은 술집배서 하로 일과을 보내쓰며 오늘은 다들 나와서 놀라쓰며 인득이가 업쓰니 다들 놀기가 부담이 업쓰며 이처름 만이 모이지 않을 꺼이며 매일 놀다 갑짝이 업쓰니 한편으로 서운감도 잇쓰면서도 한편으로 캐알하게 노는 모섭을 볼 수가 잇따고 너켜지며 이재는 동내 미꼬라지 한 바리가 업쓰야 한다고 본다.
"자신의 팔이 건육이 아파서 일 하기가 급이 나며 팔이 풀리두록 휴식을 할련이 무한정이며 자신이 침을 한번 마절라고 하여도 조금식 풀리는 너킴이 들어 하로 하로 참어며 억찌로 몸을 바서 휴식을 할련이 마음은 갑갑한 마음 말을 할 수 업꾸나."
"금년에는 인득이가 업쓰니 절먼 사람은 도박이 업쓸 것으로 본다. 외냐 처음 도박점을 펴는 사람이 업키 때문에 도박 피해는 적으절 껏으로 내다보고 잇다."
지출에 … 오락에 … 1,000원

〈1990년 1월 4일 목요일 낡씨 맑음〉
금일은 친구 집배서 친구 부인가 5명이 모여 놀면서 띠네[띠에][326] 10원 식을 하는데 자신은 화토을 하다 남자들이라면 그만 하자고 할 껏이며 재미로 한다지만 피료가 너무 따리서 별 재미가 업따고 생각이 들며 오후 내 하는데 몸부림을 처면서 오락을 하고 잇찌만 앞푸론 무렵에 고통이 따리서 건절을 하여야 하겟다.
"정부에서는 야당 의원들이 오공 비리을 가지고 오늘날까지 자리 빼슬라고 무지하게 싸우든이 전두환 대통령은 정인으로 국회원들 앞패서 사실 이야기는 하여찌만 이정이라고 소리만 첫고 마라찌 실찌 전 대령 정인으로 소득은 업찌 못해쓰며 이래 돼고 보며 전두환 대통령을 정인석이 세우지 않코 오공 비리을 망우리가 돼어쓰며 야당들도 별료 욕이 돼지 않아쓸 껏으로 내다보며 외 만원 정호영 씨만 물러쓰게 돼어쓰며 국회 돌라가는 것이 돈 노리판 처름 인식이 돼어저는구나."
앞푸론 오공 비리 끝을 잘 냇따고 생각을 하며 야당들도 이재는 국가 발전에 힘 좀 모아주어며 하는 바람이다.
수입에 화토노리 200원

〈1990년 1월 5일 금요일 낡씨 비〉
금일은 갑짝이 서울 처재가 유방암으로 수술을 오후 1시에 한다고 처남이 이야기을 하여서 집사람과 처남 셋시가 영동포역까지 통일호 차을 자석도 업고 입석표로 가는돼 어얀 사람이 그처럼 만은지 말로 표현을 다 할 수가 업떠라. 그 고통을 당하면서 영동포역에 도착을 하는돼 시간이 만이 걸리는 너킴이며 영동포역에서 택시 잡는돼 1시간 이상 걸리쓰며 택시들이 빈 차로 가면서도 새우주지 않으며 정말 서울이라는 곳에 인간도 만코 힘 더는 곳이 서울이라는 느킴을 가질 수 잇쓰다. 강남 성모 병원에 도착을 하니 이미 수술실레 들어간 지가 1시간 정도 돼어따고 해서 미안떠라. 오는 길에 지채하는 시간이 만아서 수술 전에 사람을 못 본 것이 마음에 걸리며 그 마음이 쉽게 머리에 지어저지을 안는구나. 그래서 여기까지 올라와서 제 아무리 갈 길이 멀다 하지만 첫제 얼굴을 보고 가야지 하면서 기다리니가 수술에서 6시 30분에 나오더라. 이것은 수술을 5시간 반이나 하여따는 결과가 나오며 시간이 지연이 된 것을 보며 돈 날리고 사람 날리는 것이 아닌가 하고 생각이 들며 절먼 나이에 암이 걸리다니 습한 마음은 머리에 각파 잇쓰며 두 시간 후에는 마치 캐어나며 그때서야 겨우 사람을 알라보더라. 첫재 모섭을 바라볼 때 눈물이 나와서 그 자리에 쓰잇쓸 수 업쓰서 그만 나와서 복도에 나와서 천증만 바라보면서 복도에 와따같다 하면서 눈물을 지앗쓰며 처재을 생각을 하며 눈물이 나오니 참기가 힘이 들어다. 그리고 처재 시누이가 한경을 이야기 하면서 집사람에께 이야기을 하는데 집배는 돈이 업고 자기들도 형제간들이 돈을 내서 병원비을 했따고 하면서 여기도

326) 민화투에서 화투 띠를 나타내는 말.

형제간이 만으니 조금식 도와달라고 부탁을 하는 것을 볼 때에 가슴 아푸며 재각키 살기 어러어 힘 더는데 하며 생각이 들며 돈이 만아서 이야기 전에 병원비 하여라 하며 돈을 내놀 정도가 돼며 을마나 좋으리. 그는 세상 하로라도 살다 죽어며 원이 업캐다 하는 생각이 들며 정말 가슴 아푼 일이며 동서가 잘 하여따는 이야기는 하여도 자신이 볼 때는 유방에 등으리을 그처름 큰 등어리가 자라두록 둔 것을 보며 잘 했따고 이재와서 이야기을 한들 들어줄 사람 업고 동서는 오늘날까지 하였따는 이야기을 하더라만 자신은 한 마디도 귀에 들어오지 않더라. 여화든 33살 나이로 살기는 살라야 하는데 하는 마음 뿐이더라.

처제 병실에서는 8시 정도 돼어서 나와서 영동포역에 차표가 업쓰서 밤 11시 9분에 좌석표을 가지고 오는데 집배 오니 밤 3시가 돼더라. 오늘은 정말 수고을 몽당 하여따고 말을 하고 십다.

지출에 … 서울 처재 병문안 26,000원

〈1990년 1월 6일 토요일 낡씨 맑음〉

오늘은 어재 서울 처재 병문에 시달리서 오늘은 부부가 종일 잠자기 대회 한 것처름 잠으로 종일 보냇따고 생각을 한다. 종일 동안 휴식을 하여도 시원찬으며 몸이 피로가 풀어저지 않는 일과을 보냇따고 생각을 가지본다.

〈1990년 1월 7일 일요일 낡씨 맑음〉

"금일 자유 예식장에서 이모님 딸에 딸 결혼식을 한다고 하여서 참석을 할려고 하다 몸도 시달리는 너킴이 들며 마을 잔치가 잇쓰서 김천 예식은 포기을 하고 부주만 형님에깨 부치고 자신은 김종록 씨 딸 결혼한다고 집배서 잔치을 처기 때문에 마을 잔치만 참석을 하고 마랐다."

"그리고 우리 마을도 이재는 맥주을 사용을 하는 것을 보니 낭비가 다 될 뿐 아니라 이재는 잔치로는 수입이 어렵깨따고 생각을 가지본다."

지출에 … 김천 이모님 딸래 딸 결혼부주 10,000원 종록 딸 결혼부주 5,000

〈1990년 1월 8일 월요일 낡씨 흐림〉

우리 마을에 내일이 매상이라 오늘은 매상 준비 한다고 하로의 시간을 다 보냇다. 정부에서는 농민들을 입부로 생각만 하지 실찌는 간심도 업다고 본다. 외냐하면 벼 탈곡을 한 지가 언잰돼 이재와서 매상을 한다고 할 때에 정부에서는 입부로 농민을 살린다고 법석을 부리지 말고 농민도 팔자을 곤치달라고 요구을 하지 않으니 실찌 농민이 무엇을 바라는가, 무엇이 필요한가, 농민이 정말 필요한 가제부터 풀어 주어며 한다. "정부도 새해부터는 자리 싸음만 하지 말고 우리 국민이 살라갈 길을 생각 좀 하여 주없사 하는 바람이다. 노태우 대통령도 무었신가 국민을 위하여 힘을 보여야지 그러치 않코 지나온 길을 그대로 걸어간다면 국가 손실을 책임을 저야 한다고 본다."

매상준비 52개 (3차)

지출에 … 새 값 3,000원 운이 고기 포장류 1,900원 計 4,900원

〈1990년 1월 9일 화요일 낡씨 비〉

오늘은 매상이라 비방울이 떨어저 매상 가

마니을 일적 가지고 가지 못하고 다행이 오전은 대신에서 공판을 오전에 하고 우리 마을에는 오후부터 하기 때문에 일적 스들지 안아도 시간 여유가 잇쓰서며 낢씨가 매상을 하게끔 참아주어서 큰 다행이라고 생각을 하며 낢씨 바서는 다들 공판을 못하기로 본 것이 낢씨가 공판을 하두록 참아주어서 우리 마을로 바서 큰 다행이라고 생각을 한다.

그리고 오늘 매상으로 89年도 농사을 안전이 망우리 하는 낢이여쓰며 자선으로 바서는 52개 다 1등을 맡자쓰니 기분이 좋을 뿐 아니라 89年도 농사가 다 1등으로 짓어 따는 너킴이 들며 마음 허뭇함을 가지는 바이다.

수입에 … 매상 52개 다들 1등 1등 가격 35,860원
{計} 1,864,720원

〈1990년 1월 10일 수요일 낢씨 비〉

한겨울에 비가 이처름 비가 만이 오는 것을 처음 보았쓰며 이 비가 눈이 싸여야지 내년 농사가 풍년 농사가 된다는데 비가 내리서 마음적으로 습한 마음이 된다.

오늘은 용일이 집배 신혼 여행을 갈다왔따면서 아침 식사 하로 갈든이 만은 엄식과 새 부부 맡이 나며 신부는 실랑을 잘 어더따고 생각을 하며 신부도 좋더라.

그리고 결혼을 너깨 하는 사람들이 부부간에 사랑을 만이 하면서 살라가는 너킴이 가진다.

그리고 낢씨도 땃이돼지만 종일 동안 술집배서 종일 술빵치기로 하로 일과을 보냇다.

지출에 … 술빵치기 2,000원

〈1990년 1월 11일 목요일 낢씨 맑음〉

요줌은 과부 술집배서 매일 노다시피 놀며 자신이 생각을 하여도 집배 소 극정을 하지 않코 나가면 종일 족치고 놀고 잇쓰니 자신이 생각을 하여도 잘 논다고 생각을 하며 그리고 집사람이 소을 돌본다고 바가지을 끌거며 맥노코 놀지 못하는데 집사람은 일하는 것은 을마든지 하는돼 아빠가 때을 굴머서 극정이지 다른 것은 업따고 이야기을 할 때에 마음이 고맡고 자신은 집사람 사랑을 만이 밭고 살며 자신은 남편이 아니라 자식처름 생각을 가지고 살라가는 부인이라고 말을 하고 십꾸나.

"그리고 오늘도 친구 부인이 남편을 돼리로 와서 눈을 부러뜨고 돼리고 가는 모섭을 볼 때에 여사로 안 보이며 남들이 잇는데 보기 실은 표정로 남편을 돼하는 것을 볼 때에 저의 집배에서 어떤 모섭으로 살라가는지 생각을 가질 때에 아들 모양 그저 어지렵따고 말을 해야 하나, 표현을 할 수가 업다."

"자신은 재아무리 놀다와도 여보 미안하다 하며 끝이 나며 늙 웃는 모섭 밥이나 잡수고 놀지 하며 달려더는 모섭 세상에서 복이 제일 만은 남자라면 나라고 말을 하고 십다."

"오늘 도박을 하다 캐어저고 말라찌만 도박을 하는 사람을 볼 때에 자신은 이해가 가지 안는다. 외냐 오늘 동장이 돈을 상당이 만이 가지고 잇는 것을 볼 때에 조금 가지고 매년 독박으로 날리는 이철수 씨가 60십개 돼는 사람이 남외 돈을 보고 따먹을라고 좋아서 춤을 처는 모섭을 보고 의이가 업쓰서 자신은 한참동안 얼굴을 쳐다보았쓰며 도박을 하는 사람의 심보을 을마만춤 껌은지 좀 뒤다나 밭쓰며 하는 마음이며 남

외 돈이 허역이 만으니까 도박을 하는 것이구나 하는 마음이 들어가는구나. 자신은 도박을 하는 사람이 오락을 절기서 도박을 하는 줄 알라떠니 오늘 관경을 보니 칼을 들고 강도짓을 하는 사람보다 속이 껌따고 말을 하고 십다."

오늘은 술빵치기로 20,000만원을 내야 하는돼 막판에 도박이 벌러저는 바람에 자신도 4,000원 내야 할 돈을 도박하는 바람에 자신이 대라로 안저서 술빵치기 돈을 다 떠드내서 오늘 토기[토끼] 돌부리는 공짜로 잘 했따고 본다.

"그리고 상점이 매상 전에는 술집이 매일 빈 집이더니 매상을 하고 나니 방이 비좁두록 손님이 만어저며 다들 낭비을 만이 하고 잇는 것이 사실이다."

〈1990년 1월 12일 금요일 낡씨 맑음〉

금일은 방앗간에 일반벼 정미하는 것으로 하로 일과을 보내고 마랐다.

금일은 일반벼을 정미을 하는돼 10가마니을 정미을 하였쓰며 자신도 작년부터는 일벼로 양식을 하고 잇다. 그전에는 통일벼을 한 가니라도 더 해서 소득을 할려고 노력을 하였따고 생각을 하며 이재와서는 자신도 일반벼로 식량을 하고 잇쓰니 그만춤 생활이 안정이 돼어따고 생각을 하며 아직 동내쳐고도 통일벼로 양식을 만이 하며 일부는 정부미로 식량을 하는 것을 볼 때는 자신이 살림이 부유했따고 생각을 가지본다.

지출에 … 전화비 3,000원 수득세 값
　　12,000원 고등어 1,000원 닭갈
　　2,200원
　　計 7,900원[327]

〈1990년 1월 13일 토요일 낡씨 맑음〉

금일은 마을 단위로 영농 교육을 하여쓰며 영농 교육으로 나온 교관도 이재는 교관으로 나와도 힘이 업따고 자진 말을 할 뿐 아니라 농민의 설 자리가 업따고 이야기을 하며 이재는 교육도 형식적인 교육이라고 말을 하고 십프며 오늘날까지 농민이 정치인의 도구밖에 돼지 않아쓰며 앞푸론 선거해도 별 도음이 업쓸 때가 돼어따고 생각을 할 때에 농촌을 밖차고 나쓰야 하는데 이재와서 도시 생활을 할 수도 업고 죽어나 사나 농사일 하여야 하니 이것이 문제구나.

"우리나라가 95年에는 농산물 전채가 개방을 하여야 한다고 생각을 할 때에 우리 농민으로서 짤번 시간에 대책도 할 수 없쓸 뿐 아니라 정부는 농산물 전 품목 개방을 코앞에 오는 것을 이재와서 대책을 세우야 한다고 법석을 부리고 농민의 가슴에 못을 밖는다는 것이 엔 말이며 차라리 정부에서 농민을 구제을 하지 않코 그냥 두어따면 이것보다는 살기가 수라지 않아쓸까 하는 생각도 들어간다."

"아포 조합장 선거을 금년부터는 조합원이 선거로 뽑는 조합장이라 그전에는 총대[328]로 선출을 할 때보다 선거가 가열이 돼고 잇쓰며 오늘부터는 선거 부니가 돌고 잇다."

자신이 볼 때는 현 조합장 김복기 씨가 유리하다고 보는돼 선거 운동자는 김일웅 씨가 만으며 우리 마을에도 운동자가 세부적

327) 실제 합계 금액은 18,200원이나 7,900원으로 잘못 기록하였다.

328) 조합 총대의원의 줄임말.

으로 침입을 한 것을 보며 현 조합장이 막판에 가면 불리할 껏이 아니냐 하는 염려도 된다.

수입에 매상 가마니 가격 인상 금액 45,520원

지출에 … 벼 씨 값 인상분 값 3가마니 1,000원 혜영이 공낙금 97,230원 옷 24,000원 큰집배설 신다고 10,000원 집사람 머리 6,000원 밀감 1,000원 집사람 몸패이 1,500원 닭 5,000원 밤 1,000원 반찬 2,000원 화장지 1,200원 차비 200원

計 150,130원

〈1990년 1월 14일 일요일 낡씨 맑음〉

금일은 혜영이가 건강이 약한 것 같다서 혜영이을 돼리고 대구 약전 골목에 가서 보신 약으로 한약 1지을 짓어쓰며 약도 6개월 차이에 10,000원이 올란 샘이며 운이 약을 짓을 때는 40,000원 달라고 하더니 오늘은 50,000만원 달라고 하는 것을 볼 때에 물과가 만이 올란 셈이라고 말을 하고 십다. 모든 가격이 하로가 다르게 올라가니 서민들을 부란하게 말들고 잇따고 본다.

"약전 골목에서 약을 들고 택시을 잡아서 북부 주차장을 오는돼 택시 운전수가 손님에깨 양해도 업씨 손님을 잡을라고 셋 골목을 다니며 손님을 잡는돼 세 번째는 손님을 잡아서 태우는되 삼 명을 태우며 이것을 보고 말을 할련이 자신에 득이 업쓸 것 같고 참을라니 속이 상하며 오후 내 마음이 풀리지 않으며 대구라는 곳이 불캐하기 짝이 업더라. 정부에서는 택시비 올리고 합승을 못하두록 한 지가 불가 멫 달 밖에 안 돼어는 돼 이재는 기사들이 손님에깨 양해도 업고 손님을 합승을 할려고 차저다니고 잇쓰니 손님이야말로 속이 상하는 점 말을 수가 업따고 본다."

"금일은 대구에서는 불캐한 하로가 돼어따고 본다."

지출에 … 열차비 800원 동대구역에서 약전 골목에 택시비 750원 혜영이 한약 1지 50,000만원 약전 골목에 북부주창까지 1,400원 직행 뻐스 1,480원 뻐스비 480원

計 54,810원[329)]

〈1990년 1월 15일 월요일 낡씨 맑음〉

금일은 동내 총회을 하여쓰며 그리고 우리 동내는 동장을 할려고 더는 사람이 업다. 진일이가 적으나 동내 일을 바준다면 우리 마을에 종신 동장을 할 수가 잇는데 동내 일은 무간심이며 입부로 동장을 다 하고 말며 오늘도 동장 후보자가 업쓰서 진일 氏 혼자라서 신임을 백지로 찬반을 무러니 반대 15명, 찬성이 18명 이것을 보며 동민들은 실찌 다들 실은데 후보자가 업키 때문에 동장을 세우는 것이라고 본다. 이번에 찬반을 한 방에서 무러니 마지 못해서 찬성을 하여서 겨우 동장이 돼어따고 본다. 그리고 적으나 기조가 잇따면 반대하고 잇는데 동장을 할려고 더는 것을 보며 그 사정도 알라주야 한다고 본다.

329) 실제 합계 금액은 54,910원이나 54,810원으로 잘못 기록하였다.

그리고 서울 처재예깨 병문 간다고 김천 처형, 선둘 처형 간다고 지리도 모런다고 가자고 하여니 집사람이 병문을 같쓰며 자신은 나중에 집사람과 같이 한번 가볼려고 한 것이 이번에 집사람은 저의 언니들과 같이 병문안을 같다 왔쓰며 집사람이 병문안을 같다와서 경과가 좋다고 이야기을 할 때에 반갑더라.

그리고 병원비도 300,000만 주어따고 한다기에 병원비도 극정을 하지 않아도 돼겟쓰며 자신은 처음 보고 와서 돈이 엄청나게 쓰러질 것 같다서 자신이 주선을 하여서 단 500,000만원이라도 주선을 하여서 줄라고 들어떠니 오늘 병문안 같다와서 이야기을 하는 것을 보고는 서민들레깨는 필이 보험카드가 잇쓰야 한다고 제삼 너켜다.

지출에 … 병문에 20,000만원 차비
9,000원 택시비 값 2,050원
밀감 1,000원
計 32,050원

〈1990년 1월 16일 화요일 낡씨 맑음〉

금일 두엄을 당산 밭에 한 발리 실어내고 잇쓰니까 오후에 조합장 후보자들이 찬조돈으로 돼지 잡는다고 이야기을 하여서 작업을 중단하고 마랐다.

오늘은 선거 술이라고 동내방에 비좁아서 터저나두록 손님이 만으며 금일이 최고로 사람이 만아따고 생각을 한다.

"동내 패물[폐물][330]은 꼭 한 사람이 잇따고 하더니 인득이가 죽고 나니 정두환이가 술 먹고 난동을 부리며 동내방에 아무도 업는데 물 바겟스을 다들 깨어버리따고 이야기을 하며 동민들이 단번에 벗릇을 더리야 한다며 불어서 추궁을 한들 별 득도 업씨 끝이 나고 옛날 같으며 온 동민이 주먹으로 해결을 하지만 요줌 때리면 변상을 하여하니 직접 갈련돼지 않으며 소리을 하지 않는 세상이라 큰소리 벌소리 하는 사람이 손예보다 득을 보는 것이 만타고 생각을 가지며 그리고 인득이가 죽고는 도박을 할려고 더는 사람이 업떠니 이재는 우리 마을에도 도박이 업깨따고 생각을 하였는데 요줌 아서는 도박을 안저며 하고 인간이란 큰 놈이 업쓰며 작은 놈이 일을 다 한다더니 도박을 절기고 껀질게 하든 놈이 죽고 업쓰니 이재 왔쓰는 원태가 도박을 벗쩍 서들고 잇쓰며 요줌 서들고 잇는 사람이 자미을 보고 잇다. 그리고 인덕이가 잇쓸 때는 도박이 끝까지 가지 않코 난동으로 도중에 깨어저고 마는돼 요줌은 난동이 업쓰니까 도박이 차분이 진행 착실이 된다고 보며 피해는 인득이 잇쓸 때보다 드 만이 가리라고 생각을 한다."

"금일은 선거 술로 온 동내가 잔취을 한 셈이다."

〈1990년 1월 17일 수요일 낡씨 맑음〉

오전은 어재 먹고 남원 것을 다시 살마서 멧 치가 잘 먹어다. 이재는 오늘 지내면 선거 술은 업쓸 껏이며 그리고 생각한 것과는 검면한 선거 운동을 한다고 말을 하고 십다. 우리 마을에 돈 쓰는 것을 보며 돈을 안 쓴다고 바야 한다고 본다.

그리고 조합장 선거 투표는 처음이기 때문에 조합원이 더 감심을 가지고 잇는 것이

---

330) 말썽꾼

사실이다.

그리고 오후에는 너무나 화창하며 오전에 놀기가 했님에깨 부끄러울 정도로 좋으며 마음이 오늘같은 날래 논다면 생각을 만이 할 사람이라고 생각이 들어 오후에는 경운기로 두엄을 안전희 실어내는 작업을 하엿다.

〈1990년 1월 18일 목요일 낡씨 맑음〉

금일은 우리 조합에 조합장 선거 날이며 우리 국민이 선거하면 돈을 만이 쓰는 사람이 당선이 돼더시 우리 조합장도 돈을 만이 쓰는 김일웅이가 돈을 만이 뿌리는 것이 사실이며 결정적인 당선 요인원 오늘 세벽에 쇠고기 1斤 반을 집집마다 돌리서 이것이 투표의 당선이 된 것이라고 생각을 가지며 자신은 김복기 표라고 쇠고기도 어더먹지 못하고 우리 동내 쇠고기가 90집이나 돌리따고 이야기을 할 때에 자신이 뚝껑을 열어볼 끄도 업씨 김복기 씨가 졌다고 이야기을 하여쓰며 남들은 김일웅이가 술만 먹어면 개라면서 뚜껑을 열어바야 한다고 이야기을 만이 하더라만 자신은 열어보나 마나다고 이야기을 한 것이 마자 떨어졌쓰며 이것은 엄청난 표 차이가 약 400포 차이라니 선거하며 돈이다 하는 실감을 제삼 너켜쓰며 자신이 볼 때는 우리 제산을 돈보다 성실한 사람에깨 막키야 하는데 성실하지 못한 사람에깨 살림을 막키는 조합원 심정을 알 수가 업쓰며 우리 조합원 수준이 이처름 생각 이하인 줄 정말 몰라다.

그리고 투표을 하고 나면 술 먹으라는 사랍이 업는돼 오늘은 투표을 하고 나도 맥주, 고기, 술 배 떠저두록 먹을 수가 잇쓰며 대통령 선거 때도 이처름 만이 먹어보지 못해쓰며 난생 처음 선거 술을 만이 먹어따고 생각을 한다.

"우리 국민 수준이 언재 가면 돈 선거가 살라절란지 정말 한심한 실정이다."

지출 양발 1,000원 오꼬시 1,000 차비
400원 티밥 값 2,000원

〈1990년 1월 19일 금요일 낡씨 맑음〉

"중앙 기상대서 오늘이 90年 들어와서는 제일 춥께따고 이야기을 하더니 낡씨가 별료 춥지도 안떠라. 그래도 일은 하지 않코 집배서 오전을 휴식을 하고 오후에는 상점에 가서 놀라쓰며 사람들이 동사에서 놀며 지출이 돼지 않는데 상점에서 놀기 때문에 다들 지출이 만아저고 잇다. 그리고 다들 술 값을 서로 할려고 더는 것을 보며 다들 여유가 잇쓰며 보기에도 좋더라만 농천에서는 다들 가다 낭비을 하고 잇는 실정이다. 그리고 상점에 놀다보니 대신 동서 영수가 왔떠라. 그래서 술 한 잔 사주고 마라쓰며 자신이 볼 때는 부인을 주어서 생활을 할 수가 잇따고 보는데 사람만 들어오며 살지 못하는 이유가 무었신지 알 수가 업쓰며 이재는 54세인돼 조금만 더 가면 정말 여자 었키가 힘이 더는데 하고 생각을 할 때 안타값키 짝이 업더라."

지출에 … 동서 술 값 3,000원

〈1990년 1월 20일 토요일 낡씨 맑음〉

금일은 올더러 제일 추언 낡씨라고 말을 하고 십다. 오늘이 대한인돼 대한하며 아주 추언돼 금년은 겨울이 아니라 가을 추이보다 들 추운 겨울이라고 말을 하고 십꾸나.

"세월이 흙을수록 겨울 추위가 들 해가면서 요줌은 겨울 해도 어름 하나 얼지 않코 겨울철이 다 가고 잇다."
"오늘도 상점에서 하로 일과을 보내고 마랐다. 자신이 생각을 할 때 너무나 잘 논다고 생각을 하며 너무 생각을 하지 않코 시간을 보내는 자신을 자착을 만이 하고 잇다."
지출에 … 술빵치 1,000원

〈1990년 1월 21일 일요일 낢씨 맑음〉
오늘이 재일 춥어든 것 같다. 오늘은 집사람이 모타가 얼어서 돌지 않으며 수도가 얼어서 다들 터저따고 이야기을 하여서 나가 보니 이미 수도 얼어서 쓰지 못하두록 돼어 잇쓰며 모타는 무선 영문인지 모러고 떠거운 물로 녹이고 하니까 모타가 돌며 오전에는 수도 고장 수리을 하여쓰며 오후에는 금년들어 처음 과수 나무 전정을 하여쓰며 올더르 전쟁을 하기 실어 미루어 왔쓰며 이재부터는 일기분이 따리더라도 계속 할 욕심이며 그리고 설 시며 상토 흙 준비 하키 때문에 자꾸만 바파진다고 본다.

〈1990년 1월 22일 월요일 낢씨 눈〉
아침에 일어나니 눈이 왔드라. 어느 누구도 눈이 올 줄은 몰라쓸 것이다. 외냐하면 화창한 밤 하늘이여키 때문에 눈이 오리라고는 생각지도 안는 눈이 내려쓰니 그 기분도 실찌는 않으며 이왕 온 짐에 만이 내리쓰며 하는 마음이더라.
그리고 집사람이 숙모님과 대신으로 가래떡을 할려고 미아까로 갈려고 하여서 자신이 생각을 할 때에 미와까만 대신까지 몰고 가더 힘이 들 것이며 눈이 완 상태라서 도저이 그냥 둘 수가 업쓰며 자신이 그먕 경운기로 실고 가서 보니 떡방아관은 만은이며 여기을 보니 설이라는 기분이 너킬 수 잇쓰며 한참 대목을 보고 잇더라.
그리고 우리 차래을 기다릴라니 시간이 넘어나 지루할 껏 같다서 사촌 동서 집배 놀다 지루해서 대신 동사방에 들어가니 낢씨도 춥고 하니 절먼 사람과 중간 다들 혼합이 돼어 노는데 가만이 놀 때에 낭비을 우리 마을보다 낭비 하지 않으며 한쪽에서는 장기, 한쪽에는 티부이, 한쪽에는 화토을 하는돼 백 원짜리을 노코 빼다 먹고 잇더라. 이것을 볼 때에 조용이 놀며 자신이 볼 때는 우리 마을 바서는 아들리 놀고 잇따고 생각을 하여도 무리가 업따고 본다. 자신은 대신 사람을 이처름 검소하고 놀고 잇따는 것을 조금도 생각을 하여보지 않아쓰며 그리고 오후 2시까지 잇쓰는돼 술 병 하나 들어오지 않는 것을 보니 자신은 감짝 놀랐다.
"우리 마을은 대신 바서는 너무나 생각을 하지 않코 낭비을 만이 하고 잇다. 그리고 대신 바서는 노는 차온이 타락 키가 잇따고 하면 너무하다고 볼련지는 몰라도 가화다는[과하다는] 것은 사실이다."
지출에 … 떡 값 2,000원

〈1990년 1월 23일 화요일 낢씨 맑음〉
요줌은 갈수록 더 추어며 오늘은 바람까지 불고 하니까 다들 일을 할려가 드는 사람도 업쓸 뿐 아니라 자신도 일을 할려고 들지을 안으며 금년 추이는 업따고 하더니 한파가 몰려오니 사람들이 웅끄리기만 하겟더라.
그리고 세집배 웃뜰 논에 객토을 하여쓰며 한 단지에 40바리 너어니까 아주 만은 량은 아니라도 객토 처고는 충분하리라고 생각을 하며 세집 논이 조금 나자서 객토을 만이 할 수록 좋다고 보고 잇다. 오늘 객토는 참 잘 했따고 생각을 하며 자신이 놀 때 해서 자신의 일을 들은 셈이라고 생각을 가 진다.

"그리고 요줌은 오락을 해도 손에가 업고 득을 보고 잇다."

지출에 … 목장값 300원

〈1990년 1월 24일 수요일 낡씨 맑음〉

민정당, 민주당, 공화당 셋 당이 오늘로서 합당을 한다고 발표을 하여쓰며 요기까지 는 잘 앗따고 하나 삼 당 중에 차기에 대통 령 후개자을 누가 하나가 문제라고 생각을 하며 이것이 망우리가 잘 된다면 나라 발전 을 할 수 잇따고 보며 현 사당으로는 국가 발전을 도저이 할 수가 업따고 본다. 외냐 오늘날까지 싸음만 했쓰니까 삼 당이 합이 을 잘 해서 국가의 홀란을 더 주는 일이 업 깨끔 하여주면 더 바라지 않으며 만약에 삼 당의 총재들이 마음을 비우지 않으며 국민 의 홀란을 더 할 쇼제 잇따고 보며 여하든 정부 안정이 돼어쓰며 하는 바람이다.

"요줌 한파가 몰려와서 하로 갈수록 최고 추위을 기록을 하는 날이 돼고 잇다."

〈1990년 1월 25일 목요일 낡씨 맑음〉

금일은 개돌리을 하는데 설이 내일 모래라 서 개 돌부리을 화지 않을라 하다 고기가 방에 들어오는 것을 보고 나올 수도 업고 해서 그만 돌부리을 하고 마랐다. 부모님을 모시야 하는 자신을 생각을 할 때에 부모님 의 차례상을 차례 노코 깨끗한 마음과 아주 엄숙한 마음으로 자리에 쓰야 할 자신이 외 순간을 참찌 못하여 따는 것이 부끄러어며 자신을 만이 꾸중을 한 오후 일과라고 말을 하고 십다.

"앞푸론 재사나 차례상이나 한 달 안에는 개돌부리는 하지 않을 끄시며 몸을 깨끗이 할 작정이다."

지출에 … 개돌부리 2,500원 술빵치
1,000원

〈1990년 1월 26일 금요일 낡씨 맑음〉

매년 설 마지 청소을 하였왔돼 오늘 자신 은 청소 한다고 도구을 가지고 나가서 그 냥 돌라보고 마랐다. 외냐하면 츕다고 말라 쓰며 이것은 동장이 간심이 업키 때문에 청소을 하지 아니하여쓰며 세월이 갈수록 농촌에도 협동하는 정신이 희박하며 먼지 않아 농촌 인심이 살라절 것을 생각을 하 니 외 인생 생활을 발지 못하게 하는 세월 한탐스럽다.

"이재는 내일이 설이다. 오늘리 벌서 설 기 분을 내며 금년은 고향을 차저오는 사람이 만으며 술집 경기을 보니 살기는 수래젓따 고 인식이 돼며 우리 국민성 과소비을 만이 하며 실속 잇는 국민이 돼자면 오랜 세월이 흙으야 바로 잡을 수가 잇따는 것이 가슴 아픈 일들이다고 본다."

지출에 … 늑둘 수해 때 양수 작업 공사
8,433원 이발료 3,000원
오락에 2,000원
計 17,033원[331)]

〈1990년 1월 27일 토요일 낡씨 맑음〉

오늘이 설이다. 정부에서 양력 설 시라고 그처름 건유하고 음력 설 시는 것을 억재하

331) 실제 계산은 13,433원이나 17,033원으로 잘못 기록하였다.

고 해도 국민이 음력 설을 시고 잇쓰니 금년부터는 음력 설을 쉬두록 공휴일을 만들고 마랐쓰며 금년이 양력 설을 마지한 해 10년이 흙으따고 보며 10년 지난 오늘이야 말로 음력 설 고유의 설을 찾게 된 그 기분 이야말로 가슴 붓듯하다고 생각을 하는 바이다.
"그리고 순종이 형님이 용근 족가하고 회집을 경영한 후 순종이 형님이 고향이 들리지 않떠니 오늘 설 시로 형님 내외만 설 시로 왔떠라. 이것은 형님이 잘 생각을 하였쓰며 이재는 서로가 정을 나누고 내년에 아들을 돼리고 오면 모든 끈이 풀리고 만다. 이것이 순종이 형님에깨 외 설 명절에 오라고 이야기을 한 적이 잇찌만 순종이 형님 진작 왔야하는돼 하면서 생각도 하지만 금년이라도 차저 왔쓰니 큰 다행이라고 생각을 하며 오늘도 형수는 어색 하나 형님은 전과 별다름 업시 보내따고 생각을 한다."
"그리고 우리 가정에도 별다름 업씨 다들 참석을 하였쓰며 내년에도 우리 형제관들이 건강한 모섭으로 참석을 바라며 오늘 설을 조용히 넘기는 바이다."

〈1990년 1월 28일 일요일 낡씨 눈〉

오늘부터 기상대는 낡씨가 풀린다더니 별루 풀리지 않는 상태며 이재는 낡씨 좀 풀리주어쓰며 하는 기분이더라. 낡씨 추어니가 만사 일이 안 대며 계핵이 업는 날을 보내겟더라.
"그리고 오늘 눈이 마음 같다서는 좀 만이 내리주어쓰며 하는 마음인돼 눈이 내리고 잇는 모섭을 보니 만이 올 눈이 아니라서 마음은 밝지 아니하구나."
"요줌은 자신이 만사 일 두고 놀고 잇쓰며 집배 일은 집사람에깨 다들 막키고 잇는 것을 생각을 할 때에 너무 생각을 하지 않으며 무활량으로 놀고 잇따고 생각을 하며 우리 혜영이는 저의 엄마에깨 아빠 일한다고 예 먹어는돼 놀구로 나두라고 말을 한다고 이야기을 할 때에 그 마음은 고맙더라만 앞푸론 내가 할 일은 하고 놀겟따고 생각을 가지고 잇다."
그리고 순서 내외와 순복이 이세을 다들 돼리고 부모님 산소에 갈다오는 모섭을 볼 때에 정말 내 가슴 찡하두록 고맙고 자신의 할 일을 하고 잇따는 너킴이며 정말 이 형으로서 정말 고맙다고 말을 해야 하겟다. 너이들이 부모님을 생각을 하고 살라가고 잇따는 것이 축복이 아닐 수 업쓰며 우리 다 같이 부모님을 생각을 하며 모진 바람 다들 이겨가면서 살라보자.

〈1990년 1월 29일 월요일 낡씨 흐림〉

이재는 자신도 한 해을 보내고 성숙한 생할을 하여야하며 행동, 말 전부을 생각을 하면서 살라가야 한다고 생각을 하며 우리가 친구들과 놀 때에 자신도 모러게 욕이 나올 때에 본인은 아무 생각 업시 넘어가지만 상대방은 상당이 불캐하며 그것이 고향이 들어가며 입벗릇이야 말로 개정이 심든다고 보지만 자신도 무이숙 중에 욕이 나오지 않은가 하고 자신의 얼굴도 불거절 때가 잇다.
"인간이 양반이 돼자면 먼저 입버릇이 좋아야 한다고 보며 정직을 버리서는 아니된다."
"오늘도 자신에 할 일을 반은 하고 반원 집사람이 한 셈이며 이것이 친구들과 어울려 놀며 실천이 힘들며 오늘부터 내일은 내가 할려고 생각을 하여는데 반 실천 밖에 못했다. 앞푸론 시정이 돼어갈 끗이다."
지출에 … 도서관 비 1,320원

〈1990년 1월 30일 화요일 낡씨 눈〉
집사람은 친정을 보내고 자신은 놀로 갈든이 혜영이가 돼리로 왔더라. 그래서 집배오니 외갑집배서 다들 왔따고 놀로 오라는 전화가 와서 처 어머님이 어떠게 생각을 할까 혹시나 서운하게 생각지도 안을까 하고 자신의 머리에 갈피을 잡지 못하게 헌들리서 눈을 마저며 첫갓집배 같쓰며 첫 어머님에깨 못처름 새배을 더리고 어머님의 좋아하는 모섭을 보니 자신이 잘 았따는 느킴이 들드라.
그리고 김천 처형과 선둘 동서, 처형, 처남, 온 식구가 한 자리에서 화토 노리로 우리 부부가 승리을 한 셈이다. 자신이 첯갓집배서 웃고 놀란 적은 오늘 뿐이라고 생각을 한다.
"자신이 처 어머님에깨 새배를 드리면서 올해도 건강하세요 하고 인사을 드리찌만 어머님은 오늘 좋아하는 모섭을 보니 아직은 글력이 아주 좋아보이서 자신으로 매이 기쁘드라."
지출에 … 집사람 친정가는데 처 어머님 옺, 쇠고기 18,800원

〈1990년 1월 31일 수요일 낡씨 눈〉
"이번 눈이 폭설이라고 말을 하고 십다. 이번 눈은 하로 종일 동안 내리쓰며 인간의 마음은 캐알하게 하여찌만 눈 피해는 만아따고 생각을 하며 이번 눈이야말로 9年만 최고의 눈이 내리따고 이야기을 하는 것을 볼 때에 가연 만은 눈이라고 말을 하고 십다."
정부에서는 민정당, 민주당, 공화당 삼 당이 합세을 한다고 당 관판을 내리고 잊찌만 이것이 합이가 잘 돼지 않코 흘란만 더하는 것이 아닌가 하고 염려도 될 뿐 아니라 삼 당이 합당 문제로 금년 한 해을 알찬 정치가 돼지 않코 삼 당 수섭하는돼 시간을 다 가지 않을까 하고 염려가 돼는구나.
"한국 정치는 외 국가을 위해서 정취을 하지 않코 국회만 들어가며 자리 싸음만 하여야 하고 자기 자리 지키기만 할려고 들며 자기 이익만 생각을 하는지 그 속을 알고 십프며 국민은 정치을 미들수도 업고 정부가 어디로 가는 줄도 모러고 강 건너 불 보더시 멍하니 바라만 보는 지경이 돼고 잊쓰니 한심스렵다."
지출에 … 오락에 3,000원 야구르트 값 7,440원

〈1990년 2월 1일 목요일 낡씨 눈〉
삼 일 동안 눈이 내리쓰며 이 눈이 1자가 넘깨 내리쓰니 상당한 눈이며 이 폭설로 피해가 상당이 만으며 수해보다는 피해가 적다고는 보지만 이번 눈으로 정국에 피해가 상당이 만으리라고 생각을 가지본다.
"한해의 영농 설계을 하여야 하며 2월이 돼며 영농 준비을 하여야 하며 자신도 이번이 눈이 녹어며 실천을 해 갈 작정이다."
"상점에는 이번 눈이 복 등어리라고 생각을 하여야 한다. 이번 눈이 와니며 다들 들로 나가서 손님도 업쓸끈돼 요줌 눈 때문에 다들 낭비을 앞다투어 하고 잊쓰며 상점에 거래돼는 돈원 오천 원 이화[이하]는 듬으로 가고 잊쓰니 이것을 말을 할 여유도 업따고 본다."

〈1990년 2월 2일 금요일 낡씨 맑음〉
금일은 윷노리, 화토노리 다들 하여쓰며 자신이 노리해서 수입을 본 적은 오늘 밖이라고 생각을 하며 다들 술집배 돈 주는 것은 다들 자기 돈이 아니라서 기만이가 만으며 실찌 팔라주는 가격보다 반은 그냥 따라가는 돈이 만타고 생각을 하며 이것을 따지며 실타고 할 껏이고 그냥 두며 매일 노는 사람들이 큰 피을 보는 것이 사실이다.
"그리고 이 눈이 빨리 녹아야 일을 시작을 하지 그러치 않으며 일들이 지연이 만으며 자신으로 바서 봄에 할 일들이 넘어나 만타고 생각을 하기 때문에 마음이 바푸구나."
지출에 … 혜지 신발이 12,800원

〈1990년 2월 3일 토요일 낡씨 맑음〉
금일은 육노리에 자신의 마음이 너무나 흥분이 돼어 잇는 상태여나바. 자신이 윷노리 노리에 5,000원 식이나 글어쓰니 자신의 마음이 들뜬 것은 사실이다. 앞푸론 이른 노리는 하지 않아야 하겟다. 오늘도 갠이 6,000원 손에을 본 셈이다.
"오늘은 윷노리 다방에 형님 따라 가도 가는데 돼로 손에을 본 셈이며 윷이 될 뜻 댈 뜻 하면서 돼지 않는 것이 윷노리라고 생각도 너켜다."
지출에 … 윷노리 6,000

〈1990년 12월 4일 일요일 낡씨 맑음〉,
자신도 가만이 생각을 할 때에 친구와 노는 것도 좋찌만 자신이 고수돕 뒤전에서 생각을 할 때에 담배 연기에 눈물을 흙리면서 같이 놀고 잇는 것을 생각을 할 때에 자신이 자재을 해야 하지 생각 업씨 담배을 피우는 사람을 건절을 할 수가 잇나. 남을 생각지 않는 사람을 두고 이야기을 할 필요가 업쓰며 자신은 매일 문 앞패서 공기 전환을 다 하며 담배을 하는 사람이 채면이 제일 업는 사람이라고 말을 하고 십다.
"인간은 남을 피해을 주지 않는가 늙 생각을 하라. 이것을 생각을 하지 않는 자는 이미 이성을 일고 잇는 자라고 말을 하고 십다."

〈1990년 2월 5일 월요일 낡씨 맑음〉
금일은 술빵치기을 종일 해도 성리을 하여쓰며 반은 부정으로 성리을 하여쓰며 종일 동안 우선 것을 천다면 한이 업쓰며 자신이 생각을 하여도 오늘은 상당이 절머젓따고 생각을 하며 오늘 먹은 것이 동태찌게, 토기찌게, 비들기 찌게, 오리찌게 하로 4번식을 먹어니 실찌 이장이 욕을 할 정도다. 그리고 하로 2번식은 찌게를 하여서 술을 먹어니 실찌 낭비가 만으며 이 돈이 누가 쓰도 쓰야하니 손에 가는 사람은 매일 가며 주로 도박, 윷노리에 돈이 다들 떨어저고 자신도 윷노리 디빵[332]으로 20,000원 넘어 수입을 받스며 이 돈을 가지고 집배 올라니 마음이 멋하며 돈을 일은 사람은 방에 돼리고 들어가서 도박을 할려고 돈 딴 사람들 더어오라고 하니 의이 갈 수도 업고 방에 들어가기 마른이며 자신도 남외 돈 가지고 가도 별 이득도 업따고 생각을 하고 일뜬 따뜬지 본전만 두고 할 작정을 하고 화토을 탁 두 번만 지고 간다는 개산 화에 5,000원식 두 번 지어보니 다 뜰어저서 저녁 먹어로 밤 9시 들어니 요줌 바람 난 사

332) 구전 뜯기

람 같따고 집사람이 이야기을 하며 자신도 밥 달라 소리가 적어저드라. 그리고 자신이 돈을 20,000원 넘어 따니 사달라고 붓는 사람이 의이 더 만으며 이것을 거절을 할 수가 업더라. 그래서 쌍아탕 쭉 돌리고 한 것이 4,000원 이른 것을 볼 때에 술집배서 돈 따먹기 하는 사람들이 제일 모지래는 사람이라고 생각을 하며 이것을 하는 사람들은 정말 등신이다.

자신도 요전 앞에 윷노리로 손에 본 것만 찾고 딴 것은 다들 나갈다고 보며 오늘 일은 계핵적으로 한 것이나 다름이 업다. 외냐하며 윷판으로 80,000만원 풀어미더니 방에 들어가가스는 급피로 달라드러서 본을 차절라고 하는 것을 보니 실찌 윷판으로 수입도 보지 않코 방에 걸려 드러서 도박을 하고 잇쓰며 금새 본을 차저가는 것을 보고 자신은 저녁 먹으로 와쓰며 실찌 응뚱한 사람이 당하는 것이 아닐까 하고 집배 잇쓰도 염려가 돼며 이 뉴스는 내일 출권하며 다 알게 된다.

윷판으로 7,000원 본 셈이다.

〈1990년 2월 6일 화요일 낡씨 맑음〉

"요줌은 모두들 잘들 놀며 윷판이 요줌은 도박성이 더 만으며 이른 것을 볼 때에 농민들이 겨울철에 조금이라도 돈을 벌 수가 잇따면 지출이 업키 때문에 상당한 수입이 된다고 보는데 겨울철에 벌리가 업따는 것이 농민들로서는 가슴 아픈 일들이다."

"우리 운이가 겨울방학 동안 만이 성숙이 돼어따고 생각을 한다."

지출에 … 전기세 값 1,840원
　　　　　술빵치 1,000

〈1990년 2월 7일 수요일 낡씨 맑음〉

오전에는 윷판, 화토노리 다들 하고 놀라쓰며 낡씨 화창해서 놀면서 작과 나무 전정을 하여야 하는돼 하면서도 눈이 녹지 않아서 다들 놀고 잇쓰며 자신이 오후에는 작과 나무 전정을 할려고 하니 집사람이 눈밭돼 하지 마라고 하여서 전정할 도구을 안 가지고 당산밭에 가보앗든이 눈이 안전이 녹아쓰며 당산 밭은 양지 발라서 삼 일은 더 빨러다고 생각을 한다. 이것을 보고 작업을 할 수 잇쓰는데 눈 때문에 못 한다고 여때것 놀라쓰니 정말 까운 시간을 보낸 것이 아쉽다.

"내일은 어떠한 일이 잇쓰도 작과 나무 전정을 하로 갈 작정이다."

지출에 … 윷판놀리 2,000원

〈1990년 2월 8일 목요일 낡씨 비, 눈〉

"금일은 먹구름이 몰려더는 것을 보고 일적스들어 작과 나무 전정을 하로 가서 나무 두 나무을 하고 나니 눈, 비가 쇼다저서 일을 중단하고 집부로 돌라오고 마랐다. 요줌 낡씨가 변득이 만으며 작업이 지연이 만으며 금년 농사에 굴곡이 만아저지 않을까 하고 불안감이 들어가는구나."

"금일은 집배서 종일 동안 휴식을 하여쓰며 자신이 휴식을 집배서 하여보니 마음이 편하며 집사람과 화토노리을 하니 자신은 돈이 따리지 않으니 별 재미는 업는데 집사람은 남편과 화토노리가 그처름 좋아하는 모섭을 바라볼 때에 남편가 같이 노리가 저처름 좋아하는 안내을 그냥 두고 아침에 나가면 정심, 저녁 술집배서 다들 먹고 마니 겨울 한철 동안 집사람을 혼자 두어따는 것이 미안타고 생각이 들며 자신도 담배을 피우지 않키 때문에 나가면 담배 연기에 질식돼어 눈물을 때로 흙리면서 매일 낭비을 하는 것이 좋아서 밥만 먹어며 상점이 짠애는돼[짠했는데] 이재는 집사람과 같이 잊는 시간을 더 만이 만드러야겟다. 집사람이 좋아하는 것을 남편이 하여주지 않으며 누가 해줄 수가 잊나 앞푸론 노력을 할 작정이다."

〈1990년 2월 9일 금요일 낡씨 흐림〉

금일은 작과 나무 전정을 종일 동안 하여쓰며 오늘도 술집배 방으로 하나 놀고 잊는데 발길을 돌리서 들어갈려고 하다 한번 들어가면 돈 쓰고 일 못한다는 생각이 더 들어 그만 일터로 가고 말랐다. 오늘은 실찌 억찌로 술집배 가는 것을 방지하였다.

"국가 치안이 어떠게 돌라가는지 매일 도난, 강도 사건이 이처름 만이 발생을 하며 강도는 틀고 나면 경찰 치안은 감도 잡찌 못하고 주저만 하다 말고마는 정부 치안 외 국민을 불안하게 하지 않코 마음을 밑더며 다들 대문 업는 국가을 만들지는 못하는가 하고 한스럽게 여겨지는구나."

지출에 … 참기름 짜는데 2,000원 닭튀김 4,500원 약, 무좀, 감기 5,300원 김가루, 껍데기, 청어 3,000원 가위, 옷솔, 좀약 2,600원 노끈 1,500원 차비 400원 헤지 병원비 2,000원 혜영이 과자 1,000원 計 22,300원

〈1990년 2월 10일 토요일 낡씨 비〉

이번 달은 일기들이 불순이라고 말을 하고 십다. 외냐하면 눈, 비 와도 너어 만이들 오며 오늘도 비가 모내기 비처름 쇼다저고 잊다. 그리고 종일동안 꾸준하게 내리는 비을 보고 질리고 마랏다. 이 비야말로 봄을 빨리 오게는 만들란지 몰라도 농민들에깨 피해가 더 만으리라고 생각을 가지본다.

"금일은 오전은 집사람과 휴식을 보내고 오후는 상점에을 가니 고을[333] 쳐고 잊떠니 한 사람이 도박을 하자고 하니 다들 찬성을 하고 잊더라. 이것을 볼 때에 말로는 꿉삐는 하지 말자고 다들 하더니 다들 찬성을 하는 것을 볼 때에 화토 고는 중신예비 적으로[334] 하는 식이며 다들 남외 돈 따먹을라고 칼을 갈고 잊따고 바도 무리돼는 말은 아니며 자신은 도박을 하는 사람 쳣고 욕심이 업는 사람 업고 도박은 욕심이 넘어 만키 때문에 도박을 한다고 생각을 한다. 그리고 오늘 도박은 처음 시작이 돼면서 도박판이 넘어 크서 뒤전에서 노리도 갈수 업두록 큰 판이 돼어버리더라. 자신이 처음 생각을 할 때는 (인득이) 죽어서 우리 마을에 도박이 살라저 갈 줄 알라떠니 (인득) 업쓰니 다른 사람이 도박을 절기고 잊쓰서 엔말이 큰 말이 죽어며 작은 말이 다 한다더니 그 말이 꼭 맡다. 그리고 형님이 도박을 적개 하더니 오늘은 크게 하는 것을 볼 때에 절머서부터 끈질기게 한다고 생각이 들며 형이 크게 도박을 하고 잊쓰니 자신의 마음이 힘이 쓰이며 불안감이 들어 저녁 먹으로 오고 마랐다. 도박도 4, 5명이 이 사

---

333) 화투를 치는 점.

334) 화토의 고를 하는 것은 중신애비식으로 한다는 것으로 대충대충 한다는 뜻이다.

람 뿐이며 이 사람들은 평생 도박에 손을 띠지 못하고 한 평생을 보내리라고 생각을 하니 마음이 어집렵따고 말을 하고 십다." "도박은 마음의 좀이라고 말을 하고 십다."

〈1990년 2월 11일 일요일 낡씨 맑음〉

"여자 혼자 살기 때문에 그리고 집사람 친구라서 무선 일이든지 해달라고 하면 자신의 일을 접어두고 가서 일을 하여주지만 주위에 사람 보기에 자신이 개니 미안아저더라. 오늘도 펌프 때문에 와서 바달라고 하여서 가보니 아직 얼어서 물이 올라오지 않떠라. 이것 때문에 두 번이나 같쓰며 남이 볼 때는 아주 자주 간다고 생각이나 하지 않을까 하고 조심스럽더라."

그리고 집사람도 가는 것을 실어하며 앞푸론 생각을 만이 하여야 하겟쓰며 오늘은 과부댁에깨 (티부이) 안대나 선을 만이 주어서 안대나 선을 안전이 갈라쓰며 전폭기 카지[증포기 까지] 갈고 보니 (티부이가) 아주 화면이 잘 나오며 진작 선을 갈라볼끈대 하고 아쉬운 마음이 들어가며 이번 전선은 돈으로 천다면 가격이 비쌀 것으로 내다보며 정말 고맙게 생각을 한다.

"금일은 오후만 작과 나무 전정을 하여쓰며 친구들은 오늘도 술집배서 놀고 잇는 것을 보고 들어가면 오늘도 낭패가 될 것 같다서 들리지 안코 들로 가고 마랐다. 사람들이 아직 놀고 잇는 것을 볼 때에 시간 여유들이 만이 잇따고 생각을 가지는 것 같더라."

〈1990년 2월 12일 월요일 낡씨 맑음〉

오늘도 작과 나무 전정을 하고 오후에는 집사람 같이 갈려고 하여서 아직 춥고 나중에 전정을 한 것을 을마든지 나무 묵끌 수 잇는 시간이 충분하니까 집사람에깨 나오지 말라고 하여쓰며 자신은 일하고 같든이 집사람이 나무 한 단이라고 묵끌라고 나와떠라. 추언대 머하로 나와쓰며 아직 하지 않아도 봄에 얼마든지 할 수가 잇는데 나와따고 이야기을 하고 자신은 일이 돼지 않더라. 외냐 눈바람이라서 들래 나오면 아직 차거어서 감기 키가 조금 남어잇는데 개니 나와서 감기라도 더 들며 어떠게 하나 하고 생각이 들어 일이 안대며 이왕 나와쓰니 일 좀 할려고 마음을 먹을라고 해도 마음이 잡피지을 않으며 집사람 감기나 더 들까 결국 잡업을 중단하고 집사람을 돼리고 들어왔쓰며 집배 오니 술집배 방으로 놀고 잇는 모섭을 보고 들리떠니 형님, 4명이 도박이 안전이 부터쓰며 자신도 방에 들어가서 한참 잇쓰니까 형님이 자신이 잇쓰니까 불편하다는 말을 하면서 가주어쓰며 하는 말같이 들리며 거 소리을 들어니 개니 하가 나며 형님 도박에 질리도 안에쑈 하면서 그만 말라고 이야기을 하면서 친구에깨 나도 하구로 10만 원만 좀 빌리달라고 하니까 말류을 하더라. 그래서 하지는 않아찌만 그러지 형님도 도박을 하지 않코 뒤전으로 물어쓰더라. 자신 형님 못하두록 도박이 끝이 나두록 잇쓸라고 들다 속이 상하서 잇쓸 수가 업쓰서 그만 집부로 오고 마랐다.

"오늘 일을 생각을 해볼 때 집사람과 같이 집배까지 같치 왔므며 불캐한 꼴을 보지 않아쓰며 좋은 일과가 돼어쓸끈데 개니 도중 하차을 하여서 상전에 들어간 것이 잘못잇며 오전 모양 들리지 않아따면 이른 꼴은 보지 않아는데 하고 생각을 하니 한참 동안 잠이 오지 완아서 고통을 당하고 마랐쓰며 앞푸론 도박을 형님이 한다면 그 자리에 볏

스날 작정이다."
"형님도 도박으로 부모님을 꼴탕을 먹이고 아직까지 생각을 못하고 도박이라 하며 앞 쓰랄고 하니 귀가 찬다."
지출에 … 전화세 값 3,690원

〈1990년 2월 13일 화요일 낡씨 맑음〉

금일도 작고 나무 전정을 하여쓰며 종일 동안 하여도 12포기 정도 밖에 못하니 량이 줄어들지을 안아서 답답꾸나.
정부는 방화 사건을 해결을 못하고 밤을 새우며 방화불로 7건식 대고 잇쓰니 시민이 불안해서 살 수가 잇깨쓰며 자신이 생각을 해도 오늘날까지 107건이라는 것을 들을 때에 의이하며 남외 집배다 인화성 강환 것을 뿌리서 불을 지루고 도망가는 수법으로 107건이 발생하두록 잡찌 못하는 이유가 어디 이쓰며 재 삼자가 생각을 하여도 기가 찬다. 외냐 당하는 사람은 뼈을 깍는 아픔이 아니계나. 이것을 생각을 할 때 방화범을 하로 빨리 잡아서 공개 처벌을 바다야 한다고 생각을 하며 어이하여 사람의 탈을 쓰고 이른 짓을 하는 이유을 몰겟다.
지출에 … 혜지가 동생들 졸업선물로 사촌 10,000원

〈1990년 2월 14일 수요일 낡씨 비〉

오늘은 부지런 사람은 일을 할 수 잇투록 비가 내리며 자신이 놀로 가면 형님 도박하는 꼬라지 보기 실어서 놀로을 가지 않고 집배서 시간을 보내니 하로 시간이 지루하기 짝이 업쓰며 마실을 갈까 갈까 하다 억지로 오후 4시까지 참아는데 오후 4시 돼니까 아포 조합에서 금년 운영 공개한다고 동민 전원 나와달라고 엠프 소리가 나서 동사무소에 가니까 우리 또래는 한 사람도 업고 자신 혼자 이야기을 한참 듯고 나니 우리 또레들이 한 폐 들어오더라. 그것을 보고 도박을 벌리다 활 수 업씨 오는 것이구나 하는 생각이 들며 다른 사람은 다들 오는데 형님이 보이지을 안아서 어째 우리 형님 안 나떠나 하고 무러니 술집 부터따고 하더라. 그러면서 요즘 외 놀로 안 나온다고 이야기을 하여서 놀로는 가고 십프도 형님 도박하는 꼬라지 보기 실어서 억찌로 참는다고 이야기을 하여쓰며 오늘도 조합에 운영 공개 한다고만 이야기하지 않아따면 종일 동안 조용이 보내는데 운영 공개 한다고 술갑 30,000만원이 나온 것이 잇쓰서 그 돈을 동장이 술집부로 가지고 가서 할 수 업씨 따라 더가니 도박이 부터잇쓰며 도박을 질기는 사람 셋시는 운영 공개 들어로 오지도 않아꼬 형님은 자신이 볼 때에 얼굴이 노는 사람 중에 제일 세까마게 끄리어서 술 중독들은 사람의 얼굴이더라. 그래도 도박을 뒤로 할 때가 업쓰며 자신이 안 볼라고 한 것이 할 수 업씨 도박을 하는 것을 보게 돼어쓰며 속은 끌어나 뒤전에서 구경도 하지 않아는돼 형님 하는 소리가 내가 오니 도박이 안 댄다는 소리을 하고 잇더라. 그 소리을 더리니 속 끌리며 그저 천벌이 나더라. 자신은 그 꼬라지 안 볼라고 내 나람대로 노력을 을마나 하는지도 모르며 자신은 정신적인 고통을 당하고 잇는지도 모르고 형님 행동을 다 하며 생각 업는 형님 안타까어며 오늘도 형님가 나 사이에 불캐한 말을 할려고 들다 남들이 참어라고 하여서 속상한 마음으로 집부로 오고 마라쓰며 도박하는 것을 안 볼라고 한 것이 오늘 끝 망우리을 잘못하여 종일 동안 참아온 것이 허사

가 돼어버린 일가가 돼고 마랐다.
"인간은 생각 업는 인간은 이미 죽원 사람이라고 말을 하고 십다."

〈1990년 2월 15일 목요일 낡씨 흐림〉
우리 혜영이가 중학교 졸업을 하여쓰며 졸업하는데 저의 엄마도 참석을 하지 말라고 하여서 가지 않아쓰며 졸업 한다고 다른 부모님은 다들 오는데 너의 엄마만 오지 않으며 서운하다고 할려고 하니까 상장 하나 받지 못하는데 엄마가 올 필요도 업따고 하며 쪽실어 오지 말라고 하여서 졸업식에 참석을 하지 않코 저의 언니가 부모 대신 다 하고 말라쓰며 요즘 아들은 몸이 아들이지 마음은 다들 어른 넌가[능가]하고 잇따고 생각을 한다.
그리고 우리 운이가 김천 로라장에 가서 종일 놀다왔쓰며 이것을 다 알고 무러니 로라장에 갇는 것은 바른돼로 이야기을 하고 정심 사먹은 것을 그진말로 대신 고등학교 시아가 사준다고 그짓말을 하여서 처음에 밥값을 내일 갇다주라고 이야기을 하여쓰며 이것도 나중 알고 보니 그짓이라 운이을 다시 불어서 바른 말을 하며 용서하고 그짓말을 하는 사람은 남외 물건 훔치는 것 보다 더 나프다면서 사실대로 이야기을 하라고 하니 정심을 칵키 우등 400원 주고 사먹어따고 이야기을 하더라.
"이것을 볼 때 사전에 간다고 이야기을 하며 충분 돈을 줄끈데 부모 몰래 가는 이유을 몰겠쓰며 자신이 볼 때에 주위에 친구도 다들 문재 아이들이라고 생각이 돼며 이것들 고등학교 졸업장도 가지지 못할 느킴이 들어 가슴 아프다."
"금일도 당산 밭에 작과 나무 전정을 종일 동안 하여쓰며 앞푸로 2일은 더 해야 끝을 낼 것 같꾸나."

〈1990년 2월 16일 금요일 낡씨 맑음〉
금일은 안전희 봄이라고 말을 하고 십프며 자신이 일을 하면서 옷을 벗고 일을 하여쓰며 양지 바른 곳에는 아지랑이 피어나고 잇는 모섭을 볼 때에 봄은 우리 곁에 차저왔따고 말을 하고 십꾸나. 오늘은 자신이 나무 전정을 하고 집사람은 나무가지 주어서 단을 묵고 본격적인 작업이 이루어젔따고 생각을 한다.
"금일은 전문대도 시험처는 날이며 그전에는 전문대는 할 일 업는 아이들만 전문대 간다고 생각을 하였는데 이재는 전문대가 정규 대학보다 더 인키가 잇쓰며 그리고 정규 대학보다 전문대가 취업이 잘 돼니 학생들이 전문대로 몰리는 가정을 보니 정말 지구멍에도 빛들 날 잇따뜨니 정말 전문대가 호왕을 이루고 잇쓰며 전문대도 평균 3대 1이라고 하니 우리 아이들 전문대나 들어가게나 하는 의심이 들어가며 이재라도 공부 좀 해주어쓰며 하는데 공부을 하는 것을 보지 못하게쓰니 이 마음만 타고 잇다."
"부모의 꿈의 만 분지 일도 돼지 안는 것이 자식 농사라고 말을 하고 십꾸나."

〈1990년 2월 17일 토요일 낡씨 맑음〉
오늘은 마을 전채에 봄마지 대청소을 동민들 장칸 하고 나무 전정을 하로 같쓰며 집사람이 진정목을 묵끄바야 다 할 수가 업쓰서 오후에는 아들을 전원 다들 대리고 가서 오늘 묵는 작업까지 안전이 끝을 내고 마랐다. 당산 밭은 나무 전정은 안전이 망우리가 돼고 나무단만 가지고 오며 다들 끝이 나는 셈이다.
"기상대는 내일 비가 만이 온다는 이야기 때문에 아들 대리고 가서 작업을 한 것이 우리 부부가 2일량을 더 하여따고 보며 작업을 망우리을 하고보니 기분이 정말 좋꾸나."
"그리고 내년에는 설 아래 당산밭은 전정을 다들 해야 봄일이 수랄 것 가다서 미리 해둘 작정이다."

〈1990년 2월 18일 일요일 낡씨 비〉
"순달이 어재 이사을 일부만 온길라고 하여서 그들어주로 갈려고 하니 시간이 업쓰서 못 한다고 하더니 어재 너깨야 조합 직원 4명이 와서 농하고 일부만 같다 노앗따고 해서 오늘 이사 그들어줄라고 집사람과 둘리 가서 오전 내 놀다 오면서 온상 파이프와 화판 일부을 미을 마저며 실어오는 것으로 하로 일과을 보내쓰며 순달이가 김천으로 이사을 가며 순달이 장모가 서운하게더라. 외냐하면 엽패 살기 때문에 하로 쳐고도 멧 번식 왔다 간다는 소리을 들을 때에 만이 서운하겟더라."
"우리 운이 또래들이 돈 1,000원식 내서 저녁에 논다고 이야기을 해서 집배 와서 잠을 자야 한다고 다짐을 밭아는데 운이만 원국이 집배 그 냉방에 잠을 자고 오며 그것도 자신이 전화을 해서 집배 왔쓰니 부모로서는 성질대로 못하고 마음만 쓰는데 다 늙는다고 생각을 하며 이재는 때리도 안 대고 달래도 안 대고 하니 일이라도 해야 밥이라도 먹고 살지 하며 일만 시킬라고 들어는데 오늘 대신 순달이 집배 가서 일 못하고 오후는 비가 와서 일 못 시키고 그냥 하로을 보내쓰며 앞푸론 운이가 일이 어렵꾸나 하는 생각을 가지두록 일을 시킬 작정이다."
"자신이 만사 일은 다 하고자 하는 것을 참고 다들 하게는데 이세들 만침은 마음대로 안대는구나. 그래도 부모가 열성을 가지며 될 중 아라는데 자식을 키어보니 문재가 다르며 부모 열성은 만 분지 일도 해당이 돼지 완는다고 절시리 너꼈다."

〈1990년 2월 19일 월요일 낡씨 흐림, 비〉
어재 오늘 양일간 비가 너무 만이 왔쓰며 이번 비야말로 봄을 코앞 같다두는 비라고 말을 하고 십다.
"그리고 숙모님이 우리들에깨는 잘 한다고 생각을 하며 고맡게 생각을 한다. 그리고 자신은 그 도음으로 숙모님 일이라면 내 일을 제쳐두고 가서 해주며 모든 일을 하여줄라고 노력을 만이 하는 편이며 오늘 수도 얼어서 파손된 것을 고치주로 갈쓰며 무선 일을 할려고 들며 먼저 선수을 쵳며 모든 일이 자신의 손에 들어가지 않으며 해결이 돼지 않는데 자신의 손을 별로 빌리지 않는 감가 할 줄도 모러며 선수쳐는 것, 이것울 생각을 하며 자신은 정말 마음먹고 하여주는데 하여주면서 마음이 상할 때가 만으며 오늘도 수도을 얼어떠진 것을 물이 나오두록 하여주면서도 마음이 상하더라. 자신이 숙모님을 생각을 할 때에 그른지 무선 일을 하여주도 좀 얄미운 감이 들어갈 때가 만타. 여하든 1989年은 자주 돈을 만이 하여는데 자신만 가지게 하여서 큰 득을 보았쓰며 그전에는 수학이 업쓰서 별 이득은 밭따고 생각을 하지 않으며 89年 이득을 본 것을 천다면 숙모님에깨 잘하여야 한다고 생각을 하며 앞푸로도 그 공을 알라야 한다고 생각을 한다."
"오전에는 앞 밭에 과수나무 전정을 처음

들어갈쓰며 자신이 전정을 할 때에 보슬비가 조금 내리쓰며 그리고 금새라도 소낙비가 내릴 것 같떠며 낡씨가 고루지 못하니 동사모소 앞패 만이들 사람이 나와잇떠니 계속 자신 전정을 하고 잇쓰니 다들 해어저드라. 그리고 이번 봄 낡씨가 고루지 못하여 봄 일이 상당이 바파절 것으로 생각을 하며 요줌 일기 고루지 않타고 일을 미루다 보며 한 번 바픈 일을 당할 것으로 내다본다."

"오늘도 오전만 작업을 하고 오후는 비 때문에 휴식을 하고 마랐다."

〈1990년 2월 20일 화요일 낡씨 맑음〉

"금일은 안전히 봄바람이 새차게 부러 일하기가 그북하두록 만들어쓰며 바람 때문에 나무 전정을 하는데 힘이 들어다. 종일 동안 집사람과 모진 바람을 참아가면서 일을 하였다."

"자유당, 공화당, 민정당 삼 당이 너무나 갑작이 합당이 돼어 자범이 너무나 만으며 자신의 생각으로 합당이 순탐하지 않을 것 같떠며 이 합당의 무리로 이 잡음이 90年을 순탄하게 넘어가지 않을 끝 같떠며 오히려 합당을 하지 않고 민정당 그대로 두고 정치를 하며 예로는 따리니 국민이 동정을 주고 잇쓰니 시간이 갈수록 민정당으로 입이 모일 수 잇따고 보는데 이번 합당으로 패가 돼지 않을까 하고 염려가 돼는구나."

"정부는 방화범을 이처름 잡지 못하고 민간만 피해을 주고 이따는 것이 정말 가슴 아푸며 매일 2건 이상 불을 내는 방화범을 잡지 못하는 것이 가슴 아푼 일이다."

〈1990년 2월 21일 수요일 낡씨 흐림〉

금일은 김천 의료원에 (안과에) 눈에 카시패로 가니까 의사 선생이 수술에 들어같다고 오후에 오라고 하여서 눈에 카시는 어디라도 같뜰 것 같다서 남산병에 같든이 의사 선생이 시도을 하여보더니 눈을 감빡이니까 눈 바린다고 김천 의료원로 가라고 하여서 할 수 업쓰서 오후에 김천 의료원에 갈려고 집부로 내리왔다. 다시 정심을 먹고 오후에 다시 김천 의료원 같든이 오후도 수술 들어같다면서 내일 오라 하더라. 그 소리에 마음적으로 성질은 나지만 참고 마라쓰며 결과적으로 자신의 경비만 내고 소득은 업뜬 날이 돼고 마랐다.

"오늘 오후는 앞 밭태 전정을 일부 하는 것으로 일과을 보내다."

지출에 … 차비 800원 택시비 700원
計 1,500원

〈1990년 2월 22일 목요일 낡씨 비〉

금일은 김천 의료원에 간다고 비을 마저가면서 병원에 같든이 의사 선생님이 이층에 수술 한자 보로 갈다고 간호원이 이야기을 하여서 우리들은 그 말을 미더쓰며 아침 일적부터 기다리는 것 지루하기 짝이 업는 심정을 참아왔는데 그리고 한자들을 15명 이상이 기다리쓰며 자신이 생각을 할 때에 너무 한다고 생각을 하여쓰며 짜증나는 기다림이 돼며 의사 선생님이 들어오는 시간이 11시며 그 모섭을 보니 이재 출권하는 모섭이며 간호원이 손님들 보기에 미안하니까 그짓말을 한 것이며 이것을 알면서도 병을 곤치로 온 사람들이며 다들 약자로 소리 한 번 하지 못하는 심정이 돼고 잇는 것은 그 누가 알리 업쓰며 의사 선생님들 한 번 생각을 하여쓰며 하는 심정이다.
"자신은 오늘 안과에 차저가면서 상당이 불안한 마음을 가지고 차저갈쓰며 자신이 불안을 안 가질라고 생각을 하여도 남산 병원에서 눈 바린다고 그절을 하여서 실찌 마음 속으로 불안하여쓰며 눈에 카시을 수라게 패고 보니 요줌은 장비가 좋은대 차저가야 하게쓰며 오늘 김천 의료원에 가니 장비가 좋으니 사람이 그만끔 부담이 업쓰며 장비가 병을 곤친다고 생각을 하여쓰며 그리고 눈에 카시을 수라게 패주는 의사 선생님에깨 고마어서 큰절을 할 만큼 고맙더라."
"오늘은 돈을 쓰도 이처름 기분이 좋은 날인 처음이라고 생각돼며 종일 동안 기분이 좋더라."
지출에 … 김천 의료원 접수 3,300원
치료비 4,960원 차비 400원
計 8,600원[335)]

〈1990년 2월 23일 금요일 낡씨 비〉

이번 비야말로 농민들을 질리게 한 비라고 말을 하고 십다. 무선 비가 2일 동안 비가 계속 내린 적도 더문 해라고 보며 기상이 비, 눈 왔따 하면 입이 벌어저두록 오고 잇는 모섭을 볼 때에 내년 농사가 순탄지 않을 껏으로 내다보고 잇다.
"오늘은 죽은 앙기 아들 이식이 내일 결혼한다고 동내 술 돼집을 하는데 갑작이 장만을 하여도 만이들 하여쓰며 푸짐한 음식이더라. 그리고 앙기가 벌가리[336)] 저지만 오늘 살라잇쓰며 참 조아할끈데 이 좋은 것을 보지 못하는 부모나 기쁨을 부모와 같이 하지 않는 자식 입장이나 그 아품은 다들 같다고 생각을 한다."
"그리고 저녁 때가 돼어서 집사람은 친구집 음식 준비하로 가서 소 죽을 끓이락고 집배 일적 와서 보니 비도 그치고 대신 민성내 이삿가는데 골목이 질어서 물건 들어내자면 불편할 것 같다서 경운기로 모래 한 발리 실어다 깔라 주어쓰며 우리 혜영이는 가만이 잇쓰며 돼는데 일부로 전화을 해서 자층 모래을 실어다줄라고 하며 힘더는 일을 청해서 한다고 아빠을 꿋짓고 잇는 모섭이 이 아빠 더 좋더라."
지출에 … 이식이 결혼 부주 5,000원
화토노리 5,000
計 10,000원

〈1990년 2월 24일 토요일 낡씨 비〉

금일은 동생 이사한다고 분주희 날뛰쓰며 어재 모래을 골목에 칼지 않아더라면 수십번 다니야 하는데 그 불편함은 말을 할 수 업쓸건데 모래을 골목에 칼라서 이삿짐 같다 나루기가 편하며 모래을 깔지 안아따면 그 만은 사람들에깨 욕을 먹을뿐 했쓰며 어재 일한 것이 점수로 천다면 백 점이라고 말을 하고 십다.
순달이가 김천 금탑 아파트 33평으로 이삿을 가는데 살림이 외이 그처름 만은지 살림 보니까 돈을 벌어따고 생각을 하며 먼저 번에 한 차을 하여는데도 오늘 세 차에다 실고 같쓰니 그것도 다들 한발리가 돼며 정말 살림이 만터라. 그리고 낡씨마저 도와서 우리사 이삿짐을 안전이 풀고 나니 비가 막

---

335) 실제 계산은 8,550원이나 8,600원으로 잘못 기록하였다.
336) 덤벙대는 사람.

오더라. 이것을 보니 낡씨마자 한목을 했따고 생각을 하며 비 한 번 안 맞고 이삿을 한 것이 천만다행이며 오후부터는 비가 쇼다저더라.

"오늘 순달이 아파트로 이삿을 한 것을 보니 정말 좋으며 이 집과 대신 집만 간직을 한다면 정말 돈을 벌어따고 생각을 하며 33평 아파트 내부을 보니 정말 감탄하두록 좋으며 자신은 이른 집배 살라보겟나 하는 허전함이 들어가더라. 그리고 이 좋은 족끈을 보니 의이하여 요즘 처녀들이 농촌으로 시집을 올려고 들개쓰며 농촌에 오는 여자는 (나사) 반춤은 빠진 여자들이라고 말을 하고 십프며 인간의 생활이 인생 구만춤이라더니 인간이 벌어지 생활로 한 세상을 보내다 이세까지 벌어지 생활을 물어줄 뿐 아니라 밑대을 버러지 생활을 해 가는 사람 어떠한 사람은 돈 떠미에 올라 안저 호아파트에 세같이 살라가는 사람 이거 다 생각을 하며 농민은 1시간도 살지 못하리라."

〈1990년 2월 25일 일요일 낡씨 맑음〉

금일은 임용구 씨 진갑이라 집사람 그들어주로 가고 자신은 오전은 보슬비가 내리고 해서 동내 방에 놀로 가니 이미 방으로 가득 차 잇쓰며 오놀은 낡씨도 일도 못하두록 하며 진갑이지 하니까 오늘은 손님이 더 만터라.

"그리고 오후는 운이을 데리고 가서 순달이 집배 불필요한 물건을 실어왔쓰며 실어오고 보 개니 다들 실어 왔따고 생각이 더는구나. 나도 실찌 실어와도 슬용도 업쓸 뿐 아니라 보관을 할 자리가 업다. 오늘 일은 슬 문건만 가지고 오는 것이 올턴 일인데 결과가 좋찌 안아따고 생각을 한다."

"순달이가 강아지 한 바리 준 것이 숫강아지라서 여때것 키어서 이미[어미]가 돼어쓸 뿐 아니라 아아이들이 정이 들어 순달이 미는 개는 암놈이라 자신이 가지고 오고 우리 개는 대신 순달 처남 집부로 주는데 아이들이 우리 개가 좋다면서 바꾸지 말라고 하는 것을 어른들이 바꿀라고 했키 때문에 할 수 업씨 자신도 바꾸기 실은 개을 바꾸고 마라다. 이재는 집안 일은 무선 일이든지 결정권 아들에깨도 주어야 하게쓰며 앞푸론 우리 집안에 결정이 나만이 가지쓴는데 이재는 권한을 똑같이 잇따는 것을 존중하겟다."

지출에 … 임용구 씨 진갑 부주 5,000원
라면 1,700원 혜지, 운이
공낙금 135,480원 차비 180원
計 142,360원

〈1990년 2월 26일 월요일 낡씨 맑음〉

작과 나무을 보니 나무 전정이 만이 넛따고 생각이 돼며 이삼일 사위에 꽃망우리가 아주 크며 작과 나무 전정은 2月 15日 이전에 끝을 내야 할 것 갈떠며 앞푸론 나무정은 2月 20日 이전 안전이 끝을 낼 작이며 이것을 꼭 실천을 하여야 하겟다.

오늘도 나무 전정을 하고 집사람은 전정을 한 것을 주어서 단우로 만더는 작업을 하여쓰며 이 작업을 내일로 끝이 날 껏 갈떠며 나무 전정은 상당이 너젓따고 생각을 가지모 꽃망우리가 티어나오니 사람의 마음이 바빠저며 마음이 안정을 할 수가 업꾸나.

〈1990년 2월 27일 화요일 낡씨 맑음〉

오늘은 여름 모양 낡씨가 따거어며 맑은 하늘을 볼 때에 마음이 조급해저 가는구나.

그리고 오늘로서 작과 나무 전정을 끝을 내고 앞 밭태는 안전이 하두록 나무단을 안전이 치아쓰며 나무 전정을 다들 하고 나니 봄 일을 다 한 너킴이 더는구나.

"금년 나무을 볼 때에 과일이 만이 달일 것 같떠며 금년에는 꽃망우리가 아주 충실래 보이며 예감이 과일 만큼은 풍년이 될 것 같꾸나."

"금년에는 배추 농사을 자신만 먹을 것만 짓을라고 들어는데 구미 민정이내가 배추 값으로 주는지 큽[컵]과 오봉337)을 주며 집사람 내위까지 사주니 배추 농사가 힘이 들어도 또 배추 농사을 짓어야 하겟꾸나 하는 생각이 드는구나."

〈1990년 2월 28일 수요일 낡씨 맑음〉

오늘로서 작과 나무 단을 안전이 집배 실어다 다들 제어쓰며 금년에는 작과 나무 단이 당산에 경운기로 3바리 앞 밭태는 조금 만이 실어서 2바리 이것을 칠월 전정한 것을 다 천다면 작년 배 이상은 전정을 하여따고 본다. 그리고 당산 밭은 거름 할 수 잇두록 나무 밑을 다들 끌어 내쓰며 나뭇가지에 눈망울 보니 사람의 손길을 바푸게 하며 하로라도 빨리 해서 비료을 해야지 하니 몸은 상당이 피곤하두록 하게 돼며 집배 오며 정신이 업는 일과을 보내고 잇는 것이 사실이다.

오늘 저녁 상을 밭고 아이들과 밥을 먹고 잇쓰니 집사람이 소 죽을 프는 소리가 나서 내가 밥을 먹고 프줄때니까 와서 밥을 먹으라고 하여도 아빠는 뒤니까 집사람이 프주고 밥을 먹을라고 하면서 프고 잇쓰서 일은 여자의 몸으로 똑같이 하고 실찌 몸은 나보다 집사람이 더 고될낀돼 늙 집사람이 소 죽을 만이 주고 잇는 것이 사실이며 오늘은 집사람은 소 죽을 프주는 것을 그냥 둘 수가 업쓰며 오늘은 실찌 밥이 넘어가지을 안아서 도중에 밥숫갈을 놓고 내가 해야지 하면서 나가니 마구관에서 나오며 다 했따고 할 때에 미안하기 짝이 업쓰며 저 소을 팔라야지 집사람이 수라지 소을 먹이며 집사람이 골탕이다 하는 생각이 머리에 쓰쳐가며 의이하여 집사람은 살을 줄아가면서 아빠의 일을 도우는 것이 아니라 뼈을 깍가가면서 아빠을 도우고 잇쓰며 집사람은 사람이 아니라 아니 사람이라면 남편 몸을 거쳐름 생각을 할 수 업따고 보며 안만 아내의 몸이라고 하지만 남편에깨 너무나 희생을 하고 잇따고 생각을 하며 자신은 집사람에깨 희생을 들하고 잇따는 것을 미안하게 생각을 하고 잇다.

〈1990년 3월 1일 목요일 낡씨 흐림〉

금일은 세집배 바시내이 밭에 진정목을 집사람과 둘리서 주어서 집배 실어오는 작업까지 종일이 걸리쓰며 자신의 생각으로 오전에 다 할려고 마음을 먹어는데 생각보다 아주 시간이 만이 걸리며 이것은 탄따루 나무라서 주어 모우기가 아주 시간이 더 걸리는구나.

"우리 운이가 이재 중학 2학년이 돼어쓰며 이재는 공부의욕을 가져주며 무었신가 1학년 때보다 좀 달라주어 달라는 간곡한 말을 하고 십다."

---

337) 쟁반.

〈1990년 3월 2일 금요일 낡씨 맑음〉

오전에는 세집배 골래 밭에 진정목을 안전이 실어주어쓰며 나무단만 해결을 하여도 다 한 기분이며 시간 여유뿐 아니라 마음의 여유가 생기니 편하구나.

그리고 오후에는 대신 분소 가서 복합 비료, 수도용 18, 21 일모작 복합 비료을 세집배 10포, 내가 20포을 사와서 당산에 세집 밭에 반 포 좀 더 하고 유목에 반 포 하여쓰며 당산 밭에 복합만 10포을 한 셈인돼 거름량이 어떠게 될련지 분관을 할 수가 업더라.

지출에 … 슈프타이, 국수, 라면 7,100원
복합 비료 87,200원
計 94,300원

〈1990년 3월 3일 토요일 낡씨 맑음〉

오늘로서 안전이 작과 나무 비료 거름을 다 하여쓰며 앞 밭태는 비료량을 복합 5포을 하여씀. 오늘 비료는 도량 쪽으로 먼저 헌치면서 거름량을 아주 만이 한 셈이며 처음 두 줄에 비료 2포을 하여서 만이 들어간 셈이라 위로는 이것보다는 아주 적개 한 결과가 돼며 앞 밭에는 고로하지는 못했찌만 개핵량 5포을 한 셈이다.

"그리고 작과 나무에 파고 들어가는 벌레가 넘어 만아서 싸락약을 입제을 나무 밑에 조금식 헌치쓰며 앞푸로 이 벌거지을 방재을 못 한다면 작과 농사가 힘들 것으로 내다보고 잇다."

지출에 … (다야톤338)) 5봉 6,500원 치약, 화장지 3,000 당산 밭에 3봉, 앞밭에 2봉
計 9,500원

〈1990년 3월 4일 일요일 낡씨 맑음〉

자신의 일이 남들보다 만이 빨리 하는 셈이며 남들의 일량을 보니 마음이 너것하여서 오늘 오후는 다른 사람의 나무단을 묵는데 휴식을 하여서 자신의 일량을 아주 적게 하연 셈이라고 생각을 하며 이것들을 후예는 하지 않는다.

"오늘은 자신 혼자 소 두엄을 나무 밑에 깔라쓰며 이 작업을 종일 동안 한 셈이다. 그리고 우선 바서는 꽃눈이 충실이 티어나오는 모섭을 볼 때에 금년은 과일 풍년이 될끄라는 너킴이 들기 때문에 일을 하여도 절거운 마음으로 일을 하게 된다."

지출에 … 혜지, 혜영 시계 50,000원 혜영, 운이 책 21.500원 혜지 실내화 3,500원 삼치, 오뎅 2.400원 김, 미역, 마른 반찬 8,000 차비 600원
計 86,000원

〈1990년 3월 5일 월요일 낡씨 맑음〉

당산 밭에 노타리 작업을 할려고 나무 밑투로 두엄을 모두고 당산에는 노타리만 하면 돼두록 만들어 낫쓰며 이재는 시간 여유을 가질 수가 잇따고 본다.

"요즘 사과 농사을 짓는 사람들 기가 찬다. 사과는 시중에서 너무나 헐어며 사과는 저장고에서 부패해저지 사과는 안 팔 수도 업는 문재지 이것이 과일도 외국에서 수입을 하기 때문에 외국 과일에 밀리서 팔 때가 업쓰니 기가 찬다. 정부는 계핵을 세우지 못하고 잇키 때문에 농민들이 이른 패단을 보게 돼며 정부는 한 가지도 재돼로 한다는

338) 살충제인 다이아톤으로 말한다.

말을 할 수가 업슬 뿐 아니라 말로만 농민들을 잘 살개한다고 하지만 실찌는 농민의 목을 자루고 잇다. 이것이 정부의 시책이며 이재는 농민들도 좀 살려달라는 소리을 첫고 십다."

"이재는 농민의 손, 발, 말, 눈, 귀 다들 막아야 하나. 이것들이 누구의 잘못이란 말인가. 정말 가슴 아푼 일이다."

"나 자신 배우지 못하여 갱이 지고 땅을 파면 살찌라도 늙 국민 극정을 하면 살라온 자신이라고 가슴을 열고 말을 하고 십다. 어이하여 배우지 실찌 정치인이라고 말들을 하는 사람들이 의이 자리 싸음만 하고 잇는 쫄장부 정치인들아, 인간이 살며 백년 밖에 살지 못하는 인생 의이하여 헛땐 시간을 보내며 싸음만 하는 너이들 보노라니 피을 토하리라. 정치인들아 하로을 살라도 국민을 위하여 나라을 위해서 죽는 자는 백 년이 아니라 수천 년 살라따는 갑어치와 우리 국민들 멸종이 돼지 안는 한 그 이름 석자 빛을 가지고 국민과 살라갈 수 잇는 기회을 가진 자들이 하잘 것 업는 4년 짜리 자리을 가지고 싸음만 하는 삼 김 씨 이름 석자 스걸프지노라."

〈1990년 3월 6일 화요일 낡씨 맑음〉

오늘로 당산 밭에 노타리 작업을 하여씀. 당산에 노타리 작업이 오전으로 안전이 할 수가 잇쓰며 오후는 집사람과 벼집을 나무 밑태만 칼라주는 일까지 안전이 맡치따고 보며 벼집이 적으서 맷 나무만 망우리을 하지 못하고 말란 것이 가슴에 글리는구나.

"요줌은 일들을 만이 하고 우리 부부가 저녁 잠자리에 들어가며 서로들 어깨, 팔 아푸다고 소리을 하며 서로가 주물어 주곤 하지만 사실 육체적으로 고충이 만은 것은 사실이다."

〈1990년 3월 7일 수요일 낡씨 맑음〉

요줌 건강에 무리가 만은 것 같다서 오전에는 휴식을 하고 마랐쓰며 오전 휴식을 하고 이쓰니 오전 시간이 하로 시간보다 더 지루한 너킴이 들드라. 그리고 오후에는 집사람과 두리서 세집배 골래 밭과 바시냇이 밭에 거름과 집을 나무 밑에 같다주는 작업을 하여쓰며 노타리 작업을 하두록 하여두어쓰며 자신으로 바서는 봄 일이 넘어 만타고 생각이 더는구나.

"우리 운이 때문에 속을 말을 할 수 업씨 썩고 잇다. 외냐하면 요전 앞시 놀고 온 것을 알고도 운이 공부을 해야 잘 살수 잇따고 하며 충고만 하고 마랐는데 오늘 또 다시 오락실례 갇다 너깨오고 잇쓰니 자신으로는 화가 머리 끝까지 오러며 때리 죽일 뜻이 하여도 안 돼고 달래도 안 대니 부모로서 어떠게 할 수도 업고 이재는 손을 돼지는 않치만 말로는 호돼게 하며 이재는 할 수 업는 자식이구나 하고 생각을 하니 혈압이 머리 끝까지 오러는 너킴이며 이재는 공부을 안 알라고 하니 일이나 해서 먹고 살라야지 하면서 소 죽과 소 일을 안전 시키고 아빠는 동태만 바라보는 아빠의 심정 기가 찬다. 인간은 자식 농사을 잘 짓어야지 하는 말들이 남외 말과 같든이 이것이 내 말이 돼고 마라쓰니 이것을 다 생각을 하니 새상 살 리가 그만 실어저는구나. 너의 아빠 니 모섭을 바라볼 때 거울 뒤다보더시 앞길이 허나게 보이는데 계속 농띠만 처는니 모섭 볼 때에 그만 죽고십펄 정도며 부모 말 안 더러며 고생 밖에 업다. 두고 살라보아라. 이 아빠는 못 비아도 세대가 달라서 한 세상을 살라 간다고 하지만 너이들은 우리 세상가 달라서 배우지 못하고 돈 업쓰며 죽엄 길보다 더 피참이 살라야 한다고 생각을 한다. 부모가 너의 인생 다 살두록 살 수만 잇따면 극정을 하지 않코 너의 하고 십픈 대로 다 하두록 나두련만 어이하여 아빠 자식이 아빠의 말을 듯지 안는 자식이라면 이 아빠도 멀리 할 수밖에 업꾸나. 앞푸로 더 두고 보지만 사람이 돼지 안는 인물이 돼며 이 아빠도 돌보지 않으리라."

〈1990년 3월 8일 목요일 낡씨 맑음〉

"금일은 종일 동안 노타리을 하여씀. 앞 밭 태와 세집에 골래 밭에 바시내이 밭 전부 노타리을 하고나 하로가 일적으며 세군대을 노타리을 하고 나니 노타리 밭이 모조럼하게 딸어며 밭 노타리에 제일 만이 상하는 구나."

"작과 밭 노타리는 종일 동안 하며 15마지기는 충분이 노타리을 할 수 잇다고 보고 잇다."

〈1990년 3월 9일 금요일 낡씨 맑음〉

상토 흙 준비할려고 가을 가리 천 곳에 다시 경운쟁기로 한 벌 덥비쓰며 매년 상토 흙 준비할 때가 업쓰서 문재점이 만으며 상토 흙 준비할 때만 돼면 극정을 한 번식 하게 된다.

그리고 오후에는 내일 상토 흙 준비할려고 노타리 발을 사로 김천을 갈쓰며 로타리 발을 살려고 대리점에 들어가니 근수가 이앙기 살려고 드라보로 왔따면서 대동 대리점에서 나오더라. 그래서 내가 대동 이앙기을 쓰지만 대동 이앙기는 건하지을 못하게따면서 동양 이앙기 좋더라, 자신이 한 번 모라보니 사람이 훍신 수라더라 하며 건해보앗쓰며 그러다보니 동양 대리점을 들리쓰며 각 대리점 한번식 들린 셈이 돼며 그 바람에 볼 일이 너저쓰며 자신의 계핵돼로 하지 못하고 마랐다.

지출에 … 로타리 발 20개 17,000원
김매기 1,500원 경운기 쟁기빚 2,500원 차비 540원
計 21,540원

〈1990년 3월 10일 토요일 낡씨 맑음〉

오전에는 자신의 혼자 상토 흙 준비을 하여쓰며 혼자 해도 종일하며 상토 흙 준비을 할 수 잇따고 보며 말리 논에서 흙을 쳐니 간편하며 집배서 하며 분주하고 작업이 잘 안대는돼 들래서 처음 하여보니 집부로 가지고 들어올 꺳이 업따고 본다.

"그리고 오후에는 집사람과 운이 나와서 그더니 일이 수라더라."

금년 상토흙을 준비을 하여도 마음이 깨운하지 안는구나. 외냐하면 금년에는 가을가리 천 곳에 그대로 노타리을 처니 벼 뿌리와 집탑세기[짚부스러기]들이 만아서 외관상 보기도 안 좋을 뿐 곰팡이 일까바 금년 농사을 다 버리는 것이 아닌가 하고 극정이 크다.

지출에 … 이태옥 씨 맏딸 결혼에 부주 5,000원 (동내 술 대접)

〈1990년 3월 11일 일요일 낡씨 비〉

원만내 수도 파이프가 얼어서 터저 물리 올라오지 않아서 터전 부위을 찾는데 힘이 만이 들어쓰며 한 군대는 상당이 만이 터저 잇쓰며 파이프도 불량품이라서 터전 부위

가 다른 곳보다 아주 얄버며 이것을 볼 때에 한국 사람은 다들 습성 이른가바. 이재 생각을 하니 파이프을 만이 팔 때는 썩어서 파는 것을 알라다. 오전 내 재복이와 둘리서 터전 것을 보수을 하여도 역시 물은 올라오지 않으며 또 다른 곳에 터저 잇따는 것이 실찌 100매다 이상 대는 것을 터전 부이을 의심가는 곳마다 다들 땅을 파해치 보아도 십사리 발견도 돼지 않코 사람의 수고을 만이 시키며 다시 세로 가설하는 것보다 십찌 않꾸나. 그리고 오후에는 비가 쇼다저서 작업을 다음으로 미루고 마랐다.

"그리고 늙 (트락타)을 마음에 두고 잇는 물건을 소지하게 돼어쓰며 자신이 (이재)와 대신 역에서 두 곳에 영농단으로 기계 작금으로 나오는 터락타을 구입을 할려고 내 나람돼로 힘을 쓰쓰며 다행이 순달이 처남(인배) 앞푸로 구입을 하게 돼어쓰며 이것이 내일로 교육을 가며 이 물건은 내 손에 들어와야지 내 것이 잇지 실찌 남의 앞푸로 나온 것을 내 앞푸로 할려니 대신 역전에는 실찌 잡음이 마느며 소리가 나는 것은 사실이며 사형도 사돈 일 때문에 소득업는 욕을 먹고 잇따는 것 잘 알며 자신도 실찌 불안한 마음으로 날들 보내 이것이 누구의 것이 돼든 빨리 결정이 돼며 좋겟따고 생각을 하며 시간이 갈수록 마의 고충 때문에 기계가 빨리 나와쓰며 하며 내일은 사형 대신 교육을 가개 된다."

〈1990년 3월 12일 월요일 낡씨 맑음〉

오늘로서 터락타 교육을 가기 위해서 아포 단위 농협에 8시까지 집결라 해서 재시간에 가니까 한 사람 나와서 기다리더라. 아포면에서 6명이 교육을 바들라고 나왔쓰며 조합장이 단배 한 갑식 주고 동양 대리점에서 봉고차로 동양 (터락타) 공장에을 가는데 길을 몰라서 상당이 힘이 들어쓰며 길을 무러도 학실이 아는 사람이 업쓰며 실찌 모러면서 이야기하는 사람들 정말 이상하며 한 번 그짓말을 하며 운전수는 그 불편을 말을 할 수도 업쓰며 오늘 길으 몰라서 창원 시내을 여러 번 돌라따고 생각이 들며 그리고 우리 생각을 할 때는 동양 터락타하며 아주 큰 공장이라 생각을 하고 창원에 가서 무려며 다들 알 줄 알라쓰며 실찌 와서 사람들에깨 무러니 모루더라. 이것을 보고 공장이 명예가 업따는 예감이 들어가며 선정을 잘못한 것이 아닌가 하고 생각이 들어 들어가며 실찌 마음이 불안한 너킴이 들어가더라. 우리가 동양 공장에 들어온 시간은 그진 오후 2시경이 돼어쓰며 이것도 맡침 봉고차 운전수가 길을 잘 갈치주어서 이 시간에 들어왔따고 생각을 한다. 공장에 입구에 들어오니 길이 대로가 아니고 소로 택이며[소로인 것에 해당하며] 공장 이치가 주위에 사람들이 잘 모러게 돼어 잇쓰며 공장도 큰 길에 공장으로 들어가는데 큰 관판이라도 달라 노와쓰며 좀 쉽찌 않아쓸까 하는 생각이 들며 그리고 공장에 수윗실을 거쳐서 공장으로 들어가는데 동양 터럭타와 경운기 이왕기 갈리기을 운동장에 진열을 한 것을 보니 공장이 큰 너킴이 들며 그때사 마음 선택이 잘한 것 아니냐 하는 마음이 들며 마음이 노이더라. 안우로 쭉 들어가니 연수원 숙소와 교육장이 나오며 이미 사람들 정국에서 나와서 상당이 만으며 우리가 도착하니 숙소을 정해주며 잠바와 운동아을 내어주며 식사을 시키고 입소식을 간단이 하고 강이실래서 이론 교육으로 6

시까지 맡치더라.
지출에 … 전화비 값 300원

〈1990년 3월 13일 화요일 낡씨 맑음〉

자신은 이인배 씨 이름으로 교육을 밭게 돼어쓰며 이름을 초등학교 아이들 보다 더 크며 대문짝만안 남외 이름을 달고 교육을 바들라니 마음 이상한 너킴이 들드라. 숙소는 한 호실에 약 20명이며 우리 3호실은 21명이며 잠자리는 침대에 2층을 해서 불편한 점은 그이 업따는 너킴이 들더라 .그리고 자신은 아침 일적 일어나서 아침 운동 하여쓰며 집배서 아침 운동 하더시 일적 일어나 아침 공기을 마쉬고 잇쓰니 더 캐알한 너킴이 들며 아침 조킹하는 사람은 80명 중 나 한사람 뿐이더라. 그리고 아침은 7시, 정심 후 1시, 저녁은 6기 30분경 하로 교육은 오전 9시에 오후 6시까지 일과 시간이 맡치며 자유 시간이 돼고 잇다. 자유 시간이라도 공장 위에는 갈 수가 업쓰며 외출도 업더라. 그리고 오늘 쵯 날은 강위실래서 이론 강위을 밭다쓰며 실찌 약 일주일월을 어떠게 밭나 하는 생각 때문인지 상당이 지루한 감으로 교육을 밭다타고 생각을 한다.

〈1990년 3월 14일 수요일 낡씨 맑음〉

교육생들을 외출을 통재을 하니 화토가 업떠니 오늘은 어디서 나온 것인지 다들 화토로 남외 돈 먹을라고 밤 2시까지 화토을 맡치고 잇쓰며 이것 때문에 잠 못자는 사람이 화토 만치는 사람이 6명 정도 위에는 다들 피해을 보고 잇따. 인간 사회에서는 잇따고 생각을 하고 잇찌만 우리가 생각을 할 때는 공동 생활에는 내가 남외에깨 피해을 주고 잇찌나 안는가 하는 것을 한 번줌 생각을 하여야 한다고 생각을 하는데 남을 간접적으로 피해을 주고 잇는 사람들은 전연 자기 잘못을 모러고 잇따는 것이 아쉽다.
금일은 실찌 터럭타로 교육을 하니 재미가 잇고 생각을 한 것보다 쉽어며 하게따는 자신이 생기더라. 그리고 교육을 삼 개로 나누어서 밭고 잇쓰며 우리 삼 조에서 자신이 2번이기 때문에 순번 아주 좋아따고 생각을 하며 자신이 시간이 만으니까 돌라다니면서 남외 조 운전을 만이 하여쓰며 이것을 볼 때에 기다리는 시간 때문에 나쁜 번호는 중간 번호, 제일 좋은 번호는 빨은 번호가 제일 좋다고 생각을 하여보았다.
지출에 … 전화비 값 200원

〈1990년 3월 15일 목요일 낡씨 비〉

금일은 오전부터 비가 올 떳 하더니 실기 교육을 못할 것 갇든이 오전은 겨우 실기 교육 하여쓰며 자신은 비방울리 내리는데 남들은 비누류 화우서에서 비을 피하는 바람에 내 시간 다 쓰고 남외 시간을 만이 이용을 한 셈이라고 생각을 한다.
그리고 오후는 비 때문에 관당에서 교육을 이론 교육으로 하로의 일과을 보내고 그리고 교관들이 다들 열심이 갈치며 심지어 목이 가며 음성이 변하두록 열성을 가지고 잇는 것을 볼 때에 정말 고맙더라.

〈1990년 3월 16일 금요일 낡씨 맑음〉

오늘은 9시 30분에 수료식을 하여쓰며 수료식이 끝난 뒤에 곳바로 뻐스을 대용을 하여서 (마산역) 고속 뻐스 터미날까지 실어다주며 다들 잘하고 잇따고 생각을 한다.
그리고 자신이 사내 교육 밭는 동안 너킨 점을 이야기을 한다면 식당이 숙소와 너무나 멀어서 이로점이 잇따고 생각하고 두 번째라면 숙소을 담배을 피우는 사람과 담배을 안 피우는 사람 갈라서 숙소을 정하여주며 좋겟쓰며 셋 째는 시간을 빨리 당기서 좀 징할 때 교육을 하며 좋겟쓰며 실찌 집배 일이 넘어나 만아서 집 극정을 하기 때문에 교육 시간이 지루하게 여겨지는 것이 사실이다. 그러나 겨울철에 교육을 하여서 좀 알떠리 배우며 그리고 원하는 사람은 정비 교육까지 하여서 농촌에 기계 고장 수리비로 지출이 상당이 만은데 이것을 들어주기 위해서 희망하는 사람은 정비 교육을 실시하여주며 자신은 좋겟딴고 생각을 한다. "그리고 어재 저녁에는 개인당 1,000원 내고 우리 호실은 2,000원 내서 마지막 회식을 하여쓰며 강당에서 마이크로 노래 자랑 비섯하게 노래을 부르는데 다들 노래을 잘한다는 분이 업고 정말 농촌 사람이구나 하는 생각이 들며 다들 자신보다 노래을 다들 못하는구나 생각이 들며 이것을 당장 나가서 노래을 한 번 부러고 싶프도 혹시 실수할까 곳바로 못 가고 기회을 오기을 기다리쓰며 내 기회는 이미 시간이 지나찌만 노래을 하게 돼어쓰며 엔콜 송은 바다찌만 내 마음에 노래가 잘 안 댄 너킴이라서 마음이 걸리더라."

지출에 … 전화비 값 200원 회식비 2,000원 쌍화탕 300원 (비들기호) 차비 값 개인당 4,000원 정심 값 2,000원 버스 차비 900원 돼지고기 4,200원 귤 2,000원 計 17,400원[339)]

〈1990년 3월 17일 토요일 낡씨 맑음〉

금일은 작과 밭에 벼집을 경운기로 실고 가서 적은돼 보충으로 깔라주는 작업을 하고 작과 나무 꽃눈이 얼마나 크게 티어나온 것인가 하고 한 박이 돌라본 셈이며 꽃망울 보니 유황 꼬는 시기가 급자도 생각이 돼며 금새라 꽃 피어날 정도 같떠며 서모사는 안전 꽃마울이 보인다고 말을 하여야 할 것 같다. 집사람은 서울 동생 시누이 시집 보낸다고 해서 예식은 내일인돼 오늘 가지 않으며 안댄다고 해서 종희 친척 매치와 오늘 오후에 출발을 하여쓰며 그리고 칯가집배 처남이 예식에 참석을 하여야 하는돼 바푸다는 핑계을 돼고 부주만 30,000 부치다고 이야기을 하여서 아주 잘못한다, 자기 동생이 암치로 그 고통을 당하고 사돈 집배 채면을 바서 이번은 결혼식은 참석을 하여야 하는돼 아주 잘못이며 실찌 동생이 병원 생할을 하지 않아도 동생이 어떠게 사나 한 번도 보지 않아서 볼 겸 참석을 하여야 하는돼 하고 자신은 상당이 마음에 걸리는구나.

그리고 서울 처제가 이번 집세 인상으로 400백만 원 더 달라는 바람에 이사을 가야 된다는 말래 극정이 돈다. 외냐하며 처재는 병 중에 또 병이 큰 병이라서 마의 안정과 돈이 필요한돼 그남아 돈이 업쓰서 이사을 해야 된다니 의이 병 치료가 될 수도 업고 마음의 안정이 될 수가 업따고 보니 안타까키 짝이 업꾸나.

지출에 … 모판 거름 경기용 3포 6,000원

〈1990년 3월 18일 일요일 낡씨 맑음〉

금일 두엄을 세 바리 실어내고 가부댁 수

339) 실제 금액은 15,600원이나 17,400원으로 잘못 기록하였다.

도 펌프에 물리 올라오지을 안아서 터전돼 차저 곤치는돼 다시 파다시피 다들 판 셈이며 처음보다 더 심이 들어쓰며 일은 남외 일 하고 밥은 내 밥을 먹어가면서 일을 하였다.
실찌 밥을 먹고 가라고는 하지만 실찌 밥을 어더먹기도 힘든다고 바야 한다. 남편업시 살라가는 것이 피참하기 짝이 업쓰며 가부댁 아들이 전문대학 1학년인돼 이것도 말과 행동이 아주 불량하다고 자신은 생각을 하며 벌서 행동이 거른돼 나중에 결혼을 하며 더 말을 안 들을 끄시며 내가 볼 때도 속이 썩을 정도가 돼니 실찌 가부댁은 예을 먹는다고 생각이 들어가며 아들은 요때 잡아야 한다고 이야기도 하여쓰며 숨도 재돼로 못 시게 잡아야 한다고 이야기을 하였다.
"부부는 하로을 살라도 같이 살라야 하며 절급게 살라야 하며 부부간에 정이 깊프며 하로 생활이 절급고 인생 살리 걸림이 업쓰며 만사 일에 급이 업는 법."

〈1990년 3월 19일 월요일 낡씨 맑음〉
금일은 황을 꼬엄. 금년에는 유황 6포, 석회 3포을 꼬아쓰며 처음에 물을 반 솟 잡고 물 떠시게 하여 유황 칯고 그 물로 반죽을 하여서 물이 데우며 그때는 유황을 넘어서 물이 안전 끌어며 그때는 유황을 조금식 너어서 유황이 넘처 흐르는 것을 조절을 하면서 조금식 너어야 한다.
"자신이 원재라도 제일 먼저 서들게 돼는 것을 볼 때 성질이 남들보다 급페서 그른지 모던 일들이 다들 자신이 먼저 스들게 돼니 힘은 다라들보다 더 쓰는 것이 사실이며 오늘도 재복이 하고 들솟을 실어서 유황을 꼬고 잇쓰니 하나 둘 모여더는 것을 볼 때에 이상하다는 마음이 들며 처음에 솟 걸자고 하며 다들 바푸다고 하면서 뒤로 미루다 다들 솟 걸고 모여들어서 기대볼까 하는 심정을 보니 다들 하로 생활을 생각 좀 하고 살라가라는 말들을 하고 십다만 마음속으로 간직을 하는 자신이다."
"그리고 유황 6포, 석회 3포는 오후 일적 시작을 하며 충분이 하게더라."[340)]

〈1990년 3월 20일 화요일 낡씨 맑음〉
금일은 사대오 부친 문상에 같쓰며 고인이 6年 동안 고생을 하다 별세을 하여서 그른지 별료 설픔이 업쓰보이며 별료 초상집이다는 너킴이 별로같다 보이더라.
"그리고 자신은 너무나 일을 하지 않아따고 해도 무리대는 말이 아니며 실찌 청년회원이 다들 하기 때문에 별로 일에는 간심이 업쓰저는구나."
"오늘 일은 뒤바라지 조금 하고 하로 일과을 보내따고 생각을 한다."
지출에 … 부주 5,000원

〈1990년 3월 21일 수요일 낡씨 맑음〉
금일은 감자 씨 파종을 하여쓰며 그리고 봇밭을 다들 갈고 봄씨 갑씨 갈 준비을 다들 하고 일적으서 세집배 굼논에 객토한 것을 돌이나 주어볼라고 같든이 객토한 것을 폭크레이로 깔란 것이 응망이며 대충 깔고 말라쓰며 자신이 생각을 할 때에 넘어했따고 생각이 돼 집사람과 둘리서 돌을 주어가며

340) '(유황 꼬음) (유황 6포 석회 3포)'라고 일기 지면 상단에 따로 기록되어 있다.

큰 등으리을 깨어가면서 일부만 골라떠니 조금 나저는 맡이 잇떠라.
“우리 운이 오락실래 가는 것을 참지 못하고 잇쓰며 살이 멀다하고 오락실래 가며 사월 전에는 오락실래 같다고 종아리을 줄이쓰게 때리니까 아빠 이번 한 번만 용서을 해달라고 하며 만약에 한 번 더 오락실래 가면 아빠 내어버리라고 했놓코 오늘 또 오락실래 같더니 이재는 이 아빠 힘이 업쓰서 머칼 기력이 업꾸나.”
우리 운이 오락실래 가는 것은 자신 생각으로 가는 것이 아니고 신으로 가는 것이 아닌가 하고 생각이 더는구나.

〈1990년 3월 22일 목요일 낡씨 맑음〉
오전에는 객토한 곳을 경운기 쓰리로 골라도 등어리 때문에 쓰리지지 안으며 대가리만 문대고 마란 셈이며 오늘도 오전 내 해야 별 표도 업쓰며 객토해서 이쳐름 힘이 들 줄 알라따면 객토을 하지 않코 그냥 수학을 나는돼 짓어 먹을 끈돼 하는 생각이 들어가는구나.
그리고 오후에는 황을 처기 위해서 당산밭에 물을 준비을 하여쓰며 황을 처기가 넘어나 저전 것이 아니냐 하는 생각이 들며 작과 꽃망울이 다들 필 직전 같꾸나. 우선 바서는 꽃망울이 넘어나 만아서 작과 풍년이 돼지 않을까 하는 생각이 들며 그리고 당산밭에 가서 꽃망울 볼 때 내 마음이 좋으며 힘이 생기는 기분이다.

〈1990년 3월 23일 금요일 낡씨 비〉
유황을 철 개핵을 세운 것이 기상대에서 비 온다고 예보을 하여서 포기을 하고 당산 논에 벼집을 치우는 것으로 오전 일가을 보내고 오후는 비가 조금 내리서 휴식을 하고 마라쓰며 일부 사람들은 작과 나무에 유황을 칯는 것을 볼 때에 자신보다 다들 간이 큰 셈이라고 생각을 하며 자신도 비가 이래 오고 만다면 자신도 유황 처리을 할끈데 하는 생각 때문에 아쉬운 마음이 들어가는구나.
“우리 운이만이 오락실래 같다오고 집배 너깨 들어오더라. 자식이 오락실이 간다고 그처름 매을 데고 죽일 놈이라고 꾸중을 주고 요전 압씨는 종아리 매을 돼고 아빠 한 번 용서을 해달라고 하고 만약 한 번 더 가며 아빠 내어버리라고 하여서 용서을 하고 이재는 오락실에 안 가겟찌 하고 이재는 개심을 하게찌 하고 자신은 생각을 하여는데 이것이 그진말이니 자신은 어느 누구을 미더라 말인가. 부모가 자식을 못 밑고 잇쓰니 이그 더 불행한 일이 어디 잇따말인가. 오늘은 운이을 한 번 더 매을 될까 그러치 않으며 창고에 가두어서 한 키을 굴미 볼까 여러 각도 생각을 하여도 해결책이 쓰지 않으며 1년 동안 자신의 생각돼로 다들 쓰버리쓰며 자신의 머리로는 손을 다 쓴 것이며 이재는 강 건너 불 보더시 바라만 볼 뿐이며 오늘은 오락실래실을 돼리고 가서 한번 해보라고 오실래 돼리고 가서 4,000원을 주고 오락을 하라고 하고 자신은 운이을 볼 때에 나 신세도 말이 아니다. 니 앞길이 헌하게 보이며 그 모섭을 볼 때에 의이 내 속이 끌찌 않깨나. 이 속을 모러고 오락기 앞패서 좋다고 오락기을 작동을 하는 모섭 바라보니 한심스럽고 자신은 부모님 속을 썩이지 않코 살라왔는데 의이하여 저른 놈이 태어나서 내 속을 썩이고 잇따는 것을 생각을 할 때에 오락실래 같이 잇쓸 수가 업쓰서 자신은 오락실을 나와서 우동집배 가서 우등 꼬빼기을 달라고 하여서 배을 채우고 대동 대리점으로 내 볼일을 보고 내대로 시간을 보내다 오락실래 들어가니 아직도 기계을 작동을 하며 을마나 만이 하여는지 기계 작동을 잘하더라. 공부을 오락 기계 작동을 잘하는 것처름 공부을 잘 했쓰며 을마나 좋으리만 공부는 꼬등을 하며 오락실래 살다시피하는 놈을 어떠게 자식이라고 생각을 하겟나."

"이재는 운이 동태을 바라보아도 인간이 된다는 생각을 백 분지 일도 업쓰니 이재는 미련을 둘 필요도 업고 혜지, 혜영이 대학을 시키고 나며 남어지 돈은 한 픈도 업씨 노후 생활에 다들 쓰게다."

지출에 … 차비 780원 오락실에 1,000원
우등 두 그룻 2,200원 경운기
노즐 10,000원
計 13,980원

〈1990년 3월 24일 토요일 낡씨 비〉

금일은 비 때문에 휴식을 하여쓰며 오늘 비는 만이 오지 않으며 유황 처리만 너저만 가며 비가 일만 저너가며 마음만 조급하구나.

"운이 때문에 골무리가 아파서 죽을 지경이다. 외나하면 오늘도 책 보따리만 집배 같다노고 그냥 나가버리쓰며 나중 알라보니 대신 길륭이와 김천 갈다고 이야기을 들을 때에 정말 귀가 찬다. 외냐하며 어재 저의 엄마와 아빠가 귀가 따갑게 꾸중을 할 뿐 아니라 죽일 놈이라고 구박을 주어는데 오늘 곳바라 니우침도 업고 오락실을 간다는 것이 머라 말을 할 뿐 아니라 우리 운이는 꾸중을 하는지 머가 먼지 알지도 못하는 것이 아닌가 그리고 오늘은 밤 10시가 돼어도 들어오지을 안아서 대신으로 전화도 불리 낮쓰며 자신도 집배 그대로 잇쓸 수가 업쓰서 김천 오락실 4곳에 들리밭쓰며 어재 우등집배을 들리밭쓰며 우등집배 가니 아주머니가 오늘 낮재 오락실래 들어가는 것을 보앗따면서 저이들키리 웃고 마라따고 이야기을 하더라. 자신도 너무나 가감희 농맹이을 칯니 꾸중도 줄 수가 업꾸나. 오늘은 밤 11경에 집배 들어오니 더 꾸중을 줄 수도 업고 이재는 어디서 손을 돼야 할찌 나로서는 물게쓰며 머리만 딩하게 마전 것처름 멍을 뿐 생각조차 할 수가 업꾸나."

"부모 속을 썩이다 이재는 피을 토할 정도며서도 자식이 집배 들어오지 완으니 돈도 업씨 나가서 극정이 대며 마음이 불안해서 몸이 운직일 정도로 열이 오러며 이것들이 비 온 디라 날씨가 추원데 돈이 업쓰서 김천서 걸어서 오는 것 아닌가 하고 김천 차저로 가면서 뻐스 앞 쪽에서 운이가 걸어오지나 않을까 하고 두 눈 부릇떠고 길 양쪽을 바라보면 김천을 같쓰며 올 때도 눈을 떠고 길 약 쪽을 바라만 보고 오니 차내 손님들은 이상하게 생각을 했쓸란지 모런다. 생각을 할수록 머리만 아플 뿐 모책이 업쓰서 죽을 지경이다."

지출에 … 차비 400원 전화비 값 300원
計 700원

〈1990년 3월 25일 일요일 낡씨 맑음〉

금일은 작과 나무에 유황 살포을 하는데 바람이 넘어나 불어서 유황 살포하는데 힘이 들어쓸 뿐 아니라 바람이 넘어나 새차게 불어 유황이 나무에 부터잇찌 않고 다들 날라가서 금년 유황 살포는 점수 천다면 50점

밖에 돼지 않는다고 본다. 그름 하로을 연기하지 할련지는 몰라도 자신이 생각을 할 때에 유황 처리가 금년은 넘어나 넛저따고 생각을 하기 때문에 오늘은 일적 서들어 유황 살포을 한 것이 더 실수여따고 생각을 가져보며 그리고 금년에는 우리 당산에는 꽂이 필 직전이며 먼 곳에서 보며 나무들이 하얀 너킴이 잇다.

"그리고 양 살구는 꽂이 활짝 피어잇쓰며 이것을 볼 때에 유황 처리가 너저 작과 과일에 피해가 돼지 않을까 하는 생각도 든다."

"오후에는 도래씨 파종을 하고 일적으서 집사람을 대리고 당산에 올라가서 들판을 내리다보니 전망이 그리 좋으며 두리서 관광 온 기분이며 만약 도로가 이리 난다면 이 산을 내 소유로 만들어 도시 사람들 하로 놀리는 돼두록 개발을 해야 하게쓰며 내 꿈이 앞푸로 이러타고 집사람에게 이야기을 하여쓰며 집사람은 언재 길이나 하면서도 전망은 좋다고 이야기을 하며 이 여기서 들판을 내리다보며 모든 잡념이 살라전다는 것이 말로 표현을 다 할 수 업씨 좋은 곳이라고 생각을 한다."

"당산에 유황이 6말에서 조금 남음. 그리고 물 량은 40십 말 計."[341)]

〈1990년 3월 26일 월요일 낢씨 맑음〉

금일은 유황 살포기가 제일 좋은 날이라고 말을 하고 십다. 외냐하면 고요하고 낢씨 화창하지 정말 유황 처는 날이라고 말을 하고 십다. 오늘 앞 밭에와 골래, 바시내 3곳에 유황을 살포을 하여쓰며 그진 10마지기 밭을 유황 살포을 좀 일적한 셈이다.

"앞 밭에 26말, 골래 25말, 바시내 23말 살포을 한 셈이다. 그리고 1솟에 유황 2포, 석회 1포을 꼬어며 유황 5말 반은 나오더라. 그리고 자신은 3솟을 꼬어니까 유황이 17말 나오며 금년에 유황 사용량은 13말 반을 사용을 하고 나머지가 3말 반을 남아다."

"운아 너에 모섭을 볼 때에 귀가 죽어잇는 모섭을 보니 이 아빠도 귀가 죽어며 너을 꾸중을 주어서 힘아리 업는 모섭을 볼 때에 이 아빠의 머리는 갈피을 잡지 못하게 잡음이 만아서 어떠게 할 줄을 모러고 멍할 때가 이쓰며 내가 너의 인생과 같이 살 수가 잇따면 운이가 오락실에 가든 농띠을 칯든 이 아빠가 더 노력을 하여서 운이을 편하게 살두록 하여주며 대니까 이 아빠 극정을 안 아겟는데 이 아빠 너의 인생 길을 재발 길로만 아리키 주고 마는 것이인간의 숙명이니 이 아빠가 의이 속이 타지 않깨나. 이 아빠가 배우지 못하여 고생을 하며 살라가는 모섭이 보이지도 안너냐. 이 아빠는 너만 키운 것도 조금이라도 재산을 더 주어서 이 세만큼은 편한 세상을 살라보라고 운이만 키운 것이 사실이며 운이가 아빠의 마음을 만 분지 일도 몰라주는 운이 이 아빠 심정을 좀 알라다오."

〈1990년 3월 27일 화요일 낢씨 흐림〉

봉답에 상토 흙로 파내키 때문에 보충의로 모래을 실어너어쓰며 모래는 새바리 실어 너어쓰며 오후에는 봉답 벼집을 비 온다는 기상대 예보 때문에 봉답에 벼집을 안전이 실어서 집외 같다재는돼 밤이 어둡뚜록 한 셈이며 이것도 짓때 하지 않으니까 일이 그

341) '(유황 살포함)'이라고 일기 지면 상단에 따로 기록되어 있다.

북한 점이 잇꾸나.
"자신이 농민 신문에 영농단으로 기계을 폐면 정부 보조가 오십푸로라고 하여서 상세하게 알라보지도 않코 (이재와) 대신 역전에 두 곳 중 어느 곳이든지 트락타을 팰라고 발부등을 쳣쓰며 이재와서 보니 콤바인 이양기는 50푸로 돼지만 트락타만이 보조가 120만 원 정도밖에 돼지 안는다니 자신이 잘 아라보지 않코 날띠쓰며 이것을 처음부터 터락타는 보조가 이러타고 알라따면 자신은 생각을 하지 않을끈돼 이재와서 교육은 다 밭따고 또 자신이 한다고 사형은 알고 잇찌 실찌는 마음이 썩 내키지 않는 물건이라고 말을 하고 십프며 자신은 이재부터 아들 교육 준비을 하여야 하는돼 기계에 넘어나 투자 금액이 만아서 자신의 침착한 마음이 업는 페착으로 큰 실수을 하고 잇는 것이 아닌가 망스려저는 감 말을 할 수가 업다."
"인간이 하고 십픈 일 일수록 침착을 차저서 행동에 온기야 한다고 생각을 한다. 인간은 침착이 따리지 않으며 실수는 매일 따라다니는 법이다."
지출에 … 라면 4,800원 (오일) 1통
기와오일 2통 10,800원
計 15,600원
"정부에서도 영농단으로 기계 폐는 것은 보조 50푸로라고 다들 농민들은 인정을 하고 잇쓰며 실찌 트락타는 속이서 팔아먹는 것인 다름이 업쓰며 정부에서는 과다선전은 말리고 잇쓰며 기계 단지 기계는 보죠가 50푸로면 농민들은 이른 기회을 노치지 말라니 하며 가잉 선전을 하고 잇쓰며 자신처름 기계단지는 다들 오십푸로라고 하여서 교육을 다 밭고 바람은 다들 들은 상태에서 포기는 천에 1명도 돼지 않는다고 자신은 생각을 하며 실찌 자신도 큰 무리인 줄 알면서도 이재는 할 수 업따는 생각을 가지며 농민들에깨 등쳐는 일이 업두록 하여주었며 하는 바람이다."
(트락타는 전액을 다 준다고 하여도 무리돼는 말은 아닌 것 같다.)

〈1990년 3월 28일 수요일 낡씨 비〉
"금일은 종일 동안 비가 내리며 봄비 쳧고는 만은 량이며 자신이 종일 동안 휴식을 하여보니 일을 할 때보다 더 몸이 고대며 쉬고 잇쓰니 몸살이 나는 것처름 몸부림을 처고 종일 동안 몸부림 처는 하로가 돼고 마랐다."

〈1990년 3월 29일 목요일 낡씨 비〉
금년에는 비가 왔따하며 만이 내리고 잇쓰며 이번도 양 일간 비가 만이 내리따고 생각을 한다. 그리고 우리 당산 밭에는 작과 꽃이 필 직전이며 성급한 꽃은 벌서 피어잇는데 비가 만이 내리서 금년에 과일리 적개 올 끗이 아닌가 생각이 먼저 들어가는구나. 금일은 비로 인해 객토 작업한 논에 물을 돼어서 골라볼 욕으로 물 돼어두는 작업만 하여찌 오늘 안전이 놀라쓰며 오늘 술집배서 화토노리로 2,000원 지출을 내고 마랐쓰며 오늘 도박은 아주 적개 하더라. 이것을 볼 때에 봄 돈이 정말 기하다는 생각을 한 번 더 가지보았쓰며 그리고 개암봉 돌부리을 하는돼 정말 맛씨게 잘 먹어다.
"우리 운이 오늘 또 오락실래 들리고 너깨 집에 왔따니 이재는 자신은 꾸중을 줄 기력도 업쓰며 자신의 속만 푹푹 상하고 잇는 실정이며 이재는 집사람이 꾸중을 주든 죽이든 간섭을 하지 않코 대는돼로 대라 하는 식으로 손을 띤 셈이다."
지출에 … 화토노리 2,000원 개암봉 돌부리
1,000원 이발료 3,000원
計 6,000원

〈1990년 3월 30일 금요일 낡씨 흐림〉
웃뜰 논 객토한 곳에 물 나라시을 하여쓰며 처음에는 엄두가 안나더니 오늘 경운기 쓰레질을 해서 안전이 골라쓰며 이번 비가 자신에깨 큰 도엄을 준 셈이다. 그리고 오후에는 무지파씨 파종과 울콩씨 파종을 다 해버리고 마랐다. 울콩씨는 일적 갈며 떠물 때문에 안 된다는 사람, 오히려 울콩씨를 너깨 갈며 울콩이 달리지을 안는 사람 다들 각색이며 오늘 울콩 갈란 사람은 적은 수짜이라고 생각을 한다.

〈1990년 3월 31일 토요일 낡씨 맑음〉
금일 박창호 어른 죽어서 갈 산소 만든다고 가니 사람이 만터라. 가만이 동태을 보니 다들 돈을 주고 산 사람들이며 실찌 박창호 어른 일 거들어주로 온 사람이 두서넛 밖에 돼지 않는 것 같다. 자신도 처음에는 다들 돈 주고 사람을 구한 것이 아닌가 하고 안 갈려고 하다 창호 어른이 자신에깨는 잘하여서 채면 때문에 도와주어쓰며 그리고 오늘 일은 기사가 능선을 따라서 광전 구등이을 잡찌 않코 주령[능선]을 가로질어서 쓰야 한다고 하며 상주가 (개띠) 잇쓰서 이래 쓰야 한다고 하여서 약 20명 돼는 사람이 모터을 이래 잡는 사람이 어디 잇는냐고 실랑이가 버러져 일이 돼지 않아쓰며 박창호 어른도 산소을 내가 보고는 하지 못하게따면서 동내 앞 밭태 기사을 보이고 하는 바람에 일이 돼지 않코 이재는 할 수 업따면서 동내 사람의 주장으로 모터을 잡아서 모터력만 재발 싸고 관은 앞 밭에 임시로 무떠놋는 작업으로 일가을 마치곤 하여찌만 오늘 일은 기사가 벌소리 하는 바람에 일이 낭패가 돼어쓰며 주인 집배는 낭비만 하고 마랐따고 생각을 한다.
그리고 자신이 터락터 교육을 밭고는 늙 타락터가 언재 올려나 하고 기다리쓰며 이재는 자신에깨 큰 무리가 가도 해야 한다는 마음이 더니 한사코 터락터가 기다리지는 돼 오늘 터락타가 저녁 때줌 돼어서 조합 차로 실어온 것을 보니 가슴이 두건거리며 마음이 흥분이 돼어따고 할까 감도 모러게 기분은 좋더라. 그리고 다들 보는 사람마다 좋따고 하니 자신도 등따라 좋아저더라. 그리고 교육 때는 자신이 만대로 하계떠니 오늘 집배서 다들 하여보라고 하여서 운전석에 올라 안저서 작동을 하는데 만사 슬어저며 만약에 학 가서 다칠까바 하는 생각이 들어 겨우 운직어 보는 정도로 끝을 내고 마랏다.

〈1990년 4월 1일 일요일 낡씨 맑음〉
금일은 시운전 할려고 터락터을 몰고서 녁둘레 가보니 전부가 물리며 쟁기 작업을 하여볼라고 해도 땅도 질 뿐 아니라 논지가 물이 언정하니[342] 참아 들어가서 쟁기 작업을 하게 돼며 반더시 세차을 해야 하는돼 세차 자급이 급이 나서 들만 한 밖키 돌라서 집배 들어오고 마랐다.

342) 적당히 있어서

그리고 오후 너깨 순달와 기사가 와서 쟁기 쉬운전한다고 기자내 논자리에 쟁기 작업을 하여보는돼 교육 할 때보다 더 어러며 유압쟁기라서 작동하는데 더 햇칼리는 감이 만으며 반자동보다 작동이 어렵더라. 오늘 시운전 하는돼 사람이 만아서 더 안 돼는지 영 작업이 내 마음돼로 돼지 않아서 능숙할려면 힘이 만이 들 것으로 내다보고 잇다.

지출에 … 한타 600원 포장류 1,900원
計 2,500원

〈1990년 4월 2일 월요일 낡씨 맑음〉

금일은 봄이 아니라 여름이라고 말을 하고 십꾸나. 그리고 오늘은 (영권이) 결혼 준비한다고 그들어주는 것으로 하로 일과을 보내쓰며 영권 농촌에서 결혼 대상자가 업쓰서 오래동안 끌어오다 올해 대상자가 나와서 천만 당행이라고 생각을 하며 농촌 총각은 결혼하기가 하늘에 별 타기보다 더 힘더는 일이라고 말을 하고 십꾸나.

"그리고 터락타는 집배 갈다놋고 눈이 추지서 한 번 갈라보지 못하고 세어두어야 하는 심정 귀가 찬다."

〈1990년 4월 3일 화요일 낡씨 비〉

금년에는 눈들이 말을 날이 업시 비가 내리니 금년 농사 짓키가 힘이 들 것으로 내다보며 앞푸로 계속 말은 날씨만 보인다면 몰라도 4月달 도중에 비가 한 번 더 온다면 논 갈리는 힘이 든다고 바야한다.

그리고 영권 결혼식이라 집배서 잔치을 첫는데 손님보다 심부름꾼들이 더 만으며 손님은 본동 손님밖에 업쓰서 할 일은 업더라.

"당산에 작과 나무 꽃이 우리 마을에서 꽃이 제일 먼저 피며 남들은 꽃마울로 잇는데 자신은 벌서 서모사 꽃은 다들 피어쓰며 대석도 상당이 만이 핀 상태라 날씨 변득 심하며 기온도 내리가서 열매가 작년보다 업쓸까바 마음이 불안하여진다."

지출에 … 영권 결혼 부주 10,000원

〈1990년 4월 4일 수요일 낡씨 맑음〉

금일은 상기 형수 마당에 세면한다고 그들어 달라고 하여서 가니 폭크레이가 한다고 해서 일이 올캐 돼겟나 하고 생각을 했는데 사람보다 더 잘 배합을 잘하며 폭크레 가지고 마당 하로 다니며 안성맡춤이게더라. 오늘 상기 형수 일 그들어준 것을 돈을 안 바들라고 생각을 하였는데 오늘 일을 경운기까지 일을 하여찌만 오전만 하고 마라는돼 20,000만원을 주어서 안 바들라고 주어떠니 기어코 주어서 만 원만 밭고 만 원 돌려주고 마랐다.

오후에는 폭크레이가 온 짐에 당산 세암 물을 뺄라고 폭크레이로 파서 파이프을 너을 욕심으로 작업을 한 것이 너무나 생각업씨 일이 돼어버리다. 외냐하며 얼마 짓피하지 않아도 돼는데 너무나 지피 파서 탄흙을 넘어야 하는데 그 만은 흙을 어떠게 다 체우나 하는 생각을 하니 기가 찬다. 오늘 일은 수라게 할려다 더 패가 돼고 마랐다. 앞푸로 낡씨가 잘해서 땅이 마른다면 일이 돼지만 비가 자주 온다면 큰 낭패가 돼고 만다.

"오늘 폭크레이 작업한 돈을 을만 줄까 무러니 아라서 달라고 하여 일은 40분 하여는데 10,000원 주니 좋다고 하더라."

"그리고 집사람이 설악산 2박 4일 동안 여행길에 갇쓰며 오늘따라 낡씨가 추어서 여행에 불편하지나 안는가 염려가 돼며 항상 멀미을 하여서 관광을 가도 마음이 노이지 않으며 시달림을 밭는 생각을 하며 내 고통이 심하며 이것을 생각을 하지 않코 여사로 생각을 할려고 해도 그것이 돼지 않으며 마음이 쓰이는 것이 부부의 정인가바."

지출에 … 폭크레이 작업 10,000원 돌부리 1,000원

計 11,000원

수입 상기 형수 마당하는데 품 값 10,000원

〈1990년 4월 5일 목요일 낡씨 맑음〉

금일은 오전부터 당산 논에 파이 작업을 할려고 작정을 하였는데 봉산 눈님이 펌프 좀 다라달라고 하며 남외 이야기는 덧찌도 않코 오라고 하여서 할 수 업시 불리가고 마라쓰며 누님의 집배 들어오는 파이프가 13미리 파이프에 펌프을 달라보니 물이 재돼로 올라오지 않으며 1차로 밀어올리는데서 물이 적개 오니 누님 집배서 펌프 장치을 하여도 별로 도엄도 업씨 조금 낮깨더라.

"그리고 오후에는 당산 세암 물 빼라고 파이프 작업을 운이도 데리고 갈려고 동내 다 차저도 업쓰서 혜영이을 돼리고 가서 파이프 길이가 63매다에 20미리 파이프에 물이 나오는데 물이 겨우 나오더라. 자신은 세암 물이 적개 나와서 충분 하리라고 생각을 한 것이 생각 착오가 돼고 마라쓰며 죽뚜록 일만 하고 (4만 천 원) 공 버리고 마란 셈이 돼고 마랐다."

"오늘 운이가 동내 다들 찾저도 업쓰서 또 김천 오락실래 가지 않아나 하고 극정을 하여쓰며 자신이 일을 맡치고 들어오니 골막에 놀더라. 그래서 운이을 경운기 태어서 집배 돼리고 와서 오늘 바른말만 하면 용서을 하여준다고 말을 하라고 하니 동내 놀라따고 그진말을 하더라. 아빠는 동내 업는 것을 다 알고 이야기을 하라고 하여도 그진말을 하여서 갈치 노란 이들을 돼리고 와서 무러니 자전차 타고 봉산 가서 노라따고 이야기을 하여서 그만 손을 돼어쓰며 참을 수가 업쓰며 매도돼고 손도 돼어쓰며 자신이 손은 돼지 않코 매로만 될 작정을 하여는데 오늘 성실이 나서 참찌 못하고 손을 됀 것이 마음에 글리기는 하지만 성질돼로 못하는 것이 부모의 마음인가바. 성질돼로 하여쓰며 목 졸라서 죽이도 아깝지 않은 인간이라고 생각이 들어갈 때가 잇쓰며 내가 운이 때문에 혈압이 올라서도 오래 살지 못하게쓰며 운이와 노는 아이들이 예비가 업는 아이가 4명이니 다들 마음껏 논다. 다들 공장에 가지 머라할 사람도 업고 하니 천지을 모러고 티고 잇는데 너이들 신세을 망치고 잇는 것 좀 생각을 해라. 의이하여 부모가 말을 하며 눈꼽만큼도 들어주지 않으니 통곡할 일이며 이대로 간다면 고등학교도 가지 못하고 부모 골탕을 먹일 것을 생각을 하니 그 꼴 보지 않코 죽는 것이 낮찌 않을까 하는 생각이 들어갈 때가 잇꾸나. 그래도 자식이라도 매을 돼고는 아치라바[애처로와서] 나의 누나에께 밥을 주라고 하여쓰며 밥도 한 키 못 어더먹는 집배을 외 가며 하지 말라는 일을 더 하고 잇는 이유을 몰겠쓰며 오늘은 창고 가두어 반성문을 쓰라고 하여쓰며 창고에 3시간 가두어 둘 생각을 하여는데 그것도 자식이라고 1시간 정도 가두어 두어쓰며 창고에 가두어두고 저녁밥을 저의 누이에깨 주라고 하니 갇다주는 것을 보니 영창

에 밥 갇다주는 생각이 들며 사람이 할 수 업는 일들이며 그래도 밥을 다 먹는 것을 보니 기가 차며 한편으로 우섭고 갈피을 모 잡깨더라. 그 꼴을 볼 수가 업쓰서 핑계는 돼지 못하고 운이 반성문 잘 쓰셔며 용서을 하고 반성문을 못 쓰셔며 다시 창고에 다시 들어갸얘하 면서 돼리고 나와서 다시 밥을 갇다주라고 누이들에깨 이야기을 하니 밥을 먹어따고 이야기을 하더라. 그래도 밥 량이 차지을 않을 끝 갇다서 운이 밥을 먹으라고 하니 처음 사절을 하며 사절하는 것이 조금 미속하더라[야속하드라]. 그래서 운이 밥을 먹고 아빠는 그진말 하는 사람이 제일 나쁜 사람이라면서 달래면서 밥을 김하고 먹는데 물을 마쉬가면서 밥을 먹으라고 이야기을 하여쓰니 운이는 아빠가 저고 잇따는 생각을 할련지는 몰르도 그래도 자식이라고 또 내일부터라도 니우임을 생각을 하고 사람이 돼겟찌 하는 생각에 성질돼로 못하고 마는 거시 아빠의 마음이다. 어너 부모가 자식에깨 손을 돼고 십픈 부모가 어디 잇깨나. 운이 이 아빠의 들어주는 시늉이라고 하여다오."

지출에 … 전기세 값 1,400원

〈1990년 4월 6일 금요일 낡씨 맑음〉

오전에는 트랙터로 논을 갈라보니 눈이 추지서 흙이 찰 땅이 트랙터가 서배류[쓰베루]343)을 하면서 오전 내 한 단지밖에 갈지 못했쓰며 처음 시작을 할 때보다는 조금 낮찌만 아직 경운만 못하더라. 오전 내 트랙터로 논을 한 단지밖에 갈지 못한 논을 보고 (천이백만 원)짜리로 경운기 정도밖에 갈지 못한 현장을 바라볼 때에 허전한 마음밖에 업더라.

"아직은 논 땅이 더 말라야 갈 수가 잇따고 보며 기상대서 내일 비가 온다고 하여서 추진 논을 갈려고 보니 힘은 들고 일은 돼지 않코 모든 것이 적자라는 생각 때문에 작업을 할 수가 업쓰서 오후는 객토한 곳에 돌 주어내는 작업을 하여다."

"집사람이 2박 4일 동안 관광을 하고 오늘 돌라오는 날이며 오늘 저녁은 엄마가 오는 돼 고기라도 잇쓰야 한다면서 포장류라도 사오라고 하니 엄마 아무것도 하지 말라고 하라 했쓰며 구미 자너매[작은 어머니]가 물수루미[물오징어] 가지고 온 것을 잇따고 하며서 고기을 사지 말라고 하여서 고기 준비을 하지 않코 집사람을 기다리고 잇는 실정이다. 구미 제수씨가 오징어 국이라도 디치나서 체면을 면했찌만 2박 4일 동안 시달림을 바든 집사람에깨 무언가 정의 표가 업는 것 같떠며 미안터라. 그리고 실수가 중복이 돼고 마랐다. 외냐하면 저녁을 먹고 8시가 돼어서 너의 엄마 마중 좀 가라고 하니 테레비전 본다고 잇따 마중은 아무도 가지 않코 집사람이 집배 들어오면서 울 집배는 아무도 업나 하면서 들어오는 모섭을 보니 정말 미안터라. 자신은 아직 일적으서 아이들레깨 강요을 하지 않아떠니 이것이 실수가 염발이 돼고 마랐다."

"구미 민정이 엄마가 200백만 원 쓴 돈 이자 80,000만원 가지고 왔떠라. 이것을 자신도 답답지만 자신보다 더 답답하 것 같아서 원돈만 받고 이자는 받찌 않고 보내고 마랐다."

---

343) すべる. 미끄러지다는 뜻의 일본말.

<1990년 4월 7일 토요일 낡씨 비>
때아닌 비가 와도 너무나 만이 오고 잇쓰서 영농 작업이 상당이 지연돼고 잇쓰며 슬 때 업는 비가 한 번 내리며 삼일동안 공백기간이 돼고 만다. 금년에는 일기분으로 작과나무는 보나마나 흉년을 만들어 낯쓰며 자신으로 바서는 작과일이 흉년이 돼며 타격이 크다고 생각을 한다.
"금일은 비 때문에 안전 휴식을 보내도 몸의 피료는 살라저지 않코 휴식을 할 수록 몸은 무거어 저는 너킴이며 오늘 갈터며 힘들어 만사 일을 할 수가 업쓸 정도라고 말을 하고 십다."
"금일은 송아지 분만 하여스며 송아지 분만하는데 기다릴 수가 업쓰서 그간 집사람에 깨 막키고 자신은 짬쉬 눈을 부치니 피료가 조금 낯더라. 집사람도 구경을 가서 잠을 이루지 못해서 눈을 캄고 잇는 집사람을 막키고 방에 들어와서 밤을 부치는 이 몸 을마나 피료했는지 감을 잡을 수가 잇쓰리라고 생각을 하며 집사람이 자신보다 더 피료할탠데 자신을 시계 하는 것을 볼 때에 집사람이 참을성이 자신보다 만타고 생각을 한다. 집사람이 송아지 분만 한다고 자신을 깨우고 잇떠라. 그래서 마구에 들어가니 아직은 일적더라. 약 두 시간 기다리서 밤 11시에 가니까 발이 나와서 발을 잡고 당기보니 뒤발이 먼저 나와더라. 이것을 보고 자신의 예감은 실패가 아닌가 하고 불안해저며 송아지가 뒤로 나오니 소가 몸부림을 쳐는구나 하는 생각이 머리에 들면서 집사람과 발 한짝석 지고 당기니 송아지가 나오더라. 송아지가 뒤로 나와도 별 탈 업시 분만이 돼어서 다행이라고 생각을 하며 집사람은 자게하고 자신이 망우리 작업을 다 하고 잠자리에 들어갈다."
"송아지 분만 암송아지라 마음이 습파더라[섭섭하더라]."[344)]

<1990년 4월 8일 일요일 낡씨 맑음>
당산 논에 세암 물 빼닐 파이프을 35미리 너어니까 물이 차게 나오며 마음에 들더라. 자신이 처음부터 수도용 파이프을 하지 말고 하수도 용을 사용해더라면 헛 일을 안해쓸 끄시며 돈도 반만 드리도 충분이 될 일을 개산 착오로 41,000원을 더 지출한 결과가 돼고 마랐다.
오늘은 황상인[황사인] 바람이 불어 눈을 재돼로 떠지을 못 할 지경으로 바람이 세차게 불어쓰며 논들 바서는 바람이 불어서 말루는 것이 낯따고는 하지만 과일 바서는 낡씨 춥지 바람 불지 좋은 점은 업고 어든 것보다 일은 것이 만타고 생각을 가진다.
"오늘은 당산에 파이프 다시 넌는 작업을 하여쓰며 겨우 파이프만 너어두어쓰며 폭크렌 돼는 바람에 자신이 일이 만아서 큰 낭패가 돼고 마랏쓰며 시간이 업는돼 당산 논을 보니 머리만 무급꾸나."
지출에 … 파이프 값 36,650원 운님
5,000원 사료 16,380원
計 58,030원

<1990년 4월 9일 월요일 낡씨 맑음>
금일은 당산에 파이프 너은 자리에 모래 실어넌는 작업을 하여쓰며 종일 실어바야 경운기로 8바리 정도박에 못하겟더라. 우연

344) '(송아지 분만함)'이라고 일기 지면 상단에 따로 기록되어 있다.

희 생각을 잘못하여 생외을 먹고 잇따. 이것이 공사로 본다면 부도가 난다고 생각을 한다.
"당산 밭에 자두 꽂이 만발이 되어잇는데 한 번 아고 십프도 갈 시간이 나지을 안는구나."
그리고 앞 밭태도 금년에는 꽂이 아주 만발이며 오진 만발이라고 말을 하고 십다.

〈1990년 4월 10일 화요일 낡씨 맑음〉
금일은 바실보에 겟돌 쵳는 일을 하여쓰며 오늘은 실지 보 임사도 업시 일을 하여쓰며 임사가 없이 일을 하여도 모두 잘하더라. 그리고 요줌은 앞쓰는 일들을 할려고 들지을 않으며 바실 보도 농사가 마는 사람이 순위대로 할려고 마음을 먹고 잇다.
앞푸론 순대로 임사을 한다면 일은 재돼로 될 일이 업다고 본다. 다들 겨우 한 해만 채우고 말 개산으로 생각을 하기 때문에 형식적인 일들이 돼고 만다고 본다.
"금일은 멧돌 쵳는 작업을 종일 하고 나서 터락트로 논을 한 단지 갈라쓰며 이재는 숙달이 돼어가며 이재는 감을 잡을 수가 잇따고 본다."345)

〈1990년 4월 11일 수요일 낡씨 맑음〉
바실보에서 수로 작업과 굼 도량 수초 작업을 하는 것으로 하로 일과을 보내쓰며 부역을 마치고 나서 복판 논을 갈라쓰며 기상대에서 내일 비 온다고 예보만 하지 안아쓰며 논을 더 말라서 논 갈리을 하며 트랙터가 수랄땐돼 오늘 빠지서 힘이 만이 들어다. 그리고 일적으서 형님 밭터에 반 밖에 갈지 못했다. 트랙터로 작업을 한다면 사람은 수라다고는 하지만 유지비도 상당이 만이 들어가리라고 생각을 한다.
"금년 작과 꽂은 만발한 적도 더문 해라고 생각을 하며 금년 꽂은 자신이 바도 봉어리가 땀스려며 꽂 필 때에 날씨만 잘 했따면 금년 작과는 풍년 돼어쓸끈대 꽂 필 때에 일기불순으로 금년 과일은 숭년이 돼지 않을까 하고 염려가 크다."

〈1990년 4월 12일 목요일 낡씨 비〉
비가 종일 내리는 것을 볼 때에 올해는 무엇시든지 시작만 하며 사람이 질리게 내리고 잇는 것을 볼 때 금년 농사는 순탄지 않으리라고 생각을 한다. 오늘은 사실 비도 오고 해서 놀로 가고 싶프나 한번 술집배서 논다면 적키 쓰도 3,000원 지출을 내야 하니 이것을 생각을 참고 그 돈으로 아이들 고기라도 싸주야지 하는 마음으로 집배서 지루한 시간을 종일 보내고 잇쓰며 그리고 운이가 학교 공부을 맡치고 집배 오면서 보니 술집에 사람들이 만이 놀드라고 이야기을 할 때에 이 아빠는 술집배 놀로 가고 십프도 가면 돈 쓴다고 꾹 참아았따고 이야기을 하고 사람이 참을 줄도 알라된다면서 운이도 오락실래 가고 싶프도 참아야 한다고 이야기을 했쓰며 자신이 술집배 가면 돈 쓴다고 자신의 혼자 말을 하며 그진말이라고 생각을 할까바 집사람 부엌에서 밥 하는 사람을 불어니까 바픈 사람을 외 불어 하면서 들어오더라. 그래서 오늘 자신이 외 놀로 안 간 것을 이야기을 하라고 하니까 아빠는 놀로 가면 최하 3,000원 쓰야 한다고 하면

---

345) '(바실보) 수로 작업함'이라고 일기 지면 상단에 따로 기록되어 있다.

서 돈 안 쓸라고 마실을 안 갈라고 이야기 하더라. 너의 아빠는 절약을 해서 운이 학교 시키볼라고 노력을 하는데 운이도 노력 좀 해야지 하고 건유을 하여는데 마음의 너킴이라도 들어는지 알 수가 업꾸나.

"사실 인간이 살라가는데 이처름 억재을 하여가면서 살라야 하는지 이러깨 이세들예깨 희생을 하여가면서 한 평생을 살라야 정답이 돼는지 알 수가 업꾸나."

지출에 … 전화세 값 4,390원

〈1990년 4월 13일 금요일 낡씨 맑음〉

"집사람과 둘리서 땅콩 파종을 하고 오후에는 작과밭 김매기을 하는 것으로 하로 일가을 보내고 집배 오면서 토기 풀은 푸대로 가득 떠드왔쓰며 이것을 집사람이 다들 하고 자신은 집사람 일처름 매일 그냥 두고 마랐쓰며 집사람은 입버릇으로 집배 잇쓰도 무엇시 그르깨 만으며 잠쉬 실 새가 업따고 이야기을 하는 것을 여사로 들어떠니 이재는 여사로 넌기서는 안 댄다고 생각을 가진본다. 외냐 자신은 밥만 먹고 들로 가면 집사람이 소 돌바야지 쇠 똥 쳐야지 개 밥 주야지 토기 풀 주야지 집안 돌바야지 아이들 방까지 바야지 살도로 빨래 해야지 자신은 집사람 비에서는 작업량이 아주 적따고 생각을 하며 그래도 들례서 큰 일을 하고 나며 그저 아깝따는 인사가 자질어저며 못 그들어주니 미안깨 생각을 하는 사람 너무나 고대서 몸이 깡 마루고 잇따는 것을 생각을 하여쓰며 이재는 집사람 일을 들어줄라며 토기와 쇠을 안 먹야 조금이나 집사람 일을 들어주는 일이라고 생각을 하고 안 먹이는 방도을 취해야 하겟다."

"지면을 통해서 여보라고 가만이 불어본다. 여보는 자기 몸 상하는 것 뒤로 하고 보잘 것 업는 남편 몸만 생각을 하는 여보 늙 고맙게 생각을 하며 나 자신도 집사람 건강이라도 상활까바 염려을 하고 잇쓰며 자시도 내 살 떨어저는 것은 참아도 여보 살 떨어저는 것은 참지 못하리. 여보 우리 살라온 것 처름 예쁘게 살아갑십다. 나 자신은 여보 사랑을 너머나 만이 밭고 살아서 이재는 더 바들 때가 업쓰도 마음적으로는 더 밭고 살고 십따는 솔직한 심정이요. 우리 사랑만은 아키지 말고 살라갑시다."

〈1990년 4월 14일 토요일 낡씨 맑음〉

트랙터로 처음 남의 논 갈로갇서 추진 논을 억찌로 3단지 다 갈고 머리 조금 들 갈고 그만 봇 도량에 트랙터을 빠주고 마랐쓰며 트랙터가 조금 더 돌라드라면 전복이 될 뿐 했쓰며 늑둘 논에 아무도 업고 자신 혼자 잇쓴는데 사고라도 낫쓰며 어떠게 하나 하고 큼직 생각이 들어 멍한 시간은 한참 보낸 셈이며 집배 들어와서 태성 트랙터로 끄집어 낼라고 하여뜬이 교통사고 병원에 갇다고 하여서 어떠게 손을 쓰지 못하고 형님 경운기와 내 경운기 두 대와 형님, 용학이 셋시가 일단 해보고 어떠게 하여야겟따는 생각으로 낡씨 어더어지고 잇는 실정이라 자신의 생각으로 경운기로는 구출 할 수가 업찌 하는 생각이였는데 실찌 일을 하고 보니 구출이 겨우 대는 심정 정말 안도의 숨을 실 수가 잇쓰다. 무선 사고든지 큰 대비하니까 수라게 넘어가는데 오늘 일은 큰 사고을 모면하여쓰며 운수로 바서는 대통했다고 말을 하고 십다. 앞푸론 천천이 하여야 하겟쓰며 사고는 마음이 바뿐돼서 발생을 하니 원재나 운전석에 안저며 너것한 마음을 황상 가지야 하겠다.

〈1990년 4월 15일 일요일 낡씨 맑음〉

금일은 자신의 48회 생일날이며 금년에는 일요일이라서 순달이 가족이 다들 참석을 하여서 나로서는 고맙고 올해는 큰집 식구 다들 한자리에서 밥 한 키라도 같이 하였따는 것이 의미가 크며 찬은 업쓰도 집안키리 모여서 밥을 자시니 정말 마음이 좋꾸나. 그리고 순달이 부인이 상토 흙 담아줄라고 하여서 한사코 말리쓰며 지수씨가 일을 하며 내 마음 더 뒤며 집사람과 두리 담어며 충분이 다 담을 수가 잇따면서 그만 두라고 하여도 그들고 잇쓰서 할 수 업씨 그뜰구로 [거들도록] 두어쓰며 지수씨가 그들어서 다 하였찌 우리 둘리는 못 다하며 혼자 오전을 더 해야 할 정도로 나물 뿐 했쓰며 우리 일은 망우리가 잘 돼어찌만 지수씨가 속이 불편해서 저녁 식사을 하지 않코 간 것이 마음에 걸리며 아무 탈이 업쓰야 하는데 하고 염려가 돼는구나. 민정이 엄마는 자신에깨 잘하고 잇는돼 자신은 그 대가을 하고 잇는지 알 수가 업꾸나.

"그리고 금년 상토 흙 준비한 것이 논 바닥에서 천 것이라 량이 적은가바. 매년 개산돼로 한 것이 40개 담을 흙이 적으서 큰 집배 상토 흙로 담아쓰며 내년에는 참작을 하여야 하겠다."

〈1990년 4월 16일 월요일 낡씨 흐림〉

오늘은 형님 배달이 논 갈다 남은 것을 마저 다 갈라주고 마랐쓰며 트랙터가 경운기처름 일드리 대지 않코 대충 지어먹는 것이라고 보며 돼겟더라. 오후에는 물 막아넌는 보을 하여쓰며 오늘 보는 돼지고기 먹는 보라고 하여도 무방할 것 같다. 외냐하면 그만은 사람들이 다들 식끈 먹고 싸갈쓰니 자신도 고기을 엄치 가지고 와서 아이들 주어쓰며 요줌 아들 고기을 주어도 잘 먹지을 않으며 요줌 아들은 안 먹어서 부모가 신경을 쓰고 잇쓰니 우리 세대와 요줌 세대는 넘어나 만이 변해 온 것은 사실이다.

〈1990년 4월 17일 화요일 낡씨 비〉

금년에는 영권내 파종으로 첯 시작을 하여쓰며 금년 파종은 작년보다 일주일 너타고 보며 된다고 본다. 우리 마을이 대신보다 일젹들 하는데 올더려 우리 동내가 너깨하며 모든 일들이 대신이 앞쓰가는구나. 그리고 금년 낡씨 바서는 좀 너깨하는 것이 낮따고 시작을 한다. 외냐하면 요줌 낡씨가 넘어나 변득이 만아서 족끈이 나푸다고 보고 잇다. 영권내가 종일 동 850개을 한 셈이다.

그리고 운이가 오락실에 놀다 저녁 8시에 들어왔더라. 이것을 내 성질대로 한다면 죽이고 시프나 만대로 하지 못하고 속만 끄리오며 오늘은 저의 엄마가 부억에서 날리을 지기고 잇는 것을 두고 보아쓰며 자신은 가만이 방에서 덧고 잇쓰니 내 속 다 타며 운이 때문에 오래 살지 못하게꾸나 하는 생각이 들며 자신의 속이 상하니 혈압도 올라가는 너킴이며 운이는 부모가 꾸중을 하는지 머카는지 분별을 못하며 반성을 못하는 아이인가바. 부모가 앞을 볼 때는 자식의 앞이 거울 뒤다보는 것처름 보이는데 시리 분별을 모르고 날띠는 운이을 볼 때에 가슴아푼 일들이다.

"그리고 민정이내가 너무나 무리한 짓으로 아파트을 구입을 하고 잇쓰며 구미 실정을 가만이 볼 때에 민정내 무리한 아파트에 입주을 할려고 더는 바람에 종석이까지 부담이 가며 패가 망신이 돼지 않는가 하는 염려가 돼며 처음에는 저의 형 아파트에 이사을 갈 때는 잘 한다고 생각을 하여는데 이재와서 볼 때는 종석이까지 죽이고 잊따는 너킴이 들며 이 문재로 형님, 순달, 순복이 내시가 좀 이야기을 들어볼려고 한 자리에 의논을 하여보아도 서로가 재발 사라가는 가정이라서 어떼게 해결을 찾찌 못하고 해여저고 마라찌만 결국은 형재간키 어리만 상하고 말겠따는 생각이 앞쓰는구나. 자신이 벌서 이것이 돼지 않을까 하는 예척은 하여찌만 너무나 일적 온 것이 아쉽꾸나."
지출에 … 보문 돈 42,000원

〈1990년 4월 18일 수요일 낡씨 맑음〉
오늘은 재철내 파종을 오전만 하고 오후는 형수가 대리로 가고 자신은 기자내 모재리와 형님 모재리 노타리을 하로 같쓰며 처음 노타리을 하니 부착이 십계 돼지을 안는구나. 그리고 부착하는데 힘이 들어 자란 일은 하기가 그북한 점이 만타고 생각을 한다.
"자신이 만약에 남외 농사을 더 짓는다면 모재리 준비을 일적하여서 모재리 극정은 업두록 하여두고 시작을 하여야 하겟다. 은재라도 모재리와 파종이 겹치기 때문에 사람의 마음을 바푸게 한다."

〈1990년 4월 19일 목요일 낡씨 맑음〉
금일은 자신이 파종을 하여쓰며 매년 자신이 파종을 재일 먼저 하는데 올해는 제일 뒤에 하게 돼어쓰며 알마전 것을 본다면 중간 하여야 알맏저리라고 생각을 한다.
우리는 토기을 잡어며 잡찌만 시작을 못해서 토기을 잡아먹지 않고 오늘까지 미루어 왔는돼 창고장, 춘효가 왔더라. 이 사람은 짐성 잡는돼는 도 터는 사람이라 우리 토기을 잡아서 요리까지 책임을 저라고 하니 할려고 하여서 토기 두 마리을 잡어라고 주어쓰며 두 마리 고기가 상당이 만으며 파종하는 사람들이 다들 잘 먹어다고 이야기을 하면서 인사을 해서 좋으며 오늘 고기는 창고장 아니며 토기 고기는 못하고 포장류 고기로 하고 말끈돼 여러 사람이 잘 먹어따고 이야기을 하니 잘 했따고 생각을 한다.
지출에 … 세 값 6,700원

〈1990년 4월 20일 금요일 낡씨 비〉
오늘은 부채 경감 대책으로 서류 정리 한다고 조합에서 갇든이 철자가 복잡에서 어떠게 돌라가는 줄도 모러게쓰며 정부에서는 사고을 방치을 하기 위에서 보증인을 둘석 세우라고 하지만 자신이 자필요 4권을 쓰는돼 용지가 40장 이상은 들어같다고 생각을 하는데 이것이 불필요한 낭비라고 생각을 한다. 돈 액수가 30십만 원 못 돼는 것도 인감과 보증을 둘석 세우라고 하니 이것이 낭비 뿐 아니라 실상 정부 돈을 뛰어먹는 사람도 업쓸 뿐 아니라 적은 돈 내놀 힘이 업는 사람이라면 정부에서 돔 좀 뛰어도 된다고 생각을 한다. 외냐 그 사람이라면 정부에서 살리야 한다고 본다. 외냐 그 사람이 강도짓을 했서 갑프라고 하지는 못하며 힘이 업는 사람은 정부에서 바주고 돈이 만원 사람들은 세금 만이 매기서 같이 살라야 한다고 생각을 한다. 외냐 인간이 태어나서 벌레같이 일평생을 살라가는 사람, 부모 잘 맡나서 호화파티로 살라가는 사람 이것을 생각을 한다면 인간은 같이 살라야 한다고 생각을 한다. 그리고 김대중 씨 때문에 우리 농민들이 부채 때문에 시달림을 들받게 돼어쓰며 자신이 알기론 김대중 씨는 사상이 다른 사람이 아니냐 하고 생각을 하여왔는데 김대중 씨가 농가 부채 탕감을 하여 준다고 선거 공약으로 내세운 것이 국회에 통{과}가 돼어서 농민들 0.7해타 미만은 무이자로 연기을 하여주며 원금만 지불하게 돼어쓰며 실찌 농민을 생각을 하는 사람은 김대중 씨 뿐이라고 말을 하고 십다. 실찌 국회나 대통령이나 국민을 생각을 하지 않코 사욕만 차리고 잇는 국회에 정말 불만이 만은 사람이다.

"앞푸론 대통령 선거 잇따면 야당으로 표을 주어야 하겟다. 외냐 정부 발전이 업쓰며 자리 싸음만 하고 잇는데 절때 표을 줄 수가 업따고 말을 하고 십다."

"우리로 바서는 김대중 씨 때문에 큰 소득을 바따고 해도 무리돼는 말은 아니다. 자신이 알기론 농민들을 생각을 하여주는 사람 못 밭고 농민을 집적 득을 보이는 것도 처음이라고 생각을 하며 농민이라면 다들 득을 밭쓸 것이며 이재는 숨을 돌릴 수 잇따고 본다."

오늘은 모재리 할 때에 경운기로 쓰레질가 두룸만 하고 시간이 업쓰서 판은 만들지 못하고 내일로 미루고 하로 일가을 보내쓰며 요줌은 일가가 사월이 멀다하고 비가 오고 잇쓰니 파종을 하여쓰는 낡씨가 말아야 하는데 빛이 나지 않으니 이거 농사을 짓을 수가 업쓰며 금년 농사는 비 때문에 패가망신이 아닌가 몰겟다.

지출에 … 부채 경감 대책으로 32,000원
다방에 차 값 1,800원 인감
증명 대출 증명 600원
計 36,800원

〈1990년 4월 21일 토요일 낡씨 맑음〉

오늘로서 안전이 모재리을 다 하여쓰며 금년에는 자신이 우리 조에서 제일 너저며 그리고 대신은 그진 다 들례 나와쓰며 올해는 대신이 빨리 서들고 잇꾸나. 그리고 파종한 상자을 한 번 더비는 작업을 할려고 보니까 일기가 고루잔아쓰며 빛이 파종하고는 보지 못했쓰니 아주 차이점이 만으며 아직 자신은 파종한 후로 계속 비오고 흐린 낡씨을 하는 해는 처음 밭따고 생각을 한다.

올해 낡씨 하는 짓을 보니 농사일에 지장이 만을 뿐 아니라 숭년을 만들까바 극정이 돼는구나.

〈1990년 4월 22일 일요일 낡씨 비〉

금일은 비가 내리도 종일 내리고 잇는 모섭을 볼 때에 정말 끈득지게 온다는 생각이 들며 금년 들어와쓰는 폼파리 하는 사람들은 살도로 비오는 바람에 타격이 만을 껏이며 이 날씨가 서민들만 개로피는 해라고 말을 부치고 십꾸나.

"오늘은 술집배서 오전 내 놀면서도 술 두 병만 팔아주고 말라쓰며 오늘은 이야기로 오전을 보내고 술 팔아주는 일은 뒤로 하고 마란 셈이다. 자신은 오상에 파종한 모판을 한 번 더 빌 욕심으로 정심 시간에 집우로 오고 마라다. 오후는 집사람과 둘리서 모판을 한 번식 더비쓰며 금년은 빛을 한 번도 보지 않아서 촉이 겨우 지면에 나와쓰며 아직 지면에 나지 않은 것이 더 만으며 온상에서 오래 이쓰바야 득 댈 일은 업는데 날씨 때문에 문재점이 만타고 생각을 한다."

"인간이 세상을 살라가는데 밝고 행복하다

고 생각을 하는 사람이 삶매 갑어치을 만이 가진 자라고 말을 하고 십다."
"사람이 열심이 살라따고 생각과 착실이 살아와다 해도 살아온 과정을 생각을 하여보라. 무엇을 했노라고 선뜻 대답을 하지 못 하리라. 이것을 생각을 할 때에 돈 보다 사랑이 앞쓰야 하며 맑은 우섬이 필요하다고 생각을 한다."

〈1990년 4월 23일 월요일 낡씨 흐림〉

오전에는 영권내 모판이 본답에 나갈쓰며 영권내가 올해는 우리 배가 된다고 보며 소득이 업씨 일을 더 하여준다는 것은 절은 사람으로서는 용서을 할 수 업는 일이며 이때 바서는 자신도 만이 짓어서 득을 보자 하는 욕심이다.
그리고 자신이 생각을 할 때에 남의 배을 한다면 그 대가을 분명이 해야 한다고 생각을 한다. 외냐하며 이왕기부터 모든 것을 다 득을 보면서 무이미하게 지나간다면 사람으로서는 바름직하지 못 하다고 생각을 한다.
"오후에는 영권내 파종을 하여쓰며 이것은 아전이 듬[덤]이라고 생각을 한다."
지출에 … 고압 품무기 밖킹 600원 모자리 비누류 10,000원 차비 400원
計 11,000원

〈1990년 4월 24일 화요일 낡씨 맑음〉

금일은 재철내 육모 상자 내는데 낡씨 차거어며 바람까지 불어서 어린 모가 영향이 만으리라고 생각을 하며 그중 바람까지 세차게 불어서 잎들이 희게 돼지 않을까 하고 극정 돼는구나.
매년 육모 상자 낼 때는 낡씨 변득이 만타고는 하지만 금년같이 변득이 만으며 농사도 못 지어먹는다고 본다.
우리 화단에 법꽃이 만발하여쓰며 법꽃이 흰빛이 아니고 분홍빛 나는 것이 예쁘서 우리만 보기에 너무나 앞깝따고 생각이 들어질까 집배 잇쓰서 여로 사람이 보았쓰며 한다. 정말 나만이 보기에 아깝다.

〈1990년 4월 25일 수요일 낡씨 맑음〉

금일 육모 상자 모재리 나감. 자신은 모판이 두 군대라 시간이 지연대며 한 곳이라면 오전 10시 안에 끝이 날 수가 잇따고 보는데 두 군돼라 12시가 곡 돼드라. 그리고 금년에는 낡씨는 아주 좋아따고 생각을 한다. 그리고 자신이 잎이 너무 만이 잘아서 모판에 내니가 모 끝이 힌 것이 아닌가 하고 생각을 하여본다.
금년에 모 끝을 관찰해보면 안다. 외냐 오늘은 낡씨 좋아고 방치을 하지 않고 속성으로 작업을 했따고 생각을 하기 때문에 금년에 모끝이 흰빛이 난다면 촉이 너무나 만이 잘라서 내는 것이 패착이라고 단정을 하고 내년에는 대신 사람들 하는 식으로 지면에 촉만 나면 본답에 내야 한다고 생각을 하고 내년에는 방식을 바꾸겟다.
지출에 … 세 갑 통닭 13,000 빵, 음료수 4,000원 탁주 1,400원
計 23,400원[346]

〈1990년 4월 26일 목요일 낡씨 맑음〉

웃뜰래 객토한 자리에 트랙터로 재발 갈라

346) 실제 금액은 18,400원이나 23,400원으로 잘못 기록하였다.

쓰며 반은 생가리가 저지 않아쓸까 하는 생각이며 그래도 노타리만 처는 것보다는 낮지 않을까 하는 생각으로 논에 물이 엉겅하게[약간적게] 잊는데 갈라서 기계 무리가 같쓰리라고 생각을 한다.
그리고 오후에는 남외 돈을 벌로 같떠니 터랙트만 마모만 돼고 실찌 수입은 업쓰리라고 생각을 한다. 외냐 경운기로 힘 더는돼만 해달라니 기계 상하는 것도 안 댄다고 생각을 하며 그리고 터랙터가 힘들어 할 때에 내 마음이 더 쓰이며 터랙터을 아키는 것은 남외 농사을 더 해서 한다면 실속 잊는 일이라고 생각을 하며 될 수 잊는데로 갈림 농사을 하두록 하겠다.
오늘 일은 실지 돈 30,000원 번다고 기계 마모비도 안 댄다고 본다. 앞푸로는 득이 안 대는 일은 안 해야 한다.

〈1990년 4월 27일 금요일 낡씨 맑음〉
오전에는 서양바실래 두불가리[두벌갈이]을 처음 한 셈이며 이것도 트랙터가 업쓰며 못 하는데 트랙터 바람에 두불가리을 하였다.
그리고 오후에는 봉산 누님 집배 논갈리을 3단지 하여주어쓰며 큰 들래는 아직 가리을 하지 않는 논들이 아주 만더라. 이것을 볼 때에 수분한 논들이 우리 들보다 만타는 정거다.
"자신도 이재는 트랙터 운전에 감이 잡혀가는 너킴이 더는구나."
수입에 트랙터로 20,000원

〈1990년 4월 28일 토요일 낡씨 비〉
오전에 영권내 2차로 육모 상자 본답에 내고 나서 모판에 종이 벗킬라고 작업을 하고 나니 비가 내리서 종이도 벗키지 못하고 비누류을 뒤로 덥프씨우고 말라쓰니 일은 일대로 하고 일에 도엄이 업쓰셔니 딱한 일이 돼어쓰니 영권내 모판만 아니라면 안전이 하고 나서 비가 왔쓸땐돼 영권내 2차 모판 때문에 자신의 일이 낭패가 돼어 버리다.
지출에 … 구본식 동생 결혼 부주 5,000원
"동내로 술을 내고 부주 받는 것은 5,000원 하면 2,000원 답내로 주는데 이제는 2,000원 돌려주는 일이 업고 동내로 술을 주는 것도 5,000원 다 받고 집배서 손님 초정을 해서 5,000원 바더며 이것은 모순이 만타고 생각을 한다."

〈1990년 4월 29일 일요일 낡씨 맑음〉
모판에 종이 벗키보니 콤팡이가 만이 피어 잊쓰며 곰팡이가 모래는 들 핀다고 생각을 한 것이 그것도 그러치 않터라. 자신은 곰팡이 일지 안투록 복토 흙을 모래로 하여는데 곰팡이 때문에 실패 상자가 더로 잊쓰며 금일 종이을 벗키보니 마음에 들지 않는 모판이 돼어서 마음에 걸리는구나. 그리고 자신이 모자리가 너무나 말라서 모재리가 너무나 말라서 모판을 안성을 하고 난 뒤에 모판에 물이 올라가두록 대어둔 것이 실패가 아닌가 하고 생각을 가지고 잊다.
그리고 오후에는 당산에 파이프 작업을 한곳에 모래을 실어넌는데 집사람과 둘리 실어너어쓰며 한 자리에서 박명섭 부부가 우리 부부와 같이 일을 하기 때문에 자신이 집사람 시키서 음료수라도 사오라고 하여서 간단안 세을 하고 나서 저녁 무름에 박명섭 아들 시키서 맥주 두 병을 가지고 와서 맥주 한 잔을 먹어쓰며 맥주 한 잔에 채는 너킴이 처음에 들더니 모래 한 바리 실고 나니 상캐하더라. 박병섭이로 바서는 맥주을 자신다는 것은 형편으로 바서는 생각지 못 할 일이며 자신의 생각 밖에 일을 하고 잇는 박명섭을 볼 때에 한편으로는 너무나 무리을 하는구나 하고 생각이 들며 한편으로 먹고 십픈 것을 먹고 사는 것이 오런 일인가 박명섭이가 냉장고에 맥주을 두고 먹고 잇따는 말을 들을 때에 우리 내외는 너무나 돈만 가지고 살라가는구나, 우리 부부는 개미와 갈꾸나 하는 생각이 들어가는구나.

"인간이 이세에깨 몸을 한평생 밭쳐 살라가는 행복", "자기 생활을 만족하게 살라가는 한평생" 이 두 가지의 길이 어느 길이 행복의 길이라고 말을 하겟는가.

지출에 …

〈1990년 4월 30일 월요일 낡씨 맑음〉

당산 논에 파이프 작업 때문에 생외을 먹어따고 생각을 한다. 오늘은 집사람까지 동원을 해서 폭크래이로 파는데 무우는 작업을 다 했쓰며 오늘로 작업을 끝내따고 본다. 그리고 논까지 다 갈고 나서 마지막에 터랙터을 폭크래이 판 고세 빠지고 마랏쓰며 사람은 여롯이 하여도 돼지을 않으며 결국은 태성이 터랙터로 빼내어쓰며 이번이 자신으로 두 번째 터랙터을 빠지고 보니 미안해서 안 대겟쓰며 이재는 조심을 해서 운영을 하여야 하겟꾸나.

"사월 한 달은 정말 눈 갑짝할 시위 지나가는 너킴이며 세월이 금년들어 더 잘 가는 너킴이며 자신은 세상에 재일 빠른 것이 무엇이냐고 물런다면 세월이라고 말을 하고 십다."

〈1990년 5월 1일 화요일 낡씨 비〉

당산에 파이프가 파손이 돼어서 다시 곤치고 모래을 한 발리 파서 무드두으쓰며 이것을 자신의 부주위로 두 번 손을 돼게 하여쓰며 매사 신중하게 않으며 엄청난 손실을 보게 돼니 오늘도 트랙트가 빠지서 예 먹어 파이프가 손실 대어 결과적으로는 큰 손실을 보게 돼어꾸나. 사람이 하로 생활도 생각을 하면서 생활을 하게껌 노력을 해야 하겟다.

지출에 … 경유 2두럼 62,230원 사고 보험 1년 14,400원
計 76,630원

〈1990년 5월 2일 수요일 낡씨 비〉

금년 들어서스는 비가 너무나 만으며 초기에 비가 다 오며 나중에는 비가 업쓸 것이 아닌가 하고 염려 돼며 비가 필요한 때에 비가 오지 않으며 농민이 재미루 땀을 흙리서 가까어바야 비가 필요할 때에 비가 업따면며 결실이 돼지 않는 것을 생각을 할 때에 극정이 아니 댈 수가 업꾸나.

"오늘은 들래 모재리을 한 밖기 돌라보았쓰며 다들 비가 오니까 눈에 물 대는 사람이 업쓰서 자신은 물을 수라게 2단지 물을 댄 샘이다. 오후에는 당산과 봉답에 물을 잡아서 비을 마저며 트랙터로 두룸을 하기 위해서 노타리을 처고는 했쓰며 남들은 비가 오는데 일을 한다고 슝을 볼련지는 몰라도 자신은 비가 올 때 일을 하면 그만춤 일이 들게 돼어 좋고 자신은 내일 낡씨가 들게 돼며 참깨 비누류 씨울 계산으로 비가 오는돼도 무렵쓰고 일을 한 것이다."

"오늘은 난생 처음 물고기 붕어을 수라게 잡은 것을 생각을 하면 우섭이 절러 난다.

외냐하면 말리 논에 물을 잡는다고 도랑에 물을 논으로 막아너니 도량 고기들이 올라오다 물이 끗치니 고기는 자연적 고기가 도랑에서 펄떡끄리며 잊는 것이 아닌가. 처음에는 고기가 한 바리 보이길어 주어서 살리줄라고 더니 또 한 바리가 보이며 이것이 참물 따라 올라오다 물이 떨어저니 고기 나먼 것이구나 하고 도량을 따라 내리가면서 고기을 주어떠니 엄치 고기가 만으며 난생 처음 고기을 수라게 잡은 것을 생각을 하며 우섬이 절로 난다."
수입에 벼 씨 값 15kg 14,000원

〈1990년 5월 3일 목요일 낡씨 비〉
오늘은 비 온다고 들레 한 박키 돌지 않코 집배서 휴식을 한 셈이며 집배서 개속 휴식을 하여쓰며 별 일 업시 잘 보내게 돼어는데 큰집배 놀로 가다보니 술집배까지 가게 돼어서 화토노리에 말리더러 6,000원 일어쓰며 처음 개산에는 3,000원 부주하고 만다는 개산을 하여는데 3,000원 일고 보니 아깝어서 더 하다 6,000원 까지 일캐돼어 자꾸 해야 정말 희말리겟다 하고 자신은 뒤전으로 나오고 마랐다. 이것을 빌린 돈이라 돌려 줄라고 집사람에깨 6,000원 일어쓰하며 달라고 하니 집사람이 아깝어서 안타까어 하는 모섭을 보니 자신의 얼굴이 불거저며 집사람이 그중에 아들레깨 너의 아빠 6,000원 꼴라딴 하고 이야기을 하니 아이들이 입을 벌리며 빵이 멧 개야 하며 눈이 동그라게 변하는 모섭을 보고 할 말이 업쓰서 너의 엄마 거짓말이라고 하면서 집사람 입을 다물게하고 마랐다.
"화토노리는 돈이 종이 쪽지로 만들고 마는 마술이라 할까, 재아무리 야문 사람도 화토판에는 돈을 여사로 아는 습성, 이것을 버리야 하는데 이 버릇을 버리지 못하고 안저며 하며 또 화토판만 떠나며 휴예을 꼭 하면서 그 나쁜 버릇 버리지 못하는 심정 안타까어 이루어 말을 할 수가 업꾸나."
지출에 … 화토노리 6,000원
수입에 트랙터 값 30,000만원

〈1990년 5월 4일 금요일 낡씨 비〉
금일은 우리 동내에 경로 잔치 겸 동내 회초347)을 치룬 날이라고 말을 하고 십다. 경로 잔치을 한다면 경로 우대증이 잇는 사람 모아서 잔치을 치라 주고 남어지 동민은 별도로 날을 잡아서 동네 회초을 해야 하는데 결과적으로는 동내 잔치가 돼어서 어른들은 대집배 불만이 들러갈련지도 모른다. 자신이 생각을 할 때에 특별이 돼집을 하고 동네 희초는 별도로 하여야 한다고 생각을 하는데 우리 동네는 처음부터 경로 잔치는 동네 잔치을 하여 왔서 변함이 업씨 매년 행하고 잇다.
"오늘은 모판을 한 밖기 돌라보고 당산에 두룸하는 것으로 일가을 보내고 그 남어지는 희초을 하여쓰며 매년 경로 잔치을 하며 돼지고기 먹는 것으로 희초가 돼곤 한다."
지출에 … 경로 잔치에 찬조 5,000원

〈1990년 5월 5일 토요일 낡씨 맑음〉
참깨 씨 푸림 할 때에 집사람과 이랑을 말들고 했쓰며 작년도에 너무나 좋아서 다들 쓰러저는 바람에 참깨 수학도 못한 셈인데

347) 회추, 계추라고도 하는데, 계모임을 뜻한다.

올해 한 번 더 할려고 더는데 참깨 수학이 될련지 미지수구나.
그리고 오후에는 웃들래 영권내 2.5돼지기에 노타리을 초벌 처고 대신 순달이 처남 12마지기 두룸과 봇뚝을 쳐고 세집배 6마지기 봇뚝 두룸 처고나서 6마지기 봇뚝을 하고 나니 저녁 노월이 저며 더 할려도 힘이 업쓰서 못하겟더라.
"트랙터로 일을 해도 작업을 하고 나며 몸이 되서 못 전지게쓰며 잠이 들머리는 몸살을 천다. 자신이 생각을 할 때에 건강은 더 좋은 것 같다고 생각을 하는데 작년도 경운기로 농사을 할 때보다 더 고된 너킴이 들며 자고 나면 피로 풀리서 일을 하지 그릇치 안으며 일도 힘들겟따는 생각을 한다."
"우리 혜지가 저의 엄마가 꾸중을 주며 돼든다고 하는데 이것은 혜지가 성숙이 돼어따는 증거라고 생각을 하는데 이번에는 아빠는 모른 채 하고 다시 한 번 더 부모에깨 돼더는 것은 잘못을 가리지 않코 용서을 할 수 업쓸 뿐 아니라 이 아빠의 방침은 부모에게 복종을 하고 잘잘못은 집안 토이로 해결을 해가는 식으로 살라가겟다."
"앞푸로 부모에깨 돼드는 자식은 원벌을 주며 용서을 하지 않깨다."

〈1990년 5월 6일 일요일 낡씨 맑음〉

오전 내 형님 논과 내 논 두룸을 오전 내 트랙터로 노타리을 하여쓰며 오후에는 김원태 산 밑에 생 노타리을 하여쓰며 노타리을 하여보니 기계 마모가 표가 나지 안으니까 수입이 된다고 할련지는 몰라도 생노타리 쳧보니까 앞푸로 남고 뒤로 밑관다는 생각을 하고 잇다. 트랙터로 돈을 버는 길은 갈림을 농사을 만이 댕기서 하는 것이 기계 마모도 업쓸 뿐 아니라 수입이 만이 됀다고 생각을 하며 앞푸로 이길을 택하여야 돼겟다.

〈1990년 5월 7일 월요일 낡씨 비〉

오늘은 두룸을 본격적으로 하여쓰며 금년에는 모든 일과들이 다들 1주일식은 너전감이 들며 실지 일기가 그래 만들고 잇다. 금년 날씨는 사월도로 비가 내리고 잇쓰니 계핵돼로 작업이 돼지 않코 잇다.
그리고 혜지, 운이가 여행을 떠나는 날이며 오늘 수학여행 간다고 날리을 지기더니 운이는 아침 밥을 먹고 나서 멀미약을 먹는돼 2일 분량을 한끄번 다 먹고 마랐쓰니 이 그 집안이 날리가 낮쓰며 여행 가는 놈을 통하게 하고 어떠게 하나 하고 약방으로 전화문이을 하고 별일은 업쓸 것으로 이야기는 하지만 자신은 만약에 운이가 여행길예 피나 주지 않을까 담임 선생님 예 먹이는 것이 아닐까 하고 운이는 여행을 가지 말라고 하니가 운이 갈려고 하더라. 그래서 혜지가 여행 길이 같떠니까 혜지을 밑고 딸려보내쓰며 만약에 탈이 생기며 전화만 하면 아빠 올라갈깨 하고서는 우에 돈을 혜지을 주어쓰며 보내면서도 극정이 크더라. 그리고 전화을 기다리도 전화가 오지 않으니 한편으로 마음이 노이면서도 한편으로 염려가 돼고 잇다.
"운이는 순조렵게 잘라주지 않코 속을 쎡이고 잇는 줄을 몰게쓰며 나 운이 때문에 신경이 너무 쓰이며 고학년이 돼어도 별다름 업따며 속 쎡어 죽을 정도라고 생각을 한다."

〈1990년 5월 8일 화요일 낡씨 맑음〉

오전에는 트랙터로 벌리을 하여보니 별료

소득이 업따고 보며 해달라고 해서 하기는 하지만 마음에 찬 벌리는 돼지 않으며 내년에 농사가 잊쓸련지는 몰라도 갈림 농사을 하게 돼며 벌리 작업을 사절하는 식으로 해야 하며 자신으로 바서는 기계을 한 해라도 더 쓰야 자신으로서는 덕이라고 생각을 한다.

"오늘 모 자리 본다고 시간은 보내찌만 오늘 노타리을 생가리 1단지 갈란 논 5마지기 돈으로 천다면 55,000원 벌리 밖에 못했쓰니 득은 업따고 자신은 생각을 한다."

그리고 집사람이 설악산 구경 가고 나서 결산을 하니 90,000만원 남어따고 그 돈으로 오늘 금오산에 구경을 다 가는데 집사람은 설악산 구경 가는 날이 처 어머님 생신인돼 참석을 못해서 마음이 걸린다면서 늘 이야기 하든이 오늘은 저의 엄마 옻을 어재 싸와서 실랑 허락도 업씨 일을 하여따고 꾸중을 주지 말라고 하면서 자꾸만 다짐을 바다서 무엇을 하여는데 그러는냐고 하니까 자꾸만 꾸중을 안 준다고 약속을 하며 아리키 준다고 하여서 대답을 하니까 오늘 어버이날에 어머님한태 갈려고 상위 옻을 사와따면서 보여주더라. 자신이 볼 때에 너무나 곱떠라. 요즘은 나마니[나이 많은 이]가 곱번 옻을 입는 것이 유행이라면서 9,000원 주어따고 이야기을 하더라. 이것을 볼 때에 나 자신이 여자을 잘 주어따는 생각이 들며 만약에 자신이 집사람 위치에 노여잊따면 부모는 뒤전으로 하고 구경을 아마 갇쓸 것으로 생각을 할 때 정말 고맡더라. 나 자신은 어버이 날 하며 우리 부모 다들 이 세상에 업쓰니 볼 수가 업쓰 가슴만 쓰리는데 그리고 아버지 친구 한 분은 아직도 정정하신데 하면서 아버지 친구을 볼 때마다 가슴에 충격을 주곤하며 늙 부모 가진 자들 불떠라. 오늘도 자신은 아주 덤듬한 날이 돼곤 하여찌만 집사람은 어버이날에 어머님을 보고 왔쓰니까 일 년 내 싸인 고충을 물로 싹 씨어낸 기분보다 좋겟다. 자신도 우리 부모 대신 처 어머님에깨 잘하여야겟따고 결심을 멧 번을 하여도 행동을 못하고 잊는 자신을 꾸중을 하고 잊다.

"오늘 집사람 구경에 힙쓸리지 않코 저의 어마 차저보는 그 마음씨을 볼 때에 정말 고맡고 살거머니 조여 안아주고 십꾸나."

〈1990년 5월 9일 수요일 낡씨 맑음〉

오늘은 (트랙터로) 벌이을 하는데 힘은 들어도 생각보다 만이 벌은 셈이다. 오늘 오전에 갈리 노타리 18마지기, 오후에 생가리 6마지기 돈으로 따지며 150,000원 된다고 본다.

"오늘 벌리같이 5일 정도만 된다면 극정을 하지 않으리만 오늘로서 벌리는 끝이 아닌가 하고 아쉬운 감만 더는구나."

"우리 운이 여행가는 날 아침에 멀리 약 때문에 그 날리을 직이고 해서 여행길에 운이 때문에 선생님에깨 피가 될까바 극정을 만이 하여는데 다행이 아무 탈 업시 잘 갇다 왔쓰며 운이 말이 잠도 하나 오더라고 이야기을 할 때 우섬이 나더라. 아무치도 않은 아이을 여행을 가지 말라고 하여쓰며 만약에 부작용 잊쓰며 병원에 가야 한다면서 여행을 못 가구로 했쓰니 만약에 아이을 여행을 안 가고 집배 잡아나쓰며 어떠게 할 뻔했노 하는 생각이 머리에 십사리 터나지을 안는구나. 여하든 여행을 무사이 잘 갇다왔쓰니 큰 다행이라고 생각을 한다."

〈1990년 5월 10일 목요일 낡씨 맑음〉

오전에 모판을 돌라보는 일과와 두룸을 하여쓰며 두름도 서양바실래만 두룸을 하며 전부 다 하는 셈이며 금년에는 트랙터 때문에 수라게 농사 일을 하는 셈이라고 생각을 한다. 요줌은 농사을 더 지어야지 하는 생각이 머리에 자주 쓰쳐가는구나.

오후에는 집사람과 둘리서 고추 모종할 때을 보니까 풀이 너무나 무성해서 땅이 안 보이는 것을 둘리서 갱이로 장만하여쓰 고추 모종올 하는데 고충이 만아쓰며 고추 모종을 200백 포기 중 100포기을 오후 내 한 셈이다. 백포기는 말리 논에 할려고 가지고 왔쓰며 이것도 모종을 하기 전 이랑을 만드러 노아야 하는데 원재라도 모종이 먼저 와서 이량을 준비을 하니 일이 바푸게 돼어 잇다. 앞푸론 미리 하여두는 섭성을 길어야 하게꾸나. 그리고 올해 트랙터 바람에 일손이 더 빽악키는구나. 외냐 집사람과 둘리서 꼭 집배 일만 하다 자신은 남외 일을 자주 하게돼니 집사람 일만 늙어나고 잇쓰니 미안하며 실찌 살라가면서 일량이 만아저고 잇쓰며 자신의 일량은 늙어나는 것은 별 문재인재인돼 집사람은 자신의 성격 모양 돼는 돼로가 아니고 만사 일이 너무나 섬새하기 때문에 한 가지을 하여도 안전 무결하게 하는 분이라 일량이 조금만 더 늙어나도 힘에 벅차다고 생각을 한다. 실찌 집사람은 궁둥이 땅에 부칠 여가가 업따는 것을 잘 안다. 이중에 자신은 손을 빼고 잇쓰니 집사람 보기에 정말 미안타.

"자신이 집사람을 도와야 하는데 만약에 집사람 일에 힘려어 사람이 이래 살라서 무엇해 하는 생각이 들기 전에 자신이 집사람을 만이 생각을 하여서 일을 도아야 하는데 이일이 실천이 될련지 몰겠꾸나."

"그리고 혜지가 오늘로서 여행을 잘 갈다왔쓰며 집배 들어오면서 우리 집이 제일 좋꾸나 하면서 들어오는 모섭을 볼 때에 자신이 여행 갈다오는 것보다 더 기분이 좋으며 다들 여행을 잘 갈다와서 자신이 더 좋꾸나."

〈1990년 5월 11일 금요일 낡씨 맑음〉

금일은 봉산 누님 집배 노타리을 하로 같쓰며 자신이 갈리한 것만 하고 올라고 들어는데 다 해달라고 사정을 하여쓰 올 수도 업고 다 하고 나니 하로 해가 다 가며 오늘은 누님 노타리에 하로 시간을 다 보내고 마란 셈이다.

오늘 누님 집배 일을 다 하고나니 빵 봉지에 돈을 60,000만원 이라면서 주더라. 이것을 바다왔찌만 실찌 돈을 다 준다고 하여도 밭찌야 안캐찌만 실지 누님 집배 일한 돈을 천다면 150,000원 인돼 이것이 실찌 사람이 일한 돈이며 자신이 들 하게는데 1,200백만 원짜리로 일을 하여서 기계 마모비나 돼겟나 하는 생각이 들며 실찌 기게 마모비 안 돼는 일은 어느 누구도 해서는 안 댄다고 생각을 하며 이재는 실속을 차리야 하겠다.

수입에 트랙터 노타리 갑 60,000원

〈1990년 5월 12일 토요일 낡씨 맑음〉

금일은 종일 동안 작과 나무 약 살포을 하는데 과일이 업쓰서 약 살포을 하는데 아무 재미도 업쓰며 과일이 업쓰도 너무나 업쓰며 글래 와서는 일기 변득스러어 작과 농사을 짓을 수가 업꾸나 하는 생각이 들어가는구나.

"당산에 물 45말, 앞 밭에 25말 사용함."

지출에 … 약 값 작과나무 26,000원,
소 사료값 16,000원
計 42,000원

〈1990년 5월 13일 일요일 낡씨 맑음〉

오전에는 보 물 막아 너어쓰며 오후는 트랙터 노타리 생가리 3마지기, 가리 노타리 23마지기을 노타리을 함.
트랙터 벌리가 적으나 잇따면 돈 벌리는 될 것 갈꾸나. 종일 번다면 200,000만원 벌 수가 잇따고 본다.

〈1990년 5월 14일 월요일 낡씨 맑음〉

오전에는 트랙터 노타리로 돈 버는 작업을 하여쓰며 오후에는 비료가 대신 보소에 업따고 하여서 자신은 날리가 난 셈이다. 외냐하며 내일 당장 비료을 헌치야 하는데 비료가 농업에 업따고 하니 귀가 찬다. 비료가 당장 해야 하는데 비료가 아직 계핵도 업따고 하니 여사일이 아니며 순달에깨 아포에 90포 잇따고 하며 전표을 뛰어노어야 한다면서 돈 준비을 하여두라고 이야기을 하더라. 그리고 내일이나 갈다 줄라고 한다고 해도 미들 수도 업쓸 뿐 아니라 당장 쓰야하기 때문에 자신이 차을 몰고 갈려고 돈 준비을 해서 갈려고 하니 비료을 큰집배 갈다 노아더라. 비료을 본 자신이 정말 기분이 좋으며 이번야 말로 동생 득을 보는구나 하고 너겨다.
"앞푸론 비료을 미리 준비을 하여두어야 하겟꾸나. 자신은 조합에만 가면 비료가 잇따고 비료 극정을 하지 않아는데 금년 비료 떠려저는 것을 보니 비료 띠는데 등한시 하여서는 농사 낭패가 돼리라고 생각을 한다."

〈1990년 5월 15일 화요일 낡씨 맑음〉

금일은 당산 논에 노타리와 쓰레질 두룸 깍는 것 풀 깍는 것 전부 하는데 종일 걸리쓰며 이것도 집사람이 오전 내 거들어서 종일 걸린 셈이다. 당산에 일은 폭크레이 작업한 것은 별로 글거침이 업따고 보는데 생각보다 아주 시간이 만이 걸리따고 생각을 한다.
지출에 … 순달이 (오트바이) 2,800원
비료 값

〈1990년 5월 16일 수요일 낡씨 맑음〉

노타리 세 단지 쳊고 쓰레질을 동쓰리 장쓰리 다 하니 두 단지밖에 못하고 마랐쓰며 자신의 생각에는 세 단지는 충분이 모내기을 하두록 장만을 할 줄 알라는데 생각에 반 정도 밖에 못하고 보니 자신이 계핵을 세우지 못하겟더라.
"앞푸로는 무선 일을 하더라도 전부터 세심한 계핵을 세우서 조금식 일을 추진을 하여야 건강도 들 상하겟다."

〈1990년 5월 17일 목요일 낡씨 비〉

금년에는 트랙터 밑고 노타리을 미리 쳊지 않코 그냥 두어다 이재와서 노타리 철라내 비료 할란에 모든 것을 갑자기 할려니 마음 뿐 아니라 육체적인 고통이 따리며 잠쉬 실사이 업시 일을 하여도 다 못하고 일이 밀린 상태가 돼니 사람은 더 질리는구나. 오늘은 그 날 비을 다 마저며 일을 하고 길이 어더서 불을 키고 올 정도로 일을 하고 집배 올려고 짐을 챙겨보니 집사람이 나물 봇따리을 통채로 가지가고 업는 것을 보니 기가 찬다. 외 남외 봇따리을 통채로 가지고 가는 양심을 생각을 할 때에 피을 토할 일들이다.
그리고 들래서 형분댄 기분이 채 까라안키 전에 운이 들어오지 않아따고 이야기을 하는 소리을 들을 때에 이 속이 다 썩꾸니 죽이고 말라쓰며 하는 생각이 다 더는구나. 이것도 운이가 열 시가 넘두록 들어오지 않으니 내 마음은 자꾸만 불안해저고 잇쓰며 이것을 자신 혼자만 새기고 말련이 너무 고통이 돼어 참을 길 업쓰서 다들 나가서 찾저오라고 이야기을 하여쓰며 저의 엄마가 전기불을 들고 나니 윤문희 헛관에 집을 칼고 잘려고 누어 잇더라고 이야기을 할 때 자신은 할 말이 업고 앞푸론 어떠한 짓을 했도 꾸중을 하지 않음 너 만대로 노라고 하여스며 운이 나가서 죽년 것은 아무치 않캐는데 너의 엄마 너 때문에 밥 한 숫깔 먹지 않코 죽두록 일을 하고 아서 밥을 안 먹어며 안 대니까 앞푸론 운이 어떠한 일을 해도 꾸중을 안 할태니 집배 와서 밥이나 먹어라고 사정을 하여쓰며 이재는 자신도 돈 벌라고 발부등을 철 필요도 업따고 생각이 돼는구나. 그리고 앞푸로 운이 동태을 보고 나어지는 모섭이 업따며 돈을 벌라고 발부등을 쳦지 않캐다.
"자신은 아들은 잘 두어따고는 생각을 하지 않으며 사람이 제일 중요한 농사을 숭년이 돼고 마랐쓰며 의이 살라가며 무엇해 하는 생각이 더는구나."

〈1990년 5월 18일 금요일 낡씨 비〉
금일은 노타리 할라내 비료 할라내 마음이 바푼데 트랙터까지 말성을 시킨다. 외냐 고장은 아니지만 밖키에 보도가 풀리서 소리가 나서 처음에는 어디가 나는 줄도 모러고 한참동안 조합 기사에깨 전화을 해도 오지 안코 마음 바푸고 한참동안 외을 먹어쓰며 나중에야 밖키 고장이 나서 그른 줄 알고 보도을 조아서 들래 황급피 가니까 대신 동생 친구 터랙터가 빠진 것을 건저달라고 하는데 자신 바파서 안 건저주며 야속하게 생각을 할끄고 해서 가보니 바가 짤바서 돼지을 안아서 한 번 땅겨보고 바 때문에 못하게따면서 그냥 나오고 마랐다.
그리고 자신이 일을 한참하고 잇쓰니 현수가 와서 트랙터 건지로 간 놈도 빠지고 두대가 빠저 잇쓰서 좀 건저달라고 하더라. 그래서 정심 먹으로 가면서 가볼려고 하였다. 자신에 일을 오후 1시가 넘두록 하고 가보니 한 대는 충분이 건저 낼 자리고 한 대는 자신에 터랙터가 빠질까 신경이 쓰여저 만돼로 할 수도 업쓸 뿐 아니라 트랙터가 빠진 이치도 좋지 않아 건저주지 못하고 마랐다.

〈1990년 5월 20일 일요일 낡씨 맑음〉
금일은 늑뚤래 모내기을 하여쓰며 자신으로서는 오늘이 처음이다. 작년까지만 하여도 20日안내 반 정도는 모내기을 하는데 금년 들어서는 모든 것이 지연이 돼고 잇다. 오늘 모내기는 5섯 단지 한 마지기 심을 개핵인돼 개핵돼로 할려고 휴식 업는 작업을 하여도 한 마지기는 심찌 못하고 마랐다.

〈1990년 5월 19일 토요일 낡씨 맑음〉
금일은 6섯 단지 모판을 혼자 다들 띠어서 자리마다 갈다는데 오전에 일하는 것을 바서는 오늘 적 작업을 끝을 내겟다 하는 생각을 하여는데 오후에는 작업이 돼지 않으며 너무나 지쳐잇는가 마음돼지 않으며 결국은 모판을 재근에 부탁을 하여서 작만하여다. 오늘은 두리 할 일을 사람이 업쓰서 혼자 하였든이 무리한 작업이 돼고 마랐다.

〈1990년 5월 21일 월요일 낡씨 맑음〉

금일은 웃뜰래 논 장만을 안전이 하지 않고 동쓰레질만 하고 두어서 오늘은 장쓰리질만 하는데 이것이 일적 하지 않캐나 하고는 세도 업씨 일을 하여던이 배곱파서 힘들어다. 이것도 오후 1시까지 하여스며 자신은 세을 안 먹는 날이 만은돼 이것은 건강을 만이 해치는 노롯잇다고 생각을 한다.
오후에는 집사람 모내더리는데 그들어주는 일로 하로 일가을 마치고 마랐다.

〈1990년 5월 22일 화요일 낡씨 맑음〉

내일 모내기 할 준비을 한다고 세 단지 모판 모을 다들 뛰어서 재자리에 같다 두어쓰며 금년 모판은 흙이 달아붓찌 않고 그냥 떨어저니 모판 띨 극정은 돼지 안아다.
그리고 모재리는 세 쓰랑으로 돼충 고루고 마랐다. 모든 일을 사람이 편안 이주로 작업을 하여야 하겟다.
오늘은 재화내가 봉답 한 재리 가지고 양도나 하고 구미 잡부로 돈을 벌어서 아들 학교을 시키며 사람은 아주 성실한 사람이다. 노타리와 쓰레질까지 하여달라고 하는데 엔만하며 쓰레질까지 하여 두겟는데 자신이 요즘 적녁으로 오며 딸래게들래깨 어깨을 주물여 달라고 하면서 연속 작업을 하여서 도저이 자신의 몸을 생각을 하여서 쓰레칠은 사양하고 트랙터 노타리만 하여주고 마랐다. 오늘 생각에는 재화내나 하여주고 말라고 생각을 하여는데 중기 4마지기 생 노타리을 하여주어쓰며 덕국이 하여달라고 하여서 오늘은 생각 위에 작업을 만이 하였다.
그리고 오늘은 바람이 세차게 불고 추어서 자신은 겨울 잠바을 입고 작업을 하였쓰며 집사람은 추이을 만이 타는데 하고 생각을 하니 그냥 잇쓸 수가 업쓰서 집사람 옻을 갖다주고 작업을 하였다.
오늘 오후 벌리는 70,000만원 벌은 셈이다.
지출에 … 오트바이 기름 2,000원

〈1990년 5월 23일 수요일 낡씨 맑음〉

금일은 웃뜰레 모내기을 하는데 기계 고장이 나서 수리점으로 뛰어다니쓰며 모판이 헌뜰어저 전부 결주 생기지 나 자신도 농사을 안 지어며 살 수 업는가 하고 성질이 나는데 자신도 참을 수가 업쓰서 모판을 다들 뿌리치고 영권내 우선 심두록 하고 자신은 모판에 물키가 마추며 할려고 좀 쉬고 마랐다. 자신이 한참 쉬고 보니 마음도 안정이 돼고 모판에 물키도 파지니 결주가 들 생기며 재대로 이왕을 할 수가 잇쓰며 기계 고장 수리을 한다고 시간은 글리찌만 논 시단지 이왕하는데 떡을 천 샘이며 자신이 농사 짓는 이후 모판이 힘자가리 업는 것은 이번에 처음 보았쓰며 금년같이 이왕 하는데 힘이 들며 농사을 치아야 한다. 올해 이왕하는데 자신의 속 다 썩어따고 생각을 하며 그리고 집사람 집배 와서 사람 잇는데 성질을 부린다고 꾸중을 주지만 그 당시는 자신도 모러게 성질이 나느 것을 참을 수가 업쓰서 실수을 한 셈이다.
"오늘은 가만이 생각을 할 때에 자신이 모든 것을 잘못하여서 패단이 생기는데 자신이 성질을 부리는 것은 아주 못난 짓을 하여따고 생각을 한다."

〈1990년 5월 24일 목요일 낡씨 맑음〉
오전에 광열이 노타리을 하여주고 당산 논에 제초제 헌치는 것으로 시간을 보내고 오후에는 빨래가 보기에 산떠미 같이 싸여 잇쓰서 집사람은 시간이 업쓰서 할 수도 업고 자신이 이제 시간의 여유가 잇쓰니까 오늘 들레을 좀 너게 가더래도 빨래을 세탁기에 너어서 빨래을 하여야 하겟다 하고 빨래을 전무 모더니 정말 만터라. 이것을 세탁기에 너어니까 고붕이더라.[348] 이 빨래들이 전부 흙 뚜성이라서 세탁기을 두 번 돌리도 깨끗하지 안더라. 그래도 빨래 줄래 널어나쓰며 이 빨래을 보니 집사람은 빨래을 열어노어며 깨끗한데 자신의 빨래는 어중충하며 이것을 열어노어며 남이 볼 때에 이상하게 생각을 하지 않을까 하고 망스러저는 너킴으로 늙어 노았다.

〈1990년 5월 25일 금요일 낡씨 맑음〉
아래 들래 제초제 약 살포함. 그리고 서양바실래는 만드레 제초제을 살포을 하여는데 이 약은 좀 일적한 셈인돼 어린 모에 지장이 생길련지 몰게꾸나. 이곳은 물 돼기가 힘이 들어 그만 좀 일적은 것을 알면서도 약 살포을 하여는데 극정이 돼는구나.
"그리고 오늘 혜영이 공낙금 내로 농협 지부로 가서 납부을 하여쓰며 이것도 불편한 점이 만타. 외냐 촌에서는 김천까지 갈려고 하면 오전 일은 접어두고 가야 하는 폐단을 바서 농협에 내면 농민들 수라게 행정에서 좀 어러운 일이 잇더라도 농민들 바서도 공납금을 가까운 곳에 내면 돼두록 필리을 바주야 한다고 생각을 한다. 오늘도 공낙금 창고에는 나와 같이 농사일을 하다 납부하로 온 사람들이 만아 보이더라."
지출에 … 혜영이 공낙금 98,100원 우동값 1,000원 차비 400원

〈1990년 5월 26일 토요일 낡씨 맑음〉
봉답에 물을 잡아서 논 장만을 하여쓰며 봉답에는 매년 경운기 한 번식은 빼주고 만다. 외냐 수부논을 갱이로 조금이라도 들쪼을라고 조금식 조금식 더 하다 마지막은 경운기을 빠주고 만다. 경운기가 빠저야만 일과가 끝이 돼곤 한다.
집사람이 오늘로서 우리 조 모내기가 끝이 낮따고 하니 내 마음이 더 편하구나. 외냐 아침 일적 나가며 저녁 어더야 집배 들어오는 모섭을 볼 때마다 외쳐러 마음 아푸드니 이재는 고비을 다들 넘어같다고 생각을 한다.
"우리 운이 외 그처름 놀고 십픈지 알 수가 업꾸나. 저의 아빠 말은 안중에도 업고 운이 하고 십픈대로 다들 하고 잇쓰며 이재는 운이 아빠 속 썩이바야 좋은 것 하나 업다. 운아 만약에 고등학교에 못 가면 무엇을 할끄라는 것을 생각을 하여 밭나 하고 무러니 안 외밭따고 하더라. 그래서 오늘은 좀 생각을 하여바라 하고 이야기을 하였찌만 정말 운이 생각만 하며 가습이 답답하여저며 저것이 을마나 고생을 하여가며 살라고 무할량이며 저의 아빠 말은 들어주지 않으니 귀만 찬다. 이 상태로 간다면 요줌 속 썩이는 것은 약과라고 생각을 하며 앞푸로 일을 생각을 하니 숨이 찬다."
"운이 이 아빠는 남들 부모처름 개핵 업씨

---
348) 넘칠 정도이더라.

살지는 않는다. 만약에 너의 아빠 토라저며 운이 정말 고생한다. 이 아빠는 운이가 아빠에깨 주는 만큼 이 아빠도 주깻다."
"인간 생활에는 돈이 업쓰며 제일 서르어며 돈 스름은 뼈을 깍는 아품보다 더 크다는 것을 생각을 하라."

〈1990년 5월 27일 일요일 낡씨 맑음〉
수부 논 집사람과 둘리서 세스랑으로 쬬아서 대충 이왕을 할 수 잇두록 만들어 낮쓰며 처음 시작을 할 때는 오전 내 할 줄 알라쓰는데 생각보다 일적 하여쓰며 오전에 일적 끝을 낸 셈이다.
오후에는 웃뜰래 제초제 만드래 입재을 살포을 하여쓰며 두 단지는 물을 대어서 입제을 살포을 하여쓰며 굼에는 물이 적은 것을 살포을 하여두어다.
수입에 트랙터 170,000원

〈1990년 5월 28일 월요일 낡씨 맑음〉
금일은 물 된다고 뛰어다니바야 한 단지 밖에 돼지 못하고 시간만 흙리고 마랐다.
웃뜰래 제조체 만드리 약을 살포함. 다른 사람들은 만드리 약이 너무나 비싼 것이라 갈림하는 논들은 갈라서 하는데 자신은 말도 부치지 못하고 숙모 논에는 다들 만드리 약 입제을 살포을 하고 마라다. 작년에 이 약을 사용을 하여보니 정말 좋더라.

〈1990년 5월 29일 화요일 낡씨 맑음〉
오전에 혁희 씨 트랙터 노타리을 쳐주고 오후에는 봉답에 이왕기로 모내기을 하는데 빠지는 곳은 반달 하고 마랐다. 수부 논은 집사람이 당기고 밀고 하여도 힘이 들어 할 수가 업쓰서 반 다발을 하여두어다. 오늘 형수가 와서 머드리는데 그들어 바래다래는 다 할 수가 잇쓰다.
지출에 … 보험료 값 9,900원

〈1990년 5월 30일 수요일 낡씨 비〉
세집배 작과 나무에 약 살포한다고 해서 자신에 일을 뒤로 미루고 약 살포을 하여주어쓰며 이것도 악살리 약을 쳤달라고 하며 자신의 마음이 편하겟더라.
오후에는 굼 도량 쳧는 보을 하는 것으로 하로 일과을 보내고 마랐다.

〈1990년 5월 31일 목요일 낡씨 비〉
육모 상자 정리을 하고 벼집 경운기로 실러내는 작업을 하여쓰며 그리고 이번 비는 오는 짐에 좀 와주어쓰며 하는 마음인돼 마음에 찬 비가 돼지 못하고 아쉬운 비가 돼고 마는구나.
기상대에 이번에 비 온다고 예보을 해서 논에 물을 한 번 돼야 하는데 비 온다고 그냥 두어떠니 오희려 손예가 돼고 마랐다.

〈1990년 6월 1일 금요일 낡씨 맑음〉
금일은 집사람과 종일 동안 콩씨 갈고 집배 들어오니 운이 오전부터 나가서 아직 안 드러온다고 하여서 이거 또 속을 썩이는구나 하는 생각이 들며 운이가 주일에 한번식은 아빠 속을 썩이고 잇쓰며 오늘도 저녁 밥을 먹어도 들어오지 않코 잇쓰며 한편으로 죽어쓰며 하면서도 바람이 서늘한 바람이 불어도 추원돼 어대서 떨고 잇쓸까 하고 극정이 돼며 이 아빠가 꾸중을 주지 않을 때니까 어디 낮타 낫쓰며 하는 생각이 돼며 저의 엄마 죽뚜록 일하고 와서 저녁을 한 술 터지 않코 운이 찾는다고 동내 허관은 다 돌아보고 잇쓰며 운이는 운이그냐 집사람 마저 쓰러젖겟다는 생각에 집사람 돼리고 와서 밥을 먹으라 해도 밥도 먹지 완코 잇더라. 이것을 볼 때 귀가 찬다. 운이가 이 상태까지 왔는데 꾸중을 줄 수도 업고 달래는 수 밖에 업따고 생각을 하며 밤 12시 넘두록 동내을 돌라바도 운이는 보이지 않으니 더 신경은 곤더서며 어떠게 하여야 운이을 바로 잡을 수가 잇쓸까. 운이가 부모에깨 무선 불만이 잇는 것이 아닐까 별 생각이 다들어가며 오늘은 자식이 부모 골탕을 먹이는 것을 보고 이꼴 보지 않코 먼저 업쓰질까 하는 생각이 들어가더라.

"너의 아빠는 너 나올 때 아들이란 말 너의 엄마에께 떳고는 아들이라 좋다고 신발을 한 쪽은 신고 한 쪽은 맨 발로 큰집배까지 뛰어가서 형수에깨 알리쓰며 그때을 생각을 하니 너의 아빠 서글프지는구나. 운이 불만이 조금이라도 잇따면 말을 했다오. 무엇시든지 다 들어줄 수가 잇따고 생각을 한다. 나 자신은 이 세상에 어느 누구도 슬프게 할 수가 업따고 생각을 하는돼 이 아빠을 운이가 슬퍼게 하고 잇쓰니 개로어 참키가 힘이 들며 자정이 넘어 운이 찾아본다고 골목을 다니니 개는 소리내어 짖어돼지 운이는 보이지 않찌 이 개로움을 어느 누가 알라주겟나."

운아 이 필을 잡은 시간이 밤 1시다. 이 아빠 너이들 뒤바라지 할려고 종일 동안 좀 쉬지 않코 일하고 온 아빠가 운이 때문에 잠을 자지 않고 말똥말똥한 눈가 귀는 너의 발자국 소리을 들어볼려고 귀을 세우고 잇다. 이 아빠는 아직 실망은 하지 않코 잇쓰니 재발 사회에 버림받는 인간만 돼지 마라다오.

수입 트랙터 노타리 값 50,000원

〈1990년 6월 2일 토요일 낡씨 맑음〉

어재 저녁에는 밤잠을 자지 완고 운이을 기다리도 운이는 집배 오지 완고 끝내 온 식구을 떤 눈으로 밤을 쉬우게 하여쓰며 우리 부부는 서로가 잠을 자라 하여찌만 아이가 들어오지 않코 잇쓰니 부모가 어이 방에서 잘 수 잇쓸까 하는 생각 때문에 잠을 잘 수가 업쓰며 이것이 먼저 번에 남의 허관에서 벼집을 덥고 잠을 잘라고 하는 놈을 저의 엄마가 차저서 대리고 온 적을 생각을 하니 밤이 깊프갈수록 내 마음은 더 타고 동내 허관은 다들 해매쓰며 고요하게 잠들을 자고 잇는데 골목을 다니니까 개들이 날리을 직이서 계속은 다니지 못하고 발자국 소리을 죽이가면서 동내 어귀을 해매본들 운이 볼 수도 업고 큰집 식구까지 잠을 설치게 하여쓰며 이재는 모든 것을 철수을 하고 집배서 오두록 기다리고 잇는 수밖에 업쓰서 아침이 밝아오두록 기다리도 운이는 오지 않아서 오트바이에 운이 친구을 태어서 운이와 잘 논다는 재석에 김태국 집배을 가니 이미 어재 이샷을 했따고 하며 재석동에 잇는 친구 집배는 다들 찾저바도 업쓰며 운이는 놀로을 안 아따고 하여서 허탕만 하고 집배을 오고 마랐다. 집배서는 순달이가 언재 알고 와서 전화로 알라보고 잇떠라. 그러자 형님까지 와서 자신을 책망을 하며 너무나 아이을 세계 다루다고 책망을 하고 잇는데 자신은 운이가 일단 밤새두록 들어오지 않으니까 별명을 할 수 업씨 다 더고 잇쓰스며 그러자 저의 엄마가 운아 하는 소리에 방문을 차고 나가보니 대발태서 내리오는데 입수부리[입술]가 가라젖쓰며 밤에 어디서 잣는냐고 무러니 안 잣따고 하는데 귀가 찬다.
여하든 니가 들어왔쓰니 한숨을 쉬쓰서며 어재 일 무러니 바른 말대로 하지 않코 형님과 동생이 그만 하라고 하여서 어재 일도 알지 못하고 그만 집사람에깨 포장류 고기 사와서 주라고 하고서는 들래 물돼로 오트바이 타고 학 같쓰며 논에 물을 대면서도 운이을 어떠게 하여야 별 탈 업씨 넘어가야 하는데 하는 생각 때문에 멍한 사람이 돼고 말 때가 도로 잇따고 생각을 한다. 물을 데고 집배 들어오니 운이는 잠을 잔다고 이야기을 하여서 오전만 푹 자게 하고 오후에는 깨어서 저의 아빠 일하는 모섭을 보여주야 하겟꾸나 하는 생각으로 잠만 자게 나두어다. 온 식구 점심 시간이라 밥을 먹을라고 하는데 운이는 한잠이 들어쓰며 이것을 저의 엄마 아빠 잠을 못 자게 하고서는 무선 큰일 하여따고 잠만 잔단 말이냐 하고 잠을 깨어서 밥을 먹게 하여쓰며 경운기을 몰고 운이 들레 가자고 하니까 안 간다고 하더라. 그래서 너의 아빠 무엇을 하는가 들래는 어떼게 변하는가 구경도 하고 가자고 경운기에 타라고 하니까 안 간다고 벗타고 잇쓰서 반 강재처름 타라고 하여쓰며 경운기는 비료 한 바리 실고서는 들로 행하였다. 그래도 자식이라고 땡빛에 거름 좀 헌치는데 같이 잇쓰며 땡빛에 덕이 돼지 않으니까 나무 밑태서 쉬게 하고 아빠는 논에 거름을 헌치고 온다면서 운이는 과손에 그늘에 가개 하고는 자신은 땡빛에 거름을 두 단지 헌치고 가니까 운이가 그늘에서 나오더라. 그래서 세 봇따리을 들고 다시 그들에 가서 운이 엄마 아빠 밤잠을 자지 못해서 거름 헌치는데 다리가 휘청거리서 거름도 못 헌치겟더라 운이 아빠 골탕 먹이바야 득 데는 것이 무엇잇나 아빠 예 먹이바야 소득대는 것이 업다 재발 농띠 칮지 마고 농띠 철라면 고등학교나 졸업하고 농띠 칮달라고 사정을 하여쓰며 벌쓰부터 농띠 칮며 정말 운이 신세 조진다고 하면서 사정을 하여는데 운이 귀에 들어가는 줄 몰라도 대답은 하고 잇더라. 세을 글도 자식이라고 맡잇는 것을 먹개 하고 맡이 업는 것은 내가 먹으쓰며 그러자 잠이 언재 들어는지 깨어보니 자신 잠을 자고 깨고 잇더라. 운아 아빠 어재 저녁에 잠을 못 자서 잠이 들어쓰꾸나 하고 일어낳쓰며 운아 이재 거름을 헌치야지 하면서 대리고 가서 일을 시키니까 일은 아빠 생각돼로 하고 잇쓰며 일의 순서을 알고 잇는데 외 공부는 거처름 하기 실을까 하는 생각에 내 머리는 복잡에 저는구나. 운아 복잡은 머리을 반 정도만 해결을 해다오. 이 아빠 무리한 요구을 하지 않캐다.
앞푸로는 운이깨 무리한 요구도 하지 않을 뿐 아니라 자신이 잘못을 너키두록 나두어야 하겟쓰며 어찌로 잡을라고 하며 영혼이 버린 자식이 될까바 손을 쓸 수도 업고 앞푸론 자신과 같이 잇는 시간을 만이 만들어서 이 아빠의 힘더는 모섭을 보여줄 개핵이다.
“어재 잠도 자지 못한 채 벼 웃거름을 6단지 하고나니 고댄 시간이 돼며 일을 해도 만족한 일이 돼지 못하고 잇다. 부모는 자식에 시달림이 제일 마음 상하는 것 같다.”
“송아지을 집사람이 바다내쓰며 집사람도 송아지 분만 시키는데 잘하며 자신이 업쓰도 잘 할 것으로 생각이 되는구나.”
(숫송아지 분만함)

〈1990년 6월 3일 일요일 낢씨 맑음〉

금일은 작과나무 살충재 약을 2차로 살포하는데 운이을 데리고 가서 일을 시키쓰며 종일 동안 운이을 일을 시키쓰며 앞푸로는 아빠와 같이 일을 하는 시간을 만이 가지두록 하여야 하겟다.

〈1990년 6월 4일 월요일 낢씨 흐림〉

남들은 다들 재미가 제일 잇따고는 하지만 자신의 생각에는 자신이 재미가 제일 업는 사람이라고 말을 하고 십다. 부모가 자식보고 산다고 보는데 자식이 부모 말을 조금도 들어주지 않코 잇쓰니 의이 자신이 제일 재미가 잇따고 하겟너냐. 나 자신은 재 아무리 고생을 하여가면서 살라도 자식이 잘 자라준다면 그것이 행복이라고 생각을 하겟다. 우리 운이만 외을 안 먹이면 나 자신은 이 세상에서 행복한 사람이라고 생각을 하여가면서 살라가리라. 나 자신은 이거 더 사랑, 행복은 더 부리지 않으며 살고 싶픈데 내 자식이 가로 막다니 피을 토할 일이구나.

"웃들래 웃거름 두 단지는 4포에서 5돼 정도 남아서며 굼에는 두 포을 다들 들어같쓰며 금년에는 한 단지에 웃거름을 두 포식 잡고 한 셈이다."

"봉답 논에 제초제 만드리 입제을 살포함."

"오늘 들깨 모종할 자리을 크라이목손 약[349]을 칯고 오면서 아버지 산소을 들리보니까 산소에 잡초가 만으며 숙이 잇쓰서 조금 뽑고 앞푸로 시간이 난다면 자식을 다들 돼리고 가서 산소에 잡초을 뽑아야 하겟꾸나."

〈1990년 6월 5일 화요일 낢씨 맑음〉

금일은 일적부터 소두엄을 작과 밭에 실어내는데 종일 동안 실어내쓰며 이것도 저녁 노월이 질 때까지 실고는 소 풀을 떠드로 같쓰며 요줌 시간이 한가하다고 소풀을 재피떠니 매일 어더엄이 져야 풀 떴는 시간이니 정신업는 일가을 보내고 잇쓰며 오늘은 경운기에 풀을 한 경운기 떠드오니 운이가 마당을 헌하게 실고 잇쓰서 운이 수고한다고 하면서 친찬을 아키지 않아쓰며 너무나 고마어서 운이 과자 사먹으라면서 1,000을 주니 과자와 저의 아빠 목시로 베지밀을 사와서 주더라. 이것을 보니 운이 다 크꾸나 하고 고맡다고 하면서 자신이 마쉬면서 운이가 달라저고 잇꾸나 하고 생각을 할 때 정말 고맡더라.

지출에 … 운이 과자 1,000원

〈1990년 6월 6일 수요일 낢씨 맑음〉

주간 일기 예보에 오늘이 전국적으로 비 온다고 해서 웃거름 하는데 물이 적은 것을 다들 하여서 거름 소암이 고로 나지 않을까 하고 극정이 돼는구나. 나 뿐 아니라 다들 비 온다고 하여서 물 욕심을 부리지 않아서 실수을 만이 하여따고 하는구나.

오늘은 운이을 데리고 작과 나무 밑에 잡초을 죽이기 위에서 풀을 칯쓰며 종일 동안 운이와 같이 작업을 하여쓰며 요줌 운이 데리고 일을 하는 것은 운이가 어떤 생각을 하고 잇는가 또 조금이라도 일적 생각하는

349) 국내에는 그라목손(Gramoxone)이라는 이름으로 널리 알려져 있으며 이에 대한 오기인 것으로 보인다. 정식명칭은 파라콰트(paraquat)이며 제초제의 일종이다.

인간이 데라고 일을 만이 시키는 편이며 풀약을 쳋고 트랙터 세차을 같이 하자고 하면서 데리고 나와떠니 열심이 하지 않으며 품무기로 세차을 하니 운이가 별료 필요가 업쓰서 그냥 두어떠니 슬거머니 빠지고 말더라. 그래서 그냥 두고 마랐다.

수입에 개 수정값 23,000원 트랙터 노타리
값 20,000원
計 43,000원

지출에 … 작과 상자 값 400개 가지고
와는데 선금
計 100,000원

〈1990년 6월 7일 목요일 낡씨 맑음〉

우리 마을 사람만 물 막아너는 작업을 하는데 냇물도 수일 내로 비가 오지 안으며 다 말라 보한 내 바닥이 댈 것 같다.

봄에 불필요한 비가 오줌 내려주어쓰며 농민들이 아주 편하리만 비을 기다리며 오지 않는 비 원망이 돼며 사람 해갈이라도 면하두록 비 좀 왔쓰며 하는구나. 오늘 보는 물만 막아너고 마라다.

"오후에는 당산 논에 도구 떠는 것으로 시간을 보내고 마랐다. 매일 일가 시간 후에 쇠풀을 떠들라니 여간 힘이 아니며 오늘은 풀 떠드며서 몸이 곤해 여르번 휴식을 해가면서 떠드쓰며 자신이 생각을 하여도 몸살이 날려고 이처름 몸이 곤한가 하는 극정이 앞쓰더라. 자신이 오늘처름 몸이 곤한 적은 업는데 오늘 일가는 정말 몸이 곤한 하로을 넘어꾸나 하는 생각이다."

수입에 트랙터 노타리 값 45,000원

〈1990년 6월 8일 금요일 낡씨 비〉

이번 비야말로 만이 와야 돼는 비가 간질나게 비가 오며 모종비도 돼지 않으니 예만 타는구나. 비오는 행세을 보니 금년 농사가 순조렵지 못할 것으로 예감이 더는구나.

"오전에는 도로변과 마을 주변에 잡초 제거하는 부역을 하여쓰며 오후에는 간질난 비 온다고 휴식을 하는 것으로 하로 일가을 보내고 마랐다."

수입에 트랙터 값 5,000원

〈1990년 6월 9일 토요일 낡씨 맑음〉

우리 동내 살다 서울에서 살다 51세 나이로 혈압으로 죽어서 고향 땅에 왔쓰며 이것도 돈이 업쓰서 공원 묘지 못가고 고향 땅에 뭇칠라고 오기는 잘 왔찌만 절먼 나이로 죽어니 예석하구나. 김명구 부인이 교통사고 돈 한 푼 물리지 못하고 삼 년 고생을 하여따며 겨우 걸어며 아직까지 부축을 하여주는 실정이며 이것을 볼 때에 죽은 보인은 아무러치 안타고 하지만 남은 사람 이세가 아직 성숙이 돼지 않은 상태에서 죽어버리며 그 나머지 가족은 정말 쓰라인 고통을 바다가면서 살아가야 하니 그 고통은 누가 알아주리까. 이 쓰라린 고통은 업쓰야 하는데 하는 생각밖에 업꾸나.

"오늘은 명구 문상 일에 자신은 오토바이로 발가락을 다치는 바람에 그들지 않아찌만 명구 동생들을 볼 때 예이는 업따고 본다. 외냐하며 자신이 볼 때에 자기 형의 죽음에 설픔이 업쓰보이고 동민으로 볼 때에 친척이 잇냐 저의 가족이 동내 사는 분도 업쓸 뿐 아니라 저의 아버지 장래에 동민을 수고 시키고 또 저의 형 장래에 수고을 시키는 동민들에깨 고마움을 모러며 세이꾼은 밥그릇이 모자라서 뒤전에서 밥그릇 사오도록 기다리고 잇는데 죽은 동생들은 먼저 밥

그릇을 들고 밥을 먹고 잇는 모섭을 볼 때에 자신의 마음속으로 맡형이 51세로 죽어쓰며 어이 예석한 감도 업쓰며 어이 상주꾼보다 밥을 먼저 먹는 예이 업따고 볼 때에 가서 일은 하지 안에찌만 이 자리을 개니 왔꾸나 하는 생각이 들드라."

〈1990년 6월 10일 일요일 낡씨 맑음〉

봉답에 앞뚝으로 한콩을 갈려고 김매기와 씨 뿌림 하는데 종일 걸린 셈이다.

그리고 우선 바서는 들판에 벼들이 다들 좋은 편이며 앞푸로의 낡씨만 잘 하여준다면 풍년을 이룰 수가 잇따고 보고 잇다.

"요즘은 일거리가 너무 만아서 정신 업는 시간을 집사람과 둘리서 보내고 잇쓰며 집사람의 한 말이 우리는 잠쉬 실 사이가 업따고 넉뚜리을 하고 잇다. 자신도 우리는 외 이처름 잠쉬 실 사이가 업쓸까 하고 짜증날 때도 사실 잇다. 남들은 할 일이 업는지 골목 어기에 놀고 잇는 모섭을 보며 여사로 안 보인다."

〈1990년 6월 11일 월요일 낡씨 맑음〉

봉답에 웃거름을 요소 1포을 가지고 아래위에 헌치고 마랐다. 봉답에 앞뚝으로 밭을 만들어서 논 면적이 월마 돼는지을 몰라서 거름량을 월마가 더려가야지 맡는지 알 수가 업꾸나. 그리고 오후는 작과 나무 벌순을 따내는 작업과 고추 밭침대 만드는 것으로 하로 일가을 보낸 셈이다.

"노태우 대통령 정치 임기동안 개속 대는 학생 시이 잡아보지 못하고 임기을 맡치는 것이 아닌가. 일개 대통령은 내일 죽는 한이 잇쓰도 국민을 위하고 나라을 위한다면 모든 것을 받칠 수 잇는 대통령이 꼭 필요할 땐대 아직 그른 분이 업쓰서 아쉽꾸나."

〈1990년 6월 12일 화요일 낡씨 맑음〉

웃뜰래 논물이 적으서 대는 일가 두룸에 풀뽑는 작으로 오전 일과을 보내고 오후에는 내일 벼논에 살충제 살포할려고 살충제 (씨디알) 8병 500CC짜리을 사왔쓰며 자신은 약만 준비을 하고나며 내일 준비는 다 돼어 잇는 줄 알라드니 고앞 품무기 밭침대 보도가 업쓰서 김천까지 가서 보도을 어더왔쓰며 이것이 경운기 수리점에 업키 때문에 김천까지 외출을 하여쓰며 바푼 시간을 보낸 셈이다.

지출에 … 형광등 오촉짜리 담아 2개, 킬라, 기름통, 낮 1자루, 차비 7,700원
농약 21,600원 라면 4,500원
計 36,100원[350]

〈1990년 6월 13일 수요일 낡씨 맑음〉

어재 저녁에는 성운이가 들어오지을 안아서 저의 누나들래깨 버스 정류장에 가서 오거든 같이 오라고 저의 엄마가 시키스 저의 누나을 보고는 여기서 내리지 않코 대신 가서 내리따고 원효가 이야기을 하더라. 그래서 자신이 오드바이로 대신까지 가보아도 운이 업드라. 이것이 조용이 잇다 한 번식 오락실래만 가서 너깨오며 이 날리을 직이며 밤새두록 집사람과 한 짐도 자지 못하고 뒤매로 산으로 남외 헛관으로 차저다녀바도 운이는 낮타나지 완코 오늘이사 교복을 입버서 낡씨는 사늘한데 어디

350) 실제 계산은 33,800원이나 36,100원이라고 잘못 기록하였다.

서 밤을 세우나 하고 생각을 하니 가슴에 불이 나며 밤 1시 밤 2시 돼어도 운이는 들어오지 않고 해서 운이는 사람 구실을 못한깨 포기을 하고 이재부터 정을 띠라면서 집사람에 잠을 자라고 하니 집사람은 나을 눈을 부치라고 하며 울고 잇드라. 이것을 보니 운이 때문에 집사람까지 죽이개 쓰며 집사람은 밥을 먹찌 않코 신경을 쓰니 얼굴이 돼배 축이 나며 운이 탈선하는 바람에 우리 가정이 패가 망신돼는구나 하는 생각이 들며 자신이 어떤 이치에서 스야 하는가 하는 생각도 업쓰며 밤 3시가 돼어서 개가 웅 하는 소리가 낮스 나가보니 대문 기둥에 자전차가 이것도 신품이라 그것을 보는 순간 입이 밭삭 말라서 집사람을 부러지을 못하게쓰며 이러깨까지 올 줄은 몰라는데 그때는 아 살아서 무엇하나 죽고 싶픈 심정이며 이재는 멀리 가지는 안 했따는 생각으로 뛰어 다니바도 운이는 보이지 않으며 이것이 자전차만 갇다 놋고 학교 갈려고 걸어간 것이 아닌가 하는 생각으로 오드바이 엔진을 걸며 동민들이 잠을 깨니까 오드바이 시동을 글지 않코 도로까지 타고 가서 도로에서 시동을 걸어 진동에 까지 가 보아도 운이는 보이지 않코 대신으로 차저바도 아이는 업더라. 그래서 이것이 나와야 하지 우리가 찾찌는 못하니 아침이나 먹고 좀 생각을 하자 하며 좀 쉬고 아침 밥이 들어오는데 자신은 밥맡이 업따는 것은 너켜보지 못한 사람이며 밥이라면 입배서 씹을 여가도 업시 막 넘어가는 사람인돼 오늘은 밥이 모래가이 씹피지 안으며 도저이 먹을 수가 업더라. 집사람은 아에 숫갈 들어보지 안하쓰며 이재는 남의 헛관에는 업고 산으로 올라가서 사람 눈을 피할 것이다 하고 산으로 올라가서 다들 찾저바도 업쓰며 산에는 숲이 너머나 우거저서 찾을 길도 막연하다. 그래도 집배 잇쓸 가 업쓰서 나와 해매어 바도 숨만 차고 운이 보이지 않으며 운이가 않보일수록 숨이 예 이래 숨이 찬지 기력이 업더라. 이재는 먼저번 모양 내리오겟찌 하고 집배서 기다리도 나오지 않으며 아이들 학교을 보내고 혜지는 만약에 학교에 잇따며 공부을 못하는 일이 잇쓰도 대리고 오라고 하고 학교 갈 놈은 다들 가고 이재는 찾저볼 때가 업쓰며 학교에 담임 선생님 출근 시간만 기다리다 가며 면담이나 하여보자 하는 생각으로 8시 돼며 자신이 학교 갈려고 기다리고 잇쓰서며 이 시간이 이처름 지겨운 것도 오늘 처음 너켜쓰며 자신이 7시 40분 돼는 것을 보고 오드바이로 학교로 갇쓰며 운이 교실에 가니 운이 자리만 빠꼼하게 비어 잇쓰서 그것을 본 자신은 가슴을 철렁하게 하며 눈에는 눈물이 나올라고 하는 것을 억찌로 참아쓰며 운이 자리 가서 엽패 아들래깨 이야기을 하여바도 평소 이야기을 들어보지 못하고 어재 이야기만 하고 잇더라. 한참동안 기다리니 담임 선생님 오시더라. 인사을 더리고 면담을 할려고 왔따고 이야기을 하니 복도로 나오시더라. 자신 사실을 이야기을 하니 우선 선생님 아이을 빨리 차저야 한다면서 빨리 차저라고 하며 가라하더라. 정신 업씨 오드바이로 집배 오니 집사람이 마당에 잇더라. 그래서 운이 안나오더나 하니까 집배 잇따고 하더라. 그래서 어돼서 오더니 하니까 집사람도 파락골 차저로 간니에 방에 잇따고 하며 이야기을 해서 우선은 한숨을 실 수가 잇쓰며 운이 방에 잇는 것을 보고 운아 밤이 차거운데 어돼서 밤을 새운나 하니까 밤 3시 돼어 트랙터 갑파 씨운 곳에 잇쓰다고 이야기을 하는데 귀가 차며 입술에는 터저 잇는 모섭을 보니 그만 잡고 울고 마랐다. 그기에서 너의 아빠 너 찬는다고 몰라나 하니까 다 알라따고 이야기을 하더라. 그러타며 아빠 나 여기에 잇쓰하며 나오지 하고는 꾸중을 한 번 주지 못하고 울고 마랐쓰며 이것을 본 자신은 외 교육 방침이 패가망신이여따는 것을 생각을 할 때에 자신을 원망을 만이 하여본다. 운이 처음 오락실에 갈 때에 손을 대고 혼을 주 것이 오늘 이 상태 온 것이 아닌가 하고 생각이 머리에 살아저지 않으며 처음에 요줌과 같이달래어 왔쓰며 이 상태까지 오지는 안예쓸 것이 아닌가 별 마음이 다 들어가며 자신은 아들 키우는 자격이 업는 것이 아닌가 하고 허망한 마음 뿐이구나. 자신은 우리 운이 인간 구실을 하두록 가정 교육에 자신이 업쓰며 자신이 갈피을 잡을 수가 업씨 힘이 업꾸나.

그리고 운이 생각을 할 때에 무선 대책이 서지을 안는구나. 외 운이가 밤 3시에 들어와 트랙터 갑빠 씨어논 것에 들어가 잇쓰며 아빠가 운이 찾는 일거일동을 다 알 수 잇쓰며 그처름 온 식구가 운이을 찾는 것을 다 알면서도 나오지 않아따는 것을 생각을 할 때는 피을 토하고 죽을 일이지만 실찌 아빠는 무었신가 잘못대어 간다고 생각을 하여쓰며 운이가 정신이 업는 아이가 아닌가 어째서 그른가 아니면 저능 아이라서 그른지 판단이 쓰지 않으며 답이나오지 않는구나. 앞푸론 자신이 운이 요구대로 할 작정이며 이 아빠는 공부는 뒤전이고 건강하게 자라달라는 부탁밖에 업꾸나.

"그리고 이 아빠는 큰 실망은 운이가 자전차을 구미에서 세 전차을 보고 너무나 좋아서 자전차을 타고 왔따는 이야기에 정말 하늘이 노라깨 변하는 기분이며 자신이 보기에는 어리석으서 아무 짖도 못할 것 같든데 남외 잔차을 구미에서 타고 왔쓰며 이것도 산에 감추어 두면서 이틀 동안 저녁에 타고는 했쓰니 이 간 보가 크다는 것이 귀가 차며 이 아빠는 감이 생각도 못할 것 같든데 운이가 아니 내 자식이 하고 잇따니 이것들이 남외 일로만 생각을 하여는데 아니 만분지 일도 생각을 안에는데 이 짓을 내 자식이 하고 잇따니 남이 부크러지며 머리가 수거러지는 구나. 이 자전차을 구미가서 주인을 찾저 줄라고 생각을 하고 운이 데리고 가서 자전차을 주인 줄라고 생각을 하여 왔는데 형님 촌 사람가 달라서 무선 티집을 잡을란지 모러니 만이 생각을 하여서 하라고 이야기을 하여서 자신도 만이 생각을 하여쓰며 자신은 주인을 꼭 찾저 줄라고 하는 것은 운이가 나중에 이른 일을 해서는 안 댄다는 것을 보여주기 위해서 구미 갈라고 한 것이다. 자신도 형님 이야기을 덧고는 조용한 것이 낮깨다는 생각으로 그만 자전차을 자신이 들래 가면서 주어따면서 아포지서에 신고해서 순경이 와서 가지고 갈쓰며 순경이 와서 무선 말을 무러볼 때에 자신의 가슴은 엄청나게 떨리며 이것을 억재하느라고 고통을 만이 당했다. 순경이 와서 자전차을 몰고 가서 나서는 자신은 정신이 하나도 업는 고통을 당하고 마라쓰며 자전차 주인에깨 미안하게 짝이 업쓰며 정말 머리 수거러저며 자전차 주인은 우리 아들 잘못으로 자전차을 잊저쓰니 이것을 어떠게 지불할 길이 업꾸나. 진심으로 미안하며 이 대까을 주인에깨는 주지 못하나 불우한 사람에깨 갑파더리이라. 아까운 마음 일적 버리주십사 하고 머리 수기미다."

지출에 … 선생님 선물 4,500원 돼지고기
포장류 2,500원
計 7,000원

〈1990년 6월 14일 목요일 낢씨 맑음〉

금일 오전에는 봇 도량 숫초 작업을 하여쓰며 오늘은 우리 운이 한 일들이 머리에서 떠올라 살아저지 않아 우울해저는 감이 만으며 별로 캐알하지 않는 오전 일과여쓰며 오후에는 웃뜰래 벼잎 칼가먹는 벌레와 똥버레가 만아서 웃들에 살충제을 살포하여쓰며 이 일은 13日날 약 살포을 다 할려고 계핵을 한 것이 운이 때문에 밀린 셈이며 약 살포을 종일 동안에 다 할려고 개핵이 문어저서 아래 들은 내일 다시 살포을 하여야 하는데 내일 낢씨가 어떠게 될렬지 알 수가 업쓰며 우리 운이 밤새두록 들어오지 않으며 (이틀 동안은) 두리가 아무 일도 못하고 허성 세월을 보내고 만다. 이것 뿐 아니라 두 사람이 다 희청거리두록 감치고 만다. 이 고통은 어느 누구도 당해보지 않는 사람들은 이 실정을 알 수가 업다. 운아 제발 운아 별일 업시 자라다오. 운이만 속을 썩이지 않으며 이 세상에서 제일 행복한 사람이라고 말을 하고 십단다. 남들은 우리 부부가 제일 정답게 산다고 이야기 하는 사람도 잇쓰며 이 아빠는 운이가 니우치지 않코 아빠 속을 썩이며 제일 행복한 사람이 반대로 이 지구상에서 제일 불행한 사람이 돼고 만다. 이 아빠도 이 생각은 만 분지 일도 업쓰며 운이도 이것을 생각을 하지 안캐지. 운아 제발 두 손 모아 빌어보게노라.

〈1990년 6월 15일 금요일 낢씨 흐림, 비〉

오전에 가랑비가 내리며 오늘 비는 부진련한 사람은 일 하기가 좋을 정도며 가랑비가 아니라 이슬처름 내리기 때문에 농민을 안타갑게 생각을 하며 요줌 밭작물이 목매이두록 비을 기다리고 잇는 이슬비가 무었시며 인간의 마음 같다쓰는 장대비가 만이 내리주어쓰며 하고 하늘만 쳐다보는 실정이다.

오후에는 앞밭태 도장지을 꺽끄내리는 작업을 하고 토기 풀 한 망태 떠드오는 것으로 하로을 보낸 셈이다.

그리고 오늘은 운이가 학교 수업을 맡치고 곳바로 집배 왔더라. 이 아빠는 운이와 조금이라도 더갑게 할려고 안괌힘을 다 쓰고 잇다. 오늘 토기 두 바리을 잡아서 운이을 만이 먹이일라고 기다리쓰며 저의 엄마는 시장에 가고 자신이 운이을 토기 고기을 주는데 상당이 만이 주어쓰며 좋은 고기만 거해서 만이 먹이고 운이 우리 놀로 가자면서 대신 못에 낚시을 하는데 운이 오트바이 태어서 대신을 가니 본동 사람이 고기을 잡는데 오늘은 고기가 재피지 않는다면서 붕어 멧 마리 밖에 업더라. 운이와 해가 지두록 구경을 하고 집배 돌아오곤 하여다. 이 아빠는 운이예깨 공부는 바라지 않코 별 탈 업시 자라만 달라는 부탁밖에 업쓰며 이 아빠가 안전 운이 친구가 돼어 운이가 마음의 안정을 잡두록 노력을 만이 할 작정이며 그리고 운이을 잘 먹여서 건강에 힘을 쓰야 하겟다.

〈1990년 6월 16일 토요일 낢씨 비〉

이번 비가 정말 마은 찬 비가 돼어 주어따고 생각을 한다. 이번 비는 황금비라고 말을 하고 십꾸나. 외냐 밭작물이 다들 가물이 들어 잎들 올가라 더는 판인데 비가 와서 할짝 피어주어쓰니 농민들 이마에 주름을 피어주는 일을 하여따고 생각을 한다. 오전에는 집사람과 고구마 순을 잘라서 심는 일을 하여쓰며 오후에는 아래들래 살충재 살포을 하는데 바람이 넘어나 불어서 약살포에 힘이 만이 들어쓰며 바람 때문에 올캐 가지 않아는 데가 만이 잇찌나 않아쓸까 하는 생각이 더는구나.
"우리 운이 아빠가 볼 때에 반성하는 너킴이 보이지 않으며 이 아빠가 너무나 생각을 하여주는 것을 이용이나 하지 않을까. 운이 마음은 어떠게 마음을 가지고 잇는가. 어떤 결심을 하고 잇는지 안타값꾸나."
수입에 … 토기 값 3,000원 트랙터 값 5,000원
計 8,000원

〈1990년 6월 17일 일요일 낡씨 맑음〉
오전에는 들 전역에 벼 웃거름 요소 1단지에 반 포식 돌림. 자신은 기상대에서 금년에는 장마가 40일 동안 긴 장마가 돼고 비가 만으며 태풍이 2차례가 온다고 하여서 비료 거름을 1단지에 2포와 이삭 거름으로 농사을 다 짓을라고 생각을 하여는데 남들이 한 단지에 3포을 하여따고 이야기을 하여서 자신도 오늘 일반벼는 그냥 두고 들 전역에 반 포식을 더 하고 마랐다. 자신이 좀 일적 했드라면 별 극정이 돼지을 않는데 안을라고 하다 한 거름이라 2차 거름이 조금 너따고 생각을 한다.
"내년에는 무족끈 1차 거름 하고 10日 넘어쓰며 2차 거름을 꼭 하여야 하겟다."
오후에는 도사리을 처음 주어다.
서양바실래 1포에서 조금 남음. 경화 통일벼 반 포 들어감. 경화 일벼는 하지 않음. 복판에 반 포에 조금 남음. 당산에 반 포함. 웃뜰 두 단지 1포에서 조금 남은 웃뜰 굼에 반 포을 함.
수입에 토기 값 3,000원
지출에 운이가 고기 먹자고 해서 포장류 고기와 과자 3,000원[351)]

〈1990년 6월 18일 월요일 낡씨 맑음〉
오전에는 마늘을 수학을 하는데 이것은 마늘이 형편업는 마늘 농사가 돼고 마랐다. 자신이 마늘 농사을 짓고는 이처름 허무하게 짓은 적은 업따고 생각을 한다. 금년 농사가 처음에는 마늘 농사가 아주 좋떠니 나중가면 마늘이 다 망하는 이유을 몰겟다.
"운이와 조금 갑까기 지낼라고 오트바이 태어서 대신까지 갈다 왔쓰며 운이도 오트바이 뒤 타고 다니는 것을 좋아하는 기색이며 아빠가 운이 오트바이 타라고 하며 선듯 대답을 하는 모섭을 보니 아직은 니우침이 업쓰보이며 원재 생각을 하는 아이가 될련지 가슴 조이는구나."

〈1990년 6월 19일 화요일 낡씨 비〉
오전에는 쌀 방아 찟어놓는 일을 하여쓰며 쥐들이 곡석 먹는 것을 여사로 여기터니 오늘 방아 찌을라고 곡석을 들어내는돼 앙지[352)]가 싸여잇는데 한 말은 더 먹어깨더

351) '(참조)'라고 일기 지면 상단에 따로 기록되어 있다.
352) 껍질 찌꺼기

라. 이것을 보고는 1년을 그냥 두며 쥐들이 다 먹어치우고 말개따는 생각을 할 때에 쥐들래께 곡석을 빼아키는 것을 한 번 생각을 해 볼 문재라고 생각을 한다. 오후에는 비을 마저면서 도사리을 주는데 한창한 날보다 일 하기가 수란 기분이며 주위에 사람이 잇쓰며 일이 잘 돼겟는돼 들판에 자신 혼자 잇쓰니 일이 안 돼며 작업 시간이 짤바저서 하창한 날씨보다 일량은 적따고 생각을 한다.

요줌은 들래 같다오며 아이들이 인사을 하는데 운이가 밑차 안 보이며 가슴이 철령한다. 운이가 보이며 얼굴에 주른 퍼지두록 기분이 좋으며 딸들이 먼저 인사을 하고 운이가 나중 보이며 고 순간이 내 가슴을 질리고 잇쓰며 이것을 볼 때에 부모가 자식 눈치을 바야 하니 살아가는 생할이 고달프지는구나. 가정 생활이 원만이 돼자면 자식들이 눈치을 바야하는데 우리 가정은 잘 못 대어가며 이것이 오래 가면 정이 멀어질 것이며 가정에 행복이 업따고 본다.

"오늘도 운이와 이야기을 하여 볼 때에 운이는 니우침이 하나도 업쓰 보이며 무선 생각을 할 줄 모르는 아이 같아 이 아빠 속 타며 내 마음 헛틀어저 우리 가정 문재 가장 될까바 극정이구나. 그리고 운이가 오락실에 가고 십따고 이야기을 하는데 내일은 김천으로 데리고 가서 오락을 하두록 할 작정인돼 이것이 잘 하는지 못 하는지도 나도 몰겟쓰며 이재는 하고 십따는 일은 하두록 하고 밤에만 들어오두록 할 생각밖에 업다. 내가 볼 때는 운이가 폐인이 다 돼어따고 생각을 한다. 외냐하며 오락실에 안전이 중독이 돼어 잇쓰며 이 중독 띠어낸다고 해도 상당한 시간이 걸일 껏이 이 시간을 다 보내며 중요한 시간을 다 간다고 생각을 할 때 인간의 길을 걸을 시간이 업따고 보며 이 아빠는 실오락 같은 길은 잇따고 생각은 잇찌만 운이가 그 길을 걸어갈 수가 잇쓸까 하는 의심이 가는구나."

수입에 … 토기 값 3,000원

지출에 … 슈프타이 5,000원 엔진 오일,
치약 5,200원
計 10,200원

〈1990년 6월 20일 수요일 낡씨 비〉

금일은 종일 동 비가 내리서 종일 휴식을 하여쓰며 벌서부터 장마라니 작과일을 어떠게 수학을 할까 하고 극정이다.

"우리 운이가 오락실래 바람이 들 때가 돼어따고 생각을 하니 집배서 잇쓰도 마음이 조마조마 해저며 운이 올 시간이 돼며 시계을 자주 보게 돼며 오늘은 운이가 오며 오락실래 바람을 씨주야 하겟다 하고 생각을 하여쓰며 운이가 5시가 넘어서 집배 오드라. 그래서 운아 우리 오락실래 한번만 바람 좀 쉬자 하니 몰라 하드라. 우리 운이는 몰라 하며 가자는 말과 같다. 그래서 운이을 돼리고 김천 삼촌 집에도 가서 집구경도 시키고 만약에 오락실래 들리서 너저며 저의 삼촌 집배 자개끔 하려고 일부로 삼촌 집의 길을 알려줄라고 올 복숭을 좀 타고 돼지고기 2근과 과자을 사들리서 운이 앞 세우서 저의 삼촌 집배을 같쓰며 자신은 못 배우며 아빠는 촌에서 초라한 집배서 살라야 하며 배우며 이러개 하려한 집배서 산다면서 운이예께 이야기을 하여 주어쓰며 운이도 고개을 그득이드라. 그리고 바로 들리서 운이 오락실래 2시간만 한다는 약속을 하고 가서 순달이 집배 조금 안저잇따 올려고 보니 지수씨가 어림도 업드라. 저녁을 자시고 가라고 하면서 못 가게 하여서 저녁을 먹고 조금 잇따 이왕 나아서 운이 바람 쉬주야 하지 하는 생각에 순달이 집을 나와서 오락실래 들리떠니 오락실이 변두리라서 초라하드라. 그리고 아들도 맷 명정도 밖에 업쓰니 시들래보이드라. 그래서 그른지 운이도 한참 하고 300원치 하여따면서 그만 할려고 하며 일어쓰는 것을 조금 더 하고 가자고 하니 그만 할려고 하드라. 그리고 오락실에 온 아이을 잡고 너도 오락실래 자주 오나 하니 온다고 대답을 하드라. 그래서 너의 부모 여기 오는 줄 아나 하니 모른다고 하드라. 그래서 여기는 자주 아서는 좋은 점이 업고 오락에 물이 들며 너의들 신세 조지며 이 아이가 내 아들인돼 바람이 들어 어처름 고민을 하고 잇쓰며 공부는 뒤전이 돼고 잇쓰니 여기 오면 안 댄다고 하여쓰며 부모들이 나가서 무선 짓을 하고 노는지을 모르고 잇키 때문에 아이들이 탈선이 돼고 잇따는 것을 오늘 느켜쓰며 오락실래 노는 아이들은 저의 부모가 모르고 잇는 것이 대다수가 아닌가 하는 생각이 들드라. 운이을 돼리고 오면서 바람 쉬니 속이 편하는냐 하니까 편하다고 이야기을 하는 것을 볼 때 오락이 을마나 하고 십프서 저른 대답이 나올까 하는 생각이 들며 우리 운이을 어떠게 잡을까 하는 생각을 하여도 바른 답이 업쓰니 이 아빠도 허망하구나."

지출에 … 순달이 집배 가는돼 돼지고기 2斤 6,000원 과자 1,100원
운이 과자 1,000원 차비 600원
오락실래 300원
計 9,000원

〈1990년 6월 21일 목요일 낡씨 비〉

도사리을 오전 내 주어쓰며 제초제 좋은 것은 논바닥이 말거며 특희 만드리 제초제는 도사리 주울 필요도 업따고 보며 내년에 논 전체에 만드리 약을 사용을 하여야겟다. 돈은 멧 배 드려가도 도사리을 안 주어도 되니까 그것이 사람이 수라니까 득이리라고 생각을 한다.

오후에는 봉답에 도사리와 도구을 안전이 쳐노아쓰며 만드리 약을 사용을 해서 김매기가 아주 수라더라.

그리고 서양바실에 벼가 갈수록 기어들어가는 너킴이며 처음부터 논에 들어가서 벼을 간찰을 하여야 하는데 언재라도 길에서 벼을 보니 일꾼 농사라고 가에만 좋으며 여사로 는기며 시기적으로 거름이 넛키 때문에 손을 쓸래야 쓸 수도 업는 결가가 돼는 수가 잇쓰며 자신이 두 자리나 실수한 자리가 잇따고 생각을 하며 서양바실에는 진작 아연[353]을 헌치야 하는데 오늘이야 아연을 사와서 사용을 할려고 하니 피해는 다 밭따고 생각을 한다.

지출이 아연 1포 6,500원

〈1990년 6월 22일 금요일 낡씨 비〉

오늘로서 이화명충약[354], 싸락약[355] 입제 살포을 논 역 다 하여쓰며 작년보다 싸락시

---

353) 금속 아연을 지칭하고 있다.

354) 이화명충약은 벼의 큰 해충인 이화명나방의 유충을 없애는 약이다.

355) 싸락약은 작은 알갱이 즉 세립으로된 화학약품, 농약의 살충제, 제초제 등을 뜻한다.

가 너저며 그래도 충이 먹은 잎은 들한 감이 더는구나. 금년에 기온차로 모든 작물이 다들 너저가는 느킴이 더는구나.
"우리 운이 때문에 4일 동안 공백 기간을 가지서 요즘 일하는데 둘이가 정신 업는 일을 하여쓰며 이제야 겨우 따라한 느킴이며 우리 운이 농띠처는 바람에 우리 부부가 땀방울 을마나 마니 흙린 줄 운이는 모르고 잇쓸 것이다."

〈1990년 6월 23일 토요일 낡씨 맑음〉
오늘로서 논에 김매기가 끝을 낸 셈이며 만드리 약을 사용한 곳은 도사리 주어로 들어가보지도 않코 만드리 안 천 논만 도사리을 초벌 주고 마랐다. 금년에는 집사람이 도사리 주월 시간도 업고 자신 혼자 대충 끝을 낸 셈이다. 만두리 약을 만이 사용을 하여서 그러치 일반 제초제을 만이 사용을 하여떠라면 한 번 지시가 들 뿐 하였꾸나.
오늘 오후에는 당산 밭에 콩밭 김매기을 하여쓰며 오늘 너무 더어서 사람이 쪄는 너킴이며 오늘 오후 일은 월마 못하고 시간을 보내고 마랐다.
수입에 토기 새키 값 3,000원

〈1990년 6월 24일 일요일 낡씨 비〉
오전에는 쌍구룸 도량에 수초 작업한다고 하여서 집사람과 서둘러서 보 가기 전에 과일 두 상자을 따고 갈려고 아침 서들어 대석 두 상자을 따다 큰집 앞패 같다 노코 보을 가는데 마음 뿐 아니라 다 바빠다. 오늘 수초 작업은 대신과 합보라 작업을 일적 맡치고 마라다.
오후에는 비가 와서 안전 휴식을 하여쓰며 순범이가 미국의로 유학을 간다고 저 내외가 다 인사하로 왔더라. 사촌 동생이지만 마음 쓰는 것이 잘하며 사촌 형제 중 마음 쓰고 잇는 것이 재일 낫다.
수입에 과일 대석 2상자 37,410원
지출에 … 순범이 유학 가는데 10,000원

〈1990년 6월 25일 월요일 낡씨 비〉
작과일에 익는 약을 살포한 사람들은 요즘 과일이 30,000만원 식 할 때 잘 팔아먹는다고 생각을 하며 윈재라도 약을 살포을 하여서 먼저 내는 사람이 득을 보고 잇다. 아직 약을 사용하지 않는 사람들은 아직 나올라고 생각을 하지 않으며 장마가 길다고 생각을 할 때에 마음이 고정인 사람들은 장마 배락과 가격 하락으로 배락을 두 번 맡찌 않을까 극정이 돼는구나.
"오늘도 장마비 때문에 종일 동안 휴식을 하여쓰며 실찌 휴식을 하여도 마음은 편지 않은 휴식이라고 말을 하고 십다."
"우리 운이와 약속을 토기 잡아줄라고 약속을 한 것이라 그리고 운이와 약속은 어떠한 일이라도 꼭 지킬 작정이며 그래서 큰집배 놀다 운이와 약속을 하여끼 대문에 토기을 저녁 무름에 잡아쓰며 이 아빠도 운이와는 약속을 지킬 것이며 운이예깨 그진말을 하지 않을 작정이다."
운이 요줌 동태을 바라볼 때에 조금 생각을 하고 잇는 너킴이 들며 이것이 니우침이 빨리 가지야 하는데 그 아쉬운 마음 누가 알리까.
"부모는 자식을 나노며 그냥 자라는 줄 알라떠니 사람이 정열 모든 것을 동원을 돼어도 잘 안돼는 것이 자식이라는 것을 절시리 너켜쓰며 불량한 자식을 보며 여사로 안 보이며 이것이 남외 일로만 너켜온 나 자신이

다. 이것이 내 일이라고 생각을 한다면 모든 부모들이 한 마음이 돼어 이 뼈아품을 주릴 수가 잇따고 생각을 가지본다.”
수입에 … 노타리 값 15,000원

〈1990년 6월 26일 화요일 낢씨 흐림〉
집사람과 둘리서 자두 수학을 하는데 가리서 딸라고 하니 시간이 지연돼며 자신은 멍하니 나무만 바라볼 때가 만으며 집사람은 잘 따드라. 그리고 금년에 자두가 업쓰며 업쓰도 너무 업쓰며 상자 400개 준비을 한 것이 100개는 남어리라고 생각을 하니 금년 과일 농사는 안전 숭년이라고 말을 하고 십다. 내년에는 과수 나무에 거름을 봄에 하지 말고 과일이 달리는 것을 보고 거름량을 조절할까 하는 생각이 든다. 내년에 봄에 하지 말고 과일을 보고 하는 식으로 해바야 하겟다.
“오늘로서 논 전면에 물꼬에 물을 다 빼내어 논을 한 번 말륩 작정으로 물꼬을 나추어 놈.”
“우선 바서는 벼들이 넘어 좋다고 생각을 한다.”
(금일 자두 수학 8상자) 상 4개 중 3 하1

〈1990년 6월 27일 수요일 낢씨 비〉
금일은 눈님 생신이 윤 5월이라 이번 생신이 50년만에 처음 찾저 먹는 생신이라고 집안과 형제들키리만 음식을 나누어 먹는다고 하여서 우리 형제들은 정심 시간에 갈려고 하여서 우리는 작과일을 오전에 6개 짝을 따고 봉산 누님 생신에 참석을 하여쓰며 이미 구미 동생들은 참석을 하여쓰며 우리는 간소하게 하는 줄 알랏떠니 그것이 아니고 안전이 한갑가 다름이 업시 음식을 만이 장만 하여쓰며 동내에 음식을 다들 주고 안전 잔치더라. 이분 누님 생신은 아들과 사위 둘리 주선을 하여따고 하는데 잘 햇따고 생각을 한다. 누님으로 바서는 생활이 부유하다면 큰 잔치을 벌일 경사라고 생각을 한다. 오늘 누님 집배 오 형제가 다들 참석을 하여서 내 기분도 좋더라. 그리고 우리가 적으나 산다면 부주을 만이 하여주어쓰며 하는 생각도 들어가는데 다들 바픈 생활이라 우리 오 형제가 30,000만원 내서 5명이 150,000원 주어따고 생각을 한다.
자두 6개짝 수학. 상2 중2개 하2개.
지출에 … 소 인공 수정 15,000원 사다리 10,000원 누님 생신 30,000원 計 55,000원[356]

〈1990년 6월 28일 목요일 낢씨 비〉
오늘은 비을 마저가면서 자두 수학을 하는데 힘이 들 뿐 아니라 짜정이 나며 작과일은 장마가 아다리 돼니 이것이 낭패다. 오늘 같떠며 돈도 실을 정도며 풋과일은 수학을 하는데 힘이 들며 갑이 하락이고 맑은 낢씨에 수학을 하며 과일 갑이 비싸고 이 날씨가 개속 비가 내리니 이 마음 말 할 것 업시 우울해저는구나.
“금년에는 자신으로 바서는 과일 농사가 재료로 보며 자신은 아직 작과 농사을 짓을 줄 모른다고 생각을 한다. 자신은 금년 장마가 일적 온데도 문제라고 하지만 작과 나무 진정을 잘못해서 숲이 너무나 우거저 과일 농사는 재로라고 생각을 한다. 내년에

356) ‘(적은 소) 인공 수정’이라고 일기 지면 상단에 따로 기록되어 있다.

는 욕심을 버리고 전정을 만이 하여야 하겟쓰며 내년에 비료거름도 하지 않을 작정이다."

〈1990년 6월 29일 금요일 낡씨 비〉

과일 딸려고 아침 일적 스들러쓰며 집배서 나슬 때는 가랑비가 왔는데 과일을 수학을 할 때는 비가 머추고 마랐쓰며 정말 비가 머추어주니 얼마나 좋은지 요데로만 참아 다오 하논 소리가 마음속에서 우러나오는구나.

"우리가 매년 과일을 서울 공판장에 서울 상회, 대전 여러 곳으로 과일 부쳐보지만 상회마다 돈 차이가 너무나 크며 심지어 오늘은 상자당 10,000원 차이가 생기니 우리들로서는 도저이 생각을 못하며 이해가 돼지을 안는구나. 농민으로 바서 상자 당 (만원) 차이가 잇따면 이것은 아늘가 땅 차이라고 생각을 하는데 이 스라임을 누가 알라줄 껏이며 벙어리 냉가슴 알터시 알아야 하는지 무어라 말을 할 수가 업꾸나."

자두 수학 김천 4개 대전 11개 서울 8개
　　計 23개

수입에 자두 값 620,000원

〈1990년 6월 30일 토요일 낡씨 흐림〉

오늘로서 당산 밭에는 과일을 그진 다들 딴 셈이며 실찌 자두을 수학을 해보니 이처름 허무하게 달린는가 하고 허전하기 짝이 업꾸나. 자신 짝 수로 200짝은 딸 것으로 내다받는데 다 따바야 100짝이나 될련지 몰게꾸나. 금년에는 과일이 이처름 허무하게 생산이 돼는 것이 안스렵꾸나.

자두 수학 용만 13개 진수 9개 計 22짝

수입 자두 13,280원

지출에 … 보험료 9,900원 조합에 이자
　　17,560원
　　計 27,400원

〈1990년 7월 1일 일요일 낡씨 맑음〉

금일은 작업량이 만아서 해장에 집사람과 둘리서 당산 밭에서 자두 8짝을 따와서 아침을 먹어쓰며 자두 수학하면서 해장에 일한 적이 오늘이 처음이다. 그리고 생각보다 자두가 너무나 차이점이 만으며 너무나 허무해서 올해 같떠며 자두 농사도 못 짓겟더라.

"오늘 오후는 순달 내외가 와서 자두 따는데 그들어주어쓰며 자신에 일 도우는 것보다 마음 쓰임이 고맙따고 생각을 하고 잇다."

지출에 … 셋 값 3,000원 돼지고기 값
　　6,000원 사료 값 27,000원
　　민성이 차비 3,000원
　　計 39,000원

〈1990년 7월 2일 월요일 낡씨 비〉

아침에 일어나면서부터 비가 쇼다저는 것을 보고 오늘은 자두을 안 타면 안돼나 하니까 집사람이 한 말이 장때비가 와도 따야지 어떠게 하게쇼 하는데 한 말이 업꾸나. 쇼다지는 비을 마저면서 둘리가 자두밭을 같쓰며 자두밭에는 자두는 벌거게 익어잇는 것을 보노라면 그때부터 스그픈 감이 업쓰진다. 작과일은 꼭 장마비을 마저야 하는 물건이기 때문에 별료 좋은 작물이 아니라고 생각을 하며 오늘은 비가 너무나 만이 와서 우이을 입고 하여도 옿은 다들 저저잇쓰며 이러게 하여야 하는가 하고 품념이 들어가는구나. 오전에 탄 자두을 실어줄라고 집배 오니 절먼 여자들이 방우로 방우로 하나 화토칯기을 하고 잇더라. 그래서 자신이 한가한 사람이 만꾸나 하며 이야기을 하여쓰며 우리 집사람은 평소때도 한가하게 화토노리 할 시간이 업는데 이 바푼데 화토노리 하는 사람과 매일 그것도 정신 업씨 하로을 보내는 집사람을 생각이 들어가는구나. 오늘도 우장은 하여찌만 속옷같이 다들 바리서 휘휘 감기는 불캐감을 무르쓰고 일하는 집사람이 생각이 나며 이 두사람을 놓고 생각을 할 때에 집사람은 너무 고맡고 한편으로 미안하고 이 대까을 자신은 어떠게 다 갑펄 길이 업따고 생각을 한다. 우리가 남들보다 일을 만이 한다고 생각을 하며 자신이 바푸니 집사람은 따라서 바푸니 늙 미안한 감이 들어간다.
자두 수학 … 11짝 대전 진수 9짝

〈1990년 7월 3일 화요일 낡씨 맑음〉
실찌 오늘로서 자두 수학을 실지 다 한 셈이다. 이재는 남은 것이 이삭 뿐이라고 생각을 한다. 올해는 자두 수학을 하여보니 작년에 삼 분지 일로 보며 탁 맡다고 생각을 한다. 자신으로 바서는 앞 밭태 만이 달리따고 생각을 하는데도 작년 반을 못 따겟드라. 금년에 자두 만이 달린 사람들은 큰 돈을 할 수가 잇따고 보고 잇다.
그리고 오늘 오후에 구미 민정 엄마가 와서 도와주어쓰며 일꾼들이 신사 일꾼357)이라 내 마음에 들지을 않는구나.
자두 수학 대전 17개, 진수 4, 5, 3 12개

〈1990년 7월 4일 수요일 낡씨 맑음〉
금일은 언재 장마비가 왔는 식으로 화창한 낡씨여쓰며 못처름 맑은 날을 보니 인간 기분뿐만 아니라 논에 벼들이 살 것 같은 너킴이며 이재라도 맑은 낡씨 보여서 풍년 농사을 만들어 주어쓰며 하는 바람이다.
오늘로서 당산 밭에 과일은 안전이 수학을 하여쓰며 금년 과일은 너무 허무해서 뒤가 돌라보이는 실정이다. 업쓰도 과일이 이처름 업는 해는 처음이라고 생각을 한다.
자두 수학 대전 10짝 서울 6짝

〈1990년 7월 5일 목요일 낡씨 맑음〉
금년 작과일 수학은 오늘로서 끝을 내쓰며 수량이 업쓰 서운하기 짝이 업꾸나. 마음돼로 안 돼는 것이 작과일 농사라고 말을 하고 십꾸나.
그리고 원재라도 자신보다 만이 할려고 하는 집사람이 오늘은 기진맥진 하는 모섭을 보니 안스러어며 집사람이 내 몸을 너무 생각하여서며 바군이에 과일 들은 것이 잇쓰며 아빠 힘들다고 집사람이 다들 만치논 실정이여쓰니 의이 몸이 안 상하고 배기나. 자신이 집사람을 생각을 하여도 집사람이 자신의 몸을 생각을 하여주는 것보다 나 자신이 집사람을 더 돌바주키 때문에 집사람이 오늘 기진맥진 하는 것이다 하는 생각이 들며 기진맥진 하면서 아빠을 도우는 것을 보니 정말 고맙다. 여자들이 남편에깨 기대는데 아빠는 오희려 약한 여자에깨 귀대는 실정이며 오늘 보니 집사람이 일을 만이 하여따는 것이 표가 나는구나. 재발 오늘만 참아다오. 내일부터는 시간이 만으니 어떠한 일이 잇쓰도 꼭 잡고라도 낮참을 쉴 작이다.

---
357) 일을 하지 않는 사람들 또는 일이 서툰 사람들을 지칭하는 말.

수입 … 트랙터 값 15,000 토기 3,000원
자두 수학 … 대전 8짝, 서울 1짝

〈1990년 7월 6일 금요일 낡씨 비〉

아침에 일어나니 소낙비가 내리드라. 그래서 오늘은 종일이라도 집사람과 휴식을 하여야지 하는 생각이며 이 비야말로 집사람 어재 기진맥진 하여서 오늘은 좀 쉬라고 오는 비구나 하는 생각이 들어 고마운 마음이 들어쓰며 비가 오전 9시도 안 돼어서 언재 비가 왔는 식으로 화창한 낡씨가 돼어버리며 이 낡씨에 집사람이 휴식을 할려고 하는가 과일 나무에 가서 한 개씩 빠진 것을 이삭을 주어서 한 개짝이라도 나오며 팔려고 하며 과일 밭으로 가고 마랐쓰며 자신은 들판을 돌라보니 벼들이 너머나 웃자라서 다들 넘칠 정도며 올해 장마가 길어키 때문에 벼들이 빛을 보지 않코 웃자라서 벼들이 다들 넘칠 정도며 올해 장마가 길어키 때문에 벼들이 빛을 보지 않코 웃자라서 벼들이 다들 쓰러저기 좋을 만춤 돼어 잇쓰니 이거 올해 큰 숭년이 돼지 않을까 하고 마음이 불안했지는구나.

그리고 오후에는 낮잠을 쉬지 않고 집사람은 한 개짝이라도 따서 팔아야지 하면서 집사람은 과일 따로 가면서 아빠는 낮참을 푹 쉬고 2시 반에 가지로만 오며 댄다고 하면서 쉬라고 하고 보닥빛을 무르쓰고 과일 따로 같는데 자신은 실 수가 업쓰서 경운기을 몰고 가니 복숭 한 상자 이미 따낱쓰며 자두는 한두 개식 달려 잇는 것을 홀롱개[홀룽개][358]로 따는데 자신은 집사람을 도올라고 하니 집사람이 아빠는 못한다고 하면서 아빠는 경운기 추래라에 신문지을 깔고 낮참을 쉬라고 하며 떠밀고 잇쓰며 자신을 넘어나 생각을 하여주니 더 미안하며 오늘은 집사람을 쉬게 하고 자신이 일을 하여야 하는데 오희려 내가 쉬게 돼어쓰며 집사람이 나외께 하는 모섭을 보며 자신은 집사람을 업고 다니야 그 대까을 다 할 수 잇쓸까 하는 생각이 돼며 정말 고마운 사람이다.
복숭 1짝

〈1990년 7월 7일 토요일 낡씨 맑음〉

금일은 보뚝에 잡풀 깍는 작업을 하여쓰며 우선 바서는 서양바실에가 넘어 가해서 스러저지 않을까 하는 생각이 앞쓰는구나. 들전 역다 웃자라서 다들 넘칠 정도며 아직도 껌은 빛이 윤택이 날 정이니 아직도 자란다고 볼 때에 뒤에 낡씨가 을마나 잘해주나에 농사는 달려 잇다. 금년 농사가 풍년이 돼어야 하는데 만약 숭년이 돼며 농민들은 살기가 그만춤 힘들 뿐 아니라 정부에도 말로만 도우고 잇찌만 실찌는 농민을 죽이고 잇다.
“국가 정책이 무엇인가 잘못대어가고 잇따는 것이 사실이다.”

〈1990년 7월 8일 일요일 낡씨 맑음〉

금일은 벼논에 살충제 살포함. 논에 물이 업쓰니까 약 살포하기가 상당이 힘이 들며 물이 업는 논은 둘리가 약 살포하기가 불가능으로 바야 한다.
오늘 약은 5일 전에 살포을 해야 맡다고 생각을 한다. 외냐하며 벌레가 다들 자란 상태라 시기적으로 만이 너따고 생각을 한다.

358) ‘올가미’의 방언.

"우리 운이가 조금 나저는 동태며 나로서는 제일 반가운 일이다. 이 아빠는 공부는 뒤전이며 순조렵게만 자라다오 이 말 뿐이다."
수입 트랙터 값 102,000원

〈1990년 7월 9일 월요일 낡씨 맑음〉
오늘로서 논 전면에 약 살포함. 한 단지에 물 15말 해서 살포함. 자신은 서양바실벼가 넘어나 가해서 극정이다. 정상 낡씨가 돼드라도 쓰러질 벼라고 생각을 하는데 이제는 손도 쓰지 못하고 힘만 쓰일 지경이다.
"자신이 일반벼 3군데는 실찌 거름량이 만타는 실정이며 연속 2년 동안 낡가 잘해서 거름량이 만은 사람들이 수학을 만이 하여는데 금년에는 숭년 절 고비에 와서 자신은 실수을 한 것이 아니냐 하는 염려가 크구나."
"오늘 오후에 혜영이을 데리고 가서 약 살포을 하였다. 자신은 아이들을 일을 안 시키는 편인데 오늘은 논에 물이 업는 상태에서 약을 살포을 할려니 자신 뿐 아니라 집사람이 당기는 데 힘이 더는 실정이라 혜영이깨 도엄을 청한 것이다."
자두 수학 복숭 1짝, 후모사 1짝

〈1990년 7월 10일 화요일 낡씨 맑음〉
오늘은 길성 모친 상문을 하여쓰며 오늘도 35도 돼는 낡씨에 상주들의 고통은 말을 할 수도 업쓸 뿐 아니라 음식 준비 하는 사람들도 큰 곤욕을 치라쓰며 그래도 김천 영구차로 화장터로 갈키 때문에 동민들이 수래따고 생각을 한다.
요줌 낡씨가 벼을 바서는 잘하는데 사람들은 일을 할려고 생각을 못 할 지경이다. 한다고 하여도 오전 10시까지 오후는 5시 이후나 일을 할려고 들 수 밖에 업쓸 정도다.
지출에 … 운이 큰 값 1,000원 길성 모친 상문에 10,000원

〈1990년 7월 11일 수요일 낡씨 비〉
오전에는 집사람은 후모사 따고 자신은 김매기을 하여쓰며 오후에는 비 때문에 휴식을 하여쓰며 오늘은 비가 올뜻올뜻 하면서 비가 오지 않아서 우장 준비도 하지 않코 들레 갈다. 일자리 들어서자 마자 소낙비가 내리는데 작업도 하지 않코 옷만 다 바리고 말랐다.
그리고 장마라 하여도 우리 지방에는 비가 적개 왔쓰며 곱게 비가 내리서 천만 다행이라고 생각을 한다.
자두 수학 후모사 3짝 (정씨 줌)

〈1990년 7월 12일 목요일 낡씨 맑음〉
금일은 포항 동서 부친 상문을 처남과 선둘동서 셋시가 상문을 갈쓰며 자신은 두 번째라도 집을 모러개쓰며 방향이 반대 쪽에서 집을 찾절라니 더 못찾게드라. 할 수 업쓰서 전화로 나오라고 하여서 집을 찾저 갈쓰며 집배 들어쓰니 상을 당한 집안 같이 보이지 않으며 그저 생일 잔치에 손님처름 너켜지며 교인들은 부모가 죽어도 슬픔이 업나바. 우리 갈터며 마음이 안타까어 죽을 지경일땐돼 우리가 바서는 아무 색깔 업쓰보이며 아주 냉정하며 부모가 자식을 키울때는 정말 손발이 다 딸투록 길어논 자식들이 부모의 죽음 앞패 창송가의 노래 소리가 나올 수 잇는 기분으로 마지할 수 잇딴 말인가 우리로서는 상상도 못 할 노릇이다.
"자신이 볼 때에는 교인이 제일 불상한 사람들이라고 말을 하고 십꾸나. 외냐하면 교

회만 가개 돼며 교회 현금 하는 것은 아깝지 안타는 이야기을 할 때에 이것은 미듬을 밑는 자가 돈이 안 앞깝게 여겨지는 것이 아니라 이것은 목사가 밑는 자을 돈을 안 앞깝두록 마비을 시키는 것이라고 말을 하고 십꾸나. 이것은 마약보다 더 진한 중독성이 잇따고 생각을 한다. 자신이 말하고 십픈 것은 교회 돈 줄 능력이 잇따면 한 키의 끼니도 힘들게 살라가는 사람이 전국에 아직 수도 업쓰며 그른 사람을 도우는 것이 진정 좋은 일들이다. 미듬을 가진 자여 목사가 무엇인데 설교 한 마디하며 세상에 제일 호화렵게 살라간단 말이냐. 인간이 노력을 하지 않코 호화렵게 살라가는 자는 그것이 부정이라고 생각을 하라.

지출에 … 상문에 30,000 뻐스비 8,000원
택시비 5,000원
計 43,000원

자두 수학 후모사 1짝 복숭 1짝

〈1990년 7월 13일 금요일 낡씨 맑음〉

기상대는 매일 비가 한 두 차례 온다고 예보을 하지만 이곳은 용게 비가 오지 않코 잘 참아 맑은 낡씨을 보이니 천만 다행이라고 생각을 하며 벼는 큰 도엄을 주고 잇쓰며 벼 바스는 드 잘할 수 업두록 낡씨가 잘하고 잇다.

그리고 오늘은 무지파 무지을 하여쓰며 무지가 너저서 그른지 무지파 파밭하게 서잇는 파가 업시 다들 누어 잇쓰서 무지가 올치 않드라.

오후에는 참깨에 약 살포함. 우선 바스는 참깨가 상당이 좋은 편이라 태풍에 쓰러찔까 염려가 돼는구나.

지출에 … 운이 콘 1,000원

〈1990년 7월 14일 토요일 낡씨 비〉

요줌 국회에서는 국회가 아니라 폭력장이라고 말을 하고 십다. 그리고 우리 국회원들은 다들 저질이라고 생각을 한다. 외냐하며 국회에서 발동하는 모섭들을 국민이 다들 시청을 하고 잇키 때문에 재각키 앞다투어서 폭력을 하여 차기 국회원 표나 어들 욕심으로 얄싹은 짓들만 하고 잇쓰니 국회에서는 순조렵게 진행이 돼지 않으며 평민당은 여당의 안권은 꼭 띠집을 잡아 안권이 쳐리가 돼지 않으니 국회가 돼지 않는 것이 사실이다.

요줌 국회는 폭력 쓰서 국회원이 입원을 하지 않나 매일 폭력을 쓰는 모섭을 볼 때에 국회는 회산을 해서 정부는 좀 드 국가발전을 바서 강제성이 잇는 정치을 하여서 우리가 안정이 돼어 국민 소득을 드 올리두록 하여주며 좋겟다.

"자신이 바라고 싶은 것은 노 정권이 임기동안 무이미하게 소중한 임기을 마치지 말고 후대들래깨 뜻떳하게 했노라고 말을 할 수 잇는 대통령 돼어주어쓰며 하는 것이다."

"노태우 대통령도 금년이 고비라고 보고잇다. 만약 국민에 무엇신가 보여주지 않으며 노 정권이 사라남키가 힘이들 끄수로 내다본다."

수입에 트랙터 값 90,000원

〈1990년 7월 15일 일요일 낡씨 맑음〉

오전에는 당산 두룸과 뒤두룸을 깍는데 잡풀이 만아서 오전 내 작업을 한 셈이며 오늘은 종일 동안 두룸에 잡풀 제거하는 것으로 하로을 보낸 셈이다. 앞푸론 제초제을 만이 사용을 해서 두룸에 풀 재거하는데 시간을 돌 페앗키두록 노력을 하여야 핫게다.

지출에 … 운이 콘 값 1,000원 돼지고기
포장류 2,600원
計 3,600원

〈1990년 7월 16일 월요일 낡씨 비〉

오늘로서 두룸에 잡초 제거 하는 것은 끝을 낸 샘이다. 금년 벼들이 다들 넘칠 정도로 돼어 잇쓰며 앞푸로의 낡씨가 좋아서 풍년 농사가 돼어주어쓰며 하는 마음 간절할 뿐이다.

"농민의 땀의 대까는 앞푸로의 낡씨에 자유 돼니 농민의 땀을 하늘레서 주고 잇쓰며 농민의 힘은 아무 곳에도 필요가 업는 결과가 돼고 잇쓰며 농민이 제 아무리 땀을 흙리서 농사을 짓어나어도 낡씨 한 번 희적끄리며 다들 숭년이 돼고 마니 농민의 가슴이 다들 탄다고 말을 하고 십다."

자두 수학 복숭 1짝, 서모사 2짝

〈1990년 7월 17일 화요일 낡씨 비〉

장마가 넘어나 길어서 모든 작물이 좋치는 안는 것이 사실이다. 작물에 빛을 보지 못하지만 우리 지방만이 비가 적개 와서 천만 다행이라고 생각을 한다. 이 장마가 빨리 끝이 나야 하는데 아쉬운 마음만 간절하구나.

금일 대신 분소에 모래 한 발리식 온 동민 실어주고 린징[359] 씨 푸림을 집사람과 둘리서 하여다.

"그리고 우리 운이가 오락실래는 들 가는 너킴이 들며 우선 바서는 정신이 들어가는 감이 들어 이 아빠 새 기운이 나는 너킴이다."

〈1990년 7월 18일 수요일 낡씨 비〉

집사람이 이때것 아푸다는 소리을 들어보지 않아는데 아래깨 잠 자고 나서 어깨 쪽 찌가 아푸다고 하여서 약방에 가서 담약을 짓어와서 복용을 하여도 아무 효력이 업따고 하면서 아푸다고 하길에 병원에 가서 주사 맡는 것 빨리 해복이 돼니 병원에을 가라고 하여서 치료을 하여도 여전하다고 하여서 극정이 돼는구나. 사실 집사람이 넘무나 무리하여따는 것은 사실이다. 여하든 집사람이 아푸다니 극정이 돼며 빨리 회복이 돼어야 하는데 하는 생각밖에 업쓰며 오늘도 병원 치료을 하려고 하여는데 오늘 효염이 업따면 한약방에 가서 침을 맡치바야 하겟꾸나.

"오늘로서 작과일은 마지막 수학을 하여쓰며 마지막 수학을 하며 허전한데 집사람 아푸다고 하지 비는 오지 과일을 다 따고나니 마음이 깨운하구나. 그래도 집사람은 아파서 몸을 똑바로 하지도 못하면서 과일이 마지막이 서운해하는 모섭을 보니 나 자신으로서 생각도 못하는 생할역이 이꾸나 하는 생각이 들어가는구나."

자두 수학 서모사 5짝

〈1990년 7월 19일 목요일 낡씨 흐림〉

금일은 이진일 부친 운상하는 낡이며 자신은 경운기로 띠 쪄로 득계 방천에 가서 띠을 경운기로 떠와쓰며 앞푸로 동내가 띠가 업쓰서 이웃마을까지 가서 띠을 떠오는 실정이니 머지않아서 띠도 사오는 것이 아닐까 하는 생각이 더는구나.

"아무라도 복 더위에는 상을 안 당아하겟

---

359) 일본어로 당근을 말한다.

다. 오늘도 너무나 드어서 땀이 비오드시 쇼다저는 실정이니 이거 생각을 할수록 숨 막히는 실정이다. 오늘 운상하는데 힘이 만이 들은 것인 사실이며 그래도 빛이 나지 안아서 운상꾼들이 일하는데 도음이 돼어 따고 생각을 한다."

"울콩을 동내 할머니들이 콩을 까는데 이왕 할머니들을 술을 받주는 것도 좋은 일이다 하는 생각에 술 1병과 사이다 1병을 사다주니 활머니들이 술 사다준다고 야단 낮드라."

지출에 … 이진일 부친 상문 10,000원
할머니들 술 값 700원 라면
4,800원 국수, 치약 1,700원
計 17,200원

〈1990년 7월 20일 금요일 낡씨 맑음〉

오전에는 콩밭에 잡풀 제거을 하여쓰며 오후에는 당산 밭에 콩밭 김매기하는 잡초약 유제가 나와서 이재는 콩밭 김매기을 하지 않아도 돼며 자신도 콩밭 김매기 하는 약 유제로 살포을 하여서 김매기을 한 셈이며 자신도 이번에 김매기 약을 처음으로 사용을 하여쓰며 이 약이 만약 효과가 좋으며 이 약은 농민들의 호응을 어들 것 갈떠며 자신은 정말 신기할 정도로 마음이 협족하구나.

"자신은 김매기 약이 업따면 손으로 김매기을 할려면 둘리가 일주일 이상은 김매기을 하여야 다 할 수 잇쓸까 하는 량이며 집사람은 잠을 자다가도 김매기 극정을 할 정도며 이것을 약 6말용 3,500원 가지고 해결을 오늘 다 하여쓰니 김매기는 한시름 논 셈이니 정말 살기 좋은 세상이구나 하는 생각이 머리에 떠나지 않는구나."

지출에 … 콘 값 1,000원 소 제수정 값
6,000원[360]

〈1990년 7월 21일 토요일 낡씨 맑음〉

민정당이 날치기 법안을 통과했따고 오늘 평민당, 민주당과 합세을 하여서 장외 투쟁을 하고 잇쓰니 이거 무어라 말을 할 수도 업쓰며 우리 정부로 바서는 현 실정이 고비라고 바야 하는데 평민당과 민주당은 합세을 해서 군중 집배을 해서 투쟁을 한다면 아직 우리 국민성은 투쟁을 좋아하는 백성들이라 군작이 맡절 끄시며 평민당은 정부가 어디로 가든 자리만 빼앗사 보자는 욕심 밖에 업쓰보니 아직은 한국 국회원들은 한 사람도 나라을 위하여 일하는 사람 업고 어떠게 하며 남외 자리만 드리다보는 섭성, 어떠게 하며 선심을 어들 것인가 아주 나쁜 섭성들을 다들 가진 자가 현 국회원이라고 말을 하고 십다. 자신이 볼 때에 어느 당을 좋다는 평은 말을 하고 십찌 않치만 다들 똑같다고 생각을 하는데 이번 평민당과 민주당은 이번 군중 집패을 가지며 투쟁을 하고 잇는데 정부 홀란이 왔쓰마비가 된다면 책임을 질 수가 잇는지 몰개쓰며 정말 시국은 어질압다. 그리고 정치인들의 행동을 볼 때에 또 다시 군정이 나와서 질서을 잡아 나라의 발전을 하여주어쓰며 하는 바람이다.

"오늘 자식들의 통지표 밭다오는 것을 보고 큰 실망을 하여다. 외냐 자신은 그래도 아들 대학을 시킬라고 정말 열심이 하여쓰며

360) '소 제수정 함'이라고 일기 지면 상단에 따로 기록되어 있다.

그래도 눈 떠며 공부을 해야 한다 공부하지 않으며 아빠처름 평생을 땀을 흙리며 살라야 한다 육년만 고생을 하며 평생을 수라게 살라간다 자신의 지해을 다 쓰서 이야기을 했쓰며 그 말들이 한 마뒤 들어주지 않아쓰며 자신의 속은 참아야지 하면서도 참지 못하고 아이들래깨 성질을 내고 마라쓰며 자신은 아주 실망을 하여다. 오늘날까지 자식들 대학 보내겟따는 희망으로 절급게 살라왔는데 이제는 절벽에서 뜰어진 너킴이며 이재는 살라가면 뭇[무엇] 하겟나 하는 심정며 이재는 뒤에서 도는 자식들 공부하라는 기력도 업는 실정이다.

〈1990년 7월 22일 일요일 낡씨 맑음〉

이재는 지루한 장마가 그이 다 지나같따는 기생대 예보을 듯고 보니 이재는 살라꾸나. 우선 사람보다 벼들이 살라따는 기쁨이 드크구나. 앞푸로의 낡씨가 하장한 낡씨 계속 돼어 벼 풍년을 만들어 주어쓰며 하는 생각이다.

"오늘은 벼논에 살충재 약을 살포을 하여쓰며 운이을 돼리고 약 살포을 하니 헐신 수라드라. 운이가 일하는 모섭을 볼 때 외 공부 머리는 둔할까 하는 생각에 이 아빠의 머리에서 떠올라 십사리 살라저지 않는구나. 자신도 자식에게 공부을 1등 하라는 욕심을 부리지 않으며 중간이라도 해야지 하는 심정이며 우리 운이는 아무 생각이 업는 아이 같따서 이 아빠 가슴 아푼 일들이다."

〈1990년 7월 23일 월요일 낡씨 맑음〉

요즘 찐통 드위라고 말을 하고 십꾸나. 오늘같은 낡은 가만이 잇쓰도 땀이 줄줄 흐르는 실정이다.

그리고 평민당, 민주당이 민정당 날치기 밥안 통가 했따고 다들 국회원 사표을 국회의장에 내고 안전 장외 투쟁을 알려고 더니 국가는 질서가 더 업쓸 것이며 국가로 바서는 정말 갈림길에 잇따고 보며 평민당은 국가을 본다면 장외 투쟁은 삼가해야 됀다고 본다. 이것은 국회에서 해결을 해야지 정부을 파탄을 시킬라고 더는 것은 아주 나쁜 짓이다. 요 난국을 바서는 여야당이 합심을 하여서 일을 해도 잡키 어르운 시국이라고 생각을 하는데 평민당, 민주당은 이것을 기회로 보고 불난 집배 부채질 하고 잇는 실정이며 이것은 국회원으로 할 수 업는 일이다. 자신으로 바서는 다들 사표 수리을 하고 이재는 국민들이 안 흔들리는 국민이 돼며 국민들이 한 덩으리 돼서 시국을 잡아가야 할 때가 왔따고 생각을 한다.

"우리 국민성이 남외 선동에 잘 뛰어더는 섭성이 만타고나 하지만 이번에 평민당 키어들며 우리 국민은 정말 해어나기 어르운 시국이 돼기 쉬어니 국민이 이번에 정말 생각을 해서 잘못을 가지지 말고 시국을 바서는 만이 생각을 하여야 한다고 본다."

지출에 … 경운기 수리 4,500원 농약값 3,900원
計 8,400원

〈1990년 7월 24일 화요일 낡씨 맑음〉

낡씨 너무나 더어서 소풀만 떠드서 들판 한박기 돌라본 것으로 하로의 일가을 보낸 셈이며 벼들이 긴 장마도 아랑곳 하지 않코 넘넘한 모섭으로 서잇쓰며 보편적으로 벼들이 깨끝하며 병키가 아주 적은 모섭이구나. 요줌 낡씨는 참 잘하며 계속 이 정도 간다면 풍년을 약속을 할 수가 잇따고 본다.

〈1990년 7월 25일 수요일 낡씨 흐림〉
금세라도 비가 쑈다질 뜻 하면서 비는 내리지 않코 참아주는 낡씨가 이삼일 대는구나. 이것이 우리 지역은 풍년을 만들어 준다는 약처름 낡씨 더 바랄 수 업시 잘해준다고 생각을 한다.
"남들은 이삭 거름을 모두들 만이 하고 잇쓰며 벼들이 좋은데 다들 하고 잇드라. 자신은 두 군데만 이삭 거름을 할 작정이 금년에 그대로 짓어서 생산이 어떠게 돼나 보고 내년부터 참작을 하여서 농사을 짓어 볼 작정이다."
"오늘 경화내 형님 통일벼만 이삭거름용 반 포 좀 더 함."

〈1990년 7월 26일 목요일 낡씨 비〉
당산 논에 이삭 거름용 반 포 좀 못 돼는 것을 헌치쓰며 이삭 거름이 벼알이 생긴 것을 보니 만이 너전 감이 들며 이삭 거름을 해도 별로 마음이 깨운한 감이 업다.
그리고 오늘은 우리 마을에 살다 대구에 사는 (상비가) 별세하여서 고향으로 와서 동민들이 운상을 하여쓰며 번번이 할 때마다 너킨 점인돼 평소 때는 동민들을 외면하다 상만 당하며 고향 사람을 정이 잇는 것쳐름 행세을 하며 또 다시 삼호만 지나면 본색을 들어내는 것이 객지 사람들이다. 이것이 반대로 된다면 객지 사람들이 우리처름 보닥빛에 땀방울로 옿들 적싸가면서 일을 하여줄까 하는 생각이 더는구나. 오늘은 거늘에 잇쓰도 땀이 줄줄 허르는 실정이다.

〈1990년 7월 27일 금요일 낡씨 맑음〉
어재 쓸 때 업씨 비바람이 불더니 참깨 농사만 다들 망쳐노와더라. 참깨들이 까지것 돼어 잇는 상태에서 비람이 물어 잭키니 올캐 스잇는 것이 별료 업쓰며 참깨 수학이 삼 분지 일은 이번 비바람으로 손에을 본 셈이라고 생각을 한다.
그리고 오늘 들에 갈다 저녁 노월이 다 저고 들래는 사람이 업쓰며 자신이 소 풀 떠들라고 더는데 대신 노인 80십 노인 감자을 한 푸대을 저는데 겨우 일어쓰드라. 저 노인은 힘이 어데서 생기며 여사로 안 보이며 한참 보라보았다. 그르자 노인이 엽패오길래 경운기 실어며 도로까지 갈다줄때니 실어라고 하니 고맙다고 하드라. 그래서 풀을 조금만 떠드서 갈태니 도로에 가서 기다리고 하고 와는 소 풀을 떠드쓰며 소 풀을 더 떠드올려다 해는 저문대 염감님을 만이 기다리게 하며 돼겟나 하는 생각에 소 풀을 뜰 떳고 그만 오고 마라다. 자신이 볼 때 저른 영감님은 우리 아버지 배나 수명이 길며 어떠게 살라가는데 저처름 지게을 절수 잇뚜록 건강할까 하는 생각에 문득문득 생각에 장기는구나.
지출에 … 통닭 5,000원

〈1990년 7월 28일 토요일 낡씨 맑음〉
들을 한 밖기 돌아보니 일반벼는 잎이 이슬래도 스려져 잇는 모섭을 보니 기가 찬다. 이 벼들이 출수을 하며 다들 스러절 것이 아닌가. 자신 픈 아니라 일반 벼는 그의 다 그릇따고 해도 무리돼는 말은 아니며 벌서부터 도복이 돼어서 콤바이 탈곡을 안 해줄까 극정이 돼며 자신은 스러저는 것을 염려을 하여서 남들 보다 적개 하는 편인데 그래도 피해을 보고 잇쓰니 안타깝구나.
지출에 … 소사료 2포 송아지 1포 인공류 15,400원 쇠고기 포장류

2,850원원 음료수 600원

〈1990년 7월 29일 일요일 낡씨 맑음〉

오늘이 대구 지방 36도 올라같다니 정말 찐통 더이라고 말을 하고 십꾸나. 이 더위가 계속돼니 요줌은 일을 할려고 해도 땀 때문에 할 수가 업꾸나. 자신도 오늘 고구마 밭에 잡초약 일싸이드 약을 살포하며 풀만 죽년다고 하여서 사용을 한지가 상당이 여로날 돼어도 풀이 죽년 기색이 보이지 않아서 오늘 집사람과 고구마 밭만 호미로 김매기을 하여쓰며 오후에는 낡씨가 너무 더어서 오후 5시에 김매기 하로 가는 실정이며 이래가도 땀으로 옿을 헌번 적시야 하는 실정이며 엔만하며 요줌은 작업을 하지 않는 것이 상책이라고 생각을 하는데 이것이 넘어나 할 일이 만으니 실천이 돼지 않는구나.

〈1990년 7월 30일 월요일 낡씨 비〉

올해는 과일 딴다고 고생도 만이 했고 실찌 집사람 한 번 외출 할 때에 옿을 입고 나서는 모섭을 볼 때에 초라해 널 미안하고 얼굴이 불거지곤 한다. 늘 옿 한 벌 사입버라 하며 아들 옿도 못 하는데 내 옿은 필요 업따면 그냥 지나온 집사람이라 이번에는 별도로 자신이 80,000만원 잭키노아쓰며 집사람에깨 옿 사줄라고 여러 번 김천을 가자고 해도 집사람이 들어주지을 않아서 오늘날까지 못하고 미추어 왔쓰며 오늘 생각지도 않아는 것이 냉장고가 고장이 나서 작동이 돼지 않아 급파게 냉장고을 사개 돼어쓰며 냉장고 280W[361] 에 350,000원이란 돈이 생각지도 않은 돈이 들어가 이재는 집사람 옿을 못 사게 돼어쓰며 실랑이 사준다고 할 때 따라낮쓰며 옿을 사입고 냉장고 사고 할 땐돼 하고 바보라고 이야기을 하여쓰며 이재는 집사람 옿은 뒤전으로 밀리나는 것이 아닌가 하는 생각이 들어간다. 물론 집사람도 옿을 사입고 십픈 심정은 잊찌만 모든 것이 걸리니까 억찌로 참아가는 것이라고 생각을 한다. 이재는 송아지 팔아서 집사람 옿을 사 줄 개산이다. 이번에 저금통장에 7,000,000만원 가을까지 안 패서 쓸라고 작정을 한 것인데 생각지 않은 냉장고 때문에 300,000만원 패내어서 마음적으로 서운하기 짝이 업꾸나. 통장에 돈을 패기가 아까어서 올해는 냉장고 업시 나자고 집사람 이야기을 하니 앞푸로 두 달을 못 찬는다면서 이왕 냉장고을 드리노십다 하길에 갑짝이 냉장고을 드리낯스며 사람은 밤새 안녕이라드니 냉장고가 어재 잘 도라가든 냉장고가 오늘이야 고물이 돼고 마랐쓰니 생각지도 않은 돈이 350,000만원 지출 내고 마라서 아쉬운 마음이 살라저지 않는구나.

지출에 … 냉장고 350,000만원 농약 값 67,400원 소 수정값 15,000원
計 432,400원[362]

〈1990년 7월 31일 화요일 낡씨 맑음〉

금년 일반벼 농사는 넘어나 거름이 가해서 농사을 망친 것이 아니냐 하는 생각에 머리가 아푼 실정이다. 오늘 재아리 생각을 하

---

361) W가 아니고 L가 맞는 표현.

362) 소 수정 값 15,000원'이라고 일기 지면 상단에 따로 기록되어 있다.

여도 거름이 몰린 곳은 다들 쓰려질 것 같다서 수가 좋은 데는 벼 잎을 단발을 하여 주어쓰며 이것을 그냥 두며 만약에 도복이 돼며 아무련 소득이 업쓰며 벼잎을 끈어주며 도복이 업키 때문에 이 길을 선택을 하여쓰며 자신은 일반벼 셋자리 다가 거름이 몰린 곳에는 다들 쓰려질 직전까지 왔따고 생각을 한다.

자신으로 바서는 정부가 통일벼을 매상을 다 바다준다고 하며 아직 일반벼는 하지 않는데 금년부터 통일벼을 들 바다준다고 법석을 부리는 바람에 자신으로 바서는 손에가 음청나리라고 생각을 한다.

지출에 … 동생과 맥주 1,200원 콘 값 1,000원
計 2,400원[363)]

〈1990년 8월 1일 수요일 낡씨 맑음〉

요줌 낡씨 정말 잘한다고 생각을 한다. 긴 장마에 연약하게 자라 벼들에깨 따가운 빛을 연일 쬬이니 벼한태는 바랄 것 업시 좋은 날씨을 하고 잇다. 이 빛이 벼알이 연결어질 때까지 좋아쓰며 하는 심정이며 사람들은 계속 때왕빛을 실한다고 극성을 부리고 잇찌만 금년으로 바서는 아주 잘하는 낡씨라고 말을 하고 십꾸나.

요줌은 자신도 하로 작업 시간을 천다면 하로 5시간 정도 밖에 못하고 잇는 실정이며 실찌 사람 마음은 일을 드하고 십프도 보닥빛 때문에 드할 수 업는 실정이다.

〈1990년 8월 2일 목요일 낡씨 맑음〉

오늘은 우리 운이 바람을 쇼일라고 구미 금오산에 돼리고 가서 마신 것을 사달라면 다사줄 생각으로 금오산에 둘리서 오전 일적 출발을 해서 덥기 전에 갈다 올라고 서둘려서 금오산에 도착을 하니 어재 와서 탠타을 칯고 밤이을 세운 사람 외는 우리가 일적 도착을 한 것 같더라. 금오산에 어릴 때 한두 번 오고 이재 처음 도착을 하여보니 입구 들어쓰면서 주위의 나무들이 울창하게 서잇는 모섭을 보니 입이 저절로 버러지더라. 이 울창한 모섭을 보며 운이가 우리 시어서 가자면서 한참 입구에서 쉬면서 주위의 경관을 바라보고 엔날가 만이 변해 잇쓰며 집사람도 대리고 올 것을 자신이 잘못 생각을 했따는 너킴이 머리에 쓰쳐가드라. 그곳에서 한참 쉬고 걸어서 깻불카 타는돼까지 걸어서 올라가니 아직 일적으서 운행을 하지 않으며 8시 20분 운행을 한다고 해서 운이 돼리고 물까에서 휴식을 하여쓰며 운이가 아직 공부에는 취미가 업고 어디로가 도라다니는 것을 좋아하며 자신이 생각을 할 때에 마음을 잡는 시간이 길어질 것 같떠며 시방 이 시간에 두리가 금오산에 바람 쑈이는 것도 아빠와 조금이라도 가깝게 지낼 욕{심}으로 아빠가 노력을 하는 중이며 이 아빠는 운이가 마음의 안정을 찾자서 인간의 길로 걸어달라는 하나의 노력이다. 자신의 생각에는 운이가 아빠의 불만이라든지 운이가 무엇을 가지고 십따든지 무엇시든지 말을 하며 다 들어줄 가고가 돼어 잇따고 말을 하고 십꾸나. 이 아빠의 마음은 이른돼 운이 속을 모르고 잇는 아빠의 마음 다 타고 잇다.

물까에서 한참 쉬고 잇쓰니까 깻불카 운행

363) 실제 계산은 2,200원이나 2,400원으로 잘못 기록하였다.

시간이 돼어서 가서 표을 타니 앙복이[왕복이] 둘리가 2,200원 하드라. 깻불카을 타고 폭포에 내리서 폭포에 물은 보잘 것 것이 물이 내리며 비물보다 쉬운차게 내리며 내일만 가도 폭포가 말라서 흉하게 될 것 같꾸나. 폭포에서 운이 쉬어서 가자고 하면서 한참 쉬고 잇쓰니 용접공으로 보이는 사람들이 작업을 할려고 전선가 마런모 쇠와 작업을 할려고 물건들을 지게로 지고 매고 얼굴에는 땀 투성이며 가만이 잇쓰도 땀이 저절로 나는 판국에 지고 매고 까파란 산길을 올라오니 땀이 오직 하겟나. 청년 오 명이 올라오는 모섭 보고 운아 공부을 적개 하며 저른 사람 모양 땀을 저래 흘리면서 살라가야 한단다. 사람이란 공부을 적개 하며 적개 하는 만큼 땀을 흙리야 하고 고생을 하여야 하는 사람이다. 운아 이재는 공부에 취미을 부치서 공부을 하여야 한다 하니까 말은 공부을 할려고 하드라만 이 아빠 머리 속에 들어오지 않는구나. 운이는 말로만 잘 하니까 이 아빠 마음 깊이 들오지 않는구나.

폭포에서 한참 쉬고 길제 선생 숨어서 공부하여따는 굴을 구경을 하고 곳바로 내리왔쓰며 중간에서 운이 마쉬고 가자고 하며 오늘은 운이 하고 십픈돼로 하고 먹고 십픈돼로 다들 이 아빠 하여주고 운이 내일부터는 공부을 하여야 한다 하고 약속을 하고 무엇이 먹고 십나 말만 하라고 하니 운이 캉통사이다 둘 지고 나오드라. 운아 우유, 모든 것이 만타 드가리라고 하니 안 알라고 하드라. 그래서 아빠가 우유, 저것하라고 하니 사양을 하드라. 칸통 사이다 두 게 1,000원 주고 마랐쓰며 이것도 냉동이 안 돼어서 그른지 아주 덤덤에 이 아빠는 한 모금 마쉬고 들고 잇쓰니 운이도 냉장고을 돌리지 안에나바 하고 못 먹개따고 하드라. 운아 돈 1,000원 주어서 하며 마쉬라고 하니 들고 잇떠니 아빠 가진을 지도니 다들 버리고 말드라. 이것을 보니 가감하다는 너킴이 들고 이 아빠가 다 들으준다고 하면서 무엇 사든지 사라고 하여도 하잘 것 업는 사이다 두 게을 지는 것을 보니 야물다는 생각이 들며 생각이 업는 아이는 아니구나 하는 생각이 들드라.

그래서 운아 구미 시장에 가서 정심을 먹자고 하며 시장에 가서 고기을 사줄깨 하고 캐불카을 타고 내리왔다. 입구에서 내리오니 택시가 대기을 하여낳드라. 그것을 보고 자신도 택시을 타고 갈려고 마음을 먹고 잇는데 운이가 아빠 택시 타고 가자고 하드라. 그래서 올 때 택시타고 갈따 타면 대겟나 하니까 운이가 주첨하면서 뭇 타고 갈려고 하드라. 그러자 운아 택시 타고 갖가자 하면서 왕복을 택시로 이용햇쓰며 구미 역전에서 운이 점심과 고기을 사주기 위해서 시장 안으로 들어가니 맏당안 곳이 업쓰서 해매는 중에 카셋트 중고을 수복이 싸논 기계가 보이서 트랙터에 카셋트을 달 욕으로 들어가 보앗든이 넘어 비싸며 중고을 50,000원 꼭 달라고 하여서 해도 담에 할 욕심으로 나와쓰며 자신은 가격이 비싸서 할 의항이 업는데 운이가 도로 가서 사자고 조르며 한 번 사면 오래 쓰자나 하고 자꾸 가자고 하여서 만약 그 카셋을 사면 운이 고기 사줄 돈이 업따고 하면서 점심까지 먹을 돈이 업따고 하니까 점심은 집배 가서 먹어며 돼고 아무것도 안 먹어도 된다고 하면서 사자고 하길래 다시 상점을 가서 중고는 고장 때문에 자신 업고 셋 것으로

600,000원 주고 구입을 하여쓰며 돈이 부족이라 다음 줄라고 하고 현찰 54,000원 주고 나머지 돈 5,000원 달라 노코 카셋트을 구입을 하였다. 오늘 목적은 운이을 절급게 할 욕심이여는데 반대가 돼고 마랐쓰며 오늘 운이는 나들이에 불만이나 가지지 않아는지 염려가 돼며 오늘 나들이는 별 도음이 안 대고 마란 것이 아닌가 하고 염려가 돼는구나. 오늘 나들이는 집배 와서 정심을 먹은 나들이가 돼어쓰니 알찬 나들이라 할까 운이로 바서는 희득서러운 나들이라고 생각을 가질 것으로 내다 본다.
그리고 오후 5시 돼어서 쌍구룸에 고기을 잡부로 간다고 하니 운이도 따라나스더라. 그래서 내일부터는 공부을 열심이 해야 한다고 말을 하니까 한다고 해서 오늘은 이아빠가 바준다면서 돼리고 같다. 오 명이 고기을 잡아쓰며 한 번식은 고기을 먹을 수 잇뚜록 잡앗다.
지출에 … 버스비 900원 택시 2,000원
캐불가 2,200원 사이다
1,000원 카셋트 60,000원
計 66,100원

〈1990년 8월 3일 금요일 낡씨 맑음〉
"자신이 생각을 할 때에 돈을 벌로 쓴다고 생각을 하며 외냐하며 어재로 바서는 카셋트을 아직 필요도 업고 쓴다고 해야 가을이 끝이 나야 트랙터을 사용을 해야 카셋트을 들을 수가 잇찌 그전에는 아무 소용이 업는 물건이며 이것은 돈을 멧 달 썩키는 격이며 이것은 생각도 업시 일을 행해쓰며 집사람 말가 같이 돈을 벌로 쓴다고 꾸중을 주더시 자신도 생각을 하니 60,000만원 이란 돈은 큰돼 벌로 쓴다고 생각을 하며 어재 일은 넘어나 생각 업씨 낭비을 했따고 생각을 하며 실찌 카스터는 낭비을 안에도 돼는 물건인돼 생각을 할수록 아쉽게 생각을 하며 이재는 돈을 쓸 때는 한 번 더 해서 낭비을 해야 하겟다."

〈1990년 8월 4일 토요일 낡씨 맑음〉
콩밭에 잡초약을 살포을 할 때는 무선 약이 이래 신기한 약이 나와서 이재 농민들이 콩밭 김매기는 하지 않아도 돼겟따면서 살포을 할 때는 아주 기분이 좋깨 약 살포을 하여는돼 이재와서 손으로 김매기을 하여쓰며 오희려 약 살포을 하지 않코 김매기을 하여쓰며 돈도 안 들고 콩밭이 깨끗할땐돼 요즘 바서는 콩밭만 보며 짜증이 난다. 이것을 이재와서 호미로 김매기을 하여야 하니 기가 찬다.
앞푸로 콩밭 김매기을 약을 사용을 할려며 일적 사용하고 약 량을 정량보다 더 해야 김매기가 돼리라고 생각을 한다.

〈1990년 8월 5일 일요일 낡씨 맑음〉
"오전에는 바실보에 물 막아넌는 작업을 하여쓰며 이 작업이 벌서 돼어서 논들마다 물이 가득 들어잇쓰야 하는데 이재와 물을 막어너어바야 우리들은 삼, 사일 돼어야 물이 내리올 실정이 우리 마을로 바서는 눈에 표는 업찌만 벼들이 일부 출수을 하고 잇는데 이재와서 보을 한다는 것은 각 동래 임사들이 무기력한 땃으로 벼 감수가 만이 돼리라고 생각을 한다. 정부든 마을이든 지도가 열성이 잇쓰야 나라가 부강해저고 잡음이 업는 법. 인간이 바르게 살라가고 마음가짐 올바르게 쓰는 사람들은 남의 앞패 쓰지을 않을하고 잇쓰니 나라나 마을이나 발전에 걸림돌이 돼고 잇따고 생각을 한다."
지출에 … 대구 재옥과 하드 값 1,200원

〈1990년 8월 6일 월요일 낡씨 맑음〉

요즘 낡씨가 대구 지방에 38도식 보통 올라가니 이재는 한국도 열대 지방처름 온도가 넘어나 만이 올라서 인간의 생활에 곤욕을 치루게 돼는구나. 요즘 개속 35도 이상 평균 온도가 올라가니 벼 성작에 알맡전 온도가 돼며 요즘 낡씨 연일 개속 돼는 것을 보니 금년 농사가 풍작이 돼지나 않을 하는 생각이 마음이 허무해저는구나.
"우리 가정에 집사람은 살림 장만한다고 지출을 내지 자신은 자신돼로 지출을 하고 잇쓰니 총 지출이 만아저고 잇꾸나."

〈1990년 8월 7일 화요일 낡씨 맑음〉

오늘은 과정에 일찐이 나쁜 낡이라고 말을 하고 십꾸나. 오후에 운이 대리고 항공기 폭파범 김현이 영화 구경 대리고 갈려고 면도을 다 하고 돌라서도 거울을 발로 발바서 깨고 마라쓰며 잠쉬에 거울을 깨고 마라서 운아 영화 구경 내일로 미루자 이 아빠가 오늘 재수가 업는 날인가바 우리 내일로 영화 갈람을 미루자고 하니까 그르자고 응답을 쉽게 하드라. 자신도 미신은 지키는 사람은 아닌돼 거울을 밝바서 깨고 보니 가고 싶픈 심정은 업드라. 그래서 포기을 하고 마랐다.
"그러자 숙모님이 우리 집배 전화가 안만해도 신호는 가는데 밭찌을 않는다고 이야기을 하여서 그로찬아도 오 일 이상은 우리 집에 전화가 한 통아도 오지을 않아따는 생각이 들어 운이 예깨 큰집배 가서 우리 집부 전화을 해바라 하고 운이을 보내뜨니 처음에는 전화을 안 밭드라고 하면서 집배을 왔드라. 그래서 전화기가 아직 새 것인돼 이상하다 하고 전화기 밑을 보니 전기 벨소리 작동하는 것이 벨소리가 나는 쪽으로 잇드라. 그래서 그 작동을 대로 올리서 이재 한 번 드 해보라고 운이을 보내떠니 훈가 오지도 않코 전화도 오지 않아서 기다리다 이것이 내리막시 자전차 사고가 난 것이 아닌가 하고 내리갈떠니 광열이 아들과 충돌이 돼어서 광열이 아들은 코 밑이 상쳐가 만이 낯드라. 이것을 보니 상쳐가 너무 심화도는 생각이 들어쓰며 실찌 운이가 잘못은 아니지만 상대방이 상쳐을 입버쓰니 물리주야 하게꾸나 하는 생각이 들어가며 운이도 팔뚝으로 상쳐을 입고 서잇는 모섭이 급 먹은 표정이라 운아 자전차을 타며 엽패서 사람이 뛰어나오는 것을 생각을 하여서 자전차을 타야 한다고 이야기밖에 안에쓰며 광열이 부인이 주저하길에 병원에나 빨리 돼리고 가라고 이야기을 하여쓰며 병원에 갇다 오는데 병원도 우리는 기억도 업는 병원에을 갇다와서 마음에 들지을 않으며 상쳐을 꾸어매는 4바늘 상처라고 해서 당행이다 하는 생각이벼 병원비 값이 4,000원 들어따고 해서 집사람이 병원비 하라고 10,000원 주어쓰며 오늘은 일진이 아주 나픈 날이라고 생각을 한다. 그리고 광열이 아들 상쳐가 업쓰야 하는데 하는 생각밖에 업쓰며 미하게 짝이 없꾸나.
지출에 … 광열이 아들 치료비 10,000원

〈1990년 8월 8일 수요일 낡씨 맑음〉

금일은 물 돼다고 뛰어다니바야 한 자리 밖에 못 돼어쓰며 다들 물을 돼기 때문에 논을 아래 쪽으로 잇는 사람들은 열나게 뛰어다니바야 남의 일만 하여주는 식이다. 이을 때 소낙이가 쓱 쑈다저며 만사가 해결이 될 땐돼 하고 아쉬운 감이 들어가는구나.

“요줌은 매일 휴식을 하는 식이며 때로는 이처름 휴식을 하고도 가족을 먹이살리겟나 하는 말을 자주 하곤 한다.”

〈1990년 8월 9일 목요일 낡씨 비〉

우리 혜영이가 저의 반 전원이 야영장에 간다고 오늘 떠나쓰며 아포 고등학교에는 야영장에 가는 길은 업는데 여고는 꼭 야영장을 이박 삼일 간다고 하며 이번에 혜영이 반에서 떠난는데 일기가 고루잔아 우리 혜영이 잘 견뒤어 내는지 궁금하구나.

그리고 대구 (상비) 운상꾼에깨 돈 나온 것을 절먼 사람들과 나누니까 우리 또래 구명에 90,000원 돌라오는 돈으로 돌부리을 오늘로서 4회째 닭 돌부리로 끝을 냇쓰며 매일 놀다시피 놀라쓰며 모두들 잘 먹으다.

“오늘은 봉답 두룸에 풀 깍는 작업을 하여쓰며 봉답에 두룸은 잡풀 외 이래 잘 자라는지 일 년에 4회는 깍까야 농사을 수학을 하니 농민의 손이 하나에서 열 까지가 손으로 만들 낸다고 바야 하겟다.”

“오늘 저녁 노월 질 무룸에는 짓뜬 구름이 순십간에 모여들며 소낙비 내리는 것을 볼 때는 아무 곡석도 남찌 않을 껏 같이 시작을 하드니 그만 시작만 하고 말드라. 이것을 보기 이왕 시작을 한 짐에 비가 해갈을 면하두록 왔쓰며 하는 마음인돼 그만 맑은 낡씨을 보여서 아쉽꾸나.”

〈1990년 8월 10일 금요일 낡씨 맑음〉

참깨 수학을 하는데 병이 들어서 참깨가 충실이 돼지을 안아서 가슴 아푸며 농민이 수학을 할 때에 알맹이가 찬 곡석을 수학을 해야 곡석에 예착감이 잇쓰며 여름 내 땀을 흙린 보람을 알라야 하는데 오늘 참깨 수학은 별 예착감 업시 집사람과 수학을 하였다.

그리고 운이가 집배 잇쓰도 공부는 하지 않코 방에서 딩걸다 시간을 보내고 잇쓰며 자신이 공부을 할 때는 정신 집중을 하여서 한 번 하고 친구와 놀 때는 한 번 놀고 하려고 하여도 방에서만 시간을 보내곤 하여서 오늘은 운이 친구을 일부로 경운기에 실어와서 운이와 좀 놀라고 하면 친구 2명을 돼리고 왔쓰며 요놈들이 어떠게 노나 하고 동태을 보니 쬬카 한다고 한 방으로 모여들어쓰며 종일 동안 쬬카을 하고 잇는 것을 보고 모여서 공부을 좀 하여라 해도 아랑곳업드라.

〈1990년 8월 11일 토요일 낡씨 맑음〉

들 전역 수료에 수초 작업을 하여쓰며 공동일에 잘못이 따리게 마른인돼 이것을 촉 빠르게 이야기을 하다 뒤집버 쓰게 돼어쓰며 엔말래 쳐녀가 아이을 배어도 할 말이 잇따드니 그래도 자신 할 말은 다들 잇따고 생각을 하며 오늘도 개니 한 마둬 하여따가 형재키리 나와서 십 원 짜리을 너어서 시작을 하니 혼자 당할 수가 업쓰니 가마니 주저 않코 마라따만 실찌 보관간이 작업을 필요한 것부터 일을 시키야 하는데 순서을 바꾸어서 일을 시킨 것은 사실이다. 오늘 일은 관간이 일만 순서돼로 시키따면 안에도 될 일을 다시 사람을 부친 셈이다.

“사람이란 늙 생각을 하여서 말을 하여야 하며 원재라도 남의 잘못을 이야기 하지 아니하며 무선 일이든지 사전에 이야기을 하여야 하며 일이 끝난 뒤에는 잘못을 추궁을 하지 말라. 추궁을 미친 개가 사람을 물드시 반드시 득은 돼지 아느니라."
"운이와 조금이라도 친권감을 가지기 위해서 우리 냇까 가서 고기 잡부로 가자면서 반도[364]와 고기 담을 망을 가지고 운이 오트바이 태어서 한참가니 민성아가 자전차 타고 놀드라. 고기 잡부로 간다면서 같이 가자고 하여서 둘이 다 태어서 앞 냇까에서 가서 반도을 잡는데 고기는 업쓰며 개니 힘만 들고 고기라고는 잉어 손바닥보다 큰 것 한 바리와 붕어 열 바리 정도 잡어오고 마랐다. 부모와 자식 간에 고기을 잡기 위해서가 아니라 자식의 마음을 안정시키기 위한 노력이라고 말을 하고 십다."
"부모는 자식에 대한 일들이라면 희생의 각오도 돼 잇따고 말을 하고 십꾸나."

〈1990년 8월 12일 일요일 낡씨 맑음〉
들녁에 벼들을 보며 마음이 푸군하여진다. 가는 곳마다 벼 이삭이 크게 굴게 솟아잇는 모섭을 보며 금년에는 대풍작을 할 것 같고 금년 벼 이삭은 유난이 큰 것 같드라. 이 기쁜 마음은 농민 아니고는 그 누구도 맡을 볼 수 업는 깨알한 기쁜 마음이라고 말을 하고 십다.
"오늘은 김천 우성 사료 살 겸 숙모님 과일을 경운기로 15짝 실고 갈떠니 우성 사료도 일요일이라고 사료을 팔지 않드라. 그래서 헛거름을 하여쓰며 그리고 올해는 과일이라고 잇쓰며 돈이 돼고 잇다. 숙모님은 작년에 과일 돈보다 금년에 과일 돈을 만이 할 것 같꾸나."
"집사람 일이 오늘로 끝이 난 셈이라고 생각을 하며 우리 집사람 내일부터 시간 여유가 잇깨꾸나. 이재는 숙모님 과일을 다 땃다고 하니 무엇보다 안스르운 감이 업쓰절 것이며 올 여름 내 일로 지친 피료가 내일부터 풀일 것을 생각을 하니 안도의 숨을 집사람보다 자신이 먼저 쉬게 돼는구나."
지출에 … 원예 조합에서 음료수 마을 사람과 900원

〈1990년 8월 13일 월요일 낡씨 맑음〉
들력에는 벼들이 출수을 그진 다들 한 셈이며 아직 출수을 하지 안는 논들도 잇찌만 통일벼는 그진 다 출수을 하여따고 본다. 그리고 올해는 신기할 정도로 벼 이삭이 우둘우둘하게 이삭들이 다들 크며 그저 신기할 정도다.
"그리고 이재는 찜통 드위가 수거러저는 감이 들며 그래도 빛에는 꿋는 더이가 개속 대는데 그늘래서 휴식을 하며 땀이 금새 마르는 것을 보며 드이는 한 풀 꺽인 것은 사실이다."
지출에 … 전화값 3,660원 사료 값 14,300원
計 17,960원

〈1990년 8월 14일 화요일 낡씨 맑음〉
순달이 대신 집 세 놀다고 가닥[처마]을 달라내주어쓰며 가닥을 달고 보니 방이 더 짜임이 더 보이며 무엇을 하든 용인하게 쓸 수가 잇깨끔 대어잇드라. 순달이 대신 집 가닥 달라내는 것은 오전으로 할 수가 잇쓰서며 순달이로 바서는 대신 집이 앞푸 큰

364) 고기 잡는 뜰채를 말한다.

목을 할 수 잇쓰리라고 생각을 한다.

"김종한 교통사고로 현장에서 순직을 하여쓰며 사람을 죽이놓코 뺑소니을 쳤고 업쓰니 이것은 도저이 할 수 업는 일들이며 인간으로서는 한 번식 생각을 하여 볼 문제라고 생각을 한다. 그리고 앞 도로 문재가 만타고 생각을 하며 외냐하며 도로 폭이 쫍은데돼다 차량 대수가 엄청나게 부르지 속도 빨르지 사고가 나게 마련이다고 그리고 차량마다 보험에 들으나서 사고는 보험에서 다들 처리하여주지 요줌은 사람 죽이도 운전수는 별 책임 업시 나오고 잇쓰니 이것이 문재다. 당한 사람은 개죽음을 할 뿐 아니라 그에 따린 자식들은 올바르게 잘라갈 수가 업쓸 뿐 아니라 평생을 쓰라리게 살아갈 수밖에 업는 인생을 만들고도 사고을 낸 사람은 아무른 피해도 업고 막말로 한다면 웃고 살라간다니 무엇신가 잘못이 잇따고 보며 자신이 생각을 할 때는 가실이든 무엇시든 인사 사고을 내며 엄중하게 벌을 주어서 운전기사들이 사람만은 치아서는 안 댄다는 머리에 인식이 배기두록 엄중한 벌을 주어서 사고을 주리어 주어쓰며 하며 자신이 볼 때는 인간의 생명을 동물처름 여사로 생각을 하고 잇는 너킴이 들며 교통사고 나면 개끔이라는 말이 숙 들으가두록 생명 진짜 올려서 운전하는 사람의 가슴에 새바람을 주입을 할 수 잇뚜록 정부에서 구안을 해야지 이르다가는 사람은 다 죽이고 차만 난게 돼는 것이 아니냐 하는 염려도 돼는구나."

"김종한이로 바서는 49세 나이로 사고 차량은 뺑소니 쳤고 업찌 이것은 어디서 보상을 바들 수가 업쓰니 이것은 개죽음보다 더 진카 업는 죽음이 돼고 마라쓰니 무어라 말을 할 수가 업꾸나."

〈1990년 8월 15일 수요일 낡씨 비〉

가을 배추 갈 비는 못 대게 비가 와서 이왕 시작한 짐에 비가 더 와주어쓰며 하는 바람인돼 배추 갈 비도 못 돼어서 아쉽꾸나. 그래도 이 비가 오지 않아드라면 배추 갈 수가 업는데 오늘 그걸 비 왔다고 배추, 무우 간다고 봇밭에는 사람들이 하야게 잇쓰며 자신도 집사람과 둘리 가서 양 밭에 배추, 무우을 다 갈라쓰며

"상같집배 일로 무우, 배추을 오후에 갈라서 씨 값 씨가 재돼로 날련지 몰겟쓰며 오전에 갈란 사람들은 씨 값 씨가 잘 나리라고 생각을 하며 자신은 오후에 갈라서 사실 아쉬운 감이 들오간다."

〈1990년 8월 16일 목요일 낡씨 비〉

김종한 공무원 순직으로 하여서 장래식을 면장으로 하는데 운상은 면 직원과 곽 동내 동장들이 하여서 동민들은 산소 일만 하여서 일이 좀 수래쓰며 면 직원과 동장들은 운상을 산에까지 올라오는데 힘이 만이 들으따고 생각을 한다.

"실찌 죽음은 순직이 아니며 복날이라 직원과 (계에서) 개돌리 하고 오늘 길에 교통사고 죽은 것을 순직으로 해서 면 장래식으로 한 것은 도리에 어근나는 일이며 실찌 죽은 사람으로 바서는 사고 차량도 모르고 예석하게 죽으서 주위에 사람들이 순직으로 만드로 준 것이며 죽은 사람의 말밥을 좋게 만들으준 것이라고 생각을 한다. 이것도 다들 저의 삼촌이 선산 부군수로 잇키 때문에 순직으로 만들어진 것이라고 본다."

지출에 … 부주 10,000원

〈1990년 8월 17일 금요일 낡씨 비〉

금일은 소 풀 뗫는 것으로 하로 일과을 보낸 셈이며 요즘은 항가한 시간을 보내며 농촌으로서는 제일 황가한 시간이라고 한다.

〈1990년 8월 18일 토요일 낡씨 맑음〉

금일은 마을 주변가 도로 주변에 잡초 제거을 온 동민이 하여쓰며 자신은 부역을 하고 소 풀도 뗫든 셈이며 자신은 도로 주변에 풀 깍는 날은 자신은 소 풀 준비하는 낡이라고 한다. 그리고 일부는 경운기로 소 풀을 준비을 하니 협조을 하여서 도와주는 사람도 잇찌만 일부는 색안경을 쓰는 사람도 잇꾸나. 이것을 볼 때는 아직도 남이 잘 돼는 것을 실어하는 습성을 버리지 못하고 잇는 것이 재각이 한 번식 생각을 해 볼 문제라고 말을 한다.

지출에 … 아들 어름과자 1,600원 숙모님 생신에 10,000원
計 11,600원

〈1990년 8월 19일 일요일 낡씨 맑음〉

오전에는 채소밭을 한 밖기 돌아보니 씨 값씨가 빈 곳 하나 업고 헌친는돼로 다들 난 것을 보니 정말 마음이 협족스렵드라. 채소야말로 처음부터 시 갑 씨 잘 나야 채소 농사을 잘 짓게 된다. 금년 채소는 가을에 가나마나 처음 시작부터 잘 돼어서 풍년 농사을 기약을 할 수 잇따고 본다.

처 어머님을 한 번 배옵꼬자 하는 마음은 벌서부터 가지도 실행이 안 대어쓰며 처 어머님이라지만 가끔 보고 십고 달려가서 얼굴이나 바야지 하는 마음이 잇찌만 자신은 실행을 못하는 것이 험이다. 그래서 오늘은 큰 마음먹고 집사람과 오트바이로 둘리서 처 어머님을 얼굴이라도 보고 오자 하면서 처갓집배 갇쓰며 처 어머님 얼굴을 보니 장거얼굴이며 허리가 꼬부라저서 그르치 아직 건강하시드라. 아직은 처 어머님이 나의 어머님 대용을 하시는 편이며 어뒨가 모려게 어머님의 자리을 매꾸어 주는 편이며 자신은 나의 어머님이 일적 도라가시서 처 어머님을 나의 어머님처름 모시고 싶픈 심정이나 마음과 행동이 일치가 돼지 않아 늙 미안감을 가진다.

"그리고 처 어머님을 배옵고 나니 마음의 안정이 돼는 너킴이며 이것을 보며 아직은 아들인가."

지출에 … 처갓집 돼지고기 5,800원 맥콜 900원 혜지 4,600원 3,400원
計 14,700원

〈1990년 8월 20일 월요일 낡씨 비〉

메물밀 파종하는데 낡씨가 넘어나 더어서 입이 벌어질 정도며 자신은 넘어나 떠어서 오후에 하자고 하고서 집사람에깨 그만 하자고 하니 아빠는 거늘에 쉬라고 하고는 집사람이 다 한다고 쉬라고 하지만 집사람 땀을 흙리면서 일하는 것을 보고 자신이 덥따고 거늘에 쉴 수가 업쓰며 자신이 내일 죽년 한이 잇쓰도 어이 집사람만 일을 하게 할 수가 업쓰며 앞푸로 남편을 이른 식으로 일을 시키며 귀압 바다야 한다면서 이야기을 하고 일을 같이 하여쓰며 일을 다 같이 하고보니 일이 잘 돼어쓰며 새삽스렵게 한 번 더 나오니 깨끝이 작업을 하고 보니 자신도 잘 하여따는 생각이 들드라.

오후에는 벼 출수하는데 난대 업는 비가 쇼다저고 잇쓰니 농민의 가슴에 못을 밖는 것이나 다름이 업다. 이 비야말로 아무 필

요 업는 비라고 생각을 하며 거샌 바람과 휘모라쳐며 오는 모섭 내 가슴을 아푸게 하는구나.
수입에 … 트랙터 값 80,000원

〈1990년 8월 21일 화요일 낡씨 비〉
금년에는 풍년이라고 자신은 생각을 하여는데 때 아닌 비가 밤세두록 소리내며 때리는 모섭에 놀라 이 마음이 불안해저며 벼이삭 연결기도 전에 소낙비로 쇼다저며 다 짓어논 벼 생각만 하여도 끔찍해서 잠이 다 쓸쳐저는구나.
"한국 계절이 오늘날까지 농사을 짓어왔찌만 꼭 벼가 출수을 할 대는 한 번도 거르지 않코 차저와서 농민의 가슴에 몿을 박고는 하는데 이것을 피하는 것은 벼 품종을 개발을 하여서 요 주기을 피하두록 개발을 할 수가 업는가 하는생각이 앞쓰는구나."
"오늘은 집사람을 돼리고 감염 검사을 할려고 돼리고 같드니 실랑이라고 버스 안에 만은인돼 빈자리가 나오니 자리 잇따고 안저라고 소리을 쵳며 자신은 사양하고 그만 안저라고 하여쓰며 이것이 남이 볼 때는 수다로 생각을 할련지는 몰라도 자신은 이래 생각을 하지 않는다. 외냐하며 이 못난 실랑을 아키고 무었시라도 같이 들으줄라고 하고 내 일을 만이 하여 주는 사람이라 수다가 아니가 마음과 몸과 양심, 모든 것을 이 남편에깨 부수고 잇따는 생각을 하며 오늘도 남편이라고 못쳐름 둘이서 외출했따고 생각을 하는데 집사람에깨 맡잇는 음식 하나 대집을 하지 않는 실랑인돼 그저 좋아하는 모섭 에쁘고 볼수록 아름답고 밀리는 거리에서도 한 번 안아주고 십픈 마음 들며 이처름 좋은 것을 매일 못하여주는 것이 안스렵꾸나. 그리고 남편을 사랑하고 아키주는 집사람을 맡잇고 고집배 가서 고기라도 꾸어서 집사람 배부르게 하여주고 십픈 마음은 머리에 깍 차나 실천을 못하는 이유는 집사람이 성낙을 하지 않으며 십 원 하나 낭비을 하지 않는 성품이라 아직 이 실랑이 입 벌리지 못하고 잇따만 원잰가는 그대 품을 안아서 (절급게) 좋은 것 다 그리고 집사람에깨 빗진 것 빠짐 업시 갑프리라."
"오늘도 요보 미안한 외출이라는 것을 자신은 생각을 하여쑈."
지출에 … 감염 검사비 둘리서 6,000원
차비 800원 멜치 값, 지고기 13,000원
計 19,800원

〈1990년 8월 22일 수요일 낡씨 흐림〉
기상대서 태풍 온다고 하여서 다 짓어 논 벼 다 망치는구나 하고 극정을 하여는데 다행이 돌라가서 이곳은 아무련 피해도 업쓰서 천만다행이라고 생각을 한다. 기상대에서는 좀 정학성 잇는 발표을 하여주어쓰며 한다.
그리고 오늘은 우리 부부가 감염 검사 결가보르 가쓰며 병원 들어설 때까지 불안한 감이 떠나지 않더라. 외냐하면 검사 결가가 만에 하나라도 나뿐 쪽으로 난다면 그 타격을 감당을 할 수 업는 너킴이 들며 병원에을 들어쓰면서 숨을 한 번 크게 쉬고는 병원을 들어서쓰며 수납계 결과 용지을 들고 원장에깨 결과을 무르로 들어서서 용지을 내미니 처음에는 자신을 부르드니 깨끝하다고 하고 두 번째 집사람을 부르더니 깨끗하다는 이야기을 할 때 정말 마음 기쁘더라. 접종은 보건소에서 하며 4,000원 싸다는 이야기을 들으서 보건소에서 할 욕심으로 접종은 나중에 할려고 하니 그르라고 이야기을 하여서 쉽게 일을 맡치쓰며 우리 부부가 시장 일을 맡치고 지자동에 시 보건소에서 접종을 하고 내리왔다.
"오늘은 우리 부부가 기분이 좋아따고 생각을 하며 또 건강에 자신이 생기따고 생각을 한다."
지출에 … 배추 벌레약 지오락서, 푼부기 이엄쇄 4,250원 돼지고기 6,000원 집사람 옷 9,000원 식빵 1,000원 검사비 4,000원 감염 접종 12,400원 차비 1,160원
計 37,910원[365)]

〈1990년 8월 23일 목요일 낡씨 맑음〉
금일은 집사람과 둘리서 채소밭 김매기을 하여쓰며 채소 벌레가 살충제을 살포을 하여도 벌레가 죽지 않아서 둘리서 손으로 벌레을 일일이 잡아야 하니 채소을 키울라니 예로점이 만쿠나.
"시간이 흐르니 찜통 더이도 물어가고 찬바람이 어디선가 불어오는 모섭 귀저을 쓰쳐 가는 참 기운 이재는 살 맡 난다는 캐감이 들어가는구나."
지출에 … 라면, 치약, 쇠고기 다시다, 두유 5,540원 농약 19,600원
計 25,140원

〈1990년 8월 24일 금요일 낡씨 맑음〉
둘리서 아래 웃뜰 벼논에 살충재을 살표을 하여쓰며 이번에 벼논에는 마지막 살포라고 생각을 하며 이번에 벼논을 약 살포하로 들어가보니 벼들이 다들 넘칠 정도로 돼어잇쓰며 의해서 낡씨만 곱게 곱게 해달라고 하게너냐 자신은 금년 벼 농사는 잘 짓은 것이 아니라고 말을 하고 십다.
지출에 … 농약 값 7,150원 혜영이 병원비 값 2,000원
計 9,150원

〈1990년 8월 25일 토요일 낡씨 맑음〉
오늘로서 들 전역에 살충제을 살포을 하여쓰며 오늘로서 벼 논에 살충제는 4회로 마지막 살포을 하여쓰며 논에 일은 사실 끝이 난 셈이며 이재는 콤바이로 벼 탈곡만 남은 셈이다.
"자신의 농사는 앞푸로 태풍이 온다면 벼들이 다들 가하기 때문에 땀의 대까보다 음청난 폐착이 오지 않을까 하는 조바심 때문에 부란하다. 오늘낡까지 거름을 만이 한 사람들이 잘 먹으서 올해는 조금 만이 거름을 한 것이 큰 실수라고 말을 하고 십꾸나. 앞푸론 중립쪽으로 농사을 짓어야 신경을 쓰지 않캐꾸나."
지출에 … 병원비 감기로 2,000원 차비 260원
計 2,260원

〈1990년 8월 26일 일요일 낡씨 맑음〉
오전에 집사람과 둘리서 배추밭 김매기와 벌래 잡아주는 것으로 오전을 보내고 오후에는 안전 휴식을 하였다. 자신이 알기론 낡씨 좋고 아무런 하자 업는 날래 안전 휴식을 한 것이 자신이 알기론 처음이 아닌가

365) 실제 계산은 37,810원이나 37,910원으로 잘못 기록하였다.

하는 생각이 드는구나. 자신이 매일 바푸고 길목마다 한가하게 노는 사람들을 보고 나는 저른 사람 모양 한가한 시간을 가질 수 잇쓸까 하는 생각으로 늙 불버한 자신이 오늘 오후는 소 풀도 만 잇고 할 일이 맡당치 않아 자신도 길목에서 놀아보자 하는 생각에 오늘 오후는 부담 업시 놀아보앗쓰며 오후만 놀아도 이곳저곳 다니면서 놀아보니 마음것 놀 수 잇쓰며 자신 뿐 아니라 한가한 사람들이 만으며 사람이 시간을 내서 놀면 대는구나 하는 생각도 들으가는구나.
"오늘은 부담 업시 놀아보았다."
지출에 … 가루 1포 6,300원

〈1990년 8월 27일 월요일 낡씨 맑음〉
오늘 저녁에 오봉 저수지에 세우 잡부로 갈려고 오전 오후 쇠 풀을 준비을 하여쓰며 저녁을 일적 먹고 형님과 4명이 낙시때을 가지고 오트바이로 같쓰며 길도 아주 좋드라고 오봉 저수지는 두 번째가 돼며 이번에는 밤 낚시 하는 사람들이 만으며 이재는 관광지와 다름이 업는 명소지가 돼어따고 생각을 하며 앞푸로 상당이 발전을 하리라고 생각을 한다. 그리고 오늘은 낚시와 새우 잡비는 허탕이라고 말을 하고 십다. 외냐 밤 11시까지 잡은 새우 월마 돼지 완으며 낚씨는 고기을 한 바리도 잡지 못한 사람이 잇쓰니 오늘은 낚시가 다들 안 댄다고 이야기을 하며 다들 잘못 앗따는 한탄 소리 밖에 업꾸나. 그리고 오늘은 새우와 고기을 전부 자신이 가지고 왔다.

〈1990년 8월 28일 화요일 낡씨 맑음〉
오늘은 포항 동서 모친이 교통사고로 사망하여 내일 장래식라고 처남이 같이 가자고 하여서 자신은 부위만 부쳐주고 이번에는 안 갈라고 부위을 가지고 쳐갓집배 가니 쳐남과 쳐남의 댁이가 같이 같쓰며 하는 생각을 가지고 잇쓰서 뿌리쳐고 부위만 내밀 수가 업쓰서 그만 상문을 가게 돼어쓰며 포항 동서 집부로 가니 동국대학교 영안실래 아직 잇따고 해서 동국 대학 병원에 영안실로 가보니 자신은 난생 처음 영안실을 가보앗쓰며 영안실 내부도 떠림하게 돼어 잇쓰며 깨끗한 곳은 하나도 업쓸 뿐 아니라 위치 장소 다들 소름 기치며 우리이는 잠쉬도 잇쓸 곳이 아니라는 생각이 드는 곳이며 포항 동서로서는 부친 별세 달 반만에 부모을 교통사고 일코 마는 가슴 아푼 일이지만 연세가 80십이 넘어서 그처름 뼈 아푼 일이 못 때며 동서 아품이라면 교통사고 사망을 해서 무엇보다 가슴 아푼 일이라고 생각을 한다.
지출에 … 부위 20,000원 교통비
1,3000원
計 33,000원

〈1990년 8월 29일 수요일 낡씨 맑음〉
채소밭을 메칠 걸러서 가보앗든이 숙 자란 모섭을 보니 신기하기 짝이 업쓰며 집사람과 둘리서 무우, 배추 쏙끔을 바구니로 두 봇 따리을 하여서 푸짐한 나물 준비을 한 셈이다.
그리고 채소밭에 약을 살포을 들 하여야 하는데 번번이 하여야 하니 나물 김치을 먹기도 조심스르운 감이 들으갈 때가 잇다. 앞푸론 배추을 벌레가 좀 잇드라도 약을 삼가야 한다고 마음을 먹고 잇다.
"요즘 혜영이 감기가 오래두록 나찌 않아서 극정이 돼며 병원에을 세 번을 다니도 여전하며 기간지 사진까지 찍어봐도 아무 탈이 업다면서 감기는 떠려저지 않아 극정이다."
지출에 … 혜영이 병원비 2,000원

〈1990년 8월 30일 목요일 낡씨 맑음〉

이번 달에 아버지 제사가 들어잇는 것도 모르고 포항 동서 모친 상문에 가서 아버지에깨 월마나 큰 재을 짓어는지 말로 표현을 할 수가 업쓰며 남외 상문 때문에 아버지 재사을 못 지내다니 음청난 실수며 생각을 할 수록 재책감 때문에 숨이 가파저는구나. 만약에 상문 간개로 아버지 재사에 참석을 못하게 돼며 이번 잘못은 평생 잊찌 못하리라.
지출에 … 보험료 값 9,900원
삼일은 김천 송아지 장이라서 미리 송아지 금도 알라보지 못하고 오늘 차을 불러서 마을 송아지 셋 바리을 실고 올라같쓰며 송아지 장은 세벽에 장이 선다고 바야하겟다. 우리도 집배서 6시에 올라같는데 이미 송아지는 다들 말목에 매어 잇쓰며 앞푸론 조금 더 일적 가야하궤나.
"그리고 자신은 송아지을 850,000원 보고 같는데 1,050,000원 줄라고 하길래 처음에 작난인 줄 아라쓰며 처음에는 마음의 갈피를 못 잡아쓰며 차근한 마음으로 말목에 매어놓끄든 사라고 이야기을 하여쓰며 송아지을 차에서 내률 때가 송아지가 좋아보이든가 내률 때 백오만 원 줄라는 송아지을 말목에 메어두니까 만오천을 깍고 살려고 하드라. 그레서 만오천 자신이 손에을 보고 1,035,000원 받고 팔아다. 우리 송아지가 김천 장에 같다 노아도 좋으며 자신이 소 먹이고는 처음 암송아지을 백만 원 넘두록 바다쓰니 마음에 찬 기쁨을 가지쓰며 오늘 장은 기분이 좋은 장이여따고 생각을 하며 앞푸론 집배서는 송아지나 소나 팔지 않을 작정이며 자신은 집배서 송아지을 팔원 것이 반이라고 생각을 하는데 오늘 생각을 하니 음청난 손예을 보앗따고 생각을 하며 앞푸론 어떠한 일레도 송아지 집배서는 팔지 않을 작정이며 요줌은 소에깨 간심이 업쓸 뿐 아니라 돼는돼로 소을 먹인는데 앞푸론 간심을 두고 먹이야 하게쓰며 자신으로 바서는 우리 집 소가 업이라고 생각까지 하고 잇다."
지출에 … 송아지 운님 5,000원 술 값, 담배 값 1,600원 차비 400원
수입에 송아지 값 1,035,000원

〈1990년 8월 31일 금요일 낡씨 맑음〉

오늘은 들판을 한 밖기 돌라보는 정도인돼 몸이 곤하며 일을 만이 할 때보다 잠자리 들어쓰며 정신 업시 잠외 시달리고 만다. 요줌 할 일은 소 풀 밖에 업따고 생각을 하는돼 피료가 싸여잇는 너킴이다.
지출에 … 휘발유 1말 4,160원

〈1990년 9월 1일 토요일 낡씨 비〉

태풍이 오다는 기상대 말래 불안한 시간을 보내쓰며 오늘 비오는 소리을 들을 때에 농민의 가슴에 물을 밝는 것처름 안타가운 마음을 검할 길 업드라.
농민들도 이번 태풍만 피한다면 금년 농사는 풍년을 약속을 할 수가 잇따고 보는데 태풍 소리에 가슴 종이는 시간을 보내고 잇다.
지출에 … 포장류 2,600원 껌 100원
計 2,700원

〈1990년 9월 2일 일요일 낡씨 맑음〉
어재 비로 벼가 쓰러지지나 않아나 하는 생각에 집사람과 채소 밭을 가면서 벼논들 한밖이 돌라보니 아직은 벼가 쓰러저지는 않아찌만 도복이 직전에 잇쓰며 앞푸로 조금이라도 비가 온다면 이재는 도복이 될 근더리 만으며 이번 태풍이 다행이 비키 같쓰니 큰 다행이라고 생각을 하며 이재는 한숨을 돌리 수가 잇따고 생각을 한다.
"우리로 바서는 한 번 숭년을 당하며 그 후 유증이 삼 년 이상 간다고 생각을 하며 농민은 매년 풍년이 돼어야 그진맡으로 살라 간다고 생각을 한다."

〈1990년 9월 3일 월요일 낡씨 맑음〉
요줌은 소 풀을 간심을 가지고 준비을 하는 편이며 금년들으로 송아지 금이 좋으니 자신으로 바서는 살림에 큰 도음을 생각으로 돼는돼로 소을 먹인 것을 요줌은 간심을 드주고 잇다.
그리고 자신 벼가 셋 자리가 넘어가 잘 돼어 쓰러절 직전에 잇는 벼을 매일 문안을 하고 잇다. 외냐하며 밤새라도 쓰러저잇찌 않는가 하고 매일 짜리마다 차자바야 하니 하로 일가가 하는 일 업시 바푼 생활을 하고 잇다.

〈1990년 9월 4일 화요일 낡씨 맑음〉
이팔원 씨 기와지붕을 쓰레트로 바꾼다고 일을 하여달라는 친구 부탁을 하는데 그절을 할 수도 업고 하여주로 같떠니 혈압이라고는 하지만 별로 작업 하는데는 별다른 너킴 업는데 마음적으로 고통을 당하고 잇쓰며 미리 급을 먹고 잇는 것이 병이라는 생각을 하여쓰며 일 하여달라는 부탁을 받고부터 신경이 쓰이는 것이 이것이 병이라는 생각일 너켜쓰며 요줌 혈압만 아니라도 구미 갈서 목수 일을 하며 40,000원 이상은 받을 탠돼 미리부터 급을 먹고 일을 못하는 자신을 만이 원망을 만이 하고 잇쓰며 오늘도 신경을 만이 쓰서 그른지 머리에 통정이 오고 잇는 것을 보니 자신은 남외 일을 아왜 할려고 생각하지 않을 뿐 아니라 자신도 50대을 잘 넌기두록 몸 갈리을 해야 하겟쓰며 자신의 일로만 열심히 하여야 하겟따는 생각을 가진다.

〈1990년 9월 5일 수요일 낡씨 흐림〉
오늘은 집사람 서울 동생 부탁으로 마늘 장에 같쓰며 자신은 토기 새키가 만아서 집사람이 먹이는데 힘들어보아도 다 업쌔야 하겟따고 마음을 먹으도 시간이 업쓰서 그른지 실천이 안대며 오늘은 큰 마음을 먹고 토기 새키 10바리을 오트바이로 갈려고 하니 면회증이 업쓰서 급이 나 경운기로 토키 새키 열 바리을 실고 김천장을 가는데 갈때 외서 장사가 한자욱에 4,000원 줄라고 하는데 만이 바들라고 장에서 팔려고 하다 한 바리 1,000원 밖에 줄라고 들지 않으며 자신은 조금이라도 더 바들라고 하다 매일 손에을 보는구나. 송아지도 처음부터 나중이 손에 같찌 이번에도 한 바리 2,000원 줄라고 하는데 장에 가서 한 바리 1,000원도 못 도라같쓰니 이것은 손에가 아니라 안전이 바가지을 뒤접어 쓴 것이며 이것은 무었신가 문재가 잇쓰며 만약에 자신이 토기 새키 살 사람이 나오두록 기다리고 해가 다 가는 한이 잇쓰도 전을 보고 잇쓰며 다쇼라도 드 바들수가 잇따고 보지만 농민들은 가축이나 농산물이나 생산한다고 비지땀을 흙리바야 상인들 배나 불리지 별 도리가 업쓰며 실찌 농민은 중간 상인 땀까지 포함을 해서 비지땀을 흙리고 잇따는 생각을 하여쓰며 농민들이 먹이고 살리는 곳이 넘어나 만으며 이대로 계속 간다면 구슬같은 땀을 넘어나 만이 흙리서 농민들은 탈진이 돼어 기력까지 업쓰절 것을 생각을 하니 가슴 아푸구나.

수입에 토기 쌔기 10바리 17,000원

지출에 … 소 사료 2포 인공류 1포 계 14,700원

計 14,700원

지출에 … 아빠 약, 혜영 소아재, 진통재, 킬라 12,000원 김, 지고기 7,000원 벗섯 1,000원 소금 500원 고등어 2,000원 차비, 요구트 700원 아빠 바자마 2,000원

計 24,500원[366)]

〈1990년 9월 6일 목요일 낡씨 비〉

이번 비야말로 농작물에 득이 돼지 않는 비라고 말을 하고 십고 이번 비야말로 자신으로 바서 엄청난 감수가 돼어따고 생각을 하며 어재까지만 하여도 벼가 쓰러질 준비을 하는 것처름 돼어잇쓰도 참와왔는데 오늘 종일 비로 이기지 못하고 쓰러저 잇쓸 것을 생각을 하니 귀가 찬다. 벼 쓰려진 것은 수학도 기대할 수 업고 일로 바서는 엄청난 고통이 따린다고 생각을 하니 거름을 조금만 적개 했드라도 이른 고통은 업쓸 것인데 하는 생각이 들으가는구나.

오늘은 이앙기로 모내기 한 것 계산도 하고 비오는 바람에 종일 동안 휴식을 하였다.

지출에 … 이앙기 모품 44,000원

〈1990년 9월 7일 금요일 낡씨 비〉

오늘 오전에는 체소밭을 한 밖키 돌고 아래은 벼가 씨리하게 돼어 잇쓸 뿐 아니라 이번 비야 참을 수 잇따는 모섭을 보여주고 잇는 것 같다서 반갑기 짝이 업드라. 그래서 집사람과 벼만 흝기고 돌아왔쓰며

오후에는 웃뜰래 논 상당이 쓸러젓찌 하는 불안한 감을 가지고 집사람과 둘리서 달려가보니 벼가 안전 도복이 돼어 잇쓰며 그것도 상당이 만이 도복이 돼 잇쓰서 기가 찬다. 이것을 다들 이러키 놀 생각을 하니 짜증이 나며 자신이 거름질을 못해서 그른돼도 집사람 보고 잘못한다고 짜증을 내며 빨리 못한다고 성질을 부리고 마라쓰니 내 마음도 내 잘못을 알면서 집사람에깨 짜증을 부리쓰며 저녁 노월이 질 무렵에야 일을 그만두고 소 풀을 떠드야 하니 잠쉬 실 여가도 업쓰며 집사람이 똑같이 일을 하고 소 풀을 열심히 떠는 모섭을 보니 미안점이 들며 벼 세우면서 짜정을 부린 것이 잘못돼어따고 하면서 내 잘못을 시인하여다.

〈1990년 9월 8일 토요일 낡씨 비〉

오늘은 웃들래 쓰러진 벼을 오전 내 집사람과 세우쓰며 벼 쓰러진 것은 정말 못 할 일이며 거름 손에 사람 외먹어 생각을 할 수록 가슴 아푸게 하며 집사람은 자기 말을 안 드러니 그르타고 이야기을 하지 이재와서 생각을 할 때에 남이 얼마을 하든지 욕심을 부리지 않을끈데 하는 후예 마음 밖에

366) 두번째 지출 합계는 25,200원이나 24,500원으로 잘못 기록하였다.

업꾸나.
"오후에는 소풀 준비을 하는 것으로 일과을 보낸 셈이다. 그리고 웃들과 당산에는 물꼬을 안전이 파논 셈이다."
"저녁을 먹고 나니 때아닌 소낙비가 쑈다저고 잇는 모섭을 보니 이재 우리논 벼 다 쓰러저게 하내. 비 소리가 파도처름 밀러오는 소리는 나의 숨소리을 죽이고 잇꾸나. 재발 견뒤볼려고 억찌로 서잇는 벼 이재는 다 쓰러저내. 풍년을 코 앞패 두고 숭년으로 간다니 이것은 넘 하다고 생각을 하며 이번만 참아다오 간곡한 부탁을 하고 십다. 너의 힘찬 소리에 이 몸 자절러 잠 못 이루고 잇다. 이 몸 태풍, 폭풍 다 젓도 나만이 꿋꿋하게 참아갈려고 결심한 자신이 오늘 소낙비 소리에 자절어 잠 못 잇루고 잇는 이 몸 소낙비 내리때리는 소리에 저따는 소리을 적게 하고 잇따고 나 자신이 시인하고 잇다. 아 비 이만 참아다오."[367]
지출에 … 오트바이 손 보는데 안타 값 750원

〈1990년 9월 9일 일요일 낡씨 흐림〉
어재 저녁에 소낙비 쇼다저는 소리 바서는 우리 벼 다 쓰러저네 하고 잠도 오지 않아는데 생각보다는 들 쓰러젓드라. 이것을 보고 천만 다행이라고 생각을 하여따. 풍년 농사을 하로 저녁에 망치나쓰며 우리 농민은 이른 봄부터 오늘날까지 풍년 농사을 만들기 위에서 (고충) (비지땀) 다 흙리면서 풍년 농사을 짓어낳는데 하로 저녁 비로 풍년 농사을 다 망치나쓰니 생각을 할수록 울라통이 터지는구나.
"우리 부부가 종일동 벼 쓰러진 것을 아르키 세우느라고 고생을 하여쓰며 오늘 일은 아무 소득 업는 일이며 일중에 벼 세우는 일은 우에 일이 짜증 때문에 못할 일이라고 생각을 한다."
"집사람 거름 적개 하라는 말을 여사로 들은 자신이 원망이 돼는구나. 집사람 말을 들으서 손에가는 일은 별로 업다고 생각을 하면서도 부인 말을 잘 안 듯는 편이라고 생각을 한다. 앞푸로는 들으주야 하게꾸나."
"낡씨가 앞푸로 잘해야 하는데 하는 마음밖에 업다. 외냐하며 앞푸로 비가 한 번 더 오며 반은 다 쓰러절 판이니 재발 앞푸로 낡씨 잘 하여주어쓰며 하는 생각이다."

〈1990년 9월 10일 월요일 낡씨 비〉
제주도 구경 갈라내 소 풀 떠들라내 벼 쓰러진 것 세우라내 뒤도라 볼 시간도 업는 하로을 보내고 잇쓰며 요줌 농촌으로 바서는 제일 징할 때리가 보는데 해필 비가 와서 논에 벼가 쓰러저서 다들 눈코 뜰 세가 업는 시간을 보내고 잇쓰며 특이 거름질 만이 하는 사람들 박탄다고 말을 하고 십꾸나.
오늘은 제주도 구경을 간다고 소 풀 준비을 한다고 두리서 경운기로 떠드와쓰며 오후에는 비가 너무 비가 만이 내리며 경북 지방이 호후주위보 내리면 강우량이 150미리 내린다고 기상대서 발포을 하는 것을 들을 때 이재는 안전이 숭년 농사을 만드는구나 하는 마음이 앞쓰며 멍한 시간을 한참 보내쓰며 제주도 구경을 포기을 하여쓰며 하는 생각이며 만약에 비가 와서 벼는 써러저잊

367) '(웃들 논 저부 물꼬을 파놈)'이라고 일기 지면 상단에 따로 기록되어 있다.

고 하며 구경을 간들 무선 재미가 잇깨나 아무 의미 업는 구경이 될 것이며 우리 부부는 관광이 아니라 신혼여행이라 하고 갈 작정을 하고 잇는데 날씨가 다들 망쳐논 셈이다.

"제주도 2박 3日 동안 구경을 가며 집 돌볼 사람이 업쓰서 처 어머님을 좀 오시라고 이야기을 하여떠니 처남이 오트바이로 모시왔드라. 연세가 마느신 부모을 아쉬울 때만 오라고 하여서 미안한 점이 마느며 처 어머님의 얼굴을 보니 미안해서 무라 말을 할 수가 업꾸나."

〈1990년 9월 11일 화요일 낡씨 비〉

오늘도 그날 비을 다 마저가면서 집사람과 둘리서 벼 쓰러진 것을 다 세곤 하여쓰며 하로 세우면 또 하로 량이 쓰러저고 잇쓰며 사람 골탕먹을 정도이며 벼도 어지간하게 쓰러지며 간심을 가지고 일을 하지만 너머나 만이 쓰러지니 이재는 올해는 공치는 해라고 생각을 하지 하며 벼 만치는 돼 소중하다는 너킴이 업쓰저머 이재는 될 때로 돼라 하는 생각이 자주 들어가는구나. 올해는 벼농사가 풍년으로 생각을 하여는데 그리고 벼 이삭을 볼 때마다 탐스러 마음에 찬 농사여는데 이재 와서 비로 농사을 망치다니 허전한 마음 검할 길 업쓰며 오늘은 농사을 털고 직업을 바꿀 길이 업는가 하는 생각이 벗적 들어 벼 세우는 것은 관심이 업쓰저는구나. 요줌 바서는 자신이 경제가 적으나 돌라간다면 직업을 바꾸게는데 형편이 돌라가지 못하는데 가슴 아푸구나.

"내일이며 2박 3日 제주도 관광 가는데 종일 비소리는 끄치지 않고 여름 장마처름 쇼다저고 잇쓰니 우리 논 자리 벼 다 쓰러저 내 이 아픔을 가슴에 안고 제주도 구경이 편하게 될 수가 잇나. 나로 바서는 평생에 한 번 제주도 나드리라고 생각을 하는데 이뼈 아품을 가지고 제주도 구경을 간들 마음이 편할소냐."

"우리 부부는 이번 제주도 관광은 신혼여행이라고 생각을 하고 돈 들으가는 것은 하나도 아깝찌 안아쓰며 신혼여행 간다는 기분으로 마음이 들떠 잇쓰스며 만향 좋아만 하여는돼 반갑찌 않은 불청격이 찾자와서 우리 부부 신혼여행 기분을 망치놀 푼 아니라 여름 내 비지땀을 흙리면서 풍년 농사 짓어논 것마저 다 망치고 마는 이 뼈 아품을 가지고 제주도 관광을 간다니 자신의 마음도 허락을 하지 않을 뿐 아니라 신혼여행 기분을 버리고 이번 제주도 간다고 생각을 하며 우리 부부 신혼여행은 한갑을 마지하고 우리 부부 손을 한 번 더 힘주어 잡고 갈 것을 마음으로 결정을 하고 이번은 제주도 구경 간다는 기분으로 2박 3日을 같따 오겟다."

〈1990년 9월 12일 수요일 낡씨 흐림〉

어재 저녁에 비 오는 소리을 들을 때 우리 벼 다 쓰러저는구나 하고 생각을 할 때는 극정이 앞산 보도 더 크다고 생각을 하여본다. 극정가 벼 쓰러진 것을 뒤로 두고 경상 관광뻐스로 대구 비행장에 간다고 뻐스에 몸을 실으쓰며 다들 벼집을 가지고 들로 가는 모섭을 보고 제주도 구경간다는 것이 마음에 내지키 않는 심적으로 버스에 들으스쓰며 여기서 대구 비행장에 가는데 1시간 글리며 대구 비행장 말로는 만이 들으찌만 실지 와보니 저절로 입이 벌으지며 자신은 난생 처음 비행에 왔쓰며 비행장에 비행기을 보니 엄청나게 크며 이 기체가 하늘을 어떠게 날까 하는 생각에 문득문득 동심에 장기곤 하는구나. 모든 수속을 발고 11시 비행기로 제주도 간다는 마음은 다들 들떠 잇는 기분이며 비행기 안으로 들으가니 방안 들으오는 너킴이며 정말 기분이 좋으며 이때부터 집의 극정은 머리에서 다들 떠나고 업쓰며 잠쉬 안내 방송을 하고 기체가 하늘 날을 준비을 할 때에는 불안감이 감돌고 잇는데 기체는 웅장안 소리와 하늘로 올가는데 잠쉬 섬짓하드니 그 다음 안정감이 들며 생각보다 아주 편안감을 가지쓰며 기체에서 육지을 볼 때에 구름 정말 좋으며 구름 사위로 육지을 볼 때 띠업시 말그며 정말 아름답고 육지의 길을 볼 때 우리 고향길처름 여켜지며 육지도 그립고 하늘에 솜 같은 구름 정말 신기한 감이 들으다. 그리고 제주도는 우리 생각을 할 때 조금마안 섬이라고 생각을 하여는데 하늘에서 제주도을 바라볼 때 정말 음청난 제주도의 바닥이며 눈이 모자라 다 못 볼 정도며 바닥이 좋다는 너킴이 들으다. 그리고 대구에서 제주도까지 비행시간이 50분이 소요돼며 심비의 세계의 그 퀘감을 가지는 시간이 넘으나 짤바서며 정말 아쉬운 감을 가지고 제주도 비행장에 창륙을 하여쓰며 제주도 비행장에서 신제주 일신호텔에 여장을 풀고 정심 식사을 하고 오늘은 자유 시간을 가지게 돼어쓰며 우리 일행은 시장 공원을 산책을 하여쓰며 제주도가 이처름 크게 발전을 한 것을 몰라쓰며 제주도는 다들 돈 등으리라는 생각을 하여쓰며 또 육지 돈 제주도 다 갇다준다는 너킴도 사실 들으다.

저녁 식사을 하고 다들 잠자리에 들으가는데 여자들이 제주도 와서 잠 잘라고 여기 왔는가 하며 여자들이 노래을 부려면서 놀든가 디스크 홀에 가자고 아우성이드라. 아우성에 못 잇겨 홀에 갇더니 자신도 홀에 멧 번은 간 경험이 잇찌만 이처름 성행위을 육체미 좋은 아가씨가 행동을 하고 잇는데 넘하지 않나 하는 너킴이며 여자들은 난생처음 들으온 사람은 다들 놀랏따고 자신은 생각을 한다.

우리 일행들은 나가서 춤을 천 사람은 멧 명이고 다들 구경만 하고 마라쓰며 몸매 좋은 아가씨들 춤에 놀라쓰며 그저 춤을 처며 여사잇게는데 성행위 시범을 보이는 여자들 정말 눈길이 가며 자신은 이것보다 더한 대가 잇쓸크라는 생각도 들으쓰며 몸매 좋은 아가씨들 춤 때문에 가정이 파탄이 돼는 률도 잇따고 생각이 더는구나. 그리고 이곳에 들으온 사람들은 성의 욕꾸을 다들 가지리라고 생각을 한다.

그리고 자신도 춤을 추어쓰며 오늘 저녁은 여자들 때문에 재미잇깨 보낸 셈이다. 이곳은 가정에 충실한 사람은 이곳을 몰라야 한다고 생각을 한다.

〈1990년 11월 13일 목요일 낡씨 흐림〉[368]

오늘은 오전 8시에 호텔래서 출발을 하여 남재주 구경을 시작을 하는데 관광은 어느 곳이나 다름이 업따고 본다. 외냐 가보며 별 신기한 곳 업따고 보며 재주도는 화산이 폭발한 자리가 신기하며 다른 곳은 그저 좋다는 너킴이며 오늘은 관광에 바파서 안저 실 시간도 업쓰며 종일 동안 바파스며 오늘 관광에 기억에 남는 것이라면 굴이 신기하

368) 실제 9월 13일이나 11월 13일로 잘못 기록하였다.

게 돼어 잇쓰며 굴을 보며 오래동안 물이 흘러간 것처름 헌적이 남아 잇는 것을 볼 때에 신기하게 짝이 업쓰며 저절로 입이 벌어지드라.
그리고 처음에는 벼가 다들 쓰러젔찌 비가 오지 모든 족끈이 관광 날씨는 아니라고 생각이 들으 이번 구경은 후에을 하여는돼 집사람과 제주도 구경을 와서 둘리가 같이 다니면서 구경을 하면서 집사람 좋아하는 모섭 보니 잘 앗따는 생각이 들으가며 자신도 잘 았따 집배 잇쓰며 극정이 만을끈대 이곳에서 극정을 버리고 관광을 하고 잇쓰니 이 마음이 편하구나.
그리고 오늘 관광은 열 군대는 하여따고 생각을 하며 제주에 호텔과 집, 모든 이것이 잘돼잇쓰며 관광 도시로 투자을 만이 하여따는 것이 표시가 나며 앞푸로 큰 별이 보이는구나. 그리고 집사람 행동이 잽사한 편이며 자신보다 3년 더 배운 표가 한경이 반킨 대는 조금식 표가 나며 오늘 간 사람들 중에 여자들은 중학교을 한 사람은 3명 정도 밖에 안 대며 그 안에 집사람도 키어잇따는 것이 정말 기쁘며 사람이란 배우야 한다는 것을 한 번 더 느켜쓰며 오늘 관광하는데 우리 부부가 제일 좋은 기분으로 관광을 하는 모섭이드라.

〈1990년 9월 14일 금요일 낢씨 비〉

호텔에서 일어나 창문을 열어보니 비가 내리고 잇드라. 비도 적기 오는 것이 아니고 만이 내리고 잇는 모섭을 보니 오늘 관광은 다들 잡아따는 생각이 들며 기분이 별로 좋찌 않꾸나. 그러저 기상대 예보가 제주도 호우주이보가 내리따고 이야기을 할 때에 오늘 구경은 뻐스 안에서 다 하고 마는구나 하는 느킴이 들드라.
아침 식사을 하고 출발을 할려고 나오니 우산 장사가 한아람 안고 와서 우산을 팔드라. 다들 우산을 사는데 집사람은 살 뜻 하드니 우산 잇따면서 우산을 안 사드라. 자신도 비가 계속 내리겟나 하는 생각으로 우산은 별로 신경을 쓰지 않코 그냥 뻐스 안으로 들어가고 말랐다. 뻐스는 관광지로 도로에 물을 떠키면서 질주을 하고 잇쓰며 원예 시험장이라면서 귤 단지 구경을 하라면서 내려 노터라. 비가 오니 우리 부부는 우산이 하나기 때문에 옻을 안 바릴라면 내 품에 안겨야 옻을 들 바리기 때문에 남외 눈을 볼 결을도 업시 집사람은 내 품을 잡고 자신은 우산을 밭쳐들고 관광을 하여쓰며 자신도 내 품을 안고 다니며 관강을 하니 기분이 좋으며 수만은 관광객이 부인을 남편 폼을 잡고 다니는 사람이 멧 돼지 않는다고 생각을 하며 만약에 비가 오지 않는다면 집사람이 감이 일행들이 잇는데 내 품을 잡을 수가 잇깨나 하고 생각을 할 때 우리 부부 바서 이 비가 정말 잘 오는구나 이 비 때문에 집사람 손을 잡고 보슬비 내리는 관광길을 그닐어 보니 이재 신혼부부가 신혼여행 온 기분이며 종일 동안 집사람은 자신의 품에서 관광을 하여서며 우리 일행은 28명인돼 그중에는 우리 부부가 채고다는 소리도 하며 오늘 관광은 집사람이 야물으서 그러타고 생각을 한다. 외냐하며 집배서 우산을 가지고 가고 우산 장사예깨 우산을 샀들라면 집사람을 품고 다니지 못했쓸 것이 아닌가 하고 생각을 하니 집사람 정말 야문 득택으로 자신이 이래 산다는 너킴을 한 번 더 가지본다. 오늘 여행은 신혼여행 온 사람보다 자신이 더 절급게 하여다고 자신은 생각을 하고 잇다.
그리고 제주도에서 김해 비행장으로 아서 경상 관광뻐스로 이용을 하여다.

〈1990년 9월 15일 토요일 낡씨 맑음〉
오늘은 제주도 갈 때와 제주도 호텔래서 비 소리에 신경이 쓰여서 사실 잠이 재돼로 오지 않아서며 우리 벼 다들 쓰려저내 하고 극정을 한 것이라 오늘은 세벽이 일어나 아침 일적 오트바이로 시동을 걸며 이웃 사람들의 잠자리에 지장이 잇쓸까 시동은 걸지 않코 그냥 골목을 나가서 도로 변에 가서야 시동을 걸어 들판을 돌아보니 생각보다 아주 들 쓰러젓쓰며 이것을 보고 자신은 다들 쓸어젓따고 생각을 한 것이 조금 만이 쓸어젓키는 하여찌만 이만한 것이 천만 다행이라고 생각을 하여쓰며 자신으로 바서는 기분이 좋꾸나.
오전은 아래 들래 쓰러지 벼을 세우고 오후에는 웃뜰래 벼을 세우쓰며 웃뜰은 다들 세운다면 앞푸로 3日은 더 걸릴 것으로 내다 본다.

〈1990년 9월 16일 일요일 낡씨 흐림〉
오늘도 쓰려진 벼을 세우는데 지루하기 짝이 업쓰며 자진이 저질어 논 일이라 어느 누구에깨 원망도 하지 못하고 자신의 마음 속으로 우라통이 터지는구나.
둘리가 종일 쓰러진 벼을 세우바야 을마 세우지 못하게쓰며 짜증나는 일과가 돼어따고 생각을 한다.

〈1990년 9월 17일 월요일 낡씨 맑음〉
오늘은 쓰러진 벼을 세우면서 지루한 시간을 보내기가 힘이 들으 노래을 부러다가 집사람에깨 노래 한 번 불러바라 우리 짜증을 내지 말고 우서며 일을 하자는 식으로 말을 하여쓰며 내 잘못으로 집사람을 욕을 보인다면서 미안타고 말을 하여쓰며 정말 내 잘못으로 우리 부부가 욕을 본다는 것이 진심으로 미안꾸나.
오늘로서 쓰러진 벼을 안전이 세우쓰며 오늘 쓰러지 벼을 다 세울라고 부지련이 하여서 쓰러진 벼 세우는 일은 오늘로 안전이 끝을 냇다.

〈1990년 9월 18일 화요일 낡씨 맑음〉
올 배추가 밭에서 다들 썩으문드러저는 것 보고도 구경 갈라내 쓰러진 벼 세울라내 너무나 바빠서 배추 팔로 가지 못하고 오늘이사 배추 팔로 갈려고 배추 밭을 가보니 3분 2는 다들 썩으잇쓰며 이것을 보고 남들은 배추 금이 좋은데 왜 썩쿨까 하며 지나가면서 욕들을 했쓸 것을 생각을 하니 넘어했따는 생각이 들며 어떤 삶은 다들 썩쿠니 좀 나누어주며 고맙다는 소리을 들을 것이 아닌가 욕들을 만이 하여따고 생각도 더는구나. 남들은 욕을 하는 한이 잇쓰도 채소밭에 올 시간이 업쓰며 심지어 김치가 업쓰서 맨밥을 먹으면서도 채소밭에 올 시간이 업두록 바파다고 말을 하고 십다.
금년 농사 배추는 잘 짓고 때을 맡차는데 너무나 시간이 업쓰서 때을 노치고 마랐다. 배추장 간다고 쓰러진 벼을 두고 갈 수도 업는 몸 구경간다고 4일 빠저 구경가기 전에 쓰러진 벼을 다 세우고 구경간다고 정신 업시 부부가 일을 하여찌 우리 올 배추는 다 썩개 돼잇따고 생각을 하며 3분지 일이 남아 잇따는 것이 천만 다행이라고 생각을 한다.
오늘은 배추을 뽑아서 구미 동생 집부로 팔

로 가쓰며 구미 동생 집 앞패 두고 지수씨 가 사람들 소리을 하니 순식간에 다 팔리더라. 오늘 같터며 배추을 을마라도 다 팔개더라. 그리고 팔다보니 동생 줄 것도 업시 다들 팔라가서 동생 보기에 미안하기 짝이 업드라.
수입에 배추 값 32,000원
지출에 …

〈1990년 9월 19일 수요일 낡씨 맑음〉
오늘은 들판을 한 밖키 돌아보면서 미전 것을 손을 돼고 소 풀 준비을 하여쓰며 오늘 일한 것을 돌아볼 때에 일한 것을 별료 업따고 생각을 하는데 하로 일과는 시간 여유가 업따는 생각이 들으가는구나.
지출에 … 돼지고기 2斤 6,000원

〈1990년 9월 20일 목요일 낡씨 맑음〉
금일은 순현내 기와지붕을 벗키고 스레트 지붕을 하여쓰며 이재는 개와 지붕들은 수명이 돼어서 쓰레트로 다들 갈라야 한다고 본다.
자신은 높픈 곳에서 일하는 일은 안 알라고 들으는데 그래도 차저와서 사정을 하는데 어떠게 피할 수가 업꾸나. 그래서 오늘 할 수 순현내 지붕 개량하는데 일을 하여쓰며 오늘 일은 휴식도 업시 일을 만이 하여따고 생각을 한다.
"오늘 일을 잘 하여따는 소리을 들으쓰며 박공을 넌 것이 자신이 생각을 하여도 잘 하여따는 생각이 더는구나."
수입에 품 값 40,000원

〈1990년 9월 21일 금요일 낡씨 맑음〉
금일은 면민 체육대회 한다고 하여서 자신도 갈려고 준비을 하다 몸도 곤하고 가바야 술 먹기밖에 드 하게나 하는 생각 때문에 그만 낯참을 쉬고 봉답과 당산 논 도구을 훌떠내는 작업을 하고 소 풀 준비로 하로 일과을 보내고 마랐다.
그리고 오늘 저녁 식사는 노인들 10명을 초대을 하여서 저녁 식사을 싯키쓰며 이것은 처 어머님이 오시서 우리 마을 노인들과 돌부라도 자주 하고 그리고 조금마난 음식이 잇쓰며 처 어머님을 돼리로 오고 같이 음식을 자시는 것을 보고서 나 자신이 술 먹는데 칯고 어머님 또래을 모시다 음식을 따뜻하게 대집해 더리자 하는 생각이 처 어머님 오시고 생각을 하여쓰며 처 어머님이 우리 집배 오신지가 10일이 돼며 그동안 처 어머님이 남외 음식도 어더 자시고 해서 오늘은 우리 어머님 친구분 초대을 해서 저녁 식사을 대집한다는 마음으로 마는 음식을 준비을 할려고 집사람에깨 나의 어머님 친구분을 모시다가 저녁을 대집한다는 마음으로 음식을 만이 장만을 하며 쇠고기와 반찬을 만이 장만하라고 부탁을 하여는데 집사람이 돈이 만이 들으가서 음식을 줄리따는 이야기을 해서 처 어머님이 아니며 성질을 내고 십프나 억찌로 참아쓰며 돼지고기 3斤과 반참 준비로 어머님 또래의 노인 11명을 저녁 식사을 씨키쓰며 자신의 마음이 준비보다 적개 돼집을 해드리서 마음에 걸리는 대집이 돼어서 미안타는 말을 하고 십다.
노인들이 돌라가쉬면서 정말 잘 먹으다는 이야기을 하여도 조금만 음식을 드 장만해서 어머님 친구 분들을 대집을 하여드리쓰며 내 마음이 깨운하겟내는데 집사람과 처 어머님이 들으서 돈이 만이 드르간다고 간소하게 하여따는 생각이 들으가는구나. 처 어머님과 집사람의 마음도 알지만 내 생각은 헛돈 한 번 쓰지 않코 술 한 잔 하지 않는 자신이지만 노인들을 대집하는데 돈을 쓰도 개안타는 생으로 대집을 할려고 해는데 마음대로 돼지 않아서 마음에 걸리는구나.

〈1990년 9월 22일 토요일 낡씨 맑음〉

오늘은 농로 부역을 하는데 자신은 오늘이 감염 접종 날이라 오전 10시까지 작업을 하여주 책임자에깨 말만 하고 빠저나와서 집사람과 둘리서 김천시 보건소에 가서 접종을 2차 접종을 끝내고 마랐다. 그리고 오후에도 도로 부역을 하는데 오전에 한 발이 들 한 대까로 오후에 열심이 하여 준 셈이다.

〈1990년 9월 23일 일요일 낡씨 흐림〉

우리 운이가 오락실에 안 가는 줄 알라는데 또 갈서 오락을 하고 돈은 저의 외할머니 돈을 몰래 내서며 할머니 돈원 4,000원 업따고 하는데 운이 말로 1,000원 내따고 딱 띠고 잇쓰며 이재는 운이예깨 참 말을 들을 수가 업다. 외냐 매을 대어야 바른말을 하기 때문에 요줌 매을 때지 않코 말로만 달래며 아빠 급을 내서 그른지 밤에 들으오지 않는데 이 아빠 놀라쓰며 그때부터 부모로부터 자식들이 급을 먹으며 안 대겟따는 생각으로 요줌은 어떠한 일이 잇쓰도 꾸중을 주지 않으며 말로 타일어기 밖에 안 아니 참말을 들을 수도 업고 해서 그진말인 줄 알면서도 그냥 넘어간다. 오늘도 아침에 나가서 오락실에 계속 잇쓰따고 하는데 오락이 제 아무리 좋다고 한들 종일동안 오락을 할 수가 업따고 보는데 종일 동안 오락실에 좋은 푸로 잇따고 해서 같쓰따는 말과 종일 오락을 했따는 말을 미들 수밖에 업쓰며 오늘도 밤 11시 경에 변소 엽패 숨는 것을 형수가 발견을 해서 밤 아이들 밤새두록 찾지 않코 일적 운이 발키 때문에 속을 둘 상했따고 생각을 한다. 그르지 않아드라면 아이을 집배 두고 우리 가족이 밤새두록 찾아 해맬 것인돼 큰 다행으로 생각을 하며 오늘 오락실에 갈 돈원 어디서 나와는냐 물러니 돈을 만 원 주어따고 하길래 다들 거짓으로 안다. 자신이 생각을 할 때에 운이가 아빠 급이 나서 못 들으오는지 정신이 어떠게 돼어서 밤만 돼면 집배 안 드러오는지 알 수가 업쓰며 자신도 운이 어떠게 해야 오락실에 안 가두록 할 도리가 업꾸나.

"운이가 인간이 돼지 않는다는 생각은 들으간다만 외냐 저의 아빠에깨 그짓을 스섬업시 하고 잇는 긋가 사람의 눈치을 보고 잇는 점 그리고 10,000원 오락실에 가서 다 쓰고 오는 모섭을 볼 때에 인간이 수라게 돼지 않캐다는 생각이 들으가며 이 아빠도 하로 생활을 절급게 살다가도 운이 일만 생각만 하며 하늘이 무느저는 너킴이며 오늘은 운이에깨 제발 그짓말 하지 말라고 두 손 모아 빌은 셈이다."

"오늘 처 어머님 오트바이로 모시다 주어쓰며 어머님 모시다가 일만 시키고 대집도 따뜻하게 해드리지 못하고 집배 보내서 미안하기 짝이 업꾸나."

그리고 우리 아이들이 저의 외할머니에깨 잘하는 모섭을 볼 때에 신기할 정도며 자식들도 저 활머니 보지 못해서 외갑집에 할머니에깨 따리는구나 하고 생각을 할 때 부모는 꼭 자식사랑 손자 사랑 손녀 사랑 다 주고 돌아가시야 한다는 생각이 들으가는구나.

〈1990년 9월 24일 월요일 낡씨 비〉

오전에는 제주도 구경간 사람 결산 한다고 속푸리을 남자들 키리만 하고 마랐다.

오늘 결산 하면서 한 사람 앞패 5,500원식을 더 내쓰며 우리는 부부가 다 갈키 때문에 11,000원 드 내고 마랐다. 이번 구경은 자신이 제일 나이가 적으쓰며 이번에 따라가지 완아따면 제주도 구경은 생각을 하고 잇쓰도 쉽게 돼지 않을 끈돼 이번에 잘 갈다 왔따고 생각을 한다.

그리고 난대 업는 비가 외 이래 와서 농민들을 골탕을 먹이고 잇는가 안 거래도 우루가이 때문에 농민들의 마음은 심란한대 비까지 골탕을 먹이고 잇쓰니 이 아품을 어디 가서 하소연을 하리까. 오늘 비가 아주 만은 량의 비여쓰며 안 그래도 비물래 못 잇겨 벼들이 쓸어저고 잇는 판국에 더부치이로 비가 왔쓰니 어이하며 벼가 쓰러저지 않을까 오늘도 우리 부부는 쓰러진 벼을 세울 욕심으로 들판을 갈떠니 기가 차며 올 가을 어떠게 할까 극정이 돼며 쓰러진 벼도 세우지 못하겟드라. 외냐하며 이재는 힘이 업쓰서 세우면 벌서 뜰 접쳐저며 도저이 세우는 작업은 불가능이라고 생각을 할 때에 이번 비가 소출을 음청나게 손에을 보여따고 생각을 한다.

지출에 … 제주도 구경 갈는데 경비 11,000원

〈1990년 9월 25일 화요일 낡씨 맑음〉

오전에 부인하고 쓰러진 벼을 세울라고 논자리 들어가서 작업을 하여보니 이재는 벼 포기가 힘이 업쓰서 세어저지 않을 뿐 아니라 벼 포기 중간이 다들 접쳐저서 세울 수가 업드라. 그래서 벼 포기을 약 쪽으로 갈라낳쓰며 벼 포기가 땅에 부튼 것만 손을 돼고 나머지는 손도 쓰지 못하고 마랐다.

그리고 오후에는 학희 저장고 스라비 칯는데 일 그들어주로 같쓰며 사람들이 만으니 일적 다하게더라.

"그리고 구경간다고 전화 요금을 내지 못했든이 독촉장이 나와드라. 그래서 아포 우체국에 직접 가서 납부을 하여쓰며 이것을 마지막 날 돈을 동장이 밭키 때문 하로 넘어가도 가산금이 부키 때문에 혹 바픈 사람 바서 이틀이라도 앞패 바다주어쓰며 가산금 부쳐 주는 사람이 적을 것으로 내다보는데 이것은 동장이 조금만 동민들에 생각을 하여준다면 제 날짜에 못 내어도 시간이 잇고 하니 가산금은 만치는 않치마 가산금을 부쳐주는 사람이 업쓸 것이 아닌가 하는 생각이 든다."

지출에 … 인공류 1포, 어미 사료 2포 계 3포 14,300원 전화 요금 4,630원 차비 380원 計 19,310원

〈1990년 9월 26일 수요일 낡씨 맑음〉

오전에는 채소밭을 한 밖기 돌고 소 풀 준비을 하여쓰며 그리고 일부 사람은 벼 탈곡을 할려고 준비을 하고 잇는 사람들이 잇다. 앞푸로 이 달 30日경 돼며 모두 벼 탈곡에 들어갈 것으로 본다. 그리고 오후에는 거름 실어내는 것으로 하로 일가을 보내고 말라다.

우리 운이가 낮번 행세을 버리지 못하고 잇쓰며 돈을 저의 엄마 몰래 돈을 가지고 가며 외 돈을 떳뜻하게 돌라고 말을 못할까 이 아빠로 바서 정말 가슴 아푸며 자식 하나가 올바르게 잘라주지 못하고 잇는 자신

이 이 세상에 재일 불상한 사람이라고 말을 하고 십꾸나.

자식이 부모을 고통주고 잘 안다는 것은 상당도 못할 일이며 나무로 본다면 뿌리 업는 나무라 바야 한다. 모든 것이 기초가 좋아야 든든하드시 자신은 기초부터 실패작이 돼고 마라쓰며 때론 자신이 표기을 먼저 해야 한다는 생각도 들 때가 잇꾸나.

〈1990년 9월 27일 목요일 낡씨 맑음〉

오전에는 소 두엄을 다 실어내쓰며 오후에는 콩 수학을 익은 것만 하고 푸린 것은 그냥 두어쓰며 콩 수학이 생각보다 적개 생산이 돼리라고 생각이 돼며 벼도 콩 수학처름 보기는 잘 되어 보이도 수학을 하며 적개 생산이 돼는 것이 아닌가 하고 염려가 돼는구나.

"그리고 우리 마을에 벼 수학을 개시하였다. 올해는 벼 수학이 좀 일적 하는 느킴이다."

〈1990년 9월 28일 금요일 낡씨 맑음〉

"오전에는 콩 탈곡을 하여쓰며 콩 탈곡을 여러번 할 것 같터며 한끄번에 탈곡을 못해서 성기스럽게 돼어 잇꾸나. 오후에는 벼 탈곡 할 준비 한다고 같돌리는 작업을 하여쓰며 올해는 벼 쓰러진 곳이 만아서 벼 베기가 힘들 것으로 본다."

〈1990년 9월 29일 토요일 낡씨 맑음〉

오늘로서 소 풀 준비는 마지막으로 생각을 한다. 외냐 이재는 벼 베기에 들으가면 소 풀은 시간이 업쓰서 떠지 못한다. 내일 장에 송아지만 팔면 벼집을 먹일 자정이다.

"그리고 인간이 약속을 지키고 산다는 것이 정말 어려운 것이라 생각을 한다만 첫같집부로 친족 조카가 작년에 세 번식이나 약속을 지키지 안아서 나 자신도 실수을 세 번 어기게 돼어쓰며 그래서 자신만 실언 사람이 돼어서 나중에는 콤바이 탈곡을 우리 마을로 올라고 하는 것을 성질이 나서 오지 말라고 하여쓰며 작년에 올라고 하는 것을 보고 세 번식이나 지키지 않아서 자신의 성질이 나서 못 오게 한 것이 마음에 걸리서 올해는 자신이 오라고 했든이 오늘 올라고 약속을 해서 사람들에깨 벼 베기 할 사람을 맡차난는데 오늘도 약속을 지키지 않아서 성질이 나는구나. 그리고 콤바이 가지고 잇는 사람들은 다들 그른가 자신은 약속을 지키지 않는 사람은 사람으로 여기지 않는 섭성이다."

"그리고 내일은 온다니 미드바야 하게쓰며 인간의 약속은 생명처름 여기야 한다고 생각을 한다."

〈1990년 9월 30일 토요일 낡씨 맑음〉

금일은 송아지 팔려고 우시장에 용달차로 실고 같쓰며 가서 금세 팔려같쓰며 집배서 생각에는 1,400,000만원 못 달 끗이다는 생각을 가진는데 처음에는 1,350,000 줄라고 하는데 이왕 1,400,000원 주면 판다고 하여서 나중에는 1,400,000만원 다들 바고 마랐다. 금년에는 송아지 값은 너무나 좋아서 자신이 소 먹이고 처음 송아지 돈을 만이 하여서며 다들 소 품으로 엄청나게 만이 먹이고 했는데 다들 실패을 하고 자신은 오래 먹이니 때가 오는구나. 사람이 끈기만 가지며 때가 온다는 것을 한 번 더 너킨 셈이다.

그리고 오늘 웃뜰 6마지기 콤바이 탈곡을 하는데 빠지서 종일 동안 6마지기밖에 못 베어쓰며 콤바이도 첫같집우로 조카라서 자신이 마음이 더 쓰이며 앞푸론 집안에 친족은 상대을 안 해야 한다고 생각을 한다. 외냐 마음이 잇처름 쓰이는지 마음 쓰는 고통 때문에 우리 성격으로 맡지 않는구나.

수입에 … 송아지 숫송아지 값
1,400,000원

지출에 … 운님에 15,000원 선들 동서와 술 값 900원 송아지 중개인 술 값 600원 차비 200원
計 16,700원

〈1990년 10월 1일 일요일 낡씨 맑음〉

오전에는 남외 논에서는 콤바이가 잘 도라가드니 오리 논에 와서 그만 고장이 나고 마니 의이 신경이 안 쓰일 수 잇나. 올해 자신의 운이 업나 우리 논에 와서 찜바을 노의며 한참만 벼게 돼며 다 벨 수가 잇는데 고장 때문에 그만 못 베고 김천 대리점으로 끌고 가서 마랐쓰며 나 자신은 기계 불어와서 을마나 지연돼는 줄도 모르며 실질적으로 큰 손에가 가고 잇다. 자신이 기계을 돼리고 와서 다른 기계 돼지 못하고 당산 논은 만이 파지는데 이 기계로 못 벤다면 상당안 예로점을 안고 잇쓰며 자신이 성급이 기계을 대리고 온 것인가 큰 실수가 돼고 마랐다. 만약에 처음 베게 돼며 자리마다 밥을 다 해야대니 이것은 손실이 아주 만타고 본다.

〈1990년 10월 2일 화요일 낡씨 맑음〉

오늘로 웃들래 벼 베기을 다 하여쓰며 원재든지 굼논이 수학량이 떨으저면 올해도 6 마지기 보다 적개 수학량 떨으저며 올해는 콤바이 푸대로 57개 수학을 함.

그리고 금년에는 아주 잘 돼어서 수학이 만이 될 줄 알라는데 실찌 수학을 해보니 생각보다 아주 적개 수학이 돼드라.

지출에 … 1,750원 세값, 세집배 쇠고기 값 7,500원 전기세 값 5,880원
計 18,130원[369)]

〈1990년 10월 3일 수요일 낡씨 흐림〉

금일이 추석이며 이번 추석은 5日동안 공휴일이 돼어서 다들 고향을 차저왔쓰며 우리 마을에 고향 차저오면서 차 몰고 온 것을 보니 정말 우리나라가 살기 좋은 나라가 돼어따는 것 한 번 더 너켜저며 다들 자가용을 몰고 오는 것을 보니 농촌에 사는 사람만이 불상하다는 생각이 들으가는구나.

"그리고 이번 추석도 우리 형제는 낙오 업시 성모에 참석을 다 하여쓰며 자신은 가을때에 다들 참석을 하여주는 마음이 고맙따는 늘 가지고 잇다."

지출에 … 큰집배 추석 시는데 10,000원
트랙타 후래라 만드는데
200,000만원
計 210,000원

〈1990년 10월 4일 목요일 낡씨 비〉

집사람과 둘리서 콩지름 콩을 익은 것만 뽑아쓰며 올해 밭 곡석은 아주 조글더라. 올해 콩나물 콩이 될련지 몰겟꾸나.

어재 저녁에 비가 조금 오는 바람에 일들이 오전은 공휴일을 하고 마라다. 금년에는 필요업는 비가 너무나 만이 내리서 농민을 우

369) 실제 합계는 15,130원이나 18,130원으로 잘못 기록하였다.

울하게 만들은 적이 너무 만꾸나.
그리고 형님 콤바이 탈곡 하는데 그들어주어쓰며 나 자신은 잠쉬도 실 사이 업시 바푸고 잇다. 이것을 보고 안에줄 수도 업고 다 할련이 내 몸이 너무나 피곤하구나.
금년 벼 탈곡은 좀 빠르며 통일벼는 3日 안에 탈곡이 다 돼리라고 생각을 한다.

〈1990년 10월 5일 금요일 낡씨 맑음〉
내일은 당산 벼 세자리 다 콤바이 탈곡을 하여줄라고 해서 집사람과 둘리서 갈돌리는 작업을 하여쓰며 갈을 다 돌리고 나니 빠진다고 못 빈다니 귀가 찬다. 자꾸만 낡짜만 미루더니 이재와 빠진다는 핑계로 안 베주라고 하니 성질이 나며 성질이 폭발을 못하고 억찌로 소아를 시킬라니 속이 끌고 잇꾸나. 자신도 기계을 가지고 잇찌만 빠지지는 데는 끌리지만 한 불래 못 한다고 이야기을 하며 미리부터 마음에 준비을 하여쓰며 남외께 부탁을 하여도 오늘은 충분이 콤바이 탈곡을 할 수가 잇따고 보는데 자신으로 바서는 낭패가 만쿠나.
"인간이 욕심 때문에 약속을 못하고 약속을 어기는 것은 욕심이 업는 사람보다 못하다."[370]

〈1990년 10월 6일 토요일 낡씨 맑음〉
오늘로서 통일벼 세 단지을 콤바이 탈곡을 하여쓰며 올해 벼 수학은 마음 찬 수학이라고 말을 하고 십다. 오늘이 통일벼 마지막으로 콤바이 탈곡이고 당산벼 탈곡을 하고 나니 마음이 날아갈 정도로 기분이 좋꾸나. 자신은 당산 논이 빠진다고 아무도 벼 탈곡을 해줄 사람이 업따고 생각을 했키 때문에 오늘 정석윤 씨 척 대는 콤바이 육조식이라 잘도 비더라. 오늘 벼 탈곡을 어렵게 하여찌만 기분은 좋은 날이라고 말을 하고 십다.
지출에 … 세 값[371]

〈1990년 10월 7일 일요일 낡씨 맑음〉
오전에는 벼 탈곡 한 것을 여러 곳으로 분산을 해서 건조을 할려고 널어낫쓰며 오후에는 순달이 대신 집 방세 놀라고 보이라 놋는데 일 그들어주어쓰며 마음은 오늘은 푹 쉬쓰며 하는데 동생이 보이라 놋는다고 일 그들어달라고 하는데 안에 줄 수도 업고 해서 오후는 일을 그들어주는 것으로 하로 일가을 보내고 마랐다.
지출에 … 경운기 크라지선 2,000원

〈1990년 10월 8일 월요일 낡씨 맑음〉
오늘 낡씨는 아주 하창한 가을 낡씨라고 보며 오늘 한낮은 빛이 따가어며 벼알이 복킬 정도로 맑은 날씨을 보여쓰며 오늘 비가 온다는 거슨 꿈에도 생각을 못해쓰며 오늘은 세 군대 분사을 하여서 널어노아는대 이것을 집배 널어논 것 반 정도 담어니 뭉개 구름이 몰려오더니 빗방울이 떨어저는데 이재는 날배락을 맡자꾸나 하는 생각이 들며 집사람과 형영이 셋시가 벼알을 풋대에 담는데 정신이 업쓰셔며 자신은 뛰어다니며 대충 덥퍼노코는 벼알을 풋대에 담는돼 정말 정신이 업쓰서며 나중에는 큰집배 아들

370) '(~~10月 5日 큰집배 50십만원 줌~~)'이라고 일기 지면 상단에 따로 기록되어 있다.
371) '(통일벼 마지막 콤바이 탈곡함)'이라고 일기 지면 상단에 따로 기록되어 있다.

이 다들 와서 도와주고 나중에는 형님, 형수 이웃 사람이 다들 그들어주어쓰며 오늘 7말 5돼지이 벼알을 담는데 진땀을 냇쓰며 오늘 비가 방울로 떨어저다 말라서 그르치 정말 소낙이로 쇼다젓더라면 오늘 벼알은 손도 돼지 못하고 다들 당하고 말끈대 오늘 낡씨 그만 하길을 천만다행이 꿈만 같꾸나.
"오늘 큰집배 아들이 와서 도와주어서 고맙고 정말 외먹으다. 그래서 만두라도 좀 사줄라고 하여떠니 만두가 한 개밖에 업쓰서 만두 한 개만 사주고 마랐다."
지출에 … 만두 2,100원

〈1990년 10월 9일 수요일 낡씨 맑음〉
누님이 통일벼 한 단지을 아직 콤바이 탈곡을 못해서 예타게 여기며 콤바이 가지고 잇는 사람이 넘어나 멀다고 안 갈려고 한다기에 자신의 트랙타로 실어다주며 탈곡을 해줄란가 무로보라고 했든이 실어다주면 탈곡을 하여준다고 해서 트랙터로 실어다 주어쓰며 봉산들이 벼 수학이 적개 생산돼는 것 같더라.
이번 정부에서는 보안사가 사찰 문재로 시국이 불안해 물가 상성될 것이며 정부는 이번 문재을 잡 잡지 못하며 대통령 자리도 불안하지 않을까 하는 염려가 돼며 이번 보안사 사찰 문재로 김대중 씨 단식에 들으같쓰며 평민당은 부채질을 하고 잇쓰며 야당들은 다들 규탄을 범국민운동을 할려고 개핵을 세우고 잇쓰니 정부는 이 수섭을 어떠게 할련지 궁금하며 노태우 대통령은 정치보다 수섭에만 바푸니 역대 대통령 중 제고달픈 대통령이라고 말을 하고 십다.
지출에 … 대구 사촌 누님 딸 결혼에 부주 20,000만원 용숙이 10,000원 병문안 3,000원 차비 2,400원 計 35,400원

〈1990년 10월 10일 목요일 낡씨 맑음〉
오늘은 서양바실래 일반벼 콤바이 탈곡을 함. 일반벼도 푸대 숫자는 통일벼와 다름이 업드라.
자신은 서양바실에 출수을 하여서 을마 돼지 안아서 벼가 일부 쓰러저서 금년에 일반벼 수학은 힘들 것으로 내다보고 잇쓰는데 오늘 탈곡을 하여보니 생각보다 만이 나서 천만다행이라고 생각을 한다.[372)]

〈1990년 10월 11일 금요일 낡씨 맑음〉
오늘은 경화내 형님 일반벼 콤바이 탈곡을 하는데 수학량이 상당이 만이 떨어저 미안하며 자신이 농사는 잘 짓어따고 보는데 망우리 작업에 몰기약을 두 번 쳐야 하는데 한번만 살포을 하여 수학이 떨어줬따고 생각을 하며 내년에는 몰기약을 두 번 살포을 하여야 수학을 할 수가 잇따고 보며 벼 수학은 몰기에 집중적으로 방재을 하여야 수학을 한다고 보며 이것을 등한시 한다면 벼 탈곡을 하는 날은 우울한 날이 돼고 만다.
"오늘 경화 논 일반벼 콤바이 푸대 45개"
지출에 … 세 값 3,100원

〈1990년 10월 12일 금요일[373)] 낡씨 맑음〉
오늘은 집사람과 땅콩 수학을 하여쓰며 금

---

372) '서양바실래 일반벼 65개 (석윤 씨) 콤바이'라고 일기 지면 상단에 따로 기록되어 있다.
373) '토요일'을 금요일로 잘못 기록하였다.

년에는 땅콩이 상당이 만이 달려잇쓰며 땅콩을 캐는데 조줄이 달려잇는 모섭을 보노라며 그 절거운 맡을 말로 다 표현하리까. 그리고 이번에 이북에서 남북 축구 친선 캠으로 이북에서 치루는데 이북 국민이 통일 염은이 만이 가지고 잇는 너킴이 이북 주민들이 한국 축구 선수단에깨 열강적으로 응원 을며 한국 선수단을 따뜻하게 마지하는 관경을 티부이로 보니 통일은 우리보다 더 생각을 하는 국민처름 너켜저며 이번에 축구 선수 친선 캠을 하는 과정과 이북 국민들이 열광적으로 통일을 외쳐돼는 이북 국민의 소리을 들을 때에 오희려 이남에서 이북을 정치적인 도구로 이때것 속여왔따는 너킴이 들며 이북 사람이 정부에 속원 것이 아니라 이남 국민이 정치적의 도구로 당하고 살와온 너킴이 이번 이북과 한국 축구 선수 친선 캠을 하는 과정을 쭉 보고 잇쓰니 정부에 배신감이 들으가는구나.

"이번에 이북 국민이 한국 축구 선수단을 맞이하는 것을 볼 때에 이재는 통일이 다댄 기분이 들어가는구나. 이재는 정치인이 사욕을 버리고 통일 길로 간다면 머지완아 동일 대리라고 생각을 하며 이재는 국민을 정치 도구로 사용을 하지 말고 모두들 마음 비우고 통일의 길로 가는 길만이 우리가 할 일드리다."

"우리 운이 공부 좀 하여보라고 학원에을 보내는데 공부을 하는지 오락실로 가는지 이 아빠 밎지을 못하며 오늘도 저의 누나는 소풍 가는데 돈 1,000원 달라고 하여서 가지고 같는데 운이는 4,200원 가지고 가서 십 원 한 장 난구지 않고 다들 쓰고 왔쓰며 우리 운이는 십 원이라도 돈이 보켓터 잇쓰며 무거어서 가지고 다니지 못 하는가바. 돈 잇쓰며 원재라도 다들 쓰고 잇는데 원재 철이 들련지 이 아빠 가슴 아푸며 너의 행동을 바라 볼 때에 돈이 을마나 중한 것을 모르고 인간 생활 살아갈 때 그 고통은 평생 동안 면하지 못하며 이 아빠 그 아픔을 알고 살라가는 아빠가 운이 볼 때는 을 빠진 사람이 될 때가 한두 번이 아니며 이 아빠가 이세만이 고생을 안 식킬라고 아들 하나만 나와서 인간 생활을 편게 하라고 열심히 했는데 요줌 운이 행동을 볼 때에 이 아빠와 만 문지 일도 마전돼가 업쓰니 이 아빠 하소연 할 때가 업노라."

"인간이 맨손으로 나와서 맨손으로 어뒤론가 가는 인생 이 세을 두고 뼈아품을 가지고 한 세상을 보낸다는 것도 어리석은 짓인가. 인간이 세상에 태어나서 자기의 생만 절기다 어디론가 살라저는 것이 인간의 본길이 아닐까 하는 생각이 더는구나."

인간이 두 길이 잇따면 외을 들을 쵳재는 이세을 보고 일평생 희생하다 어뒤론가 가버리고 둘째는 자기 생만 절기다 어뒤론가 가버린다면 두 길 중 어느 길이 더 값지다고 생각을 할까.

〈1990년 10월 13일 토요일 낡씨 흐림〉

고구마 수학을 하는데 고구마 안 달린는 데가 더 만으며 고구마을 다 수학을 하여도 작과일 개짝으로 4개 밖에 안 대더라. 이것을 세집배 2개짝 주고 언재라도 탕이 희박하기 때문에 콩이라든지 고구마 매년 갈라도 품싹도 돼지 않으며 여름 내 땀 흙리며 김매기 한 것을 생각을 하니 너무나 속이 상하더라. 이것을 세집 땅이라 놀릴 수도 업고 농사을 짓을라니 집사람 땀 흙리는 대까도 업찌 마음아푸구나.

"그리고 오늘 오후에는 오봉 저수지에 형님과 근수, 둘리가 낙씨 노로 가면서 세우 잡부로 가자고 하여서 따라같떠니 새우도 잡피지 않고 고기도 잡피지 않드라. 그래서 자신은 밤 9시 돼는 것을 보고 집부로 오고 낙시는 더 할려고 하는 것 보고 왔다. 자신이 생각을 할 때에 밤 낙시하는 사람들 이상하다고 생각을 한다. 외 추이에 떨면서 고기 잡는다고 밤을 세우고 잇쓸까. 이 따뜻한 아랫목에서 휴식을 하며 내일 일이 더 돼며 건강에도 도음이 될땐대 낙시 침이를 몰겟드라."
지출에 … 새우 잡는데 2,000원

〈1990년 10월 14일 일요일 낡씨 맑음〉
어재 오후에 돼지고기 2斤을 사두어따가 오늘 집사람 생일인데 별다른 음식 못하고 준비을 할려고 한 것이 어재 오후에 오봉 저수지에 새우 잡부로 가서 집사람 생일을 잊저서 고기 준비는 못했쓰며 집배 들으와서 생각을 하니 내일이 집사람 생일돼 고기을 못 사서 어떠게 하나 그냥 넘어 가며 집사람 서운하게 생각이 들지나 않을까 오늘은 오봉 저수지 같키 때문에 고기 준비을 못해서 미안타. 내일 아침에 대신 가서 고기 2斤을 사올끄라고 이야기을 하여쓰며 내일이 너의 엄마 생일인돼 생일 선물 업나 하니까 우리가 돈이 잇쓰야 선물을 하지 이야기을 할 때에 자식들이라도 선물을 하여쓰며 자신은 고기을 혹 포기을 하여도 들 미안하게는데 선물도 업찌 내일 해장은 어떠한 일이 잇쓰도 대신 식육점에 가서 고기을 사와야지 남편 책임을 조금이라 유지하겟따는 생각이 더는구나.
오늘 아침에 대신 고기집에 가고 십픈데 너어나 일적 가면 고기집에서 문이나 열어낮겟나 하는 생각에 조금 너깨 갈련이 집사람 생일인돼 아침에 고기 하나 업시 생일을 마지하면 내 자신이 채면이 업쓸 것 같고 하나 마음은 조급 마음 참아서 조금 기다리다 날이 센 뒤에 오트바이로 고기 집부로 달리쓰며 고기 집배 가니 고기 파는 아주마가 들깨 쪄로 갈다면서 아들이 대리로 가드라. 그래서 자신의 부주로 집사람 생일 아침밥에 고기 하나 업는 생일을 만드는구나 하는 생각에 미안한 마음이 들으가며 생각보다 일적 고기집 아주마가 오드라. 고기 2斤을 사들고 총알같이 와서 집사람을 주니 너머 너저서 점심 때 먹자고 하는데 오늘 일요일이라서 아침이 너저도 돼니까 아침에 하라고 하여서 너전 아침으로 집사람 생일을 맏지 하여쓰며 집사람 생일에 고기 한 근 해줄라고 마음적으로 바픈 아침을 마지하여따고 생각을 한다.
오늘 일요일이 아니여떠라면 집사람 고기 한 점 업는 생일 아침을 마지할 뿐 했는데 천만다행으로 일요일이라서 남편 책임을 유지했따는 것 이재는 이른 실수을 하지 않캐다.
"오늘은 종일 동안 순달이 대신 집배 세 놀라고 가닥에서 비푸림을 방재 할려고 스레트로 막는 작업을 하여쓰며 순달이가 세방으로 들어올 사람의 심리을 다 알고 세심하게 일을 하여주는 것 보고 자신은 웃섯다. 너는 의이 업는 심정을 다 알고 하여주나. 동생이지만 우리보다 세심하게 한다는 것을 너켜다."
지출에 … 집사람 생일에 6,000원
집사람 생일 44회 생일.

〈1990년 10월 15일 월요일 낡씨 맑음〉

봉답에 낮수로 벼 베기 들으같쓰며 처음 낮수로 달라드르보니 정말 못하게더라. 손으로 벼을 베어보니 힘이 나지을 안아서 뫃하게쓰며 이재는 손으로 벼을 벤다는 것은 옛날이라고 생각을 하며 이재는 콤바이 탈곡을 못하는 논들은 다들 버림을 바들 때가 아따고 생각을 하며 나 자신도 내년만 고생을 하며 봉답 논은 밭으로 만들 작정이다.

"그리고 집사람이 요줌 피곤하여 보이며 자신 갈떠며 만시 일을 포기할 정도로 피로하여 보이는데 그래도 일을 하는 것을 볼 때에 내 마음이 더 피로하여저며 가을이 끝이 나며 곰끄리라도 하여주야 하겟다. 집사람이 건강해야 자신이 행복하지 그르치 않코 집사람이 건강을 일으며 자신이 피로하여저는 법."

〈1990년 10월 16일 화요일 낡씨 맑음〉

오늘은 집사람과 둘리서 베을 베는데 형님이 오시서 벼 베는데 도와서 벼을 만이 벤셈이다. 사람이 무선 일이든지 (수라게) 놀아가면서 할려고 하여도 일단 일을 시작을 하며 수라게 돼지 않고 욕심을 부리게 돼며 매일 무리한 일이 돼고 만다. 요줌 피료 바서는 삼 분지 일은 휴식을 하다시피 일을 하여도 너전 감이 업쓸 뿐 아니라 가을 그지가 일적 댄다고 보는데 마음이 바푸니 육체적인 필요가 따라오게 돼어 잇따고 본다.

지출에 … 오늘 세 값 2,650원

"김대중 씨 단식 8일 째 병원 신세을 저야 하는 형편이 돼어쓰며 한국 국회원들은 세살 먹은 행동을 하는지 자신으로 생각을 할 수가 업쓰며 쓸 때 업시 모락만 하고 자기 당만이 국가 일을 다 하는 것 처름 행색을 할려고 들며 정당이나 야당이나 국민의 한 사람이며 국가을 위하여 일 하라고 국민이 뵤아노며 야당들은 4년간 불평만 하고 국가 일은 눈꼽만춤도 하지 않고 비방만 하고 나오는 만은 신세가 돼니 한국의 야당은 재각키 반성을 하여야 한다고 본다. 가연 4년 동안 국가 위해서 일을 하여는가 좀 반성을 하는 국회원이 돼어쓰며 하는 바람이다."

김대중 씨도 정 국가 위하여 단식에 들으같쓰며 말당이 죽는 한이 잇쓰도 병원에을 안가야 하지 병원 신세을 절 바에야 단식을 외 하며 이것은 자신이 생각을 할 때는 아주 나쁜 행동이라고 생각을 하여본다. 외냐 간접적으로 국민을 선동을 하며 학생들을 부척그려서 정권을 무너떠릴 야심의 길이며 이재는 평민당 전체가 단식에 들으간다고 법석을 부리는데 이러저지 말고 국가 발전에 일이라면 야당도 정당과 한 몸이 돼어 일을 하여 바라 그르며 국민의 뒤따을 수가 잇다. 그르치 않코는 국민이 따라가지 않으리라.

"인간은 언제나 참길을 글어며 언잰가는 그 뒤을 따르게 돼는 법."

〈1990년 10월 17일 수요일 낡씨 맑음〉

오늘은 안전이 가을 낡씨을 보여주는구나. 찬바람이 부러오며 그 참바람을 인간이 마쉴 때 그 캐감 좋으며 가을 바람을 나만이 간직을 하고 십꾸나.

봉답 벼을 집사람가 두리서 오전에 벼 베기을 끝을 냇쓰며 벼을 다 베고나니 이재는 다 한 기분이며 금년 농사는 오늘로서 끝을 낸 기분이구나. 오후에는 큰집배 콤바이 탈곡하는데 그들어주는 것으로 하로 일과을 보냇다.

지출에 … 운이 동복 71,000원 경운기 엔진오일 3,400원 치약 700원 計 75,100원

〈1990년 10월 18일 목요일 낡씨 맑음〉
큰집배 밭떠에 콤바이 탈곡 하는데 그들어주는 것으로 하로 일가을 보낸 셈이며 추래라가 펑크가 나서 대신 경운기 센타에서 때어서 큰집에 탈곡 가마니 실어로가쓰며 펑크 바람에 내 일이 전연 못하고 마랐다.
지출에 … 추레라 뻥구 값 2,000원

〈1990년 10월 19일 금요일 낡씨 맑음〉
봉답 벼단을 덥비는 작업을 하여쓰며 그리고 가을 날씨가 자랑을 할마는 낡씨을 보여서 가을거지에 도음이 크다. 앞푸로 일주일 정도만 맑은 낡씨을 내다보고 잇쓰며 채소에 가뭄이 드는 한이 잇쓰도 개속 맑은 낡을 하여주어쓰며 하는 바람이다.
"요줌은 하늘을 바라볼 때에 티 하나 업는 맑은 낡씨을 보이며 아니 정한수 보다 더 맑고 잇다. 이재는 찌푸린 얼굴을 다들 잊고 정한수 몰보다 더 맑은 낡씨만 보여다오. 농민의 소망이라고 말을 하고 십다."
지출에 … 혜영 교복, 신발 85,000원

〈1990년 10월 20일 토요일 낡씨 맑음〉
금년에는 벼집이 제일 잘 말라따고 생각을 한다. 벼집을 한 번 말률라고 하며 여러번 손을 대야 벼집을 그들 수가 잇는데 올해는 벼 탈곡을 하고 그대로 두어도 벼집하나 찰 말라쓰며 오늘도 둘리서 벼집 그두어더리는 작업을 하여쓰며 날씨만 잘 한다면 벼집을 다 그두어드린 디 봉답 벼을 탈곡을 할 계산이다.
"운이 오늘도 농띠을 첯고 왔쓰며 학원에 가는 동내 아들 다들 왔는데 운이만 책 봇따리는 동내 아들 편으로 부치고 대신 아들가 여릇이 오락실래 같따고 하면서 저녁을 다 먹고 난 디야 집배 들어오며 집배서는 이발하로 간다고 하면서 학교에서 오는 쪽으로 김천을 같따는 자식이 이발은 하지 않코 오락실래 같는지 어느 곳을 가는지 이재는 참 말을 들을 수가 업쓰며 이재는 아빠로서는 잘 대라고 말도 붓칠 기력이 업쓰며 자기가 농띠 첯며 자기 고생이지 이재는 이 아빠도 공부 하라 소리도 몾하게쓰며 바람이 부는데로 살라가두록 둘 작정이며 학원에도 동내 아들 다 가기 때문에 학원도 다음 달부터는 안 보내야 하게쓰며 학원에 간다 합시고 오락실래 매일 가는 느킴이 들며 이재는 실찌 학원 돈 주는 것도 아깝다. 앞푸로 공부을 하여야 하겟따는 생각을 가지고 학원에을 보내 주십시오 하기 전에는 학원에 보내지 않캐다."
"우리 운이 인간이 댄다는 것은 10푸로도 업는 인간을 가지고 이 아빠 인간 만든다고 매달리바야 내 가슴만 타고 마음에 상쳐만 생길 뿐 소득이 업는 일은 일적 표기을 할 줄 아는 사람이 현명한 사람이라고 생각을 한다."

〈1990년 10월 21일 일요일 낡씨 맑음〉
운이가 어재 농띠을 첯고 해서 이왕 공부을 하기 실은 놈을 일이라도 해야 댄다면서 아침을 먹고는 일을 시키니까 내일부터 시험본다고 이야기을 하면서 일을 거절하더라. 아니 공부 할 놈이 농띠을 쳐, 너는 공부을 하기 실은 놈이니까 공부할 필요도 업고 이 아빠나 편하게 한 번 살라보자 하면서 내가

할 일을 시키쓰며 한 가지 일이 끝이 나며 또 다른 일 잠쉬 실 사이도 업씨 계속 시키니까 나중에는 도라서스 눈물을 흙리드라. 이것을 살짝 볼 때 내 마음이 안 대쓰며 늙저것을 공부을 치미을 부치게 하여서 공부을 만이 시키서 이 아빠는 힘들계 살라가드래도 자식은 좀 편게 사랍답게 살라가두록 만들으 논는 것이 이 아빠의 소원인돼 이 아빠 마음 몰라주고 아빠의 말을 눈꼽만추도 들으주지 않코 하지 말라는 것은 독하고 잇는 니 모섭 보노라면 이 아빠 힘이 업쓰서 아무 재미도 업는 이 아빠가 어이 널을 일을 시키고 십프서 일을 시키겟나. 힘드는 일을 하며 너의 생각을 도리키 볼라고 일부로 시킨 것이다. 그래도 너의 눈물을 볼 때 이 아빠 마음이 아푸며 이 마음 몰라주는 니가 원망스렵꾸나. 운아 재발 도리킬 시간이 길지 않코 짤다. 이 순간을 빨리 도리키지 않으며 이 아빠보다 더 땀을 만이 흙리면서 살라야 한다. 남들이 남의 땀은 여사로 여기지만 그 진땀을 흙리면 살라간다는 것이 본인은 뼈를 깍는 아픔을 참아가면서 살라야 하는 고통은 당하지 않는 사람은 모른다.

이 아빠가 운이 도리킬 시간 여유가 만타면 이 아빠 너것하게 주시만 보고 잇캐는데 운이는 시간이 1년 밖에 업다. 그르니 빨리 개심을 하지 아느며 운이을 구원을 할 길이 업는데 이것을 생각을 하니 아빠 너무나 고통이 만으며 만사 일이 버리고 십프며 나는 부모에깨 태어나서 무엇을 하여나 아무것도 한 것이 업꾸나 하는 허망밖에 업꾸나. 너의 눈물 도라스서 흙리는 모섭을 뒤서 볼 때에 너의 눈물본 아빠의 가슴에는 진한 눈물이 흐르고 잇다.

"운이을 불어서 내 엽패 안치서 힘들지, 저 트랙터을 바라, 어이해서 저 트랙터는 물논에서 일을 하두록 만더르쓰며 생각을 하여 바라, 정말 신기하기도 하구나, 저것도 공부을 만이 한 사람이 만들어쓰며 이 아빠가 운이 공부을 만이 쉬키서 발명도 하고 수라게 사회생활을 하두록 공부을 식킬라는데 운이 공부는 뒤로 미루고 잇쓰며 아빠 모양 눈 떠며 힘더는 일을 해서 먹고 살라 하는데 이것은 실찌 하면서 머리을 씨담으며 달래보앗쓰며 우리 운이 공부을 한다고 하며 이 아빠 다 파는 한이 잇쓰도 이 아빠 뒤바라지 하여 줄 작정이다면서 한 시간이 힘들거든 반 시간이라도 머리가 쨍하두록 공부하고 휴식을 할 때는 안전 휴식을 하고 사람이 각이 나야지 대지 각이 업는 사람은 산다고 볼 수가 업는 사람이다. 운이 각이 나는 사람이 돼어보자 하면서 건유을 하는데 운이가 귀전에서 다들 버리는가 두고 볼 일이다."

"오전에는 집사람과 둘리서 벼집 거두어 드리는 일을 하였따."

그리고 대신 순서 처남 콤바이가 빠지서 좀 건저돌라고 사람이 왔드라. 사돈이 이야기을 하는데 응답을 안 알 수가 업쓰며 내 일을 뒤로 하고 대신을 갇떠니 콤바이가 봉답 뒤뚝에 푹 빠짓드라. 이것을 보고는 자신이 업따는 생각이 들어쓰며 자신도 젓투로 적권을 하다 트랙터도 빠진할 뿐 하여쓰며 나중에는 선을 길게 하여서 마른데서 장기니까 서스이 밀려나오는데 천만당행이드라. 처음에 밭줄이 끈어저고 하여 안 댈 줄 알라는데 건저 내니 천만당행이다. 이것을 이틀 동안 못 건저서 몸부림을 쳣다니 순서처남으로 손을 상당이 본 셈이다.

그러자 오후에는 낡씨가 비가 올 껏처름 구름이 만이 몰러들어서 볍집 실는 것은 미루고 봉답 벼단을 내일 탈곡을 할 욕심으로 모드는데 시간이 업쓰서며 이것을 땅검이 어덥게 지두록 일을 하여도 못하여쓰며 나중에 몸이 지치두록 하여도 다 못하여쓰며 너무나 지치서 내일 우박이 오는 일이 잇쓰도 못하게꾸나 하는 생각이 들더라. 오늘 일이 콤바이 건저주는 바람에 자신 일은 끝을 한가지도 못내고 안전 낭패가 돼고 마라쓰며 내일 비가 오지 않는다면 별 문제가 업는데 비가 온다면 그 외로점은 상당이 크다고 생각을 한다.

〈1990년 10월 22일 월요일 낡씨 맑음〉

오늘은 감염 마지막 접종날이라 김천시 보건소에 갈려고 아침 일적 봉답 벼 탈곡할려고 기계을 안전이 차려놋코 접종을 하고 와서 벼 탈곡을 할려 준비만 하여놋코 김천 보건소로 같쓰며 보건소에서 접종을 하고 김천시에 들어와서 경운기 부품을 사들고 나오니 집배 와서 11시가 돼드라. 일적 서든다고 하여서 오전 일가 다 같쓰며 오후에는 벼 탈곡을 할려니 탈곡기가 고장이 나서 잘 안 대고 해서 큰집 기계 부품을 빼어 와서 작업을 하니 시간이 글리며 그러저 형님가 형수가 타작을 그들어주로 오드라. 우리는 둘리 하여도 충분이 한다는 생각으로 하는데 둘리 와서 그드니 집단까지 잴 수가 잇쓰며 망우리을 할 수가 잇쓰며 사람이 만으니 일적 하여쓰며 둘리가 하여떠라면 저물 뿐 했다. 금년은 보편적으로 생각보다 만이 수학이 대는 셈이다.

지출에 … 접종비 2인분 14,500원 경운기 부품 6,000 구리스 1,500원 매상 풋대 값 20개 4,670원 빵, 참두유 4,500원 차비 940원 計 32,110원[374)]

〈1990년 10월 23일 화요일 낡씨 맑음〉

이재는 추이가 온다는 기상대의 예가 나와서 오늘은 풋고추을 둘리 따쓰며 풋고추가 만이 달려쓰며 너무나 만아서 진작 이 고추가 달려서 익어떠라면 익은 고추을 만이 딸끈데 못내 아쉬운 마음이 떠나지 안는구나. 그리고 오후에는 벼집을 실으와서 남빅까리을 동개던 것을 한 곳을 안전 망우리을 하여쓰며 내일 비 온다는 예보가 잇쓰서 부지련이 하여쓰며 이재는 비가 완도 한숨을 돌린 셈이며 남어지는 비을 맞추는 한이 잇쓰도 우리 부부 피곤한 몸을 푹 쉬어서 하자 하는 마음밖에 업다. 이재는 솔직한 마음으로 비가 와서 휴식을 하여쓰며 하는 바람이다.

지출에 … 자신의 담약 3,000원

〈1990년 10월 24일 수요일 낡씨 흐림〉

벼집 거두어 더리쓰며 오늘은 비가 온다고 기상대에서 예보을 하여서 낮참도 업시 열심이 하여서 생각보다 만이 일을 한 셈이다. 앞푸로 이틀 동안만 참아준다면 가을거지는 안전이 끝을 낼 수가 잇따고 보는데 내일은 비 온다는 이야기가 아쉽꾸나.

---

374) '10月 22日 김천시 보건소에서 3차 간염 접종을 마지막으로 함. 이재는 5년 후에 접종을 하며 된다고 하드라.', '10月라 22日 반찬 값 죠기 4,000 달갉 2,600 쇼세지 700원 計 7,300원'이라고 일기 지면 상단에 따로 기록되어 있다.

〈1990년 10월 25일 목요일 낡씨 비〉

배추 해갈도 면하지 못하두록 비가 내리쓰며 이 비가 배추 해갈을 면하두록 와야 김장 배추가 좋아절땐돼 비가 모자라 배추 풍작은 어렵지 않을까 하고 본다. 내 마음 같떠며 덤벅 내리서 배추 해갈을 하두록 내리쓰며 하는 마음이다.

"참바람에 낙엽이 휘날리고 잇는 것을 보니 이 날씨가 겨울 재촉하는 날이 돼고 잇다. 사계절의 절기는 변함이 업시 우리 곁을 어김업시 차저왔다. 밀려가는 모섭 생각을 하노라면 내 마음도 변함이 업는 계절처럼 변함이 업시 인간의 삶을 살라가고 잇는지 뒤을 도라보고 십꾸나."

"작과 밭에 집을 한 발리 실어내고 채소을 해오고는 휴식을 하고 마랐다. 오늘은 휴식을 할려고 마음을 가지고 잇쓴 하로라고 말을 하고 십다."

〈1990년 10월 26일 금요일 낡씨 맑음〉

벼집을 작과 밭에 실어내고 햇집은 실어드리는 작업을 하여쓰며 요줌 작업량을 바서는 필요할 정도로 하지 않는데 몸은 아주 필요한 감이 들며 평상시모양 필요는 별 다름이 업꾸나.

〈1990년 10월 27일 토요일 낡씨 맑음〉

귀자내 앞논에 가을 가리을 트랙터로 쳤는데 사람이 넘어나 만아서 아직은 가을가리을 쳤는 솜씨가 업는데 그리고 작년에 조금 갈라밭찌만 오늘 처음 가을가리을 쳤는데 여러 사람 잇는데 일을 할려니 주농이 들은 셈이며 실찌 일이 만음대로 안 대어서 답답한 마음이 앞쓰는 기분으로 논 갈리을 한 셈이다.

이재는 가을가리을 할 수 잇두록 벼집을 안전이 치우지며 오늘은 경화내 형님 논 논갈리을 바로 할 수 잇두록 치우는 일가을 보내다.

지출에 … 농지세 값 16,700원

〈1990년 10월 28일 일요일 낡씨 맑음〉

오전에는 웃뜰 논에 흙 무든 벼집을 작과 밭에 깔집 할려고 실어드리는 작업을 하여쓰며 3단지 머리집 만치는데 오전 내 걸리더라.

오후에는 일반집 서양바실에 논에는 반타작을 하여 놓아드라. 처음 탈곡을 할 때 한두 곳을 학인을 할 때는 벼알이 부터잇는 곳이 업떠니 오늘 집을 거두면서 볼 때 너무나 벼알이 부터잇쓰서 자신의 속이 아푸구나. 벼 탈곡을 반도 하지 않아따는 생각에 가슴만 아푸구나. 엔말에 남외 물건은 여사로 한다는 말이 꼭 맏다. 이 곡{식}들이 자기 끄라면 학인을 하여서 벼알이 이처름 만이 부터잇깨 하지는 않을 끄시 아닌가 하고 생각을 할 때 당한 사람은 내 마음처름 좋지는 안으리라고 본다.

그리고 이것은 자신이 부찰이 잇따고 본다. 외냐 벼알을 학인을 할 때에 여르 곳에 학인을 하여떠라면 조금은 시정이 대어쓸 끈데 못내 아수운 감이 잇다.

"그리고 금년에는 논들이 빠지서 그른지 다들 가만이 보며 곡석을 여기지도 않코 곡석을 소중하다는 사람이 업쓰며 작년만 해도 벼 탈곡을 하는데 차근이 섬세하게 다루는 사람을 찼고는 하여는데 올해는 인간의 마음이 변하여는지 셈세하게 다루는 사람도 췾지 않코 큰 기계 빨리 탈곡을 하여주는 사람을 찾고 잇는 것을 볼 때 다들 곡석을 여사로 여기고 잇쓰며 보통으로 생각을 하고 잇는 농민들의 정신을 곤치야 한다고 생각을 하며 한편으로는 정부가 농민의 성격을 그칠게 만들고 잇따고 생각을 한다."
"한국 정치인은 다들 자리 싸음만 하고 외국민을 이하고 역사을 보고 살지 못하는 얄빡한 인간이 돼고 잇쓸까. 외 인간이 국민을 위하고 역사을 보면서 살지 못하는 이유가 어뒤에 잇는가. 재각키 가슴을 열고 참의 일을 가고 잇는가. 정치인부터 생각 좀 해보았쓰며 한다."

〈1990년 10월 29일 월요일 낡씨 맑음〉
오전에는 가을가리을 철라고 트랙터을 몰고 가서 시범으로 갈라보니 아직은 땅들이 위끝만 말라찌 그 밑태는 아직은 추지더라. 그리고 트랙터가 공해전 때문에 아직은 논갈리을 못하게쓰며 가을가리을 철라고 몸부림을 하다 기게만 무리하겟따는 생각에 집부로 들어오고 마랐다.
그리고 오후에는 농협에서 트랙터 (펌프실) (분사 펌프) 하자철리 하여준다고 전화로 트랙터 몰고 오라고 하여서 자신은 트랙터을 몰어다 주어찌만 실찌 본부석 처름 나올까 하는 의심이 갈 뿐 아니라 이미 기계가 자신한때 아다리가 잘못돼어따고 생각을 하며 햇필 하자 잇는 기계가 나한태 올 끝이 무었시며 실찌 내 몸보다 아깝게 여기는 것이 트랙터라고 하여도 그지시 아닌데 햇필이 하자 잇는 것이 나에깨 오다니 정말 가슴 아푼 일이다. 나 자신은 남들이 생각지 못한 음청난 무리로 기계 구입을 하여따고 생각을 하는데 하자 처리을 하여야 한다는 말이 나의 마음에 걸리서 자꾸만 대새기게 하여지는구나.
지출에 … 차비 140원[375]

〈1990년 10월 30일 화요일 낡씨 맑음〉
오전에는 집사람이 몸살인가 곤하게 여기서 집사람은 벼집 거두어로 대리가지 않코 자신 혼자만 가서 오전 내 묵끄서며 오후에는 집사람가 더리는 작업을 하여쓰며 오늘 개핵은 셋 바리 실을라고 계산을 하여는데 집사람도 곤하게 여기며 엽패서 볼 때에 억찌로 하는 기색이 보이며 오늘 오후에도 시게 할끈데 하는 생각이 들며 실찌 자신 몸도 일을 만이 할 때보다 드 곤한 감이 들며 일에 만족을 모르고 일을 한다. 그래서 휴식을 하여가면서 오후에는 벼 집 두 바리로 시간을 다 보냇다.

〈1990년 10월 31일 수요일 낡씨 맑음〉
어재 트랙터을 (펌픔실) 가버나실이 하자 잇쓰서 하자 철리 할려고 조합에 갇다주고는 마음이 종일 좋찌 않으며 외 자신에깨 하자품이 아달이가 돼어서 골머리을 아푸게 하며 팔짜가 트랙터 할 팔자가 아니냐 별 생각이 들며 무선 기계든지 원품을 빼내고 다른 품목이 들어가며 그 기계는 수명이 다 돼어따고 보는 것이 원칙이라 보는데 자신은 제일 중요품이 하자 처리가 돼고 잇쓰니 이미 내 기계는 반 수명이 짤바젓따고 생각을 하여야 하며 오늘 하자 철리을 하여서 부품을 교환 했따면서 차저 가라는 열락이 와서 조합에 가보니 부품을 갈라 낳는데 신품이 아닌 것처름 보이며 마음에 들지 않

375) '3,577,000'이라고 일기 지면 상단에 따로 기록되어 있다.

드라. 자신은 반품이 될 정도로 망거진 것인지 그르치 않으며 조합 기사에 당한 것인지 알 수가 업쓰며 처음부터 동양 기계 만들으논 것을 보고 허술해 보이서 실찌 마음에 들지 않아쓰며 억찌로 선댁이 돼어따고 생각을 한다. 그래도 조합 기사에게 수고했따고 순달이를 시키서 10,000원 주어서 술 한잔 하라고 하면서 트랙터을 집배 몰고 와서 집배서 기와을 빼고 공해전을 시키니 기아 소리가 아주 불안하게 나며 변속 기와을 공에 두어도 속에 기와는 돌아가는 소리에 마음이 걸리서 마음이 아주 불안해서 몸에 열이 올르며 본사에 전화을 해서 한번 오라고 해서 오지 않으며 동양 트랙터 나푸다고 불매 운동을 정국으로 도라다니면서 할까 하는 생각이 들며 이것을 순달이깨 전화을 해서 본사에 열락을 한다고 전화을 거르보니 순달이 말이 일단 기다리달라고 하는데 어떠게 해야 잘 하는지 분간을 못하게 드라. 나 자신은 이 트랙터가 내 자신의 반이라고 해도 가연이 아닌돼 이것이 잘못돼어 가고 잊쓰니 마음이 다 타는구나.

지출에 … 트랙터 자부담 3,577,000만원
조합 기사 수고했따고 술
값으로 10,000만 차비 140원
計 3,587,140원

〈1990년 11월 1일 목요일 낡씨 맑음〉

오늘은 도로변에 코스모스 재거을 동민들이 부역으로 하여쓰며 오늘 부역은 둘리 해도 오전 일적 할 수 잊는 일을 동내 부역으로 부치서 실찌적으로 큰 손에며 그리고 그 글 부역했따고 면사모소에서 25,000원 바다서 그 돈으로 닭 삶마서 술 한잔 한다고 오전 내 술집에서 시간을 보내고 마랐다. 그리고 트랙터로 가을가을 쳤야 하는데 가을가리을 못 첯고 잊는 심정 다 타며 내일은 본사에서 일급 기사가 온다는데 정마 내일 와서 기계 이상무을 바주며 그른대로 마음은 들 타게는데 한국 기술자는 다들 하나같이 질질 빼는데 문재가 잊따고 보며 그른대로 조합해서 온다는 기다리보자.

그리고 자신이 생각을 할 때 본사에서 기사가 나온들 기계가 내일 망가저리 삼아도 개안타고 할끄며 자신은 기계 아다리는 잘못돼어따고 생각을 하며 나 자신은 기계 수명이 반 정도는 짤바진다고 생각을 하며 내 자신에 너무나 근 목이 하자가 돼어잊따는 것이 정신적으로 충격을 크게 주며 이 충격은 십계 지어저지 않을끄시며 이 충격이 십계 지어질려며 앞푸로 트랙터가 아무른 고장이 업시 잘 도라가야하는데 그르지 않코 자주 고장이 잊따면 물질적인 충격보다 정신적인 충격이 더 클 것을 생각을 하니 이 손실을 어돼서 보충할 길이 업꾸나.

지출에 … 아들 우유 값 혜지, 혜영이, 운이
8,190원 운이 과자 1,000
計 9,190원

〈1990년 11월 2일 금요일 낡씨 맑음〉

본사에서 수리을 한다고 해서 작과밭에 벼 집을 한 발리만 실어놓고 본사에서 기사가 온다고 해서 집배서 기다리떠니 오후 3시경 돼어서 봉고차을 몰고 왔더라. 본사 기사을 손을 보니 기계 조시가 안 마자따고 하며 기계가 너무 스스로 하게 돼며 차체가 떨린다고 하며 기계는 아무 일 업따면서 다들 정검을 하여주드라. 트랙터가 별 이상이 업따고 하며 아래라도 손을 바주니 고맡드라.

그리고 오늘 조합 직원이 말을 하는데 권부장 형이라고 특별이 일을 하여쓰며 이 기사는 자기 차로 대구 지점에 가서 부품을 가지고 오고 태권도 하지도 못하고 수고했따는 소리을 들을 때 고맙더라. 이번 일은 순달이가 잇쓰서 도음을 보앗따고 생각을 한다.

"아푸론 아무른 하자가 업쓰야 될땐대 기계가 고장이 돼니 이 마음이 넘어나 상하는구나."376)

〈1990년 11월 3일 토요일 낡씨 맑음〉

어재 본사에서 나와서 수리을 하여는데 오늘 가을가리을 쳤보니 고속 1단은 힘이 업쓰서 가을가리을 쳤지을 못하게쓰며 기계는 다 버린 것 같떠며 트랙터을 싸서 한 번 좋다는 기분도 한 번 가지보지 못하고 기계는 고물이 돼고 마라쓰며 만약에 한 번 더 기사을 불어돼어서 계속 그르타면 나같이 기계 선택을 잘못하여서 피해을 보는 사람이 업깨 금릉군 일때라도 불메 운동을 하겟다. 자신으로 바서는 음청난 손실을 보고 잇다.

〈1990년 11월 4일 일요일 낡씨 맑음〉

가을가리을 첫바야 종일 해서 4단지 12마지기을 못 갈게쓰니 이것은 안전 적자라고 생각을 하며 요줌 몸만 가서 일을 해도 30,000언 인돼 천만원 넘는 장비로 종일 해야 70,000원 밖에 안 돼니 이것은 기계 마모바도 돼지 않는다고 본다. 이것도 계속 잇따면 벌 리가 몰겟는돼 우리 마을 바서는 벌리로서는 계산을 할 수가 업따고 본다. 외냐하며 절먼 사람이 만아서 트랙터 벌이는 업따고 본다.

"그리고 기계가 고속으로는 사용을 못해서 극정이 크며 이것이 손을 바서 원상태로 됀다고 바도 눈에 보이지 않는 손예가 엄청난다고 바야 하는데 만약에 기사가 와쓰도 고속 일단을 사용을 못한다면 기계는 생명은 다라고 바야 한다."

〈1990년 11월 5일 월요일 낡씨 맑음〉

오전에는 봉답 벼집을 경운기로 한 발리 실어가서 집피갈리을 안전이 이는 것으로 오전을 보내고 오후에는 가을가리을 쵳고 잇쓰니 조합에 기사가 와서 시운전을 해보드니 내일 본사에 가자고 하면서 트랙터을 조합에 몰고 오라고 하여서 겨우 한 단지 봊머리는 그냥 두고 트랙터을 조합으로 몰고 같쓰며 조합 기사을 보고 속에 성화가 복발쳐 참기가 힘들두록 치미러 올라오는 것을 억지로 참아쓰며 트랙터 구입을 한 뒤에 속이 넘어나 상해 트랙터 한 것이 후회가 돼고 잇다.

지출에 … 트랙터 엔진 오일 8리터 6,800원 경유 한 드다무 31,140원

〈1990년 11월 6일 화요일 낡씨 비〉

오늘은 메밀을 조금 갈란 것을 비 온다는 예보을 듯고 그두어더리쓰며 오후에는 채소밭에 벌래을 두리서 잡는 것으로 하로 일가을 보냇다.

---

376) 이글은 일기 상단에 기록되어 있다. '(분사펌프실) (가베내다) 하자처리을 110시간에 하자처리함'이라고 기록하였다.

"중앙 기상대에서 예보가 금년에 추이가 잇따고 수일 전에 예보을 하여서 다들 서리온다고 고추을 다들 훌터버리쓰며 이것을 오늘 고추을 보니 남은 고추들은 다들 익어 잇어잇쓰며 이것을 볼 때에 중앙 기상대 예보가 틀리게 예보을 하며 막심한 피해을 보는 사람은 농민이 돼개 됀다. 자신도 불근 고추을 큰 푸대로 가득하고 다 따쓰며 이것들을 그냥 두어쓰며 다들 익은 고추가 댈땐 돼 기상대 착오로 고추을 버리게 돼어서 아쉬운 감 검할 길 업꾸나."

"기상대의 실책으로 농민이 엄청난 손실을 아는지 궁금하구나."

지출에 … 빨래 비누 10개 1,900원

〈1990년 11월 7일 수요일 낡씨 맑음〉

오전에는 누님 집배 콩깍지 가지로 가서 누님을 보니 얼굴이 별로 좋지 않으며 누님도 잔병철리을 잘 하여서 극정이다. 요즘 누님이 속이 안 대어서 약을 복용한다고 해도 별 효가가 못 보는 것 같다서 염려가 돼고 잇다. 그리 콩 깍지을 경운기로 한 발이 좋게 실어왔다.

오후에는 농협에 트랙터 곤치다 노와따는 소식을 덧고 가서 보니 트랙터을 눈으로 보기에 신품 갈떠며 먼저번에는 신품이라지만 신품으로 인정이 안 대드니 이번에는 보기 신품으로 학인돼어 마음이 깨운하드라. 이재는 신품이라서 잘 돼겟찌 하면서도 마음 불안감이 돌며 이것을 만약에 쟁기 작업이 안 돼며 어떠게 할까 하는 생각이 먼저 들며 불안감을 억재하면서 큰집배 6마지기 논에서 시운전을 하여 보니 이재는 트랙터 본심을 쓰고 잇따는 것을 학인을 하여쓰며 이재는 안도의 숨을 실 수가 잇쓰따. 오늘 시운전으로 쟁기 작업이 만돼로 돼고 잇쓰니 자신의 마음이 신기할 정도 캐알한 감일 느켜다.

"큰집배 6마지기 가을 가리을 오후에 일적 첨."

지출에 … 누님 집배 돼지고기라 사들고
갈려니 상점에 가니 고기가
업드라. 그래서 현금으로 자형
담배나 사주라고 하면서
10,000만원 주고 마랐다.

〈1990년 11월 8일 목요일 낡씨 흐림〉

오늘 종일 가을가리 천 것이 11마지기 정도 밖에 갈지 못하여쓰며 가을가리 첫기 좋은 것은 별 문재가 돼지 않치만 갈기 힘든 것은 기계 상하는 것 값도 못하게더라.

오늘 오후에 담마지기 상원내 논은 돈을 배을 바다도 기계 상하는 것 못 돼리라. 우선 바서는 가을가리는 자신이 다 하는 편이다.

〈1990년 11월 9일 금요일 낡씨 비〉

오늘은 동장이 인구조사 마감일이 내일이라면서 도저이 다 할 수가 업따면서 좀 거들어달라고 하여서 가보니 근수와 동장 둘이 작업을 할려고 하드라. 인구 조사의 용지을 보니 상당이 세밀하게 조사 내용이 상당이 만드라. 이것을 종일동안 도와주어쓰며 그리고 우리가 생각을 할 때는 동장 일이 별로 업따고 생각을 하여는데 오늘 일을 거어주고 보니 동장 일이 만타는 것을 알라다.

〈1990년 11월 10일 토요일 낡씨 맑음〉

오늘은 갑짝이 기온이 영화 내리가니 사람들이 추위을 더 타는 느킴이 들며 오늘은 살얼음이 처음 얼으쓰며 내일은 오늘보다 기온이 더 내리간다고 예보을 하여서 오늘 오후에는 무우 수확을 하여쓰며 금년 무우 씨가 선택이 잘못 돼어서 그른지 올해 무우는 너무나 크며 무우가 보기에 갈무리가 잘 안돼게 보이며 우선 무우를 보기에 물어보이서 갈무리에 염려가 돼는구나.
"오늘은 일반벼을 정미을 하여쓰며 금년 했곡으로 정미을 11가마 정미을 하여서 밥을 짓어먹어보니 정말 밥맡이 좋드라."[377]

〈1990년 11월 11일 일요일 낡씨 맑음〉

오늘은 무우 갈무리을 하여쓰며 올해 무는 굽고 크고 무우가 보기가 그처름 좋을 수가 업꾸나. 그리고 첫가집배 무우 농사가 못 대어따고 하여서 첫갈집배 풋대로 한 풋대 주어따고 하드라.
그리고 오후에는 마늘 놀 준비을 하여 두어쓰며 마늘 적기가 너저만 가고 잊쓰며 이것을 일적 마늘을 놀라고 마을 먹으도 십게 실천이 않대며 마늘이란 것을 일적 갈라야 수량이 만이 수학이 된단을 알고 잊는데 무엇을 하는지 매일 바푼 몸이라 마늘 적기을 노치겟드라.
세상은 갈수록 각박햇저 가는구나. 외냐 금년부터는 썩은 사과가 공장으로 들어가서 쥬스을 만든다고 우리 마을로 바서도 매일 차로 썩은 사과을 실어내는 것을 보며 이재는 업는 사람 썩은 사과 하나도 못 어더먹을 지경이 돼어 잊쓰며 농촌에 인심을 각밖하게 만들고 잊는 것이 원망스르어며 세상이 인심을 각밖에 만들고 잊는 것을 어느 누구도 예척을 못했따고 생각을 하여쓰며 저 만은 사과들이 공장용 아니며 농촌에 인심으로 변하여씈 끈데 작년만 해도 저 사과들은 나누어 먹으는데 이재는 썩은 사과 한 쪼각도 나누어먹는 인심이 금년부터는 업쓰니 업는 자는 갈수록 허리띠을 죠으면서 살라야 하는 새상 그리고 한해에 몰강수렵게 변하는 인심 원망스려울 정도다.
"자신은 저 썩은 사과을 추력으로 나가는 모섭을 볼 때에 가슴 아푸구나. 외냐 업는 사람이 사과 쪼각 하나도 사먹을 지경의 세대가 왔쓰니 앞푸로 좀 더 흙으며 어떠게 변활까 생각만 하여도 끔직스렵꾸나."

〈1990년 11월 12일 월요일 낡씨 맑음〉

우리 국가 어디로 갈려고 하는지 폭력배 포악해저 가는 실정 일가족 사망 살인 암매장 시킨 강도범 기가 찬다. 사람이 이처름 자인해저가는 행동을 볼 때에 나라는 패망 직전이라고 생각까지 하여보며 앞푸로 국가가 어떠게 돼치을 할련지 몰라도 현 정부 정책을 바서는 국민의 불안을 들어줄 수가 업따고 보며 자신은 전두환 대통령 정치을 4년만 드 하여 국가 불안을 막아주어쓰며 하며 정부는 폭력범을 쇼탕할려면 반 강제 정책을 쓰야 국민이 마음 노코 살 수가 잊따고 보고 잊쓰며 국민의 불안을 해결 업씨는 국민의 발전이 한 발자욱도 돼지 않는다고 본다. 요즘 인간들은 외 사람의 생명을 중하지 않깨 여기며 요즘 뉴스을 들을 수가 업꾸나. 외냐 사람 죽이따는 사끈 때문에 불안해저며 인간으 본심이 원잰가 돌아올련지 한탄스렵꾸나.
지출에 … 전화비 값 5,150원

---

377) '(챛 정미을 하여씀)'이라고 일기 지면 상단에 따로 기록되어 있다.

수입에 집사람 품(종일) 8,000원

〈1990년 11월 13일 화요일 낡씨 맑음〉
금일은 매상 준비을 큰집배 종일 하여쓰며 금년 농사는 형님이 잘 짓어서 벼 가마니도 만터라. 그리고 종일 매상 준 한 것이 150 가마니을 묵끄논 셈이다. 그리고 면사무소 산업 개장이 밖키니 매상 날짜가 바키는구나. 매년 공판이 대신부터 시작이 돼어는데 금년에는 아포부터 시작을 하고 잇쓰니 면회 계장의 글력이 크기는 크다는 생각을 한번 가지보는구나.
"우리나라 국회원들은 외 정치을 뒤로 하고 힐뗏고 자리 싸음만 하는 국회원들 다들 회산을 시키서 절먼 인재들을 선출 해서 국정을 마키낮쓰며 하는 생각이다."

〈1990년 11월 14일 수요일 낡씨 맑음〉
오후에 가을가리 할려고 트랙터 부동액을 살려고 김천을 갇쓰며 그리고 김천을 갈려고 뻐스 승강장에 잇쓰니까 용달차가 잡더니 타려고 하드라. 사람도 초면인돼 타려고 하길래 실찌 마음은 좋찌 않더라. 그래도 김천 가는 길에 태어다 준다고 하길래 마음이 좋드라. 사람들이 재 아무리 가는 길이라 해도 고마운 일을 하는 사람이 업는데 오늘 이 사람은 고맡드라. 그 바람에 김천 볼일을 일적 보게 돼어쓰며 오늘 고맡게 생각을 하는 바이다.
그리고 오후에 가을가리 철라고 현장에 가보니 아직 물이 고여 잇쓰며 이번 비오는 바람에 가을가리 첫는데 큰 불편한 점 말을 할 수가 업다.
지출에 … 기리 500원 톱 2,500원 부동액 10,000원 경운기바 2,000원
차비 200원
計 15,200원

〈1990년 11월 15일 목요일 낡씨 맑음〉
가을가리 종일 천 것이 11마지기 갈라쓰며 오늘 가을가리는 땅이 질땅이라 가을가리 하는데 힘이 만이 들어다. 그리고 대신 사람들은 경운기로 가을 첫는 사람이 만이 잇는데 시내이 사람들은 경운기로 가을가리 첫는 사람이 업는 것을 볼 때에 본동 사람들이 편하게 살아간다는 것을 알 수가 잇다.

〈1990년 11월 16일 금요일 낡씨 맑음〉
오늘은 동내 방목을 종일 동안 하여쓰며 금년에는 방목하로 나온 사람의 수자도 적을 뿐 아니라 일하는 것도 소월이 하며 열심이 하는 사람의 수자가 적은 것이 능능희 보이며 앞푸로 동내 열로도 기름 보일라 돼치을 하는 식으로 바야 한다. 외냐 요줌에는 일을 할려고 하는 사람이 업쓰니 어떠게 할 도리가 업다고 본다. 이것이들이 세월이 이처름 만든다고 바야할찌 인간이 게어려서 그른지 인간이 편게 살려고 하는 것은 사실이다.
오늘 방목을 하는데 정심은 국수 양세는 닭로 하여쓰며 이것들을 돈으로 한산하며 오늘 경비가 나무 값보다 더 될련지 모른다. 실찌 고기값도 못한 사람도 들으 잇쓸 것으로 본다.

〈1990년 11월 17일 토요일 낡씨 맑음〉
트랙터 사과 저장하는데 그들어주어쓰며 집사람은 계속 그들어주어쓰며 다들 사과 수학이 작년에 반도 안 댄다는데 큰집배는

작년보다 수학을 만이 하여쓰니 형님은 사과 농사을 잘 짓어따고 본다.
그리고 자신은 오후에 광태 가을가리 첫로 갇쓰며 금년 가을가리는 기계 마모비 계산을 한다면 벌 리가 안 댄다고 보고 잇다.
"자신도 일복이 만은 사람이라고 생각을 한다만 집사랍까지 일복이 넘어 만아 안스러며 오늘은 잠자리에 알련 소리을 들을 때에 너무나 미안하며 아픈 곳을 주물어주어도 안스러운 마음은 살라저지 않는구나. 우리 내외가 언재 편하게 살라갈까 한탄스러울 때가 잇꾸나. 이 마음은 내 님 고이고이 가꾸고 십픈 마음은 하늘 같찌만 현 실정이 못대는 자신 마음 아푸구나."[378]

〈1990년 11월 18일 일요일 낡씨 맑음〉

운이가 언재 사람이 될련지 아빠 돈을 셰비서 2,000원 쓰고 남어지 돈은 8,000원 상자 속에 순겨 놓고 쓸려고 생각을 하고 잇드라. 이 낯번 행동을 하여도 이재는 손도 돼지 못하고 마라쓰며 이 돈으로 비디오 텝프 빌리서 밭다고 하는데 갈수록 엄침한 행동만 하고 잇는 것을 어디서 손을 대어야 하나 생각을 할 수가 업쓰며 오늘도 운이예깨 매을 될까 한참 생각을 하다 훈계만 하고 마라다만 자신은 운이만 생각을 하며 일할 의욕이 업쓰지는구나. 나 자신이 아들 하나 바로 키우지 못한다면 이 세상에 살란 갑어치가 업는 것이 아니냐. 생각만 하여도 한탄스렵꾸나.
지출에 … 자신 이발비 3,000원

〈1990년 11월 19일 월요일 낡씨 비〉

금일은 자신의 대장이 이상이 잇는가 사진 찍을라고 김천 옛스래이 병원에 갇드니 공복에 해야 된다면서 약 두 알과 물약을 주면서 이것을 복용을 하며 설사가 난다고 하면서 내일 오라고 하드라. 그래서 볼일을 조금 보고 내리오고 마랐다.
오늘 쓸 때 업는 비가 종일동안 내고 잇쓰며 이 비야말로 아무 필요업는 비라고 생각을 하며 그리고 자신으로 바서는 엄청난 손실을 주고 잇다. 외냐하며 가을가리을 땅이 추지서 못 쳐는 곳을 말라서 철라고 들은 것이 안전이 숲푸로 돌라갇쓰니 자신은 가을가리을 해서 트랙터 이자라도 벌라고 들은 것이 이재는 비가 넘어나 만이 와서 금년 가을가리는 끝이라고 바야 한다.
지출에 … 혜영이 공낙금 98,010원 트랙터 구리스 주유기 10,000 그리스 1,500원 차비 400원 병원 11,600원
計 112,600원[379]

〈1990년 11월 20일 화요일 낡씨 맑음〉

대장 사진 찍은 결과을 받든이 아무란 지장도 업쓰며 신경과민이라고 이야기을 하드라. 우선 돈을 들으도 별 일 업다니 천만 다행이다. 자신은 탈이 낳다고 생각을 하여는데 원장님이 아무련 일이 업따고 이야기을 할 때 안도의 숨을 실 수가 잇쓰다. 그리고 앞푸로 옛스레이 자신을 찍으 학실이 진단을 바다서 치료을 하여야 하겟꾸나. 앞푸로 김천 옛스레이 같은 병원이 손님을 끌 수가

378) '(트랙터 엔진 오일 시간 147시간. 엔진 오일 주입)'이라고 일기 지면 상단에 따로 기록되어 있다.
379) 실제 121,510원이나 112,600원으로 잘못 기록하였다.

잇따고 본다.
그리고 오늘 오후에 세집배 매상 준비 72개 함.
지출에 … 신경성 대장약 110정 25,000원
차비 400원

〈1990년 11월 21일 수요일 낡씨 맑음〉
금일은 내일이 본동이 췃 매상이라 자신 매상 준비을 60개 하여쓰며 금년에는 아포에서 올라오면서 매상을 돼니 실질적으로 손에가 만으며 동내 전채에 3,000가마니 돈원을 첫다면 1달 첫며는 엄청난 손실이다. 우리 마을 재무개장 죽는 바람에 큰 손에을 본 셈이다.
그리고 오후에는 동장이 석회 터진 것을 쓸라면 하라고 하여서 경운기로 하나을 집사람과 실어서 당산 밭에 헌치고 조금 모자라 15포을 돈원을 준다면서 재벌 헌치서 나무마다 한 벌 하여쓰며 자신은 생각지 않는 석회을 동장이 가지고 가라는 바람에 바에 석회을 한 벌 잘 했따고 생각을 한다.
그리고 기상대 외보가 내일은 우리 지방에 0.5도 내리간다고 볍석을 부리서 배추을 뽑아쓰며 자신이 배추 뽑는다고 하니 둘리가 따라서 배추을 수학을 하여다. 배추 수학을 하면서 보니 다들 배추을 수학을 하는 사람이 업쓰서 마음이 편치 않드라, 사실.
지출에 … 세 갑 3,050원 돼기고기 표장류 값 2,700원
計 5,750원

〈1990년 11월 22일 목요일 낡씨 맑음〉
아침에 일어나니 낡씨가 춥찌 않으며 우물까에 물을 보 하나도 얼찌 않아쓰며 춥다는 낡씨가 어재는 얼음이 엄치 얼으는데 오늘은 오히려 얼음이 얼지 않아서 배추 수학 것이 큰 실수가 돼어쓰며 아침 7시 뉴스에 빗나간 일기 예보가 돼어따고 이야기을 할 때 일기예 덧다 고추도 큰 손에을 바스며 이번 배추도 일기 예보 0.5도 내리간다고 볍석을 부리서 배추 수학을 하고 보니 날씨가 펜상 온도가 유지된다는 말래 이번도 실수을 하여꾸나. 그리고 자신을 따라서 배추을 수학을 한 사람이 자신 보고 배추 물리달라고 하며 우시계 소리을 억쓰며 이것이 일기예보을 너무나 미드끼 때문에 손실이라고 생각을 한다.
그리고 오늘 매상에 자신의 벼가 좋키도 하지만 58개을 출화을 하여서 다들 1등을 마자쓰니 금년 농사는 잘 짓어쓰며 복판논에 45개 반이 수학이 돼어쓰며 이것을 다들 1등을 마자쓰니 금년 농사는 허뭇한 감이 더는구나.
지출에 … 영농자금 이자와 1,029,041원
경운기 이자 6,049원 농업 개발자금 이자 37,808원 농민 신문 15,000원
計 1,077,898원[380)]
매상 수입 … 2,079,880원

〈1990년 11월 23일 금요일 낡씨 맑음〉
금일은 마늘을 두리서 파종을 하여쓰며 오늘 낡씨는 봄날과 다름이 업쓰서 오늘 일을 하면서는 넌링구만 입고 일을 하여쓰며 요줌은 계절이 업는 느킴이 들며 글래 와서는 겨울 추위가 업씨 지나가는 것을 보며 지구

380) 실제 계산은 1,087,898원이나 1,077,898원으로 잘못 기록하였다.

상에 인간이 넘무나 만이 사니까 온도가 올라서 그른지 겨울 추위 업다.
그리고 우리 아버지가 여때까지만 살라 계시드라면 기간지 천식의 병원 특효약이 계발이 돼어따고 하는데 기간지 천식으로 돌라가시지는 않을끈데 이 약이 진작 계발이 돼어드라면 우리 아버지가 돌라가시지 않아쓸 끈데 아쉬운 감이 오늘 뉴스을 덧고 크게 아쉬운 감을 가짓다.
"오늘 마당에 배추을 대안으로 온기는 작업을 집사람과 둘리 하는데 아빠보다 만이 할려고 뛰어다니는 모섭을 볼 때 이상할 정도다. 외냐 나보다 저녁 때가 돼며 피료을 만이 가지면서도 내 일을 너무나 도울라고 더는 모섭을 보며 정말 고맏고 무어라 말을 할 수가 업쓰며 대다수 여자들이 남편을 시키고 여자들은 뒤로 가는 것이 여자의 습성인데 집사람은 남편을 뒤로 하고 모든 일에 앞스고 잇쓰며 이것을 볼 때에 너무나 고맏고 마음 쓰는 것이 하잘 것 업는 남편을 생각하여주는 마음씨 정말 고맏다."
지출에 … 만드례 값 농약 49,600원

〈1990년 11월 24일 토요일 낡씨 맑음〉
오늘은 작과 나무 밑에 벼집을 모다주었며 이재는 작과 밭에 노타리 작업을 할 수 잇두록 종일동안 준비을 하여 두어다.
"앞푸론 작과 거름을 가을게 하여두는 것이 봄에 일을 줄이는 작업이 될 것 같떠며 나무에도 가을 거름을 하여두며 쫄 것으로 내다본다."

〈1990년 11월 25일 일요일 낡씨 비〉
오늘은 작과 밭에 두엄을 조금 깔고 휴식을 한 셈이다. 그리고 친구는 집을 짓는 것을 보니 부렵드라. 자신도 트랙터을 하지말고 집이나 짓을끈대 하는 마음이 들으가며 원잰가는 집을 마련해야 하는돼 그 기회가 언재 올련지 아득하기만 하는구나.

〈1990년 11월 26일 월요일 낡씨 맑음〉
당산 밭에 노타리 작업을 하여쓰며 세집배 밭까지 노타리을 하고 나니 종일 시간이 걸리며 자신은 오전에 다 할려고 예정을 하여쓰며 실지 일을 하여보니 시간이 너머나 업따는 것을 느킬 수가 잇드라.
"작과 밭에 가을 노타리는 금년이 처음 쳤바쓰며 금년에 일을 하여보고 좋다면 매년 가을 노타리을 할 개산이다."

〈1990년 11월 27일 화요일 낡씨 맑음〉
오전에는 앞 밭에 노타리을 쳤고 마랐쓰며 거름 준비을 못해서 거름은 하지 않코 노타리만 쳤스 마음에 걸리긴 하지만 노타리을 쳤며 겨울에 지섬이 좀 죽을 생각을 하니 작업을 잘 시작을 하여따고 생각을 한다.
"그리고 세집배 바시내이 작과 나무을 다들 동치고 사과나무 심을라고 작과 나무 배어난 것을 땔감 할려고 숙모님이 한다고 해서 오후는 그들고 오면서 한 발리 실어오는 것으로 오늘 일과을 맡치고 마랐다."
"그리고 정부에서 매상을 받다주니 안 받다주니 하면서 말성이 만아 농민들은 불안한 나머지 우리 마을도 모 한 사람이 한 가마니에 34,000원 산다니까 스로 줄라고 하며 자신도 형님이 와서 다들 낼라고 하는데 우리도 한 집배 20개식 내보자 하는데 자신은 두고 보며 올해는 다 될 수 잇따고 보는데 기다리보자고 하니 형님은 20개만 내어

볼려고 하드라. 한 가마니 34,000원 주며 상인들은 한 가마니 3,500원 이상 수입을 보고 잇쓰니 농민들은 이래 저래 손에을 보고 잇다. 그리고 노태우 대통령 선거 공약에는 농민들의 수입을 배로 올리주게따고 공약에는 떠들어놋코 이재와서는 농민들의 쪽밖까지 깨고 잇쓰며 정부 정치자들의 한 사람도 국가 위해서 노력을 하는 사람이 업쓸 뿐 아니라 한 놈도 진정한 국회원이 업따고 본다. 그리고 나라가 편안하고 발전을 할려면 다들 교차을 해야 하며 대통령도 자격이 업쓰며 하로을 하고도 사태을 할 수 잇는 사람이 돼어야 하고 능력 업는 자는 자리 지킨다고 임기까지 지키는 자는 이것이 국가의 좀이다."

지출에 … 혜지 공낙금 87,000원 운이
공낙금 49,200원 치약, 쑤세미
1,860원
計 147,960원[381]

〈1990년 11월 28일 수요일 낡씨 맑음〉

경화내 형님 사과 저장하는데 경수, 달희 자신 셋시가 사과 저장을 하는데 오전 내 저장을 다 시키쓰며 금년에는 한 사람이 더 하니까 오전에 일을 다 할뿐 아니라 일이 수라더라. 그리고 사과량이 550개 이상은 될 것 같드라.

〈1990년 11월 29일 목요일 낡씨 맑음〉

채소밭에 석회와 두엄을 실어내니까 모두들 내일 비 온다고 배추을 다들 뽑드라. 그래거 자신도 두엄 실어내는 것을 한 발리만 실어내고 집사람을 돼리고 배추 뽑으로 갈쓰며 이번 배추가 좋고 만아도 탐스러운 감이 업드라. 외냐하며 배추 한 포기에 100원 밖에 안 난다는 말을 들을 때에 기가 찬다. 자신도 배추가 넘어 만아도 동생들 주고도 남는 배추 어떠게 하나 극정이 돼며 배추 농사을 만이 짓어 논 사람의 심정은 어떠게쓰며 이 고충은 농민들만 당하고 잇쓰며 이 고충을 정부에서 만들고 잇다고 본다. 외냐 농산물이 숭년이 돼고 면적이 적개 갈리서 가격이 좋으며 외국에서 수입을 하여서 농민들을 개로피고 농산물 하락이 돼어서 거름 값도 안 돼면 아무 대책도 업고 이른 정치을 하는 것을 보며 소리을 쳐는 사람을 보고 정치을 하고 소리 업고 힘업는 농민들 죽이도 소리 업시 주그니 그냥 문개고 잇는 정치라고 말을 하고 십다. 그리고 농민들이 잘 살지 못하며 국가가 발전을 할 수가 업쓰며 우리나라는 뿌리 업는 나무을 키우고 잇다.

"오후에는 가을가리 서양바실과 4마지기, 광태 2마지기을 하는 것으로 오늘 일가을 보내고 마랐다."

〈1990년 11월 30일 금요일 낡씨 맑음〉

두엄 두 바리 실어내고 오후에는 세집배 바시내이 밭에 사과나무 보식을 한 것을 정식이로 이식하는 작업을 하여쓰며 폭크레이로 구디와 나무을 다 깨서 사람은 심는 작업만 하여서 좀 십으며 오후에 다 할 수가 잇쓰서 마음이 캐운하드라. 숙모님은 무선 일을 하는 것을 볼 대에 80십 노인이 힘이 펄펄하는 너킴이다.

---

381) 실제 계산은 138,060원이나 147,960원으로 잘못 기록하였다.

〈1990년 12월 1일 토요일 낡씨 비, 눈〉

90年도의 마지막 달을 마지하여쓰며 이 달을 잘 가라는 말을 할 수기 잇쓸까. 나의 마음은 망스리저는구나. 한 해의 인생이 이처름 짤따는 생각을 할 때에 허망한 마음 검치 못하게꾸나. 이 허전한 마음을 새해에 막키보리다.

"오늘은 때 아닌 비가 오전 내 오락가락 하드니 오후에는 함박눈으로 변하여 쇼다저는데 아들, 집사람 다들 입을 벌례 함박눈 좀 보라고 소리칮는 그 모섭이 눈빨보다 더 예쁘며 밝은 그 모섭을 영혼희 간직하고 십노라."382)

〈1990년 12월 2일 일요일 낡씨 흐림〉

일기 변득스러 휴식을 하여쓰며 오늘은 바람 때문에 다들 휴식을 하여따고 본다. 그리고 세집배 순석이 형이 쇠고기 사와따고 하면서 사과나무 이식하는데 예도 먹어따면서 형님과 자신 정심은 세집배서 정심을 같이 하여쓰며 소고기 국이라서 그른지 시원하게 잘 먹으다.

그리고 오늘 동내 놀려가니 동장하는 말이 이번 공판량은 2,200개라고 하길래 기가 찬다. 2차 매상이 더 나와야 하는데 더 적개 나와쓰니 무어라 말을 할 수가 업꾸나. 이번에 2,200개 나와따며 자신한태 40개 분배량 밖에 안 될터니 반 정도는 남와야 할 판이니 이 손실을 어데서 막쿨 길이 업쓰며 정부에서는 농민들을 너무나 외면을 하고 잇다. 정부에서 농민을 외면한다면 농민이 설 자리가 어디라는 말인가.

지출..

〈1990년 12월 3일 월요일 낡씨 맑음〉

오늘은 친구 집 짓는돼 좀 바달라고 하여서 일까지 그들어주고 마랐쓰며 그리고 매상이 이번 2차 매상이 끝이라고 이야기을 할 때 기가 찬다. 우리 마로 바서는 2차가 끝이 된다면 3분지 1식 남는 사람들이 대다수가 된다고 보는데 양식을 다 한다고 해도 남어니 극정이 말을 할 수 업쓸 뿐 아니라 앞푸로 벼 농사는 멀리해야 하며 짓찌 안하야 한다고 보니 농민이 어떠게 교육 문제을 해결을 하나 염려가 돼고 잇다.

"노태우 대통령 정치가 앞을 보지 못하고 코앞만 바야돼는 정치가 원망서럽꾸나."

〈1990년 12월 4일 화요일 낡씨 맑음〉

금일은 매상 준비을 하고 잇쓰니 구미 성주동 매상이라면서 매상을 될라면 50개만 가지고 오라고 하여서 우리 집안만 모다서 55개을 가지고 가니 200개라도 될 수가 잇따고 하면서 빨리만 가지고 오라고 하여서 마음의 차근함을 다 버리고 정신 업는 일이 벌어젓쓰며 나중에는 200개가 아니고 나중에는 200개가 아니고 그동이 돼어서 책임자도 업시 너도 나도 하며 질서도 업쓸 뿐 아니라 수짜 파악도 못하두록 뒤범벅이 돼고 마라쓰며 결국은 사건이 터지고 마라쓰며 마지막 한 차는 뒤도라 가고 아직 검사도 하지 안는 가마니가 300개가 뒤도라 가니 검사을 하나 길로 쓰앗쓰서며 이것을 지켜보는 우리들은 속이 다 타들어가는 실정이며 이것이 만약 뒤도라가며 경비도 만이 날 뿐 아니 엄청난 힘이 들으가는 것을 생각을 할 때에 수섭이 돼어 검사을 하여쓰며

---

382) '12月 1日 (쵳 눈 내림)'이라고 일기 지면 상단에 따로 기록되어 있다.

우리마을에서 430개만 매상을 하여쓰며 자신으로 바서는 큰 다행이며 자신의 불만이라면 매상 등급이 430개 중 2등이 180개는 돼고 잇쓰니 마을로 바서 큰 손실이 돼어쓰며 이것도 정부에서 갈피을 못 잡고 잇키 때문에 우리 농민은 이중으로 손실을 보고 잇따고 생각을 하며 자신은 30개 중 3개가 2등이라 자신은 등을 잘 마자따고 생각을 하지만 마을로 바서 큰 손에을 보앗따고 생각을 한다.

지출에 … 운님에 9,000원 교제비 가마니 당 700원 30개 24,000원 술 값 점심 값 6,000원
計 39,000원

구미 매상 수입 총 30개 1등 27개 2등 3개
計 30개

수입 금액 1,031,600원

〈1990년 12월 5일 수요일 낡씨 맑음〉

우리 마을에 매상이 10日날인돼 미리 준비을 한다고 오늘 자신과 큰집배 두 집만 안전이 매상 준비을 한 셈이며 자신 86개 큰집이 77개 금년도 통일벼는 안전이 준비을 하여는데 이것을 3차 매상을 하여서 다들 바다드리며 농민들도 즐거운 하게는데 다들 안 바다준다니 불안한 마음이 떠나지 않는구나.

〈1990년 12월 6일 목요일 낡씨 맑음〉

세집배 매상 준비을 마지막으로 하여쓰며 세집배는 매상 가마니 수가 95가마나 돼어서 요줌 정부 시책이 통일벼을 2차로 끝이 댄다는 말을 들을 때에 농민들은 한숨만 실 뿐이며 이번에 2차로 매상을 끝이 난다며 세집이나 자신이나 50개 이상 남을 끝으로 본다면 이 량은 엄청난 수짜라고 생각을 한다.

"정부에서는 농민들을 이처름 방치을 하여도 돼나 이것이 현 정부 방침이 업시 주먹꾹식 정치라고 말을 하고 십프며 현 정치가 채개가 업는 정치라고 말을 하고 십프며 그리고 전두환 대통령 정치와 현 노태우 대통령 정치는 농민의 쪽밖을 깨는 정치라고 말을 하고 십프며 현 정치인 행동을 볼 때 군사 형명이 이러나 국회 회산과 현 정치인들 다들 모라내고 새 일꾼을 세우서 나라 발전과 이세들에깨 부끄러운 점 업씨 물려주야 하겟다. 현 정권으로 간다면 수난이 면치 못하리라."

〈1990년 12월 7일 금요일 낡씨 맑음〉

금일은 89年 영농단 기계 구입자들 모여서 아포면 가을가리을 시범 단지에 논갈이 한다고 나와달라고 하여서 오늘 현장에 같쓰며 자신은 이번에 매상을 못 대는 것이 60개 정도 대는 사람이 가을가리 철 기분이 어디 잇는냐고 하면서 산업개장에깨 어거지을 부리쓰며 이것을 해결을 하여준다면 오늘 갈라주고 그러치 안으며 오늘 당장 가계따고 이야기을 하니 해결을 하여 준다고 하면서 서로 같이 살아봇십다 하길에 종일 가라주어쓰며 사실 매상이 여유가 업따고 하여 협조을 하지 않코 올라고 결심을 하고 같다 오늘은 사업 개장이 해결을 하여 준다고 하여서 고마움 마음으로 열심히 하였다.

"오늘 일은 트랙터 4대로 도로변만 전시로 가을가리을 천 셈이다."

〈1990년 12월 8일 토요일 낡씨 맑음〉

금일은 상기 형수 딸 마지막 예식이라 자신

도 예식장에 참석을 하여서며 상기 형수는 아직 절멸 때부터 온자 대어 다들 못 산다고 이야기을 할 때가 어재 같은데 딸만 셋을 키어서 마지막 결혼식을 다 올려주어쓰니 여자의 혼자 몸으로 할 일을 다 하여쓰니 장한 여자라고 말을 하고 십다.

지출에 … 부주 10,000원 오트바이 푸락구 1,500원 줄 900원 일행 차비 800원
計 13,200원

〈1990년 12월 9일 일요일 낡씨 맑음〉

오늘 가을가리는 창호내 논 갈로 같다가 땅이 추지서 갈지 못하고 태모내 논을 갈라쓰며 태모내 논이 세모저서 가는데 시간이 만이 걸린 셈이다.

"오후에는 배추 씨례기 역끄서 다든 작업으로 하로을 일가을 보내다."

지출에 … 구미 공판 때 만난 사람 만나 맥주 값 2,850원 트랙터 쟁기 용접 2,000원
計 4,850원

〈1990년 12월 10일 월요일 낡씨 맑음〉

정부에서 일 처리하는 것이 넘어나 속이 상하고 잇다. 외냐 오늘 동장이 일반 매상 한다고 동사모소에서 가구 당 활당량을 풀고 잇는데 어데게 해서 통일벼을 한 번 탁 받고 일반 매상을 한다는 것은 아주 잘못이라고 생각을 하며 외냐 농민들은 통일벼 매상에 전 신경을 쓰고 잇쓰며 통일벼는 만약 매상이 업따면 시중에 팔라먹을 수도 업쓸 뿐 아니라 엄청난 손에을 농민의 힘으로 막을 수도 업쓸 뿐 아니라 이 고통을 몰라주고 잇는 정부가 원망스렵고 그리고 일반 매상량이 1마짓기에 0.6%로 량을 가지고 매상을 하여야 한다고 하니 이 량은 정부에서는 어떤 생각으로 주는지는 몰라도 현 농민의 생각으로는 그 적은 량 매상을 돼어서 술 값 주라고 조금식 주는지 생각을 할수록 정말 한심스렵다.

"오후에는 당산 밭에 작과 나무 전정을 처음 시작하여 보앗다."

〈1990년 12월 11일 화요일 낡씨 흐림〉

금일은 형님 생신이라 아침과 점심 다들 큰집배서 식사을 하여쓰며 그리고 형님 생신이라고 구미에서는 지수 씨만 올랐쓰며 자신도 낡씨 차고 해서 종일 동안 휴식을 하여쓰며 사람들이 휴식을 하면서도 삼점이나 동사 사모소나 나와서 모여 놀지을 않으며 그전보다 술 자시는 사람이 적을 뿐 아니라 상점에서 낭비을 하고 잇는 사람이 업쓰서 상점에도 옌날처름 벌리가 돼지 않캐따는 생각이 드는구나.

그리고 구미 동생들 내려갈 때에 배추, 무우, 파 다들 김장을 충분이 하두록 가지고 가두록 하여쓰며 여기서 다들 배추을 따듬어서 올해는 자시도 배추 팔아먹을 때도 업고 해서 마음대로 가지고 가라고 하여쓰며 양식 실고 가는데 한태다 배추, 무, 파 다들 함께 실어같다. 나 자신은 오늘날까지 살기 위해 쌀은 주지 못했쓰며 실찌 주고 십픈 마음은 잇쓰나 동생이 셋시라서 누구는 주고 할 수도 업고 주며 셋시 다 줄라면 1가마니 주어도 3가마니 들으가니 나로서는 아직 그만안 여유가 업따고 보고 아직 동생들 쌀 한 톨도 주지 못해서 늙 마음적으로 걸리며 큰집배서 일 년에 2가마니 가지고 가는 모섭을 보며 자신이 여유가 잇쓰서 한

가마니라도 보태주며 월마나 좋으리까 하는 마음 때문에 가슴 아프다. 자신은 살은 못 주는 돼신 김장 배추는 오늘날까지 동생들 다들 돼어 주어다. 그리고 동생들이 실찌 자신보다 생활이 좋은데도 원재나 쌀 안톨 못 주어서 마음에 걸리고 잇다.

〈1990년 12월 12일 수요일 낡씨 맑음〉
정부 시책 하로 하로 밖키고 잇다. 외냐하며 이번 매상이 일반벼 매상한다고 일반벼 매상 준비하라고 하여서 동민들은 대다수가 준비을 하여두니 이재는 통일벼을 받고 받는다는 시달을 하니 농민들은 정부 따라서 헌들리고 잇다. 하나에서 열 까지가 정부 하는 일이 심중하지 못하고 심임을 받들 정치을 못하고 잇는 것은 사실이다. 그리고 정부에서 일반벼 차액 재도로 한다고 마을까지 배당을 시키서 우리 마을도 가구마다 차액 보상을 나누어 준 상태인돼 이재와서 차액 보상을 백지화 한다고 법석을 부리는 정치 어떠게 국민이 밑고 따라갈 수가 잇나. 정부에서는 국민을 따러게 정치을 하지 않고 국민을 밀어내는 정치을 하고 잇쓰니 정치는 갈수록 힘이 더 들고 잇다.
"오늘은 형수와 김장을 하여쓰며 금년에는 겨울 낡씨가 따뜻하기 때문에 농촌 김장이 너저따고 생각을 한다. 그리고 작과 전정도 반 놀면서 하고 잇쓰니 4주 밖에 못했드라. 이것을 생각을 할 때 밥 갑도 못하고 잇꾸나 하고 때로는 생각이 들고 잇다."
"우리 운이 매일 놀로 가면 슬거머니 가고는 하여서 운이 어떠한 일이 잇쓰도 놀려간다고 하면 이 아빠가 보내줄태니 재발 말좀 하고 놀려가라고 하여도 아빠의 말은 아랑곳 업고 매일 그냥 세어다 들어오고 하여서 오늘은 외 아빠가 그처름 이야기을 하고 가라고 하여도 그냥 방구 세드시 가버리니 부모들은 찾고 신경을 쓰게 하는냐 하면서 이번에는 약속을 어긴 재로 좀 마저야 한다면서 손바닥에 매을 대쓰며 이것은 저능아라서 그른지 저의 아빠 말키도 못 아라몄는지 분간을 할 수가 업꾸나. 그리고 우리 마을에 운이 친구가 다들 한경이나 아들이나 다들 쓸모 잇는 놈이 업는데 우리 마을로 이사 온 놈도 역시 저의 엄마가 업는 사람이 이사을 와서 같이 어울려 노는데 갈수록 산이 돼고 잇쓰며 운이 또래는 다들 저능아처름 한경들도 다들 똑같고 보니 사실 갈수록 기가 차며 우리 운이 먼저 번보다 좀금식 나저고 잇는데 새로 이사온 놈이 부모업시 잘안 놈이라 운이보다 타농따 같다 보이며 이것은 3학년인돼 한 짝이 돼어서 정신업는 행동을 하고 잇다. 나로서는 어떠게 손을 쓸 수도 업고 반은 포기를 해야지 하면서도 운이을 사람을 만들으야지 하는 마음 때문에 못 살게따는 생각이 들으갈 때가 잇다."
"운아 이 아빠는 너의 할아버지깨 속 썩인 적이 업고 넘어나 곱게 자라따고 하늘 두고 말을 하고 십다. 너는 누구을 달마아 너의 아빠의 말을 눈곱만춤도 들어주지 않고 아빠 실타는 것만 골라서 행동을 하고 잇나. 이 아빠로서는 속이 넘어 상하고 잇다. 너의 아빠 평생 사는 것이 아니라 인생은 장관이나. 아직 반성을 못하고 잇는 너을 생각을 하며 이 아빠는 숨이 갑파지곤 한다. 이 아빠의 말을 덧찌 아니하며 너의 인생이 고달파지며 너의 새상에는 아빠 세대처름 돈이 업쓰도 별료 사회 생활에 큰 불편은 업찌만 너의 세대는 돈이 업쓰며 사회 생활이 피참해절 것이다. 이 아빠는 너의 세대 생활이 극정이 대고 잇다."
지출에 … 전화세 값 4,150원

〈1990년 12월 13일 목요일 낡씨 맑음〉

내일이 우리 마을에 공판이라서 먼저 번에 산업계 계장과 약속을 한 것이 잇쓰서 오늘 면사모소 찾어같으니 산업 계상은 군에 교육 같다면서 오후 5시까지 교육이라고 직원이 말을 하여서 마음의 안도는 돼나 자신은 학실이 계장을 만나쓰며 하는데 일이 잘 안돼고 잇꾸나. 그래서 일단은 전화번호만 적으달라고 하여서 집부로 오고 마랐다. 그리고 무선 일을 할려고 해도 갈피을 못 잡계쓰며 매상이 이번이 끝이라고 소문이 돌기 때문에 매상량은 아직 만이 남아 잇찌, 약속은 학실한 결정이 업쓰니 나라서는 마음의 정리가 돼지 않으니 일이 재피지 않아서 집배서 나무 둥지 톱질 하는 것으로 하로의 일가을 보내고 마랐다.

"그리고 저녁을 먹고 8시 정도 대며 산업계장 집부로 전화을 하려고 시간만 채다보고 잇는데 동장에깨 전화가 와드라. 전화을 바다보니 산업계장 문구하고 약속이 이따면서 이야기을 하는데 문규가 추가 매상 300개을 더 주면서 자내을 50개 주라고 이야기을 하는데 자내을 다 주게 돼며 동내에서 만약 알개 돼며 말성이 돼니까 사정을 하면서 20개만 동내로 달라고 이야기을 하여서 자신 욕심만 다 차리서 할려고 할 수도 업고 해서 그만 30개로 주리서 하기로 결정을 보았다."

"이 약속도 내일 가바야 한다. 외냐 다들 매상량 때문에 전 신경 칼날같이 쓰잇키 때문에 이 말이 세어간다면 자신의 매상량은 줄어들 수 잇키 때문에 매상 가마니가 창고 들으가야 마음을 노월 수가 잇따고 생각을 하고 잇다."
지출에 … 차비 280원

〈1990년 12월 14일 금요일 낡씨 비〉

아침에 일어나니 보슬비가 내리서 하늘이 원망스렵드라. 매상날을 학수고대한 낡에 비가 오다니 안타가운 마음이 무어라 말을 할 수가 업꾸나. 만약에 오늘 공판을 깬다면 원재 할련지 내일 한다고 하여도 해야지 하는 것이지 농민이 요줌 정부을 미드주는 마음이 조금도 업쓰니 지날하지 않으며 불안하다. 다행이 오전 8시정도 대니까 비가 것쳐주드라. 이것이 우리을 살려주는 것이구나 하고 안도의 숨을 쉴 수가 잇쓰쓰며 그때서야 온 동민이 매상 가마니 실어낸다고 경운기 소리는 하늘을 떨벌처름 요란하며 인간의 경쟁이 무섭따는 것을 실감을 하여쓰며 자신도 트랙터로 3바리을 하여쓰며 우리도 매상 가마니을 실어내는 것은 남보다 앞쓰지 뒤 가기는 실타. 오늘 매상량은 2,570개 인돼 한끄번에 이것을 낼라니 정말 복잡은 매상터가 돼고 마랐다. 여기서도 질서가 업쓰키 때문에 매상 가마니을 멀리서 들다가 나는 사람이 만아쓰며 질서가 업쓰서 외먹은 사람이 만아따고 생각을 한다. 자신은 매상 활당량이 43개인돼 42개는 우에 량으로 매상을 다 돼쓰니 자신은 천만 다행이다. 자신은 이번 매상이 어떠게 된 하고 전 신경을 다 쓰스며 하로 저녁은 극정을 만이 하여서 잠까지 이루지 못한 날이 잇쓰다. 그 고비을 다 넌기서 오늘 매상을 85개을 돼어쓰며 금년 매상은 이재는 정부가 어떠게 하나 하고 극정은 다들 살라저고 마라쓰며 정말 속이 시원하구나. 매상을 다 돼고 나니 85개 중 18개가 2등이 낮스 마음에 글리는구나. 자신의 마음은 시원하다 하면서도 선떳선떳 2등 난 것이 머리에 떠올라 오늘 시원한 마음을 허리게 하고 잇꾸나. 이재는 일반벼 매상은 남아 잇찌만 이것은 갈로 밖에 일이다고 생각을 한다.

오늘 매상 등급 1등 67개, 2등 18개 85개
수입에 … 가을가리 한 단지 2,000원 쵳고
80,000원 윤천희
매상 수입 총 85개 1등 67개 2등 18개 計
85개
計 3,018,580원
트랙터 수입 가을가리 20,000원
計 3,038,580원

〈1990년 12월 15일 토요일 낡씨 맑음〉

금일은 날씨 차거어 휴식을 하여쓰며 몸의 피료을 푸니라고 방에서 시간을 보낸 셈이다.

"우리 운이는 저의 아빠가 무선 소리 하든 말든 상관하지 않코 만향 놀고 잇쓰며 부모로서는 자식을 맘돼로 못한다는 것을 절시리 느켜다. 인간은 누가 시키서 돼는 것이 아니라는 것을 생각을 하여본다."

지출에 … 매상 대어따고 아들에 3,000원,
운이 과자 값 600원 3,600원

〈1990년 12월 16일 일요일 낡씨 맑음〉

금일은 세집부터 일반벼 매상 준비을 하는데 세집배 23개 큰집배 47개 자신이 37개 준비을 하는데 종일 하여쓰며 실찌 매상 할 당량은 13개 받다쓰며 정부에서는 매상량을 주는 것을 보며 술집배 술 갑 주라고 조금식 주는지 알 수가 업쓰며 정부에서 농민의 실정을 너어나 모르고 잇따는 것이 원망스렵다.

"그리고 14일 매상 때에 300개 량을 더 받다오는데 교재비로 가마 당 1,000원식을 바다야 한다고 하니 이것은 정부에서 부정을 만들고 잇다. 오늘 날까지 살아아도 면에서 매상량을 더 바다앗따면서 돈 달라는 소리는 이번이 처음이며 면사모소에서도 정말 교재을 해서 부정을 드 돌아앗는지 그러치 않으며 추가 매상으로 조금 준 것을 가지고 면사모소에서 돈을 달라고 하는지 알 수가 업쓰며 여하튼 정부 정책이 좀 먹어가고 잇따는 것이 사실이다."

수입 트랙터 값 가을가리 46,000원 이광래
지출에 … 세 값 1,850원

〈1990년 12월 17일 월요일 낡씨 맑음〉

농민들은 그래도 정부에서 내논 매상 가격보다 조금은 더 오르지 않나 하고 귀대을 하여는데 오늘 국회에서 민자당만이 기습 통가하는 모섭을 보니 열분이 오러며 이것은 민주 국가가 아니라고 생각을 하며 국민으로서는 제일 천한 농민들의 매상 가격을 불법 처리하는 모섭을 볼 때 앞푸로 농민들은 용상에 올라 안친다고 해도 자신 평생 민자당에깨 표을 주지 않으며 자신의 적은 힘이지만 민자당 불메 운동을 하리다.

"오늘은 치질 때문에 집배 휴식을 종일 한 셈이며 종일 휴식을 하면서도 마음은 일터에 일하는 느킴으로 하로을 보냇다."

수입 … 트랙터 가을가리 값 40,000원

〈1990년 12월 18일 화요일 낡씨 맑음〉

오늘도 치질 때문에 골방에서 휴식을 하고

마랐다. 그전에는 치질이 발생하여도 하로만 휴식을 하며 치질이 안치 돼는돼 요줌은 발생을 하며 십계 수거르들지 않는구나.

"이번에 숙모님이 통일벼 매상 가마니가 만이 남아따고 우리 형제 보고 원망을 만이 하며 수다을 불리며 우리가 볼 때도 곳숨 넘어가는 행동을 보이며 이번 매상 때 용만가 22개을 남들에깨 어더온 것을 숙모을 다 안 주고 나을 열 개 주어따고 용만예깨 야단을 천다고 할 때에 기가 찬다. 자신은 22개 주는데 세집대 12개 주고 자신은 10개 하여쓰며 이것을 속으로 서운하다고 생각을 하며 별 문재개는데 이것을 용만예깨 직접 숙모을 다 안주고 자신을 열개 주어따고 아우성을 부린다니 나 자신은 그래도 나만은 숙모라고 한다고 하는데 이소리을 들을 때에 성질이 나며 숙모의 본색이 들으나는구나 하는 생각이 떠오르며 이재는 자신도 만이 생각을 하여야 하게쓰며 이것이 업는 것이 재며 앞푸로 앞 밭태라도 반 갈림을 하여주야 하겠다. 자신이 작년, 올해 덕을 밭따고 생각을 하며 이것을 숙모님은 반 가림을 마음속으로 바라고 그투론 그냥 두라고 이야기을 하여꾸나 하는 생각이 드는구나. 자신은 반 갈림을 줄라고더니 내 일을 니가 다 하는데 그것을 바들 수가 업따고 하면서 그냥 두라고 하드니 일번 일을 보니 아주 소악하고 자기밖에 몰으고 잇다. 자신도 이것을 잘 알면서도 업는 것이 재라고 생각을 하고 입떠려 저기전에 다 하여 준 것이 쓴 우섬이 나는구나."

수입에 … 트랙터 가을가리 값 38,000원 상원

지출에 … 운이 과자 1,200원

〈1990년 12월 19일 수요일 낡씨 맑음〉

금일은 대신 농협 창고에서 일반 매상을 하여쓰며 자신은 활당량이 13개을 바다쓰며 이중 통일벼을 남외 대치을 하여서 일반벼을 달라고 하여서 2개 량을 주어쓰며 이것은 경화내 량을 돌려주어서 자신은 활당량이 줄지 않아쓰며 이것을 보며 정부에서 활당량을 만이 주며 이른 불편을 격찌을 안치만 정부에서 농민들의 불편을 드주고 잇다.

"통일벼 매상량을 용만에깨 22개을 바다온 것을 이번에 일만 매상으로 달라고 이야기을 하며 5개을 달라고 하여서 자신이 3개 하고 숙모을 2개을 식킬라고 하다 이번 매상에 불만을 만이 하여서 숙모을 3개 하고 자신이 2개을 하였다."

수입에 매상 등급 1등 10개 計 13개
2등 3개

수입에 249,610원 예금 400,000만 함.

〈1990년 12월 20일 목요일 낡씨 흐림〉

오늘은 김종로 씨 운상날이며 운상에 참여을 할려고 생각을 하다 어머님 제사가 가로노여잇고 실찌 자신의 치질도 안치가 돼지 않아 불참을 하여쓰며 우리 마을에 절먼 사람이 다들 참석을 해도 자신까지 운상에 참여을 하는데 특희 업는 사람의 죽음이라 사람이 적을 꺼을 생각을 하니 실찌 마음이 편하지 않꾸나.

"인간은 마지막 길래서는 용서을 바들 수가 업쓰며 무엇보다 마지막 길에는 다들 협조가 필요하며 이것이 인간의 정이라고 말을 하고 십꾸나."

〈1990년 12월 21일 금요일 낡씨 맑음〉

금일은 윤종희 씨 장녀 결혼식 준비하는데 그들어주어쓰며 돼지을 두 바리 잡아서 일부 고기을 팔라다. 요줌은 생할이 좋은 사람도 동내 술만 돼집하고 예식장에 고기을 조금식 가지고 가서 대집하는 것으로 예식을 끝을 내는 정도다.

“농민들도 이재는 만이 생각을 해서 투표을 해야 한다는 소리가 높아저고 잇꾸나. 오늘낡까지 정당의 장점에 선거 자금을 할용을 하여서 농민들에깨 술잔을 만이 밭다주어 선거에 성리을 하여 결국은 농민의 목을 조어면서 오늘낡까지 정치을 하여왔쓰며 이것을 이재와서 후에을 하고 잇쓰며 민정당이 다음 투표에 농민들을 어떠개 유혹을 할련지 몰개찌만 다음 투표에는 성리가 어덥다고 생각을 하여 본다.”

지출에 … 동내 문그비 값 32,300원 연탄 화득 2,000원
計 34,700원[383)]

〈1990년 12월 22일 토요일 낡씨 눈〉

윤종희 씨 장녀 결혼을 앞두로 동내로 술을 냇쓰며 동민들은 비, 눈빨 때문에 무선 일도 못하고 동사모소에 나와서 풍부한 음식을 먹어쓰며 오늘은 동민들이 대집을 잘 밭다따고 생각을 한다. 자신도 오늘 그들어주는 것으로 하로 일가을 보내고 마랐다.

지출에 … 5명이 천 원식 무드서 빼다 먹기에 1,000원

〈1990년 12월 23일 일요일 낡씨 맑음〉

금일은 윤종희 딸 결혼식을 구미 목화 예식장에서 올리는데 다들 결혼식을 보지도 않고 다들 식당에서 모여 음식만 먹고 잇찌 예식장에는 빈 예식장이 돼고 말라쓰며 이것이 예식에 참석을 할 욕심으로 오는 것이 아니라 축이금을 주고 그 대까로 음식이나 먹자고 오는 너킴이 들며 이것이 예식장에서 일부 몟 사람만 하는 일들이 이재는 전부가 다들 예식장에는 들어가지 않코 식당에서 다들 시간을 보내며 이것이 무엇신가 잘못 돼어가며 혼주로 바서는 불캐간만 주는 것이니 이 일은 삼가야 한다고 생각을 한다.

“서울 동서가 식구들은 오지 않코 동서만 왔드라. 동서도 저의 외갑집을 오면서 식구을 돼리고 왔쓰며 장모님 보기에도 인사가 될 수 잇는데 외냐하며 쳐 어머님은 딸 유방암을 수술을 하고 병원 생활을 해도 먼 서울이라서 딸 유방암 수술을 해도 마음 타지 한 번 보지 못해서 이번 잔치에 딸도 온다는 것을 을마나 마음속으로 기다리쓸까 하는 마음을 생각을 하니 서울 동서 이번에 일은 잘못이 아닌가 생각을 한다.”

지출에 … 종희 씨 딸 결혼에 10,000원

〈1990년 12월 24일 월요일 낡씨 맑음〉

금일은 우영부영 하다 오전 시간을 보내고 마랐쓰며 오후에는 집배서 일 좀 할려고 개핵을 하고 잇는데 전화 벨소리가 오드라. 그래서 전화을 밭고 보니 학교라면서 권성운이가 수업을 3시간 하고 대신 길웅하고 도망 갔다고 하길래 전 신경 곤두서며 선생님 하는 말씀이 3학년 때가 제일 중요하다면서 그냥 두며 안 된다고 하면서 26日

383) 실제 계산은 34,200원이나 34,700원으로 잘못 기록하였다.

날은 꼭 학교에 오두록 부탁한다고 말씀을 하길에 약속을 하여쓰며 결국은 사람이 안 대게꾸나 하는 생각이 머리에 스쳐가며 집 배 들으오기만 하며 죽일 것 같은 신경이 쓰며 길웅이 하고 어울리지 마라고 당부을 하여도 말을 들어먹찌 안흐며 이번 일 어떠게 처리해야 하나 고심이 돼는구나. 매을 대어서 급을 내두록 해야 하나 생각을 하고 잇쓰니 저의 엄마와 들오는 모섭을 보니 기가 차며 급울 줄라고 저 엄마에깨 지약을 가지고 오라고 배락같은 소리을 쳐쓰며 이왕 인간이 안 대는 것은 지약을 먹이 죽이야 된다고 고암을 쳐쓰며 오늘 학교 갈 때부터 바런 말로 이야기을 하라고 하니 이야기을 하는데 아이들이 2시간 하고 나니 아이들이 상당이 만이 토키고 업쓰며 3시간째는 담당 선생님이 나오지 안아서 공부을 하지 않는다고 하면서 원국이 하고 도망을 해왔따고 이야기을 하여서 마음이 풀리며 무엇보다 길웅이 하고 어울리지 않아서 무엇보다 마음이 노이며 말을 다들 덧고 보니 성화가 다들 풀리며 여화튼 너이들이 잘못을 하여쓰니 다음으로 어떠한 일이 잇쓰도 도망을 쳐며 용서을 할 수가 업따고 이야기을 하여쓰며 다짐까지 받고 마랐다.

지출에 … 피존, 식용유 5,600원 콤바이 싹 16마지기 값 240,000원
計 245,600원

〈1990년 12월 25일 화요일 낡씨 눈〉

요줌 콤바이 싹을 바드면서 그 만원 돈을 바드면서 10원도 빼주지 않은 것을 볼 때에 너머나 야박하다고 생각을 가져본다. 나 역시 240,000만 주어도 십원도 빼주지 않코 그냥 다 바다넘는 것을 보며 양심들이 저래야 돈을 버는 것인가 하는 마음이 들며 나 자신은 10,000원 짜리을 바드면서도 끝따리 돈은 발찌 못하게쓰며 80,000만원 바드면서도 7,000원 빼주는 이 심정을 욕을 해야 하나 잠쉬 생각을 해도 사람이 월마나 산다고 돈 원을 주고 바들 때는 오전 내로 편하지 못한대 악착같이 바다서 마음을 상하게 할 필요가 업따고 생각을 한다. 이재는 농촌 인심이 도시 인심 뺌 철 정도로 변화고 잇따는 것을 현실이 표가 난다고 본다.

"오늘은 집배서 나무 둥치기을 돕부로 쓰는 작업을 운이와 둘리 하는 것으로 하로의 일가을 보내쓰며 운이가 일을 하여보며 아빠의 말을 잘 덧곤 하는데 외 아빠의 속을 상하게 할까 머리만 까우탕 그리는구나."

〈1990년 12월 26일 수요일 낡씨 눈 (바람)〉

오늘은 이재 이모니 회갑 잔치을 집사람과 둘리 갈쓰며 어머님 형제관은 송문 이모님과 이재 이모님 밖에 업쓰며 이 두 분을 오늘 다들 보았쓰며 다들 글력이 다들 좋으시며 그래도 이모님이라도 보니 부모님 본 것쳐름 마음이 편해저며 자신의 마음을 달릴 길 잇따는 것이 다행이라고 생각을 한다. 그리고 이모님은 회갑이라 좋아하는 모섭을 보니 내 눈에는 눈물로 가리어질까 나의 어머님은 이 좋은 회갑도 마지하고 못하고 돌라가시따는 생각이 머리에 스쳐가니 그 뒤로는 나로서는 좋은 것이 업떠구나. 이것이 자신이 복이 업는 사람으로 돌리고 십꾸나. 그리고 오늘 이모님 회갑에 낢씨가 너어나 춥고 빙판이 돼어 교통이

차단된 곳이 잇쓰서 이모니 회갑에 참석을 못하는 사람도 잇따고 본다. 이 사람들이 낢씨가 좋아서 다들 참석을 하여서 음식을 나누어 먹어드라면 을마나 좋아깨나만 낢씨 불순으로 대집을 다 해드리지 못한 자식들로 바서 서운하리라고 생각을 하며 이재 이모님은 혼자 몸으로 자식들을 키어와서 이재는 자식들이 잘 한다는 소리을 들을 때에 고맏드라.

오늘 이모님 회갑에 봉산 누님 형님 내외분 우리 부부 다들 참석을 하였다.

지출에 … (뻐스비는 다들 자신이 다들 부담) 차비 3,950원 부주 20,000원 23,950원

〈1990년 12월 27일 목요일 낢씨 맑음〉

오전에는 휴식을 하고 오후에는 작과 나무 전정을 하로 가쓰며 다들 집배서 휴식을 하는지는 몰라도 들래는 사람이 업드라.

"추곡값 통일벼는 5%, 일반벼는 10% 올리놓코 학생들 공낙금 인상이 20%, 열차비 18%, 뻐스비, 공무원 봉급이 9% 올리따고 하지만 수당 모든 것을 따지며 두 자리 수는 다들 올리따고 생각을 할 때에 울분이 떠지는구나. 앞푸로 4月 달이 돼며 공단에 봉급 인상을 가지고 들먹이며 결국은 죽넌 것은 농민이며 농민이 결국 두 번 죽개돼는 결과라고 말을 하고 십다."

지출에 … 돼지고기 값 5,700원

〈1990년 12월 28일 금요일 낢씨 맑음〉

내년에는 물과가 다들 오을 것이며 비료도 가격이 오을 것 같다서 오르기 전에 비료을 띠어놀라고 경운기을 몰고 가니 어재로서 비료 판매을 마감했따고 하면서 비료 판매을 하지 않드라 자신은 미리부터 비료가 내년에 인상이 된다고 미리부터 띠어놀라고 개핵을 했는데 미루다보니 큰 실가 돼고 마랐다. 자신은 금년도 농사을 만이 하기 때문에 비료량이 90포 해야 하는돼 가격이 만이 오르며 상당이 손에가 만으리라고 생각을 한다.

"오전에는 골목길에서 다들 보내고 오후에는 아이들 방에 보일라 물 가라는 작업을 하여쓰며 1년 묵을 빼내서 보니 물이 다들 썩으쓰며 물이 저르니 방이 떠실 택이 업다고 인정이 가며 세 물을 가라너코 보니 방이 작년처름 고로 떠시오는 너킴 바들 수가 잇따는 것을 알 수가 잇다."

지출에 … 봊돈이 23,500원 수득세 16,000원 計 34,500원[384)]

수입에 트랙터 논 갈리 값 택모 60,000원

〈1990년 12월 29일 토요일 낢씨 맑음〉

무엇을 해야 아이들 뒤바라지 할 수 잇쓸까 하는 갈등이 요즘은 자주 떠오려고 잇다. 이재는 농민이 할 짓이 업따는 생각 때문에 자신의 머리 소근 수십까지가 윤각을 잡찌 못하고 살라저는 갈등 때문에 머리의 피료가 만아저는구나.

요줌은 하로 일과가 오후에 작과 나무 전정을 4포기 해야만이 할 정도 일가 돼는 가정이 부끄럽꾸나.

지출에 … 동내 잡부 금액 239,500원

384) 실제 계산은 39,500원이나 34,500원으로 잘못 기록하였다.

〈1990년 12월 30일 일요일 낡씨 흐림〉
오늘 저녁에는 어머님 재사 날이며 미노리오 동시가 어머님 재사 준비 하는 모섭 정말 보기가 좋으며 월마든지 바라만 보아쓰며 하는 심정이며 올해도 빠지는 사람 다들 참석을 하여준대 돼에서 정말로 고맙게 생각을 한다. 그리고 올해는 무어시든 푸짐 음식을 마니 하여쓰며 금년에는 유나이도 음식을 만이 하여 상다리가 내리 안절정도 음식을 만이 하여는데 어머님 아무 말도 업쓰며 내 머리는 엔날 어머님 그 모섭이 선할 분 아무 답 업는 재사을 지내고 마란 것이 서운하며 오늘까지만 살라 개쉬더라도 자식 호강을 바드며 살라갈 것을 생각을 하니 가슴이 매여저는 너킴이다.
"오늘은 달희 집 짓는데 오비 돌리 달라고 하여서 그들으주는 것으로 하로 일과을 보내고 마랐다."
수입에 콩 값 10,000원

〈1990년 12월 31일 월요일 낡씨 비〉
오늘도 달희 아래채 오비 돌리는데 공그리을 다 쳤고 사람이 만아서 수라게 공그리을 일적 첨색이다.
"금년도 우리 가족 전채가 몸 건강이 잘 지내와서 자신으로 크게 고맙고 1990年는 한가지 뜻을 이루어따고 생각을 하며 금년은 우리 가정에 복이 잇쓰다고 생각을 하고 십번 해라고 말을 하고 십노라. 그리고 1991년에는 우리 가정에 밝은 우섬을 가질 수 잇두록 숨을 죽이면서 빌고 십프노라."
수입에 화토 노리에 7,000원

일반벼 1등 40,150원
2등 38,360원
통일벼 1등 값 37,650원
2등 값 36,101원

1990年 총 매상수
통일벼 173개
일반벼 17개 총수 190개
통일벼 가격 6,384,510원
일반벼 가격 675,180원
計 7,073,370원[385)]

트랙터 수령일자 1990年 3月 29日

1990年 트랙터 지출 금액
경유 2드람 62,230원
트랙터 엔진 오일 20,000원
트랙터 엔진 오일 4리터 2통 6,8000원
경우 1드람 31,140원
트랙터 부동액 10,000원
트랙터 쟁기 용접 2,000원
트랙터 추래라 200,000원
計
경유는 경운기 기름도 포함이 돼잇다.
計 313,170원[386)]

1990年 터랙터 수입 금액
총 수입 금액 1,055,000만원

트랙터 엔진 오일 교환 147시간 교환함.

혈압부로 뒤목이 벗벗할 때 홍시감을 3개

385) 실제 계산은 7,596,690원이나 7,073,370으로 잘못 기록하였다.
386) 실제 계산은 327,170원이나 313,170원으로 잘못 기록하였다.

와 북어을 너어 푹 따리서 물을 먹으며 이것을 물이 생각날 때 복용하면 효과 좋다. 3개월 복용하며 아주 좋다고 한다.

1990年 12月 27日

	지번	지적	
대신	397	1970	7,190
	393-2	2013	7,324
	418	1967	7,180
봉산	976-4	3415	12,460원 덕개 길리 논 포함 2,460원 (길리 논으로 띠어냄)

금년 자신이 소득세 값 11,800원 (세집과 자신이 10,000원 함)

1990年 수득세 값
16,000원 지불함.

대신 三동 589
권순덕

저자

이정덕 전북대학교 인문과학대학 고고문화인류학과 교수
소순열 전북대학교 농업생명과학대학 농업경제학과 교수
남춘호 전북대학교 사회과학대학 사회학과 교수
임경택 전북대학교 인문과학대학 일어일문학과 교수
문만용 KAIST 한국과학문명사연구소 연구교수
안승택 서울대학교 규장각한국학연구원 HK연구교수
이성호 전북대학교 SSK개인기록연구실 전임연구원
손현주 전북대학교 SSK개인기록연구실 전임연구원
진양명숙 전북대학교 고고문화인류학과 BK21Plus사업단 연구원
이태훈 전북대학교 대학원 사회학과 박사 수료
김예찬 전북대학교 대학원 고고문화인류학과 박사과정
박성훈 전북대학교 대학원 농업경제학과 석사과정
김민영 전북대학교 대학원 국어국문학과 석사

농민 권순덕의 삶과 기록 『아포일기』 3

지 은 이 이정덕 · 소순열 · 남춘호 · 임경택 · 문만용 · 안승택 · 이성호 · 손현주 · 진양명숙 · 이태훈 · 김예찬 · 박성훈 · 김민영
펴 낸 이 이남호
펴 낸 곳 전북대학교 출판문화원

초판 1쇄 인쇄 | 2015년 6월 27일
초판 1쇄 발행 | 2015년 6월 30일

등록번호 제465-2012-000021호
주 소 전라북도 전주시 완산구 어진길 32(풍남동2가)
전 화 (063) 219-5321~2
팩 스 (063) 219-5323

ISBN 978-89-98534-54-7 **값** 38,000**원**
ISBN 978-89-98534-21-9(세트) 94810

이 도서의 국립중앙도서관 출판예정도서목록(CIP)은 서지정보유통지원시스템 홈페이지(http://seoji.nl.go.kr)와 국가자료공동목록시스템 (http://www.nl.go.kr/kolisnet)에서 이용하실 수 있습니다. (CIP제어번호 : CIP2015017127)